추천의 글

목회자들에게 성경해석법과 강해설교를 가르치고 나면 좋은 주석을 추천해달라는 부탁을 종종 받곤 한다. 그런 질문을 받으면 마음이 아팠다. 왜냐하면 우리말로 번역된 주석 가운데 선뜻 추천할 만한 것이 떠오르지 않았기 때문이다. 그런데 이번에 디모데를 통해 『존더반 신약주석』이 번역된다는 소식을 듣고 여간 기쁘지 않았다. 이 주석 시리즈야말로 목회자들을 위한 최고의 주석 중 하나가 될 것이기 때문이다.

그동안 여타의 주석들은 매우 학문적이거나 아니면 지나치게 적용에만 치우친 것으로 그 종류가 나뉘어 설교자들은 여러 권의 주석을 한꺼번에 참조해야 했다. 또한 그것을 다시 종합하는 쉽지 않은 과정을 거쳐야 했다. 시간에 쫓기는 목회자에게 이러한 작업은 결코 쉽지 않은 것이다.

『존더반 신약주석』은 성경 각각의 구절을 어느 학문적 주석 못지않게 깊고 정확하게 연구해놓았을 뿐만 아니라, 그 연구 결과를 바탕으로 신학적 진리를 알기 쉽게 추출해놓았다. 책에서는 '석의적 개요'라고 지칭했지만 실제로는 '강해적 개요'에 가깝게 본문의 의미를 잘 강해해놓아 설교자가 곧바로 그 개요를 자신의 설교에 사용할 수 있도록 배려하였다. 거기에 더하여 따로 부문을 할애해 적용까지 충실하게 다루어주었다.

설교자가 반드시 알아야 할 전후 문맥을 잘 연구해놓은 것과 본문의 흐름을 명확하게 알 수 있도록 도표로 본문을 배열해놓은 점 그리고 헬라어에 능숙하지 않아도 충분히 의미를 이해할 수 있도록 배려한 점이 돋보인다. 만일 어느 설교자가 현존하는 우리말 주석 가운데 오직 한 권만 구입해야 한다면 나는 이 주석 시리즈가 될 것이라 확신한다. 신약을 깊고 올바르게 설교하려는 모든 설교자에게 이 시리즈를 추천한다. 설교자라면 반드시 서재에 비치하고 두고두고 보아야 할 주석이다.

박정근 _ 부산 영안침례교회 담임목사

나는 사람들과 나의 서가를 공유하는 것을 마다하지 않는다. 어떤 책이든 좋으니 다 꺼내 읽으라고 초대한다. 그럼에도 주석서만큼은 입장을 허용하지 않는다. 그만큼 설교자에게 주석서는 중요하다. 그럼에도 주석서를 탐구하며 말씀을 바르게 전하기 위해 노력하는 것보다 더욱 중요하게 생각하는 것이 있는데, 그것은 바로 하나님의 마음을 앞서지 않도록 머리가 지식으로 가득 차기 전에 멈추는 것이다. 이번에 한국에 소개되는 『존더반 신약주석』은 이런 염려에서 놓여날 수 있도록 해주었던 매우 탁월한 책이다.

주석서들은 보통 단어 해석이 탁월하거나, 배경 설명을 중점으로 하거나, 다양한 해석에 초점이 맞춰져 있는 등 어느 한쪽에 강점이 있기 마련이다. 때문에 준비하는 입장에서는 한 본문을 놓고도 많은 주석서를 참고해야 한다. 하지만 이 책은 관찰, 해석, 적용 이 세 가지 중 어느 하나도 놓치지 않고 있으며, 특히 적용까지 균형을 잃지 않고 담아놓았다. 무엇보다 찾기 쉽고 깔끔한 편집으로 핵심이 무엇인지 한눈에 파악할 수 있도록 배려했다.

통찰력 있지만 단순한 심령에 주님의 마음이 더 잘 담길 수 있다고 생각하는 이들에게 꼭 필요한 단 한 권의 주석서가 무엇인지 묻는다면, 나는 이 책이라고 생각한다. 최소한, 준비의 시작은 이 책이라고 권하고 싶다.

서정인 _ 한국컴패션 대표

교육가로서, 특히 어린이 사역자로서, 또 말씀을 선포하는 설교자로서 주석을 선정하는 기준은 두 가지다. 이 주석은 본문이 의미하는 바를 충분하고 명확한 그림으로 설명해주는가? 이 주석은 그 진리가 오늘 내 문제에 의미하는 바를 볼 수 있도록 분명하게 비추어주는가?

『존더반 신약주석』은 내가 원하는 내 스타일의 주석이다. 보배를 발견한 나의 가슴이 뛴다. 이 주석이 보배인 이유는 다음과 같다.

첫째, 정확한 그림을 보게 해주기 때문이다. 그 본문이 기록된 역사적 배경, 그 본문이 위치한 맥락과 각 단어의 종속관계 등을 면밀하게 살피는 문법적 분석, 성경이 하나님의 말씀이라는 복음주의 신학의 렌즈를 통해 본문이 독자에게 의미하는 바가 무엇인지를 정확히 드러내준다.

둘째, 큰 그림을 보게 해주기 때문이다. 본문을 통해 성경 저자가 말하려는 중심 사상을 한두 문장으로 졸여줌으로써 이 본문을 통해 내가 들어야 할 성령의 음성을 정확하게 붙들 수 있도록 도와준다.

셋째, 시각적으로 보여주기 때문이다. 성경은 평평한 지면에 검은 잉크로 인쇄되었기 때문에 거기에 사용된 어구의 높낮이나 의미상의 크기가 잘 구분되어 보이지 않는다. 그러나 이 주석은 그것을 입체적으로 시각화해주고 있다. 각 본문의 '번역' 부분은 헬라어의 문법적 구조에 따라 각 단어나 구가 어떻게 연결되고 종속되는지를 보여주는 멋진 그림이다.

단어나 문장의 위치를 통해 그리고 주동사 문장을 굵은 폰트로 강조함으로써, 한눈에 보아도 저자가 말하려는 중심 의도가 강조되고 있다.

넷째, 어떻게 적용해야 할지를 보여주기 때문이다. 성경을 연구하는 이유는 지적 유희를 위해서가 아니다. 그것은 순종하기 위해서다. 바른 진리를 알아야 하는 이유는 바른 삶을 살기 위해서다. 이 주석은 양쪽 언덕을 확고하게 이어주는 다리처럼 우리가 발견한 진리가 어떻게 우리 삶과 연결되는지까지 친절하게 연결해주고 있다. 더욱이 설교 구성이 서툰 설교자나 교사가 자신의 회중이나 학생들의 필요에 맞게 약간 조정만 하면 한 편의 설교안이나 교안이 될 개요까지 친절하게 제공해주고 있다.

『존더반 신약주석』을 통해 한국교회에 말씀의 능력으로 힘을 얻는 축복이 임하길 기대하며 기도한다.

양승헌 _ 세대로교회 담임목사, 파이디온 공동설립자 및 전(前) 대표,
한국해외선교회(GMF) 이사장

『존더반 신약주석』은 하나님이 본문에서 의도하신 뜻을 정확하게 찾아내 청중에게 전달하기 위해 본문을 진지하게 공부하는 이들에게 진정 복음과 같다. 이 시리즈는 주석이 갖추어야 할 모든 요소를 포함하고 있는 탁월한 석의적 주석이다. 철저한 단어 연구, 문법적 세부 사항, 역사적, 문화적 배경, 전후 문맥, 본문 비평적 문제 등의 연구를 통해 본문의 의미를 정확하게 설명하고 있다. 뿐만 아니라 중요한 해석적 쟁점들을 최고의 복음주의 학자들과 최근의 학문적 연구들을 기초로 하여 균형을 추구하면서 본문이 의도하는 뜻을 찾기 위해 최대한의 노력을 기울인다.

주석의 구조 또한 명료하다. 각 장마다 저자가 사고하는 연결성을 강조하는 전후 문맥으로 시작하여 본문의 전체 흐름을 한눈에 볼 수 있는 도해 그리고 본문의 메인 아이디어(주요 개념), 본문의 사고의 흐름을 볼 수 있는 석의적 개요, 세부적인 본문 설명 그리고 적용에서의 신학으로 장을 마치는 자연스러운 구조로 지루하지 않게 본문의 내용을 따라가게 한다. 특히 각 장의 마지막 부분에서 다루는 '적용에서의 신학'은 현 시대를 살아가는 청중에게 본문의 핵심 메시지를 삶에 실제로 적용할 수 있게 다룸으로써 언제나 적용을 고민해야 하는 설교자들에게 큰 유익이 된다.

『존더반 신약주석』은 하나님의 말씀을 정확하고 올바르게 전하기를 소원하는 성경교사나 설교자가 절대로 놓쳐서는 안 될 귀중한 자산이 될 것이다. 정확하게 해석된 말씀으로 성도를 올바로 세울 때 한국교회가 건강하게 세워질 것을 믿음의 눈으로 바라보며, 모든 설교자에게 탁월한 길잡이가 될 『존더반 신약주석』을 강력하게 추천한다.

이재학 _ 디모데성경연구원 원장

존더반 신약주석

강해로 푸는 요한계시록

옮긴이 **정옥배** 외국어대학교 서반어학과를 졸업하고, 합동신학대학원과 미국 필라델피아 웨스트민스터 신학교에서 신학을, 캘리포니아 풀러 신학교에서 선교학을 공부했으며, 현재 전문 번역가로 활동하고 있다. 역서로는 존더반 신약 주석 시리즈 중 『강해로 푸는 야고보서』, 『강해로 푸는 마가복음』, 『강해로 푸는 에베소서』, 『강해로 푸는 누가복음』, 『강해로 푸는 요한복음』이 있다.

ZONDERVAN
Exegetical Commentary on the New Testament Revelation

존더반 ZONDERVAN 신약주석
강해로 푸는 요한계시록

1쇄 발행 2022년 3월 25일

지은이 뷔스트 M. 패닝
책임편집 클린턴 E. 아놀드
펴낸이 고종율
옮긴이 정옥배

펴낸곳 주) 도서출판 디모데 〈파이디온 선교회 출판 사역 기관〉
등록 2005년 6월 16일 제 319 – 2005 – 24호
주소 서울특별시 서초구 서초대로 141–25(방배동, 세일빌딩)
전화 마케팅실 070) 4018–4141
팩스 마케팅실 031) 902–7795
홈페이지 www.timothybook.com

값 63,000원
ISBN 978–89–388–1683–2 04230
ISBN 978–89–388–1578–1 (세트)

존더반 ZONDERVAN 신약주석

강해로 푸는 요한계시록

뷔스트 M. 패닝 지음

클린턴 E. 아놀드 책임편집 | **정옥배** 옮김

사랑하는 잔(Jan)에게

"가장 좋은 것은 아직 우리에게 오지 않았습니다."

차례

시리즈 서론

복되게도 이 세대에는 탁월한 주석이 많다. 어떤 주석은 전문적인 것으로, 평론가들이 제기한 쟁점들을 잘 다룬다. 또 어떤 주석은 단어 용례에 대한 광범위한 정보를 제공하고, 다양한 해석적 문제들에 대한 거의 모든 견해를 나열한다. 또 어떤 주석은 문화적·역사적 배경 지식을 제공하는 데 초점을 맞춘다. 또한 적용을 위한 많은 통찰들을 끄집어내려는 주석도 있다.

문제는 당신이 주석에서 무엇을 찾고 있는가 하는 것이다. 당신이 다음 중 어느 하나에라도 해당된다면 이 주석 시리즈는 당신을 위한 것이다.

- 헬라어를 배웠으며, 자신이 잘 훈련받은 학자라고 생각하지는 않지만 배운 것을 적용하도록 도와줄 주석을 원한다.
- 주석가가 각 본문의 주된 요점으로 제시하는 간결한 한두 문장짜리 진술이 도움이 된다고 생각한다.
- 교회 생활과 관련이 없는 것처럼 보이는 학문적 문제에 얽히지 않으면서 성경에 나오는 말씀을 해석하는 데 도움을 얻고 싶다.
- 각 본문에서 사고의 흐름에 대한 시각적 설명(도해적 표시)을 보고 싶다.
- 원문의 의미를 가능한 명확하게 설명하고 중요한 해석적 쟁점들을 잘 헤쳐나가도록 돕는 견실한 복음주의 학자들의 전문적인 인도를 원한다.
- 본문의 의미를 조명하는 데 도움이 될 만한 최고이자 최근의 학문적 연구 결과와 역사적 정보에서 유익을 얻고 싶다.
- 각 본문에서 수집할 수 있는 핵심적인 신학적 통찰과 이러한 통찰이 오늘날 그리스도인들에게 적절한 것인가에 대한 논의의 요약을 얻기 원한다.

위의 사항들은 이 신약 주석 시리즈의 특징 중 몇 가지만 꼽은 것이다. 이 시리즈에 대한 아이디어는 편집국에서 목사와 교사들이 헬라어 본문에 기초한 주석 시리즈에서 원하는 것이 무엇인지 조사한 후 오랜 시간에 걸쳐 다듬어진 것이다. 이 일에 참여한 사람으로는 필자, 조지 거스리(George H. Guthrie), 윌리엄 마운스(William D. Mounce), 토마스 슈라이너(Thomas

R. Schreiner), 마크 스트라우스(Mark L. Strauss)와 존더반 전체 편집차장 벌린 버브루그(Verlyn Verbrugge)와 전(前) 존더반 원고 검토 편집차장 잭 쿠하첵(Jack Kuhatschek) 등이다. 우리는 또한 교회에 도움이 될 만한 주석 시리즈를 계획하는 과정에서 도움을 받기 위해 목회를 하고 있는 목사, 사역 지도자, 신학교 교수들로 구성된 자문 편집진을 모집했다. 존더반 원고 검토 편집차장 데이비드 프리스(David Frees)가 지금까지 그 과정을 이끌어왔다. 존더반 선임 도서 편집자 카트야 코브렛(Katya Covrett)이 이제 그 과정을 완성까지 이끌어왔으며, 콘스탄틴 캠벨(Constantine R. Campbell)이 위원회에서 섬기고 있다.

이제 각 성경 본문을 다루기 위한 일곱 가지 구성 요소가 포함된 설계도를 보자. 다음은 이 주요 요소들에 대한 간략한 안내다.

문학적 전후 문맥

이 부분에는 본문이 그 책의 광범위한 문학적 전후 문맥 안에서 어떤 역할을 하는지에 대한 간결한 논의가 나온다. 주석가는 그 책에서 앞에 나오는 자료 및 뒤에 나오는 자료와의 연결들을 강조하고, 이 본문의 핵심적 특징들을 관찰한다.

주요 개념

많은 독자는 이것이 이 주석 시리즈에서 대단히 유용한 특징임을 알게 될 것이다. 각 본문에 대해, 주석가는 본문의 큰 개념 혹은 중심 취지를 한두 문장으로 주의 깊게 기술한다.

번역과 도해식 레이아웃

이 시리즈의 또 다른 독특한 특징은 헬라어 본문에 대한 각 주석가의 번역을 도해로 제시한다는 것이다. 이 도해의 목적은 독자들이 본문 안에 나오는 사고의 흐름을 시각화해서 더 잘 이해하도록 돕는 것이다. 번역 자체는 이 주석의 '설명' 부분에서 각 주석가가 내린 해석적 결정들을 반영한다. 다음은 이 책의 구성 방식이다.

1. 구절을 나타내는 숫자 바로 옆에는 성경 본문의 각 절이나 문구의 기능을 나타내는 해석적 분류 표시가 나온다. 본문에서 그에 해당되는 부분은 분류 표시 바로 옆에 배치되었다. 쉽게 이해할 수 있도록 전문적인 특수 용어는 사용하지 않았다.

2. 일반적으로 모든 절(주어와 술어를 포함하는 단어들의 무리)을 별도의 행으로 잡으며, 그것이 어떻게 본문의 주요 주장을 뒷받침하는지 밝힌다(즉, 그것은 언제 행동이 일어났다고, 어떻게 그것이 일어났다고, 혹은 왜 그것이 일어났다고 말하고 있는가). 때로 더 긴 문구나 일련의 항목은 별도의 행으로 놓기도 했다.
3. 종속(혹은 독립)절과 문구들은 들여 써서 그것이 수식하는 단어 바로 밑에 둔다. 이것은 독자들이 본문의 흐름에서 절과 구의 관계의 특질을 더 쉽게 볼 수 있도록 돕는다.
4. 모든 주요 절은 굵은 활자로 되어 있으며, 분명히 알아볼 수 있도록 왼쪽 끝으로 밀어놓았다.
5. 때로 종속되는 말들이 너무 오른쪽에 놓이게 될 때 – 바울의 길고 복잡한 이야기가 종종 그렇듯이! – 이어지는 말들의 위치를 왼쪽으로 옮겨놓았다. 하지만 그렇게 했다는 것을 나타내기 위해 화살표를 사용했다.
6. 우리가 따른 전반적인 과정은 담화 분석 원리 및 이야기 비평(복음서와 사도행전에 대해서는) 원리에서 배운 것이다.

구조

번역 바로 다음에, 주석가는 본문에 나오는 사고의 흐름에 대해 말하고 어떻게 본문에서 각 절의 관계에 관한 해석적 결정들이 이루어졌는지 설명한다.

석의적 개요

상세한 석의적 개요에서는 본문의 전반적 구조를 묘사했다. 이것은 성경을 가르치거나 설교할 때, 본문에 나오는 사고의 흐름을 간결하게 설명할 수 있는 방식을 찾고 있는 사람들에게 특히 도움이 될 것이다.

본문 설명

이 책은 석의적 주석이므로, 본문의 의미를 해석하기 위해 헬라어를 사용한다. 당신의 헬라어가 다소 서툴다 해도(혹은 심지어 어느 정도 제한되어 있다 해도) 너무 염려하지 마라. 모든 헬라어 단어는 우리말 번역 다음에 괄호 안에 인용되어 있다. 우리는 이 주석이 비전문가들에게도 가능한 한 읽기 쉽고 유용한 것이 되도록 최선을 다했다.

이 주석에서 가장 도움을 받을 사람은 대학이나 신학교에서 2년 정도 헬라어 교육을 받은 사람일 것이다. 혹은 한두 학기 정도 중급 문법(Wallace, Porter, Brooks and Winberry 혹은 Dana and Mantey 같은)을 공부한 사람도 포함될 것이다. 저자들은 이 문법서들에 나오는 문법적 용어들을 사용한다. 하지만 본문의 문법에 관한 상세한 사항들은 본문 해석과 관련이 있을 때만 논한다.

본문의 이 부분을 강조하는 것은 의미를 전달하기 위해서다. 주석가들은 단어와 이미지, 문법적 세부 사항, 특정한 개념과 관련된 구약적·유대적 배경, 역사적·문화적 전후 문맥, 중요한 본문 비평적 문제, 표면에 부상하는 다양한 해석적 문제들을 검토한다.

적용에서의 신학

이것 역시 석의 주석 시리즈만의 독특한 특징이다. 우리는 본문이 다양한 세부 사항 속에서 무엇을 의미했는지 묘사하기 위해서뿐 아니라, 또한 그것이 신학적으로 기여하는 바를 성찰하기 위해서도 각 저자에게 이것이 중요하다고 생각했다. 이 부분에서는 본문의 신학적 메시지를 요약한다. 저자들은 본문의 신학을 그 책 안에서 그리고 더 광범위한 성경적–신학적 맥락에서 그것이 차지하는 위치에 비추어 논한다. 마지막으로, 각 주석가들은 본문의 메시지가 오늘날의 교회를 위해 무엇을 말하는지에 대해 몇 가지 제안을 한다. 이 시리즈 각 권 끝부분에는 이 책에서 다룬 신학적 주제 전체에 대한 요약이 나온다.

우리는 이 시리즈가 독자 스스로 신약 본문을 이해하기 위해서뿐 아니라, 하나님의 진리에 굶주린 사람들에게 그 말씀을 가르치고 설교하는 일에도 도움이 되기를 진심으로 바라고 기도한다.

클린턴 E. 아놀드(Clinton E. Arnold), 책임편집자

저자 서문

책의 마지막 장을 살짝 훔쳐보고 싶은 마음을 그 누가 참을 수 있겠는가? 나는 독서라는 여정을 시작하기 전에 그 길 끝에 무엇이 기다리고 있는지 알아두고 싶다. 추리 소설을 읽을 때는 이런 방법을 추천하지 않는다. 하지만 대부분의 책은 끝부분을 알아두면 나머지 내용을 이해하는 데 큰 도움이 된다.

요한계시록을 약 10년 동안 연구하고 나서, 이런 절차로 성경을 읽는 것을 강력하게 추천하게 되었다. 적어도 일반적인 성경 독자라면 그렇게 하는 것이 좋다. 요한계시록을 깊이 파고들면서 성경 다른 부분에 대한 이해와 인식이 놀랍게 향상되었다. 40년 이상 교회와 신학교에서 복음서와 로마서와 히브리서를 가르친 나는 두 서신을 잘 안다고 생각했다. 그런데 요한계시록을 연구한 뒤 로마서와 히브리서를 훨씬 깊이 이해하게 되었다. 창세기, 사무엘상하, 열왕기상하, 시편 그리고 나머지 구약 성경(특히 예언서)도 마찬가지다. 성경을 지적으로 파악하는 것뿐만 아니라, 성경을 깊이 인식하고 그것에 순종하며 다른 사람들도 같은 반응으로 이끌고자 하는 열망도 더욱 커졌다. 요한계시록 면면을 보면 하나님의 길을 따르느냐 아니냐에 개인과 사회의 성패가 달려 있음을 분명하게 깨닫는다. 이것은 성경 전체를 새롭게 집중해서 읽도록 도와준다.

수십 년 전부터 가르침을 받아온 두 스승의 영향을 받아 요한계시록 주석을 쓸 수 있겠다는 생각이 들었다. 비록 신학적, 지적 배경은 달랐지만, 루이스 존슨(S. Lewis Johnson)과 조지 케어드(George B. Caird)는 주의 깊고 박식한 성경 연구(특히 요한계시록 연구)의 탁월한 본을 보여주었다. 나는 1972년에 존슨의 요한계시록에 대한 신학교 강좌와 요한계시록 설교를 서너 편 들었다. 케어드는 1980년대 초 내게 유대 묵시록을 읽으라고 강력히 권했다. 나는 그가 기대하는 만큼 완전히 이해하지 못했지만, 요한계시록에 대한 그의 생생한 주석은 도움이 되었다. 두 학자는 교회와 신학계의 사람들이 성경을 이해하기 쉽게 만들고자 하는 학문적 엄밀함과 열정적인 헌신을 겸비했다. 나에게도 그와 같은 열정이 있다. 십대 후반에 성경이 말하는 기독교 신앙의 좋은 소식에 대한 글을 읽고 경이로운 체험을 하고 나서 그리스도를 믿게 되었기 때문이다. 나는 그리스도의 십자가에 나타난 하나님의 은혜에 사로잡혔고, 이렇듯 삶을 바꾸는 성경이 무엇을 말하는지 알고 싶은 충동에 즉시 사로잡혔다. 그리하여 성경이 무엇을 말하는지 발견하고, 다른 사람들도 그것을 보도록 돕고자 하는 열정이 피어올랐다. 나는 모든 사람이 성경이 말하는 바를 이해하고 그것에 반응해야 한다고 확신했다! 교회에 다니는 사람이라면 그 메시지를 실질적이고도 심층적으로 들여다보아야 한다는 생각이 들었다(당시 내가 다니던 교회는 성경을 읽어도 그만 안 읽어도 그만인 것처럼 여겼다).

그래서 나는 요한계시록을 보다 깊이 있게 파고들 기회가 주어진 것에 감사한다. 간절히 바라기로는 이 책이 목사와 교사 그리고 모든 성경 독자의 중요한 과업, 곧 다른 사람이 그 메시지를 이해하고 오늘날 그것을 삶에서 실천하게 하는 과업으로 이끄는 데 도움이 되었으면 한다. 요한계시록은 두 집단을 향한 특별한 약속을 담고 있다. "이 예언의 말씀을 읽는 자와 듣는 자와 그 가운데에 기록한 것을 지키는 자는 복이 있나니 때가 가까움이라"(1:3). 요한계시록이 오늘날에도 그런 복을 가져다준다는 말은 타당하다. 세상이 "각 족속과 방언과 백성과 나라"(5:9)에 대한 메시지, 곧 깨어진 세상에서 그리스도의 구속 사역으로 말미암아 하나님의 길을 증언하는 다양한 공동체가 된 사람들에 관한 메시지를 들어야 하는 때가 있다면, 바로 오늘이다. 사람들에게는 하나님이 악에 대항하심으로 진정한 정의와 그분의 피조물 및 창조의 진정한 회복을 가져오셔서 처음부터 의도하신 대로 인간의 삶을 융성하게 하신다는 요한계시록의 메시지가 필요하다. 또한 하나님이 전능하시면서도 자기 백성과 직접 교제하고 싶어 하신다는 사실과, 하나님이 만물을 바로잡으시겠다는 오랜 약속에 신실하시다는 사실과, 우리 시대의 불경한 이데올로기들은 하나님이 인간을 위해 예비하신 길에 비하면 아무것도 제시할 것이 없다는 사실을 알아야 한다. 사람들은 하나님이 원하시는 바 자기 백성이 세상과 동화되거나, 그로부터 고립되거나, 도피주의에 굴복하는 대신, 주변 세상에 신실하게 관여하기를 바라신다는 것을 이해해야 한다. 우리의 진정한 정체성과 우리의 미래가 어떠할지 파악할 때, 우리는 현재에 다른 삶을 살 준비를 하고 그 동기를 확고히 얻을 수 있다. 목사와 교사에게는 이 주석 끝부분을 먼저 읽을 것을 강력히 권고한다. 이 책 뒷부분에 있는 '요한계시록의 신학'을 정독하라. 그러면 아마 요한계시록이 당신 및 당신이 섬기는 사람들의 인생을 변화시킬 수 있는 책이라는 사실을 깨달을 것이다.

이 주석을 읽는 사람들은 내가 이 책을 쓰면서 다른 사람들에게 많은 도움을 받았다는 사실을 알게 될 것이다. 다양한 저자들이 내가 요한계시록에 대한 개념을 정립하는 데 영향을 미쳤다. 하지만 제일 먼저 언급해야 할 사람들은, 이 책의 각주를 보면 알 수 있듯 리처드 보컴(Richard Bauckham)과 크레이그 블레이징(Craig Blaising)이다. 그들은 서로 의견이 다르지만, 나는 이 두 사람에게서 중대한 것을 배웠다. 데이비드 아우내(David Aune)와 로버트 토머스(Robert Thomas) 역시 마찬가지다. 나는 그들의 주석을 곁에서 떨어뜨려 놓은 적이 없었다. 그들의 막대한 노력은 (상당히 다른 방식으로) 내게 큰 도움을 주었다. 다양성이라는 견지에서 계속 말하면, R. H. 찰스(Charles)와 존 넬슨 다비(John Nelson Darby)의 간접적인 영향도 포함해야 한다. 둘 다 더블린(Dublin)의 트리니티 대학(Trinity College) 졸업생으로(서로 다른 시대에), 전혀 다른 방식으로 지난 두 세기 동안 요한계시록 연구에 중요한 영향을 미쳤다. 이 주석은 내가 그들에게 가르침을 받은 사람들에게 배웠다는 점을 보여준다.

다른 몇 사람도 언급해야 한다. 마르크 안드레 카론(Marc-André Caron)에게 감사한다. 그는 나의 학생 인턴으로, 초고 전체를 교정해주어서 많은 실수를 바로잡아주고 강해에 새로운 아이디어를 제시해주었다. 클린턴 아놀드(Clinton Arnold)와 그의 편집팀의 귀중한 조언과 더불어 존더반 출판사의 편집자들 그리고 특히 크리스토퍼 비탐(Christopher Beetham)에게 감사한다. 존더반 출판사는 언제나 저자를 멋지게 만들어준다. 마지막으로 아내 잔(Jan)에게 사랑과 감사를 표한다. 아내는 초고를 모두 읽고 여러 방식으로 도와주었다. 무엇보다 아내는 "당신은 이 책을 절대 끝내지 못할 거예요"라고 말해야 할 때와 "분명 끝낼 수 있을 거예요"라고 말해야 할 때를 언제나 잘 알고 있었다.

뷔스트 M. 패닝(Buist M. Fanning)

약어표

AB	Anchor Bible
ABD	*Anchor Bible Dictionary*. Edited by David Noel Freedman. 6 vols. New York: Doubleday, 1992
ABG	Arbeiten zur Bibel und ihrer Geschichte
ABRL	Anchor Bible Reference Library
ACCS	Ancient Christian Commentary on Scripture
ACT	Ancient Christian Texts
ANTF	Arbeiten zur neutestamentlichen Textforschung
ASV	American Standard Version
AYB	Anchor Yale Bible
BBC	Blackwell Bible Commentaries
BDAG	Bauer, Walter, W. F. Arndt, F. W. Gingrich, and Frederick William Danker. *A Greek-English Lexicon of the New Testament and Other Early Christian Literature*. 3rd ed. Chicago: University of Chicago Press, 2000
BDF	Blass, F., and A. Debrunner. *A Greek Grammar of the New Testament and Other Early Christian Literature*. Translated and revised by Robert W. Funk. Chicago: University of Chicago Press, 1961
BDR	Blass, Friedrich, and Albert Debrunner. *Grammatik des neutestamentlichen Griechisch*. Edited by Friedrich Rehkopf. 15th ed. Göttingen: Vandenhoek & Ruprecht, 1979
BECNT	Baker Exegetical Commentary on the New Testament
BETL	Bibliotheca Ephemeridum Theologicarum Lovaniensium
BHGNT	Baylor Handbook on the Greek New Testament
Bib	*Biblica*
BIS	Biblical Interpretation Series
BJRL	*Bulletin of the John Rylands Library*
BLS	Bible & Liberation Series
BNPauly	*Brill's New Pauly: Encyclopaedia of the Ancient World. Antiquity*. 15 vols. Edited by Hubert Cancik, and Helmuth Schneider. Leiden: Brill, 2002–2010
BNTC	Black's New Testament Commentary

BSac	*Bibliotheca Sacra*
BTCB	Brazos Theological Commentary on the Bible
BZNW	Beiheft zur Zeitschrift für die neutestamentliche Wissenschaft und die Kunde der älteren Kirche
CBC	Cambridge Bible Commentary
CBQ	*Catholic Biblical Quarterly*
CC	Continental Commentaries
CEB	Common English Bible
CNT	Commentaire du Nouveau Testament
CSB	Christian Standard Bible
DJG	*Dictionary of Jesus and the Gospels*. 2nd ed. Edited by Joel B. Green, Jeannine K. Brown, and Nicholas Perrin. Downers Grove, IL: InterVarsity, 2013
DLNT	*Dictionary of the Later New Testament and Its Developments*. Edited by Ralph P. Martin and Peter H. Davids. Downers Grove, IL: InterVarsity, 1997
DNTB	*Dictionary of New Testament Background*. Edited by Craig A. Evans and Stanley E. Porter. Downers Grove, IL: InterVarsity, 2000
EDNT	*Exegetical Dictionary of the New Testament*. Edited by Horst Balz and Gerhard Schneider. 3 vols. Grand Rapids: Eerdmans, 1990–1993
EKKNT	Evangelisch-katholischer Kommentar zum Neuen Testament
ESV	English Standard Version
ETL	*Ephemerides Theologicae Lovanienses*
EUS	European University Studies
ExpTim	*Expository Times*
GNS	Good News Studies
GNT	Good News Translation
GNTE	Guides to New Testament Exegesis
GTJ	*Grace Theological Journal*
HALOT	*The Hebrew and Aramaic Lexicon of the Old Testament in English*. Edited by Ludwig Koehler et al. 5 vols. Leiden: E. J. Brill, 1994–2000
HDR	Harvard Dissertations in Religion
HNT	Handbuch zum Neuen Testament
HNTC	Harper's New Testament Commentaries
HNTE	Handbooks for New Testament Exegesis
HTANT	Historisch-theologische Auslegung Neues Testament
HTR	*Harvard Theological Review*
IBC	Interpretation: A Bible Commentary for Teaching and Preaching
ICC	International Critical Commentary
ITSORS	Italian Texts and Studies on Religion and Society

IVPNTC	IVP New Testament Commentary
JBL	*Journal of Biblical Literature*
JETS	*Journal of the Evangelical Theological Society*
JSJ	*Journal for the Study of Judaism*
JSJSup	Supplements to the Journal for the Study of Judaism
JSNT	*Journal for the Study of the New Testament*
JSNTSup	Journal for the Study of the New Testament, Supplement Series
JSPSup	Journal for the Study of the Pseudepigrapha, Supplement Series
JTS	*Journal of Theological Studies*
KEK	Kritisch-exegetischer Kommentar über das Neue Testament
KJV	King James Version
LBS	Linguistic Biblical Studies
LD	Lectio Divina
LSJ	Liddell, Henry George, and Robert Scott. *A Greek-English Lexicon.* 9th ed. Revised and augmented by Henry Stuart Jones and Roderick McKenzie; Oxford: Clarendon, 1940; revised supplement, 1996
LN	Louw, Johannes P., and Eugene A. Nida, eds. *Greek-English Lexicon of the New Testament based on Semantic Domains.* 2nd ed. 2 vols. New York: United Bible Societies, 1989
LNTS	Library of New Testament Studies
LXX	Septuagint
MNTC	Moffatt New Testament Commentary
MSG	*The Message*
MSJ	*The Master's Seminary Journal*
MT	Massoretic Text (Hebrew OT)
NA^{28}	*Novum Testamentum Graece.* 28th ed. Edited by B. Aland et al. Stuttgart: Deutsche Bibelgesellschaft, 2012
NABR	New American Bible, Revised Edition
NAC	New American Commentary
NASB	New American Standard Bible
NCB	New Century Bible
NCBC	New Cambridge Bible Commentary
NCCS	New Covenant Commentary Series
NCV	New Century Version
NDBT	*New Dictionary of Biblical Theology.* Edited by T. Desmond Alexander and Brian S. Rosner. Downers Grove, IL: InterVarsity, 2000
NEB	New English Bible
NewDocs	*New Documents Illustrating Early Christianity.* Edited by G. H. R. Horsley and S. Llewelyn. North Ryde, N.S.W.: Ancient History Documentary Research Centre, Macquarie University, 1981–

NET	New English Translation
NIBC	New International Biblical Commentary
NICNT	New International Commentary on the New Testament
NIDNTT	*New International Dictionary of New Testament Theology*. Edited by Colin Brown. 4 vols. Grand Rapids: Zondervan, 1975–1978
NIDNTTE	*New International Dictionary of New Testament Theology and Exegesis*. 2nd ed. Edited by Moisés Silva. Grand Rapids: Zondervan, 2014
NIGTC	New International Greek Testament Commentary
NIV	New International Version
NIVAC	NIV Application Commentary
NJB	New Jerusalem Bible
NKJV	New King James Version
NLT	New Living Translation
NovT	*Novum Testamentum*
NovTSup	Supplements to Novum Testamentum
NRSV	New Revised Standard Version
NT	New Testament
NTC	New Testament Commentary
NTD	Neue Testament Deutsch
NTE	New Testament for Everyone
NTIC	New Testament in Context
NTL	New Testament Library
NTM	New Testament Monographs
NTS	*New Testament Studies*
NTTSD	New Testament Tools, Studies and Documents
OT	Old Testament
OTM	Oxford Theological Monographs
PBM	Paternoster Biblical Monographs
PCS	Pentecostal Commentary Series
PGM	*Greek Magical Papyri*
PTMS	Princeton Theological Monograph Series
REB	Revised English Bible
RSV	Revised Standard Version
SBET	*Scottish Bulletin of Evangelical Theology*
SBG	Studies in Biblical Greek
SBJT	*Southern Baptist Journal of Theology*
SBLGNT	*The Greek New Testament: SBL Edition*. Edited by Michael W. Holmes. Atlanta: Society of Biblical Literature; Bellingham, WA: Logos Bible Software, 2010
SBLMS	Society of Biblical Literature Monograph Series

SCJ	Studies in Christianity and Judaism
SP	Sacra Pagina
TCGNT2	*A Textual Commentary on the Greek New Testament*. 2nd ed. Edited by Bruce M. Metzger. Stuttgart: Deutsche Bibelgesellschaft, 1994
TDNT	*Theological Dictionary of the New Testament*. Edited by Gerhard Kittel and Gerhard Friedrich. Translated by Geoffrey W. Bromiley. 10 vols. Grand Rapids: Eerdmans, 1964–1976
Th.	Theodotion
ThKNT	Theologischer Kommentar zum Neuen Testament
TJ	*Trinity Journal*
TPINTC	TPI New Testament Commentaries
TR	Textus Receptus
TS	Texts and Studies
TTC	Teach the Text Commentary Series
TynBul	*Tyndale Bulletin*
UBS^5	*The Greek New Testament*. 5th ed. Edited by B. Aland et al. Stuttgart: Deutsche Bibelgesellschaft and United Bible Societies, 2014
VT	*Vetus Testamentum*
WBC	Word Biblical Commentary
WTJ	*Westminster Theological Journal*
WUNT	Wissenschaftliche Untersuchungen zum Neuen Testament
ZECNT	Zondervan Exegetical Commentary on the New Testament
ZNW	*Zeitschrift für die neutestamentliche Wissenschaft*

요한계시록 서론

요한계시록은 일종의 문학적 로르샤흐 검사(Rorschach test, 잉크 얼룩 같은 도형을 해석하게 해서 사람의 성격을 판단하는 검사–역주) 역할을 한다. 요한계시록을 어떻게 해석하는지는 종종 책의 메시지에 대해서 만큼이나 해석자에 대해서도 많은 것을 말해주는데, 이 주석도 다르지 않을 것이다. 오랜 세월 동안 요한계시록에 대한 반응은 보통 해석자의 종교적 배경과 신학적 입장에 따라 매우 당혹스럽기도 하고 극도로 긍정적인 것에서부터 극도로 부정적인 것에 이르기까지 다양했다.[1] 이것은 다른 모든 문학도 마찬가지다. 하지만 "이 예언의 말씀을 읽는 자와 듣는 자와 그 가운데에 기록한 것을 지키는 자"(계 1:3; 참고. 22:7)에게 복을 약속하고, 그 메시지를 함부로 고치는 것(기록된 것에서 무엇이든 더하거나 빼는 것, 22:18–19)을 경고하는 책에 대한 해석이 이토록 극과 극이라는 것은 매우 역설적이다.

로버트 모건(Robert Morgan)은 다양한 신약 연구 방법을 논하면서 그 방법들이 신약의 각 책, 특히 요한계시록에 대한 책임 있는 해석들을 하나의 신학적 전체로 통합하는 데 어떻게 기여하는지 설명한다. 그는 그 과업을 수행하기 위한 순화된 역사 비평적 방법(즉, 그 탐구 작업이 완벽하게 객관적인 과업이라거나 그렇게 발견된 메시지가 처음에 마음에 들 것이라고 추정하지 않으면서, 각 본문의 저자가 원래 배경에서 무엇을 의도했는지 탐구하는 것)의 중요성에 동의한다. 그의 말에 따르면, "역사적 석의는 일부 그리스도인의 종교적 혹은 도덕적 믿음과 상충되는 해석으로 이끌 수 있는" 문제를 일으킬 수 있으며, 요한계시록은 실제로 그런 문제를 일으킨 것으로 입증되었다. 모건은 그런 그리스도인 해석자가 취할 수 있는 선택지는 "그들이 이전에 지녔던 믿음을 수정하거나…그들 자신이나 신약 혹은 성경 저자들의 기독교에 대한 더 나은 이해에 비추어 문제가 되는 본문을 신학적으로 비판하거나 혹은…그들의 기독교와 성경의 관계를 종교개혁자들이 생각했던 것보다 훨씬 더 느슨하게 맺는 것으로 만족하는"[2] 것이라고 말한다. 요

1. 일부 극단적인 예는 Bernard Mc–Ginn, "Turning Points in Early Christian Apocalypse Exegesis," in *Apocalyptic Thought in Early Christianity*, ed. Robert J. Daly (Grand Rapids: Baker Academic, 2009), 81–83에서 볼 수 있다.

2. Robert Morgan, "The Place of the Book of Revelation in a New Testament Theology," in *Studies in Apocalyptic in Honour of Christopher Rowland*, ed. John Ashton (Leiden: Brill, 2014), 288. 글 전체가 유용하다(286–304).

한의 책에 대해 사람들은 그런 선택권들을 모두 행사했다.

이 주석은 성경의 온전한 권위와 진실함에 대해 복음주의적(즉, 개신교 개혁주의적) 입장을 따르면서, 순화된 혹은 수용적인 역사 비평적 방법을 채택하여 모건이 열거하는 뒤의 두 가지 선택지(나 자신의 "기독교에 대한 더 나은 이해"에 기초한 본문 비평, 본문에 대해 "훨씬 더 느슨한" 관계를 선택하는 것)를 피하려 한다. 본문이 분명히 말하는 것에 따라 '이전에 지녔던 믿음'을 조정하고, 내가 택한 해석이 성경 나머지 부분과 조화되는지 확인하려 애쓰는 것이 이 책에서 하려는 일이다. 덧붙여 요한계시록을 성경 정경의 절정이라는 위치에 비추어 해석하고자 주의 깊게 노력했다. 요한계시록과 다른 성경의 연관을 강조하고, 요한계시록에 나오는 많은 성경 주제를 공유하는 1세기의 풍부한 비정경적 유대 문서들과 연관짓는 것이다(때로는 그들의 생각에 동의하면서, 때로는 그들과 다른 의견을 표명하면서). 수용적이고 역사 비평적인 방법으로 이 자료를 다루는 것은, 오래 되었지만 영감된 요한계시록이 오늘 우리에게 새롭게 말하게 하기 위함이다.

저자

성경의 저자 문제를 다루는 일은 두 가지 이유로 중요하다. (1) 저자의 배경 및 그 책이 기록된 대상인 청중의 배경을 가능한 한 분명히 알도록 도와준다. (2) 그 책이 성경으로서 지닌 권위의 기초를 확립하도록 도와준다. 첫 번째 이유는 해석에 중요하다. 거기 기록된 말은 저자가 그 상황에서 청중에게 전달하려 했던 것을 표현하기 때문이다. 두 번째 이유는 그 책이 특정한 청중뿐 아니라 다른 사람들에게 말할 때도 영감된 성경이라는 특권적 권위를 지니기 위해 중요하다. 저자의 이름이 구체적으로 명시되지 않는다 해도 그렇다. 교회는 어떤 책이 그러한 특권적 권위를 지니고 있는지의 여부를 평가할 때 다음과 같은 특징들을 근거로 삼았다. 사도적 연관성이 있는가?(어떤 사도 혹은 그의 동료 중 한 명이 저자인가?) 후대에 기록된 것이 아니라 교회 생활 초창기에 기록된 것인가? 교회 생활 전체에서 널리 사용되었는가? 예수님과 사도들이 가르친 사도적 교리와 일관되는가?

요한계시록의 저자가 누구인가에 대한 증거는 두 가지 목적을 위해 교회가 견고한 근거 위에 서는 기초가 된다. 해석적 목적을 위해서와, 그 책을 권위 있는 성경으로 간주하기 위해서다.[3] 저자 문제가 이 두 가지 중요한 기능을 위협하지는 않지만, 그것이 세부 사항 면에서 아무

3. 일부 집단에서는 요한계시록의 정경성에 의문을 제기했다. 서양보다는 동양에서 더 그랬는데, 그 의심은 주로 그 책의 묵시적 특성을 경계하는 사람들로부터 나온 의심이었다. 하지만 요한계시록은 Muratorian Fragment(아마 주후 170부터 벌써)에 나오는 초기 목록에 등장하며 Eusebius(*Hist. eccl.* 3.24–25; 약 주후 325)는 기이하게도 처음에는 그것을 인정된 책 목록에 올리는데, 그다음에는 중간 범주인 '논쟁이 되는 것'의 목록이 아니라 어쩌면 위조된 것일 수도 있는 것(즉, 비정경적인 것)의 목록에 올린다. Origen 역시 Eusebius, *Hist. eccl.* 6.25.3–14에 따라 그것을 인정한다. 후에 요한계시록은 정경적인 것으로 완전히 받아들여지게 되었다. 하지만 개개의 목사들은 심지어

논란도 없다는 의미는 아니다. 명확한 저자가 누구인지에 대한 증거는 상당히 혼합되어 있으며, 어떤 분명한 합의에도 도달한 적이 없다.

요한계시록은 "예수 그리스도의 계시"의 통로가 되도록 선택받은 하나님의 "종 요한"의 저작으로(1:1) 소아시아 교회들을 대상으로 쓴 것이라고(1:4) 명확히 선언한다. 또한 이 "요한"은 그 교회들의 "형제요…동참하는 자"(1:9)로 자신이 보고 들은 하나님의 계시를 기록했다(22:8). 그래서 요한은 하나님이 그에게 위임하신 대로 예언하면서(10:11) "예언" 저작을 만들어냈다(1:3; 22:6, 10, 18–19). 그래서 우리는 저자의 이름과 그의 저작에 대한 몇 가지 세부 사항들을 안다. 하지만 분명하지 않은 것은 이 책을 쓴 "요한"의 신원이다.[4]

성경에서 널리 사용되어 우리가 익히 알고 있는 이름을 만날 때, 무심결에 우리가 아는 사람을 가리키는 것이 분명하다고 추정하지 않도록 주의해야 한다. "요한"은 1세기 말 유대교와 기독교 사회에서 널리 사용되던 이름이다.[5] 그래서 당시 독자들이 알고 있었을 만한 "요한"이라는 이름의 사람은 매우 많았을 것이다. 그리고 그중 일부는 분명 우리가 알지 못하는 사람들이었을 것이다. 독자들이 이 사람을 알고 있었다는 것은 분명하다. 그가 자신을 더 이상 묘사하거나 소개할 필요성을 느끼지 못하기 때문이다. 그는 이 글을 직접 읽는 독자들이 이름만으로도 자신을 안다고 추정할 수 있었다.

요한계시록을 쓴 "요한"일 가능성이 있는 인물들은 다음과 같다. (1) 사도 요한. 그는 세베대의 아들로 예수님의 초기 제자 중 핵심층이었다(그의 형제 야고보 및 베드로와 함께). 사도 요한은 종종 제4복음서 저자로 그리고 요한복음에 언급된 "사랑하시는 제자"(요 13:23; 19:26; 20:2; 21:7; 21:20)로 여겨진다. 그러나 요한복음 본문에는 저자의 이름이 나오지 않고, 그 두 인물은 서로 다른 사람일 수도 있다. 교회 전승에 따르면 사도 요한은 인생 말년에 에베소에 살면서 지역 교회를 섬겼다.[6] (2) "장로" 요한(그가 사도와 다른 사람이라면). 그는 요한이서 1장과 요한삼서 1장 그리고 2세기 초 히에라볼리(Hierapolis) 감독이었던 파피아스(Papias)의 저술들의 일부 단편에 이름이 나온다.[7] 유세비우스(Eusebius, *Hist. eccl.* 3.39)는 이 사람을 사도와 다른 인물로 보았지만, 많은 사람이 두 사람을 동일 인물로 본다. 그들을 서로 다른 사람으로 보는 사람 중 일부는 '장로 요한'이 요한 서신의 저자이지만 복음서의 저자는 아니라고 생각하

종교개혁 때까지도 때로 그 책의 가르침들을 가지고 씨름했다. 상세한 것으로는 다음을 보라. Adela Yarbro Collins, "Revelation," *ABD* 5:695; Craig R. Koester, *Revelation: A New Translation with Introduction and Commentary*, AYB 38a (New Haven: Yale University Press, 2014), 48–58; Bruce M. Metzger, *The Canon of the New Testament: Its Origin, Development, and Significance* (Oxford: Clarendon, 1987), 203–5, 209–17, 305–15를 보라.

4. "요한"이 필명, 곧 저자의 이름을 허위로 기록한 것이 아니라는 것은 분명하다. 고대 유대교의 묵시들 사이에서는 필명을 사용하는 일이 흔했다(예를 들어, 1 En., 4 Ezra, 2 Bar.). 이스라엘의 과거에서 나온 존경받는 사람의 이름을 쓰면 훨씬 이후에 기록된 책이 더 권위 있어 보였기 때문이다. 요한계시록의 경우에는 이런 시간적 격차가 해당되지 않는다. "요한"이 필명이었다면, 다른 묘사들을 추가하여(사도, 사랑하시는 제자 등) 좀 더 권위 있는 것으로 만들었을 것이다.

5. Richard Bauckham, *Jesus and the Eyewitnesses: The Gospels as Eyewitness Testimony*, 2nd ed. (Grand Rapids: Eerdmans, 2017), 67–74, 85–91. 다양한 고대 자료에 보존되어 있는 이름들에 대한 연구에 따르면, "요한"은 1세기 팔레스타인 유대인 사이에서 다섯 번째로 흔한 남자 이름이다.

6. Eusebius, *Hist. eccl.* 3.20–23.

7. 이 단편들은 Papias의 원래 본문에는 남아 있지 않았지만, 후대의 교부 저자들이 인용한다. Eusebius, *Hist. eccl.* 3.39; Jerome, *Vir. ill.* 18;

며, 어떤 사람들은 그와 반대로 생각한다. (3) 선지자 "요한." 그는 앞의 두 사람과 다른 인물로 1세기 소아시아 교회에서 활동했으며, 소아시아 독자는 알고 있었지만 우리는 요한계시록을 제외하고는 알지 못하는 사람이다.[8]

이 각각의 견해에 대한 증거는 논쟁의 여지가 있으며, 해석자들은 분명한 합의에 이르지 못했다. 주로 문제가 되는 것은 저자를 나타내는 외적 증거(초대 교회의 인증에서 도출한)가 내적 증거(책의 문체와 내용의 특성에서 도출한)와 조화되지 않는 듯 보인다는 점이다. 외적 증거는 사도 요한(복음서와 요한 서신을 썼다고 추정되는)이 저자라는 것을 강력하게 가리키는 반면, 내적 증거는 그렇게 보는 것을 어렵게 만든다.

초대 교부 저자들에게 널리 퍼져 있던 견해는 사도 요한이 요한계시록을 썼다는 것이다. 이 교부들 중 일부는 2세기 초까지 활동했으며, 일부는 소아시아와 모종의 연관을 맺고 있었다. 가장 초기의 사람은 유스티누스(Justinus, *Dial.* 81.4)를 꼽을 수 있다. 유스티누스가 트리포(Trypho)와 나눈 대화는 그가 잠시(주후 132년경) 살았던 에베소가 그 배경이다. 또 다른 사람은 이레나이우스(Irenaeus, *Haer.* 4.20.11, 주후 180년경 기록됨)인데, 그는 서머나에서 태어났지만 주로 갈리아(리온)에서 사역을 펼쳤다. 사도 요한을 요한계시록 저자로 보는 다른 사람들로는 알렉산드리아의 클레멘트(Clement of Alexandria, *Quis div.* 42), 히폴리투스(Hippolytus, *Antichr.* 35–36), 테르툴리아누스(Tertullianus, *Praescr.* 36.3), 오리게네스(Origenes, *Comm. Jo.* 2.4) 등이 있다. 이런 외적 인증은 상당히 강력하다.[9]

시간이 흘러서야 이러한 견해에 반론을 제기하는 교부 저자들을 볼 수 있다. 그중 대표적인 사람으로는 알렉산드리아의 디오니시우스(Dionysius of Alexandria, 3세기 중반)가 있다. 그는 요한계시록에 기초한 지상의 천년왕국 가르침에 반대하면서, 그 저자가 사도 요한(복음서와 요한 서신의 저자)이라는 것을 부인하고 요한이라는 이름을 가진 다른 사람이 영감을 받아 쓴 저술이라고 주장했다. 그는 요한계시록과 요한이 쓴 다른 책의 내부적 차이점을 중심으로 논증한다. 그 책들이 어떻게 책 자체와 거기에 담긴 생각과, 문학적 혹은 문법적 양식을 소개하는가 하는 것이다. 그는 에베소 교회에서 섬기던 요한이 분명 여러 명이었다고 주장한다.[10] 이러한 차이점은 오늘날까지도 그것을 사도가 요한계시록 저자가 아니라는 증거라고 믿는 해석자들이 근거로 제시하는 것이다. 때로 사람들은 디오니시우스의 반론에 대해 그것이 부분적으로는 맞지만 과장되었고, 그런 반대들은 그가 이해하는 천년왕국설에 대한 신학적 편견에서 기인한 것이라고 말한다.[11]

특히 종종 복음주의 집단은 요한계시록이 사도의 저작임을 지지했던 교부 저술가들이 지

Philip of Side, *Hist. eccl.* 4.6.

8. *Const. ap.* 7.46(4세기 후반)은 에베소의 초기 감독들이 "바울이 임명한 디모데" 그리고 "요한이 임명한 요한"이라고 기록한다. 이것이 정확하다면, 그것은 에베소에 요한이라는 이름의 교회 지도자가 몇 명 있었다는 것을 입증한다.

9. Donald Guthrie, *New Testament Introduction*, 4th ed. (Downers Grove, IL: InterVarsity Press, 1990), 931. "신약에서 이보다 더 강력하게 초기 입증된 책은 거의 없다."

10. Eusebius, *Hist. eccl.* 7.25.26.

11. Gerhard Maier, *Die Johannesoffenbarung und die Kirche*, WUNT 25

녔을 수 있는 편견을 살펴보지 않는다. 우리는 유스티누스, 이레나이우스, 테르툴리아누스 등과 같은 교회 지도자들의 견해를 존중하고 주의 깊게 고찰해야 한다. 하지만 그들은 무오하지 않고[12] 그들의 글은 어떤 증거를 기반으로 그들이 표명하는 결론에 이르게 되었는지 기록하지 않는다. 유스티누스는 약 35년 전에 에베소로부터 직접 들은 정보를 가지고 있었는가? 약 85년 뒤에 갈리아에서 글을 썼던 이레나이우스는 어떤가? 저자가 누구인지 결정하는 그들의 판단은, 세상에 알려지지 않은 지방 선지자 대신 주요 사도를 인용하면 변증적 가치가 생기리라는 사실에 조금이라도 영향을 받았는가? 편견에 대한 평가는 모든 자료를 읽는 방식에 영향을 끼쳐야 한다. 그렇다고 해서 그들의 증거가 자동적으로 의심스럽다는 것은 아니지만 말이다.

책 내용과 문체라는 내적 증거는 사도 요한이 저자라고 가리키지 않는 듯하다. 하지만 이것 역시 주의 깊게 평가해보아야 한다. 증거가 뒤섞여 있기 때문이다. 한편으로 요한계시록의 문체와 문법은 복음서 및 요한 서신과 비교해보면 분명 다르다. 복음서와 서신서들은 단순한 헬라어로 기록되어 있으나, 문체가 매끄럽고 일관되며 문법적으로 이상한 부분이 없다. 하지만 요한계시록은 문법적 불규칙으로 유명하고 많은 점에서 요한의 다른 책들과 뚜렷하게 다르지만, 그럼에도 내용을 힘 있고 효율적으로 전달한다.[13] 학자들은 이 차이점들을 어떻게 설명할지 평가해야 한다. 그 차이점들은 장르, 주제 혹은 사용된 자료가 다르기 때문에 생긴 것인가? 그런 차이점들은 요한이 의도적으로 문체를 다양하게 바꾸어 쓸 수 있는 기술이 있음을 나타내는가? 서기관이나 필사자를 통해 썼기에 차이가 생길 수 있었을까? 그 책들은 서로 다른 시기에 기록되었고, 요한의 헬라어 사용 능력에 변화가 있었음을 반영하는가? 요한은 서둘러 요한계시록을 썼기 때문에 다른 책의 경우처럼 책을 편집할 시간이 없었는가? 마지막 세 가지 제안은 상당히 가능성이 없다.[14] 하지만 처음 두 설명은 진지하게 고찰해볼 만하다.[15]

책의 어휘와 신학적 주제들에 대해서도 비슷하게 말할 수 있다. 이 영역에는 분명한 유사

(Tübingen: Mohr Siebeck, 1981), 96–104; Ned Bernard Stonehouse, *The Apocalypse in the Ancient Church: A Study in the History of the New Testament Canon* (ThD diss., Free University of Amsterdam, 1929), 123–28; Robert L. Thomas, *Revelation 1-7* (Chicago: Moody, 1992), 2–11.

12. Eusebius, *Hist. eccl.* 3.31, 39, Papias뿐만 아니라 Clement of Alexandria (*Strom.* 3.6.52)도 사도 빌립(요 1, 12, 14장)을 전도자 빌립(행 6, 8, 21)과 혼동한다. Tertullian, *Praescr.* 36.3은 요한이 밧모에 추방된 것은 그가 먼저 "불타는 기름에 뛰어들었는데 하나도 해를 당하지 않은" 후 일어난 일이라고 말한다. 사도와 요한계시록에 관한 교부 전승들에 대해 제기될 수 있는 다른 문제들에 대해서는 John A. T. Robinson, *Redating the New Testament* (Philadelphia: Westminster, 1976), 222–24를 보라.

13. C. F. D. Moule, *An Idiom Book of New Testament Greek*, 2nd ed. (Cambridge: Cambridge University Press, 1959), 3; and G. Mussies, *The Morphology of Koine Greek as Used in the Apocalypse of John: A Study in Bilingualism* (Leiden: Brill, 1971), 351–52를 보라. 그는 이렇게 쓴다. "한편으로는 묵시론 그리고 다른 한편으로는 복음서 및 성 요한의 서신서들의 언어적 문체적 상이함은 우리 앞에 놓인 이 모든 저술이 동일한 한 사람이 쓴 것이 아니라는 점을 어떠한 합리적인 의심도 없이 입증한다"(352).

14. 요한이 책을 쓸 때 세부 사항에 철저히 주의를 기울인 것에 대해서는 다음을 보라. Richard Bauckham, *The Climax of Prophecy: Studies in the Book of Revelation* (Edinburgh: T&T Clark, 1993), x–xiii; 같은 저자, *The Theology of the Book of Revelation* (Cambridge: Cambridge University Press, 1993), 3–4; and Nigel Turner, *Style*, vol. 4 of James Hope Moulton, *A Grammar of New Testament Greek* (Edinburgh: T&T Clark, 1976), 146.

15. G. K. Beale, *The Book of Revelation*, NIGTC (Grand Rapids: Eerdmans,

점뿐 아니라 눈에 띄는 차이점도 있다. 유사점에는 신약 저술 중 요한계시록과 복음서와 요한 서신에만 특징적으로 나타나는 독특한 표현들이 포함된다. 해석자들은 이런 점들 역시 서로 다르게 평가한다. 어떤 사람들은 연속성에 초점을 맞추어서 배경과 목적의 차이에서 차이점이 발생했다고 설명한다.[16] 또 어떤 사람들은 약간의 유사점을 인정하기는 하지만 불연속성에 초점을 둔다. 어디에 강조점을 두는가 하는 것은 요한계시록의 저자가 누구인지를 결정하는 데 차이를 가져온다. 더 상세한 논의는 이 책 끝부분에 나오는 '요한계시록의 신학'을 보라.

내적 증거에 대한 또 다른 사항은 "요한"이 계시록에서 자신을 묘사하는 방식이다. 저자가 사도라면 왜 단순히 자신의 이름과 조심스러운 묘사(종, 형제, 동참하는 자)만 인용하기보다 어느 지점에서 자신의 지위를 분명히 밝히지 않았는가? '선지자'로서 글을 쓴다는 주장마저도 '사도'보다는 덜 권위 있는 것으로 여겨질 수 있다. 그가 사도였다면 교회 안의 몇몇 거짓 교사에게 도전하면서(예를 들어, 2:6, 14–15, 20–23) 그리고 성령의 메시지가 그가 알던 교회 외의 다른 교회에도 해당되는 것처럼 제시하면서(2:7과 유사 구절들), 주님의 지상 사역에 대한 그의 경험과 그 사역이 처음 시작될 때 자신이 임명되었다는 것을 어느 정도 언급했을 것이다(참고. 요일 1:1–5; 2:7). 그가 부활하신 주님께 선지자, 계시자로 위임받은 것과 함께(계 1:9–11) 이런 점들을 말하는 것도 적절했을 것이다. 하지만 우리는 전자에 대한 언급만 볼 수 있을 뿐이다. 다른 한편으로 복음서와 서신서의 저자도 글을 쓰는 사도적 자격을 갖추었다는 말을 똑같이 삼간다. 자신이 본 것에 대한 자신의 증거(요 15:27; 20:30–31; 21:24) 및 청중과 그의 관계(요이 1장; 요삼 1장)에 근거해서 글을 쓰는 것으로 만족하는 것이다.

그러므로 저자 문제에 대해서는 주의 깊고 신실한 해석자들 사이에서도 서로 의견이 다르다. 사도 요한이 저자라고 주장하는 많은 사람도 그것을 확신하는 정도는 각기 다르다.[17] 어떤 사람들은 문제점을 제시한 후, 그 문제를 본질적으로 해결하지 않은 채로 남겨둔다.[18] 그리고 또 다른 사람들은 그것이 사도가 아니라 다른 교회 지도자가 쓴 것이라고 판정한다. 소아시아 사람들이 알고 있던 선지자로, 똑같이 요한이라는 이름을 가지고 있고 사도에게 영향을 받은

1999), 34–35; and Vern Sheridan Poythress, "Johannine Authorship and the Use of Intersentence Conjunctions in the Book of Relevation," *WTJ* 47 (1985): 329–36을 보라.

16. I. Howard Marshall, *New Testament Theology: Many Witnesses, One Gospel* (Downers Grove, IL: InterVarsity Press, 2004), 570–74; Grant R. Osborne, *Revelation*, BECNT (Grand Rapids: Baker, 2002), 2–6; Stephen S. Smalley, *Thunder and Love: John's Revelation and John's Community* (Milton Keynes: Word, 1994), 57–73.

17. D. A. Carson and Douglas J. Moo, *An Introduction to the New Testament*, 2nd ed. (Grand Rapids: Zondervan, 2005), 705–7; Andreas J. Köstenberger, L. Scott Kellum, and Charles L. Quarles, *The Cradle, the Cross, and the Crown: An Introduction to the New Testament*, 2nd ed. (Nashville: B&H Academic, 2016), 931–33; Craig S. Keener, *Revelation*, NIVAC (Grand Rapids: Zondervan, 2000), 54–55; Robert H. Mounce, *The Book of Revelation*, rev. ed. (Grand Rapids: Eerdmans, 1998), 8–15; Osborne, *Revelation*, 2–6; C. Marvin Pate, *The Writings of John: A Survey of the Gospel, Epistles, and Apocalypse* (Grand Rapids: Zondervan, 2011), 372–73; Stephen S. Smalley, *The Revelation to John: A Commentary on the Greek Text of the Apocalypse* (Downers Grove, IL: InterVarsity Press, 2005), 2–3.

18. Beale, *Revelation*, 34–36; George Eldon Ladd, *A Commentary on the Revelation of John* (Grand Rapids: Eerdmans, 1972), 7–8; Merrill C. Tenney, *Interpreting Revelation* (Grand Rapids: Eerdmans, 1957), 15–16.

사람이라는 것이다.[19] 마지막 견해가 이 주석에서 따르는 결론이다. 하지만 이 모든 견해가 논의 시작부에서 주장한 점에 동의할 것이다. 이 결론 중 어느 것도 요한계시록을 그것의 원래 배경에서 해석하지 못하게 하거나, 그 가르침에 영감된 권위를 부여하는 것을 막지 않는다는 것이다.[20]

연대와 배경

요한계시록의 배경에 대해서는 일반적으로 두 가지 연대가 제시된다. 네로가 황제로 통치하던 끝 무렵이나 그 직후인 이른 연대(주후 64–69)와 도미티아누스 통치 끝 무렵이나 그 직후인 늦은 연대(주후 95–98)다. 대부분의 해석자는 늦은 연대를 선호한다. 외적 증거도 일반적으로 늦은 연대를 지지한다. 그런 견해는 주로 요한이 도미티아누스 통치 끝 무렵에 글을 썼다는 이레나이우스(*Haer.* 5.30.3)의 글에서 나온 증거와, 이레나이우스를 인용하면서 요한이 도미티아누스 시대에 밧모섬으로 추방되었고 훗날 에베소로 돌아왔다는 세부 사항을 추가하는 유세비우스(*Hist. eccl.* 3.17–20)의 글에 나온 증거에 근거를 둔다.[21] 또한 유세비우스는 도미티아누스의 잔인함과 그리스도인에 대한 박해 그리고 그의 통치가 끝난 뒤 로마 원로원이 그의 명예를 철회한 것을 묘사한다. 유세비우스는 그의 글에서 로마 역사가들이 도미티아누스의 흉포함과 훗날 그가 겪은 불명예에 대해 기록했다는 사실을 두 번 언급한다.[22]

네로 치하의 연대라는 외적 증거는 요한이 네로의 통치 기간에 글을 썼다고 교부들이 명백히 밝힌 글을 인용하는 것보다는, 네로가 로마에서 그리스도인을 박해했다는 것과 베드로와 바울이 주후 60년대 중후반에 로마에서 순교했다는 일반적인 역사적 글(예를 들어, Tacitus, *Ann.* 15:44; Suetonius, *Nero* 16; 1 Clem. 5.3–7; Eusebius, *Hist. eccl.* 2.25)에 더 의지한다. 네로 시대에 로마에서 그리스도인이 박해를 받았다는 증거는 있지만, 소아시아에서 그런 문제가 있었다는 증거는 부족하다. 하지만 이전 세기의 학자들은 종종 요한계시록의 연대가 60년대 후반

19. George R. Beasley-Murray, "Book of Revelation," in *DLNT* 1031–33; Henry Barclay Swete, *The Apocalypse of St. John*, 3rd ed. (London: Macmillan, 1911), clxxx–clxxxv; Ben Witherington III, *Revelation*, NCBC (Cambridge: Cambridge University Press, 2003), 1–3.

20. Beale, *Revelation*, 35–36.

21. Victorinus of Pettau(3세기 말)가 쓴 요한계시록 주석에서 나온 이른 시기의 증거도 있다. 그는 Domitian이 요한을 밧모섬의 광산에 보내 일하게 했는데 그 기간에 요한이 요한계시록을 썼다고 말한다. Victorinus에 따르면, Domitian이 죽은 후에 요한은 노년이었음에도 자신이 받은 환상들을 활발히 전파했다. 참고. William C. Weinrich, ed. and trans., "Victorinus," in *Latin Commentaries on Revelation*, ACT (Downers Grove, IL: IVP Academic, 2011), 13–14.

22. Leonard L. Thompson, *The Book of Revelation: Apocalypse and Empire* (New York: Oxford University Press, 1990), 95–115는 2세기 초에 Domitian의 만행과 자신을 신적 존재로 예배할 것을 요구했다는 것에 대해 쓴 일반적인 로마 역사가들(Pliny the Younger, Tacitus, Suetonius, Dio Chrysostom)이 Trajan(주후 98–117에 통치한)을 이상화시켜 찬양하기 위해 Domitian의 부정적 특성들을 과장했다고 주장한다. Domitian에 대한 그들의 묘사는 후대 로마 역사가들에게 영향을 미쳤다. Eusebius는 Domitian에 대한 글에서 이들 중 일부(초기와 후기의 로마 저자들)를 참고했을 것이다.

이라고 추정했고,[23] 오늘날 요한계시록을 과거주의적으로 해석하는 사람들[24] 및 다른 몇몇 사람[25]에게서도 흔히 그런 견해를 볼 수 있다.

연대 추정의 내적 증거는 요한계시록에 나오는 해석적 쟁점들이 그 중심을 이루는데, 이 쟁점들은 요한계시록이 이른 시기에 기록되었는지 늦은 시기에 기록되었는지에 대한 정보를 제공하는 것과는 별개로 그것 나름의 논쟁점을 만들어낸다. 거기에는 다음과 같은 것들이 포함된다. (1) 요한계시록 2–3장에 나오는 교회들의 상태(그 교회들은 사도행전과 바울 서신이 그 교회에 대해 제시하는 것과 비교할 때 초기 연대에는 없었을 쇠락을 반영하는가?), (2) 요한계시록에 반영되어 있는 그리스도인의 박해의 범위와 가혹함(1:9; 2:13; 6:9; 7:14; 11:7; 12:17; 13:7; 16:6; 17:6; 18:24; 19:2; 20:4), (3) 11:1–2에서 '측량된' 예루살렘 성전의 정체, (4) 13:3, 12, 17:8, 16이 묘사하는 것일 수 있는 네로가 외견상 죽었다가 다시 돌아왔다는(Nero *redivivus*) 암시들, (5) 17:9–12에 나오는 왕의 목록(그들은 요한이 책을 썼을 때 어느 황제가 통치했는지 보여줄 수 있는가?), (6) 17–18장에서 바벨론을 음녀와 동일화하는 것(그 음녀는 주후 70년에 심판받은 예루살렘을 나타내는가?)이다. 이러한 사항들을 여기에서 상세히 논의할 수는 없다. 연대 측정에서 그것들이 지닌 의미를 논하기 위해서는 인용된 본문에 나오는 설명을 보라. 이것들이 책의 연대 측정에서 실제로 무언가 중대한 것을 추가하는 듯 보이는 곳에서는, 네로의 통치보다는 도미티아누스의 통치를 가리킨다.[26]

하지만 그리스도인의 박해의 범위와 가혹함은 여기에서 언급해야 한다. 그것은 이 책의 배경과 시기를 이해하는 데 중심이 되기 때문이다. 요한계시록에 대한 예전 주석들에서 종종 발견되는 시나리오 중 하나는 도미티아누스 치하에서 그리스도인에 대한 박해가 가혹했고, 제국 전역에서 이루어졌으며, 로마로부터 조직적으로 이루어졌다는 것이다.[27] 몇몇 고대 자료에서 볼 수 있는 도미티아누스 치세에 대한 일반적인 묘사에 비추어볼 때 그것은 납득할 만하다. 하지만 최근 들어 더 광범위한 역사적 관점이 바뀌었고, 미묘한 차이를 지닌 다른 묘사가 등장했는데 그로 인해 우리는 요한계시록을 더 잘 이해할 수 있게 되었다.[28] 요한계시록 자체뿐 아니라 더 광범위한 역사적 환경으로부터 나온 증거는 소아시아의 그리스도인이 믿음으로

---

23. 이것은 Robinson, *Redating*, 224–26의 견해이며 또한 J. Christian Wilson, "The Problem of the Domitianic Date of Revelation," *NTS* 39 (1993): 587–89의 견해이기도 하다.

24. David Chilton, *The Days of Vengeance: An Exposition of the Book of Revelation* (Ft. Worth: Dominion, 1987), 1–6; Kenneth L. Gentry, *Before Jerusalem Fell: Dating the Book of Revelation*, rev. ed. (Atlanta: American Vision, 1998), 343–53. 이 특정한 견해에 대한 평가로는 Mark L. Hitchcock, "A Critique of the Preterist View of Revelation and the Jewish War," *BSac* 164 (2007): 89–100을 보라.

25. Albert A. Bell, "Date of John's Apocalypse: The Evidence of Some Roman Historians Reconsidered," *NTS* 25 (1978): 93–102; Robinson, *Redating*, 221–53; Wilson, "Problem," 587–605.

26. 또한 Guthrie, *Introduction*, 948–56; Köstenberger, Kellum, and Quarles, *Introduction*, 933–40; Koester, *Revelation*, 71–79에 나오는 보다 집중적인 분석을 보라.

27. 예를 들어, R. H. Charles, *A Critical and Exegetical Commentary on the Revelation of St. John*, 2 vols., ICC (Edinburgh: T&T Clark, 1920), 1:xci–vii; Swete, *Apocalypse*, lxxxiv–viii, cv; 또한 Thomas, *Revelation 1-7*, 22–23.

28. John Granger Cook, *Roman Attitudes toward the Christians: From Claudius to Hadrian*, WUNT 261 (Tübingen: Mohr Siebeck, 2011), 117–37; Steven J. Friesen, *Imperial Cults and the Apocalypse of John: Reading Revelation in the Ruins* (New York: Oxford University Press, 2001), 143–46; Paul Trebilco, *The Early Christians in Ephesus from*

말미암아 다양한 반대와 박해를 겪었다는 것이다. 하지만 그것은 제국 전역에서 그리고 위에서부터 조직적으로 이루어진 것이 아니라 국부적이고 산발적인 것이었다. 그것은 주로 공동체의 종교 및 상업 생활에 만연해 있던 우상 숭배에 온전히 참여하지 않는 것에 대한 사회적 비난과 경제적 보복이었다.[29] 때로는 지역 관리가 그들을 투옥하기도 하고, 심지어 어떤 이들은 죽음에 이르기도 했다. 요한이 밧모섬으로 추방당한 것이 한 예인 듯하다(1:9). 안디바가 죽임 당한 것도 마찬가지다(2:13). 하지만 요한이 글을 쓰던 당시에 박해가 더 심하고 널리 퍼져 있었다는 증거는 없다. 하지만 오직 한 분 참되신 하나님과 한 주님을 믿는 그들의 배타적 믿음에 대한 보다 광범위한 종교적, 문화적 저항 때문에 요한의 글을 받는 교회들은 언제든지 더 큰 박해에 직면할 수 있었고 그로 인해 위협을 느꼈을 것인데, 이것이 바로 요한이 그들에 대해 염려하는 점이다.[30] 이 책에 나오는 순교, 피 흘림, 하나님의 백성에 대항한 전쟁 등을 가리키는 다른 암시들(6:9; 7:14; 11:7; 12:17; 13:7; 16:6; 17:6; 18:24; 19:2; 20:4)은 주로 그리스도의 재림으로 이어지는 마지막 환난 동안 닥칠 강력한 박해를 묘사한다. 그중 어떤 것은 하나님의 백성이 지나온 오랜 역사 내내 타락한 세상에서 의인이 고난을 받는다는 더 광범위한 유형에 대한 암시일 수도 있지만, 요한과 그의 최초의 독자들의 관점에서 볼 때 심한 박해는 미래에, 아마 곧 일어날 것이다.[31] 이 본문들에 대한 논의를 보라.

장르

문학의 장르 혹은 유형 문제는 중요하다. 기록된 작품을 이해하는 방법은 그것이 어떤 종류의 문학인지 이해하는 것과 단단히 결합되어 있기 때문이다. 예를 들어, 사망 기사는 기업의 인사 고과 보고서와는 그 형태가 다르다. 뉴스 보도는 신문의 칼럼과는 달라야 한다. 저자와 독자는 특정 종류의 본문은 어떻게 써야 하고 이해해야 하는지를 어느 정도 예상하면서 글을 쓰고 읽는다. 장르를 오해하면 본문을 잘못 해석하게 될 것이다.

요한은 계시록의 첫 구절과 마지막 구절에서 자신이 어떤 종류의 글을 쓰고 있는지 분명하게 표시해서 독자가 올바른 기대를 가지고 글을 읽게 해준다. 그는 1:1–5에서 자신이 쓰는 글이 묵시적, 예언적, 서신적인 특징을 지닌다고 말한다. 22:10–21에 나오는 결어에서는 예언적, 서신적 특징을 강조한다. 그리고 '내가 보았다'(εἶδον)는 특유의 표현을 약 45번 사용하며, "성령에 감동되어" 환상을 받았다는 언급으로 주요 부분을 구성함으로써(1:9–10; 4:1–2; 17:1–3;

Paul to Ignatius, WUNT 166 (Tübingen: Mohr Siebeck, 2004), 342–47.

29. Thomas B. Slater, "On the Social Setting of the Revelation to John," *NTS* 44 (1998): 238, 245–56.

30. Cook, *Roman Attitudes*, 246–51; Köstenberger, Kellum, and Quarles, *Introduction*, 933–35; Koester, *Revelation*, 74–79.

31. 또 하나의 귀중한 해설은 Trebilco의 제안이다(*Early Christians in Ephesus*, 346). 그는 요한이 독자들이 하늘의 관점에서 보지 못했기 때문에 인식하지 못하는 위험한 상황(미래뿐 아니라 현재의)을 보도록 일깨우기 원했다고 주장한다.

21:9–10) 묵시적 특성을 상기시킨다. 요한계시록의 서신적 특성은 1:11과 2–3장에서 다시 나타난다.[32]

세 가지 주요 장르 유형 중 요한이 가장 핵심적인 특징으로 명백히 규정하는 것은 예언이다. 요한은 자신이 쓴 책이 "예언"이라고 다섯 번 말하고(1:3; 22:7, 10, 18, 19), 그가 위임받은 일에 대해 '예언하다'라는 동사를 사용한다(10:11). 게다가 그는 자신의 글을 구약 선지자들의 유업과 연관시킨다. 명백한 진술을 통해(10:7; 11:18; 22:6, 9), 그의 "편지"를 선지자적 신탁의 말로 표현함으로써(2:1에 대한 설명을 보라), 자신이 위임받은 일을 에스겔의 본을 따라 표현함으로써(10:8–11) 그렇게 한다.[33] 다른 두 장르 역시 이 책에 중요하지만, 예언은 요한이 쓴 내용에 가장 중심이 된다. 보캄(Bauckham)이 단언하듯이, 요한계시록은 "회람 서신 형태의 묵시적 예언"[34]이다.

그러므로 요한계시록을 예언으로 읽으면서, 우리는 그 책이 심판에서나 구속에서나 하나님의 백성과 세상에 대한 그분의 미래를 단언하리라고 기대해야 한다. 일부 사람의 견해와 같이, 하나님이 청중의 도덕적, 종교적 실패에 직접 말씀하신다는 주장에만 초점을 맞춘 예언으로 생각하지 않는 것이 중요하다. 이것은 대단히 중요하다. 하지만 구약 선지자들이 한 일[35] 및 요한이 생각하는 바 예언서로서 자신의 책이 담당하는 역할[36]의 중심은 하나님의 미래를 보는 것, 하나님의 계획 때문에 무슨 일이 일어날지 예고하는 것, 그런 뒤에 회개와 인내의 반응을 요구하는 것이다. 보캄의 책 제목을 빌려 말하자면 요한계시록은 구약 선지서의 유업에 근거를 둔다는 점에서 "예언의 절정"으로 이해되어야 한다. 그 책에서 보캄은 "요한은 자신이 예언적 성경, 예언적 계시의 절정이라고 생각한 것을 쓰고 있었다. 그것은 구약 성경의 예언적 의미를 요약했고, 그것이 말일에 어떻게 성취되고 있고 성취되어야 하는지 나타냈다"[37]라고 말한다.

신약 성경 중 요한계시록에만 해당되는 것은 그것의 두 번째 장르 유형, 즉 이 책이 지닌 묵시로서의 특성이다. 묵시는 고대 유대교와 초기 기독교에서 흔히 사용했던 문학 형태로 예언과 밀접하게 연관되어 있었다.[38] 거기에는 이사야 24–27, 56–66장, 다니엘, 에스겔, 요엘, 아모스, 스가랴 일부 등과 같은 구약의 예와[39] 마태복음 24장(그리고 병행 구절들), 데살로니가후서 2장 그리고 아마도 다른 본문 등과 같은 신약의 예가 포함된다. 묵시 문학은 주전 200년

---

32. Bauckham, *Theology*, 1–17.

33. Frederick David Mazzaferri, *The Genre of the Book of Revelation from a Source-Critical Perspective*, BZNW 54 (Berlin: de Gruyter, 1989), 379–83.

34. Bauckham, *Theology*, 2. 또한 Bert Jan Lietaert Peerbolte, *The Antecedents of Antichrist: A Traditio-Historical Study of the Earliest Christian Views on Eschatological Opponents*, JSJSup 49 (Leiden: Brill, 1996), 115를 보라. "그것은 묵시적 환상들에 의해 소아시아 기독교 공동체들의 현재와 미래를 묘사하는 예언적 서신이다."

35. O. Palmer Robertson, *The Christ of the Prophets* (Phillipsburg, NJ: P&R, 2004), 412–21; Mark F. Rooker, "The Doctrine of the Future in the Prophets," in *Eschatology: Biblical, Historical, and Practical Approaches*, ed. D. Jeffrey Bingham and Glenn R. Kreider (Grand Rapids: Kregel Academic, 2016), 175–93.

36. 10:6–7, 11:15–18에 대한 설명과 "속히 일어날 일들" 혹은 '이 일 후에 일어날 일들'이라는 문구가 반복되는 것을 보라(1:1; 4:1; 22:6; 참고. 1:19).

37. Bauckham, *Climax*, xi; 또한 같은 저자, *Theology*, 4–5.

38. 요한이 1:1에 나오는 '묵시'와 1:3에 나오는 "예언"을 별 문제없이 나란히 놓는 것은 그가 그 둘을 서로 불화하는 것이 아니라 보완되는 것으로 보고 있음을 보여준다.

39. 나중 부분들은(다니엘에서 나온 것은 제외하고) 때로 "원시적 묵

부터 주후 200년까지 왕성했고, 그 시기의 몇 가지 비(非)정경 저술에 나타난다(예를 들어, 1 En. Sib. Or., 4 Ezra, 2 Bar.). 요한계시록 1:1에서 책의 제목으로 사용된 ἀποκάλυψις라는 헬라어는 '계시, 밝힘' 혹은 '묵시'로 번역할 수 있다. 하지만 문학 장르를 나타내는 전문적 의미는 아니다. 그러나 그것은 이 책의 특성을 보다 일반적으로 적절히 규정한다. 하나님이 이 세상의 운명을 위한 주권적 계획을 성취할 사건들을 드러내실 뿐 아니라, 인간 역사에서 가시적인 세계 배후에 있는 비가시적이고 신적인 실상을 나타내신다는 것이다. 게다가 그것의 문학적 특성은 다른 묵시들과 유사하다. 대단히 상징적이고 극적이고 종종 불가해한 특별한 환상들(종종 천상의 존재들을 통해 전달되는)을 기록한다는 점에서 그렇다. 이 환상들은 때로 당혹스럽다. 그것의 상징 때문이 아니라 인상적이고 직선적이지 않은 특성 때문이다. 그 환상들은 어떤 세부 사항에는 주의를 기울이고 심지어 반복하기도 하는 반면, 다른 사항들은 빼놓거나 세부 사항을 순서를 거꾸로 해서 넣기도 한다. 어떤 사건들로 인해 그런 결론에 이르렀는지 말하지 않고 이야기 끝부분으로 건너뛰기도 한다.[40] 그렇게 함으로써 환상들은 생생하고 사실적이 된다(하늘의 것 혹은 지옥의 것에 대한 환상을 달리 어떻게 기록할 수 있을까?). 하지만 우리는 더 상세한 설명을 원할 수도 있다. 전반적으로 묵시라는 장르는 그 문학에 적합한 해석 방법에 특별히 주의를 기울여야 한다(이에 대해서는 뒤에서 논할 것이다).

요한계시록의 다른 주요 장르 유형은 서신이다. 서신의 형태는 서언, 결어 그리고 2-3장에 반영되어 있다. 1:4-5에 나오는 서신 형식의 시작 부분과 22:21에 나오는 결말은 다른 신약 서신에서 익히 볼 수 있다. 이러한 특징 및 1:4, 11과 2-3장에서 구체적인 교회의 이름이 수신자로 언급되는 것은, 이 글이 특정한 1세기 독자의 삶에서 어떤 특별한 경우나 상황을 염두에 두고 기록되었다는 점을 상기시킨다. 모든 성경이 그렇듯 이 책은 광범위한 독자층에게도 가치가 있다. 하지만 그 목적과 의미를 이해할 때는 그 당시, 그 장소에 살던 그리스도인을 고려해야 한다. 분명 다른 신약 서신은 상당히 '특별한 경우를 위한'(특정한 청중과 그들의 문제를 다루기 위해 기록된 것, 예를 들어 갈라디아서, 고린도전서) 것에서부터, 보다 '일반적인' 것이나 특정 주제를 다루는 것(더 광범위한 교회 집단을 위해 혹은 더 폭넓은 신학적 목적을 달성하기 위해 기록된 것, 예를 들어, 로마서, 에베소서, 베드로전서)에 이르기까지 범위가 다양하고, 서신으로서의 요한계시록은 후자에 알맞다.[41] 하지만 이 책이 의도했던 대상인 원래의 독자는 해석의 한 요소로 삼아야 한다.

시"(proto-apocalyptic)라고 불린다. Frederick J. Murphy, *Apocalypticism in the Bible and Its World: A Comprehensive Introduction* (Grand Rapids: Baker Academic, 2012), 27-66에 나온 것과 같다. 묵시 문학에 대한 또 다른 소개로는 다음을 보라. John J. Collins, *The Apocalyptic Imagination: An Introduction to Jewish Apocalyptic Literature*, 3rd ed. (Grand Rapids: Eerdmans, 2016); C. Marvin Pate, *Interpreting Revelation and Other Apocalyptic Literature: An Exegetical Handbook*, HNTE (Grand Rapids: Kregel Academic, 2016).

40. 이런 특징들 및 다른 특징들은 G. Biguzzi, "A Figurative and Narrative Grammar of Revelation," *NovT* 45 (2003): 387-97에서 개관한다.

41. J. Ramsey Michaels, *Interpreting the Book of Revelation*, GNTE (Grand Rapids: Baker, 1992), 30; 또한 Bauckham, *Theology*, 12-17. 그는 이 책이 모든 교회에게 공통되는 몇 가지 환경을 다루는 한편, 개별적 교회들 특유의 다른 쟁점들을 겨냥하고 있다고 정확하게 지적한다. 마찬가지로, 그가 다루는 모든 그리스도인이 물질적으로 가난하거나 사회적으로 억압받고 있거나 위로가 필요한 상황은 아니었다.

장르의 특징은 요한이 자신이 본 환상을 이야기하기 위해 다양한 방식을 사용하는 것과 관련되어 있다. 때로 이 환상들은 내러티브 형태로 기록되어 그가 관찰한 사건을 연대적 순서에 따라 이야기한다. 그런데 또 다른 경우 요한은 동시적 묘사 혹은 보고하는 방식을 사용해서 자신이 본 것을 마치 전체 장면을 한 번에 관찰한 것처럼 제시하며 연대적으로 기록하기보다는 하나의 대상에서 다른 대상으로 왔다 갔다 한다. 개별적 본문 안에서 그런 소(小)장르가 다루는 문제에 주의를 기울이면 본문을 좀 더 잘 이해할 수 있을 것이다. 더 상세한 내용은 4:5에 대한 각주를 보라.

요한계시록 장르의 혼합적 특성(서신 형태로 된 묵시적 예언)은 해석적 문제들을 낳는다. 먼저 요한계시록의 묵시적 표현들을 이해하는 데 초점을 맞춘 다음, 이 책 전체에 대한 서로 다른 해석학적 접근들을 개관함으로서 그런 문제들을 소개할 수 있다.

비유적 표현과 상징

요한계시록의 묵시적 상징들은 그것에 어떻게 접근하는가에 따라 우리를 끌어당길 수도 있고 밀어낼 수도 있다. 그것들은 같은 시대의 서로 다른 독자들 혹은 다른 시대의 같은 독자들에게 좌절과 당혹감을 줄 수도 있고, 그들을 매혹하고 희망을 줄 수도 있다. 해석자들은 요한계시록의 비유적 표현을 어떻게 이해할 것인지 논쟁하다가 종종 엉뚱한 이야기로 끝내곤 한다. '문자적' 해석이 의미하는 것과 '상징적' 혹은 비유적 해석이 의미하는 것에 대한 본질적 사항에서 의견이 일치하지 않기 때문이다. 주석의 내용을 더 잘 이해하기 위한 여섯 가지 원칙을 제시하겠다.

1. 요한계시록과 같은 책을 해석할 때, 문자적이라는 말은 자동적으로 '실제의, 사실의' 혹은 '참된, 정확한'과 같은 말이 아니다. 그리고 상징적이라는 말은 '상상의, 누군가의 마음속에는 존재하지만 실제 세상에는 존재하지 않는' 혹은 '진실이 아닌, 속이는'이라는 말과 같지 않다. 문자적이라는 말과 상징적이라는 말은 어떤 말이나 본문에 나오는 단어와 문장이 본문 밖 세상에 있는 어떤 실재를 언급하는 방식이다. 하지만 그것은 그 실재의 특성이나 그 문장의 참이나 거짓을 언급하지는 않는다.[42] 유감스럽게도 사람들은 보통 두 영역을 혼동한다. 그래서 우리는 '내게 충성했어야 하는 순간에 그는 사실상 나를 배신했다'는 말을 하려고 '그는 말 그대로 나를 버스 아래로 밀어 넣었다'(he literally threw me under the bus)와 같은 표현을 사용한다. 보수주의와 자유주의의 양 끝에 있는

일부 사람은 부유했고, 우상 숭배적 체제에 연루되어 있었으며, 책망을 받을 필요가 있었다. 2-3장이 보여주는 바와 같다.

42. G. B. Caird, *The Language and Imagery of the Bible* (London: Duckworth, 1980), 131–32.

신학자들은 언어를 이런 식으로 잘못 이해하거나 잘못 사용한 죄에 대해 책임이 있다. "예수님이 다시 살아나셨다"는 진술이 그분을 따르는 사람의 마음속에 살아 계신다는 것을 뜻하는 비유라고 말하는 것은, 그리스도의 부활에 대한 신약의 증거를 교묘히 피해가거나 잘못 전하는 것이다. 다른 한편으로 "이 문장은 문자적으로 받아들여야 한다. 그러지 않으면 언어가 아무 의미가 없다"라고 말하는 것은 언어가 작용하는 방식을 오해하는 것이다. 단지 성경적 용법에서만 그런 것이 아니라 일상생활에서도 마찬가지다.

2. 문자적이거나 상징적인 언어는 갖가지 특징과 범위를 지닌 다양한 실체를 언급할 수 있다. 그 실체들은 구체적이거나 추상적일 수 있고, 어느 쪽이든 그 범위는 상당히 특정한 것이거나 아니면 아주 일반적인 것일 수 있다. 아이젠하워(Eisenhower)가 언급한 '군산 복합체'(military–industrial complex)라는 말은 실제로 주소가 있는 제조 설비가 아니라, 1961년 미국에서 가동된 광범위하지만 구체적인 기업과 정부의 이해관계를 의미했다. 그가 '얽히고설킨 사업과 정부의 그물망'이라는 표현을 사용했어도 가리키는 대상은 다르지 않을 것이다. 우리는 전후 문맥에 따라 말하는 내용이 무엇이고, 그 말의 특징과 범위가 무엇인지 이해해야 한다.
3. 문자적 묘사는 명시적이거나 지시적인 의미뿐 아니라 감정적이거나 함축적인 의미를 포함할 수 있다. 문자적이라는 말은 '오직 문자적인' 혹은 '순전히 지시적인'이라는 뜻이 아니다. 상징들은 분명 더 연관된 의미들을 포함할 수 있다. 하지만 문자적 묘사에 이런 의미들이 전혀 없는 것은 아니다. 친구에게 내가 '뉴욕, 뉴욕'에 간다고 말할 때, 그것은 '빅애플'(the Big Apple, 뉴욕시의 별명–역주)이라고 말하는 것과 크게 다르지 않다. 초월적 실재들(즉, 인간의 묘사나 설명으로는 완전히 포착할 수 없는 실체)을 언급하는 관련된 문제에 대해서는 뒤에 나오는 '좁은 상징' 대 '긴장을 일으키는 상징'을 보라.
4. 상징은 실제로 존재하는 어떤 것을 그것이 나타내는 실상과 하나하나 대응시키지 않고도 그것을 언급할 수 있다.[43] 그것은 그 실상과 중대한 한 가지 방식으로 대응되기만 하면 된다. 하지만 한 가지 이상의 방식으로 조화를 이룰 수도 있다. 이것은 일반적으로 오해하는 한 가지 측면이다. 그래서 '그녀는 나의 지브롤터 암벽이다'(스페인 남부 지브롤터 항구 근처의 깎아지른 절벽을 가리키는 말로 튼튼하고 안전함을 나타냄–역주)라는 비유는 믿을 만한 친구를 칭찬하는 데 쓰이지만, 체중 문제가 있는 친구에게 사용하기에 적절하지 않을 수 있다. 우리는 때로 상징에 대한 세부 사항을 그것이 지시하는 대상과 혼동한다. 하지만 그 둘은 같은 것이 아니다. 그 둘이 어느 정도 대응이 되는지 가려내려면 말의 폭넓은 전후 문맥뿐 아니라 바로 앞뒤의 문맥에도 민감해야 한다.
5. 노먼 페린(Norman Perrin)은 유대의 묵시적 상징들 및 하나님 나라에 대한 예수님의 가

43. 이 때문에 Bruce M. Metzger, *Breaking the Code: Understanding the Book of Revelation* (Nashville: Abingdon, 1993), 14는 요한계시록의 비유적 표현에서 "묘사들은 상징들이 전달하는 실상에 대한 묘사가 아니라 상징들에 대한 묘사"라는 점을 상기시킨다.

르침을 논의하면서 '좁은 상징'(steno-symbol) 대 '긴장감을 일으키는 상징'(tensive symbol)의 구분을 도입했다.[44] 그는 다른 사람들의 연구에 의지해서, 좁은 상징은 구체적인 지시 대상과 일대일 관계에 있다고 규정하고, 유대 묵시에서 구체적인 역사적 인물이나 사건을 언급하는 상징을 인용한다(예를 들어, Antiochus IV Epiphanes, 로마가 오는 것). 긴장을 일으키는 상징은 "하나의 지시 대상으로도 남김없이 다 혹은 적절히 표현될 수 없는 일련의 의미들"[45]을 지닌 상징이다. 이 기본적 구분은 타당하다. 하지만 페린은 그 대조를 무리하게 밀고 나가 지나치게 강조한다. 그의 견해에 따르면 좁은 상징은 일대일 동일화 이상의 환기적인 혹은 더 깊은 의미는 지닐 수 없는 반면, 긴장을 일으키는 상징은 규정할 수 있는 의미를 전혀 띠지 않는다. 이것은 "하나님에 대한 경험이 사람에게 실존적 실상이 될 수 있는 다양한 방식을 탐구"[46]하게 한다. 그리고 "모든 사람이 동시에 경험할 수 있는 하나의 확인 가능한 사건이 아니라 어떤 한 사건으로도 남김없이 이야기할 수 없고 모든 사람이 자신의 때에 경험할 수 있는 어떤 것"[47]을 언급한다. 긴장을 일으키는 상징은 "마음을 들볶아 계속해서 새롭게 의미들을 환기시킨다."[48]

다행히도 페린은 예수님이 말씀하신 '하나님 나라'의 의미에 대한 그의 해석이 정당하다는 것을 입증하기 위해 그저 이런 정의에만 의지하지는 않는다. 그는 자료 비평적 근거 및 신학적 근거에 의지해서 그런 주장을 편다. 하지만 상징에 대한 이런 해설은 상징이 성경적 용법에서 할 수 있는 일들의 범위를 왜곡한다. 몇몇 사람은 그의 구분이 이런 왜곡을 낳는다고 비판했다.[49] 하지만 콜린스(Collins)는 시적, 신화적, 묵시적 문학은 "실제를 객관적 방식으로 묘사하기보다는 느낌과 태도들을 분명하게 표현한다…(그것은) 지시적이기보다는 표현적이고, 사실적이기보다는 상징적이다"[50]라고 주장함으로써 문제를 영구화한다. 이것은 잘못된 이분법이다.

성경적 상징들이 종종 하나님, 심판, 구속에 대해 인간이 온전히 파악하거나 묘사하기에(특히 문학적 진술들로) 어려운 초월적 실상들을 언급하는 것은 분명 사실이다. 비유적 표현들은 하나님과 그분의 방식에 대한 우리의 개념이 지닌 심오한 신비를 산문적 용어들로 축소하지 않으면서 그러한 개념을 확장하는 데 도움을 준다. 하지만 또한 하나님이 인간을 다루시는 방식 및 선한 피조물에 대한 하나님의 계획을 순전히 영적이고 내세적인 것으로 축소하지 않는 것도 중요하다. 축소할 수 없는 "성경적 종말론이 지닌

44. Norman Perrin, "Eschatology and Hermeneutics: Reflections on Method in the Interpretation of the New Testament," *JBL* 93 (1974): 10–13; 같은 저자, *Jesus and the Language of the Kingdom* (Philadelphia: Fortress, 1976), 29–32, 43, 59.

45. Perrin, "Eschatology and Hermeneutics," 10–11.

46. Perrin, "Eschatology and Hermeneutics," 13.

47. Perrin, "Eschatology and Hermeneutics," 13.

48. Perrin, "Eschatology and Hermeneutics," 13.

49. Dale C. Allison, *The End of the Ages Has Come: An Early Interpretation of the Passion and Resurrection of Jesus* (Philadelphia: Fortress, 1985), 106–12; Collins, *Apocalyptic Imagination*, 19–24, 128–29.

50. Collins, *Apocalyptic Imagination*, 21.

현실성"이 있고, 그것을 완전히 영적으로 해석해서는 안 된다.[51] 하나님의 구속은 그리스도와 그분의 것인 사람들이 그리스도와 함께 영원히 살기에 적합한 "신령한" 존재이면서도 육체적인 존재로 부활하는 것을 포함한다(고전 15장; 고후 5장). 그리고 앞으로 일어날 그분의 피조물의 심판과 구속 또한 순전히 천상의 존재 방식을 위해 이 세상을 없애버리는 것이 아니라, 죄의 영향에서 자유롭게 되도록 이 세상을 철저히 새롭게 하는 것을 포함한다(롬 8장). 요한계시록이 그런 심판과 구속을 완성할 미래의 사건들을 묘사하기 위해 사용하는 구약의 예표론적 대비들을 보면서, 우리는 요한의 상징들 역시 앞으로 일어날 일들에 대한 묘사에서 이런 '현실성'을 제거하지 않는다고 이해해야 한다(뒤에 나오는 예표론과 구약의 사용에 대한 논의를 보라).

6. 어떤 묘사가 얼마나 문자적인지 혹은 상징적인지 결정짓고, 그 상징이 무엇을 의미하는지 결론 내리는 것은 그것이 지닌 고대적 배경에 비추어 평가해야 한다. 이러한 결정은 요한계시록 내의 바로 앞뒤 문맥과 더 광범위한 전후 문맥에 주의를 기울이는 것으로 시작되지만, 그다음에는 더 광범위한 신약으로 이동한다. 곧, 신약의 묵시적 본문들(예를 들어, 막 13장과 병행 구절들; 살후) 및 거의 묵시적인 혹은 앞으로 이루어질 완성을 말하는 다른 본문들(예를 들어, 행 1, 3장; 롬 8장; 고전 15장; 살전)이다. 요한계시록에서 매우 중요한 것은 본문에 인용된 구약 암시에 대한 연구다. 구약 자체가 예언적 미래를 어떻게 이해하고, 묘사와 상징을 통해 그것을 어떻게 표현하는지를 살펴보는 것은 특히 적절하다. 장르에 대한 앞선 논의에서 언급한 대로, 요한은 자신을 구약 선지자와 동일시하기 때문이다. 개념적 유사성에 대한 더 광범위한 탐색은 구약으로부터 고대 유대 및 기독교 묵시 본문들로 확장되어야 한다. 요한의 상징 중 대다수는 세상을 위해 예비하신 하나님의 미래에 대한 구약 전통을 더 발전시킨 것으로서 그런 묵시 본문들에도 나오기 때문이다. 그리스 로마의 비유적 표현과 개념적 유사성들 역시 중요할 수 있다. 하지만 요한은 그의 구약 및 묵시적 유산을 통해 그러한 것들을 전달한 듯하다(예를 들어, 발람, 이세벨, 바다에서 나온 짐승, 음녀 바벨론). 그래서 그것들 단독으로는 그다지 중요한 것 같지 않다.[52] 고대 본문들을 해석할 때 언제나 그러하듯, 상징이 무엇을 의미할 수 있는지 혹은 의미해야 하는지에 대해 우리가 갖고 있는 현대적 직감을 과신하지 않는 것이 중요하다.[53] 이런 경고는 현대 청중이 믿을 준비가 되어 있는 것에 대해 변증법적으로 주저하는 좀 더 자유주의적인 해석자들뿐 아니라, 대응되는 것처럼 보이는 현대 생활의

51. David L. Turner, "The New Jerusalem in Revelation 21:1–22:5: Consummation of a Biblical Continuum," in *Dispensationalism, Israel and the Church: The Search for Definition*, ed. Craig A. Blaising and Darrell L. Bock (Grand Rapids: Zondervan, 1992), 278. 또한 George Eldon Ladd, *The Presence of the Future: The Eschatology of Biblical Realism* (Grand Rapids: Eerdmans, 1974), 59–64; 같은 저자, *A Theology of the New Testament*, rev. ed., ed. Donald A. Hagner (Grand Rapids: Eerdmans, 1993), 680–83을 보라.

52. Alan Bandy, "The Hermeneutics of Symbolism: How to Interpret the Symbols of John's Apocalypse," *SBJT* 14 (2010): 49–54는 비슷한 맥락에서 말한다.

53. Bauckham, *Theology*, 18–22.

특징(예를 들어, 코브라 헬리콥터, 핵무기, 짐승의 표인 마이크로칩)으로 곧바로 건너뛰는 일부 보수적 해석자에게도 적용된다.[54]

요한계시록에서 나온 이런 개념들에 대한 몇 가지 예시는 다음과 같다(그에 대한 논의로는 주석에서 특정한 본문들을 보라). 5:6에 나오는 "어린양"은 예수님과 문자적으로 대응되는 점은 거의 없다(털도 없고, 눈은 두 개뿐이고 뿔도 없다. 그러나 희생 제물로 죽임을 당하셨고 그다음에는 호된 시련 후에 다시 일어나실 수 있다). 하지만 상당히 구체적인(초월적일 뿐 아니라 현세적인) 인물과 그것이 나타내는 경험은 의문의 여지가 없다. 요한계시록 8장에 나오는 네 개의 나팔은 우박, 불, 하늘에서 쏟아지는 피, 바다와 내륙의 물이 피로 변하고 독성을 지니는 것, 하늘의 빛이 어두워지며, 모든 것에 천둥, 번개, 지진이 수반되는 것을 묘사한다. '요한계시록은 기괴한 묵시적 상징들을 사용하므로 이것들은 분명 물리적 심판이 아니라 영적 심판이다'라는 논증에 의지하는 것은 잘못이다. 이 특징들은 모두 소돔과 출애굽 사건과 시내 산에서 그리고 이스라엘 역사 내내 있었던 다른 신적 개입에서 하나님이 심판하시고 해방하시면서 물리적, 현세적으로 나타나신 것을 묘사하는 구약 이야기에서 나온 것이다. 분명 그 이야기들은 강화되고 보편화되었다. 하지만 다른 존재론적 영역으로 바뀐 것은 아니다. 요한계시록 9장을 보면 기괴한 "황충"과 "전갈"이 무저갱에서 나온다. 그것들은 한편으로는 이 세상의 기병대처럼 옷 입고 행동하지만, 다른 한편으로는 이전에 모였던 어떤 군대와도 같지 않다. 출애굽기 10장과 요엘 2–3장에 대한 성경 암시들 및 본문 자체의 세부 사항들은 영원한 정죄를 영적으로 일별하는 것이기보다는, 최종 환난의 정점에 이르는 심판들에서 어떤 순간에 마귀적 존재들이 불경한 인간들에게 실제로 육체적 공격을 가하는 것을 시사한다. 요한계시록 13:1–3에는 '바다에서 나오는 짐승'이 등장하는데, 그것은 다니엘 7장에 나오는 네 짐승을 환기하는 다양한 특징을 지니고 있다. 다니엘 7장에 나오는 4라는 숫자는 문자적이지만, 두 본문에서 지시하는 대상은 문자적인 사나운 짐승이 아니다. 둘 다 이 세상의 정치 역사에 등장하는 상당히 구체적인 지시 대상이 있지만(다니엘 7장에서는 왕에서 나라로 약간 바뀌면서), 그 지시 대상들에 연상적, 감정적 의미가 없지 않다. 그것은 역사 내내 하나님의 백성을 잔인하게 억압했던 악한 제국들을 암시하기 때문이다.

54. 전자에 대해서는 Bandy, "Hermeneutics," 47–48을 보라. 후자에 대해서는 Collins, *Apocalyptic Imagination*, 1–2를 보라. 그는 *Ratlos vor der Apokalyptik* (Gütersloh: Gütersloher Verlagshaus)라는 Klaus Koch의 1970년도 책을 언급하면서, 일반적인 신약 비평가들이 "묵시로 인해 어떻게 '당혹스러워'하거나 '난처해'" 했는지 묘사한다. 그래서 그 본문들과 개념들을 "종종 성경 학계에서 피하거나 무시했다"는 것이다. *ratlos*라는 단어에 대한 다른 번역들은 '어쩔 줄 모르는' 혹은 '부끄러워하는'이 될 수 있을 것이다. 영어 제목은 그것을 *The Rediscovery of Apocalyptic*(1972)으로 한 단계 누그러뜨렸다.

해석학적 접근법들

요한계시록의 비유적 표현에 대한 고찰에 이어 자연히 이 책에 대한 해석적 접근법들에 대한 논의가 뒤따른다. 그 당혹스러운 환상들과 상징들은 요한의 책이 어떻게 이 세상의 실제 역사와 연대에 관련되어 있는가 하는 문제를 제기하기 때문이다.[55] 그것은 요한과 그의 독자들이 당면한 세상에서 나온 과거의 상황들을 묘사하는가? 그리스도가 이 땅에 다시 오셔서 만물을 변화시키기 직전, 미래에 시대의 절정에 이를 때 일어나는 일들을 언급하는가? 요한의 시대로부터 최종 완성에 이르기까지 전체 시기 동안 일어날 세상이나 교회에 대한 일을 말하는가? 아니면 그것은 언제나 해당되는, 하나님과 인간 그리고 선과 악에 대한 영적이고 세상적인 삶의 광범위한 원리들을 묘사하는가?

이것들은 본질적으로 종종 개관되는 요한계시록에 대한 네 가지 전통적 '접근법'을 나타낸다. 각각 과거주의, 미래주의, 역사주의, 이상주의적 접근법이다. 이 접근법들은 교회 역사 내내 다양한 해석자가 따랐던, 요한의 환상들을 이해하는 네 가지 방법에 대해 귀중한 통찰을 제공한다.[56] 현대 해석자들이 개인주의적이거나 기이한 독법을 저지하는 장치로 그것들을 고찰하는 것이 중요하다. 오랜 세월 동안 광범위한 기독교 해석자 공동체가 어떻게 본문을 이해했는가를 인식하면, 우리의 개인적 편견과 우리 시대의 경향을 더 잘 알게 되고 본문 자체에 더 주의를 기울이게 된다. 앞에서 제시한 간략한 묘사에 빠져 있는 것은 각 접근법의 배타성, 즉 환상들이 단지 고대 상황이나 먼 미래만 가리킨다는 등의 개념에 대한 언급이다. 이런 견해들은 때로 배타적으로 타당하다고 주장되었으나(예를 들어, 상징들이 어떤 구체적인 사람들이나 사건들을 언급하는 것이 아니라 오직 초시간적인 진리들만 언급한다는 이상주의적 이해),[57] 오랜 세월 동안 대부분의 해석자는 이런 접근법들을 섞어서 사용해왔으며[58] 이 요소들을 절충주의적으로 결합시키는 것이 더 최근 주석의 특징이다.[59] 각 접근법이 "단언하는 것은 옳고 부인하는 것은 틀리다"는 원리(때로 경합하는 신학적 견해들에도 해당되는)는 일반적으로 여기에서도 해당

55. G. B. Caird, *A Commentary on the Revelation of St John the Divine*, HNTC (New York: Harper & Row, 1966), 1이 독특한 방식으로 말하듯이, 처음 요한계시록을 만나는 사람은 "도대체 이게 다 뭐지?"(What on earth is *this* all about?)라는 처음의 당혹스러운 질문에서, "이 세상에서 이게 다 뭐지?"(What *on earth* is it all about?)라는 좀 더 성찰적인 질문으로 넘어간다.

56. 오랜 세월에 걸쳐 그런 접근법들이 요한계시록을 해석하는 데 어떻게 사용되어왔는지에 대한 개관으로는 Isbon T. Beckwith, *The Apocalypse of John: Studies in Introduction with a Critical and Exegetical Commentary* (New York: Macmillan, 1919), 318–36; Koester, *Revelation*, 29–65; Arthur W. Wainwright, *Mysterious Apocalypse: Interpreting the Book of Revelation* (Nashville: Abingdon, 1993), 21–103을 보라. 전례적, 예술적 영향력을 포함하는 좀 더 짧은 개관은 Judith Kovacs and Christopher Rowland, *Revelation, the Apocalypse of Jesus Christ*, BBC (Oxford: Blackwell, 2004), 14–38이다.

57. 예를 들어, William Milligan, *The Revelation of St. John* (London: Macmillan, 1886), 154–55, "우리는 묵시 안에서 특별한 사건들을 찾아보는 것이 아니라 세상과 교회 둘 다의 역사를 지배하는 원리들의 표현을 찾아보아야 한다…그래서 이 책은 우리에게 초기 혹은 중세 혹은 말일의 사건들이 일어나기 전에 그 사건들을 기록한 역사가 되는 것이 아니라, 모든 시대의 그리스도인들에게 격려와 거룩함 기쁨을 고양시키는 샘이 된다."

58. Koester, *Revelation*, xiii.

59. Carson and Moo, *Introduction*, 720–21; Köstenberger, Kellum, and Quarles, *Introduction*, 973. Tenney, *Interpreting Revelation*, 144–46은 그런 절충주의적 접근을 권한다.

되는 듯하다.[60]

따라서 과거주의 견해는 요한의 환상이 로마 소아시아에 있는 고대 독자가 직면한 도전들을 가리켰다는 점에서 그리고 그들에게 주변 문화의 반대에 직면해서 신실함을 유지하도록 소망을 주었다는 점에서 옳다. 하지만 묘사된 환경과 사건들은 일부 과거주의자가 주장하는 것처럼 주후 1세기(예루살렘의 멸망) 혹은 주후 4세기나 5세기에 일어난(혹은 일어나지 않은) 일(로마 제국의 기독교화 혹은 그것의 붕괴)로 완전히 규명되지는 않는다.[61]

마찬가지로 미래주의적 접근도 요한계시록을 해석할 때 중요하게 보아야 한다. 요한계시록은 예수님이 곧 이 땅에 오시는 것 및 그분의 재림에 수반될 하나님의 심판과 구속의 절정을 둘러싼 사건들을 중심으로 환상을 반복해서 제시하기 때문이다(예를 들어, 1:1, 7; 4:1; 10:6–7; 11:15–18; 21:1–5; 22:6–21). 그것은 분명 아직 일어나지 않은 미래의 사건들이다. 하지만 요한계시록은(심지어 4–22장도) 또한 최초의 독자들에게 그들 시대에 일어난 사건들에 대해 말하며(로마와 로마가 가하는 억압),[62] 마지막 날에 궁극적으로 표현되기까지 역사 내내 예비적 형태로 반복되어온 상황들을 예표론적으로 말한다(나라들과 개인들이 하나님과 그분의 백성을 반대해서 스스로 높이는 것, 하나님의 백성이 현재 세상에서 겪는 어려움, 하나님이 만물을 주관하시는 것과 그분께 반대하는 자들에 대한 하나님의 예비적 심판).[63] 뒤에 나오는 예표론에 대한 논의를 보라.[64]

역사주의적 접근법에서 정당성을 발견하기는 더 어렵다. 종교개혁자들이 교황권에 반대하는 논증을 할 때 그들에게 이 접근법이 매력적인 것이었음에도(부패한 교황이나 성직자들의 관행에 저항한 초대 교회 지도자들도 그것을 사용했다) 그러하다. 요한계시록은 그 당시에 이르기까지 혹은 오랜 세월에 걸쳐 종말에 이르기까지의 시간 동안 하나님의 백성이나 세상의 역사 과정을 추적할 때, 다른 고대 묵시의 유형을 전혀 따르지 않는다[예를 들어, 1 En. 85–90에 나오는 동물 묵시; 1 En. 91과 93에 나오는 이레들(weeks)의 묵시].[65] 다니엘 2장, 7장(네 나라), 9장(칠십 이레)에 나오는 역사의 시대 구분과 비교할 때, 요한계시록은 하나님 나라가 오기까지 이어지는 오랜 세월에 걸친 사건들의 연속이 아니라, 하나님 나라가 이 땅에 오는 것의 절정(즉, 단 2:44–45; 7:13–14, 23–27; 9:26–27; 12:1–3에 나오는 마지막 단계)에만 초점을 맞춘다. 그 상징들을 세계사의 사건과 연결하려는 시도들은 이런 동일화를 지지하는 집단들에게 거듭 실패와 당혹감을

---

60. Tenney, *Interpreting Revelation*, 143은 이상주의적 접근법에 대해 그렇게 말한다.

61. 과거주의자(Preterists)는 보통 요한계시록을 거기 나온 '예언들'이 성취되지 않은 순전히 인간적이고 오류가 있는 저작이라고 보는(때로 '역사적-비평적' 접근이라고 불리는) 사람들뿐 아니라, 그 책을 고대 상황에서 성취된 신적 예언으로 보는 해석자들도 포함하는 것으로 이해된다. Köstenberger, Kellum, and Quarles, *Introduction*, 966–68; Tenney, *Interpreting Revelation*, 136을 보라; 또한 Koester, *Revelation*, 57–58에 인용된 차이를 보라.

62. 선지자들이 자신의 시대의 임박한 역사적 사건들에 대한 가까운 환상과 그들의 날로부터 멀리 떨어진 미래의 사건들에서 주의 날에 대한 먼 환상을 통합하는 능력에 대해서는 Caird, *Language and Imagery*, 258–59를 보라. Bauckham, *Theology*, 152–53도 비슷하다.

63. Köstenberger, Kellum, and Quarles, *Introduction*, 972가 주장하는 것처럼, 환난 전 휴거를 고수하면 요한계시록 대부분이 오늘날 그리스도인들에게 부적절하게 된다는 것은 전혀 사실이 아니다.

64. Carson and Moo, *Introduction*, 720–21은 과거와 미래의 이러한 대응들을 종말의 "예시"라고 말한다.

65. Christopher R. Smith, "The Structure of the Book of Revelation in Light of Apocalyptic Literary Conventions," *NovT* 36 (1994): 380, 390–91에는 요한계시록이 어떻게 그리고 왜 이런 이전 묵시들이 그랬던 것처럼 "역사의 검토"를 따르지 않는지에 대한 귀중한 분석

주었다. 고트족의 로마 침략 혹은 오스만 제국의 동유럽 침략, 1798년 프랑스 군대에 의한 교황 비오(Pius) 6세의 투옥, 무솔리니, 유럽 연합, 사담 후세인(Saddam Hussein)의 등장 등, 이런 사건들은 요한계시록이 가리키는 상징이 아니다. 요한계시록에 대한 역사주의적 해석은 요즘에는 찾아보기 어렵다.[66] 하지만 여호와의 증인[67]과 제7일 안식일 재림파[68]는 여전히 일반적으로 그런 접근법을 고수한다. 그리고 오늘날 주요 뉴스의 헤드라인을 요한계시록의 환상과 연결 지으려는 몇몇 대중적 시도에서도 일종의 역사주의를 발견할 수 있다(13:18; 16:12-16에 대한 설명, 그리고 요한계시록 16장의 '적용에서의 신학'을 보라).[69] 역사주의에서 발견할 수 있는 타당성의 척도는 요한계시록이 말일의 일부로 묘사하는 인물 및 사건에 대한 다양한 예표론적 전조들과 가장 상관 관계가 있다(앞에서 언급한 것처럼). 주전 586년, 주전 167년, 주후 70년에 일어난 사건들이 그리스도가 다시 오시기 전 마지막 날에 전 세계적 세력의 예루살렘 공격을 예시하는 것처럼(11:15-18; 19:11-21에 대한 설명을 보라), 세계사의 다른 사건들은 요한계시록이 묘사하는 종말 때의 사건들을 예시할 수도 있다. 하지만 그 사건들은 연대적으로 정리되어 있지 않으며, 그 예언적 환상들이 궁극적으로 성취되었음을 나타내지 않는다.

이상주의적 접근은 요한계시록에서(모든 성경에서 그런 것처럼) 하나님에 대해 그리고 그분이 인간을 다루시는 것에 대해 초시간적 원리들을 발견한다는 점에서는 옳다. 요한계시록은 거룩하신 하나님의 성품과 자신의 피조물에 대한 그분의 주권적 통치에 대해 많은 것을 가르친다. 그리스도의 신적 존재와 구속 그리고 그분이 희생하심으로 이루신 승리에 대한 교훈은 분명 연대 및 구체적 상징에 대한 문제들을 해결하는 것과는 별개다. 다른 신학적 주제들에 대해서는 이 주석 끝에 나오는 '요한계시록 신학'을 보라. 인간의 죄 된 완악함과 그들이 회개하고 하나님의 길에 복종할 필요성 역시 언뜻언뜻 드러난다. 교회는 언제나 요한계시록에서 그런 영적, 도덕적 진리들을 분별해왔다. 하지만 이상주의적 접근법을 지지하는 사람들이 요한의 환상에 구체적인 인물들 및 일련의 사건들이 나오는 것을 보지 않으려 하는 것은 잘못이다.[70] 이 두 가지(초시간적 진리 및 구체적 지시 대상)는 상호 배타적인 것이 아니다. 요한계시록에는 먼 미래의 상황뿐 아니라 1세기의 특정한 역사적 상황들도 묘사되어 있다. 뒤에 나오는 해설에서 이 점을 살펴볼 것이다.

이 나온다.

66. 그것은 예를 들면 C. Marvin Pate가 편집한 *Four Views on the Book of Revelation* (Grand Rapids: Zondervan, 1998)에 나오는 요한계시록에 대한 대조적 요소들에 대한 책에 빠져 있다. 이 견해들에 포함된 것은 과거주의, 이상주의, 점진적 세대주의, 고전적 세대주의다.

67. M. James Penton, *Apocalypse Delayed: The Story of Jehovah's Witnesses*, 3rd ed. (Toronto: University of Toronto Press, 2015), 3-9, 277-81.

68. Ministerial Association of Seventh-day Adventists, *Seventh-Day Adventists Believe: A Biblical Exposition of 27 Fundamental Doctrines* (Washington: Ministerial Association, General Conference of Seventh-day Adventists, 1988), 319-31; George R. Knight, ed., *Seventh-Day Adventists Answer Questions on Doctrine*, annotated ed. (Berrien Springs, MI: Andrews University Press, 2003), 193-97.

69. Craig A. Blaising and Darrell L. Bock, *Progressive Dispensationalism* (Wheaton: Bridgepoint, 1993), 292-94; Crawford Gribben, *Evangelical Millennialism in the Trans-Atlantic World, 1500-2000* (Basingstoke: Palgrave Macmillan, 2011), xii-xiii; Köstenberger, Kellum, and Quarles, *Introduction*, 968; Osborne, *Revelation*, 18-19.

70. Bauckham, *Theology*, 19는 이렇게 말한다. "요한계시록의 이미지들을 초시간적 상징들로 이해하는 것은 심각한 잘못일 것이다…그 이미지들의 의미를 오늘날 제대로 알려면 최초 독자들의 구체적인 사회적, 정치적, 문화적 종교적 사회에서 그 이미지들이 어떤 울림을

구약 사용: 예언과 예표

구약 여러 부분에 대한 대비와 암시들은 요한계시록 곳곳에 널리 퍼져 있다. 사실상 모든 구절에 나오는데, 특히 환상에 많이 나온다.[71] 하지만 다른 많은 신약과 달리, 명백한 인용문 혹은 공식적 인용은 찾아볼 수 없다(즉, "기록되었으되", "기록된 바" 등과 같은 표현으로 시작되는 구약 인용문들). 요한은 마태와 같이 그리스도 안에서 구약이 성취되었음을 보여주기 위해 혹은 바울과 같이 자신의 신학적 논증을 뒷받침하기 위해 구약을 인용하지는 않는다. 그러나 요한은 구약 선지자들을 통해 알려진 모든 것이 앞으로 성취되리라는 점을 보여주는, 신적으로 임명된 선지자적 역할을 수행하면서(10:7; 11:18; 22:6, 9; 앞에 나오는 장르에 대한 논의를 보라) 구약의 선지서와 다른 책(특히 창세기, 출애굽기, 시편, 이사야, 에스겔, 다니엘, 스가랴)을 반영한다. 공식적 인용과는 대조적으로, 요한계시록에는 구약을 비공식적으로 인용한 것이 15개 나온다(NA[28]에서 이탤릭체로 표현된 것에 반영되었듯).[72] 하지만 학자들은 요한이 구약을 훨씬 더 자주 암시하거나 반영한다고 추산한다. 250번에서 1000번 정도다.[73] 정확하게 계산하기는 힘들다. 요한은 혼합적 암시를 사용하는 습관이 있기 때문이다. 그는 여러 구약 본문에서 비슷한 내용이 될 만한 것을 한두 문장으로 결합하곤 한다. 예를 들어, 모이스(Moyise)는 이사야(2번), 에스겔(2번), 다니엘(4번)에 대한 최소한 여덟 번의 암시를 포함하는 첫 환상(계 1:12-18)을 인용한다.[74] 그리고 다른 환상에서도 비슷한 복합적 인용문들을 쉽게 발견할 수 있다. 요한은 어떤 암시에서는 히브리어 본문을 활용하는 듯하며, 또 다른 곳에서는 헬라어로 된 구약 형태들(LXX와 다른 것들)을 사용하는 듯하다.[75] 또한 구약의 선지자적 기대에 뿌리를 둔 고대의 비정경적 유대교 및 기독교 문헌과도 유사한 것이 상당히 많다. 특히 「엘리야의 묵시」(Apocalypse of Elijah), 「모세의 승천기」(Assumption of Moses), 「바룩2서」(2 Baruch), 「에녹1서」(1 Enoch), 「에스라4서」(4 Ezra), 「욥의 유언」(Testament of Job), 「희년서」(Jubilees), 「솔로몬의 시편」(Psalms of Solomon), 「디다케」(Didache), 사해 사본(1QM, 11 QTemple), 「시빌의 신탁」(Sibylline Oracles) 등과 같은 묵시서다.[76]

지니고 있었는지 이해할 필요가 있다."

71. G. K. Beale and Sean M. McDonough, "Revelation," in *Commentary on the New Testament Use of the Old Testament*, ed. G. K. Beale and D. A. Carson (Grand Rapids: Baker Academic, 2007), 1081은 요한계시록이 구약으로 "충만하다"라고 말한다. J. Ramsey Michaels, "Old Testament in Revelation," *DLNT* 850-51은 "신약의 다른 어떤 책도 요한계시록보다 고대 성경의 사상과 언어가 철저히 스며들어 있는 책은 없다"라고 말한다.

72. 공식 인용과 비공식 인용 사이의 이런 구분에 대해서는 Jan Fekkes, *Isaiah and Prophetic Traditions in the Book of Revelation: Visionary Antecedents and Their Development*, JSNTSup 93 (Sheffield: JSOT Press, 1994), 63-64를 보라. The UBS[5] 헬라어 본문(참고. 색인, p. 863)은 좀 더 엄중한 판단 기준을 따라, 요한계시록에 어떤 구약 인용(즉, 볼드체로 된 본문)도 나타내지 않는다.

73. Beale and McDonough, "Revelation," 1082; Steve Moyise, "Revelation and Scripture," in *The Later New Testament Writings and Scripture: The Old Testament in Acts, Hebrews, the Catholic Epistles, and Revelation* (Grand Rapids: Baker Academic, 2012), 111.

74. Moyise, "Revelation and Scripture," 112.

75. Beale and McDonough, "Revelation," 1082-83; Koester, *Revelation*, 123-24; Steve Moyise, *The Old Testament in the Book of Revelation*, JSNTSup 115 (Sheffield: Sheffield Academic Press, 1995), 17.

76. 이 중 처음 여덟 개는 NA[28](pp.869-77)의 색인에 나와 있으며, 그 목록에는 요한계시록에 이 책들과 대응되는 129개가 기록되어 있다. 이것은 요한이 이 책들을 구체적으로 인용한다는 것이 아니라, 그 책들이 요한과 그의 독자들이 잘 알고 있던 사고 세계의 일부였다는 것을 가리킨다. 요한과 신약 전반은 이 책들과 함께 구약 성경의 신학적 유산에 직접 의존하고 있었으며, 제2성전기와 그 이후

이 문서들은 구약에서 신약으로 신학적 개념이 발전한 것을 추적하는 데 대단히 중요한 역할을 한다.[77] 이에 비해 그리스 로마 문학 혹은 고대 근동 신화에 대한 암시 혹은 공유된 이미지들은 비교적 드물다. 그리고 그러한 것들이 표면에 드러날 때는 이른 시기에 그것을 흡수한 유대 자료들을 통해 전달된다(12:1-4과 13:11의 설명을 보라).[78] 심지어 다른 기독교 자료들(예를 들어, 공관 복음 전승, 바울의 가르침)과의 구체적인 유사점도 아주 적다. 특히 그런 것들이 나오리라고 예상될 만한 곳에서 그렇다(19:11-21에 대한 설명을 보라). 요한계시록은 명백히 기독교적인 책이며 처음부터 끝까지 예수그리스도 안에 나타난 하나님의 역사를 높인다. 그런데 요한의 책 전체의 중심은 구약 및 지금 예수님 안에서 성취되고 있는 하나님의 구원과 심판에 대한 구약의 유대적 개념이다.

요한은 비유적 표현을 사용하면서 그 배경에 어떤 구약 본문 혹은 본문들이 있는지를 표시하지 않으므로, 그는 자기 독자들을(그리고 그들은 그를) 충분히 잘 아는 듯하다. 독자가 그 대응의 의미를 더 성찰함으로써 즉시 이해하거나, 계시록 전체에 걸쳐 비슷한 개념들이 반복되는 것을 통해 이해하리라고 추정하는 것이다.[79] 그들이 공유하는 개념 세계는 구약에 그리고 예수님 및 그분이 하나님의 구속 사역을 성취하신 것에 대해 초대 교회가 전파한 내용에 근거한 것으로, 그들이 요한계시록의 환상들을 이해할 수 있는 공통적인 개념의 틀이었다. 오늘날 우리의 과제는, 구약의 암시 및 요한이 그 암시를 자신과 그의 원래 독자들이 이해할 만한 용어로 사용한 것을 추적함으로써 그 개념 세계에 들어가는 것이다. 크래프트(Kraft)가 주장하듯 주어진 본문에 나오는 예언적 말들에 대한 구약적 전거를 탐구하지 않는다면, 요한계시록을 제대로 해석하지 못하는 것이다. 요한은 스스로 예언들을 만들어내는 것이 아니라, 구약 선지자들에게 영감을 주신 동일한 성령의 역사로 말미암아 그들이 하던 일을 이어나가며 해석한다고 보기 때문이다.[80]

유감스럽게도 많은 해석자는 요한계시록을 이러한 구약 및 고대 유대교의 기대에 비추어 읽기를 소홀히 한다. 야우히아이넨(Jauhiainen)이 말하듯이, "요한계시록의 유대적 특성은 현대 학계에서 언제나 충분히 인식되지 않는다. 요한은 예수님의 제자로서 글을 쓰지만, 그가 대답하는 질문들은 유대인의 질문이며 그가 제시하는 성취는 유대인의 기대에 대한 성취다." 그는 이렇게 덧붙인다.

까지 그것의 전승들을 발전시키는 일에 참여했다. 몇 가지 대응에서 요한은 이 글들과 매우 유사하다. 하지만 그런 모든 경우에 그들이 공유하는 개념들은 토대가 되는 구약 본문에서 발전한 것이다. 예를 들어, Loren T. Stuckenbruck and Mark D. Mathews, "The Apocalypse of John, *1 Enoch*, and the Question of Influence," in *Die Johannesapokalypse: Kontexte-Konzepte-Rezeption*, ed. Jörg Frey, James A. Kelhofer, and Franz Toth (Tübingen: Mohr Siebeck, 2012), 231-34에 나오는 1 Enoch과의 대응에 대한 요약을 보라.

77. Larry R. Helyer, "The Necessity, Problems, and Promise of Second Temple Judaism for Discussions of New Testament Eschatology," *JETS* 47 (2004): 597-615.

78. 물론 고대 소아시아에 있던 최초 독자들의 사회 경제적, 문화 정치적 사회의 특징들이 이 책에 자주 나타난다(예를 들어, 부와 가난, 권력과 억압, 생산과 교역).

79. Bauckham, *Climax*, xi-xii; 같은 저자, *Theology*, 18-22.

80. Heinrich Kraft, *Die Offenbarung des Johannes*, HNT 16a (Tübingen: Mohr Siebeck, 1974), 16.

> 요한계시록은 하나님 백성의 회복에 대한 스가랴의 관심을 공유한다…이 실상은 아마 요한계시록에 대한 현대의 해석에서 충분히 중요하게 다루어지지 않았을 것이다. 현대의 해석은 종종 그 문서의 유대적 특성을 묵과하고 기독교적 특성을 강조한다. 다가오는 회복에 대한 소망은 결국 1세기 유대인의 세계관에서 필수적인 부분이었으며, 예수님을 따르던 유대인들은 그 소망을 수정했을지 모르지만 버리지는 않았다. 요한은 말일에 일어날 사건들을 예수님의 삶과 죽음과 부활에 비추어볼 수밖에 없지만, 그럼에도 그는 회복의 환상을 제시하는 방식에서 유대적인 예언 전통에 확고히 의지한다. 회복에 대한 이스라엘의 소망이 절정에 이르면서 완성될 과정이 가동되기 시작했다. 스가랴서에서 "그날"까지 연기되었던 것이 마침내 요한의 환상 속에서 일어나는데, 요한은 그것을 고대 예언의 궁극적 성취이자 종결로 제시한다.[81]

야우히아이넨은 스가랴에 나타나는 "하나님 백성의 회복"을 이런 식으로 설명한다. 하나님이 이스라엘에게 하신 약속의 성취라는 더 광범위한 주제에 대해서도 비슷하게 말할 수 있다. 그것 역시 구약의 다른 선지자들의 음성에서 나온 것이다. 회복이라는 스가랴의 주제 자체는 소주제들을 포함한다. 그 소주제는 이스라엘이 자신의 죄를 회개하지 않는 것, 회복 이전에 있을 "마지막 환난" 동안 이스라엘이 극심한 고난을 받아 깨끗하게 되는 동시에 그 원수들이 벌을 받으리라는 것, 하나님께 참된 예배를 드리는 장소이자 그분의 백성이 있는 곳에서 이 세상을 통치하시는 중심인 예루살렘이 새롭게 되는 것 등이다.[82] 그리고 야우히아이넨이 지적하듯, 요한은 이 성취가 예수 그리스도를 통해 이미 시작되었으며 온전히 완성될 것임을 재빨리 보여준다. 예수 그리스도는 그 완성을 이루시는 야훼의 대행자이시며, 앞으로 하나님이 온 땅을 통치하시는 것과 그분이 자신의 사람들에게 인격적으로 임재하시는 데 동참하실 것이다.[83] 하나님이 개입하셔서 원수들을 심판하시고 그분에 대한 믿음으로 돌아오는 민족들과 함께 이스라엘을 구속하기 위해 이스라엘을 정결하게 하시는 것과 여호와의 날이라는 주제를 나란히 놓는 것을 더듬어보면, 비슷한 주제들이 다양한 구약 선지서들을 통해 요한의 환상들에 이르기까지 이어지는 것을 추적할 수 있을 것이다.[84] 마찬가지로 메시아의 화 혹은 하나님의 구원자가 오시기 전에 있을 심한 시험의 때라는 관련 주제도 비슷한 사건들을 염두

---

81. Marko Jauhiainen, *The Use of Zechariah in Revelation*, WUNT 2.199 (Tübingen: Mohr Siebeck, 2005), 160–61, 167. 또한 Mark Adam Elliott, *The Survivors of Israel: A Reconsideration of the Theology of Pre-Christian Judaism* (Grand Rapids: Eerdmans, 2000), 659–63; Bauckham, *Theology*, 147–48; Joel Willitts, "The Bride of Messiah and the Israel–ness of the New Heaven and New Earth," in *Introduction to Messianic Judaism: Its Ecclesial Context and Biblical Foundations*, ed. David Rudolph and Joel Willitts (Grand Rapids: Zondervan, 2013), 245–54; 같은 저자, "Conclusion," in *Introduction to Messianic Judaism*, 315–19를 보라.

82. Jauhiainen, *Zechariah*, 142–53.

83. Jauhiainen, *Zechariah*, 153–62. 이것은 점진적 계시의 특징이다. 하나님이 오랜 시간에 걸쳐 그분의 계획과 그 계획의 성취를 계시하시면서 세부 사항들을 더 추가하신다는 것이다. Boyd Luter, "Interpreting the Book of Revelation," in *Interpreting the New Testament: Essays on Methods and Issues*, ed. David Alan Black and David S. Dockery (Nashville: Broadman & Holman, 2001), 464를 보라.

84. Craig Blaising, "A Case for the Pretribulation Rapture," in *Three Views on the Rapture*, ed. Alan Hultberg (Grand Rapids: Zondervan, 2010),

에 두면서 신명기, 이사야, 예레미야, 에스겔, 다니엘, 예수님의 종말론적 가르침을 지나 요한계시록까지 추적할 수 있다.[85]

야우히아이넨이 "그 문서의 유대적 특징들을 희생하면서 그것의 기독교적 특성을 강조하는" 해석에 대해 말할 때, 그가 암시하는 더 큰 요점은 요한계시록의 구약 사용에 대한 다른 논의에서 표면화된다. 이 중 하나는 구약의 대응 구절들이 요한계시록에서 어떻게 작용하는가 하는 것과, 그 구절들이 원래 본문과 관계없는 것인가의 여부다. 어떤 사람들은 요한이 구약 이미지와 용어들을 그것이 나오는 성경 본문이나 신학적 맥락과 연결시키려는 의도 없이 사용한다고 주장한다. 요한은 자기 나름의 의미들을 가지고 서술하며, 구약이나 유대적 특징들은 그것 자체의 목적이 아니라 요한의 목적에 기여한다.[86] 다른 연구자들은 이런 접근법 자체는 거부하지만, 반면 요한이 유대 출처들과는 다른 방향으로 의미를 취하는 듯 보이는 곳에서는 그것을 인정하고 그에 대한 다양한 설명을 제시한다.[87] 심지어 요한의 환상들이 특정한 구약 본문 및 개념들에 근거하고 있다고 결론을 내리는 사람들 사이에서도, 요한이 구약 이미지들을 얼마나 자유롭게 '재(再)이미지화'했는지 그리고 어떤 해석학적 원리에 따라 그런 '재탄생'[88]을 결정했는지 토론한다. 뒤에 나오는 예표론에 대한 논의를 보라.

요한이 구약의 의미에 주의를 기울였다고 이해하는 사람들에게 빌(Beale)과 맥도너(McDonough)는 요한계시록에 나오는 구약과 신약 용법 간의 상호 작용을 두 접근법 사이의 선택으로 설명한다. 그것은 다음과 같이 표현된다. '요한계시록을 구약에 비추어 해석해야 하는가, 아니면 구약을 요한계시록에 비추어 해석해야 하는가? 보다 분명하게 말하면, 어떤 자료가 해석적으로 우선하는가?' 그들의 견해로는 이런 선택지들은 다음 중 하나에 대한 선택으로도 압축된다. (1) 요한은 인종적 이스라엘에게 주어진 구약의 약속들이 이제 '참된 종말론적인 하나님의 백성', 다인종적 교회를 위해 성취되었다고 묘사한다. 혹은 (2) 요한은 구약의 약속들이 "거룩한 땅에서 이스라엘에게 주어진 물리적 복에 대한 약속들"의 성취를 수반하는 "현학적인 '문자적' 방식"으로 이해되었다고 제시한다.[89] 그들은 이 선택들에 대해 요한이 땅을 주겠

27–65.

85. Brant James Pitre, *Jesus, the Tribulation, and the End of the Exile: Restoration Eschatology and the Origin of the Atonement*, WUNT 2.204 (Tübingen: Mohr Siebeck; Grand Rapids: Baker Academic, 2005), 127–29, 377–79, 504–18.

86. 예를 들어, Elizabeth Schüssler Fiorenza, *The Book of Revelation: Justice and Judgment* (Philadelphia: Fortress, 1985), 135–40은 요한이 그리스도인 선지자로서 구약과 유대 선지자적/묵시적 전승들과는 독립적으로, "자신의 신학적 진술을 하거나 자신의 선지자적 환상을 표현하기 위해 (구약의) 단어, 이미지, 문구, 유형들을 언어 비축 창고"로 사용했다고 주장한다(135). 참고. Louis A. Vos, *The Synoptic Traditions in the Apocalypse* (Kampen: J. H. Kok, 1965), 51, "요한은 구약의 사상과 술어를 그저 그가 본 신약의 환상에 입히는 옷으로 사용한다." Moyise는 이전 접근법의 편을 드는 경향이 있다. 하지만 그는 신약의 의미가 구약을 완전히 대신하기보다는 구약과의 대화라고 묘사하는 편을 더 좋아한다("Revelation and Scripture," 139–42; *Old Testament in Revelation*, 135–46).

87. Bauckham, *Climax*, 297–98; Fekkes, *Prophetic Traditions*, 286–90; Jauhiainen, *Zechariah*, 139–41; David Mathewson, *A New Heaven and a New Earth: The Meaning and Function of the Old Testament in Revelation 21.1-22.5*, JSNTSup 238 (Sheffield: Sheffield Academic Press, 2003), 222–30; Osborne, *Revelation*, 491–94.

88. Michaels, "Old Testament in Revelation," 852는 Austin Farrer, *A Rebirth of Images: The Making of St. John's Apocalypse* (Westminster: Dacre, 1949)를 찬성하면서 인용하고, 요한계시록에서 "구약의 사상과 언어는 보존되고 재단언되었을 뿐 아니라 다른 것으로 바뀌었다"라고 말한다.

89. Beale and McDonough, "Revelation," 1088.

다는 약속들을 명백히 말한 적이 없으므로 요한계시록 본문에 그런 의미를 부여하는 것은 잘못이라고 평가한다. 요한계시록이 우선되어야 한다[즉, 선택 (1)]. 요한은 '더 큰 점진적 계시라는 구속사적 입장에서' 글을 쓰고 있기 때문이다. 따라서 요한이 구약 약속들을 이해하는 관점으로 구약 본문 자체를 해석해야 한다. 신약은, 그리스도의 초림 때 시작된 성취에 이르기까지 이해되지 못했던 구약 약속들의 영적이고 영원한 참된 의미를 제시한다.

이 입장은 신학적으로 어느 정도 그럴듯하다. 그리고 여러 요한계시록 해석자는 그 입장을 따른다. 하지만 그것은 고대 유대인이 일련의 질문을 던지고 대답하는 본문에 후대 기독교의 신학적 개념을 강요하는 것으로 볼 수도 있다(야우히아이넨 식으로). 엘리엇(Elliott)의 말을 빌리면, 그것이 제기하는 문제는 "요한계시록의 유대적 배경이 해석에서 진지한 목소리를 낸 적이 있는가 하는 것이다. 그러려면 1세기에 살고 있던 유대인들에게 그리고 여전히 자신들이 어떤 점에서는 그 사회에 속해 있다고 여기던 그리스도인들에게(라고 덧붙여야 한다) 가장 중요했던 주제와 가설에 비추어 기독교 묵시를 해석해야 할 것이다."[90] 요한계시록이 하나님의 백성(인종적 이스라엘)에 대한 그분의 예언적 말씀이 어떻게 성취될 것인지(어떻게 하나님이 예루살렘으로부터 온 세상을 다스리시는 통치권을 그분의 백성을 억압하기 위해 일어나는 이교 제국들의 손에서 돌려받으실지 그리고 그의 전체 피조물이 어떻게 인간이 지은 죄의 결과에서 회복될지를 포함하여)에 전적인 관심을 갖고 있음을 알기 위해 현학적 문자주의(Beale과 McDonough가 사용하는 용어로 하면)로 읽을 필요는 없다.[91]

구약 예언들이 어떻게 성취될지 해명하는 것에서 신약이 맡은 역할은 다른 방식으로도 설명할 수 있다. 이 방식들은 구약과 신약 본문이 원래의 배경에서 인종적 이스라엘에 대해 그리고 하나님의 구속적 목적에서 이스라엘의 미래에 대해 실제로 어떻게 말하는가에 더 충실하다.[92] 하나님이 택하시고 모든 민족에게 이르도록 땅의 복을 약속받은 인종적 집단 이스라엘에 대한 구약 본문들(예를 들어, 창 12장; 출 19장)은 확대되어 신약이 분명히 밝히는 것처럼 비이스라엘인들 및 죄로부터 영적으로 깨끗하게 되는 것을 포함할 수 있다. 구약 도처에서 인종적 이스라엘에게 한 수많은 약속을 제거하거나 재규정하지 않고도 그렇게 할 수 있다. 다른 수혜자들도 그 복을 받게 하고 하나님이 만물을 회복시키시는 일을 그분의 메시아가 성취하

90. Elliott, *Survivors*, 662. 대부분의 신약 신학, 특히 이전 세대의 독일 학계에서 발견되는 더 큰 '반유대적' 경향에 대한 비판은 Jörg Frey, "New Testament Eschatology—an Introduction: Classical Issues, Disputed Themes, and Current Perspectives," in *Eschatology of the New Testament and Some Related Documents*, ed. Jan G. van der Watt, WUNT 2/315 (Tübingen: Mohr Siebeck, 2011), 23–30에서 찾아볼 수 있다.

91. 또한 Willem A. VanGemeren, "Israel as the Hermeneutical Crux in the Interpretation of Prophecy (II)," *WTJ* 46 (1984): 254–97을 보라. 그는 이스라엘에게 주어진 구약 선지자들의 메시지의 특이성을 신약에 대한 특정한 해석에서 끌어온 순전히 영적인 강조점을 부과함으로써 가려버려서는 안 된다고 주장한다.

92. 예를 들어, Craig Blaising, "Biblical Hermeneutics: How Are We to Interpret the Relation between the Tanak and the New Testament on This Question?," in *The New Christian Zionism: Fresh Perspectives on Israel & the Land*, ed. Gerald R. McDermott (Downers Grove, IL: IVP Academic, 2016), 79–105; Darrell L. Bock, "Summary Essay," in *Three Views on the Millennium and Beyond*, ed. Darrell L. Bock (Grand Rapids: Zondervan, 1999), 290–305; Robert L. Saucy, *The Case for Progressive Dispensationalism: The Interface between Dispensational & Non-Dispensational Theology* (Grand Rapids: Zondervan, 1993), 297–323, 특히 311–23.

러 오신다는 것을 명확히 하기 위해, 원래의 수혜자들을 약속의 성취에서 빼버리거나 고려하지 않을 필요는 없다. 이 점에서 구약과 신약은 상충되는 것이 아니라 상호 보완적이다. 더 상세한 논의는 요한계시록 7:4과 21:3에 나오는 설명을 보라.

이와 관련하여 종말론에 대한 신약 본문들 중에서도 요한계시록에 마땅히 부여해야 할 위치를 부여할 필요성에 대한 문제가 논의된다. 때로 어떤 해석자들은 그리스도의 재림 및 시대의 완성에 대한 다른 신약 본문들은 참고하지만 요한계시록은 피하는 관행을 분명하게 보여준다. 요한계시록이 비유와 환상으로 말하기 때문에 혹은 그것이 너무 논쟁적이거나 해석하기 어렵기 때문이다. 성경의 분명한 본문이 분명하지 않은 본문들을 해결하는 실마리를 주어야 한다는 원리는 분명 타당하다. 하지만 언제나 중심 본문이 말하게 하고 주변 본문을 설명하게 해야 한다는 점이 너무 자주 무시된다. 설사 그것이 논란이 되더라도 말이다(예를 들어, 이혼과 재혼에 관해서는 로마서 7장만이 아니라, 마태복음 5장과 19장 그리고 고린도전서 7장을 연구해야 한다). 그래서 보크(Bock)가 주장하듯이, "요한계시록은 미래주의 종말론의 핵심이 되는 책이다. 이 책이 그 주제에 몰두하고 있기 때문이다. 그래서 이 주제가 제기될 때는 요한계시록을 면밀하고 주의 깊게 살펴보아야 한다. 불명료함을 강조하기보다, 이 주제에 대한 중심 본문에 주의를 기울여야 한다."[93]

구약이 하나님의 백성과 세상을 향해 그분이 계획해두신 미래에 대해 말하는 것과 요한이 추가하는 그 미래의 결정적인 새로운 차원을 인식하는 데는 균형이 필요하다. 그러한 균형은 요한계시록 논증들의 예표론적 차원을 면밀히 조사함으로써 유지할 수 있는데, 그것이 어떻게 유형과 단계적 확대를 통해 구약과 신약의 관계를 추적하는지 알아보는 것이다. 구약에 대한 예표론적 해석은 마태복음, 요한복음, 히브리서, 베드로후서, 유다서 같은 신약 및 바울의 몇몇 본문에서 더 명백히 드러난다. 하지만 그것은 요한계시록에서도 똑같이 중요한 것처럼 보이고, 앞에서 표면화된 몇 가지 해석 문제를 해결하는 데 도움이 된다.

예표(type)에 대한 포크스(Foulkes)의 정의는 성경의 예표론을 이해하기에 좋은 시사점이다.

> 예표는 우리 주님의 성육신한 삶에서, 그분이 사람들에게 필요한 것을 공급하시는 것에서 혹은 그분의 심판과 미래의 통치에서, 유사하게 혹은 더 심오하게 실현되는 하나의 사건, 일련의 환경 혹은 개인이나 민족의 삶의 한 측면이다. 예표는 이처럼 하나님이 인간을 대하시는 유형을 제시하며 대형(antitype)은 그 유형을 따른다. 예수 그리스도가 오셔서 자신의 나라를 세우실 때, 하나님이 인간을 대하시는 유형이 반복된다. 하지만 이전에 없던 온전하고 최종적인 형태로 반복될 것이다.[94]

93. Bock, "Summary Essay," 298.
94. Francis Foulkes, *The Acts of God: A Study of the Basis of Typology in the Old Testament* (London: Tyndale, 1958), 35.

고펠트(Goppelt)의 설명은 같은 사항 몇 가지를 강조한다.

역사적인 사실(사람, 행동, 사건, 제도)만이 예표론적 해석의 자료다. 말과 내러티브들은 그런 것들을 다루는 경우에만 사용될 수 있다. 이러한 것들은 훨씬 더 크고 완전할 미래의 실상에 대해 하나님이 정하신 표현이나 예표로 간주되는 경우에만 예표론적으로 해석되어야 한다.[95]

이와 같은 정의들에서 살펴보아야 하는 세 가지 기본 요소는 다음과 같다. (1) 역사적 사실에서 공유되고 있는 유형 혹은 대응, (2) 하나님이 의도하신 예상, (3) 대응되는 후자 쪽의 단계적 확대 혹은 강화다.[96] (2)번 요소에 대한 더 정리된 내용은 실제 해석에서 '예상'이 어떻게 작용하는지 설명하는 빌의 정의에서 볼 수 있다.[97] 뒤에서 설명하겠지만, (3)번 요소 역시 명확하게 할 필요가 있다. 예표는 보다 완전한 대응물을 가리키도록 하나님이 의도하신 것이므로 하나님의 피조물에 대한 그분의 미래를 예상하는 일종의 간접적 예언 역할을 하고, 그래서 예언과 마찬가지로 그것도 "성취되었다"고 말할 수 있다.[98]

이런 의미의 예표론적 관계들은 구약 자체, 신구약 중간기의 유대 문헌 그리고 랍비 문헌에서 발견할 수 있다(Foulkes의 정의를 조금 조정한 것). 출애굽 모델은 분명 선지자들이 미래에 일어날 이스라엘의 억압자들에 대한 하나님의 심판 및 백성의 회복을 상상할 때 다양한 방식으로 재등장한다. 노아 세대, 소돔과 고모라, 출애굽 때 일어난 애굽에 대한 하나님의 심판은 이스라엘에게나 이교 민족들에게 앞으로 임할 심판들을 보여주는 유형으로 나타난다. 마찬가지로, 다윗의 통치와 솔로몬의 통치는 앞으로 도래할 더 좋은 시대에 되풀이될 이상으로 여겨진다.[99] 이와 같은 구약 예표의 광범위한 예는 요한계시록에서도 찾아볼 수 있다.

요한계시록에 사용된 구약 예표 혹은 유형의 몇 가지 분명한 사례는 8–9장 및 15–16장에 나오는 애굽의 재앙(출 7-12장)과의 대응이다. 거기에는 다음과 같은 것들이 포함된다. (1) 구체적인 화(물이 피로 변한 것, 개구리, 피부 종기, 우박과 불, 메뚜기, 어둠, 죽음), (2) 점차 더 파괴적인 양상을 띠는 일련의 사건들, (3) 재앙의 대상이 되는 사람들이 계속 회개하지 않는 것(작은 자부터 큰 자에 이르기까지, 바로는 로마 황제의 예표다), (4) 바다에서 하나님이 구해주신 것을 기쁘게 경축하는 것이다. 더 광범위한 출애굽 예표는 또한 시내 산에서(출 19장, 천둥, 번개, 지진,

---

95. Leonhard Goppelt, *Typos: The Typological Interpretation of the Old Testament in the New*, trans. Donald H. Madvig (Grand Rapids: Eerdmans, 1982 [1939]), 17–18.

96. Paul M. Hoskins, *That Scripture Might Be Fulfilled: Typology and the Death of Christ* (n.p.: Xulon, 2009), 20–23; 또한 같은 저자 *The Book of Revelation: A Theological and Exegetical Commentary* (n.p.: ChristoDoulos, 2017), 40에 나오는 예표론의 정의를 보라.

97. G. K. Beale, *Handbook on the New Testament Use of the Old Testament: Exegesis and Interpretation* (Grand Rapids: Baker Academic, 2012), 13–14, 19.

98. Beale, *Handbook*, 17–18; Beale and McDonough, "Revelation," 1085–86.

99. E. Earle Ellis, "Biblical Interpretation in the New Testament Church," in *Mikra: Text, Translation, Reading and Interpretation of the Hebrew Bible in Ancient Judaism and Early Christianity*, ed. Martin Jan Mulder (Philadelphia: Fortress, 1988), 715–16; Foulkes, *Acts of God*, 9–22; Goppelt,

어둠)와 같은 하나님의 거룩하신 임재의 전조(예를 들어, 계 4:5; 6:12; 8:5; 11:19), 만나의 공급(계 2:17), 홍수에도 불구하고 이스라엘이 독수리 날개 위에 타고 광야로 피한 것(계 12:14-16), 이사야 11, 44, 60-66장에서처럼 새 출애굽 이후 이스라엘이 하나의 나라로 회복된 것에서(계 7:4-8; 14:1-5; 19:7-9; 20:1-10; 21:1-22:5) 나타난다.[100]

예표론 사용은 신약에서 구약을 사용한 것에 대한 논의에서 다양하게 인용되었기 때문에, 요한계시록과 다른 곳에서 예표론이 작용하는 방식에 대한 몇 가지 오해를 해명하는 것이 중요하다. (1) 예표론은 앞에서 언급한 것처럼 단지 신약에 대한 구약의 관계 문제에 관한 것만은 아니다. 때로 그것은 구약 한 부분에서 다른 부분으로 그리고 구약에서 후대의 유대 문헌으로 일어난다. 이것은 하나님이 인간 역사 전체를 통해 일관되게 자신의 목적을 실행하시는 것에 대한 관찰에 근거를 둔다.[101] (2) 기독론과 구원론이 예표론의 일반적 주제이기는 하지만, 예표론은 기독론과 구원론의 특징에만 국한된 것이 아니다. 예를 들어, 불경한 자들에 대한 심판, 하나님의 길에 대한 반대, 인간의 성품적인 특성 등의 유형도 등장한다(그러한 것들은 부정적으로만 구원론과 관련되어 있다).[102] (3) 예표론은 반드시 구약 예표의 물리적, 지리적 혹은 역사적 실체로부터 신약 대형의 영적이고 영원한 실체로 비유적으로 변환되어야 하는 것은 아니다. 때로 예표론의 단계적 확대는 이런 식으로 작용한다. 하지만 반드시 그래야 하는 것은 아니다. 예를 들어, 히브리서와 다른 곳(예를 들어, 고전 5:7)에 나오는 희생의 예표론은 그리스도가 죄를 처리하시기 위해 자신을 단지 영적으로만 혹은 오직 하늘의 영역에서만 드리셨다는 의미는 아니었다. 그리스도의 희생이 죄에 대한 하나님의 온전하고 최종적인 대비책이었으며 구속받은 자들을 위해 영적이고 영원한 복을 제공하지만, 그리스도는 실제로 시공간 안에서 육체적 고난, 죽음, 부활을 경험하셨다.[103] (4) 예표론에서는 반드시 대형을 위해 예표를 폐기해야 하는 것은 아니다. 폐기는 때로 인용되는 한 가지 두드러진 예에서 나타난다(그리스도의 희생의 예표인 짐승의 희생제사, 히 9-10장). 하지만 히브리서에서 또 다른 예를 들면, 하나님의 형상을 지닌 자로서 그리고 피조 세계를 통치하는 자로서 아담의 역할(창 1장; 시 8편)은 인류에게 폐지된 것이 아니라 그리스도로 말미암아 새롭게 되고 회복되었다(히 2장; 참고. 계 2:26-27; 20:4, 6; 22:5).[104] (5) 미래의 대응물 혹은 대형은 하나인 경우가 많지만, 때로 절정에 이른 하나의 전형으로 국한되지 않을 수도 있다. 구약 유형이 궁극적으로 성취되는 과정에서 미래에 이루어질 것의 여러 복사품을 발견할 수도 있다. 둘 중 어느 쪽이든 그것은 역사

Typos, 23-41.

100. Fekkes, *Prophetic Traditions*, 80-82를 보라. 그는 요한계시록의 화가 애굽에 내려진 재앙의 예표를 따른다는 Irenaeus(*Haer.* 4.30.2)의 견해를 인용한다.

101. Beale, *Handbook*, 16-17, 22; Hoskins, *Revelation*, 40-41을 보라.

102. 발람(2:14-15), 이세벨(2:20), 유브라데(9:14; 16:12), 아마겟돈(16:16-18)에 대한 설명을 보라. 또한 Elliott, *Survivors*, 387-92와 베드로후서 및 유다서에 나오는 다양한 구약 예들을 보라.

103. 요한계시록 6:16-18에서 이 문제에 대한 설명을 보라. 참고. Blaising, "Biblical Hermeneutics," 85-87.

104. Bock, "Summary Essay," 293-94를 보라. 또한 1:6, 5:10, 7:8, 21:3에 대한 설명을 보라.

에 대한 하나님의 설계에서 "최종 목적지를 향한 전진"을 포함한다.[105] 빌은 아담(창 1:26-28)의 중간 대형(intermediate antitype)으로 노아의 예(창 9:1-2, 7)를 든다. 이는 궁극적으로는 그리스도를 가리킨다. 같은 곳에서 그는 종말론적인 성취뿐 아니라 단기간에 성취될 것의 예로 주의 날을 인용한다.[106] 요한계시록에서 바벨론(로마를 가리키는 동시에 종말 때 하나님을 반대하는 세력을 가리키는 고대 제국) 혹은 하나님께 대항해서 자신을 높이고, 성전을 모독하며, 백성을 억압하는 "짐승"(Antiochus IV Epiphanes, 주후 70년의 로마, 미래의 적그리스도)을 사용하는 것에 대해서도 동일하게 말할 수 있다. 요한계시록 12-13, 17-18장에 대한 설명을 보라.

이미 언급한 것들 외에도, 요한계시록에는 심판에 대한 다른 구약 예표론이 나온다. 거기에는 주의 날, 거룩한 전쟁, 종말론적 원수뿐 아니라,[107] 노아의 홍수, 소돔과 고모라 그리고 "멸망-보존 구원론"[108]이라는 더 광범위한 유형도 포함된다. 구속과 복의 예표론들은 또한 이미 언급한 출애굽 유형들에 더하여 나타난다. 생명나무를 접할 수 있는 것(2:7; 22:2, 14), 새 이름(2:17), 하나님의 보호를 뜻하는 인 혹은 표시(7:2-3), 시온에서부터 자기 성도를 다스리시는 하나님의 메시아(2:27; 11:15; 14:1-5; 20:4), 원수들로부터 기적적으로 구원받는 것(20:9), 에덴과 같은 상태(22:1-5) 등이다. 더 상세한 논의로는 이 구절들에 대한 설명을 보라.

요한이 계시록에서 구약을 사용하는 것에 대한 예표론적 접근은, 그의 비유적 표현이 어떻게 그리스도의 재림 전 마지막 절정의 기간뿐 아니라 1세기 세계의 현실을 언급할 수 있는지 설명하는 데 도움이 된다(즉, 앞에서 논한 과거주의-미래주의적 해석).[109] 그 유형은 또한 하나님의 백성이 그분의 재림 및 그때 도달할 절정을 기대하면서 살 때 겪는 박해, 유혹, 배교, 충성을 포함한 다양한 상황에서 어느 정도 반복된다고 볼 수 있다(즉, 이상주의-미래주의적 접근).[110] 그것은 또한 일부 해석자들이 표현하듯이 인종적 이스라엘에 대한 기대가 '보편화되어'

105. Hoskins, *Revelation*, 41.

106. Beale, *Handbook*, 16-17; Bock, "Summary Essay," 294-95.

107. 이 주제들에 대해서는 Fekkes, *Prophetic Traditions*, 78-80, 82-85를 보라. 이러한 것들에 대한 예표론적 논의로는 6, 12-13, 19장에 나오는 내용을 보라.

108. 이것은 죄로 인해 세상 혹은 이스라엘 민족에 임하는 대재앙적 심판의 과정을 통해 이스라엘의 해방이 이른다고 보는 신학적 개념에 대한 Elliott의 묘사(*Survivors*, 575-637)다. 그로 인해 하나님의 복을 누릴 남은 자들은 보존된다. 이것은 부분적으로는 노아의 홍수 및 새 출애굽의 예표론이다. 죄로부터 깨끗하게 되는 때가 지난 후 민족 전체가 아니라 정결하게 된 이스라엘의 남은 자들이 회복된다는 것이다. "구원은 위험과 심판에 의해, 그 위험과 심판이 일어나는 와중에 경험된다"(p. 595). Elliott은 구약 자체뿐 아니라 제2성전 유대교 문서의 많은 본문에서 이러한 개념을 발견한다(p.596에 나오는 구약 주제들과 본문들에 대한 그의 요약을 보라). 이것은 Pitre, *Tribulation*, 41-65, 127-30이 고대 유대 본문들을 거쳐 신약 복음서에 이르기까지 추적하는 바, 이스라엘이 새롭게 되기 바로 전에 강력한 고난이 온다는 메시아적 화(messianic-woes)라는 주제와 비슷하다.

109. C. Marvin Pate는 요한계시록의 이 두 가지 초점(1세기 세상에서 이미 해당되는 것들, 그리스도가 이 땅에 다시 오실 때까지 완성되지 않는 다른 것들)을 "이미/아직"이라는 말로 결합한다. 그의 "A Progressive-Dispensationalist View of Revelation," in *Four Views on the Book of Revelation*, 135-48, 172-75와 같은 저자, *Interpreting Revelation*, 176-84를 보라. 이것은 어떤 점들(예를 들어, 사탄의 패배, 그리스도의 통치)에서는 상당히 적절하다. 하지만 요한계시록 나머지 많은 부분에서 요한이 말하고 있는 것을 잘 포착하지는 못하는 듯하다. 적어도 앞에서 묘사한 예표론적 접근만큼 포착하지는 못한다.

110. 이 예표론적 접근은 Bauckham, *Theology*, 153-56과 비슷한 결과로 이어진다. 그것은 본질적으로 그의 논증 앞부분과 똑같다. "미래에 그분이 하실 일에 대한 모델"로서 하나님이 과거에 하신 일의 일관성과, 미래에 "훨씬 더 큰 구원 사건에 대한 소망"으로 이끄는 기존의 성취에 대한 선지자적 약속의 과도함이다(153-54). 하지만 그의 결론의 뒷부분은 타당하다고 보기가 더 어렵다. 그것은 일종의 "종말론적 과장법"으로, 1세기에 이루어질 만한 어떤 것보다도

이스라엘에게 예상되는 성취를 배제하지 않고도 온 세상을 포함한다는 것(즉, 궁극적으로 확대된다는 것)을 분명히 밝힌다. 구약이 여러 곳에서 예상하는 것처럼 예표론적 유형은 확장되어 모든 민족을 포함하게 된다. 그러면서 하나님의 구속이 절정에 이르게 하고 하나의 인종적 실체로 그 절정에 참여하는 이스라엘의 특별한 역할을 폐하지는 않는다. 요한계시록 7:4, 21:3에 대한 설명을 보라.

본문

다른 신약 본문의 비평 문제를 연구하는 데 익숙한 사람들은 요한계시록을 해석할 때 중요한 조정을 해야 한다.[111] 요한계시록은 그 독특한 특성과 때로는 논쟁적인 신학 때문에, 종종 신약의 다른 책들(예를 들어, 복음서, 바울의 글, 사도행전, 일반 서신)과 분리해서 필사되었고, 덜 자주 필사되었다. 복음서 일부분에 대한 현존하는 헬라어 사본이 1700개, 바울의 글은 800개, 사도행전과 일반 서신은 600개인 데 비추어, 요한계시록 일부분에 대한 사본은 300개 약간 넘게 남아 있다.[112] 여기에는 7개의 파피루스, 12개의 대문자체(혹은 언셜체), 약 290개의 소문자체가 포함되며, 성구집 본문은 없다(헬라 교회는 전례적 성경 읽기에서 요한계시록을 포함시키는 경우가 절대 없다). 비헬라어 증거들 중 고대 역본들 및 교부들의 인용 증거는 이따금 도움이 될 수 있지만, 신약 나머지 부분과 마찬가지로, 그것들에서 얻을 수 있는 도움은 헬라어 증거에 비하면 부차적이다.[113] 더 큰 단편에서 요한계시록이 다른 책들과 함께 필사될 때, 다른 부분들과는 다른 사본이 때로 사용되었다[예를 들어, Codex Alexandrinus(A 02)는 복음서에서는 비잔틴으로, 요한계시록을 포함한 다른 곳은 알렉산드리안으로 되어 있다]. 이것은 특정 사본들을 복음서 혹은 바울의 글에 대한 작업에 기초해서 낯익은 본문 유형들(예를 들어, 알렉산드리안, 비잔틴)로 분류하는 것이 자동적으로 요한계시록까지 이어지지는 않으며, 낯익은 사본들의 질과 신빙성에 대한 평가가 요한계시록에서는 다를 수도 있다는 의미다.

예상치 못한 변화들 중에는 다음과 같은 것이 있다. 바티칸 사본(Codex Vaticanus, B 03)은 요

훨씬 더 크지만, 실제로 막연한 "하나님의 우주적 나라의 임하심" 너머 먼 미래에 있을 사건들을 예언하지는 않는다는 것이다(155–56). 요한은 이보다는 그의 선지자적 역할을 더 주장하는 듯하다 (1:1–8; 10:5–6; 11:15–18; 22:6–21에 대한 설명을 보라).

111. 많은 요한계시록 주석가들은 본문상의 문제들을 피상적으로만 다루거나 이 분야에서 최근에 발전된 내용을 반영하지 않는다. 하지만 David E. Aune, *Revelation 1-5*, WBC 52A (Nashville: Thomas Nelson, 1997), cxxxiv–clx와 Koester, *Revelation*, 144–50에 나오는 탁월한 개관을 보라.

112. Markus Lembke, "Beobachtungen zu den Handschriften der Apokalypse des Johannes," in *Die Johannesoffenbarung: Ihr Text und Ihre Auslegung*, ed. Martin Karrer and Michael Labahn, ABG 38 (Leipzig: Evangelische Verlagsanstalt, 2012), 20–21 (그가 계산한 요한계시록 사본은 307개다); D. C. Parker, *An Introduction to the New Testament Manuscripts and Their Texts* (Cambridge: Cambridge University Press, 2008), 232 (306 사본); Ulrich Schmid and Martin Karrer, "Die neue Edition der Johannesapokalypse: Ein Arbeitsbericht," in *Studien zum Text der Apokalypse*, ed. Marcus Sigismund, Martin Karrer, and Ulrich Schmid, ANTF 47 (Berlin: de Gruyter, 2015), 3–4 (308 사본).

113. 고대 역본들과 교부들의 인용에서 나온 증거 자료로는 Aune, *Revelation 1-5*, cxlviii–clvi, Parker, *Introduction*, 236–40을 보라.

한계시록에서는 본문에 대한 어떤 결정과도 관련이 없을 것이다. 그것은 요한계시록의 어떤 구절도 포함하지 않기 때문이다(그것의 원래 마지막 부분이 분실되어서 목회 서신, 빌레몬서, 요한계시록 및 히브리서 뒷부분은 빠져 있다). 시내 산 사본(Codex Sinaiticus, ℵ 01)은 여전히 초기의 귀중한 알렉산드리아 사본이다. 하지만 요한계시록에서 그 본문을 보면 독법이 더 혼합되어 있고 필사자의 더 부주의한 오류를 볼 수 있다. 그 사본은 A와 C보다 더 이르기는 하지만(5세기보다는 4세기) 요한계시록에 대한 증거에서는 A와 C보다 부차적인 것으로 간주된다. 하지만 알렉산드리아 사본(A 02)은 다른 곳(특히 복음서)에서는 시내 산 사본에 밀리지만 요한계시록에 대해서는 가장 좋은 증거로 여겨진다. 파피루스 사본은 별로 많지 않다. 그리고 그중 대부분은 본문의 아주 일부만 담고 있을 뿐이다. 예외는 $\mathfrak{P}^{47}$(아홉 장 부분)과 $\mathfrak{P}^{115}$(열두 장 부분)다. 또한 언급할 가치가 있는 것은 $\mathfrak{P}^{98}$이다. 그것은 1:13–20만 담고 있지만 2세기의 것으로 추정되며, 신약 중 세 번째나 네 번째로 이른 시기의 증거 중 하나다. 요한계시록에 대해 식별할 수 있는 서부(Western) 사본의 증거는 없다. 마지막으로 비잔틴 혹은 다수(Majority) 사본은 신약 나머지 부분이 그렇듯 통합되어 있기보다는 두 개의 소그룹으로 나뉜다(다음 단락에 나오는 세부 사항들을 보라).

요한계시록에 대한 헬라어 증거들은 슈미트(Schmid)의 해박한 연구에 기초해서 세 집단으로 널리 분류된다.[114] 처음 두 개는 더 오래된 형태의 본문으로 둘 다 알렉산드리안이다. 이 중 가장 믿을 만한 것("일차적 알렉산드리안")[115]은 두 개의 5세기 대문자 사본인 A(02)와 C(04) 그리고 세 개의 소문자 사본인 2053, 2062, 2344로 제시된다(이 중 처음 두 개는 그 본문에 대해 Oecumenius가 쓴 7세기 초의 주석이 첨부된 요한계시록 본문을 담고 있다. 세 번째는 제대로 보존되어 있지 않으며 때로 판독하기 어렵지만, 분명히 읽을 수 있는 곳에서는 중요하다). 보다 최근에 $\mathfrak{P}^{115}$가 이 가장 중요한 증거 목록에 추가되었다.[116] 두 번째로 중요한 집단 역시 알렉산드리안이며 초기 연대의 것이다. 하지만 그것은 이전 것처럼 중시되지는 않는다(Holmes에 따르면 "이차적 알렉산드리안"). 이 집단에 속하는 주요 증거는 $\mathfrak{P}^{47}$, 01(ℵ) 그리고 다른 몇 개다.[117] 세 번째 집단은 후대의 비잔틴 혹은 다수 사본 증거로, 그중 많은 것은 슈미트와 다른 사람들이 판별할 수 있는 적어도 두 개의 소그룹으로 분류할 수 있다. NA^{28} 본문에서 이것들은 $\mathfrak{M}^{A}$와 $\mathfrak{M}^{K}$로 인용된다. 전자는 가이사랴 안드레아스(혹은 안드레)의 요한계시록에 대한 6세기 주석에서 발견되는 독법을 따르며, 후자는 동방 교회의 보다 전형적인 코이네 본문을 따른다. $\mathfrak{M}^{A}$는 P(025)와 약

114. Josef Schmid, *Studien zur Geschichte des griechischen Apokalypse-Textes*, 2 vols. (Munich: Karl Zink, 1955), 2:24–28, 146–51; 또한 Kurt Aland and Barbara Aland, *The Text of the New Testament*, 2nd ed. (Grand Rapids: Eerdmans, 1989), 242–43; Aune, *Revelation 1-5*, clvi–clvii; Parker, *Introduction*, 240–41.

115. Michael W. Holmes, "New Testament Textual Criticism," in *Introducing New Testament Interpretation*, ed. Scot McKnight (Grand Rapids, Baker, 1989), 60.

116. 각 본문의 한 단락 정도만 담고 있는 몇 개의 다른 파피루스와 대문자 사본 역시 포함되었다($\mathfrak{P}^{18}$, $\mathfrak{P}^{24}$, 0163). 참고. Parker, *Introduction*, 240.

117. 각각 몇 구절들만 담고 있는 다른 몇 개의 대문자 사본 역시 포함된다(예를 들어, 0169, 0207). 또 다른 대문자 사본 집단은 알렉산드리아 사본의 형태는 입증되지만 앞에서 말한 더 오래된 두 증거 집단 중 어느 하나와 일관성 있는 것으로 분류되지 못한다. 1006, 1611, 1841, 1854, 2030, 2050, 2329, 2351, 2377 등이다. 참고. Parker, *Introduction*, 240–41.

110개의 자잘한 증거를 포함하는 반면, 𝔐^K는 046과 약 85개의 자잘한 증거들을 포함한다.[118] 때로 이 두 집단은 어떤 독법에 대해 의견이 일치한다(NA[28]은 이것을 어깨숫자 없이 "𝔐"으로 열거한다). 하지만 많은 본문 문제에서는 서로 다르다. 앞에서 말했듯이 요한계시록에 대해 특별히 서부 사본의 증거는 없다.

보다 최근에 와서 요한계시록 본문에 대한 연구는 내적 증거 분야를 면밀히 조사해왔다. 특히 특정한 헬라어 사본들 자체에서 본문이 변형된 것을 주의 깊게 분석하면 분별할 수 있는 서기관의 습관들을 연구한다. 학자들은 𝔓[47], 𝔓[98], ℵ, A, C에서 발견된 요한계시록 본문을 연구해왔다.[119] 이런 연구들로부터 몇 가지 사항이 드러난다. 첫째, 독자적 독법들(즉, 단 하나의 증거에서만 발견되고 본문 전통의 다른 어디에서도 발견되지 않는 어법)은 종종 부주의한 오류 혹은 철자 변형으로 인한 것이며, 어떤 경우에는 서기관이 명백히 의도적으로 '손을 본 것'이다. 하지만 때로 그런 독법들은 원문을 보존하고 있다. 요한계시록 본문에 대한 증거들의 수가 적다는 것에 비추어볼 때, 아주 소수의 혹은 심지어 단 하나의 견고한 증거로 뒷받침되는 독법이라도 그것이 정당한 근거가 있다면 받아들일 준비를 해야 한다.[120] 둘째, '짧은 독법' 정경이 언제나 맞는 것은 아니다. 일부 서기관은 자료를 추가하기보다는 삭제하는 경향이 있었다.[121] 셋째, 특히 요한계시록에서는 더 매끄러운 혹은 더 나은 형태의 헬라어 표현으로 수정한 것을 찾는 것이 중요하다. 요한계시록의 색다른 문법적 방식(다음 부분을 보라)은 종종 필사하는 과정에서 변경되었다. 넷째, 때로 암시되어 있는 낯익은 구약 본문과 조화를 이루기 위해 혹은 요한계시록의 다른 곳에 나오는 유사한 표현에 맞게 일치시키는 경우가 있지만, 이런 것들은 판단하기가 어렵다. 마지막으로, 때로 명백한 신학적 조정이 이루어진다. 보통 더 고급의 기독론에 대한 혹은 천사나 신적 행동에 대한 더 적절한 묘사에 맞게 조정하는 것이다. 이 모든 항목은 어떤 의미에서는 본문 비평에서 전통적으로 알려져 있는 것이지만, 최근의 연구는 특히 요한계시록에 대해 그것들이 중요하다는 점을 확증했다.[122]

---

118. Parker, *Introduction*, 241.

119. Garrick V. Allen, "The Apocalypse in Codex Alexandrinus: Exegetical Reasoning and Singular Readings in New Testament Greek Manuscripts," *JBL* 135 (2016): 859–80; Juan Hernández Jr., "The Apocalypse in Codex Alexandrinus: Its Singular Readings and Scribal Habits," in *Scripture and Traditions: Essays on Early Judaism and Christianity in Honor of Carl R. Holladay*, ed. Patrick Gray and Gail R. O'Day, NovTSup 129 (Leiden: Brill, 2008), 341–58; 같은 저자, *Scribal Habits and Theological Influences in the Apocalypse: The Singular Readings of Sinaiticus, Alexandrinus, and Ephraemi*, WUNT 2.218 (Tübingen: Mohr Siebeck, 2006); Dirk Jongkind, *Scribal Habits of Codex Sinaiticus*, TS 3.5 (Piscataway, NJ: Gorgias, 2007); Peter Malik, "Another Look at P.IFAO II 31 (P[98]): An Updated Transcription and Textual Analysis," *NovT* 58 (2016): 204–17; 같은 저자, *P.Beatty III (P47): The Codex, Its Scribe, and Its Text*, NTTSD 52 (Leiden: Brill, 2017); Tobias Nicklas, "The Early Text of Revelation," in *The Early Text of the New Testament*, ed. C. E. Hill and M. J. Kruger (Oxford: Oxford University Press, 2012), 225–38; James Ronald Royse, *Scribal Habits in Early Greek New Testament Papyri*, NTTSD 36 (Leiden: Brill, 2008).

120. 예를 들어, Codex Alexandrinus에는 원문이라고 거의 보편적으로 받아들여지는 세 개의 단독적 독법이 있다. 12:10(κατήγωρ), 13:10(ἀποκτανθῆναι), 21:4(ἀπῆλθαν)이다.

121. 이런 발견에 대한 보다 급진적인 진술로는 J. K. Elliott, "A Short Textual Commentary on the Book of Revelation and the 'New' Nestle," *NovT* 56 (2014): 70–71을 보라. *TCGNT*2, 13*에는 보다 절제된 단서가 나온다.

122. Allen, "Codex Alexandrinus," 862–66; Hernández, "Codex Alexandrinus," 344–53; and Malik, "Another Look," 213–16에 나오는 이런 점들에 대한 논의를 보라.

현재 활발히 진행되고 있는 요한계시록 본문 연구에서 또 다른 영역은 그 책의 대비평본(Editio Critica Maior, ECM)을 만드는 것이다. 이것은 학자들이 공동으로 팀을 이루어 광범위하게 연구한 것에 기초한 완전히 새로운 헬라어 신약 본문으로서 모든 헬라어 증거, 고대 역본, 교부들의 인용에 대해 그것이 존재하던 첫 천 년을 연구한 것이다. 본문 독법들은 이문(異文)들을 컴퓨터화한 계보 분석에 기초해서 평가될 것이다. 공동 서신(Catholic Letters)에 대한 대비평본이 출간되었으며, 사도행전, 요한복음, 요한계시록이 진행 중이다. 전체 신약은 2030년까지 완성될 예정이다. 그 작업의 결과 미래의 NA 판이 인쇄될 것이다. 현재 공동 서신에서 NA^{28}에 대해 그렇게 된 것과 같다.[123]

그렇다면 실제로 본문에 대한 결정들은 슈미트의 분류를 고려해서 평가한 여러 독법들의 사본적 뒷받침을 고려해야 한다. 앞에서 말한 일차적 알렉산드리아 증거들에서 발견된 독법들에 강력한 우선권을 두어야 하는데, 특히 그 증거들이 이차적 알렉산드리아 집단에서 나온 증거들로 뒷받침될 때 더 그렇다. 주로 비잔틴 혹은 다수 사본에서 발견되는 독법들은 의심해보아야 한다. 하지만 내부적 고찰 역시 검토해보아야 한다. 특히 앞의 단락에서 살펴본 것들(즉, 저자의 언어 및 문체와 관련된 문제들, 가능한 조화, 서기관이 불필요하거나 부적당하다고 생각할 만한 용어를 빼놓는 것)이다. 물론 이것들을 평가하는 것은 언제나 쉽지 않다.[124]

언어와 문체

저자에 대한 논의에서, 알렉산드리아의 디오니시우스(3세기 중반)가 요한계시록이 사도의 저작임을 거부했다고 언급한 바 있다. 부분적으로는 문법과 문체가 요한복음 및 서신서들과 상당히 다르다는 것이 그 근거였다. 그는 저자가 영감되고 선지자적인 특성을 갖고 있음은 인정하지만, 계시록을 쓴 "요한"에 대해서는 "그의 말씨와 언어가 아주 정확한 헬라어는 아니며, 조잡한 말투를 사용하고 어떤 곳에서는 문법을 위반한다고 생각한다"[125]라고 말한다. 요한계시록에 쓰인 헬라어에 대한 이런 관찰은 신약 헬라어 중급 실력자가 요한계시록을 한두 장 주의 깊게 읽어본다면 확증할 수 있다. 그 책이 '나쁜' 혹은 '부정확한' 문법을 나타낸다고 말하는 것은 잘못이다. 하지만 그것은 요한계시록에 비할 만한 신약의 책(예를 들어, 요한복음과 서신서들, 마가복음)에 쓰인 단순한 헬라어와 비교할 때도 표준적이거나 통상적 용법이 아니다.

이 점에서 두 가지를 해명할 필요가 있다. 첫째로, 유능한 화자들 사이에서도 언어 유형은

---

123. 이 프로젝트에 대한 소개 및 이것이 신약 본문 연구에서 지니는 의의에 대해서는 Peter J. Gurry, "How Your Greek NT Is Changing: A Simple Introduction to the Coherence-Based Genealogical Method (CBGM)," *JETS* 59 (2016): 675–89; Peter M. Head, "Editio Critica Maior: An Introduction and Assessment," *TynBul* 61 (2010): 131–52; Schmid and Karrer, "Die neue Edition," 3–15를 보라.

124. 요한계시록에서 본문 비평 관행에 대한 간략한 해설로는 Parker, *Introduction*, 241–42; Elliott, "Short Textual Commentary," 70–72를 보라.

125. Eusebius, *Hist. eccl.* 7.25.26–27; 번역은 *Eusebius' Ecclesiastical History:*

사람마다 다르다. 그리고 통상적 상황에서는 말로 하는 언어는 글자로 기록된 언어와 다르다. 또한 사회적 목적 및 의도한 청중에 따라서도 용법은 다르다. 문법적 용법과 단어 선택을 의도한 상황 및 그 환경과 연관된 기대에 맞추어 조절하는 것도 언어 능력의 일부다. 오늘날 인터넷에서 사용하는 단축된 문체는 완전히 별개로 하더라도, 친구에게 급히 보내는 짧은 글은 입사 지원서에 쓰는 글과는 다르게 작성될 것이고, 그 둘은 그런 상황에서 우리가 직접 자신을 표현하는 것과는 다를 것이다. 하지만 상황에 적절하게 예상되는 수준의 표준적인 혹은 통상적인 용법은 표준 이하의 혹은 통상적이지 않은 용법과는 다르다.

이것이 요한계시록의 색다른 문법이 지닌 문제다. 요한계시록은 통상적이거나 예상된 표현이 아닌 헬라어 용법을 다양하게 보여준다. 예를 들어, 격, 수, 성의 일치 문제, 적절한 대소문자 사용 문제, 부정형이 아닌 동사들을 부정형으로 사용하는 문제, 중복되는 대명사, 접속사 선택의 심한 제한, 몇몇 기묘한 어휘 사용 문제 등이다.[126] 요한이 표준적 코이네 혹은 헬레니즘 헬라어(1세기 지중해 세계 전역에서 사용된 고대 헬라어 형태) 용법에서 다양하게 이탈된 것을 반영하는 셈어화된 헬라어로 기록했음은 분명하다.[127] 요한은 개인 언어(그의 개인적인 언어 유형과 취향)로 기록했는데, 때로 다른 신약 및 칠십인역 책에서 잘 알려진 셈어화된 헬라어의 예상된 유형을 사용하지만, 또 어떤 때는 자기 나름의 언어적 논리를 가진 유형을 따랐다. 예를 들어, 요한은 종종 주격 명사와 분사를 비주격 명사들과 동격으로 사용한다. 그것은 동격을 같은 격으로 표현하는 통상적 유형과는 반대된다(예를 들어, 1:5; 2:13, 20; 20:2).[128] 이 중 일부에서는 동격을 호칭이나 이름으로 이해할 수 있을 것이며, 기본적 주격 사용이 '이름 붙이는' 기능에 기초가 되는 것으로 보는 개념이 요한의 글 기저에 있는 언어 논리일 수 있다. 이런 예외적 용도가 구약 배경에 주의를 환기시키거나 더 동일화된 것을 다른 식으로 강조한다고 주장할 수 있다.[129] 하지만 몇몇 경우에는 이 점이 그리 분명하지 않지만(참고. 8:9; 9:14), 그럼에도 그것은 통상적 유형에서 벗어난다. 통상적인 헬라어 용법은 강조를 나타내기 위해 이런 수단을 택하지 않는다.

두 번째 해명은 그런 통상적이지 않는 용법이 효과적인 의사소통을 방해한 적은 거의 없다는 것이다. 그리고 분명 요한계시록에서는 방해를 받지 않는다. 요한은 문법적인 부적절함 혹은 색다른 표현에도 불구하고 솜씨와 힘과 종종 설득력을 가지고 자신의 요점을 전달한다. 다양한 본문의 의미에 대해 우리가 느끼는 당혹감은 그런 문법적 기묘함 때문이 아니다. 원래

Complete and Unabridged, updated ed., trans. C. F. Cruse (Peabody, MA: Hendrickson, 1998), 264에 나온 것임.

126. BDF §§136–37에 나오는 요약을 보라. 이 중 대부분의 문제에 대한 세부 사항은 Charles, *Revelation* 1:cxlii–cliv; Turner, *Style*, 145–58에서 볼 수 있다.

127. Aune, *Revelation 1-5*, clxii–iii.

128. 요한계시록에 나오는 이에 대한 십여 개의 예로는 Aune, *Revelation 1-5*, 25를 보라.

129. G. K. Beale, "Solecisms in the Apocalypse as Signals for the Presence of Old Testament Allusions: A Selective Analysis of Revelation 1–22," in *Early Christian Interpretation of the Scriptures of Israel: Investigations and Proposals*, ed. Craig A. Evans and James A. Sanders, JSNTSup 148 (Sheffield: Sheffield Academic Press, 1997), 423–26; Daniel B. Wallace, *Greek Grammar beyond the Basics: An Exegetical Syntax of the New Testament* (Grand Rapids: Zondervan, 1996), 62.

글이 기록된 상황과 우리가 멀리 떨어져 있고, 관련된 당혹스러운 비유적 표현이나 간파되지 않은 암시들 혹은 다른 문제들 때문에 생긴 것이다.

몇 가지 사항을 더 설명할 필요가 있다. 첫째, 요한이 색다른 언어 유형을 사용하는 주된 이유는 그가 헬라어를 제2언어로 사용했기 때문이다. 그리고 그의 언어 스타일은 종종 모국어에서 받은 영향을 반영한다.[130] 아마 요한의 제1언어는 아람어였을 것이며, 그는 또한 히브리어(성경 히브리어 및 후대 유대교의 글에서 알려진 미슈나 히브리어와 비슷한 후대의 히브리어 구어 형태)도 편하게 구사했을 것이다. 이것은 요한계시록이 원래 아람어나 히브리어로 기록된 다음에 헬라어로 서툴게 번역되었다거나(요한이나 다른 사람들에 의해), 우리가 제대로 이해하려면 그것을 셈어 형태로 다시 번역해야 한다는 의미로 받아들여서는 안 된다.[131] 또한 그것은 요한이 헬레니즘 헬라어를 숙달한 정도가 초보적이었다거나 그가 헬라어로 자신을 표현하는 일을 힘겨워했다는 뜻도 아니다. 요한계시록 자체가 보여주는 것처럼, 요한은 상당한 역량을 지니고 있었고 1세기 소아시아의 헬레니즘 언어권에서 효과적인 전달자 역할을 했을 것이 분명하다. 하지만 그의 헬라어 언어 본능은, 그가 먼저 알았고 더 자연스럽게 사용했던 셈어에 영향을 받은 것을 보여준다. 이중 언어를 사용하는 사람은 제2언어로 상당히 유능하게 전달할 수 있지만, 본능적인 구문론적 선택을 할 때는 종종 제1언어의 유사한 특징과 대응되는 유형에 이끌린다.[132] 요한의 경우 이것은 완벽하게 훌륭한 헬라어이지만 셈어와의 유사점 때문에 더 자주 쓰이는 몇 가지 특징을 사용할 수 있다[이것은 때로 '향상'(enhancement)이라고 불린다]. 하지만 그로 인해 어색한 표현들이 생겨날 수 있다. 제2언어에서는 이해할 수 있지만 모국어 사용자는 사용하지 않을 만한 것이다. 이것은 '간섭'(interference)이라고 분류하는 것이 더 적절할 것이다.[133]

둘째, 요한의 제2언어 사용법은 그 언어의 사용 능력에 의문이 제기될 정도로 어색하고 부자연스러웠던 것 같지는 않다. 요한이 계시록을 썼을 때 아직 헬라어를 잘 배우지는 않았다거나 밧모섬에서 글을 쓸 때 필요한 부분을 개정하거나 바로잡을 기회가 없었다는 견해, 아

130. BDF §4에서 이 문제에 대한 간략한 일반적 개관과 문법적 예의 상세한 분석으로는 Aune, *Revelation 1-5*, cxcix–ccvii; Mussies, *Morphology*, 92–101, 165, 171, 177, 311–12, 348–49, 352–53과, 같은 저자의 "The Greek of Revelation," in *L'Apocalypse johannique et l'Apocalyptique dans le Nouveau Testament*, ed. Jan Lambrecht, BETL 53 (Leuven: Leuven University Press, 1980), 167–77을 보라.

131. 예를 들어, Charles Cutler Torrey, *The Apocalypse of John* (New Haven: Yale University Press, 1958), 13–48은 아람어가 원문이었다고 주장한다. 히브리어가 원문임을 뒷받침하는 것은 R. B. Y. Scott, *The Original Language of the Apocalypse* (Toronto: Toronto University Press, 1928)인데, 이것은 일반적으로 입수할 수 없는 출판된 학위 논문이다.

132. G. H. R. Horsley, "The Fiction of 'Jewish Greek,'" in *NewDocs*, 5:6–19와 Jonathan M. Watt, "Some Implications of Bilingualism for New Testament Exegesis," in *The Language of the New Testament: Context, History, and Development*, ed. Stanley E. Porter and Andrew W. Pitts, LBS 6 (Leiden: Brill, 2013), 9–27. 그리고 그들이 인용하는 일반적인 언어학 연구에 나오는 2개 국어 병용에 대한 유용한 논의를 보라.

133. Hugo Baetens Beardsmore, *Bilingualism: Basic Principles*, 2nd ed. (San Diego: College-Hill Press, 1986), 45–47; Watt, "Implications of Bilingualism," 17; 또한 Stanley E. Porter, "The Language of the Apocalypse in Recent Discussion," *NTS* 35 (1989): 587, 599. Porter는 요한계시록의 헬라어에서 '간섭' 자체를 보는 것에 반대하지만, 주로 헬라어 동사의 시제와 법(mood)에 대한 예를 논한다. 그래서 그의 증거는 다소 협소하다.

니면 그의 거친 헬라어 문체를 다듬어줄 서기관이 없었다는 일부의 제안은 요한계시록의 불규칙성에도 불구하고 저자로서 그가 보여주는 효율성과 잘 맞지 않는다.[134] 요한의 감격에 넘친 찬양의 환호(예를 들어, 5:9–14; 11:15–17; 19:1–6), 심판에 대한 비애감(예를 들어, 6:16–17; 9:5–6; 16:10–11)과 성도가 미래에 받을 상의 영광(예를 들어, 21:1–4; 22:1–5)을 담은 그의 글은 가장 훌륭한 세상 문학에 필적할 수 있다.

셋째, 요한의 셈어 문체에 대한 견해에 하나 추가하자면, 때로 요한의 헬라어는 주로 소아시아 교회들이 사용하던 구약의 헬라어 번역(LXX와 다른 것들)에 몰입한 것에 영향을 받았다는 주장이다. 요점은 그가 소아시아 교회들 사이에서 했던 사역을 통해 그리고 헬라어 성경을 집중적으로 연구함으로써 자신이 쓰는 헬라어 문체를 반영할 수 있었다는 것이다. 의견들은 각기 다양하다. 하지만 종종 그가 의도적으로 그렇게 했다고 여겨진다. 고결한 종교적 주제들은 고결하고 영적으로 들리는 언어로 다루어야 한다는 생각에서 그랬다는 것이다(참고. 옛 세대 사람들이 기도와 전례식을 위해 KJV 영어를 사용하는 관행). 결과적으로는 똑같은 셈어식 헬라어 중 일부가 나왔겠지만, 그것은 요한의 제2언어 사용이나 헬라어 능력 부족 때문이 아니라, 그가 이같이 "성경적으로 들리는" 어법을 의식적, 무의식적으로 반영하고 있기 때문이라고 여겨진다.[135] 이런 개념은 요한 개인의 언어적인 헬라어 용법[예를 들어, '그리고'(καί)를 매우 자주 사용하는 것, 중복되는 대명사들]을 일부 포함하지만, 가장 눈에 띄는 많은 불규칙성에 대해서는 설명하지 않는다[일치 문제와 격(case)의 사용]. 이런 것들은 칠십인역의 특징이 아니기 때문이다.

빌은 이를 변형하여 요한이 계시록에 나오는 구약을 인용했다는 암시들에 주의를 환기시키기 위해 다양한 종류의 색다른 문법적 표현법을 사용한다고 주장한다.[136] 빌에 따르면, 때로 색다른 표현법은 거의 직접적으로 구약 본문에서 가져와 헬라어 형태로 만든 것이다. 요한의 독자들을 위해 구문론적 부조화를 만들어내서 그들이 구약과의 연관을 보다 주의 깊게 알아차리고 분별하도록 하기 위해서다. 하지만 어떤 때는 다음과 같이 하기도 한다.

> 구약 본문에서 나온 정확한 문법은 그대로 사용되지 않으며, 부조화를 만들어내기 위해 문체적 셈어 투 혹은 칠십인역 투를 집어넣는다. 이런 '부조화'는 요한이 독자들의 주의를 집중시키는 방법 중 하나다. 그들이 문구에 초점을 맞추고 구약을 인용했다는 암시를 보다 쉽게 인식하도록 하기 위함이다.[137]

---

134. Guthrie, *Introduction*, 939–40; Porter, "Language of the Apocalypse," 600; and A. T. Robertson, *A Grammar of the Greek New Testament in the Light of Historical Research* (Nashville: Broadman, 1914), 136–37은 모두 그런 개념을 언급한다.

135. Farrer, *Rebirth of Images*, 24; Robertson, *Grammar*, 136; Daryl D. Schmidt, "Semitisms and Septuagintalisms in the Book of Revelation," *NTS* 37 (1991): 592–603.

136. Beale, "Solecisms in the Apocalypse," 423–26. Bauckham, *Climax*, 286도 밀접하게 관련된 견해(하지만 완전히 똑같지는 않은)를 선택한다. "요한계시록에 나오는 색다르고 어려운 문구들은 종종 구약에 대한 암시로 드러난다"는 것이다. 이 말은 그런 문구들이 종종 구약 본문에서 가져와서 히브리어 구조나 어휘를 매우 면밀하게 반영하는 헬라어 문구로 대략적으로 번역하는 "번역 셈어 투"(translation Semitisms)라는 의미다(참고. BDF §4).

137. Beale, "Solecisms in the Apocalypse," 423; 마찬가지로, Jean-Pierre Ruiz, *Ezekiel in the Apocalypse: The Transformation of Prophetic Language in*

첫 번째 주장은 분명하다. 그리고 이에 대한 예들은 찾기가 어렵지 않다. 1:4[출 3장의 영향으로 '…로부터'(from, ἀπό) 뒤에 사용된 주격들], 12:5[사 66:7을 암시하는, "아들"(ἄρσεν)의 중성 형태 사용]에 나오는 두드러진 경우 그리고 11:2과 14:6의 경우가 포함된다.[138] 하지만 "문체적 셈어 투 혹은 칠십인역 투"에 대해 그가 제시하는 사례 중 많은 것은 그의 주장을 지나치게 밀어붙이는 듯하다. 이러한 예들은 단지 개인 언어로 인해 통상적 용법에서 이탈한 것들을 나타내며, 구약에 대한 암시들은 그것만 보아도 아주 쉽게 알 수 있거나 이와 같은 추가 표시들이 있어도 다소 모호하거나 둘 중 하나다(예를 들어, 1:5; 2:13; 4:1; 9:14; 11:15; 12:7; 14:7). 빌은 일부 문법 위반은 모종의 다른 강조(구약 암시들과 관련되지 않은)를 보여줄 수도 있고, 몇몇 경우에는 어떤 이론으로도 설명하기 어려우며, 또 다른 것들은 단순히 전반적으로 요한의 셈어화된 헬라어 문체를 보여준다는 점을 인정한다.[139] 이런 점들은 그의 이론을 실제 용법 유형에 더 가깝게 만들어준다. 하지만 나는 그 비율을 거꾸로 말할 것이다(즉, 이따금은 그것들이 구약 암시들을 나타내는 데 도움이 되지만 일반적으로는 그렇지 않다).[140] 빌은 심지어 이런 용법들(그의 주요 주제와 주변적으로만 관련되어 있는 것들)도 요한이 듣는 사람들에게 "'성경적' 효과를 창출하려는, 그리하여 그의 글이 구약과 결속되어 있음을 보여주려는"[141] 것이라고 주장한다. 나는 이런 견해가 요한의 색다른 헬라어 용례들에 대한 참된 설명을 놓치는 것이라고 생각한다.

요한의 색다른 문체에 대해 최근에 나온 이론은 그가 로마에 대한 일종의 반항으로 통상의 문법적 기준을 일부러 위반한다는 것이다. 이것은 요한의 어휘 선택과 숨겨진 표현들(예를 들어, 그리스도에 대한 긍정적 이미지와는 대조적으로 제국이나 황제에 대해 논쟁적인 호칭이나 이미지를 사용하는 것)이 제국의 이데올로기를 조롱하고 전복시키려는 의도로 쓰였다는 개념과 관련되어 있지만,[142] 여기에서 한 걸음 더 나아간다. 요한의 문법적 위반이 사회적 관습을 손상시키고 집단 정체성을 확립하기 위해 "용인된 문법 형태를 고의로 조롱하려" 한다는 것이다.[143] 하지만 제국의 권세를 손상시키는 수단으로 제국의 언어를 비표준적으로 사용하는 것(그리고 저술 전체가 아니라 단지 여기저기에서 그렇게 하는 것)은 역효과를 낳는 동시에 지나치게 교묘해 보인다. 그런 것은 현대 사회의 정체성 정치학(identity politics, 개인의 주요한 관심과 협력 관계는 인

Revelation 16,17-19,10, EUS 23.376 (Frankfurt am Main: Peter Lang, 1989), 220–23.

138. 마지막 두 개는 Bauckham, *Climax*, 286–87이 언급하는 예다(앞의 두 각주를 보라).

139. Beale, "Solecisms in the Apocalypse," 424–25.

140. Beale은 **모든** 예가 아니라 "묵시의 문법 위반 중 **상당수**가 구약 암시의 존재를 나타낸다"(강조체 저자)라고 주장함으로써 그의 접근법을 한정하기는 한다("Solecisms in the Apocalypse," 426).

141. "Solecisms in the Apocalypse," 426.

142. John E. Hurtgen, *Anti-Language in the Apocalypse of John* (Lewiston, NY: Mellen, 1993), 90; Harry O. Maier, *Apocalypse Recalled: The Book of Revelation after Christendom* (Minneapolis: Fortress, 2002), 110–12; James L. Resseguie, *The Revelation of John: A Narrative Commentary* (Grand Rapids: Baker Academic, 2009), 48–49. Shane J. Wood, *The Alter-Imperial Paradigm: Empire Studies & the Book of Revelation*, BIS 140 (Leiden: Brill, 2016), 64–69는 이런 개념을 비판한다(완전히 성공하지는 못했지만).

143. Koester, *Revelation*, 141. 여기에서 그는 Allen Dwight Callahan, "The Language of Apocalypse," *HTR* 88 (1995): 464–70을 따른다. 또한 Elisabeth Schüssler Fiorenza, "Babylon the Great: A Rhetorical-Political Reading of Revelation 17–18," in *The Reality of Apocalypse: Rhetoric and Politics in the Book of Revelation*, ed. David L. Barr (Atlanta: SBL Press, 2006), 252–55를 보라.

종, 민족, 종교, 성, 계급 등에 기초하여 만들어진다는 것–역주)에서는 이해가 되지만, 고대 유대 및 기독교 사회에서는 이에 대한 증거가 별로 없다. 로마 및 로마와 같은 세계 강대국들에 대한 요한의 항의는 그가 말하는 내용에서 분명하게 나타난다. 그는 자신의 주장을 역설하기 위해 문법적 불규칙성에 의지하지 않는다.

요한이 특유의 개인 언어 유형을 보여주는 셈어화된 헬레니즘 헬라어를 사용했다고 해서, 예외 없이 그런 유형들을 따랐다는 말은 아니다. 많은 사람은 요한의 문법 위반을 통상적인 유형을 따르는 같은 구문(때로는 가까운 문맥에 나오는)의 다른 예와 나란히 놓을 수 있다는 것을 발견했다. 1:4–5에 나오는 두 개의 '…로 말미암아'(from, ἀπό) 문구(주격을 사용하고 그다음에 소유격 목적어를 사용하는)가 종종 인용된다. 그가 직접 화법을 소개하기 위해 '말하는'(λέγω의 여러 형태)이라는 분사를 사용한 것에 대해서도 똑같이 말할 수 있다. 때로 그것들은 예상되는 문법적 호응을 나타내지 않으며(예를 들어, 4:1, 8), 또 때로는 그것을 완벽하게 따른다(예를 들어, 6:1, 3, 5–6).[144] 하지만 통상 여러 언어 집단에서 소통하는 제2언어 사용자들에게서는 이런 것을 예상해야 한다. 그들은 때로는 색다른 언어학적 유형을 따르는(혹은 적어도 반대하지는 않는) 집단에서, 또 때로는 통상적인 유형을 따르는 집단에서 소통한다.[145]

그렇지 않아도 복잡한 논의에 마지막으로 한 가지를 더 추가해야겠다. 요한계시록의 헬라어는 헬라어 내부의 다양한 언어학적 변화도 보여준다는 것이다. 그 변화는 때로 비정상적인 혹은 표준 이하의 것으로 분류되었지만 그렇게 해서는 안 된다. 고전 헬라어부터 헬레니즘 헬라어를 거쳐 중세 혹은 비잔틴 헬라어까지 수세기에 이르는 고대 헬라어 자체의 통시적(diachronic) 발전들은 이 논의에서 고려하지 말아야 한다. 몇몇 특징에 관해 말하자면, 셈어화된 헬라어는 비셈어 형태의 헬레니즘 헬라어보다 더 멀리 혹은 더 빨리 변화했다. 하지만 그런 변화들은 헬레니즘 헬라어의 일반적인 특징이었고, 성경 헬라어나 요한의 헬라어만 지닌 특징은 아니었다. 이에 대한 예는 가정법 대신 미래 직설법을 사용하는 것(ἵνα 혹은 οὐ μή와 함께, 3:9; 9:6에 대한 각주를 보라), 부정과거 완료를 사용하는 것(5:7에 대한 각주를 보라) 그리고 보다 일반적으로 더 중복적인 표현(더 많은 전치사, 더 많은 대명사, 부정사 대신 ἵνα 혹은 ὅτι절)과 더 단순하거나 더 획일적인 용법을 사용하는 것(종속절 대신 등위절, 간접 화법 대신 직접 화법) 등이다.[146]

144. Aune, *Revelation 1-5*, ccvi는 통계 수치를 제시한다. 요한계시록에서 말을 소개하는 53개의 λέγω의 현재 분사 중 41개는 적절한 일치를 나타내며 12개는 그렇지 않다는 것이다. 하지만 이것은 ad sensum(단어의 성과 수를 그것이 통상 따라야 하는 것에 일치시키지 않고, 그 단어가 의미하는 다른 단어의 성과 수에 일치시키는 것–역주) 일치로 인한 혹은 일치 유형에 영향을 미치는 사이에 낀 문구들로 인한 차이들을 설명하지 않는다(예를 들어, 5:12, 14; 9:14; 19:1).

145. Baetens Beardsmore, *Bilingualism*, 65–75; Watt, "Implications of Bilingualism," 22–24.

146. Maximillian Zerwick, *Biblical Greek Illustrated by Examples*, trans. Joseph Smith (Rome: Pontifical Biblical Institute, 1963), 161–64.

구조와 개요

요한계시록의 다른 당혹스러운 특징들과 마찬가지로, 이 책의 더 큰 본문 단위와 주제의 흐름은 즉시 명료하게 보이지 않는다. 그리고 해석자들은 요한계시록의 구조에 대해 최소한의 합의에만 도달했을 뿐이다. 어떤 구조적 특징들은 중요한 것으로 쉽게 눈에 띈다. 하지만 그러한 특징들이 전반적인 내용 개요와 관련하여 지니는 중요성에 대해서는 의견이 갈린다[예를 들어, 처음과 끝에 나오는 서언과 결어, 1:19에 나오는 내용의 예고편이 될 만한 것, 교회에 보내는 일곱 개의 편지 혹은 메시지, 중대한 부분에서 '성령 안에서'라는 말이 반복되는 것, 책 중간에 나오는 일곱 개로 이루어진 세 개의 심판, 끝 무렵에 나오는 두 성과 여자들의 대조, 책 도처에서 그리고 어느 부분에서는 더 두드러지게 '그리고 내가 보니'(καὶ εἶδον)라는 말이 사용되는 것].[147] 이 책에 일관된 연대적 진행이나 빈번한 반복이 있는가(그리고 이것들이 어디에서 일어나는가) 하는 더 큰 문제는 중요한 쟁점이다. 그래서 여러 개요가 제안되었고, 그것들은 종종 요한계시록 해석에 중대한 영향을 미친다.

오스본(Osborne)은 "여섯 개의 기본적 개요 유형"을 개관하고 나서 자신의 제안을 일곱 번째 유형으로 덧붙인다.[148] 그 여섯 개는 교차 대구법적 배열, 여러 막으로 된 드라마, 여섯 개 혹은 일곱 개의 일곱 시리즈, 전례 의식적 배열, 반복된 환상들의 주기, 강화 분석을 이용한 구조다. 이 중 몇 가지는 방금 언급한 하나 이상의 구조적 특징들에 직접 기초를 두고 있다. 하지만 이상하게도 오스본은 최근 들어 더 주목을 받게 된 접근법을 명확하게 분류하지 않는다(다음 논의를 보라). 그의 제안은 16장까지 이 접근법을 따르고, 그다음에 마지막 장들에서는 따르지 않는다. 밴디(Bandy) 역시 요한계시록의 더 큰 구조와 논의를 분별하기 위해 사용되어 온 다수의 특징을 개관한다. 하지만 그는 그것을 하나로 모아 여러 층으로 된 하나의 접근법으로 만드는데, 이것은 합의를 도출하는 더 나은 근거가 된다.[149]

보다 일반적인 최근의 접근법은 네 군데에서 '성령 안에서'(in the Spirit, ἐν πνεύματι)라는 말이 반복되면서 문학적 전환이 이루어지는 것에 따라, 서언과 결어 사이의 주요 부분을 구성하는 것이다. 1:9–10과 4:1–2에서는 그 말 다음에 "내가…감동되어"(ἐγενόμην)라는 말이 나오고, 17:1–3과 21:9–10에서는 "나를 데리고"(ἀπήνεγκέν με)라는 말이 나온다. 뒤에 나오는 세 개의 전환 부분에서는 바로 앞뒤 문맥에 "내가…보이리라"(δείξω)는 동사가 나오는 반면, 1:9–10의 전환에서는 그 말이 조금 더 멀리 떨어져 있다(1:1에 나오는 부정사 '보이다').[150] 이런 보다

147. Alan S. Bandy, "The Layers of the Apocalypse: An Integrative Approach to Revelation's Macrostructure," *JSNT* 31 (2009): 472–73.

148. Grant R. Osborne, "Recent Trends in the Study of the Apocalypse," in *The Face of New Testament Studies: A Survey of Recent Research*, ed. Scot McKnight and Grant R. Osborne (Grand Rapids: Baker Academic, 2004), 497–504. 세세한 도서 목록에 대한 그의 개관을 보라.

149. Bandy, "Layers of the Apocalypse," 469–99.

150. 이 구조는 일찍이 Tenney, *Interpreting Revelation*, 32–34에서 볼 수 있다. Bauckham, *Climax*, 2–7, 21–22는 그것을 설득력 있게 제시한다. 또한 Bandy, "Layers of the Apocalypse," 475; Wayne Richard Kempson, "Theology in the Revelation of John" (PhD diss., Southern Baptist Theological Seminary, 1982), 95–142; Ladd, *Revelation*, 14–

큰 수준의 전환들은 이 책을 서언과 결어 사이에 펼쳐져 있는 네 개의 주요 환상으로 나눈다. 하지만 그것은 두 개의 미진한 부분을 해결해야 한다. 또 다른 문학적 특징들에 기초해서 분류해야 하는 4:1-16:21(두 번째 환상)이라는 큰 단위와, 적절한 방식으로 통합시켜야 하는 세 번째와 네 번째 환상(19:11-21:8)이다. 둘 다 앞에서 열거한 한 개 이상의 다른 구조적 특징들에 따라 처리할 수 있다.[151] 세 번째와 네 번째 주요 환상 사이에는 바벨론의 멸망과 새 예루살렘이 오는 것 사이에 일어날 사건들을 묘사하는 일곱 개의 더 짧은 환상들이 나온다[그것은 "내가 보니"(καὶ εἶδον)라는 두드러진 용법들로 표시된다]. 두 번째 주요 환상은 훨씬 더 복잡하다. 하지만 그것은 세 개의 일곱 심판 시리즈(인, 나팔, 대접)에 따라 분명하게 구성되어 있는데, 그 시리즈는 서론(4-5장에 나오는 보좌가 있는 알현실)과 함께 그리고 임박한 멸망을 늦추고 이 땅에 임할 하나님의 통치에 대한 중요한 세부 사항을 채워주는 중대한 막간들과 함께 나온다. 뒤에 나오는 '개요'와 '본문 설명'에서 이 전환점들에 나오는 논의를 보라.

방금 제시한 주요 구분의 수준에 더해서 또 다른 방식을 주목하는 것이 중요하다. 그것은 요한이 맞물림 혹은 섞어 짜기라는 문학적 기법을 통해 이 책의 여러 부분을 묶어놓는 방식이다.[152] 밴디는 이것을 "본문 사이의"(intertextual, 구약이 요한의 주제들 및 주제 배열에 미치는 영향에 특별히 초점을 맞추는) 그리고 "본문 내부의"(intratextual, 책 안에서 더 큰 주제들을 추적하는 문구들이 반복되는 것에 초점을 맞추는) 수준이라고 언급한다.[153] 본문 사이의 특징들 중 일부는 앞에 나오는 '구약 사용'에서 언급되었다(예를 들어, 애굽의 재앙, 주의 날, 거룩한 전쟁 등과 같은 심판 예표론, 또한 이스라엘의 징계와 회복 유형). 본문 내부의 특징에는 하나님의 선지자들과 그들을 통한 그분의 메시지를 반복하여 언급하는 것, 시내 산에서 나타난 신적 현현의 특징들, 세상 나라의 구속뿐 아니라 속임수, 신적 호칭들 등이 포함된다.[154]

요한계시록 구조에서 또 다른 쟁점은 요점 반복 대 연대적 진행이라는 문제다. 이 문제의 한 가지 더 큰 차원은 '해석적 접근법들'에서 이미 다루었다. 요한의 환상들이 모든 시대 내내 일어나는 사건들을 언급하는가 아니면 오로지 과거나 먼 미래의 사건들(두드러지게 미래라고 보는 것이 가장 좋은 접근법인 듯하다)을 언급하는가 하는 것이다. 하지만 이 질문의 구조적 차원은 요한계시록의 주요 단위와 소단위에서 묘사된 사건들이 각 장이 이동하면서 연대적 순서에 따라 진행되는가 아니면 되돌아가서 같은 사건을 다시 묘사하는가 하는 것이다.[155] 이 논쟁의 주된 초점은 6-16장(인, 나팔, 대접 심판과 그것들의 다양한 막간들이 서로 어떻게 관련되어 있는가?)

17; Lietaert Peerbolte, *Antecedents of Antichrist*, 116-18; Mazzaferri, *Genre*, 331-43, 363; Smith, "Structure," 384-87을 보라.

151. Bandy, "Layers of the Apocalypse," 475-81에 나오는 이에 대한 논의를 보라.

152. Koester, *Revelation*, 112-15는 이 중 몇 가지 특징을 논한다.

153. Bandy, "Layers of the Apocalypse," 481-90.

154. Bauckham, *Climax*, 7-37과 여러 곳을 보라.

155. 몇몇 주석가는 앞에서 묘사한 것처럼 단지 6-16장에서뿐 아니라 이 책 전체에서 요점 반복이 나타난다고 본다. 예를 들어, William Hendriksen, *More Than Conquerors: An Interpretation of the Book of Revelation*, 2nd ed. (Grand Rapids: Baker, 1940), 16-22는 이 책을 일곱 개의 주요 부분으로 나누고, "그 부분들이 서로 대응되며 각각은 그리스도의 초림부터 재림까지 새로운 세대 전체에 걸쳐 있다"라고 주장한다. 그러면서 그것을 서로 다른 관점에서 보고 강조해야 할 서로 다른 세부 사항들을 선택한다는 것이다(p. 22). Charles Homer Giblin, "Recapitulation and the Literary Coherence of John's

과 19–21장(20:1–6은 책 앞부분에 묘사된 사건들의 요점을 반복하는가? 19:11–21과 20:7–10에 나오는 종말론적 전투에 대한 기사는 같은 사건을 언급하는가?)이다. 두 번째 문제에 대해서는 19–21장에 대한 설명을 보라. 이어서 6–16장의 문제를 중심으로 논의해보겠다.

세 개의 심판 시리즈가 요점의 반복이라는 견해의 핵심은 그 시리즈가 같은 심판에 대한 세 번의 묘사로, 관점이나 세부 사항만 서로 다르다는 것이다.[156] 이 접근법을 뒷받침하는 주요 근거는 다음과 같다. (1) 인, 나팔, 대접 사이에는 일반적인 주제의 대응이 자주 나타난다. 땅의 물에 미치는 영향, 천체에 미치는 영향, 전쟁과 침략, 타는 듯한 열기, 대대적인 인간의 죽음, 불경한 자들이 회개하지 않는 것 등이다.[157] (2) 세 개의 시리즈가 순서대로 일어나는 것으로 보면 몇 가지가 불일치한다. 여섯째 인에서 극적으로 영향을 받았던 천체(6:12–17)가 넷째 나팔 때 여전히 제자리에 있고 어두워진다(8:12). 첫째 나팔(8:7)은 각종 푸른 풀을 태우지만 다섯째 나팔의 황충은 그것을 해하지 않는다(9:4).[158] (3) 일곱 나팔과 일곱 대접은 같은 곳에서 끝나는 듯하다. 이 땅에서 하나님의 통치가 시작되기 직전에 하나님의 심판이 절정에 이르는 곳이다(10:5–7; 11:15–18; 16:17; 참고. 15:1; 일곱째 인은 분명하지 않다, 8:1).[159] (4) 폭풍우로 나타나는 신적 현현(번개, 우레, 지진, 우박)이 각 시리즈 끝에 나온다(8:5; 11:19; 16:18–21). 이러한 점은 그 세 시리즈가 같은 시공간에서 이루어지면서 대응되는 것이며, 같은 사건들을 매번 다른 특이 사항 혹은 관점으로 묘사한다는 증거로 여겨진다. (5) 여섯째 인(6:12–17)은 천체의 그런 변화들이 그리스도의 재림 직전에 있는 실상을 언급하는 것이 분명하다고 묘사한다.[160]

마지막 세 가지 사항은 세 시리즈가 순전히 연속적으로 일어나는 것(즉, 일곱 인이 다 일어난 후 일곱 나팔이 다 나오고 그다음에 일곱 대접이 다 나오는 것)이 아니라는 점을 분명히 한다. 하지만 이 시리즈들이 모두 동시에 끝난다고 하는 주장[근거 (3)과 (4)처럼]은 그것들이 동시에 시작하는지의 여부에 대해서는 말하지 않는다. 그리고 일반적인 대응들[근거 (1)]은 사건들이 동일한 것임을 확증하지 않는다. 세 시리즈는 모두 별개의 때에 반복될 수 있는 심판에 대한 구약의 예표들(예를 들어, 주의 날, 애굽의 재앙, 소돔과 고모라)에서 나온 것이기 때문이다.[161] 여섯째 인은 대격변적 효과에 대해 말하기는 한다. 하지만 거기 나오는 묘사를 경직되게 문자적으로 해석해서 우주적 질서의 종말로 보는 것이 아니라, 다가오는 하나님의 심판을 알리는 명백한 하늘의 전조를 과장법적으로 묘사한 것으로 보는 것이 가장 좋다(6:12–17에 대한 설명을 보라).

Apocalypse," *CBQ* 56 (1994): 81–95는 4–22장을 세 개의 주기로 된 요점 반복으로 구성하며, Adela Yarbro Collins, *The Combat Myth in the Book of Revelation*, HDR 9 (Missoula, MT: Scholars Press, 1976), 11–13, 31–44는 6–22장에서 다섯 개의 요점 반복 주기가 나온다고 본다.

156. 이것이 Gunther Bornkamm, "Die Komposition der apokalyptischen Visionen in der Offenbarung Johannis," *ZNW* 36 (1937): 132–49의 기본적 요점으로, 그는 후대의 몇몇 학자에게 영향을 끼쳤다.

157. George Raymond Beasley-Murray, *The Book of Revelation*, rev. ed., NCB (Grand Rapids: Eerdmans, 1978), 238–41; Frederick J. Murphy, *Fallen Is Babylon: The Revelation to John*, NTC (Harrisburg, PA: Trinity Press International, 1998), 51–52, 201.

158. Koester, *Revelation*, 443–44; Murphy, *Fallen Is Babylon*, 236–38.

159. Beasley-Murray, *Revelation*, 30, 187–88, 233–34.

160. Beasley-Murray, *Revelation*, 30–31은 이것을 요점 반복에 대한 부정할 수 없는 증거로 간주한다.

161. 근거 (2)에서 언급된 불일치에 대해서는 열거된 구절들에 대한 설명을 보라.

연대적 순서를 입증하는 증거에는 다음과 같은 사항들이 포함되며, 이 접근법이 좀 더 타당해 보인다.[162] (1) 각 시리즈에 나오는 명백한 특징들의 순서("첫째", "둘째" 등)는 세 시리즈뿐 아니라 그것들이 언급하는 실상들을 연대적으로 차례로 일어나는 일로 보는 경향을 뒷받침한다. 이 특징들이 특정한 순서 없이 다양한 때에 일어나는 일을 나타낸다면, 왜 이 특징들을 명백히 차례대로 일어나는 것으로 묘사하는가? (2) 애굽 재앙과의 강력한 예표론적 연관(적어도 나팔과 대접)은, 그 재앙들이 그랬듯이 세 시리즈에 모두 나오는 심판들이 순차적으로 일어나고 점차 악화된다는 것과 또한 마찬가지로 악화되면서도 회개로 이어지지 않는다는 것을 시사한다.[163] (3) 각 시리즈 안에서 그리고 시리즈들 사이에 심화되는 것은 같은 사건들이 반복된다고 보기보다는 연대적 순서에 따라 일어나는 것이라고 설명하는 것이 더 쉽다. 예를 들어, 처음 네 인과 처음 네 나팔은 각 시리즈에서 나중에 나오는 것들보다 덜 심하며, 멸망의 범위는 각 시리즈와 함께 더 넓어진다(6:8에서는 사분의 일, 8:7-12과 9:15, 18에서는 바다 생물 삼분의 일이 죽는 것을 포함해서 삼분의 일, 16:3에서는 모든 바다 생물이 죽으며 다른 대접들은 그들의 화로 세상 일부분이 아니라 세상 전체에 영향을 끼치는 듯하다).[164] (4) 대접 심판들은 분명 "마지막 재앙"으로 불리며 이 땅에 임한 하나님의 심판의 진노가 이것으로 '마친다'고 나온다(15:1; 21:9). (5) 일곱째 인과 일곱째 나팔의 내용은 명기되지 않으며 뒤에 이어지는 시리즈들(각각 나팔과 대접 시리즈)과 매우 가깝게 서술 혹은 묘사되어 있어서, 나팔들이 마지막 인 심판의 구성 요소이고 대접들이 마지막 나팔 심판의 구성 요소인 것처럼 보일 정도다(8:1-6; 10:5-7; 11:15-19; 15:1).[165] 이 배열은 때로 순전히 연속적인 것이기보다는 망원경으로 보는 혹은 망원경적인 것이라고 지칭된다.[166] 그래서 각 시리즈는 그리스도가 만왕의 왕이요 만주의 주로 돌아오셔서 하나님의 통치가 확립되기 바로 전, 미래에 있을 절정의 심판 끝부분까지 독자들을 데리고 간다(19:11-21).

인, 나팔, 대접이라는 더 큰 틀 안에서 6-16장은 또한 다양한 막간 혹은 여담을 포함한다. 그것들은 방향을 잃게 할 수도 있지만 중요한 방식으로 주요 이야기를 보완하기도 한다. 그런 막간들은 연속되는 심판을 다시 다루기 전에 배경 사건들에 대한 회상, 앞으로 벌어질 절정에 대한 하늘의 예고, 관련된 동시대적 상황들을 환경을 어렴풋이 감지하게 하면서 짧거나 긴 부분이 연대적으로 진행하는 것을 잠시 멈추게 한다. 이 막간들은 문학적 설계에서 분별할 수 있는 몇 가지 목적에 기여한다. 그것은 숨 막히는 듯 보이지만 예측할 수 있는 긴장을

---

162. 이 중 많은 것에 대해 Marko Jauhiainen, "Recapitulation and Chronological Progression in John's Apocalypse: Towards a New Perspective," *NTS* 49 (2003): 543-59; J. Lambrecht, "A Structuration of Revelation 4:1-22:5," in Lambrecht, *Apocalypse johannique*, 80-104; Pate, "Progressive Dispensational View," 161-64; and James L. Resseguie, *Revelation Unsealed: A Narrative Critical Approach to John's Apocalypse*, BIS 32 (Leiden: Brill, 1998), 160-66을 보라.

163. Fekkes, *Prophetic Traditions*, 80-82.

164. Bauckham, *Theology*, 40.

165. Ladd, *Revelation*, 121-23, 145, 160.

166. Larry R. Helyer, *The Witness of Jesus, Paul and John: An Exploration in Biblical Theology* (Downers Grove, IL: Inter-Varsity Press, 2008), 354-55; Murphy, *Fallen Is Babylon*, 236; Thomas, *Revelation 1-7*, 531-43.

완화하고, 임박한 종말이 하나님이 주관하시는 예상치 못한 시간표에 따라 오리라는 것을 암시적으로 보여준다.[167] 그것들은 연대적으로 진행되는 심판의 이미지들이 묘사하는 지상 사건들에 대한 하늘의 관점을 어렴풋이 감지하게 해준다. 또한 그것들은 심판 때문에 제기된 질문들(예를 들어, 6:17, "누가 능히 서리요"; 10:5-7, 왜 끝이 오기 전에 지체되는가)에 필요한 답을 준다. 이 대답들은 때로는 격려(7:1-8, 하나님이 이스라엘을 보호하실 것이다) 혹은 심판이 진행되는 중에 구속이 있으리라는 소망(7:9-17, 모든 민족에서 나아온 방대한 무리가 하나님과 어린양을 예배하는 것)을 준다. 그리고 세상 문화 속에서 적대와 거부를 당한 독자들을 위해 하나님의 증인들을 예로 보여준다(10-11장). 또한 현재와 앞으로 벌어질 갈등의 우주적, 역사적 배경을 설명한다(12-13장). 그것들은 곧 완성될 극심한 심판뿐 아니라 앞으로 성취될 하나님의 승리를 미리 보여준다(14장).[168] 요약하면 요한계시록 가운데 부분(6-16장, 두 번째 주요 환상 대부분)은 회상, 예고, 당대의 상황들을 얼핏 감지하는 것 등이 삽입된, 기본적으로 연대적인 진행이라고 보는 것이 가장 만족스러운 해석 방식이다.

세 번째 주요 환상(17:1-19:10)과 함께 요한은 바벨론 멸망에 초점을 맞춘다. 그것은 시간적으로 6-16장과 대략 동시대에 일어나지만, 바벨론이 세상에 대해 과거와 현재에 미치는 악한 영향과 바벨론에 대한 하나님의 심판 사건들도 묘사한다. 이 심판은 그리스도가 재림하시면서 바벨론의 권세가 완전히 일소될 때 신적 통치가 이 땅에 확립되는 것에서 절정에 이를 것이다(11:15-18; 14:1에 슬쩍 예시되고 14:8; 16:10, 19에 명백히 진술되어 있는 것처럼). 네 번째 주요 환상(21:9-22:9)은 대조적으로 영원한 미래에 존재하는 새 예루살렘에 초점을 맞춘다. 그 환상은 하나님과 직접 교통하고 하나님을 섬기며 사는 삶의 복됨을 묘사한다. 세 번째 주요 환상과 네 번째 주요 환상 사이에 끼어 있는 주요 부분(19:11-21:8)은 연대적으로 제시되어 있으며, 바벨론의 붕괴와 새 예루살렘이 새 하늘과 새 땅과 더불어 오는 것 사이에 일어날 미래의 사건들을 묘사하는 일곱 개의 짧은 환상들을 차례로 말한다.[169] 그래서 책 대부분을 이루는 더 큰 배열은 이 세대에서 절정에 이르고 마침내 새 하늘과 새 땅으로 이어질 다양한 사건들, 즉 "반드시 속히 일어날"(1:1; 22:6) 사건들을 통과하는 시간적 진행에 따라 구성되어 있다.[170]

167. Resseguie, *Narrative Commentary*, 53.

168. Peter S. Perry, *The Rhetoric of Digressions: Revelation 7:1-17 and 10:1-11:13 and Ancient Communication*, WUNT 2.268 (Tübingen: Mohr Siebeck, 2009), 209-41은 이 목적들 중 일부를 논하고 여담이 그리스 로마 사회의 소통 유형의 일부였으며 요한의 독자들은 그것을 잘 알고 있었을 것임을 보여준다.

169. 19:11; 20:2, 7, 10에 나오는 설명을 보라.

170. 이 책이 미래에 대한 예언적 환상을 눈에 띄게 연대적으로 배열하는데도, 일부 해석자(요점 반복을 주장하는 사람들과 연대적 진행을 주장하는 사람들 둘 다)는 요한계시록이 "시공간상의 구체적인 일련의 사건들"(Koester, *Revelation*, 445) 혹은 어떤 구체적인 "역사의 이 최종 기간 내의 사건들의 연속"(Bauckham, *Theology*, 149; 참고. 40-41)을 언급한다는 것을 계속 부인한다. 또한 Giblin, "Recapitulation," 94와 Resseguie, *Narrative Commentary*, 59를 보라. 이것은 부분적으로는 세계의 미래에 대해 지나치게 문자적이고 구체적인 글을 써내는 대중적 종말 저자들에 대해 과민 반응을 보이는 것이다. 그것은 또한 예언된 사건들의 순서가 지닌 가치와 그 사건들이 지닌 "본질과 의미" 사이의 잘못된 이분법에서 나온 것일 수도 있다(Bauckham, *Theology*, 149-50). 분명 이것들은 상호 배타적인 것이 아니다. 우리는 본문이 그것을 제시한다면 둘 다 발견하는 것을 목표로 삼아야 한다.

개요

I. 서언(1:1–8)
  A. 표제(1:1–3)
  B. 서신적 시작과 송영(1:4–6)
  C. 책의 주제(1:7–8)
II. 첫 번째 환상: 높임받으신 그리스도와 교회에 보내는 그리스도의 메시지(1:9–3:22)
  A. 높임받으신 그리스도에 대한 환상(1:9–20)
  B. 일곱 교회에 보내는 메시지(2:1–3:22)
    1. 에베소 교회에(2:1–7)
    2. 서머나 교회에(2:8–11)
    3. 버가모 교회에(2:12–17)
    4. 두아디라 교회에(2:18–29)
    5. 사데 교회에(3:1–6)
    6. 빌라델비아 교회에(3:7–13)
    7. 라오디게아 교회에(3:14–22)
III. 두 번째 환상: 하늘의 보좌와 세 번의 심판 주기(4:1–16:21)
  A. 하늘의 보좌에 대한 환상(4:1–11)
  B. 일곱 인으로 봉한 두루마리와 죽임당한 어린양(5:1–14)
  C. 일곱 인과 막간의 두 무리(6:1–8:1)
    1. 처음 여섯 인(6:1–17)
    2. 막간의 두 무리(7:1–17)
    3. 일곱째 인(8:1)
  D. 일곱 나팔과 또 다른 막간들(8:2–14:20)
    1. 처음 네 나팔(8:2–13)
    2. 다섯째 나팔– 첫째 화(9:1–12)
    3. 여섯째 나팔– 둘째 화(9:13–21)
    4. 두 개의 계시적 막간: 하나님의 선지자들(10:1–11:14)
      a. 요한과 작은 두루마리(10:1–11)
      b. 성전 측량과 두 증인(11:1–14)
    5. 일곱째 나팔– 셋째 화: 하나님의 통치를 예상함(11:15–19)
    6. 두 개의 또 다른 막간: 바벨론의 몰락을 예상함(12:1–14:20)
      a. 여자와 용의 전쟁(12:1–13:18)
        (1) 여자, 여자의 아들, 용(12:1–18)
        (2) 용과 바다 및 땅에서 나온 그의 짐승들(13:1–18)

b. 어린양의 심판과 승리에 대한 예고편(14:1–20)

E. 일곱 대접 심판(15:1–16:21)

1. 대접 심판들을 위한 하늘의 준비(15:1–8)

2. 하나님의 진노의 일곱 대접이 부어짐(16:1–21)

IV. 세 번째 환상: 큰 바벨론의 멸망(17:1–19:10)

A. 바벨론, 큰 음녀, 그녀가 탄 짐승(17:1–18)

B. 바벨론이 멸망한 결과(18:1–24)

C. 바벨론의 심판에 대한 경축과 어린양의 신부에 대한 준비(19:1–10)

V. 사이에 끼어 있는 사건들: 바벨론에서 새 예루살렘까지(19:11–21:8)

A. 하늘 전사의 압도적 승리(19:11–21)

B. 크고 흰 보좌에서 천 년 동안 통치하고 심판함(20:1–15)

C. 새 하늘과 새 땅(21:1–8)

VI. 네 번째 환상: 새 예루살렘이 내려옴(21:9–22:9)

A. 하나님의 영광스러운 성, 어린양의 신부(21:9–27)

B. 회복된 하나님의 에덴과 천사의 교훈(22:1–9)

VII. 결어(22:10–21)

참고문헌

Adams, Edward. *The Stars Will Fall from Heaven: Cosmic Catastrophe in the New Testament and Its World*. LNTS 347. London: T&T Clark, 2007.

Aland, Barbara, et al., eds. *The Greek New Testament*. 5th ed. Stuttgart: Deutsche Bibelgesellschaft, 2014.

Aland, Barbara, et al., eds. *Novum Testamentum Graece*. 28th ed. Stuttgart: Deutsche Bibelgesellschaft, 2012.

Aune, David E. *Revelation*. 3 vols. WBC 52. Nashville: Thomas Nelson, 1997–98.

Balz, Horst, and Gerhard Schneider, eds. *Exegetical Dictionary of the New Testament*. 3 vols. Grand Rapids: Eerdmans, 1990–1993.

Barker, Margaret. *The Revelation of Jesus Christ*. Edinburgh: T&T Clark, 2000.

Barnhouse, Donald Grey. *Revelation: An Expository Commentary*. Grand Rapids: Zondervan, 1971.

Bass, Justin W. *The Battle for the Keys: Revelation 1:18 and Christ's Descent into the Underworld*. PBM. Milton Keynes: Paternoster, 2014.

Bauckham, Richard. *The Climax of Prophecy: Studies in the Book of Revelation*. Edinburgh: T&T Clark, 1993.

———. *The Theology of the Book of Revelation*. Cambridge: Cambridge University Press, 1993.

Bauer, Walter, W. F. Arndt, F. W. Gingrich, and Frederick William Danker. *A Greek-English Lexicon of the New Testament and Other Early Christian Literature*. 3rd ed. Chicago: University of Chicago Press, 2000.

Baynes, Leslie. *The Heavenly Book Motif in Judeo-Christian Apocalypses, 200 B.C.E.–200 C.E.* JSJSup 152. Leiden: Brill, 2012.

Beagley, A. J. *The "Sitz im Leben" of the Apocalypse: With Particular Reference to the Role of the Church's Enemies*. BZNW 50. Berlin: de Gruyter, 1987.

Beale, G. K. *The Book of Revelation*. NIGTC. Grand Rapids: Eerdmans, 1999.

Beale, G. K., and Sean M. McDonough. "Revelation." Pages 1081–161 in *Commentary on the New Testament Use of the Old Testament*. Edited by G. K. Beale and D. A. Carson. Grand Rapids: Baker Academic, 2007.

Beasley-Murray, G. R. *The Book of Revelation*. Rev. ed. NCB. Grand Rapids: Eerdmans, 1978.

Beckwith, Isbon T. *The Apocalypse of John: Studies in Introduction with a Critical and Exegetical Commentary*. New York: Macmillan, 1919.

Blaising, Craig. "Biblical Hermeneutics: How Are We to Interpret the Relation between the Tanak and the New Testament on This Question?" Pages 79–105 in *The New Christian Zionism: Fresh Perspectives on Israel & the Land*. Edited by Gerald R. McDermott. Downers Grove, IL: IVP Academic, 2016.

Blaising, Craig A., and Darrell L. Bock. *Progressive Dispensationalism*. Wheaton: Bridgepoint, 1993.

Blass, Friedrich, Albert Debrunner, and Robert W. Funk. *A Greek Grammar of the New Testament and Other Early Christian Literature*. Chicago: University of Chicago Press, 1961.

Blass, Friedrich, and Albert Debrunner. *Grammatik des neutestamentlichen Griechisch*. Edited by Friedrich Rehkopf. 15th ed. Göttingen: Vandenhoeck & Ruprecht, 1979.

Blount, Brian K. *Revelation: A Commentary*. NTL. Louisville: Westminster John Knox, 2009.

Bock, Darrell L., ed. *Three Views on the Millennium and Beyond*. Grand Rapids: Zondervan, 1999.

Boring, M. Eugene. *Revelation*. IBC. Louisville: Westminster John Knox, 1989.

Boxall, Ian. *The Revelation of Saint John*. BNTC. Peabody, MA: Hendrickson, 2006.

Burton, Ernest DeWitt. *Syntax of the Moods and Tenses in New Testament Greek*. 3rd ed. Edinburgh: T&T Clark, 1898.

Caird, G. B. *A Commentary on the Revelation of St John the Divine*. HNTC. New York: Harper & Row, 1966.

———. *The Language and Imagery of the Bible*. London: Duckworth, 1980.

Cancik, Hubert, and Helmuth Schneider, eds. *Brill's New Pauly: Encyclopaedia of the Ancient World*. Antiquity. 15 vols. Leiden: Brill, 2002–2010.

Cerfaux, Lucien and Jules Cambier. *L'Apocalypse de Saint Jean lue aux Chrétiens*. LD 17. Paris: Cerf, 1955.

Charles, R. H. *A Critical and Exegetical Commentary on the Revelation of St. John*. 2 vols. ICC. Edinburgh: T&T Clark, 1920.

Chilton, David. *The Days of Vengeance: An Exposition of the Book of Revelation*. Ft. Worth: Dominion, 1987.

Culy, Martin M. *The Book of Revelation: The Rest of the Story*. Eugene, OR: Pickwick, 2017.

Dixon, Sarah Underwood. *The Testimony of the Exalted Jesus: The "Testimony of Jesus" in the Book of Revelation*. LNTS 570. London: Bloomsbury T&T Clark, 2017.

Fuller Dow, Lois K. *Images of Zion: Biblical Antecedents for the New Jerusalem*. NTM 26. Sheffield: Sheffield Phoenix, 2010.

Dumbrell, William J. *The End of the Beginning: Revelation 21–22 and the Old Testament*. Homebush West, NSW: Lancer, 1985.

Duvall, J. Scott. *The Heart of Revelation: Understanding the 10 Essential Themes of the Bible's Final Book*. Grand Rapids: Baker, 2016.

———. *Revelation*. TTC. Grand Rapids: Baker, 2014.

Fanning, Buist M. "Discipleship in Revelation." In *Following Jesus Christ: The New Testament Message of Discipleship for Today*. Edited by John K. Goodrich and Mark L. Strauss. Grand Rapids: Kregel, 2019.

———. "Greek Tenses in John's Apocalypse: Issues in Verbal Aspect, Discourse Analysis, and Diachronic Change." Pages 328–53 in *The Language and Literature of the New Testament: Essays in Honour of Stanley E. Porter's 60th Birthday*. Edited by Lois K. Fuller Dow, Craig A. Evans, and Andrew W. Pitts. Leiden: Brill, 2016.

———. *Verbal Aspect in New Testament Greek*. OTM. Oxford: Clarendon, 1990.

Farrer, Austin. *A Rebirth of Images: The Making of St. John's Apocalypse*. Westminster: Dacre, 1949.

Fee, Gordon D. *Revelation: A New Covenant Commentary*. NCCS. Eugene, OR: Cascade, 2011.

Fekkes III, Jan. *Isaiah and Prophetic Traditions in the Book of Revelation: Visionary Antecedents and Their Development*. JSNTSup 93. Sheffield: JSOT Press, 1994.

Ford, J. Massyngberde. *Revelation*. AB 38. Garden City, NY: Doubleday, 1975.

Freedman, David Noel, ed. *Anchor Bible Dictionary*. 6 vols. New York: Doubleday, 1992.

Friesen, Steven J. *Imperial Cults and the Apocalypse of John: Reading Revelation in the Ruins*. New York: Oxford University Press, 2001.

Gentry, Kenneth L. *Before Jerusalem Fell: Dating the Book of Revelation*. Rev. ed. Atlanta: American Vision, 1998.

Giblin, Charles Homer. *The Book of Revelation: The Open Book of Prophecy*. GNS 34. Collegeville, MN: Liturgical Press, 1991.

Glasson, T. F. *The Revelation of John*. CBC. Cambridge: Cambridge University Press, 1965.

Hamilton, James M. *Revelation: The Spirit Speaks to the Churches*. Wheaton, IL: Crossway, 2012.

Harrington, Wilfrid J. *Revelation*. SP 16. Collegeville, MN: Liturgical Press, 1993.

Helyer, Larry R. *The Witness of Jesus, Paul and John: An Exploration in Biblical Theology*. Downers Grove, IL: InterVarsity Press, 2008.

Hemer, Colin J. *The Letters to the Seven Churches of Asia in Their Local Setting*. JSNTSup 11. Sheffield: JSOT Press, 1986.

Hendriksen, William. *More Than Conquerors: An Interpretation of the Book of Revelation*. 2nd ed. Grand Rapids: Baker, 1940.

Hernández Jr., Juan. *Scribal Habits and Theological Influences in the Apocalypse: The Singular Readings of Sinaiticus, Alexandrinus, and Ephraemi*. WUNT 2.218. Tübingen: Mohr Siebeck, 2006.

Hoskins, Paul M. *The Book of Revelation: A Theological and Exegetical Commentary*. n.p.: ChristoDoulos, 2017.

Hughes, Philip Edgcumbe. *The Book of the Revelation: A Commentary*. Grand Rapids: Eerdmans, 1990.

Hultberg, Alan, ed. *Three Views on the Rapture*. Grand Rapids: Zondervan, 2010.

Jauhiainen, Marko. *The Use of Zechariah in Revelation*. WUNT 2.199. Tübingen: Mohr Siebeck, 2005.

Karrer, Martin. *Johannesoffenbarung*. Vol. 1 (1,1–5,14). EKKNT 24.1. Ostfildern: Patmos, 2017.

Keener, Craig S. *Revelation*. NIVAC. Grand Rapids: Zondervan, 2000.

Kiddle, Martin. *The Revelation of St. John*. MNTC. London: Hodder and Stoughton, 1940.

Kistemaker, Simon J. *Exposition of the Book of Revelation*. NTC. Grand Rapids: Baker Academic, 2001.

Kittel, Gerhard, and Gerhard Friedrich, eds. *Theological Dictionary of the New Testament*. Translated by G. W. Bromiley. 10 vols. Grand Rapids: Eerdmans, 1964–1976.

Koehler, Ludwig et al., eds. *The Hebrew and Aramaic Lexicon of the Old Testament*. 5 vols. Leiden: Brill, 1994–2000.

Koester, Craig R. *Revelation: A New Translation with Introduction and Commentary*. AYB 38A. New Haven: Yale University Press, 2014.

Kovacs, Judith, and Christopher Rowland. *Revelation, the Apocalypse of Jesus Christ*. BBC. Oxford: Blackwell, 2004.

Kraft, Heinrich. *Die Offenbarung des Johannes*. HNT 16A. Tübingen: Mohr Siebeck, 1974.

Kraybill, J. Nelson. *Imperial Cult and Commerce in John's Apocalypse*. JSNTSup 132. Sheffield: Sheffield Academic Press, 1996.

Ladd, George Eldon. *A Commentary on the Revelation of John*. Grand Rapids: Eerdmans, 1972.

———. *A Theology of the New Testament*. Rev. ed. Edited by Donald A. Hagner. Grand Rapids: Eerdmans, 1993.

Lang, G. H. *The Revelation of Jesus Christ*. London: Paternoster, 1948.

Levinsohn, Stephen H. *Discourse Features of New Testament Greek: A Coursebook on the Information Structure of New Testament Greek*. 2nd ed. Dallas: SIL, 2000.

Lichtenberger, Hermann. *Die Apokalypse*. ThKNT 23. Stuttgart: Kohlhammer, 2014.

Liddell, Henry George, Robert Scott, Henry Stuart Jones. *A Greek-English Lexicon*. 9th ed. with revised supplement. Oxford: Clarendon, 1996.

Lietaert Peerbolte, Bert Jan. *The Antecedents of Antichrist: A Traditio-Historical Study of the Earliest Christian Views on Eschatological Opponents*. JSJSup 49. Leiden: Brill, 1996.

Lohse, Eduard. *Die Offenbarung des Johannes*. NTD 11. Göttingen: Vandenhoeck & Ruprecht, 1983.

Lorein, Geert Wouter. *The Antichrist Theme in the Intertestamental Period*. JSPSup 44. London: T&T Clark, 2003.

Louw, Johannes P., and Eugene A. Nida, eds. *Greek-English Lexicon of the New Testament Based on Semantic Domains*. 2nd ed. 2 vols. New York: United Bible Societies, 1989.

Lupieri, Edmondo F. *A Commentary on the Apocalypse of John*. ITSORS. Grand Rapids: Eerdmans, 2006.

Luter, Boyd. "Interpreting the Book of Revelation." Pages 457–80 in *Interpreting the New Testament: Essays on Methods and Issues*. Edited by David Alan Black and David S. Dockery. Nashville: Broadman & Holman, 2001.

MacLeod, David J. *The Seven Last Things: An Exposition of Revelation 19–21*. Dubuque, IA: Emmaus College Press, 2003.

Maier, Gerhard. *Die Offenbarung des Johannes*. 2 vols. HTANT. Giessen: Brunnen, 2009–2012.

Mangina, Joseph L. *Revelation*. BTCB. Grand Rapids: Brazos, 2010.

Marshall, John W. *Parables of War: Reading John's Jewish Apocalypse*. SCJ 10. Waterloo, Ontario: Wilfred Laurier University Press, 2001.

Martin, Ralph P., and Peter H. Davids, eds. *Dictionary of the Later New Testament and Its Developments*. Downers Grove, IL: InterVarsity Press, 1997.

Mathewson, David. *A New Heaven and a New Earth: The Meaning and Function of the Old Testament in Revelation 21.1–22.5*. JSNTSup 238. Sheffield: Sheffield Academic Press, 2003.

———. *Revelation: A Handbook on the Greek Text*. BHGNT. Waco: Baylor University Press, 2016.

———. *Verbal Aspect in the Book of Revelation: The Function of Greek Verb Tenses in John's Apocalypse*. LBS 4. Leiden: Brill, 2010.

Mazzaferri, Frederick David. *The Genre of the Book of Revelation from a Source-Critical Perspective*. BZNW 54. Berlin: de Gruyter, 1989.

McNicol, Allan J. *The Conversion of the Nations in Revelation*. LNTS 438. London: T&T Clark, 2011.

Mealy, J. Webb. *After the Thousand Years: Resurrection and Judgment in Revelation 20*. JSNTSup 70. Sheffield: JSOT Press, 1992.

Metzger, Bruce M. *Breaking the Code: Understanding the Book of Revelation*. Nashville: Abingdon, 1993.

———, ed. *A Textual Commentary on the Greek New Testament*. 2nd ed. Stuttgart: Deutsche Bibelgesellschaft, 1994.

Michaels, J. Ramsey. *Interpreting the Book of Revelation*. GNTE. Grand Rapids: Baker, 1992.

———. *Revelation*. IVPNTC 20. Downers Grove, IL: InterVarsity Press, 1997.

Moffatt, James. "The Revelation of St. John the Divine." Pages 279–494 in *The Expositor's Greek Testament*. Edited by W. Robertson Nicoll. Vol 5. London: Hodder & Stoughton, 1910.

Moo, Jonathan A. *Let Creation Rejoice: Biblical Hope and the Ecological Crisis*. Downers Grove, IL: InterVarsity Press, 2014.

Moule, C. F. D. *An Idiom Book of New Testament Greek*. 2nd ed. Cambridge: Cambridge University Press, 1959.

Mounce, Robert H. *The Book of Revelation*. Rev. ed. NICNT. Grand Rapids: Eerdmans, 1998.

Moyise, Steve. *The Old Testament in the Book of Revelation*. JSNTSup 115. Sheffield: Sheffield Academic Press, 1995.

———, ed. *Studies in the Book of Revelation*. Edinburgh: T&T Clark, 2001.

Murphy, Frederick J. *Fallen Is Babylon: The Revelation to John*. NTIC. Harrisburg, PA: Trinity Press International, 1998.

Mussies, G. *The Morphology of Koine Greek as Used in the Apocalypse of John: A Study in Bilingualism*. NovTSup 27. Leiden: Brill, 1971.

Osborne, Grant R. "Recent Trends in the Study of the Apocalypse." Pages 473–504 in *The Face of New Testament Studies: A Survey of Recent Research*. Edited by Scot McKnight and Grant R. Osborne. Grand Rapids: Baker Academic, 2004.

———. *Revelation*. BECNT. Grand Rapids: Baker, 2002.

Pate, C. Marvin. *Four Views on the Book of Revelation*. Grand Rapids: Zondervan, 1998.

———. *Interpreting Revelation and Other Apocalyptic Literature: An Exegetical Handbook*. HNTE. Grand Rapids: Kregel Academic, 2016.

Patterson, Paige. *Revelation*. NAC 39. Nashville: Broadman & Holman, 2012.

Pitre, Brant James. *Jesus, the Tribulation, and the End of the Exile: Restoration Eschatology and the Origin of the Atonement*. WUNT 2.204. Tübingen: Mohr Siebeck, 2005.

Price, S. R. F. *Rituals and Power: The Roman Imperial Cult in Asia Minor*. Cambridge: Cambridge University Press, 1984.

Prigent, Pierre. *L'Apocalypse de Saint Jean*. 3rd ed. CNT. Geneva: Labor et Fides, 2000.

———. *Commentary on the Apocalypse of St John*. Translated by Wendy Pradels. Tübingen: Mohr Siebeck, 2001.

Resseguie, James L. *The Revelation of John: A Narrative Commentary*. Grand Rapids: Baker Academic, 2009.

Richard, Pablo. *Apocalypse: A People's Commentary on the Book of Revelation*. BLS. Maryknoll, NY: Orbis Books, 1995.

Rowland, Christopher. "The Book of Revelation: Introduction, Commentary, and Reflections." Pages 501–743 in *The New Interpreter's Bible*. Edited by Leander E. Keck. Vol. 12. Nashville: Abingdon, 1998.

Ruiz, Jean-Pierre. *Ezekiel in the Apocalypse: The Transformation of Prophetic Language in Revelation 16,17–19,10*. EUS 23.376. Frankfurt am Main: Peter Lang, 1989.

Runge, Steven E. *Discourse Grammar of the Greek New Testament: A Practical Introduction for Teaching and Exegesis*. Peabody, MA: Hendrickson, 2010.

Sandy, D. Brent. *Plowshares and Pruning Hooks: Rethinking the Language of Biblical Prophecy and Apocalyptic*. Downers Grove, IL: InterVarsity Press, 2002.

Satake, Akira. *Die Offenbarung des Johannes*. Edited by Thomas Witulksi. KEK 16. Göttingen: Vandenhoeck & Ruprecht, 2008.

Saucy, Robert L. *The Case for Progressive Dispensationalism: The Interface between Dispensational & Non-Dispensational Theology*. Grand Rapids: Zondervan, 1993.

Schmid, Josef. *Studien zur Geschichte des griechischen Apokalypse-Textes*. Munich: Karl Zink, 1955.

Schüssler Fiorenza, Elizabeth. *The Book of Revelation: Justice and Judgment*. Philadelphia: Fortress, 1985.

Scott, Walter. *Exposition of the Revelation of Jesus Christ*. 4th ed. London: Pickering & Inglis, 1900.

Seiss, J. A. *The Apocalypse: Lectures on the Book of Revelation*. 6th ed. London: Charles C. Cook, 1900.

Siew, Antoninus King Wai. *The War between the Two Beasts and the Two Witnesses: A Chiastic Reading of Revelation 11:1–14:5*. LNTS 283. London: T&T Clark, 2005.

Silva, Moisés, ed. *New International Dictionary of New Testament Theology and Exegesis*. 2nd ed. 5 vols. Grand Rapids: Zondervan, 2014.

Skaggs, Rebecca, and Priscilla Benham. *Revelation: Pentecostal Commentary*. PCS. Blandford Forum, Dorset, UK: Deo, 2009.

Smalley, Stephen S. *The Revelation to John: A Commentary on the Greek Text of the Apocalypse*. Downers Grove, IL: InterVarsity Press, 2005.

———. *Thunder and Love: John's Revelation and John's Community*. Milton Keynes: Word, 1994.

Smith, J. B. *A Revelation of Jesus Christ: A Commentary on the Book of Revelation*. Scottdale, PA: Herald, 1961.

Strecker, Georg. *Theology of the New Testament*. Edited by Friedrich Wilhelm Horn. Translated by M. Eugene Boring. New York: de Gruyter; Louisville: Westminster John Knox, 2000.

Sweet, John. *Revelation*. TPINTC. Philadelphia: Trinity Press International, 1990.

Swete, Henry Barclay. *The Apocalypse of St. John*. 3rd ed. London: Macmillan, 1911.

Tenney, Merrill C. *Interpreting Revelation*. Grand Rapids: Eerdmans, 1957.

Thomas, Robert L. *Revelation*. 2 vols. Chicago: Moody, 1992–1995.

Thompson, Leonard L. *The Book of Revelation: Apocalypse and Empire*. New York: Oxford University Press, 1990.

Wainwright, Arthur W. *Mysterious Apocalypse: Interpreting the Book of Revelation*. Nashville: Abingdon, 1993.

Wall, Robert W. *Revelation*. NIBC 18. Peabody, MA: Hendrickson, 1991.

Wallace, Daniel B. *Greek Grammar beyond the Basics: An Exegetical Syntax of the New Testament*. Grand Rapids: Zondervan, 1996.

Walvoord, John F., Philip E. Rawley, and Mark Hitchcock. *Revelation*. Chicago: Moody, 2011.

Weinrich, William C., trans. "Andrew of Caesarea." Pages 109–208 in *Greek Commentaries on Revelation*. Edited by Thomas C. Oden. ACT. Downers Grove, IL: IVP Academic, 2011.

———, trans. "Oecumenius." Pages 1–107 in *Greek Commentaries on Revelation*. Edited by Thomas C. Oden. ACT. Downers Grove, IL: IVP Academic, 2011.

———. *Revelation*. ACCS. Downers Grove, IL: InterVarsity Press, 2005.

———, ed. and trans. "Victorinus." Pages 1–22 in *Latin Commentaries on Revelation*. ACT. Downers Grove, IL: IVP Academic, 2011.

Wilcock, Michael. *The Message of Revelation: I Saw Heaven Opened*. Downers Grove, IL: InterVarsity Press, 1975.

Witherington III, Ben. *Revelation*. NCBC. Cambridge: Cambridge University Press, 2003.

Wood, Shane J. *The Alter-Imperial Paradigm: Empire Studies & the Book of Revelation*. BIS 140. Leiden: Brill, 2016.

Wright, N. T. *Revelation for Everyone*. NTE. Louisville: Westminster John Knox, 2011.

———. *Surprised by Hope: Rethinking Heaven, the Resurrection, and the Mission of the Church*. New York: HarperOne, 2008.

Zerwick, Maximilian. *Biblical Greek: Illustrated by Examples*. Translated and adapted by Joseph Smith. Rome: Scripta Pontificii Instituti Biblici, 1963.

Zerwick, Maximillian, and Mary Grosvenor. *A Grammatical Analysis of the Greek New Testament*. Rev. ed. Rome: Pontifical Biblical Institute, 1981.

CHAPTER 1

요한계시록 1:1–8

문학적 전후 문맥

요한계시록은 이 책에 담긴 진리를 따를 모든 독자를 위해 계시록의 내용, 기원, 장르, 가치를 묘사하는 서언으로 시작된다. 서언은 높임받으신 그리스도에 대한 요한의 장엄한 환상(1:9–20)과 그리스도가 그에게 소아시아 일곱 교회에 쓰라고 위임하신 편지들(2–3장)을 준비한다. 서언에 나오는 많은 주제는 요한계시록을 마무리하는 결어(22:10–21)에서 반복된다.

➦ **I. 서언(1:1–8)**
II. 첫 번째 환상: 높임받으신 그리스도와 교회에 보내는 그리스도의 메시지(1:9–3:22)

주요 개념

요한계시록은 전능하신 하나님이 요한을 통해 주시는 선지자적 계시를 담고 있다. 요한은 예수 그리스도가 온 세상을 다스리기 위해 곧 오시는 것이 어떻게 하나님의 구속을 완성할지 보여줌으로써 교회를 축복하고자 한다.

번역

요한계시록 1:1-8

1a	제목	**예수 그리스도의 계시라**
b	묘사/원천	이는 하나님이 그에게 주사

		반드시 속히 일어날 일들을 그 종들에게 보이시려고
c	수단	그의 천사를 그 종 요한에게 보내어
d	행동	**알게 하신 것이라**
2a	묘사	요한은 하나님의 말씀과… 다 증언하였느니라
		예수 그리스도의 증거
		곧
b	동격	자기가 본 것을
3a	복	**이 예언의 말씀을 읽는 자와**
b		**듣는 자와**
c		**그 가운데에 기록한 것을 지키는 자는**
		복이 있나니
d	설명	**때가 가까움이라**
4a	발신자	**요한은**
b	수신자	**아시아에 있는 일곱 교회에 편지하노니**
c	원천, 시리즈 1	이제도 계시고 전에도 계셨고 장차 오실 이와
d	원천, 시리즈 2	그의 보좌 앞에 있는 일곱 영과
5a	묘사 1	또 충성된 증인으로
b	묘사 2	죽은 자들 가운데에서 먼저 나시고
c	묘사 3	땅의 임금들의 머리가 되신
d	원천, 시리즈 3	예수 그리스도로 말미암아
e	문안	**은혜와 평강이 너희에게 있기를 원하노라**
f	송영	**우리를 사랑하사**
g		**그의 피로 우리 죄에서 우리를 해방하시고**
6a		그의 아버지 하나님을 위하여
		우리를 나라와 제사장으로 삼으신
b		**그에게 영광과 능력이 세세토록 있기를 원하노라 아멘**
7a	선지자적 신탁 1	**볼지어다 그가 구름을 타고 오시리라**(단 7:13)
b		**각 사람의 눈이 그를 보겠고**
c		그를 찌른 자들도 볼 것이요
d		**땅에 있는 모든 족속이 그로 말미암아 애곡하리니**(슥 12:10)
e	단언	**그러하리라 아멘**
8a	선지자적 신탁 2	**주 하나님이 이르시되…하시더라**
b		나는 알파와 오메가라
c		이제도 있고 전에도 있었고 장차 올 자요 전능한 자라

구조

요한계시록 전체에 대한 서언은 밀접하게 관련된 세 부분으로 전개된다. 각각 이 책의 내용과 문학적 형태(1-3절), 저자와 직접 수신자(4-6절), 주요 주제(7-8절)를 다룬다. 요한계시록의 초점은 처음부터 영원하신 하나님과 예수 그리스도를 통해 구속과 심판이 미래에 완성되는 것이다.

석의적 개요

- **I. 서언(1:1-8)**
  - **A. 표제(1:1-3)**
    - 1. 제목과 기원(1:1-2)
    - 2. 읽고 순종하는 사람들에게 주어지는 복(1:3)
  - **B. 서신적 시작과 송영(1:4-6)**
    - 1. 발신자, 수신자, 문안(1:4-5e)
    - 2. 예수님을 찬양(1:5f-6)
  - **C. 책의 주제(1:7-8)**
    - 1. 예수님의 오심(1:7)
    - 2. 하나님의 주권(1:8)

본문 설명

1:1-2 예수 그리스도의 계시라 이는 하나님이 그에게 주사 반드시 속히 일어날 일들을 그 종들에게 보이시려고 그의 천사를 그 종 요한에게 보내어 알게 하신 것이라 요한은 하나님의 말씀과 예수 그리스도의 증거 곧 자기가 본 것을 다 증언하였느니라(1 Ἀποκάλυψις Ἰησοῦ Χριστοῦ ἣν ἔδωκεν αὐτῷ ὁ θεὸς δεῖξαι τοῖς δούλοις αὐτοῦ ἃ δεῖ γενέσθαι ἐν τάχει, καὶ ἐσήμανεν ἀποστείλας διὰ τοῦ ἀγγέλου αὐτοῦ τῷ δούλῳ αὐτοῦ Ἰωάννῃ, 2 ὃς ἐμαρτύρησεν τὸν λόγον τοῦ θεοῦ καὶ τὴν μαρτυρίαν Ἰησοῦ Χριστοῦ ὅσα εἶδεν). 요한의 불가해한 책은 그 특성과 원천과 의도하는 청중을 간결하게 묘사하는 제목을 달면서 아주 분명하게 시작한다. 1a절의 시작하는 말은 완전한 문장이 아니라 구(句) 혹은 제목이다. 구약 몇몇 선지서의 첫 구절이나 마가복음 첫 구절("하나님의 아들 예수 그리스도의 복음의 시작")과 어느 정도 비슷하다.[1] 제목의 핵심 단어인 "계시"(ἀποκάλυψις)는 감추어진 무언가를 드러내는 것(unveiling) 혹은 나타

1. 호세아, 요엘, 미가, 스바냐("여호와의 말씀…"), 하박국('하나님의 신탁…', 개역개정에는 "묵시"-역주), 말라기('여호와의 신탁의 말씀', 개역개정에는 "경고"-역주)를 보라. Aune, *Revelation 1-5*, 9-10은 다른 유사한 경우들을 언급한다. 요한계시록 1:1-20의 더 큰 구조는 예레미야 1:1-4, 에스겔 1:1-3, 학개 1:1, 스가랴 1:1과 비슷하게 선지자의 일을 "여호와의 말씀"으로 묘사하고 그들이 환상을 받은 상

내는 것(disclosure)을 의미한다.[2] 그것은 계시하는 행동(롬 8:19; 고전 1:7; 벧전 1:7)을 말하거나, 여기에서처럼 계시된 내용을 말한다. 이 명사 및 관련 동사는 신약에서 자주 사용되고(명사 18번, 동사 26번), 언제나 인간에게 감추어져 있었을 내용을 신적으로 나타내는 것에 사용된다. 그 단어들은 종종 장차 만물이 완성될 때 일어날 '드러냄'을 언급하는데,[3] 앞으로 보겠지만 이 구절에서도 그런 의미다. 이 단어를 음역한 영어 단어(apocalypse)는 이 책의 또 다른 제목으로 사용되었고, 묵시 혹은 묵시 문학이라는 고대 문학의 한 장르이기도 하다('요한계시록 서론'을 보라). 이 단어는 여기에서 문학 장르라는 전문적 의미를 지니지는 않지만, 두 가지 측면에서 요한계시록을 적절하게 묘사한다. (1) 세상의 운명에 대한 주권적 계획을 하나님이 나타내신다는 것(묵시의 내용)과 (2) 극적이고, 매우 상징적이며, 종종 불가해한 방식으로 드러낸다는 것(묵시의 특성)이다.

이 "계시"는 그 원천을 보여주기 위해 소유격 구("예수 그리스도의", Ἰησοῦ Χριστοῦ)로 묘사된다. 그것은 예수 그리스도로부터 나왔다(참고. 갈 1:12). 이 문구는 목적 소유격인 '예수 그리스도에 대한'이라는 뜻일 수 있다. 처음에 나오는 환상(1:9–20)이 인간 운명의 열쇠를 쥐고 계시는 분으로 모든 영광 가운데 계시는 예수 그리스도를 계시하기 때문이다. 그렇다면 이 계시록의 나머지 부분은 단지 이것에 상세히 살을 붙이는 것이다. 지금은 보이지 않는 분이 곧 만물에 대한 하나님의 통치를 확립하시기 위해 영광과 권능 가운데 나타나시리라는 것이다. 덧붙여 말하면, '예수 그리스도의 나타나심'은 다른 곳에서 이렇게 목적격으로 쓰이고 종말론적인 의미를 지닌다(고전 1:7; 살후 1:7; 벧전 1:7, 13). 하지만 1:1–2과 바로 인접한 문맥은 그 대신 주격 혹은 원천의 소유격의 의미를 강력하게 시사한다. "예수 그리스도에 의해 주어진 계시" 혹은 "예수 그리스도로부터 오는 계시"(NIV, NLT)라는 것이다.[4] 1b–2절의 설명구는 하나님으로부터 예수님께로, 하나님의 천사에게로, 요한에게로 그리고 하나님의 종들에게로 이어지는 전달자들의 완전한 연결 고리를 제시한다. 요한계시록의 나머지 부분은 이 연결 고리의 마지막 두 전달자를 중심에 둔다. 예수 그리스도가 앞으로 일어날 사건들을 요한에게 계시하시는 것이다.[5] 궁극적으로 이것은 성부 하나님으로부터 오며, 때로 요한이 보는 것을 전달할 때 천사들이 일익을 담당하기도 한다. 한편 더 광범위한 수신자는 하나님의 백성이다. 하지만 1:9–20(특히 17–19절)의 환상이 보여주는 것처럼, 주요 계시자는 예수 그리스도다.[6] 물론 이것은 이 책에 담긴 메시지가 지닌 최고의 권위를 강조하고, 그에 따라 그 메시지에 주의를 기울이는 모든 사람에게 그것의 가치를 두드러지게 한다(참고. 1:3).

"예수 그리스도의 계시"라는 첫머리의 제목은 계시의 연결 고리의 시작과 끝뿐만 아니라 그 내용을 묘사하는 관계절(1b절)로 더 명확하게 설명된다. 첫째, 성부 하나님은 이 나타냄의 창시자다. 하나님이 그것을 예수님께 주셨다. 성부가 가장 중요하게는 성자를 통해 자신의 뜻을 계시하신다는 것은 요한복음의 일반적 주제다(요 1:18; 5:20; 12:49–50; 17:8). 그리고 그의 의도는 앞으로 올 사건들을 이 계시의 궁극적 수신자인 "그 종들에게" '보이시는'(δεῖξαι, 목적의 부정사, 참고. 계 22:6에 나오

황을 말한다. 제목에서 주격이 사용된 것에 대해서는 Wallace, *Grammar*, 49–50을 보라.

2. BDAG 112; T. Holtz, "ἀποκάλυψις," *EDNT* 1:130–32.

3. 예를 들어, 눅 17:30; 롬 2:5; 8:18–19; 살후 2:8; 벧전 1:5.

4. Koester, *Revelation*, 211.

5. 요한계시록의 결론부 역시 계시하시는 것에서 예수님의 적극적인 역할을 강조한다. "나 예수는 교회들을 위하여 내 사자를 보내어 이것들을 너희에게 증언하게 하였노라"(22:16).

6. Wallace, *Grammar*, 119–21은 이와 같은 제목의 책에서 우리는 소유격의 '전체적' 의미를 예상할 수 있으리라고 주장한다. 즉, 목적격이나 주격 의미 둘 중 하나가 아니라 둘 다를 의미할 수 있다는 것이다. 하지만 앞에서 인용한 이유를 근거로 주격 의미일 가능성이 더 크다.

는 유사한 용법)[7] 것이다. 하나님의 "종들"(δούλοις, 비유적으로 자신의 주인에게만 '의무를 지닌' 그리고 주인에게 '전적인 충성'을 바쳐야 하는 사람들[8])은 좁은 범위의 사람들, 즉 그분의 선지자들을 언급할 수 있다(참고. 10:7, "그의 종 선지자들", 암 3:7을 암시함). 하지만 그다음 구절들이 보여주는 것처럼, 보다 일반적인 범위의 사람들일 가능성이 더 크다. 이 계시는 교회(계 1:4), 즉 하나님께 속하고 그분의 목적을 수행하는 그분의 백성을 위한 것이다(2:20; 19:5; 22:3, 6; 참고. 고전 7:22; 벧전 2:16).

이 나타냄의 내용은 "반드시 속히 일어날 일"이라는 매우 중요한 문구로 표현된다. 그것은 요한계시록에 나오는 요한 신학의 배경 및 중심 요소들에 대한 중대한 통찰들을 제공한다. 그 문구의 첫 부분인 "일어날 일"(ἃ δεῖ γενέσθαι)이라는 말은 다니엘 2장을 암시한다. 거기에서 다니엘은 느부갓네살을 번민하게 하는 꿈에 대한 해석을 받는다. 요한계시록 1:1에 나오는 것과 똑같은 문구가 다니엘 2:28-29의 칠십인역에서 두 번 나온다(그리고 그것의 변형들은 또한 2:29, 45에도 나온다). 다니엘 2장에는 요한의 서언 및 요한계시록 도처에 반영되어 있는 세 개의 중요한 신학적 주제가 나온다. 첫째, 하나님은 미래의 신비들을 계시하실 수 있는 유일한 분이다(단 2:18-29, 28-29, 47). 우리가 보았듯이 이것이 요한계시록 1:1a의 요점이다. 예수 그리스도로부터 오는 이 계시의 기원이 하나님이라는 것이다. 둘째, 하나님은 세상 역사에서 일어나는 모든 사건을 미리 정하셨고, 그분은 "때와 계절을 바꾸시며 왕들을 폐하시고 왕들을 세우[신다]"(단 2:21). 이것이 이 문구에서 "반드시"라고 번역된 동사의 의미다(δεῖ, '그것이 필요하다'). 특정한 사건들이 '반드시 일어나야' 한다. 그 일들은 하나님이 이 세상과 세상 거민들을 위해 주권적 계획으로 시작하신 것이기 때문이다.[9] "반드시…일어날"이라는 문구는 하나님의 목적 안에서 다가오고 있는 사건들을 구성하기 위해 요한계시록의 문학적 구조에서 핵심 위치에 나온다(1:1; 4:1; 22:6). 그것은 또한 비슷하게 다니엘 2장을 암시하는 예수님의 종말론적 강화에서도 나온다(마 24:6; 막 13:7; 눅 21:9). 셋째, 겉보기에 무적인 것처럼 보이는 이 세상 나라들은 영원히 서 있을 하나님 나라로 말미암아 완전히 없어질 것이다(단 2:44, 47). 요한은 서언에서 이런 점들을 암시하고(계 1:5-8), 이 주제는 요한계시록 내내 반복된다(11:15, 17; 12:10; 19:6, 16; 20:4; 22:5).

문구의 마지막 부분(1b절; 또한 22:6에도 나옴)은 이 중대한 사건들의 때를 말한다. 하나님의 일정표에서 그 사건들은 "속히" 혹은 지체하지 않고(ἐν τάχει) 일어날 것이다. 이것의 시간적 의미는 논쟁의 대상이다. 다른 신약 용법들을 보면 이 문구는 (1) '갑자기, 재빨리'(눅 18:8; 행 12:7; 22:18)와 같이 '일단 사건들이 시작되면 짧은 시간 안에'라는 의미일 수 있다. 혹은 (2) '곧, 지체 없이'(행 25:4; 롬 16:20; 딤전 3:14)와 같이 '사건들이 그 글을 쓴 시점으로부터 가까운 때 일어난다'는 의미일 수 있다. 전자의 의미를 찬성하는 주요 논증은 변증적이다. 두 번째 의미를 받아들이면 부정확한 예언처럼 보일 수 있는 것을 피하기 위함이다. 이 책이 기록된 지 거의 2천 년이 지났고, 대부분의 해석자가 보기에는 요한계시록에 묘사되어 있는 사건들이 아직 일어나지 않았다. 다른 한편, ἐν τάχει을 '곧'으로 보는 것은 요한계시록에 대해 과거주의(preterist) 견해(즉, 이곳에 나오는 예언이 1세기에 일어난 사건에서 대체로 성취되었다는 것,[10] '요한계시록 서론'을 보라)를 찬성하는 가장 강력한 논증이다. 하지만 요한계시록 19-22장(혹은 그 문제에 대해서는 6-18장)의 예언들이 어떻게 실제적 의미로 이미 성취되었는지는 알기가

7. 동사 δείκνυμι는 요한복음과 요한계시록에서 '계시하다, 드러내다'(ἀποκαλύπτω)와 동의어로 사용된다. G. Schneider, "δείκνυμι," *EDNT* 1:280-81; H. Schlier, "δείκνυμι," *TDNT* 2:25-33을 보라.

8. BDAG 260.

9. W. Popkes, "δεῖ," *EDNT* 1:280.

10. Gentry, *Before Jerusalem Fell*, 133, 142-45.

어렵다. '곧, 지체 없이'라는 두 번째 견해는 1:3에 나오는 "때가 가까움이라"는 표현 및 요한계시록 곳곳에 나오는 다른 표현들로 뒷받침된다[2:16; 3:11; 11:14; 22:7, 12, 20에서 "속히"(ταχύ)라는 부사를 사용하는 것, 1:19, 3:10에서 "장차"(μέλλω)를 사용하는 것 그리고 22:10에서 "때가 가까우니라"는 말이 반복되는 것을 보라]. 다른 신약 본문들도 비슷한 용어들로 말한다(눅 21:28; 롬 13:12; 16:20; 빌 4:5; 약 5:8–9; 벧전 4:7). 이 중 '일단 시작되면 신속히 일어나는 것'(견해 1)을 의미하는 듯 보이는 것은 없다.[11] 이 표현들이 정확한 연대기적 의미가 아니라 예언적 시간이라는 의미에서 '곧' 일어나는 것을 반영한다고 이해하는 것이 더 낫다. 확실하게 일어나며 지체 없이 어느 때라도 일어날 수 있는 것을 묘사한다는 말이다. 하지만 그때는 하나님의 일정을 따르는데, 하나님의 시간표는 인간의 계산법과는 다르다(참고. 시 90:4; 벧후 3:8–9).[12]

1c–d절은 앞 묘사에서 요약하여 언급한 전달의 연결 고리를 계속 풀어나간다. 하나님이 백성에게 보이시기 위해 그리스도께 주신 계시는 천사의 중재를 통해 요한에게 알려졌고, 요한은 그리스도의 선지자 역할을 할 것이다. "알게 하신 것이라"(ἐσήμανεν)는 말에서 주어에 대한 언급이 모호한 것은 이 사슬의 연속되는 고리에 주의를 기울이면 명확해진다. "알게 하신 것이라"는 말은 하나님이 주어임을 반영할 수도 있다[즉, 앞 절에 나오는 것과 같은 주어, "하나님이 (계시를 그리스도)에게 주사…알게 하신 것이라", 이것은 22:6에서 하나님에 대해 유사한 언급이 나오는 것에서 어느 정도 뒷받침된다]. 하지만 주어는 그리스도일 가능성이 더 크다('하나님이 그리스도에게 계시를 주셨고…그리스도는 또한 그의 천사를 보내심으로 그것을 알게 하셨다', 참고. 22:16). 여기서 '알게 하다'(σημαίνω)라는 동사의 사전적 의미는 요한계시록이 지닌 문학적 특성의 중요한 차원을 반영한다. 이 동사는 종종 '보도하다, 공개적으로 알리다'라는 보다 단조로운 의미로 사용되었다(예를 들어, 행 11:28; 25:27).[13] 하지만 그것은 '의미하다, 표현하다, 상징을 통해 알게 하다'라는 뉘앙스일 수 있다(참고. 같은 어원에서 나온 명사 σημεῖον, '표적, 상징'). 이 동사는 후자의 의미로 요한복음에서 서너 번 나오는데(12:33; 18:32; 21:19), 거기에서는 명사 σημεῖον 역시 독특한 방식으로 나온다(영적 의미를 지닌 물리적 사건, 요 2:11; 4:54 등). σημαίνω의 더 풍부한 의미는 다니엘 2:45에도 나온다["크신 하나님이 장래 일을 왕께 알게 하신 것이라(LXX, ἐσήμανε)"는 말로 꿈에 나온 큰 신상과 종말 때의 해석 둘 다를 언급하는 것이다]. 요한은 서언을 쓸 때 그 장을 염두에 두고 있었던 것으로 보인다. 그러므로 요한은 하나님이 세상을 위해 준비해두신 미래에 대한 풍성한 상징들(그의 환상의 특징인)을 미리 보여주고, 교회를 위해 그 환상들을 기록하는 이 책을 예고하고 있다.[14]

이런 식으로 전달하기 위해 그리스도가 택하신 수단은 그분의 메시지를 중간에서 전하도록(즉, 환상들로 그리고 특히 그것에 대한 해석으로) 천사들을 보내는 것(ἀποστείλας, 수단의 분사)이었다. 본문은 "그의 천사"(관사적 단수, τοῦ ἀγγέλου αὐτοῦ)를 언급한다. 하지만 이것은 이런 식으로 섬기는 다양한 천사들에 대한 포괄적 언급인 듯하다.[15] 이러한 해석하는 천사들은 요한계시록에서 17:1 이하와 21:9 이하까지는 명시적으로 나오지 않는다

11. 특히 요한계시록에서 다섯 번 반복되는(2:16; 3:11; 22:7, 12, 20) '내가 속히 오리라'는 예수님의 진술을 보라. 이 진술들은 거의 분명히 '내가 오는 것은 일단 시작되면 신속하게 이루어질 것이다'라는 뜻이 아니라, '내가 오는 것이 시간상 가깝다'는 의미다.

12. Hoskins, *Revelation,* 45–46; Koester, *Revelation,* 212, 223; Ladd, *Revelation,* 22–23. A. L. Moore, *The Parousia in the New Testament* (Leiden: Brill, 1966), 7–26, 164–73에 나오는 유대 및 신약 묵시에서 시간적 기대에 대한 논의를 보라.

13. LN §33.153 ("to indicate clearly").

14. Murphy, *Fallen is Babylon,* 61–62. Aune, *Revelation 1-5,* 15, 그리고 BDAG 920은 Heraclitus가 델포이 신탁(Delphic oracle)을 묘사한 것에 나오는 이 동사의 용법을 인용한다. "그것은 말하거나 감추는 것이 아니라 의미한다"는 것이다. 그 말들은 신비하고 해석을 요하는 것이기 때문이다.

15. Bauckham, *Climax,* 253–57은 이 책 내내 한 특정한 천사가 계시자라고 주장한다. 하지만 이것은 어디에도 분명히 나오지 않는다.

(10:9-11, 12:10-12에서는 덜 분명하게 나온다). 하지만 천사들은 요한의 환상에서 보다 광범위하게 나오고("천사"라는 말은 요한계시록에서 67번 사용된다), 그리스도의 메시지를 요한에게 전달하는 천사들의 언급되지 않은 역할은 이 구절과 22:6, 16에 암시되어 있는 듯하다. 또한 어떤 곳에서는 그리스도 자신이 계시자이고(1:12-20; 4:1; 아마도 10:4, 8; 11:1-3), 하늘의 장로 중 한 사람(아마 천사일 것이다. 하지만 이것은 명백히 나오지 않는다. 4:4에 대한 설명을 보라)이 몇 번에 걸쳐 요한을 돕는다(5:5; 7:13-17).

1:1에 나오는 제목에 대한 상세한 설명에서 요한이 언급되는 것은 적절하다. 그리스도의 계시를 교회들에게 전달하는 인간적 통로로서 요한의 역할은 지극히 중요하기 때문이다. 여기에서 그는 그리스도의 종(δοῦλος)으로 묘사된다. 전에 모든 그리스도인이 하나님의 "종"(1b절)이라고 언급되었던 것과 비슷한 의미다. 그가 그리스도께 속해 있으며 그분께만 의무를 진다는 것이다. 하지만 하나님의 선지자로 섬긴다는 말에는 아마 아모스 3:7에서 나온 추가적 의미가 있을 것이다(하나님이 그분의 비밀을 "그 종 선지자들"에게 계시하신다, 참고. 계 10:7). 그의 이름은 또한 1:4, 9과 22:8에도 나온다.[16]

하나님의 계시의 연결 고리에서 요한의 중요한 위치는, 2절에서 하나님과 그리스도가 그에게 보여주신 모든 것을 이 책에서 신실하게 증거하는 것으로 묘사된다. 이것은 제목(1:1-2)의 마지막 부분으로, 요한계시록에서 앞으로 나올 내용과 특성을 보여준다. 요한은 관계절에서 '증언하는' 혹은 '증거하는'(2b절) 사람으로 묘사된다.[17] 이것은 요한이 받은 하늘의 환상에서 본 것에 대한 개인적 확증 혹은 입증으로, 이제 그는 그 환상의 내용을 차례대로 이야기할 것이다.[18] 그가 증언하는 것은 "하나님의 말씀과 예수 그리스도의 증거"(2a-b절)다. 그것은 하나님과 그리스도와 더불어 시작되어 이제 하나님의 백성에게 전달되도록 요한에게로 넘어오는 계시의 연결 고리를 또 다른 식으로 묘사하고(1:1), 따라서 두 문구는 별개의 두 가지를 전달하는 것이 아니라 같은 내용을 언급하는 것이다.[19] 이 표현들은 둘 다 주격 소유격으로 보아야 한다. '하나님이 말씀하시는 메시지'와 '예수님이 주시는 증거'라는 것이다. 앞에서 본 것처럼 이것은 1:1-2의 더 큰 개념이기 때문이다.[20] 이것은 요한이 선지자적 부르심을 지각하고 있음을 보여준다. 하나님 말씀의 대변자라는 주장은 수많은 구약 선지서의 시작 부분을 반영하기 때문이다(예를 들어, 렘

---

16. 저자에 대한 논의로는 '요한계시록 서론'을 보라.

17. 이 동사는 헬라어에서 부정과거 시제로 사용되었지만(ἐμαρτύρησεν, '증거했다'), 여기에서는 서신적 의미로 사용된다. 그것은 서신서나 다른 소통 수단에서 과거를 독특하게 사용하는 것으로, 저자가 글을 쓸 때의 시간적 관점(이것이 영어에서 통상적 방식이다)이 아니라, 독자가 얼마간 지난 후 그 글을 받을 때의 시간적 관점을 취하는 것이다(Ernest DeWitt Burton, *Syntax of the Moods and Tenses in New Testament Greek*, 3rd ed. [Edinburgh: T&T Clark, 1898], 21; BDR §334; Buist M. Fanning, *Verbal Aspect in New Testament Greek*, OTM [Oxford: Clarendon, 1990], 281-82).

18. μαρτυρέω라는 동사는 종종 "개인의 지식에 기초해서 뭔가를 확증(하는 것) 혹은 입증(하는 것)"(BDAG 617-18)이라는 의미를 지닌다. 그 말은 요한복음에서 두 번에 걸쳐(3:11, 32) 예수님이 하늘에서 본 것을 땅에 증언하신다는 "묵시적" 어조로 사용되었다(J. Beutler, "μαρτυρέω," *EDNT* 2:391). 요한계시록 22:16, 18, 20 역시 이 동사를 요한계시록에 기록된 예수님의 증언을 언급하기 위해 이런 의미로 사용한다.

19. Aune, *Revelation 1-5*, 19; Ian Boxall, *The Revelation of Saint John*, BNTC (Peabody, MA: Hendrickson, 2006), 26.

20. "하나님의 말씀"(τὸν λόγον τοῦ θεοῦ)이라는 문구는 신약에서 항상 목적 소유격이기보다는 주격이다(BDAG 600-601에 나오는 예를 보라). 그리고 요한계시록 자체에서 그 문구는 모종의 형태로 일곱 번 나오는데, 모두 주격의 의미로 쓰였다. "예수 그리스도의 증거"(τὴν μαρτυρίαν Ἰησοῦ Χριστοῦ) 혹은 "예수의" 증거라는 말은 요한계시록에서 여섯 번 나오지만, 그 의미는 여기와 1:9에서처럼 주격으로 사용되는 것부터, 12:17, 19:10, 20:4(참고. 6:9, 12:11)에서처럼 목적격으로 사용되는 것에 이르기까지 문맥에 따라 다르다. 몇 개의 역본만이 여기 2절에서 목적격의 의미를 택한다(참고. CSB, NET). 따라서 요한계시록의 내용은 하나님이 예수님께 보여주시고, 예수님이 요한을 통해 그분의 백성에게 전달하신 메시지에 대한 예수님의 광범위한 증언이다. 이런 식으로 요한에게 주신 하나님의 메시지에 대한 그리스도의 구체적인 증언은 또한 예수님의 지상의 삶과 죽음에서 그분의 사명이었던 바 하나님과 그분의 도에 대한 예수님의 증언의 연장이다(1:5을 보라).

1:2; 호 1:1; 욜 1:1). 그리고 2절 끝부분에 나타나는 것처럼, 그는 신적 메시지를 다 신실하게 기록했다. 여기에서는 앞에서 나오는 두 개의 구(하나님의 말씀과 예수님의 증거)를 요한이 본 '것 모두' 혹은 '많은 것'(ὅσα)이라고 묘사하기 위해 관계절이 추가된다.[21] 여기에서 우리는 요한계시록이 환상이라는 특징을 띤다는 것을 미리 알 수 있다. 요한계시록은 요한이 하나님의 구원 역사의 다가오는 완성에 관해 '볼' 수 있던 것들로 가득 차 있다. 그런 의미의 '그가 보았다', '내가 보았다' 혹은 '네가 보았다'라는 말의 변형이 요한계시록에서 50번 이상 나온다.

1:3 이 예언의 말씀을 읽는 자와 듣는 자와 그 가운데에 기록한 것을 지키는 자는 복이 있나니 때가 가까움이라(μακάριος ὁ ἀναγινώσκων καὶ οἱ ἀκούοντες τοὺς λόγους τῆς προφητείας καὶ τηροῦντες τὰ ἐν αὐτῇ γεγραμμένα, ὁ γὰρ καιρὸς ἐγγύς). 표제의 두 번째 주요 부분은 요한의 예언의 책에 기록된 것을 읽고 반응하는 사람들에게 주어지는 복을 선언한다(3절).[22] 이 복됨은 요한계시록이 하나님과 예수 그리스도로부터 왔기 때문에 권위가 있다는 사실뿐만 아니라(1–2절), 그것이 묘사하는 사건들이 머지않아 일어날 것이기 때문에 긴급성을 띤다는 것(3d절)에 근거한다. 하나님의 말씀에 주의를 기울이는 사람들에게 복이 온다는 확신은 구약에(시 1, 19, 119편) 그리고 보다 직접적으로는 예수님이 자신의 말씀에 대해 가르치신 것에(눅 11:28; 참고. 마 7:24–27; 눅 6:46–49; 8:18, 21; 요 12:47) 근거를 둔다. '복이 있다'(μακάριος)는 표현은 하나님이 어떤 사람의 삶에 주시는 은총 때문에 초월적인 행운, 행복, 특권을 누린다는 뜻이다.[23] 단수("읽는 자")와 복수('듣는 자들과…지키는 자들', 개역개정에는 "듣는 자와…지키는 자"–역주)가 결합되어 있는 것은 고대 사회에서 성구 낭독자가 다른 사람들이 듣도록 본문을 큰 소리로 읽는 일반적 관행에서 나온다. 당시에는 읽고 쓰는 능력과 출판 수준이 낮았기 때문에 그렇게 해야 했다. 개인적으로 읽는 것도 우리가 일반적으로 하듯이 속으로 조용히 읽기보다는 스스로 들을 수 있도록 소리 내어 읽었다(참고. 행 8:28–31). 회당(눅 4:16–21; 행 13:15, 27; 15:21)이나 교회(딤전 4:13) 같은 공동체의 배경에서는 예배를 드리는 중에 성경을 읽는 것이 예상되는 관행이었고,[24] 교회에 전달되는 내용은 일반적으로 전체 공동체가 모였을 때 한 사람이 큰 소리로 읽어주곤 했다(참고. 살전 5:27; 골 4:16).

읽고 들어야 하는 구체적 내용은 "이 예언의 말씀"(τοὺς λόγους τῆς προφητείας, 3a절)이다.[25] 여기에서 우리는 이 책의 특성에 대한 요한의 두 번째 묘사를 본다("계시" 혹은 묵시 다음으로, 1:1a). 그가 기록한 것은 "예언"(22:7, 10, 18, 19에 나오는 유사한 용법들을 보라, 또한 10:11에 나오는 관련 동사), 곧 하나님의 뜻과 목적에 대한 선언, 특히 말일에 하나님의 목적들이 성취되는 것에 대한 선언이다.[26]

---

21. 전문화된 관계대명사 ὅσος는 완전함 혹은 포괄적 범위라는 의미를 지닌다. "…만큼 많이, …한 모든 것, 무엇이든"(BDAG 729)이라는 것이다.
22. 이것은 요한계시록에 나오는 일곱 개의 지복 중 첫 번째다(참고. 14:13; 16:15; 19:9; 20:6; 22:7, 14). 결어에 나오는 22:7은 이 구절에 대한 단축된 병행구다. 이 책에 일곱 개의 지복이 나오는 것은 요한의 의식적인 선택인 듯 보인다. 요한계시록에 제시된 하나님의 길을 따르는 사람들에게 주어지는 완전하고도 완벽한 복됨을 나타내기 위함이다(참고. Bauckham, *Climax*, 29–30).
23. BDAG 610. 마태복음 5:3–11이 이 단어를 사용하는 것과 시편이 반복해서 사용하는 것(예를 들어, 1:1; 32:1–2)은 이 복됨의 주요 예시다.
24. BDAG 60; H. Balz, "ἀναγινώσκω," *EDNT* 1:77.
25. 여기에서 "예언"이라는 말에는 관사가 달려 있다(문자적으로는 '그 예언', the prophecy). 하지만 그 관사는 지시적인 것으로, 소개되고 있는 이 특정한 책을 가리킨다. Wallace, *Grammar*, 221을 보라.
26. BDAG 889; F. Schnider, "προφητεία," *EDNT* 3:183. 요한은 그의 책이 구약 선지자들의 전통을 이어가는 것으로 본다(Murphy, *Fallen Is Babylon*, 59–60; Bauckham, *Theology*, 1–5). 하나의 장르로서의 예언과 그것이 요한계시록에 함축하는 바에 대해서는 앞의 '요한계시록 서론'을 보라.

이 구절이 진술하듯이, 이 말씀을 읽고 듣는 것 자체로는 충분하지 않다(참고. 약 1:22-25). 하나님의 복은 읽고 들은 것을 '순종하는'(τηρέω, '지키다, 준수하다, 성취하다')[27] 사람에게 주어진다(3c절). 이 동사는 요한계시록 다른 곳에서 그리스도의 말씀(3:8, 10), 하나님의 명령들(12:17; 14:12), 계시록에 기록된 말씀(22:7, 9)에 대한 순종을 묘사하기 위해 사용된다. 이것은 요한계시록의 목표가 단지 정보를 전달하는 것이나 호기심을 일으키는 것이 아니라, 그리스도인의 행동을 변화시키고 그들이 역경 속에서도 하나님의 방식으로 살겠다는 결심을 강화하는 것임을 명백히 한다.

'왜냐하면'(개역개정에는 번역되어 있지 않음-역주)[28]이라는 말로 시작되는 마지막 절(3d절)은 요한계시록의 메시지에 긴급히 주의를 기울여야 함을 강조한다. 이 책에 예언된 절정에 이르는 사건들은 눈앞에 닥쳐 있다. 요한은 미래에 찾아올 완성의 기간("때", ὁ…καιρός)에 일어날 지극히 중요한 사건들에 대한 환유로 그 기간을 언급한다.[29] 요한은 1절에서처럼("반드시 속히 일어날 일"), 이 절정의 사건들이 '가까이' 왔다고 주장한다(ἐγγύς, 22:10에 나오는 같은 문구, 참고. 또한 마 26:18; 눅 21:31; 롬 13:11; 빌 4:5). 이것은 임박함에 대한 진술이다. 이러한 일들은 언제라도 지체 없이 일어날 수 있다. 이 사실을 알고 그에 따라 살면 하나님께 복을 받을 것이다.

1:4-5e 요한은 아시아에 있는 일곱 교회에 편지하노니 이제도 계시고 전에도 계셨고 장차 오실 이와 그의 보좌 앞에 있는 일곱 영과 또 충성된 증인으로 죽은 자들 가운데에서 먼저 나시고 땅의 임금들의 머리가 되신 예수 그리스도로 말미암아 은혜와 평강이 너희에게 있기를 원하노라(4 Ἰωάννης ταῖς ἑπτὰ ἐκκλησίαις ταῖς ἐν τῇ Ἀσίᾳ· χάρις ὑμῖν καὶ εἰρήνη ἀπὸ ὁ ὢν καὶ ὁ ἦν καὶ ὁ ἐρχόμενος καὶ ἀπὸ τῶν ἑπτὰ πνευμάτων ἃ ἐνώπιον τοῦ θρόνου αὐτοῦ 5 καὶ ἀπὸ Ἰησοῦ Χριστοῦ, ὁ μάρτυς, ὁ πιστός, ὁ πρωτότοκος τῶν νεκρῶν καὶ ὁ ἄρχων τῶν βασιλέων τῆς γῆς). 서언 다음 부분은 일반적인 1세기 서신서의 서두와 같다(1:4-5e). 관례적인 서두 공식은 세 부분으로 되어 있다. 글쓴이(헬라어 주격, 여기에서는 "요한", Ἰωάννης), 수신자(헬라어 여격, 여기에서는 "교회에", ταῖς…ἐκκλησίαις), 문안 혹은 간략하게 행운을 비는 말 등이다.[30] 그러므로 이것은 요한계시록의 특징이 되는 세 번째 장르 유형을 나타낸다. 이 책은 묵시와 예언일 뿐 아니라 부분적으로 서신서다. 서신의 특징에 따라, 이 책은 1세기 독자의 특별한 필요에 맞추어 하나님이 주신 교훈으로 그들의 상황을 다룰 것이라 예상할 수 있다(상세한 설명은 '요한계시록 서론'을 보라). 요한은 예수 그리스도의 지시 아래(1:11) 아시아의 특정한 일곱(ἑπτά) 교회(1:11과 2-3장에 상세히 열거된)에 글을 쓴다. "아시아"(Ἀσία)라는 이름은 주전 2세기 말에 생겨난 서부 소아시아의 로마 속주를 가리키는 명칭으로, 지금의 서부 터키에 해당한다. 요한이 "일곱" 교회를 언급하는 것은 그 주에 일곱 교회만 있었기 때문이 아니라, 예수님이 요한에게 특정한 일곱 교회(7이라는 숫자의 문자적 혹은 지시적 의미)에 그분의 책을 보내라고 명령하셨기 때문이다(11절).[31] 동시에 7이라는 숫자는 요한에게 완전함 혹은 전체를 시사하는 상징적 혹은 함축적인 의미를 띠는 것처럼 보인다. 그래서 이 일곱 개의 특별한 회중은 일반적인 하나님의 교회 전체를 대표한다.[32] 이 책의

27. BDAG 1002.
28. '왜냐하면'(γάρ)이라는 접속사는 3a-c절에 대한 설명적 뒷받침으로 3d절에 추가된다.
29. 그때는 "특별한 위기…위기의 때, 마지막 때의 어떤 측면이 특징인" 때가 될 것이다(BDAG 498; 참고. 막 13:33; 눅 21:8; 벧전 1:5). 이 명사와 함께 사용된 관사('그때', the time)는 종말론적 완성의 잘 알려진 기간을 의미한다(Wallace, *Grammar*, 225).
30. David E. Aune, *The New Testament in Its Literary Environment* (Philadelphia: Westminster, 1987), 163, 184-86.
31. Aune, *Revelation 1-5*, 24; Caird, *Revelation*, 15.
32. Bauckham, *Climax*, 30. Aune, *Revelation 1-5*, 29와는 반대로.

메시지는 궁극적으로 다양한 교회(그때와 지금의)에 있는 모든 그리스도인을 위한 것이지만, 우선 이렇게 일곱 교회에 보낸 것을 주목해야 한다. 이 특정한 수신자들은 뒤의 구절에 등장할 것이다(참고. 1:11; 2:7 등; 22:16).

서신적 서두의 세 번째 부분인 문안은 4c절에서 시작한다. 신약에서 흔히 볼 수 있듯이, 요한계시록에서도 서신적 문안은 변경되고 확장되어 기독교의 진리를 반영한다. 여기에서는 보다 표준적으로 사용되는 "문안"(χαίρειν, 행 15:23; 23:25–26; 약 1:1에서처럼)이 아닌, "은혜와 평강"이 그들에게 있기를 바란다는 문구가 쓰인다.[33] 이 바람은 바로 다음에 이어지는 은혜와 평강의 기원 혹은 원인("…로 말미암아", ἀπό, 신약의 인사말에 자주 쓰이는 말)에 대한 긴 묘사와 함께 확장된다. 그것은 은총의 뿌리를 하나님(4c절), 그분의 영(4d절), 예수 그리스도(5절)에 둠으로써 중요한 기독교적 요소들을 덧붙인다.[34]

하나님에 대한 언급은 단지 신약의 서신서 서두에서(예를 들어, 데살로니가전서를 제외한 모든 바울 서신) 종종 발견되는 "하나님 우리 아버지" 혹은 "하나님 아버지"라는 단순한 문구가 아니다. 이 문구는 요한계시록에만 사용된, 세 부분으로 이루어진 하나님에 대한 장엄한 묘사다(1:4, 8; 4:8; 그리고 세 번째 부분 없이 11:17; 16:5). "이제도 계시고 전에도 계셨고 장차 오실 이." 이것은 신적 존재가 '과거에 있었고 현재에도 있고 앞으로도 있을'[보통 동사 '…이다'(εἰμί)의 서술적 형태들과 함께] 것이라는 헬라의 철학적 묘사와 개념적으로 유사하다.[35] 하지만 요한의 표현은 다르다. 그리고 첫 번째 부분은 분명 출애굽기 3:14의 칠십인역에 나오는 하나님의 이름을 번역한 것(ὁ ὤν, "스스로 있는 자", '…이다'라는 동사의 헬라어 분사)으로 만들어졌다.[36] 이 표현은 요세푸스의 글(1번), 필로의 글(8번) 그리고 네 가지 변형된 형태로 예레미야 칠십인역에서(1:6; 4:10; 14:13; 39:17) 하나님의 이름으로 나온다.[37] 하나님이 출애굽기 3:14에서 자신이 스스로 존재한다고 선언하시는 것은 자연스럽게 영원하신 분으로 계속 존재하신다는 사실을 암시한다. 그리고 이것은 요한이 세 부분으로 구성한 하나님의 호칭에서 포착한 의미다. 다른 식으로도 그러는 것처럼, 여기에서 요한은 하나님을 두려운 분, 처음부터 끝까지 역사를 주관하시는 전능하신 주님으로 묘사한다(1:1에 대한 설명 및 거기에 나온 다니엘 2장에 대한 암시들을 보라).

4c절에 나오는 하나님의 호칭 두 번째 부분("전에도 계셨고")은 첫 번째와 세 번째 부분의 언어학적 구조를 반영한다. 그리고 그로써 문법적 형태를 한계점까지 밀어붙인다. 이 표현에는 헬라어 정관사 the가 사용되지만(관사가 붙은 분사가 나오는 첫 번째와 세 번째 문구처럼), 일반적으로 헬라어 관사는 단독으로 동사의 주어로 사용되지 않는데도 그것을 직설법 과거 시제 분사의 주어로 만든다. 헬라어 동사 εἰμί에는 과거를 언급하는 분사가 없으므로, 요한은 그 표현을 필요에 맞게 각색해야 한다. 그 문구는 문자적으로 '(그가) 계셨다'(ὁ ἦν)는 뜻이다. 요점은 분명하다. 하나님은 현재와 마찬가지로 과거에도 언제나 존재하셨다는 것이다. 이것이 표현되는 방식은 상당히 색다르고 분명 듣는 사람들의 주의를 끌 것이다.

호칭의 세 번째 부분 역시 색다르다. 앞에서 언급된 하나님에 대한 비슷한 묘사에서는(예를 들어, 헬라 철학이나 Philo의 글 등에서), 세 번째 문구에서 '…이다'의 미래

---

33. Judith M. Lieu, "'Grace to You and Peace': The Apostolic Greeting," *BJRL* 68 (1985): 161–78을 보라.

34. 어떤 식으로든 발전하지는 않지만 명백한 삼위일체적 주제다. Bauckham, *Theology*, 23–25를 보라.

35. F. Büchsel, "εἰμί, ὁ ὤν," *TDNT* 2:398–99; Aune, *Revelation 1-5*, 31–32.

36. 요한은 출애굽기 3:14 LXX에서 나온 정확한 형태인 ὁ ὤν에 집중하려는 목적으로, 1:4에 나오는 문구의 구문에 일반적으로 소유격("…로 말미암아", ἀπό라는 전치사의 목적어로서)이 필요하지만 주격 형태를 그대로 유지한다. 그에 대한 논의로는 H. Balz, "εἰμί," *EDNT* 1:393; Wallace, *Grammar*, 62–64, 237; BDF §143을 보라.

37. 비슷한 것이 Tg. Ps.-J.(출 3:14; 신 32:29)와 Sib. Or. 3:16에서도 나온다. Bauckham, *Theology*, 28–29를 보라.

형을 사용한다(직설법 혹은 분사 형태). 하지만 여기에서 요한은 그것을 '오다'(ἔρχομαι)라는 단어를 현재 분사로 표현한다. "장차 오실 이" 혹은 '오고 계시는 이'('오시는 이', ὁ ἐρχόμενος)라는 것이다. '오다'의 현재 시제는 영어에서뿐 아니라 헬라어에서도 종종 미래에 일어나는 일을 암시한다. 그래서 이것은 '…이다'의 미래형과 동의어로('오고 계시는, 미래, 임박한'과 같은 것), '앞으로 계실 분'이라는 의미를 충분히 잘 나타낼 수 있다.[38] 이것이 '장차 오실 이'(who is to come, ESV, NIV, NRSV)라는 일반적인 영어 번역의 의미일 수도 있다. 하지만 요한이 장차 하나님이 실제로 '오시는 것'과 그분이 심판과 구속으로 개입하시는 것을 언급하기 위해 미래적 요소를 사용함으로써, 세 부분으로 된 시간적 개요를 한 번 더 비틀었을 가능성이 더 크다. 그러한 개입은 요한계시록이 일어나리라 묘사하는 사건의 절정이다[참고. CSB, NET, "오고 계시는 이"(who is coming)].[39]

요한은 앞에서 교회에게 있기를 바라는 은혜와 평강이 하나님 아버지에게서 와야 함을 언급했다(4c절). 그는 이제 그것들이 또한 "그의 보좌 앞에 있는 일곱 영"(4d절)으로부터 온다는 말을 덧붙인다. 이 일곱 영은 4:5에서도 언급되고(여기에서처럼 하나님의 하늘 보좌와 연관되어 쓰이고, "하나님의"라는 말과 나온다) 3:1, 5:6에도 나온다(역시 "하나님의"라는 표현과 같이 나오지만 예수님과도 밀접하게 연관됨, 그가 그 영들을 '가지고/붙잡고' 있다). 어떤 사람들은 이것이 하나님의 하늘 통치와 연관되어 있고, 땅에서 하나님의 뜻을 행하고 그분의 백성을 축복하도록 보냄받은 중요한 일곱 천사 혹은 '영들'을 언급한다고 주장한다.[40] 하지만 천사들을 하나님과 그리스도에 대한 영광스러운 묘사들 사이에 나란히 놓은 것은 설명하기가 어렵다.[41] 대응 요소는 요한복음과(1:32-33; 3:34; 7:39; 14:17, 26; 15:26; 16:7; 20:22) 신약 곳곳에서 성부와 성자의 일과 매우 밀접하게 관련되어 있는 분인 성령을 언급할 가능성이 훨씬 더 크다. 성령을 "일곱 영"이라고 언급하는 것은 이사야 11:2에서 가져온 충만함을 나타내는 비유다. 거기에서는 일곱 가지 속성으로 묘사된 여호와의 영이 다윗 계열에서 나올 이상적인 왕의 미래의 통치를 인도하고 권능을 부여하기 위해 그에게 임할 것이라 언급된다. 또한 요한은 스가랴 4:1-6에서도 통찰을 얻은 것으로 보인다. 거기에서는 일곱 등잔이 힘이나 능력이 아닌 세상에서 역사하는 하나님의 영을 나타내는 것으로 설명된다(또한 "온 세상에 두루 다니는 여호와의 눈" 일곱과 명백히 연관되어 있다, 슥 4:10, 참고. 5:6에 대한 설명).[42] "그의(하나님의) 보좌 앞에" 자리하고 있는 영은 보좌가 있는 알현실로서 하나님의 하늘 임재를 묘사한다. 하나님은 거기에서 세상을 다스리시며(이 이미지는 4-5장에 나오는 환상에서 상세히 전개될 것이다), 성령은 온 땅에서 하나님의 칙령을 수행할 준비가 되어 있다.

은혜와 평강이 하나님과 성령으로부터 나온다고 말하고 나서, 이제 요한은 그것들이 또한 "예수 그리스도로 말미암아"(5d절) 나온다고 덧붙인다. 요한은 1절과 2절에서와 같이 다시 한번 예수님을 정식 호칭으로 부른다(요한계시록에서 이 세 군데서만 그렇게 한다). 그는 예수님에 대해 세 개의 인상적인 호칭을 더 추가함으로써 숭고하고 충만한 문체를 이어간다.[43] 이 호칭들은 각각

---

38. BDAG 394.
39. T. Schramm, "ἔρχομαι," *EDNT* 2:55-56; Bauckham, *Climax*, 435; 같은 저자, *Theology*, 29-30. 요한계시록 1:8에 대한 설명을 보라. 또한 11:17과 16:5을 보라.
40. Aune, *Revelation 1-5*, 34-35; Charles Homer Giblin, *The Book of Revelation: The Open Book of Prophecy*, GNS 34 (Collegeville, MN: Liturgical Press, 1991), 71-72.
41. F. F. Bruce, "The Spirit in the Apocalypse," in *Christ and Spirit in the New Testament*, ed. Barnabas Lindars and Stephen Smalley (Cambridge: Cambridge University Press, 1973), 336.
42. Bauckham, *Climax*, 162-66.
43. 이 호칭들은 예수 그리스도를 더 묘사하기 위해 문법적 동격으로 추가된다. 하지만 여기에서도 역시 요한은 주격으로 된 동격 문구들을 소유격으로 된 "예수 그리스도"와 나란히 놓음으로써 통상적

시편 89편에 나오는 메시아적 함축에 대한 고찰을 반영한다. 그 시편과의 연관은 "땅의 임금들의 머리"라는 세 번째 호칭에서 가장 분명하게 드러난다. 그런데 요한은 시편 89편이 다윗과 왕의 계보에 대한 하나님의 신실하심을 경축하는 대목에서 세 호칭을 모두 지지하는 증거(그리고 그것들을 여기에서 함께 인용할 동기)를 발견한 듯하다. 첫 번째 호칭인 "충성된 증인"(ὁ μάρτυς ὁ πιστός)[44]은 시편 89:37(88:38 LXX, καὶ ὁ μάρτυς ἐν οὐρανῷ πιστός, 개역개정에는 "확실한 증인"–역주)에 문자 그대로 똑같이 나온다.[45] 요한계시록 전후 문맥에서, 예수님을 "충성된 증인"이라고 부르는 것은 예수님의 사명을 나타낸다. 그 사명이란 하나님이 누구시고 이 세상에서 무엇을 하고 계시는지를 공개적으로 증언하는 것이다. 여기에는 예수님이 하나님의 부르심에 충실하셔서 십자가에서 죽으신 것뿐 아니라, 그분의 지상에서의 삶도 포함된다(참고. 1:1; 3:14).[46] 예수님은 하나님의 의와 세상에 대한 구속적 사랑을 드러내시는 일에서 끝까지 충성하셨으며, 그리스도인도 똑같이 희생적인 증언을 하도록 부름받는다(2:13; 6:9; 12:11; 17:6; 19:10; 20:4).

두 번째 호칭인 '죽은 자들 가운데서 먼저 나신 자'(ὁ πρωτότοκος τῶν νεκρῶν, 5b절, 또한 골 1:18, πρωτότοκος ἐκ τῶν νεκρῶν을 보라)[47]라는 말은 예수님의 부활과 그것이 그리스도인에게 의미하는 것을 언급하는 전형적인 모순 어법이다. 죽음에 대한 그리스도의 승리는 원형(原型)을 나타낸다. 그 승리가 그분을 따르는 자들에게 부활의 생명을 보장하기 때문이다(고전 15:20의 "잠자는 자들의 첫 열매"라는 말과 비슷함, 참고. 23절, 또한 롬 8:29을 보라). 이런 보장은 요한의 수신자들에게 깊은 의미를 지닌다. 그들 중 일부는 그리스도를 따르는 것 때문에 실제로 육체의 죽음을 맞이할 가능성을 눈앞에 두고 있었다. '먼저 나신 자'라는 호칭 자체도 시편 89편에 뿌리를 둔다. 시편 89:27(88:28 LXX)에서 하나님은 89:26의 아버지와 아들이라는 비유적 표현(삼하 7:14; 시 2:7에도 나옴)을 이어가시면서 자신이 다윗 계열의 왕을 "장자(πρωτότοκος)로 삼고 세상 왕들에게 지존자가" 되게 하시겠다고 선언하신다. 예루살렘에 있는 인간 왕은 하나님과 친밀한 관계를 맺고, 아들이 아버지를 대표하듯이 하나님의 통치를 대표하는 존재로 묘사된다. 이런 용어들에서 '먼저 나신 자'는 가족 관계에서 나오는 특권과 권위에 대해 가장 큰 권리를 가지고 있는 존재다(골 1:15; 히 1:6과 비슷하게).[48] 예수님의 부활과 높임받으심은 그분이 죽음을 이기시고 승리하신 것

인 문법 유형을 왜곡한다(동격은 보통 그것이 묘사하는 명사의 격을 취한다). 요한이 이렇게 하는 것은 "문법의 일치에 대한 부주의함"(BDF §136.1) 때문이 아니라, 추가된 호칭들을 강조하기 위해서다(참고. Wallace, *Grammar,* 62).

44. 이 네 헬라어 단어는 '증인, 충성된 [사람]'이라는 두 개의 별개의 호칭으로 여겨질 수도 있을 것이다. 하지만 시편 89편의 증거와 요한계시록 2:13과 3:14에서 이 명사와 형용사를 하나의 단위로 사용하는 것 그리고 각 요소들을 세 개씩 짝지어서 말하는 요한의 습관(예를 들어 Aune, *Revelation 1-5,* 25)은, "충성된"이라는 말이 "증인"과 분리된 별도의 말이 아니라 그 말에 종속된 형용사임을 보여준다.

45. 시편 89:37b(88:38b LXX)이 그 문맥에서 지니는 의미는 논란의 여지가 있다. 히브리서 표현은 '그리고 궁창에 있는 증인, 확실한'이라고 문자적으로 번역할 수 있다. 영어 번역들은 보통 이 의미를 상당히 비슷하게 따른다(ESV, NASB, NIV, NJB, NLT, NRSV, REB). 그리고 LXX도 같은 의미를 취한다. 그러나 단어들을 다르게 해석하면 다른 독법도 가능하다(참고. NET, RSV). "증인"이라는 단어를 어떻게 연결해야 하는가 하는 문제가 여전히 있다. 그것은 보통 37a절에 나오는 "달"을 더 묘사하는 것으로 본다('영원히 견고하게 된 달같이'). "그의(다윗의) 왕위는 해같이 내 앞에 항상 있으며"라는 36b절의 직유의 두 번째 부분이다. 하지만 그것은 '해, 달'의 직유가 아니라, 하나님이 이스라엘을 위해 공급하시는 것에 대한 영속적인 증인으로서 다윗의 왕적 계보에 대한 이전의 언급(36a절 "그의 후손…그의 왕위")과 연결할 수도 있다.

46. Bauckham, *Theology,* 72–73.

47. 그 문구는 '죽은 자들의(of) 먼저 나신 자'라고 번역할 수 있다. 하지만 소유격 τῶν νεκρῶν은 부분을 나타내는 말로 '…로부터'(from)라고 번역하는 것이 가장 좋다. 대다수의 사본에는 '…로부터'를 뜻하는 전치사 ἐκ가 포함된다. 하지만 이것은 골로새서 1:18에 나오는 "…가운데서"라는 말의 영향을 받아, 설명을 위해 덧붙인 말일 것이다.

48. H. Langkammer, "πρωτότοκος," *EDNT* 3:189–91; W. Michaelis, "πρωτότοκος," *TDNT* 6:878. 그리스도 안에서 신약의 성취가 단계적으로 확대되어 있는 것에서 구약과 신약 사이에 예표론적 관계를

뿐 아니라 왕적 통치로 올라가셨다는 점을 보여준다.

이와 밀접하게 관련된 것은 "땅의 임금들의 머리가 되신"(ὁ ἄρχων τῶν βασιλέων τῆς γῆς, 5c절) 분이라는 세 번째 호칭이다. 이 표현은 궁극적인 다윗 계열의 왕으로, 세상의 모든 나라에 대한 그분의 통치가 곧 완전히 성취되리라는 것을 나타낸다(참고. 계 1:1에 나오는 단 2:44, 47에 대한 암시). "땅의 임금들"이라는 문구는 시편 2:2, 6-7뿐 아니라, 89:27에서 다윗 계열의 왕을 통해 표현되는 하나님의 통치에 대한 환상을 직접 반영한다. 세상의 통치자들은 그분의 통치에 저항할 것이다. 하지만 그분이 승리하실 것은 확실하다(계 11:15; 17:14; 19:16, 19). 이것은 요한계시록 11장 이후로 이 책의 중심 주제로 나타날 것이다(11:1-19에 대한 '문학적 전후 문맥'을 보라).

1:5f-6 우리를 사랑하사 그의 피로 우리 죄에서 우리를 해방하시고 그의 아버지 하나님을 위하여 우리를 나라와 제사장으로 삼으신 그에게 영광과 능력이 세세토록 있기를 원하노라 아멘(5 Τῷ ἀγαπῶντι ἡμᾶς καὶ λύσαντι ἡμᾶς ἐκ τῶν ἁμαρτιῶν ἡμῶν ἐν τῷ αἵματι αὐτοῦ, 6 καὶ ἐποίησεν ἡμᾶς βασιλείαν, ἱερεῖς τῷ θεῷ καὶ πατρὶ αὐτοῦ, αὐτῷ ἡ δόξα καὶ τὸ κράτος εἰς τοὺς αἰῶνας [τῶν αἰώνων]· ἀμήν). 서언의 서신적 서두와 관련된 것은 5a-e절에 나오는 그리스도에 대한 숭고한 호칭들로 말미암은 송영(1:5f-6)이다(참고. 갈 1:5). 송영은 일반적으로 여기에서처럼 누구에게 영광이나 찬송을 돌려야 하는가에 대한 언급으로 시작된다(헬라어 여격, 5f-g절).[49] 방금 언급된 예수님의 지상의 삶, 십자가 처형, 부활과 높임받으심에 알맞게, 요한은 이 여격 문구에서 그리스도의 속죄 사역과 그 사역의 동기인 그분의 끝없는 사랑에 주의를 환기시킨다(갈 2:20; 엡 5:2, 25과 비슷하게). 여기에서 색다른 것은 현재 동사(실명사적 분사 '우리를 사랑하신 분', τῷ ἀγαπῶντι ἡμᾶς)[50]와 부정과거(역시 실명사적 분사, '그리고 우리를 해방하신', καὶ λύσαντι ἡμᾶς)의 결합이다. 그것은 사람들을 향한 그리스도의 계속되는 영원한 성향을 강조한다. 그 성향은 죄에서 해방을 가져오기 위해 그리스도로 하여금 십자가라는 특정한 사건에서 행동하시게 만들었다. 또 다른 색다른 점은 십자가로 이끈 그리스도의 사랑에 초점을 맞춘 것이다. 신약은 속죄에서 표현된 아버지 되신 하나님의 사랑을 더 자주 인용한다(예를 들어, 요 3:16; 롬 5:8; 8:39; 엡 2:4; 요일 4:8-10). 물론 이 두 가지가 서로 조화되지 않는 것은 아니다.

죄에서 구속하는 것은 여기에 인용된 그리스도의 사랑을 구체적으로 표현한 것이다. '해방하셨다'라는 동사(λύω에서 나옴, '풀어주다, 면제하다, 자유롭게 하다')[51]는 때로 문자적으로 속박에서 풀어주는 것을 의미한다(예를 들어, 막 11:2; 눅 13:15-16; 요 11:44; 행 22:30; 계 9:14-15; 20:3-7). 하지만 신약에서 이 본문만 유일하게 그 말을 죄에서 풀어주는 것으로 사용했다(또한 사 40:2 LXX에서도, 참고. Sir 28:2). 하지만 같은 어원에서 나온 단어들(예를 들어, λυτρόω 및 다른 것들)은 이런 중요한 신학적 의미로도 나온다[막 10:45; 눅 1:68; 롬 3:24; 엡 1:7; 딤전 2:6; 벧전 1:18; 참고. 시 130:8(129:8)]. 그 단어들은 인간이 죄의 권세(특히 그것의 죄책과 벌)에 사로잡힌 것을 묘사한다.

볼 수 있다.

49. 성경에 나오는 송영의 특징적 요소에 대해서는 Aune, *Revelation 1-5*, 44-45를 보라.

50. 이것은 보통 예수님의 십자가 죽음에 나타난 그분의 구체적인 사랑의 표현에 초점을 맞추면서 부정과거 동사로 표현된다(요 13:1, 34; 15:9, 12-13; 롬 8:37; 갈 2:20; 엡 5:2, 25). 몇몇 사본에는 실제로 요한계시록 1:5에서 '사랑하다'의 부정과거로 나온다. 하지만 이것은 보다 통상적 유형의 영향을 받아서 그리고 '해방하셨다'는 병행 동사의 부정과거와 조화시키기 위해 필사자가 수정한 것이 분명하다.

51. BDAG 606. 몇몇 사본의 이문은 '해방하셨다'(λύσαντι) 대신 '씻으셨다'(λούσαντι)라고 되어 있다. 둘 다 전후 문맥에 잘 맞는다. 그리스도의 피로 '씻는 것, 정결하게 하는 것'은 신약에 상당히 자주 나오는 개념이기 때문이다(히 9:14; 요일 1:7; 계 7:14). 이 두 동사는 발음이 비슷해서 우연히 이문들이 생겨나게 되었을 것이다. 하지만 '해방하셨다'는 말의 사본상 증거가 더 우세하다($\mathfrak{P}^{18}$, ℵ, A, C, 1611, 2050, 2351).

그리스도의 죽음은 그 권세에서 우리를 자유롭게 해주었다. "그의 피로"(ἐν τῷ αἵματι αὐτοῦ)라는 말은 이렇게 풀어주는 수단이나 대가를 명시한다.[52] 그분의 피가 우리를 위해 쏟아부어졌다는 것이다(즉, 십자가 위에서 죽으신 것).[53]

송영은 6절에서도 계속된다. 요한은 죄에서 구속된 것에 더하여 그리스도가 큰 사랑과 긍휼로 그리스도인에게 주신 소명을 묘사한다.[54] 그분은 그리스도인들이 "그의 아버지 하나님을 위하여…나라[55]와 제사장"(6a절)을 구성하도록 정하셨다. 이 구절은 출애굽기 19:5–6을 반영한다(이스라엘은 하나님의 나라, 그분이 왕으로 통치하시는 백성이자 또한 "제사장"으로서 그분을 예배하고 그분의 복을 나머지 인류에게 전달하는 역할을 하는 존재가 되도록 선택받았다). 구약에서나 신약에서나 이 표현은 '하나님을 위한' 섬김을 나타내는 것이었다(헬라어 여격 문구 τῷ θεῷ καὶ πατρὶ αὐτοῦ는 영어 어법에서 '섬기기 위하여'라고 매끄럽게 다듬어져 있다). 또한 그것은 나머지 인류에게 하나님을 증언하고 영향력을 발휘하는 것을 나타내는 데도 쓰였으며, 나머지 인류는 하나님의 백성 안에서 참되고 살아 계신 하나님을 본다.[56] 구속받은 사람들은 하나님 아래 공동체를 구성한다. 그들은 하나님의 통치로 유익을 얻고, 그 통치에 반응하며, 더 넓은 세상을 향해 하나님을 대표한다.[57] 또한 그들이 하나님을 위한 나라라는 말은 세상에서 하나님의 통치에 참여하는 것을 의미한다. 하지만 이런 의미는 여기에 담겨 있지 않다(2:26; 5:10; 20:6; 22:5에 대한 설명을 보라).

송영은 6b절에서 예수 그리스도에 대한 새로운 언급으로 결론을 맺는다[여격 대명사 "그에게"(αὐτῷ)는 5f–g절에 나오는 분사들의 지시 대상인 '우리를 사랑하사 우리를 해방하신 그에게'를 다시 거론한다]. 이 예배 선언에서 그분께 돌리는 "영광과 능력"(ἡ δόξα καὶ τὸ κράτος)이라는 속성은 신약의 송영에서 흔히 볼 수 있다(참고. 롬 11:36; 빌 4:20; 벧전 4:11; 유 1:25).[58] 송영의 형태는 그리스도(이 경우에)

52. BDAG 328–29.
53. 행 20:28; 롬 3:25; 5:9; 엡 2:13; 벧전 1:18–19; 요일 1:7–9; 계 5:9을 보라. 또한 Leon Morris, *The Apostolic Preaching of the Cross*, 3rd ed. (Grand Rapids: Eerdmans, 1965), 121–26을 보라.
54. 이 세 번째 동사 '삼았다'(ἐποίησεν)는 의미상 '사랑하신다'와 '해방하셨다'는 말과 비슷하다. 하지만 그것은 문법적으로 다른 형태로 표현되어 있다. 다른 두 개처럼 분사가 아니라 직설법으로 되어 있는 것이다. 이것은 색다른 문법이지만 코이네 헬라어에서 그리고 심지어 고전 헬라어에서 선례가 없지 않고, 그 의미는 분명하다(BDF §468.3). 뒤에 두 개의 대격이 나오는 '삼았다'라는 동사는 특정한 역할에 '임명하다, …가 되게 하다'라는 의미다(BDAG 840; BDF §157.1; 참고. 마 4:19; 요 6:15; 행 2:36).
55. 모든 초기의 사본과 대부분의 믿을 만한 사본들의 6a절에는 "나라"(βασιλείαν)라고 기록되어 있다. 하지만 수많은 후대의 Byzantine 사본에는 '왕들과 그리고'(βασιλεῖς καί)라고 나온다. 그것은 KJV, NKJV에 반영되어 있고, 몇몇 후대의 사본에는 관련 단어인 '왕적인'(βασίλειον)이라는 단어가 쓰였다. 이 후대의 독법들은 분명 "제사장"이라는 말과의 다소 거친 병렬적 구문을 매끄럽게 하려는 것이거나, 아니면 그것을 출애굽기 19:6과 더 조화하려는 것이다.
56. 이 역할은 출애굽기 19:5–6에 진술되어 있고, 이사야 43:20–21("내가 택한 자…이 백성은 내가 나를 위하여 지었나니 나를 찬송하게 하려 함이니라")과 61:6, 11("너희는 여호와의 제사장이라 일컬음을 받을 것이라…여호와께서 공의와 찬송을 모든 나라 앞에 솟아나게 하시리라")에서 새 출애굽 방식으로 새롭게 되어 있다. 또한 이 선교학적 주제를 발전시키고 그것을 하나님의 백성인 교회에 확장하기 위해 출애굽기 19:5–6과 이사야 43:20–21을 연결하는 베드로전서 2:9–12을 보라.
57. 구약의 하나님 백성과 신약의 하나님 백성 사이의 예표론적 관계는 여기에서와 요한계시록 5:9–10에서 볼 수 있는데, 예표론에서 종종 나오는 특유의 단계적 확대가 함께 나온다. 출애굽기 9장에서 이스라엘은 하나의 민족으로서 모든 민족 중에서 하나님의 특별한 백성이 되도록 하나님께 택하심을 받았다. 하지만 이제 하나님은 모든 민족 중에서 일부 사람을 구속하신다. 그분의 공동체를 구성하시고 온 세상에 하나님을 대표하도록 하기 위함이다. 그 공동체는 신실한 인종적 이스라엘을 배제하지 않고 확장되어 다른 사람들을 포함한다. 베드로전서에서 비슷한 예표론이지만 다른 전개를 보려면 W. Edward Glenny, "The Israelite Imagery of 1 Peter 2," in Blaising and Bock, *Dispensationalism, Israel and the Church*, 156–87을 보라. 또한 요한계시록 7:4–6, 21:3에 대한 설명을 보라.
58. 송영에 나오는 "능력"(κράτος)이라는 단어는 단지 잠재적인 '힘'만이 아니라 다스림에서 그것을 발휘하는 것을 의미하는 듯하다. "지배, 주권"이라는 것이다(BDAG 565; 참고. 단 2:37; 4:30; 딤전 6:16; 벧전 5:11). 요한계시록 5:13에 대한 설명을 보라.

가 이 속성들을 소유하신다는 사실과, 그분이 참으로 그런 속성들을 지니실 자격이 있으며, "세세토록" 그런 속성들을 발휘하실 것임을 인정하는 방식이다.

1:7 볼지어다 그가 구름을 타고 오시리라 각 사람의 눈이 그를 보겠고 그를 찌른 자들도 볼 것이요 땅에 있는 모든 족속이 그로 말미암아 애곡하리니 그러하리라 아멘(Ἰδοὺ ἔρχεται μετὰ τῶν νεφελῶν, καὶ ὄψεται αὐτὸν πᾶς ὀφθαλμὸς καὶ οἵτινες αὐτὸν ἐξεκέντησαν, καὶ κόψονται ἐπ' αὐτὸν πᾶσαι αἱ φυλαὶ τῆς γῆς. ναί, ἀμήν). 요한의 서언 마지막 부분은 그가 기록하는 두 개의 선지자적 신탁(7–8절)으로 책 전체의 메시지를 예고하고 환기하는 주제를 진술한다.[59] 서언에 글의 더 큰 주제를 나타내는 표시가 나오는 것은 흔하다. 서두의 몇 줄은 전체를 위한 배경을 형성하기 때문이다. 이 신탁은 예수님이 마지막 심판과 구원을 이루시기 위해 오시는 것(7절)과 그 절정의 사건에서 그분의 목적이 성취될 영원하시고 전능하신 하나님(8절)을 묘사한다.

7절의 신탁은 "볼지어다"(ἰδού, 요한계시록에 나오는 약 26번의 용례 중 첫 번째, 여기에 쓰인 것은 다니엘 7:13 LXX에서 나왔을 것이다)라는 말로 시작되는데, 이것은 바로 다음에 나오는 내용이 정당하다고 단호하게 인정한다.[60] 이 선지자적 단언은, 두 개의 중요한 구약 본문(단 7:13; 슥 12:10, 12)에서 나온 비공식적 인용문(NA[28]에 이탤릭체로 기록된 것처럼, 인용된 말은 앞의 '번역'에서 밑줄로 표시한 문구를 보라)과 같은 구약 본문들을 (역순으로) 합쳐놓은 마태복음 24:30에 기록된 예수님의 가르침에 대한 암시를 결합한다. 선지자적 예상의 중요한 세 가지 흐름을 이렇게 결합한 것은, 7절이 요한계시록에 나오는 요한의 메시지의 요약으로서 중요하다는 점을 강조한다. 각 경우 인용이나 암시의 의의는 여기에서 반복되는 특정한 문구들에 국한되지 않는다. 이것은 다니엘 7장(이 세상의 큰 나라들이 인자의 통치 아래 오게 되리라는 것, 그 인자가 하나님의 백성을 위해 영원하신 하나님의 주권을 행사하시리라는 것), 스가랴 12장(여호와가 예루살렘의 모든 원수를 물리치시고 은혜롭게 이스라엘 백성을 회개하게 하셔서 다윗 계열의 왕 아래서 복을 누리게 하시리라는 것), 마태복음 24장(극심한 박해 기간이 지나간 후 인자가 종말 때 오셔서 심판과 상을 주시고 만물을 새롭게 하시리라는 것)의 더 광범위한 의미를 부여한다.

첫 번째 인용문(7a절)은 다니엘 7:13에서 나온 것으로, "그가 구름을 타고 오시리라"[61]는 여기에서 그리스도가 하늘에서 땅으로 다시 오시는 것을 나타낸다. 이것은 요한계시록 내내 나오는 두드러진 주제다[예수님은 일곱 번에 걸쳐 '내가 가리라'(ἔρχομαι)고 선언하신다, 2:5, 16; 3:11; 16:15; 22:7, 12, 20, 참고. '내가 이르리라'(3:3, ἥξω와 3:20, εἰσελεύσομαι)]. 이 주제는 19–22장에서 그분이 권능과 영광 가운데 이 땅에 오시는 것과 함께 절정에 이른다. 예수님이 오시는 것은 이 세상에 심판과 구원을 이루기 위해 하나님이 오시는 것(참고. "장차 오실 이", 1:4, 8; 4:8)

59. Jauhiainen, *Zechariah,* 142–44; Osborne, *Revelation,* 68; Thomas, *Revelation 1-7,* 1:76.

60. LN §91.10, 13은 ἰδού의 두 가지 기능을 인용한다. (1) 여기에서처럼 다음에 나오는 것이 정당함을 인정하는 것으로 '실로, 확실히'(예를 들어, 계 1:18; 3:8, 9; 5:5; 21:3, 5; 22:7, 12) 그리고 (2) 다음에 나오는 것에 주의를 환기시키는 것으로 '보라, 주의하라'(예를 들어, 계 3:20; 4:1, 2; 6:2, 5, 8).

61. 이것은 비공식적인 혹은 각색한 인용문이다. 다니엘 7:13에 나오는 구약 표현과는 여러 가지 차이점이 있기 때문이다. 구약은 주어를 "인자 같은 이"라고 밝힌다. 요한이 1:13과 14:14에서 언급하는 분이다. 하지만 그는 여기에서 그 호칭을 사용하지 않는다. LXX에는 "오고 있었다"(was coming, ἤρχετο; ἔρχομαι의 미완료)라고 되어 있는데, 요한은 그것을 미래적 현재인 '오고 있다'(is coming, 개역개정에는 "오시리라"–역주)로 적절하게 바꾼다. MT에는 전치사 "…과 함께"(עִם)를 사용해서 "하늘 구름과 함께"라고 나온다. 그것은 요한계시록 1:7(또한 막 14:62)에서처럼 Theodotion의 번역(μετά)에도 반영되어 있다. LXX에는 "…위에"(ἐπί)라고 나온다. 마태복음 24:30, 26:64에서도 마찬가지다. 이 경우 이 전치사들은 '…에 둘러싸여, …안에, …위에'라는 의미를 섞은 것이다[막 13:26, 눅 21:27에는 '…안에, 위에'(ἐν)라고 나옴]. 이 이미지가 지닌 더 큰 의미에 대해서는 다음 각주를 보라.

을 구현할 것이다. 다니엘 7:13의 환상에서 선지자는 "인자 같은 이"가 하나님("옛적부터 항상 계신 이")[62]께 다가와서 하늘 아래 있는 모든 나라에 대한 영원한 통치권을 받는 것을 본다(단 7:13-14, 27-28). 마태복음 24:30이나 요한계시록 1:7에는 '오시는 것'의 명백한 목적지가 나오지 않는다.[63] 하지만 두 문맥에 모두 분명히 나오는 언급에는 다니엘 7장의 묘사처럼 그분이 재판관과 왕으로서 권위를 행사하시기 위해 이 땅에 오시는 것이 포함된다.[64] '오시는 것'이 이 땅에 오시는 것이 아니라 하나님의 하늘 임재로 오시는 것이라는 주장이나, 주후 70년에 예루살렘을 심판하시기 위해 그리스도가 '오시는 것'이라는 주장[65] 혹은 둘 다라는 주장[66]은, 요한이 다니엘 7장에 나오는 문구 하나를 인용하면서 그와 함께 더 큰 본문의 신학적 요점을 가져온다는 점을 깨닫지 못한 것이다. 그 신학적 요점이란 인자와 하나님 백성의 우주적 지배다.

두 번째 인용문(7b-d절)은 스가랴 12장에 나온 한 무리의 핵심 단어 혹은 개념들로, '찔린' 자를 '보는' 것과 그분에 대한 폭넓은 "애곡"에 대해 말한다. 이것 역시 정확한 인용이 아니다. 하지만 이 구절에는 구약 본문에 나오는 몇 가지 독특한 단어나 개념이 사용된다.[67] 스가랴 12장에 나오는 신탁은 땅의 모든 나라가 이스라엘을 대적하려 정렬하고 있는 미래의 때("그날에"가 여섯 번 나옴) 예루살렘과 다윗의 집을 구하려는 여호와의 의도를 전한다. 여호와는 그분의 백성에게 "은총과 간구하는 심령"을 부어주셔서 백성이 "땅"(슥 12:12 LXX, ἡ γῆ)과 모든 "족속"(12:14 LXX, πᾶσα αἱ φυλαί) 전체에 퍼져나갈 회개를 하게 하시는 한편 그 나라들을 심판하실 것이다. 스가랴 12장에 대한 이 암시에서 요한은 예수님의 가르침(마 24:30)을 따라, '통곡하는 자들'의 범위를 단지 유다 "땅"의 "족속"뿐 아니라 "땅에 있는 모든 족속"(πᾶσαι αἱ φυλαὶ τῆς γῆς, 7d절)으로까지 확장한

62. 다니엘 7장에서 두 인물(옛적부터 항상 계신 이인 하나님과 "인자 같은 이")이 분명하게 구분되면서도 "인자"가 '구름과 함께' 온다고 나오는 것은 놀랍다. 구약과 더 광범위한 ANE 사고에서는 구름을 타는 것은 신적 특권이다. 시편 68:4, 104:3-4, 이사야 19:1, 예레미야 4:13, 나훔 1:3과 Tremper Longman III, *Daniel*, NIVAC (Grand Rapids: Zondervan, 1999), 186-88; 같은 저자, "The Divine Warrior: The New Testament Use of an Old Testament Motif," *WTJ* 44 (1982): 295-96에 나오는 논의를 보라.

63. 다니엘 7:13에서 명백하게 '오시는 것'은 그가 하늘에 있는 옛적부터 항상 계신 이에게 다가오는 것이다. 하지만 더 넓은 전후 문맥은 땅의 모든 나라에 대한 하나님의 통치를 확립하기 위해 이렇게 오는 것이 이 세상에 미치는 영향을 언급한다(단 7:14, 27).

64. David L. Turner, "The Structure and Sequence of Matthew 24:1-41: Interaction with Evangelical Treatments," *GTJ* 10 (1989): 18-19; Darrell L. Bock, *Blasphemy and Exaltation in Judaism and the Final Examination of Jesus*, WUNT 2/106 (Tübingen: Mohr Siebeck, 1998), 200-201.

65. 1:7에서 "구름을 타고 오시"는 것이 주후 70년 예루살렘에 임한 하나님의 심판을 언급한다는 견해는 Chilton, *Days of Vengeance*, 64-67, Gentry, *Before Jerusalem Fell*, 123-32에서 볼 수 있다. 이 견해에 대한 구체적인 비판으로는 Mark L. Hitchcock, "A Critique of the Preterist View of Revelation and the Jewish War," *BSac* 164 (2007): 89-93, and Thomas, *Revelation 1-7*, 79를 보라.

66. N. T. Wright, *Jesus and the Victory of God* (Minneapolis: Fortress, 1996), 507-28, 625-29; 같은 저자, *Surprised by Hope: Rethinking Heaven, the Resurrection, and the Mission of the Church* (New York: HarperOne, 2008), 125-26, 138-39. Wright는 그 짧은 주석, *Revelation for Everyone*, NTE (Louisville: Westminster John Knox, 2011), 1-5에서, 7-8절이 "실로 마침내 모든 것을 바로잡으러 오실" 때 "하늘에서처럼 땅에서도 그분의 통치를 시작하시기 위한 예수님의 다시 오심", "우리가 오늘도 여전히 기다리는" 그 다시 오심에 대해 말한다고 암시한다(p. 5). 하지만 그는 실제로 주후 70년의 예루살렘 멸망에서 나타났듯이 다니엘 7장이 언급하는 바가 그분이 하늘에서 정당화된 것이라면, 어떻게 다니엘 7장과 스가랴 12장에서 나온 인용문이 7-8절에서 그런 의미를 지니는지는 설명하지 않는다. 마가복음 14:62과 병행 구절에 나오는 다니엘 7:13에 대한 Wright의 이해에 대한 반응으로는 Darrell L. Bock, "The Trial and Death of Jesus in N. T. Wright's *Jesus and the Victory of God*," in *Jesus and the Restoration of Israel*, ed. Carey C. Newman (Downers Grove, IL: InterVarsity Press, 1999), 121-24를 보라.

67. 스가랴 12:10 MT는 사람들이 "그들이 찌른 자"[헬라 번역가 Aquila, Theodotion, Lucian뿐 아니라 신약에서도 역시(요 19:37; 계 1:7), 그러나 LXX에는 "조롱했다, 악의적으로 대했다"(κατωρχήσαντο)라고 나온다], "나를"(LXX에는 그렇게 나온다. 하지만 마태복음과 요한계시록에는 "그"라고 되어 있다) "볼 것이며"[LXX, ἐπιβλέψονται, 마 24:30(ὄψονται)과 요한계시록 1:7(ὄψεται)에 나온 것과는 다른 동사이지만 같은 의미다] "그들은 애곡하리라"[LXX, 마태복음과 요한계시록에 그렇게 나온다(κόψονται)]고 말한다. 앞에서 논한 것처럼, '보다'와 '애곡하다'의 주어와 목적어는 문맥에서 다양하게 판정된다.

다. 이런 확장은 부분적으로는 다니엘 7장과 거기 나오는 인자가 전 세계를 다스린다는 환상에 기인한 것이다(단 7:14, '모든 백성과 나라들과 다른 언어를 말하는 자들이 그를 섬길 것이다'; 단 7:27, "온 천하 나라들"). 여기 나오는 "각 사람의 눈"(πᾶς ὀφθαλμός)이 그를 볼 것이라는 진술의 배후에도 비슷한 확장이 나온다. 그것은 다윗의 집과 예루살렘 사람만 국한해서 보는 스가랴 12장의 사건을 보편화하는 것이다.[68] 그가 오시는 것은 땅의 모든 사람에게 그리고 그의 통치를 받을 온 세상에 영향을 끼칠 것이다(계 19:11-21을 보라).[69] 하지만 이스라엘을 넘어 온 세상을 포함하기까지 확장된다고 해서, 참된 혹은 영적인 '이스라엘'을 위해 인종적 이스라엘 자체가 무시된다는 의미는 아니다.

"각 사람의 눈이 그를 보겠고"라는 진술에 요한은 "그를 찌른 자들도"(7c절)라는 말을 덧붙인다.[70] 이것도 마찬가지로 스가랴 12장과 비교하면 지시 대상이 변화되었다. 스가랴 12:10에서 여호와는 '그들이 그 찌른 바 나를(개역개정에는 "그를"-역주) 바라보고'[71]라고 말한다. 구약 문맥에서 가장 그럴듯한 해석은, 이렇게 야훼를 '찌르는 것'이 반역하고 여호와의 도에 저항하면서 이스라엘이 여호와께 입힌 상처를 나타내는 비유로 보는 것이다.[72] 하지만 일반적인 예표론 유형에서, 구약에서 비유적으로 표현되었던 것은 신약에서 실제적이고 심오한 용어들로 반복된다. 여호와가 받으신 모욕은 폭력적이고 치명적으로 그분의 아들에게 돌아간다. '찔렀다'는 것은 칼이나 창으로 찔러서 부상을 입히거나 죽이는 것을 의미한다(삿 9:54; 대상 10:4).[73] 요한복음 19:37은 스가랴 12장에 나온 이 구절을 예수님이 십자가 처형을 당하시는 동안 창으로 찔린 상처 및 주위에 서서 그분의 처형을 지켜본 사람들에게 구체적으로 적용한다. 요한계시록 1:7에서 그것은 보다 일반적으로 그분의 죽음을 의미하고, "그를 찌른 자들"의 의미를 넓혀서 온 세상을 포함시킨다. 이런 의미에서 온 인류는 그리스도가 십자가에서 치명상을 입으시는 일에 참여했고, 죄인을 위한 그리스도의 죽음은 그분이 권능과 영광 가운데 오실 때 우주적으로 이해될 것이다.

신탁의 마지막 부분(역시 스가랴 12장에서 나온)은 땅에 있는 모든 족속이 그리스도가 오실 때 그분으로 말미암아 "애곡하리니"(κόψονται)라고 선언한다(7d절). 어려운 문제는 이 문맥에서 '애곡하다, 울부짖다, 애도하다'라는 말의 의미다. 두 가지 반대되는 대답이 가능하다. 스가랴 12장에서 예루살렘의 애도는 거의 확실하게 회개하는 애도, 즉 "은총과 간구하는 심령"이 그들에게 부어진 결과 반역에 대해 슬픔을 느끼고 여호와께로 돌아가는 것이다(슥 12:10). 다른 한편으로 요한계시록에서 '애곡하다'라는 동사가 나오는 다른 유일한 구절(18:9, 개역개정에는 "가슴을 치며"-역주)은 땅의 왕들이 바벨론의 멸망을 슬퍼하는 것인데, 절망의 슬픔이지만 죄에 대한 경건한 후회는 아니다. 사실상 요한계시록의 일반적 주제는 악한 인류가 하나님의 맹렬한 심판에 직면해서도 회개하지 않는 완악함이다(계 6:15-17; 9:20-21; 16:9, 11, 21). 요한계시록 1:7은 이 문제를 명백하게 해결하지는 않으며, 마태복음 24:30 역시 모호하다. 이 "애곡"은 회개로 이끄는 긍정적인 것인가, 아니면 그리스도

68. Did. 16:8(역시 단 7장과 슥 12장을 결합하는)의 표현을 보라. "세상은 여호와가 하늘 구름을 타고 오시는 것을 볼 것이다(ὄψεται ὁ κόσμος)."

69. "각 사람의 눈이 그를 보겠고"라는 말은 그리스도가 오시는 것이 전 세계에 영향력을 미친다는 것을 표현하는 과장법이다. 어떻게 현대 과학 기술이 지금 이 예언을 가능하게 하는가에 대한 추측은 잘못된 것이다.

70. 여기에서 καί라는 헬라어 접속사는 일반적인 의미의 '그리고'(BDAG 495)라기보다는 '…을 포함해서' 혹은 '심지어'라는 뜻이다.

71. 일부 히브리어 사본에는 "그를"이라고 되어 있다. 하지만 '나를'이 더 어려운 독법이며 아마 원문일 것이다.

72. Eugene H. Merrill, *Haggai, Zechariah, Malachi: An Exegetical Commentary* (Chicago: Moody, 1994), 319-22; Ralph L. Smith, *Micah-Malachi*, WBC 32 (Waco: Word, 1984), 276.

73. BDAG 303.

가 오실지도 모른다는 생각에 완악하게 절망하는 것을 나타내는 부정적인 것인가?[74]

요한계시록 1:7 끝에 나오는 헬라어 문구는 긍정적인 쪽으로 더 기울어질 것이다. '애곡하다'라는 동사의 주어는 "땅에 있는 모든 족속"(πᾶσαι αἱ φυλαὶ τῆς γῆς)이다. 이것은 앞에서 언급한 대로 스가랴 12:12, 14의 말을 어느 정도 반영하지만, 그 표현 전체는 스가랴 12장에 나오지 않는다. 하지만 그것은 창세기 12:3(그리고 28:14)에서 아브라함이 받은 약속(벧엘에서 야곱에게 새롭게 된), 곧 "땅의 모든 족속(πᾶσαι αἱ φυλαὶ τῆς γῆς)이 너로 말미암아 복을 얻을 것이라"는 문구에 나온다.[75] 그 문구는 또한 마태복음 24:30에 나오는 예수님의 말씀에 사용된다. 요한의 책 전체에 대한 주제 진술이 등장하는 이 신탁에, 완성되기를 기다리는 하나님의 우주적 목적에 대한 다니엘 7장과 스가랴 12장의 개념들과 함께 아브라함에게 주어진 약속에 대한 암시들이 섞여 있다고 보는 것은 적절하다.[76] 회개하는 믿음으로 예수님을 바라보는 모든 나라의 백성은 스가랴의 예언에 나오는 이스라엘 사람들과 마찬가지로, 그분이 오실 때 예루살렘을 새롭게 하시는 일에서 복을 받을 것이다.

이 신탁은 "그러하리라 아멘"(7e절)이라는 엄숙한 단언으로 끝난다. 이것은 헬라어로는 두 단어(ναί, ἀμήν)로 이루어져 있는데, 각 단어는 어떤 선언이나 기도를 단언하거나 엄숙한 동의를 선언할 때 일반적으로 사용된다.[77] 예수님이 앞으로 오시는 것과 다스리시는 것을 표현하는 이 단어들은 요한이(그리고 우리가) 그렇게 되기를 진심으로 단언하고 바라게 한다(참고. 22:20, "아멘 주 예수여 오시옵소서").

1:8 주 하나님이 이르시되 나는 알파와 오메가라 이제도 있고 전에도 있었고 장차 올 자요 전능한 자라 하시더라(Ἐγώ εἰμι τὸ Ἄλφα καὶ τὸ Ὦ, λέγει κύριος ὁ θεός, ὁ ὢν καὶ ὁ ἦν καὶ ὁ ἐρχόμενος, ὁ παντοκράτωρ). 두 번째 신탁(8절)은 하나님이 직접 하시는 말씀(요한계시록에서는 오직 여기에서와 21:5–8에서만)으로 7–8절의 주제 진술 및 서언 자체를 마무리한다. 하나님의 주권적 목적은 이 책이 묘사하는 사건들에서 완성된다. 하나님의 말씀은 단지 처음 문구(NET, NJB, NRSV, REB, RSV에서처럼 "나는 알파와 오메가라")만이 아니라, '나는…이다'(I am) 다음에 나오는 세 개의 술어를 포함하고 구절 끝까지 확장된다(또한 CSB, ESV, NABR, NASB, NIV, NLT).[78] 이 진술의 '나는…이다'(ἐγώ εἰμι) 구조는 요한복음에 나오는 중대한 자기 계시 진술을 상기시키는 것으로 중요하다(요 6:35; 8:12; 11:25; 14:6; 15:5). 여기에서처럼 요한복음에서도 그 말은 출애굽기 3:14에 나오는 "나는 스스로 있는 자"(LXX, ἐγώ εἰμι ὁ ὤν, 또한 요한복음 8:58에서 술어 없이 ἐγὼ εἰμί가 나

74. Bauckham, *Climax*, 318–22; Jauhiainen, *Zechariah*, 106–7; Koester, *Revelation*, 219는 긍정적 견해를 찬성하는 반면, Beckwith, *Apocalypse*, 432; Ladd, *Revelation*, 28–29; Mounce, *Revelation*, 51; Thomas, *Revelation 1-7*, 78–79는 부정적인 입장을 취한다. Osborne, *Revelation*, 69는 요한이 1:7에서 그 문제를 미해결로 놓아둔다고 주장한다. 그 책 내내 회개와 심판이 "나란히 전개되기" 때문이다.

75. 그 표현은 또한 LXX(71:17)에서 발견되는 시편 72:7의 약간 긴 형태에도 나온다. 이 시편은 다윗 계열의 왕을 위한 기도로 온 세상에 대한 그의 평강과 번영의 통치를 이상화한다. 그것은 시편 제2권을 결론 맺는다.

76. Bauckham, *Climax*, 321–22; Max Wilcox, "Text Form," in *It Is Written: Scripture Citing Scripture: Essays in Honour of Barnabas Lindars, SSF*, ed. D. A. Carson and H. G. M. Williamson (Cambridge: Cambridge University Press, 1988), 201–2.

77. 첫 번째 단어 ναί는 '확실히 그렇다'는 의미의 기본적인 단어지만, 그것은 '반드시 그러할지어다'라는 보다 공식적인 어조를 지닐 수 있다(BDAG 665; 참고. 계 22:20). 두 번째 단어는 잘 알려진 히브리어 차용어 ἀμήν으로 '아멘, 그렇게 될지어다'라는 말이다. 그 말은 신약 도처에서 기도, 송영, 다른 전례적 표현들을 마무리하기 위해 종종 사용되었다. 그것은 말한 것이나 기도한 것에 대한 동의와 믿음의 표현이다(BDAG 53).

78. 이것은 요한이 세 개씩 짝을 이루어 표현하기를 좋아하는 것과 조화를 이룬다(Aune, *Revelation 1-5*, 25를 보라). 여기에 나오는 술어를 앞에 나온 것처럼 쉼표에 의해 강조된 세 개의 단위로 보는 것이다. 그래서 "주 하나님이 이르시되"라는 인용 표현이 인용문 시작 부분이나 끝부분이 아닌 인용문 중간에 삽입되어 있다(이에 대한 다른 예로는 1:9, 17e–18a; 2:2, 3, 5을 보라).

오는 것을 보라)라는 신적 이름을 본떠서 말한 것이다.[79] '나는…이다'라는 선언은 요한계시록에서 네 번 나온다. 그중 두 번은 성부 하나님이 말씀하신 것이고(여기에서와 21:6에서), 나머지 두 번은 예수님이 말씀하신 것이다(1:17-18; 22:16). 이것 자체가 숭고한 고 기독론(high Christology)을 반영한다.

여기에 나오는 첫 번째 술어는 "알파와 오메가"(τὸ Ἄλφα καὶ τὸ Ὦ)[80]다. 이것은 헬라어 알파벳의 첫 글자와 마지막 글자를 어떤 순서의 첫 번째와 마지막 요소(그리고 그 안에 있는 모든 것)로 비유하는 것이다.[81] 이것은 알파라는 글자를 '하나' 혹은 '첫째'를 의미하는 기수나 서수로 사용하는 것에서 기원했다.[82] 그래서 이 표현은 '첫째와 마지막, 처음과 끝'이라고 쉽게 이해될 수 있다("알파와 오메가"라는 말과 함께 이 명백한 문구가 추가된 21:6과 22:13을 보라).[83] 요점은 주 하나님이 모든 때와 역사의 주권자라는 것이다.[84] 하나님은 존재하는 혹은 일어나는 모든 것의 기원이며 종착점이다[85](참고. 고전 8:6, "만물이 그에게서 났고…그를 위하여 있고"). 이로 보아 화자를 "주 하나님"(κύριος ὁ θεός)으로 보는 것이 적절하다. 이 표현은 하나님을 나타내는 구약 호칭을 생각나게 하는 것으로(참고. 출 3:15-16; 20:2; 신 6:4), 요한계시록에서 심판하시고 통치하시는 그분의 권위를 강조하는 문맥에 자주 사용되기 때문이다(참고. 계 11:17; 18:8; 19:6; 22:5).

하나님의 '나는…이다'와 연관된 두 번째 술어 세트는 "이제도 있고 전에도 있었고 장차 올 자"(ὁ ὢν καὶ ὁ ἦν καὶ ὁ ἐρχόμενος)라는 삼중의 묘사다. 이것은 4절에 나오는 호칭과 똑같은 것으로, 하나님을 스스로 존재하시는 영원한 분, 이 땅에 자신의 뜻을 성취하기 위해 곧 개입하실 분으로 묘사한다(상세한 것은 앞에 나오는 설명을 보라). 세 번째 술어는 "전능한 자"(ὁ παντοκράτωρ)다. 이 표현은 요한계시록에서 하나님을 나타내는 독특하고 특징적인 호칭이다. 이것은 요한계시록에서 아홉 번 나오는데, 신약 다른 곳에서는 단 한 번만 나오기 때문이다(고후 6:18의 구약 인용에서).[86] 그런데 그것은 구약에 뿌리를 둔 것으로, 칠십인역에서 '만군의 여호와, 여호와 사바오트'라는 문구를 번역하기 위해 자주 사용된다.[87] 그 호칭은 종종 모든 원수에 대한 완전한 통치와 승리라는 뉘앙스를 띤다(참고. 삼하 7:8; 암 4:13; 9:5; 학 2:6-9; 스가랴, 말라기에서 자주). 이것은 그 표현이 요한계시록에서 의미하는 바와도 일치한다. 하나님의 엄위하심, 주권 그

---

79. L. Schottroff, "ἐγώ," *EDNT* 1:379-80. 요한계시록 1:4c에 대한 설명을 보라.

80. 요한계시록 21:6(역시 하나님이 말씀하신)과 22:13(그리스도가 말씀하신)에서도 같은 표현이 사용된다. 헬라어의 마지막 알파벳 이름은 그 자체가 상징이다(여기에서는 정관사와 함께 나온다. τὸ Ὦ). 우리에게 더 익숙한 *omega*라는 더 긴 이름은 헬라어 본문에는 수 세기 후까지 나오지 않았다(BDAG 1101).

81. 이것은 메리즘(merism)이라는 비유적 표현으로 두 개의 극단을 언급해서 그 사이에 있는 모든 것을 포함하는 것이다. 창세기 1:1(천지=모든 것), 시편 139:2(나의 앉고 일어섬=내가 하는 모든 것)에 나오는 예를 보라.

82. 고대 헬라어는 글자를 또한 숫자로도 사용했다(라틴어에서 I, V, X 등을 사용하는 것처럼). 그래서 "1, 2, 3" 혹은 "첫째, 둘째, 셋째"는 "α, β, γ"로 쓸 수 있었다(때로는 숫자적 용법이라는 것을 나타내기 위해 keraia 혹은 양음 악센트를 사용한다. 예를 들어 α´). BDAG 1, 48과 고린도전서, 데살로니가전서 등과 같은 신약 서신서의 헬라어 제목을 보라.

83. 몇몇 사본(א, 1854, 2050, 2329)을 보면 "처음과 마지막"이라는 문구가 여기에서도 나온다. 하지만 그것은 뒤에 나온 구절들(계 21:6; 22:13)에 익숙하기 때문에 추가되었을 가능성이 크다.

84. 하나님에 대한 이런 개념은 이사야 44:6, 48:12과 그 구절들의 더 광범위한 문맥에서 비슷하게 표현된다. 이사야 본문에는 "나는 처음이요 나는 마지막이라"는 여호와의 진술이 창조주로서 그분의 지위와 이 세상 일에서 그분의 구속적 목적을 성취하시는 그분의 능력과 연결되어 있다. Bauckham, *Theology*, 27-28과 David Mathewson, "Isaiah in Revelation," in *Isaiah in the New Testament*, ed. Steve Moyise (London: T&T Clark, 2005), 193-94를 보라.

85. Boxall, *Revelation*, 35.

86. 요한계시록에서 "전능한"(παντοκράτωρ)이라는 말은 "주 하나님"이라는 말과 함께 일곱 번(1:8; 4:8; 11:17; 15:3; 16:7; 19:6; 21:22) 그리고 단순히 "하나님"이라는 말과 함께 두 번(16:14; 19:15) 나온다. 그에 대한 논의로는 Bauckham, *Climax*, 33을 보라.

87. BDAG 755; W. Michaelis, "παντοκράτωρ," *TDNT* 3:914-15; H. Langkammer, "παντοκράτωρ," *EDNT* 3:11-12; Aune, *Revelation 1-5*, 57-58.

리고 곧 온 땅을 통치하실 것에 대한 감사 찬송에 그 표현이 다섯 번 사용된 것에서 볼 수 있다(계 4:8; 11:17; 15:3; 16:7; 19:6).[88]

적용에서의 신학

1. 하나님의 계시의 복

하나님은 요한계시록에서 그리고 성경 전체에서 우리에게 말씀하셨다. 하나님은 우리를 어둠 가운데 내버려두지 않으셨다. 하나님은 자신이 누구이고 이 세상에서 무엇을 하시려는지 우리에게 보여주기 원하신다(계 1:1–3). 우리 인간은 누구인가? 어떻게 세상에는 인간의 고결함과 섬뜩한 악이 공존하는가? 우리는 어떻게 이런 상황에 빠지게 되었으며, 이 상황은 앞으로 어떻게 될 것인가? 요한계시록은 그것에 대해 상세한 정보를 알려준다. 그 이야기가 어떻게 끝날 것이고, 그 이야기 전에는 무엇이 있었는지를 전해준다. 특히 예수 그리스도가 어떻게 하나님의 창조 이야기의 받침점이자 그분이 피조물인 우리에게 바라시는 바에 대한 이야기의 받침점인지 보여준다. 우리의 현재 상황이 힘들고 고통스럽든 혹은 부유하고 멋지든 상관없이 예수님은 우리가 그 이야기에 적합하게 예수님을 믿는 믿음을 붙잡고 세상에서 그분의 목적을 섬기기 위해 살기를 원하신다. 이 책은 하나님으로부터 온 것이다. 그러므로 하나님이 계시하시는 것에 주의를 기울이고, 그것에 따라 흔들림 없이 사는 사람들에게 풍성한 복이 있다(1:3). 하나님은 우리가 앞으로 올 것에 대해 알기 원하신다. 우리의 호기심을 만족시키거나 구체적인 시기를 골똘히 생각하게 하기 위해서가 아니다. 우리가 그분께 순종하고 그 지식으로 말미암아 변화되게 하기 위해서다.

2. 그리스도의 중심성

예수 그리스도는 죽음과 부활을 통해 하나님의 구속 역사에서 중심 역할을 맡으신다. 하나님에 대한 신실함과 우리를 향한 끝없는 사랑으로 그리스도는 우리를 죄의 종이 되는 것과 죄의 벌에서 자유롭게 해주시려고 십자가에서 피를 흘리셨다. 그래서 하나님은 그분을 모두의 통치자로 높이셨다(계 1:5–6). 또한 그분은 장차 하나님의 심판과 구속의 초점이 되실 것이다. 그리스도의 통치가 이미 하늘에서 존재하는 것처럼 이 땅에서 완전히 통치를 펼치시기 위해

88. Bauckham, *Climax*, 304.

예수님은 곧 오실 것이다(1:7). 우리는 그때까지 그리스도가 우리를 무엇에서 구원해주셨고, 무엇을 위해 구원해주셨는지 기억해야 한다.[89] 우리는 우리 자신을 위해서가 아니라 그리스도를 위해 산다. 더 넓은 세상에 참되시고 살아 계신 하나님을 대표하기 위해서다.

3. 이제도 있고 전에도 있었고 장차 올 분이신 하나님

"알파와 오메가…전능한 자"(1:8)이신 하나님은 만물의 존재의 원천이시며 만물에 대해 주권을 갖고 계신다.[90] 모든 생명은 모든 권능을 지니시고 무엇과도 비교할 수 없는 분이신 하나님과 함께 시작하고 끝나며, 하나님은 만유 위에 영광을 받으셔야 한다. 우리는 하나님을 잊어버릴 수 있지만, 그분은 자신의 세상에 적극적으로 관여해오셨고 지금도 관여하고 계신다. 하지만 하나님은 그리스도의 임박한 재림을 통해 자신의 피조물을 심판하시고 새롭게 하시기 위해 결정적으로 개입하실 것이다. 이 사건들은 "반드시 속히 일어날"(1:1) 것이고, 하늘과 땅의 모든 것은 그분의 통치 아래 들어갈 것이다. 이러한 사실은 그리스도인에게 예배하는 마음과 열망을 품고 준비되어 있으라고 명한다. 그리스도가 오시는 것에 비추어 살고 만물의 가치를 그에 따라 평가하라는 것이다. 우리가 알고 있는 시간은 영원히 계속되지 않을 것이다. 우리는 실제로 누구를 위해 그리고 무엇을 위해 사는가? 우리는 이 현재의 세상을 너무 단단히 붙잡지 말고, 세상 속에서 살되 세상에 속하지는 말아야 한다. "세상 물건을 쓰는 자들은 다 쓰지 못하는 자같이 하라 이 세상의 외형은 지나감이니라"(고전 7:31).

89. J. Scott Duvall, *Revelation*, TTC (Grand Rapids: Baker, 2014), 28.

90. Bauckham, *Theology*, 27. "하나님은 만물의 창조주로서 만물보다 먼저 계신다. 그리고 그분은 만물을 종말론적으로 완성하실 것이다. 그분은 모든 역사의 기원이며 종착점이다. 그분은 창조에서 최초의 말씀을, 새 창조에서 마지막 말씀을 하신다."

CHAPTER 2

요한계시록 1:9-20

문학적 전후 문맥

서언이 마무리되고 나서 높임받으신 그리스도에 대한 요한의 장엄한 환상과 함께 요한계시록 본론이 시작된다(1:9-20). 이 단락은 그리스도가 요한에게 소아시아 일곱 교회에 글을 쓰라고 명하신 서신 부분의 직접적 서론이며(2-3장), 요한계시록의 나머지 부분(4-22장)을 구성하는 환상의 토대다.

I. 서언(1:1-8)

➡ **II. 첫 번째 환상: 높임받으신 그리스도와 교회에 보내는 그리스도의 메시지**(1:9-3:22)

A. 높임받으신 그리스도에 대한 환상(1:9-20)

B. 일곱 교회에 보내는 메시지(2:1-3:22)

주요 개념

부활의 충만한 영광 가운데 계신 예수 그리스도에 대한 환상을 통해, 요한은 그리스도의 교회를 위해 글을 쓰라는 위임을 받는다. 여기서 성령님은 요한에게 하나님이 세상을 위해 준비해두신 미래를 보여주신다.

번역

요한계시록 1:9-20

절	기능	본문
9a	등장인물 입장/배경	**나 요한은**
b		너희 형제요
		예수의 환난과
		나라와
		참음에 동참하는 자라
c	원인	하나님의 말씀과
		예수를 증언하였음으로 말미암아
d		**밧모라 하는 섬에 있었더니**
10a	행동/배경	**주의 날에 내가 성령에 감동되어**
b	신의 현현 등장인물 입장	**내 뒤에서 나는 나팔 소리 같은 큰 음성을 들으니**
11a		이르되
b	선지자적 위임	네가 보는 것을 두루마리에 써서
c	수신자	에베소, 서머나, 버가모, 두아디라, 사데, 빌라델비아, 라오디게아 등
d		일곱 교회에 보내라 하시기로
12a	행동/환상	**몸을 돌이켜 나에게 말한 음성을 알아 보려고**
b		돌이킬 때에
c	등장인물 입장	**일곱 금 촛대를 보았는데**
13a		촛대 사이에
b	등장인물 입장	**인자 같은 이가**
c		발에 끌리는 옷을 입고
d		가슴에 금띠를 띠고
14a	(13b절의) 묘사	**그의 머리와 털의 희기가 흰 양털 같고 눈 같으며**
b		**그의 눈은 불꽃 같고**
15a		**그의 발은 풀무불에 단련한 빛난 주석 같고**
b		**그의 음성은 많은 물 소리와 같으며**
16a		**그의 오른손에 일곱 별이 있고**
b		**그의 입에서 좌우에 날선 검이 나오고**
c		**그 얼굴은 해가 힘있게 비치는 것 같더라**

17a	(12–16절에 대한)	[그리고]
	반응	내가 볼 때에
b		**그의 발 앞에 엎드러져 죽은 자 같이 되매**
c	안심시킴	**그가 오른손을 내게 얹고 이르시되**
d		두려워하지 말라
e		나는 처음이요
		마지막이니
18a		곧 살아 있는 자라
b		내가 전에 죽었었노라
c		볼지어다 이제 세세토록 살아 있어
d		사망과 음부의 열쇠를 가졌노니
19a	재위임	그러므로 네가 본 것과
b		지금 있는 일과
c		장차 될 일을 기록하라
20a	(12c, 16a절의)	네가 본 것은 내 오른손의 일곱 별의 비밀과
	신원 확인	또 일곱 금 촛대라
b		일곱 별은 일곱 교회의 사자요
c		일곱 촛대는 일곱 교회니라

구조

요한은 서언에서 책의 본론으로 이동하면서 중요한 환상을 묘사한다. 그 환상은 그를 통해 전달될 하나님의 계시(1–2절)의 연결 고리를 시작한다. 영광 중에 계신 예수 그리스도에 대한 놀라운 환상이 1:9–20의 중심 내용이다. 처음 몇 구절(9–11절)은 요한이 환상을 받고 그것을 교회에 보내라는 위임을 받았을 때 밧모 섬에 있던 그의 상황을 설명한다. 예수님이 영광스러운 인자로서 교회 가운데 눈부시게 나타나시는 내용이 본문 중반부(12–16절)의 지배적인 특징이다. 마지막 구절들은 요한이 본 것을 기록하라고 위임받은 사실을 반복하고, 그것과 함께 환상의 세부 사항 일부를 간략하게 설명한다(17–20절). 본 것을 '기록하라'는 명령(11, 19절)은 처음과 끝에 나옴으로써 환상을 하나로 묶어준다.

석의적 개요

➡ **II. 첫 번째 환상: 높임받으신 그리스도와 교회에 보내는 그리스도의 메시지(1:9–3:22)**

A. 높임받으신 그리스도에 대한 환상(1:9–20)

1. 요한의 상황과 글을 써서 보내라는 위임(1:9-11)
   a. 밧모 섬에 있는 요한(1:9)
   b. 일곱 교회에 글을 써서 보내라는 선지자적 위임(1:10-11)
2. 영광스러운 인자에 대한 환상(1:12-16)
   a. 예수님과 일곱 촛대에 대한 환상(1:12-13)
   b. 영광 중에 계신 인자에 대한 상세한 묘사(1:14-16)
3. 안심시키는 말과 새롭게 된 위임(1:17-20)
   a. 부활하신 예수님이 주시는 안심의 말(1:17-20)
   b. 하나님이 계시하신 미래의 사건들을 기록하라는 새로운 위임(1:19)
   c. 별과 등잔에 대한 설명(1:20)

본문 설명

1:9 나 요한은 너희 형제요 예수의 환난과 나라와 참음에 동참하는 자라 하나님의 말씀과 예수를 증언하였음으로 말미암아 밧모라 하는 섬에 있었더니(Ἐγὼ Ἰωάννης, ὁ ἀδελφὸς ὑμῶν καὶ συγκοινωνὸς ἐν τῇ θλίψει καὶ βασιλείᾳ καὶ ὑπομονῇ ἐν Ἰησοῦ, ἐγενόμην ἐν τῇ νήσῳ τῇ καλουμένῃ Πάτμῳ διὰ τὸν λόγον τοῦ θεοῦ καὶ τὴν μαρτυρίαν Ἰησοῦ). 1:1-8의 서언에 이어 요한은 1장 나머지 부분에서 영광스러운 그리스도를 본 환상을 말한다. 이 부분은 그리스도가 요한에게 나타나셔서 이 책을 쓰라고 위임하셨을 때 요한이 처해 있던 상황을 묘사하며 시작된다(1:9-11). 요한은 환상이 임했을 당시 자신이 처해 있던 환경들을 설명하기(9c-10절) 전에, 자신이 그리스도 안에서 독자와 개인적으로 유대 관계가 있다는 점을 언급한다(9a-b절). 그는 자신을 가리켜 "나 요한은"(ἐγὼ Ἰωάννης)이라고 말한다. 그것은 다른 묵시적 저술 및 거기에 서술된 환상에 대한 경험을 묘사하는 화법을 생각나게 한다(예를 들어, 단 7-12장에 9번 나오는 "나 다니엘이").[1] 요한은 독자와 영적으로 연관되어 있다는 것을 묘사하기 위해 두 개의 명사를 동격으로 덧붙인다(9b절). 첫째로, "너희 형제"라는 말은 가족의 이미지를 나타내는데, 그것은 신약에서 예수 그리스도를 통해 하나님 아버지 아래서 영적인 생명을 얻은 모든 사람 사이의 살아 있는 연합을 나타내는 매우 일반적인 말이었다('동료 그리스도인').[2] 두 번째 동격은 보다 구체적인 연관을 묘사한다. "예수의 환난과 나라와 참음에 동참하는 자"라는 것이다. 이 문구에 나오는 기본 명사인 "동참하는 자"(συγκοινωνός)[3]는 공유된 관계, 사람들을 어떤 실상이나 경험에서 결합해주는 상호 참여를 강조한다.[4]

그들이 그리스도인으로서 공유하는 조건은, 장차 그리스도가 통치하심으로 가져오실 온전한 영광을 인내하며 신실하게 기다리는 동안 겪는 (때로는 가혹한) 이 세상의 핍박이라는 역설적 경험이다. 모든 그리스도인

1. Aune, *Revelation 1-5*, 75는 1 En., 2 Bar., 4 Ezra에 나오는 환상에서 비슷한 표현들을 인용한다.
2. J. Beutler, "ἀδελφός," *EDNT* 1:28-30.
3. 이 단어는 복합어로 '동료 참여자'(fellow-partaker)를 나타낸다. 이것은 그리스도인들이 공유하는 삶을 묘사하는 매우 중요한 단어인 '교제'(fellowship, κοινωνία)와 관련되어 있다
4. BDAG 952; *NIDNTTE* 2:706-13; 관련 동사 συγκοινωνέω는 빌립보서 4:14에서 "괴로움"이라는 말과 함께 사용된다.

은 그리스도가 주시는 능력으로 그것을 견딘다. 이것은 끝에 있는 다른 전치사구('예수 안에', ἐν Ἰησοῦ, 개역개정에는 "예수의"-역주)로 수식되는 밀접하게 연관된 세 개의 목적어("환난과 나라와 참음")가 포함된 전치사구('…안에', ἐν이라는 말로 시작되는, 개역개정에는 "…에"-역주)로 표현된다. 그 세 개의 목적어는 그것을 모두 지배하는 하나의 정관사(the)로 밀접하게(단순 접속사 '그리고'보다 더 밀접하게) 결합되어 있다(τῇ θλίψει καὶ βασιλείᾳ καὶ ὑπομονῇ). 이처럼 관사가 하나만 붙어 있는 것은 그것이 지배하는 항목들의 더 큰 통일성 혹은 응집성을 나타낸다.[5] 그들이 그리스도인으로서 공유하는 실상의 첫 번째 특징은 "환난, 고통, 비탄"(θλίψις)이다.[6] 이것은 단지 불완전한 세상에서 겪는 삶의 성가신 문제만 가리키는 것이 아니다. 그리스도인이 그리스도를 반대하는 세상에서 그분께 충성하기 때문에 겪는 어려움을 뜻한다. 수많은 신약 용법에서 볼 수 있는 바와 같다(예를 들어, 요 16:33; 행 14:22; 살전 3:3-4). 요한은 그런 환난을 경험했다(그가 밧모 섬에 있는 것이 그 점을 보여주는 듯하다, 계 1:9d). 또한 그는 소아시아 교회들 역시 환난을 겪은 것과 그리스도를 향한 충성 때문에 곧 더 큰 박해를 받게 될 것도 알고 있다(참고. 2:9-10; 2:13). 그런 고난은 신약에서 현시대 내내 그리스도인이 통상적으로 겪는 운명으로 제시되고, 시대의 끝에 가서 극단적으로 강렬하게 정점에 이를 것이다. 이것은 때로 "큰 환난"이라고 불린다(마 24:21; 계 7:14). 마가복음 13:19은 그에 대해 "창조하신 시초부터 지금까지 이런 환난이 없었"다고 묘사한다(강렬한 고통의 때에 뒤이어 하나님의 구원과 부활이 있을 것이라고 약속하는 단 12:1-2에 기초해서, 계 3:10에 대한 설명을 보라).

"속히" 일어날 그 엄청난 절정의 날을 정상적인 때에 일깨우는 것은, 요한이 모든 그리스도인이 공유하는 밀접하게 관련된 두 번째 실상에 "나라"(βασιλεία)를 포함시키는 것에 거리낌을 느끼지 않는 이유일 것이다. "환난과 나라"는 대단히 뒤죽박죽인 묘사라고 생각될 수 있다. 이 표현은 확실히 역설적이다. 하지만 앞서 요한은 그리스도가 자신의 백성을 "나라", 곧 그분이 이미 왕으로 다스리는 백성으로 삼으셨다고 말했다(6a절). 하지만 왕 같은 백성이 되고 충성을 다해 그리스도를 섬기는 현재의 경험은, 앞으로 그리스도가 가시적인 지상 나라를 통치하실 것(계 5:10; 11:15; 12:10; 19:6; 20:4, 6; 22:5을 보라)의 첫 열매일 뿐이다(그분의 백성은 그리스도의 통치를 공유할 것이다). 요한과 그의 독자들은 그리스도 안에 있는 두 실상에 모두 동참하고, 그들이 환난을 경험하는 것은 나라가 아직 온전히 이르지 않았다는 점을 상기시킨다(첫 열매와 완전한 수확 사이의 중간 시기에 그리스도인이 '탄식하는' 것에 대해 바울이 로마서 8:18-25에서 묵상하는 것을 보라).

이것은 자연스럽게 그들이 공유하는 세 번째 실상으로 이어진다. 그것은 "참음", 곧 역경 가운데 인내심 있게 견디는 특성이다.[7] 교회에 보내는 편지들에서 요한은 신자들에게 네 번에 걸쳐 인내를 칭찬하고(2:2, 3, 19; 3:10), 뒤에서 두 번 더 하나님의 백성을 향한 지독한 반대에 직면했을 때 인내하라고 요구한다(13:10; 14:12). 그것은 "하나님을 기다리는 것과 세상의 유혹과 악에 저

5. 이와 같은 경우에 관사는 더 큰 연합을 나타내지만 동일성을 나타내지는 않는다. 그 명사들은 사람이 아니라 사물을 언급하기 때문이다. 비인칭들이 있는 구문을 동일성을 보여주는 것으로 간주하는 것은 흔한 오해다(예를 들어, Aune, *Revelation 1-5*, 75-76. 그는 요점을 잘못 말하는데, 그러고 나서 다소 혼란스럽게 자신의 말을 바로잡는다). 소위 그랜빌 샤프(Granville Sharp)의 '법칙' 및 관련 구문을 가장 분명하고 가장 잘 연구하여 다룬 것은 Wallace, *Grammar*, 270-90, 특히 287이다. 또한 그의 좀 더 광범위한 저술인 Daniel B. Wallace, *Granville Sharp's Canon and Its Kin: Semantics and Significance*, SBG 14 (New York: Peter Lang, 2009), 90, 93, 170, 187-210을 보라.

6. BDAG 457.

7. "참음"(ὑπομονή)이라는 단어는 "불굴의 정신, 견고함", "어려움에 직면해서 저항하거나 꿋꿋함을 잃지 않는 능력"(BDAG 1039)을 나타낸다.

항하는 것 둘 다"[8]이다. 환난 가운데 고난을 받을 때 그리스도인은 그리스도의 나라가 완전한 형태로 오기를 간절히 기다리는 동안, 반드시 그런 적극적이고도 신실한 인내를 발휘해야 한다. 그리고 그렇게 할 수 있는 유일한 길은 덧붙여진 문구 '예수 안에서'(개역개정에는 "예수의"-역주)에 반영되어 있다.[9] 그리스도인의 정체성은 그리스도와 생명력 있게 연결된 것에 뿌리를 둔다. 그런데 그런 연합으로 말미암아 불가피하게 그리스도의 고난에 참여하게 되는 것 역시 사실이다(롬 8:17; 고후 1:5; 4:10-11; 12:9-10; 빌 3:10; 골 1:24; 벧전 4:13). 그리고 참는 능력은 생명을 주는 이런 연관에서 온다.[10] 요한은 이 책에서 말하는 대상인 그리스도인들과 더불어 이러한 실상들을 공유한다.

요한은 이 연관들을 강조하고 나서 그가 그리스도에 대한 영광스러운 환상을 받았을 때 처해 있던 환경에 대해 말한다(9d절). "나[는]…밧모라 하는 섬에 있었더니."[11] 밧모 섬은 고대 밀레도 부근 소아시아 연안에서 조금 떨어져 있는 작은 바위섬으로, 요한계시록 1:9의 언급을 제외하고는 특별할 것 없는 평범한 섬이었다. 그러나 이 언급 때문에 그 이후 오랫동안 성지 순례와 그리스도인들의 경배의 중심지가 되었다. 요한은 자신의 생활 환경이 어떠했는지 곱씹거나 그가 어떻게 밧모 섬에 오게 되었는지 분명하게 명시하지 않는다.[12] 우리는 이 구절의 나머지 부분, 후대 교부의 글에서 나온 내용 그리고 고대 사회에서 나온 일반적인 역사 정보에 기초하여 몇 가지를 추측할 수 있다. 이 구절의 나머지 부분(9c절)은 요한이 "하나님의 말씀과 예수를 증언하였음으로 말미암아"(διὰ τὸν λόγον τοῦ θεοῦ καὶ τὴν μαρτυρίαν Ἰησοῦ) 밧모 섬에 있게 되었다고 덧붙인다.[13] "…으로 말미암아"(διά)라는 전치사는 어떤 행동의 원인을 말한다. 하지만 그것은 예기적 의미('…을 도모하기 위해, 목적을 위해')일 수도 있고 회고적 의미('…으로 인해, …의 결과')일 수도 있다.[14] 그래서 그는 하나님의 메시지를 선포하면서 밧모에 있었을 수도 있고(예기적), 아니면 그런 설교 사역의 결과 어떤 당국이 그에게 부과한 벌을 받고 있었을 수도 있다(회고적). 우리는 본문 자체의 표현만으로는 확실히 알 수 없다. 교회 전승은 한결같이 후자의 시나리오가 맞을 것이라고 증언한다. 다양한 교부 저자(특

---

8. Osborne, *Revelation*, 80.

9. '예수 안에서'라는 문구는 세 개의 명사(환난, 나라, 참음)와 모두 관계된다. 하나의 관사가 세 개를 모두 묶기 때문이다. 그리고 앞에서 말한 것처럼 세 명사는 모두 타락한 세상에 사는 그리스도인의 현실에서 단단히 연결되어 있다. Aune가 말하는 것처럼 환난이 "예수 안에" 있다고 "이해할 수 없다"거나(*Revelation 1-5*, 63), Mounce가 말하는 것처럼 "예수 안에"라는 말은 "다른 두 명사보다 ὑπομονή(참음)와 더 밀접하게 결합되어 있다"(*Revelation*, 54)고 추측하는 것은 잘못되었다.

10. 여기에서 전치사 ἐν은 "지시 대상이…통제하는 영향력을 가진 것으로 여겨지는 가까운 개인적 관계를 지칭한다. …의 통제 아래, 영향력 아래, 친밀한 교제 가운데라는 것이다"(BDAG 327-28).

11. 9-12a절에서 사용된 세 개의 부정과거 동사는 요한이 환상을 받은 환경들을 설명한다. 그 동사들이 나타내는 과거의 시간은 요한이 글을 쓴 시점으로부터 그가 밧모 섬에 있던 이전의 때를 돌아본다. 하지만 그 자체는 그가 글을 쓸 당시 여전히 밧모에 있었는지의 여부나, 환상을 체험한 시점으로부터 얼마나 많은 시간이 지났는지 말해주지 않는다. 그 동사들은 '내가 보았는데'라는 부정과거 동사가 나오는 12c절과 자연스럽게 융합된다. 그것은 요한이 책 곳곳에서 자세히 이야기하는 환상들을 소개할 때 일반적으로 사용하는 방식이다.

12. 요한이 "있게 되었더니"(혹은 "있었더니", ESV, NASB, NET, NIV, NRSV)라고 말하는 데 사용하는 동사는 부정과거 ἐγενόμην(γίνομαι, '되다, 있게 되다'에서 나온)으로, 그가 과거에 거기에서 계속 머무르던 것(그것을 의미하려면 '있다', ἦν의 미완료가 더 나을 것이다)보다는 그가 거기 도착한 환경에 초점을 맞춘다. BDAG 199가 "특정한 장소에 있다"는 의미 아래에 열거하는 γίνομαι의 부정과거와 ἐν이 함께 사용되는 예들(마 26:6; 막 9:33; 행 7:38; 13:5; 딤후 1:17; 계 1:9)은 장소의 변화를 나타내는 "도착하다, 있게 되다"로 받아들이는 것이 더 낫다(Thomas, *Revelation 1-7*, 87, 89).

13. "하나님의 말씀", "예수를 증언[함]"이라는 문구에 대한 논의는 1:2을 보라. 여기에서도 그 표현 모두 주격 소유격으로 보는 것이 가장 좋은 듯하다(Bauckham, *Climax*, 161을 보라). 그러나 "예수를 증언[함]"이라는 말은 종종 여기에서 목적어로 해석된다("예수에 대한 증언", CSB, NABR, NET, NJB, REB를 보라). 요한은 1:1에서 그 문구를 소개하고 그것의 주격 의미('예수가 한 증언')를 강화하는데, 여기에서도 같은 의미를 의도하는 듯하다.

14. BDAG 225; BDF §222; Boxall, *Revelation*, 39. 각 의미의 예로는 로마서 4:25을 보라.

히 Clement of Alexandria, Origen, Eusebius)는 요한이 로마 황제(Eusebius는 Domitian이라고 말한다)에 의해 밧모섬으로 추방되었다고 말한다. 기독교 사역을 펼친 것에 대한 벌로 그렇게 되었다는 것이다.[15] 그들은 이에 대한 어떤 독자적인 정보도 없고 그저 요한계시록 1:9에 기초해서 그렇게 추측했을 수 있지만, 이 설명은 다른 어떤 대안보다 이 구절을 더 잘 이해하게 해준다. 요한이 소아시아에 있던 광대한 기회를 뒤로하고 비교적 잘 알려져 있지 않고 인구가 매우 적으며 해안에서 떨어진 섬에 복음을 전파하러 갔을 가능성은 별로 없는 듯하다. 또한 우리는 로마의 자료를 근거로 그런 추방(정도의 차이는 있겠지만)이 1세기에 처벌의 한 형태로 시행되었다는 것을 안다.[16] 그래서 확실히 알 수는 없지만, 요한이 환상을 보았을 당시 그는 하나님의 메시지를 선포하다가 추방되어서 밧모에 있었을 가능성이 크다. 그 메시지는 예수님이 그분의 삶과 가르침을 통해 증언하셨던 것을 표현한 것이기도 하다(1:1을 보라).

1:10-11 주의 날에 내가 성령에 감동되어 내 뒤에서 나는 나팔 소리 같은 큰 음성을 들으니 이르되 네가 보는 것을 두루마리에 써서 에베소, 서머나, 버가모, 두아디라, 사데, 빌라델비아, 라오디게아 등 일곱 교회에 보내라 하시기로(10 ἐγενόμην ἐν πνεύματι ἐν τῇ κυριακῇ ἡμέρᾳ καὶ ἤκουσα ὀπίσω μου φωνὴν μεγάλην ὡς σάλπιγγος 11 λεγούσης, Ὃ βλέπεις γράψον εἰς βιβλίον καὶ πέμψον ταῖς ἑπτὰ ἐκκλησίαις, εἰς Ἔφεσον καὶ εἰς Σμύρναν καὶ εἰς Πέργαμον καὶ εἰς Θυάτειρα καὶ εἰς Σάρδεις καὶ εἰς Φιλαδέλφειαν καὶ εἰς Λαοδίκειαν). 이제 요한은 극적이지만 조심성 있게[17] 그가 언제, 어떻게 높임받으신 그리스도에 대한 환상을 받았는지 묘사한다. 그는 "성령에 감동되어"(ἐγενόμην ἐν πνεύματι)[18] 있었다. 이것은 요한이 당시 성령에 사로잡혀 있던 상태를 완곡하지만 강력하게 묘사한 것이다.[19] 성령에 대한 언급은 헬라어에서는 관사가 없지만(ἐν πνεύματι), 이것을 그저 '영 안에'(in spirit, 즉 요한의 인간 영 혹은 단지 의식만을 언급)라는 의미로 받아들여서는 안된다.[20] 그것은 "성령의 통제 안에서"라는 것으로 요한이 "신적인 성령의 행위로 말미암아 환상의 황홀경에 사로잡혀 있는 상태"[21]를 말하며, 그가 무언가를 행사하거나 어떤 자격을 갖추고 있다는 말이 아니다. 성령의 영향을 받아 요한의 통상적 의식이 변화되었고, 그는 밧모 섬의 통상

15. Clement of Alexandria, *Quis div.* 42; Eusebius, *Hist. eccl.* 3.20.8-9; 3.23.1, 6; Jerome, *Vir. ill.* 9; Origen, *Comm. Matt.* 16.6. 상세한 내용은 Aune, *Revelation 1-5*, 77-78을 보라.

16. Aune, *Revelation 1-5*, 78-79. 또한 밧모는 원래 적대적 세력이 Miletus에 접근하지 않도록 보호하기 위한 군사 기지 혹은 요새인 듯하다(같은 책, 76-77). 그렇다면 복음의 전파 기지라기보다는 요한이 원치 않게 추방된 곳일 가능성이 더 크다.

17. 이 새 문장(10절)을 앞 문장과 연결하는 접속사는 없다. 문장이 시작할 때 접속사가 나오는 것은 헬라어에서 매우 일반적이어서 문법학자들은 여기에서처럼 접속사가 나오지 않는 것을 '접속사 생략'(asyndeton)이라는 전문 용어로 표현한다. '접속사 생략'은 새로운 문장을 앞 문장과 솜씨 좋게 이어주면서 또한 그것에 극적이거나 엄숙한 취지를 부여하는 장치다. BDF §§462-63; Stephen H. Levinsohn, *Discourse Features of New Testament Greek: A Coursebook on the Information Structure of New Testament Greek*, 2nd ed. (Dallas: SIL, 2000), 118-21을 보라. 그의 묘사가 조심스럽게 절제되었다는 것에 대해서는 본 구절에서 요한이 '성령 안에' 있다는 것에 관한 추가 해설을 보라.

18. 4:2에서 ἐγενόμην ἐν πνεύματι가 그리고 17:3과 21:10에서 ἐν πνεύματι가 반복되는 것은 요한계시록의 구조에서 주요 부분을 표시하는 문학적 장치 역할을 한다. 이 본문들은 각각 요한에게 '오라/올라오라 그리고 내가 네게 보이리니'라는 초청을 포함한다. '요한계시록 서론'과 Bauckham, *Climax*, 3을 보라.

19. 9절에 나오는 ἐγενόμην과 비슷하게(장소의 변화를 나타내는), 여기에서 같은 부정과거 동사는 계속적이고 특징적인 마음 상태가 아니라 특정한 경우의 마음 상황의 변화를 나타낸다. CSB, ESV, NASB, NET, NIV, NRSV, RSV에서처럼 성령/영 안에 "있었다"(was)는 번역은 이런 차이를 모호하게 하는 경향이 있다. "성령이 내게 임했다"는 REB의 번역이 요점에 더 가깝다.

20. 이 문구는 관사와 함께 혹은 관사 없이(ἐν τῷ πνεύματι 혹은 ἐν πνεύματι) 그리고 더 이상의 묘사 없이(즉, '거룩한' 혹은 '하나님의' 라는 말이 추가되지 않고) 신약에서 약 20번 나온다. 그럼에도 보통은 성령을 언급한다(예를 들어, 마 22:43; 눅 2:27; 4:1; 행 19:21; 롬 8:9; 엡 3:5). 분명 때로는 인간 영과 신적인 영이 뒤섞여서 "신적 성령의 영향 아래 있는 인간 영/의식"이라는 의미가 나오기도 한다(요 4:23-24; 갈 6:1; 계 22:6; 참고. 딤후 1:7).

적 주위 상황이 아닌 어떤 시나리오를 보고 들었다. 성령의 영향이라고 보는 것에 대한 또 다른 주장은 요한의 묘사가 에스겔 2:2과 3:12에서 에스겔이 선지자로 위임받는 장면에 사용된 표현과 유사하다는 것이다. 거기에서는 하나님의 영이 에스겔에게 "임하"거나 그를 "들어올리"셨으며, 그다음에 에스겔이 하늘로부터 나는 소리를 '들었다.' 요한의 환상에는 요한계시록 17:3과 21:10(이 구절들은 에스겔 3:14; 8:3; 11:1, 24; 37:1; 43:5과 비슷하다. 하지만 심지어 이것들도 신체적으로 이동하는 것이기보다는 환상 속에서 일어난 일일 것이다)처럼 성령이 그를 '데려가셨다'는 표시는 없다. 하지만 1:10과 4:1-2의 명백한 대응은, 하늘에서 하나님의 임재를 나타내는 환상(4:1-2)과 하늘에서 교회의 주님으로서 높임받으신 영광의 그리스도에 대한 환상(1:10b-20)이 성령으로 말미암아 요한에게 주어졌음을 보여준다.[22]

요한은 성령께 그리스도에 대한 환상을 받았을 당시의 환경에 대해 또 한 가지를 덧붙인다. 그때가 "주의 날"(ἐν τῇ κυριακῇ ἡμέρᾳ)이었다는 것이다. 거의 분명히 이 말은 일요일, 한 주간의 첫날, 그리스도인들이 예배와 가르침과 교제를 위해 모였던 때를 말한다(행 20:7; 고전 16:2).[23] 일요일은 주의 날(주일, 'dominical' day, 주께 속한 날)[24]이 되었다. 그날은 주님이 부활하신 날이었기 때문이다(마 28:1; 요 20:1, 19; 참고. Did. 14:1).[25] 환상을 소개할 때 이 점을 말하는 것이 적절한 이유는, 그것이 죽은 자 가운데서 다시 살아나신 그리스도의 영광에 대한 의식을 더욱 강화하기 때문이다(참고. 계 1:18). 그것은 또한 요한이 혼자서 혹은 그 일요일에 밧모 섬에 같이 모여 있던 그리스도인들과 함께 예배하고 묵상하다가 이 환상을 받게 되었음을 시사할 수도 있다.[26]

요한은 자신이 처한 환경 및 독자와의 연관을 제시한(9-10a절) 뒤에 환상 경험 자체를 묘사하기 시작한다(10b절). 환상의 첫 번째 부분은 요한이 본 것이라기보다는 그가 들은 것이었다. "내 뒤에서 나는 나팔 소리 같은 큰 음성을 들으니."[27] 권위 있는 목소리가 요한의 주의를 끌고 그가 볼 것에 대해 명령하면서(11절) 환상이 무대에서 전개된다. 그 후에 요한은 마침내 보기 시작하는데 신중한 단계에 따라 보게 된다(12-16절). 요한이 "뒤에서 나는" 소리를 듣는 것은 그가 처음에 그리스도를 보지 못하는 이유를 자연스럽게 설명한다. 또한 그것은 요한이 에스겔과 비슷하다는 것을 시사한다. 에스겔 역시 성령의 영향 아래 그의 뒤에서 크게 들리는 소리를 들었고(겔 3:12; 또한 겔 2:2을 보라), 하나님의 영광에 대한 환상을 보았으며, 하나님의 백성에게 예언하라는 위임을 받았다(겔 1-3장). 요한이 들은 음성은 깨닫지 못할 수가 없었다. 그것은 음성의 크기와 권위의 면에서 "나팔 소리 같은" 것이었다.[28]

---

21. Bauckham, *Climax*, 133, 150-59. 또한 Bruce, "Spirit in the Apocalypse," 339-40을 보라. Aune, *Revelation 1-5*, 82-83은 πνεῦμα를 인간의 영으로 받아들여, 요한의 환상이 "'육체 안에서'가 아니라 '영 안에서', 즉 환상으로 인한 무아지경 상태에서 일어났다"(p. 83)는 의미로 보는 것을 더 선호한다. 그는 바울이 고린도전서 14:15에서 영과 마음을 "대조"하는 것을 인용한다. 하지만 거기에서 바울의 요점은 마음 없이 영으로만 예배드리는 것이 아니라, 마음과 영 둘 다로 드리는 것이 바람직하다는 것이다.
22. Bauckham, *Climax*, 153-54.
23. 덜 그럴듯한 주장은 "주의 날"(Lord's day)이 '여호와의 날'(day of the Lord)을 언급한다는 것이다. 예수님의 환상이 종말론적 심판과 복의 마지막 날의 첫 번째 단계를 경험하는 것에 접어들게 했다는 의미에서 그렇다(사 13:6, 9; 욜 1:15; 암 5:18, 20; 행 2:20; 살전 5:1; 살후 2:2; 벧후 3:10). 하지만 요한이 그것을 의미했다면 '여호와의 날'을 가리키는 통상적인 용어, 곧 일관되게 사용되는 ἡμέρα κυρίου라는 단어를 사용하지 않은 이유에 대한 설명은 없는 듯하다.
24. "주"(κυριος)에서 나온 형용사의 유일하게 다른 신약의 용법으로는 고린도전서 11:20의 "주의 만찬"을 보라. BDAG 576; J. A. Fitzmyer, "κύριος," *EDNT* 2:331.
25. Richard Bauckham, "The Lord's Day," in *From Sabbath to Lord's Day*, ed. D. A. Carson (Grand Rapids: Zondervan, 1982), 221-50, Aune, *Revelation 1-5*, 82-84.
26. Boxall, *Revelation*, 40.
27. 이것은 "나팔 소리 같은"(ὡς σάλπιγγος)이라는 표현으로, 비교구에서 주격 혹은 원천의 소유격을 사용한다.
28. 하늘의 음성 혹은 소리를 "나팔"(σάλπιγξ)에 비유하는 것은 이스라엘이 시내 산에서 한 경험에 근거하고(출 19:16, 19; 20:18), 하나님의 엄위하심과 거룩하심에 대한 경건한 경외감을 불러일으킨다(히

11절에서 요한은 현재 진행되고 있는 환상의 내용부터 시작해서, 하나님이 그에게 주신 계시를 써서 그것을 소아시아 일곱 교회(전에 1:4에서 언급된 것을 보라)에 보내라는 하늘의 위임을 기록한다.[29] 이 명령은 10b절에 나오는 "나팔 소리 같은 큰 음성"에 대한 묘사와 긴밀하게 결합되어 있는데, 그것은 그 경험을 언급하는 한 분사(11a절, "이르되", λεγούσης)로 연결된다.[30] 이 권위 있는 음성은 요한이 따를 두 개의 구체적인 명령을 제시한다(11b, d절). '쓰라'(γράψον)는 것과 "보내라"(πέμψον)는 것이다.[31] 동일한 부정과거 형태로 된 전자의 명령은 요한계시록 도처에서 반복된다. '쓰라'는 요한의 위임이 여러 곳에서 새롭게 갱신되고 더 구체적으로 표현되기 때문이다[1:19; 14:13; 19:9; 21:5, 여기에 더해 계 2-3장에 7번 나옴. 요한은 '기록하지 말라'(μὴ⋯γράψης)는 명령을 한 번 받는다, 10:4]. 글로 쓰라는 위임은 "두루마리에"(εἰς βιβλίον)[32]라는 추가 문구로 보완되고, 이 명사는 결어에서 11절에 나오는 기본 위임을 되돌아보는 인클루지오(inclusio)로 일곱 번 반복된다[22:7, 9, 10, 18(2번), 19(2번)]. "보내라"는 명령은 훨씬 더 길게 확장되어 1:4에 나오는 "일곱 교회"(ταῖς ἑπτὰ ἐκκλησίαις)를 다시 언급한다. 그런데 여기에서는 각 교회의 위치를 차례로 명시한다. 이 일곱 개의 지명은 아마 일반적인 여행 방식에 따라 배열되었을 것이다. 해안에 있는 주요 도시 에베소부터 시작해서 시계 방향을 따라 북쪽으로(서머나, 버가모) 그다음에는 남쪽과 동쪽으로(두아디라, 사데, 빌라델비아, 라오디게아) 간 다음 리쿠스 골짜기(Lycus Valley)를 따라 다시 서쪽 에베소로 돌아온다.[33] 각 위치에 대한 설명으로는 요한계시록 2-3장을 보라.

1:12 몸을 돌이켜 나에게 말한 음성을 알아 보려고 돌이킬 때에 일곱 금 촛대를 보았는데(Καὶ ἐπέστρεψα βλέπειν τὴν φωνὴν ἥτις ἐλάλει μετ' ἐμοῦ, καὶ ἐπιστρέψας εἶδον ἑπτὰ λυχνίας χρυσᾶς). 이 구절은 이 환상 내러티브의 첫 번째 부분(요한의 상황, 9-11절)에서 두 번째 부분(환상 자체, 12-16절)으로 넘어간 것을 표시한다. 요한은 황홀경에 빠져 환상을 보는 상태에서 위풍당당한 음성을 들은 후 말하는 사람을 보려고 자연스럽게 몸을 돌이킨다. 그런데 그의 눈에 처음 들어오는 광경은 금으로 만든 여러 개의 촛대 세트다. 요한은 솜씨 있게 독자가 이 사건을 느긋하게 읽을 수 있도록 신중하게 기술한다. 환상의 이 중대한 연결점에 주의를 기울이고,[34] 중심인물의 등장에 대해 마음의 준비를 하도록 하기 위해서다(13-16절을 보라). '누가 말하고 있는지 보려고 돌이켰다'(12a절, 개역개정에는 "몸을 돌이켜 나에게 말한 음성을 알

12:19).

29. "네가 보는 것"을 기록하라는 명령은 그가 이제 받을(βλέπεις, 미래적 현재) 12-20절의 환상을 하나의 통일체(단수 대명사, '것, ⋯하는 것', ὃ)로 취급한다. 후에 그는 "⋯하는 것들"(ἅ, 19절)이라는 복수어로 이것을 확장한다.

30. 헬라어 분사인 "이르되"(λεγούσης)는 실제로는 예상된 "음성"(φωνήν) 대신 "나팔"(σάλπιγγος)과 문법적 호응을 이룬다. 그러나 이것은 구문에서 가장 가까이에 있는 명사에 이끌리는 문제다.

31. 이 둘은 모두 부정과거 명령법으로 지시를 지금 혹은 미래의 특정한 상황에서 한 번(즉시가 아니라 전체로서) 행하라는 일반적인 의미를 지닌다. 그런 명령들은 신약 내러티브에 매우 흔하게 나오는데, 그것이 이 묵시적 이야기가 묘사하는 것이다. BDF §335와 Fanning, *Verbal Aspect*, 327-35를 보라.

32. BDAG 176이 나타내듯이, 여기에서 사용된 헬라어(βιβλίον)는 간략한 서류를 의미할 수도 있다(마 19:7; 막 10:4). 하지만 여기에서 그 말은 분명 책의 형태(즉, 오늘날의 책에 해당하는 것을 만들기 위해 책장들을 꿰매어 합친 고대 사본) 혹은 보다 가능성 있는 것으로 두루마리(파피루스나 가죽을 여러 장 고정해서 두루마리를 만든 것, 참고. 눅 4:17, 20; 딤후 4:13)로 기록된 더 긴 글이다. 고대의 글을 기록하는 자료에 대한 정보로는 André Lemaire, "Writing and Writing Materials," *ABD* 6:1003-4를 보라.

33. 하지만 W. M. Ramsay, *The Letters to the Seven Churches of Asia* (London: Hodder and Stoughton, 1904), 29-31, 188-92에서 주장하는 것처럼, 이것이 정기적으로 순회하는 모종의 교회 우편 제도로 일곱 교회가 각각 주변 지역에 있는 다른 교회들에 대해 통신의 중심지 역할을 했다는 증거는 없다. Steven J. Friesen, "Revelation, Realia, and Religion: Archaeology in the Interpretation of the Apocalypse," *HTR* 88 (1995): 300이 지적했듯이, 이런 개념은 다른 요한계시록 주석에서 이따금 발견되지만 역사적으로 입증되지는 않는다.

34. 두 개의 연속된 절에서 '돌이키다'라는 같은 동사를 반복하는 것

아보려고 돌이킬 때에"-역주)는 말은 때로 요한이 잘 다듬어지지 않은 문체 때문에 용어가 어색하게 혼합된 것으로 여겨졌다. 문자적으로 보면 '나는 말하고 있는 음성을 보려고 돌이켰다'는 것이기 때문이다. 하지만 아우네(Aune)가 보여준 것처럼 이런 표현 양식은 다른 곳에서도 입증되었고(출 20:18; 겔 3:13; 단 7:11) 그것은 "음성"이 "그 음성 혹은 소리의 원천"을 나타내는 생생한(또한 거칠기는 하지만) 제유법이라고 보아야 한다.[35] 요한은 그 음성을 볼 수 없었다. 그러나 그가 "그에게 말하고 있는"[36] 분을 보고 싶어 하는 것은 이해할 만하다. 하지만 그가 돌이켰을 때(부사적 분사 ἐπιστρέψας), 그는 먼저 "일곱 금 촛대"(ἑπτὰ λυχνίας χρυσᾶς)를 보았다. λυχνία라는 단어는 직접적으로 등 자체를 언급하는 것이 아니라(등을 나타내는 단어는 기름을 태우는 심지가 있는 금속이나 진흙으로 된 그릇을 의미하는 λύχνος다), 정확히 말하면 그런 등을 놓는 받침이나 좌대를 언급한다.[37] 하지만 많은 곳에서 그렇듯이 여기에서도 "촛대"는 받침대와 그것이 지탱하는 불타는 등을 언급한다. 그러므로 일곱 개의 금 받침대의 등장은 활활 타는 듯이 밝히는 것을 나타내는 인상적인 이미지일 것이다. 이 환상 뒷부분에 나오는 구체적 상징에 대한 설명(20절, 일곱 촛대는 일곱 교회를 나타낸다)은 아직 요한에게 주어지지 않았을 것이다. 또한 요한은 이 시점에서 독자들이 이런 견지에서 생각한다고 추정하지도 않을 것이다. 하지만 "일곱 금 촛대"는 몇몇 구약 본문과의 연관성을 떠오르게 할 것이다. 출애굽기 25:31, 열왕기상 7:49, 역대하 13:11(성막과 성전 안에 있는 일곱 개의 가지가 달린 금 등잔대), 스가랴 4:2(스가랴의 환상에 나온 일곱 등잔이 있는 금 등잔대) 등이다.

1:13 촛대 사이에 인자 같은 이가 발에 끌리는 옷을 입고 가슴에 금띠를 띠고(καὶ ἐν μέσῳ τῶν λυχνιῶν ὅμοιον υἱὸν ἀνθρώπου ἐνδεδυμένον ποδήρη καὶ περιεζωσμένον πρὸς τοῖς μαστοῖς ζώνην χρυσᾶν). 이것은 12c절에서 나온 똑같은 동사 구문을 이어가면서 요한이 보게 된 두 번째 목적어를 제시한다. '내가 일곱 금 촛대와…인자 같은 이…를 보았는데'라는 것이다. 앞에서 약간 시간을 끈 후(10b-13a절) 여기에서 마침내 환상의 중심인물이 등장한다. 이런 식으로 서술의 속도를 늦추는 것은 극적 효과를 상승시키며 "인자 같은 이"에게 독자의 주의를 집중시킨다. 이 단계에서는 촛대가 교회를 상징한다는 것(1:20)과 이 인물이 그들 가운데 거니신다는 것(2:1) 그리고 그들이 그 자리에서 제거될 수도 있다는 점(2:5)은 중요하지 않다. 이것은 나중에 나올 것이다. 심지어 "인자 같은 이"(ὅμοιον υἱὸν ἀνθρώπου)[38]라는 문구도 절제된 표현이다(관사 the도 없고, '영광스러운', '권능 있는' 등과 같은 추가 묘사도 없다). 그것이 다니엘 7:13-14 및 예수님이 자

[즉, '꼬리-머리 연결'(tail-head linkage)]은 그다음에 나오는 사건들을 강조하기 위해 이야기의 속도를 늦춘다. Levinsohn, *Discourse Features*, 197-98; Steven E. Runge, *Discourse Grammar of the Greek New Testament: A Practical Introduction for Teaching and Exegesis* (Peabody, MA: Hendrickson, 2010), 163-77. 반복이 비유적 의미(하나님의 목적들이 성취되기 시작하는 "교회의 '전환점'")라는 Osborne의 추측(*Revelation*, 86)은 강화 구조의 이 특징을 오해한 것이다.

35. Aune, *Revelation 1-5*, 87-88. 하지만 Aune는 Philo가 몇 군데에서 출애굽기 20:18에서 그 음성이 눈에 보인다고 말하는 것을 주목한다. 하지만 이것은 비유적 표현을 포착하지 못했기 때문이 아니라, Philo가 본문에서 더 깊은 의미를 보려 했기 때문인 듯하다.

36. 여기에서 미완료 ἐλάλει('말하고 있었다')는 일련의 부정과거 형태로 나온다. 주동사의 행동과 동시에 일어나는 행동을 묘사하기 위해서다. 그는 그 음성이 아직 말하고 있을 때 돌이켰다는 것이다. Fanning, *Verbal Aspect*, 241-44, Aune, *Revelation 1-5*, 64를 보라. "나에게"라는 문구는 보다 통상적으로는 '나와 함께'(μετ' ἐμοῦ)라는 뜻이다. 하지만 요한은 하늘의 존재가 인간에게 말하는 문맥에서는 '…에게 말하다'라는 의미를 나타내기 위해 통상 λαλέω μετά를 사용한다(1:12; 4:1; 10:8; 17:1; 21:9, 15). 이것은 LXX가 그런 상황에서 같은 관용구를 몇 번 사용한 것에 영향을 받은 듯하다(창 35:13-15; 삿 6:17; 겔 3:10; 44:5; 단 8:18; 9:22; 10:11, 15, 19).

37. BDAG 606; W. Michaelis, "λυχνία," *TDNT* 4:324-27.

38. 이 문구는 비교 형용사 '비슷한 이, …와 같은 이'(ὅμοιον)로 구성되어 있다. 그것은 '내가 보았다'(12c절)의 이중 목적어로서 실명사로 사용되었고, 비교 명사가 "…과 (비슷한)"(υἱόν)이라는 말로 비교가 이루어지고 있는 존재를 대신한다. 비교 명사는 보통 여격으로 나

신을 가리켜 하신 말씀("인자"는 복음서에서 예수님이 자신을 지칭하기 위해 가장 자주 사용하시는 말이다)을 함축성 있게 암시함에도 불구하고 그렇다. 그리고 이 인물을 예수 그리스도와 구체적으로 동일시하는 것은 18절(죽음과 부활에 대한 언급)에 이르기까지는 확실히 나오지 않는다. 그렇지만 인간과 같은 인물이 하나님께로 다가와 그분의 백성을 위해 발휘할 영원한 권위를 받는 다니엘의 환상에 대한 암시(단 7:13–14, 27; 또한 계 1:7; 14:14에 나오는 논의를 보라)는 그것만으로도 강력하고 중요하다.

또한 인상적인 것은 요한의 환상에 나타난 중심인물에 대한 추가 묘사다(13c절에서 시작해서 16절까지 나오는). 그 묘사는 "입고…띠고"라는 두 개의 완료 분사로 시작된다. 그는 "발에 끌리는 옷을 입고"(ἐνδεδυμένον ποδήρη)[39] 있는데 그것은 구약에서 예배를 드릴 때 대제사장이 입던 복장(출 28:4, 31; 29:5; 슥 3:4; 참고. Sir 45:8)[40]을 상기시키고, 그 자체로 눈에 띄는 것(모세의 겉옷, Wis 18:24; 에스겔의 환상에서 먹 그릇을 가지고 있는 하늘의 인물, 겔 9:2, 3, 1 LXX)[41]을 떠오르게 한다. 그는 또한 "가슴에 금 띠"를 매고 혹은 "띠고"[42] 있다. "금 띠"(ζώνην χρυσᾶν)는 눈부시고 엄위한 모습을 더해준다(단 10:5[43]의 천사를 암시할 것이다, 참고. 계 15:6). 띠 혹은 장식 띠는 고대 사회에서 겉옷을 잡아매기 위해 보통 허리에 둘렀다. 하지만 여기에서는 그 위치가 '가슴에/가슴을 배경으로'(πρὸς τοῖς μαστοῖς)라고 묘사된다. 즉, 흉곽 아래쪽에 둘렀다는 것이다.[44]

1:14 그의 머리와 털의 희기가 흰 양털 같고 눈 같으며 그의 눈은 불꽃 같고(ἡ δὲ κεφαλὴ αὐτοῦ καὶ αἱ τρίχες λευκαὶ ὡς ἔριον λευκόν ὡς χιών καὶ οἱ ὀφθαλμοὶ αὐτοῦ ὡς φλὸξ πυρός). 천상의 인자에 대한 요한의 묘사는 다양한 구약의 환상 경험들을 암시하는 이미지의 모음을 이어간다. 각 이미지는 이 엄위한 존재에게 경외감과 놀라움을 더해준다.[45] "그의 머리와 털"[46]은 다니엘 7:9을 놀랍게 암시한다. 다니엘 7장이 놀랍다는 말은 아니다. 다

온다(BDAG 706; BDF §182.4를 보라). 하지만 여기에서 그것은 목적어와 같은 격으로 되어 있는데, 그것은 요한계시록에 나오는 또 다른 파격 어법이다.

39. ποδήρης라는 명사는 "발에까지 닿는, 발목 길이의" 옷을 의미하는 것으로, "발"이라는 의미의 πούς에서 나왔다(BDAG 838). 여기에서 사용된 여격은 걸치는 의복을 '입는 것'이라는 동사들과 함께 나오는 통상적인 헬라어 관용구인데, 보통 영어로 '…을 입다'(clothed with)로 표현된다(참고. 사물의 이중 여격, BDF §155.5; Wallace, *Grammar,* 181–82).

40. Beale, *Revelation,* 208–9; Boxall, *Revelation,* 42–43. 하지만 Aune, *Revelation 1-5,* 93–94는 그런 제사장적 암시에 반대한다. LXX에서는 대제사장의 옷을 묘사하기 위해 다양한 헬라어 단어가 사용되었고, 그래서 ποδήρης는 이런 연관을 반드시 환기시키는 전문적 용어가 아니기 때문이다. 그 환상은 단지 스가랴 3–4장(대제사장과의 연관)에서만이 아니라 영광스러운 하늘의 존재에 대한 다양한 구약 이미지에서 나온 듯하다. Jauhiainen, *Zechariah,* 79–81은 요한계시록 1장에 나오는 대제사장적 이미지 문제를 미결 상태로 남겨둔다.

41. 에스겔에 나오는 이 세 구절은 명사 ποδήρης와 함께 요한계시록 1:13에서 완료 시제로 나오는 '옷 입다'(ἐνδύω)라는 동일한 동사를 사용한다.

42. περιζώννυμι라는 동사는 "벨트나 허리띠를 하다, 둘러매다"(BDAG 801)라는 의미로, 여기에서는 그 행동에서 나온 상태에 초점을 맞추는 완료 분사 형태로 나온다. 앞 절에 나온 동사와 마찬가지로 이것 역시 어떤 사람이 입는 목적어의 여격과 함께 사용된다(BDF §155.5; Wallace, *Grammar,* 181–82).

43. 다니엘 10:5 LXX는 천사의 허리에 "띠를 띠었"지만(여기에서와 같은 동사) "세마포"로 둘렀다고 말하는 반면, MT와 Theodotion의 헬라어 번역에는 "그의 허리에는 순금 띠를 띠었다"라고 나온다.

44. BDAG 621. Aune, *Revelation 1-5,* 94는 다양한 곳에서 더 짧은 옷을 입고 있지만 가슴 바로 밑에 띠를 매고 있는 미트라(Mithras) 신을 묘사하는 프레스코 화 혹은 얕은 부조를 언급한다.

45. 14절 처음에 나오는 접속사는 다르다(12–13절에서 4번 사용된 καί 대신 δέ). δέ는 요한계시록에서 상당히 드물게 나온다(단 7번). 그래서 요한이 이 표현을 사용하는 방식은 분명하지 않다. 하지만 다른 책들에서 그 말은 논증의 흐름에서 발전이나 변화를 나타낸다. Aune, *Revelation 1-5,* cxcv; Runge, *Discourse Grammar,* 28–36을 보라. 이 경우 그 뒤에 나오는 그리스도에 대한 묘사는 조금 다른 형태를 띤다. 14–15절의 네 절은 명백한 주동사가 없고, 그 형용사적 혹은 비교적 구문에서 '…이다' 동사를 암시한다. 이것은 속사포 같은 묘사의 시리즈가 계속 쌓여 누적 효과를 낸다.

46. 이 문구를 문자적으로 표현하면 '그의 머리 그리고 (그의) 털'이다. 하지만 여기에서 '그리고'(καί)는 부가적 설명으로(BDAG 495; Aune, *Revelation 1-5,* cxcv, 65), '즉, 다시 말하자면'이라는 뜻이다. 그래서 더 매끄러운 번역은 '그의 머리의 털'이다.

니엘 7:13이 앞 구절에서 인용되었기 때문이다("인자 같은 이"). 하지만 이 경우에 "희기가 흰 양털 같고 눈 같으며"라는 표현은 "옛적부터 항상 계신 이", 즉 다니엘이 지극히 높으신 하나님에 대해 앞서 묘사한 것에서 나온다. 다니엘 7:14에서 인자는 그분께 영원한 나라를 받으러 나아오신다. 다른 많은 곳에서처럼 이 구절에서 요한은 다른 곳에서는 하나님께만 주어지는 차원의 영광을 예수님께 부여한다.[47] 다니엘 7:9(LXX)의 영향으로 "흰"이라는 말이 반복된 것처럼 보인다. 요한은 "흰 양털 같고"(ὡς ἔριον λευκόν)라는 비교 문구의 핵심 부분을 다니엘 7:9 칠십인역의 "깨끗한 흰 양털 같고"(ὡσεὶ ἔριον λευκὸν καθαρόν)라는 말에서 가져왔기 때문이다. 이것은 진술된 서술 형용사를 더 강렬하게 만들어준다. "희기가(λευκαί) 흰 양털 같"다는 것이다. 흰 양털에 비교하는 것은 "눈 같으며"(ὡς χιών)라는 말로 더 강조된다. 그의 머리털은 번쩍이는 깨끗한 흰색이었다. 이것은 또한 다니엘 7:9에 대한 암시를 강화한다. 다니엘서 본문에서 "눈 같고"라는 말은 옛적부터 항상 계신 이의 흰 의상을 묘사하는 데 사용되었다. 두 본문에서 모두 '흰 머리털'에 대한 묘사의 요점은 나이 든 사람이 지닌 큰 지혜 및 그러한 사람이 마땅히 받아야 하는 명예다.

14절의 두 번째 절은 그의 눈을 "불꽃 같고"(ὡς φλὸξ πυρός, 참고. 계 2:18; 19:12)라고 묘사하면서 다니엘 7:9뿐 아니라 10:6의 영향을 반영한다. 이 표현은 다니엘 7:9의 어법(LXX, ὡσεὶ φλὸξ πυρός)을 반영하지만, 거기에서 그 말은 그분의 눈이 아니라 옛적부터 항상 계신 이의 보좌를 묘사한다. 다니엘 10:6은 천사와 같은 존재의 눈을 "횃불 같고"(ὡσεὶ λαμπάδες πυρός)라고 묘사한다. 요한의 환상에서 이것이 무엇을 전달하려 하는지 구체적 속성을 해독하기는 어렵다.[48] 하지만 그것은 분명 높임받은 인자가 눈길을 끄는 외모를 지닌 것을 부언해서 묘사한다.

1:15 그의 발은 풀무불에 단련한 빛난 주석 같고 그의 음성은 많은 물 소리와 같으며(καὶ οἱ πόδες αὐτοῦ ὅμοιοι χαλκολιβάνῳ ὡς ἐν καμίνῳ πεπυρωμένης καὶ ἡ φωνὴ αὐτοῦ ὡς φωνὴ ὑδάτων πολλῶν). 14-15절의 순서에서 세 번째 절은 머리와 눈에서 발로 이동한다. 그의 발은 "풀무불에 단련한 빛난 주석 같"았다(15a절). 다시 한번 이 높임받은 인물의 눈부신 영광에 초점이 맞추어진다.[49] "빛난 주석 같고"라는 비교에서 핵심 용어는 현존하는 헬라어 문헌에서 여기에만(그리고 2:18에서 이 구절을 언급하면서) 나오는 희귀한 단어(χαλκολίβανος)다. 이 단어는 "구리, 황동, 청동"을 뜻하는 단어를 어원으로 두었고, 모종의 "질 좋은 놋쇠" 혹은 "광을 내고 닦은 청동"을 의미하는 듯하다.[50] 이 금속은 "풀무불에 단련한"(ὡς ἐν καμίνῳ πεπυρωμένης)이라는 표현으로 더 자세히 묘사된다.[51] 열을 가해서 금속에서 불순물을 제거하는 일반적인 이미

47. Bauckham, *Climax*, 174-75; 참고. 137-40.

48. Aune, *Revelation 1-5*, 95는 고대의 유대뿐 아니라 그리스 로마 문헌에서 이 비유(불과 같은 눈)가 나타내는 것에 대한 광범위한 사례를 인용한다. 하지만 전반적으로 이 말에 명확한 의미가 첨부되어 있지 않은 듯하다. 2:18과 특히 19:12에서 이 문구를 반복하는 것은 '불 같은 눈'과 그분의 통치를 반대하는 모든 사람에 대한 심판의 분노를 연관시킬 것이다(이 구절들에 대한 설명을 보라).

49. 요한계시록 10:1에 나오는 힘센 천사에 대한 비슷한 묘사를 보라. "그 발은 불기둥 같으며."

50. BDAG 1076; LN §2.57; Colin J. Hemer, *The Letters to the Seven Churches of Asia in Their Local Setting*, JSNTSup 11 (Sheffield: JSOT, 1986), 111-17. 전문적으로 말하면 청동은 구리와 주석의 합금인 반면, 황동은 구리와 아연의 합금이다. 하지만 여기에서 염두에 둔 것은 그 둘 중 하나와 같은 어떤 것(번쩍이거나 닦아서 밝은 것)이다.

51. 문법적 연관과 헬라어 분사인 "단련한"(πεπυρωμένης)이라는 말을 사용한 것은 문제가 된다. 그리고 이것은 본문을 매끄럽게 하려는 몇 개의 이문에 반영되어 있다. 소유격 단수 형태가 가장 그럴듯하다. 그것은 문법적으로 해독하기가 더 어려우며 다른 이문들이 생겨난 것을 잘 설명하기 때문이다. 이 형태에서 그 분사는 독립 소유격으로 거기에서 관계 대명사 αὐτῆς('그것', 주석을 언급하는)가 생략되었다고 보는 것이 가장 좋다(이따금 이런 현상이 일어난다. 참고. BDF §423.6). 그것은 아마 주석(중성)을 언급하지만, 풀무(여성)가 가까이 있기 때문에 그것의 성에 이끌렸을 것이다. 여기에서 독립 소유격 구문은 양태 부사적(adverbial of manner)으로, "…같고"(as,

지를 사용하는 것이다.[52] 이 일련의 문구들은 다니엘 10:6(천사들의 팔과 발이 "빛난 놋과 같은", LXX, ὡσεὶ χαλκὸς ἐξαστράπτων)과 에스겔 1:7[네 하늘 생물의 발이 "광낸 구리 같이 빛나며"(문자적으로는 불꽃이 튀며), LXX, σπινθῆρες ὡς ἐξαστράπτων χαλκός]에 나오는 환상을 분명히 암시한다. 전반적으로 인자의 눈부신 하늘 영광에 대한 느낌을 더해주는 효과를 낸다.

이 순서에서 네 번째 절은 경외감을 불러일으키는 한 가지 묘사를 추가한다. "그의 음성은 많은 물 소리와 같으며"(15b절)라는 것이다. 앞에서 그 음성의 크기와 권위는 나팔에 비유되었다(10절). 하지만 여기에서 요점은 음성의 압도적 권능과 깊은 인상인 듯하다. 음성은 사람 자신을 나타내는 환유법일 것이다. 그 권능과 권위에 저항할 수 없는 분이라는 것이다. "많은 물 소리"는 상당히 흔하게 나오는 성경의 비유로, 여호와의 소리(시 29:3), 일반적으로 강력한 소리(시 93:4), 거대한 바벨론의 소리(렘 51:55), 네 하늘 생물의 날개에서 나는 소리(겔 1:24), 성전으로 돌아가시는 하나님의 영광의 소리(겔 43:2) 등에 사용되었다.[53] 이 비유는 몇 군데에서 우렛소리의 비유와 짝을 이루면서(시 29:3; 93:4; 겔 1:24; 계 14:2; 19:6) 압도적 권능이라는 느낌을 강화한다.

1:16 그의 오른손에 일곱 별이 있고 그의 입에서 좌우에 날선 검이 나오고 그 얼굴은 해가 힘있게 비치는 것 같더라(καὶ ἔχων ἐν τῇ δεξιᾷ χειρὶ αὐτοῦ ἀστέρας ἑπτά καὶ ἐκ τοῦ στόματος αὐτοῦ ῥομφαία δίστομος ὀξεῖα ἐκπορευομένη καὶ ἡ ὄψις αὐτοῦ ὡς ὁ ἥλιος φαίνει ἐν τῇ δυνάμει αὐτοῦ). 16절에 나오는 아주 생생하고 상세한 세 개의 짧은 추가 구절은 높임받으신 인자에 대한 묘사(1:12–16)를 마무리하면서 그분의 위대한 권위와 영광을 더 강하게 시사한다.[54] 첫 번째 절은 그분이 "오른손에" 쥐고 계신 "일곱 별"에 대해 말한다. 이것은 처음에는 그분이 이 천체들("별, 별자리, 행성들")을 주관하시는 것을 상징한다.[55] 이것들이 일곱 교회와 연관된(2:1, 8 등) "일곱 별"(20절; 참고. 8:12; 9:1)이라는 사실이 곧 밝혀질 것이다. 하지만 지금 이 시점에서 그것들은 일반적으로 인자의 영광스러운 권위를 인상적으로 일별하게 해준다. 두 번째 절은 상당히 상세하고도 대담한 비유가 나오는데, '그의 입에서 나오는' "좌우에 날 선 검"(ῥομφαία δίστομος ὀξεῖα)을 묘사한다. 성경에 사용된 "검"을 나타내는 다양한 헬라어 단어 중에서 이 단어는 생명나무로 가는 길을 지키던 불칼과 같은(창 3:24 LXX; 참고. 민 22:23; 수 5:13) "크고 넓은 칼"[56]을 말한다. 이 검이 "날 선" 것이고 "좌우에" 양날이 있다는 사실은 강력한 효율성의 느낌을 더해준다(참고. 시 149:6; Sir 21:3, 그리고 검에 대해 다른 단어를 사용하는 것으로는 삿 3:16; 잠 5:4을 보라). 하지만 여기에서 검은 마치 혀나 말처럼 그의 입에서 나온다(16b절). 말이나 단어를 검으로 비유하는 것은 쉽게 이해할 수 있다[예를 들어, 시 52:2; 57:4; 잠 12:18; 사 49:2; 하나님의 말씀에 대해서는 엡 6:17; 히 4:12을 보라(둘 다 짧은 공격적 검인 μάχαιρα

ὡς)라는 말로 시작된다(참고. 5:6; 9:8; 13:2; 14:2; 16:3에 나오는 ὡς의 비슷한 용법). 비교의 의미를 부여하기 위함이다(비교의 기초인 행동). BDAG 899; BDR §423.10; Aune, *Revelation 1-5*, 65–66을 보라.

52. πυρόω라는 동사는 보통 '태우다'라는 의미다. 하지만 금속에 대해 사용될 때는 "녹이다, 빨갛게 빛나도록 뜨겁게 만들다", 그래서 "제련하다"(BDAG 899)를 뜻한다. 욥기 22:25; 시편 12:6(LXX 11:7); 66:10(65:10); 잠언 10:20; 스가랴 13:9에서와 같다. 여기에서 그 말은 완료 수동형으로 나와서 그렇게 태운 결과 질적으로 정련된 것을 강조한다.

53. 이 중 몇 가지는 하나님 혹은 하늘에 대한 환상에서 나온다(겔 1:24; 43:2).

54. 마지막 두 절(16b–c절)은 14–15절과 똑같은 문법 구조로 되어 있다('…이다'라는 동사가 있는 것으로 이해되는 대등한 절이다). 하지만 첫 번째 절(16a절)은 약간 다르다. 거기에는 '붙잡고 있는'(ἔχων)이라는 분사가 포함되어 있기 때문이다. 하지만 이것은 여기에서 '…이다'라는 주동사가 생략된 완곡한 동사의 일부로 이해하는 것이 가장 좋다. 그래서 결과적으로 '그가 붙잡고 있었다, 그가 붙잡았다'는 의미다. 같은 구문으로는 요한계시록 6:2, 5; 10:2; 21:14을 보라.

55. BDAG 145; W. Foerster, "ἀστήρ," *TDNT* 1:503–5.

56. BDAG 907.

을 사용함)]. 여기에서 추가되는 요점은 하나님이 백성의 정당함이나 그분의 원수에 대한 신속한 보복을 선언하실 때 그 말씀이 강력한 심판의 효과를 낸다는 것이다(계 19:15, 21; 사 11:4; 49:2을 보라, 참고. Wis 18:15-16; Pss. Sol. 17:23-25; 4 Ezra 13:8-11). 이 이미지의 배경으로 특별히 중요한 것은 이사야 11:4(미래의 다윗 계열의 통치자가 공의로 심판할 것이며 "그의 입의 막대기로 세상을 치며 그의 입술의 기운으로 악인을 죽일 것"이다)과 49:2[하나님이 '날카로운 칼 같은'(μάχαιραν ὀξεῖαν) 입을 가진 종을 통해 그분의 영광을 보이실 것이다]이다.

마지막 묘사는 "그 얼굴"(ἡ ὄψις αὐτοῦ)[57]을 가장 밝은 햇빛에 비교한다. '해가 총력을 다해 비치는 것처럼'이라는 뜻이다.[58] 햇빛처럼 빛나는 얼굴은 하늘의 '영광'을 말하는 듯하다. 모세가 시내 산에서 하나님과 이야기한 뒤 내려올 때(출 34:29),[59] 예수님이 변화산에 계실 때(마 17:2) 혹은 하늘에서 내려오는 힘센 천사(계 10:1)가 그런 영광을 반영했다.[60]

1:17-18a 내가 볼 때에 그의 발 앞에 엎드러져 죽은 자 같이 되매 그가 오른손을 내게 얹고 이르시되 두려워하지 말라 나는 처음이요 마지막이니 곧 살아 있는 자라(17 Καὶ ὅτε εἶδον αὐτόν, ἔπεσα πρὸς τοὺς πόδας αὐτοῦ ὡς νεκρός, καὶ ἔθηκεν τὴν δεξιὰν αὐτοῦ ἐπ' ἐμὲ λέγων, Μὴ φοβοῦ· ἐγώ εἰμι ὁ πρῶτος καὶ ὁ ἔσχατος 18 καὶ ὁ ζῶν). 이 구절은 환상 내러티브의 두 번째 부분(영광스러운 인자의 환상, 1:12-16)에서 대단원(안심시키는 것과 요한이 새롭게 받은 위임, 1:17-20)으로 넘어가는 전환점을 표시한다. 여기에서 요한은 환상에 대해 마땅히 보일 수밖에 없는 반응을 보인다. 내러티브는 요한이 본 것(보다 구체적으로는 그가 본 분)에 대한 앞의 언급을 되풀이한다. '그리고 내가 그를 볼 때에'(and when I saw him, 개역개정에는 "내가 볼 때에"-역주, 참고. 12c-13절). 요한은 그 장면에 압도되어 인자의 "발 앞에" 엎드러져 죽은 자같이 되었다(17b절).[61] 성경에 나오는 환상에 대한 기사들은 종종 천상의 존재 앞에 그렇게 엎드러지는 반응을 기록한다. 때로는 순전한 두려움으로 그리고 때로는 경건한 경외감으로 그렇게 엎드러진다(창 17:3; 수 5:14; 겔 1:28; 단 8:7; 눅 24:5; 행 9:4; 또한 1 En. 14:14, 24; 4 Ezra 4:11을 보라). 때로 그런 글들에서는 갑자기 힘이 빠진다는 묘사가 나온다. 심지어 여기에서처럼 마치 "죽은 사람과 같이" 될 정도다(마 28:4; 단 10:8-9; 참고. 4 Ezra 10:30; T. Ab. 9:1). 그런데 요한이 무력하게 되자 영광스러운 분이 손을 뻗어 부드럽게 만지시면서 "오른손을 내게 얹고" 안심시키는 말을 하신다(17c-d).

그 영광스러운 분은 충분히 이해할 만한 요한의 두려움을 진정시키신다. "두려워하지 말라"(μὴ φοβοῦ).[62] 그것은 그런 경험을 하는 사람에게 흔히 하는 안심시키는 말이다(참고. 단 10:12, 19; 마 17:7; 눅 1:13, 30). 그다음에는 안심시키는 말의 기초를 풍성하게 제공하는 일련

57. 헬라어 ὄψις는 요한복음 7:24에서처럼 일반적으로 그의 "외모"가 될 수도 있고, 요한복음 11:44에서처럼 구체적으로 그의 "얼굴"(나사로의 얼굴이 수건에 싸인 채로 나오는 것에서, BDAG 746)이 될 수도 있다. 구체적인 묘사들이 연속해서 나오는 것으로 보아 후자일 가능성이 더 크다.

58. 이 절은 문자적으로는 '해가 힘/효력 있게 비치는 것처럼'이라는 완전한 직유를 표현한다. 현재 직설법 동사 φαίνει가 사용되는데, 영어에서는 매끄럽게 하기 위해 '비치는'(shining)이라는 분사로 번역되었다.

59. 출애굽기 34:29 LXX에는 "그의 얼굴의 피부가 빛났다"(문자적으로는 영광을 받았다, δεδόξασται ἡ ὄψις τοῦ χρώματος τοῦ προσώπου αὐτοῦ)라고 되어 있다. 신적 완벽함의 가시적 현현으로서 '빛, 영광'에 대해서는 H. Hegermann, "δόξα," *EDNT* 1:346을 보라.

60. 이 두 개의 신약 본문은 얼굴(다른 헬라어, πρόσωπον)이 "해같이" 되는 것 혹은 빛나는 것에 대해 말한다.

61. 1:17에 나오는 요한의 반응(5:8, 14에서 하늘의 존재들이 하는 것처럼, 그리스도 앞에 엎드려 경건하게 경배하는 것)은 계시록 끝부분에 비추어볼 때 더 큰 의미를 지닌다. 거기에서 그가 천사 앞에 엎드리는 것은 책망을 받는다. 하나님만이 예배받기에 합당하기 때문이다(19:10; 22:8-9; 참고. 행 10:26).

62. 여기에 나온 것처럼 부정 현재 명령법 μὴ φοβοῦ는 구체적 상황에서 사용될 때는 일반적 금지보다 '네가 지금 하고 있는/느끼고 있는 것을 하지 말라/느끼지 말라'는 의미다(예를 들어, 5:5). Fanning, *Verbal Aspect*, 335-38; Wallace, *Grammar*, 724를 보라.

의 자기 묘사가 나온다. 처음에는 "나는…이니"(ἐγώ εἰμι)라는 진술(이 말의 배경과 의미에 대해서는 1:8을 보라)이 세 개의 술어와 함께 나온다. 그중 첫 번째는 "처음이요 마지막"(ὁ πρῶτος καὶ ὁ ἔσχατος, 참고. 2:8)이라는 말이다. 그 의미는 1:8의 "나는 알파와 오메가라"는 성부 하나님의 진술과 매우 비슷하고,[63] 마찬가지로 이사야 44:6, 48:12(야훼의 자기 묘사)에 뿌리를 둔다. 요한이 몇 구절의 간격을 두고 성부 하나님에게서 나온 신탁(8절)과 예수 그리스도로부터 나온 환상(17절)의 대응되는 속성들을 분명히 단언하며 기록한다는 사실은, 그리스도를 고귀한 견지에서 보는 신적 계시의 기초뿐 아니라 요한의 고 기독론을 보여준다. "처음이요 마지막"(이사야서에서 본 것처럼)은 모든 것의 기원이나 목표인 그리스도의 지위(하나님과 함께)를 의미한다. 특히 역사의 시작과 끝에서 그분이 맡으신 역할, 즉 하나님의 창조를 형성하고 그다음에 그것을 하나님이 의도하신 목적을 향해 움직이시는 역할이다.

세 번째 술어(18a절)는 대부분의 성경 역본에 나오는 대단히 쓸데없는 장절 구별을 따른다. 하지만 그 말은 이 "나는…이니" 진술에 나오는 다른 술어들과 밀접하게 연결되어야 한다. '그리고 나는 살아 있는 자라'(καὶ ὁ ζῶν)로 이해해야 한다는 것이다. 이 헬라어 동사 ζάω는 요한계시록에서 부활을 나타내기 위해 부정과거 시제로 몇 번 사용된다. '살아난'(coming to life, 시작의 부정과거, 참고. 2:8; 13:14; 20:4, 5)이라는 뜻을 나타낸다. 현재 시제는 여기에서처럼 그것을 기반으로 해서 부활한 결과 계속 살아 있는 것을 강조한다. 이것이 몇 단어 뒤의 18c절에 나오는 "세세토록 살아 있어(ζῶν)"라는 말의 의미일 것이다. 이것은 앞 절이 묘사하는 바 그분이 십자가 위에서 죽으신 것과 대조를 이룬다. 다른 한편 여기에서와 같은 현재 실명사 분사로 그 의미는 보다 포괄적이고 제한이 없는 듯하다. 시간에 관해서뿐만 아니라(모든 때에 해당되는) 처음부터 마지막까지 역사 내내 "살아 있는 자"이신 그리스도의 변치 않는 성품과 본질에 대해서도 그렇다. 이 포괄적 의미는 '살아 계신 하나님'이라는 일반적인 성경(특히 신약) 표현에서 나오는데, 그 표현은 요한계시록 다른 곳에도 다섯 번 나온다(4:9, 10; 7:2; 10:6; 15:7, 모두 현재 분사 ζάω로 형용사적이거나 실명사적이다). "나는…살아 있는 자라"는 말은 이 의미 있는 묘사를 성부 하나님으로부터 예수 그리스도께로 이동시키는 것으로 보인다.[64] 동시에 이것은 18b-d절에 나오는 또 다른 자기 묘사(즉, 본질이 생명인 분은 사망에 정복될 수 없다)를 위한 토대 역할을 한다.

1:18b-d 내가 전에 죽었었노라 볼지어다 이제 세세토록 살아 있어 사망과 음부의 열쇠를 가졌노니(καὶ ἐγενόμην νεκρὸς καὶ ἰδοὺ ζῶν εἰμι εἰς τοὺς αἰῶνας τῶν αἰώνων καὶ ἔχω τὰς κλεῖς τοῦ θανάτου καὶ τοῦ ᾅδου). 세 개의 '나는…이다' 진술(17e-18a절)에 이어 예수님의 죽음과 부활 그리고 그 결과 사망과 무덤에 대해 갖게 된 권한을 언급하는 간결한 세 가지 묘사가 나온다. 사실상 이 구절은 환상에서 "인자 같은 이"가 높임받으신 예수님이라는 사실을 처음으로 명확하게 밝힌다. 그분은 세상을 구속하시기 위해 자신을 희생하심으로 '죽었었다'('죽게 되었다', became dead, ἐγενόμην νεκρός로 표현됨, 참고. 5:9, 11).[65] 하지만 죽음은 이 '살아 있는 자'를 억제할 수 없었다.

63. "알파와 오메가"와 "처음과 마지막"이 결합되어 있는 22:13을 보라. 그것 역시 예수님이 하신 말씀이다(Bauckham, *Climax*, 33-34에서는 1:8, 17; 21:6; 22:13의 네 진술을 함께 유용하게 제시한다).

64. Aune, *Revelation 1-5*, 101-2는 이것이 "하나님에 대한 전통적인 유대적 호칭 및 그분의 부활을 통해 죽음을 이기신 예수님의 승리를 둘 다 언급하는 이중적 의미를 갖는 어구"라고 주장한다.

65. 여기에서도 역시, '되다, 되게 되다'라는 γίνομαι의 부정과거인 ἐγενόμην(참고. 9-10절)은 이 상태로 바뀐 것을 나타낸다. 그것은 시작의 부정과거(참고. ESV, NLT, RSV, "죽었다", died)이며, 과거의 상태 "죽어 있었다"(was dead, CSB, NASB, NET, NIV, NJB, NRSV, REB)가 아니다. 그런 상태를 나타내기 위해서는 εἰμί의 미완료가 더 적합할 것이다.

그 대신[66] 예수님은 "볼지어다 이제 세세토록 살아 있어"(ἰδοὺ ζῶν εἰμι εἰς τοὺς αἰῶνας τῶν αἰώνων)라고 말씀하신다.[67] 앞에서 개략적으로 말했듯이 여기에서 '살아 있다'(ζάω)라는 동사는 예수님이 죽음 이후 다시 취하셨고 이제 계속 살아 계시는 생명을 언급한다.[68] 사실상 그 범위는 "세세토록"(문자적으로는 '시대에서 시대로', '영원히, 영원무궁토록'을 나타내는 일반적 표현)이다.[69]

그러므로 그분의 부활은 사망과 무덤에 대한 그분의 권위와 관련되어 있다. 그것은 그 영역에 대한 "열쇠"를 소유하는 이미지로 표현된다(18d절).[70] 실제로 "사망"과 "음부"는 둘 다 신약에서 (1) 죽은 자들이 있는 장소(마 16:18; 계 20:13), (2) 죽을 운명 혹은 죽을 운명이거나 죽은 인간들을 다스리는 초자연적 존재의 의인화(롬 5:12, 14; 계 6:8; 20:14)로 볼 수 있다. 따라서 '사망의'와 "음부의"라는 문구는 (1) 목적 소유격(이 장소들을 열거나 잠글 수 있는 열쇠, 즉 그곳으로 '가는 열쇠')일 수도 있고, 아니면 (2) 소유를 나타내는 소유격(초자연적 존재들에게 속한, 그들이 인간을 통제하기 위해 사용하는 열쇠)일 수도 있다. 여기에서는 전자의 의미가 더 적합한 듯하다. 요한은 방금 예시로 제시한 다른 두 곳에서도 이처럼 사망과 음부를 함께 언급한다. 하지만 그는 그 둘의 관계를 명백하게 설명한 적은 한 번도 없다.[71] 신약 시대에 내세에 대한 유대적 개념에서 이 표현들이 지시하는 바가 변화되어가고 있었다. 그리고 신약 자체가 이 용어들을 곳곳에서 서로 다르게 사용하는 듯하다.[72] 요한은 이 용어들을 같은 시공간에 존재하는 것으로, 구속받지 못하고 죽은 자들이 속한 악한 영역이나 권세를 두 가지 다른 방식으로 언급하는 것으로 취급하는 듯하다. 이것은 20:11-15(이 구절에 대한 설명을 보라)에서 가장 분명하게 나온다. 구속받지 않고 죽은 자들은 "둘째 사망 곧 불못"으로 이어지는 부활을 위해서만 풀려날 것이다(계 20:11-15; 참고. 요 5:25-29). 이 구절의 요점은 예수님이 구속을 가져다주는 죽음과 부활을 통해 인류의 "맨 나중에 멸망받을 원수"인 사망에 대해 권세를 얻으셨다는 것이다(고전 15:20-28; 히 2:14-15; 참고. 계 21:4).[73]

1:19 그러므로 네가 본 것과 지금 있는 일과 장차 될 일을 기록하라(γράψον οὖν ἃ εἶδες καὶ ἃ εἰσὶν καὶ ἃ μέλλει γενέσθαι μετὰ ταῦτα). 높임받으신 그리스도의 말씀은 계속된다. 자기 묘사에서가 아니라 이 환상의 처음에 주어진 기록하라는 명령(11절)으로 다시 돌아가 그것을 확장하시면서 계속된다.[74] 이 위임은 요한계시록 책 전체에 계시적

66. 여기에서 요한계시록에서 '그리고'라고 매우 자주 번역되는 접속사 καί(개역개정에는 번역되어 있지 않음—역주)는 앞 절과 대조되는 반의적 의미를 지닌다("놀라운 혹은 예상치 못한" 전환, BDAG 495).
67. '실로, 보라, 볼지어다'라는 의미의 ἰδού는 1:7에서처럼 그다음에 나오는 진리를 확증하기 위해 사용된다 (Aune, *Revelation 1-5*, 103).
68. ζῶν εἰμι라는 구문은 '나는 산다, 살아 있다'라는 단순한 동사 ζῶ와 같은 기본 개념을 표현하지만 그 회복된 생명의 지속적이고 특징적인 성질(관습적 현재)에 더 초점을 맞추는 완곡 분사다. Fanning, *Verbal Aspect*, 312-13을 보라.
69. BDAG 32. "세세토록"(εἰς τοὺς αἰῶνας τῶν αἰώνων)이라는 정식 표현은 요한계시록에서 네 번 사용된다(4:9, 10; 10:6; 15:7).
70. 마태복음 16:19("천국 열쇠"), 누가복음 11:52("지식의 열쇠"), 요한계시록 9:1, 20:1("무저갱의 열쇠") 그리고 약간 다르게, 3:7("다윗의 열쇠," 이사야 22:22에 나오는 그 비유적 표현을 보라)을 보라. 이 열쇠를 가지고 계신 분이 그리스도라고 보는 것은 음부의 "열쇠 보관인"으로 보는 Hecate의 입장과 정면으로 충돌한다. David E. Aune, "The Apocalypse of John and Graeco-Roman Revelatory Magic," *NTS* 33 (1987): 484-89는 그것이 1세기 서부 소아시아에 널리 퍼져 있던 믿음이라고 주장한다.
71. 둘 중 어느 한쪽이 벌을 받는 장소인지는 분명하지 않다. '지옥, 게헨나'(γέεννα) 그리고 요한계시록에서 "불못"이라는 말은 분명히 그것에 대해 사용되고, 그것들이 영원하다고 묘사된다. 사망과 음부는 부활 때까지 죽은 자들을 두고 있는 일시적인 체류지인 듯하다.
72. 상세한 내용으로는 J. Jeremias, "ᾅδης," *TDNT* 1:146-49를 보라.
73. 예수님이 "열쇠"를 가지셨다는 언급은 사도신경 및 고대 교회 전승에 따라 그분이 '지옥으로 내려가셨다'는 것을 언급할 수 있다. 그렇지 않을 가능성이 더 큰 듯하다. 하지만 이 입장을 주의 깊게 변호하는 것으로 Justin W. Bass, *The Battle for the Keys: Revelation 1:18 and Christ's Descent into the Underworld*, PBM (Milton Keynes: Paternoster, 2014)을 보라.
74. 이 절을 시작하는 '그렇다면'(so then, οὖν)이라는 접속사는 추론적

패러다임을 부여한다. 요한은 환상에서 본 것과 그 의미 그리고 그것이 세상에 대한 하나님의 미래와 관련해 계시하는 바를 기록해야 한다(참고. 1:1).[75] 앞부분과 동일하게 구체적인 "기록하라"(γράψον, 11절)는 명령이 반복되고, 그다음에 기록되어야 하는 상세한 사항이 나온다. 그 내용은 '…한 것' 또는 '…한 일'(what 혹은 the things that, ἅ, 복수)로 시작되는 세 개의 관계절로 구성되어 있다. 이 세 관계절은 종종 요한계시록 개요의 예고편으로 여겨진다. 이 견해에서 논란이 되는 것은 이 절들을 세 개의 부분이 나란히 나오는 것으로 볼 것인가[76] 아니면 하나의 가장 중요한 요소("네가 본 것") 다음에 그것을 해설하는 두 개의 부차적 요점[즉, (지금) 있는 일과 이 일들 이후에 일어나도록 예정된 일]이 나오는 것으로 볼 것인가[77] 하는 것이다. '그리고'(καί)라는 접속사는 '…한 것'(that is, 부가적 용법)을 의미할 수 있다.[78] 하지만 시제가 바뀐 것으로 보아 통상적인 의미의 '그리고'라는 의미인 듯하고, 그에 따라 세 개의 단위가 나란히 나오는 것이 된다. 또한 "장차 될 일"이라는 언급은 4:1을 분명히 암시한다. 이 견해에 따르면 거기에서 세 번째 부분이 시작될 것이다. 세 개로 나누는 것에 대한 주된 반대 견해는 각 부분(특히 4-22장)에 과거, 현재, 미래의 사건들이 뒤섞여 나온다는 것이다. 이렇듯 약간 중복되는 부분이 나오지만, 세 부분이 현저하게 시간적 특성을 띤다는 사실은 분명하다. 1장은 요한이 방금 본 것이고,[79] 2-3장은 소아시아 교회들의 현 상황을 다루며, 4:1이 나타내는 바와 같이 4-22장은 앞으로 일어날 일을 담고 있다.

19절에 대한 다른 접근법으로 이 두 견해 중 더 타당한 것은 가운데 절을 '그것들이 무엇인가 하는 것(즉, 나타내는 것, 의미하는 것, 혹은 언급하는 것)'으로 이해하는 것이다. 요한은 그가 현재 보는 환상에서 세부 사항을 기록해야 하고, 그 세부 사항은 특히 하나님의 구속 프로그램에서 미래에 일어날 사건과 관련된 것을 의미한다.[80] 이것이 1:20에 나오는 '…이다'(εἰσίν)가 지닌 의미다[참고. 두 구절 모두에 나오는 '네가 보았다'(εἶδες)]. 별과 촛대는 교회를 나타내고, 2-3장은 이 교회들을 향해 특히 장차 찾아올 하나님의 심판과 상에 비추어 그들이 현재 해야 할 행동을 권고한다. 따라서 19절은 책의 내용에 대한 개요가 아니라, 요한이 환상들을 이야기할 때 따라야 하는 문학적 유형을 제시하는 것이 그 목적이다. 이 유형(요한이 본 것, 그것이 의미하는 것, 그것이 미래에 대해 보여주는 것)은 그가 가장 최근에 본 환상뿐 아니라 이 책에 포함될 모든 환상을 위한 견본이다. 그것은 뒤에 나오는 본문(예를 들어, 계 4:5; 5:6, 8; 7:14-17)에서도 볼 수 있다(특히 '의미하다, 나타내다'로서의 '…이다' 동사).[81]

인 "그러므로"(therefore)일 수도 있다(그리스도가 방금 자신이 어떤 존재인지 선포하신 것에 기초해서, 17b-18절). 하지만 이것을 재개하는 것으로 보고(BDAG 736, 참고. 요한복음에서 이 용법에 대해서는 Levinsohn, *Discourse Features,* 85-90), 그가 보고 들은 상세한 사항이 나온 후(12-18절) '네가 보는 것을 쓰라'는 11절의 명령을 다시 이어나가는 것이라고 보는 편이 더 낫다.

75. "장차"(μέλλει)라고 번역된 말은 단지 미래에 일어나는 것("일어날 일")을 뜻할 수 있다. 하지만 여기에서 그 말은 미래를 위한 하나님의 계획을 암시한다는 점에서 1:1, 4:1, 22:6(일어"나야" 하는 일)과 유사하다(BDAG 628; 참고. 3:10; 12:5; 마 17:12, 22; 행 26:22).

76. Charles, *Revelation,* 1:33; Ladd, *Revelation,* 34; Paige Patterson, *Revelation,* NAC 39 (Nashville: Broadman & Holman, 2012), 70-71; Thomas, *Revelation 1-7,* 113-16. 그래서 요한계시록의 세 단위는 (1) 네가 본 것(1:9-20), (2) 지금 있는 일(2:1-3:22), (3) 장차 될 일(4:1-22:9)이 될 것이다.

77. 이것은 최근의 많은 주석가의 견해이고, 몇몇 번역본에 반영되어 있다. Aune, *Revelation 1-5,* 105-6; Beale, *Revelation,* 168-70; Koester, *Revelation,* 248; Osborne, *Revelation,* 97; also ESV, CEB, GNB, MSG, NJB, NLT.

78. Aune, *Revelation 1-5*, cxcv, 67을 보라.

79. 요한의 환상 한가운데서 그리스도가 말씀하신 "네가 본 것"(부정과거 εἶδες, 19a절)이라는 동사는, Koester, *Revelation,* 248, 255에서 주장하는 것처럼 책 전체에 나오는 환상이라기보다 요한이 방금 본 것을 언급한다.

80. J. Ramsey Michaels, *Revelation,* IVPNTC 20 (Downers Grove, IL: InterVarsity Press, 1997), 62는 이렇게 쓴다. "예수님은 요한에게 그가 볼 환상뿐 아니라, 미래를 분명히 설명해주도록 수반될 어떤 설명이든 다 기록하라고 말씀하고 계신다."

81. 이 견해는 19세기에 일반적이었다(예를 들어, Seiss). 하지만 Georg Strecker, *Theology of the New Testament,* ed. Friedrich Wilhelm Horn,

1:20 네가 본 것은 내 오른손의 일곱 별의 비밀과 또 일곱 금 촛대라 일곱 별은 일곱 교회의 사자요 일곱 촛대는 일곱 교회니라 (τὸ μυστήριον τῶν ἑπτὰ ἀστέρων οὓς εἶδες ἐπὶ τῆς δεξιᾶς μου καὶ τὰς ἑπτὰ λυχνίας τὰς χρυσᾶς· οἱ ἑπτὰ ἀστέρες ἄγγελοι τῶν ἑπτὰ ἐκκλησιῶν εἰσιν καὶ αἱ λυχνίαι αἱ ἑπτὰ ἑπτὰ ἐκκλησίαι εἰσίν). 그리스도는 요한에게 '기록하라'는 위임을 갱신하시면서, 그가 다음 두 장에 기록할 편지에 특히 적절한 두 개의 환상 속 상징에 대한 해석을 추가하신다. 이 해석의 주제는 '일곱 별의 비밀과 일곱 금 촛대에 관해서는'이라는 말로 20절 시작 부분에 강조되어 있다.[82] 이 구절에 나오는 "비밀"(μυστήριον)이라는 말의 특별한 의미는 다니엘 2:18-47에 그 단어가 여덟 번 사용된 것에서 볼 수 있다. 거기에서는 왕이 꿈 속에서 본 것의 상징적 의미나 해석이 다니엘에게 계시된다.[83] 따라서 그 주제는 16a절에 묘사된 "일곱 별"[84]뿐 아니라, "일곱 금 촛대"의 상징적 의미다.[85]

바로 뒤이어 문장의 주요 부분이 재빨리 상징들의 의미를 제시한다. "일곱 별은 일곱 교회의 사자요 일곱 촛대는 일곱 교회니라."[86] 환상이 전개되는 동안 독자가 그 의미를 이해할 수는 없었지만, 이런 확인의 말은 환상이 무엇을 전달하는지에 대한 우리의 인식을 무궁무진하게 확장해준다. 또한 이 확인은 중요한 면에서 독자가 앞으로 나올 일곱 개의 편지를 준비하게 한다. 촛대, 즉 교회들 "사이에" 서 계시는 그리스도(13, 20절)는 이 회중에 대한 그리스도의 밀접한 관심 및 관계 그리고 하나님의 진리에 대한 증인으로서 그들의 역할을 나타내는 중요한 이미지다(참고. 마 5:14-16; 요 5:33-35). 그리스도는 영광을 받으신 현재 상태에서도 멀리 떨어져 계시지 않는다. 그분은 그들이 세상에서 하나님을 대표하려 애쓸 때 그들의 승리와 실패를 아신다. 그리스도는 바로 그들 한가운데 계시고, 그들과 생생하게 연결되어 있기 때문이다(또한 2:1, '그가 그들 사이를 거니신다'는 말을 보라). 그리스도가 일곱 별, 즉 "일곱 교회의 사자"를 오른손에 들고 계신다는 사실(16, 20절)은 그들에 대한 그분의 권위와 지배를 나타낸다. 하지만 이 "사자"가 누구이고 그들이 어떻게 교회와 관련되어 있는가 하는 문제는 헤아리기가 더 어렵다.

가장 그럴듯한 의미는 이 "일곱 교회의 사자"가 거룩

---

trans. M. Eugene Boring (New York: de Gruyter; Louisville: Westminster John Knox, 2000), 530에서도 볼 수 있다. 이 견해에 대한 최근의 가장 훌륭한 변호는 J. Ramsey Michaels, "Revelation 1.19 and the Narrative Voices of the Apocalypse," *NTS* 37 (1991): 604-20이다. Michaels, 608-17은 이 문학 유형이 나오는 요한계시록의 다른 구절들을 개관한다.

82. "비밀"과 "촛대"라는 두 개의 명사(μυστήριον, λυχνίας)는 다음에 나오는 논의의 주제를 제시하는 지시의 대격으로 보아야 한다. "…와 관련하여", "…에 대해서 말하자면"이라는 것이다(Wallace, *Grammar,* 203-4; Maximillian Zerwick and Mary Grosvenor, *A Grammatical Analysis of the Greek New Testament,* rev. ed. (Rome: Pontifical Biblical Institute, 1981), 744; 참고. ESV, NASB, NRSV, RSV). 다른 제안들은 다음과 같다. (1) 19절의 관계절과 동격인 대격들('네가 본 것, 즉 비밀…', 그렇게 되면 20b절은 별개의 문장이 될 것이다. ASV를 보라), (2) 독립 대격들(Charles, *Revelation,* 1:33-34), (3) "비밀"이라는 명사는 불완전 구문의 주격이고(계 2:26; 3:12, 21처럼; 참고. 요 7:38; 행 7:40, 하지만 여기에서는 주절에서 같은 항목을 언급하는 대명사가 반복되지 않는다), "촛대"라는 명사는 소유격 "별의"와 병행하여 작용하지만 바로 앞의 문구에 나오는 관계 대명사의 격('네가 본 별', ἀστέρων οὓς εἶδες)에 이끌려 대격이 되었다. Aune, *Revelation 1-5,* 67-68은 세 번째 견해를 주장한다. 이 중 어느 것도 문제가 없는 것은 없다. 하지만 지시의 대격은 (1)번과 (3)번 견해보다 덜 복잡하고 (2)번 견해보다 신약에서 더 일반적으로 사용되는 듯하다.

83. 또한 계 17:7, "내가 여자와…짐승의 비밀을 네게 이르리라."

84. 관사 the는 앞에 나온 어구를 가리키는 것으로 16a절을 언급한다. 거기에서 "일곱 별"에는 관사가 없다(헬라어에서 전형적인 순서는 관사 없는 첫 번째 언급이 나온 후 관사가 달린 반복된 언급이 나오는 것이다. Wallace, *Grammar,* 217-20; Levinsohn, *Discourse Features,* 150-51). "일곱 금 촛대"(12절)와 "일곱…촛대"(13a, 20a절)도 마찬가지다.

85. 여기에서 요한은 지시의 대격 '그리고 일곱 금 촛대(에 관해서는)'로 다시 돌아간다. 하지만 이전 문구("별의 비밀")의 더 큰 의미가 암시되어 있다. 두 이미지 모두의 상징적 의미가 고려된다는 것이다.

86. 다니엘 2장에서처럼, 해석에는 상징들의 지시 대상을 밝히는 것이 포함된다. "이것은 그것들이 대표하는 것이다"["…이다"(εἰσίν)="의미하다, 뜻하다", BDAG 284]. 때로 지시 대상들은 상당히 구체적이며("일곱 교회"), 때로는 보다 일반적이지만 여전히 구체적인 실재("셋째 나라")다.

한 천사, 즉 하나님의 초자연적 메신저나 도구로 회중의 보호자나 대표 역할을 하는 존재라는 것이다.[87] 천사들이 교회와 관련하여 맡은 역할은 신약 다른 곳에서는 분명하게 입증되지 않는다. 하지만 몇 가지 단서가 이것을 가장 설득력 있는 견해로 만들어준다. 천사를 "별"로 상징하는 것은 9:1(또한 삿 5:20; 욥 38:7 LXX)에 나오며, 일반적으로 천사들은 묵시 문학과 요한계시록에 자주 나온다(독자들은 그 용어가 "사자"보다는 '천사'를 의미할 것으로 예상할 것이다). 천사들은 인간 개인(마 18:10; 행 12:15; 참고. Tob 12:15; 2 Macc 11:6) 혹은 지상 나라(단 10:13, 20, 21; 12:1; 신 32:8 LXX; Sir 17:17)의 보호자 혹은 대리인으로 여겨지고, 그들은 교회의 삶에 주의를 기울이는 것처럼 보인다(고전 11:10; 엡 3:10). 대부분의 해석자는 이 견해를 따른다.[88] 이 견해의 약점은 2-3장에 이어지는 메시지가 교회에 직접 주어지지 않고 천사적 존재들에게 주어진 이유를 설명하기 어렵다는 것이다(2:1에서 더 보라). 가능성 있는 또 다른 해석은 여기 나오는 '천사'(ἄγγελος)가 '사자, 사절'이라는 더 기본적인 의미를 지니고 있고(예를 들어, 눅 7:24; 9:52; 또한 막 1:2; 말 3:1), 어떤 사람을 언급한다는 것이다. 요한의 메시지를 밧모에서 교회로 전해줄 사절 혹은 하나님 앞에서 교회를 대표하는 지도자 중 한 명이라는 것이다.[89] 마지막으로 세 번째 제안은 '천사'가 첫 번째 견해에서 상상한 일종의 하늘 보호자를 상기시키지만, 교회 자체의 일반적인 특성이나 정신을 의인화한 것과 상징으로서만 그렇다고 본다.[90] 하지만 그런 일련의 심상은 상당히 난해하다(그의 손에 있는 별은 교회 위의 천사를 말하는데, 그것은 또한 한 인격으로서 수신자 교회의 정신과 동일하다). 더구나 어떻게 '천사'가 그런 의미를 나타낼 수 있는지 알기 어렵다. 후자의 두 접근법의 문제는 요한계시록 내내 '천사'가 일관되게 '초자연적 존재'를 의미한다는 것이다.

적용에서의 신학

1. 믿을 만한 증인에게서 나온 권위 있는 메시지

하나님은 교회에 보낼 글에 쓰일 내용의 증인(1:2)으로 요한을 위임하시면서, 본문에 나오는 두 가지 중요한 자격으로 계시의 통로인 요한의 신뢰성을 높이셨다. 첫째, 하나님은 자신의 말이 의미하는 바를 요한이 확실히 경험하게 하셔서 그가 고난 가운데 충성을 더 잘 촉구할 수

87. "사자"(ἄγγελος)라는 말은 요한계시록의 다른 모든 곳(약 58번)에서 초자연적 존재를 나타내고, 보통 거룩한 천사를 가리키지만 때로는 마귀의 존재를 말하기도 한다(예를 들어, 9:11; 12:7, 9).

88. Beale, *Revelation*, 217-19; G. Kittel, "ἄγγελος," *TDNT* 1:86-87; Koester, *Revelation*, 248-49; Osborne, *Revelation*, 98-99를 보라. 이 견해는 최초의 주석가 중 한 명에게로 거슬러 올라간다. William C. Weinrich, trans., "Andrew of Caesarea," in *Greek Commentaries on Revelation*, ed. Thomas C. Oden, ACT (Downers Grove, IL: IVP Academic, 2011), 119를 보라.

89. Patterson, *Revelation*, 71-72; Thomas, *Revelation* 1-7, 117-18. 2:20의 이문은 이런 견해를 뒷받침할 수 있을 것이다. '네 아내'("여자" 대신에) 이세벨이라는 이문으로서 교회 천사/지도자의 아내를 의미한다. 하지만 이것은 본문의 증거에 기초한 독법이 아닐 것이다.

90. Beasley-Murray, *Revelation*, 69-70; Beckwith, *Apocalypse*, 445-46["천사의 내재적 정신이라는 이상적 개념"으로서 "천사와 그의 활동 영역을 동일시(하는 것)"]; Mounce, *Revelation*, 63; Resseguie, *Narrative Commentary*, 81.

있게 하셨다. 요한은 그들의 "형제요 예수의 환난과 나라와 참음에 동참하는 자"(1:9)로서, 밧모 섬에 강제로 추방당한 것을 통해 희생적 신실함에 대해 신뢰할 만한 메시지를 쓸 수 있었다. 나는 자녀가 태어나기 전에 '성경이 말하는 자녀 양육'이라는 주제로 여러 번 강의했었다. 하지만 그 강의는 그리 설득력이 없었다. 훗날 네 명의 자녀가 하나님의 은혜로 경건하게 그리스도를 따르는 사람으로 자란 후에야 자녀 양육에 관한 강의 내용이 훨씬 나아졌다(그리고 더 겸손해졌다). 사람들은 목사와 교사의 성공 이야기보다 몸부림치는 모습을 보여줄 때 우리에게서 더 많이 배울 것이다. 하지만 요한의 권위 있는 증언에서 더 중요한 것은 부활하신 그리스도의 놀라운 환상이다. 요한은 성령으로 말미암아 그리스도의 신적 영광, 죽음에 대한 그분의 승리, 교회에 대한 그분의 부단한 관심을 보았기 때문에, 우리가 최대한 주의를 기울여서 순종해야 할 책을 쓸 자격을 갖춘 것이다. 2-3장에 나오는 바와 같이 그리스도는 기쁨과 어려움, 성공과 실패 가운데 있는 그들을 아셨다. 그분이 우리를 하나부터 열까지 아시는 것과 마찬가지다. 세계를 위해 하나님이 준비해두신 미래를 성령님이 요한에게 보여주신 것은 오늘날의 우리에게도 권위 있고, 믿을 만하며, 실제적인 메시지다.

2. 사망과 음부의 열쇠

부활하신 그리스도에 대한 요한의 영광스러운 환상은 요한계시록 뒷부분에서 다시 되돌아올 또 하나의 권위 있는 기준선을 확립한다. 그것은 그리스도가 그분 자신과 백성을 위해 죽음을 이기시고 승리하셨다는 것이다. 그리스도는 그리스도인을 최고로 헌신하는 수준까지 부르실 수 있었다(예를 들어, 2:10, "네가 죽도록 충성하라 그리하면 내가 생명의 관을 네게 주리라"). 그리스도 자신이 하나님을 향한 충성으로 '죽으셨다'가 이제 '세세토록 살아 있는 자'이기 때문이다(1:18). 그분은 죽음의 권세를 극복하셨고 이제 사망과 무덤에 대한 권위를 갖고 계시다. 그분은 자신에게 속한 사람들을 위해 그것을 열 수 있는 "열쇠"를 갖고 계신다. 성경에서 가장 위안을 주는 몇몇 약속은 그리스도 안에서 얻은 죽음에 대한 승리와 관련되어 있다(요 11:25-26; 고전 15:20-22; 빌 3:20-21; 살전 4:13-14). 그리스도인에게서 사망이 쏘는 것이 사라졌고(고전 15:54-57), 죽음에 대한 두려움은 사라졌으며(히 2:14-15), 소망 없는 자들처럼 슬퍼할 필요가 없고(살전 4:13), 사망 자체가 폐하여질 날을 고대하며(고전 15:26), 다시는 사망과 애통과 곡하는 것과 아픔이 없을 것이다(계 21:4). 우리는 사랑하는 사람들이 죽음에 직면한 것을 보고 슬퍼하며, 죽음을 면할 수 없다는 생각으로 괴로워한다. 하지만 요한의 환상은 성경의 나머지 부분과 함께 예수 안에서 위로와 소망을 줄 수 있다. 그리고 그리스도의 승리와 그분이 직접 보이신 본보기 때문에, 우리는 육체의 생명을 그분보다 더 사랑하지 않도록 은혜를 구할 수 있다(계 12:11). 또한 이 세상에서 사는 동안 우리 삶의 장식품들을 그분보다 더 사랑하지 않게 해달라고 간구할 수 있다.

CHAPTER 3

요한계시록 2:1–7

문학적 전후 문맥

이 단락은 소아시아의 일곱 교회에 보내는 요한의 메시지[1]로 시작되고(2–3장), 이 일곱 개의 메시지가 요한계시록의 첫 장뿐 아니라 계시록 전체의 마지막 장들과도 밀접하게 연관되어 있음을 보여준다. 일곱 교회는 1장에서 이미 언급되었다. 거기에서 요한은 그가 받은 모든 "계시"를 그들에게 보내라는 위임을 받는다(1:4, 11). 몇몇 해석자에 따르면, 2–3장은 요한이 영광스러운 그리스도께 받은 구체적인 명령의 두 번째 부분이다[1:19, "있는 일"(the things which are), NASB, 1:19에 대한 설명을 보라]. 각 메시지 시작 부분(2:1, 8, 12, 18 등)은 요한의 환상에 나오는 그리스도에 대한 묘사를 구체적으로 세세하게 환기한다. 앞서 이 환상에서 그리스도는 교회와 필수적으로 연관된 분이자 교회를 부단히 돌보는 분으로 묘사되었다(1:13, 20). 그리고 각 메시지의 결론부에서는 요한계시록의 마지막 장들에 묘사된 하나님의 구속 역사의 절정을 가리키는 약속들을 제시한다(예를 들어, 생명나무, 둘째 사망에서 건짐을 받는 것).

요한은 각 교회에 개별적으로 편지를 보내라는 명령을 받고, 제일 먼저 에베소 교회를 향해 글을 쓴다(2:1–7). 그 메시지가 이렇게 한데 모이기 전에 각 교회에 별도로 보내졌다는 표시는 없다.[2] 사실상 이 편지들은 앞으로 보게 될 것처럼 개별 교회의 특정한 특성과 각 교회에 대한 그리스도의 관심을 반영할 뿐 아니라, 명백히 하나의 단위로 읽히고 교회 전체를 향해 광범위한 방식으로 말하는 형태를 띤다(2:7 등에서 성령이 "교회들에게" 하시는 말씀을 들으라는 명

1. 이것들은 일반적으로 교회에 보내는 '편지'라고 불리는데 그것은 적절하다. 1:4, 22:21 그리고 2–3장에 서신의 특징이 몇 가지 나오기 때문이다. 하지만 보다 정확히 말하면 그것은 기록된 형태로 교회에 보내지는 그리스도의 예언적 메시지다. 각 메시지에는 "이르시되"(τάδε λέγει)라는 문구가 포함되어 있는데, 이 표현은 사도행전 21:11의 예언적 연설과 구약 선지자들이 여러 번 언급한다(LXX에서 "여호와께서 이같이 말씀하시니라"로 번역되어 250번 이상 사용되었다. 참고. 대하 21:12–15과 렘 29:1–32에 사용된 기록된 형태의 예언적 메시지). 자세한 논의로는 David E. Aune, "The Form and Function of the Proclamations to the Seven Churches (Revelation 2–3)," *NTS* 36 (1990): 197–204와 Beale, *Revelation*, 224–25를 보라.
2. Charles, Revelation, 1:43–47은 각 편지가 전에 개별적 교회에 보내졌으며 그 후 요한계시록 본문에 포함되도록 편집되었다고 주장한다. 하지만 이런 주장에 대한 증거는 설득력이 없으며, 이 편지들은 그것이 포함되어 있는 책의 흐름에 적절하게 들어맞는다(참고. 1:4, 11).

령이 반복되는 것을 보라).[3] 요한의 메시지는 모든 시대의 교회에 적용되지만, 초림과 재림 사이의 기간에 교회 역사의 과정을 묘사하기 위해 기록된 것은 아니다.[4]

I. 서언(1:1-8)

II. 첫 번째 환상: 높임받으신 그리스도와 교회에 보내는 그리스도의 메시지(1:9-3:22)

A. 높임받으신 그리스도에 대한 환상(1:9-20)

➡ **B. 일곱 교회에 보내는 메시지(2:1-3:22)**

1. 에베소 교회에(2:1-7)

2. 서머나 교회에(2:8-11)

주요 개념

예수님은 에베소 교회가 참된 믿음을 갖고 신실하게 견딘 것을 칭찬하신다. 하지만 그들이 예전에 그랬던 것처럼 하나님과 사람들을 사랑하지 못하는 것을 회개하라고 명하신다.

---

3. Pierre Prigent, *Commentary on the Apocalypse of St John,* trans. Wendy Pradels (Tübingen: Mohr Siebeck, 2001), 149, 161; and Jürgen Roloff, *The Revelation of John*, trans. John E. Alsup, CC (Minneapolis: Fortress, 1993), 41-42. Bruce W. Longenecker, "Rome, Provincial Cities and the Seven Churches of Revelation 2-3," in *The New Testament in Its First Century Setting,* ed. P. J. Williams et al. (Grand Rapids: Eerdmans, 2004), 291이 쓰는 것처럼, 로마에 대한 공경을 보이려 각자 경쟁하는 도시들의 경향 대신, 예수님이 그 도시를 모두 대상으로 삼아 말씀하시는 것은 "교회가 그들의 높임받으신 주님 앞에서 공동적인 책임 관계를 갖게 한다…그들은 로마 제국과 관련해서 존중을 얻는 일에서 서로를 능가하려 하는 것이 아니라…우주의 주권적 주님 앞에서 영광을 얻는 일에서 서로를 능가하려 해야 한다."

4. 어떤 해석자들(주로 세대주의자)은 이 메시지들을 그리스도의 초림부터 재림까지 교회가 존재하던 일곱 세대 동안 전 세계 교회의 두드러진 영적 특징들을 연대적 순서로 제시하는 예언들로 이해한다. 이것은 일반적으로 그 메시지들이 1세기의 특정 교회에 보내진 동시에 수십 세기에 걸쳐 존재해온 개별 교회에 적용되는 유형을 대표한다는 이해와 결합되어 있다. Walter Scott, *Exposition of the Revelation of Jesus Christ,* 4th ed. (London: Pickering & Inglis, 1900), 54-56; J. B. Smith, A *Revelation of Jesus Christ: A Commentary on the Book of Revelation* (Scottdale, PA: Herald, 1961), 61-62; John F. Walvoord, Philip E. Rawley, and Mark Hitchcock, *Revelation* (Chicago: Moody, 2011), 51-53에서 이런 개념들을 다양하게 제시하는 것을 보라. 이 견해에 대한 가장 좋은 논의(찬성과 반대 각각)로는 James L. Boyer, "Are the Seven Churches of Revelation 2-3 Prophetic?," *GTJ* 6 (1985): 267-73과 Thomas, *Revelation 1-7,* 505-15를 보라. 하지만 이런 접근법은 거부해야 한다. 두 가지 이유에서다. 첫째, 본문 자체에는 이 메시지들을 '예언적' 방식으로 해석해야 한다는 설득력 있는 증거가 없다. 둘째, 교회 역사의 여러 다른 시대와 대응시키는 것은 항상 인상주의적이고, 대부분의 교회사에 대해 지나치게 비관주의적인(그리고 반가톨릭적인) 견해와 더불어 다른 시대들(예를 들어, 정교가 계몽주의에 굴복한 시대라기보다는 전도와 선교적 진전의 시대로서 18세기와 19세기)에 대해서는 너무 긍정적인 견해를 특징으로 하기 때문이다. 그런 예언적 해석은 설득력 없는 결과를 낳는다.

번역

요한계시록 2:1-7

1a	명령	**에베소 교회의 사자에게 편지하라**
b	묘사 1	오른손에 있는 일곱 별을 붙잡고
	묘사 2	일곱 금 촛대 사이를 거니시는
	화자	이가
	행동	이르시되
2a	칭찬	내가 네 행위와
	설명	수고와 네 인내를 알고
b		또 악한 자들을 용납하지 아니한 것과
c		자칭 사도라 하되 아닌 자들을 시험하여
d		그의 거짓된 것을 네가 드러낸 것과
3a		또 네가 참고
b		내 이름을 위하여 견디고
c		게으르지 아니한 것을 아노라
4a	책망	그러나 너를 책망할 것이 있나니
b		너의 처음 사랑을 버렸느니라
5a	권고	그러므로 어디서 떨어졌는지를 생각하고
b		회개하여
c		처음 행위를 가지라
d		만일 그리하지 아니하고
e		회개하지 아니하면
f	경고	내가 네게 가서
g		네 촛대를 그 자리에서 옮기리라
6a	안심의 말	오직 네게 이것이 있으니
b		네가 니골라 당의 행위를 미워하는도다 나도 이것을 미워하노라
7a	명령	귀 있는 자는 성령이 교회들에게 하시는 말씀을 들을지어다
b	약속	이기는 그에게는 내가…생명나무의 열매를 주어 먹게 하리라
c		하나님의 낙원에 있는

구조

요한계시록 2-3장에 나오는 일곱 개의 메시지는 모두 비슷한 유형을 취한다. 각 메시지의 처음 부분과 끝부분은 매우 비슷하고, 중간 부분은 훨씬 융통성이 있다. 유사한 요소들은 처음 읽을 때 쉽게 발견할 수 있는데, 자세히 살펴보면 미묘한 차이들이 드러난다. 교회를 향한 메시지는 보통 여덟 부분으로 구성된다고 본다. 하지만 관련된 요소들을 한데 묶으면 주요 부분의 숫자는 줄어든다.

여덟 개의 부분은 다음과 같다.[5] (1) 수신자: "…교회의 사자에게", (2) 요한이 받은 명령: "편지하라", (3) 서론의 예언의 말: "이르시되" 혹은 '…의 말이니라'(τάδε λέγει), (4) 그리스도에 대한 묘사(주로 1:12-20에서 나온): 예를 들어, "오른손에 있는 일곱 별을 붙잡고", (5) 교회의 상태: "내가…아노라"(οἶδα), (6) 권고 혹은 경고[보통 명령 및 미래의 위험이나 심판들에 대한 언급과 함께, 종종 "그러므로"(οὖν)라는 말로 시작함]: 예를 들어, '기억하라…그리고 회개하라', (7) 들으라는 명령(모든 메시지에서 똑같이 반복됨): "귀 있는 자는 성령이 교회들에게 하시는 말씀을 들을지어다",[6] (8) 이기는 자에게 주는 약속: '이기는 그에게는 내가…을 주리라.' 이 중 서너 개는 밀접하게 관련되어 있으므로, 주석가들은 종종 이 여덟 개의 요소를 다루기 쉽게 세 개에서 다섯 개의 주요 부분으로 압축했다. 세 부분으로 나누는 견해(각 부분을 또 세부적으로 구분하는)는 서론(1-4번째 요소), 본론(5-6번째 요소), 결론(7-8번째 요소)으로 본다.[7] 이 주석에서는 네 부분으로 된 구조를 채택하는데, 서론(1-4번째 요소), 교회의 상태(5번째 요소), 권고 혹은 경고(6번째 요소), 결론(7-8번째 요소)으로 나눈다. 이것은 메시지 '본론'의 일관된 유형을 주의 깊게 반영하는 한편, 개별적 차이를 적절하게 조정할 수 있게 해준다(예를 들어, 권고 혹은 경고 부분에서는 안심시킬 수도 있고 위협할 수도 있다).[8]

에베소 교회에 전하는 메시지는 이 구조를 상당히 면밀하게 따른다. 교회의 상태에 대한 평가는 긍정적이기도 하고(2-3절) 부정적이기도 하다(4절). 그에 따른 경고는 강력한 말로 표현되어 있지만(5절), 바로 다음에 안심시키는 말이 나온다(6절).

---

5. Aune, "Form and Function," 183-94; 같은 저자, *Revelation 1-5*, 119-24. 이 목록은 헬라어 본문에 나오는 순서를 따른다. 영어 역본에서는 때로 세 번째 요소와 네 번째 요소가 반대로 나온다.

6. 이것은 처음 세 메시지의 마지막 두 요소의 순서다. 하지만 나머지 네 메시지에서는 그 순서가 반대로 되어 있다.

7. Osborne, *Revelation*, 105-6.

8. Hermann Lichtenberger, *Die Apokalypse*, ThKNT 23 (Stuttgart: Kohlhammer, 2014), 82-83, and Akira Satake, *Die Offenbarung des Johannes*, KEK 16 (Göttingen: Vandenhoeck & Ruprecht, 2008), 149-52는 다섯 부분으로 된 구조(3-4번째 요소와 5-6번째 요소를 하나의 단위로 통합하는)를 채택한다.

석의적 개요

II. 첫 번째 환상: 높임받으신 그리스도와 교회에 보내는 그리스도의 메시지(1:9–3:22)

A. 높임받으신 그리스도에 대한 환상(1:9–20)

B. 일곱 교회에 보내는 메시지(2:1–3:22)

➦ **1. 에베소 교회에(2:1–7)**

a. 서론(2:1)

(1) 수신자 및 편지하라는 명령(2:1a)

(2) 말씀하고 계시는 그리스도에 대한 묘사(2:1b)

b. 교회의 상태를 아심(2:2–4)

(1) 그들의 신실한 인내를 칭찬함(2:2–3)

(2) 그들이 처음 사랑을 버린 것을 책망함(2:4)

c. 그리스도가 오시는 것에 비추어 권고함(2:5–6)

(1) 회개하고 새롭게 되라는 명령(2:5)

(2) 그리스도의 대적에 저항하는 것에 대한 안심의 말(2:6)

d. 결론(2:7)

(1) 성령의 메시지를 들으라는 명령(2:7a)

(2) 이기는 자에게 주는 약속(2:7b)

본문 설명

2:1 에베소 교회의 사자에게 편지하라 오른손에 있는 일곱 별을 붙잡고 일곱 금 촛대 사이를 거니시는 이가 이르시되(Τῷ ἀγγέλῳ τῆς ἐν Ἐφέσῳ ἐκκλησίας γράψον· Τάδε λέγει ὁ κρατῶν τοὺς ἑπτὰ ἀστέρας ἐν τῇ δεξιᾷ αὐτοῦ, ὁ περιπατῶν ἐν μέσῳ τῶν ἑπτὰ λυχνιῶν τῶν χρυσῶν). 이 명령은 요한계시록에서 새로운 부분(일곱 교회에 주는 메시지)을 시작하는 것이 분명하다. 하지만 이것은 1:17에서 시작된, 영광스러운 인자이신 예수 그리스도가 요한에게 하신 말씀에 바로 이어서[9] 나온다. 2–3장에 나오는 일곱 개의 메시지는 요한계시록 전체에서 일곱 교회를 향한 하나님의 말씀을 보다 구체적으로 표현한다(1:1, 4, 11). 여기에 나오는 구체적 수신자는 "교회의 사자"다. 하지만 천상의 존재는 지상에 있는 하나님의 백성이라는 공동체의 대표자로 이해된다(1:20에 나오는 논의를 보라). 후에 메시지가 계속 나오면서 그 둘을 서로 바꿔가며 사용하게 된다(단수인 "너"가 주로 사용되지만, 복수 "너희"도 자유롭게 섞여 있다. 예를 들어, 2:10, 13, 23, 24, 25에서 열 번). 또한 특히 예수님이 "귀 있는 자"에게 말씀하시며 "이기는 자"

9. 어떤 의미에서 이것은 헬라어 문체로는 색다르다. 새로운 부분으로 넘어가는 것을 표시하는 분명한 접속사가 없다(1:10에 대한 설명 및 접속사 생략에 대한 BDF §§462–63을 보라). 하지만 여격 형태의 말("사자에게", τῷ ἀγγέλῳ)은 교회의 구체적 위치를 언급하며, 명령법 동사(γράψον, 여기에서 부정과거 시제를 사용한 것에 대해서는 1:11을 보라)는 분명 새로운 사고로 넘어간 것을 표시한다.

에게 약속하시는 각 서신 결론부에서 그 메시지들이 대체로 공동적 집단으로서의 교회들뿐 아니라 회중을 구성하는 개인들에게도 적용된다는 점이 분명해진다.[10]

소아시아는 주전 2세기에 로마의 통치 아래 들어갔다. 하지만 아시아 주는 아우구스투스(Augutus) 시대부터 안정과 평화와 번영을 누렸다. 로마 총독 혹은 지방 총독이 있었지만, 직접적인 행정적 역할은 미미했다. 정치 활동은 주로 주요 도시나 성읍을 중심으로 이루어졌다. 그렇다고 해서 로마가 거의 영향을 미치지 않았다는 뜻은 아니다. 그보다도 각 시와 성읍은 로마를 향한 충성을 보이고 로마로부터 더 총애를 받기 위해 경쟁했다. 도시 자체에는 헬라인, 로마인, 아나톨리아 원주민, 제국의 다른 동쪽 지방에서 온 이주민(유대인과 같은) 등 다양한 인종이 섞여 살고 있었다. 서부 소아시아 해안선에는 그리스에서 온 식민지 사람들이 정착했다. 그들 역시 핵심 무역 중심지이고, 농업적으로 유망하며, 자연 자원(예를 들어, 채석장, 광산)이 풍부한 지역에 자리를 잡기 위해 주요 강 골짜기를 따라 이동해 올라온 사람들이었다. 로마 치하에서는 이런 식으로 인종이 혼합되는 현상이 더 많이 나타났다.[11]

심층 연구

에베소

주후 1세기에 에베소는 소아시아에서 가장 중요한 도시였고(버가모 및 서머나에 필적하는) 동부 지중해의 가장 중요한 세 도시 중 하나였다(알렉산드리아 및 수리아 안디옥과 함께). 에베소는 로마의 주도(州都)였고, 주요 무역 항구이자 이탈리아와 그리스에서 서쪽으로 해로 여행을 하기 위한 진입 지점이었다.[12] 상당히 편리하게 갖추어져 있는 에베소의 도로 체계는 해안 지역으로는 북쪽과 남쪽으로 그리고 동쪽으로는 내륙 지역으로 연결해주었다. 에베소는 인구가 많은 도시였다(추산에 따르면 주민이 175,000에서 250,000명 정도인데, 아마 낮은 숫자에 더 가까울 것이다). 다양한 가내 공업과 공방들뿐 아니라 각종 거래들로 북적였다. 인상적인 공공건물과 개인 건물 그리고 수많은 종교 구조물(성전, 신전, 기념비, 조각상), 특히 아데미(혹은 다이애나)를 기리는 거대한 신전이 에베소의 도시 풍경을 지배하고 있었다. 퀴벨레, 헤스티아, 세라피스, 제우스 같은 보다 전통적인 서양과 동양의 신들뿐 아니라, 여신 로마(Roma)와 율리우스 카이사르, 아우구스투스, 플라비우스 황제 등을 기념하는 다른 종교 유적도 있었다. 에베소에는 주전 3세기부터 유대인 공동체가 있었다(Josephus, *Ag. Ap.* 2.39에 따르면). 바울 시대 혹은 그 이전부터 중요한 교회가 에베소에 있었고(행 18-20장; 엡 1장; 딤전 1장), 바울이 주후 50년대 초 에베소에서 2년간 사역한 것은 주 전체에 기독교를 전파하는 촉매가 되었다(행 19:10). 우리는 바울이 에베소에 2년 동안 머물기 전후에 사

---

10. Weinrich, "Andrew of Caesarea," 119는 예수님이 어떻게 교회의 사자를 통해 교회에 말씀하시는지 설명하기 위해 적절한 예시를 하나 사용한다. "그분은 사자를 통해 교회와 대화를 나누신다. 교사를 통해 학생에게 말하는 것과 마찬가지다. 선생은 실패든 성공이든 그의 학생과 관련된 것을 자연히 자신의 것으로 취한다. 즉, 그는 학생이 자신과 같이 되기를 열망한다."

11. J. Albert Harrill, "Asia Minor," *DNTB* 130-31; S. R. F. Price, *Rituals and Power: The Roman Imperial Cult in Asia Minor* (Cambridge: Cambridge University Press, 1984), 1-2; Thompson, *Revelation*, 146-67.

12. 그곳은 또한 일곱 도시 중 밧모(에베소 남서쪽으로 바다를 가로질러 약 90km 떨어져 있던)와 가장 가까운 곳이었다.

역했던 다른 초대 그리스도인들을 안다(브리스길라와 아굴라, 아볼로, 디모데). 요한계시록 1-3장과 이그나티우스(Ignatius)의 편지들, '폴리캅의 순교사화'(Martyrdom of Polycarp), 후대 교부들의 언급은 에베소에 교회가 계속해서 남아 있었다는 것을 입증한다.[13]

소아시아 교회에 보내는 첫 번째 메시지의 수신지가 에베소라는 것은 여러 가지 이유로 적절하다('심층 연구: 에베소'를 보라). 이 메시지에서는 1장에 나오는 환상과의 연관성이 명백히 드러난다. 2:1b에 나오는 그리스도에 대한 묘사는 1:13 및 1:16과 거의 정확하게 대응되기 때문이다. 표현법이 약간 다르게 사용된 곳의 변화된 부분은 그리스도가 이 메시지의 수신자인 사자 및 교회와 탄력적이고도 친밀한 연관을 맺고 있다는 점을 더 강력하게 전달한다. 이 구절은 그리스도가 1:16에서처럼 별을 '쥐고 있다'(ἔχων)고 말하는 대신 '붙잡고 있다/단단하게 쥐고 있다'(κρατῶν, 그분의 사역의 흔들리지 않는 통제력과 확고한 방향을 함축함, 참고. 2:13, 25; 3:11)고 묘사한다. 요한은 전에 촛대 사이에서 그리스도를 보았다(1:13). 하지만 여기에서 그리스도는 자신이 그들 가운데서 '거니신다'(περιπατῶν)고 단언하신다. 그리스도의 교회가 매일 겪는 삶의 경험에 적극적으로 참여하신다는 묘사다. 그리스도는 힘든 환경(참고. 2-3, 6절)과 그들의 성공과 실패를 속속들이 알고 계시며, 그들의 충성을 지키려 부단히 애쓰신다.

그렇다면 이어지는 내용에서 사람들에게 권위 있게 말씀하시는 분은 그리스도다. 앞에서 언급한 것처럼,[14] "이르시되"(τάδε λέγει)라는 서론적 문구[15]는 영감된 메시지를 전달하는 데 사용되는 관용 표현이다. 이 표현은 구약에서 하나님이 선지자들을 통해 자기 백성에게 말씀을 시작하실 때 여러 번 사용되었다(예를 들어, 사 29:22; 렘 2:2; 겔 11:5; 암 1:6; 미 2:3; 슥 1:3). 그리스도에게서 나오는 메시지를 위해 이런 식으로 공감대를 형성하는 문구를 사용하는 것은, 요한계시록이 통상 예수님께 신적 지위를 부여한다는 것을 반영한다.[16]

2:2-3 내가 네 행위와 수고와 네 인내를 알고 또 악한 자들을 용납하지 아니한 것과 자칭 사도라 하되 아닌 자들을 시험하여 그의 거짓된 것을 네가 드러낸 것과 또 네가 참고 내 이름을 위하여 견디고 게으르지 아니한 것을 아노라(2 Οἶδα τὰ ἔργα σου καὶ τὸν κόπον καὶ τὴν ὑπομονήν σου καὶ ὅτι οὐ δύνῃ βαστάσαι κακούς, καὶ ἐπείρασας τοὺς λέγοντας ἑαυτοὺς ἀποστόλους καὶ οὐκ εἰσίν καὶ εὗρες αὐτοὺς ψευδεῖς, 3 καὶ ὑπομονὴν ἔχεις καὶ ἐβάστασας διὰ τὸ ὄνομά μου καὶ οὐ κεκοπίακες). 하늘에 계신 그리스도가 교회의 상태를 꿰뚫어 보시듯 아신다는 것[17]은, 칭찬할 일(2-3절)과 책망

13. Koester, *Revelation*, 256-61; Richard E. Oster, "Ephesus," *ABD* 2:542-49; Trebilco, *Early Christians in Ephesus*, 11-52. 에베소에서 사도 요한이 활동한 것에 대한 전승으로는 '요한계시록 서론'을 보라.
14. 앞의 '문학적 전후 문맥'에 나오는 설명을 보라.
15. τάδε λέγει라는 문구는 다소 고어체 헬라어다. 그것은 성경적(LXX에서 250번 이상 사용됨) 혹은 전통적인 것처럼 들릴 것이며 메시지의 장엄함과 권위를 강조할 것이다. 우리의 "여호와께서 이같이 말씀하시니라"와 같다(Aune, *Revelation 1-5*, 121).
16. Bauckham, *Theology*, 23-30; 같은 저자, *Climax*, 118-20, 133-40; Larry W. Hurtado, *Lord Jesus Christ: Devotion to Jesus in Earliest Christianity* (Grand Rapids: Eerdmans, 2003), 591; Satake, *Offenbarung*, 149.
17. '내가 안다'(οἶδα)라는 동사는 일곱 개 중 다섯 개 메시지에 사용되며 이 시점에서 메시지의 두 번째 부분을 시작하기 위해 나온다. 이 맥락에서 '내가 안다'라는 말은 교회의 상태와 모든 인간사에 대한 주님의 심오한 통찰을 추정한다.

해야 하는 중대한 실패(4절)를 둘 다 아신다는 말이다. 그리스도는 일반적으로 그들의 행동("행위", ἔργα)[18]을 칭찬하신다. 이어서 그 행동은 그들의 "수고와…인내"라고 더 구체적으로[19] 명시된다. 에베소 그리스도인들은 자신의 믿음을 위해 오랫동안 힘들게 일했다. "수고"라는 단어(κόπος와 관련 동사 κοπιάω)는 종종 신약에서 한 사람에게 요구할 수 있는 최대의 기독교적 섬김을 가리킨다. 진심에서 우러나는 보람 있는 노력이자 종종 어려운 환경 속에서 이루어지는 섬김이다(요 4:38; 롬 16:6, 12; 고전 3:8; 15:58; 살전 2:9; 골 1:29; 딤전 4:10; 계 14:13).[20] 에베소 그리스도인은 역경에 직면해서도 포기하지 않았다(3절에서도 "견디고"라는 말이 나오는 것을 보라). 이것은 요한계시록의 중심 주제다. 즉, 유혹하고 반대하는 세력에 공격받을 때조차 그리스도께 신실하라고 명령하는 것이다(1:9; 13:10; 14:12).

신실함을 유지하려면 다른 사람들, 특히 하나님의 백성 가운데서 지도력을 주장하는 사람들의 신실함을 측량하고(그들을 '시험하는 것', 그들의 참된 성품을 평가하는 것),[21] 그들이 기준에 미치지 못하면 결단력 있고 용감하게 행동하는 어려운 과업을 수행해야 한다. 에베소 교회는 특정한 "악한" 혹은 파괴적인 자들[22]을 물리쳤다. 그들의 가식을 꿰뚫어 보고(참고. 2:9, 20; 3:9) 그들이 교회에 해를 끼치는 것을 허용하지 않은[23] 것이다. 자칭 "사도"라 했다는 것은 아마 열두 사도나 바울이 지닌 탁월한 지위(예를 들어, 계 21:14)를 주장했음을 가리키지 않을 것이다. 이것은 고린도후서 8:23과 빌립보서 2:25에 나오는 '사도'(개역개정에는 "사자"-역주)의 의미와 비슷하게, 순회 교사이지만 권위 있는 기독교 교사나 선교사 행세를 했다는 의미일 것이다. 기독교 역사의 아주 초기 시대에도 교사와 선지자가 합법적이라는 주장 아래 이 공동체 저 공동체를 돌아다니면서 거짓 교리로 신자를 현혹하는 경우가 아주 흔했다(참고. 고후 11:13-15; 살전 5:20-21; 요일 4:1-3; 또한 Did. 11.1-12; 13.1-2).[24] 에베소 교회가 세워진 초기 단계에 바울도 에베소 교회 지도자들에게 교회 안팎에 도사리는 거짓 교사의 위협을 알리고 그것을 조심해야 한다고 경고했다(행 20:28-32; 딤전 1:3-7). 모든 교회는 조심하여 경계하라는 이 명령에 주의를 기울여야 한다(계 2:7a).

그리스도의 칭찬이 계속 이어지면서[25] 방금 말한 것을 강화하지만, 또한 4절에 나올 책망과 불길하게 대조를 이룬다. 2절에 나온 세 단어(혹은 관련 단어)가 3절에서 반복되면서 그들의 칭찬할 만한 "인내"(3절에서는 "참고"-역주)와 "용납"(이번에는 '시련 앞에서 낙심하지 않음'이라는 긍정적 의미, 3절에서는 "견디고"-역주) 그리고 그들이 지쳐서 포기하게 할 수 있는 '수고'를 되풀이해서 말한다. 하지만 그들은 "게으르지 아니"[26]했고 그리스도를 향한 충성을 버리지 않았다. 그들의 충성은 "[나[그분]의] 이름을 위하여" 낙심하지 않고 견딘 것으로 나타났다. 여기에

---

18. "행위…수고…인내"라는 세 요소는 데살로니가전서 1:3에서도 나오며 소유격으로 세부 사항들을 보충한다. "믿음의 역사(work)와 사랑의 수고와 소망의 인내"라는 것이다. 하지만 여기에서는 그런 본문에 대한 암시는 무의식적으로라도 담겨 있을 것 같지는 않다. 요한은 "행위"(work)라는 말을 좋은 것이든 나쁜 것이든 '행위(deeds), 행동(conduct)'이라는 보다 일반적인 의미를 지닌 복수로 사용하기 때문이다(2:2, 5, 6 그리고 계 2-3장에 아홉 번 더 나오는 것을 보라).
19. 여기에서 '곧'(that is, 개역개정에는 "…와")이라고 번역된 접속사 καί는 설명적이고 명시하는 의미를 지닌다(참고. BDAG 494; Aune, *Revelation 1-5*, 134; Prigent, *Apocalypse*, 157).
20. F. Hauck, "κόπος," *TDNT* 3:827-30.
21. BDAG 792-93.
22. 여기에서 "악한"이라는 말은 '해로운, 파괴적인'이라는 뜻이다. 도덕적 악 자체가 아니라 몰락과 파괴를 가져오는 행동을 염두에 둔 말이다. 요한계시록에서 이 형용사가 한 번 더 사용된 16:2과 사도행전 9:13, 로마서 12:17, 21, 베드로전서 3:9에서 비슷한 용법을 보라.
23. 그들은 그런 사람들이 파괴적인 영향력을 발휘하도록 허용하지 않았다는 것에서 '용납할 수가 없었다.' '용납하다, 견디다, 참다'(βαστάζω)라는 동사는 3절에서 긍정적으로 사용된다.
24. Aune, *Revelation 1-5*, 145; Prigent, *Apocalypse*, 158.
25. 3절이 시작될 때 나오는 헬라어 접속사 καί는 영어에서 관용구적인 암시로 남겨두는('그리고'라는 말을 빼놓음으로) 연관성을 표시한다.
26. BDAG 558.

서 "이름"은 사람의 성품과 본질을 나타낸다(참고. 2:13; 3:8; 마 6:9; 행 3:16; 4:12; 5:41). 이 문구에서 요한은 신약 다른 곳에서 발견되는 주제를 반영한다. 거절과 박해를 받을지라도 그리스도와 자신을 동일시하라는 명령이다(마 10:22; 막 13:13; 요 15:21).[27]

2:4 그러나 너를 책망할 것이 있나니 너의 처음 사랑을 버렸느니라(ἀλλὰ ἔχω κατὰ σοῦ ὅτι τὴν ἀγάπην σου τὴν πρώτην ἀφῆκες). 앞에서 칭찬하기는 했지만(그 칭찬은 진짜다),[28] 그리스도가 그들을 상세히 아시는 것에는 하나님과 사람들을 향한 사랑이라는 기독교의 기본적인 미덕을 더 이상 행하지 않는다는 매우 난처한 비난(실제로는 매서운 책망)이 포함된다. 이것은 그들이 그리스도께 개인적으로 저지른 범죄로 표현된다["너를 책망할 것", 같은 표현이 사용되는 마 5:23(개역개정에는 "원망 들을 만한 일"–역주); 막 11:25(개역개정에는 "혐의"–역주)을 보라].[29] 그 죄는 그들이 그리스도를 위해 견디는 수고와 경계가 마음은 없이 '손과 머리'로만 하는 것이 되었다는 것이다.[30] 그것은 그리스도 안에서 그들을 향한 하나님의 큰 사랑에 대한 반응인 진지한 사랑이라는 내적 동기 없이 그리고 은혜와 사랑도 없이 분주하게 외적으로만 행하는 겉치레다. 그들은 그리스도인의 특징이었던 진심에서 우러난 사랑[31]을 "버렸다"(abandoned, CSB, ESV, RSV) 혹은 "포기했다"(forsaken, NIV).[32]

성경 전체에서 하나님은 순종과 신실한 행동으로 드러나는 진지한 사랑으로 하나님과 다른 사람들을 사랑하라고 백성에게 명하신다(레 19:18; 신 6:4–6; 막 12:28–31; 요 13:34–35; 롬 13:9–10; 갈 5:22–23; 벧전 4:7–11). 그 행동 자체는 칭찬할 만하고 중요할지 모르지만, 진정한 사랑이 없으면 아무 소용이 없다(고전 13:1–13; 딤전 1:5; 요일 4:11, 19–21). 게다가 진심에서 우러난 사랑이 없으면 신실함과 순종에 대한 우리의 이해는 심하게 제한된다(참고. 5절, "처음 행위를 가지라"). 다른 면에서는 성숙하고 강한 신자도 하나님께 맨 처음에 보였던 신선하고 활기 넘치는 반응으로 돌아가야 한다. 어떤 관계에서나 그렇듯이, 하나님과의 관계 역시 시간이 지나면서 식는 경향이 있기 때문이다(참고. 렘 2:2; 겔 16:8).

2:5–6 그러므로 어디서 떨어졌는지를 생각하고 회개하여 처음 행위를 가지라 만일 그리하지 아니하고 회개하지 아니하면 내가 네게 가서 네 촛대를 그 자리에서 옮기리라 오직 네게 이것이 있으니 네가 니골라 당의 행위를 미워하는도다 나

27. L. Hartman, "ὄνομα," *EDNT* 2:519–20. 요한계시록에서 "이름"의 독특한 용법들에 대해서는 2:17, 3:4, 12, 11:13, 19:12을 보라.
28. 부정적 문구나 절 다음에 나오는 헬라어 접속사 ἀλλά("그러나")는 요점별로 대조적 요점을 제시한다. 2–3절에 나오는 그리스도의 칭찬은 타당하지만, 4절의 보다 중대한 점, 곧 교회가 어떻게 기대에 못 미치게 되었는를 말하기 위한 준비 작업이다. 그것은 2–3절에 나오는 예수님의 칭찬을 무시하지는 않지만, 그들의 모든 섬김의 내적 동기(하나님을 향한 사랑과 헌신)와 외적 분위기와 정신(사람들을 향한 사랑과 은혜)을 바로잡는다. Levinsohn, *Discourse Features*, 114–16; Runge, *Discourse Grammar*, 92–100을 보라.
29. 이 문구(ἔχω κατὰ σοῦ)는 요한계시록 2:14, 20에서도 사용된다. "책망할 것"(against)에 대해 κατά가 아닌 πρός를 사용하는 비슷한 표현은 사도행전 19:38, 24:19, 25:19, 고린도전서 6:1에서 보다 공식적이고 법적인 고발에 대해 사용된다.
30. 일부 주석가(Beckwith, *Apocalypse*, 450; Koester, *Revelation*, 269; James Moffatt, "The Revelation of St. John the Divine," in vol. 5 of *The Expositor's Greek Testament*, ed. W. Robertson Nicoll [London: Hodder & Stoughton, 1910], 350)는 에베소 그리스도인들이 하나님과 그리스도에 대한 강력한 사랑은 유지했지만(2–3절에 묘사된 교리적 충성으로 입증된 것처럼) 서로에 대한 사랑이 부족했다고(예를 들어, 거짓 가르침으로 일어난 분열 때문에) 추측한다. 하지만 하나님에 대한 사랑과 사람에 대한 사랑이 하나로 여겨지며 둘 다 차가워졌을 가능성이 더 크다(Boxall, *Revelation*, 49–50; Hoskins, *Revelation*, 74–75; 참고. 요일 3:16–18).
31. '너희가 처음에 가졌던 사랑'이라는 문구는 너의 "처음"(πρῶτος) 사랑이라고 표현된다. "처음"이라는 형용사는 '주된, 가장 중요한'이라는 의미일 수도 있다(마 20:27; 22:38; 고전 15:3). 하지만 여기에서 요점은 덜 중요한 것에 그들이 애정을 쏟게 되었다는 것이 아니다. 그것은 그들이 그리스도인으로서 초기에 품었던 활기찬 사랑이 반대와 어려움을 겪으며 시간이 흘러 희미해졌다는 것이다. 이것을 분명히 보여주는 19절의 비슷한 표현을 보라.
32. '버리다'(ἀφίημι)라는 동사는 '무시하다, 소홀히 하다'라는 의미일 수 있다. 특히 중심이 되어야 하는 것을 무시한다는 뜻이다(예를 들어, 마 23:23; 막 7:8).

도 이것을 미워하노라(5 μνημόνευε οὖν πόθεν πέπτωκας καὶ μετανόησον καὶ τὰ πρῶτα ἔργα ποίησον· εἰ δὲ μή, ἔρχομαί σοι καὶ κινήσω τὴν λυχνίαν σου ἐκ τοῦ τόπου αὐτῆς, ἐὰν μὴ μετανοήσῃς. 6 ἀλλὰ τοῦτο ἔχεις, ὅτι μισεῖς τὰ ἔργα τῶν Νικολαϊτῶν ἃ κἀγὼ μισῶ). 교회에 대한 그리스도의 메시지는 칭찬과 책망(2–4절)에서 권고와 안심의 말(5–6절)로 넘어간다. 교회를 향한 메시지에서 종종 그렇듯이(참고. 2:16; 3:3, 19), 권고는 그리스도가 그들에 대해 속속들이 아는 것에서 나온 직접적 추론이다["그러므로"(οὖν)로 시작하는]. 교회는 '기억하고(개역개정에는 "생각하고"–역주) 회개'해야 한다. 그러지 않으면 심각한 결과에 직면할 것이다. 여기에서 그들이 기억해야 하는 것은 부정적인 것(그들은 떨어졌다, 그들은 이전 행위로 돌아가야 한다)과 긍정적인 것(그들은 한때 하나님과 사람을 향한 깊은 사랑을 가졌었고 그 사랑을 삶에서 실행했다) 둘 다다. 그들이 하나님이 바라시는 대로 사랑하지 못한 것은 사소한 일이 아니다. '얼마나 멀리'(개역개정에는 "어디서"–역주)라는 말은 이것이 얼마나 유감스러운 결점인지 강조한다.[33] 하지만 이전의 행동 유형을 회복함으로써 그것을 바로잡으라는 그리스도의 명령("처음 행위를 가지라")으로 보아 그 과업은 이룰 수 있는 것이다.

하지만 그들의 심각한 실패로 인해, 상황을 바로잡으려면 두 가지 긴급한 반응을 보여야 한다.[34] 그들은 행동 방침을 바꾸고[35] 그들이 한때 하나님과 다른 사람들에게 진정한 사랑으로 행했던 경건과 섬김의 행동("처음 행위", 참고. 4절)으로 돌아가야 한다. 교회 사이로 거니시며(2:1) 사랑하는 자들을 돌보시는(3:19) 주님은 에베소 그리스도인들의 현 상황을 받아들이실 수 없다. 그들이 변하지 않으면[36] 그리스도가 그들을 개인적으로 방문해서 심판하실 것이다. "내가 네게 가서."[37] "내가…가서"(ἔρχομαι)라는 그리스도의 선언은 요한계시록에 자주 나온다[2:5, 16; 3:11; 16:15; 22:7, 12, 20, 또한 "내가 이르리니", 3:3(ἥξω)과 3:20(εἰσελεύσομαι), 관련 문구에 대한 논의로는 1:7을 보라]. 이 중 다수는 그리스도가 하나님의 구원과 심판을 완성시키시기 위해 영광 가운데 다시 오시는 것을 언급한다(3:11; 16:15; 22:7, 12, 20). 하지만 이 구절에서는(2:16; 3:3; 3:20과 함께) 그리스도가 역사에서 그분의 백성을 감독하시고 징계하시는 것을 염두에 두고 있다.[38] 그리스도가 오셔서 그들의 "촛대를 그 자리에서" 옮기심으로 그들이 회개하지 않는 것을 처리하실

33. 『메시지』(*The Message*)는 여기에서 사탄의 반역을 암시한다("네가 얼마나 떨어져 나갔는지 알고 있느냐? 너는 루시퍼처럼 떨어져 나갔다!", 참고. 사 14:12; 계 12:9; 또한 Lichtenberger, *Apokalypse,* 86; John Sweet, *Revelation,* TPINTC [London: SCM, 1979], 79–81을 보라). 그리고 이 메시지가 교회의 "사자"(angel)에게 주어진다는 것을 기억할 때 어느 정도 이해가 된다. 하지만 '떨어지다'(πίπτω)라는 단어는 보통 인간의 도덕적 혹은 종교적 실패에 대해 사용되며(예를 들어, 고전 10:12; 히 4:11; 약 5:12), 그 메시지는 사자와 교회에 함께 주어진다(1:20; 2:1에 나오는 논의를 보라). 하지만 이것은 사탄의 타락처럼 돌이킬 수 없는 것이 아니다.

34. '회개하라'와 "가지라"(do)는 명령은 둘 다 헬라어에서 부정과거 시제 형태인데, 그것은 이와 같은 문맥에서는 색다르다(첫 번째 명령법인 '생각하라'는 보다 일반적인 현재 시제로, 통상적인 행동 방침과 특징적인 마음의 태도를 요구한다). 그런 문맥에서 부정과거는 수사학적으로 더 강한 것으로, 긴급한 행동을 요구하면서 여전히 그 후에는 통상적인 관행을 따를 것을 암시한다. Fanning, *Verbal Aspect,* 369–70과 디모데후서 1:8, 4:2 등의 예를 보라.

35. 회개(μετανοέω)는 단지 사람들이 해석하는 것처럼 단지 죄에 대한 슬픔 혹은 '마음의 변화'만이 아니라, 경건한 행동으로 놀이키는 것(혹은 계 2–3장에서는 되돌아가는 것) 역시 포함한다(예를 들어, 계 9:20–21; 16:9, 11; *NIDNTTE* 3:392; J. Behm, "μετανοέω," TDNT 4:1003–4).

36. "만일 그리하지…아니하면"이라는 가정은, 처음에는 "그러지 않으면, 아니면"이라는 의미의 관용구적 표현(εἰ δὲ μή)에서 동사가 없이 표현되고(BDAG 278; Burton, *Moods and Tenses,* 111) 그다음에는 변화를 나타내는 동사 "회개하지 아니하면"이 포함되어 표현된다.

37. "네게"(σοί)라는 말은 단지 "너에게"(to you, CSB, ESV, NASB, NIV, RSV에서처럼)가 아니라, 불이익의 여격이다(Wallace, *Grammar,* 142–44; Aune, *Revelation 1-5,* 135).

38. Aune, *Revelation 1-5,* 147, 155; Satake, *Offenbarung,* 157; Smalley, *Revelation,* 62. 주님이 통상적인 인간 역사의 과정에서 백성을 징계하시기 위해 '오시는 것'은 그리스도가 그분의 심판을 완성하고 만물을 새롭게 하시기 위해 최종적으로 오시는 것(계 19장)과 완전히 분리될 수 없다. 이렇듯 정결하게 하시기 위한 방문은 그분이 모든 사람에 대한 궁극적 심판에서 오시는 것을 내다보는 유형을 확립한다. 잠 11:31; 렘 25:29; 겔 9:6; 고전 11:32; 벧전 4:12–19을 보라.

것이다. 이 상징이 의미하는 핵심은 매우 분명하다. 그리스도가 그들을 더 이상 그분의 교회에 속한 것으로 간주하지 않으심으로, 그들이 저항한 결과를 벌하시리라는 것이다(1:20; 2:1). 그리스도의 구원을 모든 사람이 볼 수 있도록 비추는 증인인 "촛대"의 비유는 여기에서뿐 아니라 요한계시록 뒷부분에서도 중심 주제이고(참고. 11:3-4에서 두 증인을 "촛대"로 비유하는 것), 그것은 더 큰 원리를 표현한다. 그리스도인은 사랑 안에서 살 때만 그리스도 안에 있는 하나님의 사랑을 증거하는 어둠 속의 빛이 된다는 것이다(요 13:34-35; 빌 2:14-16). 이 기본적인 기독교의 미덕을 일관되게 보이지 못하면 그들은 그리스도의 이름을 지니는 권리를 빼앗긴다. 몇몇 개인이 자칭 사도라 했지만 아니었던 것처럼(계 2:2), 기독교적 사랑을 나타내는 표시를 지니지 못하는 교회는 가짜로 드러날 것이다.

그리스도가 그들의 실패를 회복할 수 있는 것으로 여기시는 또 다른 안도의 말에서(6절) 메시지의 권고 부분은 2-3절을 상기시키는 칭찬으로 마무리된다. 그들은 거짓 사도들을 꿰뚫어 보았던 것처럼(2절), "니골라 당"이 에베소에서 이루려 애쓰고 있던 것에 그들답게 저항한다(μισεῖς, 관례적 혹은 일반적 현재). 니골라 당의 행동에 대한 저항은 미움으로 묘사되는데, 그리스도도 그들을 미워하신다(6b절). 일반적인 성경적 의미에서 '미워하다'라는 말은 어떤 것에 감정적 적대감 혹은 격렬한 불쾌감을 보이는 것이 아니라, 그것에 강력하게 반대해서 행동하는 것 혹은 그것과 관계를 끊거나 저항하는 것이다.[39]

"니골라 당"은 "니골라를 따르는 자들"[40]을 뜻하는 용어로, 아마 소아시아 그리스도인들 사이에서 잘 알려져 있는 당파 지도자와 집단일 것이다(여기에서와 2:15에서는 관사가 사용된다. '그 니골라당'). 하지만 요한계시록은 니골라라는 사람에 대해 구체적인 것은 아무것도 말하지 않는다.[41] 한 세기 후 이레나이우스(*Haer.* 1.26.3)는 그 니골라가 사도행전 6:5에 나오는 인물이라고 밝힌다. 하지만 이레나이우스의 설명을 보면 그에게는 이 신약 본문들에서 추측할 수 있는 것을 제외하고 버가모 상황에 대해 아무런 정보가 없다는 것을 알 수 있다. 하지만 요한계시록 2:14-15에 나오는 집단에 대한 묘사는 그 운동의 가르침과 영향력을 어느 정도 알려준다. 그들은 주위의 이교 문화와 그 문화의 우상 숭배 관행에 적응하라고 주창했던 것처럼 보인다(상세한 것은 2:14-15과 2:20에 대한 설명을 보라). 예수님은 안심시키는 말씀에서(6절) 그분이 2-3절에서 칭찬하신 바 진리에 충성하는 것의 중요성을 강조하신다. 그들이 그런 거짓 가르침에 저항하는 동기와 분위기는 바뀌어야 하지만(4절), 저항 자체는 반드시 계속되어야 한다.

2:7 귀 있는 자는 성령이 교회들에게 하시는 말씀을 들을지어다 이기는 그에게는 내가 하나님의 낙원에 있는 생명나무의 열매를 주어 먹게 하리라(ὁ ἔχων οὖς ἀκουσάτω τί τὸ πνεῦμα λέγει ταῖς ἐκκλησίαις. τῷ νικῶντι δώσω αὐτῷ φαγεῖν ἐκ τοῦ ξύλου τῆς ζωῆς, ὅ ἐστιν ἐν τῷ παραδείσῳ τοῦ θεοῦ). 메시지의 결론은 들으라는 명령(7a절)과 이기는 자에게 주는 약속(7b절)이다. 들으라는 명령은 비유의 목적을 묘사하시는 예수님의 말씀과 매우 비슷하다(마 13:9; 막 4:9; 눅 8:8). 거기에서 예수님은 어떤 사람들은 수용적

39. BDAG 652-53.
40. BDAG 673.
41. "니골라"라는 이름을 가진 구체적인 사람은 없었고, 그 이름은 그 운동에 대한 비판을 표현하는 언어유희이거나 상징적인 이름일 수 있다. 대중적 어원학에 따르면 "니골라"와 "발람"이라는 이름은 '사람들의 정복자' 혹은 '사람들의 파괴자'라는 의미로 해석할 수 있을 것이다(언어학적 세부 사항과 더 광범위한 논의로는 Duane F. Watson, "Nicolaitans," *ABD* 4:1106-7을 보라). 하지만 요한계시록이 상징적인 이름을 사용할 때, 그것은 구약의 목소리를 반영한다(예를 들어, 이세벨, 2:20; 소돔과 고모라, 11:8; 바벨론, 17:5). "니골라"는 에베소와 버가모에서 알려진 실제 고유 명사로 보는 것이 더 낫다.

이지 않고 비유에 감추어진 영적 진리를 파악하지 못할 것이라고 인정하시고, 하나님이 깨달음을 주신 모든 사람에게 들은 것에 순종하라고 요청하신다. 이것은 이사야 6:9-10에 나오는 내용을 성취한다. 완악한 백성은 하나님으로부터 온 말씀에도 계속 저항한다는 것이다. 상황은 다르지만(교회에 보내는 메시지는 은밀한 것이 아니다)[42] 7a절의 명령은 어떤 사람들은 수용적이고 다른 사람들은 그렇지 않으리라는 것을 인정하고, 공동체의 개인들에게 반응하라고 명한다("귀 있는 자는"). 교회 안에는 메시지에 유의할 준비가 되어 있지 않은 사람들, 고집스럽게 자기 길을 갈 사람들이 있을 것이다.[43] 그러나 분명한 의도는 수용적인 사람들이 적극적인 반응을 보이게 하는 것이다. 그들은 주의를 기울이고 순종해야 한다.[44] 그것은 에베소 교회의 신실한 사람들을 깨우는 알람과도 같다. 다른 한편으로 이것은 5-6절의 권고에 주의함으로써 7b절에 나오는 약속된 복을 받으라는 긍정적인 격려다(참고. 또한 1:3을 보라).

그렇지만 이 메시지의 청중은 에베소 그리스도인에게만 국한된 것이 아니다. 더 광범위하다. 요한계시록 2-3장에 나오는 모든 메시지에서와 같이(2:11, 17, 29; 3:6, 13, 22), 그리스도는 여기에서 성령으로 말미암아[45] 모든 "교회"에 말씀하신다. 그들은 여기 이름이 나오는 다른 여섯 개의 교회뿐 아니라 그리스도의 이름으로 모이는 다른 회중 및 후대의 회중을 가리킨다.[46] 이런 식으로 요한계시록 2-3장에 나오는 교회를 향한 메시지는 신약의 다른 서신서와 마찬가지로(예를 들어, 로마서, 베드로전서, 요한일서) 고대의 상황을 넘어 수십 세기에 걸쳐 존재해온 다른 기독교 회중에게도 말한다. 다른 교회들이 이 본문의 유형에 들어맞는 만큼 그들은 성령이 요한을 통해 교회에 전하시는 격려와 책망을 받아야 한다(참고. 골 4:16).

이 메시지는 현재의 어려움을 넘어 하나님이 미래에 이루실 완성(계 21-22장)을 가리키는 약속으로 끝난다(7b절). 다시 한번 말하지만, 그 대상은 그리스도인 개개인이다("이기는 그"). 하지만 언급된 행동은 공동적인, 심지어 우주적인 차원을 지닌다. "이기는 것"[47]이라는 말은 마귀와 그가 조종하는 세계 시스템을 포함한 모든 악한 것(요일 2:13-17; 4:2-4)이 전능하신 하나님 및 전체 피조 세계에서 그분이 성취하고 계시는 구원의 목적에 대항해서 오랫동안 벌여온 우주적인 오랜 투쟁을 암시한다. 그리스도인들은 이 투쟁 한가운데 사로잡혀 있으며, 설사 그것이 고난과 순교를 의미한다 해도 신실하게 견디라고 명령받는다(요 16:32-33a; 계 1:9; 13:10; 14:12). 하지만 그리스도는 이미 결정적 승리를 거두셨고(요 16:33a; 계 3:21; 또한 5:5에 대한 설명을 보라), 그리스도를 따르는 자들은 그들의 노력이 아니라 그리스도를 믿는 믿음으로 말미암아 승리할 것이다(요일 4:4; 5:4-5; 계 12:11; 15:2; 17:14; 21:5-7).[48]

---

42. Roloff, *Revelation*, 45-46. 마찬가지로 이것은 Anne-Marit Enroth, "The Hearing Formula in the Book of Revelation," *NTS* 36 (1990): 602-8이 보여주는 것처럼 그리스도의 메시지에 담겨 있는 더 깊은 신비한 의미를 찾아보라는 권유가 아니다.

43. Beale, *Revelation*, 234. 또한 렘 5:21; 겔 3:27; 12:2; 계 13:9-10(2-3장 외에 요한계시록에 나오는 들으라는 명령) 그리고 22:11(끈질긴 고집스러움)을 보라.

44. 7절에서 "들을지어다"(ἀκουσάτω)라는 부정과거 명령법을 사용한 것의 의미는 5절에서와 같은 듯하다. 긴급한 명령을 표현하기 위해서라는 것이다(해설을 보라). 그것은 Aune, *Revelation 1-5*, 135에서 시사하는 것처럼 "특정한 메시지"가 아니다.

45. Bruce, "Spirit in the Apocalypse," 340과 Boxall, *Revelation*, 51. 요한계시록에서 성령은 하나님과 그리고 그리스도와 연관되어 있으나 (1:4-5; 4:5; 5:6), 특히 선지자적 환상과 메시지를 전달하는 것으로 나타난다(1:10; 4:2; 14:13; 17:2; 19:10; 21:10; 22:6).

46. Smalley, *Revelation*, 63-64.

47. νικάω라는 단어는 요한 특유의 주제를 포착한다. 그것은 "이기다"(overcome, ASV, KJV, NASB), "정복하다"(conquer, ESV, NET, NRSV, RSV), "승리하다/승리를 입증하다/승리자가 되다"(be/prove victorious/be the victor, CSB, NABR, NIV, NJB, NLT), 혹은 "우세하다"(prevail) 등으로 번역할 수 있다(참고. BDAG 673). 정관사가 있는 현재 분사(τῷ νικῶντι)는 포괄적 의미를 지닌다. 현재 시제 용법은 진행적이거나, 반복적이거나, 관례적인 것("계속 이기고 있는" 등)이 아니라는 것이다. Burton, *Moods and Tenses*, 56-57; Fanning, *Verbal Aspect*, 411-12를 보라.

48. 요한계시록의 또 다른 두 개의 소주제는, 세상에서 악이 압도적

요한계시록 나머지 부분 및 더 광범위한 요한 문서에 나오는 이런 대응점들 때문에, "이기는 그"는 진정으로 그리스도를 믿고, 하나님이 이루어주신 중생 덕분에 우상 숭배와 박해에 대항하여 믿음 안에서 견딜 수 있는 능력을 발견하는 사람이다(요일 4:4; 5:4-5; 계 13:10; 14:12; 21:5-7). 이 승리는 신앙 때문에 순교를 당하는 사람들[49] 혹은 덜 신령한 사람들에 비해 더 헌신하거나 순종하는 그리스도인 집단만 얻는 것이 아니다.[50] 이 견해에 반대하는 또 다른 논증은 요한계시록 2-3장에서 이기는 자에게 약속된 유익이다. 요한계시록 나머지 부분에 따르면, 이 유익들은 단지 그리스도를 믿는 신자 중 제한된 집단만이 아니라 모든 신자에게 돌아가기 때문이다(예를 들어, 22:2-3, 14, 19).

이생에서 신실한 그리스도인들에게 어떤 어려움이 올지라도, 그 어려움은 마지막 완성의 때에 그들에게 약속된 영광스러운 복에 비하면 미미하다. "하나님의 낙원에 있는 생명나무의 열매를 먹[는]" 것은 궁극적 해방의 두 이미지를 보여준다. 그것은 처음부터 끝까지 신적 구속에 대한 성경 이야기 전체를 반영하는 생명을 주는 회복 및 하나님과의 친교다. 이 강력한 이미지들(생명나무, 하나님의 낙원)은 성경 및 성경 외 본문에 널리 퍼져 있고, 단지 개인의 영적 구원뿐만 아니라 하나님의 모든 피조물을 신적으로 새롭게 하는 것을 가리킨다.[51] "생명나무"는 하나님께 순종하고 하나님과 친밀한 친교를 누리면서 살아갈 때 하나님이 인류의 모든 필요를 공급하신다는 것을 상징한다.[52] "낙원"은 그런 삶을 위한 원래의, 에덴적 배경을 나타낸다. 인간이 타락할 때 이 삶을 잃어버렸지만, 하나님은 장차 만물을 새롭게 하시면서 그것을 회복시키실 것이다.[53]

적용에서의 신학

1. 좋은 소식과 나쁜 소식

2-3장에 나오는 많은 메시지와 같이, 예수님이 에베소 교회에 하시는 말씀은 완전히 긍정적이거나 부정적인 묘사를 하지 않는다. 이런 경우 우리는 그들의 성공은 본받고 그들의 실패는 피할 수 있다. 에베소인들은 감탄할 만한 기독교적 행동과 참담한 결점 및 태만이 뒤섞

으로 승리하는 듯 보이는 것을 하나님이 역전하신다는 것과 승리를 획득하는 방식을 어린양이 타도한다는 것이다(5:5; 6:2; 11:7; 12:11; 13:7; 21:7을 보라).

49. Caird, *Revelation,* 32-33; Charles, *Revelation,* 1:54; Martin Kiddle, *The Revelation of St. John,* MNTC (London: Hodder and Stoughton, 1940), 62-63. I. Howard Marshall, *Kept by the Power of God: A Study of Perseverance and Falling Away,* 3rd ed. (Carlisle: Paternoster, 1995), 253-54에서 이 견해에 반대하는 논증들을 보라.

50. Donald Grey Barnhouse, *Revelation: An Expository Commentary* (Grand Rapids: Zondervan, 1971), 43-44; Joseph C. Dillow, *The Reign of the Servant Kings: A Study of Eternal Security and the Final Significance of Man* (Hayesville, NC: Schoettle, 1992), 478-87. James E. Rosscup, "The Overcomer in the Apocalypse," *GTJ* 3 (1982): 261-86에서 이 견해에 반대되는 논증들을 보라.

51. 이 주제가 발전되는 것에 대해서는 요한계시록 21-22장에 대한 설명을 보라.

52. 창세기 2:9, 3:3, 22-24, 요한계시록 22:2, 14, 19에 나오는 "생명나무"를 보라(참고. 겔 47:7-12). 대응되는 비정경적 본문들로는 요한계시록 22:2에 대한 설명을 보라.

53. 에스겔 28:13, 31:8-9, 누가복음 23:43, 고린도후서 12:3-4에 나오는 "낙원"을 보라(참고. 계 22:1-5과 그 단락에 인용된 비정경적 본문들).

인 모습을 보여주었다. 우리 역시 하나님의 진리와 도에 분별력 있게 계속해서 충성하는 삶을 살되 그 모든 일을 하나님과 사람들을 향한 사랑의 마음으로 행하라고 부름받는다. 우리는 어느 한 부분에서 실패했어도 다른 부분에서 잘하고 있으니 괜찮다고 변명하지 않도록 주의해야 한다. '나는 하나님을 섬기는 능력 있는 지도자이니 사람들에게 거칠게 행동해도 괜찮아'라는 합리화에 빠지지 않도록 주의해야 한다는 말이다. 또한 건전한 교리와 마음에서 우러난 사랑이 배타적인 것이 아님을 알아야 한다. 진리와 경건한 행동을 확립하려면 거기에는 사랑이 없는 것이 당연하다고 여기거나, 사람들에게 진정으로 마음을 쓰면서 진리를 얼버무리는 일은 가능하지만 건전한 교리와 사랑이 함께 갈 수 없다고 생각하는 것은 흔한 오해다. 요한복음 1:14(예수님은 은혜와 진리로 충만하셨다)과 에베소서 4:15(그리스도 안의 진정한 성숙은 사랑 안에서 진리를 행하는 것이다)이 보여주는 것처럼, 그 둘은 자연스럽게 어우러지며 서로를 보완한다.

2. 도덕주의적 치료 이신론

에베소인들과 마찬가지로 오늘날의 교회는 하나님의 진리를 알고 신학적 오류에 맞서 진리를 지지할 수 있는 분별력을 갖추어야 한다. 하지만 그리스도가 하신 것처럼 매력적인 방식으로 해야 한다. 복음을 옹호하려는 우리의 열정은 하나님의 은혜와 그분을 향한 헌신으로 변화된 삶, 성령의 능력으로 말미암아 하나님의 은혜와 다른 사람들을 향한 사랑을 반영하는 삶에서 흘러나와야 한다. 거짓 가르침에 대한 저항은 때로는 특정한 핵심 교리(예를 들어, 그리스도의 신성, 오직 그리스도만 믿는 믿음으로만 구원받음)에 초점을 맞춘다. 하지만 종종 세속적 가치와 생활 방식이 기독교의 가면을 쓰고 교회에 스며들어 신자들을 시험한다(소아시아의 고대 교회가 직면했던 것과 유사함). 현대의 한 예로 연구자들이 '도덕주의적 치료 이신론'(moralistic therapeutic deism)이라고 부르는 현상이 있다. 이것은 사회학자들이 미국 십대들의 종교적 믿음을 연구하면서 만들어낸 용어다(the National Study of Youth and Religion, 2001–2015). 이런 형태의 기독교 신앙은 많은 젊은이의 믿음뿐 아니라 그들의 부모와 교회의 믿음 역시 반영하는 듯하다. '도덕주의적 치료 이신론'은 관계적 친절함, 자신에 대해 좋게 느끼는 것, 멀리 계시는 온정주의적 하나님의 종교다. 이 이신론의 교의는 다음과 같다. (1) 친절하게 대하는 것이 중요하다. 하나님은 인정이 많으시고 판단하지 않으시며, 그분이 나에게 요구하시는 것은 나도 친절하게 구는 것뿐이다. (2) 나 자신에 대해 좋게 느끼는 것과 내 꿈을 실행하는 것이 중요하다. 종교의 주요 목적은 내가 행복과 평강과 개인적 성취를 발견하도록 돕는 것이다. (3) 나에게 아무것도 요구하지 않지만, 내가 그분을 필요로 한다면 긴급할 때 언제라도 만날 수 있는 느긋한 신이다. 하지만 삶의 대부분의 시간 동안 나는 혼자이고 그 신에게 주의를 크게 기울이지 않는다.

이 "기독교 비슷한"(Christian-ish)[54] 종교는 예수님이 에베소 그리스도인들에게 말씀하신 두 가지 면에서 모두 실패한다(2-5절). 곧, 하나님의 진리에 신실하고 하나님과 사람에게 마음에서 우러난 사랑을 보이는 것이다.

3. 필수 불가결한 기독교적 미덕

예수님은 사랑 없는 섬김이 불완전하다는 점을 분명히 밝히신다. 큰 목표를 성취했어도 사랑이 없으면 아무 것도 아니다(고전 13장을 보라). 사랑 없이 하나님의 진리에 적극적으로 순종하고 거기에서 이탈하지 않게 경계하는 것은 내적 근거로 보나 외적 근거로 보나 완전하지 않다. 거기에는 우리가 하는 모든 행위의 근거가 돼야 하는 하나님을 향한 헌신이 없고, 다른 사람들을 향해 가져야 하는 은혜로운 정신과 마음도 없다. 하나님께 신실하고 다른 사람들을 섬기기 위해 필요한 것에 대한 우리의 개념은 종종 마음에서 우러난 사랑이 없을 때 심각하게 제한된다. 참되고 살아 계신 하나님을 우리의 온 존재를 다해 사랑하는 것은 예수님이 주신 대명령이고, 이웃을 사랑하는 것 역시 그리스도인이 갖추어야 할 성품의 핵심이다(막 12:28-31). 우리가 그리스도인으로 살면서 얼마나 성숙하고 얼마나 어려운 시험을 견뎠든, 예수님은 하나님과 다른 사람들을 향한 사랑의 활력과 신선함을 절대 잊어버리지 말라고 명하신다. 그리스도가 사랑과 은혜를 받을 자격이 없는 우리에게 그것을 풍성히 주셨다는 사실(요일 4:10, 19)과, 우리를 향한 그분의 크신 사랑이 우리 또한 다른 사람들을 사랑하라고 요구하신다는 사실(요 13:34-35)을 언제나 기억해야 한다.

54. Kenda Creasy Dean, *Almost Christian: What the Faith of Our Teenagers Is Telling the American Church* (Oxford: Oxford University Press, 2010), 3. 도덕주의적 치료 이신론에 대한 묘사는 연구자들이 발견한 것에 대한 그녀의 조사에서 나온 것이다(pp. 3-24).

CHAPTER 4

요한계시록 2:8-11

문학적 전후 문맥

2:1-7에 대한 '문학적 전후 문맥'(114쪽)에 논의된 내용을 보라.

I. 서언(1:1-8)

II. 첫 번째 환상: 높임받으신 그리스도와 교회에 보내는 그리스도의 메시지(1:9-3:22)

A. 높임받으신 그리스도에 대한 환상(1:9-20)

B. 일곱 교회에 보내는 메시지(2:1-3:22)

1. 에베소 교회에(2:1-7)

➦ **2. 서머나 교회에(2:8-11)**

3. 버가모 교회에(2:12-17)

주요 개념

예수님은 서머나 교회에 현재와 미래의 역경 속에서도 죽음에서 생명을 가져오시리라는 약속에 비추어 신실하라고 권고하신다.

번역

요한계시록 2:8-11

8a	명령	**서머나 교회의 사자에게 편지하라**
b	화자	처음이며 마지막이요
	묘사 1	죽었다가
	묘사 2	살아나신
		이가 이르시되
9a	칭찬	내가 네 환난과
		궁핍을 알거니와
		실상은 네가 부요한 자니라
b		자칭 유대인이라 하는 자들의 비방도 알거니와
c	대조	실상은 유대인이 아니요 사탄의 회당이라
10a	권고	너는 장차 받을 고난을 두려워하지 말라
b		볼지어다 마귀가 장차 너희 가운데에서
		몇 사람을 옥에 던져
c		시험을 받게 하리니
d		너희가 십 일 동안 환난을 받으리라
e	권고	네가 죽도록 충성하라
f	(10e절의) 결과	그리하면 내가 생명의 관을 네게 주리라
11a	명령	귀 있는 자는 성령이 교회들에게 하시는 말씀을 들을지어다
b	약속	이기는 자는 둘째 사망의 해를 받지 아니하리라

구조

모든 메시지에 공통적으로 적용되는 네 부분으로 이루어진 구조에 대한 논의로는 2:1–7을 보라. 서머나 교회에 보내는 메시지는 일반적인 구조를 면밀히 따른다. 한 가지 다른 점은, 그리스도가 서머나 교회에 대해 아시는 것을 말씀하실 때 그들이 어려운 환경에서 한 행동을 순수하게 칭찬만 하신다는 것이다(9절). 따라서 권고의 목적은 장차 더 큰 역경에 직면할 그들을 격려하는 것이다(10절).

석의적 개요

II. 첫 번째 환상: 높임받으신 그리스도와 교회에 보내는 그리스도의 메시지(1:9–3:22)

A. 높임받으신 그리스도에 대한 환상(1:9–20)

B. 일곱 교회에 보내는 메시지(2:1–3:22)

1. 에베소 교회에(2:1–7)

➡ **2. 서머나 교회에(2:8–11)**

a. 서론(2:8)

(1) 수신자 및 편지하라는 명령(2:8a)

(2) 말씀하고 계시는 그리스도에 대한 묘사(2:8b)

b. 반대에도 불구하고 교회가 영적으로 부요하다는 것을 아심(2:9)

c. 앞으로 올 고난에 비추어 하는 권고(2:10)

(1) 시련 속에서의 용기(2:10a–d)

(2) 죽도록 충성함(2:10e–f)

d. 결론(2:11)

(1) 성령의 메시지를 들으라는 명령(2:11a)

(2) 이기는 자에게 주는 약속(2:11b)

본문 설명

2:8 서머나 교회의 사자에게 편지하라 처음이며 마지막이요 죽었다가 살아나신 이가 이르시되(Καὶ τῷ ἀγγέλῳ τῆς ἐν Σμύρνῃ ἐκκλησίας γράψον· Τάδε λέγει ὁ πρῶτος καὶ ὁ ἔσχατος, ὃς ἐγένετο νεκρὸς καὶ ἔζησεν). 편지의 수신자를 나타내는 관용 표현(8a절)은 1a절과 똑같다. 장소가 바뀐 것과 두 메시지를 연결하기 위해 접속사 '그리고'(개역개정에는 번역되어 있지 않음–역주)가 나오는 것이 다를 뿐이다. 공통적으로 해당되는 표현에 대해서는 1절에 대한 해설을 보라. 말씀하시는 분인 그리스도는 1장의 환상에서 나온 말로 제시되어 있다. "처음이며 마지막"이라는 것이다(1:17에 대한 설명을 보라, 참고. 22:13). 이 호칭은 이사야 44:6 및 48:12에 뿌리를 둔 것으로, 하나님과 그리스도가 만물의 기원이며 종착점이라는 것을 상기시킨다. 서머나 그리스도인들은 역경과 순교에 직면해 있다(9–10절). 그러므로 그들의 삶과 운명을 그리스도가 주권적으로 주관하신다는 사실이 그들의 강력한 닻이 되어야 한다. 그리고 그리스도의 죽음과 부활에 대한 추가 묘사(참고. 1:18)[1]는, 서머나의 그리스도인들에

1. '살아났다'(ἔζησεν)라는 동사는 1:18과 약간 다르다. 여기에서는 18절에서 사용된 '살아 있는/산'이라는 강조의 현재 대신 시작의 부정과거로 나온다. 이 동사의 부정과거가 시작의 의미('살아 있게 되다, 다시 살다')를 띠는 것은 누가복음 15:32, 로마서 14:9, 요한계시록 13:14, 20:4–5에도 나온다. Fanning, *Verbal Aspect*, 138, 261–62를 보라. "죽었다가"라는 동사구에 대해서는 1:18에 대한 해설을 보라.

게 이어지는 약속, 곧 죽도록 충성하는 사람들에게 주어지는 부활의 생명이라는 약속의 배경으로 필요한 것이다(10b-11절). 그리스도의 부활은 그분께 속한 모든 사람 역시 다시 살아날 것을 보증한다(고전 15:20-26; 빌 3:20-21).

서머나는 에베소에서 약 64킬로미터 떨어진 긴 만(灣) 끝에 있는 큰 항구의 좋은 위치에 자리 잡고 있었다. 오늘날 서머나는 터키에서 세 번째로 큰 도시로서 이즈미르(Izmir)라고 불린다. 1세기에 그곳은 내륙으로 사데, 빌라델비아, 라오디게아 그리고 멀리 수리아까지 이어지는 주요 육로의 북서쪽 종착점이라는 이점이 있었다. 서머나는 초기에 일어났던 한 정변에서 로마에 충성하는 편을 택했는데, 이 정변 때문에 헬레니즘이 아닌 로마가 소아시아를 주도하게 되었다. 서머나는 주전 195년에 여신 로마에게 바치는 신전을 지었고, 시간이 많이 흐른 뒤 주후 26년에 황제에게 바치는 신전의 '신전 감독'이 되었다. 이곳은 에베소와 마찬가지로 번창하는 상업 중심지였으며 아시아의 네 주요 도시 중 하나로 여겨졌다(에베소, 버가모, 사데와 함께). 방금 언급한 성전 외에도 그곳에는 아프로디테, 아폴로, 아데미, 퀴벨레, 디오니소스, 티케, 제우스 등을 기념하는 성전 혹은 신전이 있었다.[2] 이 시대 동부 지중해 도시에서 으레 그랬듯이 서머나에는 유대인 인구가 있었다. 이그나티우스는 서머나 교회에 글을 썼고(약 주후 110년), '폴리캅의 순교사화'[3]에 기록된 것처럼 훗날(주후 155년) 서머나 감독 폴리캅(Polycarp)은 거기에서 순교했다.

2:9 내가 네 환난과 궁핍을 알거니와 실상은 네가 부요한 자니라 자칭 유대인이라 하는 자들의 비방도 알거니와 실상은 유대인이 아니요 사탄의 회당이라(Οἶδά σου τὴν θλῖψιν καὶ τὴν πτωχείαν, ἀλλὰ πλούσιος εἶ, καὶ τὴν βλασφημίαν ἐκ τῶν λεγόντων Ἰουδαίους εἶναι ἑαυτοὺς καὶ οὐκ εἰσὶν ἀλλὰ συναγωγὴ τοῦ Σατανᾶ). 이 두 번째 주요 부분에서 그리스도가 교회의 상태를 잘 아신다는 것은 "내가…알거니와"(οἶδα)라는 동사로 표현된다(다른 메시지에서 종종 그렇듯이). 하지만 똑같이 자주 나오는 "네 행위"라는 말은 나오지 않는다.[4] 그 대신 역경과 적대 세력 앞에서도 그들이 영적으로 건강한 상태에 있다는 사실에 초점이 맞추어져 있다. 주님은 그들이 대적 때문에 겪는(9b절) '환난'(θλῖψιν, 괴로움, 반대)[5]과 그들이 경험하는 경제적 궁핍을 아신다. 그 궁핍 역시 서머나에서 그들이 그리스도께 충성하기 때문에 받은 경제적, 사회적 불명예가 원인이었던 듯하다.[6] 하지만 그리스도는 죄 된 세상에서 하나님의 백성이 역설적 상태에 처해 있다는 점을 상기시키신다. 그들은 이 세상 재물(외적이고 물질적이며 덧없는)과 관련해서는 가난하지만 내적, 영적으로 영원히 '부요하다'(눅 6:20; 고전 3:21-23; 고후 6:10; 8:2, 9; 약 2:5; 참고. 반대의 예로는 계 3:17-18).

그들이 겪는 괴로운 상황은 9b절에 나온다. "유대인"을 사칭하는 특정한 사람들이 그들에게 퍼붓는 "비방"이다. "비방"(slander, βλασφημία, CSB, ESV, NIV, NRSV, RSV)은 "신성 모독"(blasphemy, KJV, NASB, NLT)으로도 번역할 수 있다. 서머나 그리스도인들에 대한 그들의 적대가 궁극적으로 하나님 및 그분을 향한 참된 예배를

---

2. Koester, *Revelation*, 271-74; D. S. Potter, "Smyrna," *ABD* 6:73-75.
3. 9절에 대한 설명을 보라.
4. 일곱 개 중 다섯 개의 메시지에는 이 부분에 "행위"라는 말이 나온다. 그리고 이것은 2:9에서는 사본상의 이문으로 보이며(요한계시록의 최고의 고대 사본 세 개 중 하나인 א과 대부분의 후대 Byzantine 소문자 사본이 이를 뒷받침한다) KJV에 반영되어 있다. 하지만 그 언급은 다른 두 개의 가장 유용한 사본(A, C, P와 후대 사본들)에는 빠져 있고, 다른 메시지들과의 대응을 위해 "행위"가 여기에 추가되었을 가능성이 훨씬 더 크다. 2:13에 나오는 비슷한 문제를 보라.
5. BDAG 457. 1:9; 2:10; 또한 마가복음 4:17; 요한복음 16:33; 사도행전 11:19; 14:22; 데살로니가전서 3:3에서 "환난"의 이런 의미를 보라. 이것과 "큰 환난"의 관계에 대해서는 3:10과 7:14에 나오는 논의를 보라.
6. 그리스도인이 되는 것은 종교적 증오로 인해 재산을 빼앗기거나 잃는 것(히 10:34)뿐 아니라 생계를 위해 돈을 벌 기회에서 배제된다는 것[그래서 "궁핍"(πτωχεία)이라는 말이 나온다]을 뜻할 수 있었다.

모독하는 것이라고 이해한다면 후자의 의미가 적절하다(참고. 13:1, 5-6; 17:3). 하지만 이 구절은 그리스도인들을 서머나의 이교 관원에게 악의적으로 고발하는 것을 가리킬 가능성이 더 높다. 그 고발에는 기독교의 가르침에 대한 논박과 교회를 사람들의 괴롭힘에 취약하게 만든 명예를 훼손하는 부당한 비난이 포함되어 있었다(예를 들어, 무신론이라거나 로마에 불충한다는 비난).[7]

그런데 "자칭 유대인이라 하는"(실상은 유대인이 아닌) 대적은 누구인가? 서머나 그리스도인들이 구약 율법을 준수해야 한다고 주장하는 경쟁 그리스도인 집단이라는 견해가 있다(갈라디아, 빌립보, 골로새에 있던 바울의 대적들과 마찬가지로).[8] 몇십 년 후 이그나티우스는 인근 마그네시아와 빌라델비아(하지만 서머나는 아니다)에 있는 교회들에게 어떤 유대주의자들을 주의할 것을 경고했다(Ign. *Magn.* 8-10; *Phld.* 6.1). 하지만 이것이 10절에 암시되어 있는 그리스도인들에 대한 공식 절차로 이어질 듯하지는 않다. 그들을 "회당"(9c절)이라고 묘사하는 것 역시 이상할 것이다. 보다 그럴듯한 견해는 서머나에 있는 유대인 공동체가 지역의 이교 당국과 동맹을 맺고 서머나에서 그리스도인들이 복음을 증언하는 것을 반대했다는 것이다. 이런 반대는 몇십 년 전 동부 지중해 전역에서 일어났었다(행 13:43-45; 14:1-7; 17:13; 18:5-17; 갈 1:13-14, 23; 살전 2:14-16). 그리고 반세기 후에는 서머나에서도 그런 일이 있었다는 증거가 있다(Mart. Pol. 12.2; 13:1; 17.2). 지역의 권력 구조에서 유대 공동체의 지위는 상당히 불안정했을 것이다. 유대인들이 로마에 반란(주후 66-73)을 일으킨 후 대부분의 디아스포라 유대교가 그랬던 것과 마찬가지다. 외인들이 유대교와 밀접하게 관련되어 있다고 오해할 만한 주변 집단을 반대하고 폭로하는 전략이 필요하다고 여겨졌을 것이다.[9]

그리스도는 자칭 "유대인"이라는 무리에 강력한 거부 반응을 보이신다. 유대인이 "아니요" 더 심하게는 "사탄의 회당"으로 칭하신다(9b-c절; 참고. 3:9). 누가 참으로 유대인인가 하는 문제는 때로 초대 그리스도인 사이에서 널리 퍼져 있던 확신을 반영하는 것으로 여겨진다. 곧, 교회가 새 이스라엘이자 참된 유대 백성이고, 인종적 이스라엘이 하나님의 목적 안에서 구별되었다는 확신이다.[10] 하지만 이런 관점에서 말하는 다른 신약 본문이 그렇듯이,[11] 여기에서 요점은 이방인 그리스도인이 이제 진정한 유대인이라는 것이 아니다. 그리스도를 통한 하나님의 구원 역사를 외면하고 그것을 반대하는 인종적 유대인은, 육체적 혈통에서만 유대인일 뿐 내적 헌신이나 아브라함의 믿음의 측면에서는 그들이 유대인이 아님을 보여주고 있다는 것이다(롬 2:28-29; 갈 6:15; 빌 3:3; 참고. 신 10:16; 30:6; 렘 4:4; 9:25). 유대 지도자들이 예수님께 저항하고 그분을 빌라도에게 넘겨준

---

7. Longenecker, "Seven Churches," 282는 로마의 황제 숭배를 각 지방에서 표현하는 것에 대한 저항이 "무신론", 곧 신격화된 황제를 포함해서 신들을 공경하지 않는다는 비난을 일으킬 수 있었다고 말한다. 이것은 심각한 결과를 낳을 수 있었다. Claudia Setzer, *Jewish Responses to Early Christians: History and Polemics, 30-150 C.E.* (Minneapolis: Fortress, 1994), 100-101, 208-9에서 고대 자료에 나오는 예를 보라.

8. Christopher Rowland, "The Book of Revelation: Introduction, Commentary, and Reflections," in *The New Interpreter's Bible*, ed. Leander E. Keck, vol. 12 (Nashville: Abingdon, 1998), 577. 가능성 있는 또 다른 견해는 그들이 서머나에 있던 혼합주의적인 유대인(영지주의 집단) 그리스도인 공동체로 그 지역의 제국의 권위와 가치관에 동화된 사람들이었다는 것이다. 그들은 모세와 그리스도의 참된 추종자라고 주장했지만, 실제로는 사탄과 동맹을 맺고 있었다(참고. 2:9c, 13, 24; 3:9).

9. J. Nelson Kraybill, *Imperial Cult and Commerce in John's Apocalypse*, JSNTSup 132 (Sheffield: Sheffield Academic Press, 1996), 168-72; Keener, *Revelation*, 115.

10. Aune, *Revelation 1-5*, 175-76; Prigent, *Apocalypse*, 168; Hemer, *Letters*, 67.

11. Markus N. A. Bockmuehl, *The Epistle to the Philippians*, BNTC (London: Black, 1998), 191; James D. G. Dunn, *The Epistle to the Galatians*, BNTC (London: Black, 1993), 344-46을 보라. 이것은 Jan Lambrecht, "Jewish Slander: A Note on Revelation 2,9-10," *ETL* 75 (1999): 421-29가 이 본문에 대해 내린 결론이다.

것처럼(요 8:31-44; 16:1-3; 19:14-16) 그리고 바울이 교회를 핍박한 것처럼(행 9:4; 26:9-11), 이교 당국과 협력해서 교회를 반대하는 서머나의 유대인들은 실제로는 하나님의 뜻이 아니라 사탄의 뜻대로 행하고 있었다(참고. 10절).[12]

2:10 너는 장차 받을 고난을 두려워하지 말라 볼지어다 마귀가 장차 너희 가운데에서 몇 사람을 옥에 던져 시험을 받게 하리니 너희가 십 일 동안 환난을 받으리라 네가 죽도록 충성하라 그리하면 내가 생명의 관을 네게 주리라(μηδὲν φοβοῦ ἃ μέλλεις πάσχειν. ἰδοὺ μέλλει βάλλειν ὁ διάβολος ἐξ ὑμῶν εἰς φυλακὴν ἵνα πειρασθῆτε καὶ ἕξετε θλῖψιν ἡμερῶν δέκα. γίνου πιστὸς ἄχρι θανάτου, καὶ δώσω σοι τὸν στέφανον τῆς ζωῆς). 메시지의 세 번째 부분에서 그리스도는 서머나에 있는 자신의 백성에게 곧 닥칠 고난 가운데서 용기와 신실함을 지니라고 명하신다. "두려워하지 말라"고 금하는 말은 그들이 하는 모든 일에서 용감한 태도를 지니라고 명한다.[13] 그들의 기독교적 헌신이 진정한지를 판가름하는 가혹한 시험 앞에서도 용기를 내라는 것이다. 그들을 깊이 아시는 주님이 앞으로 일어날 영적, 정서적 전투를 대비하여 그들을 강하게 하기 원하신다.[14] 그들의 고난은 중요한 면에서 욥의 고난(욥 1:6-12; 2:1-6) 및 예수님이 받으신 시험(마 4:1; 눅 4:2)의 본을 따르는 것으로, 마귀[15]는 그들의 성품을 시험하기 위해 고난을 부추길 것이다. 주님은 진술하시는 속도를 늦추시고 그것에 특별한 주의를 기울이게 하는 수사학적 장치를 사용하셔서 이 중대한 도전이 찾아올 것을 알리신다('내가 말하노니', ἰδού, 종종 "볼지어다"라고 번역됨).[16]

이 시험은 공식적 박해라는 형태로 서머나의 일부 그리스도인[17]을 찾아올 것이다(10b절). "옥에" 던져진다는 것은 단지 산발적인 폭도의 행동이나 만연해 있는 사회적, 경제적 배척이 아니라, 서머나 당국이 취하는 적대적 절차를 말할 것이다. 이것은 (9절이 암시하는 것처럼) 지역 유대 공동체의 고소에 대한 반응일 것이다. 그리스-로마 사회에서 투옥된다는 것은 그 사람이 실제로 유죄든 무죄든 관계없이 지속적으로 수치를 주었다. 그런 행동은 심각한 일이기도 하다. 고대 사회에서 투옥은 사소한 범죄에 대한 처벌이 아니었기 때문이다. 그것은 공식적 요구를 따르도록 강제하기 위해, 재판을 받기 전 피고인을 구류하기 위해 혹은 처형을 앞둔 사람을 구류하기 위해 임시로 구금하는 것이다.[18] 이 신자들은 이 중 어떤 것이든 받을 가능성이 있었다. 10e절

---

12. Sweet, *Revelation*, 85; Smalley, *Revelation*, 65-66. "사탄의 회당"이라는 말은 소유를 나타내는 속격(τοῦ Σατανᾶ)을 사용한다. 그들의 모임은 사탄, 곧 하나님의 대적이자 하나님 백성의 참소자인 사탄에 속해 있고 사탄을 섬겼다는 것이다(BDAG 916-17; 참고 계 12:9-10).

13. 여기에 나오는 헬라어 현재 시제(φοβοῦ)는 관례적, 습관적 태도를 전달하며, '…않다'라는 단어의 더 강력한 형태(μηδέν, "전혀…않다, 절대로…않다", BDAG 647, 참고. 막 5:26)로 부정된다. 부정사로 나오는 현재 명령형이 "(이미 진행되고 있는 것을) 하는 것을 중단하다"라는 의미임이 분명하다는 전통적 개념(예를 들어, *Thomas, Revelation 1-7*, 166)은 타당하지 않다. BDF §335와 Fanning, *Verbal Aspect*, 335-40을 보라.

14. 여기에서 '장차…할 것이다'라고 번역된 동사(μέλλω, 10절에서 두 번 사용된)는 일어날 '정도로 혹은 직전에'라는 의미다(계 10:4, 7, 참고. 막 13:4, BDAG 627을 보라).

15. "마귀"(διάβολος, "비방하는 자, 적", BDAG 226-27)와 "사탄"(Σατανᾶς, "원수", BDAG 916-17)은 동일한 영적 존재, 하나님과 그분의 백성의 대적을 가리키는 두 개의 호칭이다. 두 호칭(그리고 다양한 다른 호칭)이 요한계시록 12:9-10과 20:2에 나온다. G. H. Twelftree, "Spiritual Powers," *NDBT* 797-802를 보라.

16. ἰδού라는 단어는 종종 "볼지어다"(behold, ESV, KJV, NASB, RSV) 혹은 "보라"(look, CSB)라고 번역된다. 하지만 이 문맥에서는 수사학적 혹은 강조적 의미가 더 중요하다. "주의하라"(beware, NRSV), "실로"(indeed, NABR), "들으라"(listen, GNT), 혹은 "내가 네게 말하노니"(I tell you, NCV, NIV)와 같은 번역이 더 낫다.

17. 복수 "너희"라는 말은 2장에서 여기에 처음 나온다(2:1에 대한 설명을 보라). "너희 가운데서 몇 사람을…던져"라는 문구는 문자적으로 '너희(복수)로부터/너희(복수)를 던져'(βάλλειν…ἐξ ὑμῶν)라는 뜻이고, 헬라어 전치사구는 "너희 가운데서 나온 (사람들)"이라는 부분적 개념을 암시한다(BDF §164; BDAG 297; Aune, *Revelation 1-5*, 158; 참고. 5:9; 11:9; 눅 21:16; 요 16:17; 요이 1:4).

18. Brian M. Rapske, "Prison, Prisoner," *DNTB* 827-30; Graham Shipley

이 암시하듯 처형도 이에 포함되었다.

서머나 교인 중 일부는 믿음에 대한 구체적인 시험으로 투옥당할 것이다. 하지만 모든 사람은 보다 일반적인 "환난"을 경험할 것이다.[19] 이 환난은 그들이 이미 경험하고 있는 것보다 더 강렬할 것이다(참고. 9절에 쓰인 것과 같은 단어 θλῖψις, 9절에 대한 설명을 보라). 하지만 그리스도는 그것이 제한된 시간 동안만 이루어질 것이라고 안심시키신다. "십 일"이라는 언급은 아마 문자적인 것이 아니라 다니엘 1:12, 14-15을 암시할 것이다. 거기에서 히브리인 청년들은 제한된 시간 동안 시험을 받았고(LXX, πειράζω), 그 경우에는 좋은 결과를 이루어냈다.[20] 하지만 보다 일반적으로 그것은 교회에 찾아온 강력한 고난을 견디는 사람들에게 하나님이 보상해주실 것에 비하면 그 환난은 일시적인 것일 뿐임을 상기시킨다(10e-11절, 참고. 롬 8:18; 고후 4:17-18; 벧전 1:6-7).

따라서 서머나 그리스도인들은 "충성"[21]해야 한다. 최악의 예상 시나리오가 실제로 일어난다 해도 "죽도록" 충성해야 한다(10e절). 우리는 여기서 요한계시록의 중심 주제를 다시 발견한다. 하나님의 백성은 필요하다면 육체의 죽음이 이르는 순간까지 믿음 안에서 견뎌야 한다는 것이다(13:10; 14:11-12). 예수님은 이에 대한 궁극적인 본보기이시며(1:5; 3:14), 안디바는 가까이에서 모범을 보여주었다(2:13). 자신의 생명을 포기하는 순간에 이를 때까지 그리스도께 충성하는 것은 예수님이 몇 년 전 제자들에게 하신 명령에 뿌리를 두며(막 8:35-37과 병행 구절들, 요 12:25; 참고. 계 14:11), 우리는 이 부분에서 요한계시록 수신자에게 역경 속에서도 충성하라는 명령이 반복되는 것을 본다.

이 구절을 마무리하는 "내가 생명의 관을 네게 주리라"(10f절)는 순도 높은 약속은 예수님이 전에 가르치신 진정한 생명을 찾는 법을 반영한다.[22] 여기에서 "관"(στέφανος)은 왕권을 상징하는 것(12:3; 13:1; 19:12에 나오는 "왕관"과 같이)이 아니다. 이것은 즐거운 승리나 성취에 대한 경축을 상징하는데, 특히 어렵고 희생적인 섬김을 인정하는 것이다(예를 들어, 고전 9:24-26; 약 1:12; 벧전 5:4; 계 3:11). 그런 관(푸른 잎으로 만든 화관 혹은 화환)은 칭찬할 만한 섬김이나 행동에 경의를 표한다.[23] 여기에서 그 관은 생명으로 이루어져 있다.[24] 하나님의 백성에게 모두 주어지는 상으로서 그분과 함께하는 참되고 영속적인 생명이다(계 21:3-7).

2:11 귀 있는 자는 성령이 교회들에게 하시는 말씀을 들을지어다 이기는 자는 둘째 사망의 해를 받지 아니하리라(ὁ ἔχων οὖς ἀκουσάτω τί τὸ πνεῦμα λέγει ταῖς ἐκκλησίαις. ὁ νικῶν οὐ μὴ ἀδικηθῇ ἐκ τοῦ θανάτου τοῦ δευτέρου). 메시지의 결론은 7절에서처럼 들으라는 명령(11a절)과 이기는 자에

---

et al., eds., *Cambridge Dictionary of Classical Civilization* (Cambridge: Cambridge University Press, 2006), 723.

19. "너희가…받으리라"(ἕξετε)는 동사 역시 2인칭 복수 형태이고(10b절에 대한 설명을 보라), 투옥의 추가적 목적('너희를 시험하다'와 대응되는)이 아니라 그들 모두에게 곧 닥칠 일에 대한 별개의 진술("마귀가…옥에 던져"와 대응되는)로 보는 것이 가장 좋다. 앞의 '번역' 부분을 보라.

20. Hemer, *Letters*, 69-70은 "십 일"이 서머나에서 검투사 경기가 열렸던 문자적 기간을 언급할 수 있다는 일말의 가능성을 언급한다(서머나에서 나온 한 비문은 '닷새' 동안 열린 그런 종류의 경기의 후원자를 기념한다). 그리스도인들은 그런 경기에서 위협받았을 수도 있다. 강제로 경기를 해야 하거나 거기 참석하는 사나운 무리의 위협 때문이다. 하지만 그는 앞에서 진술한 결론(명확하지 않은 제한된 기간)을 선호한다.

21. "충성하라"(γίνου πιστός)는 명령은 '…이 되다'(γίνομαι)라는 동사를 사용하지만, "입증하다, 발견되다, 자신이…임을 보이다"(BDAG 199)라는 특화된 의미에서 그 말을 사용한다. 현재 시제는 과정이나 "계속하다"라는 명령이 아니라 일반적 교훈, 행동에 대한 관례적 의미를 표현한다(BDF §335; Fanning, *Verbal Aspect*, 327-35).

22. 여기에서처럼 '그리고'(καί, 개역개정에는 "그리하면"-역주)라는 말이 명령법과 미래 직설법을 연결할 때, 이 말은 종종 '그래서'라는 뜻을 지닌다(예를 들어, 엡 5:14; 약 4:7).

23. BDAG 943-44; W. Grundmann, "στέφανος," *TDNT* 7:630-31; 참고. 고대 사회에서 "관"의 배경에 대해서는 615-29를 보라.

24. 이것은 동격의 소유격 혹은 부가적 의미를 나타내는 소유격이다(참고. Wallace, *Grammar*, 95-100; David Mathewson, *Revelation: A Handbook on the Greek Text*, BHGNT [Waco: Baylor University Press, 2016], 26).

게 주는 약속(11b절)으로 구성된다. 들어야 하는 명령에 대해서는 7a절(11a절과 표현이 똑같은)에 대한 설명을 보라. 이기는 자에게 주는 이 약속은 앞의 메시지에 제시된 사망과 생명이라는 주제를 반영한다. 진정으로 그리스도를 믿고 믿음으로 견디는 사람[25]은 분명 둘째 사망의 해[26]를 받지 않을 것이다. 이것은 10절 끝에 나온 신실한 자에게 "생명의 관"을 주시겠다는 예수님의 맹세를 부정적 측면에서 강조한다. "둘째 사망"(20:6, 14; 21:8)[27]은 믿지 않는 사람들의 운명으로[28] 요한계시록에서 불못이라고도 일컬어진다. 그것은 첫째 부활 혹은 새 예루살렘의 복을 경험하지 못하고 그 이름이 어린양의 생명책에 기록되지 않은 사람들에게 찾아올 운명이다(19:20; 20:4–6, 14–15; 21:7–8).

적용에서의 신학

1. 미리 경고되었지만 두렵지 않은

역경과 빈곤과 비방에 직면한 신실한 그리스도인들에게 그리스도가 주시는 이 칭찬의 메시지는, 우리가 정말로 하나님을 사랑한다면 언제나 번영하고 행복하고 문화적으로 받아들여지리라고 무의식적으로 기대하는 오늘날의 신자들을 놀라게 할 것이다. 성경은 신실한 그리스도인이 불가피하게 적대 세력에게 거부당하고 고난을 겪으리라는 사실을 분명히 밝힌다(마 5:10–12; 행 14:22; 딤후 3:12). 하지만 박해에 직면했을 때 두려워하지 말라는 예수님의 명령은 진심으로 들린다(계 2:10). 세속 서구 사회에 사는 많은 그리스도인은 경제적 억압(고용이나 사업의 기회를 거부당하거나 잃는 것), 비방(논쟁적인 문제에 대한 우리의 입장이 그릇 진술되거나 거부당하는 것), 배척(반문화적 견해로 인한 가족 간의 충돌 혹은 사회적 배제)을 경험할 가능성이 거의 없는 듯

---

25. 요한계시록 2–3장에서 '이기다'라는 말의 의미에 대해서는 2:7b에 대한 설명을 보라. 이 메시지에서 이기는 자는 특히 고난과 박해를 받으면서도 죽기까지 그리스도께 신실함을 유지하는 사람이다(10절). 그런 사람에게는 부활의 생명과 하나님의 칭찬이 기다리고 있다. 예수님이 죽음을 이기시고 승리하심으로써 보여주신 것과 같다(8절).

26. '해를 끼치다'(ἀδικέω)라는 헬라어 동사는 때로 '불의를 저지르다, 잘못을 행하다'라는 보다 일반적인 도덕적 의미(능동태)를 지닌다. 하지만 요한계시록에서는 일관되게 "손해를 행하다, 손상시키다"라는 뜻이다(BDAG 20, 예를 들어, 9:10, 19; 11:5). 여기에서 그 말은 가정법으로 οὐ μή가 미래의 가능성을 단호히 부인하는 것이다(BDF §365; Wallace, *Grammar,* 468–69).

27. 이 문구는 요한계시록에서 언제나 관사와 함께 나오는 것으로, 그 운명이 잘 알려진 것으로 여겨졌음을 가리킨다(Wallace, *Grammar,* 225).

28. "둘째 사망"이라는 표현은 Jewish Targums에도 나오는데, 거기서는 이 세상에서 의인의 육체적 죽음(첫째)을 앞으로 일어날 악인의 영적 죽음(둘째)과 구분하기 위해 사용된다. 신명기 33:6에 대한 Targums는 그것을 이렇게 풀어쓴다. "르우벤은 이 세상에서 살고(혹은 영원한 삶을 삶고) 앞으로 올 세상에서 악인의 둘째 죽음을 죽지 않기를 원하나이다"(Tg. Onq. 신 33:6; Tg. Neof. 신 33:6; 참고. Tg. 렘 51:39, 57; Tg. 사 22:14; 65:5–6, 15). McNamara는 Martin McNamara, *Targum and Testament Revisited: Aramaic Paraphrases of the Hebrew Bible: A Light on the New Testament,* 2nd ed. (Grand Rapids: Eerdmans, 2010), 223–27에서 이 본문들과 요한계시록의 관계를 논한다.

보인다. 하지만 세계 여러 지역에서 여전히 박해가 창궐하고 있으며 다른 그리스도인이 그리스도께 충성을 바치는 것 때문에 끔찍한 값을 치르고 있음을 알아야 한다. 우리는 그들의 고난에 애도하면서 그들의 본보기로 격려받고 영감을 받는 한편, 그들의 상황을 나아지게 하기 위해 조치를 취할 수 있다(기도, 옹호, 재정적 도움). 또한 점차 반기독교적 현상이 심화되어감에 따라 찾아올 변화 속에서 그리스도인은 신실하게 순종하며 살아갈 준비를 해야 한다.

2. 살아 계신 주님이 주시는 위로와 결의

이 메시지에서 부활하신 주님이 고난받는 신자에게 주시는 격려는, 현재와 미래에 믿음 때문에 박해받는 것에 대한 직접적인 언급을 넘어서는 반향을 일으킨다. 그것은 우리를 구하시기 위해 예수님이 고난과 죽음을 경험하신 것을 의미심장하게 상기시킨다. 그 고난과 죽음을 통해 예수님은 죽지 않는 생명으로 부활하셨다(8절; 참고. 1:17–18). 그리스도는 자신의 죽음과 부활을 근거로 그리스도인에게 "죽도록 충성하라"고 촉구하시고, 그들에게 개인적으로 "생명의 관"을 주실 것과 그들이 "둘째 사망의 해를 받지 아니하리라"고 약속하신다(10–11절). 이 세상에서 역경과 죽음의 위협은, 그리스도인이 "(그분의) 영광의 몸"(빌 3:21)의 형체와 같이 육체로 부활하리라는 해방의 소망(롬 8:18–25)으로 변화되었다. 우리가 핍박을 받아 육체적 고통과 죽음에 직면하든, 질병이나 사고나 노화를 통해 직면하든 사망은 여전히 원수다. 하지만 그 능력과 쏘는 것은 제거되었다(고전 15:55–57). 예수님이 죽음에 직면한 모든 사람에게 제시하시는 신적 위로는, 우리의 경험에서 멀리 떨어져 계시는 분이 아니라 그것을 직접 아시는 분에게서 온다(히 2:17–18; 4:15–16). 우리의 궁극적 해방은 당분간만 지속될 육체적 치유나 회복이 아니라, 영원히 하나님의 임재를 누리는 육체적 부활에 초점이 맞추어져 있다.

CHAPTER 5

요한계시록 2:12-17

문학적 전후 문맥

2:1-7에 대한 '문학적 전후 문맥'(114쪽)에 논의된 내용을 보라.

I. 서언(1:1-8)

II. 첫 번째 환상: 높임받으신 그리스도와 교회에 보내는 그리스도의 메시지(1:9-3:22)

A. 높임받으신 그리스도에 대한 환상(1:9-20)

B. 일곱 교회에 보내는 메시지(2:1-3:22)

1. 에베소 교회에(2:1-7)

2. 서머나 교회에(2:8-11)

➡ **3. 버가모 교회에(2:12-17)**

4. 두아디라 교회에(2:18-29)

주요 개념

예수님은 버가모 교회가 치명적인 박해 속에서도 신실한 것을 칭찬하신다. 하지만 그들 가운데 있는 우상 숭배의 영향력에서 돌아서지 않으면 예수님의 심판에 직면할 것이다.

번역

요한계시록 2:12-17

12a	명령	**버가모 교회의 사자에게 편지하라**
b	화자	좌우에 날선 검을 가지신 이가 이르시되
13a	칭찬	네가 어디에 사는지를 내가 아노니
		거기는 사탄의 권좌가 있는 데라
b		네가 내 이름을 굳게 잡아서
c		내 충성된 증인
d		안디바가
e		너희 가운데 곧 사탄이 사는
		곳에서 죽임을 당할 때에도
		나를 믿는 믿음을 저버리지 아니하였도다
14a	책망	그러나 네게 두어 가지 책망할 것이 있나니
b	설명	거기 네게 발람의 교훈을 지키는 자들이 있도다
c	신원 확인	발람이 발락을 가르쳐
		이스라엘 자손 앞에 걸림돌을 놓아
d		우상의 제물을 먹게 하였고
e		또 행음하게 하였느니라
15		이와 같이 네게도 니골라 당의 교훈을 지키는 자들이 있도다
16a	경고	그러므로 회개하라
b		그리하지 아니하면
c		내가 네게 속히 가서
d		내 입의 검으로 그들과 싸우리라
17a	명령	귀 있는 자는 성령이 교회들에게 하시는 말씀을 들을지어다
b	약속	이기는 그에게는 내가 감추었던 만나를 주고 또
c		흰 돌을 줄 터인데
d		그 돌 위에
		새 이름을 기록한 것이 있나니
e		받는 자 밖에는 그 이름을
		알 사람이 없느니라

구조

모든 메시지에 공통적으로 적용되는 네 부분으로 이루어진 구조에 대한 논의로는 2:1–7을 보라. 버가모 교회를 향한 메시지는 일반적 구조를 밀접하게 따르며, 교회의 상태를 묘사하면서 칭찬과 책망을 둘 다 포함한다(13–15절). 회개하라는 권고는 단호하지만(16절) 그 안에는 더 큰 신실함에 대한 칭찬이 반영되어 있다.

석의적 개요

II. 첫 번째 환상: 높임받으신 그리스도와 교회에 보내는 그리스도의 메시지(1:9–3:22)

A. 높임받으신 그리스도에 대한 환상(1:9–20)

B. 일곱 교회에 보내는 메시지(2:1–3:22)

1. 에베소 교회에(2:1–7)

2. 서머나 교회에(2:8–11)

➦ **3. 버가모 교회에(2:12–17)**

a. 서론(2:12)

(1) 수신자 및 편지하라는 명령(2:12a)

(2) 말씀하고 계시는 그리스도에 대한 묘사(2:12b)

b. 교회의 상태를 아심(2:13–15)

(1) 어둡고 치명적인 곳에서 그들이 신실한 것을 칭찬하심(2:13)

(2) 우상 숭배의 영향력을 용납한 것을 책망하심(2:14–15)

c. 회개하지 않으면 심판에 직면하리라는 권고(2:16)

d. 결론(2:17)

(1) 성령의 메시지를 들으라는 명령(2:17a)

(2) 이기는 자에게 주는 약속(2:17b)

본문 설명

2:12 버가모 교회의 사자에게 편지하라 좌우에 날선 검을 가지신 이가 이르시되(Καὶ τῷ ἀγγέλῳ τῆς ἐν Περγάμῳ ἐκκλησίας γράψον· Τάδε λέγει ὁ ἔχων τὴν ῥομφαίαν τὴν δίστομον τὴν ὀξεῖαν). 서신의 수신자를 나타내는 관용 표현(12a절)은 장소명이 바뀐 것만 빼고 8a절과 똑같다. 공통적으로 해당되는 표현에 대해서는 1절과 8a절에 대한 설명을 보라. 말씀하시는 분이신 그리스도(12b절)는 1장의 환상에서 나온 말로 다시 한번 묘사된다. 그분은 "좌우에 날선 검"을 가지고 계시다(the라는 관사는 1장의 환상에서 언급된 검을 말한다). 그리스도가 심판 가운데 말씀하

신 권위 있는 말씀이 상징하는 바와 그 말의 구약적 배경에 대한 논의로는 1:16에 대한 설명을 보라(참고. 또한 19:15, 21). 이 문구는 메시지의 끝부분에서 그리스도의 말씀에 따라 행동하지 않는 사람들에게 내릴 심판을 피하기 위한 준엄한 동기로 다시 한번 등장한다(2:16). 버가모에서 이 언급은 로마의 권위를 위협한 사람들에게 검의 힘(*ius gladii*)을 휘두르는 로마 관원의 권세와 대조되는 말일 것이다(13절).

버가모는 에베소나 서머나처럼 해안에 있지 않고, 내륙으로 약 25킬로미터 그리고 서머나에서 북쪽으로 약 110킬로미터 떨어진 곳에 위치했다(일곱 개 도시 전체에서 가장 북쪽). 버가모에는 평야 위로 약 300미터 솟아오른 성채가 있었고, 카이쿠스(Caicus) 강이 그곳을 가로질러 흐른다는 특징이 있었다. 전략적 군사 기지로는 안성맞춤이었다. 아탈리드(Attalids) 왕조의 헬레니즘 왕국은 알렉산더의 후계자 리시마코스(Lysimachus) 이후부터 주전 130년경 로마 정권으로 평화롭게 이양될 때까지 그곳을 통치했다. 그 중간 시기에 아탈리드 왕조는 버가모의 성채를 인상적이고 아름다운 그리스 로마 도시이자 성장하는 문화 중심지로 바꾸어놓았다. 로마에 대한 그들의 충성은, 아우구스투스가 주전 31년 권력을 강화한 직후 그 지역의 첫 번째 황제 숭배 신전을 버가모에 세우면서 보상을 받았다(13절에 대한 각주를 보라). 그 근처 성채 위에는 아테네에게 바친 신전, 제우스에게 바친 단, 디오니소스와 데메테르에게 바친 신전들이 있었다. 성읍 변두리에는 아스클레피오스를 숭배하는 큰 단지가 있었는데, 아픈 사람들이 치유받고자 그곳을 찾아갔다. 이 시절의 소아시아 다른 도시들이 그랬듯, 부유한 시민들은 제사장과 여제사장으로 섬기고자 경쟁했고 이 신들을 기념하는 연회를 여는 명예(그리고 비용)를 앞다투어 얻으려 했다. 그런 축제에는 다양한 직업의 동업 조합들과 지역 사회 집단이 참여했을 것이다. 그리고 그리스도인들은 이런 축제에 어느 정도까지 참여하는 것이 용납되는가 하는 질문에 직면했을 것이다.[1]

2:13 네가 어디에 사는지를 내가 아노니 거기는 사탄의 권좌가 있는 데라 네가 내 이름을 굳게 잡아서 내 충성된 증인 안디바가 너희 가운데 곧 사탄이 사는 곳에서 죽임을 당할 때에도 나를 믿는 믿음을 저버리지 아니하였도다(Οἶδα ποῦ κατοικεῖς, ὅπου ὁ θρόνος τοῦ Σατανᾶ, καὶ κρατεῖς τὸ ὄνομά μου καὶ οὐκ ἠρνήσω τὴν πίστιν μου καὶ ἐν ταῖς ἡμέραις Ἀντιπᾶς ὁ μάρτυς μου ὁ πιστός μου, ὃς ἀπεκτάνθη παρ' ὑμῖν, ὅπου ὁ Σατανᾶς κατοικεῖ). 그리스도는 버가모 그리스도인이 처해 있는 위험한 상황을 즉각 인정하신다. 그들은 사탄[2]이 사는(이 구절 처음과 끝에 '살다 혹은 거주하다'라는 뜻의 같은 단어 κατοικέω가 나옴) 곳 그리고 사탄이 심지어 "권좌", 곧 악한 통치권을 발휘하는 중심지에 '산다.'[3] 이 표현은 사탄의 권세가 버가모에서 특히 확고하다고 말하는 듯 보인다.[4] 하지만 어떤 식으로 그렇게 확고한지는 즉시 분명하게 나타나지는 않는다. "사탄의 권좌"는 1세기 말 버가모에 있던 특정한 장소를 언급한 것인가? 우리는 후보지가 될 만한 몇몇 장소를 안다.[5] 하지만 그로부터 20세기가 지난 지금, 이 중에서 하나라도 구체적으로 고려된 곳이 있는지 확신하기는 어렵다. 그러나 확실한 점은 사

---

1. Koester, *Revelation*, 282-86; D. S. Potter, "Pergamum," *ABD* 5:229-30.
2. "사탄"이라는 이름에 대해서는 2:10에 대한 각주를 보라.
3. "권좌"는 요한계시록에서 통치하는 권위의 중요한 상징이다. 하나님과 그리스도(1:4; 3:21; 4:2; 5:1; 22:1, 3), 하나님의 임재와 연관된 다른 천상의 존재들(4:4; 11:16) 그리고 하나님께 대적하는 악한 세력(13:2; 16:10)의 통치다.
4. Boxall, *Revelation*, 58-59는 요한계시록에 나오는 더 광범위한 진리를 제대로 가리킨다. 하나님의 참된 통치에 맞서는 권좌가 "이 땅에, 버가모에서뿐 아니라 하나님의 나라에 대한 반대가 나타나는 곳 어디에서나 세워졌다"는 것이다. 하지만 이 구절은 버가모에서 사탄의 통치의 보다 강한 측면이 있었음을 암시하는 듯하다.
5. "사탄의 권좌"가 있을 만한 세 장소는 다음과 같다. (1) Zeus에게 바친 거대한 제단(지금은 베를린에 있는 버가모 박물관에 전시되어 있음) 및 그 도시에 우뚝 솟아 있는 높은 성채에 위치한 제우스와 아테나에게 바친 관련 신전들. 그런 권좌의 형상이 높은 산에 세워져 있는 것은 성경적 반향을 지닌다(시 48:2; 사 14:13-14; 또한 1

탄의 악이 버가모에서 특히 맹위를 떨쳤으며 그곳의 그리스도인들에게 계속적으로 위협이 되었다는 것이다. 그것은 교회 외부에서 오는 치명적인 박해와 교회 내부의 교리적 속임수의 형태를 띠었다.[6]

그들이 직면한 위험 속에서도[7] 이 메시지가 주어진 시기에 버가모 교회는 그리스도께 강력한 충성을 보이고 있었다.[8] 그들은 '그분의 이름을 굳게 잡았다'(13b절).[9] 그들이 현재 보이는 헌신의 배경과 명백한 증거는, 전에 견뎌냈던 시련 가운데 보여준 용감한 충성이었다. 그리스도는 과거의 사건들을 돌아보시면서 "나를 믿는 믿음을 저버리지 아니하였도다"[10]라고 말씀하신다.[11] 그다음에는 버가모 그리스도인이 처한 환경을 간결하게 이야기한다. 그 환경은 그리스도인에게 너무나 적대적이어서 비극적이게도 그들 중 한 명이 죽임을 당했다. "안디바[12]가 너희 가운데…서 죽임을 당"했다는 것이다. 이 사건 혹은 "안디바"라는 사람에 대한 더 상세한 정보는 나오지 않는다.[13] 그리고 '죽임을 당했다'는 표현은 그의 죽음이 폭도 때문이었는지(예를 들어, 행 8장에서 스데반이 돌에 맞아 죽은 것) 아니면 공식적 처형이었는지[예를 들어, 행 12장에서 야고보의 죽음, 참고. 20년 후 비두니아에서 Pliny가 내린 사형 선고(*Ep.* 10.96-97) 혹은 2세기 중반 서머나에서 Polycarp의 순교(Mart. Pol. 10-18)] 나타내지 않는다. 안디바가 그리스도께 희생적으로 충성한 것은, 많은 그리스도인이 앞으로 올 끔찍한 시기에 할 궁극적 증언(1:2, 9; 6:9; 12:11, 17; 17:6; 19:10; 20:4)뿐 아니라 그리스도가 친히 죽으시기까지 하나님께 충성하신 것(1:5; 3:14)이 반영된 말로 칭찬받는다("내 충성된 증인").[14] 특정한 죽음을 언급한 것으로 보아 다른 사례는 없었던 듯하

En. 25:3). (2) 주전 29년 황제가 신적인 존재로 인정되던 곳에 세워진 Augustus와 여신 Roma에게 바쳐진 신전(Dio Cassius, *Rom. Hist.* 51.20.7; Tacitus, *Ann.* 4.37). 혹은 (3) 성읍 변두리에 있던 치유(이자 구원)의 신 Asclepius의 성소. 그의 상징은 뱀이었다(참고. 계 12:9). *BNPauly* 10:754-71; Hemer, *Letters,* 84-85를 보라. Adela Yarbro Collins, "Pergamon in Early Christian Literature," in *Pergamon: Citadel of the Gods,* ed. Helmut Köster (Harrisburg, PA: Trinity Press International, 1998), 163-84는 (1)번 견해를 강력히 지지한다. 그리고 증거가 더 나오기 전까지는 그렇게 보는 것이 더 낫다고 생각해야 할 것이다.

6. Steven J. Friesen, "Satan's Throne, Imperial Cults and the Social Settings of Revelation," *JSNT* (2005): 351-67은 버가모에 있는 "사탄의 권좌"가 무엇인가에 대해 앞에서 말한 모든 것을 거부한다. 다른 일곱 도시에서도 비슷한 특징들을 발견할 수 있었기 때문이다. 그의 견해는 버가모가 13절에 언급된 안디바의 죽음 때문에 두드러졌다는 것이다. 그것은 버가모 교회에 대한 사탄적 반대를 나타내는 명백한 표시였다.

7. 13b절에 나오는 '그렇지만'(καί, 개역개정에는 "…있는 데라" 다음에 나오는 이 말이 번역되어 있지 않음-역주)은 보통 '그리고'라고 번역된다. 하지만 여기에서 이 단어는 대조의 의미다.

8. '굳게 잡다'(κρατεῖς)라고 번역된 동사는 여기에서 관례적 현재로 사용된다.

9. 2:3에 대한 설명을 보라. 어떤 사람의 "이름"은 그 사람 자신과 분리될 수 없는 것으로 여겨졌다(BDAG 712).

10. "나를 믿는 믿음"(faith in me, τὴν πίστιν μου)이라고 번역된 소유격 구는 분명 목적격의 의미를 지닌다(14:12의 "예수에 대한 믿음"과 비슷하게, 참고. 13:10, "성도들의 인내와 믿음"에 나오는 주격 소유격).

11. 동사 "저버리지 아니하였도다"의 시제(부정과거 οὐκ ἠρνήσω, 또한 3:8)는 그전에 일어난 사건들을 겪으며 그들이 보인 반응을 요약한다. 그렇게 그리스도를 거부하거나 부인한 것은 재판 절차 혹은 매일의 사회적 활동이라는 배경에서 일어날 수 있었다(마 26:70, 72; 눅 12:9; 행 3:13-14; 딤후 2:12; 요일 2:22-23; 유 1:4). Pliny the Younger는 몇십 년 후 비두니아에서 로마 관원으로서 그리스도인들을 심문하면서 그리스도를 향한 모든 충성을 저버리라고 요구했다고 말한다(*Ep.* 10.96). 그는 그리스도를 말로 부인한 후 반드시 로마의 신들을 큰 소리로 부르고, 황제와 신들의 상에 포도주의 향을 바치며, 그리스도를 저주해야 한다고 주장했다.

12. "안디바"라는 이름은 헬라어에서 어미 변화가 되지 않지만 여기에서 소유격으로 사용된다. 그다음에 나오는 문구("내 충성된 증인")는 안디바와 동격으로 주격이다. 이것은 헬라어에서 동격에 대한 통상적 경우는 아니다. 하지만 요한계시록에서는 그런 경우가 종종 나온다(BDF §136.1; 예를 들어, 1:5; 2:20; 3:12; 14:12).

13. Bruce W. Longenecker, *The Lost Letters of Pergamum,* 2nd ed. (Grand Rapids: Baker Academic, 2016)는 이 일이 어떻게 일어났을지에 대한 통찰력 있는 견해를 제공한다. 그것은 1세기 지중해 세계를 살아가는 그리스도인의 사회적, 종교적 상황을 생생하게 반영하는 소설화된 편지 형식으로 되어 있다.

14. "내 충성된 증인"이라는 문구는 '그리스도를 향한' 충성된 증거를 암시한다[즉, "내"(μου)라는 말은 목적격적 소유격이다]. μάρτυς라는 단어는 훗날 '순교자, 그의 신앙에 대한 증인으로 죽는 사람'을 뜻하게 되었다. 하지만 그 단어는 신약에서 그런 전문적 의미를 지니지 않는다. Allison A. Trites, "Μάρτυς and Martyrdom in the Apocalypse: A Semantic Study," *NovT* 15 (1973): 72-80; J. Beutler, "μαρτυρία, μάρτυς," *EDNT* 2:392-95를 보라; BDAG 620과는 반대다.

다.[15] 하지만 버가모 그리스도인들은 목숨을 위태롭게 하는 적대감이 언제라도 다시 타오를 수 있다는 가능성을 안고 살았다.

2:14–15 그러나 네게 두어 가지 책망할 것이 있나니 거기 네게 발람의 교훈을 지키는 자들이 있도다 발람이 발락을 가르쳐 이스라엘 자손 앞에 걸림돌을 놓아 우상의 제물을 먹게 하였고 또 행음하게 하였느니라 이와 같이 네게도 니골라 당의 교훈을 지키는 자들이 있도다(14 ἀλλ᾽ ἔχω κατὰ σοῦ ὀλίγα ὅτι ἔχεις ἐκεῖ κρατοῦντας τὴν διδαχὴν Βαλαάμ, ὃς ἐδίδασκεν τῷ Βαλὰκ βαλεῖν σκάνδαλον ἐνώπιον τῶν υἱῶν Ἰσραὴλ φαγεῖν εἰδωλόθυτα καὶ πορνεῦσαι. 15 οὕτως ἔχεις καὶ σὺ κρατοῦντας τὴν διδαχὴν [τῶν] Νικολαϊτῶν ὁμοίως). 주님이 버가모 교회의 상황을 아시는 것에는 칭찬(13절)과 대조되는 책망(14–15절)도 포함되어 있다. 책망의 첫 부분에는 버가모 회중 사이에서 반복되는(15절) 구약의 거짓 가르침과 예표론적으로 대응되는 내용(14절)이 제시된다. 책망의 서론인 "네게 두어 가지 책망할 것이 있나니"(14a절)라는 말에는 강력함이 약간 누그러져 있다("두어 가지", ὀλίγα, 참고. 2:4, 20의 ὀλίγα가 없는 비슷한 표현). 이런 누그러짐은 16c–d절에서 대명사가 바뀌는 것에서도 다시 나타난다("내가 네게 속히 가서…그들과 싸우리라"). 그 책망은 그들이 마땅히 받아야 하는 것이었고 변화가 필요했다(16a절). 그러나 더 넓은 관점에서 보면, 그들 가운데 있는 몇몇 "자들"의 중대한 오류를 용납했음에도 회중 전체의 헌신은 확고했다(13절).[16] 이 집단 가운데 있던 혼합주의적 가르침은 우상 숭배적 관행을 강하게 일으켰는데, 구약에서 나온 발람과 발락에 대한 언급은 그것을 강력하게 환기한다.[17] 신구약 중간기의 유대교와 초기 기독교에서 발람은 하나님을 위해 말하지 않고 자신의 목적을 위해 사람들이 참되신 하나님을 예배하는 일에서 벗어나게 하는 거짓 선지자의 전형이었다. 민수기 25:1–3, 31:8, 15–16에 따르면 이것이 발람이 한 일이었다.[18] "발람의 교훈"이란 특정한 일련의 교리들이 아니라, 거짓 종교를 촉진하는 거짓되고 자기 잇속만 차리는 사역 유형을 나타낸다.[19]

발람에 대한 이런 묘사는 "발락을 가르쳐 이스라엘 자손 앞에 걸림돌을 놓아"[14c절; 참고. 민 31:16의 '발람의 말'(개역개정에는 "발람의 꾀"–역주)이 민 24:12–14과 연관해서 발락에게 준 조언으로 이해되는 것]라는 언급에 나온다.[20] "꾀어…죄를 짓게 하다"(Entice…to sin, NIV)라는 말은 문자적으로 "앞에 걸림돌을 두다/놓다"(CSB, ESV, NABR, NASB, RSV)라는 뜻으로, 다른 사람들에게 영향을 미쳐 죄나 배교를 행하게 하는 것을 나타내는 비유다(참고. 수 23:13; 삿 2:3; 8:27; 시 106:36; 호 4:17 LXX; 마 16:23; 18:7; 롬 14:23; 16:17).[21] 그다음에 나오는 두 개의 헬라어

---

15. Roloff, *Revelation,* 51; Friesen, "Satan's Throne," 365–66.

16. "지키는 자들"(some…who hold)은 부정 명사로 사용된(15절에서처럼, 참고. 4:2) 헬라어의 관사 없는 실명사 분사(κρατοῦντας)를 번역한 것이다.

17. "발람"은 이 집단이 스스로 선택했을 법한 이름이 아니라, 그리스도가 그들의 진정한 특성을 보여주시기 위해 사용하시는(요한을 통해 말씀하시면서) 묘사다. 이름에 대한 언어유희가 될 만한 것으로는 다음 구절에 대한 설명을 보라.

18. 민수기 22–24장에 나오는 발람 이야기는 24:15–19의 메시아적 예언을 포함하는 긍정적 요소를 지닌다. 하지만 거기에는 또한 유대 전승이 민수기 25:1–3, 31:15–16에 비추어 해석하게 된 교만과 탐욕의 주장도 포함되어 있다. 31:16에 따르면 이스라엘이 바알을 숭배하게 하고, 그들에 대한 여호와의 심판을 일으킨 것은 "발람의 말"이었다(25:1–3). 발람에 대한 이런 사고방식은 Philo, *Moses* 1.294–99; *Migr.* 113–14; Josephus, *Ant.* 4.6.6, §§126–30; b. Sanh. 105; 그리고 베드로후서 2:15–16; 유다서 1:11에서 볼 수 있다. Geza Vermes, "The Story of Balaam," in *Scripture and Tradition in Judaism* (Leiden: Brill, 1961), 127–77; K. G. Kuhn, "Βαλαάμ," *TDNT* 1:524–25를 보라.

19. 이 구절들에서 규약의 예표 혹은 유형으로서 발람에 대해서는 Hoskins, *Revelation,* 86–87 그리고 '요한계시록 서론'에 나오는 예표론에 대한 논의를 보라.

20. "가르쳐"라는 동사는 발락과 장기간 만나는 동안 반복된 그의 관례적 가르침을 묘사하는 헬라어 미완료(ἐδίδασκεν)다(민 22–24장).

21. BDAG 926.

부정사는 이렇게 꾀는 것의 결과를 말한다(이 경우 이스라엘의 경험에서 실제 역사적 결과). "우상의 제물을 먹게 하였고 또 행음하게 하였느니라"(14d-e절)는 것이다. 이 둘은 영적 우상 숭배만 언급하는 것으로 이해할 수 있다.[22] "행음"은 종종 성경에서 거짓 신을 숭배함으로 여호와를 배교하는 것에 대한 비유로 나오기 때문이다(예를 들어, 왕하 9:22; 대상 5:25; 시 73:27; 사 1:21; 렘 3:6; 겔 23:19; 계 2:20; 17:2; 18:3, 9). 민수기 25:1-3은 발람의 영향을 받아 이스라엘이 저지른 영적 간음뿐만 아니라 육체적 '간음' 역시 언급한다. 그리고 그것이 이 구절의 초점이다. 분명 버가모 그리스도인들은 영적 불충성에 대한 유혹을 받았다(13절을 보라). 하지만 음행이 주된 실패였다는 것은 그리 명백하게 제시되지는 않는다. 다음 구절에 나오는 논의와 2:20(εἰδωλόθυτα가 다시 언급되는)에 대한 설명을 보라.

15절은 14절에 나오는 발람에 대한 묘사가 제시하는 예표론 유형을 완성한다. 헬라어에서 15절 양쪽 끝에서 그것을 하나로 묶어주는 "이와 같이"(οὕτως, ὁμοίως)라는 부사 및 14c-e절(과거)에서 15절(현재)로 시제가 바뀌는 것이 그런 대응을 나타낸다. '그들이 [했다]…이와 같이 네게도 [하는] 자들이 있다'[23]는 것이다. 14절에서 나온 단어들이 반복되는 것("네게도…의 교훈을 지키는 자들이 있도다")에서 나타난 문제는, 교회 전체가 그들 가운데 잘못된 교리를 주창하는 사람들("자들", some) 집단을 묵인했다는 것이다. 2:6에서처럼 이들은 "니골라 당"[24]이라고 언급되고, 6절에서처럼 15절은 그들의 가르침을 구체적으로 묘사하지 않는다.[25] 하지만 전후 문맥을 보면 우리를 인도해줄 증거가 더 있다. 버가모의 그리스도인들은 사탄의 영향을 받은 일부 저명한 인물(들)로부터 협박을 받고 있었다. 아마 그곳에 있던 이교 숭배 중심지가 그 핵심에 있었을 것이다(13절). 이 니골라 당은 오래전 발람의 영향을 받아 우상 숭배적 관행들과 타협하는 경향이 있었다(14절). 이것이 14-15절에 나오는 그리스도의 책망에서 도출해야 하는 주요 요점이다. 그 당시 소아시아 도시에서 그리스도인은 그들 주변에 있는 이교 우상 숭배에 참여하고 그것을 받아들이라는 압력을 끊임없이 받았을 것이다. 정치적, 경제적 삶은 다양한 종교적 준수 사항들과 단단히 얽혀 있었고, 이것은 신실한 그리스도인들에게 큰 어려움을 안겨주었다.[26] 버가모 그리스도인들의 경우 이것은 안디바의 죽음이라는 특히 비극적인 결과를 낳았다(13절).

"우상의 제물"(2:14, 20; 참고. 민 25:2)[27]을 먹는 것에 대한 언급은 그리스도가 지금 책망하시는 것, 곧 니골라 당이 주창했던 적응의 예가 될 만하다. 1세기에 버가

22. Keener, *Revelation,* 124; Koester, *Revelation,* 288-89.

23. 마태복음 12:40, 17:12, 24:37, 39, 요한복음 3:14, 로마서 5:18-19, 21, 디모데후서 3:8, 히브리서 5:5에서 예표론적 대응들을 연결하기 위해 οὕτως를 사용하는 것과 누가복음 17:28에서 그런 대응을 강화하기 위해 ὁμοίως를 사용하는 것을 보라. 비슷한 견해로는 Heikki Räisänen, "The Nicolaitans: Apoc 2; Acta 6," in *Challenges to Biblical Interpretation: Collected Essays 1991-2000* (Leiden: Brill, 2001), 145n20을 보라. 일부 사람(Aune, *Revelation 1-5,* 188; Smalley, *Revelation,* 69)은 "이와 같이"(ὁμοίως)가 이 말을 에베소에 있는 니골라 당을 언급한 2:6을 가리키는 것과 연관 짓는 것이라고 본다. 하지만 그렇게 보기에는 본문에서 그것이 너무 앞에서 나온 듯하다.

24. 여기에는 정관사 the가 포함되어 하는가의 여부에 관해 이문이 있다. 하지만 2:6에서는 정관사가 있는 것이 확실하다. 아마 여기에서도 정관사가 포함되어야 할 것이다. 사본상의 증거는(매우 균등하게 나눠져 있지만) 포함하는 쪽으로 약간 기울어지기 때문이다. 그리고 14절에 나오는 "발람의 교훈"(τὴν διδαχὴν Βαλαάμ)에서 관사 없이 나오는 이름과 대응을 이루기 위해 관사를 빼놓았을 수도 있다. 그리스도는 요한을 통해 말씀하시면서 교회가 이 집단 및 그들이 교회 가운데서 어떤 활동을 했는지 알고 있다고 추정하셨을 것이다.

25. 15절에 나오는 "…도"(also)라는 말은 발람이 한 것처럼(14절) 가르친 사람들과는 별개의 추가 집단이 있다는 의미는 아니다. 예표론적 대응(즉, '너희도 발람 시대의 이스라엘처럼')은 14-15절에서 같은 집단을 묘사하고 있음을 의미한다. Charles, *Revelation,* 1:63-64; Caird, *Revelation,* 38-39를 보라.

26. Koester, *Revelation,* 289; Longenecker, "Seven Churches," 281-84.

27. 2:14, 20에 나오는 '우상에 바친 고기'(개역개정에는 "우상의 제물"-역주)는 '우상을 위해 죽인 어떤 것'이라는 의미의 헬라어 복합 형용사 εἰδωλόθυτος를 풀어쓴 것이다. 그것은 이교 신상 예배에서 제물로 희생된 짐승을 가리키는 유대-기독교 단어였다(BDAG 280). 민수기 25:2 LXX는 이 특정한 단어를 사용하지 않지만 같은 점을 말한다.

모 같은 도시에 있던 많은 단과 신전에서는 짐승을 제물로 드리는 일이 잦았다. 그 영향력은 신전 경내에서 시작되었지만, 그곳을 넘어 도시의 사회적, 경제적, 종교적 삶에도 영향을 끼쳤다. 제물로 바쳐진 짐승은 종종 신전 경내에서 신에게 경의를 표하는 신성한 식사로 사용되었다. 예배자의 가족과 친지들은 성전이나 개인 집에서 그런 잔치에 참여하라고 초청받았을 것이다. 그런 식사는 또한 공적(전 지역 사회적)이거나 반(半)공적(클럽이나 동업 조합) 경축 행사의 일부였다. 이런 행사는 사회적 연줄과 지역 사회에 대한 충성을 반영했을 것이다. 고기 중 일부는 심지어 개인적으로 사용하도록 시장에 내다 팔았을 것이다.[28] 이 활동에 대한 유대인 및 그리스도인의 일반적인 입장은, 우상 숭배와 연관되어 있는 식사에 일절 참여하지 않는 것이었다(행 15:20, 29; 21:25; 참고. 4 Macc 5:1-3; Did. 6.3; Justin, *Dial.* 34; Irenaeus, *Haer.* 1.6.3). 바울은 우상이 아무것도 아니라는 것을 분명하게 이해한 그리스도인에게는 어느 정도 자유를 주었다. 하지만 그는 또한 우상을 섬기는 신전의 식사에 참여하는 것을 금했고, 어떤 식으로 참여하든 그것이 더 연약한 그리스도인을 오해하게 만든다면 참여하지 말 것을 당부했다(고전 8:1-13; 10:14-33). 니골라 당은 그보다 더 많이 참여하는 것을 허용했음이 분명하다. 그리고 예수님은 (여기에서 요한을 통해 말씀하시면서) 버가모의 그리스도인들에게 그들의 영향력에 저항하라고 요구하신다.

우상 숭배에 대한 이런 영향력 외에, 니골라 당이 민수기 25:1(또한 고전 10:8; 벧후 2:13-14; 유 1:7, 11)에 나오는 방탕한 성적 관행도 장려했는지의 여부는 덜 분명하다. 그러지 않았다고 결론을 내리는 것이 가장 좋은 듯하다.[29] 고대 사회에서는 성적 음행과 종교적 우상 숭배가 종종 함께 나오지만, 요한계시록에서 요한은 교회에 퍼져 독자들을 위협했던 영적 불충함에만 초점을 맞춘다(계 2:22; 14:8; 17:1-5; 18:3, 9; 19:2).[30] 수십 년 후 소아시아 교회가 성적 방종함과 교리적 이교가 결합되었을 영지주의 집단의 위협을 받은 것은 사실이다.[31] 교부들의 글을 보면 2세기 말의 영지주의 집단과 요한계시록 2:6, 15에 나오는 니골라 당을 통상적으로 연결하고, 그들은 때로 사도행전 6:5에 나오는 니골라를 그들의 초기 지도자로 본다.[32] 하지만 그런 글들은 이 신약 본문들을 해석한 것이며 1세기 집단에 대한 독자적인 정보는 아닌 듯하다. 어떤 사람들은 2:20의 이세벨뿐 아니라 영지주의의 초기 형태가 니골라 당에서 나왔다고 보았다(2:24에서 '사탄의 깊은 것을 아는 것'이라는 말은 영지주의적 비밀을 언급할 수도 있다).[33] 하지만 요한계시록은 후대 영지주의의 몇 가지 주요 특징(예를 들어, 이원론, 그리스도 가현설)을 전혀 언급하지 않고, 앞에서 언급한 영지주의의 성적 자유주의 역시 별로 말하지 않는다. 요한계시록이 니골라 당에 대해 중점적으로 다루는 것, 즉 그들이 그리스도인들로 하여금 참된 하나님을 예배하는 일에서 타협하도록 영향력을 발휘했다는 사실에 집중하는 것이 더 낫다.

2:16 그러므로 회개하라 그리하지 아니하면 내가 네게 속히 가서 내 입의 검으로 그들과 싸우리라(μετανόησον οὖν· εἰ δὲ μή,

28. Aune, *Revelation 1-5*, 191-94; Friesen, *Imperial Cults*, 193; *NewDocs*, 1:5-9; Keener, *Revelation*, 124-25; Ramsay MacMullen, *Paganism in the Roman Empire* (New Haven: Yale University Press, 1981), 36-42, 57.

29. Koester, *Revelation*, 288-89; Räisänen, "Nicolaitans," 152-60.

30. 요한계시록은 회개하지 않는 사람들이 짓는 다양한 도덕적 위반 목록에서 성적인 죄를 단 세 번 언급한다(9:21; 21:8; 22:15).

31. 교부들의 글은 이 적들을 성적으로 방탕한 자들로 묘사한다. 하지만 이것이 그들의 실제 관행을 왜곡한 것인가에 대해서는 약간의 의문이 있다(Kurt Rudolph, "Gnosticism," *ABD* 2:1034).

32. Irenaeus, *Haer.* 1.26.3; 3.11.1; Hippolytus, *Haer.* 7.24; Clement of Alexandria, *Strom.* 2.20; 3.4; and Eusebius, *Hist. eccl.* 3.29.

33. Adolf Schlatter, *The Church in the New Testament Period* (London: SPCK, 1955), 133-36; C. K. Barrett, "Gnosis and the Apocalypse of John," in *The New Testament and Gnosis* (Edinburgh: T&T Clark, 1983), 127-35; and Smalley, *Revelation*, 63.

ἔρχομαί σοι ταχὺ καὶ πολεμήσω μετ᾽ αὐτῶν ἐν τῇ ῥομφαίᾳ τοῦ στόματός μου). 그리스도는 2:5과 비슷한 표현을 사용하셔서 회개(μετανόησον), 곧 파괴적인 가르침을 용납한 것(14-15절)에서 벗어나 행동의 변화[34]를 일으키라고 명령하신다.[35] 그들이 그리스도의 명령에 주의를 기울이지 않는다면 그리스도는 "속히" 징계하는 심판으로 버가모를 방문하실 것이다[2:5에 사용된 것과 같은 표현(그 구절에 대한 설명을 보라), 그런 실패의 결과를 명확하게 하기 위해 "속히"라는 말이 사용된 것만 다름].[36] 그리스도는 그분의 백성을 꾀어내려 하는 사람들에게 특히 결정적인 행동을 취하실 것이다("네게"에서 "그들과"로 인칭 대명사가 바뀌는 것을 주목하라). 그 강렬한 어조는 12절의 그리스도의 "날선 검"에 대한 묘사로 다시 돌아가는 전투 이미지로 강화된다. "내가…내 입의 검으로 그들과 싸우리라"는 것이다. 전쟁 이미지는 요한계시록에서 종종 우주적 충돌을 언급한다(예를 들어, 12:7; 13:4; 17:14). 하지만 여기에서 그리스도는 발람이 궁극적으로 당한 것과 비슷하게 니골라 당도 결정적 반대에 부딪힐 것임을 맹세하신다[민수기 31:8에서 거짓 선지자의 운명에 대해 동일하게 "칼"(ῥομφαία)이라는 단어가 사용된 것을 보라. 또한 여호수아 13:22에 나오는 유사한 히브리어를 보라]. 그리스도는 그분의 백성을 방어하실 것이다. 단기적으로나 그분의 궁극적 승리에서나, 그들의 믿음에 반하는 모든 원수에게 권위 있는 심판의 선언을 내리심으로 그들을 지키신다(계 1:16; 19:15, 21에 나오는 "검"과 "입"의 이미지를 보라. 참고. 욥 4:9; 시 33:6; 사 11:4; 살후 2:8; 또한 시 7:11-12, 회개하지 않는 자들에 대한 하나님의 의로운 심판인 "칼").

2:17 귀 있는 자는 성령이 교회들에게 하시는 말씀을 들을지어다 이기는 그에게는 내가 감추었던 만나를 주고 또 흰 돌을 줄 터인데 그 돌 위에 새 이름을 기록한 것이 있나니 받는 자 밖에는 그 이름을 알 사람이 없느니라(ὁ ἔχων οὖς ἀκουσάτω τί τὸ πνεῦμα λέγει ταῖς ἐκκλησίαις. τῷ νικῶντι δώσω αὐτῷ τοῦ μάννα τοῦ κεκρυμμένου καὶ δώσω αὐτῷ ψῆφον λευκὴν, καὶ ἐπὶ τὴν ψῆφον ὄνομα καινὸν γεγραμμένον ὃ οὐδεὶς οἶδεν εἰ μὴ ὁ λαμβάνων). 앞의 두 메시지에서처럼 버가모에 보내는 메시지의 결론도 들으라는 명령(17a절)과 이기는 자에게 주는 약속(17b-e절)으로 이루어져 있다. 들으라는 명령에 대해서는 7a절(17a절과 똑같은 표현)에 나오는 설명을 보라. 이 결론에서 이기는 자에게 주는 약속[37]은 여러 부분으로 되어 있다('내가…주리라'는 말이 두 번 나오며, 두 번째 절에는 그리스도가 이기는 자에게 주겠다고 서약하시는 두 개의 목적어가 나온다).

약속된 첫 번째 선물은 '감추었던 만나 일부'(τοῦ μάννα τοῦ κεκρυμμένου, 개역개정에는 "감추었던 만나"-역주)[38]로 니골라 당이 제시한 우상의 제물(14-15절)과 선명히 대조된다. 이 이미지는 하나님이 광야에서 이스라엘에게 주신 생명을 유지하기 위한 양식을 암시한다(출 16:4, 14-36; 민 11:6-7).[39] 이것은 그리스도의 구원이 하나님의 새롭게 된 창조 안에서 그분이 계획하신 대로

---

34. 2:5에 나오는 회개(μετανοέω)에 대한 사전적 주해를 보라.

35. '그래서' 혹은 "그러므로"(οὖν)라는 추론적 접속사는 이 일곱 메시지의 권고 부분에 자주 나온다(예를 들어, 2:5; 3:3, 19). 그렇지만 그 말은 16절에서 중요한 몇몇 사본에서 빠져 있고(א ,P, 025, 2053, 2329), 그 말이 다른 곳에 나오기 때문에 필사자가 그 말을 덧붙였을 수도 있다. 하지만 그 말은 똑같이 귀중한 사본(A, C, 046, 1006, 1611)에는 포함되어 있다. μετανόησον 끝에 비슷하게 보이는 글자들이 있기 때문에 우연히 빠졌을 수도 있다[중복 철자 탈락(haplography)].

36. 16c절에서 "속히"라는 말은 그리스도가 최종적으로 오시는 것을 염두에 두었음을 보여주는 것일 수 있다(요한계시록 다른 곳에서 "속히"라는 말이 사용된 것을 근거로, 3:11; 22:7을 보라). 하지만 2:5에서 설명하는 것처럼 그리스도가 오시는 것에 대한 표현은 예표론적으로 관련되어 있으며, 완전히 분리하기가 어렵다.

37. 요한계시록 2-3장에서 '이기다'라는 말의 의미에 대한 논의로는 2:7b에 대한 설명을 보라. 이 메시지에서 이기는 자는 특히 버가모에서 사탄 숭배와 타협하도록 이끄는 영향력을 따름으로써(13-15절) 그리스도를 믿는 믿음을 버리지 않은 사람(13절)이다.

38. '주다' 다음에 나오는 소유격 τοῦ μάννα(보통 17c-d절에서처럼 대격 목적어를 취하는)는 "…의 일부"라는 부분적 의미다(BDAG 743, 참고. 요일 4:13에서 전치사 ἐκ와 함께 나오는 비슷한 문구).

39. 출애굽에서 하나님이 이스라엘을 다루시는 유형들은 그다음에 나

살아가기 위해 이스라엘 백성에게 참으로 필요한 모든 것을 공급하신다는 점을 말해준다(요 6:25-40; 계 7:16-17; 21:1-7; 22:1-3).[40] 이런 구원의 시작은 이미 이루어졌다. 예수님이 하늘로부터 오셔서 십자가에서 자신을 드리시고 그분을 믿는 모든 사람이 영생을 얻게 하셨기 때문이다(요 6:41-59).[41] 하지만 완벽한 성취는 그리스도가 '그들을 다시 살리시고'(요 6:54) 요한계시록 21-22장에 묘사된 대로 하나님이 만물을 새롭게 하시는 때에 가서야 이루어진다. 이것이 "감추었던" 만나라고 묘사하는 것의 요점인 듯하다. 그것은 인간에게 보이지 않는다는 의미에서 감추어져 있지만 마지막 날 이 땅에 분명하게 보이게 될 때까지 하늘에 보존되어 있다(참고. 골 3:1-4). 출애굽 때 하나님이 하늘로부터 양식을 공급하시는 것(출 16:4)은 말일에 하나님이 자신의 백성에게 궁극적이고도 완전한 공급을 하러 오시는 것을 예상한다(2 Bar. 29:8; Sib. Or. 7:141-49; 출 16:25에서 볼 수 있는 일부 유대인들의 종말론적 기대의 특징).[42]

그리스도가 주실 두 번째 선물은 "흰 돌"과 함께 "돌 위에 기록한" "새 이름"이다(17c-d). 이 선물은 단순하고 명확하게 표현되어 있다. 하지만 현대 해석자에게는 그것이 의미할 수 있는 바의 범위가 어마어마하게 넓다. 아마 요한과 그의 초기 독자들에게는 그 의미가 더 명료했을 것이다. 하지만 우리는 그들처럼 직관적으로 문화적 연상을 할 수가 없고 그것이 함축하는 바를 파악하기 위해 애써야 한다. 전후 문맥상 그리스도가 주실 선물은 거의 확실하게 신실한 자들이 마지막으로 구원될 때 받을 특권과 관계되어 있다. 그것은 일곱 개의 메시지 모두에서 이기는 자에게 주는 약속의 특성이기 때문이다. 하지만 구체적인 뉘앙스는 파악하기 어렵고, 현존하는 증거로는 어떤 확고한 결론도 내릴 수 없다.

"돌"(ψῆφον)이라는 말은 조약돌 혹은 작은 암석(애 3:16), 보석이나 원석(예를 들어, 반지석, 아마 누군가의 지위를 인정하기 위해 주어지는), 부적(예를 들어, 마술적인 힘이 있다고 여겨지는 돌이나 점을 칠 때 사용되는 돌), 징표(입문 혹은 회원 자격을 의미하는 것, 예를 들어, 입장 허가증) 혹은 특별한 연관성에 의해 명찰이나 투표용 돌(법정 소송 사건 혹은 공적 선거를 결정하기 위해 조약돌을 던져 숫자를 세었으므로, 행 26:10; 4 Macc. 15:26)을 언급할 수 있다.[43] 이 중 몇 가지는 요한계시록 2:14의 문맥에 잘 들어맞는다. 하지만 다른 것보다 눈에 띄게 적합한 것은 없다. 또 하나 생각해보아야 할 점은 이 중 어떤 것이 "새 이름"을 새기기에 더 적절한가 하는 것이다. 고대의 호부(護符)나 마술용 부적에는 종종 신의 이름(들)이 새겨져 있었다. 그 돌이 거기에 이름이 새겨진 신의 능력을 지닌다고 여긴 것이다.[44] 이 중 어느 한 의미로 "돌"에 이름이 새겨져 있다는 증거는 없다. 하지만 그것이 어떤 식으로 적

오는 성경 여러 곳에서 거듭 환기된다. 반복되는 위험과 악에 종속되는 상황에서 하나님이 어떻게 그분의 백성을 구해내시는지 묘사하기 위해서다(참고. 사 49:9-10에 나오는 음식 공급을 포함한 새 출애굽 이미지). 그리고 이런 것은 모두 예표론적으로 단계적으로 확대되면서 종말 때 하나님의 궁극적 공급을 가리킨다(계 7:16-17; 19:9; 21:1-7; 22:1-3을 보라).

40. 이기는 자에게 주어지는 이전의 약속에서처럼(2:7, 11), 이 구절은 요한계시록 마지막 장들에 묘사된 하나님의 궁극적 구속의 특징을 말한다.

41. 신자들을 위한 그리스도의 희생은 주의 만찬을 기념하는 것에서 기억되는데(요 6:52-58), 그것은 또한 앞으로 올 완성을 기다린다(마 26:29; 고전 11:26).

42. 2 Macc 2:4-8과 2 Bar. 6:7-10에 나오는 유대 전통에 대한 보다 내밀한 이야기는 여기에 나오는 "감추었던" 만나와 관련되어 있을 것 같지는 않다. 그 이야기를 보면 궤와 다른 성소 비품들은 예레미야가 봉인해서 동굴에 두거나, 느부갓네살이 성전을 파괴했을 때(주전 586) 천사가 땅에 묻어놓아 훗날 발견되도록 했다. 여기에는 모세가 언약궤 안의 항아리에 넣어놓은 만나가 포함될 수도 있지만(출 16:32-34; 히 9:4), 2 Macc와 2 Bar. 모두 만나를 언급하지 않으며, 열왕기상 8:9은 솔로몬 치하에서 성전을 봉헌했을 때 궤 안에 율법 판만 있었다고 말한다.

43. BDAG 1098. 고대의 수많은 예시들로는 LSJ 2022-23을 보라. *New Docs* 1:84; 4:209는 "흰 돌"이 찬성표 혹은 석방 투표를 가리키는 내용을 담은 고대 비문을 인용한다.

44. 예를 들어 Artemidorus, *Onir.* 5.26; 참고. *PGM* 1.146; 12.6-20.

절할지 생각해보는 것은 어렵지 않다(예를 들어, 어떤 사람의 입장 허가증이나, 어떤 사람을 위한 호의적 판결). 이 이미지는 스가랴 3:9에서 나온 것일 수 있다. 그 본문에서 새긴 돌(λίθος)은 아마 죄악을 제거하는 것과 관련되어 있을 것이다. 하지만 그 구절의 해석은 분명하지 않다. 그리고 요한계시록 2:17에서 그 구절을 암시하거나 반영한다는 증거 역시 애매하다.[45]

그렇다면 여기에서 생기는 또 다른 질문은 돌에 누구의 이름이 기록되어 있다고 이해해야 하는가 하는 것이다. 3:12에서는 그리스도의 "새 이름"뿐 아니라 하나님의 이름과 새 예루살렘의 이름이 이기는 자에게 기록된다(참고. 22:4). 그래서 2:17에서 신적 이름을 지닌 돌은, 이기는 자가 더 이상 사탄의 영역에 속하지 않고 그리스도의 것이 되었다고 그분이 인정하시거나 공인하시는 것을 나타낼 수 있다. 하지만 "새 이름"을 주는 것은 또한 이사야에서 하나님이 그분의 백성과 모든 피조물을 새롭게 하시는 더 큰 환상과 연관되어 있는 듯하다(사 43:18-19; 65:17; 66:22; 참고. 계 21:1-2, 4). 이사야에 따르면 하나님의 백성은 "새 이름"을 받을 것이기 때문이다(사 62:2-4; 65:15). 성경적 용법에서 새 이름을 주는 것은 영적 혹은 도덕적 변혁을 말한다(예를 들어, 아브라함, 야곱).[46]

17e절에 나오는 "받는 자밖에는 그 이름을 알 사람이 없느니라"는 또 다른 묘사 역시 그 언급을 개인화한다. 그것이 그리스도의 이름이라면(19:12; 22:4) 다른 사람들이 그것을 알 것이기 때문이다. 따라서 그것은 개인의 신원과 그 미래의 날에 변화되는 것을 나타내는 듯하다.[47] 하나님의 구속적 완성이 수많은 중요한 공동적 차원을 지닌 반면(5:9-14; 7:9-10; 21:1-7), 이 변화의 차원에서 각 그리스도인은 그리스도와 더불어 다른 누구도 헤아릴 수 없는 방식으로 친밀하고 개인적으로 관계를 맺는다. 또한 오직 그리스도만이 아시는 그분의 이름과 비슷하게(19:12, 이 구절에 대한 설명을 보라), 각 그리스도인을 위한 "새 이름"은 전에 알지 못했던 이름이나 신원이 아닌 하나님이 그리스도 안에 있는 자녀에게 염두에 두신 개인적 성품이 완전히 꽃피는 것으로 이해될 수 있을 것이다. 우리가 궁극적으로 그리스도의 형상을 본받는 것은(롬 8:29; 요일 3:2) 가족이 서로 닮는 것을 포함하겠지만, 이름을 부르시는(요 10:3) 각 가족 구성원에 대한 하나님의 계획을 반영할 것이다.

적용에서의 신학

1. 인격적인 소통

부활하신 그리스도가 교회에 보내시는 다른 메시지에서와 마찬가지로, 여기에서도 그리스도가 그들을 완전히 아시며 그들이 처한 환경과 그에 대한 그들의 반응을 다 알고 계신다는 점이 분명히 드러난다(참고. "네가 어디에 사는지를 내가 아노니", 13절). "내가 본 괴로움을 아는 자

45. Jauhiainen, *Zechariah*, 82-83.

46. 이사야 62:2-4, 65:15에 나오는 "새 이름" 혹은 "다른 이름"은 공동적인 것(예루살렘 혹은 이스라엘을 위한)이다. 그런데 여기에서처럼 그 의미를 개인의 이름에까지 확장하는 것은 더 광범위한 성경적 이미지에 비추어볼 때 불합리하지 않다.

47. Fekkes, *Prophetic Traditions*, 128-30.

아무도 없네, 내 슬픔을 아는 자 아무도 없네"라고 한탄하는 옛 영가는 신자에게 해당되지 않는다. 루이 암스트롱(Louis Armstrong)은 사실 그다음 가사에서 "예수님 외에는 아는 자 아무도 없네"라고 노래한다. 그리스도가 자신의 백성을 깊이 아시는 것은 당시와 오늘날의 모든 교회 및 그 회중을 구성하는 개개 그리스도인들에게까지 확장된다. 그리스도는 우리의 가장 깊은 차원까지 속속들이 알고 계신다. 다른 어느 누구도 우리의 처지를 알거나 신경 쓰지 않는다 해도 그리스도는 우리를 잘 아신다. 그리스도는 우리 사이를 거니시며(2:1) 우리의 분투와 성공을 보시고, 심판이나 보상에서 권위 있게 행동하실 것이다(12, 16-17절). 그분이 우리의 모든 것을 보시고 아신다는 사실은, 우리가 그분께 어떻게 반응하느냐에 따라 위로의 원천이 되기도 하고 비탄의 원천이 되기도 한다.

2. 미래의 소망과 현재의 정체성

미래의 구속에 대한 하나님의 예언이 성취되기를 기대하는 사람들은 '이 세상에서 조금이라도 선이 되기에는 너무 세속적'이라고 희화화되곤 한다. 그들은 비관주의적 도피주의자로서 오늘날의 사회에 정의롭거나 선한 것에 전혀 투자하지 않고 문화가 부패하는 것을 보면서 기뻐한다는 것이다. 하지만 이 본문 그리고 요한계시록 전체는 공동체적으로나 개인적으로나 그렇지 않다는 점을 보여준다. 요한계시록은 미래에 대한 환상을 근거로 현재 종교적, 도덕적 배교의 지배적 이데올로기에 맞서 굳게 서고, 말과 행동으로 참되신 하나님을 일관되게 증언하라고 그리스도인에게 명한다. 그리스도인은 교활하고 치명적인 반대에 맞닥뜨릴 때 동화되거나 물러나거나 고립되는 것이 아니라, 그에 저항하고 은혜롭게 전도하라는 부르심을 받는다(1:5; 2:13; 6:9; 12:11; 19:20).[48] 우리가 이렇게 하는 것은 교회가 바로 지상에서 "미래의 하나님 나라가 시작된 형태"[49]이기 때문이다. 그것은 하나님께 구속받고 화목하게 된 인간 사회가 다양한 배경의 사람들 사이에서 어떻게 의와 희락과 평강을 추구하며 살아갈지를 미리 보여준다.

하지만 또한 우리는 한 명의 그리스도인으로서 하나님이 우리를 위해 준비해두신 미래를 향해 살도록 부름받는다. 나는 예수님께 새 이름을 받을 것이다. 지금은 도저히 상상할 수 없지만, 그것은 그리스도 안에서 나를 향한 하나님의 선하신 계획에 따라 나의 인격과 은사들이 완전히 변화된 것을 나타내는 신원과 성품이다. 그리스도 안에서 나는 누구인가? 그리고 그리스도 때문에 나는 어떤 공동체 혹은 확대 가족에 속하는가? 현재와 미래에 자기 자신을 보는 방식은 현재 살아가는 방식을 지배하고, 성경에 나오는 하나님의 계시는 그 이미지를 알

48. Bauckham, *Theology*, 160-61; Richard B. Hays, *The Moral Vision of the New Testament-Community, Cross and New Creation: A Contemporary Introduction to New Testament Ethics* (New York: HarperOne, 1996), 176-81.

49. Blaising and Bock, *Progressive Dispensationalism*, 286; 참고. 285-91.

려준다. 나는 스스로 택한 정체성이나 주위 문화에 압도되어 형성된 정체성(자율적이고, 자신에게만 몰두하며, 하나님이 없는)이 아니라, 나의 삶을 향해 그리스도가 품으신 의도를 발견하며 살아야 한다.[50] 현재 우리의 정체성과 행동은 과거뿐만 아니라 미래에 대한 우리의 운명과 소망을 통해 형성된다.

50. Stanton L. Jones and Mark A. Yarhouse, "Anthropology, Sexuality, and Sexual Ethics: The Challenge of Psychology," in *Personal Identity in Theological Perspective,* ed. Richard Lints, Michael S. Horton, and Mark R. Talbot (Grand Rapids: Eerdmans, 2006), 118-36에서 특히 성적 정체성과 윤리(이성 및 동성 간 행동)에 관련해서 이 점을 탐구한 것을 보라.

CHAPTER 6

요한계시록 2:18-29

문학적 전후 문맥

2:1-7에 대한 '문학적 전후 문맥'(114쪽)에 논의된 내용을 보라.

I. 서언(1:1-8)
II. 첫 번째 환상: 높임받으신 그리스도와 교회에 보내는 그리스도의 메시지(1:9-3:22)
A. 높임받으신 그리스도에 대한 환상(1:9-20)
B. 일곱 교회에 보내는 메시지(2:1-3:22)
1. 에베소 교회에(2:1-7)
2. 서머나 교회에(2:8-11)
3. 버가모 교회에(2:12-17)
➦ **4. 두아디라 교회에(2:18-29)**
5. 사데 교회에(3:1-6)

주요 개념

예수님은 두아디라 교회가 그리스도인의 성품에서 성장한 것을 칭찬하시고 그들에게 그것을 굳게 잡으라고 권고하신다. 하지만 예수님은 그들이 우상 숭배적 가르침을 용납한 것을 책망하시며, 누구든 그 가르침을 따르면 그에 대해 심판을 받을 것이라고 경고하신다.

번역

요한계시록 2:18-29

18a	명령	**두아디라 교회의 사자에게 편지하라**
b	묘사 1	그 눈이 불꽃 같고
	묘사 2	그 발이 빛난 주석과 같은
	화자	하나님의 아들이
		이르시되
19a	칭찬	내가 네 사업과
b	설명	사랑과 믿음과 섬김과 인내를 아노니
c		네 나중 행위가 처음 것보다 많도다
20a	책망	그러나 네게 책망할 일이 있노라
		여자 이세벨을 네가 용납함이니
b	묘사 1	자칭 선지자라 하는 그가
c	묘사 2	내 종들을 가르쳐 꾀어
d		행음하게 하고
		우상의 제물을 먹게 하는도다
21a	경고	또 내가 그에게 회개할 기회를 주었으되
b		자기의 음행을 회개하고자 하지 아니하는도다
22a		볼지어다 내가 그를 침상에 던질 터이요
b		또 그와 더불어 간음하는 자들도…
		큰 환난 가운데에 던지고
c	(22b절의) 조건	만일 그의 행위를 회개하지 아니하면
23a	경고 연속	또 내가 사망으로 그의 자녀를 죽이리니
b	결과	모든 교회가 나는 사람의 뜻과 마음을 살피는 자인 줄 알지라
c		내가 너희 각 사람의 행위대로 갚아 주리라
24a	권고	두아디라에 남아 있어
b	묘사 1	이 교훈을 받지 아니하고
c	묘사 2	소위 사탄의 깊은 것을 알지 못하는 너희에게 말하노니
d	선언	다른 짐으로 너희에게 지울 것은 없노라
25	명령	다만 너희에게 있는 것을 내가 올 때까지 굳게 잡으라
26a	약속	이기는 자와 끝까지

내 일을 지키는 그에게

b 약속 만국을 다스리는 권세를 주리니

27 그가 철장을 가지고 그들을 다스려

질그릇 깨뜨리는 것과 같이 하리라(시 2:9)

28a (26b절과) 비교 나도 내 아버지께 받은 것이 그러하니라

b 약속 내가 또 그에게 새벽 별을 주리라

29 명령 귀 있는 자는 성령이 교회들에게 하시는 말씀을 들을지어다

구조

모든 메시지에 공통적으로 적용되는 네 부분으로 이루어진 구조에 대한 논의로는 2:1–7을 보라. 두아디라 교회에 보내는 메시지는 대부분의 면에서 일반적 구조를 따른다. 서론(18절)이 나온 다음, 간결한 칭찬과 그보다 긴 책망 및 경고와 함께 교회의 상태를 묘사한다(19–23절). 권고 부분에는 신실한 자들에게 경건한 행동을 유지하라는 권면이 나온다(24–25절). 결론 부분(26–29절)에서 이기는 자에게 주어지는 약속과 들으라는 명령의 순서가 거꾸로 나온다. 나머지 세 메시지에서는 이 새로운 순서를 따른다.

석의적 개요

II. 첫 번째 환상: 높임받으신 그리스도와 교회에 보내는 그리스도의 메시지(1:9–3:22)

A. 높임받으신 그리스도에 대한 환상(1:9–20)

B. 일곱 교회에 보내는 메시지(2:1–3:22)

1. 에베소 교회에(2:1–7)

2. 서머나 교회에(2:8–11)

3. 버가모 교회에(2:12–17)

➦ **4. 두아디라 교회에(2:18–29)**

a. 서론(2:18)

(1) 수신자와 편지하라는 명령(2:18a)

(2) 말씀하고 계시는 그리스도에 대한 묘사(2:18b)

b. 교회의 상태를 아심(2:19–23)

(1) 열매를 맺고 성장하는 그리스도인다운 행동을 칭찬하심(2:19)

(2) 우상 숭배적 가르침을 용납하는 것을 책망하시고,
그 가르침을 신봉하는 자들에게 경고하심(2:20–23)

c. 신실한 자들에게 굳게 잡으라고 권고하심(2:24–25)

d. 결론(2:26–29)

(1) 이기는 자에게 주는 약속(2:26–28)

(2) 성령의 메시지를 들으라는 명령(2:29)

본문 설명

2:18 두아디라 교회의 사자에게 편지하라 그 눈이 불꽃 같고 그 발이 빛난 주석과 같은 하나님의 아들이 이르시되(Καὶ τῷ ἀγγέλῳ τῆς ἐν Θυατείροις ἐκκλησίας γράψον· Τάδε λέγει ὁ υἱὸς τοῦ θεοῦ, ὁ ἔχων τοὺς ὀφθαλμοὺς αὐτοῦ ὡς φλόγα πυρὸς καὶ οἱ πόδες αὐτοῦ ὅμοιοι χαλκολιβάνῳ). 이 서신의 수신자를 나타내는 관용 표현(18a절)은 장소명이 바뀐 것만 빼고는 8a절과 똑같다. 공통적으로 나오는 표현에 대해서는 2:1, 8a에 대한 설명을 보라. 여기에서 그리스도는 메시지가 결론을 맺는 방식(26–28절)과 특히 적합하게 묘사되는데, 1장에 나온 환상에 쓰인 적절한 말로 표현된다(18b절). "하나님의 아들"이라는 호칭은 신약 나머지 부분과 특히 복음서 및 요한 서신에서 매우 흔하게 쓰이는 말로, 요한계시록에서는 여기에서만 사용된다. 하지만 하나님을 "내 아버지"(2:28; 3:5, 21)와 "그의 아버지"(1:6; 14:1)라고 언급하는 것은 흔히 예수님이 하나님의 아들이심을 묘사한다. 이것은 로마 황제를 '신의 아들', 곧 아우구스투스 시대 이래 많은 황제에게 수여된 호칭이었던 *divi filius*로 숭배하는 것과 정면으로 충돌할 것이다.[1] 예수님이 하나님의 아들이라는 사실과 온 세상을 다스리실 권리를 연결하는 시편 2편(이 교회에 주는 말 끝부분에 인용된)과 같은 구약 본문에 대한 그리스도인의 이해에 비추어볼 때, 예수님을 "하나님의 아들"로 보는 것은 로마의 이데올로기와 더 큰 충돌을 일으킨다(26–28절에 나오는 논의를 보라. 또한 계 11:15–19에 대한 해설을 보라).

영광스러운 권위를 갖고 계시는 그리스도에 대한 이런 묘사는 1:14–15에 나오는 그리스도에 대한 환상에서 가져온 두 개의 묘사로 강화된다. 첫째, 그분의 '눈은 불꽃 같다.' 그것은 다니엘 10:6(참고. 계 1:14)에서 나온 묘사이고, 요한계시록 19:12에서 반복된다. 거기에서 그 말은 그리스도의 통치하는 권위에 반대하는 모든 사람에 대한 심판에서 궁극적으로 표현된 신적 분노라는 개념을 환기한다(참고. 사 66:15–16; 살후 1:7–8에 나오는 "맹렬한 화염", "불꽃"을 보라). 둘째, 그분의 '발은 빛난 주석 같다.' 그것은 그분의 눈부신 하늘 영광을 강조하지만(계 1:15을 보라), 또한 간접적으로 두아디라의 유명한 금속 가공업과 연관되어 있을 것이다.[2] "빛난 주석"(χαλκολίβανον, 현존하는 헬라어 문헌 전체에서 여기와 계 1:15에만 나오는)이라고 번역된 단어는 일종의 고급 황동 혹은 청동을 가리키는 듯하고, 그것은 그 지역에서 잘 알려진 전문 용어였을 것이다.[3] 어쨌든 그것은 그리스도의 영광스러운 환상(1:15)과 심판에 나타나는 그분의 외

1. Friesen, *Imperial Cults*, 31–32, 75–76; Koester, *Revelation*, 297–98; Mark Reasoner, "The Emperor Cult," in *DLNT* 324–25.

2. Hemer, *Letters*, 111–17.

3. BDAG 1076; 이 이미지의 출처인 다니엘 10:6(계 1:15에 대한 주를

모를 연관시키는 데 기여한다. 아마 이 경우에는 그리스도가 장차 만유의 주님으로 압도적인 권능으로 오시는 것을 암시할 것이다(19:11-16).

두아디라는 더 내륙에 위치했는데, 버가모에서 사데를 향해 남동쪽으로 가는 주요 도로의 넓은 골짜기에 있는 중간 규모의 도시였다. 두아디라는 위치상 직물 산업(양모 무역, 직물, 염색)이 번창하는 중요한 상업 중심지가 되었다. 사도행전 16:14에 등장하는 루디아는 두아디라 출신의 자색 옷감 장사였다. 비문들을 보면 그 도시에 다양한 직업이 융성했다는 증거를 찾을 수 있다(구리 세공업자, 무두장이, 가죽 세공인, 토기장이, 노예상). 20절에서 이 직종들의 동업 조합에 대한 설명을 보라. 두아디라에서 고고학적 작업은 많이 이루어지지 않았다. 서머나/이즈미르와 마찬가지로 그곳은 현대의 꽤 큰 도시인 아키사르(Akhisar)가 있는 곳이기 때문이다. 화폐 및 비문으로부터 그리스 로마의 아볼로와 아데미 그리고 헬리오스(Helios), 메테르(Meter), 티케(Tyche)에 동화된 지역 신들의 신전이 있었다는 것을 알 수 있다. 이 시대 유대인 주민에 대해 알려주는 현존하는 증거는 없다. 하지만 아마 유대인들이 살고 있었을 것이다.[4]

2:19 내가 네 사업과 사랑과 믿음과 섬김과 인내를 아노니 네 나중 행위가 처음 것보다 많도다(οἶδά σου τὰ ἔργα καὶ τὴν ἀγάπην καὶ τὴν πίστιν καὶ τὴν διακονίαν καὶ τὴν ὑπομονήν σου, καὶ τὰ ἔργα σου τὰ ἔσχατα πλείονα τῶν πρώτων). 2:2에서와 마찬가지로 교회의 상태에 대해 그리스도가 아시는 내용은 그들의 전반적인 행동[그들의 "사업"(works)]에 대한 칭찬으로 시작해서 그들 특유의 행동이 지닌 몇 가지 차원을 더 명시한다.[5] 그들은 먼저 기본적인 기독교 덕목인 "사랑"을 행한 것으로 칭찬을 받았다(2:4에 대한 설명을 보라). 그들은 또한 일관되게 "믿음"(요한계시록에서 종종 요구되는, 참고. 2:13; 13:10; 14:12)을 나타낸다. 믿음은 때로 신약에서 가장 중요한 기독교의 특성 중 하나로 사랑과 결합하여 나온다(골 1:4; 살전 3:6; 5:8; 딤전 1:14; 딤후 1:13; 몬 1:5). 주석가들은 때로 여기에 나오는 "믿음"(πίστις)이 "신앙, 신뢰"가 아니라 "신실함"을 의미한다고 주장한다.[6] 하지만 이것들이 분리되어서는 안 된다. 성품의 특성으로서 πίστις는 어려운 때에도 견디는 하나님 혹은 그리스도를 향한 "신뢰, 확신, 확고한 헌신"을 의미한다.[7] 세 번째 특징은 "섬김"(요한계시록에서 여기에만 나오는)으로, 그것은 다른 사람들을 돕기 위해 취하는 행동을 광범위하게 가리킨다. 다양한 방식을 통해 물질적, 영적으로 돕거나 지원하는 것이다.[8] 예수님은 친히 본보기를 보이시고 가르치셔서 이러한 섬김을 추종자들의 중심 특성이 되게 하셨다. 특히 자신보다는 다른 사람들을 향한 관심이라는 측면에서 그렇다(막 10:43-45; 눅 22:27). 그리고 그것은 여기에 인용된 다른 특성과도 연관된다(예를 들어, 수고, 사랑, 참고. 히 6:10; 벧전 4:8-10; 참고. 갈 5:13; 빌 2:1-5). 마지막으로, 앞에서 언급된 참을성 있는 믿음과 마찬가지로 그리스도는 그들의 "인내"(ὑπομονή)를 칭찬하신다. 그것은 독자들이 직면하고 있던 반대에 비추어 요한계시록 내내 핵심적으로 언급된 자질이다(계 1:9; 2:2-3; 13:10; 14:12).

앞서 에베소 교회를 향한 말씀에서도 이와 똑같은 몇 가지 칭찬이 나왔다(2:2-3). 하지만 그 말씀과 의도적으로 대조되는 요소가 있는데, 그리스도가 그들의 영

보라)은 이 희귀한 단어를 사용하지 않으며 '빛난 놋', 윤이 나는 고품질 금속을 언급한다.

4. Koester, *Revelation,* 295-97; John E. Stambaugh, "Thyatira," *ABD* 6:546.

5. 여기에서 '즉'(καί, 개역개정에는 "사업" 다음에 "…과"라고 번역되어 있음-역주)이라고 번역된 헬라어 접속사는 설명적, 명시적 의미를 지닌다(참고. BDAG 494; Aune, *Revelation 1-5,* 202).

6. Aune, *Revelation 1-5,* 202; Roloff, *Revelation,* 54; Sweet, *Revelation,* 94.

7. BDAG 818-20과 앞에서 열거한 본문들(또한 히 11:1, 13, 39)을 보라.

8. BDAG 229-31; A. Weiser, "διακονέω," *EDNT* 1:302-4에서 διακονία 및 같은 어원에서 나온 단어들을 보라.

적 퇴행을 책망하실 필요가 없다는 점이다(2:4-5, "너의 처음 사랑을 버렸느니라…처음 행위를 가지라"). 두아디라 교인들은 그리스도인이 갖추어야 할 행동의 측면에서 성장하고 있다. "네 나중 행위가 처음 것보다 많도다"(19c절).[9] 그들은 역경에도 굴하지 않고 성장했다(참고. 고후 10:15; 엡 4:15-16; 빌 1:25; 골 1:6, 10; 딤전 4:15; 벧후 3:18).

2:20 그러나 네게 책망할 일이 있노라 자칭 선지자라 하는 여자 이세벨을 네가 용납함이니 그가 내 종들을 가르쳐 꾀어 행음하게 하고 우상의 제물을 먹게 하는도다(ἀλλὰ ἔχω κατὰ σοῦ ὅτι ἀφεῖς τὴν γυναῖκα Ἰεζάβελ, ἡ λέγουσα ἑαυτὴν προφῆτιν καὶ διδάσκει καὶ πλανᾷ τοὺς ἐμοὺς δούλους πορνεῦσαι καὶ φαγεῖν εἰδωλόθυτα). 역설적이게도 두아디라 교회는 19절에 비추어 에베소 교회가 한 일(2:6, 그들 가운데 있는 거짓 가르침을 막는 것)을 하지 못한 것 때문에 책망과 경고를 받아야 한다(20-23절). 다른 면에서는 모범적이었지만(19절), 그리스도는 그들이 특정한 거짓 선생이 회중 가운데서 마음대로 활동하도록 허용한 것("네가 용납함이니", ἀφεῖς, 14-15절과는 비슷하지만 2, 6절과는 반대)을 꾸짖으신다(20a절).[10] 이 사람은 회중 가운데서 유명했던 여자로,[11] 그리스도는 그에게 "이세벨"이라는 상징적 이름을 부여하신다(참고. 11:8; 17:5에 나오는 그와 같은 다른 이름들). 이것은 그 여자의 개인적 이름도 아니고, 그녀가 환영할 만한 이름도 절대 아닐 것이다. 그 여자가 주장한 호칭은 '여선지자'(개역개정에는 "선지자"-역주), 곧 하나님을 대변하는 여자라는 것이었다. 하지만 그리스도는 그런 이름을 암묵적으로 거부하신다(20b절의 "자칭 선지자라 하는"[12]이라는 말과 2:2, 9; 3:9, 17과의 유사성을 보라).[13] "이세벨"이라는 이름은 14절에 나오는 "발람"이라는 이름과 마찬가지로 거짓 예언에 대한 구약의 예표를 다시 환기한다. 구약의 이세벨이 예언의 은사를 주장했기 때문이 아니다. 이세벨이 남편 아합과 함께 이스라엘이 우상 숭배를 하도록 악한 영향을 끼쳤고, 바알과 아세라의 선지자들을 후원하는 한편 엘리야를 포함한 하나님의 참된 선지자들을 반대했기 때문이다(왕상 16:31-32; 18:4; 19:1-3; 21:17-26; 왕하 9:7, 22).[14]

두아디라의 이 여자가 참된 여선지자가 아니고 오히려 옛 이세벨과 같다는 증거는, 그녀가 "내 종들을 가르쳐 꾀어 행음하게 하고 우상의 제물을 먹게"(20c-d절) 하는 교훈을[15] 가르친다는 것이다. 하나님의 백성을 미혹하는 것(πλανάω)은 요한계시록에서 마귀, 짐승, 거짓 선지자가 하는 일이다(참고. 12:9; 13:14; 18:23; 19:20;

---

9. 19c절에 나오는 절은 새로운 문장이다. 하지만 그것은 19a-b절에 나온 예수님의 칭찬을 계속 이어간다.

10. "네게 책망할 일이 있노라"(ἀλλὰ ἔχω κατὰ σοῦ ὅτι)는 말은 2:4의 첫 부분에 나오는 말과 정확하게 대응을 이룬다(설명을 보라, 참고. 또한 2:14).

11. 그녀는 "그 여자"(the woman, τὴν γυναῖκα), 즉 그들이 알고 있는 사람으로 언급된다. 한 이문(A, 046, 1006, 1841, 1854에서 입증된)은 "너의"(σου, 관계의 소유격, '너의 아내')라는 소유격을 추가한다. σου가 없는 문구가 사본상의 지지를 좀 더 받으며(ℵ, C, P, 2053, 2329, 2344), 그 말이 추가된 것은 후대의 필사자가 "이세벨"은 분명 "아합"을 권위의 기초로 두고 있으며, 교회의 "사자"는 그 지역의 절대적 권능을 갖고 있던 감독이었음이 분명하다고 생각해서 추가한 것인 듯하다(그에 대한 논의로는 1:20; 2:1을 보라).

12. 이 영어 문구 배후에 있는 헬라어 분사(ἡ λέγουσα)는 "여자 이세벨"(τὴν γυναῖκα Ἰεζάβελ)이라는 대격 구와 동격을 이루는 주격이다. 이것은 통상적인 헬라어의 문법 일치를 따르지 않는다. 하지만 그런 경우는 때때로 나오며 그 의미는 매우 분명하다(빌 3:19; 습 1:12 LXX). 이것은 몇몇 사본에서는 보다 표준적인 두 종류의 표현으로 바로잡혀 있다. 하지만 주격이 더 어려운 독법이며 우월한 사본상의 증거를 가지고 있다(ℵ, A, C, 2053, 2329).

13. 그 여자가 참된 여선지자로서 거부당한 것은 그녀의 성별 때문이 아니라 그녀의 가르침과 악한 영향력 때문이다. 참된 선지자적 은사를 발휘한 여자들이 구약 이스라엘(출 15:20; 삿 4:4; 왕하 22:14; 사 8:3)과 신약(눅 2:36; 행 2:17-18; 21:9; 고전 11:5)에서 분명히 섬겼었다.

14. Hoskins, *Revelation*, 95는 또한 이세벨이 요한계시록 17-18장에서 바벨론을 큰 음녀로 묘사하는 것에 기여한다고 말한다. 하나님의 선지자들을 죽이는 것에서나(왕상 18:4; 계 17:6; 18:24; 19:2) 이스라엘을 우상 숭배에 빠지게 하는 것에서나(왕상 16:31-33; 21:25-26; 계 17:1-5; 18:3; 19:2) 그렇다는 것이다.

15. 24절에서 그녀의 "교훈"에 대해 짧게 좀 더 살펴보라.

20:3, 8, 10). 특히 그들에게 영향을 미쳐 거짓 신들을 숭배하게 한다는 점에서 그렇다. 이것은 구약에서도 거짓 예언이 드러내는 주요 표시다(신 13:5-8; 렘 23:13, 32; 참고. 막 13:22). 여기에서 우리는 교회, 그리스도의 "종들"에 대한 그녀의 영향력이 광범위하지는 않았지만(19절에 나오는 그리스도의 관대한 칭찬을 주목하고 24절을 보라), 소수의 사람은 영향을 받았다는 점을 알아야 한다. 두아디라 그리스도인들에게 그 여자가 미친 영향력은 아마 육체적 간음이 아니라[16] 영적 간통을 하게 한 것이다. "행음하게 하고 우상의 제물을 먹게 하는도다"(20d절)라는 두 문구는 모두 참된 하나님께 불충한 우상 숭배적 예배에 연루되는 것을 묘사하는 듯하다[21절을 보라. 그것은 두 표현을 "자기의 음행"(τῆς πορνείας αὐτῆς)으로 요약하는 듯하다]. 14-15절에서도 똑같은 두 항목이 나온다. 하지만 거기에서 논한 것처럼 버가모의 니골라 당도 성적인 죄가 아니라, 이교 문화의 특정 의식에 대한 참여로 둔갑시킨 영적 불충함을 주창했다.

수많은 주석이 두아디라에 직인 동업 조합이 있었던 것에 주목하고, 그들의 여러 모임과 의식과 잔치 때문에 그리스도인들이 불가피하게 다양한 지역신 숭배에 연루되었을 것이라고 주장한다.[17] 이것은 분명 사실이지만, 두 가지로 확장되어야 한다. 그런 동업 조합들은 두아디라에만 있었던 것이 아니라 요한계시록 2-3장의 수신지인 모든 도시에 있었고, 그리스도인들은 단지 동업 조합과 관련된 일뿐만 아니라 다양한 다른 시 모임 및 심지어 가족 모임에 참여할 때도 비슷한 문제에 직면했다는 것이다.[18] 무엇이 우상 숭배인지와 그것을 피해야 하는가 하는 문제는 고대 로마 사회의 그리스도인에게 더 널리 퍼져 있었다. 그리고 아마 "이세벨"과 다른 사람들은 기독교를 완전히 포기하라고 종용하지는 않았을 것이다. 그들은 타협하거나 예수님을 예배하면서 우상 숭배적인 황제 예배를 병행하는 혼합주의를 주창했을 것이다. 우리는 그들이 어디까지 선을 그어야 했는지 판단할 만큼 충분히 세부 사항을 잘 알지는 못한다. 하지만 예수님은 (요한을 통해 말씀하시면서) 두아디라 교회에 "이세벨"이 취하는 접근법을 피하라고 명령하신다.

2:21 또 내가 그에게 회개할 기회를 주었으되 자기의 음행을 회개하고자 하지 아니하는도다(καὶ ἔδωκα αὐτῇ χρόνον ἵνα μετανοήσῃ, καὶ οὐ θέλει μετανοῆσαι ἐκ τῆς πορνείας αὐτῆς). 그리스도는 과거 그분이 개입하신 것에 대한 "이세벨"(20a절)의 반응을 묘사하심으로써, 왜 교회에게 이 여자를 용납하지 말라고 하시는지 계속 말씀하신다. 그리스도는 "그에게 회개할 기회를 주었[다]"(ἔδωκα αὐτῇ χρόνον ἵνα μετανοήσῃ).[19] 아마도 요한이나 두아디라 교회 지도자들을 통해 그 여자가 죄 된 행동을 교정하도록 요구하셨을 것이다(2:5에서 '회개하다'에 대한 설명을 보라). 21-23절에서 그리스도의 개입이 묘사된 방식("회개할 기회"를 주는 것과 회개하지 않을 때 그 여자와 다른 사람들에게 징계의 심판을 약속하는 것)은, 신약 다른 곳에서 다루는 교회의 징계 과정을 반영한다. 그에 따르면 회개하는 반응이 나오기를 기다리고 회개할 시간을 허용하면

16. 어떤 사람들은 고대 이교의 축하 의식들이 불가피하게 우상 숭배뿐 아니라 성적인 죄에 대한 유혹을 불러일으키곤 했다고 주장한다(Smalley, *Revelation*, 73-74). 하지만 요한계시록은 다른 점에서는 이것을 필요한 권고 주제로 삼지 않는다. 주된 문제는 보다 교묘하게 이교 사회와 얽히는 것으로 그리스도가(요한을 통해) 우상 숭배적이라고 여겼지만 이 "이세벨"은 자칭 하나님의 선지자로서 주창했던 것이다. Koester, *Revelation*, 288-89를 보라.

17. 이것은 Ramsay, *Letters*, 324-30과 Hemer, *Letters*, 107-9, 120, 127-28이 전개하는 주제다.

18. Koester, *Revelation*, 295-96; Thompson, *Revelation*, 152-54. Ramsay, *Letters*, 346-53. 또한 보다 널리 퍼져 있던 영향력을 인용한다. 하지만 그를 언급하는 모든 주석가가 이 점을 포함시키는 것은 아니다.

19. 헬라어 표현 χρόνον ἵνα μετανοήσῃ에서 ἵνα 절은 목적을 보여주는 것이 아니라 시간적 단어를 설명한다. "회개할 기회"(time for repenting)라는 것이다. 요한복음 12:23, 13:1, 16:2, 32, 요한계시록 9:15에 나오는 비슷한 용법을 보라.

서 단계별로 행동을 취해야 한다. 하지만 죄 된 행동이 지속되면 더 큰 회중이 관여하게 되고 결과가 단계적으로 확대된다(마 18:15-17). 이것의 목표는 죄를 지은 교인을 회복시키고 교회의 순결을 지키는 것이다(고전 5:1-5, 11-13; 갈 6:1-2). 죄를 지은 사람에게 여전히 형제나 자매로서 호소하기는 하지만(살후 3:6, 11-15) 그 사람을 더 이상 공동체의 일원으로 여기지 않는다. 중대한 죄에 대한 하나님의 심판은 육체적 질병 혹은 심지어 죽음으로까지 확대될 수 있다(행 5:1-11; 고전 5:5; 11:31-34; 또한 계 2:22-23을 보라).

유감스럽게도 이 경우 "이세벨"은 현재까지도 자신의 길을 바꾸려 하지 않았다고 묘사된다(21b절).[20] 그 여자는 계속 "회개하고자 하지 아니"한다(θέλει의 현재 시제는 그 여자가 악한 영향력을 멈추라는 그리스도의 호소에 계속 저항하는 것을 반영한다).[21] 앞에서 말했듯이, 그녀가 돌이키기를 거부하는 것은 "자기의 음행"인데, 그것은 20d절의 두 동사가 묘사하는 것을 비유적으로 요약한다.[22] 그 여자는 다른 사람들을 영적 불충함으로 인도하면서 자신은 우상 숭배적인 '매춘'의 죄를 짓는다. 이 표현은 뒤에서 바벨론을 "큰 음녀"(14:8; 17:1-5; 18:3, 9)라고 확대 묘사하는 것에 반영되어 있다. 민족들과 그 지도자들이 그러한 우상 숭배에 참여하게 하는 존재라는 것이다.[23]

2:22 볼지어다 내가 그를 침상에 던질 터이요 또 그와 더불어 간음하는 자들도 만일 그의 행위를 회개하지 아니하면 큰 환난 가운데에 던지고(ἰδοὺ βάλλω αὐτὴν εἰς κλίνην καὶ τοὺς μοιχεύοντας μετ᾽ αὐτῆς εἰς θλῖψιν μεγάλην, ἐὰν μὴ μετανοήσωσιν ἐκ τῶν ἔργων αὐτῆς). 두아디라의 거짓 여선지자는 회개하라는 그리스도의 요구를 거부했다(21절). 그래서 그리스도는 그 여자 및 그녀가 영향을 미친 사람들에게 앞으로 닥칠 심판을 선언하신다(22-23a절). 그리스도는 선언하는 속도를 늦추시고, 그것에 특별히 주의를 기울이는 수사학적 장치로 시작하신다['내가 네게 말하노니'(ἰδού), 종종 "볼지어다"라고 번역됨].[24] 그 여자에게 임하는 심판은 육체적 질병으로, 앞에서 언급한 것처럼 신속히 회개하게 하려는 것이었다(참고. 고전 5:5; 11:31-34). '병상(sickbed, 개역개정에는 "침상"-역주)에 던지는 것'(22a절)은 병이 드는 것(수동태 혹은 자동사)을 나타내는 관용 표현이다.[25] 하지만 그것은 여기에서 그리스도가 그 여자에게 하실 행동으로 표현된다(질병으로 '그 여자를 치다').[26] 마찬가지로 그리스도는 그 여자의 위반 행위에 참여하는 사람들("그와 더불어 간음하는 자들")[27]을 "큰 환난 가운데 던지"실 것이다('내가 던질 것이다'라는 주동사는 "그" 및 "그와 더불어…하는 자들"이라는 두 목적어로 이어진다). 22b절에 나오는 "큰 환난"(θλῖψιν

---

20. 21b절 처음에 나오는 καί는 21a절과 대조를 이루는 절을 추가한다. 그래서 그 말은 '그러나'(개정개역에는 "…으되"-역주)라고 번역된다(BDAG 495; 1:18; 2:13을 보라).

21. 한 중요한 사본(A)은 여기에서 부정과거를 사용해서 "…하려 하(지 않)고 있었다"(ἠθέλησεν)고 말한다. 21a절의 부정과거("내가…주었으되")와 대응을 이루는 것이다. 하지만 이것은 필사자가 21-23절에 나오는 행동의 과거-현재-미래 순서를 잘못 해석한 것인 듯하다.

22. 구약에서 우상 숭배를 자주 '성적인 불충성'으로 비유적으로 표현하는 것에 대해서는 14절에 대한 설명을 보라.

23. Bauckham, *Climax*, 377-78. 앞에 나오는 20a절에 대한 주를 보라.

24. 2:10에 대한 설명을 보라.

25. 이 문구는 어떤 사람의 현재 상태를 나타내는 동사의 완료 수동태와 함께 나온다. '(병)상에 누운/누워 있는'이라는 것이다(마 9:2; 막 7:30; 참고. 마 8:6, 14). 하지만 또한 '(병)상에 넘어지다'라는 동사와 함께(Jdt 8:3; 1 Macc 1:5) 혹은 '(병)상 위에 있다'라는 암시된 동사와 함께 나오기도 한다[시 41:3(40:4 LXX)].

26. BDAG 549. '병상'(κλίνη)이라고 번역된 단어는 보다 일반적으로는 "침상"(bed)으로 번역된다. 그것은 고대 사회에서 공식 식사 때 낮은 만찬 식탁 주위에 있는 '비스듬히 기대 눕는 소파'를 언급할 수도 있고[에 7:8; 겔 23:41; 막 7:4(이문)] 아니면 성관계를 비유하는 것일 수도 있다[잠 7:16; 아 1:16; Sir 23:18; 히 13:4, "(결혼) 침소를 더럽히지 않게 하라"와 비슷하다. 하지만 여기에서는 침상을 나타내는 다른 단어인 κοίτη가 나온다]. 이 중 어느 것도 22a절에서 주된 언급으로 맞지 않는다. 하지만 20-22절에 나오는 성적인 비유적 표현 때문에, 후자의 의미에서 "침상"에 대한 언어유희가 있을 수 있다. 그녀는 자신의 영적 침상을 더럽혔기 때문에 병상에 가게 되리라는 것이다(연관적 처벌, 범죄를 저지른 방식과 밀접하게 연관된 방식으로 벌을 가하는 원리, 참고. 16:2, 6; 또한 Roloff, *Revelation*, 188).

27. 이 집단이 23절에 나오는 "그의 자녀"와 어떻게 다른지에 대해서는 다음 구절을 보라.

μεγάλην)은 22a절("침상")과 함께 쓰여 '심한 고통'(참고. 행 7:11에 나오는 요셉 시대의 기근과 굶주림을 언급하는 θλῖψις μεγάλη), 즉 힘겨운 육체적 고난이나 궁핍이라는 의미인 듯하다(참고. 고후 6:4; 8:2; 빌 4:14; 약 1:27). 하지만 "이세벨"이 회개할 기회를 받았던 것과 마찬가지로(21a절, 그리고 그가 회개하리라는 소망은 여전히 있다), 그녀와 함께 우상 숭배를 한 이들에게 임할 이 심판은 피할 수 있다. 22절은 이 가능성을 표현하고, 그들을 잘못된 길로 인도한 그 여자에게 죄가 있음을 강조한다. "그들도 만일 그의 행위를 회개하지 아니하면."

22b절에 나오는 언급("큰 환난", great tribulation)과 달리 "큰 환난"(마 24:21) 혹은 "[그] 큰 환난"(the great tribulation, 계 7:14)이라는 문구는 다니엘 12:1(마지막 날에 일어날 "그때까지 없던 환난", 참고. 계 3:10, "장차 온 세상에 임하여 땅에 거하는 자들을 시험할 때")에서 나온 전문적이고 종말론적인 의미를 지닌다. 사도행전 7:11과 요한계시록 2:22에 나오는 "큰 환난"(계 1:9, 2:9–10에 나오는 "환난"뿐 아니라)은 관련되어 있지만 똑같은 것을 가리키지는 않는다. 그것들은 마지막 날 그 유형의 궁극적 표현에서 반복될, 심각하지만 상대적으로 덜 큰 어려움의 유형 혹은 예표를 예시한다.[28]

2:23 또 내가 사망으로 그의 자녀를 죽이리니 모든 교회가 나는 사람의 뜻과 마음을 살피는 자인 줄 알지라 내가 너희 각 사람의 행위대로 갚아 주리라(καὶ τὰ τέκνα αὐτῆς ἀποκτενῶ ἐν θανάτῳ. καὶ γνώσονται πᾶσαι αἱ ἐκκλησίαι ὅτι ἐγώ εἰμι ὁ ἐραυνῶν νεφροὺς καὶ καρδίας, καὶ δώσω ὑμῖν ἑκάστῳ κατὰ τὰ ἔργα ὑμῶν). 이 구절은 두아디라의 "이세벨"의 죄가 앞으로 가져올 결과에 대한 선언을 마무리하며(23a절), 이 것을 바탕으로 모든 교회가 배워야 하는 더 큰 교훈을 추가한다(23b–c절). "이세벨"과 그 여자를 따르는 자들이 회개하지 않으면, 그리스도는 "사망으로 그의 자녀를 죽이리니"라고 단언하신다. 이 가혹한 결과는 분명 22절에서 선언한 두 개의 심판과 맥을 같이한다. 그리스도인으로 여겨지는 사람들을 회개와 새로운 충성으로 이끌려는 신적 징계의 첫 단계인 질병과 육체적 고통이다(앞 구절에 대한 설명을 보라). 하지만 이 구절은 회개하기를 거부하는 사람들에게 일어날 수 있는 치명적인 벌을 명백하게 진술한다(참고. 고전 11:31–34). "사망으로 …죽이리니"라는 말은 두 가지 의미로 해석할 수 있다. 하지만 둘 다 죄에 대한 그리스도의 징계로 찾아온 육체적 죽음을 가리킨다.[29]

22–23절에서 여선지자에 더하여 두 집단의 사람들("그와 더불어 간음하는 자들"과 "그의 자녀")에게 임할 심판이 언급됨으로써 그 말이 실제로 지시하는 대상이 두아디라의 누구인지가 약간 불확실해진다. 어떤 사람들은 "더불어 간음하는 자들"이 두아디라의 이교도로 여선지자와 함께 우상 숭배 의식에 참여하는 사람들인 반면, "자녀"들은 이렇게 죄와 연루되는 일에서 그 여자를 따르는 동료 그리스도인들이라고 주장한다.[30] 하지만 앞에서 주장한 것처럼 이 구절들을 교회 징계라는 주제와 연관시키는 것이 옳다면, 이교도 동료 우상 숭배자들은 염두에 두지 말아야 한다(참고. 고전 5:9–13). 죽임당할 자녀에 대한 언급에 대한 더 나은 제안은, 그것이 구약에서 아합의(그리고 이세벨의) 아들들이 부모의 죄에 대한 하나님의 심판으로 죽임당한 운명을 암시하고(왕하 9:7; 10:7), 다른 한편으로는 여전히 여선지자의 영적 추종자들을 상징한다고(참고. 요이 1:1, 4) 보는 것이다. 그

28. 비슷한 견해에 대해서는 Smalley, *Revelation*, 196을 보라. 그리고 3:10에 대한 설명을 보라.

29. 그 문구는 "내가 사망으로…죽이리니"(ἀποκτενῶ ἐν θανάτῳ)라는 것이다. 하지만 "사망으로"는 셈어식 강조구로 볼 수 있다. "확실히 죽이다, 때려 죽이다"(ESV, NIV, NRSV, RSV; 참고. 출 22:18 LXX)라는 것이다. 혹은 "사망"이라는 단어가 특화된 의미를 가지고 있는 것으로 볼 수도 있다(즉, "유행병, 치명적 질병", BDAG 443; CSB, NASB; 참고. 계 6:4; 18:8; 민 14:36–38; 욥 27:15; 렘 15:2; 겔 33:27). 여기에서는 후자의 의미일 가능성이 훨씬 더 크다.

30. Boxall, *Revelation*, 65; Rowland, "Revelation," 581.

러므로 두 비유(더불어 간음하는 자들과 자녀)는, "이세벨"의 영향을 받아 우상 숭배 관행에 참여했고 회개하지 않으면 그녀와 함께 벌을 받을 동일한 그리스도인 집단을 두 가지로 묘사하는 것이다.

23b–c절에서 두아디라의 "이세벨"을 향한 이 경고를 통해 모든 교회가 그리스도와 그분의 심판에 대해 배우게 될 결과적 교훈[31]으로 넘어간다. "모든 교회"(즉, 소아시아 일곱 교회 및 다른 회중)를 향한 그리스도의 개별 메시지의 의미는 각 메시지의 결론부에서 반복되는 주제에서 드러난다(2:7, 11, 17, 29; 3:6, 13, 22; 참고. 1:4; 22:16). 하지만 우상 숭배를 주창하거나 참여하는 사람들에게 그리스도가 내리실 심판에 대해서는 아주 세심하게 주의를 기울여야 한다. 교회는 이것을 성찰할 때, 그리스도가 각 사람의 내적 동기와 외적 행동을 엄중하게 아시는 것에 기초해서 그들을 심판하시리라는 점을 알게 될 것이다. 어떤 사람의 행동과 의도가 참으로 의로운지 여부는 항상 명확한 것은 아니다. 그리고 "이세벨"의 권위적 인격은 교회 내 일부 사람의 분별력을 압도했다. 하지만 그리스도의 인격은 그렇지 않다. 성경은 하나님이 인간의 모든 욕망과 애정을 꿰뚫어 아신다고 일반적으로 단언한다(시 7:9; 잠 24:12; 렘 11:20; 17:10; 20:12–13; 행 1:24; 롬 8:27; 히 4:12–13; 참고. 성령의 통찰에 대해서는 고전 2:10). 여기에서는 하나님의 아들(18b절)이 스스로 신적 지식을 지니셨다고 주장하신다(참고. 요 2:24).[32] 따라서 그리스도는 속아 넘어가지도 않으시고, 편파적으로 심판하지도 않으실 것이다(계 2:23c). "내가 너희 각 사람의 행위대로 갚아 주리라."[33] 그것이 최후의 심판이든(20:12; 22:12; 참고. 마 16:27; 롬 2:16) 아니면 그 심판을 예시하는 그리스도의 예비적 방문이든(계 2:5, 16; 3:3, 20) 마찬가지다. 그리스도의 분별력 있고 완전히 의로운 심판에 직면할 가능성 때문에, 모든 인간은 자비를 간절히 바라고 진실하게 순종해야 한다.

2:24–25 두아디라에 남아 있어 이 교훈을 받지 아니하고 소위 사탄의 깊은 것을 알지 못하는 너희에게 말하노니 다른 짐으로 너희에게 지울 것은 없노라 다만 너희에게 있는 것을 내가 올 때까지 굳게 잡으라(24 ὑμῖν δὲ λέγω τοῖς λοιποῖς τοῖς ἐν Θυατείροις, ὅσοι οὐκ ἔχουσιν τὴν διδαχὴν ταύτην, οἵτινες οὐκ ἔγνωσαν τὰ βαθέα τοῦ Σατανᾶ ὡς λέγουσιν· οὐ βάλλω ἐφ' ὑμᾶς ἄλλο βάρος, 25 πλὴν ὃ ἔχετε κρατήσατε ἄχρι[ς] οὗ ἂν ἥξω). 그리스도는 "이세벨"이 교회 안에서 추종자를 얻도록 용납한 것을 책망하시고(20–23절) 나서,[34] 이제(25절) 두아디라 그리스도인들에게 19절에서 언급한 그들의 영적 진보를 굳게 잡으라고 권하신다. 하지만 그리스도는 이런 명령에 대한 준비 작업으로, 두아디라 교회 안에서 더 많은 신실한 그리스도인이 "이세벨"의 영향력에 사로잡히지 않았음을 묘사하신다(24절). 그분은 "두아디라에 남아 있…는 너희"[35]에게 말씀하신다. 하지

---

31. 23b절의 '그리하면'(καί, 개정개역에는 "죽이리니" 다음에 나오는 이 단어가 번역되어 있지 않음–역주)은 결과의 의미를 지니고, "그래서"로 번역된다(5:4; 8:8; BDAG 495; Aune, *Revelation 1-5*, 198을 보라).

32. 그리스도는 사람의 "뜻과 마음"(νεφροὺς καὶ καρδίας, 참고. CSB, NASB, NRSV)을 살피신다고 나온다. 이 두 용어는 앞에서 인용한 구약 본문 몇 개에서 함께 나온다. "뜻"(minds)이라는 번역은 νεφρός("신장", 참고. KJV, "reins")라는 단어를 영어 표현으로 옮기려 한 것이다. 그것은 인간을 구성하는 보이지 않는 부분 중 일부로 외적 행동으로 이어지는 부분을 나타내는 비유로 사용되는 내장 기관이다(LN §26.11; H. Preisker, "νεφρός," *TDNT* 4:911).

33. 이 말(23c절)에서 두 번 나오는 단어 '너'(you, your)는 각 경우 2인칭 복수로, 19–20절의 단수 '너'(사자와 교회를 함께 언급하는)에서 바뀌었다. "너희"라는 복수는 24–25절에서 계속되고(각 구절에서 두 번씩) 여기에서처럼 교인 개인을 언급한다.

34. '그러나'(δέ, 개역개정에는 번역되어 있지 않음–역주)로 번역된 접속사는 영어로는 대조적인 단어로 번역하는 것이 종종 최선이지만, 헬라어에서는 일차적으로 대조를 나타내는 단어는 아니다. 그것은 논증의 흐름에서 새로운 사고방식으로 넘어가는 (크게든 작게든) 것을 표시하는 역할을 한다. *Runge, Discourse Grammar*, 28–36을 보라.

35. '남아 있는 너희'라는 문구는 교인 중 소수 집단을 의미하지 않는다. 단지 20–23절에서 논의되지 않은 사람들을 말한다(BDAG 602, Swete, *Apocalypse*, 44, 참고. 9:20; 19:21; 살전 4:13). "너희"는 여기에서와 24d, 25절에서 복수 형태다.

만 그리스도가 말씀하시는 내용은 24d-25절에 가서야 나온다("다른 짐"은 없고 "다만…굳게 잡으라"). 중간에 나오는 두 개의 절은 그들이 "이세벨"에게 저항한 것을 칭찬하면서, 그녀가 신봉하고 있던 것('남아 있던' 사람이 저항한 것)이 무엇인지를 완곡하게나마 더 감지하게 해준다. 첫째로 그들의 지속적인 확신을 일반적으로 말한다. 그들은 "이 교훈을 받지[36] 아니"한다(참고. 20절). 그리고 보다 구체적으로 그들은 "소위 사탄의 깊은 것을 알지 못"했다.[37] 그 여선지자는 '비밀'(개역개정에는 "깊은 것"-역주)을 가르친다고 주장했다.[38] 신적으로 주어진 자신의 말을 통하지 않으면 알 수 없는, 인간에게 감추어진 가르침이라는 것이다.[39] '깊은 비밀'은 "이세벨"이 주장한 것이었다. 그리스도는 요한을 통해 말씀하시면서 그녀의 가르침이 악마의 특성을 지녔음을 보여주시기 위해 "사탄의"라는 말을 덧붙이신다(참고. 2:9; 3:9에 나오는 비슷한 '편집적 추가'를 보라).[40] 두아디라의 더 큰 그리스도인 집단이 이것을 잘 인지하고 있던 것은 분명 칭찬받을 점이었다.

24d-25절에서 그리스도는 두아디라의 신실한 그리스도인들에게 24절 첫 부분에서부터 말씀하신 것을 단언하신다. 그분은 그들에게 더 이상 이 유감스러운 "이세벨" 문제에 대한 책임을 지우지 않으시고, 그들이 19절에서 이미 묘사된 경건한 행동을 유지하는 데 초점을 맞추기 원하신다. 그들에게 "다른 짐"[41]을 더 지우지 않는다 해서 그녀가 회중 안에서 자유롭게 가르치는 것을 막아야 할 분명한 책임이 없어지는 것은 아니다(이것이 20절의 요점이다). 그리고 그리스도는 그런 기대를 거두지 않으신다. 하지만 중간에 나오는 구절들은 대체로 신실한 두아디라 사람들이 아니라 "이세벨"과 그녀를 따르는 사람들에게 한 말이었고(21-23절), 궁극적으로 그들은 다른 사람들에게 정신을 차리라고 강요할 수 없다. 신실한 자들이 반드시 해야 하는 것(25절)은[42] "너희에게 있는 것을…굳게 잡"는[43] 일이다. 그것은 19절에 서술된 모범적이고 잘한 행동을 언급한다. "내가 올 때까지"라는 말이 추가된 것은 그리스도인이

---

36. 글을 쓰던 당시 그들의 특징적 확신을 의미하는 관습적 현재. 여기에서 '잡다'(hold, ἔχουσιν)라는 말의 의미는 특정한 신조 혹은 종교적 입장을 소유한다는 의미다(BDAG 420-21; 참고. 6:9; 12:17; 19:10; 딤후 1:13). 이에 대해 때로 사용되는 더 강력한 단어는 κρατέω다(계 2:14-15; 참고. 막 7:8; 살후 2:15; 히 4:14; 또한 계 2:25에 나오는 관련된 의미를 보라; 참고. 2:13; 3:11).

37. 이것은 시작하는 의미를 지닌 동사 '알다'(γινώσκω)의 부정과거다. 알지, 깨닫지, 알게 되지 못했다는 것이다.

38. "소위" 혹은 '칭하는'(ὡς λέγουσιν) "깊은 것"이란 "이세벨"과 그녀의 추종자들이 내세우는 잘못된 주장들을 가리킨다(2:2, 9, 20; 3:9, 17에서 λέγω가 이런 의미로 사용되는 것을 보라).

39. '깊은 비밀'(deep secret)은 "깊은 것"(deep things)이라는 의미의 βαθέα를 번역한 것이다. 관련된 명사는 고린도전서 2:10에서 성령님이 계시하시는 하나님에 대한 심오한 진리들을 언급한다. LN §28.76; A. Strobel, "βάθος," *EDNT* 1:190; 욥 12:22; 단 2:22; 롬 11:33을 보라; 또한 1 En. 63:3; 65:6; 3 En. 11:1; T. Job 37:6에 나오는 비슷한 개념을 보라. 주후 2세기 후반의 영지주의 교사들 역시 "감춰진" 것들을 가르친다고 주장했다(H. Schlier, "βάθος," *TDNT* 1:517). 하지만 앞의 본문들이 보여주는 것처럼, 이 개념들은 영지주의에서만 발견되는 것이 아니다. 주류가 아닌 유대인 혹은 그리스도인 집단들이 추종자를 꾀어내기 위해 자신들만 신적 계시에 접근할 수 있다고 주장할 수 있었다.

40. 자신의 영성을 어떤 식으로든 훼손하지 않으면서 사탄의 비밀을 알고 있다고 고백한 집단이 존재했는지는 분명하지 않다. 영지주의에 따르면 모든 피조물과 모든 세상의 악은 어쨌든 환상이기 때문이다. 영지주의의 방탕한 성윤리로 여겨지는 개념들은, 그들을 논박하면서 그 가르침을 왜곡했던 교부 저술가들의 비난이었을 것이다(Kurt Rudolph, "Gnosticism," *ABD* 2:1034). 하지만 주후 1세기 말에 기독교 교회 안에서 활동하던 집단이 그런 사탄적 연관성을 주장했을 것 같지는 않다.

41. "짐"(βάρος)이라는 말은 사도행전 15:19-35, 21:25에 나오는 사도들의 판결을 암시할 수 있다. 이 말과 "다만"(πλήν)이라는 접속사는 사도행전 15:28에서(이 구절에서는 "…외에는"으로 번역됨-역주) 함께 나온다. 그리고 거기 나오는 두 개의 요구 사항은 요한계시록 2:14, 20에서처럼 "우상의 제물"과 "음행"과 관련되어 있다. 이러한 암시는 여기에서 말한 것에 신빙성을 더해줄 것이다. 그것은 이 문제들에 대한 더 광범위한 교회 정책을 환기하기 때문이다. 다른 한편으로 이 단어들을 선택한 것은 이 경우에 말해야 할 것과(두 단어가 반복해서 나오는 경우는 흔하다) 우상 숭배에 맞서는 것에 대한 구약의 언어에서 나온 것일 수 있다. 게다가 사도행전에서 "음행"을 금한 것은 더 협소한 의미('근친상간')일 수 있다. Eckhard J. Schnabel, *Acts*, ZECNT (Grand Rapids: Zondervan, 2012), 645-46을 보라.

42. "다만"(πλήν)이라는 접속사는 "논의를 멈추고 중요한 것을 강조하기" 위해 사용된다(BDAG 826; 참고. BDF §449.2).

43. "굳게 잡으라"(κρατήσατε)는 명령은 부정과거로, "단 한 번의 결정

삶에서 도전하는 범위(우리는 삶이 지속되는 동안 경건하고 열매 맺으며 살도록 부르심받았다)와 계속 나아가기 위해 필요한 소망의 말(그리스도와 함께하는 우리의 여정은 영광스러운 언젠가, 아마도 곧 새 차원으로 들어 올려질 것이다)을 둘 다 나타낸다.

2:26–28 이기는 자와 끝까지 내 일을 지키는 그에게 만국을 다스리는 권세를 주리니 그가 철장을 가지고 그들을 다스려 질그릇 깨뜨리는 것과 같이 하리라 나도 내 아버지께 받은 것이 그러하니라 내가 또 그에게 새벽 별을 주리라(26 καὶ ὁ νικῶν καὶ ὁ τηρῶν ἄχρι τέλους τὰ ἔργα μου, δώσω αὐτῷ ἐξουσίαν ἐπὶ τῶν ἐθνῶν 27 καὶ ποιμανεῖ αὐτοὺς ἐν ῥάβδῳ σιδηρᾷ ὡς τὰ σκεύη τὰ κεραμικὰ συντρίβεται, 28 ὡς κἀγὼ εἴληφα παρὰ τοῦ πατρός μου, καὶ δώσω αὐτῷ τὸν ἀστέρα τὸν πρωϊνόν). 두아디라에 보내는 메시지의 끝부분은 (3장에 나오는 나머지 세 개의 메시지와 같이) 앞의 세 메시지와 비교할 때 결론부에 나오는 두 요소의 순서가 뒤바뀌어 있다. 이기는 자에게 주어지는 약속이 먼저 나온(26–28절) 다음 들으라는 명령(29절)이 나온다.[44] 게다가 이기는 자에 대한 또 다른 묘사가 여기에만 추가되어 있다. "끝까지 내 일을 지키는[45] 그"라는 말이 추가되어 25절(그리스도가 오실 때까지 19절에서 칭찬받은 "일"을 굳게 잡으라)을 강조하며, "그의 행위"(22절)와 분명한 대조를 이룬다. 그리스도가 신실한 그리스도인들[46]에게 약속하시는 것은, 하나님이 앞으로 모든 피조물을 새롭게 하시는 일이 시작될 때 그들도 온 세상에 대한 그분의 통치에 참여한다는 것이다(26b절).[47] 이것은 처음에는 "만국을 다스리는 권세"(ἐξουσίαν ἐπὶ τῶν ἐθνῶν)로 표현된다. 하나님의 백성이 그리스도와 함께 세상 나라들을 다스릴(βασιλεύω) 것이라는 전망은 요한계시록 5:10, 20:4, 6, 22:5에도 나온다. 사실상 그들은 이미 현재에 예비적 형태로 그리스도의 통치를 대표하고(1:6; 5:10), 이것은 미래에 완성에 이를 것이다. 온 세상에 대한 신적 다스림에 참여할 것이라는 이런 기대는 다니엘 7:9–14에 나오는 환상에 뿌리를 둔다.[48] 거기에서는 "인자 같은 이"가 옛적부터 항상 계신 이 앞에 나아와 땅의 모든 나라에 대한 통치(βασιλεία, 개역개정에는 "나라"–역주)와 영원한 권세(ἐξουσία)를 받는다. 다니엘 7:18, 22에 나오는 추가 설명은 "지극히 높으신 이의 성도들"이 앞에 묘사된 악한 세상 제국들을 대신하는 "나라"(βασιλεία, βασίλειον)를 얻는다는 것이다. 초대 기독교에서는 이것을 하나님이 그분의 메시아와 구속받은 백성을 통해 장차 통치하실 것에 대한 언급으로 이해했다(마 19:28; 고전 6:2–3; 딤후 2:12; 히 2:5–9; 또한 Wis 3:7–8을 보라).

다니엘 7장에 대한 암시는 요한계시록 2:27에서 시편 2:9을 삽입구로 인용하는 것[49]과 함께 확장된다(참

적 노력"(Swete, *Apocalypse*, 45)을 말하는 것이 아니라, 그 행동을 요약적으로 보고 그것이 이루어질 때까지 이행해나가는 것(단지 그것을 위해 애쓰는 것이 아니라 그것을 수행하는 것)을 상상하는 긴급한 명령을 나타낸다. BDF §337; Fanning, *Verbal Aspect*, 369–70; Smalley, *Revelation*, 77을 보라. 또한 2:5에 대한 설명을 보라.

44. 이런 변화는 일곱 개의 메시지를 '3+4'의 순서로 조직화한다. 6–16장에서 나올 인, 나팔, 대접이 '4+3'으로 배열되어 있는 것과 비교된다. 아마 이런 미묘한 변화는 일곱 개의 메시지와 세 개의 일곱 심판 시리즈에 의도된 차이를 더해줄 것이다(Bauckham, *Climax*, 9–10).

45. 동사 '지키다'(τηρέω)는 "(…에) 순종하는 일을 지속하다, 준수하다, 성취하다"(BDAG 1002)를 뜻하고, 그것은 보통 "말씀"(3:8, 10; 22:7), "기록한 것"(1:3), '네가 받고 들은 것'(3:3) 혹은 "계명"(12:17; 14:12, 요한복음에 자주 나오는) 등의 목적어를 취한다. 이 용법은 '(내가 명령한) 일을 지키라'는 의미를 약간 확장한 것이다.

46. 2:7에서 "이기는 자"에 대한 설명을 보라. 이 구절에서(그리고 3:12, 21에서; 참고. 요 7:38) 이기는 자에 대한 언급은 처음에는 주격으로 나오지만(ὁ νικῶν καὶ ὁ τηρῶν), 이 구문은 문장 끝까지 이어지지 못한다(불완전 구문의 주격, 일종의 파격 구문; BDF §466.4; Zerwick, *Biblical Greek*, 9). 대신 여기와 3:21에서 이기는 자는 여격 대명사 αὐτῷ(앞에서 번역되지 않음)로서 주절에 다시 포함된다.

47. 이기는 자에게 주시는 두 개의 대응되는 약속은 '내가 그에게 권세를 주리라'(26b절)는 것과 "내가…그에게 새벽별을 주리라"(28b절)는 것이다.

48. 요한계시록 1:6–7; 5:9–10에 나오는 추가 논의를 보라.

49. 시편에서 나온 말은 26b–28절의 더 큰 문장을 풍성하게 하지만 동

고. 계 12:5; 19:15에도 나오는 암시). 시편 2편은 하나님의 "기름 부음 받은 자"(2절)에 대해 말한다. 그는 또한 '시온의 왕'이며 "아들"(6-7절)[50]로 하나님이 "이방 나라"에 대한 통치권과 "땅끝"(8절)까지를 소유로 주실 분이다. 시편 2:9에서 하나님이 아들에게 하시는 약속은 여기에서 이기는 자들에게 주시는 약속이 된다. "그가 철장을 가지고 그들을 다스려 질그릇 깨뜨리는 것과 같이 하리라." 이 가혹한 진술은 하나님께 교만하게 반역하는 땅의 왕들을 묘사하는 시편 2편의 분위기를 반영한다. 그것은 요한계시록의 상황에 낯설지 않은 배경이다. 하나님의 주권에 대한 그런 오만한 반항은 헛되고(시 2:4에서 하나님은 그들의 미미한 저항을 비웃으신다), 시편 2:9의 표현은 하나님의 통치가 그들에게 얼마나 결정적으로 확립될 것인지 생생하게 묘사한다. 그들은 그 자리에서 부서질 것이다(참고. 계 19:19-21; 또한 살후 2:8도 보라).[51] 여기에서 '양을 치다'(רעע, 개역개정에는 "다스려")와 '부수다'(נפץ)라고 번역된 두 동사는 모두 시편 2:9의 히브리어 본문에서 '부수다, 박살 내다'라는 뜻이고, "철장"은 통치자의 홀을 의미한다. 칠십인역은 첫 번째 동사를 "양을 치다"(shepherd, ποιμαίνω, 이것은 계 2:27; 12:5; 19:15의 세 인용문에서 보존되어 있다)라고 번역한다. 히브리어 철자는 '깨뜨리다'(רעע)나 '양을 치다'(רעה) 둘 중 하나로 해석할 수 있기 때문이다. 목자는 자기 양 떼를 돌보기 위해 때로 양의 안전을 위협하는 대상에게 가혹하게 행동해야 하는데, 이 의미는 요한계시록뿐 아니라 시편 2편의 문맥에도 매우 잘 맞는다.[52] 하나님이 악을 심판하신 후 새롭게 하시는 일에 대한 주장은 요한계시록 2:28b에 나올 것이다.

인용문이 나온 후 28a절은 26b절에서 시작된 기본적 선언을 다시 이어간다. 그리스도가 이기는 자들에게 주실 파생된 권위는 그리스도께 이미 주어진 최고의 권위와 연관되어 있다. "나도 내 아버지께 받은 것[53]이 그러하니라." 그리스도는 부활하시고 높임을 받으시면서 이미 하늘에 있는 하나님의 임재 앞에서 가장 큰 권위의 위치에 앉으셨으며,[54] 재림하실 때 이 땅에 그 권위가 온전히 확립될 것을 기다리고 계신다(계 19:11-21). 성도들이 그 미래의 영역에서 행사할 통치하는 역할은 "만왕의 왕이요 만주의 주"로서 철장을 사용하실 그리스도와 그들의 관계 때문에만 이루어질 것이다(19:15-19).

이기는 자에게 주어진 둘째 약속(26b절 "그에게 만국을 다스리는 권세를 주리라"와 대응되는)은 "그에게 새벽별을 주리라"(δώσω αὐτῷ τὸν ἀστέρα τὸν πρωϊνόν, 28b절)는 것이다. 요한계시록 22:16은 그리스도가 "광명한 새벽별"(ὁ ἀστὴρ ὁ λαμπρὸς ὁ πρωϊνός)이라고 말한다.[55] 하지만 이 이미지는 다니엘 7:9-22, 스가랴 12:10, 시편 2:9에 대한 앞의 암시들(계 1:7; 2:26b-27에서)에서 표면화된 더 큰 무리의 메시아적 기대와 결합되어 있다. 또한 이 본문들은 창세기 49:10, 민수기 24:17, 이사야 11:4로 이어

시에 방해하기도 한다. '내가 그에게 권세를 주리라…내가 아버지께 권세를 받은 것처럼'(개역개정에는 "내가 받은 것이 그러하니라"-역주).

50. 시편 2:6-7의 바로 앞뒤 문맥에서 "아들"이라는 호칭은 이 땅에 하나님의 통치를 대표하는 자로 세워진 다윗 계열의 인간 왕을 가리켰다. 그래서 비유적으로는 하나님의 아들이라고 불릴 수 있다. 신약은 시편 2:6-7에서 "아들"이라는 호칭을 하나님의 본질을 공유하기 때문에 하나님의 통치를 공유하러 오신 그리스도의 부활과 승귀에서 단계적으로 확대, 성취된 하나의 유형 혹은 예표로 취한다(행 13:33; 히 1:5; 5:5). Buist M. Fanning, "Hebrews," in *Biblical Theology of the New Testament*, ed. Roy B. Zuck and Darrell L. Bock (Chicago: Moody, 1994), 384-88을 보라.

51. 시편 2편에 나오는 비유적 표현은 메시아에 대한 유대인의 더 광범위한 기대에서도 나온다. 1 En. 90:18; Pss. Sol. 17:21-25; 18:5-7; Sib. Or. 8:248.

52. Beale and McDonough, "Revelation," 1095.

53. '내가 받은'(εἴληφα)이라는 말은 헬라어로 완료 시제다. 하지만 그것은 실제로 완료의 개념보다는 부정과거의 의미일 것이다. 그것은 그리스도가 높임받으실 때 권위를 받으신 것을 요약적으로 언급한다. 요한계시록 5:7에서 부정과거 완료에 대한 논의를 보라.

54. 행 2장; 엡 1장; 히 1-2장. 또한 그리스도의 죽음, 부활, 높아지심으로 말미암아 그리스도가 지닌 권위에 환호하는 것으로는 요한계시록 5장을 보라.

55. "새벽별"은 밤이 아주 길게 지속되는 가운데서도 낮이 오는 것을 알

진다. 이 구절들도 메시아의 심판의 "규"(שֵׁבֶט, 요한계시록에서 "철장"으로 번역됨-역주)를 언급하지만, 또한 그분이 민족들을 하나님의 온전한 구원의 새벽으로 이끄는 새벽"별"(ἀστήρ)처럼 일어나신다고 주장한다(창 49:10; 민 24:17; 시 2:8; 사 11:9-10; 참고. 사 60:1-3; 벧후 1:19).[56] 이런 사고의 배경에 비추어볼 때, "그(이기는 자)에게 새벽별을 주"는 것은 신실한 그리스도인이 하나님의 완전한 구속에 참여하리라는 약속이다. 그 완전한 구속은 지금도 "광명한 새벽별"(22:16)이신 그리스도 안에서 드러나는데, 그리스도의 나타나심은 낮의 충만한 빛의 전조가 된다.[57]

2:29 귀 있는 자는 성령이 교회들에게 하시는 말씀을 들을지어다(ὁ ἔχων οὖς ἀκουσάτω τί τὸ πνεῦμα λέγει ταῖς ἐκκλησίαις). 들으라는 명령에 대해서는 7a절(29절과 표현이 똑같은)에 대한 설명을 보라.

적용에서의 신학

1. 목자와 이리

교회에서 거짓 가르침이 용납되는 것은 교회 지도자들이 영적으로 돌봐야 할 자들에 대해 책임을 다하지 않는다는 사실을 드러낸다. 하나님의 백성이라는 양 떼를 목양하는 사람은 교리와 행동의 오류라는 이리에게서 양을 보호해야 한다(행 20:28-32; 딤전 1:3-7; 딛 1:9).[58] 왜 많은 교회에서 이런 모습을 보기가 어려운 것인가? 우리는 많은 영역에서 광범위한 문화의 상대주의와 다원주의에 동화되어 있다. 그러면서 아무것도 하지 않는 것을 정당화하기 위해 지푸라기라도 잡으려 한다. '이렇게 하면 적어도 일부 사람의 필요는 채울 거야.' '그 사람은 공동체에서 많은 영향력을 행사하고 헌금도 많이 해. 그런데 어떻게 그 사람에게 가르치지 말라고 요구할 수 있겠어?' '그들에게 시간을 주면 다시 돌아올 거야.' '우리 교회는 다양한 사람들을 품는 교회야.' '우리가 누구이기에 다른 사람들을 판단해?' 등과 같이 생각하는 것이다. 그렇지만 논쟁이나 불쾌함을 피하다 보면 취약한 사람들에게 실제적인 해를 끼치게 된다. 그런 해악을 용납하는 것은 '기독교적 사랑을 보이는 것'이 아니다. 교인들은 이런 책임을 무겁게 여기고, 부드럽지만 단호하게 그 일을 하는 지도자들에게 감사해야 한다(딤후 2:23-26). 선한 목자이신 예수님은 자신의 양을 미혹하려 하는 세력에게서 강력하게 그들을 보호하실 것임을 분명히

리는 밝은 행성인 금성(Venus)을 가리킨다(BDAG 145, 892).

56. Bauckham, *Climax*, 322-26; Beale and McDonough, "Revelation," 1096.

57. 또한 권위에 대한 약속(26b-28a절)과 마찬가지로, 그리스도가 빛나는 새벽별인 것처럼 그분의 백성도 하나님의 영광스러운 자비에 대한 증거로 현재뿐만 아니라 영원토록 빛나리라는 것도 말할 것이다(단 12:3; 빌 2:15; 또한 Sir 50:6-7; 1 En. 14:2; 4 Ezra 7:97도 보라).

58. 왜, 어떻게 교회 징계를 시행해야 하는가에 대한 지혜롭고 성경적인 조언으로는 Mark Dever, *Nine Marks of a Healthy Church*, 3rd ed. (Wheaton: Crossway, 2013), 181-205, 263-67을 보라.

하신다(계 2:21-23; 또한 눅 17:1-4을 보라).

2. 매일의 신실함이 지닌 영광

오늘날과 같이 집중하는 시간이 짧고 유명 인사에게 쉽게 매료되는 세상에서는 한결같이 무언가를 고수하고 꾸준히 진보하라고 요청하는 것은 아주 따분해 보인다. 이런 제안은 얼마나 매력이 없는가! 하지만 이것이 바로 예수님이 두아디라 교회에 대해 칭찬하시는 점이다. 그들은 하나님의 길을 굳게 잡았으며 그리스도인으로서 지녀야 할 성품(사랑, 믿음, 섬김, 인내, 성숙)이 계속해서 자라나고 향상되었다. 그들은 사실 사탄에게서 오는 것인 이세벨의 내밀한 가르침("깊은 것")에 사로잡히지 않았다. 신선하고 새로운 것에 끌리는 경향은 미심쩍은 것에 쉬이 빠지는 함정이 될 수 있다. 전례 없는 변화와 혼란이 온통 우리를 둘러싸고 있는 가운데 우리는 영적 지속성과 성실함, 참고 견디는 믿음 그리고 희생적인 섬김으로 예수님을 따르는 오래된 길이 지닌 가치를 보아야 한다. 우리는 그렇게 그분과 함께 걸어가는 길이 심지어 이 세상에서도 신선하고 새로운 것으로 드러나는 것을 보며 놀랄 것이다! 그리고 26-27절이 보여주는 것처럼, 신실하게 따르는 자들은 미래에 올 나라에서 그리스도의 통치에 참여할 것이다. "참으면 또한 함께 왕 노릇 할 것이요"(딤후 2:12). 거기에는 따분한 것이 하나도 없다.

CHAPTER 7

요한계시록 3:1–6

문학적 전후 문맥

2:1–7에 대한 '문학적 전후 문맥'(114쪽)에 논의된 내용을 보라.

I. 서언(1:1–8)

II. 첫 번째 환상: 높임받으신 그리스도와 교회에 보내는 그리스도의 메시지(1:9–3:22)

A. 높임받으신 그리스도에 대한 환상(1:9–20)

B. 일곱 교회에 보내는 메시지(2:1–3:22)

1. 에베소 교회에(2:1–7)
2. 서머나 교회에(2:8–11)
3. 버가모 교회에(2:12–17)
4. 두아디라 교회에(2:18–29)
5. **사데 교회에(3:1–6)**
6. 빌라델비아 교회에(3:7–13)

주요 개념

예수님은 사데 교회의 대다수 사람이 영적으로 무기력한 것을 책망하신다. 그들에게 깨어 일어나라고 명령하시고, 그러지 않으면 그분의 심판에 직면하리라고 말씀하신다. 하지만 그들 가운데 신실한 소수의 사람은 영원히 그분과 함께 거룩함을 경험할 것이다.

번역

요한계시록 3:1-6

1a	명령	**사데 교회의 사자에게 편지하라**
b	화자	하나님의 일곱 영과
		일곱 별을 가지신
		이가 이르시되
c	책망	내가 네 행위를 아노니
d		네가 살았다 하는 이름은 가졌으나
e		죽은 자로다
2a	권고	너는 일깨어
b	권고	그 남은 바 죽게 된 것을 굳건하게 하라
c	기초	내 하나님 앞에 네 행위의 온전한 것을 찾지 못하였노니
3a	권고	그러므로 네가 어떻게 받았으며 어떻게 들었는지 생각하고
b		지켜 회개하라
c	조건	[그러므로]
		만일 일깨지 아니하면
d	경고	내가 도둑 같이 이르리니
e		어느 때에 네게 이를는지 네가 알지 못하리라
4a	안심의 말	그러나 사데에 그 옷을 더럽히지 아니한 자 몇 명이 네게 있어
b		흰 옷을 입고 나와 함께 다니리니
c		그들은 합당한 자인 연고라
5a	약속	이기는 자는 이와 같이 흰 옷을 입을 것이요
b		내가 그 이름을 생명책에서 결코 지우지 아니하고
c		그 이름을 내 아버지 앞과
		그의 천사들 앞에서 시인하리라
6	명령	귀 있는 자는 성령이 교회들에게 하시는 말씀을 들을지어다

구조

모든 메시지에 공통적으로 적용되는 네 부분으로 이루어진 구조에 대한 논의로는 2:1-7을 보라. 사데 교회를 향한 메시지는 거의 전적으로 부정적이다. 이런 특징 때문에 일반적인 구조에서 벗어나게 되는 듯하다. 사데 교회의 통탄할 만한 영적 상태는 1c-2절에서 격렬한 역설로 제시된다. 이로 인해 실제 권고 부분이 시작되기 전에 서너 개의 명령이 등장한다. 권고 자체는 일반적으로 그렇듯이 "그러므로"(οὖν)라는 말로 시작되며, 행동에 대한 요구를 서너 개 더 포함한다. 또한 통상 다른 메시지에서 뒷부분에 나오는 미래에 받을 복을 언급하며 안심시키는 약속도 나온다(3-4절). 결론(5-6절)에서는 복이라는 주제와 더불어 이기는 자에게 주는 약속이 이어질 뿐만 아니라, 신실한 자들로 입증된 사데의 소수 집단을 위해 안심의 말이 더 주어진다.

석의적 개요

II. 첫 번째 환상: 높임받으신 그리스도와 교회에 보내는 그리스도의 메시지(1:9-3:22)
- A. 높임받으신 그리스도에 대한 환상(1:9-20)
- B. 일곱 교회에 보내는 메시지(2:1-3:22)
  - 1. 에베소 교회에(2:1-7)
  - 2. 서머나 교회에(2:8-11)
  - 3. 버가모 교회에(2:12-17)
  - 4. 두아디라 교회에(2:18-29)
  - ➦ **5. 사데 교회에(3:1-6)**
    - a. 서론 (3:1a-b)
      - (1) 수신자 및 편지하라는 명령(3:1a)
      - (2) 말씀하고 계시는 그리스도에 대한 묘사(3:1b)
    - b. 교회의 상태를 아심(3:1c-2)
      - (1) 이름 대 실상(3:1c-e)
      - (2) 깨어 일어나 남은 것을 세우라(3:2)
    - c. 권고와 안심의 말(3:3-4)
      - (1) 기억하고 회개하라. 그러지 않으면 심판을 받으리라(3:3)
      - (2) 신실한 소수를 위한 안심의 말(3:4)
    - d. 결론(3:5-6)
      - (1) 이기는 자에게 주는 약속(3:5)
      - (2) 성령의 메시지를 들으라는 명령(3:6)

본문 설명

3:1a-b 사데 교회의 사자에게 편지하라 하나님의 일곱 영과 일곱 별을 가지신 이가 이르시되(Καὶ τῷ ἀγγέλῳ τῆςἐν Σάρδεσιν ἐκκλησίας γράψον· Τάδε λέγει ὁ ἔχων τὰ ἑπτὰ πνεύματα τοῦ θεοῦ καὶ τοὺς ἑπτὰ ἀστέρας). 이 서신의 수신자를 나타내는 관용 표현(1a절)은 장소명이 바뀐 것만 빼고는 2:8a과 똑같다. 공통적인 표현에 대해서는

2:1, 8a에 대한 설명을 보라. 말씀하시는 그리스도에 대한 묘사(1b절)는 1:16, 20의 환상("일곱 별이 있"는 분, 참고. 또한 2:1)뿐만 아니라 1:4("일곱 영")에도 나온다. 1:4-5의 삼위일체적 주제는 "일곱 영"이 성령의 충만하심을 비유적으로 묘사하는 말이라는 것을 보여준다(사 11:2과 슥 4:6, 10을 암시하면서).[1] 그리스도가 영을 "가지신"다는 혹은 소유하신다는 말은 어떤 사람의 삶에 성령의 권능을 부여하는 임재와 활동을 나타내는 흔한 관용 표현이다(롬 8:9; 고전 6:19; 7:40; 고후 4:13; 유 1:19). "…과 일곱 별"이라고 덧붙이는 것은, 그리스도가 교회를 감독하고 권고하실 때 이 천사적 중재자를 통해 교회의 사자들에 대한 그리스도의 권위(1:20; 2:1을 보라)가 성령의 충만한 권능과 함께 불어넣어진다는 것을 보여준다.[2] 이것은 그다음 메시지에 나오는 참된 영적 활력과 거룩함을 회복하라는 요청에서 적실성을 지닌다(1b-2, 4절).

사데는 두아디라의 남동쪽에 그리고 서머나에서 동쪽으로 약 80킬로미터 떨어진 곳에 있었던 역사적으로 중요한 도시였다. 그곳은 서머나와 아나톨리아 동쪽 사이에서 페르시아의 수사(Susa)까지 쭉 이어지던 페르시아의 "왕의 도로" 위에 있었다(Herodotus, *Hist.* 5.52-54). 그곳은 리디아(Lydia) 왕국(주전 7세기에서 6세기까지 있었던)의 옛 수도였고, 그 후 페르시아 사람들에게 정복당했으며, 이후에는 주전 500년경 헬라 군대와 여러 전투에서 싸웠다. 후에 그곳은 셀레우코스 왕조의 지배를 받았고(그 왕조의 지방 수도로서), 그 후 주전 130년 무렵 로마가 소아시아 전체에 대한 직접 통치를 확립할 때까지 아탈리드 왕조의 지배를 받았다(Pergamum으로부터). 사데의 전략적 위치 때문에 그곳은 계속해서 중요한 내륙 교역 중심지로 번성했고, 주후 17년에 일어난 엄청난 지진 이후 티베리우스가 그곳의 재건을 도왔다(Tacitus, *Ann.* 2.47). 이로 인해 기존의 건축물이 재건되었고, 새로운 건축물이 많이 세워졌으며, 그 도시는 티베리우스 숭배 의식을 거행함으로써 감사를 표했다.[3] 거기에는 전에 아데미와 제우스에게 바치는 거대한 신전뿐 아니라 아우구스투스에게 바치는 큰 신전과 여신 로마를 숭배하는 의식도 있었다. 요한계시록 2-3장에 나오는 다른 도시처럼 사데에는 수많은 직업적, 문화적 협회가 있었고 그 회원들은 다양한 방식으로 도시 생활 및 종교 생활에 참여했다. 후대에(주후 3세기) 도시의 중심에 생긴 눈에 띄는 건물 중 하나는 커다란 유대인 회당이었는데, 이는 1세기 후반까지도 사데에 상당히 크고 영향력 있는 유대인 공동체가 있었음을 반영할 것이다.[4]

3:1c-2 내가 네 행위를 아노니 네가 살았다 하는 이름은 가졌으나 죽은 자로다 너는 일깨어 그 남은 바 죽게 된 것을 굳건하게 하라 내 하나님 앞에 네 행위의 온전한 것을 찾지 못하였노니(1 Οἶδά σου τὰ ἔργα ὅτι ὄνομα ἔχεις ὅτι ζῇς, καὶ νεκρὸς εἶ. 2 γίνου γρηγορῶν καὶ στήρισον τὰ λοιπὰ ἃ ἔμελλον ἀποθανεῖν, οὐ γὰρ εὕρηκά σου [τὰ] ἔργα πεπληρωμένα ἐνώπιον τοῦ θεοῦ μου). 교회의 상태에 대한 묘사는 다른 메시지들에서도 그러하듯 그들의 행동을 묘사하며 시작된다('행동, 특징적 행동'이라는 일반적인 의미에서 "네 행

1. 1:4, 4:5, 5:6에 나오는 논의를 보라. 또한 Steve Moyise, *The Later New Testament Writings and Scripture: The Old Testament in Acts, Hebrews, the Catholic Epistles and Revelation* (Grand Rapids: Baker Academic, 2012), 113-14; Prigent, *Apocalypse*, 192.
2. "영"과 "별"(즉, 사자들)이 1b절에서 함께 언급되기 때문에, 몇몇 주석가는 "하나님의 일곱 영"을 8:2, 6에서 하나님 앞에 서 있는(어쩌면 또한 5:6에서 그분에 의해 보냄받은) 일곱 천사 혹은 천사장들로 이해한다. 그들은 교회의 사자들과 똑같은 존재이거나("그리고", καί를 설명적으로 보아서, Aune, *Revelation 1-5*, 219) 그들의 일에서 그들을 통치하는 존재들이다(Roloff, *Revelation*, 58). 하지만 이것은 앞에서 언급한 대로 요한의 사고에서 이사야서 11장과 스가랴서 4장이 미치는 영향을 깨닫지 못하는 것이다.
3. 로마는 티베리우스에 대한 아시아의 감사를 보여주기 위한 지역 신전을 세울 곳으로 사데 대신 서머나를 택했다(주후 26년에 건설된). Tacitus, *Ann.* 4.55-56; *Brill's New Pauly* 12:991을 보라.
4. J. A. Harrill, "Asia Minor," *DNTB* 132; Koester, *Revelation*, 309-12; John Griffiths Pedley, "Sardis," *ABD* 5:983-84.

위", 보통은 칭찬할 만한 것; 참고. 2:2, 19; 3:8). 하지만 그것은 그다음에 나오는 절에서 예상치 않게 역설적인 방향으로 전개된다.[5] 칭찬 대신 날카롭게 나무라는 말이 나오는 것이다. "네가 살았다 하는 이름은 가졌으나 죽은 자로다"(1d-e절). 그들이 스스로에 대해 가지고 있던(그리고 다른 사람도 그렇게 생각한다고 여겨지던)[6] 거만한 견해를 그리스도가 그 자리에서 반박하신다.[7] 그들은 영적으로 건강하고 활기차다고 소문나 있었다("살았다"). 하지만[8] 진정한 그리스도인이 지니는 하나님으로부터 오는 생명(요 3:36; 5:24; 6:53; 20:21)이 실제로 그들에게는 없었다. 그들은 "죽은 자"였다(엡 2:1-2). 그리스도가 그들의 행동을 평가하실 때, 그분은 주로[9] 내적 실상에 일치하도록 변화된 삶에서 맺히는 열매 없는 기독교적 헌신에 대한 공허한 주장들을 보셨다(계 3:2b; 참고. 요 14:21, 23; 엡 2:10; 약 2:14, 20; 요일 2:3-6, 29; 3:9-10). 그들은 이름만 그리스도인이었다. 이 표현은 "이름"을 주제로 하는 언어유희의 시작을 알린다(ὄνομα는 계 3:1-6에서 4번 사용된다). 1d절에 나오는 말('평판', reputation)은 "이름"(name)이 사람의 실상을 반영한다는 한결같은 성경의 용법에서 벗어나 있다. 하지만 나중에 나오는 용법들은 그런 유형을 따른다.

이런 냉혹한 평가는 메시지에서 이 부분을 마무리하기 위해 그들의 상태에 대해 더 말하기 전에 상황을 개선하라는 즉각적인 명령이 나오게 한다(2절). 첫 번째 개선책은 그들의 무기력함과 자기기만에서 "일깨어"나라는 것이다(2a절).[10] 도덕적, 영적으로 정신을 차리라는 이 명령은 신약 나머지 부분에 나오는 경고(고전 16:13; 살전 5:6; 벧전 5:8)뿐만 아니라 예수님의 가르침(마 24:42-44; 막 13:34-36; 눅 12:37-40), 특히 그분의 임박한 오심에 대한 가르침을 반영한다.[11] 두 번째로 그리스도는 소망의 말에서 '남은 바를 굳건하게 하라'(2b절)고 명하신다. 사데에 있는 회중 가운데서 연약하거나 사라지고 있는 것은 강화되고 유지되어야 한다.[12] 많은 주석가는 여기서 "남은 바"가 헬라어로 중성(τὰ λοιπά)이지만 교회 안의 사람들을 언급한다고 이해한다.[13] 이것은 문법적으로 가능하고 그다음 절("죽게 된 것")과 더 잘 어울린다. 하지만 요한계시록에서 '남은 사람들'에 대한 언급 중 어떤 것도 중성으로 나오지 않고, 이 문맥에서 그리스도는 그들의 행동(1c, 2c절에 나오는 중성 단어 "행위")과 그들이 받았고 들었으며 지켜야 하는 것(3a-b절)에 주의를 기울이신다. "남은 바"는 경건한 행동의 흔적들로, 대체로 죽어 있는(1e절) 회중 안에 미약하나마[14] 여전히 존

---

5. 3:15에서처럼 "그(that, ὅτι)" 절(I know your works, that…)은 "행위"를 설명한다. 그것은 또한 교회의 행동에 대한 비판을 표현한다.

6. 여기에 나오는 '평판'(ὄνομα, 보통 "이름")은 그들이 그것으로 인해 유명하던 것, 혹은 그들이 자신에 대해 생각하던 방식을 의미한다(BDAG 714; LN §3.265; 참고. 창 11:4; 신 22:14; 막 6:14).

7. 3:17에서 라오디게아인들이 이와 비슷하게 스스로 망상에 빠져 있던 것에 대한 그리스도의 반응을 보라.

8. '그러나'라는 접속사는 καί에 대한 통상적 번역은 아니다. 하지만 그 말은 여기에서는 대조적 의미다. 참고. Aune, *Revelation 1-5*, 215.

9. 사데 회중 가운데 일부에게는 실제로 진정한 생명의 흔적들이 있었다(참고 3a, 4절).

10. "일깨어"(wake up, 대부분의 현대 영어 역본)라는 번역은 헬라어의 확장된 동사구 γίνου γρηγορῶν에서 나오는데 그 동사구는 통상적인 '…이다'(be, εἰμί)와 현재 분사를 함께 쓰는 대신 '…되다'(γίνομαι) 동사 형태를 사용하는 색다른 완곡한 표현이다(참고. BDF §98.1; 354.1; Fanning, *Verbal Aspect*, 310, 312). 이것은 비완곡어법 동사에 비해 표현을 강화한다. 게다가 γίνομαι는 '…되다, 하게 되다'(참고. 2:10)라는 통상적 의미를 지니면서, 그들의 현재 상태로부터 필요한 변혁을 이룰 것을 강조한다. Matthew Black, *An Aramaic Approach to the Gospels and Acts*, 3rd ed. (Oxford: Clarendon, 1967), 130; 이는 Turner, *Style*, 155와는 반대다.

11. 이런 '깨어 있음'(γρηγορέω)은 종말론적 표시들을 지켜보는 것이 아니라 도덕적, 영적으로 계속 깨어 있는 것, 순결하고 순종하는 삶 때문에 주인의 오심을 환영할 준비를 갖추는 것을 암시한다(참고. 2b-3a; 16:15).

12. '굳건하게 하다'(στηρίζω)라고 번역된 단어는 신약에서 누가복음 22:32, 로마서 1:11에서처럼 영적 의연함('확고하게 확립하다')에 대해 사용된다(특히 앞으로 올 박해 혹은 심판을 고려해서, 살전 3:2, 13; 약 5:8; 벧전 5:10; G. Schneider, "στηρίζω," *EDNT* 3:276을 보라).

13. Smalley, *Revelation*, 81; Swete, *Apocalypse*, 48; Thomas, *Revelation 1-7*, 249는 그것이 교회 생활의 인격적 혹은 비인격적 특징들, 즉 교회가 하나님을 섬기는 일에서 회복하는 데 필요한 모든 것을 언급한다고 본다.

재하는 것이다. 사데 교회가 앞으로 나아갈 길은 그와 같은 진정한 생명의 표시들(3a, 4절)을 계발하고, 치명적인 현 상황에 도전을 가하는 것이다(3b절).

그들이 일깨어 남은 생명의 흔적을 강화해야 하는 이유('왜냐하면', γάρ, 개역개정에는 번역되어 있지 않음-역주)는, 그들이 스스로 평가하기에는 아무리 만족스럽다 해도(1d절) 그리스도의 평가에 따르면[15] 그들의 현재 영적 상태가 하나님이 보시기에는 미흡하다는 것이다. 하나님의 평가는 그들의 "행위"(즉, 일반적 행동, 참고. 2:2; 3:1c)가 적절하지 않다는 것, 즉 진정한 그리스도인의 삶을 반영할 정도로 '성취된'(πεπληρωμένα) 것 혹은 "온전한" 것이 아니라는 것이다.[16] 신약 나머지 부분은 하나님으로부터 오는 진정한 생명이 있음을 확증하는 행동이 없는 것을 경고한다(예를 들어, 마 7:21-23; 약 2:14; 요일 3:17-19; 4:20). 믿음은 이기는 것이다. 그런데 진정한 믿음은 그 안에 있는 새 생명을 보여주는 행동에서 나타난다.

3:3-4 그러므로 네가 어떻게 받았으며 어떻게 들었는지 생각하고 지켜 회개하라 만일 일깨지 아니하면 내가 도둑 같이 이르리니 어느 때에 네게 이를는지 네가 알지 못하리라 그러나 사데에 그 옷을 더럽히지 아니한 자 몇 명이 네게 있어 흰 옷을 입고 나와 함께 다니리니 그들은 합당한 자인 연고라(3 μνημόνευε οὖν πῶς εἴληφας καὶ ἤκουσας καὶ τήρει καὶ μετανόησον. ἐὰν οὖν μὴ γρηγορήσῃς, ἥξω ὡς κλέπτης, καὶ οὐ μὴ γνῷς ποίαν ὥραν ἥξω ἐπὶ σέ. 4 ἀλλὰ ἔχεις ὀλίγα ὀνόματα ἐν Σάρδεσιν ἃ οὐκ ἐμόλυναν τὰ ἱμάτια αὐτῶν, καὶ περιπατήσουσιν μετ' ἐμοῦ ἐν λευκοῖς, ὅτι ἄξιοί εἰσιν). 그리스도는 그들의 암울한 상태를 제시하신(1c-2절) 후 이어지는 권고 부분에 나오는 세 개의 명령에서(3-4절) 긍정적인 추론을 끌어내신다("그러므로", οὖν).[17] 새롭게 되는 길은 애초에 그들이 어떻게 기독교 공동체가 되었는지 회상하는 것에서 시작된다. '네가 무엇을(개역개정에는 "어떻게"-역주)[18] 받았으며 어떻게 들었는지 생각하라'(3a절)는 것이다. 그들이 회상해야 하는 것은 그들에게 전파된 복음(그들은 그것을 '들었다'[19])이다. 적어도 그들 중 일부는 믿음으로 그것을 "받았"다.[20] 이 절에서 '받았다'(λαμβάνω)는 말은 다른 사람들에게서 전달된 기독교 전승을 받는 것을 직접 가리키지는 않는

---

14. "죽게 될 것"(ἔμελλον ἀποθανεῖν)에 나오는 주동사는 미완료 시제로 과거에 일어난 일을 의미한다(ASV, NASB, NET에서처럼). 하지만 이 경우에는 과거에서 그리고 현재 순간까지 계속된 것이다(Burton, *Moods and Tenses*, 13-14; 참고. 눅 2:49; 롬 15:22; 요일 2:7). 대부분의 영어 역본은 이것을 단순 현재로 번역한다(CSB, ESV, KJV, NIV, NRSV, RSV). 아마 서신적 미완료로 보는 것이다(참고. Charles, *Revelation*, 1:79; Smalley, *Revelation*, 81). 하지만 이것은 신약 헬라어 어느 곳에서도 입증되지 않는다.
15. 완료 시제를 사용한 '내가 찾지 못하였으니'(εὕρηκα)라는 말은 그분이 그들의 행동을 평가한 것에서 나온 현재의 (부정적) 판단을 나타낸다(BDAG 412를 보라. 참고. εὑρίσκω를 사법적 결정을 나타내는 비유로 보는 것으로는 요 18:38; 19:4, 6; 행 13:28; 23:9; 24:20; 벧후 3:10).
16. πληρόω의 이 완료 시제는 요한복음과 서신서들에서 그리스도인의 기쁨이 충만해지는 것에 대해 자주 사용된 것과 비슷하다(예를 들어, 요 15:11; 17:13; 요일 1:4). 하지만 그것은 또한 사도행전 12:25, 고린도후서 10:6에서처럼 완성 혹은 성취라는 개념을 어렴풋이 담고 있다(즉, 실제로 신실하게 행한 혹은 수행한 어떤 것). 참고. 요이 1:8에 나오는 관련된 형용사.
17. 2:5에 나오는 권고도 매우 비슷하다(역시 '그러므로 생각하라'). 하지만 그 경우 뒤를 돌아보는 것은 부정적인 것("어디서 떨어졌는지를")인 반면 여기에서는 그것이 긍정적이다.
18. 이것은 문자적으로는 "어떻게"(πῶς)로 간접 질문을 시작하는 말이다[참고. 2:5, '얼마나 멀리'(how far, πόθεν), 개역개정에는 "어디서"-역주]. 하지만 신약에서 πῶς는 종종 '것'(that) 혹은 '무엇'(what), 즉 방식이 아닌 사실이나 내용이라는 의미를 지닌다. BDAG 901; Beckwith, *Apocalypse*, 474; Smalley, *Revelation*, 82를 보라.
19. 그 두 행동은 3절에서 역순으로 인용되어 있다. 하지만 이것은 요한계시록에서 흔한 일이다(참고. 3:17; 4:11; 6:4; 10:9; 20:4; 22:14). 실제 순서에서 두 번째 사건(여기에서는 "받는 것")이 그것의 중요성을 보이기 위해 본문상 순서에서는 첫 번째로 나온다(Beckwith, *Apocalypse*, 243-44; Aune, *Revelation 1-5*, 221; Resseguie, *Narrative Commentary*, 51). "들었다"는 것은 복음 메시지의 선포를 경청한 것을 말한다(막 4:15-20; 요 5:24; 행 4:4; 15:7; 롬 10:14; 엡 1:13; 골 1:23).
20. "받은"(εἴληφας)이라는 동사는 부정과거 완료다(Zerwick, *Biblical Greek*, 97-98과 5:7에 대한 주를 보라).

다(참고. 고전 11:23; 15:1; 살전 4:1에 나오는 παραλαμβάνω).[21] 그 말은 그리스도 안에 있는 하나님의 구원에 대한 선포를 믿음으로 인정한다는 의미다(예를 들어, 마 13:20; 막 4:16; 요 12:48; 17:8). 그것은 그리스도와 그분의 권위를 믿음으로 받아들이는 것과 밀접하게 관련되어 있다(요 1:12; 5:43; 13:20). 두 번째 명령(3b절)은 그들이 받고 들은 그 메시지를 '지키라'는(τήρει, 즉 순종하다, 성취하다) 것이다.[22] 이것이 바로 그들이 현재 실패하고 있는 점이다. 전에는 기독교적으로 시작한 듯 보였지만 그것을 끝까지 따르지 못했다는 것이다. '듣고 지키는' 것은 1:3에 나왔던 순서다. 그것은 들은 것이 함축하는 바(예를 들어, 2:26에서 그리스도가 명령하신 행동)를 일관되게 순종할 것에 대한 기대를 나타낸다.[23] 이것은 그들의 행동, 곧 그리스도가 그들에게 부족하다고 말씀하셨던 진정한 기독교적 순종에서 나온 활발한 행위(1c, 2c절)에 다시 초점을 맞춘다. 세 번째 명령(역시 3b절)은 앞의 두 명령을 요약한다. "회개하라"(즉, 그들의 길을 바꾸라, 경건한 행동으로 돌아오라, 참고. 2:5, 16, 21–22; 3:19)는 것이다. 이것은 마지막에 나온다. 분명 다른 두 명령에서 요구하는 것을 명확하게 요약해서 포착하기 위함이다.[24] 그들이 현재 보여주는 도덕적, 영적 궤적은 긴급히 역전시켜야 한다.

3c–e절은 2a절에 나왔던 영적 각성("일깨어")을 다시 말하는데, 이는 그들의 무기력함을 바로잡는 것이 긴급하게 필요하다는 사실을 강조한다.[25] 그들이 성품과 순종의 면에서 스스로 준비되지 못하면[26](2a절에 대한 설명을 보라), 그리스도는 미리 알리지 않으시고 그들에게 임하실 것이다.[27] 그런 각성(2a절에 인용된)을 요구하는 다른 몇 개의 신약 본문 역시 '도둑같이 이르는 것'이라는 이미지를 사용한다(16:15; 마 24:43–44; 눅 12:39–40; 살전 5:2, 4; 벧후 3:10–12). 이 직유의 요점은 그분이 예상치 않게 오신다는 것이다. 이것은 3e절에서 강조된다. 그들은 그분이 언제 오실지 알 수 없다. 그런데 두 번째 요점은 도둑이 오는 것은 적대적이고 환영받지 못하는 일이라는 것이다(3e절, '네게 적대하여', against you, 개역개정에는 "네게"–역주). 가능하면 이렇게 오시는 것을 대비하고 막아야 한다. 사데의 그리스도인들은 영적으로 주의하고 준비해서 그리스도가 오시는 것이 그들에게 적대적인 일이 되지 않도록 해야 한다.[28]

날카로운 도전(3절)이 나온 다음 이 권고 부분은 안심시키는 말로 넘어간다(2:5–6처럼). 사데 교회의 상황은 대체로 어둡다(1c–e절). 하지만 그들 가운데는 자신들이 했던 기독교 신앙 고백을 배신하지 않는 생활 방식으로 살아가는 "몇 명"(ὀλίγα ὀνόματα)이 있다(4a절). 특정한 성품에 따라서 살펴본 집단 전체[29]와 소수의 경건한 그리스도인의 대조는 개인들을 나타내기 위해 사용한 "이름(들)"이라는 표현에 나타나 있다.[30] 그들의 행

21. 이것은 Koester, *Revelation*, 313; Osborne, *Revelation*, 176의 견해다.

22. '지키다'라는 헬라어 동사에는 뚜렷한 목적어가 없다. 하지만 그것은 분명 방금 언급한 것(받은 것과 들은 것)을 지키는 것을 암시한다. 헬라어는 문맥에서 쉽게 알 수 있는 절대적이지 않은 대명사 목적어는 쉽게 빼놓는다. 하지만 영어에서는 목적어가 있어야 한다(예를 들어, 막 12:15–16; 요 2:8).

23. 1:3과 2:26에 대한 설명을 보라.

24. "회개하라"(μετανόησον)는 명령법은 부정과거 시제로 된 긴급한 명령이다. 3절에 나오는 앞의 두 명령법은 관습적 현재였다.

25. 3c절에서 '그러므로'(οὖν, 개역개정에는 "만일" 앞에 나오는 이 단어가 번역되어 있지 않음–역주)는 (3a절에서처럼) 결론을 내리는 것이 아니라, 2a절에 나오는 이전의 생각으로 되돌아가는 것이다(이런 의미에 대해서는 1:19를 보라; 또한 BDAG 736; Runge, *Discourse Grammar*, 44–45; Smalley, *Revelation*, 82–83; Swete, *Apocalypse*, 50).

26. '일깨지 아니하다'(γρηγορήσῃς)에 나오는 부정과거 가정법은 시작의 부정과거다(즉, 정신을 바짝 차리게 되다).

27. "네가 알지 못하리라"는 동사구는 이중 부정 οὐ μή(요한계시록에서 16번 나오는)를 사용하는데, 그것은 이 미래의 가능성을 강력하게 부인한다(Zerwick, *Biblical Greek*, 149–50).

28. 요한계시록 2:5에 나오는 예수님이 심판으로 오시는 것에 대한 논의를 보라(참고. 또한 2:16).

29. 그 대조는 "이름"(ὄνομα)을 갖고 하는 의식적인 언어유희를 반영한다. 그것은 1c절에서는 '(거짓) 평판'을 그리고 4a절에서는 '개개인의 사람'(즉, 한 사람으로서 자신의 특정한 성품과 정체성을 참으로 포착하는 어떤 사람의 이름)을 의미한다.

30. BDAG 714; 그리고 LN §9.19. 이것은 분명히 입증되기는 하지만

동은 그리스도의 구속 사역을 통해 그들에게 주어진 순결함과 경건함(그리스도가 그들에게 제공하셨고, 그분의 희생의 피로 씻은 혹은 역설적으로 희게 된 "흰옷"으로 상징되는)[31]을 더럽히지[32] 않았다. 이 신실한 집단에 대한 격려이자 더 큰 회중에 대한 간접적인 호소로, 그리스도는 그들에게 예비된 숭고한 전망을 묘사하신다. "흰옷을 입고 나와 함께 다니리니"(4b절)라는 것이다. "흰옷"을 입고서 그리스도와 '함께 다니는'(walking with)[33]는 이미지는 그분의 백성이 새 하늘과 새 예루살렘에서 누릴 직접적인 신적 친교를 묘사한다. 그때 하나님은 그들의 하나님으로서 그들 가운데 거하실 것이며(21:3), 만국에서 구속받은 사람들은 하나님과 어린양의 빛 가운데로 "들어갈"(will walk) 것이다(21:24). 이 유례없는 복은 그들이 그것을 받기에 합당하다는 것(4c절)에 근거한다.[34] 요한의 결론이 나타내듯이, 모든 악과 불순한 것은 배제될 것이다(21:8; 22:15). 하지만 이것은 그들 자신의 공로가 아니라 그리스도의 희생을 통해 그들에게 값없이 주어진 것(1:5; 5:9; 7:14; 21:6; 22:16), 곧 그들이 일관되게 경건과 헌신의 삶을 살아감으로써 행동으로 반영했던 상태다(참고. 마 3:8; 10:37-38).[35]

3:5 이기는 자는 이와 같이 흰 옷을 입을 것이요 내가 그 이름을 생명책에서 결코 지우지 아니하고 그 이름을 내 아버지 앞과 그의 천사들 앞에서 시인하리라(ὁ νικῶν οὕτως περιβαλεῖται ἐν ἱματίοις λευκοῖς καὶ οὐ μὴ ἐξαλείψω τὸ ὄνομα αὐτοῦ ἐκ τῆς βίβλου τῆς ζωῆς καὶ ὁμολογήσω τὸ ὄνομα αὐτοῦ ἐνώπιον τοῦ πατρός μου καὶ ἐνώπιον τῶν ἀγγέλων αὐτοῦ). 이기는 자[36]에게 주어지는 첫 번째 약속(5a절)은 "흰옷"이라는 계속되는 주제로 앞 구절과 밀접하게 관련되어 있고, "입을 것이요"[37]라는 동사를 수식하는 "이와 같이"[38]라는 문구로 강조되어 있다. 이 동사는 요한계시록 다른 곳에서(3:18; 4:4; 7:9, 13; 19:13) "흰"옷 혹은 외모와 관련된 이미지를 사용하는 다른 표현들과 함께 나온다(1:14; 6:11). 하나님의 거룩하심, 하늘에 하나님과 함께 있는 무리들, 아니면 가장 자주 나오는 것으로 죄로부터 씻음받고 하나님의 거룩하심과 순결하심을 자신의 것으로 만든 사람들을 나타내기 위해서다.[39]

이기는 자에게 주어지는 두 번째 약속은 '내가 그 이름을 생명책에서 결코 지우지 아니하리라[40]'는 것이다(5b절). 이것은 긍정적 의미를 보다 강력하게 주장하기 위해 개념을 부정적으로 표현한다.[41] 이기는 자는 언

자주 나오는 것은 아니다. 민 1:2, 18, 20; 행 1:15; 계 11:13. 헬라어 파피루스에 나오는 용법들로는 *NewDocs* 2:113; 4:58을 보라.

31. Roloff, *Revelation*, 58, 90. 요한계시록에서 옷을 입는다는 비유적 표현은 4-5절에서처럼 "옷"(ἱμάτιον), '옷 입었다'(περιβάλλω), "흰"(λευκός) 등을 포함하는 다양한 단어로 표현된다. 3:18; 6:11; 7:9, 13-14; 19:7-8, 13; 22:14을 보라.

32. "더럽히다"(μολύνω)라는 단어는 '더럽게 하다, 오염하다, 얼룩이 묻다' 등의 의미다. 그것은 의식상(계 14:4) 혹은 도덕적 부정함(고전 8:7)에 대해 사용된다.

33. '다니는 것'(walking)은 물론 일반적으로 삶을 살아가는 것을 나타내는 흔한 성경적 비유다. 하지만 몇몇 군데에서는 그것은 더 가까운 친밀함 혹은 함께 하는 삶을 더 깊이 나누는 것을 의미한다(예를 들어, 2:1; 또한 창 5:22, 24; 6:9; 17:1; 미 6:8을 보라).

34. 4c절에 나오는 '왜냐하면'(ὅτι, 개역개정에는 "연고라"-역주)이라는 말은 원인절을 시작한다.

35. 적절한 옷을 입는 것이라는 이미지 역시 사용하는 문맥에서 이렇게 "합당한" 것에 초점을 맞추는 것은 아마 혼인 잔치에 대한 예수님의 비유(마 22:1-14)에 뿌리를 두고 있을 것이다. 거기에서 잔치에 오라는 공개적 초대를 거부한 사람들은 "합당하지"(ἄξιοι, 8절) 않다고 비판을 받았으며 배제되었다(11-12절).

36. 2:7에 나오는 "이기는 자"에 대한 일반적 해설을 보라.

37. "입을 것이요"(περιβαλεῖται)라고 번역된 동사는 수동태가 아니라 중간태 자동사다. 그 자체는 누가 이런 식으로 그들에게 '옷을 입힐지' 원인적 행위자를 표현하지 않으며, 관련 구절(3:18; 6:11; 7:14; 시 51:7; 사 1:18)은 그 비유적 표현을 해독해볼 때, 그들을 죄에서 깨끗하게 하고 인간들이 "흰옷을 입은"이라는 말이 가리키는 거룩함을 소유하도록 하는 분이 하나님이심을 보여준다.

38. "그들과 같이"(like them, NET, NIV, NRSV, REB)는 οὕτως(종종 '이와 같이, 그래서'로 번역되는)를 번역한 말이다. 일부 사본에는 "이(이기는 자)"(οὗτος, 참고. KJV)라고 되어 있다. 하지만 οὕτως를 지지하는 증거가 더 강력하다(א, A, C, 1006, 2329, 2344).

39. 또한 시 51:7; 사 1:18; 단 11:35; 12:10; 또한 4 Ezra 2:40을 보라.

40. 이중 부정(οὐ μή)+미래 직설법은 이 미래의 가능성을 단호히 부인한다(9:6에 대한 주를 보라).

41. 히브리서 2:11, 4:15, 6:10, 7:20, 13:17에서 이 수사학적 장치가 사용된 것을 보라.

제나 하나님과 함께 영원히 살 사람들에 포함되리라는 것이다. '결코 지우지 아니하리라'고 번역된 동사는 '닦다'(눈에서 눈물을, 7:17; 21:4), '지우다, 덮어 가리다, 지워버리다'[파피루스에서 잉크로 쓴 글씨를, 출 32:32; 시 68:29 LXX(69:28)] 혹은 보다 일반적으로 '망각하다, 제거해서 아무 흔적도 남지 않다'[어떤 사람에 대한 죄 혹은 비난을, 시 50:11 LXX(51:9); 행 3:19; 골 2:14] 등의 의미를 지닌다.[42]

하늘의 이름 명부인 "책" 혹은 "생명책"이라는 이미지는 구약, 고대 유대교, 초대 기독교에서 널리 입증된다.[43] 요한은 요한계시록에서 이 상징을 자주 활용하는데, 그의 기독교 신학을 표현하기 위해 그것을 중대한 방식으로 각색한다. 요한의 용법이 지닌 한 가지 독특한 점은 한 군데에서는 사람들이 마지막 때에 심판을 내리는 데 쓰이는 "책들"을 간략하게 언급하기는 하지만(20:12), 하나의 "생명책"에 반복해서 주의를 기울인다는 것이다(여기에서처럼, 또한 13:8; 17:8; 20:12, 15; 21:27). 다니엘서에 나오는 언급들(7:10, "책들"; 12:1, "책")도 이런 구분을 유지하며 요한계시록에 주요한 영향을 끼친 듯하다.[44] 또 다른 분명한 기독교적인 차이는 "생명책"이 어린양의 희생적 죽음으로 말미암아(13:8, "죽임을 당한"; 참고. 5:9) 어린양께 속해 있다는 것이며(그것은 "어린양의 생명책"이다, 13:8; 21:27), 그 책에 이름이 적힌 사람들에게 하나님과 함께하는 생명의 길을 열어주는 것이 바로 그 희생이라는 것이다. 요한계시록에 나오는 "생명책"의 세 번째 독특한 특징은 "창세 이후로"(17:8; 참고. 13:8) 이름이 그 안에 기록되어 있다는 것이다. 이것은 개인의 공로와 과실과 상관없이 자비와 사랑에 기초해서 하나님이 주도권을 쥐시고 영생을 위해 그들을 택하시는 것을 상징한다.[45] 하나님의 은혜로운 선택에 대한 이런 초점은 신약에 나오는 다른 본문과도 일관된다(예를 들어, 요 6:35–44, 65; 10:26; 17:2, 6–9, 12, 24; 행 13:48; 롬 8:28–30; 9:11–12; 11:5–6; 고전 1:26–31; 엡 1:4–5, 11). 그것은 또한 생명책에 이름이 기록되어 있는 것이 이 세상의 시공간의 경계를 넘어선 "생명"을 상징한다는 것을 시사한다.

이 세 가지 독특성은 5b절의 약속을 "조건적 예정"[46] 혹은 숨겨진 협박(즉, 진정한 그리스도인이 이 명령에 따라 살지 않으면 하나님의 목록에서 제거되리라는 것)으로 이해하는 것이 잘못임을 보여준다. 5절에 나오는 세 개의 약속 중 어느 것에도 조건이 달려 있지 않고, 그 약속이 이 구절에서처럼 부정적으로 표현되어 있다 해도 조건이 달린 것으로 해석하는 것은 위험하다. 요한복음에 기록된 예수님의 가르침은 진정 그분의 양 떼의 일부인 사람들이 절대적으로 안전하다는 사실을 단호할 정도로 분명히 말한다(요 6:35–40; 10:26–30).[47]

세 번째 약속(5c절)은 "이름"이라는 항목을 이 메시지에서 마지막으로 한 번 더 다루면서 이기는 자에게 하늘의 지지를 보장한다. "내가…그 이름을 내 아버지 앞과 그의 천사들 앞에서 시인하리라." 3절에서처럼 이 표현은 예수님이 제자들에게 하신 말씀을 반영한다(마 10:32; 눅 12:8). 그리고 거기에서 다루는 상황은 이 구절의 상황과 비슷하다. 그분의 제자들은 거부와 박해를 당한다 해도 그리스도인으로서의 헌신을 공개적으로 시인하면서, 이 땅에서 그리스도를 위해 살고 말해야 한다(예를 들어, 마 10:17–23). "사람 앞에서" 그분을

---

42. BDAG 344–45.

43. 겔 13:9; 단 7:10; 12:1–2; 말 3:16; 눅 10:20; 빌 4:3; 참고. 또한 Wis 4:20; Odes Sol. 9:11; 1 En. 47:3; 90:20; 108:3; Jub. 30:19–23; 36:10; Jos. Asen. 15:3; 1QM 12:2; Birkat Haminim (12th of the Eighteen Benedictions or Amidah). 이 본문들에 대한 귀중한 개관으로는 Leslie Baynes, *The Heavenly Book Motif in Judeo-Christian Apocalypses, 200 B.C.E.-200 C.E.*, JSJSup 152 (Leiden: Brill, 2012)를 보라.

44. 출애굽기 32:32, 시편 69:28 같은 구절들은 요한계시록에서 이 주제에 중요하지 않다. Beale, *Revelation*, 281을 보라.

45. Beale, *Revelation*, 279–82; Caird, *Revelation*, 49를 보라.

46. Caird, *Revelation*, 49. "사람은 그의 이름을 시민 명부에 올릴 권리를 얻지는 못하지만 그것을 빼앗길 수는 있다."

47. 요한일서 2:19은 기독교 공동체를 버리는 사람은 그렇게 떠남으로써 그들이 참으로 그 공동체의 일부가 아니었음을 보여준다는 점을 분명히 한다.

시인하는 사람에게 대응되는 충정으로, 그리스도는 아버지 앞에서(마 10:32)와 천사들 앞에서(눅 12:8) 그 사람을 시인하실 것이다. 이 문맥에서 '시인하다'라는 단어는 '충성을 고백하다, 어떤 사람에게 충절 혹은 개인적 연관을 인정하다'[48]라는 의미다. 이 표현은 그리스도가 미래의 심판에서 이기는 자의 보증인이 되시는 것을 나타낸다.

3:6 귀 있는 자는 성령이 교회들에게 하시는 말씀을 들을지어다(ὁ ἔχων οὖς ἀκουσάτω τί τὸ πνεῦμα λέγει ταῖς ἐκκλησίαις). 들으라는 명령에 대해서는 2:7a(3:6의 표현과 똑같은)에 대한 설명을 보라.

적용에서의 신학

1. 허울 좋은 것의 말로

허울만 좋은 현상은 삶의 전 영역에서 나타난다. 학위만 수여하고 실제로 가르치는 것은 없는 교육 기관이나 학교들, 운영도 하고 연례 보고서도 작성하지만 누구를 위해 일하는지 혹은 왜 존재하는지 잊어버린 회사, 신병을 모집하고 연금을 지불하지만 나라를 효과적으로 방어하지 못하는 군대, 좋은 위치의 아름다운 건물에서 정기적으로 '예배'를 드리는 경건한 유산은 있지만 진정한 영적 삶은 없는 교회. 이런 교회는 더 이상 주변 공동체, 자기 회중 혹은 자신이 믿는 하나님을 진정으로 섬기지 않는다. 이 모든 것은 '살았다 하는 이름은 가졌지만 죽어 있다'(3:1). 그들은 이름만 존재한다. 허울 좋은 것은 활력 있어 보이는 겉모양 때문에 진정한 생명이 다시 생기지 못하는 결말을 맞이한다. 우리는 종교적 영역에서 진짜 기독교(Christianity)가 아닌 '교회교'(Churchianity)로 변모할 것이다. 이것은 진짜 기독교의 참된 능력을 부인하고 그에 저항하는 경건함의 한 형태다(딤후 3:5). 그런 상황에서 교회 공동체로서나 신자 개인으로서 우리는 영적으로 부흥하고, 진정한 그리스도인의 모습으로 '깨어나며', 죽어가는 기독교 유산을 다시 일으켜야 하고, 우리에게 남아 있는 활력을 '굳건하게' 세우며, 진정으로 건강하게 하는 습관을 회복해야 한다(계 3:2-3). 이렇게 하면 많은 이가 성경에 닻을 내리게 할 것이고, '현대 사회와 관계를 맺으려는' 잘못된 노력을 하다가 잃어버린 교회 전통의 활기 넘치는 신조에 다시 굳세게 자리 잡게 해줄 것이다. 우리는 그리스도 안에 있는 생명을 동시대 사람들에게 전하기 전에 그 생명을 다시 한번 발견해야 한다. 그러지 않으면 그것은 단지 우리 삶에서 집중하지 못하게 만드는 요소를 거부하는 일이 되거나, 가장 좋은 것을 얻기 위해 다른 좋은 것들을 거부하는 일이 되어버릴 것이다. 우리는 '모든 것을 다 가질 수 있다'고 생각한

48. BDAG 708-9.

다. 하지만 주변적인 요소들은 삶을 질식시켜 교회 생활이나 구세주와 개인적으로 동행하는 일에서 핵심 요소를 놓치게 만드는 특성이 있다.

2. 소수의 가치와 능력

사데 교회에 보내는 편지에는 다수 교인에게 결정적인 행동을 취하지 않으면 특정한 심판에 직면하리라는 경고가 담겨 있다. 이렇듯 대체로 부정적인 메시지 가운데서 예수님은 "그 옷을 더럽히지 아니한 자 몇 명"(4절)을 잊지 않으신다. 심지어 대략적으로 묘사해야 하는 때도 그분은 개인적으로 사데의 그리스도인들을 아신다는 사실과 그들에게 주의를 기울이신다는 것을 빼놓지 않고 섬세하게 묘사하신다. 예수님은 신실한 자, 경건한 자의 숫자가 적더라도 그들을 아신다. 그리고 그들이 장차 그분과 함께 받을 상은 확실하다. 또한 그들은 길을 잃은 대다수의 사람이 생명과 건강으로 돌아오는 촉매 역할을 할 수 있다. 하지만 그 역할을 담당하기 위해서 그들은 인내해야 하고 매력을 갖추어야 한다. 변덕스럽고 호전적인 소수 집단은 진정한 변화보다는 저항을 일으킬 가능성이 있다. 하지만 하나님의 손에 잘 놓인 작은 잿불이나 작은 불똥은 가장 차가운 회중도 소생시킬 수 있고, 다른 소수의 사람을 위해 불길이 일어나게 할 수 있다.

CHAPTER 8

요한계시록 3:7–13

문학적 전후 문맥

2:1–7에 대한 '문학적 전후 문맥'(114쪽)에 논의된 내용을 보라.

I. 서언(1:1–8)

II. 첫 번째 환상: 높임받으신 그리스도와 교회에 보내는 그리스도의 메시지(1:9–3:22)

A. 높임받으신 그리스도에 대한 환상(1:9–20)

B. 일곱 교회에 보내는 메시지(2:1–3:22)

1. 에베소 교회에(2:1–7)
2. 서머나 교회에(2:8–11)
3. 버가모 교회에(2:12–17)
4. 두아디라 교회에(2:18–29)
5. 사데 교회에(3:1–6)
6. **빌라델비아 교회에(3:7–13)**
7. 라오디게아 교회에(3:14–22)

주요 개념

예수님은 빌라델비아 교회가 약한 상태에서도 신실한 것을 칭찬하신다. 그리고 그들의 원수에 대항해서 그들의 정당함을 입증해주시고, 장차 온 세상에 닥칠 전례 없는 시험에서 그들을 보호해주시리라 약속하신다.

번역

요한계시록 3:7-13

7a	명령	**빌라델비아 교회의 사자에게 편지하라**
b	화자	거룩하고
		진실하사
		다윗의 열쇠를 가지신 이
		곧 열면 닫을 사람이 없고 닫으면 열 사람이 없는
		그가 이르시되
8a		볼지어다 내가 네 앞에 열린 문을 두었으되
		능히 닫을 사람이 없으리라
b	칭찬	내가 네 행위를 아노니
c		네가 작은 능력을 가지고서도
d		내 말을 지키며
e		내 이름을 배반하지 아니하였도다
9a	약속 1	보라 사탄의 회당
b		곧 자칭 유대인이라 하나 그렇지 아니하고 거짓말 하는
		자들 중에서 몇을 네게 주어
c		그들로 와서
d		네 발 앞에 절하게 하고
e		내가 너를 사랑하는 줄을 알게 하리라
10a		네가 나의 인내의 말씀을 지켰은즉
b	약속 2	내가 또한 너를 지켜 시험의 때를 면하게 하리니
c		이는 장차 온 세상에 임하여
d		땅에 거하는 자들을 시험할 때라
11a	권고	내가 속히 오리니
b		네가 가진 것을 굳게 잡아
c		아무도 네 면류관을 빼앗지 못하게 하라
12a	약속	이기는 자는 내 하나님 성전에 기둥이 되게 하리니
b		그가 결코 다시 나가지 아니하리라
c		내가 하나님의 이름과
		하나님의 성 곧 하늘에서 내 하나님께로부터 내려오는
d		새 예루살렘의 이름과
e		나의 새 이름을 그이 위에 기록하리라
13	명령	귀 있는 자는 성령이 교회들에게 하시는 말씀을 들을지어다

구조

모든 메시지에 공통적으로 적용되는 네 부분으로 이루어진 구조에 대한 논의로는 2:1–7을 보라. 이 메시지는 빌라델비아 교회를 무조건적으로 칭찬한다(2:8–11의 서머나 교회를 향한 메시지와 비슷하다). 그래서 교회 상태에 대한 칭찬(8–10절)은 다른 메시지에 비해 조금 더 길다. 권고 부분(11절)은 상당히 짧고, 그리스도를 향한 충성 때문에 그들을 변호하고 보호해주시겠다는 약속이 포함된다. 결론부에서는 마찬가지로 빌라델비아의 신실한 이기는 자들에게 주어지는 긴 약속이 나온다. 이 약속 또한 모든 교회가 주의 깊게 들어야 한다(12–13절).

석의적 개요

II. 첫 번째 환상: 높임받으신 그리스도와 교회에 보내는 그리스도의 메시지(1:9–3:22)

A. 높임받으신 그리스도에 대한 환상(1:9–20)

B. 일곱 교회에 보내는 메시지(2:1–3:22)

1. 에베소 교회에(2:1–7)

2. 서머나 교회에(2:8–11)

3. 버가모 교회에(2:12–17)

4. 두아디라 교회에(2:18–29)

5. 사데 교회에(3:1–6)

➡ **6. 빌라델비아 교회에(3:7–13)**

a. 서론(3:7)

(1) 수신자 및 편지하라는 명령(3:7a)

(2) 말씀하고 계시는 그리스도에 대한 묘사(3:7b)

b. 칭찬과 지지에 대한 약속(3:8–10)

(1) 연약함에도 불구하고 충성함(3:8)

(2) 대적들에 대항해서 정당함을 입증해주시겠다는 약속(3:9)

(3) 앞으로 올 시험의 때에 보호해주시겠다는 약속(3:10)

c. 굳게 잡으라는 권고(3:11)

d. 결론(3:12–13)

(1) 이기는 자에게 주는 약속(3:12)

(2) 성령의 메시지를 들으라는 명령(3:13)

본문 설명

3:7 빌라델비아 교회의 사자에게 편지하라 거룩하고 진실하사 다윗의 열쇠를 가지신 이 곧 열면 닫을 사람이 없고 닫으면 열 사람이 없는 그가 이르시되(Καὶ τῷ ἀγγέλῳ τῆς ἐν Φιλαδελφείᾳ ἐκκλησίας γράψον· Τάδε λέγει ὁ ἅγιος, ὁ ἀληθινός, ὁ ἔχων τὴν κλεῖν Δαυίδ, ὁ ἀνοίγων καὶ οὐδεὶς κλείσει καὶ κλείων καὶ οὐδεὶς ἀνοίγει). 이 메시지의 수신자에 대한 관용 표현(7a절)은 장소명이 바뀐 것 외에는 2:8a과 똑같다. 공통적으로 해당되는 표현에 대해서는 2:1, 8a에 대한 설명을 보라.

빌라델비아는 사데에서 동쪽으로 약 48킬로미터 떨어진 곳에 위치했고, 히에라볼리와 라오디게아로 이어지는 도상에 있었다. 북쪽으로는 헤르모스 강(Hermus River) 지류가 있고 남쪽으로는 트몰로스 산(Mount Tmolus)이 어렴풋이 보이는 비옥한 고원 가장자리에 위치했던 빌라델비아는 내륙으로 향하는 도로를 따라 이루어지는 거래와 풍요로운 포도원 및 양의 목초지에서 나오는 유익을 누렸다. 포도 재배, 모직물, 가죽 세공 등이 도시의 주요 산업이었다. 그곳은 일곱 개의 도시 중 가장 신흥 도시였다. 주전 2세기 중반 페르가몬의 아탈리드 왕조 통치자들이 이 지역을 그들의 영토로 합병한 후 세워졌기 때문이다. 그곳이 헬레니즘을 내륙으로 더 전파하기 위한 '선교적' 목적으로 세워졌는지는 3:8에 대한 설명을 보라. 주후 17년에 그곳은 사데 일부를 뒤엎어버린 지진으로 파괴되었고, 마찬가지로 티베리우스에게 도움을 받았다(Tacitus, *Ann.* 2.47). 빌라델비아는 비문과 화폐로 감사를 표했으며, 한동안 그를 기념해서 '네오가이사랴'(Neocaesarea)라는 이름을 사용했다. 후에 그곳은 베스파시아누스와 도미티아누스를 기념해서 '플라비아 빌라델비아'(Flavia Philadelphia)라는 이름을 사용했다. 빌라델비아의 주요 신은 아나이티스(Anaitis) 여신으로, 모신(mother goddess)을 나타내는 페르시아-아나톨리아 혼합 여신이었다. 그 도시에서는 그리스 로마와 동양의 다른 여러 신을 경배했다. 요한계시록 이전에 빌라델비아에 있던 유대인 인구에 대해서는 많이 알려진 바가 없다. 몇십 년 후 이그나티우스는 빌라델비아 교회의 유대주의자들을 향해 짧게 경고했다(Ign. *Phld.* 6.1). 요한계시록 시대의 유대인 공동체와 그리스도인 공동체의 충돌에 대해서는 3:9에 대한 설명을 보라.[1]

7b절의 그리스도에 대한 묘사는 1장 끝에 나오는 환상과 중요한 연관성이 있다("열쇠", 1:18; 뒤의 설명을 보라). 이 묘사는 요한계시록에서 전에는 인용되지 않았던 더 광범위한 일련의 기독론적 호칭들로 시작한다.[2] '거룩한 자'(ὁ ἅγιος)라는 말은 하나님을 나타내는 구약의 호칭으로(사 40:25; 43:15; 합 3:3, "이스라엘의"라는 말과 함께 왕하 19:22과 시편 및 이사야에서 여러 번), 여기에서는 그리스도에 대해 사용되었다(또한 막 1:24; 눅 4:34; 요 6:69에 나오는 "하나님의 거룩한 자"를 보라). "이스라엘의 거룩한 자"라는 더 긴 호칭은 '구별된' 혹은 유일하신 분, 인간이나 거짓 신과 반대되는 참되고 살아 계신 하나님, 홀로 온 세상을 구속하시고 새롭게 하실 능력이 있으며 새롭게 하실 분을 의미하는 문맥에서 종종 사용된다(예를 들어, 사 40:25; 43:3-4; 45:11-14; 49:6-7; 60:9-14).[3] 이 뉘앙스는 또한 '진실하신 분'(ὁ ἀληθινός)이라는 두 번째 호칭에도 담겨 있다. 그 호칭은 다른 곳에서는 참되신 한 분 하나님과 그분의 아들 예수 그리스도를 언급하는 데 사용되었다(요 1:9; 7:28; 17:3; 요일 5:20). 여

---

1. Koester, *Revelation*, 321-23; W. Ward Gasque, "Philadelphia," *ABD* 5:304-5.
2. 6:10에서는 "거룩하고 참되신"이라는 두 용어 모두 여호와 하나님을 묘사하는 말로 사용된다.
3. O. Procksch, "ἅγιος," *TDNT* 1:93-94. 이 본문 중 몇 개는 요한계시록 3:7-9의 다음 몇 줄에서 나오는 요소들을 포함한다. 예를 들어, 열린 문(사 60:11), 절(사 45:14; 49:7; 60:14), 하나님의 사랑하는 자(사 43:4).

기에서 그 말은 우상과 비교하여 그분의 유일무이하심과 신성을 강조한다. 그분만이 구원하시고 구속하실 수 있다는 것이다.[4]

"다윗의 열쇠를 가지신 이"라는 그다음 묘사는 1:18("내가 사망과 음부의 열쇠를 가졌노니")을 상기시키며 그것을 보완하는 의미를 지닌 듯하다.[5] 3:7b에서 "열쇠"는 "열린 문"(8a절)과 새 예루살렘(12절)에 들어가는 것을 말하는 문맥에서 여는 것 및 닫는 것과 관련되어 있고, 그리스도가 인간의 영원한 운명을 주관하시는 것을 말한다(참고. 마 16:19, "천국 열쇠"). 다윗과의 연관성은 이사야 22:22에서 나온 것이다(사 9:7; 16:5; 55:3에 대한 암시와 함께). 이사야 22장은 다윗 계열에서 나오는 하나님의 메시아적 구원자를 직접 언급하지는 않지만(참고. 계 5:5; 22:16), 왕의 집에서 왕의 권위를 행사하며[6] 확고한 통제력을 가지고 그렇게 할 관리를 언급한다. '그가 열면 닫을 자가 없겠고 닫으면 열 자가 없으리라.'[7] 하지만 이사야 22장의 예표론에서 다윗 집의 인간 관리가 펼치는 확고한 통치는 강화되어 인간의 내세에 대한 그리스도의 불가침한 신적 주권을 나타낸다. 하나님께로 가는 길을 '여는' 그분의 권위는 8절에서 곧바로 언급된다.

3:8 볼지어다 내가 네 앞에 열린 문을 두었으되 능히 닫을 사람이 없으리라 내가 네 행위를 아노니 네가 작은 능력을 가지고서도 내 말을 지키며 내 이름을 배반하지 아니하였도다(Οἶδά σου τὰ ἔργα, ἰδοὺ δέδωκα ἐνώπιόν σου θύραν ἠνεῳγμένην, ἣν οὐδεὶς δύναται κλεῖσαι αὐτήν, ὅτι μικρὰν ἔχεις δύναμιν καὶ ἐτήρησάς μου τὸν λόγον καὶ οὐκ ἠρνήσω τὸ ὄνομά μου). 교회의 상태에 대한 부분은 늘 그렇듯(참고. 2:2, 19; 3:1) 그들의 행동에 대한 일반적인 진술인 "내가 네 행위를 아노니"라는 말로 시작된다(개역개정에는 중간에 나옴-역주). 하지만 다른 메시지처럼 상세히 설명하는 대신, 이 메시지는 그들의 칭찬받을 만한 행동을 세부적으로 묘사하기(8c-e) 전에 7b절의 언급이 시사하는 것, 즉 그리스도로부터 오는 유익에 대한 표현이 곧바로 나온다[8](8a절). 그 유익은 그리스도가 "열린 문"을 그들 '앞에 두었다'[9]는 것이다. 이 이미지를 어떻게 이해해야 하는가? 성경 연구자들은 바울이 말하는 "열린 문"이 더 넓은 사역 기회, 특히 전도의 기회에 대한 비유라고 생각하는데(고전 16:9; 고후 2:12; 골 4:3; 참고. 행 14:27) 여기에서도 그런 의미로 이해할 수 있을 것이다.[10] 하지만 이 문맥에서 관련된 이미지들(7b절에 나오는 사람들의 영원한 운명에 대한 그리스도의 권위 그리고 9, 11절에 나오는 참으로 이 그리스도인들이 그분께 속해 있다는 표시)로 보아 "열린 문"은 다른 사람들을 하나님께 이끄는 일에 성공하는 것이 아니라, 그들이 하나님께 다가갈 수 있음을 보장하는 것일 가능성이 더 크다.[11] 그리스도의 신적 권위는 하나

4. Prigent, *Apocalypse*, 201; *NIDNTTE* 1:239-40.
5. Roloff, *Revelation*, 61.
6. 이사야서 탈굼은 22:22a를 "내가 성소의 열쇠와 다윗 집의 권위를 그의 손에 두리니"라고 풀어쓴다. 이는 아마도 여기 12절에 반영된 하나님의 성전에 접근한다는 개념을 나타낼 것이다(Bruce D. Chilton, *The Isaiah Targum*, vol. 11 of *The Aramaic Bible: The Targums*, ed. Martin McNamara [Edinburgh: T&T Clark, 1987], 44).
7. 이 표현은 LXX가 아니라 이사야 22:22의 MT에 의지한다. 각 쌍에서 두 번째 동사는 미래('닫을', will close, κλείσει)에서 현재('여는' opens, ἀνοίγει)로 바뀌지만 의미는 거의 똑같다(두 곳 다 격언적인). 후자의 동사를 미래 형태('열', will open)로 보는 이문은 사본 증거가 더 적으며 시제 차이를 없애려는 서기관의 노력을 나타낸다.
8. '내가 네게 말하노니'(개역개정에는 "볼지어다"-역주)라는 말은 "열린 문"(8b절)에 대한 진술을 끼워 넣기 위해 2:10에서처럼 강조하려고 ἰδού(종종 '볼지어다, 보라')를 사용한 것을 반영한다.
9. '내가 두었다'라는 동사는 보통 '주다'(δίδωμι)라고 번역되는 동사에서 나온다. 하지만 여기에서 그 말은 '주다'라는 히브리어 동사와 연관된 뉘앙스를 지닌다. 참고. Aune, *Revelation 1-5*, 229; Matthew Black, "Some Greek Words with 'Hebrew' Meanings in the Epistles and Apocalypse," in *Biblical Studies: Essays in Honour of William Barclay*, ed. Johnston R. McKay and James F. Miller (London: Collins, 1976), 145.
10. Ramsay, *Letters*, 391-95; 404-6; Hemer, *Letters*, 154-55, 72, 174 (헬레니즘 문화권의 그 지역을 '복음화하는 것'에서 빌라델비아의 역할과 관련한); Charles, *Revelation*, 1:87; Swete, *Apocalypse*, 53; Walvoord, Rawley, and Hitchcock, *Revelation*, 83.
11. Aune, *Revelation 1-5*, 236; Kraft, *Offenbarung*, 81; Prigent, *Apocalypse*, 203. "열린 문"의 이런 의미는 또한 Odes Sol. 42:17-18에도 나온다. Boxall, *Revelation*, 72는 다른 견해를 취한다. 요한이 곧 볼(4:1)

님께 다가가는 것을 결코 아무도 빼앗을 수 없음을 보장한다(그것을 "능히 닫을 사람이 없으리라", 8a절).[12]

그다음에 나오는 문장[13]은 그리스도가 그들의 행동에서 보신 것을 자세히 묘사한다. 그들이 인간적인 연약함을 안고 있었는데도 그리스도께 일관되게 순종하고 충성했다는 것이다. "네가 작은 능력을 가지고서도"(8c절)라는 말은 처음부터 빌라델비아 교회의 상황이 어려웠음을 강조한다(2:9, 13과 비슷하게). 이 절에서 그리스도는 빌라델비아 교인이 너무나도 잘 알고 있던 사실을 공감하시고 인정하신다. 그들이 살고 있던 이교적 환경에서 그들의 세상적 지위와 영향력이 약하다는 사실이다.[14] 이 구절 나머지 부분에서 칭찬하는 신실함은 그들이 더 폭넓은 기독교의 진리를 붙잡고 있음을 입증한다. 하나님의 능력은 그들이 영적으로 부족한 자원을 반드시 공급하신다(참고. 고전 1:26-29; 고후 12:9-10; 빌 4:13). 그다음에 나오는 절(8d-e절)은, 이 장들 다른 곳을 근거로 보기에는 연약하지만 그들이 영적으로 강하다는 것을 묘사한다.[15] 그들은 그분의 '말을 지켰다[16]'(즉, 그분의 가르침에 순종했다. 1:3; 2:26에 대한 설명을 보라. 또한 요 8:51; 17:6을 보라). 그리고 그들은 "[그분의] 이름을 배반하지 아니하였"다(즉, 그리스도를 향한 충성을 부인하거나 그분께 등을 돌리지 않았다. 2:13에 나오는 이에 대한 긍정적 표현인 "내 이름을 굳게 잡아서"라는 말과 그리스도에 대한 '믿음을 저버리는 것'에 대한 유사한 문구를 보라).[17]

3:9 보라 사탄의 회당 곧 자칭 유대인이라 하나 그렇지 아니하고 거짓말 하는 자들 중에서 몇을 네게 주어 그들로 와서 네 발 앞에 절하게 하고 내가 너를 사랑하는 줄을 알게 하리라(ἰδοὺ διδῶ ἐκ τῆς συναγωγῆς τοῦ Σατανᾶ τῶν λεγόντων ἑαυτοὺς Ἰουδαίους εἶναι, καὶ οὐκ εἰσὶν ἀλλὰ ψεύδονται. ἰδοὺ ποιήσω αὐτοὺς ἵνα ἥξουσιν καὶ προσκυνήσουσιν ἐνώπιον τῶν ποδῶν σου καὶ γνῶσιν ὅτι ἐγὼ ἠγάπησά σε). 그리스도는 계속해서 그들의 영적 상태를 생생하게 칭찬하시고, 7b절에 나왔던 이사야서의 이미지를 다시 한번 사용하신다. '내가 네게 말하노니'(혹은 "보라", ἰδού, 이에 대한 설명은 3:8a과 2:10을 보라)라는 강조의 표현은 이 절에서 두 번 나오고(개역개정에는 "네게 주어" 다음에 나오는 '보라'가 번역되어 있지 않음-역주), 그 때문에 문장 구조를 조정해야 한다. 원래의 표현을 분리해서 새로운 주동사로 다시 시작하게 하는 것이다('보라 몇을 네게 주어…보라 그들로…하게 하고'). 이것은 모두 생생한 말을 기록한 것이라는 증거다.[18] 이 구절은 외적으로는 무력하지만 신실한 그리스도인들에게 그들이 하나님 앞에서 얻은 영원한 지위를 계속해서 확신시킨다(그분께 "열린 문", 8a절). 종말

"하늘에 열린 문"과 관련된 것이다. 즉, 이 그리스도인들이나 요한의 통찰에 주의를 기울이는 모든 사람은 하늘의 관점에서 자신의 상황을 볼 기회를 부여받는다는 것이다. 하지만 이것은 이 바로 앞뒤 문맥에 나오는 개념적 단서들처럼 설득력 있지는 않다.

12. 참고. 7b절과 욥 12:13-14.

13. 8b절에 나온 주동사("내가…아노니")는 다소 삽입적인(그들 앞에 둔 열린 문) 표현 다음에 일련의 사고를 재개하기 위해 영어 번역에서 8절 맨앞에 삽입되었다. "…을 [내가 아노니]"[(I know) that]라는 문구에 나오는 접속사(ὅτι)는 원인적 의미로 볼 수도 있다(CSB, KJV, NASB). 하지만 2:2, 3:1, 15에 나오는 유사한 표현으로 보아 "것"(that, 즉, 내용, 간접 강화)일 가능성이 훨씬 더 크다(ESV, NET, NIV, NRSV, RSV).

14. Boxall, *Revelation*, 72.

15. '그렇지만'(yet, 개역개정에는 "가지고서도"-역주)이라는 말은 καί('그리고')라는 단순 접속사를 나타낸다. 그 말은 여기에서는 예상치 않은 요소를 추가하기 위해 사용되었다(BDAG 495; Zerwick, *Biblical Greek*, 153).

16. '너희가 지켰다'라는 동사는 헬라어에서는 부정과거(ἐτήρησας)로 여기에서는 아마 마무리의 의미(어려움이 있음에도 그 행동이 이루어졌다)와 함께 요약적으로 살펴본 다양한 명기되지 않은 행동을 언급할 것이다. 영어에서 현재 완료 동사('행했다', have done)는 명확하지 않은 과거 시제를 표현하는 데 가장 좋은 방법이다(참고. CSB, ESV, NASB, NET, NIV, NRSV). 이 구절에 나오는 마지막 동사인 "[너희가] 배반하지 아니하였도다"(부정과거, ἠρνήσω)도 마찬가지다. Fanning, *Verbal Aspect*, 260, 263-65를 보라.

17. 더 자세한 내용은 2:13에 대한 설명을 보라.

18. 삽입절로 인해 그렇게 중단되는 것은 1세기의 대중적인 산(animated) 헬라어 문체에서 종종 나오는 파격 구문의 한 예다(BDF §467; Robertson, *Grammar*, 437-39).

때 빌라델비아의 특정 적수들이 희생되면서 운명이 역전됨으로 교인들이 유익을 얻는다는 말로써 그런 확신을 준다. 그리스도는 2:9(서머나에 보내는 메시지)과 매우 비슷한 표현을 사용하셔서 자칭 "유대인"이라 하는 "회당"[19]원들을 언급하시지만, 2:9처럼 그 호칭의 적법성을 부인하시며("그렇지 아니하고") 오히려 그들을 "사탄의 회당"이라고 묘사하신다(9a–b절). 이들은 외적으로 그리고 윤리적으로는 유대인이지만, 그리스도를 거부함으로써 내적으로는 참으로 유대인이 아니고, 복음을 반대함으로써[20] 사실상 하나님의 원수인 사탄과 동맹을 맺고 있다.[21] 빌라델비아에 있는 이 두 개의 종교적 소수 집단은 더 광범위한 이교 문화 안에서 영향력을 끼치려고 경쟁했다. 그리스도가 여기에서 하시는 말씀에 기초해 볼 때, 유대인 공동체의 일부 사람이 외적으로 무력한 교회를 향해 그들이 하나님께 거부당했고 장차 심판을 받을 것이 분명하다고 조롱하고 혹평했음을 쉽게 상상할 수 있다.

하지만 그리스도는 그들에게 그 반대의 상황을 확신시켜주신다. 그리스도는 상황을 다르게 보시고 '내가 그들을…네게 주어'(I will cause them)[22] '…하게 하리라'고 말씀하신다(9b, e절). 이렇게 지위가(그리고 그에 대한 인간의 견해가) 역전되는 것은 이사야의 뒷부분에 나온 비유적 표현으로 묘사된다. 이것은 7b절에서 그리스도가 거룩하고 진실하신 하나님이자 다윗의 권위를 지니신 분으로 언급됨으로써 환기되었다. 앞에서 인용된 같은 본문 중 일부에서 하나님은 이스라엘에게 그분이 장차 만물을 새롭게 하실 때 그들을 억압했던 이방의 세계 권력자들이 와서 그들 발 앞에 절할 것이며,[23] 진실하신 구속의 하나님이 백성 이스라엘을 향해 품으신 사랑[24]을 그들이 인정하지 않을 수 없으리라고 약속하신다(사 43:4; 45:14; 49:23; 60:14; 또한 1QM 19:5–7; Jub. 1.25을 보라). 일이 묘하게 진전되면서 이 역전은 이제 믿지 않는 유대인들에게도 적용되는 것으로 나타난다(9c–e절). 그들은 현재 합당하지 않다고 여기는 이방인 그리스도인들에게 장차 하나님의 은총이 임하는 것을 인정할 수밖에 없을 것이다.[25]

3:10 네가 나의 인내의 말씀을 지켰은즉 내가 또한 너를 지켜 시험의 때를 면하게 하리니 이는 장차 온 세상에 임하여 땅에 거하는 자들을 시험할 때라(ὅτι ἐτήρησας τὸν λόγον τῆς

19. '회당에 속한 특정한 사람들'(εκ της συναγωγῆς)이라고 번역된 헬라어 문구는 '회당 중에서 몇'을 말하는 것으로 부분을 나타내는 표현이다(BDF §164; BDAG 297과 2:10; 5:9에 나오는 다른 설명을 보라).
20. 서머나 교회에 대한 유대인들의 적대감은 2:9에 분명히 나와 있다. 하지만 여기에서는 빌라델비아에서 실제 일어났던 반대에 대해서는 어떤 분명한 것도 말하지 않는다. 아마 앞에서 언급한 것처럼 집단 사이에 긴장된 관계가 있었을 것이다.
21. 2:9에 나오는 논의를 더 보라.
22. '내가…하도록 하다'(개역개정에는 "주어"–역주)라는 동사 διδῶ는 통상 '주다'라는 의미의 단어로, 여기에서 미래적 현재로 사용된다. '…하도록 하다, 하게 만들다'라는 의미는 앞의 8a절에서 살펴본 용법과 비슷한 또 다른 헤브라이어(Hebraic) 뉘앙스다.
23. 요한계시록 3:9에서 "[내가] 그들로 와서 네 발 앞에 절하게 하고"라는 말의 헬라어 구문은 미래 직설법 동사들을 가진 ἵνα로 시작되는 절을 사용한다(문자적으로는 '그들로 오게 할 것이고 절하게 할 것이다'). 다른 저자들은 보통 헬라어에서 부정사를 사용할 만한 곳에서 이렇게 ἵνα절을 사용하는 것은 요한계시록뿐 아니라 요한복음의 특징이다(BDF §§369.2; 392.1; 408; 476.1; Aune, *Revelation 1-5*, 230). ἵνα절에 나오는 동사들은 가정법이다. 하지만 지방어인 헬레니즘 헬라어에서는 의미상 변화는 전혀 없이 때로 미래 직설법이 사용된다(Zerwick, *Biblical Greek*, 117; 참고. 계 6:4, 11; 8:3; 9:4, 5, 20; 13:12; 14:13; 22:14).
24. 요한계시록 3:9에서 '내가 너를 사랑하였다'는 부정과거로(ἠγάπησα), 요약해서 본 명확하지 않은 과거의 행동들을 나타낸다. 8d–e절에 나오는 부정과거 동사들에 대한 설명을 보라. 이것은 그들이 그들 스스로 아무런 힘이나 지위를 갖고 있지 않은 동안에도 그들을 위한 하나님의 구속 및 지속적인 돌보심을 말한다(7–8절).
25. 이사야를 통해 주신 하나님의 약속들은 그리스도를 통해 이루어질, 인간적으로는 예상하지 못한 더 큰 성취에 대한 예표론적 기대로 나타난다. 여기에 나오는 유형은 바울이 로마서 9:24–26에서 호세아 2:25, 2:1 LXX를 인용한 것과 비슷하다. 이스라엘 북쪽 지파들이 어떤 의미에서 '하나님의 사랑한 백성이 아니었다'는 의미에서 심판을 받았다가 후에 그분께 회복된 것처럼, 또한 (하지만 예상치 못하게 더 위대한 방식으로) 참으로 하나님의 백성이 아니었던 이방인들이 믿는 이스라엘과 함께 하나님의 백성이 될 것이다.

ὑπομονῆς μου, κἀγώ σε τηρήσω ἐκ τῆς ὥρας τοῦ πειρασμοῦ τῆς μελλούσης ἔρχεσθαι ἐπὶ τῆς οἰκουμένης ὅλης πειράσαι τοὺς κατοικοῦντας ἐπὶ τῆς γῆς). 그리스도는 장차 그들의 정당함이 입증되리라는 진술(9절)을 불쑥 끼워 넣으신 후 8절에서 끝난 사고의 흐름을 다시 이어가신다(그분의 말씀을 충성스럽게 지킨 것). 이것은 빌라델비아 교인에게 주실 미래에 대한 추가적인 약속의 기초[26]가 된다. 처음 절("네가 나의 인내의 말씀을 지켰은즉")에서는 8d절의 "네가…내 말을 지키며"(ἐτήρησάς μου τὸν λόγον)에 쓰인 것과 똑같은 동사, 목적어, 소유 대명사가 반복된다. 하지만 여기에 "인내의(…에 대한)"라는 묘사가 추가되고, "나의"라는 소유격이 다른 곳에 등장한다(ἐτήρησας τὸν λόγον τῆς ὑπομονῆς μου). 8절의 의미와 이렇게 연관성이 있으므로 10a절의 이 문구를 '(너의) 인내에 대한 나의 말', 즉 그리스도가 제자들에게 어려움이 닥쳐와도 그분에 대한 믿음을 유지하라고 명하신 것으로 이해하는 편이 더 낫다(참고. CSB, NIV, NJB, REB).[27] 빌라델비아의 그리스도인들은 그분의 말씀에 순종하여 그런 믿음을 유지했다.

이에 대한 반응으로 나오는 그리스도의 약속은, 온 세상에서 하나님의 모든 원수를 시험할 유례없이 끔찍하고 두려운 심판의 기간에 그들을 건져주신다는 것이다(10b–d절). "내가 또한 너를 지켜"라는 표현은 10a절과의 대응을 유지하기 위해 '지키다'(τηρέω)라는 똑같은 동사를 사용한다. 하지만 그 의미는 "지키다, 순종하다"에서 "안전하게 지키다, 보존하다, 보호하다"[28]로 바뀐다. 그들은 "시험의 때…장차 온 세상에 임하여(is destined to come)[29] 땅에 거하는 자들을 시험할 때"로부터(ἐκ) 지킴을 받을 것이다. 그때는 고대 유대교와 초대 기독교가 하나님이 만물을 새롭게 하시고 회복시키시기 직전의 마지막 날에 찾아오리라 예상했던 전례 없는 심판과 고난의 기간이다.[30] 이 절정의 기간은, 구약에서 이스라엘의 이교 원수들뿐 아니라 죄를 지은 이스라엘에게 심판이 임하는 주의 날에 대해 예언적으로 주어지는 경고와 일반적으로 연관되어 있다.[31] 그런 심판들은 하나님의 백성과 그들의 세상에 하늘에서 내려온 재앙이 반복되는 패턴을 보이며, 죄 된 인간들에게 그들의 역사 속에서 다양한 때에 나타났다.[32] 하지만 몇몇 본문은 예표론적으로 점차 확대되는 기간에 대해 말하기 시작한

---

26. 10절의 첫 절은 원인절로 이 구절 나머지 부분에 나오는 그리스도의 약속에 대한 근거 혹은 이유를 제시한다(BDAG 732). 여기에서 "…은즉"(since, NIV) 혹은 "때문에"(because, CSB, ESV, NABR, NASB, NRSV)라고 번역된 헬라어 접속사 ὅτι는 보통 주동사 뒤에 나오지만 여기에서는 주동사 앞에 나온다(참고. 요 1:50; 20:27; 고전 12:15). 앞의 8절과의 연관을 보다 쉽게 확립하기 위해서다.

27. 이 번역은 "인내의"라는 소유격을 "말씀"(인내하는 것에 대한 메시지/명령)의 목적어로 보며 '내/나의'라는 소유격을 역시 "말씀"(내가 말하는 메시지)의 주격으로 본다. Zerwick and Grosvenor, *Grammatical Analysis*, 748; Aune, *Revelation 1-5*, 231에서 이 해석을 보라. 연이어 나오는 소유격들에서 마지막 소유 대명사는 때로 바로 앞 명사를 건너뛰고 그 앞에 나오는 머리 명사와 연결된다(Wallace, *Grammar*, 87–88; Zerwick, *Biblical Greek*, 15, 그들은 이것을 한정 소유격 구와 함께 지킨다. 하지만 그것은 보다 광범위하게 나올 수 있다). 다른 해석은 또한 "인내의"라는 말을 "말씀"에 대한 목적어로 볼 수도 있다. 하지만 '내/나의'라는 말을 "인내"의 주격으로 본다. '내 인내에 대한 메시지'라는 것이다(참고. NASB; Swete, *Apocalypse*, 55; Prigent, *Apocalypse*, 205). 그리스도 자신의 인내는 참되고 중요한 것이기는 하지만 이 문맥 다른 곳에서는 언급되지 않기에 그런 의미일 가능성은 더 작다.

28. BDAG 1002.

29. '…할 운명인'(is destined, μέλλω라는 동사에 대해)이라는 의미에 대해서는 BDAG 628을 보라. 참고. 1:19; 12:5; 17:8; 마 17:12, 22; 행 26:22.

30. 초대 유대교에서 이 주제에 대한 상세한 개관으로는 Pitre, *Tribulation*, 41–130, 특히 127–30에 나오는 그의 요약을 보라. 또한 Stanley E. Porter, "Tribulation, Messianic Woes," in *DLNT* 1179–82.

31. 이 고난을 묘사하기 위해 사용되는 특유의 용어들에는 '괴로움, 환난'(θλῖψις, 사 33:2; 렘 15:11; 단 12:1, 여기에는 대응되는 히브리어 용어 צָרָה가 나오지만 헬라어 번역에서는 그것을 다르게 번역하는 본문들이 포함된다), '해산의 고통 혹은 화', 후대의 문헌들에서는 '메시아적 화' 혹은 메시아의 '해산의 진통'(ὠδίν, ὠδίνω), '시험, 시련'(πειρασμός, πειράζω), '벌, 징계'(παιδεία, παιδεύω) 등이 포함된다.

32. 구약 선지자들과 감람산 강화에서 예시된 화 혹은 심판의 유형인 '환난'과 그것이 요한계시록에 묘사된 마지막 날들의 화에서 성취된 것에 대해서는 Blaising, "Case," 32–52, 58–65를 보라.

다. 이것은 앞서 제시한 심판들과 비슷하지만 유례없이 엄중하고 중대한 "큰" 환난이고, 전 세계에 영향을 미치며, 전에는 한 번도 일어난 적이 없다(단 12:1; 마 24:21; 막 13:19; 계 7:14; 참고. T. Mos. 8:1).[33] 요한계시록 3:10에 나오는 "시험의 때"는 분명 이러한 전례 없는 강화된 차원의 시험을 말하는 듯하다. 그것은 "온 세상에" 임하며 "땅에 거하는 자들"을 면제되는 사람 없이 시험하기 때문이다.[34]

해석자들이 3:10과 관련하여 논쟁해온 문제가 있다. 여기에서 사용된 핵심 용어 및 계시록 나머지 부분과 성경 전체의 더 광범위한 증거에 비추어볼 때, 이 시험의 기간에서 빌라델비아 그리스도인들을 보호해주시겠다는 그리스도의 약속이 어떻게 작용되는 것인가 하는 문제다. 이 논의에서 주목해야 하는 한 가지 중요한 구분은, 하나님의 백성이 이 시대 내내(그리스도의 승천부터 그분이 장차 영광 가운데 다시 오실 때까지) 겪는 환난과 그분이 다시 오시기 직전인 시대의 끝에 임할 전례 없는 고난의 차이이다. 이 둘은 유형화된 방식으로 관련되어 있다. 하지만 종말 때 찾아올 단계적으로 확대된 고난을 단지 그것을 예상하는 어려움에 대한 일반적 경험으로 전락시켜서는 안 된다. "시험"을 나타내는 용어들과 "환난" 등과 같은 관련 단어들은 다른 곳에서 때로 타락한 세상에서 경건한 사람들이 겪는 일반적 경험에 대해(요 16:33; 행 11:19; 14:22; 20:19; 롬 5:3; 고전 10:13; 고후 1:4-8; 4:8, 17; 8:2; 골 1:24; 살전 3:3-7; 히 10:33; 약 1:27; 벧전 1:6; 4:12; 계 1:9; 2:9-10; 2:22) 그리고 때로는 마지막 기간의 강력한 고난에 대해(마 24:21, 29; 막 13:19, 24; 계 7:14; 참고. 단 12:1) 사용된다.[35] 방금 말했듯이 요한계시록의 일부 본문은 전자를 나타내는 듯하고, 일부는 후자를 나타내는 듯 보인다. 요한계시록 3:10에 나오는 보호에 대한 약속을 어떻게 이해해야 하는가 물을 때 우리가 주의를 기울여야 할 것은 후자의 의미로 사용된 본문이다.

한편으로, 분명 그리스도를 따르는 일부 사람은 마지막 격렬한 고난의 기간에 끔찍한 고난을 받을 것이다. 예를 들어, 7:14에서 하나님의 보좌 앞에 있는 큰 무리는 "큰 환난에서"(ἐκ τῆς θλίψεως τῆς μεγάλης) 나온 복된 죽은 사람들이며, 그들은 6:9-11에서 자신의 정당함을 입증해달라고 외치는 그리고 그리스도를 증언했기 때문에 죽임당한 순교자들과 동일시되는(같은 시공간에 걸쳐 있는 것은 아니라도) 듯하다.[36] 이 사람들은 여섯 개의 인으로 나타나는 신적 진노가 부어지는 동안 죽임당했던 것으로 보인다(참고. 6:16-17). 그래서 많은 사람이 주장하듯 3:10이 약속하는 바가 대격변의 심판을 면제받는 것보다는 그 심판 '가운데서' 혹은 '…을 통해' 보존되는 것이라고 주장하기는 어렵다.[37] 이것은 그들을

33. "환난"을 묘사할 때 나오는 "큰"(μεγάλη)이라는 용어는 그 문구가 언제나 이 마지막 기간의 강렬한 환난을 언급하는 전문 용어는 아니다. 사도행전 7:11과 요한계시록 2:22에서 그것은 심한 어려움을 묘사한다(예를 들어, 기근, 질병). 2:22에 나오는 설명을 보라.

34. 이것은 요한계시록에서 "땅에 거하는 자들"이라는 문구를 처음 사용한 경우다. 하지만 그 말은 그 이후로 반복해서 나오며, 언제나 부정적 의미를 지닌다. 사탄의 속임수 아래 땅에 거하는 자들은 끝까지 하나님께 저항한다(3:10; 6:10; 8:13; 11:10; 13:8, 14; 17:8; 참고. 13:12; 17:2). 유용한 개관으로는 A. Boyd Luter and Emily K. Hunter, "The 'Earth Dwellers' and the 'Heaven Dwellers': An Overlooked Interpretive Key to the Apocalypse," *Faith and Mission* 20 (2003): 3-5를 보라. 이와 같은 문구들은 비정경적 묵시 문학에서 흔하게 나온다. 그 문구들은 우주적인 혹은 전 세계적인 범위의 사건들을 말하기 때문이다(예를 들어, 1 En. 40:6-7; 54:6; 60:5; 4 Ezra 3:34-35; 5:1; 7:74; 12:24; 2 Bar. 25:1; 48:32, 40; Aune, *Revelation 1-5*, 240에 열거된 다른 구절들을 보라). 하지만 그것들이 언제나 이런 부정적 함축을 지니는 것은 아니다.

35. 주기도문에 나오는 언급들은 논란이 되고 있다. 마 6:13; 눅 11:4.

36. 마찬가지로 12:10-12에 묘사된 집단. 논의를 위해서는 이 본문들에 대한 주석을 보라.

37. 참고. Prigent, *Apocalypse*, 206. 그들은 "그 환난을 면하기를 소망할 수는 없다. 하지만…그들은 그 안에서 보존된다." 또한 Aune, *Revelation 1-5*, 240. "그들이 육체적으로 부재하리라기보다는 다른 사람들에게 미치는 것이 그들에게 미치지 않을 것이라는 말이다." 이것은 노아의 경험과 대응을 이룰 것이다. 그는 "물로 말미암아" 구원을 받았다(벧전 3:20). 그것은 "말미암아"(through, διά, '…에 의해

'보호해서' 이런 시련 속에서 주님을 부인하지 않고 신실하게 죽음을 맞이하게 해준다는 의미일 것이다. 3:10의 표현과 부분적으로 대응되는 것으로 다음의 구절을 인용하고 싶은 마음이 들 수 있다. 요한복음 17:15["내가 비옵는 것은 그들을 세상에서 데려가시기를 위함이 아니요 다만 악에(from, ἐκ) 빠지지 않게 보전하시기를 위함이니이다"] 혹은 야고보서 1:27["자기를 지켜 세속에(from, ἀπό) 물들지 아니하는 그것이니라"] 등이다. 이 구절들은 분명 위협을 경험하는 사람을 어느 정도 보호해주는 것을 말한다. 하지만 이 표현은 3:10과 완전히 대응되지는 않는다. 3:10은 "시험"에서만이 아니라 "시험의 때"(ἐκ τῆς ὥρας τοῦ πειρασμοῦ)에서 지킨다고 말한다. 위협의 기간을 언급하는 것은 '…으로부터 지키다'라는 말 그리고 그 경험 '안에서 보호하다' 혹은 '…을 통해서 보호하다'라는 말을 더 분명하게 대조한다. 때로 인용되는 다른 부분적 대응 표현에는 시험'으로부터 구원하다/해방하다'라는 언급이 포함된다. 특히 예수님이 "죽음에서…구원"받는다는(히 5:7; 약 5:20) 것 혹은 죽음의 "때"(요 12:27)와 같은 서너 번의 언급을 예로 들 수 있다. 다시 한번 '…으로부터 구원하다'(saving from)라는 말은 어떤 경험으로부터 혹은 그때'로부터 지키다'(keep from)라는 말과 다르다는 것을 분명히 짚고 넘어가야 한다.[38] 하지만 심판의 경험'으로부터 해방'(deliverance from)된다는 말은 구약에 나온 심판과 해방의 또 다른 예표를 시사한다. 소돔과 고모라 이야기에서 나온 예표다. 하나님은 경건하지 않은 자들에 대한 심판의 "본"(ὑπόδειγμα)으로서 그들을 불로 멸망시키셨다(벧후 2:6). 이 이야기에서 하나님은 '의로운 롯을 건지셨다'(δίκαιον Λὼτ…ἐρρύσατο, 벧후 2:7). 롯이 경험한 것처럼 '경건한 자는 시험에서 건지실 줄 아시는'(οἶδεν κύριος εὐσεβεῖς ἐκ πειρασμοῦ ῥύεσθαι, 벧후 2:9) 는 것을 보여주시면서, 즉 그들에게 '(시험)에서 완전히 피할 수 있는…절대적 면제권'(참고. 벧후 2:9)[39]을 주심으로 그렇게 하셨다.

이것은 요한계시록 3:10에서 그리스도가 빌라델비아 그리스도인들을 이 지상에서 완전히 데려가심으로 장차 전 세계에 일어날 극심한 "시험"의 때'로부터' '지키'겠다고 약속하시는 것을 시사한다.[40] 이것은 주님이 오시는 것의 한 측면으로 그리스도인이 영원히 그리스도와 함께 있게 하기 위해 땅에서 '휴거'해 가시는 것에 대한 바울의 묘사와 정확하게 일관성이 있다(살전 4:16–17). 이것은 주의 날에 경건하지 않은 자들에게 심판으로 임할 하나님의 진노로부터 그리스도인들을 건지시는 것과 연관되어 일어날 것이다(살전 1:10; 5:2, 9). 이 심판들은 요한계시록 6–19장에 묘사되어 있다.[41] 요한계시록을 읽을 때 일곱 메시지의 수신자인 그리스도의 추종자들, 곧 그리스도의 초림으로부터 재림의 이 단계까지 내내 존재하는 그리스도를 대표하는 사람들 그리고 마지막 "환난" 기간에 살아갈 그리스도의 추종자들을 구분하는 것이 중요하다.[42]

서'뿐 아니라 '한가운데서')라는 말로 언어유희를 하는 것이다.

38. 한 가지 중요한 차이는 그 동사가 '지키다'이고 '구원하다'가 아닐 때, '…으로부터'(ἐκ)라는 전치사가 반드시 어떤 환경 안에 '사전에 존재하다' 혹은 그 환경'에서 출현하다'라는 의미일 필요가 없다는 것이다. 그것은 '…에서 독립된' 혹은 '…의 밖에'라는 의미다. Aune, *Revelation 1-5*, 231; LN §89.121을 보라.

39. Moffatt, "Revelation," 368. 그는 이것을 요한계시록 3:10에 대한 하나의 견해로 제시하지만 자신의 결론을 내리지는 않는다.

40. 요한계시록에 대한 초기의 주석가 중 한 명(Andrew of Caesarea, 6세기)은 이것이 로마의 박해(예를 들어, Domitian 치하에서) 동안 그리스도인들을 보호하는 것을 언급할 수 있다고 말한다. 하지만 그는 그 말을 종말 때 건져냄을 받는 것으로 보는 편을 선호한다. "그는 종말 때 적그리스도가 신실한 자들에 반대하여 우주적으로 오는 것에 대해 말한다. 이렇게 오는 것으로부터 그분은 열심 있는 사람들을 자유롭게 해주시겠다고 약속하신다. 그들은 사전에 거기로부터 떠나 위로 사로잡혀 갈 것이기 때문이다. 그들이 견딜 수 있는 것 이상의 시험을 받지 않도록 하기 위해서다"(Weinrich, "Andrew of Caesarea," 125–26).

41. 특히 6:8과 6:17에 나오는 설명을 보라.

42. 이 약속은 빌라델비아의 그리스도인들에게만 국한되어서는 안 된다(Aune, *Revelation 1-5*, 240과는 반대로). 모든 메시지가 궁극적으로는 "교회들에게"(3:13; 또한 2:7에 대한 설명을 보라) 주어진 것

3:11 내가 속히 오리니 네가 가진 것을 굳게 잡아 아무도 네 면류관을 빼앗지 못하게 하라(ἔρχομαι ταχύ· κράτει ὃ ἔχεις, ἵνα μηδεὶς λάβῃ τὸν στέφανόν σου). 권고와 경고가 나오는 부분(예를 들어, 2:5-6, 10-11, 16; 3:3-4)에서 빌라델비아 교회에게 주어진 권고는 비교적 간략하다. 그리스도는 다시 한번 자신이 곧 올 것이라고 단언하신다(11a절; 참고. 2:5, 16). 이 경우에는 자기 백성을 구하러 오실 것이므로 격려의 말과 더불어 도덕적으로 준비되라고 주의를 주신다(참고. 3:2-3; 16:15; 22:12). 그리스도가 그들에게 내리시는 유일한 명령은 칭찬할 만한 영적, 도덕적 상태를 유지하라는[43] 것이다(11b절). 8절에서 그리스도는 그들이 작은 능력만 "가지고" 있다고 언급하셨다. 하지만 여기에서는 그것만을 염두에 두지는 않는다. 이 경우에 그들이 '가지고 있는' 것은 다른 몇몇 메시지에서 그 그리스도인들이 '소유'하고 있다고 인용되는 것과 같은 종류의 일반적 성품 혹은 영적 건강함이다(참고. 2:3, 6, 25). 이런 식으로 영적으로 깨어 있게 하기 위해[44] 그리스도가 그들 앞에 제시하시는 목표는, "면류관" 혹은 그리스도를 향한 신실한 섬김에 대한 답으로(11c절) 이미 그들을 기다리고 있는 칭찬이다(참고. 딤후 4:8). "면류관"(στέφανος)은 그리스도가 오실 때 그들을 기다리고 있는 성취를 즐겁게 경축하는 것을 나타낸다.[45] "아무도…빼앗지 못하게"라는 문구는 그리스도의 칭찬을 받기 위한 제로섬(zero-sum) 경쟁('다른 사람들이 더 헌신적으로 섬긴다면, 너는 부족할 것이다')을 암시하지 않는다. 그것은 긍정적인 면을 보다 강력하게 주장하기 위해('너는 의문의 여지없이 너를 기다리고 있는 것을 받을 것이다', 3:5을 보라) 다시 한번 부정을 수사학적으로 표현한 것이다.

3:12 이기는 자는 내 하나님 성전에 기둥이 되게 하리니 그가 결코 다시 나가지 아니하리라 내가 하나님의 이름과 하나님의 성 곧 하늘에서 내 하나님께로부터 내려오는 새 예루살렘의 이름과 나의 새 이름을 그이 위에 기록하리라(ὁ νικῶν ποιήσω αὐτὸν στῦλον ἐν τῷ ναῷ τοῦ θεοῦ μου καὶ ἔξω οὐ μὴ ἐξέλθῃ ἔτι καὶ γράψω ἐπ' αὐτὸν τὸ ὄνομα τοῦ θεοῦ μου καὶ τὸ ὄνομα τῆς πόλεως τοῦ θεοῦ μου, τῆς καινῆς Ἰερουσαλὴμ ἡ καταβαίνουσα ἐκ τοῦ οὐρανοῦ ἀπὸ τοῦ θεοῦ μου, καὶ τὸ ὄνομά μου τὸ καινόν). 이기는 자에게 주어지는 그리스도의 약속[46]은 비유적으로 이 메시지를 시작한 주제로 돌아온다. 즉, 그리스도가 주신 바 하나님께 공개적으로 다가간다는 주제(7b-8b절)와, 그분의 구속이 완전하게 될 때 이 그리스도인들을 하나님의 것으로 온전히 입증해주신다는 주제다(9절). 이것은 처음에는 하나님의 백성을 하나의 건물로, 아니면 보다 구체적으로는 하나님께 드려지는 "성전"으로 표현된다(참고. 고전 3:16-17; 엡 2:19-22). 그 안에서(즉, 그들 가운데서) 하나님은 친밀한 친교 가운데 거하시며 그들의 즐거운 예배를 받으신다(12a-b절).[47] 이런 이미지를 사용해서 이 그리스도인들은 공동체의 두드러진 구성원으로 혹은 중심적인 중요성을 지닌 존재로 묘사된다(갈 2:9에 나오는 "기둥", στῦλος의

과 마찬가지로, 그리스도인들은 신실하게 견디라는 그리스도의 명령에 순종하면서, 그분이 장차 그들을 위해 오실 때 대격변적 진노의 시기로부터 보존해주실 것을 기대할 수 있다(살전 4-5장).

43. '굳게 잡으라'(κράτει)는 말은 이것을 삶의 특징적 과정으로 명령하는 현재 명령이다(관습적 현재). 같은 동사가 2:25에서는 부정과거를 사용해서 긴급한 명령을 하는 데 사용된다(κρατήσατε, 그 구절의 주를 보라).

44. "…하게 하라"(so that, ἵνα)로 시작되는 절은 '굳게 잡는 것'의 목적을 보여준다.

45. 2:10에 나오는 설명을 보라.

46. 2:26 및 3:21에서와 마찬가지로 이 구절에서 "이기는 자"는 다른 격으로 된 대명사에 의해 주절에서 다시 계속되는 불완전 구문의 주격으로 표현된다. 간략한 논의로는 2:26을 보라.

47. 이 "성전"은 하나님의 백성에 대한 비유이므로(심지어 그것의 미래의 표현에서) 그것은 21-22장에 나오는 새 예루살렘에 대한 환상, 곧 하나님과 어린양이 그 성전이므로 예루살렘 성에는 "[문자적인] 성전"(21:22)은 없으며 하나님의 백성이 거기에서 그들을 예배한다고 하는 환상과 상충되지 않는다. 두 이미지 모두 자신의 백성과 영원토록 완전한 친교를 나누는 하나님에 대해 말한다(21:3-7; 22:3-4).

의미를 보라, 또한 Philo, *Migr.* 124; 1 Clem. 5.2). 그들이 현재 약함(8절)에도 불구하고 그리고 그들의 대적들이 말하는 것(9절)과는 대조적으로, 하나님이 장차 구속하실 때 그들은 하나님의 백성 가운데서 절대 빼앗기지 않을 특권적 위치에 있게 될 것이다.[48] 이기는 자들은 하나님의 공동체 안에서 그들이 맡은 역할로부터 '결코 다시 떠나지 아니'할 것이다.[49]

이기는 자들이 온전히 받아들여지고 안전하리라는 주장은 "기둥"이라는 이미지에 추가되는 또 다른 묘사로 보강된다. 곧, 그것 혹은 그에게 새겨지는 삼중의 비문이다(12c-e절).[50] "내가…기록하리라"는 주동사는 세 개의 목적어를 취한다. 그리스도가 이기는 자의 영원한 정체성과 시민권을 나타내기 위해 새기실 "이름"이다. "[내] 하나님의 이름"은 그가 그리스도의 구속 사역으로 말미암아 하나님께 온전히 받아들여지는 것을 보여준다(즉, 이 사람은 하나님께 속해 있다). '내 하나님께로부터 내려오는 성의 이름'은 이기는 자가 "새 예루살렘"(상술되는 하늘의 기원, 21:2에 나오는 "하나님께로부터 하늘에서 내려오니"에 대한 더 상세한 논의를 보라)에 거할 권리를 갖고 있음을 보증한다. 마지막으로 그리스도는 이기는 자들에게 "나의 새 이름"을 기록하실 것이라고 선언하신다. 바로 앞에서 하나님의 이름이 언급되었으므로, "나의"라는 소유격은 그리스도 자신의 이름을 뜻하는 것이 가장 자연스러울 것이다(즉, 이 사람은 그리스도께도 속해 있다). 그런데 "새로운" 것이 무엇인지는 이해하기 어렵다. 그것은 그 사람에게 "새로운" 것이라는 의미일 수도 있다. 그에 대한 소유권이 바뀌었다는 것이다. 하지만 "나의"라는 말은 '나로부터'(원천의 소유격)라는 의미를 지닐 수도 있다. 그리스도의 변화시키는 역사로 말미암아 가능해진 각 그리스도인의 새로운 정체성을 나타낸다는 것이다(참고. 2:17). 이 견해가 더 그럴듯하다.

3:13 귀 있는 자는 성령이 교회들에게 하시는 말씀을 들을지어다(ὁ ἔχων οὖς ἀκουσάτω τί τὸ πνεῦμα λέγει ταῖς ἐκκλησίαις). 들으라는 이 명령에 대해서는 2:7a(3:13과 표현이 똑같은)에 대한 설명을 보라. 여기에서는 빌라델비아 그리스도인에게 약속된 것(3:10)이 소아시아의 다른 교회들뿐 아니라, 오늘날에 이르기까지 다른 장소와 다른 시대의 교회에 주어진 것임을 유의해야 한다.

적용에서의 신학

1. 우리의 약함과 수치 안에 있는 그분의 능력과 영광

예수님은 자신의 절대적 권위, 특히 종말론적 복과 심판에 대한 권위를 말씀하신(3:7) 후 고대

48. 후에 나오는 하나님의 새 공동체 대한 묘사들에서는 모든 사람이 이런 식으로 하나님께 다가갈 수는 없다는 것을 분명히 한다. 분명한 경계가 설정되었다(참고. 21:27; 22:15).

49. 12b절의 표현['그가 결코 다시 떠나지(개역개정에는 "나가지"-역주) 아니하리라']은 하나님의 성전에서 절대 배제되지 않는 것에 대해 매우 명확히 강조한다. 그것은 문자적으로는 '그가 더 이상 전혀 밖으로 나가지 않을 것이다'(ἔξω οὐ μὴ ἐξέλθῃ ἔτι)라는 뜻이다. 이 일이 미래에 일어날 가능성조차 가장 강력한 용어로 부인하고(2:11에 대한 주를 보라) 그에 더해 '여전히, 더 이상'이라는 부사를 사용해서 그렇게 한다.

50. "그이 위에"(on him, ἐπ' αὐτόν, 남성 단수)는 기둥을 말할 수도 있고 사람을 말할 수도 있다(둘 다 문법적으로 남성 단수다).

빌라델비아의 그리스도인들이 매우 잘 알고 있는 사실을 암시하신다. 곧, 그들이 살아가는 이교적 환경에서 그들이 지닌 세속적 권세와 영향력이 미미하다는 것이다. '네가 작은 능력을 가지고 있는 것을 내가 안다'(3:8). 하지만 그들은 하나님의 능력에 의지하여 복음에 계속해서 신실했고, 수치와 박해 속에서도 그리스도를 부인하지 않았다. 그들은 고난받으셨지만 승리하신 구세주를 따르는 것의 역설을 삶으로 보여주었다. 고대 소아시아의 다른 교회들처럼 (그리고 오늘날 우리가 사는 사회의 많은 그리스도인처럼) 그들은 엘리트 계층에게 모독을 당했고, 부자와 권세 있는 자들에게 조롱을 받았으며, 심지어 그들과 사회적으로 대등한 사람들에게까지 불이익을 당했다. 그들은 겉보기에 아무에게서도 보호받지 못하고 그런 어려움을 묵묵히 받아들이면서 여전히 확고부동했다. 역설적이게도 예수님은 그들(그리고 모든 그리스도인), 곧 현재 번영과 권세에서 배제되어 있는 사람들에게 희망적인 약속을 주신다. 그들이 장차 찾아올 극심한 환난의 시기에 세상의 경건하지 않은 사람들에게 임할 가혹한 심판의 때를 면하게 되리라는 것이다(3:10). 더구나 예수님은 그들이 현재의 고난 대신 미래의 영광을 받을 것이라고 약속하신다. 그것은 하나님으로 말미암아 영광을 받고 영원히 그분의 것으로 주장된 사람들의 운명이다. 이 세상에서 그런 취약함과 불안정에 종속된 삶을 사는 이들이 미래에 하나님의 새로운 공동체의 흔들리지 않는 기둥, 종말에 이 땅에 확립될 하늘의 예루살렘(3:12)이 될 것이다.

2. 이스라엘의 유업

이 본문은 아시아 교회들이 당대 유대인과 충돌하는 것을 언급하는 예수님의 두 번째 메시지다(3:9; 참고. 2:9). 우리는 빌라델비아 교회를 안심시키기 위해 인종적 유대인 대적을 언급하시는 예수님의 말씀을 오늘날의 반유대적 적대감을 정당화하는 구절로 해석하면 안 된다. 신약 전체가 분명히 밝히는 것처럼, 이방인 그리스도인은 유대인에 대해 교만하거나 적대감을 가질 아무런 근거가 없다(예를 들어, 롬 11:17-24). 우리는 그리스도인의 믿음의 유대적 배경을 존중하고 귀중히 여겨야 한다. 그리고 하나님이 아브라함과 그의 인종적 후손들을 통해 세상에 가져오신 복의 범위에 우리가 포함되는 것을 감사해야 한다. 우리는 하나님이 유대인을 사랑하듯이 그들을 사랑해야 한다. 우리는 그리스도인들이 오랜 세월 동안 그리스도의 이름으로 유대인에게 가해온 해악을 슬퍼하고, 유대 민족에게 열정적으로 은혜롭게 복음을 전파해서 메시아를 통해 처음에 그들이 받을 예정이었던 복에 참여할 수 있게 해야 한다.

CHAPTER 9

요한계시록 3:14-22

문학적 전후 문맥

2:1-7에 대한 '문학적 전후 문맥'(114쪽)에 논의된 내용을 보라.

I. 서언(1:1-8)
II. 첫 번째 환상: 높임받으신 그리스도와 교회에 보내는 그리스도의 메시지(1:9-3:22)
A. 높임받으신 그리스도에 대한 환상(1:9-20)
B. 일곱 교회에 보내는 메시지(2:1-3:22)
1. 에베소 교회에(2:1-7)
2. 서머나 교회에(2:8-11)
3. 버가모 교회에(2:12-17)
4. 두아디라 교회에(2:18-29)
5. 사데 교회에(3:1-6)
6. 빌라델비아 교회에(3:7-13)
➡ **7. 라오디게아 교회에(3:14-22)**
III. 두 번째 환상: 하늘의 보좌와 세 번의 심판 주기(4:1-16:21)

주요 개념

예수님은 라오디게아 교회의 쓸모없음과 가련한 자만심을 책망하신다. 오직 예수님만이 그들에게 필요한 것을 공급하실 수 있다. 예수님은 그들에게 회개하고 그분과 맺은 교제를 새롭게 하라고 호소하신다.

번역

요한계시록 3:14-22

14a 명령 **라오디게아 교회의 사자에게 편지하라**
b 화자 아멘이시요
충성되고 참된 증인이시오
하나님의 창조의 근본이신 이가
이르시되
15a 책망 내가 네 행위를 아노니
b 네가 차지도 아니하고 뜨겁지도 아니하도다

c 네가 차든지 뜨겁든지 하기를 원하노라

16a 경고 [그래서]
네가 이같이 미지근하여 뜨겁지도 아니하고
차지도 아니하니
b 내 입에서 너를 토하여 버리리라

17a (18절의) 원인 네가 말하기를 나는 부자라
부요하여
부족한 것이 없다 하나

b 네 곤고한 것과
가련한 것과
가난한 것과
눈 먼 것과
벌거벗은 것을 알지 못하는도다

18a 권유 내가 너를 권하노니 내게서 (1) 불로 연단한 금을 사서
b 부요하게 하고
(2) 흰 옷을 사서
입어
벌거벗은
수치를

		보이지 않게 하고
c		(3) 안약을 사서 눈에 발라 보게 하라
19a	권고	무릇 내가 사랑하는 자를 책망하여 징계하노니
b		그러므로 네가 열심을 내라 회개하라
20a		볼지어다 내가 문 밖에 서서 두드리노니
b		누구든지 내 음성을 듣고 문을 열면
c		내가 그에게로 들어가
d		그와 더불어 먹고
e		그는 나와 더불어 먹으리라
21a	약속	이기는 그에게는 내가 내 보좌에 함께 앉게 하여 주기를
b		내가 이기고
c		아버지 보좌에 함께 앉은 것과 같이 하리라
22	명령	귀 있는 자는 성령이 교회들에게 하시는 말씀을 들을지어다

구조

모든 메시지에 공통적으로 적용되는 네 부분으로 이루어진 구조에 대한 논의로는 2:1-7을 보라. 라오디게아 교회에 보내는 메시지는 사데에 보내는 것(3:1-6)보다 더 부정적이지만 새롭게 된 교제에 대한 따뜻한 호소로 끝난다. 진리로 충만하고 만유의 통치자이신 그리스도(14절)가 그들의 행동을 강력하게 책망하신다(15-18절). 하지만 그분은 훈계하시는 중에도 그들에게 품고 계신 사랑을 상기시키시고, 그들이 회개하고 친밀함을 회복하도록 초청하신다(19-20절). 이기는 자에게 주어지는 약속은 새 시대에 그리스도의 통치에 참여하면서 그 친밀함을 계속 이어가게 하신다는 것이다(21절). 이 메시지에는 세 개의 주요 주제를 통해 이동하는 역 대구법이 사용되었는데, 그 주제는 통치(14, 21절), 식사 교제(15-16, 19-20절), 참된 번영(17-18절)이다.[1]

1. Craig R. Koester, "The Message to Laodicea and the Problem of Its Local Context: A Study of the Imagery in Rev 3.14-22," *NTS* (2003): 411-13.

석의적 개요

II. 첫 번째 환상: 높임받으신 그리스도와 교회에 보내는 그리스도의 메시지(1:9–3:22)

A. 높임받으신 그리스도에 대한 환상(1:9–20)

B. 일곱 교회에 보내는 메시지(2:1–3:22)

1. 에베소 교회에(2:1–7)
2. 서머나 교회에(2:8–11)
3. 버가모 교회에(2:12–17)
4. 두아디라 교회에(2:18–29)
5. 사데 교회에(3:1–6)
6. 빌라델비아 교회에(3:7–13)

➦ **7. 라오디게아 교회에(3:14–22)**

a. 서론(3:14)

(1) 수신자 및 편지하라는 명령(3:14a)

(2) 말씀하고 계시는 그리스도에 대한 묘사(3:14b)

b. 교회의 상태를 아심(3:15–18)

(1) 그들의 역겨운 행동(3:15–16)

(2) 거만함 대 참된 번영(3:17–18)

c. 권고와 호소(3:19–20)

(1) 회개에 대한 사랑의 호소(3:19)

(2) 친밀한 관계에 대한 호소(3:20)

d. 결론(3:21–22)

(1) 이기는 자에게 주는 약속(3:21)

(2) 성령의 메시지를 들으라는 명령(3:22)

본문 설명

3:14 라오디게아 교회의 사자에게 편지하라 아멘이시요 충성되고 참된 증인이시요 하나님의 창조의 근본이신 이가 이르시되(Καὶ τῷ ἀγγέλῳ τῆς ἐν Λαοδικείᾳ ἐκκλησίας γράψον· τάδε λέγει ὁ Ἀμήν, ὁ μάρτυς ὁ πιστὸς καὶ ἀληθινός, ἡ ἀρχὴ τῆς κτίσεως τοῦ θεοῦ). 다른 메시지와 마찬가지로 수신자에 대한 표현(14a절)은 장소명이 바뀐 것만 빼고는 2:8a과 똑같다. 공통적인 표현에 대해서는 2:1, 8a에 대한 설명을 보라.

라오디게아는 일곱 도시 중 남쪽과 동쪽으로 가장 멀리 떨어져 있는 곳으로, 리쿠스 강 골짜기에서 빌라델비아 남동쪽으로 약 80킬로미터 떨어져 있었고, 북쪽으로 몇 킬로미터 가면 히에라볼리가, 남쪽으로 몇 킬로미터 가면 골로새가 있었다. 셀레우코스 왕조는 주전 3세기 중반 그들의 초기 정착지에 라오디게아를 세웠다. 농업과 목축업에 유리했고, 교역을 하기에 전략적인 위치였기에 그 도시는 즉시 번영했다. 그곳은 서쪽에서 동쪽으로 에베소에서 이고니온 그리고 수리아까지 이어지는 대로와, 북서쪽에서 남동쪽으로 서머나와 사데에서 골로새와 앗달리아까지 이어지는 대로의 주요 교차점에 있었다. 스트라보(Strabo)는 주후 25년경에 쓴 글에서 그 도시의 급속한 성장, 그곳의 재물, 거기에서 생산되는 부드러운 검은 양털을 칭송했다(*Geogr.* 12.8.16). 타키투스(Tacithus)는 라오디게아가 주후 60년경 지진으로 심한 피해를 입은 것을 기록한다. 당시 그들은 로마의 도움 없이 도시의 자원만으로 그 피해를 복구했다(*Ann.* 14.27). 현재 남아 있는 유적을 보면 극장 두 개, 거대한 문들, 주랑이 있는 중심가, 주후 79년에 티투스(Titus) 황제를 기념해서 세운 경기장 등의 흔적을 볼 수 있다. 상수도와 관련된 문제로는 15-16절에 나오는 논의를 보라. 라오디게아는 다른 신들과 함께 전통적으로 제우스를 숭배했으나, 후에 도미티아누스 숭배가 확립되었다. 요세푸스(*Ant.* 12.147-53; 14.241-43)가 기록한 일화와 키케로(Cicero)가 기록한 다른 일화(*Flac.* 67-68)에 따르면 라오디게아에는 유대인 공동체가 오랫동안 존재하고 있었다. 바울이 쓴 골로새서를 보면 라오디게아의 기독교 공동체를 60년대 초에 있었던 그의 교회의 일부로 언급한다(골 2:1; 4:13-16).[2]

이 마지막 메시지에서 그리스도에 대한 묘사(14b절)는 1:5이 그리스도에 대해 말하는 것과 명백히 관련되어 있다. 그리고 이것은 라오디게아 사람들에게 말하는 것의 배경을 형성한다. 여기에 나오는 중간 문구인 "충성되고 참된 증인"이라는 말은 1:5("충성된 증인")과 똑같지만 "참된"(ἀληθινός)이라는 형용사를 추가하여 확장한다.[3] 예수님은 지상의 삶으로 그리고 가장 중요하게는 죽음으로 하나님과 그분의 구속에 대해 완전히 신뢰할 만한 증거를 구현하셨고, 예수님의 신뢰할 수 있는 증거는 지금 요한을 통해 전달하시는 계시에서 계속된다(참고. 22:20; 또한 2:13, "내 충성된 증인 안디바"). "참된"이라는 형용사가 추가된 것은 앞에 나온 묘사를 어떻게 여기에서 사용하게 되었는지 시사한다. "아멘"(ὁ Ἀμήν)이라는 호칭은 히브리어 אָמֵן('확실히'라는 의미로, '확고하다, 믿을 만하다'라는 동사 어근에서 나옴)를 음역한 것이다.[4] 이 말이 호칭으로 사용된 것은 아마 이사야 65:16을 근거에 두었을 것이다. 거기에서는 두 번에 걸쳐 하나님의 백성이 "진리의 하나님"께 의지한다고 말한다. 그 말은 칠십인역에서는 "참된(믿을 만한) 하나님"(τὸν θεὸν τὸν ἀληθινόν)이라고 번역되었다. 그리스도가 진리를 증언하는 일에서 완전히 믿을 만한 분이라는 주제는, 앞으로 그리스도가 라오디게아 교회에 말씀하실 그들의 실제 상태와 그 해결책에 관한 조언을 받아들이도록 장려할 것이다(17-18절).

14b절에서 그리스도를 가리키는 세 번째 호칭["하나님의 창조의 근본(ruler, ἡ ἀρχή)"] 역시 주제상으로는 1:5에서 나온다. 그러나 그 표현은 똑같지는 않고 비슷하다["땅의 임금들의 머리(ruler, ἄρχων)"]. 3:14에 나오는 핵심 단어(ἀρχή)는 다양하게 번역된다. "시작"(ESV, KJV, NASB, NLT, RSV),[5] "원천, 주요 원천, 창시자"(CSB, NABR, NET, NRSV, REB) 그리고 "통치자"(NIV) 등이다. "원천, 창시자"라는 의미는 하나님이 만물을 창조하실 때 그리스도가 행위자 역할을 하셨음을 표시하는 방법인 듯하다(요

2. F. F. Bruce, "Laodicea," *ABD* 4:229-31; Koester, *Revelation*, 333-35; Edwin Yamauchi, *The Archaeology of New Testament Cities in Western Asia Minor* (Grand Rapids: Baker, 1980), 135-46.

3. 이 형용사는 "진짜의, 진정한"(LN §73.2)이라는 의미가 될 수 있다. 하지만 여기에서처럼 그 말이 "충성된"(πιστός)이라는 말과 함께 나오면, 그것은 '믿을 만한, 확실한'이라는 의미를 지닌다(참고. 계 19:11; 21:5; 22:6; BDAG 43). 특히 이 문구에서처럼 "증인"을 묘사할 때 더욱 그렇다(참고. 요 19:35).

4. HALOT 64.

5. BDAG 137-38. 이것은 "처음과 마지막"(계 21:6; 22:13; 또한 1:8의 이문에서)이라는 문구에서 하나님에 대해 그리고 그리스도에 대해 사용된 ἀρχή를 번역한 것이다. 요한계시록이 하나님과 그리스도에

1:1-3, 10; 고전 8:6; 골 1:15-18; 히 1:2-3, 10).[6] 그리고 골로새서 1:18에서 그 말이 명백히 사용되는 것은 이것을 뒷받침한다고 여겨진다. 하지만 골로새서 1:18은 만물의 물리적 창조에서 하나님의 행위자이신 그리스도(이것은 골 1:15-17에 나온다)[7]를 말하지 않는다. 그것은 부활에서 그분의 역할("죽은 자들 가운데서 먼저 나신 이") 혹은 보다 넓게는 그분의 부활과 높아지심으로 말미암은 그리스도의 주권(18-20절)을 말한다. 더구나 하나님은 요한계시록에서 통상 만물의 창조주로 나타나시는 반면(계 4:11; 10:6; 14:7; 또한 새 창조에 대해서는 21:2, 5), 그리스도는 이 창조의 창조자 혹은 대행자로 제시되는 경우가 한 번도 없다.[8] 1:5과 연관되는 것(앞의 설명을 보라)은 '통치자, 권위'[1:5, "땅의 임금들의 머리(ἄρχων)"와 대응되는]가 이 구절에 쓰인 ἀρχή를 해석하는 더 나은 견해임을 시사한다.[9] 요한계시록은 종종 만물에 대한 하나님의 주권(1:8; 11:17; 15:3; 19:6), 그리스도의 주권(1:5; 2:26-27; 3:21; 12:5; 17:14; 19:15-16; 20:4-6) 혹은 하나님과 그리스도가 함께 지니신 주권(5:12-13; 11:15; 12:10)을 말한다. 바로 앞뒤 문맥에서 이 개념들은 주제의 도치된 구조로 흘러들어가는 듯하다. 그로 인해 이 구절은 그리스도의 권위 혹은 그분의 아버지와 함께 다스리는 것에 대해 말한다는 점에서 21절과 대응된다. 그리고 이것은 모든 피조물이 하나님과 어린양을 예배하는(5:13) 하늘 보좌 앞의 환상(4-5장)을 준비한다.[10]

"아멘이시요 충성되고 참된 증인"이신 예수님을 하나님의 피조물의 '통치자' 혹은 '시작'과 연관시키는 것 때문에 일부 사람은 이 구절의 "창조"가 주로 새 창조(계 21-22장)라고 이해했다. 이 개념들이 모두 이사야 65:16-18에 나오기 때문이다(하나님은 징계받는 백성을 위해 신실하게 새 하늘과 새 땅을 창조하신다). 그렇다면 이것은 새 창조가 이미 존재하고 있는 것, 그리스도의 부활 때 시작된 것을 나타낸다고 이해된다.[11] 이 주제들은 분명 이사야에서 찾을 수 있다. 그리고 새 하늘은 요한계시록 21-22장에 나온다. 하지만 교회에 보내는 이 메시지(14-22절)가 새 창조만을 염두에 두고 있고 그리스도가 그것의 '창시자'라는 증거는 충분하지 않다. 대신 이 편지는 이기는 자가 하나님 아버지와 함께 만물을 다스리시는 그리스도의 '통치'(개역개정에는 "근본"-역주)에 참여하는 것에 초점을 맞추면서 끝난다(21절). 그 통치는 22:1-5뿐 아니라 20:4-6도 다시 다루는 것으로, 새 창조에서만 나오는 것이 아니다.[12]

3:15-16 내가 네 행위를 아노니 네가 차지도 아니하고 뜨겁지도 아니하도다 네가 차든지 뜨겁든지 하기를 원하노라 네가 이같이 미지근하여 뜨겁지도 아니하고 차지도 아니하니 내 입에서 너를 토하여 버리리라(15 οἶδά σου τὰ ἔργα ὅτι οὔτε

대해 이렇게 시간 전에 그리고 영원까지 존재하신다고 말할 수 있다는 사실은 "하나님의 창조의" ἡ ἀρχή라는 말이 '하나님의 창조의 첫 번째 부분 혹은 시작', 즉 BDAG 138이 인정하는 것처럼 '처음으로 창조된'이라는 의미가 아니라는 것을 보여준다.

6. 이 구절들은 잠언 8:22-30에 따르면 하나님이 만물을 창조하실 때 어떻게 "지혜"를 사용하셨는지에 대한 반영으로 여겨진다. 참고. Wis 6:22; Sir 24:3, 9.
7. 그리고 여기에서 인용된 신약 구절뿐 아니라 골로새서 1:15-17은 절대 그리스도를 창조의 직접적 원천 혹은 창시자로 말하지 않고 언제나 그분이 창조주 하나님 아래서 작용하신 것에 대해 말한다.
8. Koester, "Message to Laodicea," 412; Michael J. Svigel, "Christ as Ἀρχή in Revelation 3:14," *BSac* 161 (2004): 229.
9. 3:14에서 명사 ἀρχή는 1:5에 나오는 인격적 명사 ἄρχων(통치자)과는 반대로 보다 추상적인 방식으로 '통치, 권위'를 나타낸다(참고. 눅 20:20; 고전 15:24; 엡 1:21; 골 2:10; 유 1:6). 하지만 ἀρχή 자체는 통치하는 사람을 언급할 수 있다. 보통 '통치자, 당국'이라는 복수로 나오지만(눅 12:11; 롬 8:38; 엡 3:10; 6:12; 골 1:16; 2:15; 딛 3:1), 이따금은 단수로 '통치자, 권위를 행사하는 사람'이라고 나온다(호 1:11; 느 9:17; 또한 P. Hal. 1.226). 골로새서 1:18이 죽음을 포함한 모든 원수에 대한 그리스도의 탁월한 통치를 말한 것은 여기에서 용어 선택에 영향을 미쳤을 것이다.
10. Koester, "Message to Laodicea," 411-12.
11. Beale, *Revelation*, 297-301; Beale and McDonough, "Revelation," 1097-98. 또한 이사야 43:10-12, 19(하나님이 새 일을 행하실 것이라는 증인으로서 하나님의 백성)과 연관된다.
12. Svigel, "Christ as Ἀρχή," 226-27.

ψυχρὸς εἶ οὔτε ζεστός. ὄφελον ψυχρὸς ἦς ἢ ζεστός. 16 οὕτως ὅτι χλιαρὸς εἶ καὶ οὔτε ζεστὸς οὔτε ψυχρός, μέλλω σε ἐμέσαι ἐκ τοῦ στόματός μου). 그리스도는 교회에 보내는 메시지에서 익숙하게 사용되는 표현으로 그들의 일반적 행동을 언급하셔서 교회의 영적 상태를 설명하는 긴 부분(15-18절)을 시작하신다. "내가 네 행위를 아노니"(2:2, 19; 3:1, 8)라는 표현이다. 그다음에 그분은 강력한 비유로 그들의 행동을 구체적으로[13] 포착하시면서 그들의 행동이 그분께 얼마나 쓸모없고 불쾌한지 책망하신다. 예수님은 차거나, 뜨겁거나, 미지근한 물의 비유를 사용하신다. 이 경우에는 특별히 마시는 물이다. 16b절이 그 물을 "내 입에서" 뱉어낸다고 언급하기 때문이다. 이 말의 적절한 의미를 추론하는 것은 쉽지 않다. 고대의 문화적, 언어적 배경을 이해해야 하고, 현대의 관점에서 자연스럽게 보이는 것을 강요하지 않도록 주의해야 하기 때문이다. 대부분의 현대 독자는 '미지근하다'는 말과 "차지도 아니하고 뜨겁지도 아니하도다"라는 말을 열의 없고, 무관심하며, 머뭇거리고, 종교적 문제에서 이름뿐이거나 혼합주의적이라는 의미로 받아들일 것이다.[14] 이것은 열렬하고, 격렬하며, 열심이 있다는 의미인 '뜨거운' 것(참고. 행 18:25; 롬 12:11의 관련 동사)과 생기 없고, 냉담하며, 냉혹하다는 의미의 '찬' 것(참고. 마 24:12에 나오는 관련 동사)과 대조를 이룰 것이다. 열심을 내라 혹은 열망하라(ζήλευε)는 19절의 명령에서 이에 대한 증거를 찾을 수 있을 것이다. 하지만 이것이 정말로 그리스도가 하신 책망의 요점인가? 전후 문맥은 여기에서 '미지근한'이라는 말만 부정적이고, '뜨거운'과 '차가운'은 똑같이 바람직한 대안이라는 점을 시사한다. 실제로 그리스도는 열의가 없는 것보다 차라리 공공연한 영적 적대감이나 거부를 선호하시는가?(15c절, "네가 차든지 뜨겁든지 하기를 원하노라")[15]

이해를 돕는 한 가지 접근법이 최근의 많은 주석에서 개진되었다. 그것은 고대 라오디게아 부지와 주변 지역에 대한 연구에서 나온 문화적 통찰을 통합하는 것이다. 이 연구들은 라오디게아 및 인근 도시인 골로새와 히에라볼리의 상수도에 초점을 맞춘다. 고대 사회에서 나온 문학적, 고고학적 증거를 보면, 골로새에는 신선하고 시원한 음용수가 풍성하게 공급되었고 히에라볼리는 뜨거운 광천수로 유명했다는 점을 알 수 있다. 둘 다 인간이 사용하고 소비하기에 바람직하고 유용하다고 볼 수 있다. 이와 대조적으로 라오디게아에는 상수도가 제대로 갖추어지지 않았고, 다른 곳(8킬로미터 떨어진)에서 뜨거운 물을 옮겨오는 수도관을 통해 미지근하고 광물을 함유한 물만 공급되었다. 이 주목할 만한 지역 상태에 비추어, 그들은 '미지근한' 것은 열의가 없거나 무관심하다는 것이 아니라 쓸모없고 효과가 없다는 뜻이라고 주장한다. "영적으로 지친 이들의 원기를 회복시켜주지도 못하고 영적으로 아픈 사람을 치유하지도 못한다"[16]는 것이다.

이 해석 자체는 본질적으로 정확한 듯하다. 하지만 그것을 뒷받침하는 고고학적 증거에 대해서는 최근 들어 심각하게 의문이 제기되어 왔고,[17] 그것은 본문에 나

13. '것'(that, ὅτι) 절은 "행위"를 설명하고 구체적으로 말한다(참고. 3:1b).

14. Caird, *Revelation*, 56-57; Prigent, *Apocalypse*, 215; Roloff, *Revelation*, 64를 보라.

15. 그 논리는 때로 "완악한 외인들은 그들의 큰 필요를 깨달아 회심할 가능성이 더 큰 반면, 자기 만족에 빠진 경건한 자들은 언제나 그들의 참된 상태를 제대로 보지 못한다"라고 진술된다. 이것이 Thomas, *Revelation 1-7*, 306-7이 채택하는 입장이다. 아니면 15c절은 역설적일 것이다. 하지만 M. J. S. Rudwick and E. M. B. Green, "The Laodicean Lukewarmness," *ExpTim* 69 (1958): 177이 지적하듯이 그 바람이 진지하든 역설적이든 "찬" 것이 "참된 믿음에 적대적인 것"을 의미한다면, 우리는 15c절이 예상치 못한 요소를 강조하기 위해 '네가 뜨겁든지 심지어 차기라도 하기를 원하노라'(ὄφελον ζεστὸς ἦς ἢ καὶ ψυχρός)라고 말하리라고 예상할 것이다.

16. Rudwick and Green, "Lukewarmness," 178. 또한 Hemer, *Letters*, 186-91을 보라. Beale, *Revelation*, 303; Osborne, *Revelation*, 205-6; Smalley, *Revelation*, 98 등은 그것을 상당히 많이 따른다.

17. Koester, *Revelation*, 336-37; Prigent, *Apocalypse*, 210-11; Thompson,

오는 몇몇 세부 사항을 설명하지 못한다. 이런 해석은 목욕용으로 쓰이는 뜨거운 물의 가치가 치유하고 진정시키는 속성에 있다고 보는 반면, 본문은 세 가지 온도의 마시는 물을 암시하고 있는 듯하다. 불쾌한 물을 "토하여"내는 이유는 방금 말한 일부 설명이 암시하듯 물에 광물이 많이 포함되어 있기 때문이 아니라 그 미지근한 온도 때문이다.[18] 어떤 이유에서인지 미지근한 물은 뜨겁거나 찬 물에 비해 선호되지 않았다. 더 나은 제안은 그 의미를 라오디게아에서만 이해할 수 있는 그 지역의 상황보다 더 광범위한 고대 관행에 근거해서 보는 것이다. 쾨스터(Koester)는 그리스 로마 전역에 공동 식사를 하는 관행이 있었다는 증거를 발견했다. 그는 요한계시록 3:15-16의 이미지를 그 지역에 국한된 설명보다 더 흡족하게 설명한다. 예를 들어, 식사 때 마시는 음료(포도주뿐 아니라 물)는 언제나 상온에서 제공되지 않았다. 주인이 조절할 수 있다면, 날씨에 따라 어떤 경우에는 찬 음료가 선호되었고 어떤 때는 뜨거운 음료가 선호되었다. 플라톤(*Rep.* 437 d-e)에 따르면 식사를 하는 사람들은 더울 때는 찬 음료를 그리고 추울 때는 뜨거운 음료를 원했고, 다른 저자들도 이러한 사실을 반영한다.[19] 최소한 3:15-16의 비유적 표현에 대한 이 배경은, 그리스도가 라오디게아 교회의 열의 없는 헌신 혹은 수동성보다는 그분이 불쾌하게 여기시는 행동이나 격렬히 거부하시는 행동을 비난하시는 것임을 시사한다(그분은 그것을 입에서 '토하려' 하신다, 16b절). 그들의 행동은 17-18절에서 자만하는 것과 물질적 재물로 만족하는 것으로 묘사된다(뒤의 내용을 보라). 그것은 분명 주님을 불쾌하게 하는 행동이다. 쾨스터는 그 유추를 더 확대해서 주변 사회와 구별되는 성품과 행동을 지닌 사람, 재물로 자만심을 느끼는 외부인의 생활 방식을 택하지 않는 제자들을 그리스도가 바라신다고 주장한다.[20]

3:17 네가 말하기를 나는 부자라 부요하여 부족한 것이 없다 하나 네 곤고한 것과 가련한 것과 가난한 것과 눈 먼 것과 벌거벗은 것을 알지 못하는도다(ὅτι λέγεις ὅτι Πλούσιός εἰμι καὶ πεπλούτηκα καὶ οὐδὲν χρείαν ἔχω, καὶ οὐκ οἶδας ὅτι σὺ εἶ ὁ ταλαίπωρος καὶ ἐλεεινὸς καὶ πτωχὸς καὶ τυφλὸς καὶ γυμνός). 17-18절은 하나의 단위로, 15-16절에서 비유적으로 묘사했던 라오디게아 그리스도인들의 통탄할 행위를 더 전개한다. 이 단위 안에서 17절은 18절에서 그리스도가 주시는 조언의 이유 혹은 기초를 제시한다(CSB, KJV, NASB, NET).[21] 그 이유는 그들이 자신의 비참한 영적 상태를 완전히 오해한다는 것이다. 그들은 자신이 상당히 잘하고 있다고 기분 좋게 스스로 말한다[22](17a절). 하지만[23] 그리스도가 내리신 슬픈 진단은 완전히 반대다(17b절). "부요"[24]하며 부족한 것이 없다는 그들의 자기 인식은 비유적 의미와 실제 의미를 섞어놓은 것이다. 그들은 물질, 즉 이 땅의 부를 소유하고 있고, 그들은 이것이 참되고 영원한 번영을 나타낸다고 생각한

Revelation, 202-4(Hemer의 방법들에 대한 더 광범위한 비판).

18. Stanley E. Porter, "Why the Laodiceans Received Lukewarm Water (Revelation 3:15-18)," *TynBul* 38 (1987): 146-49는 이 점을 분명하게 한다.

19. Koester, "Message to Laodicea," 412-15. 그는 또한 Plautus, *Curc.* 292-93; Athenaeus, *Deipn.* 3.123; Martial, *Epigrams* 5.64.1-2; 14.103-5; Seneca, *Ep.* 78.23; Xenophon, *Mem.* 2.1.30을 인용한다.

20. Koester, "Message to Laodicea," 415. 그는 고대 문헌에서 식사하는 사람이 맛없는 음식을 뱉어내던 것과 구토를 유발하기 위해 미지근한 물을 사용하는 것을 예로 인용한다.

21. 원인절(17절, ὅτι로 시작되는)이 주절(18절) 앞에 온다. 어떤 역본들은 18절 시작 부분에 "그러므로" 혹은 "그래서"로 결합된 별개의 두 문장으로 이것을 반영한다(NEB, NRSV, RSV).

22. 이것은 잘못된(이 경우에는 진지한 것이기는 하지만) 주장에 대해 '말한다'는 표현을 사용하는 또 다른 경우다(참고. 2:2, 9, 20, 24; 3:9).

23. 보통 '그리고'(καί)라고 번역되는 말이 여기에서는 대조적 의미로 사용된다.

24. "나는…부요하여"(I have become wealthy)는 부유함으로 이어지는 습득 행위를 나타내는 헬라어 완료 시제 동사다(πεπλούτηκα). 이 동사는 앞 절에 나오는 "부자"(πλούσιος)라는 말과 같은 어원에서 나온 말이며, 그 두 절은 역순으로 되어 있다(3:3에 대한 주를 보라).

다.[25] 이 점에서 그들은 서머나 교회와 반대된다(2:9). 하지만 그들은 바벨론을 예시한다(18:7-8, 16-19). 그들의 실상은 그들이 "하나님께 대하여 부요하지 못한"(눅 12:21) 자라는 것이다. 영적, 윤리적으로 그들은 부족한 것이 많았고, 그리스도는 점점 더 강도 높은[26] 비참한 묘사들로 그들의 실상을 폭로하신다. 그들은 사실 '곤고하고 가련하며'[27] 또한 '가난하고 눈멀고 벌거벗었다.' 마지막 세 개는 그들의 영적 파산, 무지, 악하고 무력한 자로 부끄럽게 드러나는 것을 비유적으로 표현한다. 18절에서 이 표현들에 대한 설명을 보라. 거기에서 그리스도는 이러한 상태를 해결하기 위해 각각에 대해 처방을 내리신다.

3:18 내가 너를 권하노니 내게서 불로 연단한 금을 사서 부요하게 하고 흰 옷을 사서 입어 벌거벗은 수치를 보이지 않게 하고 안약을 사서 눈에 발라 보게 하라(συμβουλεύω σοι ἀγοράσαι παρ' ἐμοῦ χρυσίον πεπυρωμένον ἐκ πυρὸς ἵνα πλουτήσῃς, καὶ ἱμάτια λευκὰ ἵνα περιβάλῃ καὶ μὴ φανερωθῇ ἡ αἰσχύνη τῆς γυμνότητός σου, καὶ κολλούριον ἐγχρῖσαι τοὺς ὀφθαλμούς σου ἵνα βλέπῃς). 18절은 17절에서 시작된 긴 문장의 주절이다. 17절에서 밝힌 라오디게아 교회의 영적, 도덕적 질병에 대한 그리스도의 결과적 조언[28]이 제시된다. 17절 끝부분에서 비유적으로 표현된 세 가지 실패(가난한 것, 눈먼 것, 벌거벗은 것)는 여기에서 밀접한 대응을 이루면서 다시 다루어지고, 그리스도는 그것들에 대한 치료책을 규정하신다. 하지만 이 구절에서 핵심은 각 경우의 치료책이 그들이 자랑하던 자원 이상을 요구하고(17a절에 묘사된 근거 없는 자만심을 보라), 그리스도에게서 얻어야 하는 것이라는 점이다. '내게서 사다'(ἀγοράσαι παρ' ἐμοῦ)라는 표현의 이미지는 그들에게 그런 유익에 지불할 수단이 있음을 암시하지 않는다. 그것은 그들에게 필요한 것의 참된 원천을 강조한다. 그리고 이사야 55:1에 나오는 여호와의 말씀, 궁핍한 자들에게 돈 없이 혹은 값없이 "사라"(MT에서 두 번 반복됨, LXX에는 ἀγοράσατε)고 초청하는 말씀을 암시한다(그것은 계 21:6; 22:17에도 암시되어 있다).[29]

그리스도로부터 얻어야 하는 것은 그들이 '사야 하는' 유사한 것에 자세히 나와 있다. 각 품목이 언급되고 나서 그것이 가져올 유익이 설명된다(18절).[30] 첫 번째는 17절 끝에 나오는 마지막 세 비유 중 첫 번째 이미지를 다룬다(가난한 것). "불로 연단한 금", 곧 그들의 외적 부처럼 겉만 번지르르한 보물이 아니라 가장 순수한 금, 참으로 귀중한 재물을 가리킨다(17절). 이것은 참된 영적 재물, 하나님과 영원히 사는 생명이라는 유업을 가져다줄 것이다(참고. 마 6:19-21; 딤전 6:19). 그들에게 필요한 두 번째 사항은 17절의 마지막 이미지를 반영한다(벌거벗은 것). 그것은 "흰옷"으로 두 가지 상호 보완적 유익을 가져온다. "입어 벌거벗은 수치를 보이지 않게 하"는 것이다. 이것은 그리스도가 희생적 죽음을 통해 제공하시는 죄 사함에 수반되는 깨끗케 함과 순결함(3:4-5에

25. 이것은 역사 내내 일반적인 인간의 상태이며 성경에서는 자주 그것을 한탄한다(겔 28:4-10; 호 12:7-8; 슥 11:5; 눅 12:19-21; 고전 4:8; 딤전 6:9-10, 17-19; 약 1:10-11; 2:5).

26. 이 시리즈에서 "…과"(καί)라는 말이 반복되는 것은 힘 혹은 비애감을 더해준다(BDF §460.3; 또한 5:12을 보라).

27. "곤고한"(ταλαίπωρος)에 대해서는 로마서 7:24(그리고 Wis 3:11)을 보라. 바울이 그의 절망적 상황에 대해 알고 깊이 느끼고 있었던 반면 여기에서는 그들이 그것을 깨닫지 못한다는 것이 다를 뿐이다. "가련한"(pitiable, ἐλεεινός)은 "비참한", "동정을 받을 만한"(BDAG 315)이다. 일부 역본은 "처량한"(pitiful, CSB, Message, NEB, NET, NIV, REB)이라고 말한다. 하지만 미국식 영어에서 이 말은 더욱 더 경멸의 뉘앙스를 지니며 그것은 여기에서 부적절한 듯하다.

28. "내가…권하노니"(συμβουλεύω)라는 주동사는 중대한 결정에 직면해 있는 누군가에게 지혜로운 조언을 제공한다는 뉘앙스를 지닌다(출 18:19; 왕상 1:12; 요 18:14; 참고. 1 Clem. 58.2).

29. 그것은 아마 그들의 부요함이 필요한 것을 무엇이든 스스로 살 수 있게 해줄 것이라는 그들의 자만한 생각에 대한 역설적 반격일 것이다.

30. 18절에 나오는 세 개의 ἵνα절은 각 경우 그것을 사는 목적이 나온다. 이 장 첫 부분에서 구조적 번역에 나타난 대응을 보라.

나오는 "흰옷"에 대한 해설을 보라) 그리고 죄가 가져오는 굴욕과 심판이 제거되는 것이다(참고. 16:5; 17:16; 또한 창 2:25; 3:10-11; 사 20:3-4). 그분이 주실 수 있는 세 번째 사항은 17절 끝에 나오는 세 이미지 중 두 번째 것과 대응될 수 있다(눈먼 것). 즉, 그들이 "보게" 되도록 그리스도를 통해 영적 어둠에서 구원받을 수 있다. 눈병에 "안약"을 사용하는 것은 고대 사회에서 널리 알려져 있었고 권장되는 치료법이었다.[31] 하지만 그리스도는 여기에서 그 이미지를 좀 더 확대 해석해서 눈먼 것을 고치는 것까지 포함하신다. 눈먼 것과 보는 것이라는 이미지는 그리스도인이 회심하고 가르침을 받을 때 영적으로 계몽되는 것을 말한다(참고. 요 1:4-5; 8:12; 9:39-41; 12:46; 고후 4:4). 이미 이 본문에서 그리스도는 그들이 전에 알아차리지 못했던 자신에 관한 진리에 귀를 기울이게 하기 시작하셨다(계 3:17). 좀 더 크게 보면, 요한을 통해 요한계시록 전체에 주어진 "계시"(1:1, 11)는 이 계시록이 없었다면 우리 눈에 감추어져 있었을 교회의 현재와 미래의 삶의 실상을 보게 해준다.

3:19-20 무릇 내가 사랑하는 자를 책망하여 징계하노니 그러므로 네가 열심을 내라 회개하라 볼지어다 내가 문 밖에 서서 두드리노니 누구든지 내 음성을 듣고 문을 열면 내가 그에게로 들어가 그와 더불어 먹고 그는 나와 더불어 먹으리라 (19 ἐγὼ ὅσους ἐὰν φιλῶ ἐλέγχω καὶ παιδεύω· ζήλευε οὖν καὶ μετανόησον. 20 Ἰδοὺ ἕστηκα ἐπὶ τὴν θύραν καὶ κρούω· ἐάν τις ἀκούσῃ τῆς φωνῆς μου καὶ ἀνοίξῃ τὴν θύραν, εἰσελεύσομαι πρὸς αὐτὸν καὶ δειπνήσω μετ' αὐτοῦ καὶ αὐτὸς μετ' ἐμοῦ). 그리스도는 날카로운 책망(15-18절)을 하신 후 라오디게아 교회에 그들이 잘되게 하기 위한 사랑의 관심을 확신시키시며, 지금이나 앞으로나 그분과 친밀함을 새롭게 하라고 호소하신다(19-20절). 엄하게 책망[32]하시면서도 이렇게 그분의 사랑을 재확인하는 것은 잠언 3:11-12에 기초를 둔다. 그리스도는 그들이 경건함에서 자라나게 하려는 사랑의 관심에서 징계[33]하신다(계 3:19a). 그분의 "사랑"(φιλέω)을 표현하기 위해 사용된 단어는 신약에서 더 일반적으로 사용되는 동사(ἀγαπάω, 이 단어는 잠 3:12 LXX에서 사용된다. 참고. 계 1:5; 3:9)가 아니다. 이 둘은 종종 의미상 거의 차이 없이 사용되지만, 이 동사(φιλέω)는 때로 "대인 관계에 기초한 사랑 혹은 애정"(참고. 마 10:37; 요 11:3, 36; 16:27; 20:2)이라고 정의되는데,[34] 이것이 여기에 나오는 그리스도의 안심시키는 말과 잘 조화된다. 그들을 영적으로 인도하고 번영하기를 바라시는 그리스도의 사랑의 관심이 앞에서 그분이 하신 모든 말씀과 지금 주시는[35] "열심을

31. Koester, "Message to Laodicea," 418-19, 422-23. 여기에서 사용된 '바르다'(ἐγχρίω)라는 동사는 어떤 물체를 눈에 "문지르다" 혹은 "붙이다"라는 의미다(BDAG 275; 참고. Tob 6:9). 많은 해석자는 이 구절에 나오는 세 가지가 특별하게 고대 라오디게아 지역만의 의미를 지니고 있다고 이해한다. 그 도시가 은행업, 직물업, 의료 중심지로서 특별한 위치에 있었기 때문이다. 이들 각각을 입증하는 몇 가지 증거를 고대 문헌 및 고고학적 증거에서 어떻게든 끌어낼 수는 있다. 하지만 요한계시록 2-3장에 언급된 다른 도시 중 몇 곳에 대해서도 비슷한 증거를 발견할 수 있다. 이 세 가지 이미지가 선택된 것은 그것이 문화적으로 널리 적절성을 지니고 있었기 때문일(그리고 모든 교회에 설득력 있게 말할 것이기 때문일) 가능성이 더 크다. 이에 대한 논의로는 Koester, "Message to Laodicea," 216-24를 보라.

32. '책망하다'(ἐλέγχω)라는 동사는 잠언 3:12의 주요 사본 중 하나(B)에서 사용된다. 이것은 잘못을 '폭로하다'(요 3:20; 16:8; 엡 5:11)라는 뜻이며, 따라서 그것을 바로잡을 것을 강하게 요구한다. '꾸짖다, 책망하다'(마 18:15; 눅 3:19; 딤전 5:20; BDAG 315)라는 의미를 지닌다.

33. '징계하다'(παιδεύω)라는 동사는 잠언 3:12의 또 다른 주요 사본(א)에서 ἐλέγχω(앞의 주를 보라) 대신 사용된다. 하지만 관련 명사(παιδεία)는 두 사본 모두(א과 B)의 3:11에서 나온다. 이 단어는 필요할 때 바로잡는 것뿐 아니라 긍정적 교훈을 통해 성숙하도록 훈련하는 것(특히 어린아이들)을 나타낸다(고전 11:32; 딤후 2:25; 딛 2:12; 히 12:6-7, 10; BDAG 749).

34. LN §§25.33, 43.

35. 추론적 접속사 '그러므로'(οὖν)는 19a절을 기반으로 하지만 15-18절에 나오는 그들의 영적 상태에 대한 진단으로까지 거슬러 올라간다(2:5, 16; 3:3에서 οὖν이 '권고'와 '상태' 부분을 연관시키는 것과 마찬가지다).

내라 회개하라"(19b절)라는 명령의 동기다. 그들의 상황은 그들이 진지하게 주의를 기울일 것[36]과 결정적으로 방향을 전환할 것을 요구한다(2:5에서 '회개하다'에 대한 설명을 보라. 참고. 2:16, 21; 3:3).

그리스도가 그들에게 애정 어린 걱정을 하신다는 사실은 함께 먹고 마신다는 주제를 다시 명백히 다루시는 것(15-16절에서 나온)에서 계속된다. 그분은 강하게 강조하는 말로[37] 라오디게아 그리스도인 "누구든지"(τις) 교제를 환영할 사람들과 다시 더불어 교제하기를 인내하며 구하신다고 명확히 말씀하신다. 그리스도가 문 밖에 서서 두드리는 묘사는, 주인이 혼인집에서 돌아와 문을 두드릴 때 깨어 있는 종들에 대한 예수님의 비유와 중요한 연관성이 있다. 후에 주인은 그 종들에게 잔치를 열어 섬긴다(눅 12:35-38).[38] 이 비유는 종말론과 관련이 있는 것으로, 앞으로 열릴 메시아의 잔치 혹은 어린 양의 혼인 식사를 예견한다(사 25:6-8; 마 8:11; 26:29; 눅 14:15; 22:30; 계 19:9). 그 잔치는 그리스도가 다시 오실 때 구속받은 사람들이 함께 즐기게 될 것이다.[39] 이 구절에 나타난 관계의 따뜻함("내가 그에게로 들어가[40] 그와 더불어 먹고[41] 그는 나와 더불어 먹으리라") 또한 그들이 새 시대에 하나님과 더불어 경험할 깊은 친교를 묘사한다(7:15-17; 21:3, 7). 그런데 그 궁극적인 미래의 복이 지닌 의미가 점차 증대된다고 해서 사람들(믿는 사람이나 믿지 않는 사람이나)이 그리스도와 계속 깊어지는 관계를 누리라는 현재적이고 반복되는 호소에 반응할 기회가 사라지는 것은 아니다(참고. 요 14:23; 엡 3:17).[42] 구세주의 복된 방문이라는 이 유형은 앞으로 훨씬 크게 성취될 것이다.[43]

3:21 이기는 그에게는 내가 내 보좌에 함께 앉게 하여 주기를 내가 이기고 아버지 보좌에 함께 앉은 것과 같이 하리라 (ὁ νικῶν δώσω αὐτῷ καθίσαι μετ᾽ ἐμοῦ ἐν τῷ θρόνῳ μου, ὡς κἀγὼ ἐνίκησα καὶ ἐκάθισα μετὰ τοῦ πατρός μου ἐν τῷ θρόνῳ αὐτοῦ). 이기는 자[44]가 그리스도의 권위를 함께

36. "열심을 내라"(be zealous, ESV, KJV, NASB, RSV) 혹은 "성실하라"(be earnest, NET, NIV, NRSV)고 번역된 동사 ζήλευε는 신약에서 여기에만 나온다. 하지만 그 말은 열심 혹은 시기를 의미하고, 자주 나오는 ζῆλος/ζηλόω와 관련되어 있다. 그 말은 무관심, 동요, 혼합주의에 대한 책망을 더 나타내는 것으로 볼 수 있을 것이다(참고. CSB, "헌신하라"(be committed); Prigent, *Apocalypse*, 218), 하지만 15b-16절에 나오는 '미지근함'에 대한 논의를 보라. 여기에서 그 말은 그들이 자신들의 영적 상태에 대해 진지하게 주의를 기울이도록 환기시키려는 말이다.

37. 20a의 "볼지어다"(here I am!, NIV)는 ἰδού의 강조적 용법을 나타낸다(2:10; 3:8-9에 나오는 논의를 보라).

38. Roloff, *Revelation*, 65. 이것은 그 양들이 그의 "음성"을 알아듣는 선한 목자에 대한 묘사(요 10:4) 그리고 아마도 또한 문을 "두드려…나의 누이[야]…문을 열어다오"(아 5:2)라고 말하는 사랑하는 자에 대한 묘사를 상기시킬 것이다. 주님이 "문 앞에" 와 계시기 때문에 종말론적 기대를 한다는 주제(마 24:33; 막 13:29; 약 5:9)가 또한 여기에서 배경에 있는 듯하다.

39. 1 En. 62:13-14에도 묘사되어 있다.

40. 이 구절에 대한 흔한 대중적 오해를 피하기 위해 이 표현을 전후 문맥 속에서 주의 깊게 살펴보는 것이 중요하다. 그것은 그리스도가 어떤 사람에게 들어가 내주하시는 것에 대해 말하는 것(즉, '내가 그의 안에 들어갈 것이다')이 아니라, 따뜻한 교제를 나누며 식사하기 위해 어떤 사람의 집에 들어가('…에 들어가', εἰσέρχομαι) 그 사람이 있는 곳에 이른다는('그에게/를 향해/에게까지', πρὸς αὐτόν) 의미다.

41. 친구들이나 낯선 사람들과 함께 식사를 나누는 것이 지닌 관계적 의미는 고대 사회에서는 현대의 일부 문화에 비해 훨씬 더 깊고 더 풍성한 것이었다. M. A. Powell, "Table Fellowship," *DJG* 925-31; Timothy Wiarda, "Revelation 3:20: Imagery and Literary Context," *JETS* 38 (1995): 207-10을 보라.

42. 요한계시록에 대한 최초의 주석가 중 한 명인 Oecumenius(6세기)는 이 호소가 주님의 "겸손하고 평화로운 본성"을 보여준다는 점을 지적한다. 이는 "손도끼와 망치를 가져와 자기를 영접하지 않는 사람의 문을 때려 부수는" 마귀와는 대조를 이룬다(William C. Weinrich, trans., "Oecumenius," in *Greek Commentaries on Revelation*, ed. Thomas C. Oden, ACT [Downers Grove, IL: IVP Academic, 2011], 20).

43. 그리스도가 바로잡는 심판을 위해 현재와 미래에 오시는 것에 대한 비슷한 유형으로는 2:5, 16; 3:3에 대한 설명을 보라. 이 동일한 유형은 교회가 예수님을 따르는 사람들이 미래에 누릴 구원의 궁극적 잔치를 기대하면서 주의 만찬을 정기적으로 지키는 것에서 볼 수 있다(마 26:29; 눅 22:14-18; 고전 11:26).

44. 2:7에서 "이기는 그"가 의미하는 바에 대한 설명을 보라. 여기에서 사용된 문법적 구문에 대해서는(주절에서 여격 대명사에 의해 다시 시작되는 불완전 구문 주격) 2:26을 보라.

할 것[45]이라는 약속은, 이 메시지 처음에 나온(14b절) 모든 피조물에 대한 그리스도의 통치라는 주제로 돌아간다. 다른 메시지에서와 같이 여기에서도 이기는 자는 요한계시록 마지막 장들에 묘사된 하나님의 구원의 복된 완성을 경험하리라 고대할 수 있다. 여기에서 그 약속은 요한계시록 2:26-28(참고. 마 19:28; 눅 22:30)에 나오고 다니엘 7:9-14, 22, 26의 환상에 기초한 대로, 하나님의 백성이 메시아와 함께 다스린다는 주제로 돌아온다.[46] 하지만 "내가…아버지 보좌에 함께 앉은 것"이라는 진술은 시편 110:1("내 오른쪽에 앉아 있으라")도 분명히 암시한다. 또한 이 진술은 신약의 많은 곳에서[47] 그리스도가 하나님 곁에서 다스리시는 것을 분명하게 언급한다. 이것은 그리스도가 높이심을 받았을 때 하늘에서 이미 시작되었고 그분이 만왕의 왕이요 만주의 주로 통치하시기 위해 다시 오실 때 앞으로 완성될 통치다(19:16).

그리스도는 하나님 아버지께 충성하신 결과로 이렇게 하나님과 공동 섭정을 하시게 되었다. 이러한 충성은 그분의 성육신, 죽음, 부활에서 온전히 나타났고, 그로 인해 그리스도는 여기에서처럼 "내가 이기고"(κἀγὼ ἐνίκησα, 참고. 요 6:33; 계 5:5, 9)라고 말씀하신다. 그래서 하나님은 그리스도를 하늘에 있는 그분의 우편, 가장 권위 있는 자리로 높이셨다(행 2:33; 롬 8:34; 빌 2:5-11; 히 12:2; 또한 계 5:5-6; 7:9-10에도 나타난다). 하지만 요한계시록이 계속 보여줄 것처럼, 이 통치는 땅에서도 확립될 것이다. 먼저 그리스도가 중간에 보여주실 메시아적 통치에서(천년왕국, 20:4, 6) 나타날 것이고, 그다음에는 새 하늘과 새 땅에서 그분이 영원히 하나님과 함께 다스리시는 것으로 넘어가면서(21:1-7; 22:1-5; 참고. 고전 15:24-28) 드러날 것이다.

3:22 귀 있는 자는 성령이 교회들에게 하시는 말씀을 들을지어다(ὁ ἔχων οὖς ἀκουσάτω τί τὸ πνεῦμα λέγει ταῖς ἐκκλησίαις). 들으라는 이 명령에 대해서는 2:7a(3:22과 표현이 똑같은)에 대한 설명을 보라.

적용에서의 신학

1. 부유함 혹은 가난함?

"주여, 주님은 주님 자신을 위해 우리를 만드셨습니다. 그리고 우리의 마음은 주님 안에서 안식을 찾기 전까지는 안식을 누리지 못합니다"(*Augustine*, *Confessions* 1.1.1). 물질적 소유를 사랑하는 사람은 그리스도와 그분의 나라에 쓸모없는 존재가 된다. 그 사람은 하나님과 다른 사람

45. "내[가] 함께 앉게 하여 주기를"이라는 문구는 특정한 방식으로 행동할 "권리 혹은 특권을 주다"라는 의미로 "주다"(δίδωμι)라는 동사를 부정사와 함께 사용한다(BDAG 243).

46. 2:26-28에 나오는 해설을 보라. 또한 마태복음 19:28, 누가복음 22:30, 고린도전서 6:2-3, 에베소서 2:6, 디모데후서 2:12에서도 이렇게 함께 통치하는 것이 나오는 것을 보라.

47. 시편 110편은 신약에서 다른 어떤 구약 본문보다 더 자주 인용되거나 암시된다(예를 들어 마 22:44; 26:64; 막 12:35-37; 14:62; 눅 20:42; 22:69; 행 2:33-36; 5:31; 롬 8:34; 고전 15:25; 엡 1:20; 골 3:1; 히 1:3, 13; 8:1; 10:12-13; 12:2; 벧전 3:22에 나오는 시 110:1). David M. Hay, *Glory at the Right Hand: Psalm 110 in Early Christianity*, SBLMS 18 (Nashville: Abingdon, 1973), 163-65를 보라.

들을 위해 살기보다는 자신에게 몰두하고 자만심에 차서 자신만을 위해 살아간다. 하지만 물질적인 것은 절대 인간의 영혼을 만족시킬 수 없고, 더 많은 것을 욕심내게 만든다. 그리고 예수님이 라오디게아 교인에게 말씀하시는 것처럼, 그분은 그런 행동을 극도로 역겨워하신다. 그 사람은 그리스도가 아니라 자신의 통장 잔고나 많은 수입을 믿는다. 소유하면 행복하리라 생각했던 온갖 것으로 가득 채운 큰 집(차고도 모자라 보관 창고를 임대해서까지)에 몰두한다. 라오디게아 교인처럼 우리는 종종 영적 부유함과 물질적 부유함이 공존하는 것이라고 생각한다. 재정적으로 안정되어 있을 때는 우리가 사는 세계가 다 괜찮다고 근시안적으로 생각하지만, 통장 잔고가 바닥을 보이면 하나님은 나에게 왜 그러시나 하고 생각한다. 물질적 소유가 안녕의 기초라고 생각하는 사람들은 그들의 실상에 대해 이보다 더 잘못 생각할 수 없을 것이다. 이것은 예수님이 강력하게 전달하시는 메시지와 같다(3:17). 우리는 재산을 긁어모으는 것을 멈추고 그리스도에게서 진정하고도 영원한 생명을 끌어와야 한다(3:18). 이런 일에서 퇴보할 때 우리는 하나님께, 다른 사람들에게, 심지어 우리 자신에게 쓸모없어진다.

2. 친구의 상처

누군가를 위해 해줄 수 있는 가장 큰 사랑의 행동은, 친절하고 민감한 태도로 자기 자신을 올바로 바라보고 하나님에 대한 진리를 보게 해주는 것이다. 스스로 미혹되고 죄를 짓고 있을 때 필요한 것은, 우리가 잘하고 있고 모든 것이 괜찮으리라는 감상적 강화가 아니다. 잠언의 교훈은 진정한 친구라면 우리의 어리석음을 받아주지 않는다고 말하고(잠 27:5-6), 하나님은 잘못하는 자녀를 징계하셔서 옳은 길로 되돌리는 사랑 많은 부모의 역할을 하신다고 말한다(3:11-12). 우리가 자신의 비참한 영적 상태를 완전히 착각할 때(계 3:17-18), 회개하고 새로운 교제로 돌아가기 위해(20절) 예수님의 도전하시는 사랑이 필요하다(19절). 좋은 교회와 그리스도인 친구는 우리를 위해 이런 일을 해줄 예수님의 도구가 될 수 있다. 하지만 우리가 사는 사회는 그런 '간섭'과 '프라이버시 침해'에 저항한다. 나를 바로잡아주는 일을 혐오하고 주제넘는다고 생각하는 것은, 그리스도인으로서 우리의 행로가 타협적인 라오디게아 교인과 닮았을 수 있다는 표시다. 다른 몇몇 메시지와 마찬가지로, 라오디게아 교회를 향한 이 메시지는 요한의 책이 단지 괴롭힘당하는 사람들을 위로하기 위해서가 아니라 안락한 자들을 괴롭히기 위한 것, 곧 교만과 죄성에서 벗어나 참된 회개와 변화로 이끌기 위해 기록된 것임을 보여준다.

CHAPTER 10

요한계시록 4:1–11

문학적 전후 문맥

본문 첫머리에 나오는 "이 일 후에"(4:1)와 "내가 곧 성령에 감동되었더니"(4:2; 또한 1:10에도)라는 문구는 4:1–2이 요한계시록의 구조에서 중대한 전환점임을 나타낸다(참고. 17:3과 21:10에 나오는 "성령으로 나를 데리고…가니라"라는 비슷한 문구). 이 표현들은 1:9–10에서 시작되었고, 이제 4:1–2에서 확장되어 17:3과 21:10에서 더욱 확장될('요한계시록 서론'을 보라) 환상들의 복합체에서 새로운 국면으로 넘어가는 것을 표시한다.

요한계시록은 서언이 나온 후 높임을 받으신 그리스도에 대한 장엄한 환상(1:9–20)과 그리스도가 소아시아 일곱 교회에 쓰라고 요한에게 위임하신 메시지들(2–3장)로 시작된다. 이제 요한은 하늘의 보좌에 계신 주 하나님 및 죽임당한 어린양이신 예수 그리스도에 대한 두 번째 장엄한 환상을 경험한다. 두 분 모두 엄위하심, 주권, 구속적 목적으로 말미암아 모든 피조물의 예배를 받고 계신다(4–5장). 이 환상은 이후의 장들에서 나올 진노와 구속에 대한 묘사에 독자들을 적응시키는 토대 역할을 한다. 구체적으로 6–16장(인들, 나팔들, 대접들) 및 17–22장(요한계시록 본론을 마무리하는 심판과 구원에 대한 추가 묘사들)에 나오는 묘사를 위함이다.[1] 하늘의 장면에 대한 요한의 환상은 그가 살던 당시에 그리고 앞으로 다가올 날에 "땅에서 일어나는 일들을 보고 이해할 수 있는 적절한 관점"[2]을 제공한다.

1. Beale, *Revelation*, 314–19가 보여주는 것처럼, 4–5장에 나오는 요한의 환상은 합쳐서 다니엘 7:9–28의 구조를 그대로 보여주며 거기 나와 있는 신학적 주제들을 반영한다. 하늘 보좌에 앉아 계시는 하나님을 보는 것은, 그분의 메시아를 통해 그분의 백성을 억압하는 세상 제국들의 통치를 대신하면서 이 땅에 하나님의 나라가 확립되는 것을 추적하는 토대다.
2. Boxall, *Revelation*, 79. 또한 M. Eugene Boring, *Revelation*, IBC (Louisville: John Knox, 1989), 102를 보라. "이 장면은 문서 전체의 신학적 원천이며 기준점이다."

I. 서언(1:1-8)

II. 첫 번째 환상: 높임받으신 그리스도와 교회에 보내는 그리스도의 메시지(1:9-3:22)

➡ **III. 두 번째 환상: 하늘의 보좌와 세 번의 심판 주기(4:1-16:21)**

A. 하늘의 보좌에 대한 환상(4:1-11)

B. 일곱 인으로 봉한 두루마리와 죽임당한 어린양(5:1-14)

주요 개념

하늘 보좌 알현실에 모인 모인 모든 피조물은 전능하신 주 하나님을 만물의 영원한 창조주이자 주권자로 계속해서 예배한다.

번역

요한계시록 4:1-11

1a	행동/ 환상 서론	**이 일 후에 내가 보니**
b		**하늘에 열린 문이 있는데**
c		**내가 들은 바 처음에 내게 말하던**
d		나팔 소리 같은 그 음성이 이르되…하시더라
e	초청	이리로 올라오라
f	약속	이 후에 마땅히 일어날 일들을 내가 네게 보이리라
2a	환경	**내가 곧 성령에 감동되었더니**
b		**보라 하늘에 보좌를 베풀었고**
c	등장인물 입장 1	**그 보좌 위에 앉으신 이가 있는데**
3a	묘사	**앉으신 이의 모양이**
		벽옥과 홍보석 같고
b		**또 무지개가 있어 보좌에 둘렸는데 그 모양이 녹보석 같더라**
4a		**또 보좌에 둘려 이십사 보좌들이 있고**
b	등장인물 입장 2	**그 보좌들 위에 이십사 장로들이…앉았더라**
c	묘사	흰 옷을 입고 머리에 금관을 쓰고
5a	배경	**보좌로부터 번개와**

음성과
우렛소리가 나고
b **보좌 앞에 켠 등불 일곱이 있으니**
c 이는 하나님의 일곱 영이라

6a **보좌 앞에 수정과 같은 유리 바다가 있고**
b 등장인물 입장 3 **보좌 가운데와**
보좌 주위에 네 생물이 있는데
c 일반적 묘사 1 앞뒤에 눈들이 가득하더라
7a 개별적 묘사 **그 첫째 생물은 사자 같고**
b **그 둘째 생물은 송아지 같고**
c **그 셋째 생물은 얼굴이 사람 같고**
d **그 넷째 생물은 날아가는 독수리 같은데**
8a 일반적 묘사 2 **네 생물은 각각 여섯 날개를 가졌고**
그 안과 주위에는 눈들이 가득하더라
b 행동/찬양 **그들이 밤낮 쉬지 않고 이르기를…하고**
c 거룩하다 거룩하다 거룩하다 주 하나님
곧 전능하신 이여(사 6:3)
d 전에도 계셨고
이제도 계시고
장차 오실 이시라

9a 시간적 그 생물들이…돌릴 때에
b 보좌에 앉으사
세세토록 살아 계시는 이에게
영광과
존귀와
감사를

10a 행동/찬양 **이십사 장로들이 보좌에 앉으신 이 앞에 엎드려**
b **세세토록 살아 계시는 이에게 경배하고**
c **자기의 관을 보좌 앞에 드리며 이르되**

11a 우리 주 하나님이여 영광과
존귀와
권능을 받으시는 것이 합당하오니

b 기초 주께서 만물을 지으신지라
c 만물이 주의 뜻대로 있었고

또 지으심을 받았나이다 하더라

구조

요한의 두 번째 주요 환상(4:1-5:14)은 두 부분으로 나뉜다. 첫 번째 부분은 하늘 보좌에 앉아 계신 하나님께 초점을 맞추고(4:1-11), 그다음에는 하나님의 구속을 성취하기 위해 죽임당하신 어린양께 초점을 맞춘다(5:1-14). 4장에 나오는 첫 번째 부분은 요한의 첫 번째 주요 환상의 시작과 유사하게 시작된다(1:9-20). 그가 환상을 받은 환경이 간략하게 묘사되고(4:1-2a), 이어서 환상의 세 주요 등장인물, 곧 하늘 보좌에 앉아 계신 하나님(4:2b-3), 이십사 장로(4:4), 네 생물(4:6b-7)이 소개되며 각각의 묘사가 나온다. 그리고 중간에 하늘의 배경에 대한 더 광범위한 묘사(4:5-6a)가 잠깐 나온다. 환상의 이 부분에 나오는 유일한 활동은 전능하신 주 하나님께 찬양의 환호를 드리는 것이다. 이 찬양은 생물들(4:8)이 드리고 나서 그에 대한 반응으로 이십사 장로가(4:9-11) 전능하신 주 하나님께 드린다.

석의적 개요

III. 두 번째 환상: 하늘의 보좌와 세 번의 심판 주기(4:1-16:21)

➦ **A. 하늘의 보좌에 대한 환상(4:1-11)**

1. 요한이 새로 받은 환상의 배경(4:1-2a)
2. 하늘 보좌에 계신 주 하나님(4:2b-3)
3. 하늘의 회의와 그 배경(4:4-7)
   a. 보좌에 있는 이십사 장로(4:4)
   b. 번개, 우렛소리, 불, 유리 바다(4:5-6a)
   c. 보좌 주의의 네 생물(4:6b-7)
4. 장로들과 네 생물이 하나님을 예배함(4:8-11)
   a. 하나님의 거룩하심을 찬양(4:8)
   b. 하나님이 만물을 창조하신 것을 찬양(4:9-11)

본문 설명

4:1 이 일 후에 내가 보니 하늘에 열린 문이 있는데 내가 들은 바 처음에 내게 말하던 나팔 소리 같은 그 음성이 이르되 이리로 올라오라 이 후에 마땅히 일어날 일들을 내가 네게 보이리라 하시더라(Μετὰ ταῦτα εἶδον, καὶ ἰδοὺ θύρα ἠνεῳγμένη ἐν τῷ οὐρανῷ, καὶ ἡ φωνὴ ἡ πρώτη ἣν ἤκουσα ὡς σάλπιγγος λαλούσης μετ' ἐμοῦ λέγων, Ἀνάβα ὧδε, καὶ δείξω σοι ἃ δεῖ γενέσθαι μετὰ ταῦτα). 이 구절은 요한계시록의 새로운 주요 단위를 시작하는데, 그것은 앞에 나오는 주요 부분의 시작 및 요한계시록의 시작과 주제 면에서 분명하게 연관되어 있다. "이 일 후에 내가 보니"(μετὰ ταῦτα εἶδον)라는 말은 요한이 새로운 환상으로 넘어가는 것을 표시할 때 자주 나온다(7:9; 15:5; 18:1; 참고. 유사한 용법으로 7:1; 19:1).[3] 요한이 이 환상에서 '본' 것은 4장 전체를 포함하며 5장에 나오는 같은 환상의 새로운 차원들로 이어진다. 하지만 그는 그 새로운 환상으로 한 단계 한 단계 인도한다. 이 구절에서 요한은 먼저 그의 환상을 시작하는 놀라운 현상에 특별히 주의를 집중시킨다.[4] "하늘에 열린 문이 있는데"(1b절)라는 것이다. 그것은 땅과 하늘 사이가 잠겨 있지 않고 왔다 갔다 할 수 있음을 상징한다.[5] 하나님의 하늘은 이 땅에서 매일 마주하는 현실과는 거리가 멀고 이질적인 것처럼 보이지만, 쉽게 손 닿는 곳에 있고 이 땅에서 일어나는 모든 일에 고루 영향을 미치고 있다. 요한은 후에 그것을 보여줄 것이다.[6] 요한의 모든 환상이 그렇지는 않지만, 이 환상과 5장에 나오는 관련된 환상에서 하늘의 '시간'은 요한의 지상의 시간과 동시적인 것으로 묘사된다. 두 장에 모두 나오는 경배의 노래들은 창조와 십자가를 과거의 일로 경축하면서도(4:11; 5:6, 9) 인의 심판 및 성도가 땅에서 왕 노릇 하는 것을 미래의 일로 예상하기 때문이다(5:9-10).[7]

이것은 곧바로 두 번째의 주목할 만한 경험으로 이어진다. 요한이 들은 적이 있는(1:10-12) "처음에…말하던[8] 나팔 소리 같은 그 음성"이 말한다. 그 음성은 그리스도에게서 나왔다. 전에 "나팔 소리"(1:10) 같고 "많은 물소리"(1:15) 같은 음성으로 "[그에게] 말한"(1:12)[9] 분이다. 1장의 환상에 대한 이 명백한 언급은 새로운 부분으로 넘어가는 전환점에서 중요한 대목이다(또한 2절에 대한 설명과 앞에 나오는 '문학적 전후 문맥'을 보라).

그리스도는 지금 요한에게 "이리로 올라오라"(1e절)[10]

---

3. 1a절에 나오는 "이 일"이라는 문구는 1:9-3:22에 나오는 높임받으신 인자에 대한 환상 및 소아시아 교회들에 그분이 보내는 메시지를 언급하며, "이 일 후에"라는 말은 요한이 환상들을 받는 순서를 의미한다(1-3장, 그다음에 4장과 그 이후에 나오는 것들).

4. 헬라어로 '내가 보니 보라'(εἶδον καὶ ἰδού, 개역개정에는 "내가 보니"-역주)라는 표현 다음에 주격 단어가 나오는 것은 종종 요한계시록에서 환상의 경험을 말하기 시작할 때 사용하는 표현이다(4:1; 6:2, 5, 8; 7:9; 14:1, 14; 참고. 19:11). "보라"(ἰδού)는 말은 여기에서 "제시적 불변화사"(BDAG 468)로 어떤 것을 이야기나 글에 소개해준다. 이것은 "여기 있다/있었다"(here is/was), "거기 있다/있었다(there is /was)"(CSB, NET, NIV)로 혹은 단순히 "보라"(behold) 다음에 그 이야기에 명확하게 소개하는 어떤 것(ESV, NASB)이 나오는 것으로 번역할 수 있다.

5. 19:11을 보라. 거기에서는 "하늘이 열린 것"(τὸν οὐρανὸν ἠνεῳγμένον)이 그리스도가 하늘의 군대와 함께 땅으로 승리의 귀환을 하는 것을 나타낸다. 다른 곳에서 그 말은 하늘에서 오는 하나님의 공급을 묘사하거나(시 78:23), 예수님이 세례받으실 때 성령님이 임하시는 것을 말하거나(마 3:16), 하늘의 계시에 접근하는 것을 나타낸다(겔 1:1; 행 7:56; 10:11; 참고. 1 En. 14:15; T. Levi 5:1).

6. Wright, *Revelation for Everyone*, 42-43.

7. 미래에 그 사건들이 일어날 때에 대한 5:13의 설명을 보라.

8. '더 전에 말하던'(the earlier voice, 개역개정에는 "처음에 말하던"-역주)이라는 문구는 대부분의 영어 역본처럼 "첫 음성"(the first voice, ἡ φωνὴ ἡ πρώτη)이라고도 번역할 수 있을 것이다. 하지만 헬라어에서 "첫"이라는 말은 때로 "전에, 더 이르게"라는 의미로 사용되며(πρότερος, BDAG 892-93과 왕하 1:14; 사 43:18; 단 7:24; 딤전 5:12; 계 2:4; 21:4), '더 전에'라는 말이 요한계시록 1:10-12과의 연관성을 보여주는 데 도움이 된다.

9. 1c절에 나오는 "말하던"이라는 분사(λαλούσης)는 "나팔"과 문법적으로 호응하기 위해 소유격으로 되어 있다(1:11a에서 그런 것처럼). 하지만 어떤 필사자들은 그것이 "[내가 들은] 것"(א)과 호응하기 위해 대격으로 되어야 하거나 "음성"과 호응하기 위해 주격으로 되어야 한다고 생각했다(1854, 2329). 그것은 이 중 어느 것과도 호응을 이룰 수 있을 것이다. 하지만 소유격으로 이해하는 것이 받아들일 만하다. 하지만 내부적으로는 그것을 해석하기가 더 어렵다. 1c절 뒷부분에 나오는 "이르되"(said/saying, λέγων)라는 동사는 문법적으로 성의 일치를 보이지 않아서("음성"이라는 여성 명사를 가리키는 남성 동사) 일부 사본은 그것도 고쳐놓았다(예를 들어, P). 이것은 '의미에 따른 호응'의 경우로, 이 "음성"에서 말하는 사람을 언급하기 위해 남성이 사용된 것이다.

10. 11:12에서는 같은 명령(복수로 된)이 두 증인을 하늘로 올라오라고 소환하기 위해 사용된다. 그 경우 그들은 육체적으로 그리고 눈에 보이게 하늘로 사로잡혀 간다. 하지만 4:2은 요한이 '올라가는 것'이 육체적 형태보다는 환상 속의 황홀경 가운데 이루어진 듯하다(2절

고 권하신다. 요한이 지상에서와 하늘에서 일어날 미래의 사건들에 대한 환상을 받을 수 있게 하기 위해서다. "마땅히 일어날 일들"[11](ἃ δεῖ γενέσθαι)이라는 문구가 시간을 나타내는 구("속히" 혹은 "이 일 후에") 및 "내가…보이리라"(δείξω)는 동사와 함께 나오는 것은 주제를 나타내는 중대한 표시다. 이 표현들은 계시록 전체의 서언과 결어에서 책의 내용을 요약하기 위해 사용되기 때문이다(1:1; 22:6). "내가…보이리라"(1f절)[12]는 동사 또한 주제의 의미를 담고 있다. 이 말은 요한계시록의 주요 전환점을 표시하는 다른 구절에서도 사용되기 때문이다(4:1; 17:1; 21:9; 앞에 나오는 '문학적 전후 문맥'을 보라). 그리스도가 이 장에서와 5–16장에 나오는 환상에서 드러내시는 것은 하나님이 요한에게 주신 "예수 그리스도의 계시"(1:1)의 핵심이다. 어떤 사람들은 1f절의 마지막 문구("이후에", μετὰ ταῦτα) 역시 1장의 환상과 연결시키는 것으로 이해한다. 요한이 이제 볼 내용이 1:19에서 나온 예고편의 세 번째 부분, 곧 "장차 될 일을 기록하라"(ἃ μέλλει γενέσθαι μετὰ ταῦτα)는 부분으로 넘어간다는 점을 나타낸다는 것이다. 그 구절에 대한 다른 견해에 대해서는 1:19에 대한 설명을 보라. 그럼에도 4:1f에 나오는 "이후에"라는 말은 단지 요한이 환상들을 받은 순서를 나타내는 것이 아니다(4:1a에서처럼). 그것은 요한과 그의 수신자들이 현재 처한 상황 이후에 이어지는 기간을 나타낸다. 궁극적으로 하나님의 완전한 심판과 만물을 새롭게 하시는 일이 일어날 말일로 이동하는 것이다. 이 미래적 의미는 4장 자체에서는 분명하게 드러나지 않는다. 하지만 그것은 5–16장 및 17–22장에서 보완되는 환상이 전개됨에 따라 명백해진다.[13]

4:2 내가 곧 성령에 감동되었더니 보라 하늘에 보좌를 베풀었고 그 보좌 위에 앉으신 이가 있는데(εὐθέως ἐγενόμην ἐν πνεύματι, καὶ ἰδοὺ θρόνος ἔκειτο ἐν τῷ οὐρανῷ, καὶ ἐπὶ τὸν θρόνον καθήμενος). 요한은 환상을 받은 상황들을 진술하면서 "이리로 올라오라"는 그리스도의 부르심(1e절)을 받은 직후 성령에 사로잡힌 상태에 들어갔다는 것을 묘사한다. "내가 곧 성령에 감동되었더니"(2a절; 또한 1:10에서)라는 표현과 17:3 및 21:10의 "그가 성령으로 나를…데리고 가니라"는 관련 문구는 요한계시록 전체에서 각 단위의 중대한 전환을 표시한다(앞의 '요한계시록 서론'과 '문학적 전후 문맥'을 보라). 요한은 환상에 사로잡혀 황홀경에 빠진 가운데[14] "하늘에 열린 문"을 통해 보기 시작하면서 하늘 장면의 세세한 부분들을 어렴풋이 본다.[15] 두 개의 중심적 특징이 곧바로 등장한다. 하늘에 있는 통치하는 권위의 소재지 및 그 권위를 행사하시는

에 대한 설명을 보라). 몇몇 세대주의자 사이에 공통적인 견해는 4:1에 나오는 "이리로 올라오라"는 것이 6–16장의 심판 이전 이전에 교회가 휴거되는 것을 적어도 상징적으로라도 말한다는 것이다(*New Scofield Reference Bible* [New York: Oxford University Press, 1967], 1356; J. A. Seiss, *The Apocalypse: Lectures on the Book of Revelation*, 6th ed. [London: Charles C. Cook, 1900], 95–99; Walvoord, Rawley, and Hitchcock, *Revelation*, 98–99). 하지만 이것은 그 구절의 분명한 의미와 일치하지 않는다(요한에게만 말함, 육체적으로 사라지는 것이 아님, 영구적으로 하늘로 옮겨가는 것이 아님 등). Koester, *Revelation*, 351; and Michael J. Svigel, "The Apocalypse of John and the Rapture of the Church: A Reevaluation," *TJ* 22 (2001): 28–30에 나오는 비판을 보라.

11. 다니엘 2:28–29, 45의 영향에 대한 논의와 이 문맥에서 "마땅히"(δεῖ)라는 동사가 지닌 의미에 대해서는 1:1을 보라.

12. '보이다'(δείκνυμι)라는 동사는 요한복음과 요한계시록에서 '계시하다, 드러내다'(ἀποκαλύπτω)와 동의어다(H. Schlier, "δείκνυμι," *TDNT* 2:27–30; G. Schneider, "δείκνυμ," *EDNT* 1:280–81). 1:1에 대한 설명을 보라.

13. 이것은 다니엘 2:28–29, 45("후일에 될 일")에 나오는 비슷한 표현들이 지닌 의미다. 1:1에 대한 설명을 보라. 참고. 2 Bar. 10:3.

14. "성령에 감동되었더니"라는 말과 에스겔에 나오는 그 말의 배경에 대해서는 1:10에 대한 설명을 보라. 또한 Bauckham, *Climax*, 133–34, 150–59를 보라.

15. 이것이 그가 육체적 형태로 하늘로 옮겨진 것을 의미하는지 아니면 바뀐 의식 상태로 그렇게 한 것인지는 결정하기가 어렵다(고린도후서 12:1–7에서 이 문제에 대한 바울 자신의 불확실함을 보라). 후자일 가능성이 더 큰 듯하다. 하지만 더 중요한 점은 이 경험이 하나님의 계시하시는 성령의 영향으로 말미암아 그에게 왔다는 것이다(참고. Bauckham, *Climax*, 158, "전체 계시가 ἐν πνεύματι로 그에게 왔다고 나타내는 [것]은 심리학적 상태인 것 못지않게 신학적 주장이다").

어떤 분이다. 나중에 나오는 몇 개의 환상에서도 볼 수 있듯 요한의 문체는 다소 인상적이다. 그는 처음에는 최소한의 설명만 하다가 점차 진행하면서 세세한 묘사들을 추가한다(20:4에 나오는 설명을 보라). 요한은 하늘의 수행원에 둘러싸여 영광스러운 공식 알현실에 계시는 전능하신 하나님에 대한 압도적이고 빛나는 이 환상(이어서 나오는 구절들에서 볼 수 있는)을 독자들에게 매우 능숙한 솜씨로 친절하게 전개한다. 아마 그리스도가 그에게 보여주신 방식을 반영했을 것이다. 하지만 여기에서 요한은 우선 자제하면서 보좌를 '하늘에 베풀었다'(2b절)고만 말한다. 그 보좌는 온 우주를 다스리는 장소를 나타낸다(참고. 왕상 22:29; 시 47:8; 사 6:1; 66:1; 겔 1:1, 26; 10:1; 단 7:9; 참고. 1 En. 14:8-25; T. Levi 5:1). 하지만 여기에서 그 보좌는 마치 독자들에게 생소한 것인 양 소개된다[헬라어에서 관사 없이, θρόνος, '어떤 보좌'(a throne)]. 마찬가지로 환상에 나오는 두 번째 중심 요소는 "그 보좌 위에 앉으신 이가 있는데"(ἐπὶ τὸν θρόνον καθήμενος, 2c절)라고 묘사되는데 신원이 밝혀지지는 않는다.[16] 요한은 곧 이분이 '전능하신 주 하나님'(8-9절)으로서 "세세토록 살아 계시는"(10절) 분이며 "우리 주 하나님"(11절)이라고 밝힐 것이다. 하지만 지금은 이 점을 정해지지 않은 상태로 둔다. 독자가 그 환상을 단계별로 경험하도록(그리고 그 영향력에 적응하도록) 하는 것이다.[17]

4:3 앉으신 이의 모양이 벽옥과 홍보석 같고 또 무지개가 있어 보좌에 둘렸는데 그 모양이 녹보석 같더라(καὶ ὁ καθήμενος ὅμοιος ὁράσει λίθῳ ἰάσπιδι καὶ σαρδίῳ, καὶ ἶρις κυκλόθεν τοῦ θρόνου ὅμοιος ὁράσει σμαραγδίνῳ). 하늘 보좌에 앉으신 이(2c절)가 곧바로 3절에서 묘사된다. 하지만 구체적인 세부 사항보다는 귀하고 아름다운 보석의 이미지를 통해 경건하고 신중하게 묘사된다. 요한의 표현은 여호와의 보좌와 그분의 영광을 비슷한 용어로 묘사한 에스겔의 환상에 영향을 받은 것이 분명하다(겔 1:26-28).[18] 하나님을 묘사할 때 그분이 '…같다'(ὅμοιος, 참고. 1:13, 15; 14:14)거나 영광 가운데 어떻게 나타나신다고("그 모양", ὁράσει, 두 번 사용됨) 표현하는 것 외에 인간이 무슨 말로 하늘의 영광스러운 분을 설명할 수 있었겠는가? 여기에 언급된 보석들은 어떤 식으로든 전문적으로 감정하기가 어렵다. 고대 용어들은 겉보기에 색깔이나 밀도가 유사한 광범위한 돌에 대해 사용되었기 때문이다. "벽옥"은 보통 녹색 빛이 도는 불투명한 돌로 이해되지만 다양한 색을 지닐 수 있었고,[19] 요한계시록 21:11은 수정같이 맑은 어떤 것(아마 다이아몬드)에 대해 "벽옥"이라는 말을 사용한다. "홍보석" 혹은 홍옥수는 붉은 기가 도는 갈색이나 주황색 돌을 뜻하는 듯하고, "녹보석"은 현대 독자들에게 좀 더 익숙한 밝은 초록색 보석이다.[20] 이 세 가지는 출애굽기 28:17-18, 39:10-13, 에스겔 28:13, 요한계시록 21:11, 18-20에서 함께 나온다. 여기에서뿐 아니라 이 본문들에서도 이 보석들은 합쳐져서 묘사하는 것의 인상적인 가치와 아름다움을 표현한다. 이 보석들이 개별적으로 상징적 의미를 지니고 있을 것 같지는 않다. 여기에서 사용된 또 다른 이

---

16. 여기에서 실명사 분사인 καθήμενος에는 헬라어 관사가 없이 모호한 의미를 지닌다(2:14에 대한 주를 보라). 동일한 분사가 요한계시록에서 주 하나님에 대해 열 번 더 사용되는데, 언제나 관사 및 "보좌"라는 단어와 함께 사용된다. '[보좌에] 앉아 계신 분'이라는 것이다. 참고. 또한 20:11, "크고 흰 보좌와 그 위에 앉으신 이."

17. 2절에 대한 이 '생소한' 느낌은 분명 독자들이 그런 존재를 알지 못하기 때문이기보다는 요한의 문학적 전략으로 인한 것이다. 그는 이 책 조금 앞부분에서 독자들이 하나님 아버지의 보좌(3:21)와 세상에 대한 그분의 통치하는 권위(2:26-28)에 대해 안다고 주저 없이 추정했다. 요한의 이야기 방식에 대해서는 Resseguie, *Narrative Commentary*, 47-48을 보라.

18. 일반적인 LXX 헬라어 용어들은 "보좌", "모양", 귀한 "돌"(하지만 여기 나열된 것들은 아니다) 그리고 "무지개"(다른 용어를 사용해서)다. 또한 요한계시록 4:6-8(이 구절에 대한 설명을 보라)에 나오는 에스겔 1장과의 명백한 유사점들을 보라.

19. BDAG 465.

20. BDAG 913, 933.

미지는 보좌를 두르고 있는 "무지개"(ἶρις, 3b절)다. 어떤 사람들은 이것을 '후광'이라고 번역하기도 한다. 이것은 무지개처럼 여러 색으로 된 것이 아니기 때문이다. 그러나 이 표현은 에스겔 1:28("그 사방 광채의 모양은 비 오는 날 구름에 있는 무지개 같으니")과 연관성이 있는 듯하므로, 단색으로 되어 있더라도 "무지개"라는 말로 번역하는 편이 더 낫다.[21] 녹색 무지개가 보좌 장면을 열어주며 인상적인 느낌을 더해준다. 3절에 나오는 보석들의 상징적 의미를 중시하는 초기 주석가들은 햇빛이 구름을 뚫고 나오면서 여러 색을 지니게 되는 자연적인 무지개와 달리, 하늘 보좌를 두르고 있는 무지개는 하나의 색으로 되어 있지만 그 위에 머물고 있는 천사들로 구성되어 있는데 그 색은 그들의 섬김의 행동을 상징한다고 설명했다(녹색은 생명을 부여하는 그들의 특질을 나타낸다).[22]

4:4 또 보좌에 둘려 이십사 보좌들이 있고 그 보좌들 위에 이십사 장로들이 흰 옷을 입고 머리에 금관을 쓰고 앉았더라(καὶ κυκλόθεν τοῦ θρόνου θρόνους εἴκοσι τέσσαρες, καὶ ἐπὶ τοὺς θρόνους εἴκοσι τέσσαρας πρεσβυτέρους καθημένους περιβεβλημένους ἐν ἱματίοις λευκοῖς καὶ ἐπὶ τὰς κεφαλὰς αὐτῶν στεφάνους χρυσοῦς). 하나님의 보좌(그리고 그 위에 계신 그분의 암시적 임재)[23]를 중심으로, 요한은 이어서 하나님의 하늘 임재와 연관된 다른 존재들과 현상들을 묘사한다. 이 영광스러운 장면의 핵심은 4절에 묘사된 이십사 장로[24]다. 그들은 하나님과 그분의 보좌 다음에 제일 처음으로 나오고, 이후 이어지는 장들에서 이 하늘의 장면 혹은 지상에서 일어나는 사건들에 하늘이 관여하는 것을 언급하기 위해 거듭 인용된다(예를 들어, 5:5, 6; 7:11, 13). "장로들"은 요한의 하늘 환상에서 두드러진 존재지만(특히 4-5장에서), 그들의 신원은 분명히 밝혀지지 않는다. 해석자들은 그들의 역할을 어떻게 해석하느냐를 두고 의견이 엇갈린다.

"장로들"이 중요한 존재라는 사실은 요한이 이 본문에서와 이후의 환상에서 그들을 묘사하는 방식에서 분명히 드러난다. 먼저 그들은 국왕 자문 위원회처럼 하나님의 보좌를 둘러 원형으로 배치되어 있다(4a-b절). 다른 보좌들이 하나님의 임재 앞에 존재한다는 사실은 이미 인식되고(2-3절) 거듭 인정되는(예를 들어, 10절; 5:8, 14) 하나님의 유일무이한 최고 지상권을 손상할 수 없다.[25] 둘째, 그들은 "흰옷을 입고" 있다. 그것은 하나님께 나아가는 사람들에게 요구되는 거룩함을 상징한다. 셋째, 그들은 "머리에 금관을 쓰고" 있다. 이것은 그들이 높은 지위에 있다는 점과 투쟁에서 승리한 점을 나타낼 것이다. 뒤에 나오는 구절들에서 그들은 하나님께 예배를 드리며(4:10-11; 5:8-14; 19:4) 요한의 환상 속 경험에서 요한과 대화를 나눈다(5:5; 7:13-14).

요한은 이 "장로들"과 그들의 활동을 묘사하는 데 주의를 기울인다. 하지만 그는 그들의 존재나 신원에 대해서는 아무것도 명백히 말하지 않는다. 그들은 천사

21. 에스겔 1:28 LXX는 "무지개" 혹은 '활 모양으로 휘어진 것'(τόξον)에 대해 다른 단어를 사용한다. 하지만 그 개념은 구체적 단어보다는 더 확정적이다. 어떤 사람들은 "무지개"(둘 중 하나의 용어를 사용해서)가 세상을 다시 멸망시키지 않겠다는 하나님의 서약을 암시한다고 시사한다(창 9:13-16). 하지만 이것은 이 장에서 묘사된 하늘의 장면과는 관계없는 듯하다. 여기에서는 하나님의 영광스러운 임재에 대한 초점이 요점이다(겔 1:28에서와 마찬가지로).

22. Weinrich, "Oecumenius," 21.

23. 요한계시록에서 하늘에 대한 언급들이 지닌 광범위한 특징들은 하나님 자신을 직접 언급하는 것에 대해 경건한 주저함을 보인다는 것이다. 예배는 보좌 앞에서 드려지고, 선언들은 보좌로부터 나온다(5:13; 7:9, 11; 8:3; 14:3; 16:17; 19:5; 21:3, 5). 하지만 하늘에서처럼 하나님 자신이 인용되는 경우는 드물다(11:16; 12:5; 19:4).

24. "장로들"(이 구절 뒷부분에 나오는 "관"과 마찬가지로)은 헬라어 본문에서 대격 명사로 되어 있다. 그들은 요한이 표현하지 않은 채 놔두는 동사의 직접 목적어로 이해되기 때문이다. 그의 환상에 대한 이 보고에 보완될 만한 가장 그럴듯한 타동사는 4:1에서처럼 그리고 이 책에 나오는 많은 다른 비전에 대한 본문에서처럼 '내가 보았다'는 것이다.

25. 하나님의 최고의 통치 아래 공유된 혹은 위임된 권위를 나타내는 다른 보좌 혹은 통치 권위는 이미 2:26-28, 3:22에서 언급된 바 있으며 5:10, 20:4, 6, 22:5에서 다시 나올 것이다.

와 같은 존재인가 아니면 인간인가?[26] 인간이라면 그들은 구약의 훌륭한 인물들을 나타내는가, 신약의 성도들을 나타내는가, 아니면 모든 시대의 하나님 백성을 나타내는가? 요한은 그런 것들을 상세히 말할 필요가 없다고 생각했다. 우리는 요한이 그들에 대해 말하는 것에 근거하여 가능한 단서들을 숙고해보아야 한다. 이미 언급된 묘사들 중, 하늘에서 하나님께 예배를 드리는 것은 특이한 일은 아닌 듯하다. 5:11-14은 천사와 인간이 모두 예배를 드리는 것을 보여주기 때문이다. 흰옷을 입는 것도 마찬가지다. 그리스도나, 천사나, 인간이나 다 흰옷을 입는다(1:14; 3:4-5; 6:11; 7:9, 13). 보좌에 오르는 것과 "관" 혹은 승리의 화관을 쓰는 것은 때로는 그들을 영화된 인간이라고 보는 쪽으로 기울어지게 한다. 이런 것들은 신실한 그리스도인들에게 약속된 것이기 때문이다(2:10; 3:11, 21). 하지만 관은 요한계시록에서(6:2; 9:7; 12:1; 14:14) 그리고 다른 곳에서 더 광범위한 승리 혹은 높은 지위를 나타낼 수 있다.[27] 마지막으로, "이십사"라는 숫자가 지닌 의미도 논란의 여지가 있다. 이것은 아마 하나님의 백성 전체를 상징할 것이다. 이스라엘(7:4-8; 21:12에서처럼 열두 지파)과 교회(21:14에서처럼 열두 사도)의 합을 나타내는 것이다. 아니면 그것은 그들을 역대상 24:4, 25:9-31에 나오는 레위인의 이십사 반차와 같이, 하늘에 있는 제사장적 사역자들의 하늘의 반차를 묘사할 수도 있다.

이들이 "장로"라고 불린다는 사실은 그 용어가 구약과 후대 유대교 백성의 지도자, 통치 위원회로서 다양한 사회와 지파의 책임을 공유하던 관리 집단을 나타내는 데 사용된 것에 근거한 듯하다(예를 들어, 출 17:5; 18:12; 민 11:30; 삼하 5:3). 이것은 장로들이 하나님의 보좌를 둘러싸고 있는 천상의 존재의 회의라는 견해를 뒷받침한다(예를 들어, 왕상 22:19; 욥 1:6; 시 89:7; 단 7:9-10; 어쩌면 사 24:13에서 볼 수 있는 것처럼).[28] 더불어 이 견해를 지지해주는 증거는 육체적으로 죽은 다음 하늘로 올라온 순교당한 지상의 성도들(계 7:13-14)과 땅에 있든 하늘에 있든 구속받은 성도들(14:1-3)을 요한이 그 "장로들"과 구분하는 듯 보인다는 것이다.[29]

4:5-6a 보좌로부터 번개와 음성과 우렛소리가 나고 보좌 앞에 켠 등불 일곱이 있으니 이는 하나님의 일곱 영이라 보좌 앞에 수정과 같은 유리 바다가 있고(5 καὶ ἐκ τοῦ θρόνου ἐκπορεύονται ἀστραπαὶ καὶ φωναὶ καὶ βρονταί, καὶ ἑπτὰ λαμπάδες πυρὸς καιόμεναι ἐνώπιον τοῦ θρόνου, ἅ εἰσιν τὰ ἑπτὰ πνεύματα τοῦ θεοῦ, 6 καὶ ἐνώπιον τοῦ θρόνου ὡς θάλασσα ὑαλίνη ὁμοία κρυστάλλῳ). 요한은 계속해서 모

26. 이들을 천상의 존재 혹은 천사라고 보는 주석들(최근 들어 더 흔한 견해)은 Charles, Ladd, Mounce, Thomas, Osborne; 또한 Ned B. Stonehouse, "The Elders and the Living Beings in the Apocalypse," in *Paul before the Areopagus* (Grand Rapids: Eerdmans, 1957), 88-108이다. 이들이 영화롭게 된 인간들이라는 견해로는 Patterson, Swete, Walvoord, Rawley, and Hitchcock을 보라. 또한 David J. MacLeod, "The Adoration of God the Creator: An Exposition of Revelation 4," *BSac* 164 (2007): 198-218. Koester, *Revelation*, 360-63은 그들이 천사도 인간도 아니고 "하나님의 백성에 대한 천상의 대표자들"(360)이라고 주장한다. Beale, Boxall, Murphy, Smalley도 비슷한 견해를 취한다(천사 혹은 천사의 형태를 취한 인물들로 하나님 앞에서 신구약 모두의 신실한 자들을 대표하는 존재).

27. "관"을 나타내는 이 단어는 στέφανος로, 잎사귀 혹은 다른 재료로 만든 화환이다(여기에서는 금으로 화환 모양을 만든 것이다). 이것은 종종 즐거운 경축 혹은 승리에 대한 치하와 연관되어 있으며 (BDAG 943과, 2:10에 나오는 설명을 보라) 왕의 권위를 상징하는 왕관이나 머리띠와는 다르다(예를 들어, 19:12). 하지만 그것은 또한 높은 신분이나 통치하는 지위를 말할 수도 있다(예를 들어, 슥 6:11-14, 또한 예수님께 씌워진 "유대인의 왕"이라는 조롱하는 관, 마 27:29; 막 15:17; 요 19:2).

28. G. Bornkamm, "πρεσβύτερος," *TDNT* 6:655-61, 668.

29. 이 장로들을 구속받은 인류의 일부로 보는 또 다른 논증은 5:9-10에 나오는 이문이다. 일부 사본에 따르면 거기에서는 장로들이 "우리를 사서 하나님께 드리시고…우리로 나라와 제사장을 삼으셨다"고 말한다(KJV를 보라). 하지만 더 그럴듯한 본문은 장로들을 구속받은 자들과 구분하면서 두 군데 모두 1인칭보다는 3인칭 의미('그들')로 이어진다. 5:9, 10에 대한 설명과 주를 보라. 두 군데에서 모두 '우리'가 우월한 독법임을 지지하는 논증들로는 MacLeod, "Exposition of Revelation 4," 209-12를 보라.

든 것이 그가 본 것의 중심인 하나님의 보좌로 향하게 하면서 이 하늘 장면의 또 다른 세 가지 인상적 특징을 말한다. 첫 번째 항목들("번개와 음성과 우렛소리", 5a절)은 하나님의 위엄 있는 임재를 나타낸다. 이것은 이스라엘이 시내 산에서 경험한 것을 묘사할 때(출 19:16-19) 나왔고, 그 이후 종종 신적 현현의 상징이자 다가오는 심판의 전조로 반복된다(삿 5:4-5; 시 18:7-15; 68:7-8; 77:18; 사 13:13; 64:2-4; 렘 10:10; 겔 1:3; 학 2:6-7, 21). 요한계시록에서는 동일한 세 현상(추가 사항들과 함께)이 세 심판 시리즈 끝에 나옴으로써(8:5; 11:19; 16:18) 그 심판들을 하늘에서 통치하고 계시는 하나님에 대한 이 환상과 연결한다. 하늘의 통치는 이 땅에서 펼쳐질 하나님의 통치를 준비해줄 인, 나팔, 대접의 원천이다.[30] 요한은 현재 시제 동사 '(그것들이) 나온다, 나오고 있다"(ἐκπορεύονται, NASB, NRSV)를 사용해서 이 현상들을 설명한다. 독자들을 그의 환상 속 경험으로 더욱 직접적으로 끌어들이기 위해서다.[31]

두 번째 놀라운 특징은 보좌 앞에서 타고 있는 "등불 일곱"[32]이다(5b-c절). 이 등불들은 눈부시고 두려운 시각적 인상을 주는 장면을 만드는 데 기여한다. 하지만 그것들은 요한이 말하는 것처럼 "하나님의 일곱 영"을 나타낸다. 요한은 1:4에서 이미 "[하나님]의 보좌 앞에 있는 일곱 영"을 언급한 바 있다. 그리고 그 문맥에서 일곱 영은 분명 성령의 충만함을 말한다.[33] 여기에서 "등불"을 "하나님의 일곱 영"으로 이해하면서 요한은 두 가지 중요한 방식으로 스가랴 4:1-14의 영향을 받는다. 하나는 하늘의 보좌 알현실과 예배드릴 때 하나님께 나아가는 지상의 성소 혹은 성전이 유사한 것을 나타낸다고 보는 것이다(참고. 또한 사 6:1-7).[34] 여기에서 일곱 등불은 성막 바깥쪽 방의 일곱 등잔이 있는 등잔대와 유사하다(출 25:31-40; 40:4, 24-25). 스가랴 4장에 나온 다른 통찰은 등잔 혹은 등불을 하나님이 온 땅 전역에서 자신의 뜻을 성취하시기 위해 성령으로 말미암아 보시고 행동하시는 능력을 상징한다고 보는 것이다(슥 4:2-6, 10; 또한 계 5:6에 나오는 논의를 보라).[35]

세 번째 특징 역시 "보좌 앞에" 있는 것으로 "수정과 같은 유리 바다"(6a절)다.[36] 이것 역시 이스라엘의 시내 산 경험(출 24:10)과 에스겔의 환상(겔 1:22)에서 나온 것이다. 그리고 마찬가지로 지상 성소의 설비인 놋두멍 혹은 "바다"(출 30:18-21; 40:7, 30; 왕상 7:23-25)와 대응되는 하늘의 어떤 것을 반영할 수 있다. 요한이 본 환상에서 그것이 나타날 때, 그것은 마치 번쩍이는 반투명 바닥

30. Bauckham, *Climax*, 202-4; Beale, *Revelation*, 326.

31. Mussies, *Morphology*, 333-36, 340을 보라. 그는 요한계시록의 환상적 자료에서 세 유형의 제시를 가리킨다. 하나의 소(小)유형은 환상의 내용을 비(非)내러티브적 장르로 이야기한다. 이것은 사건들이 현재 일어남에 따라 내용을 묘사 혹은 보고하는 형태를 띤다. 이것은 독자들을 보다 직접적으로 환상으로 끌어들여서 요한이 환상의 세세한 것들을 보고 들은 경험을 되새길 때 요한과 함께 그 사건들을 보게 한다. 요한의 제시 양식들에 대한 더 자세한 논의는 다음을 보라. Buist M. Fanning, "Greek Tenses in John's Apocalypse: Issues in Verbal Aspect, Discourse Analysis, and Diachronic Change," in *The Language and Literature of the New Testament: Essays in Honour of Stanley E. Porter's 60th Birthday*, ed. Lois K. Fuller Dow, Craig A. Evans, and Andrew W. Pitts (Leiden: Brill, 2016), 341-49.

32. "등불"(λαμπάδες)에 해당하는 헬라어는 가정에서 사용하는 "[기름] 등불"을 의미할 수 있다(마 25:1-8). 하지만 여기에서는 불타는 '횃불'을 염두에 두고 있다(참고. 창 15:17; 나 2:5; 단 10:6; 요 18:3). 이 특징 또한 에스겔 1:13에서 영향을 받은 것이다.

33. 1:4-5에 나오는 설명을 보라. 거기에서 그들은 하나님 및 예수 그리스도와 함께 교회를 위한 은혜와 평강의 원천이다. 이 "영들"은 또한 3:1과 5:6에서도 예수님과 밀접하게 연관되어 있다(설명을 보라).

34. 뒤의 구절들에서 기도와 향(계 5:8; 8:3-4), 제단(6:9; 9:13), 향을 놓는 제단(8:3), 언약궤(11:19), 놋두멍(15:2), 하늘의 장막(15:5, 8), 또한 찬양의 노래와 경배(4:8-11; 5:9-14; 7:10-12)를 보라.

35. Bauckham, *Climax*, 162-66.

36. 2절에서처럼, 요한이 할 수 있는 최선은 비교를 해보는 것이다(참고. 5:6; 6:6; 8:8). '유리 바다 같은 어떤 것'(개역개정에는 "수정과 같은 유리 바다"-역주)이라는 말은 헬라어로 '유리 바다 같은'(ὡς θάλασσα ὑαλίνη) 다음에 '수정과 비슷한'(ὁμοία κρυστάλλῳ)이라고 되어 있다. 묵시적 환상에서 본 것들에 대한 비슷한 표현으로는 4 Ezra 11:37과 14:39를 보라.

이 하나님의 보좌 앞에서 뻗어나가는 것처럼 보이면서 하늘의 영광과 순결함에 대한 놀라운 인상을 한층 강화한다.[37]

4:6b-7 보좌 가운데와 보좌 주위에 네 생물이 있는데 앞뒤에 눈들이 가득하더라 그 첫째 생물은 사자 같고 그 둘째 생물은 송아지 같고 그 셋째 생물은 얼굴이 사람 같고 그 넷째 생물은 날아가는 독수리 같은데(6 Καὶ ἐν μέσῳ τοῦ θρόνου καὶ κύκλῳ τοῦ θρόνου τέσσαρα ζῷα γέμοντα ὀφθαλμῶν ἔμπροσθεν καὶ ὄπισθεν. 7 καὶ τὸ ζῷον τὸ πρῶτον ὅμοιον λέοντι καὶ τὸ δεύτερον ζῷον ὅμοιον μόσχῳ καὶ τὸ τρίτον ζῷον ἔχων τὸ πρόσωπον ὡς ἀνθρώπου καὶ τὸ τέταρτον ζῷον ὅμοιον ἀετῷ πετομένῳ). 요한은 하늘 보좌, 그 위에 앉으신 분 그리고 하늘의 장면에 수반되는 다른 특징들을 다소 재빨리 묘사한(2b-6a절) 다음, 다른 한 무리를 보좌와 연결 짓고 그들의 외모와 하늘에서 그들이 하는 활동에 더 주의를 기울인다(6b-9절). 이들은 "네 생물"(τέσσαρα ζῷα)로 에스겔 1장의 환상에서 나온 것인데, 에스겔의 글과 비교할 때 몇 가지 중요한 점이 변화되고 생략되었다. 요한은 그 존재들에게 "생물"[38]이라는 것 외에 구체적인 호칭을 붙인 적이 한 번도 없지만, 이들은 분명 천사의 계급으로 이해해야 한다. 하지만 그들의 외모와 활동은 에스겔에 나오는 "생물"(에스겔이 후에 "그룹"이라고 밝히는, 겔 1:5-22; 9:3; 10:15, 20)[39] 및 이사야에 나오는 "스랍"(사 6:1-7)과 비슷하다. 요한은 그들의 위치를 제일 먼저 언급하는데, 그들은 계속 하나님의 보좌를 향하고 있다. 그들은 하나님을 둘러싼 가장 안쪽 집단을 형성한다.[40] 그들은 "보좌 가운데와 보좌 주위에 [서]"(6b절)[41] 하나님을 예배하고 섬기며 그분의 순결함과 거룩함을 지키고 있다(참고. 창 3:24; 시 18:10; 사 6:2-7; 겔 1:11-21; 28:14, 16).

뒤에 나오는 구절에서 요한은 생물들의 그런 활동에 주의를 기울일 것이다(4:8b-9; 5:8-14; 6:1-8). 하지만 먼저 그는 불가사의한 그들의 외모를 묘사한다(6c-8a절). 그들은 "앞뒤에 눈들이 가득하더라"(6c절).[42] 그런 "눈들"은 아마 정신을 바짝 차리고 하나님을 보호하며 그분의 분부를 행한다는 말로 이해해야 할 것이다(참고. 계 2:18; 5:6; 또한 그것이 지식이나 이해를 나타내는 듯 보이는 슥 4:10을 보라).

요한은 에스겔 1장에서 나온 특징들을 계속해서 반복하거나 각색하면서 이 땅의 존재와 닮은 점[43]을 주목함으로써 각 생물의 외모를 묘사한다(7절). 에스겔

37. 15:2에 나오는 "유리 바다"(θάλασσα ὑαλίνη)에 대한 유사한 언급과 거기 나오는 논의를 보라.

38. "생물"(ζῷα)은 야생 "동물"(animal) 혹은 가축을 의미한다(BDAG 431; 참고. 창 1:21; 히 13:11; 벧후 2:12; 유 1:10). 하지만 창세기 1:24, 3:1, 다니엘 7:3-23, 사도행전 28:4, 요한계시록 6:8, 13:1, 11에 나오는 "짐승"(beast, θηρίον)이라는 말이 종종 지니는 '위험한, 사나운'이라는 함축은 없다(BDAG 455-56; LN §.4.2-4). KJV는 ζῷα(여기 4:6)뿐 아니라 θηρίον(13:1, 11)에 대해서도 "짐승"이라는 말을 사용한다. 하지만 현대 역본들은 그 번역을 따르지 않는다.

39. 하늘 보좌 알현실에 그룹이 있다는 것은 그곳이 또한 성소-성전의 특성을 지니고 있다는 것을 가중시킨다(앞의 5절을 보라). 그룹이 언약궤를 덮고 있는 것은 성막과 후대 성전의 잘 알려진 특징이었기 때문이다(출 25:18-20; 왕상 6:27-28; 8:6-7). 거기에서 자기 백성 가운데 임재하던 여호와는 "그룹 사이에 좌정하신" 분으로 언급될 수 있었다(삼상 4:4; 삼하 6:2; 왕하 19:15; 시 80:1; 99:1; 사 37:16).

40. "장로들"이 "보좌에 둘려"(4절) 있다고 제일 처음으로 나오기는 하지만, 뒤의 구절들을 보면 그들은 두 번째 원을 형성하고 있고, "생물들"이 하나님께 가장 가까이 있는 듯하다(5:6, 11).

41. '보좌 각 편에'(6b절)라는 문구는 "보좌 가운데"(ἐν μέσῳ τοῦ θρόνου)라고 표현된다. 이것은 에스겔 1:4-5를 각색한 것처럼 보인다. 거기 보면 처음에는 생물들이 하나님의 임재에 수반되는 "불 가운데"(4절) 있다고 하다가 그다음에는 "그 속에서"(ἐν τῷ μέσῳ, 5절)라고 나온다. 요한은 "가운데"라는 말을 보좌 '각 편의 한가운데', 즉 보좌를 바짝 둘러싸고 있다는 의미로 사용한다(BDAG 635; Moffatt, "Revelation," 380).

42. 이런 세부 사항은 에스겔에서 나온 것이다. 거기 보면 처음에는 생물들의 바퀴가(1:18) 그리고 후에는 온몸이(10:12) "돌아가면서 눈이 가득하며"(LXX, πλήρεις ὀφθαλμῶν κυκλόθεν)라고 나온다. 요한이 본 환상은 더 단순하다. 그는 에스겔의 환상을 지배하고 있던 바퀴들 및 빠른 이동에 대해서는 아무것도 말하지 않기 때문이다(참고. Rowland, "Revelation," 592).

43. '같은'(like, ὅμοιος)라는 형용사는 세 번 사용되며 "…처럼"(as, ὡς, 사람 "같고"-역주)라는 접속사는 한 번 사용된다.

1:10에서 각 생물은 네 "얼굴"(사람, 사자, 소, 독수리)을 가지고 있다. 여기에서는 각 생물이 보통 이 지상 동물들 중 하나와 비슷한 점이 있다는 면에서 단순화되어 있다(겔 1:10 LXX에 나오는 것과 같은 헬라어 단어들). 첫째는 사자 같으며, 둘째는 송아지 혹은 소와 같다.[44] 셋째는 "얼굴"이 "사람 같고"(ὡς ἀνθρώπου)라고 명시되어 있으며, 넷째는 "날아가는 독수리" 같다. 이들 각각은 하나님의 선하고, 다양하며, 고상한 피조물을 예증한다(예를 들어, 넷째 생물을 "날아가는" 독수리라고 추가로 묘사하는 것). 네 천사적 존재가 이렇게 무언가를 닮은 모습이 상징적 의미를 지니는지는 결정하기가 어렵다. 하지만 11절(하나님을 만물의 창조주로 계속 찬양하는 것)에 비추어 볼 때 그들은 마땅히 그래야 하듯 하나님께 온전히 헌신한, 그분의 선하고 유용한 피조물을 대표할 것이다.

4:8 네 생물은 각각 여섯 날개를 가졌고 그 안과 주위에는 눈들이 가득하더라 그들이 밤낮 쉬지 않고 이르기를 거룩하다 거룩하다 거룩하다 주 하나님 곧 전능하신 이여 전에도 계셨고 이제도 계시고 장차 오실 이시라 하고(καὶ τὰ τέσσαρα ζῷα, ἓν καθ' ἓν αὐτῶν ἔχων ἀνὰ πτέρυγας ἕξ, κυκλόθεν καὶ ἔσωθεν γέμουσιν ὀφθαλμῶν, καὶ ἀνάπαυσιν οὐκ ἔχουσιν ἡμέρας καὶ νυκτὸς λέγοντες, Ἅγιος ἅγιος ἅγιος κύριος ὁ θεὸς ὁ παντοκράτωρ, ὁ ἦν καὶ ὁ ὢν καὶ ὁ ἐρχόμενος). 요한은 그 생물들의 외모가 지닌 마지막 특징 한 가지를 제공한다. 성경에 기초해볼 때 그것은 요한이 이제 이야기하기 시작하는 그들의 계속적인 활동도 환기시킨다. 에스겔이 본 환상의 두 가지 특징이 이 묘사에 기여한다. 그들의 "날개"(겔 1:6-24 LXX에서 8번)와 "눈"(겔 1:18; 10:12)이다.[45] 하지만 '날개가 달린' 천사적 생물이라는 이미지는 분명 이사야 6:1-7도 환기시킨다. 그것은 여기에 나오는 요한의 묘사에 영향을 끼친 또 다른 중요한 본문이다. 하늘 보좌 알현실/성전에 계시는 하나님에 대한 이사야의 압도적 환상에는 이와 비슷하게 하나님을 예배하는 영광스러운 여섯 날개 달린 생물(스랍, 사 6:2-3)이 포함된다.[46]

8b-d절에서 그리고 9절까지 이어가면서(그다음에는 10-11절에서 이십사 장로를 포함하기까지 확장되면서), 요한은 환상에서 보는 주요 사건들을 제시한다. 그렇게 하면서 요한은 독자들이 스스로 그 환상의 권능을 경험할 수 있게끔 하늘에 있는 하나님의 보좌 앞에서 네 생물이 연속해서 하는 활동을 묘사한다.[47] 그 생물들은 계속 하나님을 찬양하면서[48] 부분적으로 이사야가 환상에서 들은 것과 똑같은 말을 한다(사 6:3).[49] "거룩하다 거룩하다 거룩하다 주 하나님 곧 전능하신 이여"(계 4:8c). 그들은 이사야에 나오는 스랍과 마찬가지로 '구별되고', 필적할 자 없으며, 참되고 살아 계신 하나님의 성품에 끊임없이 놀란다['거룩한'(ἅγιος)이라는 말의 의미에 대해서는 3:7에 나오는 설명을 보라]. 같은 말이 세 번 반복되는 것은 만물 위에 뛰어나신 주님과 하나님이신 그분의 유일무이하심을 잘 인식시

44. "송아지"(μόσχος)라는 단어는 보통 어린 소를 의미한다(BDAG 660; LN §4.17; 출 32:4; 눅 15:23; 히 9:12; 참고. KJV, NASB). 하지만 이 단어는 여기에서 보통 '수소'(ox)로 번역된다(CSB, ESV, NET, NIV, NLT, NRSV, RSV).

45. 에스겔에 나오는 생물들은 네 날개를 가졌던 반면 요한은 이사야가 본 것처럼 여섯 날개를 가진 생물을 보았다. 하지만 천상의 존재가 "그 안과 주위에"(즉, 그들 날개의 안쪽 표현에) 덮여 있다는 묘사는 에스겔 1:18, 10:12에서 나온 것이다(앞의 6절에 대한 주를 보라).

46. 요한은 '그들 하나하나'(ἓν καθ' ἓν αὐτῶν)와 "각자 여섯 날개"(ἀνὰ πτέρυγας ἕξ)라는 두 개의 배분사 표현을 사용해서 "각각" 여섯 날개를 소유하고 있다는 것을 강조한다. BDAG 58, 293, 512와 Mathewson, *Handbook*, 65를 보라.

47. 8절의 두 주동사는 모두 직접적 보고 혹은 묘사에서처럼 현재 직설법이다. 5절에 대한 주를 보라.

48. "쉬지 않고 이르기를"은 "밤낮"이라는 시간의 소유격들과 함께 사용되어 '그들은 안식을 취하지 않는다'(ἀνάπαυσιν οὐκ ἔχουσιν, 참고. 14:11)고 표현되어 있다. 하늘에 있는 하나님의 보좌 앞에서 천군 천사들이 끊임없이 예배드리는 비슷한 환상들(같은 구약 본문들에 기초한)은 1 En. 39:12-14, 61:9-12, 2 En. 21:1, 22:2-3, T. Levi 3:4-9에서 찾아볼 수 있다.

49. 이 부분에서 마지막 단어만 빼고 전부 다 이사야 6:3 LXX와 글자 그대로 똑같다.

킨다. "전능하신 이"(παντοκράτωρ)라는 호칭은 이사야 6:3 칠십인역에 히브리어(צְבָאוֹת, σαβαώθ) '사바오트'를 음역한 형태로 나온다. 이것은 만유에 대한 하나님의 절대적 지배권과 주권을 인정한다.[50] 그것은 요한계시록 다른 곳(11:17; 15:3; 16:7; 19:6)에서 예배 때 하나님을 적절하게 부르는 말이다. 요한은 이미 책 전체의 서언에서 하나님이 자신을 지칭하시면서 그 말을 사용하셨다고 기록한 바 있다(1:8). 또한 4:8d에서 생물들이 드리는 찬양의 후렴을 마무리하는 문구는 1:4에 나오는 요한의 시작 인사뿐만 아니라 1:8에도 나왔다. "전에도 계셨고 이제도 계시고 장차 오실 이"(ὁ ἦν καὶ ὁ ὢν καὶ ὁ ἐρχόμενος)라는 말이다.[51] 이 표현은 출애굽기 3:14에 나오는 하나님의 자기 계시에 근거하고, 하나님을 처음부터 끝까지 역사를 주관하시는(5:1-14에 나올 보완적인 환상의 중대한 토대) 영원하시고 자존하시는 분[52]으로 인식한다.[53] 또한 이 말의 세 번째 부분은 그분이 자신의 피조물에게 관여하시는 것을 강조한다. "장차 오실 이"라는 말은 그분이 미래에 존재하신다는 것뿐 아니라 그분이 "영원한 미래에 만물을 성취시키기 위해 마지막으로 오시는 것"[54]을 언급한다.

4:9 그 생물들이 보좌에 앉으사 세세토록 살아 계시는 이에게 영광과 존귀와 감사를 돌릴 때에(καὶ ὅταν δώσουσιν τὰ ζῷα δόξαν καὶ τιμὴν καὶ εὐχαριστίαν τῷ καθημένῳ ἐπὶ τῷ θρόνῳ τῷ ζῶντι εἰς τοὺς αἰῶνας τῶν αἰώνων). 이 시간의 절(9절)은 요한의 환상에 나오는 생물들의 행동에 대한 묘사를 마무리하는 중문(重文)을 시작한다. 이 절이 함축하는 것[55]은, 8b절에서 본 것처럼 생물들이 하나님께 끊임없이 찬양을 드리며(9절) 이십사 장로가 거기 합류한다는(10-11절) 것이다. 누군가에게 "영광과 존귀"를 돌리는 것은 그가 그 고귀한 속성을 적법하게 소유하고 있다고 인정하는 것이다. 그것은 그러한 특성들을 부여하는 것이 아니라, 그 사람이 지니고 있고 나타내는 영광과 존귀를 인정하고 경축한다.[56] 마찬가지로 다른 특성들과 병행해서 "감사"를 돌리는 것은 단순히 '감사하다고 말하는 것' 이상을 나타낸다. 그것은 어떤 사람의 성품을 선언하는 것이고, 주어진 복에 대해 그가 마땅히 감사를 받을 만하다고 인정하는 것이다.

중간에 나오는 구절에서 "보좌"에 대한 언급이 거듭 나온 후 9a절은 "보좌 위에 앉으신 이"(2-3절 이후로 보이지 않는)에게 다시 명백하게 초점을 맞춘다. 하지만 "세세토록 살아 계시는 이"[57]라는 묘사가 추가된다(9b절). 이 문구는(주로 단 4:34; 6:26; 12:7에서 나온 것으로) 10b절에서도 반복되고 8d절이 이미 하나님의 영원하신 존재를 주장한 것을 보완하면서, 이 세상 모든 역사를 다스리시는 하나님의 주권에 대한 요점을 강화한다. 하나님의 통치가 보편적 범위까지 미친다는 것은 요한이 묘사하는 하늘 예배에 영향을 미친 다니엘 본문의 중심 주장이다(특히 단 4:34-35과 6:26-27을 보라).[58]

4:10-11 이십사 장로들이 보좌에 앉으신 이 앞에 엎드려 세세토록 살아 계시는 이에게 경배하고 자기의 관을 보좌 앞에 드

50. 1:8의 논의를 보라.

51. 1:4, 8에서는 첫 번째와 두 번째 술어가 여기 나오는 순서와 비교할 때 역순으로 되어 있다("이제도 계시고 전에도 계셨고 장차 오실 이").

52. 이것은 요한이 9b, 10b절에서 하나님을 두 번에 걸쳐 "세세토록 살아 계시는 이"라고 묘사하는 것으로 강화된다.

53. 이 문구의 문법과 의미에 대한 논의를 더 보려면 1:4을 보라.

54. Bauckham, *Theology*, 28-30(인용문은 p. 30에 나옴).

55. 그 절은 여기에서 '매번'(개정개역에는 "때에"-역주)이라고 번역된 시간적 접속사(ὅταν, '때마다')로 시작된다. 그런 절들은 보통 특정한 때의 명확한 혹은 구체적인 행동보다는 다양한 때 일어날 수 있는 불명확한 일들을 나타내기 위해 가정법 동사들을 포함한다(ὅτε+직설법 동사들이 그런 것처럼). 신약과 일상적인 헬레니즘 헬라어에서 미래 직설법은 비슷한 의미를 갖고 가정법으로 대체될 수 있다.

56. 역대상 16:28-29, 시편 66:2, 68:34, 이사야 42:12, 누가복음 17:18, 요한계시록 14:7; 19:7을 보라. 또한 5:12에 대한 설명을 보라.

57. 이 문구는 1:18에서 그리스도에 대해 그리고 4:10, 10:6, 15:7에서 다시 하나님에 대해 사용된다.

58. Beale, *Revelation*, 333-34.

리며 이르되 우리 주 하나님이여 영광과 존귀와 권능을 받으시는 것이 합당하오니 주께서 만물을 지으신지라 만물이 주의 뜻대로 있었고 또 지으심을 받았나이다 하더라(10 πεσοῦνται οἱ εἴκοσι τέσσαρες πρεσβύτεροι ἐνώπιον τοῦ καθημένου ἐπὶ τοῦ θρόνου καὶ προσκυνήσουσιν τῷ ζῶντι εἰς τοὺς αἰῶνας τῶν αἰώνων καὶ βαλοῦσιν τοὺς στεφάνους αὐτῶν ἐνώπιον τοῦ θρόνου λέγοντες, 11 Ἄξιος εἶ, ὁ κύριος καὶ ὁ θεὸς ἡμῶν, λαβεῖν τὴν δόξαν καὶ τὴν τιμὴν καὶ τὴν δύναμιν, ὅτι σὺ ἔκτισας τὰ πάντα καὶ διὰ τὸ θέλημά σου ἦσαν καὶ ἐκτίσθησαν). 요한이 묘사하는 하늘 장면에서 이십사 장로는 생물들과 함께 육체적인 경배의 표현뿐 아니라(10절) 하나님을 찬양하는 선언(11절)으로 그분을 경배한다. 그들은 겸손한 경배의 표시로 하나님 앞에 '넘어진다'[59] 혹은 엎드린다(예를 들어, 창 17:3; 마 2:11; 요한계시록 안에서 종종, 1:17; 5:8, 14; 7:11; 11:16; 19:4; 또한 5:8에 나오는 논의를 보라). 그들은 하나님 앞에 엎드려 절함으로써 영원하신 하나님을 향해 "경배"[60]하는 것을 상징한다(참고. 9절). 그들이 하나님을 향한 충성을 생생하게 보이는 모습은 하나님의 보좌 앞에 '자기의 관을 드리는'[61]는 것에서 절정에 이른다(10c절). 하늘에서 하나님 보좌 가까이에 있는 자신의 영광스러운 지위를 나타내는 관(4절)을 이제 마땅히 하나님께 돌려드린다. 이는 피조물의 모든 영광이 하나님의 선물로 말미암았다는 점과 반드시 창조주를 찬양하는 결과를 낳아야 한다는 사실을 인식하는 것이다.[62]

생물들이 8절에서 예배의 찬송으로 전능하신 하나님께 찬양을 선언하는 것과 마찬가지로, 장로들은 11절에서 요한의 환상을 마무리하기 위해 하나님의 완전하심을 노래한다. 그들은 하나님께 직접 노래하면서 그분을 모든 갈채를 받으실 만한[63] 분으로 높이고(11a절) 하나님이 만물을 창조하신 것을 그분이 합당하시다는 근거로 인용한다(11b절).[64] 하나님이 "받으시는 것이 합당하오니"라고 말하는 것은 그분이 소유하시고 나타내 보이시는 완전함을 칭송하는 것이다. 하나님이 "받으시는" 것은 그분이 고귀한 속성과 특권을 가지고 계시다는 피조물의 선언이다(4:9에서 '돌리다'라는 보완적 동사가 나오는 것을 주목하라).[65] 여기에서 장로들은 하나님의 "영광과 존귀"를 노래한다. 9절에서 생물들이 선언했던 것과 같다. 그리고 "권능"(δύναμις)이 추가되는 것은 그들이 11b–c절에서 하나님을 창조주로 경배하는 것에 특별히 적합하다.

하나님을 창조주로 환호하는 것(여기에서와 10:6–7; 14:7에서처럼)은 또한 하나님이 창조하신 세상 역사를 친히 주관하신다는 사실을 인정하는 것이다.[66] 자신의 의도와 시기에 따라 세상과 피조물의 경로를 지시할 권리는 창조주께 있다. 이 점은 11c절에서 그들이 하나님

59. 10절에 나오는 세 개의 헬라어 미래 시제 동사들('엎드리다', '경배하다', '드리다')은 9절에서 시작된 불명확한 혹은 '언제든지'라는 의미를 계속 이어나간다(9a절에 대한 주를 보라). 이 동사들은 여기에서 일반적 영어가 제시하는 대로 번역된 금언적 의미를 띤다 (Wallace, *Grammar*, 571).

60. '경배하다'(προσκυνέω)라는 동사는 "앞에 엎드려"라는 말을 적절히 보완한다. 그것은 "몸의 자세뿐 아니라 공경 혹은 경의에서 나온 행동을 나타내기" 때문이다(LN §17.21). 그 두 동사는 종종 함께 나온다(마 2:11; 4:9; 18:26; 행 10:25; 고전 14:25; 계 4:10; 5:14; 7:11; 11:16; 19:4, 10; 22:8). 하지만 때로 προσκυνέω는 '경배'라는 종교적 의미 없이 '엎드려 넘어지다, 공경함을 보이다'라는 뜻이다(예를 들어, 계 3:9).

61. 여기에서 사용된 동사(βάλλω)는 종종 '던지다'(cast) 혹은 '내던지다'(throw)라고 번역된다(CSB, ESV, KJV, NASB, NRSV, RSV). 하지만 그것은 '두다, 놓다, 내려놓다'(put, place, lay)는 의미일 수 있는데(BDAG 163; LN §85.34; 참고. NIV, NLT), 이 문맥에서는 그것이 더 나은 듯하다.

62. 이러한 경의(더 높은 존재의 발에 화관이나 관을 놓는 것)는 예를 들어 두 개의 고대 역사에서 볼 수 있다(Arrian, *Anab.* 7.23.2; Tacitus, *Ann.* 15.29).

63. '합당한'(ἄξιος)이라는 말에 대해서는 3:4, 5:2, 4, 9, 12, 16:6을 보라.

64. 또한 요한계시록 3:14, 10:6–7, 14:7, 21:5에서 창조주이신 하나님께 초점을 맞추는 것을 보라.

65. 5:12에 나오는 논의를 더 보라.

66. Sir 18:1–2, 4 Ezra 6:6–7, 3 Macc. 2:1–3에 나오는 비슷한 사고방식을 보라.

의 "뜻"대로 "있었고 또 지으심을 받았나이다"[67]라는 말을 인용함으로 강조된다. 4장의 이 마지막 환호는 5장에 나오는 환상의 기초를 닦는다. 그 환상은 이후의 장들에서 전개될 다가오는 심판 및 구속에 대한 하나님의 계획을 시작한다. 여기에 기록된 찬양의 노래는 앞으로 하나님의 큰 승리를 예상하면서 나오게 될 반복되는 경배의 시작일 뿐이다(7:10, 12; 11:15, 17; 12:10; 15:3–4; 19:1–7).

적용에서의 신학

1. 하나님의 엄위하심

모든 건강한 그리스도인의 삶과 섬김은 하나님에 대한 올바른 지식에 뿌리를 둔다. 우리 문화나 개인이 왜곡한 것이 아닌 성경적인 하나님관에 근거하는 것이다. 토저(Tozer)가 썼듯이 "우리가 하나님을 생각할 때 떠오르는 생각이 우리에 관한 가장 중요한 사실이다."[68] 우리는 하나님의 엄위하심, 주권, 선하심 안에서 그분을 보는가, 아니면 그보다 훨씬 못한 우리의 형상으로 그분을 창조하는가? 패커(Packer)에 따르면, 현대인은 "사람에 대해서는 대단히 중요하게 생각하지만, 일반적으로 하나님에 대해서는 별로 중요하게 생각하지 않는다. 일반 사람들은 고사하고 신자가 '하나님'이라는 말을 사용할 때, 마음속으로 신적 엄위하심을 생각하는 경우는 드물다." 그는 이렇게 덧붙인다.

> 오늘날에는 하나님이 인격적이시라는 생각이 대단히 강조된다. 하지만 이 진리는 하나님이 우리와 똑같은 부류의 사람이라는 인상을 남기게끔 진술된다. 약하고, 무력하며, 무능하고, 다소 애처로운…그분은 인격적이지만 우리와는 달리 위대하시다. 성경은 자기 백성에 대한 하나님의 인격적 관심이라는 실상 그리고 하나님이 그들에게 보여주시는 인자, 온유, 공감, 인내, 열렬한 긍휼 등을 끊임없이 강조하면서도, 우리가 하나님의 엄위하심과 모든 피조물에 대한 그분의 무한한 통치를 절대 잊어버리지 않게 한다.[69]

67. 이 두 동사는 통상적인 사건들의 순서를 뒤집어놓는데, 그것은 요한계시록에서 흔한 유형이다. 다른 예들 및 그것의 가능한 의미에 대해서는 3:3에 대한 주를 보라. 이 구절에서 두 이문을 주목할 만하다. 몇몇 사본(P, 1854, 2050, 그 외에 Byzantine 소문자 사본 일부)은 '…이다/존재하다'(현재 시제 εἰσίν)라고 이해한다. 그것은 KJV에 나온다. "그들은 있으며 지으심을 받았다"(They are and were created). 한 사본(046)에는 부정어가 나온다. 과거 시제(οὐκ ἦσαν)가 '그들은 있지 않았다/존재하지 않았다 그리고 (그때) 지음받지 않았다'는 의미가 되게 하는 것이다. 이 독법은 J. M. Ross, "Some Unnoticed Points in the Text of the New Testament," *NovT* 25 (1983): 72에서 변호한다. 두 독법 모두 서기관들이 부적절한 의미라고 보이는 것을 해결하려는 시도일 가능성이 더 큰 듯하다.

68. A. W. Tozer, *The Knowledge of the Holy* (New York: Harper & Row, 1961), 1.

69. J. I. Packer, *Knowing God* (Downers Grove, IL: InterVarsity Press, 1973), 73–74.

이것은 4장에 나오는 환상의 요점이다. 존재하는 모든 것 위에 있는 하나님의 영원한 엄위하심과 주권이다. 하나님의 하늘 보좌 알현실 및 그분께 끊임없이 경배를 드리는 천사 수행원들에 대한 묘사는, 그것이 모든 하늘 영광과 가치를 지니신 엄위하신 하나님을 보여줄 때만 적절하다. 요한계시록의 나머지 장에 나오는 모든 것은 적절한 틀 안에 놓여 있다. 이는 하나님이 보좌 위에서 완전한 거룩하심과 만물을 창조하시고 유지하시는 영원한 권능에 대해 경배를 받고 계시는 것을 봄으로써 이루어진다. 하늘에서는 모든 영광과 존귀와 권능의 하나님을 예배하는 일에 몰두하고, 심지어 거기에 사로잡히기까지 한다. 하늘과는 전혀 다른 이 땅을 살아가는 우리는 이것을 공동적, 개인적 예배의 본보기로 삼아야 한다. 우리가 하늘의 예배를 본받는 정도는 그리스도인으로서 우리의 삶과 섬김이 실제로 얼마나 건강한지를 말해주는 시금석이 될 것이다.

2. 하나님의 주권이 지닌 긴장

하늘 보좌에 앉아 계시는 하나님 및 그분의 전 세계적인 심판과 구속을 완성할 어린양에 대한 요한의 위대한 환상(4–5장)은 완벽한 위치에 놓여 있다. 세상의 운명을 지배하고 지도하시는 엄위하신 하나님에 대한 이 묘사의 한쪽에는 1세기의 우상 숭배 및 참되신 하나님에 대한 적대감이 팽배한 가운데서도 그리스도를 위해 살고자 애쓰며 고난받는 요한 시대의 교회에 대한 일곱 개의 이야기가 나온다(2–3장). 다른 한쪽에는 그 우상 숭배와 적대감이 기하급수적으로 증가한 미래의 세상에 전례 없는 신적 심판이 쏟아지는 것을 볼 수 있다(6–19장). 하나님이 하늘에서 경배를 받으시고 주관하시는 것에 대한 요한의 환상과, 인간의 제국과 개인들이 이 땅에서 하나님의 통치에 격렬히 저항하는 것 사이의 갈등이 이보다 더 노골적일 수는 없다. 우리가 이 세상에서 경험하는 것도 동일한 역설을 보여준다. 개인의 삶과 더 넓은 세상에서 평강과 안정의 시간이 뒤섞이면서 우리는 말할 수 없는 고뇌와 비극 그리고 인생의 키를 잡고 있는 존재가 있기는 한지 의심하게 하는 혼돈과 소란에 직면한다. 그러나 이것이 요한이 이 책에서 보여주는 계시적 환상의 목적이다. 우리를 쉽게 압도할 수 있는 지상의 혼란함을 넘어 삶 전체를 하늘의 관점에서 보는 것이다. 하나님을 주권적인 분, 창조주, 구속주와 심판자로 보는 것은 우리 삶 나머지 부분뿐 아니라 이 책 나머지 부분을 이해하는 대단히 중요한 신학적 토대다. 그다음에 나오는 심판들은 따로 떼서 볼 것이 아니라, 창조주이신 하나님의 주권적 권리에 비추어 봐야 한다. 승리와 새롭게 됨을 주시겠다는 하나님의 약속은, 그분의 나라를 온전히 세우기 위해 그리스도 안에서 그분의 계획에 따라 만물을 주관하시는 것에 비추어 볼 때 하늘에서처럼 땅에서도 틀림없는 것이다. 마음 깊이 예배하고 신실하게 섬기는 것만이 하늘에 못 미치는 현재의 환경 속에서 이 환상에 대해 보일 수 있는 적절한 반응이다.

CHAPTER 11

요한계시록 5:1–14

문학적 전후 문맥

4:1에서 언급한 것처럼 4–5장에 나오는 요한의 환상들은 1장의 환상을 다시 시작하고, 6–22장에서 나올 심판과 구원에 대한 묘사로 이어진다. 4장에 나오는 장엄한 장면은(그 영광에도 불구하고) 요한이 5장에서 증언하는 깜짝 놀랄 사건들과 그것이 끼칠 지대한 영향에 대한 함축을 준비하게 한다. 4장에서는 보이지 않았던 예수 그리스도가 이제 놀랍고도 극적인 방식으로 나타나셔서 하나님이 맡기신 역할을 담당하신다. 그분이 맡으신 역할은 구약의 제왕적이고 구속적인 약속들을 성취하시고, 하나님의 주권적 계획, 곧 죄를 심판하고 전 세계에 있는 그분의 백성을 구속하시며 모든 피조물을 위한 목적을 성취하시는 계획을 가동시키시는 것이다.

I. 서언(1:1–8)
II. 첫 번째 환상: 높임받으신 그리스도와 교회에 보내는 그리스도의 메시지(1:9–3:22)
III. 두 번째 환상: 하늘의 보좌와 세 번의 심판 주기(4:1–16:21)
　A. 하늘의 보좌에 대한 환상(4:1–11)
➦ **B. 일곱 인으로 봉한 두루마리와 죽임당한 어린양(5:1–14)**
　C. 일곱 인과 막간의 두 무리(6:1–8:1)

주요 개념

모든 피조물이 주 하나님과 예수 그리스도의 주권적 계획, 곧 그리스도의 희생을 통해 죄를 심판하시고 하나님의 백성을 구속하시는 계획으로 말미암아 끊임없이 경배를 드린다.

번역

요한계시록 5:1-14

1a	행동/환상 서론	**내가 보매 보좌에 앉으신 이의 오른손에**
		두루마리가 있으니
b	묘사	안팎으로 썼고
c		일곱 인으로 봉하였더라
2a	환상/등장인물 입장	**또 보매 힘있는 천사가 큰 음성으로 외치기를**
b	질문/도전	누가 그 두루마리를 펴며 그 인을 떼기에 합당하냐 하나
3	줄거리 긴장/위기	**하늘 위에나**
		땅 위에나
		땅 아래에
		능히 그 두루마리를 펴거나 보거나
		할 자가 없더라
4a	설명	그 두루마리를 펴거나 보거나 하기에
b	이유	합당한 자가 보이지 아니하기로
c	3절에 대한 반응	**내가 크게 울었더니**
5a	4절에 대한 반응	**장로 중의 한 사람이 내게 말하되…하더라**
b	금지	울지 말라
c	설명	유대 지파의 사자
		다윗의 뿌리가 이겼으니
d	5c절의 목적	그 두루마리와
		그 일곱 인을 떼시리라
6a	환상/등장인물 입장	**내가 또 보니**
		보좌와
		네 생물과
		장로들 사이에
		한 어린 양이 서 있는데
b	묘사	일찍이 죽임을 당한 것 같더라
c		그에게 일곱 뿔과 일곱 눈이 있으니
d	묘사	이 눈들은 온 땅에 보내심을 받은
e	신원 확인	하나님의 일곱 영이더라
7	행동	**그 어린 양이 나아와서 보좌에 앉으신**
		이의 오른손에서 두루마리를 취하시니라

8a	시간/수미 연관	그 두루마리를 취하시매
b	행동/ 7절에 대한 반응	**네 생물과** **이십사 장로들이 그 어린 양 앞에 엎드려**
c	묘사	각각 거문고와 향이 가득한 금 대접을 가졌으니
d	확인	이 향은 성도의 기도들이라
9a	행동/ 7절에 대한 반응	**그들이 새 노래를 불러 이르되**
b	찬양	두루마리를 가지시고 그 인봉을 떼기에 합당하시도다
c	이유	일찍이 죽임을 당하사 각 족속과 방언과 백성과 나라 가운데에서
d		사람들을 피로 사서 하나님께 드리시고
10a		그들로 우리 하나님 앞에서 나라와 제사장들을 삼으셨으니
b		그들이 땅에서 왕 노릇 하리로다 하더라
11a	행동/환상 서론	**내가 또 보고**
b	행동/등장인물 입장	**들으매 보좌와** **생물들과** **장로들을 둘러 선 많은 천사의 음성이 있으니**
c	묘사	**그 수가 만만이요 천천이라**
12a		큰 음성으로 이르되
b	찬양	죽임을 당하신 어린 양은 능력과 부와 지혜와 힘과 존귀와 영광과 찬송을 받으시기에 합당하도다 하더라
13a	행동/등장인물 입장	**내가 또 들으니** **하늘 위에와** **땅 위에와** **땅 아래와** **바다 위에와**

		또 그 가운데 모든 피조물이 이르되
b	찬양	보좌에 앉으신 이와 어린 양에게 찬송과 존귀와 영광과 권능을 세세토록 돌릴지어다 하니
14a	종결부/ 13절에 대한 반응	**네 생물이 이르되** 아멘 **하고**
b		**장로들은 엎드려 경배하더라**

구조

이 장의 문학적 구조는 1, 2, 6, 11절 시작 부분에서 καὶ εἶδον("내가 또 보니")라는 헬라어 문구가 네 번 반복되는 것에 분명하게 반영되어 있다. 이 문구는 대부분의 영어 역본에서는 추적하기가 더 어렵다. 균일하게 번역되어 있지 않기 때문이다. 이 반복은 4장에서 시작되었고, 여기에서 극적인 방식으로 계속되는 요한의 환상에 나오는 네 개의 추가 단계를 표시한다.[1]

첫 번째 단계(5:1)는 환상의 또 다른 부분을 4장에 나오는 중심인물(하늘 보좌에 앉아 계시는 주 하나님)과 연결한다. 그런데 하나님의 오른손에 일곱 인으로 봉한 두루마리가 있다고 소개함으로써 새로운 전개를 준비한다. 두 번째 단계(5:2-5)는 그 두루마리에 도전한다. 하늘에 있거나 땅에 있는 자 중 그것을 떼기에 합당한 자가 있는가 하는 것이다. 세 번째 단계(5:6-10)는 이 장의 극적인 절정으로, 죽임당한 어린양으로서 홀로 두루마리를 뗄 자격이 있으신 예수 그리스도와(6-7절) 그분의 구속적 희생 및 그 희생의 우주적 의미를 인정하는 하늘의 예배(8-10절)를 제시한다. 계속 광범위해지고 강해지는 찬양, 주 하나님과 어린양께 드리는 찬양이 환상의 마지막 단계에 이르기까지 이 반응을 이어간다(5:11-14).

석의적 개요

III. 두 번째 환상: 하늘의 보좌와 세 번의 심판 주기(4:1-16:21)

A. 하늘의 보좌에 대한 환상(4:1-11)

1. Aune, *Revelation 1-5*, 329, 338; Osborne, *Revelation*, 247.

B. 일곱 인으로 봉한 두루마리와 죽임당한 어린양(5:1–14)

1. 일곱 인으로 봉한 두루마리(5:1)
2. 두루마리를 열기에 합당한 분(5:2–5)
   a. 문제: 합당한 이가 있는가?(5:2–4)
   b. 해결책: 유다 지파의 승리한 사자!(5:5)
3. 희생당한 어린양을 예배함(5:6–10)
   a. 희생당한 어린양이 앞으로 나아오심(5:6–7)
   b. 어린양의 구속하시는 희생을 찬양함(5:8–10)
4. 하나님과 어린양을 예배함(5:11–14)
   a. 하늘의 모든 무리가 어린양을 찬양함(5:11–12)
   b. 모든 피조물이 하나님과 어린양을 찬양함(5:13–14)

본문 설명

5:1 내가 보매 보좌에 앉으신 이의 오른손에 두루마리가 있으니 안팎으로 썼고 일곱 인으로 봉하였더라(Καὶ εἶδον ἐπὶ τὴν δεξιὰν τοῦ καθημένου ἐπὶ τοῦ θρόνου βιβλίον γεγραμμένον ἔσωθεν καὶ ὄπισθεν κατεσφραγισμένον σφραγῖσιν ἑπτά). 요한은 앞 장에서 시작된 하늘의 보좌 알현실에 대한 환상을 계속 묘사하면서 새로운 네 단계를 추가한다. 이 단계는 이 구절처럼 "내가 보매"(καὶ εἶδον, 앞에 나오는 '구조'를 보라)라는 문구가 반복되는 것으로 표시된다. "보좌에 앉으신 이"(참고. 4:2, 3, 9, 10)라는 언급은 환상의 새로운 단계가 4장에서 방금 본 하나님의 주권과 엄위하심이라는 이미지를 직접 토대로 하고 있음을 보여준다. 이런 연관은 5장의 배열뿐만 아니라 그 신학에도 중요하다. 그것은 하나님이 하늘에서 만물을 통치하시는 것에 계속 초점을 맞추고(예를 들어, 하나님의 "보좌"가 4–5장에서 17번 언급되는 것) 이 땅에 하나님의 통치가 충만히 확립되는 것을 내다보기 때문이다. 1절은 하나님의 "오른손"에 보이는 일곱 인으로 봉한 두루마리를 언급함으로써(1a절), 환상에서 극적인 새로운 전개들이 일어날 것을 예비한다. 두루마리 자체는 창조물에 대한 하나님의 주권적 계획을 나타내고(뒤에서 논의되는 것처럼), 하나님이 그것을 손에 들고 계신다는 사실은 그분이 그 안에 기록된 사건들을 시작하시고 수관하신다는 것을 시사한다[2]("오른"손이라고 언급한 것은 그 점을 강조해 줄 것이다. 오른쪽은 종종 지배하는 위치나 위임된 권한을 나타내기 때문이다, 참고. 계 1:16, 17, 20; 2:1; 시 110:1).

"두루마리"[3]에 대한 묘사는 두 가지 중요한 사실을 말해준다(1b절). 첫째, 그것은 "안팎으로 썼"다. 이 점은 두루마리가 주제에 대해 꽉 차고 포괄적인 기사를 담고

2. Ladd, *Revelation*, 82–83.
3. BDAG 176이 나타내는 것처럼, 여기에서 사용된 헬라어(βιβλίον)는 짧은 문서를 의미할 수도 있다(마 19:7; 막 10:4). 하지만 여기에서 그것은 분명 책 형태(즉, 오늘날의 책에 해당하는 것으로 사본을 철해놓은 것) 아니면 보다 가능성 있는 것으로는 두루마리(파피루스 혹은 가죽 여러 장을 이어 붙여서 둘둘 말아놓은 것, 참고. 눅 4:17, 20; 딤후 4:13) 형태로 기록된 더 긴 저술이다. 고대의 두루마리들과 사본들에 대해 알려면 André Lemaire, "Writing and Writing Materials," *ABD* 6:1003–4를 보라.

있음을 나타낸다. 두루마리는 통상 한쪽에만 글자를 적었다. 하지만 글을 기록하는 재료가 비쌌기 때문에, 앞면에 다 담지 못할 만큼 내용이 길어지면 때로 반대쪽을 사용하곤 했다.[4] 이 표현은 또한 비슷한 비유적 표현이 나오는 중대한 한 구약 본문인 에스겔 2:9–10을 분명하게 암시한다. 에스겔 역시 "안팎에"(γεγραμμένα…τὰ ὄπισθεν καὶ τὰ ἔμπροσθεν) 글이 기록된 두루마리(βιβλίον)를 보았다. 에스겔의 경우 그 두루마리는 "애가와 애곡과 재앙의 말"을 담고 있었다(겔 2:10). 즉, 에스겔이 이스라엘 백성에게 선포하라고 위임받은 심판의 메시지다(3:1–4).

에스겔의 두루마리는 그의 앞에서 곧바로 펼쳐졌다. 하지만 요한이 본 두루마리는 "일곱 인으로 봉하였"다(1c절). 그 내용을 비밀로 하기 위해 단단히 잠겨 있던 것이다("일곱" 인은 완전함을 나타낸다).[5] 이것은 또한 구약의 중요한 유사 구절, 특히 이사야 29:11과 다니엘 12:4, 9을 시사한다. 두 본문 모두에서 두루마리의 인을 친 것은 그 내용을 미리 열지 못하게 하려는 것이었다. 그리고 인을 친 두루마리는 하나님이 택하신 때에 계시하기까지는 하나님만 알고 계시는 미래의 사건에 대한 글을 나타낸다. 이사야 29장에서(겔 2장과 비슷하게) 그 사건들은 구체적으로 이스라엘 및 이스라엘과 싸운 민족들에게 임하는 심판과 그 이후의 축복에 관한 것이다.[6] 이런 미래의 사건이 일어날 때 두루마리에 기록된 말을 모든 사람이 명백히 이해하게 될 것이다.

이 기본적 사항들은 요한계시록 5장에서 두루마리가 지닌 의미라는 더 큰 문제로 이어진다. 특히 이 장과 다음 장들에 나오는 두루마리의 형태, 내용, 문학적 기능에 관한 것이다. 가장 가능성 있는 대답은 그것이 방금 언급한 미래의 사건들에 대한 구약 선지서의 글과 매우 비슷하다는 것이다. 하지만 다른 가능성들도 연구되어왔다. 제시될 만한 한 가지 견해는 그것을 요한계시록에 인용된 "어린양의 생명책"(13:8; 21:27; 마찬가지로, 3:5; 17:8; 20:12, 15)과 같은 것으로 보는 것이다. 여기에는 어린양의 구속적 희생 때문에 그분만이 합당하게 열 수 있는 두루마리 혹은 "책"(KJV)이 언급되었기 때문이다(5:6–10). 하지만 생명책은 20:12까지 열리지 않는 것처럼 보이는 반면, 이 책 혹은 두루마리의 인이 떼어질 때 전개되는 사건들(6:1–16; 8:1–5)은 구속받은 자들의 이름을 드러내는 것과는 거의 혹은 전혀 관련이 없는 듯하다.

두루마리의 형태에 대한 또 다른 제안은, 그것을 진정성이 보장된 증인들이 개인적으로 인을 쳐서 보증한 법적 문서(예를 들어, 부동산 권리 증서, 유언장)로 보는 것이다.[7] 그래서 어린양이 그 두루마리를 하나님의 손에서 취할 수 있다는 말은 어린양이 피조 세계에 대한 권한을 받는 것 혹은 유업을 주거나 받는 권리를 뜻한다. 이 견해는 1세기 법적 관례들[8]과 예레미야 32:10–12에 나오는 유사 구절이 될 만한 것으로 어느 정도 지지를 받기는 하지만, 이 본문에서 소유권 혹은 유업을 분명하게 언급하는 것은 전혀 없다. 앞에서 살펴본 것처럼, 에스겔 2장, 이사야 29장, 다니엘 12장과의 유사점으로

---

4. 일부 학자는 이런 식으로 "안팎으로 썼"다고 보는 대신, 이것이 예레미야 32:10–12에 묘사된 증서처럼 이중으로 기록된 것을 말하는 것으로 이해한다(참고. Eduard Lohse, *Die Offenbarung des Johannes*, NTD 11 [Gottingen: Vandenhoeck & Ruprecht, 1983], 37–38; Roloff, *Revelation*, 74). 내용을 두 번 기록하는데, 한 번은 안쪽에 쓰고 그다음에 그 내용을 바꿀 수 없도록 봉인하고, 그런 다음 다시 (같은 내용을) 바깥쪽에 써서 모두가 그 협정을 읽을 수 있게 하는 것이다. 하지만 내용이 양쪽에 다 기록되어 있다면, 요한은 아무도 "안쪽을 볼" 수 없다고 그렇게 비통해하지 않았을 것이다(3–4절). 이것은 또한 앞에서 말한 에스겔 2:9–10과의 대응에도 맞지 않는다.

5. Aune, *Revelation 1-5*, 346; Ladd, *Revelation*, 82. 요한은 봉인을 나타내기 위해 동사의 복합적 형태인 κατασφραγίζω를 사용함으로써 이것을 강화한다. 그 말은 "(완전히) 봉해서 밀폐하다"라는 뜻이다(신약에서 여기에서만 사용됨).

6. 마찬가지로 예레미야 36:1–3, 27–29에서 선지자는 하나님이 이스라엘, 유다, 다른 나라들에게 가져오려 하시는 심판들에 대한 글을 두루마리에 기록하라는 지시를 받는다.

7. Beale, *Revelation*, 340–41, 344–46.

8. 고대의 유사한 것들에 대한 인용과 논의로는 Keener, *Revelation*, 184–85를 보라.

보아 예언적 형태(하나님의 계획에 따라 전개될 미래의 사건을 계시하는 두루마리)로 보는 견해가 더 설득력 있다.[9]

두루마리의 형태에 대한 이런 이해는, 두루마리의 내용과 문학적 기능을 해석하기 위해 요한계시록에 나오는 문맥적 단서들을 추적할 때 확증된다. 우리는 요한계시록 4:1에서 요한의 환상이 "이후에 마땅히 일어날 일들"에 관한 것임을 확인했다. 하나님의 엄위하심과 주권에 대한 환상(4:2-11)은 하나님이 손에 쥐고 계시는 봉인한 두루마리에 초점을 맞추면서 계속된다(5:1). 이 두루마리를 열기에 합당하신 단 한 분은 희생의 죽음으로 전 세계에 미치는 구속과 통치를 가져오신 어린양이다(5:9-10). 인이 떼어질 때, 단지 두루마리의 내용이 드러나는 것만이 아니라 그것이 묘사하는 사건들이 이 땅에서 실행된다(6:1-17).[10] 실제로 6:16-17은 인의 심판을 어린양의 진노 및 보좌에 앉으신 분의 진노로 묘사하면서 그것을 5장에 나오는 두루마리 장면과 확실히 연관시킨다. 그리고 그 순서는 거기에서 끝나지 않는다. 일곱 나팔에 이어서 일곱 대접 그리고 또 다른 환상들이 같은 사건들의 과정을 이어가기 때문이다. 이것은 앞으로 올 일련의 전례 없는 심판들뿐 아니라, 마침내 이 땅에 임하는 하나님의 구원과 하나님 나라에 대한 선포까지 추적한다(11:15, 17; 12:10; 19:1; 19:16; 20:4, 6; 22:5).

그렇다면 이 두루마리는 그리스도를 통한 구속과 회복을 위한 신적 계획을 나타낸다. 그것은 "하나님의 구원 계획을 상징한다. 반역하는 세상에 대한 그분의 주권을 주장하기 위해 그리고 어린양의 승리를 통해 창조 안에서 그분이 품으신 사랑의 목적을 성취하기 위해서다."[11] 그것이 인으로 봉해져 있는 한 이런 목적들은 알려질 수 없고 성취될 수 없다. 하지만 그리스도가 십자가에서 승리하신 것(5:9-10)을 통해 그리고 요한을 통해 전달된 그분의 계시를 통해(참고. 1:1-2), 하나님의 목적들이 드러나고 성취되어야 한다. 이것이 불가능해 보였을 때 요한이 우는 것도 무리가 아니다(5:4). 또한 그리스도의 승리가 분명해졌을 때 모든 피조물이 경배와 찬양을 터뜨린 것도 당연하다(5:8-14).

앞의 '문학적 전후 문맥'에서 언급한 것처럼, 봉인된 두루마리에 대한 이 환상은 그다음에 나오는 장들을 위한 문학적 틀을 제공한다. 적어도 16:21까지(인, 나팔, 대접), 아마 22:5까지 내내(이 책 본론의 나머지 부분을 형성하는 심판과 회복에 대한 모든 환상) 그럴 가능성이 더 크다. 하지만 이 두루마리는 두 단계에 걸쳐 환상 시리즈에 등장한다. 그것은 봉인된 문서가 아니라 공개된 문서로 10:1에 다시 등장하기 때문이다.[12] 인을 떼는 것은 성취의 첫 단계(다소 덜 심한 일곱 인과 여섯 나팔의 심판, 6:1-9:21)를 시작한다. 반면 요한이 예언자로 위임받는 것(10:9-11)은 그가 그다음 장들에서 "하나님의 그 비밀"(10:7)의 절정을 드러내기 위한 준비 단계다. 거기에는 가장 가혹한 일곱 대접의 심판이 포함된다(15:1-16:21). 이 때문에 일곱 개의 인이 모두 두루마리의 평평한 바깥 테두리를 따라 쳐져 있었다고 보는 대신, 원통형으로 말린 두루마리 꼭대기의 서로 다른 지점에 인이 쳐져 있었다고 생각하는 것이 더 나을 것이다. 각 인이 떼어질 때마다 두루마리 내용의 또 다른 부분이 계시되고 시행된다(요한계시록 6장에 대한 설명을 보라).[13]

5:2 또 보매 힘 있는 천사가 큰 음성으로 외치기를 누가 그 두루마리를 펴며 그 인을 떼기에 합당하냐 하나(καὶ εἶδον

---

9. Bauckham, *Climax*, 248-49.

10. Beale, *Revelation*, 344-45; Caird, *Revelation*, 71; Smalley, *Revelation*, 130; 또한 Jan Lambrecht, "The Opening of the Seals (Rev 6:1-8:6)," *Bib* 79 (1998): 218.

11. Smalley, *Revelation*, 126; 참고. Aune, *Revelation 1-5*, 34.

12. 두 개의 두루마리의 정체에 대한 논의로는 10:2을 보라.

13. Thomas, *Revelation 1-7*, 381. Beale, *Revelation*, 344는 이것이 통상적인 두루마리 봉인 방식은 아니지만, 묵시적 이미지는 그 요점을 전달하기 위해 문자적 관례를 따를 필요는 없다고 말한다.

ἄγγελον ἰσχυρὸν κηρύσσοντα ἐν φωνῇ μεγάλῃ, Τίς ἄξιος ἀνοῖξαι τὸ βιβλίον καὶ λῦσαι τὰς σφραγῖδας αὐτοῦ). "또 보매"(2a절)라는 표현은 요한의 환상 두 번째 단계를 표시한다(앞에 나오는 '구조'를 보라). 이 구절들(5:2-5)은 일곱 인으로 봉한 두루마리를 "누가…떼기에 합당하냐"(2b절)고 도전함으로 그 장면에 극적인 긴장을 고조시킨다. 요한이 지켜보는 가운데 "힘 있는 천사"가 하늘 보좌 알현실에서 이 문제를 제기한다. 이러한 묘사는 요한계시록에서 드물다(천사들은 이 책에서 약 67번 중 세 번만 "힘 있는" 존재로 묘사된다. 그 세 번은 같은 존재를 언급하는 것 같지는 않다. 다음에 나올 때는 "힘센 다른 천사"라고 언급되기 때문이다, 10:1;[14] 참고. 18:21). "힘 있는"이라는 말은 천사 계급 중 높은 지위를 말하는 것일 수도 있다.[15] 하지만 그것은 단순히 요한이 천사들을 전반적으로 하나님의 힘 있고 권위 있는 종으로 묘사하기 위해 사용하는 몇 가지 표현 중 하나일 수도 있다(예를 들어, 18:1). 이것은 그가 "큰 음성으로" 선포[16]했다고 나올 때 강화된다. 이 표현은 요한계시록에서 종종 사용되는데, 특히 광범위한 청중(여기에서는 피조 세계 전체, 참고. 3절)이 어떤 발표를 듣게 하려 할 때 사용된다(참고. 7:2; 8:13; 11:15; 14:7, 9; 18:2; 19:17).

천사가 제기하는 질문은 1절에 나타난 두루마리의 역설적 의의에 비추어볼 때 자연스러운 듯하다. 그것은 피조 세계 전체에서 정의와 구속을 성취하기 위한 하나님의 우주적 계획을 포함한다. 그렇지만 두루마리는 완전히 봉인되어 있고, 그것의 진리들은 드러나지 않으며, 그 시행이 좌절되고 있다. 또한 그의 질문은 하늘의 장면들에 대한 성경적 배경에 비추어보아야 한다. (1) 어떤 것을 결론으로 이끌기 위해 하늘 회의에서 질문을 제기하는 것(왕상 22:20-21; 사 6:8)과 (2) 보이는 것의 의미를 명확하게 하기 위해 환상 속 경험에서 질문을 제기하는 것(단 8:13-14; 10:20; 12:5-13; 슥 4-5장)의 결합이다.[17] 두 뉘앙스 모두 여기에 나오는 질문의 의미를 풍성하게 해준다.

'합당하다'(ἄξιος)라는 형용사는 "적절하다, …할 만하다"[18]라는 기본적 의미를 지닌다. 하지만 이 말의 의미는 문맥상의 용법에 상당히 좌우된다. 특히 요한계시록 4:11과 5:9, 12에서 그렇다. 이것은 통상적 의미의 도덕적 혹은 영적 합당함이라기보다는, 고유의 존재나 본성 및 그 본성에 부합하고 거기서 나오는 행동의 성취가 결합되어 얻은 지위, 신분, 탁월함을 말한다. 그래서 4:11에서(앞의 내용을 보라) 주 하나님은 유일한 만물의 창조주이고 유지자이기 때문에 예배를 받으시기에 '합당하다'고 선포된다. 이것은 전능한 하나님이신 그분 고유의 존재에서 나오지만, 하나님의 본성과 그에 부합하는 그분의 행동을 둘 다 경축하는 것이다. 5:9, 12에서는 어린양의 고유의 본성과 그분이 십자가 위에서 이루신 구속적 성취 때문에 비슷한 지위 혹은 신분이 어린양에게 부여된다(뒤에 나오는 논의를 보라).

"펴며…떼기에"(2b절)라는 부정사들의 순서는 거꾸로 된 것처럼 보인다. 하지만 여기에 나오는 '그리고'(καί)라는 말은 설명적인 말로, 일어난 일의 순서가 아니라 같은 행동의 상호 보완적인 부분들을 나타낸다('뗌으로써…펴기에' 혹은 '펴기에…즉 떼기에').[19]

5:3-4 하늘 위에나 땅 위에나 땅 아래에 능히 그 두루마리

---

14. 이것은 5장(일곱 인으로 봉한 두루마리)과 10장(작은 두루마리) 사이의 몇 가지 유사점 중 하나다.

15. Aune, *Revelation 1-5*, 347.

16. 헬라어 동사 κηρύσσω는 신약에서 종종 기독교적/복음 선포에 대해 사용된다. 하지만 더 광범위한 배경에서 보면 그 말은 여기에서처럼 공식적이고 공개적인 선포를 말한다(BDAG 343-44).

17. Bauckham, *Climax*, 136; Keener, *Revelation*, 185.

18. BDAG 93-94, 요한계시록에서 이 말은 긍정적인 것이거나(3:4; 4:11; 5:2, 4, 9, 10, 12) 부정적인 것(16:6)이 될 수 있다.

19. Aune, *Revelation 1-5*, 322; Osborne, *Revelation*, 251; BDAG 495; BDF §442. Beale, *Revelation*, 338은 9절이 주된 행동은 두루마리를 여는 것임을 보여준다고 말한다. 인을 떼는 것은 더 큰 행동의 일부 혹은 수단이라는 것이다. 그것은 또한 3, 4, 5절에서 '열다'라는 말이 반복되는 반면, '떼다'라는 말은 빠진 것으로 볼 수도 있다.

를 펴거나 보거나 할 자가 없더라 그 두루마리를 펴거나 보거나 하기에 합당한 자가 보이지 아니하기로 내가 크게 울었더니(3 καὶ οὐδεὶς ἐδύνατο ἐν τῷ οὐρανῷ οὐδὲ ἐπὶ τῆς γῆς οὐδὲ ὑποκάτω τῆς γῆς ἀνοῖξαι τὸ βιβλίον οὔτε βλέπειν αὐτό. 4 καὶ ἔκλαιον πολὺ, ὅτι οὐδεὶς ἄξιος εὑρέθη ἀνοῖξαι τὸ βιβλίον οὔτε βλέπειν αὐτό). 2절에 나오는 하늘의 질문에 대한 대답은 즉시 분명하게 나온다. 아무도 "능히"(ἐδύνατο, 능함은 2절에 나오는 '합당함'의 부분적 동의어다) 두루마리를 펼 수 없다는 것이다(3절). "능히…펴거나…할 자가 없더라"는 말은 '들여다보거나'(즉, "보거나", οὔτε βλέπειν αὐτό, 하지만 이 장면은 분명 '그것을 폈을 때 그 내용을 보는 것'을 의미한다)라는 말로 강화된다.[20] '아무도'(οὐδείς)는 말이 지닌 배타적 의미는 "하늘 위에나 땅 위에나 땅 아래에"라는 삼중적 묘사로 강력하게 보강된다. 전체 우주를 세 부분으로 나누는 이 특유의 구분은 십계명까지 거슬러 올라가며(출 20:11; 신 5:8) 빌립보서 2:10에서 약간 다른 형태로 표현된다. 또한 욥기 11:8–9에서처럼 네 번째 부분인 바다를 추가하는 요한계시록 5:13을 보라(계 10:6; 12:12; 14:7; 21:1에는 '하늘, 땅, 바다'라는 다른 삼중적 구분이 나온다. 참고. 시 146:6; 행 4:24; 14:15). 두루마리를 펴기에 합당한 자를 찾는 데 완전히 실패한 것(4절에서 반복되는)은 5–10절에서 인식되는 어린양의 독특한 지위를 내다본다.[21] 신학적으로 이것은 그리스도를 제외하면 역사 전체가 궁극적으로 얼마나 헛되고 무의미한지를 보여준다. 인간의 운명과 우주의 운명은 예수 그리스도의 인격과 사역에 달려 있다.[22]

4절 후반부는 2–3절의 실망을 요약하고 강화한다("합당한 자가 보이지 아니하기로").[23] 이에 대한 요한의 반응은 4c절에서 생생하게 묘사된다. 바로 압도적 슬픔이다. 여기에서 접속사 '그리고'(καί)는 앞에서 나온 것의 결과를 표시하기 위해 사용된다. "(그리고) 그래서"라는 것이다.[24] 그런 문맥에서 "내가…울었더니"(ἔκλαιον)라는 미완료 동사는 시작을 나타내는 의미로, 그다음에 계속 이어지는 행동의 시작을 표시하는 듯하다(ESV, NASB, NET, NLT).[25] 요한은 "비통하게"(πολύ, 보다 일반적으로는 '많이, 크게, 강하게'라는 의미다, 개역개정에는 "크게"–역주)라는 말을 덧붙인다.[26] 문맥상 이것은 약간 다른 뉘앙스를 띨 수 있을 것이다. "울고 또 울었다"(CSB, NIV, 참고. MSG), "많은 눈물을 흘렸다"(NABR), "큰 소리로 울었다"[27] 혹은 "비통하게 울었다"(NET, NLT)는 것이다. 요한이 운 이유는 단지 좌절된 호기심, 두루마리의 내용에 내밀히 관여하지 못하는 실망으로 인한 고통 때문이 아니다. 이 두루마리가 지닌 우주적 의미에 비추어볼 때, 그의 비통한 슬픔은 하나님의 구속적 목적이 좌절된 듯 보이는 것 때문이다. 그것은 요한의 1세기 독자들을 포함해서 모든 시대의 하나님 백성이 그분 아래서 바라고 기도했던 모든 것이 무위로 돌아가는 듯 보일 때 느끼는 깊은 비탄이다. 요한에게는 다행스럽게도 그런 울음은 잠시 동안만 지속된다. 그리고 요한을 안심시키는 것은 하나님의 모든 백성에게도 새로운 용기와 믿음을 줄 것이다.

5:5 장로 중의 한 사람이 내게 말하되 울지 말라 유대 지파의 사자 다윗의 뿌리가 이겼으니 그 두루마리와 그 일곱 인을 떼

20. BDAG 179; Osborne, *Revelation*, 252. Osborne이 말하는 것처럼 βλέπειν의 현재 시제는 책을 여는 간략한 행동(부정과거 ἀνοῖξαι)을 한 다음에 더 상세히 검토하는 것을 시사한다.

21. Aune, *Revelation 1-5*, 348; Bauckham, *Climax*, 136.

22. Ladd, *Revelation*, 82.

23. Osborne, *Revelation*, 252는 단 세 구절 안에 '두루마리를 열다'라는 말이 세 번째로 나오는 것이 두루마리의 내용에 더욱 집중하게 한다고 말한다.

24. BDAG 495.

25. Wallace, *Grammar*, 544–45. 이것은 내러티브에서 미완료 다음에 급속히 일련의 사건들이 나올 때 그리고 미완료 동사가 그 사건들로 유발된 지속적 행동에 생생하게 주의를 집중시킬 때 종종 볼 수 있다. 참고. Fanning, *Verbal Aspect*, 252–53.

26. BDAG 849.

27. BDAG 849.

시리라 하더라(καὶ εἷς ἐκ τῶν πρεσβυτέρων λέγει μοι, Μὴ κλαῖε, ἰδοὺ ἐνίκησεν ὁ λέων ὁ ἐκ τῆς φυλῆς Ἰούδα, ἡ ῥίζα Δαυίδ, ἀνοῖξαι τὸ βιβλίον καὶ τὰς ἑπτὰ σφραγῖδας αὐτοῦ). 하늘 무리 중 한 사람이 요한이 절망하는 첫 번째 부분을 이야기하면서 신랄하지만 가장 환영할 만한 말로 요한의 슬픔에 대답한다. 환상을 보는 사람과 환상 속에 나오는 인물들이 대화를 주고받는 것은, 예언 및 묵시 문학에서 계시 과정을 진척시키는 방편으로 흔히 나오는 특징이다[참고. 단 7:15–16; 8:14–19; 10:15–21; 12:8–13; 슥 1–6장; 계 7:13–14(장로), 17:1, 7, 15; 19:9–10; 21:9; 22:6]. 하나님의 보좌를 둘러싼 장로 중 한 명[28](4:4, 10에 나오는 논의를 보라)이 요한에게 개인적으로 말한다.[29] 요한의 눈물을 책망하고 울 필요가 없는 이유를 선포하기 위해서다. 4절("내가…울었더니")에 비추어, 5b절의 금지는 분명 요한에게 이미 진행되고 있는 행동을 멈추라고 요구한다. '우는 것을 멈추라'(개역개정에는 "울지 말라"–역주)는 것이다.[30]

하늘의 통지자는 요한에게 구약의 왕적 약속들을 성취하시는 분의 결정적 승리를 매우 설득력 있게[31] 가리킴으로써 요한의 절망에 처음으로 답해준다(5c–d절). 물론 그분은 두루마리에 계시된 하나님의 주권적 계획을 가동할 수 있는 지위 혹은 '합당함'을 지니신다. 이 승리(ἐνίκησεν)[32]는 이미 요한계시록 3:21에서 인용되었다. 거기에서 높임받으신 그리스도는 소아시아 그리스도인들을 격려하셨다(그분은 그들에게 2–3장에서 일곱 번에 걸쳐 영적 투쟁에서 '이기라, 승리하라'고 촉구하신다). "이기는 그"(ὁ νικῶν)에게는 "내가 내 보좌에 함께 앉게 하여 주기를 내가 이기고(ἐνίκησα) 아버지 보좌에 함께 앉은 것과 같이 하리라"(참고. 시 110:1)는 것이다. 요한계시록 3:21과 5:5에서 염두에 두고 있는 '승리'는 그리스도가 죽음과 부활과 높아지심에서 거두신 결정적 승리다[5:9, 12에서 그분의 죽음을 그리고 3:21과 5:6에서 그분의 부활과 높아지심('보좌 사이에 서 있는데')을 암시하는 것을 주목하라. 참고. 또한 요 16:33; 고전 15:54]. 하지만 신약 나머지 부분에서와 마찬가지로, 요한계시록은 이 승리를 '이미와 아직'의 긴장 속에서 본다. 과거에 결정적으로 이겼지만 미래에 가서야 완전히 완성될 것이다. 6–22장에 묘사된 완전한 성취는 아직 이루어지지 않았다. 하지만

28. Osborne, *Revelation*, 252와 Thomas, *Revelation 1-7*, 386은 이렇게 부분적 의미에서 εἷς 다음에 ἐκ가 나오는 것(참고. BDAG 297; BDF §164)은 요한복음(12번)과 요한계시록(8번)에서 상당히 흔하며, 신약 나머지 부분(10번)에서는 비교적 흔하지 않다는 점을 지적한다. 그것은 이 책들이 저자가 같은 사람이라는 견해를 뒷받침한다.

29. λέγει라는 동사는 여기에서 역사적 현재로 사용된다. 통상 그것은 영어에서 단순 설화체 과거로 '말했다'라고 번역된다(λέγει/λέγουσιν의 다른 용법들은 계 10:9, 11; 17:15; 19:9, 10; 21:5; 22:9, 10에서 역사적 현재로 나옴). 헬라어에서 역사적 현재는 일반적으로 기대를 나타내는 혹은 '뒤에 나온 어구를 가리키는'(kataphoric) 강조적 특징이다. 그것은 보통 그것이 말하는 사건이나 진술이 아니라 그다음에 나오는 것, 이 경우에는 6절에 주의를 끈다. 더 상세한 논의로는 Levinsohn, *Discourse Features* §§12.2; 14.3; 15.1; Fanning, "Greek Tenses," 345–46을 보라.

30. 이것은 Aune, *Revelation 1-5*, 349와 Thomas, *Revelation 1-7*, 386이 진술하는 것처럼 헬라어에서 현재의 금지가 "보통" 이런 의미를 갖기 때문이 아니다. 사실상 그 금지들은 "…하지 않는 것을 너의 습관으로 삼으라"는 일반적 교훈을 표현한다(참고. BDF §§335–36; Fanning, *Verbal Aspect*, 327–40). 하지만 그 금지가 이미 구체적 문맥에서 이미 진행 중인 특정한 태도나 행동을 언급한다면(여기에서처럼), 그것은 분명 "…하는 것을 멈추라"는 의미를 지닌다(Fanning, *Verbal Aspect*, 335–38).

31. 그 장로의 진술은 처음부터 이중으로 강조되어 있다. '보라'(ἰδού, 개역개정에는 "울지 말라" 다음에 나오는 이 말이 번역되어 있지 않음–역주)는 감탄사는 그다음에 나오는 것에 대한 "강한 강조"를 나타내고(BDAG 468), "이겼으니"(ἐνίκησεν)라는 동사는 주어구 앞에 온다. 이것은 주어구 역시 강조한다. 그것이 동사와 문장 끝에 있는 수식 부정사 사이에 나오기 때문이다.

32. 이 동사는 "장애물에도 불구하고 이기는 것"(BDAG 673)을 의미한다. 그것은 "극복했다"(has overcome, NASB), "승리를 거두었다"(has triumphed, NIV), "정복했다"(has conquered, CSB, ESV, NET, MSG, RSV), "승리했다"(has won the victory, NLT), "이겼다"(hath prevailed, KJV) 등으로 번역된다. 구문론적으로 이것은 완성의 부정과거로(Wallace, *Grammar*, 559–61) 반대에 부딪혀도 행동이 즉석에서 성취되는 것을 강조한다. 앞에서 본 것처럼 영어에서 현재 완료로 일관되게 번역하는 것은 부정과거가 헬라어 완료(행동의 결과에 초점을 맞추는)의 의미를 지니기 때문이 아니다. 과거의 불명확한 행동에 대한 영어 관용 표현(과거의 명기되지 않은 때에 행해진 행동을 언급하는)에는 현재 완료가 있어야 한다(Fanning, *Verbal Aspect*, 260–61).

이것은 그리스도가 하늘의 하나님 우편에서 이미 누리고 계시는 승리가 연장되는 것(눈에 보이게 그리고 이 땅에서)에 불과할 것이다.[33]

강력한 승리의 어조는 주제 문구(5c절)에서 사용된 두 개의 메시아적 호칭에서 분명히 나타난다. "유대 지파의 사자"와 "다윗의 뿌리"라는 호칭이다. "유대 지파의 사자"는 야곱이 사자의 힘과 맹렬함을 지닌 유다의 후손 중 한 명을 묘사한 말이다. 그는 원수들에게 그리고 그들에게 복종할 모든 백성에게 통치의 규를 휘두를 것이다(창 49:8-10).[34] "다윗의 뿌리"(ἡ ῥίζα Δαυίδ)는 이사야 11:1-10에서 나온 호칭이다. 거기에서 그 문구는 사실 "이새의 뿌리"[ἡ ῥίζα (τοῦ) Ἰεσσαί, 1, 10절; 참고. 롬 15:12]라고 나온다.[35] 하지만 이사야 본문은 이새의 줄기에서 나오는 '꽃'(ἄνθος, 1절, 즉 그의 죽은 줄기같이 보이는 것에서 나오는 새로운 성장, 분명 다윗 계열의 회복)뿐 아니라 앞으로 나올 "싹" 혹은 "가지"(ῥάβδος)에 대해 말한다. 그것은 여호와의 영으로 말미암아 기름 부음 받고 구비되며(2절), 온 땅에 의로운 심판과 평강의 통치를 베풀 것이다(3-9절). 거기에는 땅의 사방에서 다시 모여든 이스라엘 포로뿐 아니라 이방인 열방도 포함된다(10-12절).[36] 예수님과 유다, 특히 다윗과의 연관은 신약에서 널리 주목을 받으며(마 1:1, 17; 막 11:10; 12:35-37; 눅 1:32; 2:11; 행 2:22-36; 13:32-41; 롬 1:3; 딤후 2:8; 히 7:14) 요한계시록 다른 곳에서도 언급된다(3:7; 22:16; 참고. 또한 사 11:4에 대한 또 다른 암시들이 나오는 계 19:11-16).

이 구절의 마지막 부분은 2-4절의 가장 중요한 초점으로 다시 돌아온다. 그리스도의 승리로 말미암아 그분이 "두루마리와 그 일곱 인을 떼시"는 자격을 갖추게 되셨다는 것이다.[37] 2절처럼 '두루마리와 인'의 순서가 거꾸로 되어 있는 것처럼 보인다. 하지만 인을 떼는 것은 두루마리를 여는 주된 행동을 성취하기 위한 부차적 수단이다(앞의 2절에 나오는 설명을 보라).

5c절의 중대한 기독론적 호칭에 대한 더 큰 요점은, 두 호칭이 완전히 적절하고 이와 같은 문맥에서 예상되는 것이라는 점이다. 힘 있는 천사(2절)는 합당한 분이자 명백한 자격과 지위를 갖추고 환호를 받으시는 분, 곧 자격과 능력을 모두가 인정할 분을 요청했다. 그리고 창세기 49장과 이사야 11장에 묘사된 인물이 분명 그것을 만족시킨다. 영광스럽고, 제왕적이며, 강력하고, 힘들이지 않고 구약의 약속들을 성취시킴으로 온 세상에 대한 지배권을 휘두르는 존재다. 이 모든 것은 예수 그리스도께 해당된다. 하지만 6절이 보여주는 것처럼 그

---

33. Ladd, *Revelation*, 84-85; Erich Sauer, *The Triumph of the Crucified*, trans. G. H. Lang (London: Paternoster, 1951), 25, 29, 51-52, 143.

34. 다양한 유대 본문에서 이 이미지는 메시아에 대한 언급으로 사용된다. 4 Ezra 11:37; 12:31-34; T. Jud. 24:5; Tg. Neof.; Tg. P-J. Gen 49:8-10.

35. '다윗/이새의 뿌리'라는 말은 다윗이나 이새의 후손, 그들의 가문에서 나오는 자를 의미한다. 헬라어 ῥίζα는 "뿌리"를 의미할 수 있으며, 이것은 요한계시록 5장에서뿐만 아니라 이사야 11장의 일반적인 영어 번역이다(CSB, ESV, KJV, NASB, NET, NIV, RSV). 하지만 그것은 또한 '싹, 어린 가지'('뿌리에서 자라는 것', BDAG 903-4; 참고. C. Maurer, "ῥίζα," *TDNT* 6:986-89)를 나타낼 수 있기에 비유적으로 '자손'을 나타낸다. 어떤 사람들은 ῥίζα를 '뿌리, 원천, 창시자'를 의미하는 것으로 그리고 "다윗의"라는 속격을 '다윗을 낳는/그것으로부터 다윗이 나오는'이라는 의미로 받아들였다. 신적 존재로서의 예수님이 메시아적 혈통의 궁극적인 영적 원천이시라는 의미에서 그렇다(Beasley-Murray, *Revelation*, 342; G. H. Lang, *The Revelation of Jesus Christ* [London: Paternoster, 1948], 390; Swete, *Apocalypse*, 309). 하지만 Beale, *Revelation*, 1146-47이 주장하듯이 이사야 5:24, 53:2(심지어 11:10; Sir 47:22를 보라)에 나오는 ῥίζα의 용법은 '싹, 어린 가지, 후손'일 가능성이 더 크다는 것을 보여준다. 그래서 속격은 '다윗에 의해 생산된/다윗으로부터 나오는'이라는 의미다(참고. *TDNT* 6:989).

36. 다윗의 후손이 미래에 통치하는 것에 대한 기대는 사무엘하 7장(시 89; 110; 133편에도 반영되어 있는)에서 그에게 주신 하나님의 약속에 기초를 둔다. 이사야 11장의 주제들은 예레미야 23:15, 33:15, 스가랴 3:8; 6:12에서도 다룬다. Ladd, *Revelation*, 83-84에서 말하듯이, 이사야 11장은 개인의 영적 구원뿐 아니라 사회적, 정치적 회복에 대해서도 말한다. 더 자세한 논의는 뒤의 5:10을 보라.

37. 부정사 ἀνοῖξαι는 목적('…하기 위해') 혹은 결과('그래서') 둘 중 하나다. 그러나 "두루마리를 떼는"(즉, 하나님의 구속적 목적들을 계시하고 성취하는) 더 큰 의미에 비추어볼 때, 목적으로 보는 것이 더 낫다. 그분의 승리는 하나님의 계획을 성취하는 것을 목적으로 하고 있었고, 그분은 그 일을 수행할 수 있는 유일한 분으로 나타난다.

것이 묘사의 끝은 아니다.

5:6 내가 또 보니 보좌와 네 생물과 장로들 사이에 한 어린 양이 서 있는데 일찍이 죽임을 당한 것 같더라 그에게 일곱 뿔과 일곱 눈이 있으니 이 눈들은 온 땅에 보내심을 받은 하나님의 일곱 영이더라(Καὶ εἶδον ἐν μέσῳ τοῦ θρόνου καὶ τῶν τεσσάρων ζῴων καὶ ἐν μέσῳ τῶν πρεσβυτέρων ἀρνίον ἑστηκὸς ὡς ἐσφαγμένον ἔχων κέρατα ἑπτὰ καὶ ὀφθαλμοὺς ἑπτά οἵ εἰσιν τὰ [ἑπτὰ] πνεύματα τοῦ θεοῦ ἀπεσταλμένοι εἰς πᾶσαν τὴν γῆν). "내가 또 보니"라는 표현은 요한의 환상의 세 번째 단계를 표시한다(앞에 나오는 '구조'를 보라). 여기에서 요한은 죽임당한 어린양, 두루마리를 열기에 합당한 유일한 분 예수 그리스도와(6-7절), 그분의 구속적 희생을 경축하는 하늘의 예배(8-10절)를 본다. 5-6절에서 요한이 경험한 것의 순서를 주목해야 한다. 그가 방금 들은 것(5절)과 지금 보는 것(6절)의 대조는 의미심장하다.[38] 이것은 그 환상에서 가장 극적으로 놀라운 점이다. 요한은 승리의 왕적 존재인 사자에 대해 듣지만, 돌이켜서 보려 할 때 희생당한 어린양을 본다. 앞에서 말했듯 이것은 예상과는 완전히 반대된다. 그것은 더 깊이 성찰하게 하고, 그리스도가 정확히 어떻게 하나님의 목적을 성취하셨으며 그분이 다른 모든 존재보다 합당하다는 것을 보여주셨는가 하는 문제를 제기한다(성찰을 위해 '적용에서의 신학'을 보라).

요한이 돌이켜 이 "합당한" 분을 볼 때, 그는 그분이 가장 높은 자리, 하늘 보좌 알현실 한가운데(6a절, "보좌…사이에"라는 구문에 대해서는 4:6; 7:17 참고. 또한 어린양이 보좌 자체에 나아오는 것에 대해서는 5:7 참고) 그리고 예배와 경배로 하나님 보좌를 둘러싸고 있는 천상의 존재들 가운데("생물"과 "장로들"에 대해서는 4:4-11 참고) 계시는 것을 본다. 요한이 보는 존재는 앞에서 말했듯이 어린양(ἀρνίον, 계시록에서 29번 나오는 것 중 첫 번째)으로, 죽임당한 흔적을 지니고 있었지만[39] 살아서 하늘의 무리들 가운데 굳건하게 서 있다(6a-b절). 본문은 그 어린양이 "일찍이 죽임을 당한 것 같더라"(즉, '죽임당한 것처럼', ὡς ἐσφαγμένον)고 말한다. 하지만 이것은 외모로만 죽임당한 것 같고 실제로는 죽임을 당하지 않았다는 의미가 아니다. 9절과 12절은 그가 죽임을 당했다고 명료하게 말한다. 하지만 이제 그 어린양은 비록 한때는 죽었지만, 하늘의 보좌 알현실에서 승리한 가운데 서 있다(참고. 1:18, "나는…살아 있는 자라 내가 전에 죽었었노라 볼지어다 이제 세세토록 살아 있어", 또한 2:8).

어린양의 모습은 "죽임을 당한"이라는 언급과 함께 희생적 죽음을 환기한다. 9절에서 어린양이 죽임당한 것을 피에 의한 구속과 연결하는 것을 주목하라. 하지만 그것은 아마 한 개의 구약의 선례가 아니라 여러 개의 선례에 의지하고 있을 것이다. 여기에서 환기되는 가장 중요한 구약 모델은 출애굽기 12:1-24에 나오는 유월절 어린양(심판을 피하기 위해 그 피를 문에 바르도록 죽임을 당한)과 이사야 53:7에 나오는 고난받는 종(52:13-53:12에 나오는 그분의 대속적 고난에 대한 더 큰 묘사 안에서 어린양처럼 끌려가 죽임을 당한)이다.[40] 요한계시록에서 요한이 "어린양"에 대해 사용하는 단어는 ἀρνίον(29번, 13:11을 제외하고는 모두 그리스도를 가리킴, 이 단어는 계시록을 제외하고 요 21:15에만 나옴)이다. 이것은 원래 어린양을 가리키는 ἄρης 혹은 ἀρήν(어근 ἀρν-, 참고. 눅 10:3)

38. Bauckham, *Theology*, 74; Caird, *Revelation*, 73-74.

39. σφάζω라는 동사는 폭력적으로 죽이는 것 "학살하다, 살해하다, 도살하다"(BDAG 979)라는 뜻이다. 그것은 요한일서 3:12에서 가인이 아벨을 죽인 것에 대해 사용된다. 또한 요한계시록 5:9, 12; 6:4, 9; 13:3, 8; 18:24을 보라. 여기에서 그 말은 완료 시제로 나오면서, 그분이 죽임을 당한 것의 계속적인 효과를 강조한다(Wallace, *Grammar*, 574-76; Fanning, *Verbal Aspect*, 291-95). 현재의 효과는 그분이 죽은 채로 있다는 것이 아니라 비록 그분이 지금은 살아서 천상의 무리들 가운데 서 계시지만, 그분의 외모가 희생제물로 죽임을 당했다는 것을 보여준다는 것이다.

40. 이 두 본문 모두에서 LXX는 죽이다 혹은 죽임(σφάζω, σφαγή)이라는 말을 사용하며, 어린양 혹은 양을 나타내는 서너 단어(예를 들어, πρόβατον, ἀμνός)를 사용한다. 출애굽기 12:5은 어린 양, 양에 대해 ἀρήν이라는 단어를 사용한다. 이것이 요한계시록 5:6에서 요

의 애칭이었으나["어린 양"; 참고 시 114:4, 6(113:4, 6 LXX); 렘 11:19; 50:45(27:45 LXX)], 신약에서는 그런 애칭의 의미는 약화된 듯하다. 어린 양, 양 혹은 유월절 양이라는 이미지는 신약 다른 곳에서 그리스도의 구속적 희생을 묘사하지만, 사용되는 구체적 단어들은 서로 다르다(요 1:29, 36; 벧전 1:19에서는 ἀμνός, 사 53:7이 인용된 행 8:32에서는 πρόβατον과 ἀμνός, 고전 5:7에서는 πάσχα).

죽임당한 어린양을 처음에 얼핏 보면 위대한 왕 다윗의 후손인 유다의 사자를 보는 것(계 5:5)과는 분명 대조된다. 어린양의 희생, 고난, 취약함, 하나님을 섬기기 위해 죽기까지 할 정도의 연약함은 모두 5절을 보고 예상한 것과는 충격적일 정도로 다르다. 하지만 요한이 이 어린양을 더 묘사할 때, 우리는 그가 더 이상 온순하고 무력한 희생자가 아니라는 것을 알 수 있다. 그 어린양은 압도적 능력과 신적 지혜를 가진 존재다(6c절). "일곱 뿔"은 시각적으로는 기괴하지만 힘과 권위가 충만한 것을 나타낸다(참고. 신 33:17; 시 18:2; 112:9; 단 7:7, 20; 계 12:3; 13:1, 11; 17:3, 7, 12, 16에 나오는 "뿔들"). "일곱 눈"은 완전한 지혜와 이해를 나타낸다(예를 들어, "눈"=통찰, 막 12:11; 눅 19:42; 엡 1:8; 특히 신적 지식에 대해서는 대하 16:9; 시 34:15; 잠 15:3; 벧전 3:12; 히 4:13). 하지만 이 이미지는 요한의 설명으로 즉시 보강된다(6d-e절). "이 눈들은 온 땅에 보내심을 받은 하나님의 일곱 영이더라"(8절 끝에 나오는 이와 비슷한 삽입구적 설명을 보라). 우리는 이미 요한계시록에서 "일곱 영"에 대한 이 언급을 만난 바 있다. 그 일곱 영은 "[하나님의] 보좌 앞에"(1:4) 있고, "하나님의"(3:1; 4:5) 영이며, 예수 그리스도가 가지고 계신다(3:1). 거기에는 이사야 11:2이 분명히 암시되어 있다(참고. 사 11:1, 10에서 나온 5절의 "다윗의 뿌리"). 그 구절은 일곱 속성으로 묘사된 여호와의 영이 다윗 계열의 이상적인 왕에게 임하사 그가 장차 통치하도록 인도하고 권능을 부여한다고 말한다. "온 땅에 보내심을 받은"이라는 문구는 스가랴 4:2, 6, 10을 암시한다. 거기에서는 일곱 개의 등잔이 "온 세상에 두루 다니는 여호와의 눈"을 나타내고, 여호와는 "힘으로 되지 아니하며 능력으로 되지 아니하고 오직 [그분의] 영으로" 행동하신다. 이 일곱 눈, 영은 그리스도가 온 세상에 하나님의 구속의 사명을 수행하실 때 그분께 임하는 신적 영의 충만함을 나타낸다(참고. 요 1:32-33; 3:34; 14:26; 20:22에 나오는 성령).

어린양은 요한계시록 나머지 부분에서 거듭 나올 것이고, 그분의 희생적 죽음이 지닌 가치가 계속 환기된다. 하지만 그 어린양은 더 이상 죽임당한 희생자가 아닌 일관되게 지배적이고 힘 있는 존재로 나타난다(예를 들어, 계 6:16; 14:10; 17:14; 22:3).[41] "사자"보다는 "어린양"이라는 단어가 그분을 언급하기 위해 계속 사용된다. 하지만 심지어 어린양으로서도 그분은 분명 강력한 통치자와 심판자로 행동하신다. 일부 해석자들이 주장하듯이 군사적 요소나 민족적 요소를 모두 제거하고 그분을 단지 자기희생적 고난과 비폭력적 순교의 상징으로만 규정하기 위해 5:5-6에서 그분의 다윗적 역할이 재해석된다는 견해는 잘못되었다.[42] 그리스도는 그분의 심판과 구속의 행동에서 계속 사자였고 어린양이었다. 그 둘 중 어느 하나로도 기울어지지 않았다(참고. 19:11-16).[43]

요한계시록의 이 부분에서 그리고 이후 그리스도를 "어린양"으로 언급하는 것에 관해 마지막으로 한 가지를 더 언급하는 것이 적절하다. 이런 언급들은 요한계

한이 사용하는 단어에 대한 기본 형태다.

41. 참고. Aune, *Revelation 1-5*, 367-73; Bauckham, *Theology*, 66-76; Boxall, *Revelation*, 98; Osborne, *Revelation*, 256.

42. Bauckham, *Climax*, 213-15; Caird, *Revelation*, 74-75; Sweet, *Revelation*, 124-26.

43. Koester, *Revelation*, 387-88과 Joseph L. Mangina, *Revelation*, BTCB (Grand Rapids: Brazos, 2010), 87-90은 둘 사이에 더 나은 균형을 이룬다. 또한 Steve Moyise, "Does the Lion Lie Down with the Lamb?" in *Studies in the Book of Revelation*, ed. Steve Moyise (Edinburgh: T&T Clark, 2001), 181-94를 보라.

시록에 나오는 다소 기괴한 비유적 표현들이 종종 어떻게 작용하는가에 대해 귀중한 통찰을 준다. "어린양"으로서 그리스도는 분명 구체적이고 실재하는 인물에 대한 중요한 진리들을 상징한다. 하지만 시각적 상징과 실제 지시 대상 사이에 문자적으로 일치하는 점은 없다.[44] 그리스도는 실제로 어린 양처럼 생기지 않으셨다. 특히 일곱 뿔과 일곱 눈을 가진 양 같아 보이지는 않는다. 요한이 그리스도를 미래에 실제로 표현된 모습으로 보고 가능한 최선을 다해 어린 양처럼(문자적으로 하지만 불완전하게) 묘사하는 것도 아니다. 이것은 우리가 요한계시록 뒷부분에 나오는 몇몇 비유적 표현을 붙잡고 씨름할 때 중요한 측면이다(예를 들어, 9:3-10의 황충; 13:1, 11의 짐승). 요한이 환상에서 보는 것은 종종 실존하는 것이나 일어나는 것과 문자적으로 대응되는 것이기보다는, 현재나 미래의 실제 지시 대상을 강력하게 상징한다('요한계시록 서론'에 나오는 '비유적 표현과 상징들'을 보라).

5:7 그 어린 양이 나아와서 보좌에 앉으신 이의 오른손에서 두루마리를 취하시니라(καὶ ἦλθεν καὶ εἴληφεν ἐκ τῆς δεξιᾶς τοῦ καθημένου ἐπὶ τοῦ θρόνου). 요한은 자신이 본 어린양을 길게 묘사한(6절) 후 그다음에 일어나는 일련의 사건들을 말한다.[45] 그 어린양이 보좌 앞으로 "한 걸음 나아와서"(stepped forward, NLT)[46] 순조롭게 주 하나님이 쥐고 계시던 두루마리를 손에 넣으셨다.[47] 이 구절 후반부는 1a절의 "보좌에 앉으신 이의 오른손에"라는 표현을 반복함으로써 어린양이 2-5절의 내러티브를 차지하고 있던 도전을 충족했음을 보여준다. 1절에 나오는 비유적 표현(주의 "손"은 주관, 주권을 나타낸다)에 어울리게, 어린양이 "두루마리를 취하시니라"(7, 8a절)는 것은 그분이 주 하나님의 행위자로서 두루마리에 기록된 사건들을 시작하고 주관할 권위를 취하셨음을 의미한다.

어떤 사람들은 이 장면을 어린양의 "즉위"라고 묘사했다.[48] 하지만 '취임하다, 관을 쓰다'라는 용어는 여기에 나오지 않는다. 요한계시록은 이 본문 전에나 후나 일관되게 예수 그리스도를 이미 하나님과 함께 통치하는 권위의 위치에 있는 분으로 제시한다(3:21; 7:17; 22:1). 요한계시록에서는 이전에 나오는 사건들을 회상할 수 있기는 하지만(참고. 12:1-5), 심지어 이 본문에서도 어린양은 요한이 그분을 처음 알아본 순간부터 모든 것의 한가운데 서 있는 분으로 나온다(6절, "보좌…사이에" 그리고 하늘의 회의 한가운데). 그는 바깥쪽 가장자리에서 보좌로 접근하기 위해 나아오는 것이 아니라, 그저 주 하나님을 마주하기 위해 몇 걸음 걸어가 두루마리를 받으신다. 즉위보다 더 나은 표현은 어떤 사람이 이미 가지

44. 예를 들어, 우리는 '황소가 월스트리트를 달리고 있다'는 말이 뉴욕에 실제 가축이 있다는 의미가 아니라는 것을 안다. 헬라 왕(단 8:21)이 문자적으로 "두 눈 사이에 큰 뿔이 있는 큰 염소"(5절)도 아니고 그를 보고 압도된 누군가에게 그와 같은 모습으로 보이는 것도 아니다.

45. 헬라어 καί(보통 '그리고'로 번역되는)는 여기에서 바로 이어서 나오는 사건들을 묘사하기 위해 사용된다. 영어에서는 '그러고 나서'(then) 혹은 '다음으로'(next)라는 말로 가장 잘 반영된다(참고. 계 10:7 및 5:7에 대한 NET 각주).

46. 더 이상의 조건 없이 나오는 ἔρχομαι의 형태들(여기에서는 ἦλθεν)은 다른 동사와 함께 "어떤 사람이 뭔가를 하기 위해 먼저 특정 장소에 가야 한다는 것을 의미하는 데" 사용될 수 있다(BDAG 394). 이것은 요한복음과 요한계시록에서 자주 나온다(BDAG는 요 1:39, 46; 6:15; 11:34, 48; 12:22; 19:38; 20:19, 26; 21:13; 계 17:1; 21:9을 가리킨다). 이것은 그 두 책의 저자가 같다는 또 다른 암시다.

47. "취하시니라"는 동사는 헬라어 완료 시제로(εἴληφεν), '취하셨다'(has taken)고 보는 것이 가장 일반적이다. 그것은 여기에서 단순 과거 사건을 표현하기 위해 아마 부정과거적 의미를 지닌 일련의 부정과거들과 함께 나온다(BDF §343; Fanning, *Verbal Aspect*, 299-303; Mussies, *Morphology*, 264-65). 이것은 헬레니즘 및 비잔틴 헬라어가 후기에 발전하면서 완료 시제가 부정과거의 의미를 취하게 되는 경우 중 일부다. 요한계시록에는 이에 대한 몇 가지 예가 나온다(7:14; 8:5; 11:17; 19:3). Fanning, "Greek Tenses," 347-49에 나오는 논의를 보라. 그렇지 않으면, 이것은 보다 생생하거나 극적인 서술을 위해 사용되었을 것이다. K. L. McKay, *A New Syntax of the Verb in New Testament Greek* (SBG 5; New York: Peter Lang, 1994), 50; Robertson, *Grammar*, 896-97; Wallace, *Grammar*, 578-79에서 이런 개념을 상세히 설명한 것을 보라. 또한 Aune, *Revelation 1-5*, 324; 그리고 Smalley, *Revelation*, 133을 보라.

48. Roloff, *Revelation*, 72-73; Sweet, *Revelation*, 121-27.

고 있는 역할을 '비준' 혹은 공적으로 인준한다는 것이다. 어린양이 '두루마리를 취하기에' 합당하다고 하늘에서 인정했다는 것은 하나님의 미리 결정된 계획이 절정에 이르는 것을 의미한다. 그래서 이미 정해진 것이 실제가 되고, 시작된 것이 성취에 이르며, 숨겨진 것이 눈에 보이게 될 수 있는 것이다. 그 장면은 옛적부터 항상 계신 이에게 영원한 나라를 확립할 권위를 받은 "인자 같은 이"에 대한 다니엘의 환상을 모방했다(단 7:9–14).[49] 다니엘의 환상과의 연관은 요한계시록 5장에 나올 많은 세부 사항에 통찰을 제공할 것이다.

5:8 그 두루마리를 취하시매 네 생물과 이십사 장로들이 그 어린 양 앞에 엎드려 각각 거문고와 향이 가득한 금 대접을 가졌으니 이 향은 성도의 기도들이라(καὶ ὅτε ἔλαβεν τὸ βιβλίον, τὰ τέσσαρα ζῷα καὶ οἱ εἴκοσι τέσσαρες πρεσβύτεροι ἔπεσαν ἐνώπιον τοῦ ἀρνίου ἔχοντες ἕκαστος κιθάραν καὶ φιάλας χρυσᾶς γεμούσας θυμιαμάτων, αἵ εἰσιν αἱ προσευχαὶ τῶν ἁγίων). 이어지는 몇 구절(5:8–10)은 어린양이 주 하나님의 손에서 극적으로 두루마리를 받는 것에 대한 하늘의 반응을 보여준다. 8절 처음부터 7절에서 나온 핵심 단어들이 반복된다("그 두루마리를 취하시매", 8a절, 이 경우에는 '취하는 것'이라는 결정적 행동에 대해 부정과거 ἔλαβεν을 사용해서).[50] 이어서 나오는 것은 어린양의 합당하심을 선언하는 하늘의 경배와 예배와 갈채다. 놀랍게도 그것은 4:4–11에서 동일한 "생물"과 "장로들"이 주 하나님께 드린 것과 같은 예배 유형이다(이들이 누구인가에 대해서는 그 구절의 설명을 보라). 그들은 어린양 '앞에 엎드린다'(8b절). 그들이 전에 보좌에 계신 하나님께 경의를 보였던 것[51]과 같다(4:10).[52] 이것은 요한계시록에서 매우 중요하다. 하늘의 존재들이 반복해서 하나님께 그런 예배를 드리기 때문이다(4:10; 7:11; 11:16; 19:4). 요한이 두 경우에 이런 식으로 천사 사신에게 경배하려 할 때(19:10; 22:8–9), 천사는 그를 꾸짖으며 "오직 하나님께 경배하라"고 단언한다. 하지만 예수 그리스도는 여기에서와 1:17(요한이 높임을 받으신 그리스도 앞에 엎드러짐)과 5:14(하나님과 어린양께 경배함)에서 그런 공경을 받으신다.[53]

고대 사회에서 경의를 표하기 위해 혹은 경배하기 위해 누군가의 '앞에 엎드리는 것'은 보통 얼굴을 땅에 대고 절하는 것 혹은 완전히 엎드리는 자세를 취하는 것을 의미했다(예를 들어, 땅 위에, 막 14:35; 누군가의 앞에 얼굴을 대고, 창 17:3, 17; 마 26:39; 눅 5:12; 혹은 누군가의 발에, 눅 8:41; 요 11:32; 행 10:25). 여기에서 그것은 아마 무릎을 꿇고 엎드리는 모습을 묘사할 것이다(참고. 창 41:43; 왕상 19:18; 왕하 1:13; 스 9:5; 사 45:23). 뒤에서 말하는 것처럼, 그 천상의 존재들은 계속해서 예배 도구들을 들고 있기 때문이다.

그들의 예배의 충만함은 이 천상의 존재들이 손에

---

49. Aune, *Revelation 1-5*, 336–38; Beale, *Revelation*, 356–57.

50. 이 강화 특성은 '수미 연관'(tail–head linkage)이라는 것으로, 그다음에 말하는 것을 강조하기 위해 제시 속도를 늦추는 반복의 한 형태다. Levinsohn, *Discourse Features*, 197–99; Runge, *Discourse Grammar*, 163–67을 보라.

51. 두 구절(4:10; 5:8) 모두에 나오는 동사는 πίπτω로 "헌신 혹은 겸손의 표시로 땅에 몸을 던지는 것"(BDAG 815)이다. 참고. 1:17; 5:14; 7:11; 11:16; 19:4.

52. 이 예배 유형의 다른 특징들은 (1) 그분들의 인격과 사역의 합당성을 환호한다(4:11; 5:9, 12); (2) 그분들께 찬양의 노래를 부른다 혹은 노래한다(4:8, 11; 5:9, 12–13); 그리고 (3) 영광과 존귀와 능력과 다른 미덕들을 그분들께 돌린다(4:9, 11; 5:12–13)는 것이다. 이러한 특징들은 뒤이어 나오는 구절들에서 더 발전될 것이다.

53. 이 점과 요한계시록의 기독론에 대한 더 자세한 논의로는 Bauckham, *Theology*, 58–63과 Richard Bauckham, "The Worship of Jesus," *ABD* 3:812–19를 보라. Aune, *Revelation 1-5*, 355는 예수님을 예배하는 것이 어떻게 묘사되는가 하는 점에 있어 이 구절에서 나온 단서를 하나 말한다. '예배하다'라는 동사 자체(προσκυνέω)는 5:8에 나오지 않는다는 것이다. 그 말은 4:10에서는 사용되었지만(하나님만 예배함) 여기에서는 사용되지 않았다(그리스도를 향해). 하지만 이것은 중요한 것 같지는 않다. 예배 유형의 다른 특징들이 8–14절 내내 유사하기 때문이다(앞의 주를 보라). 그리고 그 동사는 5:13–14에서 하나님과 어린양을 함께 예배하는 것에 사용된다.

들고 있는 찬양과 헌신의 도구들로 대변된다(8c절).[54] 그들은 각각 "거문고" 혹은 네모난 수금(κιθάρα)[55]을 들고 있다. 그것들은 하나님께 드리는 찬양을 연주하고 노래하는 것과 오랫동안 연관되어온 악기다(예를 들어, 대하 9:11; 시 33:2; 43:4; 98:5; 147:7). 이 천상의 존재들은 분명 요한계시록 5:9–10, 12–13에 묘사된 찬양의 노래를 드릴 준비가 되어 있다(참고. 14:2–3; 15:2–3). 이들 각각은 또한 향이 가득한 대접을 들고 있다.[56] 그것은 예배와 연관된 또 다른 전통적 도구이자 물질이다(참고. 8:3–5; 출 30:1, 7–9, 37; 레 16:12–13; 말 1:11; 눅 1:10–11). 여기에서 요한은 그 "향"(θυμιαμάτων, 헬라어로는 복수, 하지만 영어로는 통상 단수 추상 명사로 번역됨, 참고. 8:3, 4; 18:13)이 "성도의 기도들"(8d절)이라고 설명한다. 기도를 기분 좋은 향으로 하나님께 올라가는 것이라고 비유적으로 표현하는 것은 고대 이스라엘의 경건 생활에도 뿌리를 둔다(시 141:2; 눅 1:10–11; 시 40:6; 51:16–17에서 제사 일반을 이와 비슷하게 영적으로 표현하는 것을 보라). 천상의 존재들이 하나님의 백성, "성도들"[57]의 기도를 하늘 보좌 앞에 가져가는 상징과 유사한 것은 고대 유대교에서도 볼 수 있다(Tob 12:15; 3 Bar. 11:4–5). 이 본문에서 기도들은 아마 찬양, 경배, 감사의 표현들(가까이에 있는 문맥인 9–14절과 조화를 이루어)뿐만 아니라 정당함을 입증해달라는 호소와 하나님의 정의가 이 땅에 확립되는 것에 대한 호소(더 광범위한 문맥인 6:9–11; 8:4–6과 조화를 이루어)를 포함할 것이다.[58] 그것들이 하늘의 장면에서 상징적으로 나타나는 것은 우리의 기도가 하나님 앞에서 그리고 그분의 목적들을 진척시키는 일에서 얼마나 중요하고 환영받는지 상기시킨다.

5:9–10 그들이 새 노래를 불러 이르되 두루마리를 가지시고 그 인봉을 떼기에 합당하시도다 일찍이 죽임을 당하사 각 족속과 방언과 백성과 나라 가운데에서 사람들을 피로 사서 하나님께 드리시고 그들로 우리 하나님 앞에서 나라와 제사장들을 삼으셨으니 그들이 땅에서 왕 노릇 하리로다 하더라(9 καὶ ᾄδουσιν ᾠδὴν καινὴν λέγοντες, Ἄξιος εἶ λαβεῖν τὸ βιβλίον καὶ ἀνοῖξαι τὰς σφραγῖδας αὐτοῦ, ὅτι ἐσφάγης καὶ ἠγόρασας τῷ θεῷ ἐν τῷ αἵματί σου ἐκ πάσης φυλῆς καὶ γλώσσης καὶ λαοῦ καὶ ἔθνους 10 καὶ ἐποίησας αὐτοὺς τῷ θεῷ ἡμῶν

---

54. "각각…가졌으니"(ἔχοντες ἕκαστος)라는 표현에는 모호한 점이 있다. 이것은 장로들[헬라어 분사는 남성 복수로 "장로들"(πρεσβύτεροι)과는 문법적 호응을 이루지만, 중성 복수인 "생물"(ζῷα)과는 호응을 이루지 않는다]만 언급할 수 있기 때문이다. 또한 "이십사 장로"는 역대상 25:1–31에 나오는 레위인들의 이십사 반차를 반영할 수도 있다. 그들은 성전에서 드려지는 구약 예배를 위해 악기를 연주했다[하지만 거문고(κιθάρα)는 역대상에서 명확하게 언급된 악기 중 하나가 아니다]. 그러나 헬라어 분사들은 선행사가 인격적 존재들일 때 종종 남성 형태(일반적인 인격적 언급을 나타내는)를 취한다(참고. 남성 분사가 ζῷα를 언급하는 4:8; 5:6, 13; 19:4, 14). 그리고 8–9절에 나오는 인상 및 4:8–11, 7:11, 19:4은 예배의 모든 활동에 연합해서 참여한다는 것이다(4:9–10; 5:14에 따로 언급되어 있지만).

55. BDAG 544는 κιθάρα라는 단어를 "수금, 비파"(harp, lyre)로 해석한다. 그것은 전통적으로 "수금"으로 번역된다(대부분의 영어 역본). 하지만 키타라(kithara, 개역개정에는 "거문고"–역주)는 다소 다르다. 그리고 고대 사회에서는 그 차이가 잘 알려져 있었을 것이다. 키타라는 수금처럼 현의 길이가 단계별로 다른 것이 아니라 비파처럼 현의 길이가 같은 악기였다. 그것의 공명 부분은 직사각형으로, 현이 달려 있는 가로대까지 양쪽으로 두 개의 지지대가 뻗어 있었다. 더 자세한 내용은 14:2의 주를 보라.

56. 요한은 배분사적 단수("각각 거문고를 가졌으니")에서 집합적 복수["그리고 향이 가득한 금대접(bowls)"]로 바꾼다. 하지만 각자가 각 물체 중 하나를 가지고 있다는 것이 분명하다. 이 예배자들이 동시에 두 물체를 다 사용한다고 생각한다는 것은 여전히 어색하다. 하지만 우리는 실제 용법의 세부 사항을 파고드는 것이 아니라 이것을 요약적 묘사로 보아야 한다. Aune, *Revelation 1-5*, 355에 나오는 것을 더 보라.

57. '거룩한'(ἅγιος)이라는 헬라어 형용사의 복수는 보통 신약에서, 특히 바울의 글에서 그리스도인들, 하나님께 봉헌된 백성, "성도들"을 언급하기 위해 사용된다(예를 들어, 행 9:13, 32; 롬 8:27; 고전 6:1; 히 6:10). 하지만 그것은 또한 구약(예를 들어, 시 16:3; 34:9), 특히 다니엘 7:18–27에 뿌리를 두고 있다. 후자의 본문은 하나님의 백성의 억압과 패배 이후 그들에게 유리하게 하나님의 심판이 있으며 그들이 우주적 나라를 받는다는 언급과 함께 여기에서 특히 중요하다. 다니엘 7장 본문에서 앞에 나오는 단락(9–14절, 인자 같은 이가 영원한 나라를 받기 위해 옛적부터 항상 계신 이에게 나아오는 것)은 요한계시록 5:6–7에 암시되어 있었다.

58. Osborne, *Revelation*, 258–59.

βασιλείαν καὶ ἱερεῖς, καὶ βασιλεύσουσιν ἐπὶ τῆς γῆς). 4:4-11에서 천상의 존재들이 주 하나님께 드리는 예배 유형의 두 번째 요소와 세 번째 요소(첫 번째 요소에 대해서는 8절을 보라)가 9절 시작부에서는 어린양에게 향한다. 그분께 찬양의 노래를 부르고(4:8, 11; 5:9; 또한 5:12-13을 보라) 그분의 인격과 사역이 합당하다고 외치는 것이다(4:11; 5:9; 또한 5:12을 보라). 네 생물과 이십사 장로는 '새 노래를 불렀다.'[59] 이 말은 14:3(그리고 15:3에도 나오지만 "새"라는 말은 없음)에도 나오는데[60] 구약을 의미심장하게 반영한다. 주께 "새 노래"(ᾠδὴν καινήν)를 부르는 것은, 이와 정확히 같은 헬라어 형태로는 시편 144:9(LXX 143:9)에만 나온다. 하지만 기저에 있는 히브리어 표현은 시편 33:3, 40:3(40:4 MT), 96:1, 98:1, 149:1에도 나오고, 이사야 42:10에서는 "노래"라는 말이 헬라어에서 동의어로 번역되어 나온다. 이 모든 구절에서 "새 노래"의 의미는 주의 은혜로운 구원으로 말미암아 "새롭게 고취된"[61] 찬양이라는 것이다. 하지만 이사야 42:10에 나오는 용법은 거의 확실하게 종말론적 뉘앙스를 더한다(참고. 42:9, "전에 예언한 일이 이미 이루어졌느니라 이제 내가 새 일을 알리노라", 즉 주의 종이 온 땅에 정의와 자유를 확립하는 것과 "이방의 빛"으로서의 일들, 42:1-8). 요한계시록 다른 곳(2:17; 3:12; 21:1, 2, 5)에서 "새"(καινός)라는 말이 모든 피조물의 다가오는 해방과 회복을 가리키는 것(참고. 21:5, "보라 내가 만물을 새롭게 하노라")은 이런 해석에 설득력을 더한다. 5:9에서 "새 노래"를 부르는 것은 앞으로 새롭게 되는 일을 가동하는 어린양의 승리를 경축하는 것이다.[62]

그들의 찬양 노래는 어린양의 '합당하심'을 환호한다(9b절; 참고. 2절). 두루마리를 취하여 인을 떼는 일을 하기에 걸맞은 지위 혹은 계급이 그분께만 있다(2, 3, 4, 5, 7, 8절). 이 환상의 앞부분이 극적으로 표현한 바와 같다. 그분의 합당하심의 기초는 그다음 절에 제시된다.

어린양의 비할 데 없는 업적은 그분의 합당하심을 확증한다. 9c-10a절에 표현되어 있는 바와 같다[대응되는 부정과거 직설법 헬라어 동사 세 개 "죽임을 당하사…사서…삼으셨으니", 이 동사들은 기초나 원인을 보여주는[63] '왜냐하면'(ὅτι, 개역개정에는 "일찍이" 바로 앞에 나오는 이 말이 번역되어 있지 않음-역주)이라는 접속사로 시작됨]. 어린양은 희생적 죽음을 통해 사람들을 구속하셨으며, 하나님을 섬기고 그분의 우주적 목적을 성취할 사람들의 공동체(온 세상으로부터 그리고 온 세상을 위해)를 만들어내셨다. 이 업적이 지닌 결정적 영향력과 우주적 범위는 깜짝 놀랄 정도다. 1세기의 요한이 보기에 이것은 분명 그리스도의 죽음 안에 있는 하나님의 의도 및 그리스도의 결정적인 역사에 기초한 앞으로 그려질 궤도에 대한 환상이다. 이 구속은 심지어 우리가 사는 시대에도 아직 성취되지 않았지만, 그것은 시작되었고 우리는 하나님이 의도하신 복음의 범위를 분명하게 볼 수 있다.

"죽임을 당하사"(9c절)라는 말은 6절에서 요한이 어린양에 대해 처음으로 본 환상의 의미를 반복하고 풀어 설명하기 시작한다. "서 있는데 일찍이 죽임을 당한 것 같더라"(또한 12절을 보라)는 말이다. 앞에서 밀했듯이 동사 σφάζω는 폭력적이고 무자비하게 죽임당하는 것을 뜻한다.[64] 요한은 아마 이사야 53:7의 영향을 받아 여기에서 그 단어를 사용했을 것이다. 그 구절은 전후 문맥에서 보면 다른 사람들의 죄를 지고 가는 무죄한 어린양처럼 '죽임을 당하기 위해'(σφαγή, 개역개정에는 "도수장으로"-역주) 끌려가는 존재를 묘사한다. "사서"(ἠγόρασας)

59. '불렀다'는 동사는 역사적 현재인 ᾄδουσιν이다. 5절에 나오는 '말했다'(λέγει)와 같다(역사적 현재의 일반적 의미에 대해서는 그 구절의 주를 보라). 이 경우 그 용법은 즉각적인 찬양의 말(9-10절) 다음에 나오는 점차 강해지는 예배(11-14절)를 내다본다.

60. 15:3에 나오는 추가 연관은 하늘의 순교자들이 "거문고"(κιθάρας)를 가지고 "모세의 노래, 어린양의 노래"를 부르는 것이다.

61. Keener, *Revelation*, 188.

62. Beale, *Revelation*, 358; Ladd, *Revelation*, 90; Osborne, *Revelation*, 259.

63. BDAG 732.

64. 그 의미는 "학살하다, 살해하다, 도살하다"(BDAG 979)이다.

라는 동사는 구속, 곧 어떤 사람을 종노릇이나 포로 생활에서 되사기 위해 비싼 값을 지불하는 것을 묘사함으로 이 죽음의 신학적 의미를 해설한다(9d절).[65] 그리고 수혜자와 지불한 값이 명시된다. "하나님께"[66]라는 말은 구속받은 사람들이 하나님의 목적을 섬기기 위해 그분의 '소유물'이 되는 것을 나타낸다. 10절에서 자세히 설명하기 시작하는 바와 같다. "피로"라는 말은 그렇게 사기 위해 지불한 비용 혹은 값을 표현한다.[67] 어린양의 "피"는 그가 폭력으로 죽은 것을 나타내고, "죽임을 당한"(6절)이라는 말에서 이미 나타난 희생 제사의 이미지를 강화한다. 이런 식으로 그분의 피를 언급하는 것은 또 다른 중요한 유사 구절인 요한계시록 1:5–6을 시사한다. 거기에서 요한은 "우리를 사랑하사 그의 피로(ἐν τῷ αἵματι αὐτοῦ) 우리 죄에서 우리를 해방하[신]" 그리스도에 대해 말하고, 우리가 "그의 아버지 하나님을 위하여 나라와 제사장으로" 임명받았다고 언급한다. 그것은 5:10이 추가하는 것에 대한 예고편이다.

9절의 이 부분에는 구절의 의미에 영향을 끼치는 본문 문제가 있다. 번역본들은 그 점을 보여준다. KJV와 NKJV는 "우리를 속하셨다"(ransomed us)라고 말하는 반면, 대부분의 현대 역본에는 "백성(people) 혹은 사람들(men)을 속하셨다, 사셨다"(예를 들어, CSB, ESV, NASB, NIV, NLT, RSV)라고 되어 있다. 강력한 내적 근거에 의거해서 후자의 독법('우리'가 빠져 있고 그래서 명백한 목적어가 없는)이 선호된다.[68] 명백한 목적어가 없는 구문은 요한계시록에서 상당히 흔하게 나오는 헬라어 관용구와도 잘 맞는다(2:7, 10; 3:9; 11:9). 부분을 나타내는 ἐκ구는 실사(명사)로,[69] 여기에서는 직접 목적어로 사용된다. 그 결과 나온 영어 번역은 부분을 나타내는 표현을 포괄적 의미로 이해한 것으로 '나라 가운데서 (일부를/백성을/사람들을) 속하셨다'(앞에 나오는 번역들을 보라)는 것이다.

9절 마지막 부분은 하나님이 어린양의 희생을 통해 인간 역사에서 성취하고자 하시는 영광스러운 환상을 제시한다. 이것은 구원론에서나 기독론에서나 매우 중요하다. 이 구절은 하나님을 위해 "각 족속과 방언과 백성과 나라 가운데서" 사람들을 속하는 것을 말한다. 요한계시록에서는 놀랍게 일관된 4중적 문구를 일곱 번 사용해서 복음의 다문화적 영향을 언급하는데 이것은 그중 첫 번째다(5:9; 7:9; 10:11; 11:9; 13:7; 14:6; 17:15).[70] 네 개의 명사는 각각 독특한 의미를 지닌다. 하지만 요점은 처음에 "각"이라는 말을 사용하는 것과 함께 서로 밀접하게 관련된 단어들이 연속적으로 언급됨

65. ἀγοράζω라는 동사는 "사다, 구매하다, 재산으로 획득하다"(BDAG 14)라는 의미다. 그것은 고린도전서 6:20, 7:23, 베드로후서 2:1, 요한계시록 14:3, 4에서 신학적 의미를 지닌다. 갈라디아서 3:13, 4:5에서 관련 동사 ἐξαγοράζω를 보라.

66. 헬라어로 τῷ θεῷ, 이익의 여격(Wallace, *Grammar*, 142–44).

67. 헬라어 문구는 ἐν τῷ αἵματί σου다. ἐν+여격은 여기에서 도구 혹은 수단을 표현하며, 값의 속격을 다른 말로 표현한 것이다(BDAG 328–29). 여격만으로도 비슷한 의미를 지닐 수 있다. 로마서 3:25, 5:9, 베드로전서 1:18–19에서 보는 바와 같다. 후자의 본문은 그리스도의 피를 인용하는 것에서 중요하다. 그 피는 희생당한 어린양(ἀμνός)의 피로, 구속(λυτρόω, '구속하다, 대속물을 지불함으로 자유롭게 하다', ἀγοράζω와 거의 동의어)으로 묘사된다.

68. "우리를"(ἡμᾶς)이라는 독법은 많은 사본들에서 발견된다(א, 2050, 2344, 대부분의 Byzantine 소문자 사본, 몇몇 고대 사본을 포함해서). 때로는 "하나님께"(for God) 앞에 또 때로는 "하나님께" 다음에 그리고 몇몇 사본에서는 "하나님께"라는 말이 완전히 빠져 있고 "우리"만 나온다. 다른 한편, 사본 A(요한계시록의 가장 좋은 증거로 여겨지는 5세기 언셜체)에는 "우리를"이라는 말이 빠져 있으며 어떤 목적어도 명백히 표현되어 있지 않다. 이것은 외적 증거라는 면에서는 근거가 매우 한정되어 있지만, 내적 근거에서는 이 독법(명백한 목적어가 없는 것)은 원문일 가능성이 매우 높다. 그것은 다른 독법들의 기원을 가장 잘 설명해주기 때문이다. "우리를"이라는 말을 덧붙인 것은 첫눈에는 어색해 보이는 "피로 사서 하나님께 드리시고"라는 문구를 매끄럽고 명확하게 해준다. "우리를"이라는 말이 원본의 독법이라면 왜 그 말이 다양한 곳에는 나오면서 A에는 빠져 있는지는 알기가 더 어렵다. 4:4에 대한 주에 나오는 논의를 더 보라.

69. BDAG 297; BDF §164; Aune, *Revelation 1-5*, 325. 예를 들어, 목적어로 마 23:34, 눅 11:49, 21:16, 요이 1:4, 계 2:7, 10; 주어로 계 11:9, 간접 목적어로 계 3:9. 그런 경우들에는 영어 표현에는 그 문구를 매끄럽게 해줄 대용어가 들어가야 한다. 예를 들어, 계 2:10, "마귀가 너희 가운데에 몇 사람을 옥에 던져"(문자적으로는 '너희로부터/너희의 옥에 던져').

70. 그 표현, 구약의 뿌리, 이 말이 나오는 경우의 의미 등을 개관하는

으로, 같은 개념을 강화한다는 것이다. 어떤 인간 집단도 배제되지 않는다. 생각할 수 있는 모든 사회, 문화, 주민, 전통이 하나님의 구속받은 공동체의 일원이 될 것이다. 이것은 천상의 존재들이 부르는 찬양 노래가 지닌 구원론적, 선교론적 의미다.

그리스도의 구속이 온 세상과 그 세상에 사는 모든 사람을 위한 것이라는 확신은 예수님이 직접 요한과 초대 그리스도인들에게 가르쳐주신 것이다(마 28:19-20; 눅 24:47; 요 10:16; 행 1:8). 하지만 그것은 구약에도 깊은 뿌리를 두고 있다. 이 구절은 요한이 구약의 배경, 특히 다니엘 7장을 반영했다는 표시다(앞에서 본 것처럼). 다니엘에는 일곱 번에 걸쳐 '백성과 나라와 언어'라는 삼중의 아람어 표현이 나온다[단 3:4, 7, 29; 4:1(MT 3:31); 5:19; 6:25; 7:14; 이 구절들은 3:4만 빼고 모두 시작 부분에 "각"(all)이라는 말이 포함된다]. 다니엘 헬라어 역본들은 그 구절들을 요한계시록의 이 문구에 사용된 단어들을 조합해서 번역한다(앞을 보라).[71] 다니엘에 나오는 본문들을 재빨리 살펴보면 1세기에 요한을 사로잡았던 (그리고 오늘날 우리를 사로잡아야 하는) 슬픈 진리가 드러난다. 처음에 나오는 모든 언급은 '각 백성과 나라와 언어'가 하나님의 원수의 지배 아래 있다고 묘사한다. 다니엘 6:25-26만 나라들에게 "살아 계시는 하나님…그의 나라는 멸망하지 아니할" 분을 두려워하라고 촉구한다. 게다가 다니엘 7:1-28에는 일련의 탐욕스러운 왕국들이 하나님의 백성을 억압하다가 결국 마지막에 그분의 통치에 압도되는 환상이 나온다. 이 통치는 '모든 백성과 나라들과 언어'가 그분을 섬길 것이고 그의 "나라는 멸망하지 않을" 분이신 "인자 같은 이"의 권위를 통해 표현된다(7:13-14). 요한은 이 인자가 어린양이신 예수 그리스도, 즉 그분의 희생과 승리가 온 세상에 의미를 미치는 분이라는 것을 보았고, 요한계시록 5장에 나오는 환상은 그것을 생생하게 강화했다.

이 환상이 지닌 기독론적 의미는 어린양의 희생이 전 세계적으로 영향을 미친다는 메시지에 뿌리를 둔다. 세상과 그 안에 사는 사람들에게 이같이 엄청난 영향을 끼치기 위해 그분은 어떤 지위를 지녀야 하고, 어떤 분이 되어야 하는가?[72] 오직 그분만이 두루마리를 펴시기에 그리고 하나님의 구속 계획을 계시하고 가동하기에 합당하시다. 그 계획은 그리스도의 희생적 죽음이 지닌 탁월한 공로 때문에 "각 족속과 방언과 백성과 나라"에 이른다. 이 시점에서 4:11과 5:9에 나오는 합당함에 대한 유사한 선언들은 우리에게 교훈을 준다. 앞에서 말한 것처럼, 4:11에서 주 하나님은 만물의 창조주이자 유지자이기 때문에 예배받기에 '합당하다'고 선언된다. 하지만 그분이 우주를 창조하시고 유지하시는 행동은 그것만 별개로 나타나지 않는다. 이 일은 전능하신 하나님으로서(4:8) 그분의 본래적 존재를 반영하므로, 그분의 본성 및 그에 조화를 이루는 그분의 행동이 함께 나타난다. 요한계시록 5:9(그리고 5:12)에서 '합당한' 지위는 어린양에게도 인정된다. 이 경우 어린양의 합당하심은 그분이 전 세계적 구속이라는 유례없는 업적을 이루신 것에서 나타난다. 하지만 그 합당하심은 신적 인격으로서 그분이 본래 지니신 성품에도 나타나는데, 구속은 이 실상에 근거한다. 순전히 인간적 차원에서 행하는 자기희생은 어떤 것도 죄 가운데 있는 세상을 구속할 수 없다. 순전히 인간적인 행위자는 그 누구

Bauckham, *Climax*, 326-37을 보라. (여기에 나오는 것과) 똑같은 네 개의 명사가 10:11 및 17:15을 제외하고 모든 곳에 나오고, 이 두 곳에서는 "족속"(φυλή)이라는 말 대신 다른 말을 사용한다. 하지만 명사들의 순서는 절대 똑같지 않다. Bauckham이 주장하는 것처럼, 민족들이 하나님께 돌이키는 것에 대한 요한계시록 이야기는 또한 그들이 반드시 정복해야 하는 하나님의 원수들에게 한동안 억압을 당하는 것이 포함되는데, 그것은 로마 제국의 피지배자로 살고 있던 요한의 1세기 청중에게 적실성을 지니고 있었다.

71. 자세한 것은 Bauckham, *Climax*, 328-31을 보라.

72. G. B. Caird, *New Testament Theology*, ed. L. D. Hurst (Oxford: Clarendon, 1994), 279-81에서 이런 사고방식이 전개되는 것을 보라.

도 그런 위업을 이룰 수 없다.

9c–10절에 나오는 원인절의 세 번째 부분(어린양의 합당하심의 기초)은 구속받은 자들의 기원뿐만 아니라, 그들의 운명 및 하나님으로부터 할당받은 의무를 표현한다. "하나님께"(9d절) 그들을 구속한 것의 본질적 부분으로서 어린양은 그들,[73] 곧 그들 모두를 하나님을 위해(τῷ θεῷ ἡμῶν, 이익의 여격, '우리 하나님을 위하여', 여기에서는 '하나님을 섬기기 위해'로 확장됨, 개역개정에는 "하나님 앞에서"–역주) 중대한 섬김의 자리로 임명[74]하셨다. 그들은 "나라"(βασιλείαν), 곧 그분이 왕으로 다스리는 백성[75]과 "제사장"(ἱερεῖς), 곧 사는 날 내내 거룩하고 하나님을 예배하며 살아가는 자들이 됨으로써 하나님을 섬긴다(10a절; 참고. 20:6). 요한은 이미 1:6에서 거의 똑같은 말로 그리스도인들이 그런 역할들을 해야 한다고 주장했다("그의 아버지 하나님을 위하여 우리를 나라와 제사장으로 삼으신 그"). 그리고 여기에서 그는 하나님이 자신의 백성 이스라엘에게 의도하신 역할을 반영한다(출 19:6). 그들이 하나님을 섬기는 것에는 그들을 구속하시는 하나님의 성품을 더 넓은 세상에 증언하는 일이 포함된다. 이것은 인종적 배경과 상관없이 그리스도의 구속을 받은 자 모두에게 해당된다. 더 나은 논의는 1:6에 대한 설명을 보라.

10절의 마지막 부분은 다니엘 7장에 나온 또 하나의 중심 주제를 다시 다룬다. 하나님의 백성이 이 세상에서 '그의 거룩한 백성, 성도'일 뿐만 아니라(단 7:27), 하나님이 결국에는 그들을 억압하는 이방인들을 심판하실 것이며, 그 "성도들"에게 세상의 주권을 주시리라는 것이다(단 7:18, "성도들이 나라를 얻으리니"; 7:22, "성도들이 나라를 얻었더라"; 7:27, "나라와 권세와 온 천하 나라들의 위세가 지극히 높으신 이의 거룩한 백성에게 붙인 바 되리니"). 천상의 존재들은 하나님의 구속받은 자들이 땅에서 '왕 노릇 할'[76] 것을 기뻐한다(계 5:10b). 요한은 2:26–27, 3:21, 20:4, 6, 22:5에서도 이것을 말하면서 그리스도인들이 민족들에게 권위를 행사하고, 그리스도의 보좌 혹은 통치에 참여하며, 그리스도가 왕으로 다시 오실 때 그분과 함께 천 년 동안 그리고 영원히 다스릴 것이라고 말한다.[77] 여기에서와 20:4, 6에서 이것은 분명이 땅에서 물리적, 지리적으로 통치하는 것을 예상하는

---

73. 거의 모든 고대 사본은 이 부분이 "그들"이라고 되어 있다(대부분의 영어 역본을 보라). 하지만 몇몇 헬라어 사본과 고대 역본에는 "우리"라고 되어 있다(KJV, NKJV를 보라). 아마 9절에서 그렇게 보는 독법 및 10b절에서 "우리가 왕 노릇 하리로다"라고 되어 있는 몇몇 사본의 영향을 받았을 것이다. 그런 불충분한 입증 자료들에도 불구하고, 이 두 독법은 모두 활자체로 된 Textus Receptus, 곧 KJV 배후에 있는 헬라어 본문에 나와 있다. 하지만 "그들"이 분명 더 나은 독법이다.

74. 여기에 나오는 동사는 "삼으셨으니"(you made, ἐποίησας)다. 하지만 '삼다'는 말은 특정한 역할에 "임명하다, 앉도록 하다"라는 의미가 될 수 있다(BDAG 840; 참고. 마 4:19; 막 3:14; 행 2:36).

75. "나라"(βασιλεία)라는 단어는 (1) 통치의 시행, "왕적 통치, 왕적 권세" 혹은 (2) "왕이 통치하는 영토"에 대해 사용된다(BDAG 168–69). 후자의 의미의 부산물로, 여기에서와 1:6에서 그 말은 장소가 아니라 그분이 다스리는 사람들을 의미한다.

76. 여기에서는 이중의 본문 문제가 나온다. 하지만 가장 좋은 독법은 "그들이 왕 노릇 하리로다"(βασιλεύσουσιν)라는 미래 3인칭 복수로 보는 것이다. 몇몇 후대의 사본은 '우리가 왕 노릇 하리로다'라고 되어 있다. 하지만 이것은 분명 9c–10a절의 (더 가능성이 적은) 독법에서 나온 것이다(앞의 내용을 보라. 이것은 활자체로 된 TR의, 그래서 KJV의 독법이다. 또한 NKJV를 보라). "그들" 형태를 입증하는 많은 사본 중에서는 현재형으로 "그들이 왕 노릇 한다"라고 되어 있는 것(A, 1006, 1611, 1841, 2329, 그리고 Byzantine 소문자 사본 일부)과 미래형으로 "그들이 왕 노릇 하리로다"라고 되어 있는 것(ℵ, 1854, 2050, 2053, 2344, 2351 그리고 Byzantine 소문자 사본 일부)의 숫자가 엇비슷하다. 10절에서 어떤 것이 더 확실한 독법인지는 논쟁의 여지가 있다(아마 "그들로 나라를 삼으셨으니"라는 말에 맞추려면 미래에서 현재로 바뀌어야 할 것이다. 아니면 2:26, 3:21, 20:6의 미래 지향성에 맞추기 위해 현재 시제가 바뀔 것이다). 대단히 믿을 만한 사본 A에는 여기에서나 20:6에서나 현재 시제로 되어 있다. 하지만 후자의 구절에서는 그것은 분명 열등한 독법이다. 여기 5:10에서는 미래 시제가 약간 더 나은 듯하다(참고. *TCGNT*2, 666–67).

77. 이런 개념들은 다양한 본문에서 여러 형태로 나온다. 예를 들어, 마 5:5; 19:28; 고전 4:8; 6:2; 딤후 2:12; 그리고 아마도 롬 5:17 등. 또한 시 47:1–9; 렘 3:17을 보라.

듯 보인다.[78] 영적이고 내세적인 것만이 아니라는 것이다(단 7:27, "온 천하"; 렘 3:17, 예루살렘으로부터 다스리는 것을 보라).[79] 이렇게 그리스도와 함께 다스리는 것은 인간이 창조 세계에 위임된 통치를 행사하게 하시는 하나님의 의도를 재차 말하는 것이다(창 1:26-27; 시 8:3-8; 히 2:5-9; 또한 계 22:5에 나오는 설명을 보라).[80] 요한은 "인자", "어린양"의 온전한 승리가 영적인 것인 동시에 세상적인 것이 되리라고 보며(단 7:13-14; 계 5:5, 9-10; 11:15) 그 완성이 오기를 고대한다.[81]

5:11-12 내가 또 보고 들으매 보좌와 생물들과 장로들을 둘러 선 많은 천사의 음성이 있으니 그 수가 만만이요 천천이라 큰 음성으로 이르되 죽임을 당하신 어린 양은 능력과 부와 지혜와 힘과 존귀와 영광과 찬송을 받으시기에 합당하도다 하더라(11 Καὶ εἶδον, καὶ ἤκουσα φωνὴν ἀγγέλων πολλῶν κύκλῳ τοῦ θρόνου καὶ τῶν ζῴων καὶ τῶν πρεσβυτέρων, καὶ ἦν ὁ ἀριθμὸς αὐτῶν μυριάδες μυριάδων καὶ χιλιάδες χιλιάδων 12 λέγοντες φωνῇ μεγάλῃ, Ἄξιόν ἐστιν τὸ ἀρνίον τὸ ἐσφαγμένον λαβεῖν τὴν δύναμιν καὶ πλοῦτον καὶ σοφίαν καὶ ἰσχὺν καὶ τιμὴν καὶ δόξαν καὶ εὐλογίαν). "내가 또 보고"라는 말은 요한의 환상에서 네 번째 단계로 넘어가는데, 여기에서는 어린양에게 그리고 주 하나님께 드리는 찬양이 점점 더 넓게 확장되고 퍼져나간다(11-14절). 여기에서 그 환상(요한이 "본" 것)은 요한이 압도적인 하늘의 장면을 목격할 때 경험한 소리에 바로 초점을 맞춘다("내가 또 들으매", 참고. 6:1; 8:13). 그는 "많은 천사의 음성"이 합쳐져서 어린양을 찬양하는 것을 들었다(11b-12절). 여기에서는 방대한 수의 천사들(4-5장에 나오는 환상에서는 보이지 않던)이 생물들과 장로들의 무리에 합류해서(참고. 4:8-11; 5:8-10) 어린양에게 예배를 드린다.[82] 앞에 나와 있는 장로들과 생물들의 위치 때문에(4:4, 장로들은 그저 "보좌에 둘려"; 4:6, 생물들은 더 가까이 "보좌 가운데와 보좌 주위에"), 아마 이 많은 수의 천사 무리가 더 큰 동심원을 이루고 있다고 보아야 할 것이다(11b절; 또한 7:11을 보라).[83] 가장 인상적인 것은 이 예배하는 천사들의 숫자가 헤아릴 수 없이 많다는 것이다. "만만이요 천천이라."[84] 이것은 다니엘 7장의 환상에 대한 또 다른 강력한 암시다. 다니엘의 환상에서는 주권적인 "옛적부터 항상 계신 이"가 그분의 하늘 보좌에 앉아 계시는데, "천천"이요 "만만"이 그분을 섬기고 있다(단 7:10). 이것은 또한 신명기 33:2과 시편 68:17에 뿌리를 두고 있는데, 거기에서 여호와는 "일만 성도"와 "천천이요 만만"의 섬김을 받는다고 나온다.[85] 요한계시록 5:11의 순서(만만이요 천천)는 예상치 못한 것으로 다니엘 7:10의 순서를 거꾸로 해놓은 것이다. 하지만 그 의미는 다르지 않으며, 그것은 아마 시편 68:17의 순서에 영향을 받았을 것이다.

12절은 11절과 직접 이어지면서 요한이 들은 바 천

78. ἐπί라는 전치사(땅 "위에서", on)는 "…에 대해(over) 권세, 권위, 통제를 행사하다"(BDAG 365)라는 뜻이다. 하지만 동시에 그것은 그 통치의 영역 혹은 장소를 의미한다(참고. 5:3, 13; 마 6:10; 9:6). "땅 위에서"(on/over the earth, ESV, KJV, NASB, NIV, NKJV, NLT, RSV를 보라).

79. Ladd, *Revelation*, 93; Osborne, *Revelation*, 261. 물론 여기에는 더 큰 성경적, 신학적 쟁점들이 연관되어 있다. 더 자세한 논의로는 20:1-6을 보라.

80. Keener, *Revelation*, 72; Erich Sauer, *The King of the Earth: The Nobility of Man according to the Bible and Science* (Grand Rapids: Eerdmans, 1971), 72-100.

81. 참고. 롬 8:17-25에 나오는 영적이자 지상적, 우주적 회복에 대한 바울의 열망.

82. Thomas, *Revelation 1-7*, 403.

83. Osborne, *Revelation*, 262.

84. "만만"(μυριάς)과 관련된 단어들은 '천 개를 열 개 합한' 것을 나타낼 수 있다(예를 들어, 행 19:19). 하지만 보통 그 말은 "정확하게 규정되지 않은 대단히 큰 숫자"를 나타낸다(BDAG 661; 참고. 시 3:6; 마 18:24; 눅 12:1; 행 21:20; 고전 4:15; 계 9:16).

85. 이 구약 본문들은 하나님의 수없이 많은 천사 수종자들을 묘사하는 것에서 후대의 수많은 유대 및 기독교 문서에 영향을 끼쳤다(예를 들어 1 En. 1:9; 14:22; 40:1; 60:1; 71:8; Apoc. Zeph. 4:1-2; 8:1-2; 1 Clem. 34.6; 참고. 유 1:14; 히 12:22).

사들, 장로들, 생물들이 강력하게 환호하는 내용이 무엇인지 제시한다.[86] 그들은 찬양의 노래를 계속하면서[87] 9절의 중심 요점들을 반복한다(이번에는 더 공식적으로, 2인칭 대신 3인칭으로 말한다). 죽임을 당한[88] 어린양이 합당하다는 것이다(12b절). 이런 식으로 이 구절은 앞에서 4장과 5장 사이에 나타난 4중적 예배 유형의 두 요소를 이미 알려준 바 있다(앞의 5:8에 대한 주를 보라). (1) 하나님께 혹은 어린양께 찬양의 노래를 부르는 것(4:8, 11; 5:9, 12-13)과 (2) 그분들의 인격과 사역이 합당하다고 외치는 것(4:11; 5:9, 12)이다.

이제 12b절은 그 유형에 세 번째 요소를 추가한다. 존귀와 영광과 힘과 다른 미덕들을 그분들께 돌리는 것이다(4:9, 11; 5:13). 한편으로는 이 구절과 4:11 그리고 다른 한편으로는 5:9은 외적으로는 유사하지만('받으시기에/가지시기에 합당하도다', ἄξιον/ἄξιος…λαβεῖν, 참고. 7절에 나오는 "취하시니라"), 목적어가 다르기 때문에 '받다, 가지다'라는 말의 의미는 상당히 달라진다.[89] 대신 이 구절과 4:11에 나오는 λαβεῖν은 숭고한 속성과 특권을 돌리는 선언을 '받는다'는 뜻이다[4:9에 쓰인 보완적 동사 '드리다'(δώσουσιν, 개역개정에는 "돌릴"-역주)를 보라]. 이렇게 미덕들을 돌리는 것(4:9, 11; 5:12-13)은 일종의 송영으로[90] 어떤 사람이 지닌 다양한 탁월함을 상술함으로 그들의 지위에 대해 영광을 돌리거나 경의를 표하는 것이다(화자가 이런 특질들을 부여하는 것이 아니라 그것을 인정하는 것이다). 역대상 29:10-11에서 다윗이 여호와를 송축하는 것은 12절에 나오는 송영에 영향을 주었을 것이다. 칠십인역에 나오는 핵심 용어 두 개(δύναμις와 ἰσχύς)가 반복되며, 다른 두 용어는 같은 어원에서 나온 것이거나 거의 동의어이기 때문이다['복됨, 복'(개역개정에는 "찬송"-역주)과 '자랑, 영광'].[91] 요한계시록에서 찬양이 오직 하나님께만(4:9, 11; 7:12; 19:1), 하나님께와 어린양께(5:13) 혹은 그리스도께만(1:6; 5:12) 드려지는 것은 기독론적으로 중요하다.[92]

여기에서 속성과 특권의 목록(12b절)은 7중으로 되어 있다(7:12에서처럼 그것은 미덕의 완전함을 상징한다).[93] 이러한 목록이 지닌 복합적 인상은 중요하지만,[94] 개별적 특성들도 간략하게 살펴볼 만하다. 어린양께 돌려지는 역설적 특성은 능력, 유능함(δύναμις)이다. 그것은 종종

---

86. "이르되"(λέγοντες)라는 분사는 이 말을 11절과 결합시킨다. 하지만 이것은 헬라어에서 파격 구문(원래의 문법 구조를 계속하지 않는 것, 참고. BDF §§458, 466-70)의 한 예다. 그런 분사는 보통 말하고 있는 사람과 문법적으로 호응하지만(종종 남성 주격 분사; 예를 들어, 9절 "그들이…불러 이르되"), 11c절에서 그 말은 속격 복수("천사들" 혹은 "생물들" 혹은 "장로들" 혹은 가장 그럴듯한 것으로 그 셋 모두)다. 그런 상황에서는 분사가 여기에서처럼 관용구적이고, 좀 더 나주 나오는 남성 주격 복수로 바뀌는 것이 드문 일이 아니다(예를 들어, 고후 1:7; 7:5; 8:4; 11:6; 엡 4:2-3; 계 7:9; 11:15).

87. 여기에서는 '노래하다'(9절) 대신에 더 일반적인 '이르다'(λέγοντες)라는 말이 사용된다(4:8, 10; 5:13에서처럼). 하지만 내용상 대응되는 곳들로부터(5:9, 12-13과 4:8, 10-11 사이) 찬양의 노래를 '노래하다'(참고. NLT)라는 것이 더 구체적인 의미임이 분명하다(또한 7:10-12; 15:3; 19:1-8을 보라).

88. 여기에서 요한은 6절에서처럼 '죽이다'(σφάζω)의 완료 시제를 다시 한번 사용한다(9절에서는 부정과거 혹은 요약 과거가 사용되었다). 완료 시제는 과거에 죽인 행동의 어떤 지속되는 효과에 주의를 집중시킨다. 여기에서는 아마 십자가를 통한 그분의 구속적 성취(그리고 그 결과 그분이 마땅히 받는 예배)일 것이다.

89. Aune, *Revelation 1-5*, 364; Osborne, *Revelation*, 262와는 반대로.

90. 또한 뒤의 5:13b을 보라. '송영' 형태에 대한 상세한 논의로는 Aune, *Revelation 1-5*, 43-45를 보라.

91. Beale, *Revelation*, 364. 또 다른 영향력은 단 2:37이다. 하지만 거기에서 "왕들 중의 왕"으로서 느부갓네살의 "영광"은 "하늘의 하나님이 [LXX, 통치와] 나라와 권세와 능력과 영광을 왕에게 주셨고"(계 5:12에 나오는 명사 세 개)라는 다니엘의 선언으로 희석된다. 전후 문맥에서 다니엘의 '송영'은 주는 만큼 취한다. 느부갓네살은 그 환상에 나오는 "금 머리"(2:38)다. 하지만 이스라엘의 하나님이 그런 지위를 그에게 주셨기 때문에만 그렇다.

92. Bauckham, *Climax*, 139는 요한이 "예배에서의 일신론에 민감함"을 나타내는 한편, 그리스도를 신적 존재로 간주한다고 말한다. 이것은 초대 기독론에서 중요한 문제였다. 엄격한 유일신론이라는 유대적 유산 안에서 발전된 예수님의 인격에 대한 그리스도인들의 이해 때문이다. 12절에서 그리스도를 신적인 존재로 예배하는 것은 13절에 나오는 "하나님과 그리스도에 대한 합동 예배로 이어진다. 그리스도는 하나님 곁에 계시는 대안적 예배 대상으로 여겨질 수 없으며 하나님으로 인한 영광을 공유하기" 때문이다. 또한 Bauckham, *Theology*, 60; and L. W. Hurtado, "Christology," in *DLNT* 176-77을 보라.

93. Bauckham, *Climax*, 30-31.

94. 첫 번째 항목 전에 나오는 단수 헬라어 관사는 모든 항목을 어떤 식

하나님께 돌려지며 특히 모든 원수에 대한 주권적 통치 및 승리(참고. 5:5)와 연관되어 있는 것처럼 보인다(대상 29:11; 막 13:26; 고전 1:24; 계 4:11; 7:12; 19:1; 또한 11:17, 12:10; 15:8). 재물, 부(πλοῦτος)는 하나님의 방대한 자원들 및 그리스도가 자신을 따르는 자들에게 주실 수 있는 유익을 찬양하는 한 방법이다(대상 29:11; 참고. 엡 3:8; 빌 4:19). 지혜, 이해(σοφία)는 성령의 기름 부음으로 말미암아 그리스도께 부여되는 신적 완전함이다(계 7:12; 참고. 사 11:2; 롬 11:33; 고전 1:24; 골 2:3). 힘, 강함(ἰσχύς)은 "능력"(첫 번째로 열거된)과 밀접하게 관련되어 있고, 이 역시 성령으로 말미암아 주어진다(계 7:12; 참고. 사 11:2). 영광 혹은 마땅한 존중(τιμή)은 당연히 하나님으로 말미암은 것이다. 하지만 그리스도의 경우 그것은 종종 순종하는 고난의 결과로 여겨진다[계 4:9, 11; 5:13; 7:12; 참고. 시 29:1(28:1 LXX); 96:7(95:7 LXX); 딤전 1:17; 6:16; 히 2:9; 벧후 1:17]. 마찬가지로 완전함의 상징으로서 영광 혹은 빛남, 광휘(δόξα)는 종종 신적 속성 혹은 마땅히 하나님께 돌려야 하는 무언가로 인용된다. 그런데 또한 그리스도가 낮아지신 후 받으신 것에 대해서도 같은 말이 사용된다[시 29:1(28:1 LXX); 96:7(95:7 LXX); 막 13:26; 요 1:14; 17:5; 고전 2:8; 딤전 1:17; 히 1:3; 2:9; 벧후 1:17; 유 1:25; 계 4:9, 11; 5:13; 7:12; 19:1]. 고난이라는 항목과 그다음에 공경, 영광이라는 항목은 요한계시록 5장의 장면과 가장 순조롭게 조화를 이룬다. 여기에서 그리스도가 숭배를 받으시는 것은 그분의 구속적 희생으로 인한 것이기 때문이다(6, 9, 12절; 참고. 비우고 나서 높임을 받는 것으로 이 주제가 나오는 빌 2:5-11). 마지막으로 "찬송할 만함"[95]이라는 의미에서 복, 찬송(εὐλογία)은 결론으로 가장 적절하다(또한 처음에 나오는 항목으로서, 참고. 5:13; 7:12). 그것은 좋게 말할 만한, 흠모할 만한, 칭송하고 찬사를 보낼 만한 일반적 특성을 의미하기 때문이다(계 5:13; 7:12; 참고. 대상 29:10; 시 41:13; 89:52; 롬 1:25; 고후 11:31; 엡 1:3; 벧전 1:3에 나오는 같은 어원에서 나온 단어들 및 계 4:9; 7:12에 나오는 "감사", εὐχαριστία).

5:13 내가 또 들으니 하늘 위에와 땅 위에와 땅 아래와 바다 위에와 또 그 가운데 모든 피조물이 이르되 보좌에 앉으신 이와 어린 양에게 찬송과 존귀와 영광과 권능을 세세토록 돌릴지어다 하니(καὶ πᾶν κτίσμα ὃ ἐν τῷ οὐρανῷ καὶ ἐπὶ τῆς γῆς καὶ ὑποκάτω τῆς γῆς καὶ ἐπὶ τῆς θαλάσσης καὶ τὰ ἐν αὐτοῖς πάντα ἤκουσα λέγοντας, Τῷ καθημένῳ ἐπὶ τῷ θρόνῳ καὶ τῷ ἀρνίῳ ἡ εὐλογία καὶ ἡ τιμὴ καὶ ἡ δόξα καὶ τὸ κράτος εἰς τοὺς αἰῶνας τῶν αἰώνων). 찬양 소리가 점차 커지고 계속 확장되어 최고조에 이르면서, 모든 피조물이 이제 찬양의 합창에 합류한다.[96] 모든 피조물(κτίσμα)은 하나님이 만물의 창조주이시며 유지자이시기 때문에 그분께 영광을 돌려야 하고(4:11, κτίζω이 두 번 사용됨), 어린 양의 구속이 인류의 모든 부분까지 미치기 때문에 어린양께 영광을 돌려야 하는 것이 마땅하다(5:9).[97] 이 예배의 보편성은 하늘, 땅, 땅 아래,[98] 바다라는 네 부분으로 세분하는 것으로(5:3에 나오는 셋으로 나누는 것과 거기 인용된 세부 사항들을 보라) 그리고 "그 가운데 모든 피

으로든 연결시키는 데 기여한다. 동일한 것으로서가 아니라 밀접하게 연관된 것으로서 그렇게 한다(예를 들어, 마 24:3; 행 20:21; 고후 13:11; 빌 1:19; 살후 2:1). Wallace, *Grammar*, 286-90을 보라.

95. Osborne, *Revelation*, 264.

96. 이런 확장은 시편 103:19-22을 반영한다. 여호와께서 그분의 하늘 보좌에서 만유를 다스리시기 때문에(19절), 그분은 그분의 천사들과 천군(20-21절)뿐 아니라 "여호와의 지으심을 받고 그가 다스리시는 모든 곳에 있는 너희"(22절)의 찬양을 받으셔야 한다.

97. 이것이 하늘의 사건들에 대한 요한의 환상이 묘사적인 것(요한이 살아 있었고 글을 썼던 때 하늘에서 일어난 일 혹은 일어날 수 있었던 일)에서 규범적인 혹은 확정적인(하나님의 뜻 안에서 아직 미래에 일어날 일에 대한 예고) 것으로 넘어갈 때의 요점이다. Beale, *Revelation*, 319; Caird, *Revelation*, 60-61을 보라.

98. 이것은 구속받지 않고 죽은 자들 및 앞으로 올 심판 때까지 사로잡혀 있는 마귀들의 영역을 비유적으로 말한다(참고. 욥 11:8-9; 벧후 2:4; 유 1:6). 내키든 내키지 않든 모든 사람은 언젠가 하나님과 어린양의 주권을 인식할 것이다(참고. 빌 2:9-11). 하지만 이 묘사는 보편적 구원(즉, 하나님의 모든 원수 및 회개하지 않고 죽은 사람들이 궁극적으로 구원에 이르게 되는 것)을 나타내지는 않는다. 요한은 요한계시록 내내 어떤 사람들은 끝까지 복음에 저항하고 영

조물"(13a절)을 보강하는 것으로 강조된다. 요한이 이 환상을 기록했을 때, 그와 그의 독자들은 하나님의 원수들이 여전히 그분의 세상 속에서 활동하고 있다는 점과 어린양의 예배에 저항한다는 것을 잘 알고 있었다. 하지만 요한은 십자가의 승리가 모든 피조물에게 결정적 차이를 가져다주었다는 것 그리고 이 환상이 장차 분명히 성취된다는 것을 확신했다(참고. 빌 2:9-11; 골 1:20).[99] 요한이 '성령에 감동되어'(4:2) 본 것은 하늘의 실상을 드러낸다. 그것은 땅에서도 실제로 일어날 일에 대한 예고편이다(참고. 마 6:10).

모든 피조물이 함께 하나님과 어린양께 보다 표준적인 송영 형태로 찬양의 표현을 올려드린다(13b절).[100] "보좌에 앉으신 이"(참고. 4:2, 3, 9, 10; 5:1, 7; 그분은 7:10; 19:4에서 하나님으로 밝혀진다)와 어린양(참고. 5:6, 8, 12)[101]께 이렇게 합동으로 예배드리는 것은 4-5장에 나오는 하늘 환상의 중요한 절정이다.[102] 전체 환상에서 가장 중대한 점은 하나님과 어린양이 공유하시는 신적 지위와 우주적 주권이다. 이것은 그다음 장들을 준비한다. 그다음 장들은 일곱 인으로 봉한 두루마리가 상징하는 하나님과 어린양의 정의와 구속의 신적 계획의 성취를 추적한다.[103] 여기에서는 예배에서 그분들께 4중적 속성을 돌리는데,[104] 12절에 나오는 세 요소("찬송과 존귀와 영광", 앞에 나오는 논의를 보라)를 반복하고 거기에 나오지 않는 한 가지를 추가한다. 추가된 요소는 "권능"(κράτος)으로, 힘을 언급하는 말이지만 송영에서 보다 구체적으로는 "지배하는 능력…주권을 행사하는 것"[105]을 말한다[딤전 6:16; 벧전 4:11; 5:11; 유 1:25; 계 1:6; 참고. 단 2:37(Th); 4:30(LXX)]. 마지막으로, 송영은 보통 그런 것처럼 하나님과 어린양이 얼마나 오랫동안 이런 완전함을 소유하실 것인지 말한다. '영원무궁토록'(εἰς τοὺς αἰῶνας τῶν αἰώνων), 문자적으로는 "세세토록"[106] 소유하실 것이다.

5:14 네 생물이 이르되 아멘 하고 장로들은 엎드려 경배하더라(καὶ τὰ τέσσαρα ζῷα ἔλεγον, Ἀμήν· καὶ οἱ πρεσβύτεροι ἔπεσαν καὶ προσεκύνησαν). 4-5장의 감동적인 예배 장면의 종결부는 13절에서 모든 피조물이 부른 찬양의 송영에 대해 천상의 존재들이 보이는 반응을 묘사한다. 4장 초반부에 하나님의 보좌를 둘러싼 이십사 보좌에 앉아 있던 장로들(4:4) 그리고 밤낮 예배의 부르짖음으로 보좌 알현실을 채웠던 생물들(4:6b-9)이 환상을 마무리하기 위해 이 마지막 예배 행위로 하나님과 어린양께 함께 영광을 돌리는 것은 얼마나 적절한가. 그 생물

원한 심판을 받을 것임을 분명히 한다(계 9:20-21; 13:8; 20:11-15).

99. Caird, *Revelation*, 77; Ladd, *Revelation*, 93.

100. 보다 표준적인 형태에는 (1) 받는 대상자(들)를 나타내는 여격 구, (2) 보통 "영광"(δόξα)을 포함하는 주격 구, 통상 관사가 있는 것으로(참고. Aune, *Revelation 1-5*, 326과 그가 인용하는 예들) 받는 대상에게 돌리는 특성들을 나타내는 표현, (3) 시간적 범위에 대한 표현, 보통 모종 형태의 "영원한"이라는 말, (4) 결론적 "아멘"이 나온다. 상세한 것은 Aune, *Revelation 1-5*, 43-45를 보라. 이 요소들은 또한 요한계시록 1:5b-6, 7:12에도 나온다.

101. 5:12에 대한 설명에서 이것이 기독론과 유일신론에 지니는 중요성을 보라.

102. Thomas, *Revelation 1-7*, 407.

103. Bauckham, *Climax*, 34의 주에서 말하는 것처럼, 이 구절은 요한계시록에서 하나님과 어린양이 함께 언급되는 일곱 군데 중 첫 번째다(5:13; 6:16; 7:10; 14:4; 21:22; 22:1, 3).

104. Bauckham, *Climax*, 31은 13b절에 나오는 사중의 송영이 아마 13a절에 나오는 창조에 대한 4중의 묘사에 영향을 받았을 것이라고 예리하게 말한다. 요한계시록에 나오는 다른 송영들은 두 개(1:5b-6), 세 개(4:9, 11; 19:2) 혹은 일곱 개의 특성들을 포함한다(5:12; 7:12).

105. BDAG 565.

106. BDAG 32; 참고. 1:6에 나오는 추가적 세부 사항.

107. 구체적 행동을 묘사하는 문맥에서 미완료 동사 ἔλεγον은 종종 짧은 시간 안에 반복되는 것을 강조한다(Fanning, *Verbal Aspect*, 242-43, 286-88).

108. 1:6, 7에서 다루는 것을 보라. BDAG 53이 말하는 것처럼, 이것은 '참으로'에 해당하는 히브리어를 음역한 것으로 회중 예배에서 '그렇게 되어지리다, 참으로, 아멘'이라는 반응으로(예를 들어, 대상 16:36; 고전 14:16) 혹은 송영을 단언하고 결론짓기 위해(예를 들어, 계 1:6; 7:12; 또한 롬 11:36; 갈 1:5; 엡 3:21; 빌 4:20; 딤전 1:17; 딤후 4:18; 히 13:21; 벧전 4:11; 5:11; 유 1:25을 보라) 사용된다.

들은 반복해서[107] "아멘"이라고 중간중간 외침으로써 찬양의 노래를 긍정한다.[108] 그리고 장로들은 겸손히 엎드려 경배와 예배를 드린다(참고. 4:10; 5:8).[109] 이러한 묘사는 이 장에 특히 적절한 결론이다.

적용에서의 신학

1. 십자가에 달리신 분의 승리[110]

하나의 단위로서 요한계시록 4-5장에서 가장 중요한 주제는 온 세상과 그 역사에 대한 하나님의 주권이다. 이것은 4:1-11에 나오는 하늘 보좌에 앉아 온 우주의 창조주와 유지자로서 예배를 받으시는 엄위하시고 전능하신 하나님에 대한 요한의 환상으로 시작된다. 그분은 모든 것을 다스리시고, 모든 것은 그분의 주권적 뜻으로부터 그리고 그 뜻을 위해 존재한다(4:11). "이후에 마땅히 일어날"(4:1) 모든 일은 그분의 보좌 알현실에서 나온다. 5:1-14에서 이 주권적 뜻의 범위는 여전히 우주적이지만, 그 뜻은 십자가에 달리신 예수 그리스도의 승리에 초점이 맞춰진다. 하나님의 모든 목적은 예수 그리스도와 그분의 희생을 통해 성취될 것이다. '그분이 죽임을 당하셨기' 때문에 그분만이 일곱 인으로 봉한 두루마리로 상징되는 정의와 구속의 신적 계획을 계시하시고 가동시키실 것이다. 이 장들에 나오는 극적인 비유적 표현은 하나님의 중심성과 십자가의 중심성을 강력하게 전한다.

또한 요한계시록 5:1-14은 십자가가 어떻게 전체 성경 이야기의 연결점인지 보여준다. 인류의 창조와 타락 그리고 하나님의 백성 이스라엘이 겪은 일련의 사건들 이전의 모든 것은 이제 십자가에 달리신 분을 가리키는 것으로 볼 수 있다. 그분은 모든 인류를 위한 하나님의 의도의 초점이며 받침점이다. 여기에는 하나님이 아브라함을 택하신 것과 이스라엘을 애굽에서 구해내서 세상 모든 민족 중에서 자신의 백성으로 삼으신 것, 그분이 다윗에게 주신 왕적 약속들 그리고 세상의 반역적인 나라에 대한 하나님의 영원한 통치를 "인자"가 확립하시는 것에 대한 다니엘의 환상 등이 포함된다. "이후에 마땅히 일어날" 모든 일은 십자가에 달리신 분의 승리에 결정적으로 좌우된다. 요한은 이러한 것들을 현재 하늘에서 그리고 교회 안에서 그

109. 장로들의 반응은 ἔπεσαν과 προσεκύνησαν이라는 두 개의 부정과거로 표현된다. 그것은 이 예배 행위를 요약하고 서로를 강화하는 말이다. 두 동사 모두 4:10, 7:11, 11:16, 19:4, 10, 22:8에도 나온다. 선호되는 헬라어 본문에서 "경배하더라"는 동사에는 진술된 목적어가 없다. 그러나 몇몇 후대의 사본에는 4:9-10의 영향으로 '영원토록 사시는 분'이라는 말이 삽입되어 있다(분명 외적으로나 내적으로나 더 열등한 독법으로, 유감스럽게도 TR과 KJV에 그렇게 되어 있다. 또한 NKJV를 보라). "경배하더라"라는 말의 암시된 목적어들은 13절의 송영의 대상인 두 존재라는 것을 쉽게 알 수 있다. 바로 하나님과 어린양이다. 또한 앞에 나오는 8, 12절에 대한 설명을 보라.

110. 여기에 쓰인 소제목들은 각각 Erich Sauer가 1951년에 쓴 책의 제목과 1971년 S. Lewis Johnson의 설교 제목과 1963년 Martin Luther King, Jr.의 'I Have a Dream' 연설에서 가져왔다.

축소판이 시작된 것으로 보며, 그것들이 장차 이 땅에서 궁극적이고 우주적으로 완성될 것을 기다린다.

이 환상은 요한의 청중에게 중대한 현실을 확인해주는 역할을 한다. 그들은 예수님을 주님으로 고백한 것 때문에 세상에서 가장 크다고 알려진 나라로부터 핍박을 받아왔다. 로마인들은 자신의 제국을 세계 역사의 핵심으로 보았고, 그들의 영광스러운 황제를 신들이 인류에게 준 선물로 여기며, 전 세계가 복종해야 할 존재로 보았다. 제국의 한 귀퉁이에서 반역죄로 처형된 무명의 시골뜨기는 그저 경멸과 망각의 대상일 뿐이었다. 물론 심지어 오늘날에도 기독교 안에는 '교양 있는 멸시자들'이 있다. 그들은 예수님이 훌륭한 본보기이자 교사라고 말하거나, 혁명적인 생각 때문에 순교당한 비극적인 인물이라고 입에 발린 말을 할 수도 있다. 하지만 그분의 희생이 세상을 구속하는 방법으로서 핵심이며 배타적인 것이라는 주장은 경멸의 대상일 뿐이다.

그럼에도 요한은 이 본문에서 세계 역사의 과정과 의미에 대한 신적 관점을 살짝 엿보게 해준다. 요한복음은 "보라 세상 죄를 지고 가는 하나님의 어린양이로다"(1:29, 36)라는 세례 요한의 말을 기록하면서 예수님의 생애를 담은 이야기를 시작했고, 이제 요한계시록은 하늘에서 어린양, 곧 유다의 사자이며 다윗의 뿌리인 분의 승리를 경축하는 것을 지적함으로써 예수님의 중요성을 묘사한다.

찬송가 작사가 존 보우링(John Bowring, 1792–1872)의 말은 이 주제를 멋지게 찬양한다. "그리스도의 십자가를 나는 기뻐하네. 세월이 지나도 파괴되지 않은 것, 신성한 이야기의 모든 빛이 그 숭고함 주위로 모여드네."[111]

2. 하늘의 기독론

록 오페라 "지저스 크라이스트 슈퍼스타"(Jesus Christ Superstar)에는 "예수 그리스도, 예수 그리스도, 당신은 누구십니까? 당신은 무엇을 희생했습니까?"[112]라는 가사가 나온다. 물론 수십 세기 동안 세상은 예수님에 대해 온갖 수식어를 갖다 붙여왔다. 심지어 기독교계 안에서도 그 질문에 대한 대답의 범위는 무한한 듯하다. 그분은 정말로 누구인가? 신화인가? 인습을 타파하는 시골뜨기 철학자인가? 마르크스가 활동하기도 전에 나타난 마르크스주의자 혁명가인가? 계몽시켜주는 뉴에이지의 영적 존재인가? 인간에게만 나타나는 신적인 영인가? 우리 자신의 꿈과 욕망을 새길 수 있는 열쇠인가?

이 땅에서 이러니저러니 해도, 요한계시록 5:1–14에 나오는 요한의 환상은 이 문제들에 대한 하늘의 관점을 묘사한다. 하늘의 보좌 알현실에서는 어떤 기독론이 지배적인가? 거기에서

111. "In the Cross of Christ I Glory" (1825). 공유.
112. Murray Head, vocalist, "Superstar," by Andrew Lloyd Webber and Tim Rice, recorded October 10, 1969, track 3 of side 4 of *Jesus Christ Superstar*, Decca/MCA, 1969.

는 예수님을 어떻게 보는가? 이 질문에 대한 대답은 사실상 하나의 역설이다. 요한의 환상은 엄위하심과 온순하심, 경축과 고난, 예배와 화, 신적 영광과 비참한 굴욕의 놀라운 혼합물을 보여준다. 하늘의 기독론이 우리가 예상했던 대로라고 생각하는 바로 그 순간, 요한은 우리의 사고의 범주를 뒤집어버린다.

하늘의 장면은 실제로는 위대함과 명성으로 빛난다. 보좌에 앉으신 전능하신 하나님, 그분의 하늘 수종자들 및 그들의 보좌와 관들, 우주를 위한 하나님의 뜻을 표현하는 위대한 일곱 인으로 봉한 두루마리. 이것은 가장 높은 서열의 탁월함, 지위, 특권을 나타내는 압도적인 묘사다. 이 장면 한가운데서 힘 있는 천사가 궁극적인 도전을 한다. 누가 이 두루마리를 펴며 그 인을 떼기에 합당한가 묻는다. 유다의 사자, 다윗의 뿌리가 합당한 분이라고 선언될 때, 우리는 모두 동의하는 의미로 고개를 끄덕인다. 물론 그런 분이라면 자격이 있을 것이다.

요한이 뒤돌아 어린양이 죽임당한 것처럼 서 계시는 것을 볼 때, 가장 놀라운 점 그리고 기독론에 가장 중요한 요점이 드러난다. 그 궁극적인 분은 "그 손에 못 자국"[113]으로 알 수 있다. 하늘의 관점에서 VIP가 되려면 어떻게 해야 하는가? 그러려면 굴복과 희생과 고난과 순종과 인내가 있어야 한다. C. S. 루이스(Lewis)의 소설에 나오는 힘센 사자 아슬란은 오직 흰색 마녀의 칼에 복종하기 때문에 나니아를 회복하고 통치한다. 예수님은 섬김으로 그분을 따라야 한다는 가르침에 대한 궁극적인 실례가 되신다(막 8:31-35; 9:33-35; 10:41-45). 물론 우리의 섬김은 예수님이 가져오신 것과 같은 우주적 효과를 낳지 못할 것이다.

이것은 기독론에 대한 요점으로 돌아가게 한다. 하늘의 합창단은 어린양의 죽음을 그분의 신성과 상충되는 것이 아닌 그 신성에 대한 확증으로 본다. 어린양의 희생이 그처럼 세상을 구속하고 세상을 변화시키는 효과를 낸다니 도대체 그분은 어떤 분이신가? 단순한 인간의 순교나 처형은 가장 고상한 대의와 가장 숭고한 동기에서 나온 것이라도 이런 결과를 낳을 수 없다. 그분의 온순하고 겸손한 인간적 섬김은, 모든 인류의 죄와 하나님의 피조물의 회복을 위해 자신을 드리는 것에서 그분의 신적 성품과 거룩함을 반영한다. 요한이 보기에 궁극적인 방식으로 예수님의 영광을 계시한 것은 십자가였다(요 7:39; 12:16, 23; 13:31-32; 17:1, 4-5; 21:19). 요한계시록 5장에서 천상의 존재들과 모든 피조물이 주 하나님을 예배할 때 사용한 것과 똑같은 방식으로 그리고 똑같이 활기차게 그리스도를 예배하도록 하는 것은 죽임당한 어린양으로서 하나님이 그분께 주신 역할이다.

삼위일체 및 성자 하나님의 신적 본성과 인간적 본성에 대한 기독교적 교리는 4세기와 5세기의 교회 공의회까지 세부적으로 해결되지 않았다. 하지만 가장 초기부터 그리스도인들은 나사렛 예수가 성부 하나님의 신성을 온전히 공유하고 계심을 보았다. 이를 통해 그들은 사실상 하늘의 기독론을 반영하고 있었다.

---

113. Fanny Crosby, "My Savior First of All" (1894). 공유.

3. 형제애의 식탁

요한의 환상은 기독교의 심오한 역설을 아름답게 포착한다. 오직 한 분이신 참되시고 살아 계신 하나님과 오직 하나의 속죄의 희생(그리스도의 십자가)만이 우리를 하나님께로 데려다준다. 그러므로 세상의 많은 다양한 사람은 모두 그분의 은혜를 받을 대상이며 그분과 참된 연합을 누릴 것이다. 오늘날 다양성이 분열을 의미한다고 여기고, 이 땅에서 다양한 문화가 많아질수록 진리의 연합과 인간 운명의 연합이 사라지리라 생각한다면, 우리는 중대한 실수를 저지르는 것이다. 때로 사람들은 이렇게 말한다. "이전 시대에는 그리스도인들이 하나님께로 가는 유일한 길이 예수님이고, 성경의 하나님이 유일하게 참되신 하나님이라는 진리를 더 잘 이해할 수 있었다. 당시에는 사람들이 문화적으로 더 고립되어 살고 있었기 때문이다. 이제 여행이 쉬워지고 이민과 상업이 널리 퍼져서 세상이 점점 더 작아지고 있으므로, 우리는 더 이상 그런 지엽적 개념들을 믿을 수가 없다."

1세기의 세상을 실제로 연구해본 사람은 누구든 그와 같은 말에 넘어갈 수가 없다. 예수님, 요한, 바울, 초기 그리스도인들은 믿을 수 없을 만큼 다양한 민족, 철학, 문화, 종교적 개념 그리고 종종 칼끝을 겨누며 강요하던 충성에 대한 주장의 혼합 속에서 살고 있었다. 우리가 그리스도와 복음에 충성하기 위해 지불해야 하는 대가가 너무 크다고 생각하는가? 우리의 지적, 종교적 상황이 그들보다 더 어렵다고 스스로를 속이지 말아야 한다.

하지만 요한계시록 5장은 우리가 앞으로 나아가도록 보다 적극적인 환상을 제시한다. 이 환상에서는 모든 지파와 언어와 백성과 나라가 그리스도 안에서 하나로 연합된다. 처음부터 창조주와 구속주이신 하나님의 의도는, 모든 인류가 함께 참되시고 살아 계신 한 분 하나님과 교제하며 그분을 예배하는 것이었다. 요한의 환상은 이것이 옳고 적절하다는 사실을 분명히 보여준다. 예수 그리스도의 희생을 통해 죄를 심판하시고 백성을 구속하시려는 하나님의 주권적 계획은 피조 세계 전체로부터 진심 어린 예배를 불러일으켜야 한다.

참으로 하나님을 예배하는 것은 서로의 차이점을 지워버리지 않는다. 오히려 그 차이점이 더 중요한 무언가에 집중하게 한다. 우리만의 집단보다 더 큰 것에 기여하게 한다. 참된 예배는 우리를 하나님께 집중하게 하고, 그로써 우리가 편협함과 자기중심성 때문에 배제했던 다른 사람들과 연합하게 한다. 십자가 아래 대등하게 서서 우리의 구속이 순전히 그리스도 안에서 하나님이 값없이 주시는 은혜로 이루어졌음을 인정할 때, 인종중심적 우월감이 겸손으로 바뀐다. 하나님을 향한 진정한 예배는 그리스도를 높이고 그분이 우주적 환호를 받으실 것을 깨닫게 한다. 그분은 세상 모든 민족에게 예배를 받기에 합당하시다.

요한계시록 5:12–13의 찬양은 여러 목소리와 악기가 어우러져 힘차게 불린다. 헨델의 "메시아"(Messiah)의 절정 부분을 들으며 전율을 느껴본 사람이라면 누구든 모든 족속과 방언과 백성과 나라에서 온 구속받은 사람들이 한목소리로 주 하나님과 어린양을 예배할 날의 영광을 작게나마 상상할 수 있을 것이다.

CHAPTER 12

요한계시록 6:1-17

문학적 전후 문맥

4-5장에 나온 요한의 환상은 모든 피조물이 하나님과 어린양을 예배하는 것으로 마무리되었다(5:11-14). 이제 하늘의 장면과는 상당히 다른 다음 단계로 넘어간다(6:1-17). 다시 한번 요한이 "보매"(εἶδον, 1a절; 참고. 4:1; 5:1, 2, 6, 11) 하늘에서 속사포처럼 일어나는 일련의 사건들이 제시된다. 하지만 이번에는 명백하게 지상의 결과도 함께 나온다. 5장에서 본 것처럼, 인으로 봉한 두루마리에는 하나님의 계획에 따라 전개될 미래의 사건이 담겨 있다(5:1에 나오는 구약 배경을 보라). 어린양이 두루마리를 취하셔서 그 인을 떼기에 합당하신 분임이 밝혀진다(5:1-7). 그 분이 인을 떼시면서 두루마리의 내용을 드러내시고, 보다 중요한 것으로 거기 묘사된 사건들을 지상에서 가동시키신다. 이제 처음 여섯 개의 인이 떼어지면서 요한의 환상에서 추가 단계가 전개되고(6:1-17), 미래에 일어날 사건들이 무엇인지 드러난다.

그리스도가 여섯 인을 떼는 것과 연관된 재난들은 전 세계적 구속의 완성을 예상하면서 죄에 대한 하나님의 심판을 최초로 표현한다. 요한은 그 마지막 날에 이 땅에 임할 심각한 화(뒤에 나올 나팔과 대접 심판 시리즈를 포함해서)를 어렴풋이 보고 다른 사람들에게 드러내는 것을 허락받았다(참고. 1:1-2). 인, 나팔, 대접들이 서로 어떻게 관계되어 있는가 하는 문제에 대해서는 앞의 '요한계시록 서론'에 나오는 '구조와 개요'를 보라.

이 화는 비유적으로 묘사되어 있다. 이 생생한 상징들은, 장차 이 시대의 절정의 사건이 일어나는 동안 하나님이 내리시는 심판들을 통해 이 땅과 그 거민들이 실제로 경험할 이 세상의 고난을 언급한다('요한계시록 서론'에 나오는 '비유적 표현과 상징'을 보라). 이 화들은 하나님의 진노를 표현하며(16-17절), 노아 시대 홍수나 소돔과 고모라의 멸망, 출애굽 때 애굽에 임했던 재앙 등과 같은 현실 세계의 심판을 반영한다. 이 유형은 구약 선지서에서 "여호와의 날" 심판의 일부로 다시 등장한다. 예수님은 동일한 특징들을 다니엘이 미래에 찾아올 "멸망의 가증한 것", 전례 없는 "환난"과 연관시켜 미리 내다본 극심한 시험의 때와 연관시키신다(단 9:17; 11:31; 12:1, 11; 마 24:15, 21). 이 일곱 인과 연관된 심판들은 요한계시록 3:10에 언급된 전 세계

에 찾아올 시험 혹은 환난의 때를 시작한다.[1]

주요 개념

어린양의 두루마리를 봉하고 있던 처음 여섯 인이 떼어지자 군사적 침략, 내란, 기근, 질병과 죽음, 두려운 우주적 혼란 등이 신적 진노의 표현으로 땅의 거민들을 공격한다. 그래서 그들이 절망적인 공포로 움츠러들게 하는 한편, 하늘에 있는 신실한 순교자들이 하나님께 정의를 호소하게 한다.

번역

요한계시록 6:1-17

1a	행동/첫째 인을 뗌	**내가 보매 어린 양이 일곱 인 중의 하나를 떼시는데**
b	소환	**그때에 내가 들으니 네 생물 중의 하나가 우렛소리 같이 말하되 오라 하기로**
2a	등장인물 입장	**이에 내가 보니 흰 말이 있는데**
b	묘사/효과	**그 탄 자가 활을 가졌고**

1. Blaising, "Case," 25–52. 또한 3:10과 6:8 끝에 나오는 설명을 보라.

c		면류관을 받고	
d		나아가서 이기고 또 이기려고 하더라	
3a	행동/둘째 인을 뗌	둘째 인을 떼실 때에	
b	소환	내가 들으니 둘째 생물이 말하되	오라 하니
4a	등장인물 입장	이에 다른 붉은 말이 나오더라	
b	묘사/효과	그 탄 자가 허락을 받아 땅에서 화평을 제하여 버리며	
c			서로 죽이게 하고
d		또 큰 칼을 받았더라	
5a	행동/셋째 인을 뗌	셋째 인을 떼실 때에	
b	소환	내가 들으니 셋째 생물이 말하되	오라 하기로
c	등장인물 입장	그리고 내가 보니 검은 말이 나오는데	
d	묘사/효과	그 탄 자가 손에 저울을 가졌더라	
6a		내가 네 생물 사이로부터 나는 듯한 음성을 들으니 이르되…하더라	
b	제안	한 데나리온에 밀 한 되요	
c		한 데나리온에 보리 석 되로다	
d	금지	또 감람유와 포도주는 해치지 말라	
7a	행동/넷째 인을 뗌	넷째 인을 떼실 때에	
b	소환	내가 넷째 생물의 음성을 들으니 말하되	오라 하기로
8a	등장인물 입장	내가 보매 청황색 말이 나오는데	
b		그 탄 자의 이름은 사망이니	
c	등장인물 입장	음부가 그 뒤를 따르더라	
d	묘사/효과	그들이 땅 사분의 일의 권세를 얻어	
e	설명	검과	
		흉년과	
		사망과	
		땅의 짐승들로써 죽이더라	
9a	행동/다섯째 인을 뗌	다섯째 인을 떼실 때에	
b	등장인물 입장	내가 보니	
	이유	하나님의 말씀과	
	이유	그들이 가진 증거로 말미암아	
	대상	죽임을 당한 영혼들이	
	위치	제단 아래에 있어	
10a	행동	큰 소리로 불러 이르되…하니	
b	탄원	거룩하고 참되신 대주재여	
		땅에 거하는 자들을 심판하여	

c		우리 피를 갚아 주지 아니하시기를
		어느 때까지 하시려 하나이까
11a	반응	**각각 그들에게 흰 두루마기를 주시며**
b		**이르시되 아직 잠시 동안 쉬되**
c		그들의 동무 종들과
		형제들도
		자기처럼 죽임을 당하여
		그 수가 차기까지 하라 하시더라
12a	행동/여섯째 인을 뗌	**내가 보니 여섯째 인을 떼실 때에**
b	우주적 효과	**큰 지진이 나며**
c		**해가 검은 털로 짠 상복 같이 검어지고**
d		**달은 온통 피 같이 되며**
13a		**하늘의 별들이…땅에 떨어지며**
b	비교	무화과나무가 대풍에 흔들려
c		설익은 열매가 떨어지는 것 같이
14a		**하늘은 두루마리가 말리는 것 같이 떠나가고**
b		**각 산과 섬이 제자리에서 옮겨지매**
15	인간의 반응	**땅의 임금들과**
		왕족들과
		장군들과
		부자들과 강한 자들과
		모든 종과 자유인이
		굴과 산들의 바위 틈에 숨어
16a	구약 인용	**산들과 바위에게 말하되**
b	탄원	우리 위에 떨어져
c		보좌에 앉으신 이의 얼굴에서와
		그 어린 양의 진노에서 우리를 가리라(호 10:8)
17a	이유	그들의 진노의 큰 날이 이르렀으니
b		누가 능히 서리요 하더라

구조

처음 여섯 인을 떼는 것과 연관된 사건들은 6:1–17에 기록되어 있는 반면, 일곱째 인은 막간에 두 개의 환상(7:1–17)이 나오고 나서 8:1에 나타난다. 처음 네 개의 인(6:1–8)을 뗄 때 공통되는 유형이 반복됨으로써 그다음 세 개의 인을 뗄 때와는 별개로 통일성이 있다.[2] 그 유형은 (1) 몇 번째 인인지 명백히 열거하면서 나오는 시간 절("…째 인을 떼실 때에"), (2) 몇 번째인지 열거하면서 나오는 네 생물 중 하나의 음성("…째 생물이 말하되 오라 하니"), (3) 말과 그 탄 자가 나오면서 그의 파괴적 행동이 간략히 묘사되는 것 등으로 구성된다. 이 네 인과 연관된 화들은 재앙을 일으키는데, 그다음 인들과 나팔들과 대접들에서 나오는 것처럼 심한 재앙은 아니다. 처음 네 개 인의 심판은 계속 진행되면서 더 심해지지는 않지만, 모종의 순서를 암시하면서 서로 관련되어 있다(침략, 내분, 기근, 사망). 처음 두 심판이 나중 두 심판으로 이어지는 듯 보이기 때문이다. 다섯째와 여섯째 인(6:9-17)은 처음 네 개와는 다른 성격의 사건을 제시한다. 우주적 혼란 및 그 재앙들에 수반되는 반응에 초점을 맞추는 것이다. 처음에는 하늘에 있는 순교한 성도들의 반응이 나오고, 그다음에는 신적 진노의 표현들을 필사적으로 벗어나려는 땅에 거하는 사람들의 반응이 나온다.[3]

석의적 개요

III. 두 번째 환상: 하늘의 보좌와 세 번의 심판 주기(4:1-16:21)

A. 하늘의 보좌에 대한 환상(4:1-11)

B. 일곱 인으로 봉한 두루마리와 죽임당한 어린양(5:1-14)

C. 일곱 인과 막간의 두 무리(6:1-8:1)

➡ **1. 처음 여섯 인(6:1-17)**

a. 네 개의 인과 말 탄 자 네 명(6:1-8)

(1) 첫째 인과 말 탄 자: 국제적 정복(6:1-2)

(2) 둘째 인과 말 탄 자: 내전(6:3-4)

(3) 셋째 인과 말 탄 자: 심한 기근(6:5-6)

(4) 넷째 인과 말 탄 자: 질병의 확산과 사망(6:7-8)

b. 다섯째 인: 순교자들의 부르짖음(6:9-11)

c. 여섯째 인: 어린양의 진노(6:12-17)

(1) 우주적 혼란(6:12-14)

(2) 땅에 거하는 자들의 반응(6:15-17)

2. 나팔에 대해서도 그리고 좀 덜 명확하기는 하지만 대접에 대해서도 비슷하게 묶을 수 있다. Bauckham, *Climax*, 9-15를 보라.

3. 인, 나팔, 대접들이 서로 어떻게 관계되어 있는가에 대해서는 '요한계시록 서론'('구조와 개요')을 보라.

본문 설명

6:1-2 내가 보매 어린 양이 일곱 인 중의 하나를 떼시는데 그 때에 내가 들으니 네 생물 중의 하나가 우렛소리 같이 말하되 오라 하기로 이에 내가 보니 흰 말이 있는데 그 탄 자가 활을 가졌고 면류관을 받고 나아가서 이기고 또 이기려고 하더라(1 Καὶ εἶδον ὅτε ἤνοιξεν τὸ ἀρνίον μίαν ἐκ τῶν ἑπτὰ σφραγίδων, καὶ ἤκουσα ἑνὸς ἐκ τῶν τεσσάρων ζῴων λέγοντος ὡς φωνὴ βροντῆς, Ἔρχου. 2 καὶ εἶδον, καὶ ἰδοὺ ἵππος λευκός, καὶ ὁ καθήμενος ἐπ' αὐτὸν ἔχων τόξον καὶ ἐδόθη αὐτῷ στέφανος καὶ ἐξῆλθεν νικῶν καὶ ἵνα νικήσῃ). 이 본문이 4-5장과 밀접한 연관을 맺고 있다는 사실은 요한이 5:1, 5("일곱 인"), 5:2, 5-9('떼다'), 5:6, 12-13("어린양")과 똑같은 단어를 사용해서 첫째 인을 떼는 것을 묘사할 때 그리고 4:6, 8("네 생물")과 똑같은 문구를 사용해서 자신이 들은 음성을 묘사할 때 분명히 드러난다.[4] 어린양과 생물들은 모두 하나님의 보좌 알현실에서 중심적 존재로 나왔으므로(4:6; 5:6), 여기에서 그들의 행동은 하나님이 창조하시고 구속하시는 세상에 대한 하나님의 주권적 계획이 직접 표현된 것으로 이해해야 한다(4:11; 5:9-12; 참고. 7:11; 14:3; 15:7). 첫째 인이 떼어질 때 요한은 그 생물 중 하나가 "우렛소리같이"[5] "오라"(ἔρχου, 1b절)고 명령하는 것을 들었다. 이것은 요한에게 "오라 [그리고 보라]"[6]고 초청하는 것으로 볼 수도 있지만, 문맥상으로 볼 때 2절에 나오는 말 탄 자에게 하나님이 의도하신 심판의 사명을 시작하라고 명하는 것이다.

이 사신의 등장은 2절에서 "이에 내가 보니"(5, 8절에도 나옴; 4:1에 대한 주를 보라)라는 문구로 명확하게 알려진다. 요한이 본 것은 두려운 군사적 이미지로서 "흰 말"과 "그 탄 자"였다. 뒤이어 나오는 세 마리의 말(4, 5, 8절)은 모두 색이 다르다. 그리고 각각의 네 가지 색은 비슷한 색(흰색, 붉은색, 검은색, 자주색 혹은 어룽진 것, 하지만 정해진 순서대로 나오지는 않는다)의 힘센 말 네 세트가 나오는 스가랴의 환상(슥 1:8, 10; 6:1-3)이 암시되어 있음을 확증한다. 스가랴에서는 온 세상을 순찰하도록 여호와가 이 말들을 보내신다. 이것은 여호와가 전 세계를 지배하시는 것을 상징한다. 요한의 환상에서는 세부 사항들이 다르다. 하지만 크게 보면 똑같다. 심판과 구원에 대한 하나님의 주권적 계획이 끔찍한 재앙들부터 시작해서 온 땅에서 이루어지리라는 것이다. 말 탄 자 네 명은 스가랴에서처럼 세상의 네 모퉁이로 대표되는 온 세상에 미치는 영향을 나타낸다. 그들은 하나님이 자신의 심판을 땅에 가져가라고 보내신 특정한 개인적 존재(인간 혹은 천사)가 아니라, 세상과 세상 사람들에게 퍼부어질 비참한 재난을 가리킬 것이다. 이 재난들을 어떻게 이해해야 하는가에 대한 더 자세한 논의는 8절에 나오는 설명을 보라.

이 첫째 말과 말 탄 자만 지니고 있는 독특한 요소들 때문에 그의 신원과 의미에 대해 매우 다른 해석들이 제시되었다. 한 가지 독특한 특징은 이 말이 흰색이

---

4. 요한은 1-2절에서 그가 환상 경험을 받은 것["보니"(2번), "들으니"]과 그 내용을 둘 다 기술하면서 일련의 부정과거 동사들을 사용한다. 그 내용은 환상의 사건들을 요약한 사전 행동으로 기술된다("떼시는데", "받고", "나아가서"). Mussies, *Morphology*, 333-36, 340; Fanning, "Greek Tenses," 341-46를 보라.

5. "우렛소리같이"라는 말은 비교의 불변화사(ὡς, '…같은, 처럼') 다음에 한정 소유격구(φωνὴ βροντῆς)가 나온 것을 번역한 것으로, 우레와 같은 소리라는 뜻이다. 이 문구는 뒤의 병행 구절들(3, 5, 7절)에는 나오지 않는다. 그것은 여격 φωνῇ으로 '소리와 함께'라고 표현할 수도 있었을 것이다(그리고 몇몇 사본은 본문을 여격으로 바로잡는다). 하지만 비교절들은 종종 단어들을 생략하며 주격 φωνή는 그것만으로도 잘 조화를 이룬다[즉, '우렛소리가 (말하는 혹은 들리는) 것처럼].

6. 일부 사본은 '그리고 보라'는 추가 단어를 두 가지 형태로 담고 있다(καὶ ἴδε 혹은 καὶ βλέπε; 참고. KJV; 또한 3, 5, 7절에 나오는 것). 하지만 더 나은 사본들(A, C, P, 1006, 1611, 1854, 2053)은 더 짧은 독법을 뒷받침하며, '보라'는 것에 대해 두 개의 다른 동사가 나오는 것으로 보아 더 긴 독법은 미심쩍다. 그것은 후에 추가된 것이다. 요한계시록이 '와서 보라'는 개념을 표현할 때 그것은 "오라…네게 보이리라"(δεῦρο, δείξω σοι, 17:1; 21:9)는 개념을 표현한다.

라는 것이다(2a절). 요한계시록에서 "흰"색은 선함과 순결함의 상징으로 보이고(예를 들어, 3:4-5; 4:4; 6:11), 흰 말은 19:11에서 예수 그리스도가 타시는 것으로 다시 등장한다. 그분은 만유의 주로서 "많은 관"을 쓰고 계시고, 그분의 신원은 "하나님의 말씀"이라고 밝혀진다(19:11-16). 6:2에서 그 말 탄 자는 "면류관"(στέφανος)을 가지고 있으며 '이기기 위해…이기는 자처럼' 나아간다(개역개정에는 "나아가서 이기고 또 이기려고 하더라"-역주).[7] 그것은 방금 언급한 그리스도의 승리와 직접 관련되어 있을 것이다(5:5; 또한 3:21을 보라). 초대 교회 몇 세기 동안 지배적이었던 해석 두 가지가 있다. 말 탄 자를 모든 적[예를 들어, 마지막 원수인 사망(참고. 6:8)]을 이기기 위해 하늘의 군대를 이끌고 가시는 그리스도로 보거나, 전 세계에 심판이 찾아오기 전에 먼저 회심자들이 구원에 이르도록 전해지는 그리스도에 대한 복음으로 보는(참고. 마 24:14) 것인데 그런 해석은 여전히 어느 정도 지지를 받는다.[8] 하지만 19:11에 나오는 인물과의 이런 연관성은, 첫 번째 말 탄 자가 다른 말 탄 자 셋(그리고 또한 남은 인들)과 마찬가지로 파괴적인 악한 세력이라는 것을 보여주는 강력한 문맥상의 유사점들을 뒤집기에는 너무 미약하다. "흰"색은 스가랴 1:8과 6:3에서 특별한 의미 없이 가져왔을 수도 있고, 사탄이 참된 왕을 흉내 내는 것이거나 일반적으로 그리스도인들을 속이려 하는 것을 나타낼 수도 있다.[9] 뒤에서 짐승이 두 증인(11:7)과 성도들(13:7)을 '이기는' 것과 마찬가지다.[10] 이보다 더 그럴듯한 견해는 흰말을 승리의 경축 혹은 군사적 지배와 연관시키는 것이다. 전사가 자신의 압도적 승리를 인정받아 흰말을 타는 것이다(참고. Herodotus, *Hist.* 9.63; Dio Cassius, *Rom. Hist.* 43.14.3).

이미 지나가는 말로 언급했던 세 개의 다른 독특한 요소는 말 탄 자가 가지고 있는 "활", 그가 받는 "면류관" 그리고 그가 이기는 목적이다(2b-d절). 이러한 요소들은 구체적인 1세기의 암시 및 그에 필적하는 보다 일반적인 상징적 의미를 둘 다 시사하는 듯하다. 바로 군사적 침략 혹은 정복이라는 의미다. 이것들을 역순으로 보면, 끔찍한 이 세상의 재앙들 목록에서 '이기는 것'은 자연히 군사적 투쟁 및 사람들, 특히 외국인들을 정복하는 것과 그에 수반되는 모든 인간적 재앙을 시사한다. 여기에서 말 탄 자의 승리를 내다보고 주어지는 "면류관"은 군사적 정복자의 승리를 경축하여 주어지는 것이다(στέφανος, 참고. 9:7에서 그런 관을 쓴 황충들).[11] 그리고 "활"을 가지고 있는 궁수인 말 탄 자는 특히 위협적인 전사를 나타낸다(신 32:41-42; 시 7:13; 사 5:23; 렘 4:29; 6:23; 애 2:4; 합 3:8-9에서 하나님이 검, 화살, 병거를 가지고 심판을 시행하신다는 이미지를 보라). 요한과 그의 독자들이 살던 1세기 로마 세계에서, 말과 화살이 언급될 때 사람들은 파르티아인을 떠올렸을 것이다. 전형적인 파르티아 전사들은 말을 탄 궁수였기 때문이다.[12] 파르티아는 메소포타미아 동쪽과 남쪽의 세국(아르메니아와 페르시아)으로, 로마는 한 번도 그들을 완전히 정복한 적이 없었고 1세기 말에 그들로부터 몇 번 쓰라린 패배를 겪었다. 그들은 사나운 투사라는 과장된 평판으로

7. 이 문구는 더 정확히 말하면 '그가 이길 수 있도록…이기면서'(νικῶν… ἵνα νικήσῃ)라고 할 수 있다. 양태 분사 '이기면서'와 목적절은 이 말 탄 자의 군사적 승리 및 다른 민족들에 대한 지배라는 유력한 기능을 한층 효과적으로 만든다.

8. 예를 들어, Sweet, *Revelation*, 137-39(스스로에 대한 세상의 환상들을 파괴하는 그리스도인 증인에 대한 언급); Prigent, *Apocalypse*, 266-68; Rowland, "Revelation," 611-12.

9. Beale, *Revelation*, 377.

10. 몇몇 해석자는 첫째 말 탄 자가 적그리스도라고 보며, 이에 대해서는 몇 가지 증거를 열거할 수 있다(예를 들어, 마 24:23-25, 종말에 거짓 그리스도가 일어나는 것). Matthias Rissi, "The Rider on the White Horse: A Study of Revelation 6:1-8," *Interpretation* 18 (1964): 407-18; Barnhouse, *Revelation*, 122-23; Patterson, *Revelation*, 179; Daniel K. K. Wong, "The First Horseman of Revelation 6," *BSac* 153 (1996): 222-25를 보라. 하지만 다른 세 말 탄 자는 비인격적인 악한 세력을 나타낸다. 그러므로 어떤 인격적 존재를 직접 언급하는 것은 이 순서와 맞지 않는 듯 보인다.

11. H. Kraft, "στέφανος," *EDNT* 3:274.

12. Tacitus, *Ann.* 15.10-15; Vergil, *Aen.* 12.857-58; *Georg.* 4.313-14를 보라.

이익을 얻었으며, 로마인들은 파르티아 사람들이 동쪽에서부터 침략하여 휩쓸고 올 것이라는 소문 때문에 자주 불안에 휩싸였다(참고. 16:12에 대한 주). 요한의 최초 독자들은 파르티아인 같은 인물에 대한 암시를 보고 외부인의 파괴적 정복이라는 강력한 이미지를 떠올릴 것이다.[13] 유추해보면, 그런 재해가 오는 것은 후대의 독자들에게도 두려움이 될 것이다.

6:3-4 둘째 인을 떼실 때에 내가 들으니 둘째 생물이 말하되 오라 하니 이에 다른 붉은 말이 나오더라 그 탄 자가 허락을 받아 땅에서 화평을 제하여 버리며 서로 죽이게 하고 또 큰 칼을 받았더라(3 Καὶ ὅτε ἤνοιξεν τὴν σφραγῖδα τὴν δευτέραν, ἤκουσα τοῦ δευτέρου ζῴου λέγοντος, Ἔρχου. 4 καὶ ἐξῆλθεν ἄλλος ἵππος πυρρός, καὶ τῷ καθημένῳ ἐπ' αὐτὸν ἐδόθη αὐτῷ λαβεῖν τὴν εἰρήνην ἐκ τῆς γῆς καὶ ἵνα ἀλλήλους σφάξουσιν καὶ ἐδόθη αὐτῷ μάχαιρα μεγάλη). 요한은 둘째 인을 떼는 것과 둘째 생물이 소환하는 것을 묘사하기 위해 1절을 사실상 그대로 반복하면서 대응되는 관용 표현의 처음 두 부분을 반복한다(앞의 '구조'를 보라, 3절).[14] 이번에는 "붉은" 말이 나타난다(슥 1:8; 6:2에 나오는).[15] 4b-c절에 죽이는 것과 피 흘리는 것에 대한 언급이 나오는 것에 비추어볼 때 붉은색은 적절하다. 그 탄 자는 "허락을 받아 땅에서 화평을 제하여 버리"는데[16] 그것은 2절과 주제가 비슷하다(침략 혹은 이김). 황제로부터 나오는 팍스 로마나(Pax Romana, 로마의 지배에 의한 평화-역주)를 자랑하던 고대 로마인들은 그 안정을 위협하는 것에는 무엇이든 특히 민감할 것이다. 그리고 요한의 그리스도인 독자들은 황제의 권세가 하나님으로 말미암아 위임되었고 언제라도 제거될 수 있다는 사실을 분명히 알아야 한다(단 2:21; 4:25; 롬 13:1). 이렇게 화평을 잃는 것이 2절의 정복 이미지와 밀접하게 관련되어 있다는 점은 그다음 절(4c절)에 나오는 "서로 죽이게 하고"(καὶ ἵνα ἀλλήλους σφάξουσιν)라는 말에 시사되어 있다.[17] 살펴보아야 할 두 가지 중대한 사항은, '죽이다'(σφάζω, 도살 행위, 희생 제물용 짐승을 죽이는 것에 대해 사용되었다)라는 무시무시한 단어와 이 피비린내 나는 죽음의 상호적 대상, 곧 "서로"라는 말이다. 이것은 2절에서처럼 외국 민족의 침략이기보다는 한 민족 안에서 일어나는 내란 혹은 서로 죽이는 투쟁을 말하는 듯하다. 이 말 탄 자에 대한 마지막 묘사는 섬뜩한 전망을 더한다. 그는 하나님의 허락을 받아 "큰 칼"[18]을 휘두르는데, 그것은 하늘로부터 오는 이 심판 행위의 결과 땅

---

13. Boring, *Revelation*, 122; Smalley, *Revelation*, 150-51.

14. "오라"(3b절)는 말 및 말과 그것을 탄 자에 대한 소개(4a절) 사이에, 한 사본(ℵ)은 "그리고 내가 보았다. 그리고 보라"는 말을 포함시킨다. 이것은 다른 사본들(예를 들어, A, C, 2053, 2329)에는 나오지 않는다. 그리고 그 말은 아마 2, 5, 8절의 영향으로 추가되었을 것이다.

15. "붉은"(πυρρός)이라는 동일한 헬라어 단어가 LXX 스가랴 1:8, 6:2에 나온다. 이 단어는 '불'(πῦρ)에 해당하는 단어와 관련되며, 그래서 그것은 때로는 "불같이 붉은"(fiery red, CSB, NET, NIV) 혹은 "밝은 붉은색"(bright red, ESV, RSV)이라고 번역된다. 이것은 말의 자연스러운 색이 아니다. 하지만 그것은 인상적인 묵시적 이미지에서 분명 사용될 수 있었다(참고. 계 12:3, "붉은 용"). 하지만 πυρρός는 여우와 이리와 "붉은 암송아지"(민 19:2)에 대해 사용되며, 관련 동사는 일출 혹은 일몰을 묘사할 수 있다(마 16:2; BDAG 899-900). 그래서 불그스레한 갈색 혹은 밤색일 수도 있다.

16. '권세'(authority, 개역개정에는 "허락"-역주)라는 단어는 명시된 것이 아니라 암시되어 있다(6:8; 7:2; 13:5b, 7a에 "권세"라는 말이 포함된 곳에서 '받아'라는 말에 더해 부정사가 나오는 표현을 보라). '얻어'(ἐδόθη)라는 수동태는 여기 2, 4(두 번), 8, 11절에서 하나님을 암시된 행위자로 삼아 사용된다. 이것은 신적 목적을 수행하기 위해 하나님에 의해 그에게 주어진 것이었다(참고. BDF §130.1; Joachim Jeremias, *New Testament Theology: The Proclamation of Jesus*, trans. John Bowden [New York: Scribner's, 1971], 13-14). 이 땅에서 화평을 유지하거나 깨뜨리는 권세는 궁극적으로 전능하신 여호와로부터 온다(단 2:21, 37-38; 4:17, 25).

17. 헬라어 καί(보통 '그리고'라고 번역되는)는 여기에서 이어서 나오는 절을 강화하기 위해 사용된다('심지어, 사실상'). 3인칭 복수 동사 σφάξουσιν은 분명히 정해지지 않은 혹은 비인격적인 의미를 지닌다. '그들(즉, 특별히 지정하지 않은 사람들)이 죽이고'라는 것이다(참고. BDF §130.2).

18. "칼"에 해당하는 단어 μάχαιρα는 찌르고 내리치는 데 사용되는 짧은 칼을 말하는데(막 14:43, 47에서처럼) 이는 여기 8절과 1:16에 나오는 것과 같은 크고 넓은 칼인 ῥομφαία와 비교된다(1:16에 대한 설명을 보라. 또한 LN §6.32-33).

에 대대적인 살육이 일어나는 것을 상징한다(4d절).

6:5-6 셋째 인을 떼실 때에 내가 들으니 셋째 생물이 말하되 오라 하기로 내가 보니 검은 말이 나오는데 그 탄 자가 손에 저울을 가졌더라 내가 네 생물 사이로부터 나는 듯한 음성을 들으니 이르되 한 데나리온에 밀 한 되요 한 데나리온에 보리 석 되로다 또 감람유와 포도주는 해치지 말라 하더라(5 Καὶ ὅτε ἤνοιξεν τὴν σφραγῖδα τὴν τρίτην, ἤκουσα τοῦ τρίτου ζῴου λέγοντος, Ἔρχου. καὶ εἶδον, καὶ ἰδοὺ ἵππος μέλας, καὶ ὁ καθήμενος ἐπ' αὐτὸν ἔχων ζυγὸν ἐν τῇ χειρὶ αὐτοῦ. 6 καὶ ἤκουσα ὡς φωνὴν ἐν μέσῳ τῶν τεσσάρων ζῴων λέγουσαν, Χοῖνιξ σίτου δηναρίου καὶ τρεῖς χοίνικες κριθῶν δηναρίου, καὶ τὸ ἔλαιον καὶ τὸν οἶνον μὴ ἀδικήσῃς). 여기에서 다시 셋째 인을 떼고 셋째 생물이 말과 말 탄 자를 호출하는 것을 묘사하기 위해 대응되는 구조(1절에 대한 설명을 보라)의 처음 두 부분이 반복된다(5a-b절). "내가 보니"라는 문구는(2절에서처럼, 4절에는 나오지 않는다) 셋째 말인 "검은" 말에 주의를 환기시킨다.[19] 이 말 탄 자는 손에 "저울"을 가지고 있다(5d절). 그것은 곡식이나 포장하지 않은 화물을 팔기 위해 무게를 달아보는 장치다(참고. 6절).[20] 하지만 그의 저울은 번영과 풍요를 예고하는 것이 아니라, 그다음 구절이 보여주듯 앞으로 올 기근과 궁핍한 시기를 예고한다.

생물들이 말 탄 자를 소환하는 것(1-8절)이 하나님의 보좌에서 나오는 명령을 나타내는 것과 마찬가지로(1절에 대한 설명을 보라), 이제 생물들 가운데서 "나는 듯한 음성"(6a절)은 하나님의 심판의 여파로 인한 결과를 지상에서 느낄 때 어떤 상황이 될 것인지 묘사함으로 저울의 의미를 설명한다. "한 데나리온에 밀 한 되요…"(6b-c절)라는 시세는 기본 식량이 터무니없는 가격에 팔리는 모습을 보여준다.[21] 이것은 전쟁이나 흉작 그리고 기본 양식이 고갈됨으로써 심각한 식량 결핍이 온 것을 상징한다. 이와 같은 거의 기근에 가까운 상황은 하나님의 심판이 임하는 것을 묘사할 때 일반적으로 나오는 특색이다(예를 들어, 레 26:26; 신 28:51; 겔 4:10-16; 욜 1:10-12; 미 6:15).[22] "감람유와 포도주는 해치지 말라"(6d절)는 명령은 논란이 많다. 때로 이 말은 기본 식량을 배급받는 가난한 자는 경제적 억압을 받는 한편, 부유한 자는 사치스러운 식료품을 무한정 구할 수 있다는 말로 해석된다.[23] 하지만 구약에서 기름과 포도주는 사치품이 아니라 곡식과 함께 생명 유지를 위해 공급되는 기본 양식으로 간주되었다(참고. 신 7:13; 11:14; 느 5:11; 욜 2:19). 그리고 그렇게 보는 것이 여기에서 더 의미가 잘 통한다. "해치지 말라"(μὴ ἀδικήσῃς)[24]는 말의 의미는 '감람유와 포도주가 지혜롭게 사용되도록 안전하게 지키라'는 것이다. 곡식뿐 아니라 이 두 가지 역시 귀중하고 아

---

19. 검은색(μέλας)은 스가랴 6:2에 나오는 말의 색이고, 일반적으로 위협적인 혹은 악한 때를 나타낸다(여기에 적절하다. 그런데 이 네 개의 화 중 어느 것에도 같은 의미가 적절할 것이다).

20. Rowland, "Revelation," 612는 이것을 "멍에"(신약에서 ζυγός라는 단어의 일반적인 의미, 마 11:29-30; 행 15:10; 갈 5:1; 딤전 6:1)로 이해하는 것이 더 낫다고 주장한다. 종노릇 혹은 경제적 억압에 대한 비유라는 것이다(18장에 나오는 바벨론의 악을 암시하는). 6절에서는 분명 경제적인 화를 나타낸다. 하지만 5절에 나오는 이 단어 ζυγός에서 그것을 보기는 어렵다(그것이 용어의 이중적 의미를 이용한 언어유희가 아니라면).

21. 밀 한 "되"(χοῖνιξ)는 Herodotus(*Hist.* 7.187)의 말에 따르면 군인의 일일 기본 배급량인 반면, "데나리온"은 당시 농부의 하루 품삯이다(마 20:2). 고대에 표준적인 곡식 가격을 서로 다른 시기와 지역에서 나온 증거에 기초해서 계산하기는 어렵지만, 여기에서 곡식 가격은 통상적인 가격보다 16배 더 비쌀 것이다(Cicero, *Verr.* 3.81.188과 David E. Aune, *Revelation 6-16*, WBC 52B [Nashville: Thomas Nelson, 1998], 397에 인용된 다른 본문들을 보라).

22. 이 본문들 대부분은 밀, 기름, 포도주의 부족을 언급한다. 요엘 1장은 여기에 언급된 다른 세 가지뿐 아니라 보리를 언급한다.

23. Boring, *Revelation*, 122; Thomas, *Revelation 1-7*, 433.

24. 이 동사(ἀδικέω)는 '잘못하다, 불의를 행하다'라는 보다 일반적인 의미를 지닐 수 있다(행 25:10; 고전 6:8; 골 3:25; 계 22:11). 하지만 요한계시록에서 종종 그 말은 '해를 끼치다, 손해를 입히다, 손상시키다'라는 뜻으로 사용된다(2:11; 7:2-3; 9:4, 10, 19; 11:5; 참고. 눅 10:19). 여기에서처럼 부정어와 함께 나오면 그것은 '영향받지 않은 채로 두다, 지키다, 보호하다'라는 의미다(예를 들어, 계 7:2-3; 9:4).

주 부족한 물자로 취급되어야 한다. 하늘에서 나온 말은 인류의 모든 집단에게 기본 생필품이 희귀하므로 필사적으로 찾으려 애써야 하는 이 땅의 상황을 묘사한다.

6:7–8 넷째 인을 떼실 때에 내가 넷째 생물의 음성을 들으니 말하되 오라 하기로 내가 보매 청황색 말이 나오는데 그 탄 자의 이름은 사망이니 음부가 그 뒤를 따르더라 그들이 땅 사분의 일의 권세를 얻어 검과 흉년과 사망과 땅의 짐승들로써 죽이더라(7 Καὶ ὅτε ἤνοιξεν τὴν σφραγῖδα τὴν τετάρτην, ἤκουσα φωνὴν τοῦ τετάρτου ζῴου λέγοντος, Ἔρχου. 8 καὶ εἶδον, καὶ ἰδοὺ ἵππος χλωρός, καὶ ὁ καθήμενος ἐπάνω αὐτοῦ ὄνομα αὐτῷ [ὁ] Θάνατος, καὶ ὁ ᾅδης ἠκολούθει μετ' αὐτοῦ καὶ ἐδόθη αὐτοῖς ἐξουσία ἐπὶ τὸ τέταρτον τῆς γῆς ἀποκτεῖναι ἐν ῥομφαίᾳ καὶ ἐν λιμῷ καὶ ἐν θανάτῳ καὶ ὑπὸ τῶν θηρίων τῆς γῆς). 넷째 인을 떼는 것과 넷째 생물이 말과 말 탄 자를 소환하는 장면을 묘사하면서(7절)[25] 요한은 대응 구조의 처음 두 부분을 마지막으로 한 번 더 반복한다(1절에 대한 설명을 보라). 넷째 말이 등장하게 하기 위해 "내가 보매"(8a절)라는 문구가 사용된다(2, 5절에서처럼). 여기에서 다시 한번 말의 색깔은 그것이 나타내는 재난의 특성에 적절하다. "청황색"[26] 말은 뒤에 묘사된 질병과 사망으로 인한 창백함을 가리킨다.[27] 사망과 음부는 죽은 사람들이 포로로 잡혀 있는 영역이다(시 6:5; 49:14; 마 16:18; 계 1:18; 20:13–14). 하지만 그것은 또한 죽을 인간들을 자신의 세력권으로 데려가기 위해 공격하고 종으로 삼는 적대적 세력을 나타내기 위해 이 구절에서처럼 의인화될 수도 있다(참고. 호 13:14; 롬 5:12, 14; 고전 15:26, 54–55).

요한은 주요 등장인물을 제자리에 배치한 후 하나님이 그들[28]에게 허용하신 섬뜩한 역할을 요약한다. 인류 대다수에게 광범위한 고난과 사망을 가져오는 역할이다(8d–e절). 앞에서 본 것처럼(2, 4절), "그들이…권세를 얻어"(ἐδόθη αὐτοῖς ἐξουσία)라는 문구는 이 심판의 재난에서 그들의 역할을 위임하신 분이 하나님이라는 점을 암시한다. 그리고 그들의 행동은 광범위하게 "땅의 사분의 일"에 영향을 미치는데, 이것은 이전에 나온 세 개의 인에서는 말하지 않았던 특성이다.[29] 이것을 그들의 잠재적 활동 범위로 여겨야 하는지, 아니면 그들의 죽이는 임무가 실제로 효과를 발휘한 범위로 여겨야 하는지는 분명하지 않다. 어쨌든 그것은 대단히 큰 범위이지만 뒤에 나올 대격변적 심판의 범위에는 간신히 근접할 뿐이다(참고. 6:14; 8:7–12; 9:15, 18; 16:3, 20). 하지만 그들의 섬뜩한 사명은 분명하고 다각적이었다. '검[30]과 흉년과 전염병(개역개정에는 "사망"–역주)[31]과 땅의 짐승들로

25. 이 구절에서만 '내가 들으니 생물이 말하되'라는 통상적인 말에 "음성을"이라는 말이 추가된다(이 말은 일부 사본에서는 빠져 있으나 최고의 사본들인 𝔓[24], ℵ, A, 1006, 1841, 2344에서는 견고하게 입증된다).

26. 이 색은 스가랴의 환상(슥 1:8–10; 6:1–3)에는 나오지 않는다. 문맥에 따라 그것은 건강한 풀과 식물의 신선한 '초록색'을 의미하거나(창 1:30; 막 6:39; 계 8:7; 9:4) 아니면 여기에서처럼 죽은 혹은 죽어가는 사람의 창백함을 뜻한다(고대 의학 본문에서는 이에 대해 사용되었다. LSJ 1995; BDAG 1085–86을 보라).

27. 요한은 구체적으로 말하지 않지만 음부는 아마 별도의 말을 타고 가기보다는 걸어서(Beasley-Murray, *Revelation*, 134) 혹은 사망과 같은 말을 타고(O. Böcher, "ᾅδης," *EDNT* 1:31) 갈 것이다.

28. "그들"(αὐτοῖς)이라는 대명사는 네 말 탄 자를 함께 언급할 수도 있다. 그리고 8절의 이 마지막 문장은 네 명의 말 탄 자 모두의 비통한 영향을 요약할 것이다. 하지만 그렇게 되면 1–8절에서 '…을 받아'라는 다른 용법들이 개별적인 말 탄 자("그", αὐτῷ, 2, 4절)에게 적용되는 것과 엄밀한 대응을 이루지 못한다. "청황색" 말은 다른 세 말이 가져온 치명적 영향들이 강화된 것을 나타낸다. 하지만 "그들"을 사망과 음부만 언급하는 것으로 보는 것이 더 낫다.

29. 요한의 사고는 아마 LXX 에스겔 5:1–12에 영향을 받았을 것이다. 그것은 예루살렘에 다양한 심판이 임할 것을 말하는데, 각 심판은 그 거민의 4분의 1에 영향을 미쳤다. 이 심판 유형은 여기에서 세계 거민의 4분의 1을 포함하는 것으로 단계적으로 확대되었다.

30. 여기에서 "검"에 대해 사용된 단어는 ῥομφαία다. 몇몇 구약 본문(LXX)은 단락 뒷부분에서 헬라어 단어 μάχαιρα의 앞에 나온 용법을 인용했다(4절에 대한 주를 보라). 하지만 그 단어들은 모두 MT에서 히브리어 단어 חֶרֶב다.

31. '전염병'(θάνατος)으로 번역된 단어는 보다 일반적으로는 "사망"을 뜻하지만, 여기에서는 전문화된 의미로 사용된다. 2:23에 나오는 주를 보라.

써 죽이는 것'이다. 물론 사망과 음부가 사람들을 '죽일' 것이라는 점은 예상할 수 있을 것이다. 하지만 이 구절은 그들이 이 일을 수행하는 다양하고 섬뜩한 방법들을 명시한다. 이 네 가지(검, 흉년, 전염병, 땅의 짐승들)는 인간의 무질서 및 사회적 부패가 절정에 이른 것으로, 다른 세 개의 인이 가져오는 심판들(침략, 내분, 기근)로 인한 화와 연관되어 있지만 죄 된 인류를 향한 하나님의 심판의 표현으로 하늘에서부터 가동되기 시작한 것이라고 이해해야 한다.[32] 이 궁극적인 신적 기원은 요한이 이미 이런 개념들을 끌어냈던 구약 본문에서 볼 수 있다. 그 본문들은 여호와께서 자기 백성의 원수들에게뿐 아니라 백성에게도 내리시는 벌을 이야기하지만, 이 네 항목을 하나님의 심판이 수행될 수단으로 명시한다. 한 본문은 이 중 두 개를 언급하고(렘 43:11), 어떤 것은 이 중 세 개를(렘 14:12; 21:7; 24:10; 42:17; 겔 5:12; 33:27) 그리고 어떤 본문은 네 개를 다 언급한다(렘 15:2–3; 겔 5:17; 14:21).

구약에 나오는 여호와의 날의 심판에 대한 이런 언급들('문학적 전후 문맥'에서도 언급된) 때문에 그리고 이 네 가지 재앙의 심각성과 광범위한 영향 때문에(1–8절), 처음 네 개의 인은 단지 그리스도의 승천 때부터 역사 내내 다양한 곳에서 작용하는 인간적 세력이 아니라, 종말에 있을 하나님의 절정의 심판들이 지닌 특징으로 이해해야 한다.[33] 분명 하나님의 심판 유형들은 말일에 일어날 더 강력한 재앙들을 가리키는 것으로, 예수님의 초림과 재림 사이의 기간 내내 예비적 형태로 나타날 것이다. 그리고 처음 네 인의 심판은 여섯째 인과 그 이후에 나오는 재앙들에 비하면 비교적 덜 강렬하다. 하지만 구약의 유사 본문들은 다소 덜 강렬한 이 심판들마저도 이 땅에서 여호와의 날의 심판의 일부로 나타날 하나님의 진노의 표현임을 보여준다.[34]

예수님은 종말론적 강화(마 24장; 막 13장; 눅 21장)에서, 다니엘이 "멸망하게 하는 가증한 것"이며 전례 없는 "환난"이라고 말한(단 9:27; 11:31; 12:1, 11) 강렬한 시험이 집중되는 시대와 그런 재앙들을 연관시키신다. 예수님은 거기서 "재난의 시작"(마 24:8; 막 13:8)인 문젯거리들을 언급하시는데. 그것은 뒤이어 나오는 더 심한 재앙들(마 24:21; 막 13:19)과 대조를 이룬다. 하지만 둘 다 구약에 나오는 여호와의 날이라는 주제 특유의 심판 유형들을 포함한다. 둘 다 종말 때의 "환난", 예수님이 다시 오시기 직전의 7년(다니엘에 따르면)이라는 집약된 시기로 이해해야 한다. 그러나 후자는 일반적인 메시아적 화와 대조되는 "큰 환난"(마 24:8; 눅 21:23)으로 분류할 수 있다.[35] 요한은 예수님과 마찬가지로, 덜 심한 화가 나오고 뒤이어 더 큰 화가 나오는 것을 합쳐서 "주의 날"과 함께 오는 심판 혹은 구속과 회복으로 이어지는 최종적인 극심한 환난으로 이해한다.[36]

---

32. 1–8절에서 어린양이 인들을 떼고 하나님의 보좌 알현실에서 나온 생물들이 이 "말 탄 자들" 각각을 부르는 것이 반복해서 언급되는 것에 비추어볼 때, 몇몇 사람(예를 들어, Duvall, *Revelation*, 100; Osborne, *Revelation*, 272)이 생각하는 것처럼 이 화들이 단지 인간의 악으로 인한 것으로, 하나님이 일어나도록 허용하기는 하셨지만 명확히 하나님이 보내신 것은 아니라고 생각하는 것은 잘못이다. 이 특징들은 단지 이 세상적 현상들이 모든 것과 마찬가지로 궁극적으로 하나님의 주관 아래 있다는 것만이 아니라, 이 현상 배후에 있는 구체적인 신적 지시를 나타낸다.

33. Beale, *Revelation*, 370–71; Caird, *Revelation*, 72; Hoskins, *Revelation*, 141–42가 주장하는 것처럼.

34. 예를 들어, 사 34:5–8; 렘 46:10; 겔 7:10–15, 23–27; 30:1–4; 욜 3:9–16; 습 1:14–18에서 1–8절의 핵심 주제들(예를 들어, 전쟁, 멸망, 전염병, 검, 기근)이 하나님의 진노(ὀργή) 및 여호와의 날에 대한 언급과 함께 나오는 것.

35. Blaising, "Case," 37–47. Pitre, *Tribulation*, 318–25는 메시아적 화의 두 단계를 구분한다. 그는 그중 두 번째 것만을 '대환난'이라고 칭한다. 하지만 '대환난'은 어떤 경우든 전문 용어는 아니다(3:10에 대한 주를 보라).

36. 요한계시록 6장에 나오는 화와 공관복음의 종말론 강화(마 24장; 막 13장; 눅 21장)에 나오는 화 사이에는 일반적인 상관 관계가 있지만, 요한이 예수님의 가르침뿐 아니라 더 광범위한 구약과 유대적 배경을 참고했다는 것은 분명하다. 요한계시록과 공관복음서 사이에 정확한 대응을 끌어내려는 것은 잘못이다. Fekkes, *Prophetic Traditions*, 80–82; Koester, *Revelation*, 357–58을 보라.

6:9-10 다섯째 인을 떼실 때에 내가 보니 하나님의 말씀과 그들이 가진 증거로 말미암아 죽임을 당한 영혼들이 제단 아래에 있어 큰 소리로 불러 이르되 거룩하고 참되신 대주재여 땅에 거하는 자들을 심판하여 우리 피를 갚아 주지 아니하시기를 어느 때까지 하시려 하나이까 하니(9 Καὶ ὅτε ἤνοιξεν τὴν πέμπτην σφραγῖδα, εἶδον ὑποκάτω τοῦ θυσιαστηρίου τὰς ψυχὰς τῶν ἐσφαγμένων διὰ τὸν λόγον τοῦ θεοῦ καὶ διὰ τὴν μαρτυρίαν ἣν εἶχον. 10 καὶ ἔκραξαν φωνῇ μεγάλῃ λέγοντες, Ἕως πότε, ὁ δεσπότης ὁ ἅγιος καὶ ἀληθινός, οὐ κρίνεις καὶ ἐκδικεῖς τὸ αἷμα ἡμῶν ἐκ τῶν κατοικούντων ἐπὶ τῆς γῆς). 다섯째 인을 떼는 것과 함께(9a절) 요한의 환상에 나오는 사건들은 극적으로 변한다. 하늘에서 행동이 시작되고 그것이 이 땅에서 일어나는 재난들로 바뀌는 말 탄 자 넷이 등장하는 시리즈(1-8절) 대신, 다섯째 인은 하늘 보좌 알현실에서 일어나는 대화에 초점을 맞춘다. 그것은 가까운 과거(하나님의 종들의 순교)와 미래(하나님이 그들을 죽인 자들을 변호하시는 것)에 지상에서 일어나는 사건들을 암시한다. 하지만 여기에서 나타나는 구체적 요소, 곧 하나님의 백성에 대한 심한 박해는 구약, 초기 유대교, 신약이 예상했던 종말론적 화라는 유형과 분명히 조화를 이룬다. 그 화들은 처음 네 인에서 이미 나타났으며 여섯째 인과 그 이후까지 계속될 것이다.[37]

요한은 처음으로 "제단"(9b절, 헬라어 관사를 사용해서 τοῦ θυσιαστηρίου)을 언급한다. 요한은 4:1부터 묘사했던 하늘 장면 때문에 독자들이 그 제단이 무엇인지 알 것이라고 생각한다.[38] 이사야에 나오는 하늘 보좌에 계신 하나님에 대한 환상에서는 보좌 알현실 역시 제단(사 6:6, θυσιαστήριον)이 있는 성전(사 6:1)으로 묘사되고, 요한은 이것을 하나님의 임재에 대한 자신의 환상에 통합했다(4:5-6에 대한 설명을 보라). 이 제단은 요한계시록에서 일곱 번 더 언급되는데, 모두 4-5장의 하늘 장면에서 흘러나오는 심판 부분에 나오고 땅에 임하는 심판들을 조율하는 것에서 두드러지게 나타난다(예를 들어, 8:5; 9:13; 14:18).[39] 순교자들의 영혼을 하늘의 "제단 아래" 두는 것은 중요한 함축과 뚜렷하게 연관된다. 최소한 그것은 그들이 죽음 이후에 하나님과 가까이 있다는 것을 상징한다. 그들은 하나님의 임재 바로 앞으로 가게 되며(참고. 고후 5:8; 빌 1:23) 거기에서 몸의 부활을 기다린다(고전 15:20-23; 빌 3:20-21; 계 20:4).[40] 또한 그것은 순교자들이 하나님께 충성하여 '죽임당한 것'(9절)과 피 흘린 것(10절)과 어린양이신 예수 그리스도가 체현하신 신실한 자기희생을 연관시키는 듯하다(참고. 5:6, 9). 구약의 향 제단은 실제 제사를 드리는 곳은 아니었다. 하지만 그 제물에서 나온 피를 의식의 일부로 제단 "뿔"에 발랐다(예를 들어, 레 4:6-7, 16-18).[41] 그들의 영혼이 "제단 아래" 있다는 것은 그들의 순교가 예배 행위임을 드

37. 예를 들어, 단 7:21; 11:31-35; 12:1; 1 En. 100:7; 104:3; Jub. 23:23-24; 2 Bar. 70:1-10; 마 24:9-13; 막 13:9-13; 눅 21:12-19.

38. 어떤 품목은 그것이 문화 속에서 결부되어 있는 알려진 실재와 연관되어 있기 때문에 알아볼 수 있거나 규정할 수 있다. Levinsohn, *Discourse Features*, 148-49를 보라.

39. "제단"이라는 말만으로는 구약 성소 밖에 있는 큰 청동 번제단에 해당하는 것인지[출 38:1(38:22 LXX); 왕상 8:64; 왕하 16:14-15; 대하 1:5-6] 아니면 성소 안에 있는 작은 금으로 된 향 제단에 해당하는 것인지(출 30:1, 27) 명확히 알 수가 없다. 헬라어 구약은 둘 다에 대해 같은 용어(θυσιαστήριον)를 사용하기 때문이다. 지상의 그 두 단은 모두 희생 제사 혹은 제물을 드리는 장소였으며(피 제사 혹은 향 제사) 네 개의 "뿔"이 달려 있거나 모퉁이가 솟아올라 있었다. 요한계시록 6:9에서 요한은 하늘에서 어떤 제단에 해당되는 것을 생각하고 있는지 분명히 밝히지 않는다. 하지만 그다음에 나오는 용법들[8:3(두 번), 5; 9:13]은 그것이 향 제단("금"으로 된, "향"을 드리는 것과 연관된)이라고 명백히 밝히며, 그것은 이 책 나머지 부분에서 그 말이 나오는 경우들에 대한 유형을 설정하는 듯하다(11:1; 14:18; 16:7). 예표론적 근거에 따르면(참고. 히 9:11-12, 24), 하늘에서 하나님 임재 안에 자리하고 있는 제단은 바깥 뜰보다는 성소 안쪽에 있는 지상의 제단에 해당되는 듯하다. 땅의 두 제단 모두의 기능을 나타내는 하나의 하늘 제단이 있었다고 단정할 필요는 없는 듯 보인다(Boxall, *Revelation*, 113; Koester, *Revelation*, 398; Mounce, *Revelation*, 146이 시사하는 것처럼).

40. 그들의 "영혼들"(τὰς ψυχὰς) 혹은 영적 자아들은 제단 아래에서 앞으로 올 부활과 완전한 구속을 기다리고 있다(BDAG 1098; 눅 12:20; 행 20:10; 계 20:4; 참고. 또한 4 Ezra 4:35).

41. 어떤 해석자들은 6:9에 나오는 "제단 아래"라는 곳을 상당히 사실

러낸다. 즉, 모든 경배를 받기에 합당하신 하나님께 희생적으로 자신을 드리는 것이다.

요한이 얼핏 보여준 하늘의 장면은 하나님의 백성으로 하여금 정신이 번쩍 들게 하는 동시에 굳세게 해준다. 그것은 주님을 반대한 세상이 주님께 충성하는 사람들(이 영혼들이 그랬던 것처럼)을 환영하리라는 환상을 여지없이 깨뜨린다. 그들이 폭력적으로 죽임을 당한 것은 짐승의 '도살'로 묘사되는데,[42] 그 죽음은 요한계시록 내내 예시되고 칭찬받은 일(1:2, 9; 2:10; 3:8, 10; 12:11, 17; 19:10; 20:4), 곧 기독교를 증거함으로 말미암은 것이었다(9b절). 그들은 복음, 곧 그리스도 안에서 이루어진 하나님의 구원 역사에 대한 하나님으로부터 나오는 "말씀"[43]을 옹호했고, 그들은 삶과 말로 그 진리에 대한 그들의 증거를 '주장했다'(개역개정에는 "가진"-역주).[44]

그렇게 땅에서 죽기까지 신실하게 증거한 것이 요한이 이야기하는 하늘 장면의 배경이다(10절). 이 환상이 나오는 문맥 때문에(다섯째 인과 연관된), 이 순교자들은 앞에 나온 심판들이 이루어지는 동안 그들의 믿음 때문에 죽임당한 그리스도의 추종자라고 이해해야 한다("큰 환난"에서 죽었다고 명백하게 나오는 비슷한 집단에 대해서는 7:13-17을 보라). 그리스도의 재림으로 이어지는 강렬한 환난의 전체 기간의 특징은 하나님의 원수들(천사 및 인간)이 그분의 백성을 심하게 반대하는 것이다(11:7-10, 18; 12:10-12, 17; 13:7, 15). 순교자들이 큰 소리로 애처롭게 호소하는 것은, 하나님과 그 백성을 반대하는 사람들의 악에 대해 하나님의 완전한 정의를 서두르지는 않되 확실하게 시행해달라는 것이다.[45] 고난받는 의로운 자들이 아직 죄인들이 하나님께 심판받지 않는 것을 의아하게 생각하고 조급함을 보이는 것("어느 때까지 하시려 하나이까")은 이스라엘 역사에서 오랫동안 반복되어 왔고, 그와 같은 질문을 하는 기도를 쉽게 찾을 수 있다(예를 들어, 시 79:5-7; 슥 1:12; 4 Ezra 4:33-37; 참고. 눅 18:7). 딜레마는 그들이 하나님이 "대주재"[46]이심을 안다는 것과, 그 하나님이 "거룩하고 참되신" 분인데(3:7에 대한 설명을 보라) 그들을 박해한 자들에 대해 혹은 보다 광범위하게는 인간 악에 대해[47] 심판과 정의를 아직 성취하지 않으셨다는 것이다.[48] 복수해달라는 이 부르짖음은 하나님을 섬겼다는 이유로 그들을 죽인 죄를 지은 사람들을 대상으로 하고 있기에 더욱 이해할 만하다(참고. 10절, "우리 피"; 9절, "죽임을 당한").[49] 더 자세한 논의는 뒤에 나오는 '적용에서의 신학'을 보라.

적으로 희생제물의 피가 쏟아지는 곳이라고 해석한다(즉, 번제단에서, 레 4:7b, 18b). 그래서 이 "영혼들"을 그런 희생제사의 이미지와 직접 연관시킨다(예를 들어 Boxall, *Revelation*, 113; Osborne, *Revelation*, 284-85; Sweet, *Revelation*, 142). 하지만 이것은 어떤 제단을 염두에 두고 있는지를 잘못 해석했고, 그 비유적 표현을 너무 지나치게 해석한 것이다.

42. 그들의 죽음은 9b절에서 '도살'(slaughter) 혹은 '살해'(slaying)라고 묘사된다(σφάζω, 18:24에 나오는 것과 같은 동사, 참고. 어린양의 죽음에 대한 5:6). 20:4에 나오는 유사 표현은 훨씬 더 생생하다. "목 베임을 당한 자들의 영혼들"이라는 것이다.

43. "하나님의 말씀"(τὸν λόγον τοῦ θεοῦ)은 주격 소유격 구다(1:2에 대한 설명을 보라).

44. '그들은 주장했다'(εἶχον)는 것은 이 세상의 삶에서 그들의 습관적 행동을 나타내는 미완료 시제다(참고. '증거를 가진' 것에 대해서는 12:17; 19:10).

45. "어느 때까지…"(10절)라는 그들의 질문은 Luter and Hunter, "The 'Earth Dwellers,'" 8-10과 Luter, "Interpreting the Book of Revelation," 472-73이 결론을 내리는 것처럼 "땅에 거하는 자들"에 대한 하나님의 심판이 아직 시작되지 않았다는 의미는 아니다. 그것은 처음 네 인의 형태로 분명히 시작되었다(17절에 대한 설명을 보라). 여기에 나오는 호소는 그들을 박해하는 자들에 대한 하나님의 심판이 완성되고 순교자의 구속이 완전히 성취되게 해달라는 것이다.

46. 여기에서 사용된 호칭은 ὁ δεσπότης로, 그분의 완전한 통치를 강조한다(참고. 눅 2:29; 행 4:24; 벧후 2:1; 유 1:4).

47. "땅에 거하는 자들"은 요한계시록에서 하나님을 완악하게 반대하는 사람들에 대해 자주 쓰이는 묘사다. 그들은 마지막 날에 하나님의 심판을 받을 것이다. 그에 대한 논의로는 3:10을 보라.

48. 여기에 쓰인 두 동사(κρίνω와 ἐκδικέω)는 19:2에서 바벨론에 대한 하나님의 행동에 사용된다. '갚다'(ἐκδικέω)라는 동사는 범한 불의에 상당하는 벌을 요구하는 것을 의미한다(BDAG 300; G. Schrenk, "ἐκδικέω," *TDNT* 2:442-46; 참고. 신 32:43 LXX; 롬 12:19; 그리고 살전 4:6; 살후 1:8; 벧전 2:14에 나오는 관련된 용어들).

49. 의로운 피를 흘린 사람들에게 하나님의 정의를 보이는 것에 대한 비슷한 언급들을 보라. 창 4:10; 신 32:43; 왕하 9:7; 시 79:10; 마

6:11 각각 그들에게 흰 두루마기를 주시며 이르시되 아직 잠시 동안 쉬되 그들의 동무 종들과 형제들도 자기처럼 죽임을 당하여 그 수가 차기까지 하라 하시더라(καὶ ἐδόθη αὐτοῖς ἑκάστῳ στολὴ λευκή καὶ ἐρρέθη αὐτοῖς ἵνα ἀναπαύσονται ἔτι χρόνον μικρόν, ἕως πληρωθῶσιν καὶ οἱ σύνδουλοι αὐτῶν καὶ οἱ ἀδελφοὶ αὐτῶν οἱ μέλλοντες ἀποκτέννεσθαι ὡς καὶ αὐτοί). 순교자들의 부르짖음에 대한 하늘의 반응은 구체적인 종말론적 시간표를 알려주는 것이 아니다. 하나님은 인간의 악에도 불구하고 땅에서 곧 이루실 더 큰 목적을 상기시키셨다. 그들은 각각 "흰 두루마기"를 받았다. 그것은 하늘의 순결함과 순교자들이 당한 일에 대해 그들에게 아무런 죄가 없음을 상징할 것이다(11a절).[50] 신적 타이밍이 언제인가 하는 그들의 질문(10b절)에 대한 직접적 대답은 나오지 않는다. 그러나 암암리에 나오는 응답은 전에 나온 비슷한 질문들에 대한 하나님의 대답과 비슷하다. 즉, '너희가 알 바 아니니요'라는 것이다(참고. 막 13:32; 행 1:7; 살전 5:1–2; 참고. 2 Bar. 21:8). 그 대신 11b절에서 그들은 그들이 현재 누리는 '쉼'(ἀναπαύω), 곧 하나님의 임재 앞에서 그들에게 지금 주어진 투쟁과 죄로부터의 복된 해방 상태를 누리라는 격려를 받는다(참고. 14:11–13; 19:2).[51]

하나님의 정의를 시행해달라는 그들의 부르짖음은 "잠시 동안"(ἔτι χρόνον μικρόν)이 지난 후에야 온전히 응답될 것이다.[52] 하지만 시간을 나타내는 이런 표시는 하나의 시간 절("…까지", ἕως로 시작되는)로 더 설명되는데, 이 시간 절은 하나님의 계획 안에서 그분의 완전한 응답이 오기 전에 반드시 일어나야 하는 사건들을 부분적으로 설명한다(11c절). 그 시간 절은 아직 "수가 차기"[53]에 이르지 않은 두 집단(같은 개인을 의미하는 것이 아닌)을 명시한다. 그 두 집단은 '완전하게 채워지는' 것의 주어인 두 명사구를 결합시키는 "…들과…들도"(both…and, καί…καί)의 대응에서 볼 수 있다(11c절). 첫째는 "그들의 동무 종들"이다. 이 말은 하나님의 목적 안에서 그리스도를 믿는 믿음에 이르고 순교자들처럼 신실하게 그리스도를 섬기게 될 다른 사람들을 언급한다. 이것은 일반적인 종말론적 주제를 반영한다. 하나님이 심판을 지체하시는 것이 부분적으로는 복음이 온 세상에 전파되고(참고. 마 24:4) 더 많은 사람이 "회개하기에 이르"(벧후 3:9)는 시간을 허락하시는 그분의 자비 때문이라는 것이다. 두 번째 집단은 "그들의…형제들"[54]이다. 이 집단은 더 구체적으로 설명되어 있다. 하늘에 있는 순교자들처럼, 그들의 믿음으로 말미암아 "죽임을 당하"리라는 것이다. 앞으로 순교자들이 있을 것임을 하늘도 인식한다는 이 슬픈 암시는 인을 떼는 것과 연관된 사건들의 가슴 아픈 실상을 상기시킨다. 이 사건들이 메시아적 화, 곧 세상과 그 백성(심지어 하나님의 백성)이 하나님의 구속의 온전한 복됨을 경험하기 전에 반드시 견뎌야 하는 강렬한 고난의 때라는 것이다. 하지만 그다음 인을 떼는 것이 보여주는 것처럼, 하나님의 온전한 정의가 곧 이를 것이다.

23:35.

50. "흰 두루마기"는 7:9, 13–14에서도 언급된다(이들과 같은 순교자 집단에 대해). 흰옷에 대해서는 3:4–5에 대한 설명을 보라.

51. 그들의 쉼은 요한계시록 20–22장이 묘사하는 것처럼 장차 하나님이 만물을 새롭게 하시는 중에 그들의 몸이 장차 부활하는 것에서 절정에 이를 것이다. 히브리서 4:1–11에서 하나님이 안식에 대한 구약의 기대들이 미래의 성취에 이르는 것을 통해 이 '쉼'을 약속하시는 것을 보라.

52. 11b절에 나오는 응답은 물론 막연하고 명확하지 않은 시간을 제시한다. 하지만 그것은 그들에게 인내로 기다리라고 권면하며 또한 그 기다림이 오래 지속되지 않을 것이라고 안심시킨다. 요한계시록에 나오는 하나님의 종말론적 타이밍에 대한 진술로는 1:1에 나오는 논의를 보라.

53. "수가 차기까지"라는 말은 동사 πληρωθῶσιν('충만히 채워지다/완성되다', LN §59.33을 보라)을 관용구적으로 번역한 것이다. 이것은 하나님만이 아시는 각 집단의 미리 정해진 숫자를 암시한다. 매우 유사한 어법으로는 4 Ezra 4:36–37을 보라.

54. "그들의…형제들"(οἱ ἀδελφοὶ αὐτῶν)은 남녀 동료 그리스도인들을 의미한다(ἀδελφοί는 "형제들"을 의미할 수 있다. 하지만 신약에서 보다 일반적으로 '형제자매'를 의미한다).

6:12-14 내가 보니 여섯째 인을 떼실 때에 큰 지진이 나며 해가 검은 털로 짠 상복 같이 검어지고 달은 온통 피 같이 되며 하늘의 별들이 무화과나무가 대풍에 흔들려 설익은 열매가 떨어지는 것 같이 땅에 떨어지며 하늘은 두루마리가 말리는 것 같이 떠나가고 각 산과 섬이 제자리에서 옮겨지매(12 Καὶ εἶδον ὅτε ἤνοιξεν τὴν σφραγῖδα τὴν ἕκτην, καὶ σεισμὸς μέγας ἐγένετο καὶ ὁ ἥλιος ἐγένετο μέλας ὡς σάκκος τρίχινος καὶ ἡ σελήνη ὅλη ἐγένετο ὡς αἷμα 13 καὶ οἱ ἀστέρες τοῦ οὐρανοῦ ἔπεσαν εἰς τὴν γῆν, ὡς συκῆ βάλλει τοὺς ὀλύνθους αὐτῆς ὑπὸ ἀνέμου μεγάλου σειομένη, 14 καὶ ὁ οὐρανὸς ἀπεχωρίσθη ὡς βιβλίον ἑλισσόμενον καὶ πᾶν ὄρος καὶ νῆσος ἐκ τῶν τόπων αὐτῶν ἐκινήθησαν). 여섯째 인을 떼는 것(12-14절) 및 그와 관련된 심판을 당하는 이 땅 사람들의 반응(15-17절)과 함께, 요한은 큰 환난 마지막 단계들의 특징인 강렬하고 극심한 땅의 화를 묘사한다. 우리는 이제 하나님의 절정을 보기 바로 직전에 와 있다. 하지만 요한이 7-16장에서 다른 중대한 세부 사항들을 개략적으로 묘사하는 동안 전체적 묘사는 미뤄진다.[55] 우리는 또한 1-11절에서 본 전쟁, 기근, 사망, 순교와 같은 끔찍한 지상 사건의 통상적 범위를 훨씬 벗어나는 현상들을 만나게 된다. 여섯째 인은 창조 세계를 맹렬히 흔들고 일반적인 지상 경험의 틀 안에서는 도저히 이해하기 어려운 하늘의 징조들이 임하게 한다. 하지만 그 징조들은 많은 구약 선지서와 예수님의 종말론 강화(마가복음 13장과 병행 구절들)에서 예언된 여호와의 날의 더 명확한 특징으로,[56] 선지자들과 예수님은 그런 현상들이 죄 된 인류를 향한 하나님의 벌임을 곧바로 깨닫는다. 요한 시대의 그리스 로마 사회에서 그 징조들은 소아시아의 영향력 있는 엘리트에게 실제로 부어지는 재앙의 징조들로 이해될 것이다(참고. 15-17절).[57]

요한이 그의 환상에서 이야기하는[58] 첫 사건은 "큰 지진"(12b절, σεισμὸς μέγας)이다. 큰 지진은 시내 산에서 나타나신 하나님의 신적 현현의 특징이다(출 19:16-19). 그리고 이스라엘이 애굽에서 해방되는 것과 연관된 복합적 사건들(열 가지 재앙과 하나님이 율법을 주시면서 이스라엘에 나타나신 것)과 관련된 심판 예표론의 중요한 부분이다. 하나님이 두렵게 창조 세계를 흔드시는 것은 후에 구약에서 비슷한 심판이 임하는 것에 대한 경고로 거듭 인용된다(삿 5:4-5; 시 18:7-15; 68:7-8; 77:18; 사 13:13; 64:2-3; 렘 10:10; 겔 38:19; 학 2:6-7, 21). 또한 이런 흔들림은 여호와의 날에 하나님의 진노가 땅에 퍼부어지는 것의 한 특징이며(사 13:13; 24:14-23; 욜 3:14-16; 나 1:5-6; 슥 14:4-5, 8-10) 예수님이 오시기 전에 나타날 메시아적 화에 대한 그분의 예언에도 나온다(마 24:7; 막 13:8; 눅 21:11).[59]

두 번째와 세 번째 사건은 한 쌍을 이룬다. 해와 달의 불길한 변화다(12c-d절). 해가 "검은 털로 짠 상복같이 검어지고" 달이 "피같이" 되는 것[60]은 일식 혹은 월식 때의 모습과 매우 비슷하며, 순진한 사람들에게는 그 자체가 놀라워 보일 것이다. 하지만 그런 징조들은 구약에 나오는 여호와의 날에 대한 비유적 표현에도 일반적으로 나온다(이것은 욜 2:30-31과 비우 비슷하다. 또한 사 13:9-11; 욜 3:14-15; 암 5:18-20; 8:9-10; 습 1:14-15을 보라; 또한 마 24:29; 막 13:24-25; 눅 21:25). 13-14절에 묘사

55. Resseguie, *Narrative Commentary*, 131-32; Roloff, *Revelation*, 92.

56. 앞에 나오는 7-8절과 9절에 대한 주를 보라. 앞의 인 심판들 역시 여호와의 날의 유형에 맞는다. 하지만 유사점들은 그처럼 명백하지는 않다.

57. Andrew Chester, "Chaos and New Creation," in Ashton, *Studies in Apocalyptic*, 338-39.

58. 12-14절에 나오는 일련의 부정과거들은 요한이 본 현상들을 기술한다.

59. 이 본문들 및 그런 "흔들림"을 경험하는 사람들의 반응과 함께(15-17절), Boring, *Revelation*, 115-16이 시사하는 것처럼 하나님의 영광스러운 나타나심(신적 현현)을 심판에서 그분의 진노(징벌)와 분리하는 것은 잘못임을 보여준다. 그가 조금 더 뒤에서(126-27) 이 구절들을 다루는 것은 좀 더 이해가 간다.

60. 어둠에 대한 다른 묘사들을 택할 수도 있었을 것이다. 하지만 "상복"과 "피"는 애도와 폭력에 지배를 받는 피조 세계를 시사한다. 달이 "온통" 영향을 받는다는 말은 불안감을 더해준다.

된 하늘의 효과들과 결합해서 그것들 역시 창조 질서에 대한 심한 붕괴로 여겨져야 한다. 이러한 것들이 누적된 효과는 무시무시하다.

그다음에 나오는 현상(13-14절)은 훨씬 더 격변적이고, 그것과 12절의 관련 특징을 어떻게 해석해야 하는지에 관해 진지한 질문을 던지게 한다. 한편으로 "하늘의 별들이…떨어지며"(13a절)[61]라는 말은 혜성이나 유성 소나기를 묘사한다고 볼 수 있다. 그러면 우주의 작동 방식에 대한 우리의 통상적 이해가 혼란에 빠지지는 않을 것이다. 혹은 심지어 이것을 사탄과 그의 천사들이 떨어지는 것에 대한(참고. 12:4, 9) 은밀한 말로 해석하거나, 사회·정치적 질서의 대변동을 순전히 비유적으로 나타내는 것으로 볼 수도 있다.[62] 이 해석은 삶에서 안전하고 믿음직스럽게 보이는 모든 것이 흔들리지만 창조의 자연 질서를 넘어서지는 않는다. 14절의 묘사에 대해서도 이와 비슷하게 말할 수 있다. 하늘[63]이 "두루마리가 말리는 것같이 떠나가고"(NASB)[64]라는 말은 우리가 이해하는 실제 세상과는 잘 맞지 않는다. 그 표현은 무시무시한 기상 변화가 다가오고 있음을 언급할까? 산과 섬은 물리적으로 한 장소에 고정되어 있다. 어떻게 "각" 산과 섬이 "제자리에서 옮겨"질 수 있을까?[65] 하지만 순전히 자연주의적 해석(즉, 이러한 것들을 본질적으로 통상 일어나는 사건으로 보는 것)이나 순전히 비유적인 해석(즉, 사회·정치적 대변동)은 그 묘사가 지닌 예표론적 특성이나 구약 선지자들과 예수님이 그런 이미지들을 사용했던 듯한 방식을 제대로 다루지 못한다.[66] 이것들을 눈에 보이는 하늘이 심하게 붕괴되는 것으로 보고, 앞으로 일어날 우주적 재창조를 나타내는 극적인 징조이지만 아직 창조 세계가 실제로 붕괴되는 것은 아니라고 보는 것이 더 낫다. 본문 자체는 세상이 즉시 종말에 이르지는 않는다는 것을 나타낸다(6:15-17, 사람들은 숨고 앞으로 올 것에 대해 한탄할 시간이 있다; 7:3, 하나님의 종들이 인침을 받아 앞으로 올 심판을 받지 않도록 그것이 지체된다). 하지만 이 심한 붕괴들은 곧 있을 궁극적인 단계적 확대를 내다본다. 요한계시록 21-22장(참고. 20:11, 하늘과 땅이 "피하여"; 21:1, 처음 하늘과 처음 땅이 "없어졌고"; 21:23, 22:5, 해나 달이 필요 없음)의 새 창조가 도래하는 것과 관련해서 현재의 하늘과 땅이 붕괴되는 것이다.[67]

6:15-17 땅의 임금들과 왕족들과 장군들과 부자들과 강한 자들과 모든 종과 자유인이 굴과 산들의 바위 틈에 숨어 산들과 바위에게 말하되 우리 위에 떨어져 보좌에 앉으신 이의 얼굴에서와 그 어린 양의 진노에서 우리를 가리라 그들의 진노의 큰 날이 이르렀으니 누가 능히 서리요 하더라(15 καὶ οἱ βασιλεῖς τῆς γῆς καὶ οἱ μεγιστᾶνες καὶ οἱ χιλίαρχοι καὶ οἱ πλούσιοι καὶ οἱ ἰσχυροὶ καὶ πᾶς δοῦλος καὶ ἐλεύθερος ἔκρυψαν

61. 무화과나무에서 무화과가 떨어지는 것과의 비교는 멋진 실례다. 그리고 그것은 또한 여기에 나오는 요한의 묘사(그리고 14절에서, 하늘이 말리는 것)에 영향을 준 것으로 이사야 34:4을 직접 가리킨다.
62. 이것은 심지어 가능한 가장 문자적인 의미를 택하는 사람인 Scott, *Exposition*, 157-58의 제안이다.
63. 여기에서 "하늘"('sky' 혹은 'heaven', οὐρανός)은 눈에 보이지 않는 하나님의 천상의 영역과 반대되는 눈에 보이는 "하늘"(heaven)을 말한다(BDAG 737-38; LN §1.5).
64. 이 두 문구를 통일성 있게 잘 맞추기는 어렵다[손상되지 않은 두루마리를 마는 것은 하늘이 분열되는 것(개역개정에는 "떠나가고"-역주)과 조화시키기가 어렵다]. 어떤 사람들은 '쪼개졌다'(ἀπεχωρίσθη), 즉 '사라졌다, 떠났다, 보이지 않게 되었다'는 보다 강한 의미를 제시한다(LN §15.14; 참고. ASV, ESV, KJV, NIV, NRSV, RSV). 하지만 그 이미지는 눈에 보이는 하늘을 찢어져서 양쪽으로 말리는 두루마리에 비유하는 듯하다(예를 들어 NABR, "하늘은 찢어진 두루마리가 동그랗게 말리는 것처럼 갈라졌다", The sky was divided like a torn scroll curling up). 그것은 하늘이 수평선을 향해 물러나는 시각적 효과를 낼 것이다.
65. 16:20(일곱째 대접)을 보라. 각 섬이 없어지고 산악도 간데없다.
66. 이러한 것들은 즉각 역사가 끝나는 것이 아니라 지속되는 역사 안에서 하나님의 심판이 이루어지는 것을 나타내는 표시다. 하지만 그것은 앞으로 올 더 큰 세상의 심판을 나타내는 유형들이다(예를 들어, 97:5; 사 42:15; 54:10; 렘 4:23-28; 겔 38:20; 막 13:24-27). Boring, *Revelation*, 126-27을 보라.
67. Edward Adams, *The Stars Will Fall from Heaven: Cosmic Catastrophe in the New Testament and Its World*, LNTS 347 (London: T&T Clark, 2007), 243-48; Ladd, *Revelation*, 106-9; Mounce, *Revelation*, 150-51.

ἑαυτοὺς εἰς τὰ σπήλαια καὶ εἰς τὰς πέτρας τῶν ὀρέων 16 καὶ λέγουσιν τοῖς ὄρεσιν καὶ ταῖς πέτραις, Πέσετε ἐφ' ἡμᾶς καὶ κρύψατε ἡμᾶς ἀπὸ προσώπου τοῦ καθημένου ἐπὶ τοῦ θρόνου καὶ ἀπὸ τῆς ὀργῆς τοῦ ἀρνίου, 17 ὅτι ἦλθεν ἡ ἡμέρα ἡ μεγάλη τῆς ὀργῆς αὐτῶν, καὶ τίς δύναται σταθῆναι). 15–17절에서 요한은 이 환상의 마지막 부분을 이야기한다. 여섯째 인의 대격변적 사건들(12–14절)을 경험하는 사람들의 반응이다. 요한의 묘사가 포착하는 것은 이 화들이 끼칠 우주적 영향, 사람들이 그런 대격변에 직면할 때 느낄 절망, 그런 심판들이 인간의 죄에 대한 하나님의 진노를 나타낸다는 그들의 인식이다. 또한 요한은 이 부분 전체(6:1–17)를 앞부분(4–5장) 및 뒷부분(7:1–17)과 노련하게 연결한다. 심판이 온 인류에게 영향을 미친다는 것을 전달하기 위해(참고. 3:10) 요한은 여호와의 날에 대한 구약 예언에서 나온 집단의 명단을 사용하면서(사 24:1–4, 21; 34:12), 특히 땅의 특권층과 강한 자들조차 면제되지 않을 것임을 강조한다(15절).[68] 요한은 먼저 복수로 일련의 엘리트들에게 말한다. "땅의 임금들과 왕족들과 장군들과 부자들과 강한 자들."[69] 총칭적 단수로 바뀌고 대조되는 불우한 계층을 포함하는 것은 모든 사람이 포함된다는 점을 보여준다. "모든 종과 자유인."[70] 그들 모두는 "굴과 산들의 바위틈"에서 보호를 필사적으로 구하면서 "숨어"[71] 하나님의 심판을 피하려고 한다. 그것은 여호와의 날에 대한 본문들에서 나온 또 다른 일련의 이미지다(사 2:20–21; 참고. 렘 4:29; 마 24:16; 막 13:14; 눅 21:21, 산으로 도망하는 것).

이사야 2장과 예레미야 4장에서 나온 이 이미지들은 호세아 10:8의 과장법적인 말도 암시한다(LXX에서 거의 축어적으로). "산들과 바위에게 말하되[72] 우리 위에 떨어져"(계 6:16a–b).[73] 호세아 10장은 앗수르의 침략에 직면한 사마리아의 절망을 묘사하며, 예수님은 주후 70년에 있었던 예루살렘의 멸망을 미리 묘사하시기 위해 호세아 10:8을 인용하신다(눅 23:30).[74] 이 역사적 에피소드는 심판의 예표론적 유형을 예증한다. 말일에 임할 강렬한 진노의 전조를 반복해서 보여주는 것이다. 전에 그랬던 것처럼 앞으로 있을 환난 기간에도, 사람들은 너무 두려운 나머지 자연 재해나 심지어 암석에서 미끄러지는 편이 하나님의 벌에 직면하는 것보다 더 나아 보일 것이다.

요한은 이 심판과 하늘 보좌에 앉아 계시는 거룩하신 하나님 및 승리의 어린양에 대한 환상(4:2–3; 5:5–7)을 단단히 연관시키기 위해, 보호해달라는 그들의 부르짖음을 4–5장에 나온 핵심 문구를 사용해서 묘사한다. "보좌에 앉으신 이의 얼굴에서"와 "그 어린양의 진노에서 우리를 가리라"(16c절)는 것이다. "어린양의 진노"에 대한 언급은 하나님의 인자하심과 준엄하심의 신비를 집약적으로 보여준다(롬 11:22). 어린양은 죄를 위한

68. 비슷한 목록들이 요한계시록 뒷부분에서 짐승에게 충성을 바치도록 강요당하는 사람들(13:16) 및 그리스도가 다시 오실 때 패배하는 사람들(19:18)을 묘사하기 위해 나온다.
69. 하나님과 반대되는 "땅의 임금들"에 대해서는 시편 2:1–2을 보라. "왕족들"(nobles, CSB, REB)은 μεγιστᾶνες라는 용어로(18:23을 보라; 또한 사 34:12; 6:21을 보라), "큰 자들/큰 자"(great ones/great men, ESV, NASB, RSV) 혹은 "실력자"(magnates, NRSV)로 번역된다. "장군들"은 군사 용어 χιλίαρχοι다(로마 병사 6백 명을 통솔하는 군단 사령관, BDAG 1084).
70. 요한계시록 13:16과 19:18은 "모든 자 곧 작은 자나 큰 자나 부자나 가난한 자나 자유인이나 종들" 그리고 "자유인들이나 종들이나 작은 자나 큰 자나 모든 자"를 언급한다.
71. "숨어"라는 것은 아마 에덴동산에서 죄를 지은 인류가 하나님께 보인 태고의 반응을 의도적으로 암시할 것이다(창 3:8).
72. 호세아 10:8의 LXX는 "그들이 말할 것이요"라고 미래 시제를 사용한다(또한 MT의 의미). 하지만 요한계시록 6:16에는 '그들이 말한다'(λέγουσιν)라고 역사적 현재를 사용한 현재 시제로 되어 있다. 이것은 그것이 시작하는 말(16–17절)의 의미가 아니라 그다음에 나오는 것의 의미를 강조한다. 그것은 일곱째 인, 나팔들, 대접들(7–16장)의 심판을 미리 가리킨다. 인 심판들에서 묘사된 공포들은 하나님과 어린양의 진노를 분명하게 구현한다. 하지만 진노의 끝은 아직 이르지 않았다. 5:5에 나오는 역사적 현재에 대한 주를 보라.
73. 이 본문들과 분명하게 연결시키는 연결어 "바위", "굴", "숨어."
74. 압도적인 군사적 패배에 직면했을 때 지는 쪽은 어디든 도망가서 보호받을 곳을 찾는 것이 당연하다. 참고. 삿 6:2; 삼상 13:6; Fekkes, *Prophetic Traditions*, 79n40.

구속의 제물로 기꺼이 자신을 주신 분이며(계 5:9) "죽임을 당한" 표시를 영원히 지니고 계시는 분이다(5:6). 하지만 그분은 죄와 사망을 이기셨으므로 이제 철장으로 만국을 다스리실 다윗 계열의 궁극적 왕이다(5:5; 19:15). 이 필사적인 사람들이 피할 수 없는 인간 죄에 대한 "진노"(ὀργή)는 어린양과 하늘 보좌에 계신 전능하신 하나님 두 분 다에게서 나온다(16c절; 또한 17절의 "그들의 진노"를 보라).

요한은 구해달라는 그들의 간청에 한 절을 추가한다(17절). 그들이 긴급히 숨고 싶어 하는 이유('왜냐하면', ὅτι, 개정개역에는 번역되어 있지 않음-역주)를 제시하는 것이다. 여기에서 다시 요한은 여섯 개의 인이 떼어지는 것에 대한 환상의 더 큰 의미를 포착하고 다음 장으로 넘어가는 다리를 놓기 위해, 그들의 이론적 근거를 노련하게 표현한다. 방금 묘사한 종말론적 재앙들(6:1-16)은 구약 선지자들과 예수 그리스도가 예언하신 여호와의 날의 심판으로 이해해야 한다. 이것은 15-16절에 묘사된 고난받는 사람들이 표현한 내용이 실현된 것이다. "그들의 진노의 큰 날이 이르렀으니"(ἦλθεν, 17a절).[75] 앞의 구절들에 대한 해설에서 본 것처럼, 여호와의 날에 대한 예언들은 통상 그 심판이 지닌 특성을 신적 진노(ὀργή)의 표현으로 묘사하며, 여기 나오는 어법은 그것을 분명히 보여준다("큰 날이…"). 6:1-17에 묘사된 진노가 부어지는 것의 시작은 뒤에 나오는 심판의 두 시리즈에서 완성에 이를 것이다. 그리고 15:1은 인들, 나팔들, 대접들을 한데 묶으면서 그것의 끝을 알린다(대접들이 "일곱 재앙을 가졌으니 곧 마지막 재앙이라 하나님의 진노가 이것으로 마치리로다"). 요한은 요한계시록의 수많은 곳에서 어린양이 전능하신 하나님과 더불어 신적 지위를 지니고 계신다는 인식을 보여준다. 그리고 그는 구약에서 "여호와의" 것이라고 말한 심판들을 먼저 "어린양의 진노"(16c절)라고 부르고, 그다음에는 "그들의 진노"(17a절)라고 칭함으로써 그러한 인식을 강화한다.[76]

이 장을 마무리하는 절망적 질문("누가 능히 서리요")은 요한이 자신의 묘사에 넣는 여호와의 날 예언의 또 다른 특징이다(참고. 욜 2:11; 나 1:6; 말 3:2). 물론 암시된 대답은 '아무도 없다'는 것이다. 어느 누구도 여호와의 심판이 도래할 때 그것에 저항하거나 그것을 버틸 수 없다. 보호를 받거나 피하려는 모든 시도는 헛되다. 그 질문은 6장에서 해결되지 않은 채로 남아 있다. 하지만

75. 이것은 최근에 일어난(즉, 방금 기록한 여섯 인에서) 어떤 행동이나 행동 시리즈를 요약해서 말하는 부정과거다. 이 "최근의 과거"라는 개념에 대해 영어에서는 현재 완료를 사용한다(Burton, *Moods and Tenses*, 23-27; Fanning, *Verbal Aspect*, 260-61). Thomas, *Revelation 1-7*, 457-60은 이것을 여섯 인의 사건들을 요약하는 술정적 부정과거(constative aorist)라고 부른다. 하지만 그는 그것을 "이르렀다"(has come)로 번역한다. 분명 "최근의 과거"라는 개념은 단지 영어에서 특별한 번역 유형을 요구하는 술정적 부정과거일 뿐이다. ἦλθεν을 시작의 의미('이르기 시작했다') 혹은 예기적/미래적 의미('바야흐로 곧 이를 것이다')로 부르는 것은, 6장의 인이 묘사하는 바가 그리스도의 개인적 개입으로 절정에 이를 종말의 대격변적 심판 시리즈의 시작 단계일 뿐이라는 올바른 관찰로 인한 것이다. 그 그리스도는 모든 대적을 결정적으로 정복하시고 이 땅에 그분의 나라를 세우실 것이다(19:11-20:6). 하지만 그것이 여호와의 날 요소들이 환난의 가장 끝 시기까지 존재하는 것으로 보지 않으려는 것(즉, 나팔들과 대접들만)은 잘못이다. 이 견해에 대해서는 Fekkes, *Prophetic Traditions*, 78-80, 86, 158-66을 보라. 마찬가지로 Alan Hultberg("A Case for the Prewrath Rapture," in Hultberg, *Three Views on the Rapture*, 87, 147, 260)는 이 부정과거를 "도래했다"(has arrived)고 받아들이고 싶어 한다. 그것이 미래적인 혹은 임박한 의미를 지니고 있다는 뜻이다(즉, 나팔로부터 시작해서 "막 나타나려 하는"). 그리고 동일한 비판이 적용된다. 11:18에서 같은 동사(ἦλθεν)가 "진노"(ὀργή)를 주어로 해서 최근의 과거라는 의미로 나오는 것을 보라.

76. "그들의 진노"(17a절)라는 문구는 이문이 있다. 가장 믿을 만한 사본을 포함해서 몇몇 신뢰할 만한 사본(A; 그리고 P, 046, 1006, 1841, 2351과 함께, 대부분의 Byzantine 소문자 사본)에는 "그의 진노"라고 되어 있다. 16c절에서 방금 진술한 것처럼 어린양을 가리킨다. "그들의"에 대한 외적 증거 역시 상당히 많으며(א, C, 1611, 1854, 2053, 2329, 2344), 내적 증거는 논란의 여지가 있다. *TCGNT2*, 668은 서기관들이 그 말이 모호해 보여서 그것을 "그들의"로 고쳤을 것이라고 생각하는 반면, Aune, *Revelation 6-16*, 386은 16c절의 바로 앞 문구로 보아 "그의"가 요한의 분명한 요점이라고 주장한다. 하지만 서기관들은 이것을 확대해서 "보좌에 앉으신 이와…어린양"이라고 더 광범위하게 언급하도록 했을 것이다. 대체로 "그들의"라고 되어 있는 것이 더 가능성 있는 듯하다. 나의 생각에는 서기관들은 필사할 때 가장 가까운 지시 대상을 염두에 두고 있었을 것이며, 그에 따라 "그들의"를 "그의"로 바꾸었을 것이기 때문이다.

요한은 이 질문을 이용해서 독자들을 여섯째 인(6:12-17)과 일곱째 인(8:1) 사이에 삽입하는 막간(7:1-17)으로 솜씨 좋게 인도한다. 일부 사람들은 실제로 그날에 설 수 있을 것이다. 하나님이 친히 그들을 보호하시고, 그들이 설 수 있도록 하실 것이기 때문이다.

적용에서의 신학

1. 묵시의 네 말 탄 자

수천 년 동안 교회 제단, 성경 사본, 심지어 신실한 가정집에 걸려 있는 태피스트리에까지 요한계시록 6:1-8에 등장하는 하나님의 네 기수의 삽화가 그려져 있었다. 거기에는 알브레히트 뒤러(Albrecht Durer)의 유명한 목판화(1498)도 포함된다. 그런 예술 작품들은 매혹적이고 아름답지만 무시무시한 사건들을 묘사한다. 주변의 모든 것을 파괴하는 국제전과 내전, 끔찍한 기근, 대규모의 질병과 사망 등이다. 실생활에서 그런 사건에 따르는 파괴와 인간적 고난을 곰곰이 생각해볼 때(예를 들어, 국제 뉴스나 과거에 일어났던 사건의 사진에서 그런 것들을 얼핏 볼 때) 우리는 공포로 움츠러든다. 그것들은 또한 이 구절들을 읽는 모든 사람에게 신학적, 도덕적 질문들을 제기한다. 어떻게 사랑의 하나님이 이 세상에 그런 일이 일어나도록 허용하시는가 혹은 사실상 유발하실 수 있는가? 우리가 성경 본문에 도전하기 위해 제기하는 질문들은 생산적이고 지식과 믿음에서 자라는 데 필요하지만, 다른 한편으로는 그것을 읽는 우리를 시험대에 올려놓기도 한다. 우리는 어떤 관점으로 본문을 대해야 하며, 하나님의 행동에 의문을 제기하기 위해 어떤 입장을 취해야 하는가?

이 구절들을 따로 분리해서 읽지 않고 성경의 더 큰 이야기에 비추어 읽을 때, 그것은 하나님에 대해 그리고 심판과 구속이라는 하나님의 역사에 대해 더 광범위한 관점과 더 깊은 이해를 갖게 해준다.[77] 이 사건들을 묘사하기 위해 사용되는 역설적 문구인 "어린양의 진노"(6:16)는 그런 배경에 눈을 뜨게 해준다. 성경 전체는 하나님이 거룩하고 선하시며, 의롭고 자비로우시고, 전능하시고 용서하시는 분임을 보여준다. 우리는 "세상을 심판하시는 이가 정의를 행하실 것"(창 18:25)이라는 사실을 확신할 수 있다. 심지어 하나님께 반역함으로써 세상에 들어온 인간 악에 관한 일에서도 그렇다(창 3장). 하나님은 상황을 바로잡으시려는 계획을 품으시고, 인간의 죄를 위해 구속을 제공하시려고 자기 아들을 보내셨다. 그 구속은 하나님의 아들을 믿는 모든 사람에게 값없이 주어진다. 하나님의 인내심 있는 호소는

77. Osborne, *Revelation*, 38-40은 요한계시록에 나오는 신정설(theo-dicy)에 대한 귀중한 논의를 담고 있다. 세상의 악을 심판하는 하나님의 성품을 변호하는 것이다.

인간들에게 그들의 창조주이며 구세주이신 그분께 돌아오라고 외친다. 하지만 그 초청을 거부하는 사람들에게 하나님의 인내는 끝날 것이고, "하나님의 진노가 불의로 진리를 막는 사람들의 모든 경건하지 않음과 불의에 대하여 하늘로부터 나타[날 것이다]"(롬 1:18). 조셉 맨지나(Joseph Mangina)는 요한계시록에 관해 다음과 같이 말한다.

> (요한계시록은) 하나님에 관한 (우리의) 공상을 일소해버린다. 하나님은 우리가 바라는 대로 되시는 분이 아니다. 하나님은 하나님이다. 그분은 창조주이며 하늘의 예배에서 어렴풋이 볼 수 있는 전능하신 주재자(*Pantokrator*)이시고(실로 능력이시지만 인간이 마음대로 통제할 수 있는 능력이 아닌), 또한 승리자인 희생자로 죽임당한 어린양이시다. 전능하신 창조주의 이미지가 우리를 하나님에 관한 감상주의에서 벗어나게 한다면, 하나님의 어린양의 이미지는 우리를 두려움에서 벗어나게 한다.[78]

2. 정의를 부르짖음

복수를 해달라는 기도(6:9-11)는 기독교적인가? 예수님은 원수를 사랑하고 자신을 박해하는 자를 위해 기도하라고 명하셨고(마 5:44), 그분을 죽이는 자들을 위해 하나님께 용서를 구했는데(눅 23:34) 말이다. 하지만 예수님은 "하나님께서 그 밤낮 부르짖는 택하신 자들의 원한을 풀어주지 아니하시겠느냐…내가 너희에게 이르노니 속히 그 원한을 풀어주시리라"(눅 18:7-8)고 단언하셨다. 차이는 어조와 초점에 있다. 본문의 순교자들은 자신을 박해하던 사람들을 개인적으로 보복해달라고 구하는 것이 아니다. 그들은 하나님의 길을 거부하고 그분의 평판을 떨어뜨리는 인간들 사이에서 하나님의 정의가 편만하기를 구한다(계 6:10; 참고. 시 79:10-12). 그들은 자기 손으로 원수를 갚음으로써 악을 악으로 갚기보다 그 일을 주께 맡기는 사람들의 본보기다(롬 12:17-21). 게다가 정의에 대한 그들의 호소는 극단적인 불의의 행동, 곧 참되신 하나님을 섬긴다는 이유로 사람들을 죽이는 범죄에 대한 것이다. 우리는 때로 잠시라도 피해를 주거나 성공과 지위를 향해 달려 나가는 데 방해가 되는 사람들을 맹렬히 비난한다. 하지만 요한계시록의 순교자들은 자신을 버리는 예배를 드렸다. 모든 경배를 받기에 합당하신 하나님께 자신을 희생적으로 드린 것이다. 그들은 안락과 안전과 생명보다 신실함을 귀중하게 여겼다. 이것은 그들이 자신의 뜻이 아니라 아버지의 뜻을 행하러 오신 그리스도(눅 22:42; 요 5:30)와 참으로 닮아 있음을 반영한다. 그들만큼 부당한 취급을 경험하지는 않더라도, 요한계시록의 본문은 원수 갚는 것(그것이 정당하다면)을 자신의 손으로 해결하는 것이 아니라 전지전능하신 하늘의 주님이 적절하다고 보실 때 갚아주시도록 맡겨야 한다는 사실을 확신하게 해준다.

78. Mangina, *Revelation*, 97.

요한계시록 7:1–17

CHAPTER 13

문학적 전후 문맥

처음 여섯 인과 연관된 숨 막히는 심판 단계가 나온 후, 요한은 이어서 일곱째 인을 다루기 전에 잠시 멈춘다. 일곱째 인은 일곱 나팔이 알리는 추가 심판들을 전개할 것이다(8:1절 이하). 이 중간 휴식은 여섯째 나팔과 일곱째 나팔 사이에 나올 막간과 비슷하다(10:1–11:14). 이런 막간들은 배경과 관련 세부 사항을 추가할 시간을 준다. 또한 내러티브의 극적 긴장을 고조시킨다. 심판이 더 닥쳐오고 있고, 그 심판은 오래 미룰 수 없음이 분명하기 때문이다.[1] 이야기가 잠시 중단되는 7장은 별개의 두 환상으로 구성되어 있다.[2] 각각 "누가 능히 서리요"라는 6:17의 애처로운 질문에 대한 모종의 응답이다(참고. 1, 9절에 나오는 "선 것").

III. 두 번째 환상: 하늘의 보좌와 세 번의 심판 주기(4:1–16:21)

- A. 하늘의 보좌에 대한 환상(4:1–11)
- B. 일곱 인으로 봉한 두루마리와 죽임당한 어린양(5:1–14)
- **C. 일곱 인과 막간의 두 무리(6:1–8:1)**
  - 1. 처음 여섯 인(6:1–17)
  - ➦ **2. 막간의 두 무리(7:1–17)**
  - 3. 일곱째 인(8:1)
- D. 일곱 나팔과 또 다른 막간들(8:2–14:20)

1. Boxall, *Revelation*, 121; Resseguie, *Narrative Commentary*, 135.
2. 참고. 1절, "이 일 후에 내가…보니(saw)"; 9절, "이 일 후에 내가 보니(looked)."

주요 개념

이스라엘 전체에서 나온 하나님의 종의 큰 무리가 앞으로 땅에 임할 심판들로부터 보호받기 위해 표를 받는다. 그리고 모든 민족에서 나온 능히 셀 수 없는 무리가 하늘에서 하나님을 향한 예배에 합류할 때까지 추가 재난들이 미뤄진다.

번역

요한계시록 7:1-17

1a	환상 서론/ 등장인물 입장	**이 일 후에 내가 네 천사가…보니**
b	묘사	땅 네 모퉁이에 선 것을 땅의 사방의 바람을 붙잡아
c	목적	바람으로 하여금 땅에나 바다에나 각종 나무에 불지 못하게 하더라
2a	등장인물 입장	또 **보매 다른 천사**가
b	묘사	살아 계신 하나님의 인을 가지고
c		해 돋는 데로부터 올라와서
d	행동	**땅과 바다를 해롭게 할 권세를 받은 네 천사를 향하여** **큰 소리로 외쳐**
3a	명령	이르되…하더라
b	의도	우리가 우리 하나님의 종들의 이마에 인치기까지 땅이나 바다나 나무들을 해하지 말라
4a	행동/효과	**내가 인침을 받은 자의 수를 들으니**
b	동격	이스라엘 자손의 각 지파 중에서 인침을 받은 자들이 십사만 사천이니
5	상세 목록	유다 지파 중에 인침을 받은 자가 일만 이천이요 르우벤 지파 중에 일만 이천이요 갓 지파 중에 일만 이천이요

6 상세 목록 아셀 지파 중에 일만 이천이요
납달리 지파 중에 일만 이천이요
므낫세 지파 중에 일만 이천이요
7 상세 목록 시므온 지파 중에 일만 이천이요
레위 지파 중에 일만 이천이요
잇사갈 지파 중에 일만 이천이요
8 상세 목록 스불론 지파 중에 일만 이천이요
요셉 지파 중에 일만 이천이요
베냐민 지파 중에 인침을 받은 자가 일만 이천이라

9a 환상 서론/ **이 일 후에 내가 보니…큰 무리가 나와**
등장인물 입장
b 기원 각 나라와
족속과
백성과
방언에서
c 묘사 아무도 능히 셀 수 없는

d 묘사 흰 옷을 입고
손에 종려 가지를 들고
e 행동 보좌 앞과
어린 양 앞에 서서
10a 행동 **큰 소리로 외쳐 이르되…하니**
b 찬송 구원하심이 보좌에 앉으신 우리 하나님과
어린 양에게 있도다

11a 등장인물 입장 **모든 천사가**
보좌와
장로들과
네 생물의 주위에 서 있다가
b 행동 **보좌 앞에 엎드려 얼굴을 대고**
c 행동 **하나님께 경배하여**
12 송영 이르되 아멘
찬송과
영광과
지혜와
감사와
존귀와
권능과
힘이 우리 하나님께 세세토록 있을지어다

		아멘 **하더라**
13a	행동	**장로 중 하나가 응답하여 나에게 이르되**
b	질문	이 흰 옷 입은 자들이 누구며
c		또 어디서 왔느냐
14a	중간 대답	**내가 말하기를** 내 주여 당신이 아시나이다 **하니**
b	대답	**그가 나에게 이르되**
c	묘사	이는 큰 환난에서 나오는 자들인데
d		어린 양의 피에 그 옷을 씻어
e		희게 하였느니라
15a	14d–e절의 결과	그러므로
		그들이 하나님의 보좌 앞에 있고
b		또 그의 성전에서 밤낮 하나님을 섬기매
c	14d–15b절의 결과	보좌에 앉으신 이가 그들 위에 장막을 치시리니
16a		그들이 다시는 주리지도 아니하며
b		목마르지도 아니하고
c		해나
		아무 뜨거운 기운에 상하지도 아니하리니(사 49:10)
17a	15c–16절의 이유	이는 보좌 가운데에 계신 어린 양이
		그들의 목자가 되사
b		생명수 샘으로 인도하시고
c		하나님께서 그들의 눈에서 모든 눈물을
		씻어 주실 것임이라(사 25:8)

구조

7장에는 처음 여섯 개의 인(6:1–17)과 일곱째 인(8:1) 사이에 끼어 있는 두 개의 환상이 묘사된다. 7:1(μετὰ τοῦτο εἶδον)과 7:9(μετὰ ταῦτα εἶδον)에 나오는 "이 일 후에 내가 보니"라는 유사한 문구가 그것을 알린다. 첫 번째로 십사만 사천에 이르는 하나님의 이스라엘 종들이 인침을 받는 동안 심판이 더 임하지 않고 잠깐 멈추는 환상을 보여준다(7:1–8). 두 번째는 모든 민족에서 나온 능히 셀 수 없는 무리가 하늘의 하나님 예배에 합류하는 환상(7:9–17)을 제시한다.

석의적 개요

III. 두 번째 환상: 하늘의 보좌와 세 번의 심판 주기(4:1–16:21)

A. 하늘의 보좌에 대한 환상(4:1-11)
B. 일곱 인으로 봉한 두루마리와 죽임당한 어린양(5:1-14)
C. 일곱 인과 막간의 두 무리(6:1-8:1)
1. 처음 여섯 인(6:1-17)
➡ **2. 막간의 두 무리(7:1-17)**
a. 이스라엘 열두 지파에서 나온 십사만 사천을 땅에서 인침(7:1-8)
(1) 인을 칠 준비(7:1-3)
(2) 이스라엘 모든 지파에서 인침을 받은 사람들을 계수함(7:4-8)
b. 아무도 능히 셀 수 없는 환난의 순교자들이 하늘에서 드리는 예배(7:9-17)
(1) 다국적 사람들의 모임이 하늘에서 열리는 하나님 예배에 합류함(7:9-12)
(2) 하늘에서 이 순교자들의 신원이 확인되고 보호됨(7:13-17)

본문 설명

7:1 이 일 후에 내가 네 천사가 땅 네 모퉁이에 선 것을 보니 땅의 사방의 바람을 붙잡아 바람으로 하여금 땅에나 바다에나 각종 나무에 불지 못하게 하더라(Μετὰ τοῦτο εἶδον τέσσαρας ἀγγέλους ἑστῶτας ἐπὶ τὰς τέσσαρας γωνίας τῆς γῆς, κρατοῦντας τοὺς τέσσαρας ἀνέμους τῆς γῆς ἵνα μὴ πνέῃ ἄνεμος ἐπὶ τῆς γῆς μήτε ἐπὶ τῆς θαλάσσης μήτε ἐπὶ πᾶν δένδρον). 여섯 인에 대한 환상이 나온 다음, 요한은 이제 별개의 두 환상[3]을 상당히 다른 어조와 속도로 이야기한다. 하나님의 진노가 부어짐으로 사람들이 겪는 공포와 절망(6:12-17) 대신, 우리는 하나님이 이 땅에 있는 백성의 한 집단을 보호하시는 것(7:1-8)과 그 진노를 통과해서 하늘의 임재로 들어간 다른 집단이 누리는 위안(7:9-17)을 보게 된다. 첫 번째 환상은 몇 가지 예비적인 사항들로 시작한다. 6:1-17에서 혹독하게 밀어붙이던 속도를 더 늦추는 한 가지 방편이다. 요한은 하나님이 자신의 종에게 주시는 "인침"에 초점을 맞추기(4-8절) 전에, 온 세상에서 하나님의 행동을 수행하는 몇몇 천사가 주고받는 대화를 서술한다(1-3절).

흔히 세상 전체를 말할 때, 나침반의 방위 기점들을 향해 있는 "땅의 사방의 바람"과 관련된 "땅 네 모퉁이"(1a-b절)라는 표현이 사용된다(참고. 대상 9:24; 사 11:12; 겔 7:2; 단 8:8; 11:4; 슥 2:6; 6:5; 막 13:27; 계 20:8). 이 바람들은 궁극적으로 천사들이 수관하는데, 그들은 하나님의 종으로써 이 땅에서 하나님의 목적을 성취하는 일에 힘을 쏟는다(예를 들어, '물의 천사', 계 16:5; 참고. 1 En. 60:11-22; 66:2; 69:22; Jub. 2:2). 바람은 종종 파괴적인 것으로 여겨진다. 악에 대한 하나님의 심판의 일부이기 때문이다(렘 49:36; 단 7:2-3; 호 13:15; 참고. Sir 39:28-29; 1 En. 76:1-14). 하지만 요한의 환상에서 네 천사는 네 모퉁이에 '서서'(ἑστῶτας, 6:17의 "누가 능히 서리요"에서

3. '그리고…내가 보니'라는 문구는 6:1, 2, 5, 8, 9, 12에 나왔다. 이제 7:1에서 "이 일 후에 내가…보니"(μετὰ τοῦτο εἶδον)라는 말은 요한이 볼 다음 환상의 시간적 순서를 표시한다. "이"라는 말은 그가 여섯 인 전체에서 본 것을 말하거나, 아니면 더욱 가능성 있는 것으로 여섯째 인의 환상을 말하기 때문이다(12절). 그것은 또한 이 환상들이 묘사하는 말일의 사건들의 일반적 순서를 반영할 것이다. 인을 치는 것은 나팔과 대접의 더 심한 재앙들에서 보호해주는 것이기 때문이다.

쓰인 것과 같은 단어) 네 바람을 "붙잡"고 있다. 그것은 하나님이 더 대폭적으로 벌을 내리실 때 바람이 풀려날 준비가 되어 있음을 함축적으로 나타낸다. 하지만 천사들이 현재 억제하고 있는 목적(1c절)[4]은 적당한 때가 될 때까지 심판의 바람(앞으로 올 더 광범위한 재난들을 나타내는)이 이 땅과 그 거민에게 파괴적 효과를 낳지 못하게 막는 것이다.[5]

7:2-3 또 보매 다른 천사가 살아 계신 하나님의 인을 가지고 해 돋는 데로부터 올라와서 땅과 바다를 해롭게 할 권세를 받은 네 천사를 향하여 큰 소리로 외쳐 이르되 우리가 우리 하나님의 종들의 이마에 인치기까지 땅이나 바다나 나무들을 해하지 말라 하더라(2 καὶ εἶδον ἄλλον ἄγγελον ἀναβαίνοντα ἀπὸ ἀνατολῆς ἡλίου ἔχοντα σφραγῖδα θεοῦ ζῶντος, καὶ ἔκραξεν φωνῇ μεγάλῃ τοῖς τέσσαρσιν ἀγγέλοις οἷς ἐδόθη αὐτοῖς ἀδικῆσαι τὴν γῆν καὶ τὴν θάλασσαν 3 λέγων, Μὴ ἀδικήσητε τὴν γῆν μήτε τὴν θάλασσαν μήτε τὰ δένδρα, ἄχρι σφραγίσωμεν τοὺς δούλους τοῦ θεοῦ ἡμῶν ἐπὶ τῶν μετώπων αὐτῶν). 같은 환상이 더 전개되면서[6] "다른 천사"가 등장한다. 그는 바람의 천사들에게 하나님의 종들이 보호를 받을 때까지 충분히 오랫동안 파괴적 힘을 발휘하는 것을 미루라고 명령한다. 중요한 일들이 먼저 일어나게 하기 위해 임박한 심판을 미루는 것은 다른 묵시적 저술에도 나오는 특징이다. 그것은 종종 이 본문에 나오는 요한의 환상과 비슷한 용어들로 표현된다.[7] 이 천사는 "해 돋는 데로부터"(2c절), 즉 "동쪽으로부터"(CSB, KJV, NET, NIV)[8] 올라왔다고 묘사된다. 이런 문맥에서 그 말은 하나님의 구원과 연관되어 있다(겔 43:1-5; 눅 1:78; 계 2:28; 22:16; 참고. Sib. Or. 3:562). 두 번째 묘사는 그가 "살아 계신 하나님의 인을 가지고"(2b절) 있다는 것이다. 이러한 세부 사항은 지체되는 목적과 직접 연관되어 있다. "인"(σφραγίς)이라는 단어는 5-6장에서 두루마리를 열지 못하도록 공식 날인하는 밀랍을 언급할 때 열 번 나왔다. 공식적으로 "인"을 치기 위해 사용되는 '인장'을 나타내는 말로도 같은 명사가 사용된다. 마찬가지로 '인을 치다'(σφραγίζω, 3, 4, 5, 8절)라는 관련 동사는 어떤 것을 확인하거나 그것이 진짜라고 증명하기 위해 날인하거나 "표시하는" 행동을 나타낸다.[9] 이 경우 '인장'은 참되고 영원하신 하나님께 속해 있으며(참고. 신 32:39-40; 렘 10:10; 계 15:7에 나오는 "살아 계신 하나님"), 그분이 "인"을 치신 것은 무엇이든 그분께 속해 있음을 입증한다.

"땅이나 바다나 나무들을 해하지 말라"(3b절)는 천사의 명령은 현재 억제되고 있는 심판들을 풀어주지 말라는 명령이다. 이것은 명백히 "우리 하나님의 종들의 이마에 인치기까지"(3b절) 시간을 벌기 위한 것이다.[10] 그

4. 1c절은 "…하게"(ἵνα)로 시작되는 목적절이다.
5. "땅에나 바다에나 각종 나무에"(참고. ESV, NRSV, RSV)라는 번역은 헬라어의 격이 소유격(땅, 바다)에서 대격(나무)으로 바뀌는 것을 반영한다. 그 대격은 목적격에 '대항하는' 보다 직접적인 효과를 나타낸다[참고. BDAG 366 (12.b)]. 목적어들은 바람의 파괴적 힘의 일반적 대상에서 보다 구체적인 대상으로 넘어간다(일반적으로 땅, 그다음에 바다와 나무, 이 세 가지가 황폐함을 겪는 8:7-9을 보라). "바람으로…각종 나무에 불지 못하게 하더라"라는 구에서 부정어(μή)와 '모든, 각종'(πᾶς)이라는 말의 결합은 헬라어 내의 셈어투로, "모두 그런 것은 아니다"(not…every)라는 말은 영어의 "조금도 그렇지 않다"(not any)를 의미한다(BDAG 782; BDF §302; Zerwick, *Biblical Greek* §446).
6. 2a절에서 "또 보매"라는 말은 새로운 환상을 시작하기보다는 같은 환상을 계속하는 데 사용된다(참고. 5:1, 2, 6, 11; 21:2).
7. 예를 들어, 1 En. 66:1-2에서 땅을 범람시킬 준비가 되어 있는 천사들은 여호와의 명령에 따라 지체된다. 먼저 궤가 만들어지게 하기 위해서다. 2 Bar. 6:4-5에서 네 천사는 주전 586년에 예루살렘을 불태울 준비를 하고 있다. 하지만 한 천사가 성전 가구들을 안전하게 지킬 때까지 그들을 지체하게 한다.
8. BDAG 74.
9. BDAG 980.
10. 인을 치는 행동은 예상되어 있기는 하지만("우리가…인치기까지", ἄχρι σφραγίσωμεν) 여기 3절이나 뒤이어 나오는 구절들에서 묘사되어 있지는 않다(심지어 4-8절에서 그것은 이미 이루어진 일로 묘사되어 있다). "우리가…인치기까지"에 나오는 대명사는 다른 천사들이 이 일을 도와줄 것임을 암시한다.

표시 혹은 인이 어떤 종류인지는 명시되어 있지 않다. 하지만 14:1은 그것이 어린양과 그분의 아버지의 이름을 나타낸다는 것을 암시한다.[11] 인의 대상은 "우리 하나님의 종들"(τοὺς δούλους τοῦ θεοῦ ἡμῶν)이다. 이 표현은 일반적으로 요한계시록에서 하나님의 백성 전체를 의미한다(1:1; 19:5; 22:3, 6). 그런데 때로 이 말은 전후 문맥에서 명시된 더 좁은 하나님의 종의 집단을 언급한다[2:20; 10:7; 19:2; 참고. 15:3(단수)]. 이 본문의 지시 대상에 대해서는 논란이 많다. 뒤의 4-8절에 나오는 논의를 보라.

이 구절에는 신원을 확인해주는 인이 광범위한 세상에 곧 임할 심판의 맹공격에서 그들을 보호하리라는 점이 함축되어 있다. 그러한 보호는 7:1-8에 분명히 암시되어 있다. 하지만 이 점은 더 규정되어야 하고, 본문의 구약 배경인 에스겔 9:1-11과 요한계시록 9:4, 14:1-5, 22:4에서 인침받은 사람들이 계속 언급되는 것을 보면 확증된다.[12] 에스겔 9장에서 에스겔 선지자는 하나님이 배교에 대한 심판으로 예루살렘의 모든 사람을 죽이시는 환상을 본다. 유일하게 목숨을 부지한 사람들은 '가증한 일로 말미암아 탄식하는 자'(4절)뿐이다. 한 천사가 그들에게 "이마에 표"를 그려서 구분한다(4, 6절).[13] 그런 다음 심판이 모든 사람을 삼키는 것처럼 보일 때, 에스겔은 하나님께 "예루살렘을 향하여 분노를 쏟으시"면서 "이스라엘의 남은 자를 모두" 멸하실 것인지 묻는다(8절). 하나님의 대답은 에스겔의 시대에는 아무런 희망도 주지 않는다(9-11절; 11:13). 하지만 그 대답은 미래에 남은 자들이 회복될 것을 약속한다. 그때 하나님은 그들을 영적으로 새롭게 하실 것이며, 이스라엘을 심판으로 흩으셨던 모든 곳에서 하나님의 땅으로 다시 모으실 것이다(11:14-21).[14] 에스겔 시대의 대격변적 심판에서(그리고 창 4장과 출 12장에 나오는 예표론적으로 유사한 경우들에서, 아래의 주를 보라) 그랬던 것처럼, 장차 하나님의 진노가 부어질 때, 곧 요한이 묘사하는 전례 없는 환난(계 6-16장)에 직면할 때, 우리는 심판 한가운데서 하나님의 백성이 어떻게 될지 궁금해진다. 장차 하나님의 진노가 쏟아지는 한복판에서 우리는 하나님이 약속하신 회복과 다시 모이는 일은 단념해야 할까? 요한의 환상 뒷부분(4-8절)은 그 질문에 답한다.

7:4 내가 인침을 받은 자의 수를 들으니 이스라엘 자손의 각 지파 중에서 인침을 받은 자들이 십사만 사천이니(καὶ ἤκουσα τὸν ἀριθμὸν τῶν ἐσφραγισμένων, ἑκατὸν τεσσεράκοντα τέσσαρες χιλιάδες, ἐσφραγισμένοι ἐκ πάσης φυλῆς υἱῶν Ἰσραήλ). 요한은 인침받은 "우리 하나님의 종들"(3b절)이 많은 수의 이스라엘인이라고 신원을 밝히면서 자신이 '본'(1a, 2a절) 환상을 계속해서 이야기한다.[15] 요한은 이 종들에 대해 '들은' 몇 가지 구체적인 사실을 밝힌다. 첫째, 인침을 받은 사람들의 총 숫자는 "십사만 사

---

11. 여러 면에서 이 하나님의 종들의 이마에 찍힌 이 "인" 혹은 표시(σφραγίς)는 짐승이 그를 따르는 자들에게 손이나 이마에 받도록 요구할 "표"(χάραγμα)와 반대된다. 그 표는 그 짐승의 이름을 나타내고, 그래서 그 짐승에 대한 그들의 충성을 표시한다(13:16-17; 14:9, 11; 16:2; 19:20; 20:4).

12. 예를 들어, 9:4에서 파괴적인 "황충"은 "이마에 하나님의 인침을 받지 아니한 사람들"을 "해하라"(ἀδικέω)는 허락을 받는다.

13. 에스겔의 환상은 하나님이 피로 표시한 유대인 가정을 애굽에 내린 마지막 재앙으로부터 목숨을 살려주시는 이야기(출 12:1-32)와 하나님이 가인에게 표를 주셔서 가인이 자신의 죄 때문에 유리하는 동안 아무도 그를 죽이지 못하게 하는 이야기(창 4:11-16)를 반영한다.

14. Daniel I. Block, *The Book of Ezekiel 1-24*, NICOT (Grand Rapids: Eerdmans, 1997), 300-10; 338-56; Lamar Eugene Cooper, *Ezekiel*, NAC 17 (Nashville: Broadman & Holman, 1994), 125-29; 141-44. 고대 유대의 묵시적 저술들에서도 적절한 유사 구절들을 발견할 수 있다(CD-B 19:12; Pss. Sol. 15:4-9; 2 Bar. 27-30; Apoc. Ab. 29:14-21). 마지막 세 저술은 요한계시록 6장에 나오는 재앙들과 비슷한 종말론적 환난 혹은 재난들을 묘사한다. 메시아가 오시기 전에 여호와께서 온 세상에 부으실 재난이다. 하지만 그 구절들은 신실한 이스라엘의 남은 자들로 표시된 사람들이 이런 환난 한가운데서 하나님의 보호를 받을 것이라고 약속한다.

15. 요한은 그가 받은 환상을 기술하면서 인치는 행동 자체는 묘사하지 않는다. 그것은 3b절에서 예상되어 있으며, 4절에서는 이미

천" 명이다(4a-b절). 이 숫자를 문자적으로 이해해야 하는가 아닌가에 대해서는 논란이 있다. 사람들이 종종 말하는 것과는 반대로, 요한계시록에 나오는 모든 숫자가 다 비유적인 것은 아니다. 예를 들어, "아시아에 있는 일곱 교회"(1:4)라는 말은 문자적으로 1:11과 2-3장에 구체적으로 나열되어 있는 일곱 교회를 말한다. 하지만 이 경우 단순히 혹은 오로지 문자적인 것만은 아니다. 일곱이라는 숫자는 완전함 혹은 전체를 함축할 수 있으므로 일곱 교회는 어떤 의미에서는 "하나님의 교회"를 보다 광범위하게 나타내기 때문이다.[16] 7:4에 나오는 숫자는 "아무도 능히 셀 수 없는 큰 무리"(9절)라는 말과 대조된다. 그래서 144,000이 '매우 큰 숫자'를 상징한다고 결론을 내리기도 어렵고, 요한이 한 집단은 특정한 숫자로 명백히 묘사하고(큰 어림수이기는 하지만) 다른 집단은 헤아릴 수 없이 많다고 묘사할 때 이 둘이 동일한 집단이라고 받아들이기는 더 어렵다(두 집단이 같은가에 대해서는 뒤에서 더 논의할 것이다). 다른 한편으로 숫자 12의 배수는 분명 구속 역사와 예언에서 상당히 의미심장하다(예를 들어, 계 21:12, 14에서 이스라엘 열두 지파와 열두 사도를 상징하는 새 예루살렘의 치수, 참고. 마 19:28; 막 3:16-19; 눅 22:30에서 예수님이 이스라엘의 대표자로 열두 제자를 택하신 것).[17] 144,000이 "종들"의 실제 숫자 혹은 어림 숫자를 제시하려는 것이든 아니든, 그 숫자는 충만함과 완전함이라는 개념을 나타낼 것이다(뒤의 내용을 더 보라).[18]

인침받은 자들의 두 번째 구체적 신원은 그들이 "이스라엘 자손의 각 지파 중에서"(4b절) 나왔다는 것이다. 요한의 단어 선택은 이 종들이 이스라엘에서 기원했음을 강력하게 강조한다. 단지 '이스라엘 중에서' 혹은 '이스라엘 자손 중에서'가 아니라 "이스라엘 자손의 각 지파 중에서"라는 말에서 그 점이 드러난다.[19] 이 표현은 이어지는 5-8절에서 각 지파를 일일이 열거하고 그 지파가 전체에서 분담하는 바를 계산할 때 괴로울 정도로 반복되면서 한층 강화된다. 표면적으로 보기에 이 묘사가 의미하는 바는 상당히 간단하다. 그들이 인종적으로 이스라엘 사람들, 곧 야곱의 아들들의 육체적 자손들이라는 것이다. 14:1-5에 나오는 유사한 내용은 그들이 어린양을 따르는 자들이라는 것을 보여줌으로써 그 범위를 좁힌다.[20] 따라서 그들은 그리스도가 오시기 전의 이스라엘 사람들이나 그리스도를 거부하는 유대인들이 아니라, 유대인 그리스도인들이다. 초기의 교부 주석가들 중 일부는 4-8절을 다음과 같이 이해했다. 주후 70년의 멸망에서 살아남은, 그리스도를 믿는 유대인 신자들로 보거나(Oecumenius)[21] 혹은 종말 때에 최종적으로 유대인들이 그리스도께로 돌아오는 것(Andrew of Caesarea, Irenaeus, Jerome, Victorinus)[22]으로 보는 것이

이루어진 일로 말한다("인침을 받은"이라고 번역된 헬라어 분사 ἐσφραγισμένων과 ἐσφραγισμένοι는 완료 시제로 과거 행동의 현존하는 결과를 의미한다). 묵시적 환상들은 생략되고 균일하지 않을 수 있다. 그래서 환상 자체는 그런 큰 집단을 인치는 광대한 행동을 포함하지 않은 채 전망에서 결과로 건너뛸 가능성이 매우 높다.

16. 그래서 그들에게 보내는 말은 1세기와 오늘날의 다른 교회들에게도 보내는 말이다(1:4; 2:7에 대한 설명을 보라).

17. Scot McKnight, "Jesus and the Twelve," in *Key Events in the Life of the Historical Jesus*, ed. Darrell L. Bock and Robert L. Webb (Tübingen: Mohr Siebeck, 2009), 196-97을 보라.

18. Bauckham, *Climax*, 218-19를 보라. 그는 144,000을 상징적인 것으로 본다. 하지만 "순전히 상징적"이라고 보지는 않는다. 그것은 "각 지파가 각각 천명으로 이루어진 열두 대대를 채울 가능성이 있는" 군대를 나타낸다.

19. 모든 성별을 포함하기 위해, 일부 역본에는 "자손"(sons)이라는 말을 빼고 "이스라엘 백성"(people of Israel, NRSV) 혹은 "이스라엘의 모든 지파"(all the tribes of Israel, NIV, NLT)로 번역된다. 하지만 여기에서는 이스라엘 지파의 족장들이 된 야곱의 아들들에 대한 언급을 보존하는 것이 중요하다. 물론 그들은 여러 면에서 그들의 남녀 후손을 모두 하나님의 백성으로 대표한다.

20. 14:1-5에서 그들에 대해 나오는 다른 묘사들로는 그 구절들에 대한 설명을 보라.

21. Weinrich, "Oecumenius," 34-35.

22. Irenaeus, *Haer.* 5.30.2; Jerome, *Hom. Mark* 82; 참고. Koester, *Revelation*, 355; Kovacs and Rowland, *Revelation*, 102; Weinrich, "Andrew of Caesarea," 137-40; William C. Weinrich, *Revelation*, ACCS (Downers

다. 이 집단(4-8절)과 9-17절에 묘사된 무리 사이의 명백한 문맥상의 대조에 비추어볼 때,[23] 본문에 나오는 종들을 인종적 이스라엘인으로 보는 것이 가장 간단한 독법이며, 최근의 많은 주석가가 이 견해를 취한다.[24]

하지만 '이스라엘 열두 지파'라는 언급을 교회 전체, 즉 인종의 배경과 상관없이 그리스도인들을 상징하는 것으로 해석할 수도 있다. 특히 하나님의 백성을 이런 식으로 보는 더 광범위한 신학 쪽으로 기울어지는 사람이라면 더 그렇다. 교회가 인종적 이스라엘을 대신하고 그 구속의 약속들을 인계받은 '새 이스라엘'이라면, 4-8절은 하나님의 구속받은 백성 전체에 대한 모종의 궁극적인 영적 보호라고 볼 수 있다. 최근의 많은 주석은 4-8절에 대해 이런 견해를 취한다.[25] 이 접근법은 보통 9-17절이 같은 집단을 다른 관점에서 언급한다는 해석과 관련되어 있다(9절에서 이에 대한 논의를 보라). 하지만 4-8절에서 나온 이 견해에 대한 논증은 완전히 설득력 있지는 않다. 그와 관련된 논증 가운데 일부와 간략한 반응은 다음과 같다.

1. 사람들은 "하나님의 종"(3절)이라는 문구가 요한계시록에서 종종 구속받은 모든 백성을 묘사하므로 여기에서 단지 유대인 그리스도인들만을 의미할 수 없다고 말한다.[26] 하지만 3절에서 말했듯이, 그 문구는 문맥에 명시된 더 좁은 집단과 함께 나오는 몇몇 경우가 있다(2:20, 이세벨에게 꾀임을 받은 그리스도인들; 10:7, 선지자들; 참고. 15:3, 모세; 19:2, 큰 음녀의 순교자들).
2. 북쪽의 열 지파는 주변 민족들에게 흡수되었으므로, 그들은 1세기에 더 이상 실제로 존재하지 않았다. 따라서 아무도 문자적으로 그들을 다시 모으는 것을 생각할 수 없었다.[27] 하지만 우리가 현대에 판단하는 것과는 대조적으로, 1세기 사람들은 실제로 이런 견지에서 생각했고 하나님이 모든 이스라엘을 회복시키실 것을 기대했다(예를 들어, 눅 2:36; Josephus, *Ant.* 11.133).[28]
3. 지파들 목록(5-8절)에서 볼 수 있는 불규칙성과 기독교의 영향들은, 그것이 문자적 이스라엘을 의미할 수 없고 반드시 교회를 상징하는 것이 되어야 함을 보여준다.[29] 하지만 구약에는 실제로 '규칙적인' 목록은 없다. 유다 지파의 위치를 맨 앞으로 옮긴 것은 아마 예수님의 지파를 처음에 두려는 기독교적 관점을 반영했을 것이다. 하지만

Grove, IL: InterVarsity Press, 2005), 102-10.

23. 대조에는 다음과 같은 것들이 포함된다. 숫자를 계산하는 것 대 능히 셀 수 없음, 이스라엘 중에서 대 각 나라와 족속과 백성과 방언, 땅에서 대 하늘에서 그리고 환난 가운데서 보호받는 것 대 대환난에서 죽음으로써 모든 화에서 피하는 것(그들이 어떻게 거기에서 '나왔는지'에 대해서는 14절에 대한 설명을 보라).

24. T. F. Glasson, *The Revelation of John*, CBC (Cambridge: Cambridge University Press, 1965), 51-53; Kraft, *Offenbarung*, 126-27; Patterson, *Revelation*, 193-99; Rowland, "Revelation," 620; Thomas, *Revelation 1-7*, 475-78; Walvoord, Rawley, and Hitchcock, *Revelation*, 139-41. 또한 J. A. Draper, "The Heavenly Feast of Tabernacles: Revelation 7:1-17," *JSNT* 19 (1983): 136-37을 보라. 이것은 또한 Joel R. White, "The 144,000 in Revelation 7 and 14: Old Testament and Intratextual Clues to Their Identity," in *From Creation to New Creation: Biblical Theology and Exegesis*, ed. Daniel M. Gurtner and Benjamin L Gladd (Peabody, MA: Hendrickson, 2013), 179-97에서 제시하는 해석이기도 하다. 하지만 White는 그들이 인침을 받는 것을 다르게 이해하며(그것은 영적 보호는 보장하지만 육체적 보호는 아니다) 이 144,000의 유대인 신자들을 7:9-10에 나오는 능히 헤아릴 수 없는 다인종적 무리와 별개가 아니라 그 무리의 일부로 본다(유대인 신자들이 이방인 신자들과 함께 포함된다).

25. Beale, *Revelation*, 416-23; Osborne, *Revelation*, 311-15; Prigent, *Apocalypse*, 282-86; Smalley, *Revelation*, 184-88; Gerhard Maier, *Die Offenbarung des Johannes: Kapitel 1-11*, HTANT (Giessen: Brunnen, 2009), 355-62; Satake, *Offenbarung*, 227-29. 또한 C. Maurer, "φυλή," *TDNT* 9:248-49.

26. Prigent, *Apocalypse*, 282; Smalley, *Revelation*, 188.

27. Caird, *Revelation*, 95; Mounce, *Revelation*, 158; Smalley, *Revelation*, 185.

28. Maier, *Offenbarung 1-11*, 355-56.

29. Ladd, *Revelation*, 114-15; Christopher R. Smith, "The Portrayal of the Church as the New Israel in the Names and Order of the Tribes in Revelation 7:5-8," *JSNT* 39 (1990): 114-16; Swete, *Apocalypse*, 98.

순전히 유대적인 본문들도 때로는 유다를 제일 처음에 둔다. 지파 이름의 배열 자체는 해석학적 열쇠가 아니다.[30] 보다 상세한 내용은 뒤에 나오는 5–8절에 대한 설명을 보라.

4. "인침"을 받음으로 이 집단이 다가오는 재앙에서 어떤 보호를 받든, 그것은 교회의 일부만을 위한 배타적 특권(즉, 유대인 그리스도인에게만 해당되고 모든 그리스도인에게는 해당되지 않는 것)이 될 수는 없다. 그러므로 그 집단은 모든 그리스도인을 포함해야 한다.[31] 하지만 이것은 보호하시는 하나님의 목적이 무엇인지 적절히 이해하는 것에 크게 좌우된다. 대다수의 해석자는 그리스도인이 환난 때 고난으로부터 혹은 육체적 죽음으로부터 모두 보호되지 않는다는 견해에 동의한다. 그 인치심이 무엇인지 분명히 파악하면 이 논증의 설득력이 완화된다.
5. 요한계시록에서(신약에서 전반적으로 그런 것처럼) 이방인을 하나님의 백성에 포함하는 것을 강조하는 것[예를 들어, 5:9, "각 족속과 방언과 백성과 나라 가운데서" 어린양께 구속받은 사람들; 15:4, "만국"이 하나님께 경배하고 새 예루살렘에 포함되는 것(21:24, 26; 22:2)]은 종종 인종적 이스라엘은 제쳐놓고 교회가 이스라엘의 영적 특권을 취했다는 증거로 인용된다.[32] 하지만 이방인을 포함하는 것이 필연적으로 이스라엘을 배제하거나 하나님이 이스라엘에게 거듭 주신 약속들을 철회하지는 않는다(그 약속 중 대다수는 심지어 이스라엘이 죄 된 행동을 할 때도 강력해졌다. 참고. 사 66:18–22; 렘 31:33–37). 하나님의 복을 확장해서 비이스라엘인까지 포함할 때는 이스라엘에 대한 하나님의 회복된 은총이 수반된다. 그것은 하나님이 이스라엘을 제쳐두신다는 의미가 아니다. 요한계시록과 신약 다른 곳에서(예를 들어, 2:29, 3:9; 21:12, 14; 롬 2:29; 갈 6:16; 약 1:1; 벧전 2:9–10) 교회가 '새 이스라엘'임을 보여준다고 하는 구절도 같은 오해를 받기 쉽다. 적어도 그 구절들에 대해서도 같은 논쟁을 해야 하며, 여기에서 논쟁점을 입증하려면 더 깊은 논의가 필요하다.[33]

이 본문에서 이스라엘을 교회로 보는 대신, 요한이 옛 유대인 사이에 널리 퍼져 있던 기대를 단언한다고 강력하게 주장할 수 있다. 이 기대는 종말 때 민족들 가운데 추방당해 있던 인종적 이스라엘의 모든 지파가 다시 모이게 된다는 것이다.[34] 하나님은 구약 전체에 걸쳐 이스라엘을 다시 모으시겠다고 약속하셨다(신 30:1–5; 사 11:10–16; 27:12–13; 49:5–6; 렘 3:18; 23:5–8; 31:7–10; 겔 11:13–21; 37:15–28; 47:13–14; 48:30–35; 미 2:12; 슥 10:8–10). 그리고 그것은 초기 유대교 문헌들에서도 울려 퍼진다(Tob 13:3–5; Sir 36:11–17; 48:10; 4 Ezra 13:39–50; 2 Bar. 62:5–6; 77:19–78:7; T. Jos. 19:1–4; T. Benj. 9:2;

---

30. Smith, "Portrayal," 114–16이 설득력 있다고 생각하는 것에 대해 Richard Bauckham, "The List of the Tribes in Revelation 7 Again," *JSNT* 42 (1991): 100–102에서 부정적 반응을 보인 것을 보라.

31. Charles, *Revelation*, 1:200; Maier, *Offenbarung 1-11*, 361; Smalley, *Revelation*, 186.

32. Prigent, *Apocalypse*, 284–85; Smalley, *Revelation*, 185–87; 참고. Roloff, *Revelation*, 97, "교회는 이스라엘의 유업을 차지한 종말의 구원 백성(이다)…그리스도인들은 모든 면에서 이스라엘의 권리를 취했다."

33. 교회가 새로운 혹은 참된 이스라엘이며 인종적 이스라엘은 제쳐놓는다는 개념을 논박하는 더 광범위한 성경적, 신학적 증거에서 나온 논증들로는 Craig A. Blaising, "The Future of Israel as a Theological Question," *JETS* 44 (2001): 435–50; Ronald E. Diprose, *Israel and the Church: The Origin and Effects of Replacement Theology* (Rome: Istituto Biblico Evangelico Italiano, 2000); R. Kendall Soulen, *The God of Israel and Christian Theology* (Minneapolis: Fortress, 1996); Michael J. Vlach, *The Church as a Replacement of Israel: An Analysis of Supersessionism* (New York: Peter Lang, 2009); and essays in Gerald R. McDermott, ed., *The New Christian Zionism: Fresh Perspectives on Israel & the Land* (Downers Grove, IL: IVP Academic, 2016)를 보라.

34. E. P. Sanders, *Jesus and Judaism* (Philadelphia: Fortress, 1985), 95–98을 보라. 그는 수많은 정경적 비정경적 본문을 인용하며(96–98) 이

10:5-9; 1QM 2:1-3; 3:13-14; 5:1-2; 11QTemple 57:5-6; m. Sanh. 10.3; Shemoneh Esreh 10).[35] 예수님이 자신과 함께 할 열두 제자를 택하신 것 역시 이런 의도를 나타낸다(막 3:13-19). 그리고 앞으로 세상이 새롭게 되어 예수님이 "자기 영광의 보좌"에 앉으실 때 그들도 "열두 보좌에 앉아 이스라엘 열두 지파를 심판하리라"(마 19:28; 눅 22:30)는 예수님의 선언은, 종말의 때에 이렇게 민족적 회복이 있으리라는 약속을 뜻한다.[36] 7:4-8에서 요한이 열두 지파 전체를 강조하는 것은, 하나님이 이스라엘을 버리지 않으셨으며[37] 심판하시고 만물을 새롭게 하시는 일에서 그분의 메시아, 즉 약속된 다윗 계열의 왕을 통해 그들을 회복하실 것이라는(계 5:5; 22:16) 동일한 기대를 포착한다.[38]

요한계시록의 이 중대한 순간에 요한이 이스라엘 전체가 보존될 것이라고 기록한 것은 미래에 있을 환난의 때에 인종적 이스라엘에 관해 이루어질 특별한 목적과 관련되어 있다. 환난에는 광범위한 이방 세계에 있는 하나님의(그리고 이스라엘의) 원수들에게 그분이 절정의 심판을 내리는 기능뿐만 아니라, 하나님의 백성 이스라엘이 새롭게 된 다윗의 통치 아래 아브라함, 이삭, 야곱이 약속받은 땅으로 회복되도록 백성을 징계하려는 의도도 있었다(신 4:29-30; 28:58-59; 사 10:20; 26:16-21; 27:5-13; 렘 30:4-11; 습 3:11-20; 슥 13:7-9; 단 12:1-3, 10).[39] 요한은 이전 인들과 연관된 심판 시리즈(6:1-17)와의 전환점에 이르렀고 앞으로는 하나님의 진노가 더 심하게 부어지는 것에 직면하므로(8:1 이하), 여기에서 "능히 서"(6:17)는 사람들 중에는 다시 모인 신실한 이스라엘인 전체가 포함된다고 확증하는 것이 적절하다. 그들은 극심한 환난 동안 어떤 시점에 그리스도께 돌이켰거나 돌이킬 것이며, 하나님께 보호를 받아서 그들의 메시아가 예루살렘에서 지상의 통치를 시작하실 때 메시아와 함께(다른 그리스도인들과 더불어) 예루살렘에 설 수 있을 것이다(14:1-5; 20:1-10).[40] 이스라엘은 이 심판들로 인해 멸망당하는 것이 아니라 순결하게 다듬어질 것이다. 이 재앙들은 죄를 범한 하나님의 백성을 거부한다는 표시가 아니라 그들을 회복시키기 위해 징계하시는 것이다. 분명 '이스라엘 전체'(예를 들어, 144,000이라는 숫자의 상징성 및 모든 지파를 강조하는 것)에 초점을 맞추는 것은, 인침을 받았다고 해서 환난 동안 그리스도께 돌아오는 모든 유대인이 반드시 육체적으로 그 심판에서 보호받으리라고 생각해서는 안 된다는 의미다. 그 대신 그것은 그리스도가 천년 통치를 확립하실 때 이스라엘을 온전히 다시 모으기 위해 상당수가 보존되리라는 것은 보장한다.[41]

7:5-8 유다 지파 중에 인침을 받은 자가 일만 이천이요 르우

런 기대가 1세기에 "만연했다고" 말한다(98).

35. McKnight, "Jesus and the Twelve," 196-97; Pitre, *Tribulation*, 33-40; James M. Scott, "And Then All Israel Will Be Saved (Rom 11:26)," in *Restoration: Old Testament, Jewish, and Christian Perspectives*, JSJSup 72 (Leiden: Brill, 2001), 489-526 (p. 519에 열거된 고대 본문들을 보라).

36. McKnight, "Jesus and the Twelve," 202-9; John P. Meier, *A Marginal Jew: Rethinking the Historical Jesus*, vol. 3: *Companions and Competitors*, ABRL (New York: Doubleday, 2001), 148-54.

37. 또한 바울이 하나님이 자기 백성 이스라엘을 버리셨다는 추측에 대해 하나님을 변호하려 하는 것을 보라(롬 11:11-32).

38. Albert Geyser, "The Twelve Tribes in Revelation: Judean and Judeo-Christian Apocalypticism," *NTS* 28 (1982): 388-99.

39. Elliott, *Survivors*, 575-637("파괴적-보존 구원론"); Pitre, *Tribulation*, 59-65.

40. 몇몇 고대 본문은 마지막 대격변적 심판들에서 이스라엘이 다시 모이고 보호받는 것을 그들이 그 땅에 들어가 있는 것과 명백하게 연관시킨다(Apoc. Ab. 29:14-17; 2 Bar. 29:1-3; 32:1-2; 40:2; 71:1; 1 En. 99:6-10; 100:4-5; 4 Ezra 9:7-8; 13:40, 48-49; Pss. Sol. 15:4-7). Allison, *End of the Ages*, 20-22; Aune, *Revelation 6-16*, 443-45를 보라.

41. Rebecca Skaggs and Priscilla Benham, *Revelation: Pentecostal Commentary*, PCS (Blandford Forum, Dorset, UK: Deo, 2009), 86-87에서 본질적으로 여기 제시된 것과 동일한 견해를 보라. Aune, *Revelation 6-16*, 443은 다가오는 심판의 공포를 통해 이 집단이 보존되는 것에 대해 비슷한 결론을 제시하지만 그것을 인종적 이스라엘로 국한하지는 않는다.

벤 지파 중에 일만 이천이요 갓 지파 중에 일만 이천이요 아셀 지파 중에 일만 이천이요 납달리 지파 중에 일만 이천이요 므낫세 지파 중에 일만 이천이요 시므온 지파 중에 일만 이천이요 레위 지파 중에 일만 이천이요 잇사갈 지파 중에 일만 이천이요 스불론 지파 중에 일만 이천이요 요셉 지파 중에 일만 이천이요 베냐민 지파 중에 인침을 받은 자가 일만 이천이라(5 ἐκ φυλῆς Ἰούδα δώδεκα χιλιάδες ἐσφραγισμένοι, ἐκ φυλῆς Ῥουβὴν δώδεκα χιλιάδες, ἐκ φυλῆς Γὰδ δώδεκα χιλιάδες, 6 ἐκ φυλῆς Ἀσὴρ δώδεκα χιλιάδες, ἐκ φυλῆς Νεφθαλὶμ δώδεκα χιλιάδες, ἐκ φυλῆς Μανασσῆ δώδεκα χιλιάδες, 7 ἐκ φυλῆς Συμεὼν δώδεκα χιλιάδες, ἐκ φυλῆς Λευὶ δώδεκα χιλιάδες, ἐκ φυλῆς Ἰσσαχὰρ δώδεκα χιλιάδες, 8 ἐκ φυλῆς Ζαβουλὼν δώδεκα χιλιάδες, ἐκ φυλῆς Ἰωσὴφ δώδεκα χιλιάδες, ἐκ φυλῆς Βενιαμεὶν δώδεκα χιλιάδες ἐσφραγισμένοι). 요한은 강력하게 반복하여 상술하면서 5-8절에서 열두 지파가 각각 "이스라엘 자손의 각 지파 중에서 인침을 받은 자들이 십사만 사천"(4b절)이라는 수에 기여한 바를 명시한다. 이 구절들은 명백한 대구법을 보여준다. 첫 지파와 마지막 지파에만 "인침을 받은 자"라는 말을 넣어서 괄호와 같은 효과를 내는 것만 다를 뿐이다. 각 지파가 "일만 이천"이라는 숫자는 완전함을 나타내는 총수에서 추정해낸 어림수인 듯하다(4절에 나오는 설명을 보라). 이것은 문자적인 인구 조사를 가리키는 것이 아니라, 분명 각 지파가 나타내는 숫자가 대등하며 인종적 이스라엘 전역에서 나온 하나님의 종들이 대규모로 보호받는다는 것을 나타내려는 더 큰 의미를 지닌 듯하다.

간략히 검토해보아야 할 두 가지 문제가 있다. 지파들의 전반적 배열과 목록에서 특정 지파를 포함하는 것과 빼는 것의 문제다. 앞에서 언급한 것처럼, 성경 본문에서 지파의 목록이 나올 때 지파들을 배열하는 표준적 방식은 없다. 어떤 저자는 구약에서 30개에 달하는 지파 목록을 찾아냈으며, 그 목록들을 계보적 요소와 지리적 요소의 상호 작용에 기초해서 네 개의 기본 체계로 분류한다.[42] 요한의 목록이 너무 "불규칙"해서 문자적 이스라엘을 언급하는 것일 수가 없다는 견해[43]는 성경 증거만 봐도 믿기가 어렵다. 유다를 제일 처음에 배치한 것(5a절)은 예수님이 다윗과 유다 후손이라는 기독교적 확신에 기인한 것임이 거의 확실하다(계 5:5; 22:16; 마 1:1, 6; 눅 1:32; 롬 1:3; 딤후 2:8; 히 7:14). 하지만 다윗과의 연관은 구약에서도 중요했다.[44] 요셉의 두 아들은 종종 구약에서 별도의 두 지파로 포함되었으며(참고. 수 14:4), 레위 지파는 별도로 땅을 유업으로 받지 않았기 때문에 종종 레위는 빼놓으므로 "열두" 지파는 어떻게 계산하느냐에 따라 실제로는 열 세 지파였다. 이 본문에는 레위가 포함되고(7절), 므낫세와 함께(6절) 요셉도 별개로 열거되지만(8절) 에브라임과 단은 나오지 않는다. 요셉이 에브라임 대신 인용되었을 수도 있다. 에브라임 역시 북부 지파들의 우상 숭배에 아주 밀접하게 연관되었기 때문이다. 회복된 이스라엘은 그런 우상 숭배에서 영원히 떠나야 했다. 단이 빠진 것도 이와 비슷하게 그가 르호보암의 우상 숭배적 제단과 연관되었기 때문이었을 것이다(왕상 12:25-33; 왕하 10:29; 참고. 또한 삿 18:30; T. Dan 5:6).[45] 이렇듯 배열과 생략에 관한 문제들이 있지만, 5-8절이 완전한 백성으로서 온 이스라엘에 초점을 맞춘다는 점은 분명하다.

---

42. Zecharia Kallai, "The Twelve-Tribe Systems of Israel," *VT* 47 (1997): 57, 90.

43. Ladd, *Revelation*, 114-16. 배열의 특정한 특징들은 이것을 인종적 이스라엘로 받아들이는 것에 대한 압도적인 반대 논증이라는 Smith, "Portrayal," 115-17의 주장도 마찬가지로 과장된 것이다.

44. 유다는 구약에서도 여러 가지 이유로 목록에서 제일 첫 번째에 나올 수 있었다. 예를 들어, 민 2:3; 7:12; 10:14.

45. 적그리스도가 단 지파에서 나올 것이라는 전통(아마도 창 49:17에 대한 잘못된 해석)은 2세기말 전까지는 나오지 않는다(Irenaeus, *Haer.* 5.30.2; Hippolytus, *Antichr.* 14). 또한 Weinrich, "Andrew of Caesarea," 139를 보라. Testament of Dan 5:9-10(second century BC)은 단을 종말에 우상 숭배에서 회복되는 것으로 묘사한다. Bauckham, *Climax*, 222-23.

7:9-10 이 일 후에 내가 보니 각 나라와 족속과 백성과 방언에서 아무도 능히 셀 수 없는 큰 무리가 나와 흰 옷을 입고 손에 종려 가지를 들고 보좌 앞과 어린 양 앞에 서서 큰 소리로 외쳐 이르되 구원하심이 보좌에 앉으신 우리 하나님과 어린 양에게 있도다 하니(9 Μετὰ ταῦτα εἶδον, καὶ ἰδοὺ ὄχλος πολύς, ὃν ἀριθμῆσαι αὐτὸν οὐδεὶς ἐδύνατο, ἐκ παντὸς ἔθνους καὶ φυλῶν καὶ λαῶν καὶ γλωσσῶν ἑστῶτες ἐνώπιον τοῦ θρόνου καὶ ἐνώπιον τοῦ ἀρνίου περιβεβλημένους στολὰς λευκάς καὶ φοίνικες ἐν ταῖς χερσὶν αὐτῶν, 10 καὶ κράζουσιν φωνῇ μεγάλῃ λέγοντες, Ἡ σωτηρία τῷ θεῷ ἡμῶν τῷ καθημένῳ ἐπὶ τῷ θρόνῳ καὶ τῷ ἀρνίῳ). 여섯째 인과 일곱째 인 사이의 막간에 첫 번째 환상(1-8절)을 기록한 요한은 "이 일 후에 내가 보니"(9a절)라는 문구로 별개의 환상(9-17절)이 시작되는 것을 알린다.[46] 그는 "큰 무리"를 묘사한다. 그 무리는 4-8절에 나오는 십사만 사천(백성의 큰 수) 명과 다소 비슷하지만 다른 면에서는 그것과 뚜렷하게 대조된다. 그들은 상징적으로도 숫자를 셀 수가 없다. 그들은 이스라엘이 아닌 세상 모든 민족에서 온다. 그들은 이 땅의 멸망으로부터 보호를 받아야 하는 존재이기보다 하늘 보좌 앞에 즐겁게 서 있다(9b-e절).[47] 앞에서 주장한 것처럼 이들은 거의 확실하게 다른 백성 집단, 즉 하늘에 있는 구별된 이방인 그리스도인들(11-13절)로 더 이상 대환난의 위협을 받지 않고(14절) 영원토록 하나님의 보호와 복을 받는(15-17절) 집단이다.[48]

이런 대조점들에도 불구하고 많은 해석자는 이 두 환상이 같은 집단(모든 시대의 혹은 말일의 기독교 교회)을 묘사하지만 철저히 다른 배경에서 본 것이라고 이해한다. 처음에 그들은 심한 괴로움 속에서 하나님의 보호를 필요로 하는 것으로 나타나고(1-8절), 그다음에는 그런 재앙들을 이기고 하늘의 성소를 누리는 것으로 묘사된다(9-17절). 이 구절들에서 이 접근법이 시사하는 대조적 배경들을 발견하기는 쉽다. 하지만 왜 요한은 그 사람들을 이렇게 다르게 묘사하는가? 일반적인 대답은 이것이 신학적 제시일 뿐만 아니라 요한의 문체적 특징이라는 것이다. "이스라엘"의 완전수는 요한이 듣는(4절) 것이지만 그가 보는(9절) 것은 국제적이고 방대한 그리스도인 무리다. 요한에게 들리는 민족주의적인 구약의 기대는 그리스도에 비추어 재해석되며, 동일한 기대가 생생하고 예기치 않게 기독교에서 성취되었다는 것이 요한이 보는 것을 통해 나란히 기록되어 있다. 해석자들은 이것이 5:5-6에서 그리스도가 제시되는 방식과 대응된다는 점을 상기시킨다. 거기에서 요한은 먼저 "유대 지파의 사자 다윗의 뿌리"가 봉인된 책을 열기에 합당하시다는 말을 듣는다(5절). 그런데 그가 보는 것은 죽임당한 어린양이다(6절). 유대의 군사적 기대가 희생 및 순교를 통한 기독교의 승리로 바뀌는 것이다(5:6에 대한 설명을 보라).[49]

이 설명은 그럴듯하지만 별로 설득력은 없다. 문학적 근거에서 볼 때 5:5-6과의 대응은 매우 미미하다. 요한이 '듣는 것 다음에 보는 것'이라는 순서를 사용하는

46. 7:1, "이 일 후에 내가…보니"와 비교해보라. '보다'(ἰδού)의 이 용법은 6:2, 5, 8에서도 나온다(4:1에 대한 주를 보라).

47. 이 두 집단 사이의 여러 대조를 자세히 이야기한 것으로는 다음을 보라. Rebecca Skaggs and Thomas Doyle, "Revelation 7: Three Critical Questions," in *Imagery in the Book of Revelation*, ed. Michael Labahn and Outi Lehtipun (Leuven: Peeters, 2001), 165-73. Hultberg가 말하듯("Prewrath Rapture," 145), 그것은 마치 요한이 "그들을 반대되는 용어들로 묘사하기 위해 부단히 노력하는" 것과도 같다. 또한 Aune, *Revelation 6-16*, 466을 보라. "이것은 7:4과의 의도적 대조를 나타낸다."

48. Walvoord, Rawley, and Hitchcock, *Revelation*, 147은 요한이 한 것처럼 그 두 집단을 아주 가깝게 나란히 놓은 것은 그 144,000명이 증거를 통해 이 헤아릴 수 없이 많은 무리를 믿음으로 인도한 특별히 임명된 유대인 전도자들임을 암시한다고 주장한다. Thomas, *Revelation 1-7*, 474-75, 478도 비슷한 견해를 제시한다. 144,000명이 증거 혹은 전도의 기간을 위해 보호받다가 그 후에 순교했다는 것이다(참고. 계 11:3-8). 본문 자체에는 이런 개념을 지지해주는 것이 거의 없다.

49. Bauckham, *Climax*, 215-16; Beale, *Revelation*, 425; Boxall, *Revelation*, 124-25; Caird, *Revelation*, 96; Koester, *Revelation*, 424; Resseguie, *Narrative Commentary*, 136-38; Smalley, *Revelation*, 184.

1:10-13에서 그 두 부분은 대조하거나 재해석하는 것이 아니라 대응되고 추가하는 것이다(9:16-17도 그렇다. 참고. 22:8). '듣다'라는 동사는 실제로 5:5-6에서 소위 대조적 구조를 제시하기 위해 나오지 않는다. 또한 요한이 5:5에서 들은 것은 대단히 짧고 그다음에 그가 보는 것으로 재빨리 메워진다(5:6). 하지만 요한이 여기 4-8절에서 보는 것은 대단히 광범위하고 정교하며, 이어서 새 환상으로 더 뚜렷이 전환된다("이 일 후에 내가 보니").[50] 신학적 견지에서 볼 때, 구약에서 나온 기대를 기독교적 성취로 재해석하는 정도는 이 해석자들이 말하는 것처럼 크지는 않다. 5:5을 그런 식으로 해석하는 것은 그리스도가 구약의 다윗적 소망을 어떻게 성취하실 것인지를 제대로 다루지 않는다. 그리고 7:4-8에 나오는 이스라엘을 다시 모으는 환상을 이렇게 해석하는 것은 예를 들어 예레미야 30장과 이사야 66장의 성경적 문맥에서 나오는 석의적 의미에 기독교적 신학을 부과하는 것이다. 더 자세한 논의는 2:27-28, 5:5, 19:15에 대한 설명을 보라.

앞에서 말한 대로 9-17절이 4-8절과 다른 집단을 묘사한다 해도, 그들은 여전히 상호 보완적이다. 이스라엘이 종말 때에 회복되리라는 구약의 기대에는 항상 이방인들도 이스라엘의 하나님을 예배하러 오는 것이 포함되기 때문이다(예를 들어, 사 2:2-5; 11:10; 49:5-6; 56:6-8; 미 4:1-4; 슥 2:10-12; 14:16). "각 나라와 족속과 백성과 방언"[51](9b절)이라는 형태의 문구는 요한계시록에서 일곱 번 사용되는데, 그것은 하나님의 구속이 이스라엘과 더불어 시작되지만(참고. 창 12:1-3; 출 19:5-6) 온 세상으로 확장되는 다문화적 영향력을 지니고 있음을 나타낸다.[52] 종말 때에 모든 나라에서 온 사람들이 하나님과 어린양을 예배하리라는 기대는 단지 미래에 대한 꿈에 불과한 것은 아니다. 그것은 예수님이 처음에 제자들에게 주셨고 시대 내내 계속되는 사명이다(마 28:19-20; 눅 24:47; 요 10:16; 행 1:8).

요한은 이 장면(9d-e)을 6-16장 전체의 토대가 되는 환상, 즉 하나님과 어린양이 하늘의 보좌 알현실에 있는 환상(4-5장)과 연관시키는 말로 묘사한다. 능히 셀 수 없는 큰 무리가 "보좌 앞과 어린양 앞에 서" 있다(9e절; 참고. 4:2; 5:6; 6:17).[53] 환난에 직면하고 있는 것이 아니라 이제 주 하나님(4:10-11)과 그들을 구속하신 어린양(5:9)의 임재 바로 앞에, 하나님의 천사 신하들이 그분을 예배하는 곳에 합류한 것이다(4:4, 6; 5:8, 11; 7:11). 그리스도의 희생은 그들을 죄로부터 깨끗하게 했다. 그것은 그들의 "흰옷"으로 상징된다(9d절; 참고. 14절).[54] "손에 종려 가지"는 그들이 하나님을 소리 높여 찬양할 때 그분 앞에서 즐겁게 경축하는 것[55]을 나타낸다.

구속받은 무리들이 외치는 찬양(10절)은 천상의 존재

50. Hultberg, "Prewrath Rapture," 145-46.

51. 이에 대한 헬라어 표현은 처음에는 단수("각 나라")에서 일련의 복수들('족속들과 백성들과 방언들', 개역개정에는 단수로 번역되어 있음-역주)로 바뀐다. 하지만 "각"(every)이라는 말의 보편적 의미는 의미에 따른 문법적 일치에 의해 모든 명사로 이어진다(참고. BDF §282.3). 이것을 보다 문자적으로 번역하려는 것에 대해서는 ESV, NASB, NRSV, RSV를 보라.

52. 그 문구가 요한계시록에서 나오는 것에 대한 상세한 사항 및 이런 개념들과 다니엘 7장과의 연관에 대해서는 Bauckham, *Climax*, 326-37을 보라.

53. "서서"이라는 묘사는 헬라어에서 복수 분사(ἑστῶτες)로, 단수인 "무리"(ὄχλος)와 의미상으로는 부합하지만 문법적으로는 호응을 이루지 않는다.

54. "[흰옷을] 입고"(περιβεβλημένους)라는 문구는 대격인 헬라어 분사를 포함한다. 대격은 9a절에 나오는 "내가 보니"라는 타동사의 영향으로 나온다. 하지만 그 구문은 주격 "무리"와 "서서"라는 말과 함께 중간에 나오는 '보라'(개역개정에는 이 말이 번역되어 있지 않음-역주)라는 말로 인해 변칙이 되었다(앞의 주를 보라). 이 구절의 헬라어는 대단히 구어체이지만 강력하게 풍부한 의미를 지닌다.

55. "종려 가지"(φοίνικες)는 초막절을 하늘에서 재연하는 것을 시사할 수도 있다(레 23:39-43; 느 8:13-18; 슥 14:16-19). "종려 가지"(φοίνικες)와 "장막" 혹은 "피난처"(σκηναί) 둘 다 초막절과 연관되어 있었다[계 7:15, '피난처'(σκηνόω), 개역개정에는 "장막"-역주]. 하지만 종려 가지는 보다 광범위하게 즐거운 경축의 상징이었고, 그것이 그 상징을 충분히 설명해줄 것이다(참고. 1 Macc 13:51, 원수들에 대한 승리를 공동으로 경축함).

들의 더 큰 무리가 그들과 함께 예배하는 것을 예상한다(11–12절을 보라).[56] 하지만 그 전에 능히 셀 수 없는 무리가 "구원", 곧 그들이 강력한 원수들에게 거두는 승리를 포함해서 모든 악에서 완전히 구조받는 것이 하나님과 어린양으로 말미암은 것임을 인정함으로써 예배를 드린다(10b절).[57] "우리 하나님과 어린양에게"(τῷ θεῷ ἡμῶν⋯καὶ τῷ ἀρνίῳ)라는 문구에 쓰인 헬라어 여격은, '…이 있기를'(may it be)이라는 잘 알려진 소망의 말과 함께 일반적으로 찬양이나 송영에서 어떤 특질이나 흠모할 만한 행동을 하나님께 돌리는 것이다(예를 들어, 1:5–6; 5:13; 7:12; 이것의 변형이 4:9에서 나온다).[58] 이 구절과 뚜렷하게 대응되는 19:1에서처럼, 속격으로도 같은 의미를 표현할 수 있다('하나님께 속한').[59] 그들이 건짐받은 것은 모두 하나님과 그리스도의 덕으로 여겨지며 그들은 그것을 즐겁게 인정한다.[60]

<u>7:11–12</u> 모든 천사가 보좌와 장로들과 네 생물의 주위에 서 있다가 보좌 앞에 엎드려 얼굴을 대고 하나님께 경배하여 이르되 아멘 찬송과 영광과 지혜와 감사와 존귀와 권능과 힘이 우리 하나님께 세세토록 있을지어다 아멘 하더라(11 καὶ πάντες οἱ ἄγγελοι εἱστήκεισαν κύκλῳ τοῦ θρόνου καὶ τῶν πρεσβυτέρων καὶ τῶν τεσσάρων ζῴων καὶ ἔπεσαν ἐνώπιον τοῦ θρόνου ἐπὶ τὰ πρόσωπα αὐτῶν καὶ προσεκύνησαν τῷ θεῷ, 12 λέγοντες, Ἀμήν, ἡ εὐλογία καὶ ἡ δόξα καὶ ἡ σοφία καὶ ἡ εὐχαριστία καὶ ἡ τιμὴ καὶ ἡ δύναμις καὶ ἡ ἰσχὺς τῷ θεῷ ἡμῶν εἰς τοὺς αἰῶνας τῶν αἰώνων· ἀμήν). 4:8–11과 5:8–14에서처럼, 하나님께 드리는 찬양이 시작되자 하나님의 보좌 알현실에서 경배와 예배가 계속해서 확장된다. 10절에서 구속받은 사람들의 찬양에 그 자리에 있던 천사들이 목소리가 더해지고 경배와 갈채가 신체적으로 표현되면서 확장된다. "모든 천사"와 "장로들"과 "네 생물"[61]이 보좌를 둘러싸고 있으며[62] 그분 앞에서 겸손과 경건으로 엎드려[63] 있다(11a–b절). 경배를 나타내는 그들의 신체적 자세 다음에는 음성으로 하나님을 찬양하는 표현이 나온다. 11절 마지막 구는 "하나님께 경배하여"라고 일반적으로 표현한다. 하지만 12절은 그 경배가 어떻게 이루어졌는지 더 자세히 설명한다. 말로 선포하는 경배였다는 것이다.

그들이 표현하는 것은 하나님께 찬송을 받으실 만한 일곱 가지 속성(미덕에서의 완전함을 상징하는; 5:12에서

56. '그들이 외쳐'라는 문구는 헬라어에서는 역사적 현재로(κράζουσιν), 그다음에 나오는 사건, 곧 11–12절에서 하늘의 무리가 드리는 예배에 주의를 집중시키기 위해 사용되었다(이 용법에 대한 더 자세한 논의로는 5:5을 보라).
57. 요한계시록 안에 나오는 "구원"(σωτηρία)이라는 말의 용법(7:10; 12:10; 19:1)은 이사야 49:6, 52:10 같은 본문에서 나온 종말론적 의미(악에 대한 하나님의 승리를 통해 하나님의 구원이 "땅 끝까지" 이르는 것)를 상기시킨다. BDAG 986과 W. Foerster, "σωτηρία,"*TDNT* 7:997–98을 보라.
58. 송영 형태에 대해서는 *Aune*, *Revelation* 6–16, 43–45를 보라. 또한 5:13에 대한 설명을 보라.
59. 또한 히브리어로 "구원은 여호와께 있사오니"(לַיהוָה הַיְשׁוּעָה)라고 되어 있고 헬라어로는 속격(τοῦ κυρίου ἡ σωτηρί)을 사용하는 시편 3:8(MT와 LXX 3:9)을 보라.
60. '여호와의 증인'은 7:1–17이 말하는 것을 기상천외하게 뒤집어서 9–17절의 "큰 무리"를 열등한 지위를 갖고 있는 구속받은 자들의 집단으로 이해한다. 그 무리는 지상에서 낙원을 누릴 것이며 그리스도와 함께 하늘의 시온에서 그들을 다스릴 144,000명 집단의 지배를 받는다는 것이다(7:4–8; 14:1–5). 오직 144,000명(문자 그대로의 숫자)만이 하늘에 있는 특권을 누릴 것이다. Penton, *Apocalypse Delayed*, 273–76 그리고 Watch Tower Bible and Tract Society of Pennsylvania, *What Does the Bible Really Teach?* (Wallkill, NY: Watchtower Bible and Tract Society of New York, 2014), 74–85, 213–15를 보라.
61. 5:11에서 이 세 집단이 인용된 것을 보라. 7:11에서 그 세 문구에는 관사가 달려 있다. 이것은 앞서 4–5장에서 묘사된 존재들을 언급한다. 그러므로 그것은 아마 존재하는 '모든 천사'가 아니라 5:11에서 '보좌를 둘러' 있다고 언급된 "많은 천사"일 것이다.
62. '서 있었다'(stood)라는 동사는 헬라어 과거완료(εἱστήκεισαν)로 신약에서 일관되게 과거 상태적 의미를 지닌다[Aune, *Revelation 6-16*, 430이 주장하는 것처럼 진짜 과거 완료 "서 있었었다"(had stood)가 아니라, 참고. BDAG 482]. 그 말 다음에는 '엎드렸다'와 '경배했다'라는 부정과거들이 나온다. 요한이 본 것을 순서대로 기술하기 위해서다.
63. NET는 "엎드려 얼굴을 대고"(ἔπεσαν⋯ἐπὶ τὰ πρόσωπα αὐτῶν)라는 말을 "얼굴을 땅에 대고 몸을 던졌다"(threw themselves down with their faces to the ground)고 번역한다.

처럼)이 있다는 것이다(12절). 이 속성들은 처음과 마지막에 나오는 "아멘, 그렇게 될지어다"[64]라는 강력한 단언으로 한데 묶여 있다. 하지만 처음의 아멘은 10절에서 다른 사람들이 말한 것을 단언하는 반면(5:14; 19:4; 22:20에서처럼), 마지막 "아멘"은 천군 천사 자신들이 12절에서 단언한 것을 강화한다(1:6, 7에서처럼). 4:9과 5:12에서 논의한 것처럼 그런 속성들이 있다고 간주하는 것은 그 사람이 소유한 완전함에 경의를 표하면서 그것을 낭송하는 것이다. 말하는 사람이 그런 특질들을 부여하는 것이 아니라, 그분이 이미 소유하신 것을 선언하고 경축하며 그런 값진 특징들을 나타내 보이는 것이다. 심지어 다른 특징들과 결합해서 사용된 "찬송"(εὐλογία)과 "감사"(εὐχαριστία) 같은 항목에 대한 언급조차 단지 피조물이 하나님께 찬송이나 감사를 드리는 것을 뜻하지 않는다. 그것은 하나님이 베푸신 유익들로 말미암아 '찬송을 받으시기에 합당'하시며 '감사를 받으실 만하다'는 점을 인정한다. 5:12에서처럼 일곱 가지 목록이 주는 복합적 인상은 주목할 만하다. 그럼에도 각각의 특질은 나름의 중요성을 지니고 있다. 각 항목의 구체적인 의미에 대해서는 4:9, 11 혹은 5:12-13에 나오는 간략한 설명을 보라. 거기에서는 찬양을 돌리면서 이 각각의 특질들이 언급된다. 여기에서 그 특질들은 "우리 하나님"(헬라어 여격 τῷ θεῷ ἡμῶν)께 돌려지며, 송영에서 흔히 그렇듯 하나님이 이 상황에서뿐 아니라 "세세토록" 그런 완전함을 소유하신다고 언급된다(1:6; 5:13에 대한 설명을 보라).

7:13-14 장로 중 하나가 응답하여 나에게 이르되 이 흰 옷 입은 자들이 누구며 또 어디서 왔느냐 내가 말하기를 내 주여 당신이 아시나이다 하니 그가 나에게 이르되 이는 큰 환난에서 나오는 자들인데 어린 양의 피에 그 옷을 씻어 희게 하였느니라(13 Καὶ ἀπεκρίθη εἷς ἐκ τῶν πρεσβυτέρων λέγων μοι, Οὗτοι οἱ περιβεβλημένοι τὰς στολὰς τὰς λευκὰς τίνες εἰσὶν καὶ πόθεν ἦλθον; 14 καὶ εἴρηκα αὐτῷ, Κύριέ μου, σὺ οἶδας. καὶ εἶπέν μοι, Οὗτοί εἰσιν οἱ ἐρχόμενοι ἐκ τῆς θλίψεως τῆς μεγάλης καὶ ἔπλυναν τὰς στολὰς αὐτῶν καὶ ἐλεύκαναν αὐτὰς ἐν τῷ αἵματι τοῦ ἀρνίου). 요한은 하늘 환상에 참여한 자들 및 그들이 서로 나눈 대화를 묘사한(9-12절) 후, 이제 하늘의 인물 중 한 명과 대화한 것과 이 무리의 신원, 기원, 운명에 대해 들은 것을 전한다(13-17절).[65] 5:4-5에서처럼, "장로 중 하나"가 요한이 목격한 장면에 대해 반응을 보인다.[66] 아마 요한은 말로 표현하지는 않았지만 어리둥절해하고 있었을 것이다. 그 장로는 요한이 곰곰이 생각하고 있던 질문들을 부드럽게 그에게 말한다(13절). 그는 먼저 사람들의 "무리" 및 그들이 하늘에서 어떤 상태인지에 초점을 맞춘다. "이 흰옷 입은 자들이 누구며."[67] 두 번째 질문이 곧바로 추가된다. "또 어디서 왔느냐"(πόθεν ἦλθον).[68] 그들의 민족적 기원이 다양하다는 것은 분명히 밝혀진 바 있다(9절). 하지만 그들은 어떻게 요한이 본 하늘의 상황 안에 있게 되었는가?

요한은 그 장로가 아니라 자기 자신이 그것을 확실히 알지 못하기 때문에 이 질문이 주어졌다는 것을 올

64. BDAG 53.
65. 1:17, 5:4-5, 10:8-11 그리고 다른 곳에서처럼, 요한은 자신이 그저 멀리서 목격한 환상이 아니라 직접 참여한 환상을 묘사한다. 이것은 고대 묵시 문학에서 드물지 않다. 특히 그것을 보는 사람이 그 환상에서 목격하는 의미에 대해 나누는 대화에서 그렇다(14a절에 대한 주를 보라).
66. 5:4-5에서는 요한이 자신이 목격하고 있는 것으로 인해 명백히 낙담하고 슬퍼하는 것("내가…울었더니")에 대해 한 장로가 반응한다. 여기에서는 요한은 은연중에 당혹해한다.
67. 이 말의 헬라어 표현에서 "이 흰옷 입은 자들"이라는 문구는 강조를 위해 제일 처음에 나오며 그다음에 '그들이 누구냐'라는 질문의 말이 나온다. 그 표현은 9d절과 똑같다. 여기에서는 '그 입은 자들'과 "이 흰옷"(9d절에서는 둘 다 관사가 없다)을 언급하기 위해 관사가 추가된 것이 다를 뿐이다.
68. 요약해서 본 명기되지 않은 과거의 행동(들)에 대해 이렇게 부정과거를 사용하는 것에 대해서는 3:8에 대한 주를 보라. 같은 행동이 14절에서는 "나오는 자들"이라고 같은 동사의 현재 시제로 나온다.

바로 파악한다. 그래서 요한은 장로에게 자신이 목격한 것에 대한 하늘의 통찰을 알려달라고 공손히 부탁한다(14a절).[69] 요한의 간단한 대답[70]은 에스겔이 비슷한 상황에서 하나님께 말한 것을 반영한다(겔 37:3, "주 여호와여 주께서 아시나이다"). 장로의 설명은 7장 끝까지 이어진다(계 7:14c-17). 그들은 "큰 환난에서"(ἐκ τῆς θλίψεως τῆς μεγάλης, 14c절) 나왔다(참고. 13c절). 그것은 유례없는 종말의 심판 때를 언급하는 것으로, 그 시작 단계는 여섯 인을 떼는 것과 관련해서 방금 묘사되었다(6:1-17). 예수님은 마태복음 24:21에서 그 후반부를 유례없는 "큰 환난"(θλῖψις μεγάλη)이라고 묘사하셨고, 요한은 그것을 "그들의 진노의 큰 날", 즉 하나님과 어린양의 진노의 큰 날이라고(계 6:17) 칭했으며, "장차 온 세상에 임하여 땅에 거하는 자들을 시험할 때"(3:10)라고 불렀다.[71] 일부 해석자들은 전례 없는 종말 때의 재앙에 대한 이 언급들을 축소해서 생각하며, 심지어 여기 나오는 "큰 환난"도 그리스도인들이 초림과 재림 사이의 전체 기간에 만날 수밖에 없는 어려움을 의미한다고 이해한다. 이런 견해에서 보면 '큰 환난에서 나오는 것'이란 단지 죽음의 때를 나타낸다. 그때 신실한 자들은 지상에서 일어나는 재앙에 대해 영적 승리를 거두고 하늘의 행복에 들어간다는 것이다.[72]

가장 그럴듯한 해석은 "큰 환난"(14절)이 종말 때 괴로움들이 궁극적으로 확장되는 것을 말한다고 보는 것이다. 그것은 요한계시록에서 세 개의 일곱 재앙 시리즈로 표현된다(6-16장).[73] 하지만 심지어 이런 견해도 "큰 환난에서 나오는 자들"이라는 문구가 그들이 어떻게 그렇게 긴박한 이 땅의 환경들을 떠났고 지금 하늘에서 안전하게 있는지 정확하게 명시하지는 않는다. 어떤 사람들은 이것을 최악의 심판이 퍼부어지기 전에 그리스도인들이 하늘로 들려 올라가는 단 한 번의 구원 행위를 나타낸다고 이해한다.[74] 이런 접근법은 "큰 환난"("진

---

69. 이것은 고대 묵시 문학에서 종종 나오는 것인 사람들과 하늘의 해석자들 사이의 대화와 완전히 똑같지는 않지만 상당히 비슷하다. 당혹스러운 환상을 받고 난 후, 그 사람은 자신이 방금 본 것에 대해 천사나 여호와의 설명에 의지한다(예를 들어, 1 En. 18:13-16; 21:3-10; 25:1-5; 4 Ezra 10:29-57; 참고. 단 7:15-27; 슥 4:2, 4-6; 계 17:6-8).

70. "내가 말하기를"이라는 문구는 헬라어에서는 완료 시제 동사(εἴρηκα)로 표현되어 있다. 하지만 완료의 통상적 의미(이전 행동에 대한 현존하는 결과)는 이 문맥에서 전혀 맞지 않는다. 그것은 이야기에서 부정과거들(11b, 11c, 13a, 14b절)에 둘러싸여 있으므로, 이것은 분명 완료가 부정과거와 의미 면에서 부합하는 예다. 그것은 후대 헬레니즘 헬라어에서 점점 더 많이 일어난 현상이었다. Fanning, "Greek Tenses," 347-49와 앞의 5:7에 대한 주를 보라.

71. 누가복음 21:23의 병행 구절은 그것을 "큰 환난"(ἀνάγκη μεγάλη)으로, 마가복음 13:19은 그것을 "환난"(θλῖψις)이라고 부른다. 마태복음 24:21에 나오는 전례 없는 환난("창세로부터 지금까지 이런 환난이 없었고")에 대한 것과 같은 언어를 사용하는 것이다. 다니엘 12:1이 이 모든 언급들의 배경이다. 전례 없는 "환난"(LXX θλῖψις)이라는 것이다. 그 문구는 또한 Herm. Vis. 2.2.7에서도 사용되었다. 이 종말의 화들은 다니엘이 예언한 바(단 9:27; 11:31; 12:1, 11) Antiochus Epiphanes 치하에서 유다를 심하게 박해한 유형(참고. 1 Macc 9:27)을 예시했다. 심판의 예표론적 유형은 주후 70년 예루살렘 멸망에서도 경험되었다.

72. Boxall, *Revelation*, 127; Caird, *Revelation*, 72, 102; Koester, *Revelation*, 421-22. Smalley, *Revelation*, 196은 중도적 입장을 취한다. 2:22("큰 환난"이라는 문구가 역시 나오는)과 6:8에서 심판의 예표와 관련해서 이 문제에 대해 논의한 것을 보라.

73. Ladd, *Revelation*, 117-18; Mounce, *Revelation*, 164; Thomas, *Revelation 1-7*, 496-97(그는 "큰 환난"이 맹렬한 종말 때의 재앙 중 마지막 절반이라고 본다).

74. Hultberg, "Prewrath Rapture," 196-97; Luter and Hunter, "The Earth Dwellers,'" 9-13. 후자의 글에서는(p. 13) 요엘 2:31의 "여호와의 크고 두려운 날이 이르기 전에 해가 어두워지고 달이 핏빛같이 변하려니와"라는 진술로 나타나는 순서를 중시한다. 그래서 Luter와 Hunter(그리고 다른 사람들)에 따르면, 여호와의 날 자체는 6:12-14에 나오는 우주적 징조들이 있은 후 어느 정도 시간이 지날 때까지 시작되지 않는다. 그것은 첫째 인의 심판과 함께 시작될 수가 없다는 것이다. 하지만 이것은 (1) 요엘이 그의 더 큰 논증의 순서에서 2:31에서 주장하고 있는 구체적인 점과 (2) 성경 도처에서 출애굽기 19-20장에 나오는 하나님의 두려운 임재로부터 가져온 신적 현현의 표시들이 지닌 예표론적 의미를 고려하지 않은 것이다(Bauckham, *Climax*, 199-209를 보라). 요엘은 여호와의 날의 두 단계를 추적한다. 하나님의 도구 역할을 하는 이방 민족들이 수행하며 이스라엘이 회개에 이르도록 하려는 것인 이스라엘에 대한 심판의 때(욜 1:15; 2:1, 11-17)가 있고, 그다음에 하나님이 이스라엘을 공격하는 이방 민족들을 직접 심판하시고 그분의 백성이 그들의 땅에서 평강과 안전을 누리도록 자비롭게 그들을 회복시켜주시는 때가 있다는 것이다(욜 2:28-3:17). 이 단계들은 성경에서 일반적으

노" 및 "여호와의 날"과 같은 시공간에서 일어나는)이 그저 (7년간의) 환난에서 나중에 오는 혹은 맨 나중에 그리스도가 격렬한 심판으로 이 땅에 재림하시기 직전에 오는 대격변적 심판을 나타내는 것이라고 본다(계 19:10-21). 그 문구는 하나님의 백성이 큰 환난과 박해를 겪는 7년 내내 반복되는 개인의 죽음(순교든 자연적 죽음이든)으로 인해 이 세상으로부터 다양하게 '퇴장'하는 것을 뜻한다고 보는 것이 더 낫다.[75] 이 기간에 인침을 받고 하나님의 보호를 받는 십사만 사천 명의 유대인 신자들과는 대조적으로(1-8절), 다양한 인종적 배경에서 나오는 이 그리스도인들은 자연적 죽음 혹은 그들의 믿음으로 인한 순교의 희생자가 된다.[76] "큰 환난에서 나오는 자들"이라는 문구에 사용된 헬라어 현재 시제 분사(οἱ ἐρχόμενοι)는 보다 자연스럽게 배분의 의미를 지닌다[다양한 개별적 행동들을 함께 살펴보는 것으로 이루어진 반복, 예를 들어, 계 14:13, '주 안에서 죽는 죽은 자들'(the dead who die in the Lord, 개역개정에는 "주 안에서 죽은 자들"-역주)].[77]

14절의 마지막 부분은 그들의 "흰옷"(참고. 9, 13절)을 무리의 기독교적 정체성을 명시하는 뚜렷한 비유로 설명한다. 그들의 옷은 '씻겼고' '어린양의 피에…희게 되었다.' 종교적 헌신의 상징으로 옷을 씻는 것이나 죄 된 행동이 '희게 되는' 것이라는 요한의 이미지는 구약에서 영향을 받았을 것이다(출 19:10, 14; 시 51:7; 사 1:18). 하지만 "피에"[78] 씻는다는 역설은 그리스도의 피(즉, 희생적 죽음)가 인간의 죄를 속했다는 요한의 견해에서 나온다(1:5; 5:9; 참고. 22:14; 행 15:9; 롬 3:25; 히 9:14; 요일 1:7).[79]

7:15 그러므로 그들이 하나님의 보좌 앞에 있고 또 그의 성전에서 밤낮 하나님을 섬기매 보좌에 앉으신 이가 그들 위에 장막을 치시리니(διὰ τοῦτό εἰσιν ἐνώπιον τοῦ θρόνου τοῦ θεοῦ καὶ λατρεύουσιν αὐτῷ ἡμέρας καὶ νυκτὸς ἐν τῷ ναῷ αὐτοῦ, καὶ ὁ καθήμενος ἐπὶ τοῦ θρόνου σκηνώσει ἐπ' αὐτούς). 그 장로는 무리의 신원과 기원을 설명할 뿐 아니라(14b-c절), 그들이 하늘에 계신 하나님의 존전에서 누리는 특권들을 묘사한다. "그러므로"라는 서론적 구와 함께 그는 그들이 "하나님의 보좌 앞에" 있는 것과(참고. 9절) 거기에서 그들이 경배의 예배를 드리고 있는 것(10-11절)이 그들을 위한 그리스도의 속죄 사역 덕분임을 강조한다.[80]

마침내 이 땅의 시험들을 이기고 천군천사 전체와 함께 "[하나님의 하늘] 성전에서 밤낮"으로 계속되는 예배

로 하나의 단위로 여겨지지만 요엘 2:31은 두 번째 단계를 명확하게 언급한다. Craig Blaising, "A Pretribulation Response," in Hultberg, *Three Views on the Rapture*, 246-48; Hans Walter Wolff, *Joel and Amos: A Commentary on the Books of the Prophets Joel and Amos*, Hermeneia (Philadelphia: Fortress, 1977), 54-70을 보라. 요엘 2장이 복합적인 여호와의 날 전체의 시작을 묘사한다고 생각하는 것은 오해다.

75. 그들을 "아무도 능히 셀 수 없"(9절)다고 해서 반드시 그들이 그리스도가 재림하시기 직전의 대격변적 심판 때로부터만 나온 성도들이기보다 모든 시대의 성도들을 포함해야 하는 것은 아니다. '셀 수 없는'이라는 말은 어떤 경우든 정확한 묘사를 하려는 것은 아니다.

76. Aune, *Revelation 6-16*, 475, 480; Thomas, *Revelation 1-7*, 482. 다섯째 인의 순교자들은 "흰옷"(6:11)을 받으므로, 이 "흰옷을 입은" 사람들(7:9, 13-14)도 마찬가지로 그들의 믿음으로 말미암아 죽임 당한 그리스도인만을 말할 수도 있을 것이다. 하지만 흰옷은 모든 그리스도인에게 약속되고(3:5, 18; 참고. 19:8), 더 광범위하게는 하늘의 옷이다(19:14). 그것을 순교자의 죽음의 표시로 간주할 수는 없다.

77. Fanning, *Verbal Aspect*, 410-12. 13절에서 사용된 부정과거 직설법은 그 자체로는 사망이라는 단 하나의 행동을 나타내지 않는다. 그것은 일정하지 않은 다양한 과거 행동의 요약일 가능성이 가장 높다(거기 해설을 보라). Aune, *Revelation 6-16*, 430과 Smalley, *Revelation*, 196은 둘 다 14c-e절에서 "나오는"이라는 분사가 "씻어"와 "희게 하였느니라"(ἔπλυναν, ἐλεύκαναν)는 두 개의 부정과거로부터 과거라는 시간적 의미를 취한다고 주장할 때, 간단한 관찰상의 오류를 범한다. 14c절에 나오는 '…이다'(are, εἰσιν)라는 동사는 분사의 시간적 틀을 형성하는 주동사이며, 그러고 나서 부정과거들은 최근의 과거라는 의미를 덧붙인다(6:17에 대한 주를 보라). "나오는"이라는 말은 천사가 요한에게 그들을 묘사할 때 그들의 상태와 중복된다. 그 무리는 하나님의 보좌에 이미 있으며, 시간이 지나면서 다른 사람들이 합류하리라는 것이다.

78. 이것은 1:5, 5:9에서처럼 ἐν의 도구적 용법이다.

79. 옷을 "피에" 씻는다는 개념은 창세기 49:11에 대한 암시일 수도 있다. 하지만 그 비유적 표현은 거기에서는 매우 다르다. Fekkes, *Prophetic Traditions*, 167-69를 보라.

80. "그러므로"(διὰ τοῦτο)는 그들이 그리스도의 피를 통해 받은 씻음을 말한다(14d-e절).

를 드리는[81] 그리스도인들에 대한 묘사(여기에서와 5:8-14; 15:2-4에서)는 모든 그리스도인이 항상 누릴 복된 운명을 나타내는 널리 퍼져 있던 강력한 대중적 개념이다. 15c-17절에서 장로가 묘사하는 유익들과 결합해서, 이것은 이 땅에서 시련을 겪으며 분투하는 그리스도인을 격려하고 미래에 대해 멋진 전망을 품게 해준다(참고. 롬 8:18; 고후 4:17-18).

이것이 어떤 측면에서는 귀중하기는 하지만, 다음 두 구절 반으로 넘어갈 때 더 질문을 던져보아야 한다. 여기에 묘사되어 있는 것은 정확히 누구이고, 이 장면은 그들에게 언제 일어나는 일인가 하는 것이다. 그것은 그들의 최종 운명인가 아니면 중간 단계인가? 이것은 모든 하나님의 백성이 누릴 영원한 운명에 대한 전적으로 정확한 묘사인가? "하늘"이 그들의 영원한 집이 될 것인가? 아니면 새 하늘과 새 땅, 곧 하늘에서부터 땅으로 내려오는 새 예루살렘이 그들의 집이 될 것인가?(계 21:1-22:5) 여기에서(그리고 15b-17절에서 반드시 고려해야 하는) 문제가 될 만한 요소는 "그의 성전에서"(ἐν τῷ ναῷ αὐτοῦ) 섬기고 있는 무리에 대한 언급이다. 하늘에 있는 하나님의 "성전"은 요한계시록에서 종종 언급된다(11:19; 14:15, 17; 15:5, 8; 16:1, 17). 하지만 21:22은 새 예루살렘의 영원한 상태에서는 성전이 없다는 것을 명확히 기록한다. 그렇다면 요한은 그들이 중간 단계에 있는 것을 보는 듯하다. 하늘에서 하나님의 복을 누리기는 하지만 아직 부활한 상태는 아닌 것이다. 하늘의 예루살렘은 요한계시록 21-22장에서 묘사하는 것처럼 아직 땅으로 내려오지 않았다. 이어서 나오는 구절들에 대한 논의를 더 보라.

15절의 마지막 부분은 다문화적 그리스도인 집단이 누리는 하늘의 복들로 시작한다(15c-17절). 요한이 기록하는 장로의 말은 이 복들을 미래형으로 묘사하지만(참고. 15c-17절에 나오는 여섯 개의 미래 직설법 동사 및 미래를 언급하는 부정과거 가정법), 그들이 하나님의 보좌 앞에 나타날 때(즉, 15a-b절의 현재) 이미 시작되었고, 계속되다가 마침내 영원한 새 예루살렘에서 완성된다고 보는 것이 가장 좋은 듯하다. 첫째, 그들은 주권적 주님으로부터 "장막"(즉, 보호)을 경험한다(15c절).[82] 이 보호 혹은 "장막"은 문자적으로 '그가 그들 위에 장막을 치시리니'(σκηνώσει)라고 표현되어 있다. 이때 '거하다, 살다'(σκηνόω)라는 동사가 사용된 다음, 2:13에서처럼 "그들과 함께"(μετ' αὐτῶν) 혹은 에스겔 37:27(ἐν αὐτοῖς), 스가랴 2:10(LXX 2:14, ἐν μέσῳ σου)에서처럼 "그들 가운데"가 나오는 것이 아니라[83] "그들 위에"(ἐπ' αὐτούς)라는 전치사구가 나온다.[84] σκηνόω라는 동사['장막, 쉼터'(σκηνή)라는 명사와 연관된]는 21:3에서처럼 종종 '거하다, 살다'라는 뜻이지만, 또한 "보호하기 위해 장막을 펼치다"[85]라는 의미도 될 수 있다. 하지만 이 문맥에서 보호는 하나님이 자신의 백성과 함께 혹은 그 백성 가운데 사실 것이라는 약속과 밀접하게 관련되어 있다(겔 37:27; 계 21:3). 그러므로 "그분의 임재로 그들을 보호하실 것이다"(will shelter them with his presence, ESV, NIV, RSV)라는 확장된 번역은 분명 적절하다.[86]

7:16-17 그들이 다시는 주리지도 아니하며 목마르지도 아니

81. "섬기매"(λατρεύω)라고 번역된 동사는 종교적 의무 혹은 의식들을 수행하는 것, 예배를 드리는 것을 의미한다(BDAG 587; LN §53.14; 참고. 계 22:3).
82. 만유의 통치자로 "보좌에 앉으신 이"가 그들을 보호하실 것이다. 이 문구는 4-5장에서 여섯 번 사용된다. 또한 6:16, 21:5에도 나온다. 그분은 7:10, 19:4에서 "하나님"으로 규정된다.
83. KJV는 요한계시록 7:15에서 σκηνώσει ἐπ' αὐτούς를 "그들 가운데 거하실 것이라"(shall dwell among them)고 번역한다. 하지만 이 말은 사실은 그런 의미가 아니다.
84. 참고. BDAG 363.
85. 참고. BDAG 363, 929.
86. 이 구절 배후에는 요한계시록 21:3뿐 아니라 에스겔 37:27이 있다. 21:3에서 하나님이 '그들과 함께' 계시는 것에는 에스겔에서처럼 "그들은 하나님의 백성이 되고 하나님은 친히 그들과 함께 계셔서"

하고 해나 아무 뜨거운 기운에 상하지도 아니하리니 이는 보좌 가운데에 계신 어린 양이 그들의 목자가 되사 생명수 샘으로 인도하시고 하나님께서 그들의 눈에서 모든 눈물을 씻어 주실 것임이라(16 οὐ πεινάσουσιν ἔτι οὐδὲ διψήσουσιν ἔτι οὐδὲ μὴ πέσῃ ἐπ᾽ αὐτοὺς ὁ ἥλιος οὐδὲ πᾶν καῦμα, 17 ὅτι τὸ ἀρνίον τὸ ἀνὰ μέσον τοῦ θρόνου ποιμανεῖ αὐτούς καὶ ὁδηγήσει αὐτοὺς ἐπὶ ζωῆς πηγὰς ὑδάτων, καὶ ἐξαλείψει ὁ θεὸς πᾶν δάκρυον ἐκ τῶν ὀφθαλμῶν αὐτῶν). 이사야 49:10[87]과 25:8을 거의 글자 그대로 인용한 말에서(시 23:1-3; 렘 2:13; 겔 34:24에서 나온 요소들로 보완된) 장로는 하나님이 하늘의 그리스도인들 무리를 위해 더 공급하실 것을 묘사한다(16-17절). 이사야 49장은 하나님의 종이 어떻게 야곱을 다시 모으고 그들을 이방의 빛으로 삼으실 것인지 선언한다(사 49:6). 그분은 흑암에 갇힌 자들을 풀어 주실 것이고(9절) 그들에게 필요한 모든 것을 제공하실 것이다. 마치 목자가 자신의 양을 잘 먹이고 악천후로부터 보호하는 책임을 지는 것과 같다(10절). 요한계시록 7:16에 나오는 '주림', '목마름', 해의 "뜨거운 기운"[88]으로 절대 고통당하지 않는다는 말은 이사야 49장에서와 마찬가지로 하나님이 구속하신 자들에 대한 그분의 풍성한 지원과 보호를 의미한다. 그들은 처음에 괴로움을 당할 때 육체적 주림, 목마름, 피난처의 부재 등을 겪었다. 하지만 절대 다시는 그런 결핍이 그들을 위협하지 않을 것이다[16절에서 "다시는"(ἔτι)이라는 말이 이사야 49:10의 기본 표현에 추가로 반복되는 것을 보라. 개역개정에는 "다시는"이라는 말이 한 번만 번역됨-역주].

그런 필요에 대한 공급이 절대 부족하지 않을 이유는("이는"이라는 말을 주목하라. 원인의 ὅτι), 하나님과 함께 만물을 주권적으로 다스리시는 "어린양"이신 예수 그리스도[89]께서 목자가 자기 양을 돌보듯이 그들을 돌보실 것이기 때문이다(17a-b절). 목자라는 비유적 표현 또한 이사야 49:10에서 나온 것이다. 하지만 여기서 목자는 이사야에서처럼 "그들을 긍휼히 여기는 이"가 아니라 어린양, 곧 (4-5장에 나오는 토대 환상으로부터) 그분의 속죄의 죽음이 하나님의 긍휼을 예시하는 분으로 밝혀진다(1:5; 5:9). 그분의 목회적 역할은 아마 시편 23:1-3과 에스겔 34:23에서 나왔을 동사로 표현된다. "그들의 목자가 되사"(ποιμανεῖ, '돌보다, 목장으로 인도하다')라는 말과 선한 목자가 그의 양을 인도하듯이 "인도하시고"(ὁδηγήσει)라는 말이다. 이 경우에 그분은 그들을 "생명수 샘"으로 인도하신다. "샘"이라는 말은 이사야 49:10에서 나오며, "생명"(아마 렘 2:13에서 나왔을)이라는 말은 육체적, 지상적 이미지 위에 영적이고 영원한 뉘앙스를 추가한다(참고. 요 4:14; 10:28; 요일 1:2; 계 21:6; 22:1, 17).

어떻게 어린양이 하나님의 백성을 목양하고 심지어 영생을 위해서까지 필요한 모든 것을 공급하실 것인가에 대한 이사야 49장에서 나온 영광스러운 묘사는 그리스도가 이 모든 백성의 무리를 위해 성취하실, 이사야에 묘사된 것 이상의 복을 시사한다(17c절). 이사야 25:7-8은 열방에 덮개를 드리우는 위협인 사망을 하나님이 영원히 멸하실 것과 모든 얼굴에서 눈물을 씻기실 것이라고 말한다. 요한은 하나님이 어린양을 통해 이 약속된 복도 성취하기 시작하셨다는 것을 본다. 큰 환난에서 나온 이 무리에게 모든 종류의 고난은 이제 끝났으며,[90] 하나님의

라는 확신이 수반된다(또한 슥 8:3, 8을 보라). 보통 신약에서 그렇듯 여기에서 인종적 이스라엘에게 주신 하나님의 약속은 확장되어 이방인도 하나님의 미래의 구속받은 백성의 일부로 포함하지만, 이스라엘에게 하신 그분의 약속을 철회하는 것은 아니다.

87. 이것은 요한계시록에서 구약을 인용하는 몇 안 되는 분명한 경우다(반면 구약에 대한 암시들은 상당히 자주 나온다). Fekkes, *Prophetic Traditions*, 68-69, 170을 보라.

88. 16:8-9에 나오는 부정적 대응을 보라.

89. "보좌 가운데에"(17a절; 참고. BDAG 57)라는 문구는 하나님의 보좌 알현실에서 그분의 중심적 지위를 묘사하는데, 그분이 하나님의 통치에 참여한다는 것을 상징한다. 4:6, 5:6에 나오는 비슷한 표현들에 대한 설명을 보라.

90. '모든 눈물을 씻어주다'라는 말은 죽음을 포함하여 타락한 인류를 괴롭히는 온갖 재앙으로 확대되는 모든 종류의 슬픔과 비애의 원인들을 제거하는 것을 나타내는 환유법이다. 바울이 현재의 고난 한가운데서 하나님이 마침내 인간들과 전체 피조물을 구속하실 것을

영원한 위로가 그들의 것이다.

그리스도인들을 기다린다고 언급되는 복(15c-17절)은, 요한이 환상들을 보면서 제시하는 사건들의 순서에 이 장면이 어떻게 들어맞는가 하는 문제를 제기한다. 이 유익들은 21-22장에 나오는 새 예루살렘 환상에서 명백히 반복된다. 하나님이 "그들 위에"(7:15c) 혹은 에스겔 37:27이 묘사하는 식으로 '그들과 함께' 장막을 치시는 것은 요한계시록 21:3에 나오는 인물들을 두드러지게 묘사한다. 하나님이 그들의 모든 필요를 공급하시는 것, 특히 이사야 49:10에서처럼 "생명수 샘"을 통해 그렇게 하시는 것은 요한계시록 21:6과 22:1-2에 나오는 '만국을 위하여' 충만히 공급하시는 다른 이미지들과 함께 나타난다(또한 그 만국은 하나님과 어린양의 임재 안에서 '섬긴다', 7:15b과 22:3-4). 그리고 하나님이 이사야 25:8에서처럼 사망의 저주를 멸하시고 '모든 눈물을 씻어주시'면서 모든 고통과 슬픔을 폐하시는 것은 요한계시록 21:4과 22:3에 다시 나온다. 이것들은 모두 새 예루살렘의 특징들이므로(21:1-22:5), 7:9-17의 환상은 각 나라에서 온 무리가 이미 새 예루살렘에 있는 것으로 말한다고 결론을 내리기가 쉽다. 하지만 문제는 15절에 대한 해설에서 언급한 것처럼, 새 예루살렘에는 성전이 없으리라는 것이다. 하나님과 어린양이 직접적으로 임재하시기에 하나님께 다가가기 위한 거룩한 경내가 필요 없기 때문이다(21:22). 이 무리가 하나님의 하늘 성전 앞에 있으면서 그분의 하늘 성전을 섬기고 있다는 것(7:15)은 그들이 아직 하나님의 새 예루살렘에 들어가지 않았지만(6:9-11에서 묘사된 사람들의 상황과 비슷하게), 그럼에도 하나님의 임재를 누리고 있음을 보여준다.[91] 그들은 마지막에서 두 번째의 상태에 있으면서 마지막 복된 상태가 이를 때 받을 풍성한 공급을 경험하기 시작했다.

적용에서의 신학

1. 하나님은 자기 백성을 버리지 않으셨다

인종적 이스라엘의 모든 지파에서 예수님을 믿는 12,000명이 심판에서 보호받는 것에 대한 요한의 환상은 '하나님이 자기 백성을 버리지 않으셨다'(롬 11:1)는 바울의 말을 생생하게 나타낸다. 바울은 "하나님의 은사와 부르심에는 후회하심이 없"기 때문에, 종말에 단지 지금처럼 남은 자들이 아니라 온 이스라엘이 "구원을 받으리라"(롬 11:26, 29)고 단언한다. 이와 같이 요한은 그리스도가 다시 오시기 전 마지막 날에 하나님이 자신의 오랜 백성 이스라엘에게 신실하시다는 것을 묘사한다. 예레미야가 이스라엘에 대한 하나님의 신실하심을 단언하기 위해 사용하는 용어들로 표현하면, 하나님이 확립하신 때와 계절의 고정되고 믿을 만한 질서가 실패 없이 계속되리라고 믿을 수 있는 것처럼(렘 31:35-40), 아브라함과 그의 후손에게 주신 하나님의 약속들도 분명 성취될 것이다. 이스라엘은 결코 "[그분] 앞에서 끊어져 영원히 나라가 되지 못하"는 일이 없을 것이다(렘 31:36). 이스라엘에게 하신 약속들을 유지하시는 하나님의 불

기대하며 "탄식"한다고 말하는 것을 보라(롬 8:18-25).

91. Wright, *Revelation for Everyone*, 75-76.

변성과 긍휼에 대한 이 예(참고. 사 54:4-10)는 비유대인으로서 그리스도를 따르는 자에게도 큰 안도감을 준다. 우리는 모두 미래의 구원과 복에 대한 하나님의 약속들에 의지할 수 있다. 그리고 그 약속들의 성취는 궁극적으로 하나님을 향한 우리의 신실함으로 확고해지는 것이 아니라, 그리스도 예수가 그분을 믿는 모든 사람에게 보여주신 목적과 은혜로 말미암아 궁극적으로 확보된다고 확신할 수 있다(딤후 1:8-10).

2. 우리의 미래, 우리의 현재

이스라엘에 대한 하나님의 신실하심(계 7:1-8)을 즉각 보완하는 중대한 신학적 요점이 있다. 하나님의 구속이 이스라엘로부터 시작되지만 확장되어 온 세상을 포함하는 다인종적 영향력을 미친다는 사실을 요한이 반복해서 강조한다는 것이다. 그것은 "각 나라와 족속과 백성과 방언에서" 나온 사람들에 대한 하나님의 은혜로운 구원이다(7:9-17). 하지만 각 나라 사람들이 하나님을 알고 예배하게 하려는 하나님의 의도는 단지 미래에만 일어날 수 있는 일은 아니다. 모든 나라에서 온 셀 수 없이 많은 무리에 대한 요한의 환상은 예수님이 제일 처음에 제자들에게 주셨고 오늘날까지 계속되는 타문화 선교를 상기시킨다(마 28:19-20; 눅 24:47; 요 10:16; 행 1:8). 복음은 단지 '우리 같은 사람들'만을 위한 것이 아니라 이 세상 전역의 모든 사람을 위한 것이다. 우리는 죄 사함의 복과 더불어 하나님과 어린양의 보좌 앞에서 영원히 그분들과 친교를 나누는 복을 다른 사람들에게 전해야 한다(7:14-17; 참고. 22:1-5). 우리의 교회 및 교회의 증거와 전도는 오늘날에도 요한의 다인종적 환상을 본보기로 삼아야 한다.

CHAPTER 14

요한계시록 8:1–13

문학적 전후 문맥

처음 여섯 인을 떼는 것(6:1–17)이 나오고 7:1–17에서 중요한 이유로 잠시 멈췄다가, 요한은 이제 일곱째 인을 묘사하면서(8:1) 6–16장에 묘사된 심판 시리즈를 다시 이어간다. 일곱째 인은 8:2부터 11:19까지 이르는 일곱 개의 나팔 심판으로 이루어져 있다. 인 심판들과 비교해볼 때, 일곱 나팔은 애굽에 내렸던 재앙들(출 7–12장)과 더 명백하게 유사하다. 애굽 재앙들과 마찬가지로, 나팔들은 하나님과 그분의 백성을 반대하며 억압하는 세계 권세에 심판을 내릴 것이다. 인과 마찬가지로, 일곱 나팔은 네 개와 세 개로 묶인다. 마지막 세 개는 세상 거민들을 향한 세 개의 "화"로 한층 더 엄숙하게 선언된다(8:13; 9:12; 11:14). 다섯째(9:1–12)와 여섯째(9:13–21) 나팔에 대한 긴 기사가 나온 다음 일곱째 나팔(11:15–19) 전에 추가 막간(10:1–11:14)이 나오지만, "화"라는 주제는 나팔에 대한 서술을 하나로 결합하는 데 도움이 된다.

III. 두 번째 환상: 하늘의 보좌와 세 번의 심판 주기(4:1–16:21)

A. 하늘의 보좌에 대한 환상(4:1–11)

B. 일곱 인으로 봉한 두루마리와 죽임당한 어린양(5:1–14)

C. 일곱 인과 막간의 두 무리(6:1–8:1)

1. 처음 여섯 인(6:1–17)

2. 막간의 두 무리(7:1–17)

➦ **3. 일곱째 인(8:1)**

D. 일곱 나팔과 또 다른 막간들(8:2–14:20)

1. 처음 네 나팔(8:2–13)

2. 다섯째 나팔– 첫째 화(9:1–12)

주요 개념

하늘이 하나님 백성의 기도에 잠잠히 주의를 기울이는 기간이 지난 후, 일곱 천사가 준비되며 처음 네 나팔 소리와 연관해서 땅에 맹렬하고 파괴적인 심판을 쏟아 부어진다.

번역

요한계시록 8:1-13

1a	행동/ 일곱째 인을 뗌	일곱째 인을 떼실 때에
b	사건	**하늘이 반 시간쯤 고요하더니**
2a	등장인물 입장	**내가 보매 하나님 앞에 일곱 천사가 서 있어**
b	행동	**일곱 나팔을 받았더라**
3a	등장인물 입장	**또 다른 천사가 와서** **제단 곁에 서서**
b	묘사	금 향로를 가지고
c	행동	**많은 향을 받았으니**
d	목적	이는 모든 성도의 기도와 합하여…금 제단에 드리고자 함이라
e	묘사	보좌 앞
4	행동/결과	**향연이 성도의 기도와 함께** **천사의 손으로부터** **하나님 앞으로** **올라가는지라**
5a	행동	**천사가 향로를 가지고**
b		**제단의 불을 담아다가**
c		**땅에 쏟으매**
d	결과	**우레와** **음성과** **번개와** **지진이 나더라**
6	행동/예고	**일곱 나팔을 가진 일곱 천사가 나팔 불기를 준비하더라**

7a	행동/첫째 나팔	**첫째 천사가 나팔을 부니**
b	행동	**피 섞인 우박과 불이 나와서**
c	행동	**땅에 쏟아지매**
d	결과	**땅의 삼분의 일이 타 버리고**
e		**수목의 삼분의 일도 타 버리고**
f		**각종 푸른 풀도 타 버렸더라**
8a	행동/둘째 나팔	**둘째 천사가 나팔을 부니**
b	행동	**불 붙는 큰 산과 같은 것이 바다에 던져지매**
c	결과	**바다의 삼분의 일이 피가 되고**
9a		**바다 가운데 생명 가진 피조물들의 삼분의 일이 죽고**
b		**배들의 삼분의 일이 깨지더라**
10a	행동/셋째 나팔	**셋째 천사가 나팔을 부니**
b	행동	**횃불 같이 타는 큰 별이 하늘에서 떨어져**
c		**강들의 삼분의 일과**
		여러 물샘에 떨어지니
11a	묘사	**이 별 이름은 쓴 쑥이라**
b	결과	**물의 삼분의 일이 쓴 쑥이 되매**
c	원인	**그 물이 쓴 물이 되므로**
d		**많은 사람이 죽더라**
12a	행동/넷째 나팔	**넷째 천사가 나팔을 부니**
b	행동	**해 삼분의 일과**
		달 삼분의 일과
		별들의 삼분의 일이 타격을 받아
c	결과	그 삼분의 일이 어두워지니
d		낮 삼분의 일은 비추임이 없고
e		밤도 그러하더라
13a	행동/예고	**내가 또 보고 들으니** 공중에 날아가는 **독수리가**
b		큰 소리로 이르되
c	알림	땅에 사는 자들에게 화, 화, 화가 있으리니
d	이유	이는 세 천사들이 불어야 할
		나팔 소리가 남아 있음이로다 하더라

구조

일곱째 인 이야기(8:1절 이하)는 앞의 여섯 인과 마찬가지 방식으로 시작되지만(참고. 6:1-7) 재빨리 다른 경로로 전환된다. 일곱째 인이 나타내는 실제 사건들(즉, 일곱 나팔)이 일어나기 전에, 일곱 천사가 하늘에 있는 향 제단에서 시중을 들며 땅에서 하나님의 신실한 백성들이 드리는 기도에 주의를 기울이기 위해 하늘이 고요하다(2-5절). 그다음에 처음 네 개의 나팔이 순서대로 짧게 묘사된다(6-12절). 마지막 구절은 마지막 세 나팔을 예고하면서 땅의 거민들에게 곧 닥칠 세 개의 화로 묘사한다(13절).

석의적 개요

III. 두 번째 환상: 하늘의 보좌와 세 번의 심판 주기(4:1-16:21)

A. 하늘의 보좌에 대한 환상(4:1-11)

B. 일곱 인으로 봉한 두루마리와 죽임당한 어린양(5:1-14)

C. 일곱 인과 막간의 두 무리(6:1-8:1)

1. 처음 여섯 인(6:1-17)

2. 막간의 두 무리(7:1-17)

➦ **3. 일곱째 인(8:1)**

D. 일곱 나팔과 또 다른 막간들(8:2-14:20)

1. 처음 네 나팔(8:2-13)

a. 일곱째 인: 일곱 나팔과 하늘에 있는 성도들의 기도(8:1-5)

(1) 일곱째 인과 하늘의 고요함(8:1)

(2) 일곱 천사가 일곱 나팔을 받음(8:2)

(3) 하늘에 있는 성도들의 기도와 땅에 임할 심판의 징조들(8:3-5)

b. 네 나팔(8:6-12)

(1) 첫째 나팔: 불타는 우박이 땅, 수목, 푸른 풀을 태움(8:6-7)

(2) 둘째 나팔: 바다와 그 생물에 불타는 멸망이 임함(8:8-9)

(3) 셋째 나팔: 강과 물샘에 떨어진 독(8:10-11)

(4) 넷째 나팔: 해, 달, 별이 부분적으로 어두워짐(8:12)

c. 남은 세 나팔의 세 화를 알림(8:13)

본문 설명

8:1-2 일곱째 인을 떼실 때에 하늘이 반 시간쯤 고요하더니 내가 보매 하나님 앞에 일곱 천사가 서 있어 일곱 나팔을 받았더라(1 Καὶ ὅταν ἤνοιξεν τὴν σφραγῖδα τὴν ἑβδόμην, ἐγένετο σιγὴ ἐν τῷ οὐρανῷ ὡς ἡμίωρον. 2 καὶ εἶδον τοὺς ἑπτὰ ἀγγέλους οἳ ἐνώπιον τοῦ θεοῦ ἑστήκασιν, καὶ ἐδόθησαν αὐτοῖς ἑπτὰ σάλπιγγες). 7장에 중간에 낀 두 개의 환상이 나온 후, 인을 떼는 시리즈가 다시 나온다. 하지만 앞 장에서 처음 여섯 인 각각에 이어졌던 즉각적인 행동이나 추가 환상은 없다(2절 끝에서 이 같은 무활동의 의미에 대한 설명을 보라). 도입부는 처음에는 상당히 비슷하다["…째 인(서수)을 떼실 때에"를 보라].[1] 하지만 그다음에 "하늘이…고요"한 시간이 나오는 것은 여기뿐이다(1b절). 소리가 없다는 것은 6장에 나오는 인이나 4, 5, 7장에 나오는 요한의 환상의 특징도 아니었다. 일곱째 인에 침묵이 나오면서 분명 예상치 못한 극적 효과를 내고, 7장에 나오는 막간처럼 이야기에서 임박한 듯한 심판의 대격변을 한층 더 뒤로 미룸으로써 이야기의 긴장을 고조한다.

하지만 '고요함'에 문학적 효과 외의 또 다른 의미가 있는가? 그리고 그것은 이 구절들을 더 명확하게 이해하는 데 도움이 되는가? 해석자들은 가장 가능성 있는 제안 세 가지를 내놓았다. 첫째, 고요함은 하나님의 심판과 연관이 있을 것이다. 그래서 이것은 곧 닥칠 강화된 심판을 미리 알려준다.[2] 이것은 분명 요한계시록 8:1의 전후 문맥과 잘 어울린다. 하지만 그것이 이 개념을 지지하기 위해 인용되는 구약 및 유대교 본문들의 실제 요점으로 보이지는 않는다. 사람들은 하나님의 심판 후에 스올에서 침묵을 지키며(시 6:5; 115:17; 사 38:18), 인간들은 신적 재판관 앞에서 변명을 하지 못해서 침묵한다(출 14:14; 사 23:2; 41:1; 47:5; 애 2:10; 암 8:2-3; 습 1:7; 슥 2:13). 하지만 이것은 '하늘의 고요함'과는 다르다. 둘째, 몇몇 묵시적 본문은 하나님의 첫 창조 이전에 있었던 태고의 침묵과 비활동을 하나님이 종말에 우주를 재창조하시기 전에 침묵이 반복되는 것과 연관시킨다(4 Ezra 6:39; 7:30-31; 2 Bar 3:7). 이것은 어느 정도 타당하다. 하지만 그것은 환상들의 순서에서 너무 늦게(그 개념이 '파괴적 혼란 다음에 일어날 재창조'라면 왜 인들보다 먼저 나오지 않는가?[3]) 혹은 너무 빨리(왜 파괴의 중간 무렵으로 보이는 이곳에 나오고, 20-22장의 새롭게 되는 환상에 더 가까이 나오지 않는가?) 나오는 듯하다. 셋째, 이 고요함은 성전에서 향을 드리는 것에 대한 유대 전승과 연관되어 있을 수 있다. 그때 하늘의 천사들이 침묵에 잠기고 하나님은 땅에 있는 자기 백성의 기도에 특별히 주의를 기울이신다.[4] 이 전통들은 「아담의 언약」(Testament of Adam) 1:12 및 다양한 랍비 저술에서 발견되며, 주후 70년 이전까지 거슬러 올라갈 수 있다.[5] 그 천사들의 예배가 진행되는 동안에는 하나님이 사람들의 기도를 들을 수 없기 때문에 고요했던 것이 아니다.[6] 그것은 기도로 하나님께 부르짖는 백성의 소리를 그분이 경청하신다는 것을 나타낸다. 이 견해는 나팔 심판들의 서막이

---

1. 사소한 변화는 "때에"라는 말에 대해 다른 단어를 사용한다는 것이다(ὅτε 대신 ὅταν). 하지만 그 두 단어는 이 문맥에서 6:1, 3, 5, 7, 9, 12에서처럼 명확한 시간을 나타내는 동의어인 듯하다(BDAG 731; BDF §382.4). 몇몇 충실한 사본에는 이문으로 ὅτε가 나온다(ℵ, P). 하지만 다른 좋은 사본들(A, C)의 독법은 ὅταν이며, 서기관들은 6장과의 일관성을 위해 ὅτε로 바꿨을 것이다.
2. Beale, *Revelation*, 446-53.
3. 이것이 Sweet, *Revelation*, 159가 암시하는 것이다.
4. Charles, *Revelation*, 1:223-24(이 견해의 한 형태) 다음에 Beasley-Murray, *Revelation*, 150-51과 Caird, *Revelation*, 106-7이 나온다. 이 견해에 대한 보다 상세하고 개정된 견해로는 Bauckham, *Climax*, 70-83을 보라.
5. Bauckham, *Climax*, 71-81을 보라. 또한 누가복음 1:10을 보라.
6. Aune, *Revelation 6-16*, 507; Smalley, *Revelation*, 211이 제기하는 반대.

라는 문맥에 더 자연스럽게 어울린다. 요한계시록 8:3-5은 심판을 성도들의 기도뿐 아니라 하늘에서 향을 드리는 것과 연관시킨다(3-5절에 대한 설명을 보라).[7]

고요한 시간은 짧다(1b절). 하지만 2-5절에 나오는 사건들이 일곱 나팔과 함께 심판이 시작하기(6절 이하) 전에 일어나기에는 적당하다. "반 시간쯤"이라는 말의 의미는 거의 문자적(짧지만 적절한 시간)인 것에 가깝고, 때로 주장되는 것처럼 완전히 비유적인 것은 아닌 듯하다.[8] 요한은 "시간"이라는 말을 많은 저자처럼 상당히 길거나 보다 문자적인 기간을 의미하는 것으로 사용한다(예를 들어, 3:10, "시험의 때"; 9:15, "그 년 월 일 시에…준비된"; 11:13, "그때에").[9] 이것을 반으로 나누는 것은 단순히 짧은 기간을 나타낸다. 하지만 그 시간은 명시된 사건들이 일어나기에는 충분하다.[10]

2절은 이렇게 이야기가 짧게 중단되고 나서 일어날 사건들을 준비한다. 특히 6절에서 시작되는 나팔 심판이다. 요한은 그의 환상에서 "일곱 천사"가 하나님을 섬길 준비를 하고 서 있는 것을 '보았다'(εἶδον, 4-7장에서 14번 사용됨).[11] 요한은 그의 독자들이 그 천사들을 잘 알고 있다고 추정한다. 그는 관사를 사용해서 '그 일곱 천사'라고 말하기 때문이다.[12] 신약 시대의 유대 전통에서는 일곱 천사장이 잘 알려져 있었다(참고. Tob 12:14; 4 Ezra 4:36; 그들은 1 En. 20:1-8에서 모두 이름이 나온다). 그 중 둘은 구약이나 신약에서 이름이 나온다(가브리엘, 미가엘).[13] 아마 여기에서 염두에 두고 있는 것은 이 일곱일 것이다. 이어질 신적 심판의 사명은 하나님의 주요 천사들에게 맡길 만큼 중요하다.[14]

일곱째 인과 연관된 구체적 심판이 없는 것 때문에 중요한 구조적 문제가 제기된다. 1절에 나오는 일곱째 인과 2절에 소개되는 일곱 나팔은 밀접하게 관계를 맺고 있는 듯 보인다. 그것은 일곱 나팔이 일곱째 인의 실제 내용을 구성한다는 것을 시사한다. 이와 비슷하게 심판 시리즈들을 포개거나 겹쳐놓는 것은 11:15에도 나오는 듯하다. 거기에서 일곱째 나팔은 별도의 내용이

7. 그것은 또한 그 견해의 몇 가지 차원, 곧 전례적 관행은 기도와 예배를 준비하면서 하나님 앞에서 침묵을 요구한다는 차원을 반영한다(Aune, *Revelation 6-16*, 507-8; Smalley, *Revelation*, 212). 이 견해 단독으로는 요한계시록에서 앞에 나왔던 예배 장면들이 왜 그처럼 떠들썩했는지 혹은 왜 사람들의 기도가 하늘의 침묵을 요구하는지를 설명해주지 않는다.

8. Resseguie, *Narrative Commentary*, 142(참고. 또한 30-31)는 요한계시록에서 어떤 숫자의 "반"이 "균열이 간 기간", 하나의 완전한 사건이 중지되거나 끊기는 것을 나타낸다는 취지의 Lupieri의 말을 인용한다. 그래서 관련 숫자가 무엇을 상징하든지, 그 반은 그것의 불완전한 혹은 분열된 형태를 나타낸다는 것이다. 요한계시록에서 "시간"(hour)은 '중대한 사건들'이 일어나는 때를 언급하므로(예를 들어, 11:13; 14:7, 15), 반 시간은 "완전하고 최종적인 사건의 중단"을 나타낸다. 그래서 Resseguie에 따르면 그것은 여기에서 끝으로 이어지는 행동의 순서가 지체되는 것을 나타내는 표시다. 이것은 문자적 독법과 본질적으로 같은 결과에 이르기 위한 지나치게 복잡한 경로인 듯하다.

9. BDAG 1102-3; LN §§67.1, 42, 148, 199를 보라.

10. "…쯤"(ὡς)이라는 의미는 숫자와 함께 나오는 ὡς의 통상적 의미(즉, "약, 대략", BDAG 1105)는 아니지만, 요한이 일반적으로 당황스러운 환상을 인간의 언어로 묘사하는 것을 반영한다(예를 들어, 1:10-16; 4:1-6에서 '…처럼', "…같은"). 이것은 정확한 시간은 아니다. 하지만 요한이 그 환상을 보았을 때 그렇게 보였다.

11. 그들은 하나님의 보좌 알현실에서 "하나님 앞에 서 있[다]"(ἑστήκασιν, 현재 상태적 의미를 지니는 완료 동사. 여기에서는 그들의 관례적이고 특징적인 자세에 대해 사용되었다). 그분이 시키는 대로 할 준비가 되어 있는 것이다.

12. 그 관사는 앞에 나오는 일곱 교회의 천사들을 언급하거나(1:20절 이하) 아니면 마찬가지로 "보좌 앞에" 있는 일곱 영을 언급할 수도 있다(1:4; 참고. 4:5; 5:6). 하지만 이 집단들은 둘 다 이 언급을 명확하게 하기에는 본문과 너무 멀리 떨어져 있다. 그리고 일곱 영은 천사들로 이해하는 것이 아니라 성령의 충만함에 대한 묘사로 이해해야 한다(1:4; 4:5; 5:6에 대한 주를 보라). 이 관사는 앞에 나온 어구를 가리키는 것이 아니라 "잘 알려진" 것(참고. Wallace, *Grammar*, 225), 즉 본문 자체에서 앞에 인용한 어떤 것이기보다는 일반적인 문화적 지식의 한 특성이다.

13. 유대적 배경에 대한 더 상세한 사항으로는 Smalley, *Revelation*, 213-14와 Swete, *Apocalypse*, 105를 보라.

14. 15:1에서 관사 없이 소개된 "일곱 천사"(심판의 대접을 쏟아부을)는 비슷한 기능을 하지만, 분명 이 천사장들과 동일한 존재는 아니다. 일곱 대접 혹은 "마지막 재앙"의 천사들은 앞의 어구를 가리키는 관사들과 함께 언급되며 여섯 개의 연속되는 구절(15:6, 7, 8; 16:1; 17:1; 21:9)에서 명확하게 대접과 동일시된다.

없고 15-16장에 나오는 일곱 대접으로 구성되어 있다. 이렇게 일곱으로 된 시리즈들 끝에서 내용을 겹쳐놓는 것이 지닌 효과는, 각 시리즈가 실제로 우리를 심판의 완성 직전까지 데려가지만 마지막 세부 사항을 더 풀어놓음으로써 궁극적 대격변을 늦추는 것이다.[15]

6-12절을 더 명확히 준비하기 위해, 요한은 일곱 천사가 "일곱 나팔"을 받는 것[16]을 요약해서 기록한다(2b절). 성경 전통에서 나팔은 다양한 중대한 사건을 알리는 데 사용된다.[17] 하지만 이 문맥에서 나팔은 종종 여호와의 날과 연관되는 종말 때의 멸망과 심판을 알린다(예를 들어, 사 58:1; 욜 2:1-2; 습 1:14-16; 슥 9:14-15).[18] 그 나팔들이 주변을 파괴하는 심판과 연관된 것은 아주 오래전 하나님이 여리고에서 승리하신 것을 암시할 수 있다(수 6:13). 7절부터 시작해서, 천사들이 나팔을 불 때 주변을 철저히 파괴하는 심판이 따를 것이다. 하지만 이 일이 일어나기 전에 그리고 하늘이 잠시 고요한 동안 또 다른 천사가 개입해서 나팔들이 무엇을 나타낼 것인지 예시한다(3-5절).

8:3-4 또 다른 천사가 와서 제단 곁에 서서 금 향로를 가지고 많은 향을 받았으니 이는 모든 성도의 기도와 합하여 보좌 앞 금 제단에 드리고자 함이라 향연이 성도의 기도와 함께 천사의 손으로부터 하나님 앞으로 올라가는지라(3 Καὶ ἄλλος ἄγγελος ἦλθεν καὶ ἐστάθη ἐπὶ τοῦ θυσιαστηρίου ἔχων λιβανωτὸν χρυσοῦν, καὶ ἐδόθη αὐτῷ θυμιάματα πολλὰ, ἵνα δώσει ταῖς προσευχαῖς τῶν ἁγίων πάντων ἐπὶ τὸ θυσιαστήριον τὸ χρυσοῦν τὸ ἐνώπιον τοῦ θρόνου. 4 καὶ ἀνέβη ὁ καπνὸς τῶν θυμιαμάτων ταῖς προσευχαῖς τῶν ἁγίων ἐκ χειρὸς τοῦ ἀγγέλου ἐνώπιον τοῦ θεοῦ). 이 구절들은 하나님이 백성의 기도에 초점을 맞추실 수 있도록 하늘이 고요했다는 것을 어느 정도 확증해준다(1절에 대한 설명을 보라). 여기에서 요한은 방금 언급한 것처럼 일곱 나팔 소리가 나는 것을 미루는 고요한 기간에 하늘에서 일어나는 특정한 사건들을 이야기한다. 그 사건들은 재빨리 차례대로 일어난다. 2절에 나오는 일곱 천사와는 다른 "또 다른 천사"가 다가와 "제단" 곁에 선다(3a절).[19] 이사야의 환상에서처럼(사 6:1, 6), 요한의 환상에는 제단이 있고 성전 역할도 하는 하늘의 보좌 알현실이 나온다. 여기에 언급된 제단은 지상의 성막 혹은 성전 안에 있는 향 제단에 해당한다(그에 대한 논의는 6:9을 보라). 따라서 3절 시작 부분에 있는 "제단"은 구절 끝에 나오는 "금 제단"과 같은 것이다(참고. 출 37:25-26; 왕상 7:48). "보좌 앞"에 있는 제단의 위치는 "궤 앞"(출 40:5) 혹은 "여호와 앞"(레 4:7)에 있는 지상의 향 제단과 대응된다. 그 천사는 향을 드리는 의식을 수행할 준비를 갖추고 있다(참고. 출 30:7-8; 레 16:12-13; 눅 1:9-10; m. Tamid 5-6). 그는 "금 향로"(λιβανωτὸν χρυσοῦν)[20] 혹은 향 제물을 드리기 위해 향 제단에 숯을 가져오는 불 옮기는 그릇(출 27:3; 왕상 7:50)을 가지고 있기 때문이다(계 8:3b).

요한은 (하나님에게서 혹은 거들어주는 천사에게서) "많은 향을 받았"다는 세부 사항을 추가한다(3c절). 이것은 천사가 향 제단에 놓을 불타는 석탄 위에 그 향을 뿌려

15. 인, 나팔, 대접들이 서로 어떻게 관련되어 있는지에 대한 논의를 더 보려면 '요한계시록 서론'에 나오는 '구조와 개요'를 보라.

16. "받았더라"는 동사구는 헬라어 부정과거 수동태로(ἐδόθη), 행동 전체를 재빨리 이야기하면서 하나님이 이런 식으로 그들을 구비시키시는 행위자임을 암시하는 수동태로 되어 있다.

17. G. Friedrich, "σάλπιγξ," *TDNT* 7:76-88; *NIDNTTE* 4:235-36을 보라.

18. 하지만 이 일곱 중 어느 것도 마태복음 24:31, 고린도전서 15:52 혹은 데살로니가전서 4:16에 언급된 나팔들과 명확히 대응되지 않는다.

19. 하늘 제단의 숯불과 연관된 그의 임무로 보아(3-5절), 그는 아마 14:18에 언급된 "불을 다스리는…천사"일 것이다.

20. 이 헬라어는 LXX에서나 우리에게 알려진 다른 고대 헬라어 본문들에서는 이런 의미로 사용되지 않는 것으로, 보통 "(유)향"을 의미한다(18:13; 마 2:11에 나오는 관련 단어를 보라). 하지만 "금"이라는 형용사가 함께 나와 여기에서는 (연상에 의해) 향을 태울 수 있도록 숯을 담는 데 사용하는 그릇인 "향로"를 의미한다. BDAG 594; W. Michaelis, "λιβανωτός," *TDNT* 4:264; *NewDocs* 4:129를 보라.

제물로 드리기[21] 위한 것이다(3d절). 추가로 나오는 놀라운 이미지는 그 향이 "모든 성도의 기도와 합하여"(참고. 5:8) 드려지리라는 것이다.[22] 이것은 "보좌 앞"에서 예배 행위로 드려지는 하나님 백성[23]의 기도를 상징한다. 이 기도들이 하나님의 "모든" 성도로부터 나온다는 사실은 천사가 "많은 향"을 받았다는 앞 절의 세부 사항을 적절하게 강조한다. 그것은 또한 그 기도들이 6:9-11에 묘사된 순교자들보다 더 광범위한 집단에서 나온 것임을 뜻한다. 그 구절은 이 본문과 자연스럽지만 정확하게 대응되지는 않는다. 하지만 3-6절에 나오는 사건들이 이어지는 방식으로 미루어 판단하건대, 이것을 6:10과 같이 구조해달라는 호소와 정당함을 입증해달라는 기도로 이해하는 것이 올바른 듯하다.[24] 여러 곳에서 요한계시록은 의인이 하나님의 원수의 손에 당하는 고난을 넌지시 언급한다(13:7; 16:6; 17:6; 18:24; 20:9). 그러므로 이러한 해석은 요한계시록의 내용과 맞지 않는 것이 아니다. 하나님의 백성은 역사 내내 타락한 세상의 반대 앞에서 하나님께 건져달라고 호소하고 정의를 시행해달라고 부르짖었다(예를 들어, 창 4:10; 신 32:43; 왕하 9:7; 시 79:10; 마 23:35). 그리고 나팔 심판에 대한 요한의 환상에서 이제 하나님의 확실한 응답이 나타나려 한다.

그 천사는 하늘 성전에서 섬김의 첫 부분을 성취한다(즉, 제단에 향을 드리는 것, 3d절). 그것은 "향연"이 향기로운 냄새처럼 "하나님 앞으로" 올라가는 것으로 나타난다(4절).[25] 연기가 제단에서 피어올라가는 것에 대한 묘사는 인간의 기도가 어떻게 상징적으로 향과 연관될 수 있는지 시사한다. 시편 141:2 역시 이것을 반영한다. "나의 기도가 주의 앞에 분향함과 같이 되며"(참고. 또한 기도를 하나님께 '올려드린다'는 이미지, 예를 들어, 왕하 19:4; 사 37:4; 렘 7:16; 11:14). 이렇게 성도들의 기도를 향과 연관시키는 것은 여기에서 강조를 위해 반복된다. 다음에 일어날 일을 준비하기 위해서다(5절).

8:5 천사가 향로를 가지고 제단의 불을 담아다가 땅에 쏟으매 우레와 음성과 번개와 지진이 나더라(καὶ εἴληφεν ὁ ἄγγελος τὸν λιβανωτόν καὶ ἐγέμισεν αὐτὸν ἐκ τοῦ πυρὸς τοῦ θυσιαστηρίου καὶ ἔβαλεν εἰς τὴν γῆν, καὶ ἐγένοντο βρονταὶ καὶ φωναὶ καὶ ἀστραπαὶ καὶ σεισμός). 극적이고 예상치 못한 방식으로, 천사는 예배의 행동을 한 후 일곱 나팔이 울리면서 땅에 벌이 퍼부어지는 것을 예시하는 심판의 동작을 취한다. 특히 하늘 제단에서 '불을 쏟는' 천사의 행동은 처음 네 나팔 심판의 특성을 예견한다. 그 심판들은 땅에 멸망을 가져오지만, 하늘로부터 직접 비롯된다는 것이다.[26] 하늘 보좌 알현실에서 천사가 급하게 보여주는 세 가지 행동("가지고", "담아다가", "쏟으매", 5a-c절)[27] 다음에는 온 우주를 심판하기 위해 하나님이 등장하실 때 나타나는 징조들이 묘사된다(5d절). 천사가 다시 그의 향로를 가지고 그것을 하늘 제단에서 나

21. 영어 부정사 '드리다'는 목적을 나타내는 헬라어 ἵνα절(ἵνα δώσει)을 번역한 것이다. 미래 직설법과 함께 나오는 ἵνα의 이런 용법 및 다른 저자가 헬라어 부정사를 사용할 수도 있었을 만한 곳에서 ἵνα절이 나오는 것에 대해서는 3:9의 주를 보라.
22. 헬라어에서 연상의 여격. 이 상징은 5:8에서 직접적 비유로 표현된다. "이 향(들)은 성도의 기도들이라"는 것이다(그 구절에 대한 설명을 보라).
23. 하나님 백성으로서의 "성도", 즉 '거룩한 자들'(οἱ ἅγιοι)에 대해서는 5:8의 주를 보라.
24. 1 En. 47:1-2; 99:3에서도 이 주제가 나오는 것을 보라. 애굽에 있던 이스라엘 종들의 부르짖음(출 2:23-25; 3:7-9; 느 9:9-11; 시 106:44-45)은 하나님이 열 재앙과 출애굽을 통해 응답하시는 것으로, 아마 여기에 나오는 요한의 비유적 표현에 가장 큰 영향을 미쳤을 것이다.
25. 연기가 "천사의 손으로부터" 올라간다는 언급은 그가 의식에서 부여받은 임무를 수행했음을 보여주는 미묘한 언급이다. 이 말은 그가 "많은 향"(3c절)을 받았다는 말과 함께, 또한 향을 손끝으로 소량을 드리는 것이 아니라 "두 손에 채워" 드리는 것(레 16:12)이 관례였음을 상기시킬 수도 있다.
26. Roloff, *Revelation*, 109-10; Smalley, *Revelation*, 216-17.
27. 헬라어에서 이 동사들은 하나의 완료 시제 다음에 두 개의 부정과거가 나온다. 부정과거들은 요한이 그의 환상들을 기술할 때 사용하는 전형적인 시제 순서에 맞는다(6:1에 대한 주를 보라). 이 문맥에서 '그가 가지고'(εἴληφεν)라는 완료 동사는 통상적인 완료적 의미

온 불로 채우고 그 숯불을 땅에 던질 때, 그는 에스겔 10장(계 4:6-8의 하늘 환상에 중대한 영향을 끼친 본문)에 나오는 심판 유형을 따르고 있었다. 에스겔 10:2-7에서는 한 천사가 예루살렘의 죄에 대한 심판으로 하늘 보좌 알현실에서 나온 숯불을 예루살렘에 부으라는 명령을 받는다(그 징조는 얼마 후 느부갓네살이 그 도시를 멸망시켰을 때 이 땅에서 성취되었다). 같은 유형의 주목할 만한 표현들은 하나님이 소돔과 고모라에 '하늘로부터 유황과 불을 비같이 내리셨을' 때(창 19:24) 그리고 하나님이 일곱째 재앙으로 애굽에 하늘로부터 "우박"과 "불"이 내리게 하셨을 때(출 9:23-24; 참고. 시 18:10-14; 왕하 1:10-14) 나온다. 이런 유형은 처음 세 나팔 심판에서 강화될 것이다(계 8:7-10).

5d절의 불길한 전조들은 4-5장에 나오는 토대 보좌 환상(참고. 4:5)으로부터 나팔 심판(11:19) 및 대접 심판(16:18-21)이라는 절정까지, 요한계시록 앞뒤를 왔다 갔다 한다. 4:5에서 논의한 것처럼, "우레와…번개"는 이스라엘이 시내 산에서 경험한 하나님의 두려운 임재(출 19:16-19)를 나타낸다. 그러나 거기에 "지진"이 추가되면서 8:5에서(그리고 11:19과 16:18-21에서 계속해서 확장되는 형태로) 똑같이 반복될 때, 그것들은 온 우주에 대한 하나님의 심판의 전조가 된다.[28] 시내 산에서 일어난 신적 현현에는 산이 '진동하는 것'(출 19:18 MT) 및 어마어마한 폭풍우의 다른 특징들이 포함되었다. 하지만 후에 구약에서는 이 현상들을 장차 심판이 더 강렬하고 광범위하게, 즉 모든 나라와 더 광범위한 하늘과 땅(삿 5:4-5; 시 18:7-15; 68:7-8; 77:18; 사 13:13; 29:6; 64:2-4; 렘 10:10; 학 2:6-7, 21)에 반복해서 임할 심판 유형으로 보았다.

8:6-7 일곱 나팔을 가진 일곱 천사가 나팔 불기를 준비하더라 첫째 천사가 나팔을 부니 피 섞인 우박과 불이 나와서 땅에 쏟아지매 땅의 삼분의 일이 타 버리고 수목의 삼분의 일도 타 버리고 각종 푸른 풀도 타 버렸더라(6 Καὶ οἱ ἑπτὰ ἄγγελοι οἱ ἔχοντες τὰς ἑπτὰ σάλπιγγας ἡτοίμασαν αὐτοὺς ἵνα σαλπίσωσιν. 7 Καὶ ὁ πρῶτος ἐσάλπισεν· καὶ ἐγένετο χάλαζα καὶ πῦρ μεμιγμένα ἐν αἵματι καὶ ἐβλήθη εἰς τὴν γῆν, καὶ τὸ τρίτον τῆς γῆς κατεκάη καὶ τὸ τρίτον τῶν δένδρων κατεκάη καὶ πᾶς χόρτος χλωρὸς κατεκάη). 3-5절에서 중간 사건이 나온 후, 6절은 2절의 장면으로 되돌아가 다시 일곱 나팔 심판 시리즈를 준비한다.[29] 다시 한번 "일곱 천사"가 나오며, "일곱 나팔"에는 앞에 나온 어구를 가리키는 조응적 관사가 붙어 있다(일곱 나팔을 소개하기 위해 문구에 관사 없이 나왔던 2절을 언급하면서). 하지만 이 구절에서 말하는 활동은 순전히 예상이다. 그들이 그다음에 올 것, 7-12절에서 처음 네 나팔의 실제 소리가 하나씩 들리는 것을 "준비하더라"[30]는 것이다.

이어서 나오는 일곱 나팔은 인의 경우에서처럼 두 부분으로 나뉜다. 처음 네 개(7-12절)와 마지막 세 개(13절 이하)다. 처음 네 나팔은 인간에게도 상당한 부수적 영향을 끼치지만(참고. 7, 9, 11절), 주로 자연 세계(땅, 바다, 물샘, 하늘)를 파괴한다. 반면 마지막 세 나팔은 명확히 인간을 겨냥한다. 마지막 세 나팔은 공식적으로 차례로 공표할 수 있는(8:13; 9:12; 11:14) 세 개의 "화"로

보다는 단지 부정과거적 의미를 지니는 것이 거의 확실하다(5:7과 7:14에서 이에 대한 예를 보라).

28. Bauckham, *Climax*, 202-4와 앞의 4:5에 나오는 설명을 보라.

29. 요한은 이것을 단지 전개되는 이야기에서 다음 단계로 말한다[참고. 1-5절에 눈에 띄게 나오는 부정과거들과 마찬가지로, 6절에 나오는 부정과거 동사 "준비하더라"(ἡτοίμασαν)]. 그러나 그것은 분명 2절에서 나오는 주제의 전개를 다시 이어가는 것이다.

30. '스스로'[themselves, αὑτούς(SBLGNT) 혹은 αὐτούς(이 주석에 사용된 헬라어 본문 그리고 NA[28])]라는 대명사(개역개정에는 번역되어 있지 않음-역주)는 '그것들을'(즉, 나팔들)이라고 볼 수도 있을 것이다. 하지만 그런 의미가 되려면 여성형(αὐτάς)이 되어야 한다. 하지만 인칭 대명사 αὐτός의 몇몇 형태는 신약에서 종종 재귀적 의미 역할을 한다(ἑαυτοῦ의 형태들과 마찬가지로). 이것에 대한 다른 분석법은 αὑτούς가 ἑαυτούς의 단축형이며 편집자가 단축형을 생략하지 않고 전부 쓸지 안 쓸지 선택할 수 있다고 말하는 것이다(참고. BDAG 268-69; BDF §64.1).

열거되기도 한다. 인과 마찬가지로, 일곱째 나팔은 다른 여섯 개와는 다른 결과를 알린다(11:15-19).

7절은 단순히 "첫째 천사가 나팔을 부니"[31]라고 말함으로써, 처음 네 나팔의 질서정연한 순서를 시작한다. 나팔 소리는 "땅에 쏟아"진 "피 섞인 우박과 불"이 초자연적으로 연속해서 맹공격할 것임을 알린다. 이 심판은 소돔과 고모라에 내려진 벌(창 19:24, 유황과 불), 애굽의 일곱째 재앙(출 9:23-24, 우박과 불), 예루살렘의 멸망에 대한 에스겔의 환상(겔 10:2, 불) 그리고 하나님이 곡과 마곡을 물리치신 것(겔 38:22, 전염병과 피와 우박과 불과 유황)의 유형을 따른다.[32] 이전에 하나님이 보내셨던 구약의 심판들은 파괴적이지만 국지적이었다. 그 유형은 종말에 이렇게 더 널리 퍼짐으로 반복되면서 한층 격렬해질 것이다. 7절의 마지막 부분이 나타내는 것과 같다(땅, 수목, 각종 푸른 풀의 삼분의 일).[33] 이 비율도 구약의 예언 모델을 반영할 것이다.[34] 그것은 넷째 인의 영향을 받은 땅의 "사분의 일"을 넘는 단계적 확대를 나타내지만(6:8), 그럼에도 최종적이고도 가장 큰 격변은 아직 오지 않았음을 나타낸다(예를 들어, 16:3). 7절의 마지막 부분에서 세 번 사용된 "타버렸더라"(κατεκάη)는 동사구는 "전부 불타버리다, 불타서 파괴되다"[35]라는 강력한 뜻이다. 앞에서 인용한 구약의 유사한 경우들(소돔과 고모라, 예루살렘)로 보아, 이 구절에서 묘사된 대격변의 피해를 가볍게 보기는 어렵다. "각종 푸른 풀"이 타버렸다는 것은 이것이 땅과 그 거민에게 입힌 타격의 심각성을 더해 준다.[36]

8:8-9 둘째 천사가 나팔을 부니 불 붙는 큰 산과 같은 것이 바다에 던져지매 바다의 삼분의 일이 피가 되고 바다 가운데 생명 가진 피조물들의 삼분의 일이 죽고 배들의 삼분의 일이 깨지더라(8 Καὶ ὁ δεύτερος ἄγγελος ἐσάλπισεν· καὶ ὡς ὄρος μέγα πυρὶ καιόμενον ἐβλήθη εἰς τὴν θάλασσαν, καὶ ἐγένετο τὸ τρίτον τῆς θαλάσσης αἷμα 9 καὶ ἀπέθανεν τὸ τρίτον τῶν κτισμάτων τῶν ἐν τῇ θαλάσσῃ τὰ ἔχοντα ψυχάς καὶ τὸ τρίτον τῶν πλοίων διεφθάρησαν). 요한은 처음 네 나팔 심판을 재빨리 훑어보면서 곧이어 두 번째 심판(8-9절)을 말하는데 그것의 파괴적 효과는 땅보다(참고. 6-7절) 바다에 집중된다. "불붙는 큰 산과 같은 것"이 "바다에 던져"지는 이미지(8b절)[37]는 아마 다양한 출처에서 끌어왔을 것이다. 거기에는 묵시적 비유(예를 들어, 1 En. 18:13-14, "불타는 큰 산"처럼 보이는 하늘의 천사들; 참고. 1 En. 21:3; 108:4) 및 주후 46/47년의 테라(Thera, 산토리니) 혹은 주후 79년의 베수비우스(Vesuvius) 화산 폭발이 포함될 것이다. 성경 자료에서 바벨론은 결국에는 멸망될 "멸망의 산"으로 언급되고(렘 51:24-26, 63-64, 하나님은 유다를 심판하시기 위해 바벨론을 사용하시지만, 바벨론 역시 심판하실 것이라고 약속하신다), "산" 자체는 나라 혹은 제국을 상징할 수 있다(단 2:35, 45). 이 심판은 바다와 그 상업(어업과 해상 무역 등)에 대단히 강렬한 영향을 미치는 것으로, 17-18장(특히 18:21)에 묘사된 것처럼 바벨론

31. 첫 번째 인을 떼는 것은 "일곱 인 중의 하나(μίαν)"라고 진술되었다(6:1). 하지만 나팔들에 대해서는 요한은 처음부터 서수를 사용한다.

32. 심판의 이 예표론, 특히 애굽 재앙들과 관련된 것으로는 5절에 대한 설명과 '요한계시록 서론'에 나오는 보다 광범위한 논의('구약 사용: 예언과 예표')를 보라. 또한 Irenaeus, *Haer.* 4.30.2를 보라. 그는 요한계시록에 나오는 모든 나라에 주어지는 재앙들은 출애굽 때 애굽에 주어진 재앙들의 예표를 따른다고 말한다.

33. 여기에서 요한이 나팔 심판들의 결과에 통합시키는 셋으로 묶인 유형들을 주목하라(8:12, 13; 9:4, 17-18에도 나오는). 참고. Resseguie, *Narrative Commentary*, 144.

34. 참고. 겔 5:1-2, 12과 슥 13:8-9. 전자의 본문에서는 "삼분의 일"이 합해서 어떤 점에서든 심판을 당하는 예루살렘 도시 전체를 포괄하게 되지만. 참고. 또한 Sib. Or. 3.544(삼분의 일만 살아남는다).

35. BDAG 517; LN §14.66; 예를 들어, 행 19:19; 히 13:11(참고. 출 29:14, 34).

36. 나무와 풀이 타는 것에 대한 언급은 아마 창세기 19:25의 "땅에 난 것"이 다 불탔다는 유사한 문구에서 나왔을 것이다. 요한계시록 9:4은 다섯째 나팔이 불기 전에 약간의 회복이 이루어졌음을 묘사한다. 하지만 이 첫째 나팔의 냉혹한 결과는 분명하다.

37. 요한은 통상적인 인간의 언어로는 사실상 묘사할 수 없는 것을 제시하기 위해 "…와 같은"(ὡς)이라는 말을 사용한다(1절에 대한 주를 보라).

및 상업적 제국의 멸망을 예시하는 듯하다. 하지만 이렇게 17-18장과 공명하는 것을 이 심판의 유일한 상징적 의미(즉, 악한 상업적 제국이 역사의 다양한 시기에 붕괴를 겪는다)로 보는 것은 잘못일 것이다. 애굽에 임한(하지만 종말 때는 극단적이고 우주적 규모로 단계적으로 확대되는) 심판과 같은 유형은, 나팔 심판들이 하나님으로부터 오는 초자연적 재앙으로 무서운 자연적 결과를 낳을 것임을 강력하게 시사한다.

애굽에 임한 재앙과의 유사성은, 요한이 방금 묘사한 초자연적 현상의 결과들[38]을 인용하기 시작할 때 8c-9b절에서 다시 이어진다. 바닷물이 "피"가 된다는 것은 나일강의 물(또한 애굽의 못과 호수와 그릇의 물)이 피가 되었던 첫째 재앙을 반영한다(출 7:14-25; 시 78:43-44). 7d-e절에서처럼 영향을 받은 바다의 비율은 "삼분의 일"로, 엄청나지만 제한된 양이다. 그다음에 이것은 바다 생물들("삼분의 일이 죽고")[39] 및 바다 무역("배들의 삼분의 일이 깨지더라")[40]과 관련된 추가 결과로 이어진다. 후에 우리는 둘째 대접 심판(16:3)이 "바다", 그 전체를 피같이 만들고 바다의 "모든 생물"이 죽게 함으로써 강도가 더 심해지는 것을 볼 것이다.

<u>**8:10-11**</u> **셋째 천사가 나팔을 부니 횃불 같이 타는 큰 별이 하늘에서 떨어져 강들의 삼분의 일과 여러 물샘에 떨어지니 이 별 이름은 쓴 쑥이라 물의 삼분의 일이 쓴 쑥이 되매 그 물이 쓴 물이 되므로 많은 사람이 죽더라**(10 Καὶ ὁ τρίτος ἄγγελος ἐσάλπισεν· καὶ ἔπεσεν ἐκ τοῦ οὐρανοῦ ἀστὴρ μέγας καιόμενος ὡς λαμπάς καὶ ἔπεσεν ἐπὶ τὸ τρίτον τῶν ποταμῶν καὶ ἐπὶ τὰς πηγὰς τῶν ὑδάτων, 11 καὶ τὸ ὄνομα τοῦ ἀστέρος λέγεται ὁ Ἄψινθος, καὶ ἐγένετο τὸ τρίτον τῶν ὑδάτων εἰς ἄψινθον καὶ πολλοὶ τῶν ἀνθρώπων ἀπέθανον ἐκ τῶν ὑδάτων ὅτι ἐπικράνθησαν). 셋째 나팔 심판은 둘째 나팔 심판을 매우 밀접하게 반영하며(하늘에서 큰 물체가 땅의 물에 던져진다) 애굽의 첫째 재앙의 유형을 따른다(바다가 아니라 담수 근원이 영향을 받았다). 이 경우에는 불붙는 큰 산이 아니라 그와 비슷한 "횃불같이 타는 큰 별"(10b절)이 떨어진다. 여기에서는 5, 7, 8절에 쓰인 '던져지다' 대신 '떨어지다'라는 동사가 사용된다. 하지만 이 문맥에 수반되는 문구('땅이나 바다'에 던져지다' 대 '하늘에서 떨어지다')는 더 큰 것을 표현하는 데서는 의미상 차이가 거의 없다. 두 동사의 요점은 땅에 임한 멸망이 하늘에서 비롯된다는 것이다(5절에 대한 주를 보라).

요한계시록에서 "별"은 천사와 같은 인물을 나타낼 수 있고(예를 들어, 1:20; 9:1), 땅으로 떨어지는 "큰 별"은 사탄의 반역과 관련될 수도 있다(눅 10:18; 계 12:9). 하지만 이러한 해석은 이 문맥과는 상당히 맞지 않는 듯하다. 8-9절(그리고 7절)과의 대응으로 보아 이 "큰 별"은 하늘로부터 소돔과 고모라 그리고 애굽에 빗발치듯 내린 파괴적 물체들이 단계적으로 확대된 것일 가능성이 더 크다. 8절에 나온 비유적 표현이 화산 폭발에 대한 당시 이야기로 보강될 수 있었던 것처럼, "횃불같이 타는" 별에 대한 묘사도 혜성들이 하늘을 가로지르는 광경에 영향을 받았을 수 있겠지만 그것을 넘어선다.

이렇게 하늘로부터 임한 멸망은 "강들의 삼분의 일"과 "여러 물샘"에 떨어졌다(10c절). "…에"(ἐπί)라는 전치사가 두 번 나오기 때문에, 이것은 강들의 삼분의 일과 모든 물샘을 별도로 언급하는 것일 수 있다. 하지만 11b

38. 8절의 마지막 절을 시작하는 '그리고'(καί, 개역개정에는 "던져지매" 다음에 나오는 이 말이 번역되어 있지 않음—역주)라는 말은 '그래서'라는 결과의 의미다(2:23; 5:4; BDAG 495를 보라).

39. 요한은 바다 생물들을 다소 어색하게 묘사한다. '피조물들, 바다에 있는 것, 즉 생명을 가진 것의 삼분의 일'이라는 것이다. 끝에 있는 분사(중성 주격 복수, τὰ ἔχοντα ψυχάς)는 "삼분의 일"과 동격이거나(중성 주격 단수, 하지만 집합적 복수의 의미를 지닌) 아니면 '피조물들, 바다에 있는 것'(중성 속격 복수)과 동격이다. 어느 쪽이든 그 분사는 그것의 머리 용어와 문법적 호응을 이루지 않는다. 하지만 이런 유형의 정확하지 않은 문법적 호응은 1세기 대중적 헬라어 문체의 일반적 특징이다. 두 번째 견해에 대해서는 Zerwick, *Biblical Greek* §13을 보라.

40. "배"에 미치는 이 영향은 또한 "바벨론의" 해상 무역이 황폐화되는 것을 예상한다(참고. 18:17-18).

절에서 악영향을 요약할 때 이 둘을 합해서 "물의 삼분의 일"이라고 언급하는데, 이는 둘 다의 삼분의 일이라는 것을 암시한다.[41] 그러므로 이것들은 8–9절에서처럼 바닷물과 대조되는 민물의 원천을 언급한다. 이렇게 요한은 애굽의 첫째 재앙(출 7:14–24)을 계속해서 환기시키지만, 다른 차원들을 강조한다(여기에서는 오염된 물이 인간에게 미치는 악영향).

8절과의 또 다른 차이는 물이 피로 변하는 대신 독성을 지니게 된다는 것이다(11c절). 이렇게 오염되었다는 것은 타는 별의 이름인 "쓴 쑥"(ὁ Ἄψινθος)으로 드러난다. 물의 삼분의 일이 "쓴 쑥이 되[었기]"(ἐγένετο…εἰς ἄψινθον, 11b절) 때문이다. (중세) 영어 용어인 "쓴 쑥"(wormwood)은 그 잎으로 장내 기생충이나 다른 질병을 치료하는 쓴 맛 나는 약을 만드는 관목이나 약초의 이름이다.[42] 그 약초는 낮은 농도에서는 안전하지만 상당히 쓰고, 더 많은 양을 쓰면 치명적인 발작을 일으킬 수 있는 혼합물을 함유한다. 많은 민물 공급원이 이런 식으로 오염되면 불가피하게 인간에게 큰 재해를 낳는다. 요한은 물 때문에 "많은 사람이 죽더라"고 기록한다.[43] '그 물이 유독하게 되므로'(11d절)라는 추가 절은 문자적으로 '그것이 쓴 물이 되므로'(ἐπικράνθησαν)라는 뜻이다. 하지만 여기에서 쓴 맛은 유독성을 지닌다. 구약은 죄에 대한 벌을 쓴 잔 혹은 종종 죽음으로 이끄는 쓴 것과 연관시킨다(민 5:24, 27; 신 29:18; 잠 5:4; 렘 9:15; 23:15; 애 3:19). 그리고 이 경우 요한계시록 8:11d에서 생명을 빼앗는 결과를 낳는다는 점이 분명히 나타난다.

8:12 넷째 천사가 나팔을 부니 해 삼분의 일과 달 삼분의 일과 별들의 삼분의 일이 타격을 받아 그 삼분의 일이 어두워지니 낮 삼분의 일은 비추임이 없고 밤도 그러하더라(Καὶ ὁ τέταρτος ἄγγελος ἐσάλπισεν· καὶ ἐπλήγη τὸ τρίτον τοῦ ἡλίου καὶ τὸ τρίτον τῆς σελήνης καὶ τὸ τρίτον τῶν ἀστέρων, ἵνα σκοτισθῇ τὸ τρίτον αὐτῶν καὶ ἡ ἡμέρα μὴ φάνῃ τὸ τρίτον αὐτῆς καὶ ἡ νὺξ ὁμοίως). 처음 네 개 중 마지막 나팔이 울릴 때 우리는 자연 세계의 한 특징, 이 경우에는 해, 달, 별에 재앙이 임하는 것을 본다. 또 다른 유사점은 처음 세 나팔의 경우처럼 삼분의 일씩 심판을 받는다는 것이다. 이는 상당히 많은 부분이기는 하지만 최종적인 붕괴는 아니라는 것을 뜻한다. 각 천체, 곧 해와 달과 별의 "삼분의 일"(12b절)이 타격을 받고,[44] 그 결과[45] 각 경우 그 삼분의 일들이 "어두워"져서 빛을 내지 못하게 된다(12c절).

이 벌은 애굽의 아홉째 재앙을 상기시킨다(출 10:21–23, 삼 일 동안 캄캄한 흑암이 애굽 온 땅을 덮었다). 또한 이 벌에는 여호와의 날을 예언하는 몇몇 본문에 나오는 세부 사항도 섞여 있다. 그런 본문에서는 날이 어두워지고 암흑에 싸인 것을 표현할 때 그것이 해와 달과 별에 미친 영향을 인용해서 표현한다(예를 들어, 욜 2:10, 31; 3:14–15; 암 5:18–20; 8:9; 참고. 겔 32:7–8).[46] 여기에서 추가로 묘사된 결과(12d–e)는 아모스 8:9(낮의 일부에 내린 어

---

41. 7, 9절에서 "삼분의 일"의 의미에 대한 설명을 보라.

42. BDAG 161; Mitchell G. Reddish, "Wormwood," *ABD* 6:973을 보라. 쓴 쑥(wormwood)이라는 약초는 때로는 "압생트"[absinth(e), 헬라어 ἄψινθος에서 나온]이라고 알려졌고, 이 이름은 소량의 쓴 쑥으로 맛을 낸 알코올 음료를 가리켜 사용된다.

43. "…로부터"(ἐκ)라는 전치사는 여기에서 원인적 의미를 띤다(BDAG 296–97).

44. "타격을 받아"라고 번역된 동사(ἐπλήγη)는 '강력하게 치다'라는 뜻이다. 이 말의 이런 형태는 예를 들어 출애굽기 11:1, 민수기 11:33, 예레미야 30:14, 요한계시록 9:18, 20 등에서 하나님의 심판에 대해 사용된 '재앙, 타격'(πληγή)이라는 명사와 같은 어원을 지닌다.

45. 여기에서 헬라어 접속사 ἵνα는 이 재앙의 결과를 나타낸다(참고. 9:20; 13:13; BDAG 477; BDF §391.5).

46. Beale, *Revelation*, 481–83은 Wis 17에서 애굽 사람들이 경험한 물리적 어둠을 그들의 종교적 우상 숭배와 영적 벌을 상징하는 것이라고 해석하는 본문들을 인용하고 나서, 요한계시록 8:12에 나오는 "어둠"이 "아마 문자적인 것이 아니라, 우상 숭배를 하는 박해자들에게 그들의 우상 숭배가 어리석은 일이며 그들이 살아 계신 하나님으로부터 분리되어 있다는 것을 상기시키기 위해 하나님이 정하신 모든 사건들을 언급한다"(482)라고 주장한다. 하지만 '문자적, 물리적인 것' 대 '비유적, 영적인 것' 사이의 이런 이분법은 불필요하고, 그것은 심지어 Wis 17의 개념에서도 벗어나 있다. 그것은 함

둠)과 비슷한데 출애굽기 10:22(삼 일 내내 어둠)과는 다르다. 이 타격은 낮 시간과 밤 시간의 삼분의 일 동안 완전한 어둠을 가져왔다. "낮 삼분의 일은 비추임이 없고 밤도 그러하더라."[47]

8:13 내가 또 보고 들으니 공중에 날아가는 독수리가 큰 소리로 이르되 땅에 사는 자들에게 화, 화, 화가 있으리니 이는 세 천사들이 불어야 할 나팔 소리가 남아 있음이로다 하더라(Καὶ εἶδον, καὶ ἤκουσα ἑνὸς ἀετοῦ πετομένου ἐν μεσουρανήματι λέγοντος φωνῇ μεγάλῃ, Οὐαὶ οὐαὶ οὐαὶ τοὺς κατοικοῦντας ἐπὶ τῆς γῆς ἐκ τῶν λοιπῶν φωνῶν τῆς σάλπιγγος τῶν τριῶν ἀγγέλων τῶν μελλόντων σαλπίζειν). 같은 환상의 새로운 부분에서[2절, "내가 보매"(καὶ εἶδον)를 보라], 요한은 처음 네 나팔(2-12절)로부터 세 개의 "화"(참고. 9:12; 11:14)로 더 규정되는 마지막 세 나팔로 넘어간다. 환상의 이 부분에서 가장 두드러진 점은 요한이 '들은' 것(5:11처럼), 즉 "독수리"[48]가 마지막 세 나팔에 수반될 임박한 재앙을 알리는 것이다. 독수리는 일반적으로 신속하고도 압도적인 멸망을 나타내는 이미지다(예를 들어, 신 28:49; 렘 4:13; 애 4:19; 호 8:1; 합 1:8). 그리고 "공중에 날아가는"[49] 독수리는 아무 낌새도 못 채는 취약한 대상을 내리 덮치는 능력을 암시한다. 하지만 여기에서 독수리는 "화, 화, 화가 있으리니"[50]라고 세 번 외치면서 곧 임할 강렬한 재난을 큰 소리로[51] 경고한다. 그런 "화"는 구약에서도 선언되었으며(예를 들어, 삼상 4:7-8; 사 1:4, 24; 렘 4:13; 습 2:5; 또한 겔 16:23; 암 5:16에 "화 있을진저 화 있을진저"라고 두 번 나오는 것을 보라) 예수님도 종종 말씀하셨다(예를 들어, 눅 6:24-26). 여기에서 "땅에 사는 자들"[52]이란 요한계시록에서 하나님을 반대하는 인간 세상을 뜻하는 표현으로(3:10에 대한 주를 보라), 하나님이 이 화들로 심판하실 사람들이다. 같은 말을 세 번 외치는 것은 감정적 표현을 강화한다. 그것은 또한 마지막 세 나팔 심판을 하나로 묶는 구조를 제공한다. 삼중적 구조는 여기에서 소개되며 9:12과 11:14에서 반복된다. 이렇게 탄식하는 이유는 남은 세 천사가 '나팔을 부는 것'[53] 때문이다.[54]

축적 가치를 지닌 문자적 어둠일 가능성이 더 크다('요한계시록 서론'에서 '비유적 표현과 상징들'을 보라).

47. '비추다'(φαίνω, "빛을 생산하다," 빛을 내다, BDAG 1046)라는 동사와 함께 "낮"(ἡμέρα)이라는 단어는 낮의 빛을 환유로 말한다(참고. 눅 24:29; 행 27:29, 39; 벧후 1:19). 그리고 요한은 이것을 확장해서 마지막 절에서 '밤의 빛(들)'(즉, 달과 별)을 암시한다.

48. "독수리"라는 독법은 강력한 사본상의 지지를 받는다(ℵ, A, 1006, 1611, 1854, 2053, 2329, 2344). 하지만 몇몇 사본(P, Byzantine 전승의 일부)에는 "천사"(ἀγγέλου)라고 되어 있으며, 이것은 KJV와 활자체로 된 TR에 반영되었다. 그 이문은 필사자가 수정한 것일 가능성이 크다. 이 일을 알리기에는 천사가 더 적절하다고 생각되었던 것이다(14:6에서처럼).

49. "공중에 날아가는"이라는 문구는 "중천에"(ἐν μεσουρανήματι) 그리고 "머리 위 높은 곳"을 나타내는 천문학적 용어를 사용하면 하늘의 "천정에"(BDAG 635)라는 뜻이다. 영어 역본 중에는 "바로 머리 위에"(directly overhead, ESV)와 "높이 머리 위에"(high overhead, CSB)라는 번역이 "하늘 한가운데를 통과해서"(through the midst of heaven, KJV), "공중에"(in midair, NIV) 혹은 "중천에"(in midheaven, NASB)보다 훨씬 더 낫다.

50. 외치는 말로서 "화"라는 말은 현재 있거나 앞으로 올 것에 대한 고통이나 한탄을 표현한다(12:12; 18:10, 16, 19). 하지만 "화"는 또한 어떤 사람이 그것에 대해 한탄하는 역경의 상태 역시 언급할 수 있다(9:12; 11:14; 고전 9:16; 또한 BDAG 734; LN §22.9를 보라).

51. "큰 소리"(φωνὴ μεγάλη)는 요한계시록에서 일어난 일 혹은 일어날 일에 대한 중대한 발표를 묘사할 때 반복해서 사용되는 말이다(예를 들어, 11:15; 12:10; 14:7, 9; 16:17; 21:3; 참고. "힘찬 음성," 18:2).

52. "…에 사는 자들"(τοὺς κατοικοῦντας)은 12:12에서처럼 참조 혹은 존중의 헬라어 대격이다. 참고. BDF §160; 190.2. 하지만 두 군데 모두 대격 대신 존중(혹은 불이익)의 여격들이 나오는 이문들이 있다. 그것은 아마 원본에 있던 것이 아니라 서기관이 수정한 듯하다.

53. '나팔을 부는 것'(trumpet blasts) 혹은 '나팔의 소리'(the…sounds of trumpet, τῶν…φωνῶν τῆς σάλπιγγος)는 한정적인 혹은 동일시하는 속격을 나타내는 문구다. 즉, "나팔 소리"(trumpet sounds)라는 것이다(BDAG 1071; Wallace, *Grammar*, 86-88).

54. 헬라어 전치사 ἐκ가 지닌 이런 원인적 의미에 대해서는 BDAG 296-97, 734를 보라.

적용에서의 신학

1. 가혹한 시련을 겪는 사람들의 기도에 주의를 기울이시는 하나님

이스라엘 사람들은 해마다 4월말이나 5월초에 나치 대학살 희생자들을 추모하는 날(Yom HaShoah)을 지킨다. 공적 의식이나 기념식 외에도 오전 10시부터 2분 동안 온 나라가 완전히 멈추고 묵념한다. 이 엄숙한 의식을 통해 분주한 삶을 잠시 멈추고 전례 없이 끔찍한 일을 당한 수백만의 아무 죄 없는 희생자를 기린다. 요한계시록 8:1에 나오는 하늘의 고요함도 이와 비슷한 의미를 지닌다. 하지만 3-5절이 보여주는 것처럼 그것은 과거가 아닌 미래를 향하고 있으며, 하나님이 백성의 기도에 귀를 기울이고 계시다는 것에 초점을 맞춘다. 하나님 백성의 기도는 그분께 드리는 달콤한 향기처럼 "그의 보좌 앞"에서 드려지는 예배 행위로 제시된다. 이것은 하나님이 정의와 구원을 부르짖는 백성에게 주의를 기울이시는 것을 상징하는 음울한 의식이다(6:10에 나오는 순교자들의 호소와 비슷하다). 하나님은 잠시 멈추시고 그들의 곤경에 주의를 기울이지 못하실 정도로 바쁘지는 않으시다. 그리고 하나님이 응답하시기까지 시간이 오래 걸리는 듯 보여도, 하나님은 자신의 지혜로운 시간표에 따라 그들의 부르짖음을 간과하지 않으신다. 예수님이 말씀하신 것처럼 "하나님께서 그 밤낮 부르짖는 택하신 자들의 원한을 풀어주지 아니하시겠느냐 그들에게 오래 참으시겠느냐 내가 너희에게 이르노니 속히 그 원한을 풀어주시리라 그러나 인자가 올 때에 세상에서 믿음을 보겠느냐"(눅 18:7-8). 하나님의 확실한 응답은 곧 드러날 것이다. 우리는 믿음 안에서 견디고, 다른 사람들도 믿음으로 인자를 받아들이도록 다른 사람들과 관계를 맺는 데 관심을 기울여야 한다.

2. 죄와 심판의 비극

이 세상에서 인간의 악과 그 비참한 결과를 볼 때, 우리는 만족감이나 체념하는 마음이 아니라 끔찍한 우울과 더 나은 길에 대한 갈망으로 가득 차야 한다. 개인에게 찾아오는 비극(예를 들어, 약물 중독, 가정의 붕괴, 흉악한 폭력)을 볼 때나, 전 세계에 일어나는 충돌과 고난(예를 들어, 테러, 전쟁, 예방할 수 있는 기근과 질병)을 볼 때나 마찬가지다. 우리는 마음속으로 '왜 이런 일이 일어나야 하지? 뭐가 잘못된 걸까? 왜 사람들은 이런 파괴적인 굴레에서 벗어나지 못하지?'라고 부르짖는다. 우리가 이 세상에서 목격하는 인간의 불행을 보고 이렇게 마음 아파한다면, 종말의 때에 세상 사람들이 겪을 강렬한 고통에 대한 이야기를 읽을 때는 얼마나 더 그럴까? 요한이 나팔 심판에 대한 환상에서 죄에 대한 하나님의 벌을 계시할 때, 우리는 고뇌하며 더 나은 것에 대한 갈망으로 가득 차야 한다. 그리스도가 재림하시기 직전 하나님의 진노가 마지막으로 부어지는 것에 대한 요한계시록의 묘사는 대단히 비통하다. 계시록의 이 부분에서 우리는 끔찍하지만 정당한 심판(8:1-6; 8:7-12)이 신적 경고(예를 들어, 8:13)와 뒤섞여 있는 것과,

유감스럽게도 그런 경고 및 심판 앞에서도 회개하는 반응이 없는 것(6:15-17; 9:20-21)을 읽는다. 성경 역사를 조금이라도 아는 사람들은 하나님의 피할 수 없는 심판이 마침내 오리라는 것을 깨달아야 한다. 노아의 반항적 세대, 악한 소돔과 고모라에, 회개하지 않는 애굽에 심판이 임했듯이 말이다. 죄와 악이 누구도 피할 수 없는 재앙을 가져온다면, 그 길에서 돌이켜야 하지 않겠는가? 다른 사람들이 그 길에 머물러 있다면 가까이 닥쳐온 위험에서 벗어나도록 도와주자. 자신의 힘으로 변화할 수 없는 무력함에서 벗어나게 해주는 복음을 전하자. 그리스도를 거절하는 사람에게 곧 닥칠 공포에서 그들을 구원하러 오신 구세주에 대한 좋은 소식을 들려주는 것이 어떻겠는가?

CHAPTER 15

요한계시록 9:1–21

문학적 전후 문맥

8:13의 불길한 예시에 뒤이어 세 개의 "화" 중 첫째, 둘째 화와 다섯째, 여섯째 나팔 심판이 9:1–21에서 나온다. 이것들은 처음 네 나팔에 비해 훨씬 상세히 기술되는데, 보다 직접적으로 인간을 겨냥하며 마귀적 공격자들이 수행하는 고통스러운 재앙을 제시한다. 두 재앙에서 명백히 마귀적인 세력이 등장하는데, 13장에 묘사된 마지막 때 사탄의 주역인 짐승과, 그가 그리스도가 다시 오시기 직전에 하나님과 그분의 백성에 대항하여 벌일 싸움을 예시한다.

III. 두 번째 환상: 하늘의 보좌와 세 번의 심판 주기(4:1–16:21)

A. 하늘의 보좌에 대한 환상(4:1–11)

B. 일곱 인으로 봉한 두루마리와 죽임당한 어린양(5:1–14)

C. 일곱 인과 막간의 두 무리(6:1–8:1)

D. 일곱 나팔과 또 다른 막간들(8:2–14:20)

1. 처음 네 나팔(8:2–13)

➦ **2. 다섯째 나팔– 첫째 화(9:1–12)**

3. 여섯째 나팔– 둘째 화(9:13–21)

4. 두 개의 계시적 막간: 하나님의 선지자들(10:1–11:14)

주요 개념

넷째와 다섯째 나팔 심판 때는 마귀의 공격으로 극심한 고통이 찾아오고, 거대한 마귀적 세력 때문에 많은 사람이 죽는다. 그럼에도 살아남은 자들은 고집스럽게 회개를 거부한다.

번역

요한계시록 9:1-21

1a	행동/다섯째 나팔	다섯째 천사가 나팔을 불매
b	행동/등장인물 입장	내가 보니 하늘에서 땅에 떨어진 별 하나가 있는데
c		그가 무저갱의 열쇠를 받았더라
2a		그가 무저갱을 여니
b		그 구멍에서 큰 화덕의 연기 같은 연기가 올라오매
c		해와 공기가 그 구멍의 연기로 말미암아 어두워지며
3a	결과	또 황충이 연기 가운데로부터 땅 위에 나오매
b		그들이…권세를 받았더라
c	비교	땅에 있는 전갈의 권세와 같은
4a	위임	그들에게 이르시되 땅의 풀이나 푸른 것이나 각종 수목은 해하지 말고 오직…사람들만 해하라 하시더라
b	상술	이마에 하나님의 인침을 받지 아니한
5a	제한	그러나 그들을 죽이지는 못하게 하시고
b	위임	다섯 달 동안 괴롭게만 하게 하시는데
c	비교	그 괴롭게 함은…괴롭게 함과 같더라 전갈이 사람을 쏠 때에
6a	결과	그 날에는 사람들이 죽기를 구하여도
b		죽지 못하고
c		죽고 싶으나
d		죽음이 그들을 피하리로다
7a	묘사/비교	황충들의 모양은 전쟁을 위하여 준비한 말들 같고
b		그 머리에 금 같은 관 비슷한 것을 썼으며
c		그 얼굴은 사람의 얼굴 같고
8a		또 여자의 머리털 같은 머리털이 있고
b		그 이빨은 사자의 이빨 같으며
9a		또 철 호심경 같은 호심경이 있고
b		그 날개들의 소리는 병거와 많은 말들이 전쟁터로 달려 들어가는 소리 같으며
10a		또 전갈과 같은 꼬리와 쏘는 살이 있어
b		그 꼬리에는 다섯 달 동안 사람들을 해하는 권세가 있더라

11a 　　　　　　**그들에게 왕이 있으니**
　　무저갱의 사자라
b 묘사 　　　　히브리어로는 그 이름이 아바돈이요
c 　　　　　　히브리어로는 그 이름이 아볼루온이더라
12a 회고 **첫째 화는 지나갔으나**
b 예고 **보라 아직도 이 후에 화 둘이 이르리로다**
13a 행동/여섯째 나팔 **여섯째 천사가 나팔을 불매**
b 행동 **내가 들으니 하나님 앞 금 제단 네 뿔에서 한 음성이 나서**
14a 　　나팔 가진 여섯째 천사에게 말하기를
b 명령 　　　　큰 강 유브라데에 결박한 네 천사를 놓아 주라 하매
15a 반응 **네 천사가 놓였으니**
b 묘사 　　　　그들은 그 년
월
일
시에 이르러
c 위임 　　　　사람 삼분의 일을 죽이기로 준비된 자들이더라

16a 예고 **마병대의 수는 이만 만이니**

b 단언 **내가 그들의 수를 들었노라**
17a 설명 **이같은 환상 가운데 그 말들과 그 위에 탄 자들을 보니**

b 묘사 　　불빛과
c 　　자줏빛과
　　유황빛 호심경이 있고

d 　　또 말들의 머리는 사자 머리 같고
e 　　그 입에서는 불과 연기와 유황이 나오더라

18a 결과 **이 세 재앙…으로 말미암아 사람 삼분의 일이 죽임을 당하니라**
b 곧 자기들의 입에서 나오는
　　불과
　　연기와
　　유황

19a 설명 **이 말들의 힘은 입과**
　　　　꼬리에 있으니

b **꼬리는 뱀 같고 또 꼬리에 머리가 있어**
c **이것으로 해하더라**

20a 영향 이 재앙에 죽지 않고
남은 사람들은
손으로 행한 일을 회개하지 아니하고
b 결과 오히려 여러 귀신과 또는
보거나
듣거나
다니거나 하지 못하는

금,
은,
동과
목석의
우상에게 절하고

21 영향 **또 그 살인과**
복술과
음행과
도둑질을 회개하지 아니하더라

구조

8:13에 나오는 하늘의 선언은 곧바로 세 개의 "화" 중 첫 번째 화로 이어지는데, 이것은 또한 다섯째 나팔 심판이기도 하다(9:1-12). 이 부분에서 무저갱이 열리는 것(1-2절)은 구덩이에서 나온 마귀적 "황충"으로 말미암아 유발되는 인간의 고통을 위한 장을 마련한다(3-12절). 둘째 화는 12절에서 선언되고, 13-21절에 나온 여섯째 나팔이 사건들과 함께 9장을 마무리한다. 이 땅을 공격하는 거대한 마귀적 "마병대"가 사람의 삼분의 일을 죽인다(13-19절). 하지만 살아남은 사람들은 회개하지 않는다(20-21절).

석의적 개요

III. 두 번째 환상: 하늘의 보좌와 세 번의 심판 주기(4:1-16:21)
- A. 하늘의 보좌에 대한 환상(4:1-11)
- B. 일곱 인으로 봉한 두루마리와 죽임당한 어린양(5:1-14)
- C. 일곱 인과 막간의 두 무리(6:1-8:1)
- **D. 일곱 나팔과 또 다른 막간들(8:2-14:20)**

1. 처음 네 나팔(8:2-13)

➦ **2. 다섯째 나팔- 첫째 화(9:1-12)**

a. 무저갱이 열림(9:1-2)

b. 무저갱에서 나온 존재들에게 사람들이 심한 고난을 받음(9:3-12)

(1) 그들의 사명과 영향(9:3-6)

(2) 그들의 무시무시한 외양(9:7-10)

(3) 그들의 마귀적 통치자(9:11)

(4) 요약하고 다음 두 화로 넘어감(9:12)

3. 여섯째 나팔- 둘째 화(9:13-21)

a. 사람의 삼분의 일을 죽이는 마귀의 공격(9:13-19)

(1) 동쪽에서 막대한 규모의 마병대가 풀려남(9:13-16)

(2) 그들의 외모와 영향(9:17-19)

b. 살아남은 자들이 회개하지 않음(9:20-21)

본문 설명

9:1-2 다섯째 천사가 나팔을 불매 내가 보니 하늘에서 땅에 떨어진 별 하나가 있는데 그가 무저갱의 열쇠를 받았더라 그가 무저갱을 여니 그 구멍에서 큰 화덕의 연기 같은 연기가 올라오매 해와 공기가 그 구멍의 연기로 말미암아 어두워지며 (1 Καὶ ὁ πέμπτος ἄγγελος ἐσάλπισεν· καὶ εἶδον ἀστέρα ἐκ τοῦ οὐρανοῦ πεπτωκότα εἰς τὴν γῆν, καὶ ἐδόθη αὐτῷ ἡ κλεὶς τοῦ φρέατος τῆς ἀβύσσου 2 καὶ ἤνοιξεν τὸ φρέαρ τῆς ἀβύσσου, καὶ ἀνέβη καπνὸς ἐκ τοῦ φρέατος ὡς καπνὸς καμίνου μεγάλης, καὶ ἐσκοτώθη ὁ ἥλιος καὶ ὁ ἀὴρ ἐκ τοῦ καπνοῦ τοῦ φρέατος). 다섯째 나팔 소리가 들리면서(1a절) 요한은 나팔 환상의 추가 부분을 목격하는데(8:2, 13의 "내가 보매"를 보라), 그것은 하늘에서 땅에 떨어진[1] "별 하나"(ἀστέρα)로 시작된다(1b절). 이 "별"에게 허용된 행동(1c-2절)으로 보아, 별은 천사와 같은 존재를 나타낸다고 이해해야 한다(일반적 이미지, 참고. 1:16, 20; 삿 5:20; 욥 38:7).[2] 그는 하나님의 거룩한 사신으로 죄가 있는 인간에 대한 신적 심판 행위(이 경우에는 마귀적 대행자들이 수행하는)를 시행한다. 여기에서 그 천사를 "하늘에서 땅에 떨어진 별 하나"(1b절)라고 묘사하는 것은 그가 세상에 관해 받은 사명이 우주적 의미를 지니고 있음을 강조한다. 이 "별"을 천사로 보는 것을 뒷받침하는 유사한 구절은 20:1-3이다. 거기에서는 요한이 분명하게 "천사"라고 부르는 존재가 사탄을 무저갱 안에 천 년 동안 가둬놓기 위해 무저갱의 열쇠를 가지고 하늘에서 내려온다. 또한 이 유사 구절은 9:1에 나오는 천사가 떨어진 것이 사탄이나 그의 마귀들이 하늘에서 '떨어지는 것'과

1. "떨어진"이라고 번역된 동사는 헬라어 완료 시제(πεπτωκότα)로 떨어지는 과정이나 행동["나는 별 하나가 하늘에서 떨어지는 것을 보았다"(I saw a star fall from heaven)라는 KJV의 번역이 암시하는 것처럼]이 아니라, 그런 행동의 결과(이제 이 땅에 있으면서 여기에서 하늘의 사명을 수행할 준비를 갖춘)다.

2. "별"은 1 En. 88:1, 90:24-27에서 (악한) 천사를 언급한다. 거기에서도 그들이 불구덩이에 감금됨으로 심판을 받는 것으로 나온다. 하지만 요한계시록 9:1의 천사는 구덩이에 갇혀 있는 것이 아니라 하늘로부터 왔다. 1 En. 20:3의 한 본문은 Tartarus(구덩이)를 지키는 거룩한 천사를 묘사한다.

유사성은 있지만(예를 들어, 눅 10:18, "떨어지는"; 계 12:8-9, "내쫓기지"; 어쩌면 사 14:12도 해당; 참고. 또한 유 1:13, "유리하는 별들"), 영적인 의미에서 '타락한'(fallen) 것이 아니라는 증거를 제공한다.[3] 이 구절에서 '떨어지다'(πίπτω)라는 말은 영적 몰락 혹은 죄나 반역에 빠지는 것(예를 들어, 2:5)이 아니라, 더 낮은 차원으로 이동하는 것(6:13, 16; 8:10에서처럼)을 나타낸다.[4] 마찬가지로 1절의 "별"(천사)은 11절에서 무저갱의 피조물들을 다스리는 왕으로 이름이 명시되는 천사와 동일하게 여겨서는 안 된다(그 구절에 대한 설명을 보라).[5]

땅으로 온 천사는 하나님이 주신 바 '무저갱 통로'(τοῦ φρέατος τῆς ἀβύσσου, 개역개정에는 "무저갱"–역주)로 출입하는 권위[6]를 받았다. 이 문구는 잘 알려진 영역인 "무저갱"[7]으로 이어지는 좁은 세로 구멍 혹은 "수직 통로"[8]를 묘사한다. 그것은 땅 밑 깊은 곳에 있는 것으로 묘사된다(1c절). 이에 대한 헬라어 ἄβυσσος[종종 영어 역본에 "무저갱"(abyss)이라고 직접 표현되어 있는, 참고. ASV, CSB, NIV, NET]는 끝이 없는(부정적 접두사 α-) 깊이(βυθός)를 나타낸다. 칠십인역에서 그것은 종종 תְּהוֹם를 번역하는 말로(예를 들어, 창 1:2; 시 78:15) 바다의 깊이 혹은 태고의 "바다"를 통제한다고 생각되었던 힘을 의미했다. 그런데 후대 유대교와 신약에서는 땅 밑에 있는 것으로 생각되었던 헤아릴 수 없는 깊이를 뜻하게 되었다. 그것은 땅과 하늘 위에 있다고 생각되는 "하늘나라"의 반대였기 때문이다. 이런 식으로 "무저갱"(the bottomless pit 혹은 abyss)은 스올이나 하데스(죽은 의로운 자들과 불의한 자들의 영역, 참고. 시 71:20; 롬 10:7) 그리고 게헨나나 지옥(정죄를 기다리면서 고통당하거나 갇혀 있는 영들이 있는 장소, 눅 8:31; 참고. 벧후 2:4; 또한 1 En. 18:14-16; 21:1-6; 4 Ezra 7:36; Jub. 5:6-10)을 다 포함하는 일반적인 "지하계"를 언급했다.[9] 요한계시록은 이 용어를 일곱 번 사용하는데, 모두 고통의 장소나 갇혀 있는 곳을 언급한다(9:1, 2, 11; 11:7; 17:8; 20:1, 3). 이 구절은 종말의 때 하나님이 절정의 심판의 일환으로 마귀 혹은 마귀가 고무시킨 세력에게 사람들을 억압하고 속이도록 어느 정도 더 자유를 허용하시리라는 일반적 예상에서 나온다(예를 들어, 살후 2:9; 계 12:12; 13:2).

하나님이 이 천사에게 "열쇠"를 주신 목적은 구덩이의 진입로를 봉인하려는 것이 아니라(20:1-3에서처럼) 그것을 활짝 열려는 것이며, 2a절은 그 결정적 행동을 서술한다. 이것은 그다음에 나오는 인간을 향한 무서운 공격을 가동시킨다(5-11절). 하지만 요한은 이 사건들을 서술하면서 심판의 충만한 공포와 범위를 분명히 밝히기 전에, 긴장을 조성하는 몇 가지 예비적 사항을 제시한다. 그 구멍을 열자 즉각 "그 구멍에서" 불길한 "연기"의 구름이 나온다(2b절). 그 모습은 "큰 화덕의 연기 같

3. 고대의 비정경적 유대-기독교 문서는 사탄(1 En. 86:1; Apoc. El. 4:11)과 그의 마귀들(1 En. 86:3; 88:1; 90:24; T. Sol. 20:14-17)이 둘 다 하늘에서 추방당한 것을 묘사한다.

4. BDAG 815-16을 보라.

5. 어떤 해석자들은 1절의 "별"을(그것이 11절에 나오는 천사와 같든 아니든 간에) 악한 천사 혹은 사탄이라고 이해한다(예를 들어, Beale, *Revelation*, 491-92; Caird, *Revelation*, 117-18; Charles, *Revelation*, 1:238-39). 하지만 앞에서 인용한 이유들 때문에 그것을 심판이라는 하나님의 목적을 섬기는 거룩한 천사로 보는 것이 더 낫다(Koester, *Revelation*, 455-56; Osborne, *Revelation*, 362; Smalley, *Revelation*, 225-26; Robert L. Thomas, *Revelation 8-22* [Chicago: Moody, 1995], 27을 보라).

6. 이러한 접근 통제권은 그가 하나님께 '받은'(ἐδόθη) "열쇠"(ἡ κλείς, 1:18에 나오는 논의를 보라)로 상징된다(1c절). BDAG 243과 6:4에 나오는 신적 수동태에 대한 주를 보라["받았더라"(was given)는 요한계시록에서 매우 흔하게 사용되는 신적 수동태다].

7. 그 문구는 여기 1절에서 처음으로 언급되면서도 헬라어에서 관사가 달려 있다. 그것은 요한이 그의 독자들이 일반적인 문화적 지식을 통해 그것에 대해 잘 알고 있었다고 추정할 수 있었음을 보여준다(Wallace, *Grammar*, 225).

8. "통로"(φρέαρ)라는 말은 물이나 어떤 물체를 끌어올릴 수 있는 깊은 우물(창 24:20; 요 4:11-12) 혹은 구덩이[시 55:23(54:24 LXX); 눅 14:5]에 대해 사용된다(BDAG 1065). 때로 그런 깊은 우물은 사용하지 않을 때는 감춰놓거나 안전하게 지키기 위해 큰 돌로 덮어놓았다(예를 들어, 창 29:2-3).

9. J. Jeremias, "ἄβυσσος," *TDNT* 1:9-10; O. Böcher, "ἄβυσσος," *EDNT* 1:4; BDAG 2.

은" 것으로, 소돔과 고모라에 내린 심판(창 19:28) 기사 및 시내 산에서 하나님이 위협적으로 임재하신(출 19:18) 기사와 비슷하게 표현되지만 게헨나와 연관된 심판의 불을 상징하기도 한다(마 5:22; 13:42; 18:9; 막 9:43; 약 3:6; 참고. 4 Ezra 7:36). '구멍에서 올라오는 연기'가 "해와 공기"를 어둡게 한다는 말은(2c절) 불길한 조짐을 더욱 심화한다. 이것은 연기 구름이 널리 퍼진 것을 나타내지만, 또한 여호와의 심판의 날의 두드러진 특징을 환기시키기도 한다(참고. 욜 2:10; 3:15; 암 5:18-20; 8:9; 습 1:15).

9:3-4 또 황충이 연기 가운데로부터 땅 위에 나오매 그들이 땅에 있는 전갈의 권세와 같은 권세를 받았더라 그들에게 이르시되 땅의 풀이나 푸른 것이나 각종 수목은 해하지 말고 오직 이마에 하나님의 인침을 받지 아니한 사람들만 해하라 하시더라(3 καὶ ἐκ τοῦ καπνοῦ ἐξῆλθον ἀκρίδες εἰς τὴν γῆν, καὶ ἐδόθη αὐταῖς ἐξουσία ὡς ἔχουσιν ἐξουσίαν οἱ σκορπίοι τῆς γῆς. 4 καὶ ἐρρέθη αὐταῖς ἵνα μὴ ἀδικήσουσιν τὸν χόρτον τῆς γῆς οὐδὲ πᾶν χλωρὸν οὐδὲ πᾶν δένδρον, εἰ μὴ τοὺς ἀνθρώπους οἵτινες οὐκ ἔχουσι τὴν σφραγῖδα τοῦ θεοῦ ἐπὶ τῶν μετώπων). 앞의 두 구절이 환기하는 불길한 조짐은, 구덩이의 연기 구름에서 무서운 심판을 가져오는 초자연적 피조물들이 나타날 때 무시무시하게 성취된다(3a절). 앞의 나팔들과 마찬가지로(8:7, 8, 10, 12), 이 비유적 표현은 대체로 애굽의 재앙이라는 유형에서 나왔다(여기에서는 여덟째 재앙인 메뚜기 재앙, 출 10:12-20; 시 78:46; 105:34-35). 하지만 여호와의 날에 구름이 덮이고 어둠이 찾아오리라 묘사하고 수많은 침략군으로 인해 땅이 황폐하게 되리라 보는 요엘의 묘사(욜 2:1-11)에서도 명백하게 영향을 받았다고 볼 수 있다(뒤의 7-9절에 대한 설명을 보라). 여기서 "황충"은 요엘에 나오는 것과 같이 땅에서 모든 푸른 것을 제거하지만, 사람에게 직접 해를 가하지 못하는 자연적 재앙보다 훨씬 해롭다. 우선 그것들은 더 무시무시하다. 몹시 심한 고통을 가하는 전갈과 같은 "권세"[10]를 갖추고[11] 있기 때문이다(하나님으로 말미암아, 3b-c절). 사람들은 어디에서 마주치든 전갈을(뱀과 마찬가지로) 공포스럽게 느끼는 듯하다. 전갈의 고통스러운 침과 예상치 못한 곳에서 공격하는 능력 때문이다(참고. 신 8:15; 왕상 12:11, 14; 눅 10:19; 참고. Sir 39:28-31). 그런 짐승이 도처에 무리 지어 있다면 더 공포스러울 것이다.

둘째로, 전갈이 더 안 좋은 이유는 자연적 황충과 달리 땅의 식물의 생명이 아니라 하나님의 보호를 받지 못하는 사람들 중 많은 이를 겨냥하라는 임무를 맡았기 때문이다(4절). 구덩이에서 나온 침략자들에 대한 궁극적인 하나님의 명령을 나타내기 위해 다시 수동태('그들이 이르심을 받되', 개역개정에는 "그들에게 이르시되"-역주)[12]가 사용된다. 그들은 황충이 게걸스럽게 먹어치우는 푸른 것은 "해하지 말"[13]아야 한다. 땅의 풀이나 "푸른 것이나 각종 수목"[14] 같은 것이다. 그 대신[15] 그들은 땅의 인류 중 더 많은 사람, 즉 하나님의 인으로 보호받

---

10. "권세"(ἐξουσία)라고 번역된 단어는 때로는 '권위, 공적 허가증'을 의미한다. 하지만 그 말은 여기에서는 19절에서처럼 "능력, 힘"을 뜻한다(BDAG 353; LN §76.12).

11. 다시 한번 "받았더라"(ἐδόθη, 3b절)는 신적 수동태는 3-6절에서 묘사하는 식으로 사람들을 괴롭히도록 하나님의 허락을 받은 것을 암시한다.

12. '그들이 이르심을 받되'(they were told, 4a절)라는 문구는 문자적으로는 '그것이 그들에게 이르심을 받았을 때'(ἐρρέθη αὐταῖς)라는 말을 더 매끄러운 영어로 번역한 것이다.

13. 이 문구는 4a절에서 ἵνα가 미래 직설법과 함께 나옴으로써 표현되는 간접 명령으로 나온다(Robertson, *Grammar*, 1046; Zerwick, *Biblical Greek*, 117; Aune, *Revelation 6-16*, 486). '해하다'(ἀδικέω)라는 동사는 7:2-3에서도 144,000명이 인치심을 받을 때까지 연기된 자연세계의 손상을 묘사하기 위해 사용된다.

14. 8:7에 인용된 삼중적 열거를 보라. 거기에서는 첫 번째 나팔 심판하에 "땅", "수목", "푸른 풀"이 고난을 당하는 것으로 나왔다.

15. '그러나 오직'(4a절, 개역개정에는 "오직"-역주)은 그들을 해하지 말라는 지시에 대한 대조적 예외를 나타내는 εἰ μή를 번역한 말이다(BDAG 278; LN §89.131).

지 못한(7:3-4) 이들에게 고통스러운 "해"를 끼쳐야 한다. 따라서 표적이 되지 않을 사람들은 "이마에"(ἐπὶ τῶν μετώπων) 하나님의 인을 받은 사람들뿐이다. 이 표현은 7:3의 말을 반복한다. 하나님이 심판 속에서 보호하시고 메시아가 이 땅을 다스리기 위해 오실 때 이스라엘 땅으로 회복하실 수많은 사람을 묘사하기 위해서다(7:3-4에 나오는 논의를 보라).[16]

9:5-6 그러나 그들을 죽이지는 못하게 하시고 다섯 달 동안 괴롭게만 하게 하시는데 그 괴롭게 함은 전갈이 사람을 쏠 때에 괴롭게 함과 같더라 그날에는 사람들이 죽기를 구하여도 죽지 못하고 죽고 싶으나 죽음이 그들을 피하리로다 (καὶ ἐδόθη αὐτοῖς ἵνα μὴ ἀποκτείνωσιν αὐτούς, ἀλλ' ἵνα βασανισθήσονται μῆνας πέντε, καὶ ὁ βασανισμὸς αὐτῶν ὡς βασανισμὸς σκορπίου ὅταν παίσῃ ἄνθρωπον. 6 καὶ ἐν ταῖς ἡμέραις ἐκείναις ζητήσουσιν οἱ ἄνθρωποι τὸν θάνατον καὶ οὐ μὴ εὑρήσουσιν αὐτόν, καὶ ἐπιθυμήσουσιν ἀποθανεῖν καὶ φεύγει ὁ θάνατος ἀπ' αὐτῶν). 구덩이에서 나와서 땅의 대다수 사람에게 고통을 주는 이 생물들이 사람들을 해하도록 하나님께 허용받은 범위는 제한되어 있다(5a-b절, 실제로 그것을 제한이라고 여길 수 있다면). 6절에 나오는 요한의 성찰은 독자에게 반대 의견을 제시하려는 것일 수 있다. 그것이 가하는 고통이 죽음 자체보다 더 심하다는 것이다. "못하게 하시고"(5a절)라는 표현에서 다시 신적 수동태가 사용되는데,[17] 이는 하나님이 그들에게 허용하시는 손상의 범위를 암시한다. "죽이지는 못하…고…괴롭게만 하"(5a-b절)도록[18] 허락하시는 것은 욥의 고난을 떠오르게 한다(욥 2:6). 하지만 여기에서는 의인만 악한 대행자의 희생자가 되는 것은 아니다. 그들은 극심한 고통을 주도록 허락받았다.[19] 하지만 그것은 시간적으로 "다섯 달 동안"으로 제한되어 있다. 그러나 여기에 나오는 "다섯"이라는 말에 어떤 의미를 부여하든, 즉 엄격하게 문자적으로 보든 "몇" 달을 나타내는 것으로 보든[20] 이것은 끝없는 것은 아니지만 사람이 기꺼이 견딜 수 있는 것보다 긴 고뇌의 기간(몇 초나 몇 분이 아니라 몇 달)을 나타낸다. 요한은 극악무도한 황충이 가하는 고통을 전갈이 침으로 쏠 때 인간에게 가하는 심한 고통[21]에 비유함으로써("같더라", ὡς), 3절의 땅에 있는 끔찍한 전갈과 또다시 비교한다(5c-d절).

요한은 이야기 방식을 내러티브에서 논증 혹은 보고로 바꾸면서(6절),[22] 그가 환상에서 본 것이 장차 땅에서 일어날 때 널리 퍼질 상황을 묘사한다. 요한은 방금 자세히 이야기한 사건을 통해 그 사건들이 묘사하는 종말 때의 우주적 심판을 예상한다(5:10; 7:15-16; 20:6c-8에서도 이렇게 비슷하게 바뀌는 것을 보라). 1-5절의 부정과거와는 대조적으로 요한은 이제 세 개의 미래 직실법 동

16. 7:3-4의 해설은 또한 에스겔 9:1-11에 나오는 이 보호의 구약 배경을 묘사한다(또한 창 4:11-16; 출 12:1-32).

17. 3-4절에 나오는 수동태를 보라. 4절에서처럼 '그것은 그들이…하지 않도록 그들에게 주어졌다'(ἐδόθη αὐτοῖς ἵνα μὴ…)는 5a절의 헬라어 표현은 영어로는 '그들은 허용되지 않았다'라고 번역된다(하나님의 허용 승인이라는 의미에서 '주다'에 대해서는 BDAG 243을 보라).

18. '죽이다…괴롭게 하다'라고 번역된 헬라어 표현들은 ἵνα라는 접속사로 시작되는 절들이다('그들이 죽이지 못하도록…하지만 그들이 괴롭힘을 받도록'). 그것은 그 내용이 '허용되었다'는 것을 보여준다(참고. Wallace, *Grammar*, 474-75).

19. "괴롭게 함"(5c절)이라고 번역된 헬라어 동사와 관련 명사들은 심한 고통이나 고뇌에 대해 사용된다. 심한 병(마 8:6), 해산의 고통(계 12:2), 혹은 불못의 고통(계 14:10-11; 20:10) 등으로 인한 것이다. BDAG 168을 보라.

20. Aune, *Revelation 6-16*, 530; C. J. Hemer, "πέντε," *NIDNTT* 2:689-90; Prigent, *Apocalypse*, 314. 하지만 그들이 정해지지 않은 의미라고 인용하는 몇 가지 예는 실제로는 문자적 의미를 찬성한다(예를 들어, 마 14:17, 19; 15:34; 16:9-10, 거기에서 "떡 다섯 개" 혹은 "떡 일곱 개"라는 숫자는 두 번 반복되며 후에 정확히 똑같은 숫자로 회상된다. 또한 정해지지 않은 숫자를 나타내기 위해 "두어 마리"라는 말을 사용하는 마태복음 15:34을 보라).

21. 5c절에 나오는 두 문구 "그(즉, 황충의) 괴롭게 함"(ὁ βασανισμὸς αὐτῶν)과 '전갈에 의한 괴로움'(문자적으로는 '전갈의 괴롭게 함', βασανισμὸς σκορπίου)은 주격 소유격이다. 그 소유격은 누가 고통을 가하는지 보여준다.

22. 4:5에 대한 주를 보라.

사(그에 덧붙여 같은 환경들을 언급하는 일반적 혹은 관습적 현재)를 사용한다. 이 동사들은 "그날에는"이라는 시간적 구로 시작된다. 요한이 환상을 받기 전의 때를 가리키는 것이 아니라, 종말에 그 일이 일어날 때를 가리키는 말이다.[23] 비극적이게도 그 고통들을 경험하는 사람들은 죽음으로써 그 고통에서 벗어나기를 간절히 바라겠지만, 결코 거기에서 벗어날 수 없을 것이다.[24] 요한은 신랄한 말로 이 점을 두 번째로 반복하고, 죽음을 의인화해서 고통 속에서 죽음을 갈망하는 사람들을 계속해서 교묘히 피해가는 존재로 그린다. 요한이 묘사하는 인간의 곤경을 보면 가슴이 아프다. 하지만 인간 역사 내내 이런 일이 일어나는 것을 쉽게 볼 수 있다(참고. 욥 3:21; 렘 8:3).

9:7-9 황충들의 모양은 전쟁을 위하여 준비한 말들 같고 그 머리에 금 같은 관 비슷한 것을 썼으며 그 얼굴은 사람의 얼굴 같고 또 여자의 머리털 같은 머리털이 있고 그 이빨은 사자의 이빨 같으며 또 철 호심경 같은 호심경이 있고 그 날개들의 소리는 병거와 많은 말들이 전쟁터로 달려 들어가는 소리 같으며(7 Καὶ τὰ ὁμοιώματα τῶν ἀκρίδων ὅμοια ἵπποις ἡτοιμασμένοις εἰς πόλεμον, καὶ ἐπὶ τὰς κεφαλὰς αὐτῶν ὡς στέφανοι ὅμοιοι χρυσῷ, καὶ τὰ πρόσωπα αὐτῶν ὡς πρόσωπα ἀνθρώπων, 8 καὶ εἶχον τρίχας ὡς τρίχας γυναικῶν, καὶ οἱ ὀδόντες αὐτῶν ὡς λεόντων ἦσαν, 9 καὶ εἶχον θώρακας ὡς θώρακας σιδηροῦς, καὶ ἡ φωνὴ τῶν πτερύγων αὐτῶν ὡς φωνὴ ἁρμάτων ἵππων πολλῶν τρεχόντων εἰς πόλεμον). 요한은 황충들의 기원과 그들에게 맡겨진 극악무도한 힘을 이야기한(1-6절) 후 그 외모를 다양한 방식으로 묘사함으로써 그것들이 얼마나 두렵고 악한지를 설명한다(7-11절).[25] 1:13-16과 4:4-7에서처럼 요한은 반복해서 비교를 나타내는 단어들을 사용한다.[26] 이 경우에는 상상할 수 없을 만큼 끔찍한 생물을 묘사하기 위함이다. 그는 외모가 "전쟁을 위하여 준비한 말들"(7a절)과 대체로 비슷하다는 것을 설명한 다음 재빨리 연이어 그것들의 "머리"(사악한 영광의 금으로 된 관, 7b절)와 "얼굴"(사람과 같은, 아마 그들의 잔인한 권력과 함께 악한 지성을 나타내는 것, 7c절)[27]과 머리털("여자의 머리털 같은", 아마 곤충 더듬이 모양과 비슷한, 8a절)[28]과 "이빨"("사자"처럼 강력하고 게걸스러운, 8b절) 등을 구체적으로 묘사한다. 마지막으로 그는 "호심경"("철 호심경 같은", 9a절)[29]과 "날개"(많은 말이 끄는 병거들이 전쟁터로 달려가는 소리 같은, 9b절)를 설명한다. 이 직유 중 어떤 것은 실제 황충의 특징으로 제시될 수도 있다(예를 들어, 더듬이, 흉곽). 하지만 황충 재앙을 압도적인 수의 무자비한 무장 침략자와 연관시키는 것은 3절에서 말한 것처럼 구약에 흔히 나오는 이미지이고, 그중 몇몇 본문은 분명 요한이

---

23. "그날에는"이라는 말은 마태복음 24:19, 22, 29에서 종말 때의 사건들을 언급한다(눅 10:12; 17:31; 살후 1:10에 나오는 "그날에"도 마찬가지다). 참고. BDAG 302.

24. '그것을 발견하지 못할 것이며'(개역개정에는 "죽지 못하고"-역주)는 6b절에서 이중 부정 οὐ μή와 함께 나오는 미래 직설법으로 나온다(18:14에서도). 이것은 미래의 가능성에 대한 단호한 부정을 표현한다는 것에서 οὐ μή와 함께 나오는 가정법과 같은 뜻이다(예를 들어, 2:11; 3:5, 12, BDF §365; Wallace, *Grammar*, 468-69, 571).

25. 요한은 1-5절에서 그 환상의 사건들을 일반적으로 서술하기 위해 일련의 부정과거를 사용하다가 그다음에 6절의 묘사를 위해 미래로 전환한다. 7-9절의 미완료들은 서술 방식으로 다시 돌아오지만 이전 사건들의 배경을 제공한다. 그다음에 10-11절은 관례적 현재 시제를 사용해서 비서술적 묘사로 바뀐다. 요한의 환상들에 나오는 제시 방식들에 대해서는 4:5에 대한 설명을 보라.

26. '…와 같은, 비슷한'이라는 의미의 단어들(ὁμοίωμα, ὅμοιος, ὡς)은 7-10절에서 9번 나온다.

27. "사람의 얼굴"(πρόσωπα ἀνθρώπων, 참고. 4:7에 나오는 비슷한 용법)은 8a절에 나오는 "여자"와 대조해서 '남자의 얼굴'(즉, 성인 남성)을 뜻할 수 있다. ἄνθρωπος는 이따금 문맥에서 그것을 "여자"(γυνή)와 명확히 대조시킬 때는 '남성, 남편'을 의미하기 때문이다. 하지만 요한계시록에서 ἄνθρωπος는 거의 언제나 '남편, 남성'이 아니라 '인간, 사람'을 의미한다(참고. 21:2에 나오는 ἀνήρ). BDAG 81을 보라.

28. 아니면 이것은 로마인들이 긴 머리를 한 파르티아 전사들의 침략을 두려워하는 것에 대한 암시일 수도 있다(참고. Plutarch, *Crass.* 24.2; Suetonius, *Vesp.* 23.4).

29. 같은 헬라어 단어 θώραξ가 가슴이나 몸통을 덮는 갑옷('가슴받이') 혹은 그 밑에 있는 신체 부분('가슴, 흉곽')을 언급할 수 있다.

여기 7-9절에서 군사적 비교를 하는 데 영향을 미쳤다. 요엘은 여호와의 날을 예언할 때 황충이 사자의 이빨을 가지고 있고(욜 1:6), 그 모양이 전투용 말 같으며, 덜커덕거리는 병거 같다고 말한다(2:4-5). 요엘은 황충의 자연적 공격을 여호와의 심판의 날에 이스라엘이나 유다를 압도할 사악한 앗수르 혹은 바벨론 군대에 대한 경고 수단으로 사용한다(욜 1:15; 2:1-11). 다른 본문들은 침략하는 마병과 병거들의 큰 군대를 묘사할 때 땅을 덮고 황폐하게 하며 귀를 먹먹하게 하는 메뚜기 구름이라는 표현을 사용한다(삿 6:5; 7:12; 욥 39:19-25; 렘 46:23; 47:3; 51:14, 27).

그런데 이 이미지들은 그 미래의 날(혹은 어떤 날이든)의 어떤 실제적 실상을 나타내는가? 그 이미지들은 사람들이 어떤 시대에든 마귀적 영향력에 굴복하면 받을 영적 고통과 황폐한 삶과 건강을 상징하는가?[30] 처음 네 나팔에서 여호와의 날에 대한 구약 본문들이 말하는 이 땅의 심판 유형 및 애굽에 내린 재앙과 대응되는 것(8:7-12)은 이 마귀적 공격자들이 영적이고 개인적인 고통 이상을 나타낸다는 점을 보여주는 듯하다. 하지만 요엘서와 대응하는 것은 그들이 정교하고 파괴적인 무기를 지닌 인간 군대의 군사적 공격을 상징한다는 의미인가?[31] 그들은 어떤 의미에서 침략군 같은 기능을 하지만, 전쟁의 공포를 넘어 육체적 공포와 고난을 단계적으로 확대시키는 마귀로 이해하는 것이 본문 증거에 더 잘 맞는 듯 보인다.[32]

9:10-11 또 전갈과 같은 꼬리와 쏘는 살이 있어 그 꼬리에는 다섯 달 동안 사람들을 해하는 권세가 있더라 그들에게 왕이 있으니 무저갱의 사자라 히브리어로는 그 이름이 아바돈이요 헬라어로는 그 이름이 아볼루온이더라(10 καὶ ἔχουσιν οὐρὰς ὁμοίας σκορπίοις καὶ κέντρα, καὶ ἐν ταῖς οὐραῖς αὐτῶν ἡ ἐξουσία αὐτῶν ἀδικῆσαι τοὺς ἀνθρώπους μῆνας πέντε, 11 ἔχουσιν ἐπ' αὐτῶν βασιλέα τὸν ἄγγελον τῆς ἀβύσσου, ὄνομα αὐτῷ Ἑβραϊστὶ Ἀβαδδών, καὶ ἐν τῇ Ἑλληνικῇ ὄνομα ἔχει Ἀπολλύων). 10-11절에서 요한이 환상을 제시하는 방식이 변화한다. 일반적 서술(1-5, 7-9절에서처럼 부정과거와 미완료를 사용하는)에서 이제 보고 혹은 묘사(그가 본 것을 마치 그의 독자들 앞에서 직접 일어나고 있는 것처럼 묘사하기 위해 관습적 현재를 사용하는)로 바뀌는 것이다.[33] 이런 묘사들은 구덩이에서 나오는 미래의 침략자들이 얼마나 두렵고 극악무도할지 계속 보여준다. 요한은 3-5절을 근거로 땅의 전갈과 닮은 몇 가지 특징을 간략하게 반복하고 더 설명한다(10a절). 그것들은 전갈과 같은 "꼬리와 쏘는 살"[34]이 있다는 것이다. 이는 이미 주어진 놀라운 특징들에 추가되는 극히 위협적인 사항이다. 10절 뒷부분은 "다섯 달 동안 사람들을 해하는 권세"가 전갈처럼 꼬리에 있다고 말함으로써, 4-5절에서 그 권세에 대해 한 말(앞의 내용을 보라)을 보충한다

BDAG 463; LSJ 814를 보라.

30. Hendriksen, *More Than Conquerors*, 145-46; Philip Edgcumbe Hughes, *The Book of the Revelation: A Commentary* (Grand Rapids: Eerdmans, 1990), 109-11. Patterson, *Revelation*, 221은 이것을 모종의 물리적 공격보다는 "영적 고뇌와 파멸", "상상할 수 없는 영적 황폐함"이라고 보지만, 어떤 한 교회 시대 혹은 모든 시대에 오는 것이라기보다 마지막 환난 기간에 오는 것으로 본다.

31. 이에 대해 종종 인용되는 예는 Hal Lindsey, *There's a New World Coming: A Prophetic Odyssey* (Santa Ana, CA: Vision House, 1973), 138-39에서 나온 것이다(무장 헬리콥터가 꼬리에서 고엽제를 분사하는 것). Metzger, *Breaking the Code*, 14에서 말하는 것처럼 요한의 환상들은 "상징들이 전달하는 실상에 대한 묘사가 아니라 그 상징들에 대한 묘사"를 제시한다. 앞의 '요한계시록 서론'에서 '비유적 표현과 상징들'을 보라.

32. D. Brent Sandy, *Plowshares and Pruning Hooks: Rethinking the Language of Biblical Prophecy and Apocalyptic* (Downers Grove, IL: InterVarsity Press, 2002), 179. 대부분의 주석은 세부 사항까지 들어가지 않고 이런 견지에서 말한다.

33. 4:5, 9:7-9에 대한 설명을 보라.

34. "쏘는 살"(κέντρον)은 여기에서처럼 꿰뚫는 상처를 가하는 데 사용되는 날카로운 도구를 의미하거나(행 26:14), 아니면 그 상처나 손상 자체(즉, "쏘는 것", 고전 15:55-56)를 뜻할 수 있다. BDAG 539-40; LN §8.45를 보라.

(10b절).

황충에 대한 요한의 마지막 묘사(11절)[35] 역시 앞에 나온 주제를 강화한다. 그것들이 죽은 자들과 저주받은 자들의 세계에서 나왔다는 것이다(1-2절). 메뚜기에 대한 평판(그들에게는 왕이 필요 없다, 잠 30:27)과 달리, 그들에게는 "왕"이 있는데 처음에는 "무저갱의 사자"라고 나온다. 무저갱 입구에 대한 통제권(1-2절)과 "왕"으로 그곳의 거민들을 통치하는 것(11a절)은 어떤 면에서는 비슷하지만, 이 사자는 구덩이의 열쇠를 받은 "떨어진 별"(1절)과는 다른 존재다.[36] 또한 천년왕국의 시기에 무저갱에 갇히기 전까지(20:1-3, 7-10) 다른 악한 천사들과 함께 이 땅에서 하나님의 일을 반대하는 사탄과 동일한 존재로 여겨져도 안 된다(12:3-17). 이 "무저갱의 사자"는 천사들의 높은 왕 사탄이 아니라 중간 권위를 지닌 악한 천사지만, 땅의 거민들을 공격하기 위해 "황충"처럼 보이는 부하 마귀들에게 통치권을 행사하고 있는 듯 보인다.[37] 요한의 묘사에서 더 중요한 점은 그 사자의 무시무시한 이름들로 드러나는 그의 특성이다(11b-c절). 그의 이름은 히브리어로 "아바돈"(Ἀβαδδών)이다. 이것은 히브리어 אֲבַדּוֹן를 헬라어로 직접 음역한 것이다. 그 이름은 히브리어로 '멸망하다, 파괴하다'(אבד)를 뜻하는 동사에서 나온 것으로 '멸망'을 의미한다. 이러한 의미는 그 단어가 "스올"(욥 26:6; 잠 15:11; 27:20), 사망(욥 28:22) 혹은 무덤[시 88:11(88:12 MT)]과 동의어적 대구법으로 나오는 것에서 볼 수 있다. 이 모든 구약 본문에서 칠십인역은 "아바돈"을 '멸망, 파멸'(ἀπώλεια)로 번역한다. 그것은 요한이 "헬라어로" 천사의 이름이라고 인용하는 "아볼루온"(Ἀπολλύων)[38]이라는 단어와 관련된 추상 명사다. 그런 이름을 가진 악한 천사(그리고 그가 다스리는 마귀의 무리)는 종말 때 세상의 거민들에게 나쁜 징조일 뿐이다.

9:12 첫째 화는 지나갔으나 보라 아직도 이 후에 화 둘이 이르리로다(Ἡ οὐαὶ ἡ μία ἀπῆλθεν· ἰδοὺ ἔρχεται ἔτι δύο οὐαὶ μετὰ ταῦτα). 이 구절은 8:13에서 나온 주제와 연관된 것(마지막 세 나팔을 부는 것으로 표시되는 앞으로 올 세 개의 화)을 다시 시작한다. 다섯째와 여섯째 나팔 사이의 전환을 표시하기 위해서다. "첫째 화"[39]는 방금 묘사한 고통들을 가리키고(9:1-11),[40] 12b절에 나오는 "이후에"라는 시간적 표현에서도 그 고통을 염두에 두고 있다.[41] 실

35. 11절의 시작은 접속사 생략(asyndeton, 문장 첫 부분의 접속사가 없는 것)의 예로, 요한계시록에서는 비교적 드문 것이다(하지만 12, 18절을 보라). 접속사 생략은 단락의 결론으로서 이 구절이 지닌 엄숙함과 탁월함을 고조시킨다. BDF §462.2 그리고 Levinsohn, *Discourse Features*, 118-21을 보라.

36. 1절에 나오는 별은 신적 임무를 수행하기 위해 하늘에서 내려오며 구덩이를 여는 반면, 11절의 사자는 그 "황충"의 마귀적 본성을 공유하며 2-3절에서 풀려날 때까지 지하계에서 그들과 함께 갇혀 있는 듯하다.

37. 헬라어 관사를 사용해서 그가 '무저갱의 그 사자'라고 불린다는 사실은 그를 독자들이나 다른 사람들이 잘 알 것이라는 의미는 아니다. 그는 "무저갱"과 연관되어 있기 때문에 명확한 혹은 알려진 존재다. 16:5의 "물을 차지한 천사" 혹은 14:18의 "불을 다스리는…천사"와 비슷하다(그가 거룩한 천사가 아니라 악한 천사라는 것만 제외하고).

38. "아볼루온"이라는 이름은 현재 분사로 '파괴하는 자, 파괴자'라는 의미이며, '파괴하다'라는 동사 ἀπόλλυμι에서 나온 말이다. 정확한 어구상의 연관은 없지만, 이 의미는 또한 출애굽기 12:23(다른 히브리어 단어 및 LXX와 히 11:28에 나오는 '멸하다'라는 헬라어 동사 ὀλοθρεύω를 사용하는)과 민수기 21:6[구약이나 LXX에서 멸망에 대한 명백한 언급은 없지만, 고전 10:10에서 이에 대한 바울의 글, "그들…이 멸망시키는 자에게 멸망하였나니"(ἀπώλοντο ὑπὸ τοῦ ὀλοθρευτοῦ)를 보라]에 나오는 천사적 "멸하는 자"와의 연관을 시사할 수 있다.

39. "첫째 화"(ἡ οὐαὶ ἡ μία)라는 표현은 '한 화'(the one woe)라고 표현되어 있다. 그것은 '하나'(one)라는 기수가 헬라어에서 서수 역할을 할 수 있다는 것을 보여준다[11:14에서 이어서 헬라어 서수 "둘째"(δεύτερος) 그리고 "셋째"(τρίτος)가 나온다]. BDAG 293을 보라. 또한 딛 3:10.

40. 이 구절에서 "화"는 탄식의 부르짖음을 직접 의미하는 것이 아니라 누군가가 그것에 대해 탄식하는 어떤 괴로움이나 재난을 의미한다(BDAG 734; LN §22.9; 그리고 8:13의 주를 보라).

41. 어떤 사본들은 13절 시작부에서 '그리고'(καί)라는 말을 빼놓거나, 그것을 12절에 나오는 "이후에"(μετὰ ταῦτα) 앞으로 옮겨놓거나, 아니면 시간적 구가 13절에서 시작되는 것으로 이해하기 위해 또 다른 접속사를 추가한다. 하지만 "이후에"라는 말이 12절 끝(참고. 1:19; 4:1), 곧 13절의 '그리고' 앞에 나오는 것은 사본상 충분히 뒷받침되며(A, P, 1611) 다른 독법들이 생겨나는 것을 가장 잘 설명한다.

제로 그 화는 앞으로 종말 때 일어날 것이지만, 방금 '지나갔다.' 요한이 그 사건들을 환상에 대한 설명에서 묘사했고, 이제 그다음 환상 이야기로 넘어가리라는 의미에서 그렇다.[42] 요한의 환상 속 순서에서는 두 개의 화가 곧 닥칠 것이다(11:14은 이 둘 사이의 전환을 표시한다).[43] 이 중 첫 번째는 9:13에 곧바로 나온다.

9:13-14 여섯째 천사가 나팔을 불매 내가 들으니 하나님 앞 금 제단 네 뿔에서 한 음성이 나서 나팔 가진 여섯째 천사에게 말하기를 큰 강 유브라데에 결박한 네 천사를 놓아 주라 하매(13 Καὶ ὁ ἕκτος ἄγγελος ἐσάλπισεν· καὶ ἤκουσα φωνὴν μίαν ἐκ τῶν [τεσσάρων] κεράτων τοῦ θυσιαστηρίου τοῦ χρυσοῦ τοῦ ἐνώπιον τοῦ θεοῦ, 14 λέγοντα τῷ ἕκτῳ ἀγγέλῳ, ὁ ἔχων τὴν σάλπιγγα, Λῦσον τοὺς τέσσαρας ἀγγέλους τοὺς δεδεμένους ἐπὶ τῷ ποταμῷ τῷ μεγάλῳ Εὐφράτῃ). 요한은 9:1에서 언급했던 나팔 부는 순서를 다시 이어가면서, 먼저 여섯째 천사와 하나님의 보좌 알현실 핵심부에서 나오는 특정한 "음성"[44]이 주고받은 하늘의 대화를 기록함으로 여섯째 나팔 사건을 시작한다.[45] 한 음성이 "하나님 앞 금 제단 네 뿔"[46](13b절)에서 나온다는 사실은 신적 권위를 가지고 말한다는 것을 보여준다. 하나님이 말씀하시는 것이거나, 더 가능성 있는 것으로 감독하는 천사가 부관 천사들에게 하나님의 목적을 수행하라고 말하고 있는 것이다(참고. 시 103:19-21).[47] 그다음에 나오는 벌은 무시무시하고 악한 행위자들을 통해 실행되지만, 하나님이 심판과 구속에서 자신의 목적을 성취하면서 지시하시는 것이다(참고. 계 6:16-17).

하늘에서 들리는 음성은 여섯째 나팔을 분 천사에게 직접 말한다(14a절).[48] 일곱 천사 중 이 천사만 나팔을 불고 나서도 할 일이 더 있다. 그는 또 다른 네 천사에게 이제 부어질 심판에서 그들의 역할을 담당하라고 알려야 한다(14b절).[49] 그 음성은 그에게 그 네 천사

---

42. '지나갔으니'(ἀπῆλθεν)라고 번역된 동사는 방금 일어난 행동이나 행동들을 요약에서 언급하는 부정과거다(또한 11:14에도 나오는). 그런 언급은 영어 관용구에서는 현재 완료 동사를 사용해야 한다(Fanning, *Verbal Aspect*, 260-61을 보라. 또한 6:17의 주를 보라).

43. 9:12과 11:14 둘 다 "이르리로다"를 현재 시제 형태로 사용한다('이르다, 이르고 있다', ἔρχεται). 여기 12절에서 그 동사는 단수 형태다. 그것은 두 개의 화를 하나의 단위로 보기 때문이다. 오는 것과 가는 것을 나타내는 동사에서 종종 그렇듯이, 이 현재 시제는 이미 오는 도중이고 가까운 미래에 도착할 것을 나타내는 미래적 의미를 띤다. Fanning, *Verbal Aspect*, 221-22를 보라.

44. "음성"은 φωνὴν μίαν을 번역한 것으로, 거기에서 '하나'(μίαν)라는 숫자는 분명하지 않은 의미로 사용된다(BDAG 292; 참고. 8:13).

45. 이 "음성"은 나팔이 불린 후 나오는 사건을 시작하고 있으므로, 요한은 13절에서 그가 환상을 소개할 때 일반적으로 사용하는 '내가 보니'(εἶδον)가 아니라 "내가 들으니"(ἤκουσα)라는 말을 사용한다('내가 보니'는 후에 17절에 나온다).

46. 뿔과 그것의 금 도금은 이것이 하늘 성전의 향 제단임을 분명히 밝힌다(8:3과 출 30:1-3을 보라; 또한 계 6:9의 주를 보라). 13b절에는 한 이문이 있는데 그것은 더 큰 의미에는 영향을 미치지 않으나 구체적 표현은 바꿔놓는다. 대부분의 Byzantine 소문자 사본(P, 046, 1006, 1841, 1854, 2329, 2351)을 포함한 몇몇 신뢰할 만한 사본들에는 "뿔"에 "네"라는 말이 같이 나온다(참고. ESV, KJV, NASB, NIV, NRSV). 하지만 몇몇 더 신뢰할 만한 사본들($\mathfrak{P}^{47}$, א, 1611, 2053, 2344)은 그 단어를 빼놓는다(참고. ASV, NEB, NET). Metzger, *TCGNT2*, 670은 빠뜨린 것이 우연히 그렇게 된 것이라고 판단한다. 서기관이 "네"(τεσσάρων)라는 단어를 건너뛸 수 있었을 것이다. 그 문구에 나오는 세 단어는 어미가 같기 때문이다(τῶν τεσσάρων κεράτων). 다른 한편 그것은 14b절에 나오는 "네 천사"와 조화를 이루기 위해 혹은 13b절에 나오는 "음성"[문자적으로는 "한 음성"(φωνὴν μίαν), 그 문구에 대한 주를 보라]과 대조하기 위해 덧붙였을 수도 있다. 더 신뢰할 만한 사본들을 따르고 "네"라는 단어를 빼는 것이 가장 좋은 듯하다.

47. 요한은 10:4, 8, 11:12, 12:10, 14:2, 13, 18:4, 19:1에서도 하늘의 음성을 듣는다. 18:4에서 그것은 1인칭으로 말씀하시는 하나님일 것이다(하지만 18:5에서는 3인칭으로 표현이 바뀐다). 12:10과 19:1에서 그 음성은 하나님에 대해 3인칭으로 말한다.

48. 14a절에 나오는 "말하기를"(λέγοντα, 남성)이라는 분사는 "음성"(φωνήν, 여성)과 문법적 호응을 이루지 않는다. 이것은 '의미에 따른 호응'의 경우로, 그 음성이 나타내는 존재를 언급한다(참고. 4:1; 11:15).

49. 14b절에서 "결박한 네 천사"(τοὺς τέσσαρας ἀγγέλους τοὺς δεδεμένους)에는 헬라어에서 관사가 포함되어 있다. 그것은 7:1-3에 나오는 천사들을 언급하는 것도, 요한이 추정하는 바 그의 독자들이 이 천사들을 이미 잘 알고 있다고 생각하기 때문도 아니다. 이 문구에서 염두에 두고 있는 독자들(실제로는, 듣는 자)은 하늘의 음성이 말하는 대상인 여섯째 천사다. 이 천사는 이미 천사들의 지휘 계통에서 그가 적절한 때 풀어주어야 하는 이 네 행위자에 대해 알고 있다고 추정된다. 주석들은 이 사항을 일관되게 잘못 해석하며

를 "놓아주라"고 명령한다. 그들이 현재 "결박"되어[50] 있기 때문이다. 하나님의 때가 오기 전까지 멸망시키는 일이 억제되어 있었다는 것이다(참고. 15절). 7:1-3의 네 천사가 올바른 때가 오기까지 땅의 파괴적 바람들을 억제하고 있었던 것과 같다. 이들이 타락하고 악한 천사라서 "결박"된 것이 아니다(사탄이 "결박"될 것처럼, 20:2; 참고. 막 3:27). 그들은 하나님이 심판을 내리실 대상에게 하나님의 벌을 내리는 거룩한 천사다[참고. 시 78:49, KJV에 번역된 것처럼 "악한 천사들"(evil angels)이 아니라 "재앙을 가져오는 천사들"(angels who bring calamity), 겔 9:1-7; 마 13:41].[51]

매우 중요한 추가 사항은 그들이 "큰 강 유브라데에" 결박되어 있었다는 것이다(14b절). 이것의 중요성은 15절에서 16절로 넘어갈 때 더 분명하게 나타날 것이다(거기 나오는 논의를 보라). 물론 유브라데 강은 동쪽의 티그리스 강과 함께 고대 근동 문명의 두드러진 중심지로 규정된 "큰" 강이었다. 게다가 그 강은 하나님이 아브라함에게 그리고 이스라엘에게 약속하신 땅의 동쪽 경계선이었다고 널리 알려져 있다(창 15:18; 출 23:31; 신 1:7; 11:24; 수 1:4). 그 결과 유브라데 강은 앗수르(사 8:5-8), 바벨론(왕하 24:7; 렘 46:10) 등과 같이 메소포타미아에서 오는 침략군들과 연관되어 있었다. 그들은 하나님이 이스라엘을 심판하실 때 도구로 사용하신 나라였다. 후대에 와서 1세기 로마 문명은 동쪽에서(침략에 대한 자연적 장애물인 유브라데 강을 건너) 공격해오는 파르티안 무리에 대한 공포를 드러냈는데(참고. Tacitus, *Hist.* 5.9; *Ann.* 15.17), 이것이 여기에 나오는 요한의 표현에 영향을 끼쳤을 수도 있다. 이렇게 유브라데 강을 외부의 공격으로 인한 위협과 연결하는 것(또한 계 16:12을 보라)은 앞에서 언급한 심판의 예표론이 지닌 또 다른 특징을 나타낸다(참고. 6:8, 12, 14, 16). 요한은 그것이 종말의 때에 반복되고 강화될 것으로 예상한다.[52] 그 유형이 미래에 성취된다고 해서 일부 해석자가 주장하듯 필연적으로 침략군이 동쪽에서만 와야 한다는 뜻은 아니다. 어떤 방향에서든 이스라엘로 모여드는 파괴적인 침략은 그 유형을 충분히 반복할 것이다. 하지만 다음 몇 구절의 이야기를 이해하려면, "큰 강 유브라데"와 외부에서 오는 방대한 세력이 공격하는 것의 이러한 연관을 반드시 이해해야 한다.[53]

9:15-16 네 천사가 놓였으니 그들은 그 년 월 일 시에 이르러 사람 삼분의 일을 죽이기로 준비된 자들이더라 마병대의 수는 이만 만이니 내가 그들의 수를 들었노라(15 καὶ ἐλύθησαν οἱ τέσσαρες ἄγγελοι οἱ ἡτοιμασμένοι εἰς τὴν ὥραν καὶ ἡμέραν καὶ μῆνα καὶ ἐνιαυτόν, ἵνα ἀποκτείνωσιν τὸ τρίτον τῶν ἀνθρώπων. 16 καὶ ὁ ἀριθμὸς τῶν στρατευμάτων τοῦ ἱππικοῦ δισμυριάδες μυριάδων, ἤκουσα τὸν ἀριθμὸν αὐτῶν). 네 천사를 놓아주라는 14b절의 명령은 곧바로

요한의 독자들도 네 천사를 알고 있어야 한다고 추정한다. 종종 내적 수신자와 외적 수신자가 중복된다. 하지만 여기에서는 아니다.

50. "결박된"(δεδεμένους)이라는 말은 완료 수동형 분사로 환상 처음에 나오는 그들의 상태를 보여준다(또한 15b절에 나오는 완료 분사를 보라).

51. 해석자들은 이 문제에 대해 의견이 갈린다. 대부분은 이들이 분명 악한 천사들이라고 주장한다. 사탄이 "결박된" 것과 대응되기 때문이다(예를 들어, Beale, *Revelation*, 506-8; Osborne, *Revelation*, 379; Smalley, *Revelation*, 236-37). Aune, *Revelation 6-16*, 536-37은 이들은 선한 천사들이라고 주장한다. 7:1 및 거룩한 천사들을 심판의 대행자로 제시하는 다른 본문들과의 대응 때문이다(참고. Charles, *Revelation*, 1:248-51; Swete, *Apocalypse*, 118-19).

52. 예표론적 유형은 9:13-16과 16:12-16 둘 다에서 유브라데 강을 침략군과 연관시키는 것을 여섯째 나팔과 여섯째 대접이 "같은 사건을 다른 관점에서 묘사한다는" 설득력 있는 증거로 받아들일 수 없음을 보여준다(Beale, *Revelation*, 507; 또한 Smalley, *Revelation*, 237; 인용문은 Smalley에서). 두 기사는 이 세부 사항을 제외하고도 상당히 다르다.

53. 이스라엘 역사 내내 유브라데 강을 건너오는 군대를 "외세의 침략의 상징"으로 보는 것에 대해서는 Osborne, *Revelation*, 379를 보라. Thomas, *Revelation 8-22*, 43-44는 "유브라데"가 분명 문자적인 것이라고 주장한다. 그것은 구약에서 그런 식으로 사용되기 때문이다. 하지만 이것은 설득력이 없다.

실행된다(15a절). 그리고 그들이 결박되어 있었던 의미가 분명히 나온다. 그들은 행동하도록 "준비된"[54] 자들이었다. 하지만 하나님이 미리 정하신 때가 오기까지는 행동을 실행하지 않았다. 요한은 "그 년 월 일 시에"(15b절)[55]라는 세세한 묘사로 하나님이 심판의 대행자들을 주권적으로 조정하신다는 것을 강조한다. 요한계시록의 기본 전제는 일반적인 묵시 문학의 전제와 동일하다. 하나님이 이 세상의 사건들을 주관하시고, 그 사건들은 하나님의 시간표에 따라 일어난다는 것이다. 이것은 특히 요한이 '때, 시절'(καιρός, 1:3; 11:18; 12:12; 22:10)이라는 말과 미래에 "반드시" 일어날 것(δεῖ, 1:1; 4:1; 17:10; 20:3; 22:6)이라는 말을 사용하는 것에서 볼 수 있다. 이 경우 그 네 천사가 풀려난 뒤 성취해야 하는 하나님이 정하신 무시무시한 과업은 "사람 삼분의 일을 죽이"는 것이다(15c절).[56] "삼분의 일"이라는 비율은 처음 네 나팔의 재앙을 묘사할 때(8:7-12) 멸망의 척도로 반복해서 나왔다(구약 배경에 대해서는 8:7에 대한 주를 보라). 이와 마찬가지로 이 표현은 어마어마한 수준의 고통과 황폐함을 묘사하고, 다섯째 나팔이 그렇듯 땅의 인간 거민들을 직접 대상으로 한다(9:1-11).

현대 독자가 보기에 16절은 16-19절에서 요한이 주의를 기울일 방대한 군대를 소개하는 것으로 다소 느닷없이 시작한다. 이 구절과 13-15절에 나오는 천사들과의 연관성이 명백히 드러나지 않기 때문이다. 15c절에서 천사들이 할당받은 일(사람 삼분의 일을 죽이는 것)은 18a절에서 이 군대가 직접 행한다(사람 삼분의 일이 죽임을 당했다. 또한 20a절을 보라). 하지만 이것들이 어떻게 관련되어 있는지는 정확히 파악하기 어려워 보인다. 또한 요한이 마치 독자들이 마병대를 이미 알고 있다는 듯 관사가 있는 헬라어 문구(τῶν στρατευμάτων τοῦ ἱππικοῦ)를 사용해서 "마병대"[57]를 내러티브에 소개하는 것도 수수께끼 같다(16a절). 이 당혹스러운 문제에 대한 대답은 14b절에 나오는 네 천사의 위치인 "큰 강 유브라데"에 대한 언급인 듯하다. 이것을 사소한 지리적 사항으로 보아서는 안 된다. 요한은 그의 독자들이 유브라데 강이라는 표현을 보고 과거에 하나님이 심판하실 때 방대한 군대가 이스라엘 경계선을 건너 침입한 것과 연관시키리라고 추정한다. 그런 암시를 염두에 두면, 독자는 '그 마병대'가 무엇인지 이해할 수 있을 것이다. 그들은 전통적으로 큰 강을 건너 침략하는 것과 연관되어 있다.[58] 감독하는 천사의 역할은 이 공격하는 무리를 가동시키는 것이다. 그래서 그들의 파괴적 영향은 그 군대로 인한 것일 수도 있고(18a절) 천사들로 인한 것일 수도 있다(15c절).

군대는 "이만 만"이라는 엄청나게 큰 규모다(16a절). 이것은 5:11에 나오는 큰 숫자의 배수처럼[59] 상상할 수 없을 만큼 큰 군사력을 표현하는 한 방법인 듯하다. 이것은 문자적으로 계산하는 것(정확한 숫자건 어림수건)이

---

54. "준비된 자들"이라는 문구는 그들의 준비된 상태를 나타내는 완료 수동형 분사(ἡτοιμασμένοι)를 번역한 것이다(참고. 14절에 나오는 완료 분사). 또한 12:6의 "하나님께서 예비하신"이라는 말과 신약에서 미래의 사건들에 대한 하나님의 계획을 나타내기 위해 '준비하다'라는 말을 사용하는 것을 보라(마 25:34, 41; 막 10:40; 눅 2:31; 고전 2:9).

55. 처음 세 개(년, 월, 일)가 민수기 1:1, 학개 1:15, 스가랴 1:7에 그 순서로 나오는 것을 보라. 마가복음 13:32에는 나중 두 개만이 역순으로 나온다(날, 시).

56. '죽이다'라는 부정사구는 '그들이 죽이도록'(참고. 5절)이라는 헬라어 목적절 ἵνα ἀποκτείνωσιν에 대한 더 매끄러운 번역이다. 그것은 황폐하게 하는 심판에서 천사들의 목적을 보다 분명하게 보여준다.

57. 이 문구에서 복수로 된 '군대들'(armies, 마병대는 'the armies of cavalry'라고 되어 있음—역주)이라는 말은 군사들이 연이어 물밀 듯이 들어오는 것을 시사한다(참고. 19:14, 19). 그들은 재빠르고 가공할 만한 말 탄 부대인 "마병대"다.

58. 이것은 6:9에서 요한이 '그 제단'을 언급한 것과 비슷하다(그 구절에 대한 주를 보라). 일단 이야기에서 하늘의 성전이 확립되고 나자, 관련 항목들을 그와 연관해서 명확한 것으로 말할 수 있다. 그래서 여기에서 강에 대한 언급은 침략하는 군대의 이미지를 환기한다.

59. 이 숫자들이 구약의 배경(단 7:10; 또한 신 33:2; 시 68:17을 보라)을 갖고 있을 가능성에 대해서는 5:11에 대한 주를 보라.

기보다는 그런 군대가 이루 말할 수 없는 수준으로 파괴하리라는 것을 느끼게 하려는 것이다.[60] 그런 숫자가 놀라운 것이라는 사실은 "내가 그들의 수를 들었노라"는 요한의 방백을 설명한다. 이것이 단지 그의 추산이 아니라 하늘의 환상의 일부라는 단언이다(16b절; 참고. 7:4).

9:17 이 같은 환상 가운데 그 말들과 그 위에 탄 자들을 보니 불빛과 자줏빛과 유황빛 호심경이 있고 또 말들의 머리는 사자 머리 같고 그 입에서는 불과 연기와 유황이 나오더라(καὶ οὕτως εἶδον τοὺς ἵππους ἐν τῇ ὁράσει καὶ τοὺς καθημένους ἐπ' αὐτῶν, ἔχοντας θώρακας πυρίνους καὶ ὑακινθίνους καὶ θειώδεις, καὶ αἱ κεφαλαὶ τῶν ἵππων ὡς κεφαλαὶ λεόντων, καὶ ἐκ τῶν στομάτων αὐτῶν ἐκπορεύεται πῦρ καὶ καπνὸς καὶ θεῖον). 16절에 나오는 마병대에 대한 언급은 사람을 죽이는 그들의 무시무시한 힘과 외양에 대한 상세한 묘사로 이어진다(17-19절). 요한은 그가 일반적으로 사용하는 '그리고…내가 보니'(καὶ…εἶδον)라는 말로 시작해서 자신이 13절부터 설명하기 시작한 환상(여섯째 나팔) 속에서 상황이 어떻게 보이는지 자세히 이야기한다.[61] 그의 묘사는 현재 시제 동사들을 사용해서 동시 발생적 보고의 형태를 띤다(10-11절에 대한 설명을 보라). 그는 먼저 "말들"을 언급한 다음 그 말을 타는 사람들, "그 위에 탄 자"를 추가한다(17a절). 그리고 그의 묘사는 역순으로 이어진다(17b-e절). 말 탄 자들은 여러 불길한 색의 "호심경"으로 보호를 받는다. 그 색은 "불빛"과 "자줏빛"과 "유황빛"[62]으로 이 세력이 사람들에게 가할 세 가지 불 같은 "재앙"을 예시한다(17e-18절). 말들의 머리는 "사자 머리" 같다. 이는 먹잇감인 사람을 사납게 공격하고 죽일 것임을 시사한다(17d절). 이 기괴한 이미지는 말들이 마치 불을 내뿜는 용같이 그려지면서 계속된다. 말들의 입은[63] "불과 연기와 유황"을 내뿜는다(17e절). 이 세 파괴적 요소는 18절에서뿐 아니라 14:10-11에 다시 나온다. 또한 그것들은 소돔과 고모라의 심판 때 나타났고(창 19:24-28에 나오는 유황, 불, 연기를 보라), 구약 다른 곳에서 여러 심판 유형에 나온 것이 분명하다(8:7에 대한 설명을 보라).

여기에서 다시(7-9절에서처럼) 우리는 17절의 비유적 표현을 어떻게 이해해야 하는가 하는 문제에 직면한다. 그것은 인간 영혼의 영적 전쟁을 언급하는가? 흉포한 인간 군대를 가리키는가, 아니면 환난의 마지막 때 풀려나 죄 된 인간을 공격하는 마귀의 세력을 언급하는가? 7-9절에서처럼 마지막 견해가 이 본문에서도 가장 적합한 듯하다(9절에 나오는 논의를 보라).

9:18-19 이 세 재앙 곧 자기들의 입에서 나오는 불과 연기와 유황으로 말미암아 사람 삼분의 일이 죽임을 당하니라 이 말들의 힘은 입과 꼬리에 있으니 꼬리는 뱀 같고 또 꼬리에 머리가 있어 이것으로 해하더라(18 ἀπὸ τῶν τριῶν πληγῶν τούτων ἀπεκτάνθησαν τὸ τρίτον τῶν ἀνθρώπων, ἐκ τοῦ πυρὸς καὶ τοῦ καπνοῦ καὶ τοῦ θείου τοῦ ἐκπορευομένου ἐκ τῶν στομάτων αὐτῶν. 19 ἡ γὰρ ἐξουσία τῶν ἵππων ἐν τῷ στόματι αὐτῶν ἐστιν καὶ ἐν ταῖς οὐραῖς αὐτῶν, αἱ γὰρ οὐραὶ αὐτῶν ὅμοιαι ὄφεσιν, ἔχουσαι κεφαλὰς καὶ ἐν αὐταῖς

60. 이 때문에 "2억"(two hundred million)이라는 번역(CSB, NASB, NET, NLT, NRSV)은 너무 정확하게 보일 것이다. 그것 역시 하나의 군대로서는 놀라운 규모이긴 하다.

61. 요한은 외모에 대한 그의 초점을 분명히 하기 위해 두 요소를 끼워 넣는다. "이 같은"(οὕτως, '그래서, 이런 식으로')과 "환상 가운데"(ἐν τῇ ὁράσει)라는 말이다.

62. 이 색들은 각각 '불 같은' 것이라는 연관성이 있다. '불 같은 붉은 색'(πύρινος, 개역개정에는 "불빛"-역주)은 6:4, 12:3에서 사용된 색 용어와 관련되어 있다. "자줏빛"(ὑακίνθινος, '히아신스 보라색')은 꽃의 색이다. 하지만 17e-18절은 그것을 "연기"와 대응되는 것으로 만든다. 그래서 그것은 뜨거운 푸른 불꽃을 나타낼 것이다. "유황빛"(θειώδης)은 '유황, 황'(θεῖον)이라는 단어와 관련되어 있다. 이 단어들의 구약 배경에 대해서는 17d절에 대한 설명을 보라.

63. 19절은 "그 입에서는" 이 말 탄 자가 아니라 말을 언급한다는 점을 확인해준다.

ἀδικοῦσιν). 18절은 17절에 나온 말과 매우 밀접하게 연관되어 있는 것에 걸맞게 서론적 접속사 없이 시작한다(접속사 생략, 참고. 11절). "이 세 재앙"[64](18a절)의 지시 대상은 17e절에 기록된 것처럼 말의 입에서 나오는 세 개의 파괴적 요소이며, 그 구절의 표현이 18a에서 사실상 글자 그대로 반복된다(앞에서는 세 요소에 관사가 없었으나 여기에서는 17e절을 언급하기 위해 앞에 나오는 어구를 가리키는 관사가 붙어 있다). 이 "재앙"의 치명적 결과, 곧 "사람 삼분의 일이 죽임을 당하니라"(18a절)는 것은 앞에서도 예상되었다(15c절). 하지만 여기에서 그것은 이제 곧 일어날 어떤 일이 아니라 뚜렷한 비극적 사실로 제시된다.[65]

요한은 그들의 경이적인 힘이 어디에 있는지 분명히 밝힘으로('왜냐하면', 19절 시작 부분에 나오는 이 말이 개역개정에는 번역되어 있지 않음—역주)[66] 말들에 대한 묘사에 한 가지 특별한 요소를 추가한다(19a절).[67] 그들의 파괴적 "힘"(ἐξουσία)[68]은 '그들의 입에' 있는데 17-18절에 언급된 것처럼 그들은 입에서 치명적인 불, 연기, 유황을 뿜어낸다. 하지만 요한은 여기에 "꼬리에…있으니"라는 말을 덧붙이면서, 앞에 나온 말과 말 탄 자의 이미지에서 나온 예상치 못한 설명을 추가한다[또 다른 '왜냐하면'(γάρ) 절, "꼬리는 뱀 같고"라는 말 앞에 나오는 '왜냐하면'이 개역개정에는 번역되어 있지 않음—역주]. 이 "말들"은 신화에 나오는 용과도 같다. 그것들이 불을 내뿜고(17e절), 뱀같이 여러 개의 머리가 달린 꼬리를 갖고 있기 때문이다.[69] 그들은 이 "머리"들로 '해를 가했다'(ἀδικοῦσιν). 아마 그 머리들은 뱀처럼 생겼을 것이고, 불을 뿜어내는 말의 입과 마찬가지로 사람들에게 치명적이다. 이 구절은 마병대가 1-11절에 나오는 황충과 유사점이 있음을 드러낸다. 황충들에게도 쏘는 살이 있는 꼬리(10절)로 "해"(4, 10절)하는 "권세"(3, 10절)가 있기 때문이다.[70]

9:20-21 이 재앙에 죽지 않고 남은 사람들은 손으로 행한 일을 회개하지 아니하고 오히려 여러 귀신과 또는 보거나 듣거나 다니거나 하지 못하는 금, 은, 동과 목석의 우상에게 절하고 또 그 살인과 복술과 음행과 도둑질을 회개하지 아니하더라 (20 Καὶ οἱ λοιποὶ τῶν ἀνθρώπων, οἳ οὐκ ἀπεκτάνθησαν ἐν ταῖς πληγαῖς ταύταις, οὐδὲ μετενόησαν ἐκ τῶν ἔργων τῶν χειρῶν αὐτῶν, ἵνα μὴ προσκυνήσουσιν τὰ δαιμόνια καὶ τὰ εἴδωλα τὰ χρυσᾶ καὶ τὰ ἀργυρᾶ καὶ τὰ χαλκᾶ καὶ τὰ λίθινα καὶ τὰ ξύλινα, ἃ οὔτε βλέπειν δύνανται οὔτε ἀκούειν οὔτε περιπατεῖν, 21 καὶ οὐ μετενόησαν ἐκ τῶν φόνων αὐτῶν οὔτε ἐκ τῶν φαρμάκων αὐτῶν οὔτε ἐκ τῆς πορνείας αὐτῶν οὔτε ἐκ τῶν κλεμμάτων αὐτῶν). 이 마지막 극적인 장면에서 요한은 여섯째 나팔이 불면서 종말 때 벌로써 찾아올 공격의 영적, 종교적 여파를 요약한다. 요한의 환상에서 방금 본 무시무시한 군대의 치명적이고 광범위한 공격(16-19절)이 일어난 다음, 우리는 대규모의 사람들이 보호와 위로를 받기 위해 하늘의 하나님께 돌이키는 것을 기대했을지 모른다. 하지만 요한계시록 다른 곳

64. 이것은 요한계시록에서 "재앙"(πληγή)이라는 말이 16번 나오는 것 중 첫 번째다. 몇 군데에서 그 말은 '상처, 타격'이라는 보다 일반적인 의미를 지닌다(예를 들어, 13:3, 12, 14; 참고. 눅 10:30; 행 16:23). 하지만 G. Schwarz, "πληγή," *EDNT* 3:103에서 말하는 것처럼, 그 말은 종종 애굽에 닥친 신적 '재앙들'(출 7-12장)과의 예표론적 연관을 환기한다.

65. 이런 파멸의 수준에 대해서는 8:7-12을 보라. 참고. 6:7(사분의 일), 에스겔 5:12과 스가랴 13:8에서는 삼분의 일만 살아남는다(또한 Sib. Or. 3:538-44).

66. 19a절의 '왜냐하면'(γάρ, 개역개정에는 번역되어 있지 않음—역주)은 설명적인 것으로, 이 공격자들이 어떻게 그렇게 극단적인 사상자를 낼 수 있었는지 말해준다(BDAG 190; Runge, *Discourse Grammar*, 51-54).

67. 19절에 나오는 현재의 관습을 나타내는 두 개의 동사는 요한이 다시 제시의 보고 형태로 바꿨다는 것을 보여준다(10-11, 17절을 보라).

68. 3절에서 "힘"에 대한 주를 보라.

69. 19b절에서 "머리가 있어"(ἔχουσαι)라고 번역된 동사는 문법적 호응에 의해 "꼬리"가 머리를 갖고 있음을 보여주는 분사다.

70. 이런 대응들을 근거로 그 둘을 융합하거나 아니면 여섯째 나팔이 다섯째 나팔의 반복이라고 보아서는 안 된다. 다른 세부 사항들은 다르기 때문이다.

에서 그렇듯(예를 들어, 2:21; 6:15-17; 16:9, 11, 21), 반역하는 인간들이 회개하지 않는 모습이 곧바로 나온다(20-21절).[71] 요한은 환상에서 그 공격에서 살아남은 삼분의 이의 사람들(참고. 삼분의 일이 죽임을 당함, 15, 18절)은 "회개하지 아니하"는(즉, 삶의 과정을 바꾸지 않는, 2:5에서 이 동사에 대한 주를 보라) 것을 본다. 이 동사구는 그들이 우상 숭배에서 돌아서지 않는 것(참되신 하나님을 예배하는 것에 대한 위반, 20절)과 도덕적 범죄들을 멈추지 않는 것(다른 사람들에 대한 위반, 21절)을 강조하기 위해 두 번 나온다.

그들의 우상 숭배에 대한 묘사(20b절)는 그런 관행들에 대한 고대 유대인들의 비판에 흔히 나오는 용어들로 표현되어 있다. 우상은 단지 "[사람의] 손으로 행한 일"(신 31:29; 시 115:4-7; 사 2:8; 렘 1:16)이고, 참되신 하나님이 창조하신 다양한 재료들로 만들어졌다(단 5:4, 23은 여섯 가지 재료를 인용한다. 여기에 열거된 다섯에 더해 "쇠", 참고. 왕하 19:18; 사 37:19; 렘 10:1-16). 그것들은 사람들을 괴로움에서 건져낼 능력이 없다. 그들은 심지어 "보거나 듣거나 다니거나" 할 수조차 없기 때문이다(신 4:28; 시 115:4-7; 렘 10:4-5; 참고. Wis 13:1-19). 사람이 만든 형상에 절하는 것은 거짓 신, 곧 하나님을 반대하고 인간을 속이는 "귀신들"에게 절하는 것이다(출 20:3-6; 신 32:17; 시 95:5; 고전 10:19-21; 참고. 1 En. 19:1). 종말 때 이렇게 인간이 속아서 거짓 예배를 드리는 것은 용 사탄과 그의 "짐승"을 전 세계적으로 예배하는 것에서 궁극적으로 확대될 것이다. 사람들이 그런 예배를 드리고 하나님을 반대하도록 강요하는 "거짓 선지자"가 만든 짐승의 형상을 통해서다(계 13:4-8, 11-15; 14:9, 11; 16:13-14; 19:20; 20:10). 요한계시록 9장의 씁쓸한 역설은 귀신을 숭배하는 사람들은 어떻게든 마귀적 폭력을 피할 수 없고, 사탄의 군대에 극심한 공격을 받고도 여전히 회개하지 않으리라는 것이다.

그들이 도덕적 죄를 회개하지 않는 것(21절) 역시 구약의 윤리적 가르침에 중심이 되는 어법으로 표현되어 있다. 즉, 십계명에서 금하는 행동(출 20:13-15), 이를테면 "살인", "음행", "도둑질" 등이다(참고. 막 10:19; 눅 18:20; 롬 13:9). 추가 항목인 "복술"(φαρμάκων)[72]은 거짓 예배 및 다른 사람들을 속여서 우상을 숭배하게 하는 행동과 연관되어 있었다(출 7:11; 8:14; 9:11; 왕하 9:22; 나 3:4). 널리 퍼져 있던 유대 기독교적 확신은 참된 하나님을 예배하는 것에서 떠나면 불가피하게 거짓 예배와 도덕적 방탕함에 빠지게 된다는 것이었다(왕하 17:15-17; 렘 13:22-27; 행 7:42; 롬 1:21-32; 참고. 2 Bar. 54:17-18; 1 En. 99:6-16; Wis 14:22-31). 그런 심판에 직면해서도 죄된 행동에 매달리는 것은 인간을 손아귀에 붙잡고 있는 죄의 저항할 수 없는 힘을 드러낸다. 하지만 세 번째 화(일곱째 나팔)가 일어날 때(11:14에 나오는 두 개의 막간 다음에 묘사되는) 인간의 모든 악에 대해 확실한 하나님의 심판이 임할 것이다.

---

71. 이렇게 고집스럽게 회개를 거부하는 것은 요한이 세 심판 시리즈 모두에서 반영하는 출애굽-재앙 주제의 일부다. 점차 벌이 심해지는데도 바로가 그의 마음을 완악하게 했던 것과 같이(예를 들어, 출 7:22; 8:15, 19, 32), 하나님과 그의 백성의 원수들은 장차 계속해서 그분께 저항할 것이다. 참고. Fekkes, *Prophetic Traditions*, 80-82.

72. "복술"(sorceries, φάρμακον, 참고. CSB, ESV, KJV, NASB, NRSV, RSV)로 번역된 단어는 "마술"(magic arts, NIV), 마법의 약이나 주문이나 영들이나 사람들에게 권세를 발휘하기 위한 관련 관행들을 말한다(BDAG 1049-50). 관련된 단어들은 출애굽기 7:11, 신명기 18:10, 다니엘 2:2, 갈라디아서 5:20, 요한계시록 18:23, 21:8, 22:15에 나온다.

적용에서의 신학

1. 죄의 악몽과 그 결과

기괴한 생물이나 끔찍한 사건 앞에서 꼼짝 못 하는 무시무시한 악몽을 꾸다가 식은땀을 흘리며 깨어난 적이 있을 것이다. 단지 꿈인 것이 얼마나 다행인가! 하지만 요한계시록 9장이 보여주는 것처럼, 타락한 세상의 미래의 어떤 시점에서는 악몽 같은 시나리오가 끔찍한 실제가 될 것이다. 무저갱, 마귀적 황충, 연기가 피어오르고 전갈로 가득 차 있는 구덩이, 땅에 쏟아져 나와 끔찍한 고통으로 그 땅의 불운한 거민들을 과녁으로 삼는 황충들 등이다. 그들이 받는 고통은 죽음보다 더 심하다. 하지만 거기서 빠져나갈 길이 없다. 아니면 극악무도한 말과 뱀의 무리가 온 땅을 질주하며 불, 연기, 유황을 토해내면서 수십억 사람들에게 죽음을 가져온다. 고뇌의 깊이는 도저히 비교할 수 없지만, 이 장면은 오늘날까지도 자신의 죄 된 선택 때문에 절망적 상태에 빠진 사람들을 상기시킨다. 20-21절이 보여주듯, 마귀의 세력이 가한 끔찍한 상처나 고통스러운 죽음에서 고통당하는 대부분의 사람은 실제로 요한계시록이 묘사하는 종말 때의 우주적 충돌에서 마귀와 같은 편에 설 것이다. 사탄의 마귀들은 자신을 따르는 인간 '추종자들'에게조차 기회만 주어진다면 무차별 상해를 가하는 것을 아주 기뻐한다. 신약은 하나님에게서 돌아서는 사람들이 자신의 삶에서 무엇이 위험에 처해 있는지 깨닫는 일에 어두워진다고 가르친다. 이 죄 된 혼란 속에서 그들은 사탄과 그의 악(그것이 그들에게 어떤 현혹시키는 형태로 제시되든 간에)에 충성하는 것이 자신에게 유리할 것이라고 믿게 된다. 사탄과 그의 앞잡이들이 어떤 존재인지 뒤늦게 깨달을 때 그들은 얼마나 충격을 받겠는가! 그들이 마음대로 저질렀던 죄에 대한 '선택'이 현재 그들의 모습(즉, 사람들이 거짓 예배와 그것에 수종드는 자들에게 도덕적으로 종이 되는 것, 20-21절)을 만들었다는 것을 깨달을 때 얼마나 충격을 받겠는가! 요한계시록의 환상은 그런 속임수를 일소하고, 선과 악의 세상이 실제로 어떻게 작용하는지와 그들의 선택에 무엇이 달려 있는지 보여주기 위해 주어졌다.

2. 회개의 선물을 거부함

9:20-21은 구속사의 늦은 시기에라도, 하나님의 의도가 사람들을 멸망이 아닌 회개로 이끄는 것임을 상기시킨다(참고. 2:21; 6:15-17; 16:9, 11, 21). 이 장은 널리 퍼진 황폐함 가운데서도 하나님의 벌에는 여전히 한계가 있고(예를 들어, 9:5, 15, 18), 하나님은 인내하심으로 수많은 사람이 마지막 심판이 이르기 전에 악에서 돌아설 시간을 주신다는 사실을 전한다. 그럼에도 사람들은 회개하기를 고집스럽게 거부할 것이다. 이 구절들은 예배와 윤리가 분리할 수 없이

연관되어 있음을 예시한다.[73] 우리가 예배하는 것과 행동하는 방식은 언제나 함께 간다. 우리가 선택하는 이데올로기(그 이데올로기 핵심에 있는 '종교적' 헌신을 인정하기를 거부한다고 해도)는 우리의 생활 방식에 영향을 끼치고 그 반대도 마찬가지다. 우리가 자랑하는, 스스로 자신의 길을 선택할 수 있는 자율성은 신기루임이 입증된다. 앞에서 언급한 것처럼, 우리가 내리는 선택들은 언제나 현재 우리의 모습을 만들기 때문이다. 성경은 죄가 우리의 선택이 아니라 자신의 힘으로는 그 결박을 끊을 수 없는 적대적이고 예속시키는 힘이라고 가르친다(롬 5:12, 21). "우상 숭배와 거짓의 계속되는 순환으로, 인간적으로 말해서 거기에서 헤어날 길은 없다."[74] 하지만 하나님은 그리스도 안에 있는 해방시키는 은혜로 말미암아 값없이 그 권세에서 해방해주신다(롬 3:24; 6:23; 계 21:6; 22:17). 이 선물은 누구도 거절해서는 안 된다.

73. 이런 통찰에 대해 Marc-André Caron에게 감사한다.

74. Mangina, *Revelation*, 127.

요한계시록 10:1-11

16 CHAPTER

문학적 전후 문맥

7장은 여섯째 인과 일곱째 인 사이의 막간으로서 서로 보완되는 두 개의 환상을 제시했다. 이와 마찬가지로 10:1-11:14은 여섯째 나팔과 일곱째 나팔 사이에 있는 두 개의 환상을 제시한다. 이 부분들은 '막간'으로 분류되기는 하지만, 책의 중심 주제들을 놀라운 방식으로 반영한다. 환상의 이 단계에서(10:1-11) 행동이 중단되는 것은, 심판을 둘러싼 사건들(인들, 나팔들, 이후에 나올 대접들)이 하나님의 세상에 사는 백성을 위한 그분의 영원한 목적을 나타내는 예언적 계시(그중에서도 특히 요한을 통해 주어진)에 단단히 고정되어 있음을 분명히 보여준다(참고. 10:7, 11). 신적 사신들은 요한이 선지자로 부름받은 것으로 돌아가서(그가 1:9-11, 17-19에서 처음 위임받은 후), 10:8-11에서 요한에게 그가 옛 에스겔처럼 심판과 구속이라는 하나님의 전 세계적 역사를 예언하는 괴롭고도 즐거운 임무를 맡았다는 점을 상기시킨다. 또한 요한은 그 임무를 수행하면서 수십 세기 동안 이어져 내려온 하나님의 선지자들 행렬에 그가 합류하고 있고, 하나님이 이 사신들을 통해 계시된 창조를 위한 감추어진 계획들을 이제 막 성취하실 것이라는 확언을 듣는다(10:6-7). 그다음 부분(11:1-14)에서는 두 증인의 논쟁적 사역을 추적해 가는데, 그들은 말일의 동일한 선지자적 전통을 신실하게 표현해줄 것이다.

III. 두 번째 환상: 하늘의 보좌와 세 번의 심판 주기(4:1–16:21)

A. 하늘의 보좌에 대한 환상(4:1–11)

B. 일곱 인으로 봉한 두루마리와 죽임당한 어린양(5:1–14)

C. 일곱 인과 막간의 두 무리(6:1–8:1)

D. 일곱 나팔과 또 다른 막간들(8:2–14:20)

1. 처음 네 나팔(8:2–13)

2. 다섯째 나팔– 첫째 화(9:1–12)

3. 여섯째 나팔– 둘째 화(9:13–21)

➦ **4. 두 개의 계시적 막간: 하나님의 선지자들(10:1–11:14)**

a. 요한과 작은 두루마리(10:1–11)

b. 성전 측량과 두 증인(11:1–14)

주요 개념

요한의 환상들에 나오는 심판 시리즈는, 하나님이 위임하신 요한 같은 선지자들을 통해 세상의 미래에 대해 계시하셨던 예언이 곧 성취된다는 사실을 알린다.

번역

요한계시록 10:1-11

1a	환상 서론/등장인물 입장	**내가 또 보니…다른 천사가**
b	묘사	힘 센
c		구름을 입고
d		하늘에서 내려오는데
e		그 머리 위에 무지개가 있고
f	비교	그 얼굴은 해 같고
g		그 발은 불기둥 같으며
2a	묘사/줄거리 긴장	**그 손에는 펴 놓인 작은 두루마리를 들고**
b	배경	**그 오른 발은 바다를 밟고** **왼 발은 땅을 밟고**

3a 행동/비교 **사자가 부르짖는 것 같이 큰 소리로 외치니**

b 시간 그가 외칠 때에

c 행동 **일곱 우레가 그 소리를 내어 말하더라**

4a 시간 일곱 우레가 말을 할 때에

b 3c절에 대한 반응 **내가 기록하려고 하다가**

c 4b절에 대한 반대 반응 **곧 들으니 하늘에서 소리가 나서 말하기를**

d 명령 일곱 우레가 말한 것을 인봉하고
기록하지 말라 **하더라**

5 행동 **내가 본 바**
바다와
땅을 밟고 서 있는 천사가
하늘을 향하여 오른손을 들고

6a **세세토록 살아 계신 이 곧**

b 묘사 하늘과 그 가운데에 있는 물건이며
땅과 그 가운데에 있는 물건이며
바다와 그 가운데에 있는 물건을
창조하신 이를 가리켜
맹세하여 이르되

c 선언 1 지체하지 아니하리니

7a 환경/시간적 일곱째 천사가 소리 내는 날

b 설명 그의 나팔을 불려고 할 때에

c 확증 하나님이 그의 종
선지자들에게
전하신 복음과 같이

d 선언 2 하나님의 그 비밀이 이루어지리라 **하더라**

8a 행동/재개 (4c절에서) **하늘에서 나서 내게 들리던 음성이**

b 또 내게 말하여
이르되

c 명령 네가 가서…두루마리를 가지라 하기로

d 묘사 바다와 땅을 밟고 서 있는

e 묘사 천사의 손에 펴 놓인

9a 8c–e절에 대한 반응 **내가 천사에게 나아가**
b 작은 두루마리를 달라 한즉

c 9b절에 대한 반응 천사가 이르되
d 명령 갖다
먹어 버리라
e 결과 네 배에는 쓰나
f 대조 네 입에는 꿀 같이 달리라 하거늘
10a 9d절에 대한 반응 **내가 천사의 손에서 작은 두루마리를 갖다**
먹어 버리니
b 결과 **내 입에는 꿀 같이 다나**
c 대조 **먹은 후에 내 배에서는 쓰게 되더라**
11a **그가 내게 말하기를**
b 위임 네가 많은 백성과
나라와
방언과
임금에게 다시 예언하여야 하리라 **하더라**

구조

일곱째 나팔이 나오기 전 이 막간에 나오는 첫 환상(10:1–11)은 서로 관련된 두 부분으로 이루어져 있다. 먼저 1–7절에서 요한은 힘센 천사가 작은 두루마리를 들고 있는 것을 보고 듣는다. 하늘에서 나는 그 천사의 외침에 "일곱 우레"의 소리가 반응한다. 5:4에서처럼 요한은 환상에서 일어나는 사건에 반응한다. 이 경우에는 그가 들은 것을 기록하기 시작하는 것이다. 하지만 요한이 그렇게 하는 것은 명백히 금지된다(1–4절). 그러고 나서 힘센 천사는 일곱 나팔의 사건들이 하나님이 선지자들을 통해 계시하신 것을 지체하지 않고 이룰 것이라고 엄숙하게 단언한다(5–7절). 두 번째 부분에서 요한은 힘센 천사의 손에 있는 작은 두루마리를 취해서 먹으라는 명령을 받음으로써 그 환상 속으로 더 끌려 들어간다(8–9절). 요한은 그것이 복합적인 경험임을 알게 되고, 그것이 세상 사람들에게 더 예언하라는 신적 위임을 나타낸다는 말을 듣는다(10–11절).

석의적 개요

III. 두 번째 환상: 하늘의 보좌와 세 번의 심판 주기(4:1–16:21)

A. 하늘의 보좌에 대한 환상(4:1–11)

B. 일곱 인으로 봉한 두루마리와 죽임당한 어린양(5:1–14)
C. 일곱 인과 막간의 두 무리(6:1–8:1)
D. 일곱 나팔과 또 다른 막간들(8:2–14:20)
1. 처음 네 나팔(8:2–13)
2. 다섯째 나팔– 첫째 화(9:1–12)
3. 여섯째 나팔– 둘째 화(9:13–21)
4. 두 개의 계시적 막간: 하나님의 선지자들(10:1–11:14)
➦ **a. 요한과 작은 두루마리(10:1–11)**
(1) 작은 두루마리를 든 힘센 천사: 하나님의 비밀이 이루어짐(10:1–7)
(a) 천사, 작은 두루마리, 일곱 우레: 기록하지 말라는 명령(10:1–4)
(b) 천사의 맹세: 하나님의 계획이 더 이상 지체하지 않고 이루어짐(10:5–7)
(2) 요한과 작은 두루마리: 세상의 미래에 대해 예언하라(10:8–11)
(a) 작은 두루마리를 먹으라는 명령(10:8–9)
(b) 세상의 사람들에 대해 예언하는 괴롭고도 즐거운 과업(10:10–11)

본문 설명

10:1–2a 내가 또 보니 힘센 다른 천사가 구름을 입고 하늘에서 내려오는데 그 머리 위에 무지개가 있고 그 얼굴은 해 같고 그 발은 불기둥 같으며 그 손에는 펴 놓인 작은 두루마리를 들고(1 Καὶ εἶδον ἄλλον ἄγγελον ἰσχυρὸν καταβαίνοντα ἐκ τοῦ οὐρανοῦ περιβεβλημένον νεφέλην, καὶ ἡ ἶρις ἐπὶ τῆς κεφαλῆς αὐτοῦ καὶ τὸ πρόσωπον αὐτοῦ ὡς ὁ ἥλιος καὶ οἱ πόδες αὐτοῦ ὡς στῦλοι πυρός, 2 καὶ ἔχων ἐν τῇ χειρὶ αὐτοῦ βιβλαρίδιον ἠνεῳγμένον). 요한의 그다음 환상("내가 또 보니", 참고. 9:1, 17)은 일곱째 나팔(즉, 셋째 "화", 참고. 11:14–15)이 불기 전에 잠시 멈추는 것을 나타낸다. 이 환상에는 힘센 "다른 천사"(1절), 하늘에서 나는 인상적인 소리(3, 4, 8절)와 그 과정에서 선지자적 위임을 받는 요한(10–11절)이 주고받은 대화가 나온다. 이 환상에서 힘센 천사는 하나님의 계시된 목적이 더 이상 지체하지 않고 이루어지리라고 엄숙히 알린다(6–7절). 같은 환상은 11:1–19에서 그 이상의 사건들로 이어진다.

이야기에서 처음에 나오는 주인공은 '다른 천사, 힘센 천사'(another angel, a mighty one, ἄλλον ἄγγελον ἰσχυρόν, 1a–b절, 개역개정에는 "힘센 다른 천사"–역주)다. 따라서 그는 앞의 환상에 나오는 여섯째 나팔을 가진 천사뿐 아니라 심판을 가할 무리를 놓아주는 네 천사(9:13–15)와도 구분된다. 덧붙여진 "힘센"[1]이라는 특징은 일련의 인상적인 묘사를 시작하는데, 그 묘사는 그가 환상 속에서 담당할 역할에 대해 하늘로부터 받은 신임장을 보여준다. 그는 하나님의 사자로서 "하늘에서" 내려온다(참고. 18:1; 20:1). 1절에 나오는 다른 특징들

1. 전체 문구는 "또 다른 힘센 천사"(another mighty angel, 참고. CSB, ESV, KJV, NIV, NRSV, RSV)라고 번역할 수도 있다. 이것은 5:2의 "힘 있는 천사"와의 명확한 대조 혹은 18:21의 "한 힘센 천사"와의 연관을 암시할 수 있을 것이다(마치 이 세 "힘센" 존재를 함께 생각하는 것처럼). 문구 자체나 그 문구가 나오는 문맥으로 볼 때 이 중 어느 것도 정당화될 수 없다.

은 이 땅에 하나님의 뜻을 수행하기 위해 오는 이 천사가 지닌 천상의 장엄함을 강조한다. 어떤 사람들은 "구름"과 "무지개"라는 말에 비추어 이 천사가 예수 그리스도 혹은 여호와 하나님이라고 보아야 한다고 주장했다(구약에서 "여호와의 사자"로 나타나는).[2] 마찬가지로 얼굴은 "해 같고" 그 다리(혹은 발)[3]는 "불기둥"[4] 같다는 것은 1:15-16과 2:18에 나오는 영화롭게 되신 그리스도의 특징들이다. 하지만 "천사"라는 용어는 요한계시록 어디에서도 그리스도나 하나님을 언급하기 위해 사용되지 않는다(총 67번 나오는 것 중에서). 이 본문에서 요한이 구약의 "여호와의 사자"를 말하려 했다면, 그것을 명확하게 하기 위해 더 긴 문구가 사용되었을 것이다. 요한의 환상들에서 통상 나오는 다른 "천사들"(예를 들어, 5:2; 7:1-2; 8:2-5; 9:14-15)과 마찬가지로, 이 천사는 하나님의 대행자이지만 신적인 존재는 아니라고 보는 것이 좋다. 그리고 이 영광스러운 묘사들은 그가 하나님과 가까이 있다는 것(참고. 출 34:29-30; 마 13:43)과 그가 하늘에 기원을 두고 하늘의 사명을 받고 있다는 것(겔 1:7, 13-14; 단 10:5-6; 참고. 4 Ezra 7:97; 2 En. 1:5; 19:1에 나오는 영광스러운 존재와 마찬가지로)을 강조하기 위해 인용된다고 이해하는 것이 가장 적절하다.

힘센 "다른 천사"가 나타나는 것(1절; 참고. 5:2) 자체가 이 삽화를 5:1-7(하나님의 손에 있는 일곱 인으로 봉한 두루마리)과 연결하지는 않지만, 그 천사가 "펴 놓인 작은 두루마리"(2a절)를 가지고 있는 것으로 보아 두 사건은 적어도 몇 가지 점에서 유사하다. 이것은 5:1에 나온 것과 같은 두루마리로 6:1-8:1에서 봉인이 떼어진 후 지금 다시 나오는 것인가? 아니면 비슷한 점(심판과 구속에 대한 하나님의 계획을 드러내고 전개하는)을 상징하는 다른 두루마리인가? 비슷한 점을 나타내는 것이라고 볼 때, 두 개의 두루마리가 동일한 것인가에 대한 문제는 덜 중요해진다.[5] 10:2, 9, 10에서 사용된 "작은 두루마리"(βιβλαρίδιον)[6]에 해당되는 말은 5:1-8에서 여섯 번 사용된 "두루마리"(βιβλίον)와는 다른 단어다. 하지만 βιβλίον은 또한 10:8에서 βιβλαρίδιον과 동의어로 나오며, 이 두 단어의 의미는 매우 유사해서 둘 다 같은 대상을 가리키는 것으로 볼 수 있다. "작은 두루마리"를 5장에서 나온 같은 "두루마리"가 다시 나타난 것으로 보고, 이제 인이 떼어진 후 "펴 놓인" 상태에 있다고 이해하는 것이 전반적으로 더 의미가 통한다.[7] 이것은

---

2. Beale, *Revelation*, 523-24. 이에 대한 약간의 증거는 4:3에서 하늘 보좌를 둘러싼 "무지개"(참고. 겔 1:28)와 구약에서 "구름"을 하나님이 오시는 것이나 임재와 자주 연관시키는 것(예를 들어, 출 16:10; 19:9; 왕상 8:10-11; 사 19:1)에서 찾아볼 수 있다. 하지만 무지개는 하나님 및 그분의 영광스러운 천사들과 연관된 섬광의 특징으로도 볼 수 있고(계 4:2-8과 겔 1:4-28에서는 둘 다를 염두에 두고 있다), 구름은 마찬가지로 하늘을 상징하거나 아니면 하늘에서 오거나 하늘로 가는 것을 나타내는 것일 수도 있다(참고. 단 7:13; 행 1:9; 살전 4:17; 계 11:12). 14:14-16에 나오는 "구름"의 의미에 대한 비슷한 쟁점들을 보라.

3. 10:1에서 '다리'(legs)라고 번역된 단어는 좀 더 일반적으로는 "발"(πόδες)이라고 번역되지만, 이따금 다리도 포함할 수 있다(참고. BDAG 858; MM 531-32). 그리고 "기둥"은 보다 자연스럽게 다리 전체를 나타내는 비유적 표현이다.

4. 또 한 가지 논쟁점은 "구름"과 "불기둥"에 대한 언급이 (구약에서 자주 나오는 말인) 하나님이 광야에서 이스라엘 백성 가운데 임재하시고 인도하신 것을 암시하는 것으로(예를 들어, 출 13:21; 14:19, 24; 민 14:14; 느 9:12, 19) 여기에서 새 출애굽(하나님이 자기 백성에게 평강과 안전을 주시기 위해 그들과 함께 임재하시는 것)이라는 주제로 사용되었는지의 여부다. 이 두 요소는 여기에서 별개의 묘사로 언급되고 출애굽 본문이 아니라 다른 구약 본문들(겔 1장; 단 10장)에서 나오는 듯한 의미를 지니고 있으므로, 그런 암시가 담겨 있을 것 같지는 않다.

5. 두 개의 두루마리 사이에는 분명 대조되는 점이 있다(인으로 봉한 것 대 펴 놓인 것, 하나님의 손에 있는 것 대 천사의 손에 있는 것, 하늘 대 땅, 그것을 여는 것에서 어린양의 역할 대 요한의 역할 등). 하지만 이러한 대조점들은 상호 배타적인 것이 아니라 보완적이다. 요한이 둘 다에서 에스겔 2:8-3:3에 의지하는 것은 그 두 장을 융합히는 데 도움이 된다. 이렇게 차이점들을 좁히는 것에 대해서는 Resseguie, *Narrative Commentary*, 153을 보라.

6. -ιον이라는 어미는 헬라어에서 축소 접미사다. 그리고 그것은 아마 '더 작은 것'이라는 의미를 그대로 지니고 있을 것이다(BDAG 176; BDF §111.3; Aune, *Revelation 6-16*, 558을 보라). 10:2, 8-10에서 βιβλαρίδιον과 βιβλίον에 대한 본문상의 증거는 상당히 뒤섞여 있다. 하지만 NA[28]/UBS[5]의 활자체 사본들(앞에 나온 주석에 반영되어 있는)이 받아들이는 독법들이 아마 옳을 듯하다.

7. 5:1에 대한 설명을 보라. Bauckham, *Climax*, 243-57은 이 견해에 대해 가장 광범위한 변론을 제공한다.

6:1-9:21에 나오는 심판들과 "하나님의 그 비밀이 이루어"(10:7)질 때 이어지는 절정의 심판들(11:15 이하) 사이에 전환점의 일부로 다시 등장한 것이다. 어쨌든 "작은 두루마리"는 여기에서 준비 작업으로 잠깐만 언급된다. 그것을 둘러싼 중대한 사건들은 8-11절에 기술되어 있다.

10:2b-4 그 오른 발은 바다를 밟고 왼발은 땅을 밟고 사자가 부르짖는 것 같이 큰 소리로 외치니 그가 외칠 때에 일곱 우레가 그 소리를 내어 말하더라 일곱 우레가 말을 할 때에 내가 기록하려고 하다가 곧 들으니 하늘에서 소리가 나서 말하기를 일곱 우레가 말한 것을 인봉하고 기록하지 말라 하더라(2 καὶ ἔθηκεν τὸν πόδα αὐτοῦ τὸν δεξιὸν ἐπὶ τῆς θαλάσσης, τὸν δὲ εὐώνυμον ἐπὶ τῆς γῆς, 3 καὶ ἔκραξεν φωνῇ μεγάλῃ ὥσπερ λέων μυκᾶται. καὶ ὅτε ἔκραξεν, ἐλάλησαν αἱ ἑπτὰ βρονταὶ τὰς ἑαυτῶν φωνάς. 4 καὶ ὅτε ἐλάλησαν αἱ ἑπτὰ βρονταί, ἤμελλον γράφειν· καὶ ἤκουσα φωνὴν ἐκ τοῦ οὐρανοῦ λέγουσαν, Σφράγισον ἃ ἐλάλησαν αἱ ἑπτὰ βρονταί, καὶ μὴ αὐτὰ γράψῃς). 힘센 천사의 등장으로 요한의 새로운 환상에서 일어나는 사건들은 신속히 진행된다. 그러나 요한을 포함한 다른 인물들이 그 이야기에 들어올 때 주요 줄거리에서 중요한 방향 전환이 이루어진다. 그 천사는 자신이 계시하러 온 내용이 우주적 범위에 영향을 미친다는 것을 나타내는 당당한 자세를 취하면서(6-7절) 바다[8]와 땅 모두에 두 발로 딛고 서 있다(2b절). 1-2절에서뿐 아니라 5절에서도 이 모습은 하나님이 창조하셨다고 일반적으로 인용되는 우주의 세 영역인 하늘, 땅, 바다를 모두 포함한다(6절; 참고. 5:13; 14:7; 또한 6절 이하에서 인용되는 다른 성경 본문들을 보라). 이 천사의 행동들은 우주적 의미를 지니고 있다. 이런 극적인 자세를 취한 상태로 천사는 "사자가 부르짖는 것같이"[9] 큰 소리로 외친다. 6c-7절에서 선언할 내용에 주의를 집중시키기 위함이 분명하다. 하지만 천사의 외침으로 "일곱 우레"가 반응하는데, 그로 인해 이야기 줄거리에서 잠깐 벗어나게 된다(3b-4절). 이 "일곱 우레"가 누구이며 힘센 천사의 큰 소리에 누가 "그 소리를 내어" 대답하는지는 분명하지 않다. 요한은 그들이 독자에게 낯익은 존재인 것처럼 말한다(그 일곱 우레). 하지만 고대의 어떤 자료에도 이런 현상들이 잘 알려져 있었다는 증거는 없다. 이것은 하늘에서 힘센 천사들에게 반응을 보이는 일곱 천사를 가리킬 수도 있다(참고. 7:2-3; 14:17-18, 거기에는 요한의 환상들에서 천사의 상호 작용이 묘사되어 있다. 또한 요 12:29을 보라). 그것은 하나님의 소리가 충만하다는 언급일 수도 있다(계 1:4; 5:6에서 "하나님의 일곱 영"이 성령을 나타내는 것처럼). 그런 개념은 시편 29:3-9("여호와의 소리"가 7번 언급되며 땅에 폭풍우의 "우렛소리"로 묘사되는)에서 나온 것일 수도 있다.[10]

실제로 말하는 존재(들)가 누구든, 요한은 일곱 우레의 소리에 매우 감명을 받아서 자신이 들은 것을 "기록하려고"[11] 했다(다른 경우 요한은 그렇게 하라는 명령을 받았다, 1:11, 19; 14:13; 19:9; 21:5). 하지만 이 경우에는 하늘의 소리가 그에게 반대의 지시를 내린다. "기록하지 말라"(μὴ…γράψῃς, 4d절)[12]는 것이다. 그 대신 요한은 우레

8. 묵시적 이미지는 다른 비유적 언어들과 마찬가지로 통상적인 물리적 실체에 의해 속박되지 않는다. 산들이 숫양들같이 뛰놀 수 있는 것과 마찬가지로(시 114:4), 천사는 바다 위에 서 있을 수 있다.

9. 하나님의 음성은 호세아 11:10, 요엘 3:16, 아모스 1:2, 3:8에서 사자의 부르짖음으로 묘사된다(특히 하나님이 그분의 선지자들을 통해 말씀하실 때). 여기에서 그 천사는 하나님의 대변인이다.

10. 우레는 시내 산에서 하나님이 나타나시는 것의 특징 중 하나이고(출 19:16), 이것은 요한계시록 4:5, 8:5, 11:19, 16:18-21에서 다른 무서운 현상들과 함께 반복된다. 하지만 이것이 "일곱 우레"라고 명기된 적은 한 번도 없다.

11. 4절의 전후 문맥에서 '…하려고 하다'(μέλλω)라는 말은 '…하기 시작했다'와 거의 동의어다. BDAG 627이 지적하는 바와 같다(7절에서도 비슷한 의미, 또한 3:2; 8:13; 12:4).

12. '인봉하라'는 동사와 "기록하지 말라"는 동사는 명령이나 금지에서 부정과거를 사용하는 전형적 용법을 반영한다. 그것은 광범위하거나 관례적인 행동이 아니라 특정한 상황에 대한 지시를 내린다(BDF §§335-37; Fanning, *Verbal Aspect*, 327-40).

가 말한 것을 "인봉"해야[13] 했다. 계시된 것을 "인봉"하는 이미지는 다니엘 8:26과 12:4, 9에서 나왔다(계 10:5-6은 단 12장의 영향을 강하게 받는다). 다니엘에서 그 말은 먼 미래에 대한 계시가 종말이 가까이 올 때까지 안전하게 지켜져야 하고 그 진정성이 보장되어야 한다는 것을 함축한다(소유권을 표시하거나 어떤 것이 유효함을 입증하는 것으로서 인의 이미지). 그 종말의 때가 되면 일어나는 사건들의 의미를 보여줄 수 있을 것이다. 계시록에서 그 의미는 5:1-4에서 어린양이 인을 떼기에 합당하신 분으로 밝혀지기 전의 "인"에 더 가까운 듯하다(즉, 그 인들은 더 많은 사람이 알지 못하도록 닫혀 있다). 우렛소리가 말한 것은 아직 사람들이 보지 못한 상태로 있어야 한다. 요한은 아직 그것을 기록조차 하지 않았지만, 그것들은 요한의 마음속에만 봉인되어 있고 다른 사람들이 읽도록 기록되어서는 안 된다. 따라서 요한이 들은 내용은 신적 비밀들로 절대 널리 알려지면 안 된다(참고. 고후 12:4). 우리는 하늘의 비밀들로 독자를 감질나게만 하고 결국에는 알려주지 않는 환상의 이 부분을 기록하는 것이 (영감을 받은 상태인) 요한에게 무슨 소용이 있을까 하고 생각할 수 있다. 왜 환상의 이 부분을 빼놓지 않는가? 한 가지 말할 수 있는 점은, 하나님의 뜻은 사람들이 보거나 이해할 수 없을 만큼 깊다는 사실을 이 장면이 명백히 상기시킨다는 것이다. 하나님이 선지자들을 통해 계시하기로 하신 목적의 세세한 부분은 그것이 성취되기 전에는(그리고 심지어 성취된 후에도) 언제나 하나님의 계획을 부분적으로만 감지하는 것이며, 그저 "거울로 보는 것같이 희미"(고전 13:12)하게 볼 수 있을 뿐이다. 교만한 인간이 자신의 한계를 상기하고, 어떤 일들은 신뢰할 만한 분인 하나님께 맡겨드리는 것은 언제나 유익하다.

10:5-7 내가 본 바 바다와 땅을 밟고 서 있는 천사가 하늘을 향하여 오른손을 들고 세세토록 살아 계신 이 곧 하늘과 그 가운데에 있는 물건이며 땅과 그 가운데에 있는 물건이며 바다와 그 가운데에 있는 물건을 창조하신 이를 가리켜 맹세하여 이르되 지체하지 아니하리니 일곱째 천사가 소리 내는 날 그의 나팔을 불려고 할 때에 하나님이 그의 종 선지자들에게 전하신 복음과 같이 하나님의 그 비밀이 이루어지리라 하더라(5 Καὶ ὁ ἄγγελος, ὃν εἶδον ἑστῶτα ἐπὶ τῆς θαλάσσης καὶ ἐπὶ τῆς γῆς, ἦρεν τὴν χεῖρα αὐτοῦ τὴν δεξιὰν εἰς τὸν οὐρανὸν 6 καὶ ὤμοσεν ἐν τῷ ζῶντι εἰς τοὺς αἰῶνας τῶν αἰώνων, ὃς ἔκτισεν τὸν οὐρανὸν καὶ τὰ ἐν αὐτῷ καὶ τὴν γῆν καὶ τὰ ἐν αὐτῇ καὶ τὴν θάλασσαν καὶ τὰ ἐν αὐτῇ, ὅτι χρόνος οὐκέτι ἔσται, 7 ἀλλ' ἐν ταῖς ἡμέραις τῆς φωνῆς τοῦ ἑβδόμου ἀγγέλου, ὅταν μέλλῃ σαλπίζειν, καὶ ἐτελέσθη τὸ μυστήριον τοῦ θεοῦ, ὡς εὐηγγέλισεν τοὺς ἑαυτοῦ δούλους τοὺς προφήτας). 3b-4절(일곱 우레)에서 어느 정도 지엽적인 것을 다룬 후 요한은 "바다와 땅을 밟고 서 있는"(5a절) 천사를 처음 언급했던 2b절에 이어 환상의 사건들을 다시 이야기한다. 환상의 주된 내용은, 그 환상과 일곱 나팔의 순서의 관련성이라는 면에서 하나님의 목적이 더 이상 지체되지 않고 이루어지리라는 천사의 엄숙한 선언으로 제시된다(6-7절). 그의 선언은 다니엘 12:5-13에서 비슷하게 나온 용어들로 기록된다.[14] 천사가 "세세토록 살아 계신" 하나님께 극적으로 맹세하는 것과 "하늘을 향하여" 손을 들어 단언하는 것은 다니엘 12:7을 거의 정확하게 반영한다(또한 창 14:22; 신 32:40을 보라). 여기에서 살아 계신 하나님을 가리켜 "맹세"하는 것은 구약에서 통상

13. 요한은 분명 아직 두루마리를 닫을 수 있도록 거기에 무언가를 쓴 것은 아니지만, 여기에서 "인봉"이라는 말은 '비밀로 하다, 드러내지 않다'라는 보다 광범위한 의미를 지닌다.
14. 다니엘 12장에서 다니엘 10장의 영광스러운 천사는 다니엘 11장에 묘사된 사건들이 언제 "끝"에 이를 것인가(단 12:6, LXX, συντέλεια) 하는 질문을 받는다. 그의 대답은 요한계시록 11:2, 3에서 각색된 형태로 나오는 기간("한 때 두 때 반 때")이다.

발견되는 하늘과 땅과 바다에서 하나님의 창조 역사에 대한 삼중적 묘사(예를 들어, 창 1:26; 출 20:11; 느 9:6; 시 146:6; 욘 1:9; 참고. 행 4:24; 14:15)를 추가함으로써, 다니엘의 맹세보다 더 중대한 것으로 만든다(계 10:6b). 천사의 선언은 하나님의 진리 및 앞으로 때맞춰 올 사건들에 대한 요한의 묘사에 그 진리가 갖는 의미를 엄중하게 선언하는 것으로 보아야 한다. 일곱째 나팔(그리고 그것과 연관된 일곱째 대접, 참고. 11:15에 나오는 해설)은 세상에 대격변적 변화들을 낳을 것이다.

이 선언(6c-7절)은 요한이 "반드시 속히 일어날 일"(1:1; 참고. 4:1; 22:6-7)이라고 묘사한 사건에서 하나님의 타이밍과 목적에 관한 내용을 담고 있다. 이 장들의 인과 나팔에 관한 사건이 일어날 때 하나님은 사신들을 통해 이제 "지체하지 아니하리니"(χρόνος οὐκέτι ἔσται)라고 단언하신다(6c절).[15] 이렇듯 시간을 표시하는 것은 요한이 기록하는 때를 가리키는 것이 아니라, 장차 일어날 심판에 대한 이 예고에서 언급된 때, 곧 일곱째 나팔의 때를 가리킨다(7a-b절). "지체하지 아니하리니"라는 말은 부분적으로는 여섯째 인이 떼어졌을 때와 마찬가지로, 여섯째 나팔 아래서 심한 고난을 받았는데도 사람들이 회개하지 않는 것(6:15-17; 9:20-21)을 가리킨다. 그들은 전에 참되신 하나님께 돌이킬 기회를 잡았어야 했다. 충만한 심판이 가까웠기 때문이다(참고. 2:21; 벧후 3:4, 9). 그런데 그것은 하나님의 백성에게도 충만한 구원이 가까워졌음을 뜻한다. 그들은 이 시점에 이를 때 오래 기다릴 필요가 없다(참고. 계 6:10-11).

"지체하지 아니하리니"라는 말은 이처럼 7a-b절에 나오는 시간적 표시들로 더 정확하게 규정된다. 그것은 절정의 때로서 일곱째 나팔이(11:15절 이하) 곧 불릴 것을 가리킨다.[16] 그때는 "그의 나팔을 불려고 할 때"라는 절로 한층 강화된다.[17] 그 일이 일어날 때[18] 하나님이 선지자들을 통해 오랫동안 계시해오신 것, 즉 "하나님의 그 비밀"(τὸ μυστήριον τοῦ θεοῦ)은 하나님이 오랜 세월 동안 다양한 방식으로 그들에게 "전하신" 대로(7c-d절) 이루어질 것이다.[19] 여기에서 요한은 "비밀"이라는 말을 계시적 의미, 하나님의 계획 안에 감추어져 있다가 드러났고 그다음에 하나님의 때에 성취된 어떤 것을 나타내는 말로 사용한다.[20] 비밀한 것 혹은 사람들에게서 감추어

15. 여기에서 '지체하다'(delay, χρόνος, 참고. NIV, ESV, NASB, NRSV)라고 번역된 단어는 추상적인 혹은 철학적인 실재로서의 시간을 나타내지 않으며["더 이상 시간이 없을 것이다"(that there should be time no longer)라는 KJV의 번역이나 "시간은 더 이상 없을 것이다"(that time should be no more)라는 Geneva Bible의 번역처럼], 때로 잘못 이해된다. 그 대신 그것은 지속 기간 혹은 어떤 시간적 기간을 의미한다. 특히 어떤 일이 일어나기 전에 유예 혹은 지체하는 시간을 말한다. 2:21; 6:11; 20:3을 보라. 참고. Wis 12:20; Josephus, *J.W.* 4.188; *Life* 370 (참고. 또한 마 24:48; 25:5; 눅 1:21; 히 10:37에 나오는 관련 동사).

16. 7a-b절의 표현은 다소 거칠고 반복적이다. 이 주석의 영어 번역은 헬라어 원문 구조를 상당히 유사하게 고수한다. "일곱째 천사가 소리 내는 날 그가 그의 나팔의 소리를 낼 때에"(참고. KJV, NASB). 몇몇 현대 역본은 이것을 매끄럽게 다듬지만(CSB, ESV, NIV, RSV를 보라) 의미는 같다.

17. '그가 불려고 할 때'(when he will sound, ὅταν μέλλῃ σαλπίζειν) 역시 영어의 관용적 표현에 맞추기 위해 더 매끄럽게 번역한 것이다. "때"(ὅταν)라고 번역된 헬라어 접속사는 미래의 명확하지 않은 때를 의미한다. '어느 때나'라는 것이다. 그리고 '그가 불려고 할'이라는 문구에는 '막 …하려 하다, 거의 할 정도다'(참고. NASB, NET, NIV) 혹은 심지어 '시작하다'라는 의미가 될 수 있는 동사(μέλλω)가 포함된다. 하지만 그것은 또한 단지 미래에 일어나는 것을 표현할 수도 있으며("불 것이다", will blow, CSB, 참고. ESV, NRSV, RSV), 그것이 이 문맥에 가장 잘 맞는다.

18. 7a-b절의 시간적 절이 나온 후, '그때'(then, "할 때에" 다음에 나오는 이 말이 개역개정에는 번역되어 있지 않음-역주)라는 단어는 가까운 시간적 순서를 표시한다(보통 '그리고'라고 번역되는 헬라어 접속사 καί의 특별한 용법, 참고. 5:7; 눅 2:21).

19. 7d절에 나오는 "이루어지리라"(ἐτελέσθη)는 동사는 헬라어에서 예기적 혹은 미래적 부정과거다(Zerwick, *Biblical Greek*, 84-85; Fanning, *Verbal Aspect*, 269-70). 부정과거가 미래를 가리키는 문구에 뒤따라 나올 때, 그것은 전체 행동이 그때 이루어진 것을 의미한다. 헬라어는 동사의 상(相)(완료, 진행 등을 나타내는 동사의 형태-역주)을 중시하는(aspect-prominent) 언어이므로, 그것의 시제-상(tense-aspect) 형태들은 통상적인 시간적 의미에 위배되더라도 상의 의미에 초점을 맞추는 경향이 있다. 하지만 영어는 시제를 중시하는 언어이므로, 가장 영어다운 표현은 반대로 되어 있다.

20. NEB, REB, "하나님의 숨겨진 목적"(the hidden purpose of God) 그리고 CSB, "하나님의 뜻의 비밀"(the mystery of God's will)을 보라.

졌으나 하나님으로 말미암아 계시된 어떤 것이라는 뉘앙스는 다니엘 2:18-19, 28-30, 47에서 볼 수 있다. 신약에서 이 단어는 하나님의 구속적 목적, 곧 영원한 과거에 계획되었으나 이제 그리스도의 복음 안에서 계시되었고 모든 사람에게 선포된 목적에 대해 사용된다(롬 16:25-26; 고전 2:1; 4:1; 엡 1:9; 3:9; 6:19; 골 1:26-27; 4:3). 여기에서 요한은 하나님이 어떻게 그분의 "종 선지자들에게"(렘 7:25; 단 9:6; 암 3:7; 슥 1:6) 신적 계획을 전하셨는지[21] 강조한다. 그것은 요한이 "하나님의…비밀"의 선지자로 위임받는 것을 상징하는 8-11절에 대한 서언이다. 다음에 나오는 환상(11:1-14) 역시 절정의 때가 오기 직전까지 오랜 세월 동안 하나님의 선지자들이 한 사역을 나타낸다. 요한은 이 사역과 자신 그리고 자신이 현재 하는 일을 동일시한다(1:3; 22:6, 10, 18-19).

이 본문은 요한계시록을 보다 큰 의미에서 "예언의 절정"[22]이라고 부르는 것이 적절하다는 점을 보여준다. 요한이 구약의 예언적 전통에 기여한 점은, 선지자들이 말한 것을 반박하거나 방향을 바꾸는 것이 아니라 이스라엘과 세상 모든 민족을 향한 하나님의 심판과 구속 역사에서 그것이 어떻게 곧 성취될지 보여주는 것이다. 요한의 메시지는 특히 다니엘 7장, 스가랴 12장, 시편 2편 같은 중심적인 구약 본문들과 이사야, 예레미야, 에스겔의 수많은 본문에 나오는 말에 기반을 둔다. 이 본문들은, 하나님의 통치를 반대하고 하나님의 백성을 억압하는 세상 제국과 그 왕들이 위세를 떨치지만 하나님의 통치가 이 땅에 앞으로 확립될 것을 말한다.[23]

하나님의 구원 계획이 더 이상 지체하지 않고 이루어질 것이라는 이런 선언(6c-7절)은 앞으로 나올 장들에서 모든 원수가 패하고 하나님 나라가 도래하리라는 일련의 예상 선언 중 첫 번째다(예를 들어, 11:15-18; 12:10-12; 14:7-8; 15:1; 18:2; 19:2). 하나님이 하늘에서 만물을 통치하신다는 것은 이 땅에서 그 통치가 완성되는 중일 때도 이미 그것이 이루어졌다고 선언할 수 있음을 의미한다. 이 구절들(6c-7절)과 계시록 다른 곳에 나오는 시간적 표시들은, 요한이 구약 선지서에 계시되고 요한계시록에서 확증된 사건들의 분명한 순서를 제시한다는 것을 보여준다.[24]

10:8-10 하늘에서 나서 내게 들리던 음성이 또 내게 말하여 이르되 네가 가서 바다와 땅을 밟고 서 있는 천사의 손에 펴 놓인 두루마리를 가지라 하기로 내가 천사에게 나아가 작은 두루마리를 달라 한즉 천사가 이르되 갖다 먹어 버리라 네 배에는 쓰나 네 입에는 꿀 같이 달리라 하거늘 내가 천사의 손에서 작은 두루마리를 갖다 먹어 버리니 내 입에는 꿀 같이 다나 먹

21. 7c절에 나오는 '전했다'라는 동사는 종종 '복음을 전하다, 전도하다'라는 의미의 동사(εὐαγγελίζω)가 요한계시록에서 두 번 나오는 것 중 하나다. 여기에서 그 말은 '환영의 말을 전하다, 선포하다'(참고. 눅 1:19; 살전 3:6)라는 보다 일반적인 의미를 지니고 있지만, 다른 한 번의 경우(계 14:6)에 그 말은 보다 전문적인 의미로 쓰였다(BDAG 402).

22. 이것은 요한계시록에 대한 글을 모아놓은 Bauckham의 책 제목이다. 거기에서 그는 요한이 구약을 이용한 것이 "본질적으로 그 책을 이해하는 열쇠"라고 주장한다. 그것이 "특정한 구약 본문들을 훈련된 의도적 방법으로 암시하는 유형"에서 나오기 때문이다. 그는 이렇게 덧붙인다. "요한은 자신이 예언적 성경, 예언적 계시의 절정이라고 이해한 것을 쓰고 있었다. 그것은 구약 성경의 예언적 의미를 요약해놓았으며 그것이 성취되고 있었고 말일에 성취될 방법을 나타냈다. 그렇기 때문에 그의 글은 구약 예언 많은 부분에 대한 광범위한 해석을 전제하고 전달한다"(Bauckham, *Climax*, x-xi).

23. Allan J. McNicol, *The Conversion of the Nations in Revelation*, LNTS 438 (London: T&T Clark, 2011), 14-16을 보라. 그의 논제는 다음과 같다. 요한의 중심 주제가 "말일에 일어날 일에 대한 선지서의 모델들에 근거하고 있다. 이 모델들은 시편 및 주요 선지서에 나오는 것으로, 요한이 그것의 성취를 열렬히 추구하도록 그를 형성하고 육성했다. 그리스도-사건에 기초해서 이런 기대는 깊어졌다. 언어는 다시 명확하게 공식화되었다. 하지만 이전에 있던 종말론적 사고의 기본 유형들은 여전히 그 자리에 남아 있다." 요한의 기대는 "오랫동안 지체되었고 그가 일어날 것이라고 믿는 실제 여호와의 날"에 대한 것이었다.

24. 이 표시들은 많은 주석에서 볼 수 있는 바 요한계시록이 미래의 사건들의 순서를 예측하지 않는다는 취지의 부인하는 말과 중요한 평형을 이룬다. '요한계시록 서론' 나오는 '구조와 개요' 부분 끝에서 이 점을 논의한 것을 보라.

은 후에 내 배에서는 쓰게 되더라(8 Καὶ ἡ φωνὴ ἣν ἤκουσα ἐκ τοῦ οὐρανοῦ πάλιν λαλοῦσαν μετ' ἐμοῦ καὶ λέγουσαν, Ὕπαγε λάβε τὸ βιβλίον τὸ ἠνεῳγμένον ἐν τῇ χειρὶ τοῦ ἀγγέλου τοῦ ἑστῶτος ἐπὶ τῆς θαλάσσης καὶ ἐπὶ τῆς γῆς. 9 καὶ ἀπῆλθα πρὸς τὸν ἄγγελον λέγων αὐτῷ δοῦναί μοι τὸ βιβλαρίδιον. καὶ λέγει μοι, Λάβε καὶ κατάφαγε αὐτό, καὶ πικρανεῖ σου τὴν κοιλίαν, ἀλλ' ἐν τῷ στόματί σου ἔσται γλυκὺ ὡς μέλι. 10 καὶ ἔλαβον τὸ βιβλαρίδιον ἐκ τῆς χειρὸς τοῦ ἀγγέλου καὶ κατέφαγον αὐτό, καὶ ἦν ἐν τῷ στόματί μου ὡς μέλι γλυκύ· καὶ ὅτε ἔφαγον αὐτό, ἐπικράνθη ἡ κοιλία μου). 10장의 마지막 네 구절은 세상 사람들을 향한 하나님의 구원 계획의 완성을 계시하는 요한의 선지자적 역할을 보여줌으로써 이 환상의 중심 주제를 하나로 묶어준다(8-11절). 8-9절은 앞에서 소개된 주인공들과 소품들이 어떻게 요한을 하나님의 선지자로 위임하는 일에 관여할지 보여준다. '하늘에서 나서 그에게 들리던 음성'(4절에서 묘사된 것처럼, 우레가 말하는 것을 기록하지 말라고 명령한 음성)이 다시 요한에게 구체적으로 개인적인 지시를 내린다(8절).[25] 요한은 바다와 땅에 두 다리를 딛고 서 있으며(1-2, 5절에 나타난 것처럼) '(그의) 손에 펴 놓인 두루마리를 들고'(2절에서 말한 것처럼) 있는 힘센 천사에게 다가가야 한다. 8e절에서는 "두루마리"(βιβλίον)에 대해 약간 다른 단어가 사용된다. 하지만 그것은 다른 곳에서 "작은 두루마리"(βιβλαρίδιον, 2, 9-10절)라고 불렸던 것과 똑같은 것을 가리킨다.[26] 요한은 즉시 반응하여 천사에게 다가가 작은 두루마리를 달라고 한다(9a-b절). 이 천사는 분명 대단히 위엄 있게 보였을 것이므로 그 행동은 주눅이 들 만한 모험이었을 것이 분명하다. 하지만 하늘의 명령은 담대한 행동을 하도록 고무했을 것이다.

그 천사는 기쁘게 응한다. 하지만 그의 반응[27]은 요한에게 독특한 지시 및 경고를 한다. "갖다 먹어버리라 네 배에는 쓰나 네 입에는 꿀같이 달리라"(9d-f절). 요한이 환상의 이 부분을 받고 기록했을 때 그리고 요한의 1세기 청중이 그것을 듣거나 읽었을 때 그들은 이내 이 행동을 에스겔 2:1-3:15과 연결시켰을 것이다. 그 본문에서 에스겔이 선지자로 임명되는 것을 묘사한 구약 본문과 이 환상을 연관 지어서 그에 따라 환상의 의미를 이해했다는 것이다. 하나님은 가서 마음이 굳고 패역한 이스라엘 백성에게 선지자로서 말하라고 에스겔을 부르셨다(겔 2:1-7). 에스겔의 환상에서는 한 손이 그에게 "애가와 애곡과 재앙의 말"로 가득한 두루마리를 하나 내밀었다(겔 2:8-10). 그는 그 두루마리를 먹어서 그것으로 배를 채우고 가서 하나님을 위해 말하라는 지시를 받았다.[28] 그것을 먹었을 때 에스겔은 "입에서 달기가 꿀 같더라"고 말한다(겔 3:1-3). 하지만 그것을 전파하러 나갔을 때 그는 사람들이 듣지 않으려는 것을 깨닫고는(겔 3:7-9) 낙심하고 '쓴'(개역개정에는 "근심하고"-역주) 마음으로 그의 임무를 수행하러 다녔다(겔 3:14-15).

요한이 환상에서 경험한 것은 에스겔이 경험한 것과 같았다. 요한은 요한계시록 10:9에 나온 천사의 지시들을 거의 하나하나 그대로 반복하면서 자신의 반응을 차

25. 8a-b절에는 "음성"(φωνή, 주격)이라는 말과 "말하여"(λαλοῦσαν, 대격)와 "이르되"(λέγουσαν, 대격)라는 두 개의 분사 사이에 문법적 호응의 문제가 있다. 의미의 연관은 분명하지만 문법적으로 호응되어 있지는 않다. "음성"에는 명시된 동사가 없고, 분사들은 대신 "음성"을 언급하는 대격 관계대명사(ἥν)와 문법적으로 호응을 이루기 때문이다. "음성"(φωνή)은 불완전 구문의 주격으로(BDF §466; Aune, *Revelation 6-16*, 551; 2:26의 주를 보라), 구문이 넘어갈 때 미결인 상태로 있고, 그것의 주동사('내가 들었다')는 중복된다. 영어 표현을 매끄럽게 하기 위해 동사가 하나 보충되었다(저자는 "하늘에서 나서 내게 들리던 음성" 부분을 "the voice that I heard from heaven I heard again"이라고 번역했음-역주).

26. 이 동의어들 그리고 이 구절들의 이문들에 대한 해설로는 2절을 보라.

27. 9c절에 나오는 '그가 이르되'(λέγει)라는 동사는 천사가 말하는 것에 대한 요한의 반응(10절)을 내다보는 역사적 현재다. 5:5에 나오는 설명을 보라.

28. Fourth Ezra 14:38은 선지자적 영감을 선지자가 하나님의 지혜로 말할 수 있기 전에 마셔버려야 하는 불 같은 음료로 묘사한다.

례로 이야기한다. "내가…작은 두루마리를 갖다 먹어버리니"(10a절)라는 반응과 함께 나오는 결과를 말한다. 그의 입에는 그것이 "꿀같이" 달았다. 이는 하나님의 말씀을 기꺼이 받는 사람들에게 그 말씀이 지닌 가치와 매력을 말할 때 보통 사용되는 표현이다(시 19:10; 119:103; 잠 24:13-14; 참고. 렘 15:16). 하지만 참으로 그것을 받아들일 때, 하나님의 선지자는 안으로부터 깊이 영향을 받지 않을 수 없다("내 배에서는 쓰게 되더라", 10c절). 그 메시지가 완악한 불신과 저항에 부딪힐 때 그리고 그 결과 하나님의 심판이 임하리라는 것을 알 때 그런 결과가 나타난다(참고. 겔 2:5-10). 심판을 선포하라는 임무는 달갑지 않은 과업이고, 이 환상은 요한의 앞에 놓인 것을 미리 경고한다. 하지만 심판 메시지에 대한 쓴 고뇌 가운데서 선지자들은 때로 징벌의 대재앙이 지나간 뒤 그들을 기다리고 있는 하나님의 회복과 새롭게 하심에 대한 소망을 엿보게 된다(참고. 사 6:8-13; 겔 14:22-23; 36:22-36). 요한은 이것을 이미 보았고(계 10:7; 또한 5:9; 7:9-10), 11절은 이 소망을 더 확실히 상기시킨다.

10:11 그가 내게 말하기를 네가 많은 백성과 나라와 방언과 임금에게 다시 예언하여야 하리라 하더라(καὶ λέγουσίν μοι, Δεῖ σε πάλιν προφητεῦσαι ἐπὶ λαοῖς καὶ ἔθνεσιν καὶ γλώσσαις καὶ βασιλεῦσιν πολλοῖς). 엄숙한 하늘의 선포[29]는 요한이 선지자로 상징적으로 위임받는 것의 종결부 역할을 한다. 요한에게 주어진 신적 임무(그가 "…하여야" 하는 것)는 '다시 예언하는' 것이다. 이 말은 이것이 주변 환상들에서 묘사된 사건의 순서와 상관없이 삽입된 최초의 선지자 임명에 대한 환상이 아님을 표시한다(7절에 나오는 그것의 명백한 표시를 보라). 이 "예언"을 기록하라는 최초의 위임은 1:9-20에서 묘사되었다. 그보다 이것은 요한이 선지자로 부르심받은 것을 중간에, 그것이 성취되는 중대한 순간에 새롭게 갱신한다. 자신이 선지자의 역할을 한다는 요한의 인식은 요한계시록 시작 부분과 끝부분에 나온다(1:3; 22:7, 10, 18-19). 하지만 하나님은 그분의 "비밀"이 이루어지는 것에 대한 요한의 묘사가 대격변의 심판 단계와 그 이후 승리에 이르자(7절) 바로 여기에서 그분의 결의를 굳게 하신다.

요한이 요한계시록 도처에서 백성과 나라와 방언을 언급하는 것 역시 이런 역설적인 주제의 특징(즉, 충돌과 그 이후의 구속)을 지닌다. 이 언급은 일곱 번 나오는데(5:9; 7:9; 10:11; 11:9; 13:7; 14:6; 17:15), 종종 "족속"이 추가되고(하지만 여기에서는 그렇지 않다) 관련 단어들(여기에 나오는 "임금"과 같은)과 함께 나온다. 이 표현들은 주로 세상 나라에 대한 다니엘의 묘사에서 나왔는데 먼저는 적대적 세력의 지배 아래 고난받고, 그다음에는 하나님이 그 세력들을 물리치시고 이 땅에 그분의 영원한 나라를 확립하실 때 참되신 하나님께 돌이킨다(단 3:4, 7, 29; 5:19; 6:25; 7:14).[30] 이 구약 배경 및 요한계시록에서 이 문구들을 사용하는 것은 다음 장에 나오는 '많은 백성과 나라와 방언과 임금에 대한[31](about, 개역개정에는 "…에게"-역주) 요한의 예언적 말이 단지 멸망과 심판의 메시지만이 아닌 소망과 전 세계적 구속의 메시지도 되리라는 것을 보여준다.[32] 11a절에 나오는 역사적 현재 형태의 "그가 내게 말하기를"(그 문구에 대한 주를 보라)은 11:1-2의 사건과 그것이 종말에 하나님과 나라들에 관해 요한이 전한 예언적 메시지의 중요성을 강조한다.

---

29. '내가 듣기를'(11a절, 개역개정에는 "그가 내게 말하기를"-역주)이라는 번역은 비인격적인 3인칭 동사구(λέγουσίν μοι, '그들이 내게 말했다')를 수동태로 풀어쓴 것이다(Aune, *Revelation 6-16*, 553). 그 동사는 또한 역사적 현재로 11:1-2에 나오는 측량이라는 요한의 선지자적 상징적 행동 및 그것이 예루살렘과 관련해서 세상 사람들에 관해 지닌 의미를 내다본다.

30. 5:9에 나오는 설명을 보라.

31. '…에 대한'(ἐπί)이라는 말은 "…앞에서"(before, KJV) 혹은 '…에 상대해서'(against, 눅 12:52-53; 행 11:19)가 아니라 주제("…에 대한, 관한", CSB, ESV, NASB, NIV, NRSV, RSV)를 의미한다. BDAG 366; 요 12:16; 히 11:4; 계 22:16을 보라.

32. Bauckham, *Climax*, 326-37.

적용에서의 신학

1. 성경에 나오는 하나님의 계시가 지닌 복과 통일성

이 본문은 성경을 통해 우리에게 주어지는 하나님의 계시라는 탁월한 선물을 상기시킨다. 요한이 다시 위임받으므로(1:9-10에서 처음에 선지자로 부르심받은 후 그리고 겔 2:1-3:15에서 에스겔이 부르심받은 것을 반영하며) 그의 말이 인간적 통찰이 아니라 주님의 권위에 기반을 두었음을 보여준다. 그리고 다른 곳과 마찬가지로 여기에서도 요한은 자신과 자신의 사역을 옛 선지자의 것과 동일시한다(계 1:3; 22:6, 10, 18-19). 이 모든 사신을 통해 하나님은 자신의 "비밀"(10:7), 곧 이스라엘을 구속하시고 그들을 통해 세상 모든 나라의 사람들을 구속하시려는 계획에 대한 이전에는 감추어졌던 진리를 드러내셨다. 요한의 환상은 그가 본 것 그리고 하나님이 구약 선지자들과 예수님의 가르침과 신약의 사도들, 선지자들을 통해 계시하신 것의 통일성을 반영한다. 우리는 세상의 미래에 대해 인간적으로 추측하거나 의견을 내지 않아도 된다. 우리는 때로 하나님의 진리를 더 명확하게 파악하기를 갈망한다. 하나님은 심판과 회복을 통해 세상에 온전한 구속을 가져오기 위해 하실 일이 무엇인지 우리에게 어느 정도는 알려주셨다.

2. 달고도 쓴 말씀

좋은 소식만을 환영하는 가정이나 조직이나 직장에서 사는 것이 어떠할지 다들 잘 알 것이다. 그런 곳은 "좋은 말을 하지 않을 거라면 아예 말을 하지 말라"는 원리가 지배할 것이다. 때로 이런 사회적 억제는 적절하다. 하지만 그것은 우리 삶을 영위하기에 건전한 방법은 아니다. (부드럽고 겸손한 어조로 전달되는) 말하기 곤란한 사실은 때로 당면한 상황에서 우리가 말해야 할 가장 중요한 것일 때가 많다. 내가 스스로를 속이고 있을 때, 누군가가 나에게 할 수 있는 가장 큰 사랑의 행위는 (그것이 '좋은' 것이든 아니든) 나에게 사실을 말하는 것이다(예를 들어, 계 3:17-19). 바울은 교회 생활에서(예를 들어, 갈 6:1; 엡 4:15) 그리고 특히 기독교의 설교와 가르침에서(갈 1:9-10; 딤전 5:1-2; 딤후 4:2) 이것의 중요성을 잘 알았다. 어떤 차원에서 보면 하나님의 말씀 사역은 언제나 순수한 복일 것이다. 참되시고 살아 계신 하나님을 대신해서 말하는 것 혹은 하나님에게서 나온 말씀을 듣는 일이란 얼마나 달콤한가. 그 일에 참여하고 싶지 않은 사람이 어디 있겠는가! 하지만 요한의 경험(계 10:9-11)은 쓴 측면도 드러낸다. 책망과 심판의 메시지(참고. 겔 2:1-10)를 유쾌하게 들을 사람은 없다. 그리고 그것은 말하는 사람에게조차 속이 뒤틀리는 일이다. 그것이 하나님의 말씀, 곧 온전히 지혜로우시고 온전히 사랑이신 창조주와 구원자에게서 나오는 메시지라는 사실만이 그런 말을 할 수 있게 해주고 그것을 환영하게 해준다. 설교자와 그들의 말을 듣는 사람들은 민감한 현대인의 경향, 곧 말하기 좋고 듣기 좋은 말만 하는 경향을 유의해야 한다.

CHAPTER 17

요한계시록 11:1-19

문학적 전후 문맥

11장에는 두 개의 큰 부분에서 나온 요소가 포함되어 있다. 앞부분(11:1-14)은 여섯째와 일곱째 인 사이에 있는 내러티브 막간(10:1-11:14)의 두 번째 부분으로, 10:1-11(요한이 선지자로 위임받는 것)과 동일한 환상의 일부다. 요한은 계속해서 환상의 사건에 직접 관여하지만 초점은 하나님의 성전 및 거룩한 성 예루살렘으로 바뀐다. 그곳은 그리스도가 다시 오시기 전 마지막 날에 하나님이 이방과 충돌하는 중심부다. 11장 뒷부분(11:15-19)은 이 땅에 임할 하나님의 통치의 전조가 되는 일곱째 나팔을 묘사한다. 그런데 이 부분은 종말 때 전 세계에 대한 통치를 놓고 경쟁하는 존재인 바벨론의 멸망을 예고하는 또 다른 막간(12:1-14:20)으로 이어진다. 두 부분 다 이 책의 주요 주제들에 비추어볼 때 더 큰 의미를 지닌다. 하나님의 선지자들의 일이 이스라엘과 세상에 임하는 극심한 환난이라는 맥락에서 제시된다. 그 환난은 사탄의 앞잡이인 어떤 "짐승"으로 인해 악화되었는데(7절), 그 짐승은 이 땅 사람들을 이끌고 하나님의 대변인들에게 대항할 것이다. 이것은 뒤의 장들에서 묘사되는 또 다른 강렬한 충돌의 전조다. 이것은 사실상 이 책 마지막 부분의 주요 주제다. 곧, 사탄에게 선동된 이 세상 세력이 하나님 및 그분의 메시아와 대결하는 전쟁이다. 메시아는 즉석에서 그들을 물리치실 것이며, 온 세상의 "체제 변동"을 이루실 것이다.[1] 11:15-19에서 일곱째 나팔을 부는 것은 하나님을 반대하여 날뛰는 이방 나라를 대신하여 이 땅에 하나님 나라가 이렇게 도래하는 것을 알린다. 그것은 또한 심판하시고 구속하시기 위해 하나님이 앞으로 나타나실 것을 알린다.

1. 이 문구는 Poul F. Guttesen, *Leaning into the Future: The Kingdom of God in the Theology of Jürgen Moltmann and in the Book of Revelation* (Eugene, OR: Pickwick, 2009), 123-41에 나왔다. 그는 "요한계시록 11:15-19는 이 책의 종말론적 소망에 대한 가장 간결한 진술"이라고 쓰며, 계속해서 그 책이 "지금 세상에서 권위의 위치를 찬탈하고 있는 권세들이 패배할 때"(123)를 내다본다는 것을 보여준다. 또한 McNicol, *Conversion*, 56-57을 보라("묵시의 중심 초점"은 예를 들면 요한계시록 11:15-19에서 시편 2편을 사용한 것에서 볼 수 있는 것처럼 "권세의 변천을 나타내는 환상"이다).

III. 두 번째 환상: 하늘의 보좌와 세 번의 심판 주기(4:1-16:21)
- A. 하늘의 보좌에 대한 환상(4:1-11)
- B. 일곱 인으로 봉한 두루마리와 죽임당한 어린양(5:1-14)
- C. 일곱 인과 막간의 두 무리(6:1-8:1)
- **D. 일곱 나팔과 또 다른 막간들(8:2-14:20)**
  - 1. 처음 네 나팔(8:2-13)
  - 2. 다섯째 나팔- 첫째 화(9:1-12)
  - 3. 여섯째 나팔- 둘째 화(9:13-21)
  - **4. 두 개의 계시적 막간: 하나님의 선지자들(10:1-11:14)**
    - a. 요한과 작은 두루마리(10:1-11)
    - ➡ **b. 성전 측량과 두 증인(11:1-14)**
  - **5. 일곱째 나팔- 셋째 화: 하나님의 통치를 예상함(11:15-19)**
  - 6. 두 개의 또 다른 막간: 바벨론의 몰락을 예상함(12:1-14:20)

주요 개념

요한은 그리스도가 다시 오시기 전 심한 박해의 기간에 두 선지자가 거리에서 하나님을 대변할 때 예루살렘과 그 백성을 위한 하나님의 미래를 얼핏 본다(11:1-14). 그리고 일곱 대접 심판에서 나타날 하나님의 진노(그것은 하나님이 앞으로 세상을 통치하는 것으로 이어진다)의 예고편으로 일곱째 나팔이 울린 후 하늘에서 기뻐하는 모습이 묘사된다(11:15-19).

번역

요한계시록 11:1-19

1a	행동	**또 내게 지팡이 같은 갈대를 주며**		
b		**말하기를**		
c	명령		일어나서 하나님의 성전과	
				제단과
				그 안에서 경배하는 자들을 측량하되
2a			성전 바깥 마당은 측량하지 말고	

b 그냥 두라
c 이유 이것은 이방인에게 주었은즉
d 그들이 거룩한 성을 마흔두 달 동안 짓밟으리라

3a 주장 내가 나의 두 증인에게 권세를 주리니
b 그들이 굵은 베옷을 입고 천이백육십 일을 예언하리라

4a 묘사 그들은 이 땅의 주 앞에 서 있는
b 신원 확인 **두 감람나무와**
두 촛대니

5a 환경 만일 누구든지 그들을 해하고자 하면
b 결과 **그들의 입에서 불이 나와서**
그들의 원수를 삼켜버릴 것이요

c 환경 누구든지 그들을 해하고자 하면
d 결과 **반드시 그와 같이 죽임을 당하리라**
6a 4b절의 묘사 **그들이 권능을 가지고 하늘을 닫아**
b 목적 그 예언을 하는 날 동안 비가 오지 못하게 하고

c 4b절의 묘사 **또 권능을 가지고 물을**
d 설명 피로 변하게 하고
e 시간 아무 때든지
f 원하는 대로 여러 가지 재앙으로
땅을 치리로다

7a 시간 그들이 그 증언을 마칠 때에
b 행동 **무저갱으로부터 올라오는 짐승이 그들과 더불어 전쟁을 일으켜**
그들을 이기고
그들을 죽일 터인즉

8a 7b절의 결과 **그들의 시체가 큰 성 길에 있으리니**

b 신원 확인 1 그 성은 영적으로 하면 소돔이라고도 하고
애굽이라고도 하니

c 신원 확인 2 곧 그들의 주께서 십자가에 못 박히신 곳이라

9a 8a절의 결과 **백성들과**
족속과

		방언과
		나라 중에서 사람들이
		그 시체를 사흘 반 동안을 보며
b		무덤에 장사하지 못하게 하리로다
10a		이 두 선지자가 땅에 사는 자들을 괴롭게 한 고로
b		땅에 사는 자들이 그들의 죽음을 즐거워하고 기뻐하여
c		서로 예물을 보내리라 하더라
11a	시간	삼 일 반 후에
b	행동	하나님께로부터 생기가 그들 속에 들어가매
c		그들이 발로 일어서니(겔 37:5, 10)
d	11c절의 결과	구경하는 자들이 크게 두려워하더라
12a	행동	하늘로부터 큰 음성이 있어…함을 그들이 듣고
b	명령	이리로 올라오라
c	12b절의 결과	구름을 타고 하늘로 올라가니
d		그들의 원수들도 구경하더라
13a	행동	그때에 큰 지진이 나서
b		성 십분의 일이 무너지고
c		지진에 죽은 사람이 칠천이라
d	13a-c절의 결과	그 남은 자들이 두려워하여
		영광을 하늘의 하나님께 돌리더라
14a	회고	둘째 화는 지나갔으나
b	예고	보라 셋째 화가 속히 이르는도다
15a	행동/일곱째 나팔	일곱째 천사가 나팔을 불매
b	행동	하늘에 큰 음성들이 나서 이르되
c	선언	세상 나라가 우리 주와 그의 그리스도의 나라가 되어
d		그가 세세토록 왕 노릇 하시리로다 하니
16	15c-d절에 대한 반응	하나님 앞에서 자기 보좌에 앉아 있던 이십사 장로가 엎드려
		얼굴을 땅에 대고
		하나님께 경배하여
17a		이르되
b	감사	감사하옵나니 옛적에도 계셨고 지금도 계신
		주 하나님 곧 전능하신 이여

c 친히 큰 권능을 잡으시고
왕 노릇 하시도다
18a 선언 이방들이 분노하매
b 주의 진노가 내려
c 18f절의 설명 죽은 자를 심판하시며
d 종 선지자들과
성도들과
또 작은 자든지 큰 자든지
주의 이름을 경외하는 자들에게
상 주시며

e 또 땅을 망하게 하는 자들을 멸망시키실
f 때로소이다 하더라
19a 행동 **이에 하늘에 있는 하나님의 성전이 열리니**
b **성전 안에 하나님의 언약궤가 보이며**
c **또 번개와**
음성들과
우레와
지진과
큰 우박이 있더라

구조

앞에서 말했듯이 11장은 두 개의 더 큰 단위 사이에 가교 역할을 한다. 요한은 상징적인 선지자적 행동(성전 측량)을 하라는 요구를 받는다. 그것은 예루살렘과 그 백성 이스라엘을 위해 예비하신 하나님의 미래를 나타낸다. 그리고 곧이어 그리스도가 오시기 직전 혹독한 환난의 시기에 예루살렘에서 하나님을 대변할 두 증인 혹은 선지자 이야기로 넘어간다(11:1-14). 11장의 두 번째 부분에서는 일곱째 나팔이 울리는데, 그것은 대접 심판 시리즈(15:1-16:21) 전에 나오는 또 다른 막간을 시작한다. 대접 심판은 악에 대한 하나님의 승리와 이 땅에 하나님 나라가 확립되는 것을 완성할 것이다. 요한은 다가오는 하나님의 통치를 고대하며 환호하는 하늘의 예배를 기록한다(11:15-19).

석의적 개요

III. 두 번째 환상: 하늘의 보좌와 세 번의 심판 주기(4:1-16:21)

A. 하늘의 보좌에 대한 환상(4:1-11)

B. 일곱 인으로 봉한 두루마리와 죽임당한 어린양(5:1-14)

C. 일곱 인과 막간의 두 무리(6:1-8:1)

D. 일곱 나팔과 또 다른 막간들(8:2-14:20)

1. 처음 네 나팔(8:2-13)

2. 다섯째 나팔– 첫째 화(9:1-12)

3. 여섯째 나팔– 둘째 화(9:13-21)

4. 두 개의 계시적 막간: 하나님의 선지자들(10:1-11:14)

a. 요한과 작은 두루마리(10:1-11)

➦ **b. 성전 측량과 두 증인(11:1-14)**

(1) 성전 측량(11:1-2)

(2) 증인들의 지상 사역(11:3-6)

(3) 증인들이 짐승에게 패함(11:7-10)

(4) 증인들의 부활과 예루살렘에 내리는 심판(11:11-14)

5. 일곱째 나팔– 셋째 화: 하나님의 통치를 예상함(11:15-19)

a. 하나님의 통치에 대한 하늘의 선언(11:15)

b. 장로들이 악에 대한 하나님의 진노를 찬양함(11:16-18)

c. 하나님의 임박한 임재에 대한 우주적 표시들(11:19)

본문 설명

11:1-2 또 내게 지팡이 같은 갈대를 주며 말하기를 일어나 서 하나님의 성전과 제단과 그 안에서 경배하는 자들을 측량하되 성전 바깥 마당은 측량하지 말고 그냥 두라 이것은 이방인에게 주었은즉 그들이 거룩한 성을 마흔두 달 동안 짓밟으리라(1 Καὶ ἐδόθη μοι κάλαμος ὅμοιος ῥάβδῳ, λέγων, Ἔγειρε καὶ μέτρησον τὸν ναὸν τοῦ θεοῦ καὶ τὸ θυσιαστήριον καὶ τοὺς προσκυνοῦντας ἐν αὐτῷ. 2 καὶ τὴν αὐλὴν τὴν ἔξωθεν τοῦ ναοῦ ἔκβαλε ἔξωθεν καὶ μὴ αὐτὴν μετρήσῃς, ὅτι ἐδόθη τοῖς ἔθνεσιν, καὶ τὴν πόλιν τὴν ἁγίαν πατήσουσιν μῆνας τεσσεράκοντα [καὶ] δύο). 요한은 10:8-11에서 선지자로 새임명된 후 같은 환상의 사건들로 더 이끌려 들어가(11:1-2) 상징적인 선지자적 행동을 수행한다(참고. 사 20:1-6; 겔 12:1-7). 하지만 초점이 하나님의 성전, 거룩한 성 예루살렘, 예루살렘이 회복되기 전에 임할 결정적인 심판의 날에 예루살렘에서 하나님의 선지자들이 증거하는 것 등으로 바뀌면서(계 11:3-13), 요한의 작은 역할은 재빨리 지나가버린다. 요한은 "지팡이 같은 갈대"[2]를 받으며 하나님의 성전과 거기 수반되는 몇 가지

2. 1a절에 쓰인 '자'(measuring rod, κάλαμος, 개역개정에는 "갈대"—역주)라는 표현은 어떤 지역이나 건물의 길이를 결정하는 데 사용되는 일직선으로 된 줄기 혹은 막대기를 의미하는데(BDAG 502; 참고. 21:15-16), 이 경우에는 상당히 긴 것이다. 그것은 "지팡이"(ῥάβδος), 즉 걸어갈 때 쓰는 지팡이(막 6:8)나 통치자의 철장(계 19:15)에 비교되기 때문이다.

지형을 "측량"하라는 지시를[3] 받는다(1c절).[4]

해석자들은 "측량"이 함축하는 것과, 왜 어떤 곳은 측량하고 다른 곳은 측량하지 않는지에 대해 심도 있게 연구했다(1c–2b절). 어떤 "하나님의 성전"과 "거룩한 성"이 고려되는가 하는 질문도 더 제기된다(뒤의 내용을 보라). 요한의 묘사에 가장 영향을 미친 듯 보이는 구약 본문을 검토해보면 선지자적 행동으로서 "측량"의 의미가 밝혀진다.[5] 이 중 가장 중요한 본문은 에스겔 40장과 스가랴 1–2장이다. 각 본문에서 선지자는 예루살렘이 이방 나라로 인해 멸망당했을 때 한 천사가 예루살렘과 그 성전을 측량하는 환상을 본다. 그 측량은 하나님이 소유권을 주장하신다는 것을 상징했고, 하나님이 다시 한번 이스라엘에게 자비를 보이시고 그분의 백성을 그들의 땅에서 번성하게 하실 것임을 나타냈다. 그 경우 "측량"은 성과 성전을 재건하고 백성을 약속하신 땅으로 회복하사 그들이 거기에서 하나님을 예배하게 하시겠다는 서약이었다(이 정도로 많은 세부 사항은 없지만 렘 31:38–39에도 비슷한 점이 나오는 것을 보라). 하나님은 성전이 모독을 당하고 파괴되는 것(특히 이스라엘 민족의 삶과 그들과 여호와가 맺은 관계의 상징적 중심으로서)으로 끝나게 하지 않으실 것이다. 여기에는 하나님이 자신의 백성을 보존 혹은 보호하시는 것이 수반될 것이다.[6] 하지만 그것은 일반적으로 생각되는 것보다 훨씬 더 풍성하고, 상세하며, 복잡하다. 복잡한 요소 중 하나는 에스겔과 스가랴의 측량 활동이 현 상황에서 안전에 대한 약속이 아니라 궁극적인 미래의 회복과 보호에 대한 약속이었다는 것이다. 요한의 환상도 그 점은 잘 반영하고 있는 듯 보인다(참고. 계 11:2c, 7–10과 뒤에 나오는 설명을 보라).[7]

1c절에 나오는 "하나님의 성전"[8]이 무엇을 말하는지 밝히기 위한 첫 단계로, 성전의 바깥 마당을 "이방인에게 주었"(2c절)고 그들이 일정 기간 "거룩한 성을…짓밟으리라"(2d절)는 말(참고. 눅 21:24)을 주목해야 한다. 이것은 분명 모종의 형태의 지상 성전을 나타낼 것이다.[9]

3. '나는 들었다'는 말은 헬라어 λέγων("말하기를")을 영어로 더 매끄럽게 번역한 것이다. 그것은 인격적 존재가 말한다는 것을 암시한다. 3절은 하나님 혹은 그리스도가 요한에게 말하고 있다는 것을 보여준다. 직접 인용된 지시들이 거기에서도 계속되며, "나의 두 증인", 즉 신적 증거를 하는 사람들을 언급하기 때문이다[참고. 2:13, "내(그리스도의) 충성된 증인 안디바"].

4. 전문적 주석들이 다루는 논의의 주제 중 하나는 11:1–2과 아마도 11:3–13이 주후 70년 예루살렘 멸망으로 이어지는 시절에 비그리스도인들로부터 비롯되었다는 일부 사람의 주장이다. 이 견해에 따르면 요한은 그 이전에 있었던 유대인들의 신탁을 다양하게 편집해서 이 본문에서 그의 자료에 통합시켰다. Aune, *Revelation 6-16*, 594–96; Beckwith, *Apocalypse*, 584–88; Charles, *Revelation*, 1:270–73; Osborne, *Revelation*, 415–16을 보라. 이와 같은 개념들이 1세기 말 유대인들과 그리스도인들 사이에서 회자되었을 수는 있지만, 요한이 그런 자료를 맹종해서 혹은 엉성하게 사용했을 것이라는 증거는 거의 없다. 구약 자체(겔 40장; 슥 1–2장)가 당시의 어떤 자료보다 더 큰 영향력을 발휘했다.

5. Marko Jauhiainen, "The Measuring of the Sanctuary Reconsidered (Rev 11,1–2)," *Bib* 83 (2002): 509, 514–19, 525에서 지적하듯이, 우리는 "측량"(μετρέω)이라는 단어가 무엇을 의미하는지(이것은 그 말의 사전적 정의, 즉 어떤 것의 '치수를 재다'라는 것이 될 것이다, BDAG 643)가 아니라 다양한 문맥에서 그 말이 무엇을 함축하는지 혹은 암시하는지 알아내려 하고 있다. 때로 측량의 결과는 멸망이며(삼하 8:2; 왕하 21:13; 애 2:8), 때로 그것은 보존이나 보호와 연관되어 있다(삼하 8:2; 렘 31:38–39; 슥 2:1–5).

6. Beale, *Revelation*, 557–65; Koester, *Revelation*, 484–86, 495; Osborne, *Revelation*, 410–12.

7. Koester, *Revelation*, 483–84는 이 이전의 예언들이 회복에 관한 것이었다고 말하지만 요한이 이것을 보호에 대해서만 말하는 것으로 수정했다고 주장한다. 하지만 이것이 요한계시록에서 어떻게 정당화되는지 알기는 어렵다(11:15–18; 14:1–5; 19:1–10; 21:1–5, 10, 24–26에서 선지자들이 예언한 것과 비슷하게 이 땅의 회복에 대해 말하는 것을 보라).

8. 2절의 바깥마당은 구분이 되므로, 1c절에 나오는 "하나님의 성전"(τὸν ναὸν τοῦ θεοῦ)은 성전 경내의 핵심부에 있던 두 개의 방으로 된 성소 및 성전의 예배 기능과 직접 연관된 안마당(들)(즉, 희생 제단, 대야 등이 있던 곳을 포함하는 지역, 헤롯 시대에는 이 안쪽 지역에는 제사장들만을 위한 마당, 다른 유대 남자를 위한 마당, 유대 여자를 위한 마당 등이 포함되었다)을 의미한다. 관련 단어 ἱερόν은 일반적으로 더 큰 성전 단지에 대해 사용되었는데, 거기에는 시장으로 사용되던 이방인들을 위한 마당이 포함되었다(참고. 막 11:15–16과 병행 구절들). 하지만 이 두 단어는 전문 용어들이 아니었으며, "성전"(ναός)은 안마당을 제외하고 두 개의 방으로 된 성소만 언급할 수도 있었다. 2절에 나오는 해설과 Aune, *Revelation 6-16*, 605–6을 보라.

9. Aune, *Revelation 6-16*, 605; Antoninus King Wai Siew, *The War between*

이것을 하나님의 원수에 의해 어떻게든 더럽혀진 하늘 성전으로 보려면 상당히 확대 해석해야 한다.[10] 게다가 널리 신봉되는 바 여기에 나오는 "성전"이 모종의 의미에서 (종말 때든 교회사 내내든) 하나님의 백성을 비유하는 것이라는 견해 또한 이 구절들과 그 구약 배경을 주의 깊게 살펴본 결과라기보다 다른 본문들로부터[11] 부과된 것인 듯하다. 하나님의 백성과 관련된 다양한 상징적 견해가 제시되었다. 하지만 그런 견해들은 하나님의 백성을 측량하는(즉, 보호하는) 것의 의미와 누가 혹은 무엇이 그런 보호에 포함되고 배제되는가 하는 것을 규정하기 어렵다.[12]

이 본문에 나오는 "성전"을 문자적으로 해석할 수 있는 방법은 그 말을 제2성전(1-2절)과 일반적인 예루살렘(8, 13절, 요한이 글을 쓴 연대에 따라 주후 70년에 로마에 의해 멸망되기 이전이나 이후의)에 대한 언급으로 보는 것이다. 이 견해는 과거주의 해석자들이 지지한다. 그들은 요한계시록에 나오는 대부분의 혹은 모든 예언이 주후 70년의 사건에서 성취되었다고 이해한다.[13] 이 견해의 주된 문제는 성전이 실제로 파괴되었다면 "측량"의 의미를 어떻게 규정해야 하는가 하는 점이다. 아우네에 따르면, 주어진 설명들은 "지나친 풍유화"와 본문에 나오지 않는 듯 보이는 의미들을 부과하는 잘못을 저지른다.[14] 또 다른 문제는 이방인이 짓밟는 기간에 관한 것이다. "마흔두 달"이라는 말은 이 구절이 1세기에 예루살렘이 완전히 파괴된 것을 예언한다는 과거주의자의 견해와 어떤 의미에서 조화를 이루는가?[15]

더 나은 견해는 이 환상이 예수님이 다시 오시기 직전 미래의 심판이 있을 대격변적인 시기에(즉, 6-16장에

---

the Two Beasts and the Two Witnesses: A Chiastic Reading of Revelation 11:1-14:5, LNTS 283 (London: T&T Clark, 2005), 91-103을 보라.

10. 이것이 Michaels, *Revelation*, 137과 Osborne, *Revelation*, 410의 견해다(하늘 성전이지만 하나님의 백성을 상징한다는 것). 또한 Charles Homer Giblin, "Revelation 11:1-13: Its Form, Function and Contextual Integration," *NTS* 30 (1984): 438, 440과 Michael Bachmann, "Himmlisch: der 'Tempel Gottes' von Apk 11:1," *NTS* 40 (1994): 474-80을 보라. "성전"과 "제단"이 요한계시록에서 일관되게 하늘의 것을 나타내고, 그렇기 때문에 여기에서도 분명 그렇다는 그들의 주장은 단지 이 문맥의 구체적 증거를 무시하는 것일 뿐이다. 요한이 이것과 대조해서 "하늘에 있는 하나님의 성전"을 명확하게 묘사하는 19절을 보라(거기에 대한 본문 비평적 문제에 관해서는 19절의 주를 보라). Koester, *Revelation*, 484-85는 요한이 하늘 성전을 염두에 두고 있을 때는 일관되게 이 점을 명백히 밝히는데 여기에는 그런 특징이 나오지 않는다고 말한다.

11. 고린도전서 3:16-17, 고린도후서 6:16, 에베소서 2:21-22, 베드로전서 2:4-10, 요한계시록 3:12에서 "성전"이 그리스도인을 비유하는 말로 사용되는 것은 사실이다. 하지만 그 본문들은 명확하게 사람들에 대해 말한다. "너희", "우리" 혹은 "이기는 자" 등이다. 이 비유적 의미는 "하나님의 성전", "주의 성전" 혹은 "거룩한 성전"이라는 말의 다른 모든 용례에 대해 문맥과 상관없이 적용될 수 있는 것이 아니다(참고. 마 26:61; 눅 1:9; 살후 2:4; 계 11:19). 요한계시록에 나오는 모든 것이 비유적이므로 이것도 분명 그렇다고 말하는 것(참고. Caird, *Revelation*, 131)이나, 요한계시록이 인종적 이스라엘이나 지상의 예루살렘과 그 성전에 관심이 전혀 없으므로 이것은 분명 순전히 상징적이라고 말하는 것(Bauckham, *Climax*, 272)도 마찬가지로 건전한 주장이 아니다. 그것은 분명 비유적인 부연 의미를 띤다(즉, 그것은 순전히 문자적인 것은 아니다. 성전과 성은 또한 이스라엘뿐 아니라 이스라엘이 장차 잘되는 것으로부터 유익을 얻을 열방도 암시한다, 참고. 슥 2:10-12). 하지만 그것은 문자적 언급이라는 기초 위에 세워져 있다.

12. 성전(1절)과 거룩한 성(2절) 둘 다를 어떤 식으로든 하나님의 백성을 상징하는 것으로 해석하기 위해서는 해석적 기민함이 필요하다는 것을 보여주는 예들로는 Smalley, *Revelation*, 272-74를 보라. 그 백성은 측량되기도(보호되기도) 하고 측량되지 않기도(박해를 받기도) 한다. 마찬가지로 Murphy, *Fallen is Babylon*, 260-61을 보라. Aune, *Revelation 6-16*, 597-98은 "본문이 보여주는 분명한 묵시적 지향"을 최소화할 때 오는 "지나친 풍유화"를 비판한다. 그래서 그 구절들 자체는 해석적 변형들에 "거의 제한을 가할" 수 없다(598). 또한 Beckwith, *Apocalypse*, 584-88을 보라. 그는 자신이 본문의 "풍유적" 해석이라고 부르는 것을 언급한다(즉, "예루살렘은 교회이고, 성전과 바깥마당은 각각 신실한 그리스도인과 신실하지 않은 그리스도인이고, 두 증인은 그리스도인 교사와 성도와 순교자들 전체가 하는 증거다"). 그다음에 그는 이렇게 덧붙인다. "본문 자체에는 그런 것이 저자의 의미라는 암시는 없다…(이것은) 거기에서 발견할 수 있는 어떠한 비유적 대응으로든 묵시를 해석하는 석의 형태다"(585-86).

13. A. J. Beagley, *The "Sitz im Leben" of the Apocalypse: With Particular Reference to the Role of the Church's Enemies*, BZNW 50 (Berlin: de Gruyter, 1987), 59-64 (looking back to AD 70); Gentry, *Before Jerusalem Fell*, 165-67; Roloff, *Revelation*, 129.

14. Aune, *Revelation 6-16*, 597-98.

15. 이 문제와 다른 문제들에 대한 논의로는 Mark L. Hitchcock, "A Critique of the Preterist View of the Temple in Revelation 11:1-2," *BSac*

제시된 대로 인, 나팔, 대접 심판들이 일어나는 때, 참고. 역시 이 시나리오를 추정하는 살후 2:4) 예루살렘에 존재할 지상 성전을 예상한다는 것이다.[16] 이 환상은 예루살렘의 헤롯 성전이 폐허 상태로 있던 때(주후 90년대) 요한에게 주어진 것으로, 성소와 그 주변 것들에 대한 하나님의 소유권 및 장차 참된 마음으로 하나님을 예배할 새롭게 된 백성 가운데 민족의 삶의 중심에서 성전을 회복하시리라는 하나님의 약속을 상징한다. 앞에서 인용한 구약 본문(겔 40장; 슥 1–2장)에서처럼 성전을 "측량"하는 것에 대한 언급은, 이스라엘이 경험할 징벌이 지나간 후 장차 그 성전을 회복시키시려는 하나님의 의도를 나타낸다. 요한계시록 11:2c–3에 나오는 시간적 표시들("마흔 두 달", "천이백육십 일")은 이 견해에 신빙성을 더해준다. 그것들은 그리스도의 재림 직전에 있을 마지막 "환난" 기간을 가리키는 다니엘서의 다른 본문들(예를 들어, 단 7:25; 8:13–14; 9:24–27; 12:1, 11)과 상관 관계가 있기 때문이다(뒤에 나오는 논의를 보라). 또한 이 구약 본문들은 요한계시록 11:1–2에 대한 영적 혹은 이상주의적 해석이 종종 간과하는 세부 사항들을 담고 있다. 선지자들이 예루살렘과 성전에 민족적, 지리적으로 초점을 맞춘다는 것을 반영하는 세부 사항들로 그 점은 8절과 13절에서 명백하게 드러난다. 이것은 많은 해석자가 요한계시록이 이스라엘과 그 미래에 대해 명백하게 말하는 것을 일괄적으로 간과한다는 점을 보여준다.[17]

환난 기간의 이 성전에 대한 그리고 성전의 구조와 용도에 대한 다른 세부 사항은 나와 있지 않다. 아마 처음에는 예수님을 믿지 않는 유대인들이 예루살렘에 이스라엘의 예배를 회복시키는 단계로 성전이 다시 세워질 것이다. 에스겔 40–48장은 천년 통치(계 20장) 동안 회복된 성전을 상상하는 듯하다. 하지만 두 성전의 관계는 분명하지 않다. 에스겔 40–48장에 대한 논의를 더 보려면 21:22에 대한 설명을 보라.

성전과 관련된 두 개의 추가적 특징 역시 "측량"된다(1c절). 그것은 "제단"[18]과 "그 안(즉, 성전 안)에서 경배하는 자들"[19]이다. 사람들을 "측량"한다는 말은 부자연스러운 듯 보인다. 하지만 그 동사가 새로운 목적어와 조화를 이루기 위해 의미가 바뀌었다고 이해할 수 있다(즉, '측량하다'는 '계산하다, 수를 세다'가 된다, 참고. CSB, NABR, NLT).[20] 하지만 사무엘하 8:2은 사람들을 다르게 취급하기 위해 '표시 혹은 구분'하려고 이 동사의 복합어(διαμετρέω)를 사용한다. 1c절의 이미지에서 하나님은 성전 안에서 백성에게 임재하시는 것을 나타내는 표본인 향 제단[21]과 신실한 예배자인 흩어진 백성(모든 나라에서 온 다른 사람들과 함께, 참고. 렘 3:17; 미 4:2; 슥 2:10–

164 (2007): 222–26을 보라.

16. Patterson, *Revelation*, 240; Thomas, *Revelation 8-22*, 80–86. 참고. Siew, *War*, 92–96. 또한 이 접근법에 대한 더 자세한 변론은 Hitchcock, "Critique of the Preterist View," 226–36. 이 견해는 초대 교부 시기에 분명하게 표현되었다(Irenaeus, *Haer.* 5.30.4; Hippolytus, *Antichr.* 6).

17. 2:9, 3:9, 7:4–8, 12:1–2, 14:1–5에 대한 해설 및 앞의 '요한계시록 서론' 나오는 '구약 사용: 예언과 예표' 부분을 보라. Elliott, *Survivors*, 662; John W. Marshall, *Parables of War: Reading John's Jewish Apocalypse*, SCJ 10 (Waterloo, Ontario: Wilfred Laurier University Press, 2001), 1–24; Willitts, "Bride of the Messiah," 245–47에서 이렇게 간과하는 것에 대한 비판을 보라.

18. "제단"(τὸ θυσιαστήριον)은 아마 성소로 이르는 안마당에 있는 번제단보다는 성소 자체 안에 있는 향 제단일 것이다(6:9에 대한 주를 보라).

19. 이 구절들의 다른 해석적 문제들을 해결하기 위해(예를 들어, 무엇을 측량해야 하고 무엇을 측량하지 말아야 하는지, 2절의 "그냥 두라"는 무슨 의미인지, 전반적으로 무엇이 상징되어 있는지), 몇몇 해석자는 1절에 나오는 접속사 '그리고'(καί) 중 마지막 두 경우는 각각 대조적 의미('그리고' 대신 '그러나')와 해설적 의미('즉')를 띤다고 보거나(Jauhiainen, "Measuring of the Sanctuary," 519–21), 각각 해설적 의미와 통상적 의미를 지니고 있다고 주장한다(Rob Dalrymple, "The Use of καί in Revelation 11:1 and the Implications for the Identification of the Temple, the Altar, and the Worshipers," *Bib* 87 [2006]: 387–94). 하지만 둘 다 통상적 의미를 지니고 있을 가능성이 더 크다.

20. 다른 한편 이것은 액어법(zeugma, '세다, 계산하다'와 같은 동사를 빼놓아서 결과적으로 목적어들이 이상하게 연이어 나오게 되는 것, 참고. BDF §479; 예를 들어, 딤전 4:3)의 경우일 수도 있다.

21. 성소의 향 제단과 하나님이 그분의 백성 가운데 임재하시는 것 간의 연관을 보라(레 16:13; 참고. 출 25:21–22).

13; 8:22; 9:9-10; 14:16)을 둘 다 회복시키겠다고 약속하시는 것으로 보인다.

이와 대조적으로[22] 요한이 "측량하지 말고 그냥 두[어야]"(2a-b절) 하는 것은 "성전 바깥마당"이다. 솔로몬 성전뿐 아니라 헤롯 성전에서도, 더 큰 성전 단지에는 예배와 직접 관련된 기능을 하는 안쪽 구역 및 시민을 위한 목적으로 사용되는 바깥 구역(왕궁, 시장 지역 등, 왕상 6:36; 7:9, 12; 막 11:15-16; 또한 에스겔의 환상에서 40:17-20, 23)이 있었다. 신약 시대에 바깥 구역은 비유대인이 성전까지 올 수 있을 만큼 가까웠고, 바깥뜰과 안뜰 사이에는 낮은 담이 가로막고 있었다(Josephus, *J. W.* 5.193-200; 5:226-27).[23] 요한이 측량하지 말라는 지시를 받은 구역은 성전 바깥쪽에 있는 이 덜 신성한 경내였을 것이다. 하지만 측량하지 말아야 하는 "바깥마당"을 언급할 때, 요한이 성소 바로 바깥 지역, 곧 번제단이 있는 곳을 염두에 두었다는 표시도 꽤 있다. "그냥 두라"(ἔκβαλε, 2b절)는 명령은 상당히 강하고, '주의를 기울이지 말라, 거부하라'[24]는 의미를 지닌다. 이 표현은 다니엘 8:11의 맛소라 사본(MT)에 기초하고 있는 듯하다(RSV, "성소 자리가 뒤엎어졌으며", the place of the sanctuary was overthrown). 그리고 그것은 성전 제사를 무너뜨린 "멸망하게 하는 가증한 것"(단 8:10-14; 9:27; 11:31; 12:11; 참고. 마 24:15)과 관련해서 성전을 모독하리라고 예상되는 것을 묘사한다.[25] 바깥마당을 측량하지 말라는 명령이 지닌 상징적 의미는 곧이어 나오는 절에서 명확하게 설명된다.

바깥 마당을 측량하지 않는 이유('왜냐하면', ὅτι, 개역개정에는 번역되어 있지 않음—역주)는 하나님이 구속의 계획 가운데서 이방인이 예루살렘 나머지 부분과 함께 그곳을 지배하고 더럽히도록 허용하셨기 때문이다(2c-d).[26] 특히 하늘의 소리가 언급하는 미래의 기간[미래 시제 동사 "짓밟으리라"(πατήσουσιν)와 "마흔두 달"이라고 명시된 시간적 범위]에 허용된다. 예루살렘을 '짓밟는다'는 말은 여러 경우 하나님이 이스라엘과 성전 도시에 허용하셨던 심판 유형을 암시한다. 그리고 이 구절은 그리스도가 이 땅에 다시 오시기 전의 기간에 그런 유형이 단계적으로 확대되어 다시 나타날 것을 시사한다. 주전 586년에 예루살렘이 바벨론에 멸망한 것은 이방에게 정복당하고 멸망당한(구약 선지자들이 이스라엘의 원수들에게 '짓밟히는 것'이라고 묘사했던) 중대한 경우였고, 그것은 장차 나라들이 궁극적으로 공격할 것을 예시하는 하나의 보기가 되었다.[27] 주후 167년 안티오쿠스 에피파네스가 예루살렘 성전을 더럽히고 일정 기간 그곳의 제사들을 중단시켰을 때 같은 유형이 반복되며(1 Macc 3:45, 51),[28] 예수님은 그분이 장차 다시 오시는 때를 적어도 예표론적으로 가리키기 위해 다니엘 8:13의 표현

22. 2절 시작 부분의 접속사는 καί(통상 '그리고')였으나, 여기에서 그것은 대조적인 개념인 "그러나"라는 개념을 추가한다(Aune, *Revelation 6-16*, 578). 분명 그 접속사 자체는 단순히 추가적인 혹은 연속적인 것이지만, 여기에서 그것은 그 자체가 반의적 사고를 갖고 있는 두 개의 절을 결합시킨다(Levinsohn, *Discourse Features*, 124-25; Runge, *Discourse Grammar*, 23-26; 참고. Mathewson, *Handbook*, 146, 11:7에 대한 설명).

23. John D. Currid and David P. Barrett, *Crossway ESV Bible Atlas* (Wheaton, IL: Crossway, 2010), 134-36, 176-77, 214-20; Emil Schürer, *The History of the Jewish People in the Age of Jesus Christ*, rev. ed., ed. Geza Vermes, Fergus Millar, and Matthew Black (Edinburgh: T&T Clark, 1979), 2:296-99를 보라.

24. BDAG 299를 보라. 참고. 시 50:16; 눅 6:22; 1 Clem. 35.8(지시를 거부하는 것에 대한 비유적 표현).

25. Bauckham, *Climax*, 266-73.

26. "거룩한 성"은 분명 이 문맥에서 지상의 예루살렘을 가리킨다. 비록 그것은 하나님이 거룩하도록 의도하셨고 장차 거룩함으로 회복시키실 곳(계 21:2, 10; 22:19; 참고. 마 4:5)을 더럽히는 것에 대한 반어적인 혹은 역설적인 묘사이기는 하지만 말이다. 이렇게 보는 것이 8절에 나오는 "큰 성"과 어떻게 관련되는가에 대해서는 거기 나오는 논의를 보라.

27. 사 63:18; 단 8:13; 슥 12:3. 이 구절들은 LXX에서 καταπατέω라는 동사나 καταπάτημα라는 명사를 사용한다. 이 선지자들은 하나님이 결정적으로 격퇴하실 미래의 추가적(그리고 궁극적) 공격을 상상하면서 주전 586년의 멸망을 염두에 두고 있는 듯하다.

28. 많은 사람은 다니엘 8:13이 주전 167년의 사건들 역시 염두에 두고

(거룩한 장소를 황폐하게 하고 짓밟는 것, καταπάτημα)을 사용하신다(막 13:14).[29]

그러므로 "성전 바깥마당"(2a절)을 요한의 상징적 측량에서 배제하라는 명령은, 성전 경내(혹은 여기에서 묘사된 바 더 넓은 도성)를 정복되고 모독당한 상태에서 회복하거나 재건하지 않으시겠다는 하나님의 의도를 나타낸다. 환난 동안 '짓밟힌' 것은 그것의 최종 상태가 아닐 것이다. 또한 이것은 재건된 성전과 제단과 예배자들에게 그것을 측량하라는 명령이 상징하는 회복이 왜 필요할지 설명해준다(1절).

이렇게 짓밟히는 시간의 범위에서도 다니엘서의 영향이 분명히 나타난다(2d절). "마흔두 달" 혹은 일반적으로 그에 해당하는 기간은, 다니엘서 몇 군데에서 하나님의 나라가 이 땅에 설립되기 직전 그분의 백성이 강력하게 억압당할 미래의 기간으로 인용된다(단 7:25; 8:14; 9:27; 12:7, 11, 12).[30] "마흔두 달"(계 11:2; 13:5) 혹은 "천이백육십 일"(11:3; 12:6)에 대한 언급은 매우 구체적이기 때문에 '정해지지 않은 기간'이나 '악이 완전한 자유를 허용받을 제한된 기간에 대한 표준적 상징' 혹은 그리스도의 부활부터 그분이 다시 오실 때까지의 전체 기간을 언급한다고 보기는 어렵다.[31] 다니엘서가 종말에 대한 요한의 환상에 중대한 영향을 미친 것에 비추어 볼 때(예를 들어, 계 1:7, 13; 7:14; 11:15; 20:4; 22:5), 이 기간은 보다 정밀하고 문자적인 의미일 가능성이 훨씬 더 크다.[32]

11:3-4 내가 나의 두 증인에게 권세를 주리니 그들이 굵은 베옷을 입고 천이백육십 일을 예언하리라 그들은 이 땅의 주 앞에 서 있는 두 감람나무와 두 촛대니(3 καὶ δώσω τοῖς δυσὶν μάρτυσίν μου καὶ προφητεύσουσιν ἡμέρας χιλίας διακοσίας ἑξήκοντα περιβεβλημένοι σάκκους. 4 οὗτοί εἰσιν αἱ δύο ἐλαῖαι καὶ αἱ δύο λυχνίαι αἱ ἐνώπιον τοῦ κυρίου τῆς γῆς ἑστῶτες). 계속되는 인용문(1c-3절)은 1-2절(성전 측량)과 3-13절(두 증인)이 요한의 환상에서 서로 연관된 삽화를 제시한다는 점을 보여준다. 또한 이 두 부분은 예루살렘에 대한 언급(2, 8, 13절), 인용된 기간(2, 3, 9절) 그리고 스가랴에서 나온 본문을(예를 들어, 슥 4:2-6; 12:3; 14:2) 곳곳에서 강력하게 암시하는 것으로도 연결된다. "두 증인" 이야기는 그들의 지상 활동(3-6절), 그들이 짐승에게 살해당한 것이 경축되는 것(7-10절) 그리고 그들의 충격적인 부활 이후에 예루살렘에 임한 하나님의 심판(11-13절) 등을 묘사한다.[33]

하늘의 음성은 두 증인을 명확한 혹은 알려진 존재로 제시한다("나의 두 증인"). 그들이 "내"(3a절)라는 수반되는 소유격으로 신원이 밝혀지기 때문이다.[34] 이 구절에서는 그들이 앞으로 하나님께 임명받을 것부터 시작

있다고 이해한다. 주전 586년을 되돌아보면서 또한 보다 엄밀하게 종말 때 성취될 것을 내다본다는 것이다. 참고. Wood, *Daniel*, 212-19; 261-62.

29. 누가복음 21:24은 그리스도가 장차 다시 오실 때 절정에 이를 예표론적 유형을 더 반복하는 것으로 주후 70년에 예루살렘이 멸망하는 것을 가리키는 듯하다. 또한 Mark L. Strauss, *Mark*, ZECNT (Grand Rapids: Zondervan, 2014), 577-80에 나오는 논의를 보라. 그는 마가복음 13:13이 "주로 언급하는 것"은 주후 70년이라고 보지만 그러면서 그것이 그리스도가 앞으로 오실 것을 예시한다고 생각한다.

30. John J. Collins, *Daniel: A Commentary on the Book of Daniel*, Hermeneia (Minneapolis: Fortress, 1993), 322-24; 357-60; Pitre, *Tribulation*, 51-62; D. S. Russell, *The Method and Message of Jewish Apocalyptic, 200 BC-AD 100* (Philadelphia: Westminster, 1964), 194-95; Leon James Wood, *A Commentary on Daniel* (Grand Rapids: Zondervan, 1973), 199-202; 247-63; 315-29. 요한계시록 주석 중에서는 Glasson, *Revelation*, 67-70, 74; Osborne, *Revelation*, 414-15, 420, 464; Patterson, *Revelation*, 241-42; Thomas, *Revelation 8-22*, 84-85를 보라. 이 미래의 환난 기간에 대해서는 3:10에 대한 설명을 보라.

31. 각각 Smalley, *Revelation*, 274; Mounce, *Revelation*, 215; Beale, *Revelation*, 566-67을 보라. 12:5-6이 세 번째 견해를 올바른 것으로 설득력 있게 확증한다는 주장(참고. Beale, *Revelation*, 567; Hoskins, *Revelation*, 190-93)에 대해서는 그 본문에 대한 설명을 보라.

32. 그리스도가 다시 오시기 직전에 적그리스도가 예루살렘을 황폐하게 하는 미래의 3년 반 기간이라는 것이 Irenaeus, *Haer.* 5.30.4에 반영되어 있는 해석이다.

33. 그 두 증인의 신원이 구체적으로 밝혀질 수 있는가 하는 문제에 대해서는 5-6절에 나오는 해설을 보라.

34. 주석들은 요한이나 그의 독자들이 어떻게 이 둘을 이미 잘 알고 있

해서 그들과 하나님 혹은 그리스도와의 관계 외에 그들에 대해 알아야 할 점이 제시된다(3절의 동사들은 2d절에서 제시된 미래 지향성을 계속 이어간다).[35] 이렇게 하늘의 위임에 초점을 맞춘 결과는 "그들이…예언하리라"(3b절)는 것이다. 그것은 요한의 임무와 비슷하고(참고. 10:11),[36] 그들이 예언할 기간("천이백육십 일") 역시 2d절에서 거룩한 성이 모독을 당하는 데 명시된 기간("마흔두 달")과 부합한다. 하나님은 그리스도가 이 땅에 다시 오시기까지 이르는 마지막 3년 반 동안 그분의 메시지를 선포하도록 그들을 임명하셨고,[37] 예상되듯이 사역의 음울한 분위기는 "굵은 베옷을 입고"(3b절)라는 그들의 복장에 상징적으로 반영되어 있다. 그들은 권위 있게[38] 그리고 기적적인 능력의 행동을 하면서(5-6절에 대한 논의를 보라) 하나님을 대변할 것이다. 하지만 다가오는 하나님의 심판을 애도하는 자세로 그리고 그들의 말을 듣는 자들이 필사적으로 회개할 필요가 있다는 태도로 사역할 것이다(참고. 창 37:34; 렘 4:8; 욘 3:5-6, 8; 마 11:21에 나오는 "베옷").[39]

4절에 나오는 그들에 대한 추가 묘사는 스가랴 4장을 각색한 것이고, 그들이 이스라엘 및 더 광범위한 세상에 큰 위기가 있을 때 성령의 영감을 받은 하나님의 대변자임을 밝힌다.[40] 스가랴는 예루살렘과 이스라엘이 심판 후 재건되는 환상(슥 1-2장)을 말한 후, 보완되는 환상에서 미래의 날에 하나님의 메시아적 "싹"을 통해 그 민족이 영적으로 새롭게 되는 것(슥 3:8-10) 그리고 예루살렘을 온 세상의 빛으로 회복시키기 위해 하나님의 대표자들을 통해 역사하시는 하나님의 능력(4:6, 14)에 대해 말한다. 스가랴는 처음에는 "두 감람나무"와 한 "등잔대"(슥 4:2-3, 11-12)를 언급하고, 후에는 "온 세상의 주"를 나타내는 "기름 부음 받은 자 둘"(4:14)에 대해 말한다.[41] 그 둘은 그 문맥에서는 여호수아와 스룹바벨을 말하는 것으로, 하나님은 당시 그들을 통해 성전 재건에 역사하고 계셨다. 요한은 이들을 각색해서 미래의 심판과 말일에 있을 예루살렘의 회복에서 하나님의 대표의 두 유형으로 받아들인다. 이들은 "두 감람나무"이자 또한 "두 촛대"다(계 11:4, 잘 알려진 존재임이 관사로 확인된다).[42] 요한은 1-2절에 나오는 측량이라는 주제에서 스가랴 1-2장을 암시했고 바로 앞에서 스가랴 2:14의 "이 땅의 주 앞에 서 있는"(계 11:4a)이라는 말을 인용하므로, 그의 독자들은 스가랴의 환상을 익히 알고 있다고 추정할 수 있다. 이 묘사는 여호와가 온 세상에 주권자이시며 예루살렘에 대한 그분의 심판과 그 이후의 축복이 온 세상 사람에게 영향을 끼칠 것이라는 또 다른 암시다.

11:5-6 만일 누구든지 그들을 해하고자 하면 그들의 입에서

었는가 하는 점에 대해 당혹스러워한다. 하지만 이것은 요한계시록에서 이와 같은 문구들에 관사가 사용되는 방법에 대한 오해다. 요한은 "내"(μου)라는 말을 관사 없는 명사와 함께 사용한 적이 한 번도 없다(7:14의 호격은 제외하고. 거기에는 대응하는 관사가 없다). 소유격은 그 항목을 특정한 것으로 밝힌다. 그래서 관사가 사용된다. 12:14에서 "그 여자의(her)"의 비슷한 용법을 보라("자기 곳", her place).

35. 3a절에서 요한은 "권세"라는 말이 동사 자체와 그 동사의 간접 목적어에 암시되도록 놔두고('내가 그들에게 주리니', 개역개정에는 "권세"라는 말을 추가해서 "내가…권세를 주리니"-역주) 곧바로 그들이 이 위임에 맞게 어떻게 행동할 것인지로 도약함으로써("그들이…예언하리라"), '권세를 주다'라는 그의 흔한 표현(2:26; 6:8; 9:3; 13:2, 4, 5, 7)을 단축해서 말한다.

36. 그들은 그다음 구절들에 묘사된 방식으로 선지자(3, 6, 10절)이자 증인(3, 7절)으로서 섬길 것이다. 요한은 이 책을 쓰면서 그와 똑같이 결합된 임무를 부여받았다(참고. 1:2-3).

37. 이것은 Hippolytus, *Antichr.* 64의 해석이다.

38. BDAG 890; F. Schnider, "προφητεύω," *EDNT* 3:184.

39. Siew, *War*, 216-19는 하나님의 나라가 도래하기 전에 예루살렘이 훼손된 것에 대한 증인들의 애도를 강조한다.

40. 요한은 2d-3절에서 미래 시제 동사를 사용하다가, 4-6절에서는 관례적 현재 동사를 사용해서 환상의 두 증인을 묘사한다. 이것은 요한의 보고 양식이다(4:5; 9:6, 10-11에 나오는 논의를 보라).

41. 요한계시록 11:3에서 인용되는 증인들의 숫자는 주로 스가랴 4장에 나오는 이 대응 구절들에서 나오는 듯하다. 하지만 어떤 일의 진실성을 확증하기 위해서는 두 명 이상의 증인이 필요하다는 유대인들의 기대(신 17:6-7; 19:15)가 배경일 수도 있다.

42. Wallace, *Grammar*, 225.

불이 나와서 그들의 원수를 삼켜버릴 것이요 누구든지 그들을 해하고자 하면 반드시 그와 같이 죽임을 당하리라 그들이 권능을 가지고 하늘을 닫아 그 예언을 하는 날 동안 비가 오지 못하게 하고 또 권능을 가지고 물을 피로 변하게 하고 아무 때든지 원하는 대로 여러 가지 재앙으로 땅을 치리로다(5 καὶ εἴ τις αὐτοὺς θέλει ἀδικῆσαι πῦρἐκπορεύεται ἐκ τοῦ στόματος αὐτῶν καὶ κατεσθίει τοὺς ἐχθροὺς αὐτῶν· καὶ εἴ τις θελήσει αὐτοὺς ἀδικῆσαι, οὕτως δεῖ αὐτὸν ἀποκτανθῆναι. 6 οὗτοι ἔχουσιν τὴν ἐξουσίαν κλεῖσαι τὸν οὐρανόν, ἵνα μὴ ὑετὸς βρέχῃ τὰς ἡμέρας τῆς προφητείας αὐτῶν, καὶ ἐξουσίαν ἔχουσιν ἐπὶ τῶν ὑδάτων στρέφειν αὐτὰ εἰς αἷμα καὶ πατάξαι τὴν γῆν ἐν πάσῃ πληγῇ ὁσάκις ἐὰν θελήσωσιν). 종말 때 활동할 하나님의 대변인들에 대한 요한의 묘사는 그들의 사역에 활력을 불어넣어줄 신적 권위를 강조한다. 그 사역에는 일촉즉발의 충돌뿐 아니라 엘리야와 모세가 경험했던 것과 비슷한 신적 능력이 나타나는 것이 포함될 것이다. 요한은 이 사건들이 장차 그리스도가 다시 오시기 직전에 있을 절정의 심판 때 일어나리라는 점을 이미 말했지만, 보고 형식을 이어가면서 현재 시제 동사들(4절에 대한 주를 보라)을 사용하여 환상에서 보는 것을 이야기한다. 이 증인들은 은둔하고 있는 거룩한 사람이 결코 아니고 격심한 반대와 저항의 분위기 속에서 하나님을 대변할 것이다. "그들의 원수"(5b절)와 그들을 "해하고자" 하는 사람들(5절에 두 번)에 대한 언급 그리고 그들이 하나님이 정하신 사역 기간을 마칠 때 그들에게 일어나는 일(7-10절)이 그것을 나타낸다. 그런 적대감에 대한 방어는 엘리야가 원수들에게 보였던 하나님이 주신 능력, 즉 하늘에서 나오는 멸망의 불(5b절; 왕하 1:9-16을 보라. 어쩌면 또한 민 16:17-35에서 모세)과 3년 반 동안 비가 내리지 않는 것(6a-b절; 왕상 17:1을 보라; 참고. 눅 4:25; 약 5:17) 혹은 애굽에서 나타난 모세의 능력, 즉 물이 피로 변한 것(6c-d절; 출 7:14-21을 보라)과 필요에 따라 나타난 다양한 재앙들(6e-f절; 출 7-12장을 보라)이라는 견지에서 표현되어 있다.

요한이 두 증인의 사역을 이런 견지에서 묘사한다 해서 엘리야와 모세가 종말의 때 직접 이 땅에 다시 나타나리라는 것은 아니다.[43] 그보다 요한은 엘리야와 모세가 미래의 위기의 때에 시행될 선지자적 사역의 유형을 대표한다고 본다(계 2:14-15, 20-23에 나오는 이단의 예표와 비슷하게, 거기 나오는 해설을 보라).[44] 요한은 엘리야나 모세(혹은 연상될 만한 다른 사람들)의 이름을 사용하지 않으므로,[45] 그들이 직접 나타나는 것이 말라기 4:5-6의 의도라고 생각하는 것은 증거를 넘어설 것이다.[46] 그 증인들이 당시 증거하던 그리스도인 선지자나 모든 시대에 선지자적 역할을 담당하던 교회의 광범위한 무리를 대표한다고 보기보다, 미래의 날에 하나님의 대변자 역할을 할 이름 모를 개인으로 이해하는 것이 가장 좋을 듯하다. 7-12절의 이미지를 뭉뚱그려서 읽으면 다루기 힘들거나 심지어 일관되지 않게 된다(짐승에 의해 죽임당하는 것, 시체가 장사되지 않은 채 무덤에 있는 것 등).[47]

이 구절에 나오는 상징에서 당혹스러운 다른 한 가

43. Smith, *Revelation*, 168-70; Thomas, *Revelation 8-22*, 88-89과 대조하여.
44. 또한 Resseguie, *Narrative Commentary*, 161-62; Roloff, *Revelation*, 131을 보라.
45. Matthew Black, "The 'Two Witnesses' of Rev. 11:3f. in Jewish and Christian Apocalyptic Tradition," in *Donum Gentilicium: New Testament Studies in Honour of David Daube*, ed. E. Bammel and C. K. Barrett (Oxford: Clarendon, 1978), 227-37; 그리고 Daniel K. K. Wong, "The Two Witnesses in Revelation 11," *BSac* 154 (1997): 344-54를 보라.
46. 마태복음 17:10-12, 마가복음 9:11-13, 누가복음 1:17에서는 말라기의 예언이 예표론적으로 이해된다. 요한복음 1:21에 나오는 세례 요한의 대답은 자신이 엘리야가 직접 나타난 것이 아니라는 것이었다.
47. Patterson, *Revelation*, 242-45; Walvoord, Rawley, and Hitchcock, *Revelation*, 181-82. Osborne, *Revelation*, 418은 이들이 또한 "고난과 승리 속에서 증거하는 교회"를 대표하는 말일의 두 선지자가 될 것이라고 말한다. Ladd, *Revelation*, 154는 Osborne과 비슷한 견해를 제시한다.

지는, "그들의 입에서 불이 나와서 그들의 원수를 삼켜버릴 것"이라는 말과 그들의 원수들이 그렇게 "죽임을 당하"는 것에 대한 해석이다(5b, d절).[48] 어떤 사람들은 이것이 그들의 예언자적 사역이 지닌 힘을 강력하게 묘사한 것이라고 주장한다. "불"은 파괴적 무기가 아니라 반대를 정복하기 위한 그들의 말의 능력이라는 것이다(참고. 삼하 22:9; 렘 5:14). 예수님의 입에서 나오는 상징적 "검"과 비슷하다(계 1:16; 19:15).[49] 그러한 경우 "불"과 "검"이 말을 상징한다는 것은 사실이다. 하지만 그것은 당면한 벌을 알리는 말인 듯하다. 현재 본문에서는 그런 중대한 미래의 날에 신적 선포를 위협하는 사람들에게 가해지는 벌이다. 이 "불"이 단지 강력한 설득을 나타낸다면 5d절(원수가 "반드시 그와 같이 죽임을 당하리라")에 적절한 의미를 부여하기가 어렵다. 그 미래의 날에 하나님의 역사가 적대에 직면할 것에 비추어볼 때(7-10절), 증인들이 이전 시대에 엘리야와 모세처럼 대적에게 확실한 벌을 하늘로부터 불러 내릴 수 있다고 이해하는 것은 옳다.

11:7-8 그들이 그 증언을 마칠 때에 무저갱으로부터 올라오는 짐승이 그들과 더불어 전쟁을 일으켜 그들을 이기고 그들을 죽일 터인즉 그들의 시체가 큰 성 길에 있으리니 그 성은 영적으로 하면 소돔이라고도 하고 애굽이라고도 하니 곧 그들의 주께서 십자가에 못 박히신 곳이라(7 καὶ ὅταν τελέσωσιν τὴν μαρτυρίαν αὐτῶν, τὸ θηρίον τὸ ἀναβαῖνον ἐκ τῆς ἀβύσσου ποιήσει μετ᾽ αὐτῶν πόλεμον καὶ νικήσει αὐτοὺς καὶ ἀποκτενεῖ αὐτούς. 8 καὶ τὸ πτῶμα αὐτῶν ἐπὶ τῆς πλατείας τῆς πόλεως τῆς μεγάλης, ἥτις καλεῖται πνευματικῶς Σόδομα καὶ Αἴγυπτος, ὅπου καὶ ὁ κύριος αὐτῶν ἐσταυρώθη). 바로 앞에서 증인들의 강력한 사역이 묘사된(3-6절) 다음 그들의 패배가 확정되고 그들이 짐승에게 죽임을 당했다고(7-10절) 나오는 것은 독자에게 충격을 준다. 전체 내용은 "그들이 그 증언을 마칠 때에"라는 7절 첫 절의 신학적 배경에 달려 있다. 그것은 앞의 "그들이 굵은 베옷을 입고 천이백육십 일을 예언하리라"(3b절)는 말에 나타난 그들의 사역에 대한 하나님의 주권적 계획을 상기시키기 때문이다. 하나님이 그들을 향해 정해두신 일이 끝날 때, 말일의 압도적인 악이 제멋대로 날뛸 것이다(적어도 짧은 시간 동안은, 참고. 11-13절). 전체 구절은 7년에 걸친 환난 기간에 일어날 절정의 사건들을 내다본다(참고. 주절에 나오는 세 개의 미래 동사). 따라서 그것은 "무저갱으로부터 올라오는 짐승"(7b절)을 간략하게 예고한다.[50] 그 짐승은 악의 중심인물로 하나님을 향한 그의 반항은 그 시기를 지배할 것이다. 이 "짐승"에 대한 주요 서술은 13:1에서 시작된다. 그리고 그 짐승은 요한계시록에서 13:1부터 그가 최종적으로 사라지는 20:10까지 두드러지게 등장한다. 이 악한 세계 지도자(그의 야만적 잔혹성을 묘사하기 위해 야생 짐승으로 제시되는 인물, 참고. 단 7:3-27; 그리고 계 13:1에 나오는 논의를 보라)는 하나님의 허락 아래 끼어들어 증인들의 성가신 반대를 재빨리 일소해버릴 것이다. 이 인물은 "무저갱으로부터 올라"온다고 묘사된다. 그가 마귀적 영이기 때문이 아니라, 유명해지고 권세를 휘두르는 것이 사탄의 통제 아래 이루어지기 때문이다(9:1; 13:1-2에 나오는 주를 보라).

48. 나팔 심판들에서 이미 본 것처럼 애굽의 심판들이 강화된 것에 따르면, 물이 "피로" 변하는 것과 "여러 가지 재앙으로 땅을 치"(6c-e절)는 것은 그 미래의 때에는 더 문자적으로 해당될 듯하다(예를 들어, 8:7-12에 대한 설명을 보라).

49. Resseguie, *Narrative Commentary*, 162-63.

50. 요한은 이 인물을 처음으로 이야기에 소개하기 위해 관사가 있는 표현을 사용한다(관사 없는 문구를 사용할 만한 통상적인 헬라어 유형과는 반대로). 하지만 이것은 요한의 개인적인 내러티브 방식의 일부다. 주요 인물이나 항목을 이야기에서 정식으로 논의하기 전에 그것을 간략하게 예고하는 것이다. 그는 여기에 나오는 이야기에는 새로운 것이지만 '잘 알려진' 항목을 사용하는 듯하다. 그것이 종말 사건에 중요하기 때문이다. 이것은 중심인물에 대한 독자들의 인식을 고조하여 이야기에 긴장을 더한다. 다른 예로는 Beckwith, *Apocalypse*, 247-48, and Resseguie, *Narrative Commentary*, 51-52를 보라.

그 짐승이 증인들을 공격하는 것은 하나님의 백성에 반대하는 더 큰 작전의 일부인 듯 보인다. 그리고 더 큰 이야기는 13:7("권세를 받아 성도들과 싸워 이기게 되고", 참고. 단 7:21)에 제시되어 있다. 두 개인을 향한 공격(11:7)은 외견상 그 총력적 박해가 끝날 무렵 일어날 것이다. 하나님이 해로부터 스스로를 방어할 능력을 그들에게 주셨기 때문에(5-6절) 그들을 제거하려는 이전의 모든 시도를 막을 수 있었다. 하지만 하나님이 그들에게 주신 3년 반에 걸친 사명이 완수될 때, 짐승은 재빨리 "그들을 이기고 그들을 죽일"(7b절) 것이다.

그들을 죽이는 것은 분명히 모든 사람이 보도록 공개적으로 잔인하게 이루어질 것이다. 8a절은 "그들의 시체[51]가 큰 성 길에 있으리니"(또한 9-10절을 보라)라고 기록하기 때문이다. '공공 광장'(개역개정에는 "길"-역주)[52]이라는 말은 이 섬뜩한 전시가 공개적인 성질을 띠는 것으로 모든 사람이 분명히 볼 수 있고 사흘 반 동안 지속된다는 것을 강조한다(9절).

8절에 언급된 "큰 성"의 정체에 대한 암시는 뒤섞여 있다. 하지만 이 말은 매우 분명하게 예루살렘을 언급한다. 요한계시록 뒷부분 장들에서 "큰 성"은 일관되게 바벨론-로마다(16:19; 17:18; 18:10, 16, 18, 19, 21). 그리고 어떤 사람들은 "백성들과 족속과 방언과 나라"가 그 시체들을 본다는 언급(11:9) 그리고 "큰 성"과 짐승의 연관으로 보아, 예루살렘보다 더 넓은 세상, 즉 바벨론으로 상징되는 하나님을 반대하는 "성" 혹은 세상을 나타낸다고 주장한다. 더구나 요한이 실제로 이 본문에서 성의 이름을 말할 때, 그는 문자적인 이름보다는 "신비적인" 혹은 "영적인" 이름(소돔과 애굽, 8b절)을 인용하므로 문자적 장소보다는 비유적인 장소를 나타내려는 것이다.[53] 그런데 이 이름들은 그곳이 예루살렘이라고 명료하게 밝히는 듯한 8c절의 "그들의 주께서 십자가에 못 박히신 곳"이라는 단도직입적인 선언을 약화하는가? 신학적 견지에서 볼 때 "바벨론"은 십자가가 나타내는 것과 반대되고, 온 세상의 악으로 인해 예수님이 십자가로 가시게 되었다는 것은 사실이다. 하지만 이 진술은 모호한 방식으로 그 점을 말한다.[54] 요한은 명백하게 "예루살렘" 성이라는 이름을 언급하지 않는다. 그리고 그것을 밝히는 중대한 절을 가장 마지막으로 미룬다. 8c절은 간접적으로 언급하지만, 분명 "큰 성"이 이 땅에 있는 문자적인 예루살렘이라고 분명히 밝힌다.[55]

8절은 1-2절에서 시작한 예루살렘에 대한 초점을 계속 유지한다. 더 큰 환상(1-13절)은 환난 기간 끝의 예루살렘과 관련되어 있다. 그러므로 우리는 예루살렘에 대한 요한의 태도를 부정적(그리스도를 거부한 죄 때문에 혹독한 심판을 받을 것이다)이자 긍정적(이것은 그 성의 용서와 회복으로 이어지는 하나님의 징계적 벌이다)으로 이해해

---

51. "그들의 시체"(τὸ πτῶμα αὐτῶν)라는 문구는 여기에서와 9a절("그 시체", their dead body)에서 단수 집합 명사다. 이 절들은 그 죽은 자들을 하나의 존재로 묘사하기 때문이다. '그들의 시체들'(their dead bodies)이라는 복수는 9b절에 나온다. 아마 장사를 지내려면 개개인에게 더 주의가 집중되어야 하기 때문일 것이다(개역개정에는 "무덤에" 앞에 나오는 '그 시체들'이라는 말이 번역되어 있지 않음-역주).

52. '공공 광장'(πλατεία)이라고 번역된 말은 명사로 사용될 때는 넓은 공간 혹은 길을 뜻한다. 복수 형태일 때 그 말은 거리를 의미하는 경향이 있고(예를 들어, 마 6:5; 눅 10:10; 14:21), 단수 형태일 때는 시장 광장이나 시의 광장을 의미하는 경향이 있다(예를 들어, 창 19:2; 삿 19:15-20; 스 10:9; 참고. 계 21:21; 22:2). 여기에서는 관사가 사용되는데 그것은 그 성과 연관된 것으로 보아 그 말이 명확하기 때문이다(6:9에 대한 주를 보라). 이것은 그 성의 어떤 공개적인 장소를 의미할 것이 분명하다. 보통 시 생활의 중심지다. 예루살렘에서 그것은 성전 바깥의 공개적 마당을 의미할 수도 있다(참고. 2절).

53. Koester, *Revelation*, 500; Osborne, *Revelation*, 426-27; Resseguie, *Narrative Commentary*, 164; Roloff, *Revelation*, 133.

54. 아마 그를 십자가에 못 박히게 한 '자들' 혹은 그들의 주를 반대한 '자들'이라고 했다면 이렇게 더 광범위하게 해석할 수 있을 것이다. 하지만 명확한 역사적 사건인 "못 박히신"이라는 것과 그것이 일어난 "곳"이라는 말로 보아 그 성이 어디인지 문자적으로 해석하지 않기에는 좀 이상하다.

55. Aune, *Revelation 6-16*, 619-21; Charles, *Revelation*, 1:287-88; Thomas, *Revelation 8-22*, 93-94.

야 한다. 이것은 2, 8절에서 볼 수 있는 혼합된 묘사를 설명한다. "거룩한 성"과 "큰 성"[56]이지만 또한 "영적으로 하면 소돔이라고도 하고 애굽이라고도 하니"라는 것이다. '소돔과 애굽'이라는 이름은 악의 유형을 반영하고, 예루살렘을 소돔과 같이 악이 팽배하고 애굽과 같이 우상을 숭배하는 죄를 저지른 곳으로 분류한다(신 29:23; 사 1:9-10; 3:9; 19:1; 렘 23:14; 49:18; 겔 20:7; 23:27). 하나님은 소돔과 애굽에 모두 가혹한 심판을 내리셨다. 예루살렘이 이스라엘의 메시아가 십자가에 못 박히신 곳이라는 점(계 11:8c)은 한층 더 역설적이다. 하지만 하나님의 증인들이 거기에서 사역을 완수하리라는 것과, 증인들이 사흘 반 후에 놀랍게 정당함이 입증될 때 예루살렘이 심판과 회개의 중심이 되리라는 것은 이해할 만하다(11-13절).[57]

11:9-10 백성들과 족속과 방언과 나라 중에서 사람들이 그 시체를 사흘 반 동안을 보며 무덤에 장사하지 못하게 하리로다 이 두 선지자가 땅에 사는 자들을 괴롭게 한 고로 땅에 사는 자들이 그들의 죽음을 즐거워하고 기뻐하여 서로 예물을 보내리라 하더라(9 καὶ βλέπουσιν ἐκ τῶν λαῶν καὶ φυλῶν καὶ γλωσσῶν καὶ ἐθνῶν τὸ πτῶμα αὐτῶν ἡμέρας τρεῖς καὶ ἥμισυ καὶ τὰ πτώματα αὐτῶν οὐκ ἀφίουσιν τεθῆναι εἰς μνῆμα. 10 καὶ οἱ κατοικοῦντες ἐπὶ τῆς γῆς χαίρουσιν ἐπ' αὐτοῖς καὶ εὐφραίνονται καὶ δῶρα πέμψουσιν ἀλλήλοις, ὅτι οὗτοι οἱ δύο προφῆται ἐβασάνισαν τοὺς κατοικοῦντας ἐπὶ τῆς γῆς). 짐승이 하나님의 증인들을 잔인하게 취급하는 것과, 지켜보는 세상이 위험한 원수로 여겨지는 두 사람의 죽음에 무관심하고 심지어 기뻐하는 반응을 보이는 것은 조화를 이룬다. 9-10a절에서 요한은 자신이 본 것을 말하고 종말 때 그것이 실제로 일어나는 것을 예상하면서 대부분 미래 동사로 표현한 것(3, 7절)을 묘사적 현재 양식(4-6절에서처럼)으로 바꾸고, 10b절에서는 다시 미래 시제로 돌아온다(10a절에 나오는 배경이 되는 부정과거와 함께).[58] 짐승의 지시에 따라 관련 당국은 죽임당한 시체를 장사하지 "못하게"[59] 한다. 고대 사회에서(오늘날과 마찬가지로) 이것은 죽은 자들을 최종적으로 모독하고 더럽히는 것을 나타낸다(참고. 렘 9:22; 16:4-7; 참고. Tob 1:17-20; 2:3-8; 2 Macc 5:10; 또한 Sophocles, *Ant.* 21-30). 이런 공개적 치욕은 "사흘 반" 동안 계속된다. 이것은 그들의 예정된 사역 기간을 축소된 형태로 반영하고(3절), 그들의 주님이 예루살렘 밖 무덤에 계셨던 시간과 비슷하다(8c절에 나오는 제자도에 대한 주를 보라). 이 기간에 온 세상에서 온 사람들[60]이 그들의 시체를 볼 것이다. 분명 이런 공개적 구경거리에 큰 관심을 두지 않고 불쾌감도 느끼지 않으며 보는 것이다. "백성들과 족속과 방언과 나라"(9a절)에 대한 언급이 나온다고 해서 일부 사람이 주장하는 것처럼[61] 그 성이 바벨론-로마라고 혹은 일반적인 세상이라고 상징적으로 해석해야 하는 것은 아니

---

56. 구약에서는 예루살렘을 "이방인 가운데에"(겔 5:5) 놓인 "큰 왕의 성"(시 48:2)이라고 경축한다. 모든 백성이 여호와를 찾아 그리로 오리라는 것이다(렘 3:17; 미 4:2; 슥 2:10-12; 8:22; 9:9-10; 14:16). 하지만 예루살렘은 그들의 하나님을 떠나기 때문에 심판 아래 있는 "큰 성읍"으로 애도될 것이다(렘 22:1-9).

57. 예수님의 십자가 처형에 대한 이 언급은 그 성의 정체를 역설적으로 밝히는 것뿐 아니라, 그 두 증인이 죽기까지 신실하게 따른 제자도 유형을 시사한다. 그들은 자신의 주님도 하나님의 뜻을 이행하여 생명을 드렸던 바로 그 성에서 하나님을 섬기면서 죽으셨고, 모든 그리스도인은 그리스도의 증인으로서 그런 충성됨을 지니도록 부름받는다(눅 24:48; 행 1:8; 계 1:5; 2:13).

58. 11:4에 대한 주를 보라.

59. '…하지 못하게 하다'(ἀφίουσιν)는 보통 일반적으로 "사람"을 주어로 의미하는 비인격적 3인칭 복수다. 때로 이것은 수동태에 해당한다. 실제 행위자가 관련되어 있지 않기 때문이다(예를 들어, 눅 12:20). 하지만 여기에서 전후 문맥은 '그들'("무덤에" 앞에 나오는 이 말이 개역개정에는 번역되어 있지 않음-역주)이 9a절의 다문화적 무리라기보다는 당국, 특히 7절의 주인공(짐승)이라는 것을 시사한다.

60. "백성들…중에서 사람들"이라는 말은 "…중에서"(from, ἐκ)라는 전치사로 부분적 문구를 나타낸다. 문법적 구문에 대한 더 자세한 언급으로는 2:10에 대한 주를 보라. 이것은 이 모든 집단의 일부가 사흘 반 동안 이러저러한 때 이 장면을 보리라는 의미다.

61. 예를 들어, Caird, *Revelation*, 138.

다. 하지만 그것은 환난 가득한 세상에서 온 세상이 예루살렘에 관심을 집중하리라는 것과, 짐승이 유명세를 타면서 온 세상이 그의 행동을 따르리라는 것을 나타낸다(참고. 13:3, 12-13; 17:8). 동시에 그것은 악한 세력이 지배하는 마지막 기간 끝에 세상의 모든 나라 중에서 일부 사람이 그리스도를 통한 하나님의 구속에 반응할 수 있으리라는 일말의 희망을 나타내는 것을 계속해서 암시한다(참고. 13절).[62]

이 사건들을 보는 전 세계의 악한 청중은 10절에서 "땅에 사는 자들"이라고 강조된다. 이 표현은 10절 앞뒤에 나와서 그 가운데 기록된 대조적 행동(경축하는 것 대 괴롭게 하는 것)을 강조한다. "땅에 사는 자들"은 요한이 하나님을 반대하고 말일에 하나님의 심판을 받을 세상의 일반적 거민들을 지칭하기 위해 자주 사용되는 말이다.[63] 요한은 그들이 두 증인의 죽음과 그들을 모독하는 것을 "즐거워하고 기뻐"한다고 묘사한다(10b절).[64] 그들은 심지어 이것을 특별한 선물을 주고받는 기회로 삼기까지 할 것이다. 일종의 악마적 크리스마스 혹은 '박싱데이'(Boxing Day, 크리스마스 다음 날로 하인이나 가난한 사람들에게 선물을 주는 날-역주)다(고대 사회에서 이렇게 범공동체적으로 기뻐하는 것의 예로는 느 8:10-12; 에 9:19을 보라).[65] 이에 대한 그들의 이론적 근거는 어느 정도 이해할 만하다. 10a절이 나타내는 바와 같다. 요한이 땅에 사는 자들을 "이 두 선지자가…괴롭게 한 고로"라고 말할 때[66] 그것은 그들이 선지자들의 설교를 성가시게 여겼다는[67] 말이 아니다. 그것은 증인들이 3년 반 동안 사역하면서 자신을 반대하는 사람들은 누구든 심판하면서 신적 능력을 보였다는(6절, 가뭄, 피 같은 물, 모든 재앙; 참고. 9:5; 14:10에 나오는 "괴롭게 함") 말이다. 하지만 이 두 사람이 공공 광장에 시체가 되어 누워 있는 것을 보면서 그들이 느끼는 기쁨과 안도는 대역전을 가져올 것이다. 11절이 보여주는 바와 같다.

<u>11:11-12</u> 삼 일 반 후에 하나님께로부터 생기가 그들 속에 들어가매 그들이 발로 일어서니 구경하는 자들이 크게 두려워하더라 하늘로부터 큰 음성이 있어 이리로 올라오라 함을 그들이 듣고 구름을 타고 하늘로 올라가니 그들의 원수들도 구경하더라(11 καὶ μετὰ τὰς τρεῖς ἡμέρας καὶ ἥμισυ πνεῦμα ζωῆς ἐκ τοῦ θεοῦ εἰσῆλθεν ἐν αὐτοῖς, καὶ ἔστησαν ἐπὶ τοὺς πόδας αὐτῶν, καὶ φόβος μέγας ἐπέπεσεν ἐπὶ τοὺς θεωροῦντας αὐτούς. 12 καὶ ἤκουσαν φωνῆς μεγάλης ἐκ τοῦ οὐρανοῦ λεγούσης αὐτοῖς, Ἀνάβατε ὧδε. καὶ ἀνέβησαν εἰς τὸν οὐρανὸν ἐν τῇ νεφέλῃ, καὶ ἐθεώρησαν αὐτοὺς οἱ ἐχθροὶ αὐτῶν). 놀랍고 대단히 공개적인 운명의 역전이 일어날 때 하나님의 선지자들은 땅에서 살해당하고 모독당했다가 부활하고 하늘로부터 환영받게 되는 반면, 이전에 기뻐하던 원수들은 공포로 입을 떡 벌린다. 그 증인들은 사흘 반 동안 수치스럽게 노출되고 조롱당한 후 모든 사람이 지켜보는 가운데 죽은 자 가운데서 살아남으로 하나님의 종으로 완전히 입증되었다(11b-c절). 여기에 사용된 부활

62. 요한이 사용하는 "백성들과 족속과 방언과 나라"라는 말의 용법과 그 말의 구약 배경에 대한 5:9과 7:9의 설명을 보라.

63. 더 상세한 논의로는 3:10에 대한 주를 보라. 6:9-10에서 땅에 사는 자들은 "하나님의 말씀과 그들이 가진 증거로 말미암아 죽임을 당한" 사람들을 순교하게 한 혐의를 받고 있다. 8:13에서 마지막 세 나팔의 화는 그들을 향한다.

64. '즐거워하다'(χαίρω)와 '기뻐하다'(εὐφραίνω)라는 동사는, 통상 이 문맥에서 나타내는 샤덴프로이데(Schadenfreude, 다른 사람의 고통을 기뻐함)보다는 진짜로 매우 기쁜 것에 즐거워하는 것을 의미한다[예를 들어, 마 2:10; 18:13; 살전 3:9에 나오는 χαίρω; 시 16:9(15:9 LXX); 19:8(18:9 LXX); 눅 15:23에 나오는 εὐφραίνω; 눅 15:32에 나오는 두 동사 모두].

65. 여기에서 요한은 '그들이 보내리라'(πέμψουσιν)는 동사로 다시 미래를 투사한다.

66. 두 증인을 "선지자"로 이렇게 묘사하는 것(참고. 3, 7절)은 요한이 3절과 6절에서 그들에 관해 나타냈던 역할로 돌아간다.

67. 이것은 BDAG 168, Giblin, "Revelation 11.1-13," 444에서 제안한 것이다.

68. 창세기 6:17과 7:15에서는 이 땅에 존재하는 육체적 생명에 대한 묘사로 이 문구가 나온다. 창세기 2:7은 창조 때 하나님이 아담에게

의 언어는 에스겔 37:5("생기", πνεῦμα ζωῆς)[68]과 37:10(생기가 그들에게 "들어가매", εἰσῆλθεν; 발로 "그들이…일어서니", ἔστησαν)의 칠십인역에서 거의 단어 그대로 가져온 것이다. 그러면서 하나님이 죽은 뼈로부터 새 생명을 약속하신 것을 반복한다. 요한은 생기가 "하나님으로부터" 왔다고 명백하게 말한다.[69] 그들의 사역과 희생을 하늘에서 지지한다는 것을 강조하기 위함이다. 그들에게 명백히 활력이 돌아온 것("그들이 발로 일어서니")은 하나님의 역사도 보여주었다. 구경하는 자들이 "크게 두려워" 하는 것에서 알 수 있다. 이것은 초자연적 능력이 부인할 수 없이 나타난 것에 직면할 때 인간들이 일반적으로 보이는 반응이다(예를 들어, 출 15:14–16; 욘 1:10; 눅 1:12, 65; 행 5:5; 19:17). 이 두 사람이 이전에 한 행동(5–6절)에 비추어볼 때 그런 반응은 정당하다.

그들이 하나님께 정당함을 입증받았다는 더 큰 표시는 위풍당당한 '하늘로부터 들려온 소리'(참고. 10:4, 8; 14:2, 13)가 그 둘에게 "이리로 올라오라"(ἀνάβατε ὧδε)고 명한다는 것이다(12a–b절).[70] 요한은 그들이 즉시 그렇게 했다고 기록한다. 그들은 "구름을 타고 하늘로" 올라갔다. 여기에서 이 본문에 뒤섞여 있는 두 예표의 영향력이 하나의 이미지로 합쳐진다. 그리스도가 하늘로 올라가실 때 구름이 그분을 받은 것처럼(행 1:9) 그리고 엘리야가 회오리바람을 타고 하늘로 올라간 것처럼(왕하 2:11; 참고. 1 En. 39:3), 이 두 선지자는 대중이 그들의 신실한 섬김을 인식하는 가운데 하나님의 환영을 받으며 높은 곳으로 눈에 보이게 옮겨진다. 하지만 요한계시록의 경우에는 하나님께 인정을 받았다는 증거를 목격하는 사람들은 사랑하는 제자들이 아니라 두려움에 질린 적들이다. "그들의 원수들도 구경하더라"(12d절, 11d절에 쓰인 것과 같은 동사).

11:13 그때에 큰 지진이 나서 성 십분의 일이 무너지고 지진에 죽은 사람이 칠천이라 그 남은 자들이 두려워하여 영광을 하늘의 하나님께 돌리더라(Καὶ ἐν ἐκείνῃ τῇ ὥρᾳ ἐγένετο σεισμὸς μέγας καὶ τὸ δέκατον τῆς πόλεως ἔπεσεν καὶ ἀπεκτάνθησαν ἐν τῷ σεισμῷ ὀνόματα ἀνθρώπων χιλιάδες ἑπτά καὶ οἱ λοιποὶ ἔμφοβοι ἐγένοντο καὶ ἔδωκαν δόξαν τῷ θεῷ τοῦ οὐρανοῦ). 이 부분의 마지막 구절에서는 두 증인 이야기(3–12절)뿐 아니라, 회복의 표시로 하나님의 성전을 측량하는 이야기(1–2절)의 결론이 나온다. 여기에서 성과 그 사람들이 심판을 받았다는 말과 처음에 그들이 회개하고 하나님을 공경하는 반응을 보였다는 말은 영적, 민족적 갱신이 징계적 심판을 통해서만 이루어질 것임을 상기시킨다. "그때에"(13a절)라는 구체적인 시간 표시는, 그리스도의 재림과 세상에 대한 통치(19:11–20:10)로 이어지는 마지막 3년 반의 환난 기간에 초점을 맞추는 일관된 시간적 틀(참고. 2, 3, 7, 9, 11절)을 다시 확증한다. 증인들이 궁극적으로 승리하여 하늘로 올라갈 때, 예루살렘에 있던 대적들은 성의 "십분의 일"을 무너뜨리는 큰 "지진"(출 19장까지 거슬러 올라가는 심판의 한 유형, 4:5; 6:12에 대한 설명을 보라) 형태로 하나님이 발하시는 절정의 진노를 직면한다(13a–b절). 사상자 수[71] 역시 많다. "칠천"이라는 숫자는 하나님이 엘리야 시대에 신실한 이스라엘 사람들로 여기셨던 남은 자들의 숫자가 역전된 것이다(왕상 19:14–18;

"생기"를 주시는 비슷한 이미지를 반영하지만, 히브리어와 헬라어 둘 다에서 '호흡/영'을 나타내는 다른 단어를 사용한다.

69. 11–13절에서 요한은 자신이 본 사건에 대한 표준적 묘사로 돌아온다. 모든 주동사는 부정과거이고(11번), 환상의 사건들을 순서대로 이야기한다. 이것들은 그리스도의 재림 직전 미래의 절정의 날에 일어날 일을 묘사한다.

70. 요한은 4:1에서 같은 소환을 받는다(ἀνάβα ὧδε). 하지만 그가 받은 소환은 환상 속에서 올려가는 것이었던 반면, 그들이 받은 소환은 실제 몸으로 받은 것이다.

71. "사람이 칠천"이라는 문구에서 "사람"은 '사람들의 이름'(ὀνόματα ἀνθρώπων)을 의미하는 헬라어 문구를 번역한 것이다. 여기에서 그 말은 '개별적 사람들'을 의미하는 것으로 그중 칠천 명이 죽임을 당했다(참고. 3:4; BDAG 714).

롬 11:4).[72] 남은 수,[73] 즉 대격변에서 살아남은 자들은 "두려워하여 영광을 하늘의 하나님께 돌리더라"(13d절). 그들의 두려움(ἔμφοβοι)은 11d절에서 처음에 "크게 두려워"(φόβος μέγας)하던 것과 조화를 이루지만 그것을 넘어선다. 13d절에서 하나님께 영광을 돌리는 것이 진정한 영적 회개를 나타내는지 아니면 단지 심판에 대한 외적이고 위축된 복종인지에 대해서는 약간의 논란이 있다. "하늘의 하나님"이라는 문구는 많은 사람이 다른 신들을 인정하는 문맥에서 자연히 이스라엘의 하나님이 최고임을 밝힌다(에스라-느헤미야에서 13번 사용됨; 참고. 대하 36:23; 단 2:18-19; 욘 1:9). 아마 다니엘 2:37과 2:44이 요한의 단어 선택에 더 크게 영향을 끼쳤을 것이다. 그 구절들은 이 땅의 통치는 오직 이스라엘의 하나님에게서만 온다고 말하고, 미래에 (이스라엘을 통해) 하나님의 영원한 나라가 이 땅의 모든 인간 나라를 대신할 것이라고 설명하기 때문이다. 뒤에 나오는 구절에서 요한은 하나님을 두려워하며 하나님께 영광을 돌리는 것과 참된 예배(14:7) 그리고 하나님을 모독하는 것과 회개하지 않는 것을(16:9, 11) 연결한다. 11:13에서 '두려움'과 "영광"이 결합되어 있는 것은 일어난 일에 대한 긍정적이고 회개하는 반응을 반영하는 듯 보인다.

11:14 둘째 화는 지나갔으나 보라 셋째 화가 속히 이르는도다(Ἡ οὐαὶ ἡ δευτέρα ἀπῆλθεν· ἰδοὺ ἡ οὐαὶ ἡ τρίτη ἔρχεται ταχύ). 9:12에서 다섯째 나팔이 불린 후 그랬듯, 8:13에 선언된 마지막의 세 가지 화라는 구조가 여기에서 다시 표면화된다. 이 선언은 여섯째 나팔의 사건이 끝난 9:21 직후에 연이어 나오지 않는다. 그것이 이 구절에 나오는 것은 중간에 낀 두 부분, 곧 작은 두루마리(10:1-11)와 성전 측량 및 두 증인(11:1-13)에 대한 부분을 여섯째 나팔, 곧 둘째 화와 연관시켜야 한다는 표시다.[74] 중간에 낀 이 이야기에 인용된 시간적 표시(예를 들어, 10:6-7; 11:2-3, 11, 13)는 거기에 묘사된 사건들이 환난의 후반부에 일어날 것이며 그리스도의 재림 때 절정에 이르기까지 쭉 이어지리라고 확증한다. "셋째 화"는 그 재림 직전에 일어나며 거기 수반되는 대격변적 심판들을 언급한다. 그것이 "속히 이르는도다"라는 경고(14b절)는 요한계시록 몇 군데에서 그리스도의 임박한 강림에 대해 사용된 표현을 반영한다(2:16; 3:11; 22:7, 12, 20). "셋째 화"의 끝은 뒷부분에서 명백히 표시되지 않는다. 요한은 그 내용을 다른 방식으로 나타내기 때문이다(15a절에서 일곱째 나팔에 대한 설명을 보라).

11:15 일곱째 천사가 나팔을 불매 하늘에 큰 음성들이 나서 이르되 세상 나라가 우리 주와 그의 그리스도의 나라가 되어 그가 세세토록 왕 노릇 하시리로다 하니(Καὶ ὁ ἕβδομος ἄγγελος ἐσάλπισεν· καὶ ἐγένοντο φωναὶ μεγάλαι ἐν τῷ οὐρανῷ λέγοντες, Ἐγένετο ἡ βασιλεία τοῦ κόσμου τοῦ κυρίου ἡμῶν καὶ τοῦ Χριστοῦ αὐτοῦ, καὶ βασιλεύσει εἰς τοὺς αἰῶνας τῶν αἰώνων). 일곱째 천사가 나팔을 불면서(15a절) 8:2-7에서 시작된 나팔 시리즈가 마무리된다. 하지만 8:1에서 일곱째 인을 떼는 것이 어떤 임박한 심판도 표시하지 않는 것처럼(처음 여섯 인과 달리, 6:1-17), 일곱째 나팔이 불린 후에도 명백한 심판이 이어지지 않는다. 그 대신 결국

72. 하나님이 엘리야에게 알려주신 말이 어림수이기는 해도 실제 숫자를 의미했을 것처럼, 여기에 나오는 요한의 숫자는 문자적인 것으로 보인다. 하지만 단지 혹은 오로지 문자적인 것만은 아니다. 그것은 함축적인 혹은 암시적인 의미도 지니고 있다.

73. 앞에서 인용한 부분(13b절, "성 십분의 일")은 사람이 아니라 건물을 언급했으므로, 일부 사람의 제안과는 반대로 "칠천"은 성의 인구를 추산할 만한 기초를 제공하지 않는다.

74. Lambrecht, "Structuration," 92-93; Siew, *War*, 114-15. 몇몇 해석자는 이 선언이 여기에 나오는 것이 요한이 자신의 이전 글을 마지막으로 편집하는 중에 혹은 후대 편집자들이 혼동했거나 무능력해서 그렇게 된 것이라고 본다(Aune, *Revelation 6-16*, 630; Roloff, *Revelation*, 134-35). 우리가 최선이라고 생각하는 것에 따라 본문을 다시 쓰기보다는 가능하면 본문이 제시하는 대로 받아들이는 것이 언제나 더 낫다.

15-16장에서 이어지는 일곱째 대접은 일곱째 나팔의 심판에서 더 확장된 것이다(일곱 나팔들이 일곱째 인을 확장하는 것처럼, 참고. 8:1-2에 대한 설명을 보라). 일곱 심판이 각각 이렇게 겹쳐져서 누적된 것은, 각 시리즈를 통해 하나님의 다가오는 심판과 구속의 절정으로 독자를 곧장 이끄는 효과를 낸다. 10:6-7에 나오는 일곱째 나팔에 대한 하늘의 예고는 이 절정이 일어날 장을 마련하고(즉, 더 이상 지체하지 않는 것, 일곱째 천사가 나팔을 불 때 하나님의 비밀이 이루어질 것이다), 일곱째 대접을 "일곱 …마지막 재앙"(15:1)으로 묘사하면서 다른 쪽 끝에서 그것을 강화한다.

일곱째 나팔의 즉각적 효과는 심판의 맹공격 대신 온 세상에 대한 하나님의 영원한 승리를 선포하는 "하늘에 큰 음성들"[75]이다(15b-d절). 이것은 이 장들에 나오는 하늘의 선언 시리즈 중 하나님의 온전한 심판과 구속의 도래가 임박했다는 또 다른 선언이다(10:6-7; 12:10-12; 14:7-8; 15:1; 18:2; 19:2; 또한 10:7에 나오는 해설을 보라). 땅에서 일어나는 사건들에 대한 하늘의 관점에 비추어볼 때, 그 음성들은 기존의 악한 제국들을 이기고 하나님의 통치가 땅에 이루어지는 것을 선포한다. "세상 나라가 우리 주와 그의 그리스도의 나라가 되어"(15c절). 완전한 성취는 아직 이르지 않았다. 일곱 개의 마지막 재앙이 이제 부어져야 하고(15:1-16:21) 바벨론은 패배해야 한다(17:1-18:24). 하지만 땅에 대한 하나님의 통치는 이미 결정되었으므로 그것은 확실하고 가깝다. 임박한 승리는 부정과거("이르되", ἐγένετο[76])뿐만 아니라 미래 동사("왕 노릇 하시리로다", βασιλεύσει)로 표현된다. 예상되는 것이 이미 정해진 것이며 이제 곧 땅에서 일어나리라는 점을 나타내기 위해서다.[77]

이 환호의 표현은 다니엘 2:44과 7:13-27 및 시편 2:1-12에 강력하게 영향을 받았다. 요점은 단지 하나님이 하늘의 위대한 왕으로 영원히 다스리신다는 것이 아니라(왕하 19:14-19; 시 22:28; 93:1-2; 95:3; 단 4:3, 34에서처럼) 그분이 땅에서 그 통치를 실제로 확립하시리라는 것이다(참고. 마 6:10). 요한은 여기에서 다니엘의 환상이 성취되는 것을 본다. 세상의 잔혹한 이방 나라들이 궁극적으로 "인자 같은 이"(단 7:13-14, 22, 27)에게 패배하는 환상이다. 그분은 "지극히 높으신 이의 성도들"을 위해 다스리신다(단 7:18, 22, 25, 27).[78] 마찬가지로 이방 나라들이 "여호와와 그의 기름 부은 받은 자를 대적하며" 맹렬히 반대하는 것(시 2:1; 참고. 계 11:18)은, 궁극적으로 시온에서 모든 이방 나라를 다스릴 하나님의 다윗 계열

75. "큰 음성"(단수)이라는 문구는 요한계시록에서 자주 나온다(가까운 전후 문맥에서는 11:12; 12:10을 보라). 하지만 이것은 복수로 나오는 유일한 경우다. 하지만 음성이나 소리가 하늘의 여러 근원에서 나오는 14:2과 19:1의 단수 문구를 보라.

76. 이 부정과거는 그 성취를 최근의 과거에 일어난 사건을 요약한 것으로 묘사한다. 그래서 '…가 되어'(has become)라는 번역(거의 모든 영어 역본, 참고. NLT "이제 …가 되어", has now become)이 나온 것이다. 영어는 최근의 과거에 일어난 행동에 대해 현재 완료를 더 선호하기 때문이다(참고. 6:17; 9:12; Fanning, *Verbal Aspect*, 260-61). 이것은 미래적 혹은 예기적 부정과거가 아니다(참고. Aune, *Revelation 6-16*, 638; Smalley, *Revelation*, 289). 하지만 미래적 해석의 옳은 점은 하나님의 통치가 확실하고 임박하다는 의미를 나타낸다는 것이다. 그것은 '완성적'(consummative) 부정과거라고 할 수 있다. 그것이 지닌 의미가 반대에도 불구하고 실제로 성취되었기 때문이다(Fanning, *Verbal Aspect*, 263-65). 하지만 그것은 영어에서 '…가 되었다'(has become)라고 표기해야 하는 최근의 과거 개념이다. Rowland, "Revelation," 643은 요한계시록에서 γίνομαι가 보통 '…이다' 혹은 '…이었다'라는 의미이고, 11:15에 나오는 ἐγένετο는 '속했다'라는 의미에서 '…이었다'(즉, 세상 나라들은 언제나 하나님의 것이었다)라고 번역해야 한다고 주장한다는 점에서 완전히 틀렸다. 그의 해설은 그가 부정과거 '최근의 과거' 시제 용법(그는 그것을 헬라어 완료와 혼동한다)을 이해하지 못한다는 점과 그가 11:15의 신학적 요점을 깨닫지 못함을 보여준다.

77. Thompson, *Revelation*, 60-64는 요한계시록에 나오는 그런 예배적 본문들(예를 들어, 10:6-7; 11:15-18; 12:10-12; 14:7-8; 15:1; 18:2; 19:2)을 곧 땅으로 내려올 하늘의 실상을 경축하는 것으로 묘사한다.

78. 또한 잔혹한 이방 통치자가 하나님의 백성을 그의 발아래 짓밟는 기간("한 때와 두 때와 반 때", 단 7:23-25)을 보라. 그것은 요한계시록 11:2-3, 7에 암시되어 있다.

왕이 이 땅에서 다스리시는 것으로 말미암아 정복될 것이다(시 2:6-9; 참고. 계 2:26-28; 12:5; 19:5).[79] 요한이 15c절에서 "세상"(κόσμος)이라는 구체적 단어를 사용하는 것은 다니엘서나 시편 2편에서 나온 것은 아니다(그 개념은 나오지만). 이 용어는 "악의 권세에 일시적으로 통제를 받으며, 하나님을 반대하여 조직된 인간 사회"[80]를 말하는 것으로, 요한복음과 요한 서신에 쓰이는 특유의 용법이다(요 7:7; 15:18-19; 16:33; 요일 2:15-17; 5:19; 또한 마 4:8을 보라). 사탄은 현재 이 세상의 통치자다(요 12:31; 14:30; 16:11; 또한 마 4:8과 눅 4:5-6을 보라). 하지만 그리스도는 이미 십자가에서 사탄을 결정적으로 정복하셨다(요 16:11, 33). 그런데 이 승리는 요한계시록 4-19장에 제시된 사건들을 통해 이 세상에서 완전히 성취되어야 한다. 11:15의 마지막 부분은 일단 그 통치가 확립되면 앞으로 영원토록 연장되리라고 선언한다. "그가 세세토록 왕 노릇 하시리로다."[81] 이 절은 사실상 요한이 요한계시록 20-22장에서 제시하는 묘사를 예고한다(천년왕국 때 그리스도의 통치가 새 하늘과 새 땅에서 하나님의 영원한 통치로 전환되는 것, 참고. 고전 15:23-28).

11:16-17 하나님 앞에서 자기 보좌에 앉아 있던 이십사 장로가 엎드려 얼굴을 땅에 대고 하나님께 경배하여 이르되 감사하옵나니 옛적에도 계셨고 지금도 계신 주 하나님 곧 전능하신 이여 친히 큰 권능을 잡으시고 왕 노릇 하시도다(16 καὶ οἱ εἴκοσι τέσσαρες πρεσβύτεροι [οἱ] ἐνώπιον τοῦ θεοῦ καθήμενοι ἐπὶ τοὺς θρόνους αὐτῶν ἔπεσαν ἐπὶ τὰ πρόσωπα αὐτῶν καὶ προσεκύνησαν τῷ θεῷ 17 λέγοντες, Εὐχαριστοῦμέν σοι, κύριε ὁ θεὸς ὁ παντοκράτωρ, ὁ ὢν καὶ ὁ ἦν, ὅτι εἴληφας τὴν δύναμίν σου τὴν μεγάλην καὶ ἐβασίλευσας). 4-5장의 환상에서처럼, 하나님의 하늘 보좌를 둘러싸고 자신의 보좌에 앉아 있던(4:4) 이십사 장로가 이제 스스로 예배 자세를 취하고(16절; 참고. 4:10; 5:8, 11, 14) 감사의 노래를 하면서(17절)[82] 하늘에서 들리는 음성(15b절)의 환호에 합류한다. 그들이 하늘에서 감사를 선언하는 것은 4:9과 7:12을 상기시키고, 여기에서는 그들의 감사 주제에 적합한 호칭을 사용해서 주께 말한다. 주 하나님은 "전능하신 이"(παντοκράτωρ)다. 그것은 요한계시록에서 하나님에 대해 사용하는 특유의 호칭으로[83] 구약에 뿌리를 두고 있고(1:8에 나오는 해설을 보라) 하나님이 창조하신 우주의 일들에 대한 그분의 전능하신 주권을 나타낸다.[84] 요한계시록 1:8과 4:8에서처럼, "주 하나님 곧 전능하신 이"라는 이름에는 "옛적에도 계셨고 지금도 계신"(11:17b)이라는 호칭이 함께 나온다. 이것은 하나님의 영원하고 자존하는 신성을 의미한다. 후자는 출애굽기 3:14에 뿌리를 두고 있다(이 문구의 문법과 신학에 대한 논의로는 1:4에 대한 설명을 보라). 요한계시록 1:8과 4:8에는 "장차 오실 이"라는 세 번째 별칭이 나온다. 하지만 여기와 16:5에는 이 문구가 빠져 있다. 하나님이 장차 오시는 것이 이제 현실이 되었음을 감지하기 때문이다(1:4을 보라). 감사하는 이유('왜냐하면', ὅτι, 17c절, "친

79. 하나님과 "그의 그리스도"의 통치에 대한 또 다른 환호로는 12:10을 보라.
80. Smalley, *Revelation*, 289; 또한 H. Sasse, "κόσμος," *TDNT* 3:894-95를 보라.
81. 이 말은 몇몇 구약 본문(출 15:18; 시 10:16; 146:10; 사 24:21-23; 옵 1:21; 미 4:5-8; 슥 14:9; 또한 Wis 3:8을 보라)을 매우 비슷하게 반영한다. "세세토록"이라는 문구에 대해서는 요한계시록 1:6에 대한 주를 보라.
82. 장로들의 감사 선언은 직접 인용문으로 18절 끝까지 계속된다(17b-18절에 나오는 2인칭 대명사들을 보라). 하지만 19절은 요한의 환상에 나오는 사건들에 대한 더 상세한 묘사다(하나님을 3인칭으로 언급하는 것을 보라).
83. 이 용어는 요한계시록에서 9번 나오며(7번은 "주 하나님"이라는 말과 함께, 1:8; 4:8; 11:17; 15:3; 16:7; 19:6; 21:22; 그리고 2번은 "하나님"이라는 말만 나온다, 16:14; 19:15) 신약에서 단 한 번 더 나온다(고후 6:18에서 구약 인용으로).
84. Bauckham, *Theology*, 30에서 말하는 것처럼, 그 용어는 "하나님의 추상적 전능하심보다는 그분이 실제로 만물을 주관하시는 것을 나타낸다." 또한 Bauckham, *Climax*, 33; H. Langkammer, "παντοκράτωρ" *EDNT* 11-12를 보라. "전능하신"이라는 말은 15:3과 19:6에서도 땅의 왕으로 하나님이 '다스리시는' 것과 연관되어 있다.

히" 앞에 나오는 이 말이 개역개정에는 번역되어 있지 않음-역주)는 하나님이 땅에서 권위로 통치하시면서 발휘하시기 위해 "큰 권능"을 손에 "잡으"셨기 때문이다[참고. NLT, REB, "취했다"(assumed)]. '왕 노릇 하기 시작하셨다'(ἐβασίλευσας, 개역개정에는 "왕 노릇 하시도다"-역주)는 것이다.[85]

11:18 이방들이 분노하매 주의 진노가 내려 죽은 자를 심판하시며 종 선지자들과 성도들과 또 작은 자든지 큰 자든지 주의 이름을 경외하는 자들에게 상 주시며 또 땅을 망하게 하는 자들을 멸망시키실 때로소이다 하더라(καὶ τὰ ἔθνη ὠργίσθησαν, καὶ ἦλθεν ἡ ὀργή σου καὶ ὁ καιρὸς τῶν νεκρῶν κριθῆναι καὶ δοῦναι τὸν μισθὸν τοῖς δούλοις σου τοῖς προφήταις καὶ τοῖς ἁγίοις καὶ τοῖς φοβουμένοις τὸ ὄνομά σου, τοὺς μικροὺς καὶ τοὺς μεγάλους, καὶ διαφθεῖραι τοὺς διαφθείροντας τὴν γῆν). 장로들은 주 하나님께 감사를 선언하면서 하나님의 심판과 구속의 임박한 완성을 계속해서 추적한다. 저항하는 자들에 대한 심판(18a-b절)으로부터 의롭고 불의한 죽은 자들에 대한 심판으로(18c절), 의인에게 상 주시는 것으로(18d절) 그리고 다시 심판으로(18e절) 이동한다. 여기에서 이방 나라들이 하나님과 그분의 백성에게 적대감을 품는 배경은 15절과 18절에 언급된 다니엘 7장과 시편 2편에 대한 언급으로 암시되어 있었는데, 이제 이방들이 하나님의 다가오는 통치에 저항하는 헛된 "분노"가 언급됨으로 명시적으로 표현된다(시 2:1; 참고. 출 15:14; 왕하 19:28; 시 99:1). 하지만 하나님의 반응은 원수들에 대한 심판과 정의에서 하나님의 "진노"(ὀργή, 참고. 렘 30:23)가 임하는[86] 것이다.[87] 임하는 것[88]은 이 시간 동안 일어나는 일을 규정하는 혹은 설명하는 하나님의 세 가지 절정의 행동(그다음에 나오는 세 개의 부가 설명적 혹은 설명적 부정사로 표현된)의 "때" 혹은 시절(καιρός)이다. 이 중 첫 번째는 "죽은 자를 심판"(18c절)하는 것이다. 이것은 선한 일이나 악한 일에 대해 하나님의 평가에 직면할, 의로운 자들뿐 아니라 불의한 "죽은 자"들을 일반적으로 언급한 것이다(참고. 14:7; 22:12). 이 심판은 그다음에 나오는 두 개의 부정사('상 주시다'와 '멸망시키다')를 통해 긍정적, 부정적으로 규정된다.

긍정적 측면은 하나님께 신실했던 사람들에게 '상 주시는'(δοῦναι τὸν μισθὸν) 것이다(18d절).[89] 이들은 두 집단으로 명시되는데 마지막 집단이 더 많이 묘사된다. 처음에 언급되는 것은 하나님의 "종 선지자들"이다. 이 표현은 10:7과 그 배후에 있는 일반적인 구약 문구의 영향 때문에 하나의 단위로 보이지만 사실은 두 개의 호칭이다.[90] 요한은 때로 하나님의 백성 전부를 언급하기 위해 "종"이라는 말을 사용할 수 있지만(예를 들어, 1:1; 2:20; 19:2, 5; 22:3, 6), 여기에서는 이 말의 범위를 더 구체적인 집단으로 좁힌다. 이 "종 선지자들"에는 구약과 신약의 선지자들(예를 들어, 요한이 종종 암시하는 선지자

85. '왕 노릇 하기 시작하셨다'(ἐβασίλευσας)는 동사는 시작의 부정과거이지만(참고. 19:6, ἐβασίλευσεν) 영어로는 여기에서 완료 현재로 번역되었다. 전후 문맥이 하나님의 지상 통치를 시작하는 최근의 과거 사건에 초점을 맞추고 있기 때문이다(15절에 대한 주를 보라). '잡으셨다'(εἴληφας)는 헬라어 완료이지만 15, 17절에서는 부정과거와 유사한 부정과거적 의미로 사용된다(5:7; 7:14에 대한 주를 보라).

86. "내려"(has come)라는 동사는 최근의 과거에 한 행동을 의미하는 또 다른 부정과거다(11:15에 대한 주를 보라). 하늘의 관점에서 하나님의 진노와 심판 및 상을 받을 때는 이미 왔다. ἦλθεν이라는 동사는 6:17, 14:7, 15, 18:10, 19:7에서도 이런 의미를 지닌다.

87. 하나님의 "진노"(ὀργή)와 "분노"(θυμός)를 묘사하는 단어들은 요한계시록 앞부분에는 별로 나오지 않는다(예를 들어 6:16-17에서 ὀργή만 두 번 나온다). 하지만 그 말들은 여기에서부터 끝까지 11번 나온다

88. '죽은 자를 심판하…실 때' 등에 대한 절에는 '임했다'(has come, ἦλθεν)라고 번역된 동사가 빠져 있다. 하지만 그것은 앞의 절에 의해 분명하게 암시되어 있다. 또한 하나님의 심판의 "시간"이 이른(ἦλθεν) 것을 말하는 14:7을 보라.

89. 상이라는 개념이 역시 포함되어 있는 2:23과 22:12을 보라(μισθός라는 용어를 사용하기도 하고 사용하지 않기도 하면서).

90. 왕하 9:7; 17:13, 23; 21:10; 24:2; 스 9:11; 렘 7:25; 25:4; 겔 38:17; 단 9:6, 10; 암 3:7; 슥 1:6을 보라.

이사야, 에스겔, 다니엘, 스가랴 및 요한과 3-13절의 두 선지자), 즉 하나님이 자신의 구속의 비밀을 점진적으로 드러내시는 전달의 통로가 포함될 것이다(10:7). 두 번째로 언급되는 것은 일반적 집단인 "성도들", 즉 일반적인 하나님의 백성(οἱ ἅγιοι, 이 용어의 이런 의미에 대해서는 5:8에 대한 주를 보라)이다. 아마 여기에서는 다니엘 7:18, 22, 25, 27(계 11:15에서 암시된)의 영향으로 이 용어가 선택되었을 것이다. "성도들"은 앞으로 나오는 장들에서 종종 고난당하고 악의 세력에게 공격을 받는 것으로 묘사된다(예를 들어, 13:7, 10; 17:6; 18:20; 그리고 16:6과 18:24에서 "성도들"은 "선지자들"과 함께 박해받는 두 집단으로 언급된다).

그리고 뒤이어 나오는 문구에서처럼 하나님을 경외하는 것에 대한 언급들은 뒤의 장들에도 나온다(14:7; 15:4; 19:5, 하지만 계시록 앞부분에서는 전혀 나오지 않는다. 13d절에 나오는 ἔμφοβοι는 다른 의미를 지닌다). 그리고 그 언급들은 "성도들"과 같은 집단, 즉 일반적인 하나님의 백성을 묘사하는 듯하다('하나님을 경외하는 자들'이 일반적인 의미에서 "하나님의 종들"과 유사한 의미인 19:5을 보라).[91] 그래서 "성도들" 다음에 나오는 "또"(καί)라는 말은 상을 받을 다른 집단을 가리키기보다는 설명적 문구를 추가한다. 그러므로 요한은 "주의 이름을 경외하는 자들"을 더 묘사하기 위해 한 문구를 더한 것이다(19:5에서처럼, 참고. 또한 시 115:13). "작은 자든지 큰 자든지"[92] 모든 사회, 경제적 계층은 하나님의 백성 가운데서 상을 받을 것이다. 모든 인종 집단과 마찬가지다(참고. 5:9; 7:9).

이제 임한 하나님의 심판의 때가 지닌 부정적 측면은 "땅을 망하게 하는 자들을 멸망시"(18e절)킨다는 것이다. 이것은 언어유희를 사용한 것으로 "음행으로 땅을 더럽게 한"(19:2)[93] 큰 음녀 바벨론에 다가오는 심판을 분명히 나타낸다. '망하게 하다'(διαφθείρω 및 그 말과 같은 어원에서 나온 단어들)라는 동사는 물리적으로 썩는 것이나 철저한 멸망을 뜻할 수도 있고(8:9; 참고. 눅 12:33; 고후 4:16), 도덕적 혹은 영적 부패를 말할 수도 있다(계 19:2; 참고. 창 6:11; 고전 15:22; 고후 7:2; 11:3; 딤전 6:5). 요한은 다른 사람들을 도덕적, 영적으로 미혹하는 사람들에 대한 하나님의 파괴적 심판을 묘사하기 위해 그 동사의 이중적 의미를 사용한다(고전 3:17에서 바울이 간단한 동사로 언어유희를 하는 것을 보라, 또한 벧후 2:12; 유 1:10). 환경에 대한 관심이 지대한 오늘날에는 "땅을 망하게 하는" 것이 생태학적 멸망을 나타내는 듯 보일 수 있다.[94] 하지만 이 문맥에서 "땅"은 환유에 의해 바벨론이 하나님으로부터 유인해내는 세상의 거민들을 가리킨다(참고. 계 17:2; 18:3, 9, 23). 관련 동사 καταφθείρω는 창세기 6:12 칠십인역에서 땅 및 "모든 혈육 있는 자"의 부패함을 묘사하기 위해 두 번 사용된다. 그리고 6:13에서 노아 시대의 홍수에서 땅과 인류의 임박한

91. 요한은 사도행전 몇몇 군데에서처럼[행 10:2, 22, 35; 13:16, 26, 또한 여섯 번의 다른 경우에는 동사 σέβω('경외, 예배')를 사용해서] '하나님을 경외하는 자들'이라는 말을 이스라엘의 하나님께 이끌리는 이방인들을 명기하기 위해 사용한다는 어떤 표시도 보이지 않는다. 그는 또한 Aune, *Revelation 6-16*, 645에서 주장하는 것처럼 유대인 그리스도인인 '성도들'과 대조적으로 그리스도를 믿는 이방인 신자들을 의미하기 위해 누가복음에 나온 말의 의미를 확장하는 것 같지도 않다.

92. 18d절에 나오는 "작은 자든지 큰 자든지"라는 문구는 헬라어에서는 대격으로 나온다(τοὺς μικροὺς καὶ τοὺς μεγάλους). 하지만 통상적 구문에서는 그것은 "주의 이름을 경외하는 자들"과 문법적 호응을 이루기 위해 여격이 되어야 한다. 몇몇 사본은 "작은 자든지 큰 자든지"라는 말을 여격으로 해석한다. 하지만 이것은 외적, 내적 근거에 의거할 때 더 열등한 독법이다(참고. *TCGNT2*, 672). Mussies, *Morphology*, 100은 이것이 그 문구의 히브리어 표현이 될 만한 것을 지나치게 문자적으로 해석했기 때문일 것이라고 말한다. Mathewson, *Handbook*, 154는 더 그럴듯한 제안을 한다. 여격은 "높은 사람이나 낮은 사람을 막론하고 여호와를 경외하는 자들"이 여격으로 사용된 시편 115:13(113:21 LXX)에서 나왔으리라는 것이다.

93. 19:2에 나오는 '더럽게 했다'는 동사는 여기에서 사용된 '멸망하다'(διαφθείρω)라는 동사와 관련된 φθείρω의 단순한 형태다. 하지만 19:2의 몇몇 사본은 복합적 형태인 διαφθείρω라고 되어 있다. διαφθείρω라는 동사는 또한 예레미야 51:1, 25(28:1, 25 LXX)에서 고대 바벨론이 온 땅에 한 일과 하나님이 바벨론에게 하실 일을 묘사하기 위해 사용된다.

94. 어떤 사람들은 본문이 말하도록 하는 대신 고대 본문에 현대의 관심사를 부과하지 않고는 못 배긴다(Prigent, *Apocalypse*, 364를 보라).

"부패" 혹은 멸망을 선언하기 위해 사용된다.

11:19 이에 하늘에 있는 하나님의 성전이 열리니 성전 안에 하나님의 언약궤가 보이며 또 번개와 음성들과 우레와 지진과 큰 우박이 있더라(καὶ ἠνοίγη ὁ ναὸς τοῦ θεοῦ ὁ ἐν τῷ οὐρανῷ καὶ ὤφθη ἡ κιβωτὸς τῆς διαθήκης αὐτοῦ ἐν τῷ ναῷ αὐτοῦ, καὶ ἐγένοντο ἀστραπαὶ καὶ φωναὶ καὶ βρονταὶ καὶ σεισμὸς καὶ χάλαζα μεγάλη). 요한은 15절의 일곱째 나팔 이후에 나온 하늘 장면을 목격하는 절정의 사건에서[95] 이제 하나님 임재의 불길한 전조들을 경험한다. 하나님은 15-18절의 공표된 절정을 성취하시기 위해 지상 현장에 개입하실 준비가 되어 있으시다. 하나님이 나타나시는 것은 먼저 하늘에서 그분의 성전이 가장 안쪽 성소까지 열리는 것으로 표현된다(19a-b절). 요한은 하나님의 하늘 성전이 '열렸다'고 기록하는데, 이런 독특한 접근은 15:5-8에서 최후의 심판 순서를 다시 말할 때 반복될 것이다.

요한은 4-5장에서 하나님의 하늘 보좌 알현실이 열리는 것을 보았다. 그리고 요한은 하나님이 하늘 수행원들의 한가운데서 보좌에 앉아 전 세계의 심판과 구속에 대한 계획을 실행하실 준비를 하고 계신 것을 보기까지 했다(5:1, 5, 7-9을 보라). 여기에서 그리고 그 본문에서 잇따라 이어지는 환상에서 하늘 성전의 특징이 드러난다(6:9; 7:9-11; 8:3, 5; 9:13; 11:16). 하지만 4-5장의 환상과 후에 그것을 몇 번 엿본 것은, 요한이 이제 그 절정에서 목격하는 것을 슬쩍 예시했을 뿐이다. 그것은 하나님 자신이 온 세상의 심판자와 통치자로서 곧 나타나신다는 것이다. "하나님의 언약궤"가 하늘에서 보인다는[96] 언급은 하나님이 땅에 대한 주권을 주장하실 준비를 하고 나타나신다는 것을 의미한다. 이것은 성경에서 하늘의 언약궤에 대한 유일한 언급이다. 하지만 땅의 성막 건설이 시작되었을 때부터, 그 예배 장소와 그 곳 기구들의 원형은 하늘에 존재했고 모세가 그 특징을 보게 되었다고 여겨졌다(출 25:40; 히 8:1-5). 구약은 하나님을 땅의 성소에도 임재하셔서 통치하시는 분으로 상상했다. 그분은 "그룹 사이에 좌정"하셨고(삼상 4:4; 삼하 6:2; 대상 13:6), 이것은 하나님이 온 땅의 나라들을 통치하시는 것과 연관되어 있었다(왕하 19:15; 사 37:16).

임박한 하나님의 심판에 대한 불길한 표시는 19c절에서 다시 나타난다(4:5; 8:5; 16:18에서처럼). 이 표현들은 이스라엘이 시내 산에서 경험한 하나님의 두려운 임재를 나타내고(출 19:16-19), 그 후로 종종 신적 현현과 다가오는 심판의 징조에 대한 상징으로 여러 번 사용되었다.[97]

95. 19절이 11:15-18과 더 잘 어울리는지 아니면 12:1 이하와 더 잘 어울리는지는 논란의 여지가 있다. 하지만 심판과 승리에서 하나님의 임박한 임재의 징조(19절)는 앞의 것과 좀 더 자연스럽게 맞는 듯하다. 12:1에서 시작되는 하늘의 "이적"(여자, 용)은 별개의 환상 단계로 이동한다. 19절과 11:15-18(하나님이 이 땅을 통치하러 곧 오시는 것을 하늘의 음성이 경축하는)과의 연관은 주제 면에서 더 강력하다.

96. 19b절에 나오는 "보이며"는 부정과거 수동태이고(ὤφθη) "나타났다"(appeared, CSB, NASB) 혹은 "눈에 보이게 되었다"(was visible, NET)라는 자동사적 의미를 지닌다. 그것은 진짜 수동태인 "보였다"(was seen, ESV, KJV, NIV, NRSV)는 아니다. BDAG 719; BDF §313을 보라. 이 동사는 또한 12:1, 3에도 나온다.

97. 4:5과 8:5에 대한 설명을 보라. 또한 Bauckham, *Climax*, 199-204를 보라.

적용에서의 신학

1. 전쟁 때 증언하는 것

이 본문은 하나님의 성전, 거룩한 성 예루살렘 그리고 세상이 지켜보는 동안 그곳에서 하나님의 선지자들이 한 증언 등에 초점을 맞추면서 이스라엘이 회복되기 전 결정적인 심판의 날에 이스라엘 땅에서 일어날 일을 요약한다. 그것은 또한 인간이 죄에 빠진 때로부터 세계 역사 내내 창궐했던 더 큰 충돌을 강화된 형태로 보여준다. 그때 이후로 이 세상 권세들은 사탄의 부추김을 받아 하나님과 그리스도께 대항해서 전쟁을 해왔고, 세상의 타락한 거민들을 그 우주적 투쟁에 끌어들였다. 그런 세상에서 일어나 하나님의 진리를 증언하도록 부름받은 사람들은 기적적인 성공을 거둘 뿐만 아니라 강력한 반대에 직면하게 될 것이다. 우리는 인생을 살아가면서 그리고 그리스도를 증언하면서 이러한 일을 경험할 때 놀랄 필요가 없다. 우리 역시 아주 오래된, 하지만 덜 강력한 충돌이라는 큰 이야기 속에 들어와 있기 때문이다. 하지만 종말 때 나타날 하나님의 두 증인처럼 우리는 환영받지 못하는 세상 속에서 복음을 증언하라는 하나님의 부르심을 받아들여야 한다. 그것이 어렵고 때로는 값비싼 희생을 요구해도 말이다. 우리는 예수 그리스도 안에 있는 하나님의 은혜로운 구원에 대한 진리를 증언해야 한다. 그 구원은 그분께 적대적인 사람들에게까지 주어진다. 우리는 그리스도 안에서 하나님의 진리를 말하고 삶으로 살아냄으로써, 원수를 사랑하고 우리를 미워하는 사람들을 위해 기도하고 선대하라는 그리스도의 가르침을 참으로 구현한다(눅 6:27-28). 적대적인 세상에서 물러나 그 세상이 마땅히 받아야 할 심판을 받도록 내버려두는 대신, 그리스도인들은 "각 족속과 방언과 백성과 나라 가운데에서 사람들을 [자신의] 피로 사서 하나님께 드리시"(계 5:9)는 어린양을 행동과 말로 증언함으로 사람들의 마음을 돌이켜야 한다. 이 일은 위험 부담이 크다. 그리스도 안에 있는 하나님의 은혜를 계속 거부하는 사람들에게는 하나님의 심판이 기다리고 있기 때문이다. 그리고 사탄의 속이고 파괴하는 힘은 그런 증언을 점점 격렬하게 반대할 것이기 때문이다. 하지만 사탄의 패배는 확실하다. 그리고 하나님은 심지어 지금도 격렬한 반대 속에서도 세상의 모든 나라 가운데서 자신의 나라를 건설하고 계신다.

2. 보장된 승리

조 나마스(Joe Namath, 미식축구 쿼터백 선수-역주)는 자신의 팀 뉴욕 제츠(New York Jets)가 1968년 슈퍼볼(Super Bowl)에서 이길 것이라고 장담했다. 대중은 그를 비웃었다. 왜냐하면 18점 차로 패할 것이라는 전문가들의 예측이 있었기 때문이다. 하지만 제츠는 16대 7로 이겨서 모든 사람(아마 그 팀을 제외하고)에게 충격을 주었다. 나마스는 예외였지만, 많은 운동선수나 다른 직업을 가진 이들이 이러저러한 승리를 자신 있게 예측했다가 비참하게 실패한다.

그러나 요한계시록 본문은 하나님이 악에 대해 승리를 거두실 것이 확실하고, 세상 권세자들이 주와 그리스도를 대적하여 날뛰지만 하나님의 통치가 곧 이 땅에 확립되리라는 하늘의 선언을 기록한다(15절; 참고. 시 2:2). 예수님은 죽음과 부활과 높아지심에서 이미 악의 세력을 결정적으로 물리치셨고, 이제 하늘에서 하나님의 우편에 앉아 다스리신다. 하나님의 큰 능력과 신적 정의가 땅에서도 그 승리를 확고히 세울 일만 남아 있다. 우리는 최종 점수를 아직 보지 못했지만 승리를 확신할 수 있다. 우리는 열광적인 스포츠 팬처럼 기뻐하며 하늘의 합창단과 함께 전능하신 주 하나님을 찬양할 수 있다(계 11:17). 더불어 인생에서 이길 가능성이 없는 일을 만난 것 같을 때, 아직 경기가 끝나지 않았다는 점과 그리스도 안에서 승리가 보장되어 있다는 사실로 격려받을 수 있다.

CHAPTER 18

요한계시록 12:1–18

문학적 전후 문맥

사탄이 하나님과 그리스도께 대항해서 세상의 전쟁을 선동한다는 주제는 12장에서도 계속된다. 여기에서 이 충돌이 우주적 배경을 갖고 있다는 점은, 영광스러운 여자와 큰 용이라는 두 개의 큰 이적이 하늘에 나타나는 것과 그 여자가 아들을 해산할 때 그들 사이에 오가는 극적인 상호 작용을 통해 드러난다. 중간에 하나님 나라가 다시 경축받기는 하지만(12:10), 여기서는 11:15–19에서 공표된 것처럼, 하나님의 나라가 이 땅에 임한다는 이야기의 본질적으로는 부정적인 측면이 계속 이어진다. 12–14장에 나오는 막간들은 절정의 심판 사건을 따라 진행

III. 두 번째 환상: 하늘의 보좌와 세 번의 심판 주기(4:1–16:21)
- A. 하늘의 보좌에 대한 환상(4:1–11)
- B. 일곱 인으로 봉한 두루마리와 죽임당한 어린양(5:1–14)
- C. 일곱 인과 막간의 두 무리(6:1–8:1)
- **D. 일곱 나팔과 또 다른 막간들(8:2–14:20)**
  - 1. 처음 네 나팔(8:2–13)
  - 2. 다섯째 나팔– 첫째 화(9:1–12)
  - 3. 여섯째 나팔– 둘째 화(9:13–21)
  - 4. 두 개의 계시적 막간: 하나님의 선지자들(10:1–11:14)
  - 5. 일곱째 나팔– 셋째 화: 하나님의 통치를 예상함(11:15–19)
  - ➦ **6. 두 개의 또 다른 막간: 바벨론의 몰락을 예상함(12:1–14:20)**
    - **a. 여자와 용의 전쟁(12:1–13:18)**
      - **(1) 여자, 여자의 아들, 용(12:1–18)**
      - (2) 용과 바다 및 땅에서 나온 그의 짐승들(13:1–18)

될 것이다. 그 사건들은 이미 공표되었고 15-16장에서 점점 심해지는 하나님의 마지막 재앙들이 이 땅에 임하기 시작할 것이다.

주요 개념

과거에 하나님은 이스라엘과 그들의 메시아를 사탄의 공격에서 보존하셨고, 종말 때 사탄이 하나님의 백성에 대항해서 전쟁을 벌이는 동안에도 계속 보호하실 것이다.

번역

요한계시록 12:1-18

1a	환상 서론/등장인물 입장	**하늘에 큰 이적이 보이니**
b	묘사	해를 옷 입은 한 여자가 있는데
c		그 발 아래에는 달이 있고
d		그 머리에는 열두 별의 관을 썼더라
2a		이 여자가 아이를 배어
b	묘사/줄거리 긴장	**해산하게 되매 아파서 애를 쓰며 부르짖더라**
3a	환상 서론/등장인물 입장	**하늘에 또 다른 이적이 보이니**
b	묘사	보라 한 큰 붉은 용이 있어
c		머리가 일곱이요 뿔이 열이라
		그 여러 머리에 일곱 왕관이 있는데
4a	행동	**그 꼬리가 하늘의 별 삼분의 일을 끌어다가**
b		**땅에 던지더라**
c		**용이 해산하려는 여자 앞에서**
d	4c절의 목적	그가 해산하면 그 아이를 삼키고자 하더니
5a	행동	**여자가 아들을 낳으니**
b	신원 확인	이는 장차 철장으로 만국을 다스릴 남자라

c	행동	**그 아이를 하나님 앞과**
		그 보좌 앞으로 올려가더라
6a	행동	**여자가 광야로 도망하매**
b	목적/시간적 범위	거기서 천이백육십 일 동안 그를 양육하기 위하여
c	묘사	하나님께서 예비하신 곳이 있더라
7a	행동	**하늘에 전쟁이 있으니**
b	상술	미가엘과 그의 사자들이 용과 더불어 싸울새
c	행동	**용과 그의 사자들도 싸우나**
8a	7c절의 결과	**이기지 못하여**
b		**다시 하늘에서 그들이 있을 곳을 얻지 못한지라**
9a	행동	**큰 용이 내쫓기니**
		옛 뱀
b	신원 확인	곧 마귀라고도 하고 사탄이라고도 하며
c		온 천하를 꾀는 자라
d	9a절의 행동 반복	**그가 땅으로 내쫓기니**
e	추가 행동	**그의 사자들도 그와 함께 내쫓기니라**
10a	행동/9d–e절에 대한 반응	**내가 또 들으니 하늘에 큰 음성이 있어 이르되**
b	공표	이제 우리 하나님의 구원과
		능력과
		나라와
		또 그의 그리스도의 권세가
		나타났으니
c	이유	우리 형제들을 참소하던 자…가 쫓겨났고
d	묘사	곧 우리 하나님 앞에서
		밤낮
		참소하던 자
11a	주장	또 우리 형제들이
		어린 양의 피와
		자기들이 증언하는 말씀으로써 그를 이겼으니
b		그들은 죽기까지 자기들의 생명을 아끼지 아니하였도다
12a	명령	그러므로 하늘과 그 가운데에 거하는 자들은 즐거워하라
b	경고	그러나 땅과 바다는 화 있을진저
c	이유	이는 마귀가 자기의 때가 얼마 남지 않은 줄을 알므로

d	이유	크게 분내어 너희에게 내려갔음이라 하더라
13a	때	용이 자기가 땅으로 내쫓긴 것을 보고
b	행동	**남자를 낳은 여자를 박해하는지라**
14a	13b절에 대한 반응	**그 여자가 큰 독수리의 두 날개를 받아**
b	목적	광야
		자기 곳으로
		날아가
c	장소/때	거기서 그 뱀의
		낯을 피하여
		한 때와
		두 때와
		반 때를 양육받으매
15a	행동	**여자의 뒤에서 뱀이**
		그 입으로 물을 강 같이 토하여
b	목적	여자를 물에 떠내려 가게 하려 하되
16	행동	**땅이 여자를 도와**
		그 입을 벌려
		용의 입에서 토한 강물을 삼키니
17a	행동	**용이 여자에게 분노하여**
		돌아가서
b	목적	그 여자의 남은 자손…더불어 싸우려고
c	묘사	곧 하나님의 계명을 지키며
		예수의 증거를 가진 자들과
18	예고/배경	**바다 모래 위에 서 있더라**(개역개정에는 18절이 17절에 합쳐져 있음—역주)

구조

본문은 이스라엘과 그들의 메시아를 통한 하나님의 구원을 좌절시키려는 사탄의 노력에 대해 상징적으로 그리고 생략적으로 이야기하는 세 부분으로 나뉜다. 먼저 주인공이 소개된다. 그리고 메시아(과거에)와 이스라엘(미래에)은 둘 다 사탄의 공격에서 벗어난다(12:1–6). 이어서 사탄이 장차 하늘에서 추방되는 것과 마지막 환난 때 땅에 분노의 공격을 하는 것의 배경이 되는 내용이 소개된다(12:7–12). 그런 다음 사탄이 이스라엘을 공격하는 것과 이스라엘 민족이 종말의 때에 보존되는 것이 다시 나온다. 하지만 거기에는 사탄이 그 격렬한 기간에 일부 신실한 이스라엘 사람들과 계속 싸울 것이라는 예고가 포함되어 있다(12:13-18). 이스라엘과 더 광범위한 세상을 대상으로 한 이 전투는 그다음에 나오는 장들에 묘사되어 있다.

석의적 개요

III. 두 번째 환상: 하늘의 보좌와 세 번의 심판 주기(4:1-16:21)

A. 하늘의 보좌에 대한 환상(4:1-11)

B. 일곱 인으로 봉한 두루마리와 죽임당한 어린양(5:1-14)

C. 일곱 인과 막간의 두 무리(6:1-8:1)

D. 일곱 나팔과 또 다른 막간들(8:2-14:20)

1. 처음 네 나팔(8:2-13)

2. 다섯째 나팔– 첫째 화(9:1-12)

3. 여섯째 나팔– 둘째 화(9:13-21)

4. 두 개의 계시적 막간: 하나님의 선지자들(10:1-11:14)

5. 일곱째 나팔– 셋째 화: 하나님의 통치를 예상함(11:15-19)

➦ **6. 두 개의 또 다른 막간: 바벨론의 몰락을 예상함(12:1-14:20)**

a. 여자와 용의 전쟁(12:1-13:18)

(1) 여자, 여자의 아들, 용(12:1-18)

(a) 하늘의 두 극적인 이적: 아들을 가진 여자와 큰 용(12:1-6)

(i) 드라마의 세 주인공 소개(12:1-4b)

(ii) 그들 사이의 강렬한 상호 작용(12:4c-6)

(b) 하늘의 전쟁: 용이 땅에 화를 야기하기 위해 내쫓김(12:7-12)

(i) 용이 하늘에서 추방됨(12:7-9)

(ii) 하늘에서는 기뻐하지만 땅에는 화가 있음(12:10-12)

(c) 땅의 전쟁: 여자는 도망하지만 여자의 자손은 위협을 받음(12:13-18)

(i) 용이 여자를 박해함(12:13)

(ii) 여자가 피난 장소로 피함(12:14-16)

(iii) 용이 여자의 남은 자손을 공격할 준비를 함(12:17-18)

본문 설명

12:1-2 하늘에 큰 이적이 보이니 해를 옷 입은 한 여자가 있는데 그 발 아래에는 달이 있고 그 머리에는 열두 별의 관을 썼더라 이 여자가 아이를 배어 해산하게 되매 아파서 애를 쓰며 부르짖더라(1 Καὶ σημεῖον μέγα ὤφθη ἐν τῷ οὐρανῷ, γυνὴ περιβεβλημένη τὸν ἥλιον, καὶ ἡ σελήνη ὑποκάτω τῶν ποδῶν αὐτῆς καὶ ἐπὶ τῆς κεφαλῆς αὐτῆς στέφανος ἀστέρων δώδεκα, 2 καὶ ἐν γαστρὶ ἔχουσα, καὶ κράζει ὠδίνουσα καὶ βασανιζομένη τεκεῖν). 요한은 여기에서 계시록에 묘사된 화의 배경을 형성하는 우주적 투쟁과 11:15-19에 공표된 하나님의 승리가 이루어질 수단을 드러내는 일련의 삽화들을 시작한다.[1] 그는 이 드라마의 세 주인공을 묘사하고(1-4b절), 그런 다음 그들 사이에 일어나는 여러 강렬한 상호 작용 중 첫 번째 사건을 서술한다(4c-6절). 처음 두 등장인물은 하늘에 나타나는 이적들로 소개된다(1a, 3a절). 묵시 문학에서 "이적"(σημεῖον)이라는 말은 때로 막 일어나려는 중대한 사건의 전조인 예언적 "징조"를 의미한다[사 7:11, 14; 8:18; 단 6:28(Th.); 마 24:3; 막 13:4; 눅 21:7, 11, 25]. 하지만 여기에서 "이적"은 그것 자체를 넘어서는 어떤 것, 특히 영적 의미를 지닌 무언가를 가리키는 시각적 혹은 물리적인 상징을 의미한다(계 12:1, 3; 15:1; 참고. 수 4:6; 단 5:9 LXX, 요한복음에 나오는 "표적"과 비슷하게).[2] 첫째 이적은 "해를 옷 입은 한 여자"(1b절)로 이 이미지는 그 자체로 인상적이다(시 104:1-2에서 여호와에 대해 말하는 것과 비슷하게). 요한은 "그 발아래에는 달이 있고" 머리에는 "열두 별"의 관을 썼다는 언급을 덧붙인다(1c-d절). 이것은 요셉과 그의 형제들과 더불어 야곱과 라헬을 암시함으로써 이 "여자"가 인종적 이스라엘이라는 점을 시사한다[창 37:9-10; 참고. T. Naph. 5:1-5; T. Ab. (B) 7:4-16].[3] 뒤에 나오는 구절들은 이런 해석에 신빙성을 더해준다(계 12:2, 5-6, 13-17을 보라). 1절에서 여자가 영광스럽게 묘사된 후 2절에서 요한이 그 여자가 "아이를 배어 해산"하는 마지막 괴로운 단계에 있다고 간결하게 묘사한다는 것은 상당히 놀랍다.[4] 이것 역시 구약에 나오는 이스라엘에 대한 묘사, 곧 하나님이 심판하시는 동안 해산의 고통 가운데 있으나 그 고통의 기쁜 결과로 하나님의 구속과 새롭게 함을 기대하는 임신부라는 묘사를 환기시킨다[사 26:16-21; 66:6-13; 미 4:9-10; 렘 4:31; 참고. 또한 4 Ezra 10:40-49; 1QH 3:5-18(사 9:5-6의 아기를 암시하는)].[5]

12:3-4 하늘에 또 다른 이적이 보이니 보라 한 큰 붉은 용이 있어 머리가 일곱이요 뿔이 열이라 그 여러 머리에 일곱 왕관

1. Fekkes, *Prophetic Traditions*, 86; Willitts, "Bride of the Messiah," 249-51.
2. Aune, *Revelation 6-16*, 679; Smalley, *Revelation*, 313-14.
3. 이 여자에 대한 대단히 일반적인 해석은 그 여자를 이상적인 혹은 참된 이스라엘, 하나님의 백성, 신실한 공동체 혹은 '교회'로 보는 것이다. 그것은 본질적으로 인종적 이스라엘과의 관련성을 배제한다(Beale, *Revelation*, 625-27; Boxall, *Revelation*, 178-79; Smalley, *Revelation*, 315). 하지만 이 경우에 인종적 이스라엘이 "철장으로 만국을 다스릴 남자"(5절)를 낳는 핵심 집단으로 반드시 포함되어야 한다는 것을 주목해야 한다. 메시아는 이방 혹은 다국적 교회에서 나오지 않으며 그 반대도 마찬가지다(참고. 롬 9:4-5). 이것을 염두에 두면, "여자"를 세상을 구속하고 새롭게 하시려는 하나님의 계획에서 매우 두드러지게 나타나는 인종적 이스라엘, 하나님의 구약 백성이라고 이해하는 것이 더 자연스러운 듯 보인다(참고. 요 4:22). 요한계시록 여러 곳에서는 이스라엘의 구원의 복이 이방인에게까지 확장된다고 분명하게 언급된다(예를 들어, 5:9-10; 14:6). 하지만 해석자들은 너무 성급하게 요한계시록 전체를 이런 식으로 보며 이스라엘을 완전히 배제해버린다. 참고. Willitts, "Bride of the Messiah," 250n17.
4. 2절에 나오는 "이 여자가…부르짖더라"(κράζει)는 동사는 헬라어의 역사적 현재 동사로, 3절에서 드라마에 두 번째 등장인물이 소개되는 것과 4c절에서 줄거리가 강화되는 것을 가리킨다. 5:5에 나오는 논의를 보라.
5. J. Massyngberde Ford, *Revelation*, AB 38 (Garden City, NY: Doubleday, 1975), 195-96. 어떤 사람들은 그 여자를 동정녀 마리아와 동일한 인물로 보았다. 하지만 이것을 6, 13-17절에 나오는 것처럼 그 여자가 도망가고 박해를 받는다는 세부 사항과 조화시키기는 어렵다. 참고. Kovacs and Rowland, *Revelation*, 137; Murphy, *Fallen Is Babylon*, 382-83.

이 있는데 그 꼬리가 하늘의 별 삼분의 일을 끌어다가 땅에 던지더라 용이 해산하려는 여자 앞에서 그가 해산하면 그 아이를 삼키고자 하더니(3 καὶ ὤφθη ἄλλο σημεῖον ἐν τῷ οὐρανῷ, καὶ ἰδοὺ δράκων μέγας πυρρὸς ἔχων κεφαλὰς ἑπτὰ καὶ κέρατα δέκα καὶ ἐπὶ τὰς κεφαλὰς αὐτοῦ ἑπτὰ διαδήματα, 4 καὶ ἡ οὐρὰ αὐτοῦ σύρει τὸ τρίτον τῶν ἀστέρων τοῦ οὐρανοῦ καὶ ἔβαλεν αὐτοὺς εἰς τὴν γῆν. καὶ ὁ δράκων ἕστηκεν ἐνώπιον τῆς γυναικὸς τῆς μελλούσης τεκεῖν, ἵνα ὅταν τέκῃ τὸ τέκνον αὐτῆς καταφάγῃ). 두 번째 등장인물은 하늘에서 "또 다른 이적"이 나타나면서 나오는데(3a절; 참고. 1a절), 요한은 여기에 특별한 주의를 기울인다("보라", ἰδού).[6] 이것은 "한 큰 붉은 용"으로 무시무시한 크기[참고. NIV, "거대한"(enormous), NET, "막대한"(huge)]에 "머리가 일곱이요 뿔이 열"이며 여러 머리에 "일곱 왕관"[7]을 쓴 기괴한 외양을 하고 있다. 머리, 뿔, 관은 12장에 나오는 사건과 관련되어 있지는 않으나[8] 일반적으로 통치하는 권세를 상징한다(참고. 5:6에 나오는 해설을 보라. 또한 단 7:7-8). 그리고 13:1과 17:3에 나오는 "짐승"들과 분명히 연관되어 있다(거기 나오는 해설을 보라). "용"(δράκων)의 형상 역시 구약에서 하나님을 향한 우주적 반대 및 애굽과 바벨론같이 하나님 백성의 보다 현세적인 원수를 나타내는 것으로 잘 알려져 있다(시 74:13-14; 사 27:1; 51:9-10; 겔 29:3; 32:2). 9절에서 요한은 그 용이 하나님의 궁극적 대적임을 구체적으로 밝힐 것이다("옛 뱀 곧 마귀라고도 하고 사탄이라고도 하며 온 천하를 꾀는 자라"). 하지만 13-18장이 보여주는 것처럼 마귀는 하나님의 백성을 반대하기 위해 이 세상 나라들을 이용한다.

하나님과 그분의 백성 이스라엘에 대항하는 용의 투쟁은 여기에서 처음에는 일반적으로(4a-b절) 서술된 다음에는 구체적으로(4c-d절) 제시된다. 요한은 거대한 용이 강력한 "꼬리"(참고. 9:10, 19)로 "하늘의 별 삼분의 일"을 "끌어다가"(swept away) 땅에 던졌다는 표현으로 맹렬하게 몸부림치는 행동을 묘사한다(4a절). 이 이미지를 어떻게 이해해야 하는지는 분명하지 않다. "별"은 태곳적 사탄이 하나님께 반역했을 때 죄에 빠져서 하나님의 일을 반대하는 땅의 사탄의 악한 사자들(즉, 마귀들)을 나타낼 수 있다. 이것이 7-9절의 요점일 것이다. 거기에서는 용, 사탄, 그의 "사자들"이 하늘에서 "땅으로 내쫓"겼다고 나온다. 하지만 4a-b절의 이미지는 다니엘 8:10에서 나온 듯하다. 다니엘 본문은 "별들 중의 몇을 땅에 떨어뜨"렸던 종말 때의 하나님과 이스라엘의 대적을 묘사한다(그것은 주전 160년대에 수리아의 폭군 Antiochus IV Epiphanes에게서 예시되었다). 다니엘 8장의 문맥에서 이것은 하나님의 선한 천사를 향한, 그분의 백성 이스라엘을 향한 혹은 어쩌면 그 둘의 결합을 향한 공격을 의미하는 듯하다.[9]

현재 줄거리에서 더 중요한 점은 4c-d절에서 용이 하나님의 일을 공격한 것을 구체적으로 묘사한 것이다. 두 주인공이 등장하면서 이야기의 극적인 행동이 본격적으로 시작되고, 세 번째 주인공(남자아이, 5절)이 등장한다. 요한의 환상에 나오는 사건에서 용은 해산의 고통으로 괴로워하는 '여자 앞에 서'[10] 있었고 아이가 탄

---

6. 이 문구['표상적 불변화사'(presentative particle)로서 '보이는 것', '보는 것' 그리고 '보라'의 동사가 나오고 주격이 뒤이어 나오는, 참고. BDAG 468]는 4:1과 다른 곳의 구문과 비슷하다(4:1에 나오는 주를 보라).

7. "왕관"(διάδημα)은 왕이 쓰는 관 혹은 머리띠로, 보통 귀금속으로 만든 것이었고(참고. 13:1; 19:12), 승리자의 화관(στέφανος, 2:10과 4:4에 나오는 설명을 보라)과는 다르다.

8. 요한은 머리나 뿔들을 전혀 활용하지 않으므로, 있을 수 있는 역사적 지시 대상에 대해 추론하는 것은 잘못이다. 지금까지 추론된 다양한 존재에 대해서는 Kovacs and Rowland, *Revelation*, 140-44를 보라.

9. 다니엘 8:10에서 "하늘 군대"와 "별"은 하나님의 의로운 천사들 혹은 하나님의 백성을 언급할 것이다(예를 들어, 단 8:24; 12:1-3; 참고. Collins, *Daniel*, 331-32; Stephen R. Miller, *Daniel*, NAC 18 [Nashville: Broadman & Holman, 1994], 225-26; Wood, *Daniel*, 213-17).

10. 4c절의 '서서'(stood, 개역개정에는 "앞에서"-역주)라는 동사는 두 가지로 분석할 수 있는 헬라어 동사의 일반적 번역이다. (1) 표준적인 대문자 헬라어 본문들(NA[28], UBS[5], SBLGNT)에서는 그 말이 ἵστημι의 완료 직설법인 ἕστηκεν으로 기록되어 있는데, 그것은 '그

생하는 순간 "그 아이를 삼[킬]"준비가 되어 있었다. 요한의 독자는, 악한 생물이 자신을 물리칠 아이가 태어날 때 그 아이를 죽일 준비를 하고 있는 고대 이교 신화를 배경으로 이 이미지를 이해할 것이다(예를 들어, 아폴로의 탄생).[11] 하지만 이 이야기는 또한 악한 세력이 이스라엘을 상대로[예를 들어, 렘 51:34(LXX 28:34)은 바벨론이 예루살렘을 "삼키며"(κατέφαγεν)라고 말한다] 혹은 보다 광범위하게는 결국 뱀을 물리칠 하와의 후손을 상대로(창 3:15) 전투태세를 갖추고 있다는 유대적 이해에도 맞는다. 5절에서 분명하게 진술될 것처럼, 용이 먼저 여자의 아이를 죽이지 않는다면 그 아이는 온 세상을 다스릴 것이다.

<u>12:5-6</u> 여자가 아들을 낳으니 이는 장차 철장으로 만국을 다스릴 남자라 그 아이를 하나님 앞과 그 보좌 앞으로 올려가더라 그 여자가 광야로 도망하매 거기서 천이백육십 일 동안 그를 양육하기 위하여 하나님께서 예비하신 곳이 있더라 (5 καὶ ἔτεκεν υἱόν ἄρσεν, ὃς μέλλει ποιμαίνειν πάντα τὰ ἔθνη ἐν ῥάβδῳ σιδηρᾷ. καὶ ἡρπάσθη τὸ τέκνον αὐτῆς πρὸς τὸν θεὸν καὶ πρὸς τὸν θρόνον αὐτοῦ. 6 καὶ ἡ γυνὴ ἔφυγεν εἰς τὴν ἔρημον, ὅπου ἔχει ἐκεῖ τόπον ἡτοιμασμένον ἀπὸ τοῦ θεοῦ, ἵνα ἐκεῖ τρέφωσιν αὐτὴν ἡμέρας χιλίας διακοσίας ἑξήκοντα). 묵시적 환상에서 사건들은 언제나 매끄럽게 혹은 기대하는 방향으로 흘러가지는 않는다. 4c-6절도 분명 그렇다. 거대한 용이 위협적으로 여자의 해산을 기다리던 중에(4c-d절) 여자가 "아들을 낳"는다. 그는 세상을 다스릴 운명이며 곧 하늘로 낚아채어 올려간다(5절). 한편 여자는 안전한 광야로 도망간다(6절). 이 단편적 순서는 분명 세부 사항을 채워 넣거나 부수적인 사건들을 설명하려는 것이 아니다. 그리고 이것이 시간의 순서에 따라 밀접하게 일어나는 사건들을 묘사한다고 생각해서는 안 된다(뒤의 내용을 보라). 그 대신 이것은 곧 절정에 이를 하나님의 심판과 구속의 배경에 놓여 있는 주요 사건들을 나타낸다(10:6-7; 11:15-18; 12:10). 하나님의 계획에서 여자(이스라엘)는 세상 역사에 "아들"(5a절), 곧 다윗 계열의 기름 부음 받은 통치자(시 2:2, 9; 참고. Pss. Sol. 17:21-25)를 데려오는 하나님의 인간 통로다. 그 아들을 통해 '세상 나라'는 영원히 하나님 나라가 될 것이다. 11:15에서 말한 것과 같다(5b절). 그래서 5b절은 '아직' 그 아들이 장차 땅을 다스리지 않는다는 것(그는 만국을 "장차…다스릴" 것이다[12])과 5c절이 상징적 용어로 묘사하는 그분이 '이미' 하늘에 오르시고 높임받으셨다는 것인 "그 아이를 하나님 앞과 그 보좌 앞으로 올려가더라"[13]를 나란히 놓는다.

이 환상에서 "아들"이 예수 그리스도를 나타낸다는 것은 명확하다. 하지만 그 언급은 그리스도에 대한 이 묘사가 환기시키는 구약 이미지들로 매우 풍성해진다. '아들, 남자'(a son, a male, 개역개정에는 "아들"-역주)라는

가 서다, 계속해서 서 있다'(he stands, is standing)라는 현재 상태적 의미다(참고. 3:20; 8:2). 요한계시록은 ἵστημι의 완료를 자주 사용한다(그리고 이 경우에 해당될 수도 있는 것을 제외하고는 대안적인 στήκω를 사용하지 않는다). 하지만 통상적인 현재 상태적 의미는 이 구절들의 시제 순서에 잘 들어맞지 않는다. (2) 철자는 같고 숨표는 다르게 하면 στήκω의 미완료인 동사 ἔστηκεν이 될 수 있을 것이다. 그것은 '그는 섰다, 계속해서 서 있었다'(he stood, was standing)라는 과거의 의미를 지닌다(대부분의 활자체 판에서 ἔστηκεν이라고 되어 있는 요한복음 8:44도 같은 문제를 갖고 있다). 이 형태가 1-6절에 나오는 부정과거들과 역사적 현재들의 내러티브 순서 안에 있는 묘사적 미완료로서 시제 순서에 훨씬 더 잘 맞는다. BDAG 944; BDF §73; Mussies, *Morphology*, 265; Aune, *Revelation 6-16*, 652와 4:5, 9:6, 10-11에 나오는 요한의 내러티브 문체에 대한 논의를 보라.

11. Aune, *Revelation 6-16*, 667-74; Boxall, *Revelation*, 176-77.

12. '장차 …할 것이다'(is destined, μέλλει)라고 번역된 단어는 하나님이 정하시는 일이기 때문에 확실하게 일어나는 것을 가리킨다(BDAG 628; W. Radl, "μέλλω," *EDNT* 2:404). 참고. 1:19; 3:10; 17:8; 마 17:12, 22; 행 26:22.

13. 그리스도인이 "내 보좌에 함께 앉게 하여 주기를 내가 이기고 아버지 보좌에 함께 앉은 것과 같이 하리라"는 그리스도의 약속에 대해서는 3:21을 보라(참고. 22:1, 3, "하나님과 그 어린양의 보좌"). 5c절 끝에 나오는 "그 보좌"는 어린아이의 보좌가 아니라 하나님의 보좌(더 가까이에 있는 선행사)를 말한다.

표현은 다소 기묘하다. 그것은 이사야 66:7의 표현에 영향을 받기 때문이다. 예루살렘에 있는 자신의 백성을 회복하는 것에 대한 문맥에서(사 66:5–14) 여호와는 시온이 '남아를 낳았다'(ἔτεκεν ἄρσεν)고, 즉 '나라가 하루에 생겼다'(66:8)고 선언하신다.[14] 하지만 요한의 환상에서 이사야 66장에 나온 집합적 이미지는, "철장으로 만국을 다스리는"[15]이라는 시편 2:9의 표현을 사용해서 그를 통해 나라가 회복될 이스라엘인 개인에게 초점을 맞추는 것으로 좁혀진다. 시편 2:2은 이 개인을 여호와의 "기름 부음 받은 자" 혹은 메시아로(참고. 계 11:15; 12:10) 그리고 여호와의 "아들"(시 2:7, 12)로 언급했다. 여호와는 그에게 "이방 나라를…유업으로" 주실 것이고, 그분의 "소유가 땅끝까지" 이를 것이다(2:8).[16] 이사야 9:6–7도 마찬가지로 다윗 계열의 한 개인, 이스라엘에 태어난 "아기" 혹은 "아들"에 대해 말한다. 그는 널리 퍼질 평강과 하나님의 의로운 통치를 확립할 것이다.

신약의 관점에서 볼 때 왕적 통치를 메시아이자 다윗의 자손인 그리스도께 양도하는 것은, 이미 그리스도의 십자가, 부활, 승천 그리고 그분이 하늘의 하나님 우편으로 높아지신 것에서 이루어졌다. 그리스도는 이미 하나님의 아들로 입증되셨고, 시편 110:1에서 예상한 것처럼 하늘에서 가장 권위 있는 위치에 앉아 계신다. 예수님은 시편 110:1을 메시아적으로 인용하시고(막 12:35–37), 신약의 여러 저자는 그리스도가 현재 하늘에서 차지하고 계신 위치에서 그것이 성취되었다고 단언한다(행 2:33–36; 롬 8:34; 히 1:13; 벧전 3:22).[17] 현대 기독교 신학에서 십자가와 부활은 중심적 위치를 차지하고 있고 이것은 적절하다. 하지만 그리스도의 승천과 하늘로 높임받으신 것은 그 중요한 위치에 비해 성경 신학에서 상대적으로 소홀히 여겨지는 경우가 너무 많다. 이 때문에 마음이 편치 않은 몇몇 해석자는 요한계시록 12:5이 예수님의 생애와 여정에 대한 요약이 부족해 보이는 것을 두고 이렇게 생각한다. 어떻게 그리스도에 대한 기독교적 묘사(아무리 단편적인 환상에 나온 것이라도)가 십자가와 부활을 언급하지 않고 그분의 탄생에서 승천으로 건너뛸 수 있는가 하는 것이다.[18] 이 문제에 대해서는 요한에게는, 특히 그리스도의 통치가 이 땅에 실현되는 것을 향해 가고 있는 맥락에서 그리스도의 승천과 높아지심을 인용할 때 그 안에 십자가와 부활을 통해 이미 이루신 승리에 대한 언급도 포함되어 있다고 설

---

14. 요한계시록에 나오는 '아들, 남자'(υἱόν, ἄρσεν)라는 문구는 이상하다. 그것은 남성 명사("아들")와 동격으로 사용된 중성 형용사('남자')를 합해놓기 때문이다. 헬라어에서 더 자연스러운 문구는 형용사가 명사와 성이 일치하는 문구가 될 것이다(즉, ἄρσην). 이사야 66:7의 LXX에서는 중성 형용사 혼자만 나와도 괜찮다. 그것은 중성 명사인 '아이'(τέκνον)를 암시하기 때문이다.

15. 시편 2:9은 요한계시록 2:27, 19:15에도 인용되어 있다. 여기에 나오는 '다스리다'라는 말의 의미에 대한 논의로는 2:27에 대한 설명을 보라.

16. Svigel, "Apocalypse," 23–74는 여기에 나오는 "아들"을 개인이 아니라 공동적 존재로 보는, 잘 논증되기는 했지만 설득력이 없는 주장을 개진한다. Siew, *War*, 160–62는 이 해석에서 Svigel의 의견을 따른다. Svigel의 글은 약간 개정된 형태로 가장 최근에 "What Child Is This? A Forgotten Argument for the Pretribulation Rapture," in *Evidence for the Rapture: A Biblical Case for Pretribulationism*, ed. John F. Hart (Chicago: Moody, 2015), 225–53으로 발간되었다. 이 견해의 이전 형태는 Andrew of Caesarea(6세기)에게서 발견된다. 그는 "남자 아이"가 그리스도인들을 나타낸다는 Methodius의 견해를 인용하며, 이렇게 "올려가는 것"이 데살로니가전서 4:17에서처럼 교회의 휴거에 대한 언급이라고 본다(Weinrich, "Andrew of Caesarea," 154–57).

17. 이 본문들은 그분이 현재 눈에 보이지 않게 하늘에서 다스리는 것 외에(그 '이미', 예를 들어, 계 12:5c), 또한 미래에 눈에 보이게 지상의 형태로 그 통치가 더 완성되는 것('아직', 예를 들어, 5b절)을 예상한다. 다음을 보라. 행 3:19–21, 고전 15:24–26, 빌 3:20–21, 히 2:5–9.

18. 어떤 사람들은 이것을 요한이 이전의 유대 자료들을 서툴게 편집한 것이라고 설명한다(참고. Charles, *Revelation*, 1:307–9; Aune, *Revelation 6-16*, 664–66, 688–89). 다른 사람들(예를 들어, Caird, *Revelation*, 149)은 5절에 나오는 아들의 '탄생'이 크리스마스가 아니라 부활절을 나타낸다고 주장한다(참고. 요 16:20–22; 행 13:33–34). 또한 Svigel, "Apocalypse," 62–67을 보라. 그는 십자가와 부활을 언급하지 않는 것이 그 "아들"이 예수님 개인이 아니라 그분과 동일화되고 장차 그분과 함께 나라들을 다스리는 데 참여할 존재인 교회라는 가장 중요한 증거라고 본다(참고. 2:27). 그렇다면 '하나님

명할 수 있다. 여정의 절정의 단계에는 도중에 나오는 중간 단계들이 수반된다(계 12:11이 보여주는 것처럼, 또한 1:5-6; 5:9-10; 7:14; 19:13을 보라). 환상에 대한 묘사라는 견지에서 볼 때, 하늘로 승천하는 것은 용의 손아귀에서 필사적으로 벗어나는 것뿐 아니라 "아이"가 용에 대해 결정적인 승리를 거두는 것을 나타낸다(12:13의 설명을 더 보라). 하지만 환상은 건너뛴다. 승천은 탄생 직후에 나오지 않는다.

여자가 "광야로"(6a절) 도망가는 것도 아들을 낚아채 가는 것 직후에 시작되지 않는다.[19] 여자가 이런 식으로 보호되는 것은, 1-4b절에서 요한이 소개한 세 인물 사이의 강렬한 상호 작용(4c-6절)을 마무리한다. 여자가 도망가고 보호받는 것에 대한 6절의 재빠른 요약은, 여자가 도망가기(13절을 보라) 전에 하늘에서 벌어졌던 전쟁에 대한 삽입 부분(7-12절)이 나온 후 13-17절에서 확대될 것이다. 여자가 자신이 안전하게 "양육"[20]될 수 있는 "하나님이 예비하신 곳"을 찾기 위해 "광야로" 도망하는 것(6절)은 하나님이 인종적 이스라엘을 보존하신다는 것, 특히 그리스도가 재림하시기 직전의 기간에 찾아올 격심한 심판의 때도 그렇게 하신다는 것을 나타낸다. 광야에서 "천이백육십 일"(6b절) 동안 하나님이 그 여자를 특별히 돌보신다는 것은, 앞에 나온 환난 기간의 마지막 절반 동안 강렬한 고난의 때로 주어진 3년 반이라는 시간을 반복한다(11:2, 3; 참고. 12:14; 13:5).[21] 주석가들은 하갈(창 16:6-16; 21:14-21), 엘리야(왕상 17:2-6; 19:3-18) 그리고 가장 중요하게는 이스라엘의 출애굽(출 13:18; 16:10, 32; 신 2:7; 8:2, 15-16; 29:4-6; 32:10; 시 78:15-16, 23-25, 52-55; 136:13)에서 그런 것처럼 구약에서 "광야"는 때로 안전과 하나님의 특별한 공급의 장소를 함축했다는 것을 주목했는데 이것은 귀중한 요점이다. 하지만 이스라엘이 광야에서 한 경험의 유형은 많은 의미를 지녔다는 점을 잊지 말아야 한다. 그것은 죄 된 반역, 추방, 하나님의 심판이라는 개념도 동일하게 환기한다(출 14:11-12; 민 14:2, 32-35; 26:64-65; 32:10-15; 시 78:17-22, 40-41; 95:8-11; 106:13-18). 이스라엘이 애굽에서 구조되고 광야에서 보호받은 것은 하나님이 신실하게 건져주시는 것을 떠오르게 한다. 하지만 그것은 또한 역경 속에서 여호와를 신뢰하고 그분께 반역하지 말라는 명령이기도 했다. 이것은 분명 미래에 맹렬한 징계를 받는 동안 인종적 이스라엘에게도 동일하게 해당될 것이다.[22]

12:7-9 하늘에 전쟁이 있으니 미가엘과 그의 사자들이 용과 더불어 싸울새 용과 그의 사자들도 싸우나 이기지 못하여 다시 하늘에서 그들이 있을 곳을 얻지 못한지라 용이 내쫓기니 옛 뱀 곧 마귀라고도 하고 사탄이라고도 하며 온 천하를 꾀는 자라 그가 땅으로 내쫓기니 그의 사자들도 그와 함께 내쫓기니라(7 Καὶ ἐγένετο πόλεμος ἐν τῷ οὐρανῷ, ὁ Μιχαὴλ καὶ οἱ ἄγγελοι αὐτοῦ τοῦ πολεμῆσαι μετὰ τοῦ δράκοντος. καὶ ὁ δράκων ἐπολέμησεν καὶ οἱ ἄγγελοι αὐτοῦ, 8 καὶ οὐκ ἴσχυσεν οὐδὲ τόπος εὑρέθη αὐτῶν ἔτι ἐν τῷ οὐρανῷ. 9 καὶ ἐβλήθη ὁ δράκων ὁ μέγας, ὁ ὄφις ὁ ἀρχαῖος, ὁ καλούμενος Διάβολος καὶ ὁ Σατανᾶς, ὁ πλανῶν τὴν οἰκουμένην ὅλην, ἐβλήθη εἰς τὴν γῆν, καὶ οἱ ἄγγελοι αὐτοῦ μετ' αὐτοῦ ἐβλήθησαν). 여자가 용

앞으로 올려간다'(5c절)는 묘사는 교회의 휴거에 대한 언급이다(살전 4:17에 나온 것과 똑같은 헬라어 동사 ἁρπάζω).

19. 1,260일(6c절)이 그리스도가 높임받으실 때 시작되어 그분이 재림하실 때까지 내내 계속된다는 견해[Beale, *Revelation*, 567; Hoskins, *Revelation*, 216(다른 많은 사람을 인용한다); Koester, *Revelation*, 547, 562]는 환상의 말이 생략된 특성을 잘못 해석하고, 그것이 다니엘 8:13-14, 9:27, 12:7, 11-12에 근거를 두고 있다는 사실을 설명하지 못한다.

20. '양육하다'라고 번역된 동사는 헬라어에서는 능동태로(τρέφωσιν), 10:11, 13:16에서처럼 수동적 의미를 지니는 비인칭의 3인칭 동사다.

21. 11:2, 3에 나오는 논의를 보라.

22. 이것을 Eusebius, *Hist. eccl.* 3.5.3이 기록하는 것처럼 주후 70년에 예루살렘이 멸망하기 직전 유대 그리스도인들이 Decapolis의 Pella로 피하는 것에 대한 언급이라고 해석할 만한 증거는 거의 없다. 어쨌든 1세기 때 Pella는 번영하는 도시였고 "광야"로 여겨지지 않을 것이다.

의 박해를 피해 광야로 도망간 이야기(6절)는 13-17절에서 다시 나올 것이다. 일련의 관련된 사건들이 먼저 제시되어야 한다(7-12절). 용은 하늘에서 추방된 것을 이유로 여자를 박해한다(13a절). 그래서 요한은 그 이야기를 여기에 포함하고(7-9절), 그다음에는 용이 추방된 것의 의미를 하늘에서 경축하는 것이 나온다(10-12절). 7-9절의 사건들은 "하늘에 전쟁"[23]이 일어나면서 극적으로 시작된다. 이 전투의 전투원들은 "미가엘과 그의 사자들"(7b절)이다. 그들은 3절에서 소개된 용 및 "그의 사자들"(7c절)과 싸우고 있다. 천사 미가엘은 다니엘 10:13에서 "가장 높은 군주"로 언급되고, "네 민족(즉, 이스라엘)을 호위하는 큰 군주"라고도 나온다(단 12:1; 참고. 단 10:21, "너희의 군주").[24] 다니엘 10장도 마찬가지로 지상의 사건 배후에 있는 천사들의 충돌을 분명하게 엿보게 해준다(단 10:13-14, 20-21). 예수님은 천사들로 이루어진 군대가 거룩하기도 하고(마 26:53; 참고. 또한 왕하 6:17) 악하기도 하다고(마 25:41) 암시하신다.[25] 다니엘 12:1-2은 미가엘을 앞으로 찾아올 전례 없는 대 환난의 때에 이스라엘의 주된 옹호자가 되리라고 언급한다. 요한은 하늘의 전투에 대해 세부 사항은 전혀 기술하지 않고, 단지 양측과 그들이 서로 싸운다는 점만 강조한다(이 한 구절에서 "전쟁"을 의미하는 단어가 세 번 나온다).[26]

요한은 천사들의 전투가 용에게 미친 지극히 중요한 결과로 재빨리 이동한다. 용은 패배하고[27] 그의 사자들과 함께 하늘에서 쫓겨난다(8-9절). "하늘에서 그들이 있을 곳을 얻지 못한지라"[28](8b절)는 문구는 그들이 쫓겨난 사건(9절)의 도입부다. 9절을 시작하면서 요한은 처음에 이렇게 쫓겨난 것을 언급한다("내쫓기니", ἐβλήθη). 하지만 9d절에서 같은 동사를 반복하기 전에("땅으로 내쫓기니", ἐβλήθη εἰς τὴν γῆν) 용의 광범위한 신원을 추가한다. 12장 앞부분에서 이 악한 대적을 언급하기 위해 사용한 유일한 용어는 "용"이었다[3, 4, 7(2번)절]. 하지만 이제 요한은 9절에서 추가 호칭 네 개 혹은 묘사를 덧붙이며 10절에서 하나를 더 추가한다. 이 호칭들은 악한

---

23. "있으니"(was, KJV, NASB)보다 "발발했다"(broke out, 참고. CSB, NET, NIV, NRSV, REB) 혹은 "일어났다"(arose, ESV, RSV)가 더 나은 번역이다. 11:15의 주와 BDAG 197을 보라. 이 충돌이 언제 일어났는가 하는 문제에 대해서는 7-9절의 설명 끝부분에 나오는 논의를 보라.

24. 초기 유대교에서 미가엘은 네 혹은 일곱 천사장 중 하나로 여겨졌다(1 En. 9:1; 20:1-7; 40:1-10; 54:6; 71:3, 8-9; 2 En. 22:6; 1QM 9:15-16; 참고. 유 1:9). 이들 중 미가엘과 가브리엘만 구약 정경 혹은 신약에 이름이 나온다. 다른 고대 유대 본문들에서 미가엘은 하나님이 세상을 의로 새롭게 하기 위한 준비로 악한 천사들에 대한 하나님의 심판을 수행하는 책임을 맡은 천사다(1 En. 10:11-11:2; 참고. T. Dan 6:1-5; T. Mos. 10:1-4; 1QM 17:6-8). Duane F. Watson, "Michael," in *ABD* 4:811을 보라.

25. 이 배경과 요한이 "전쟁"이라는 말을 반복해서 사용하는 것은 Caird, *Revelation*, 154-56; Beale, *Revelation*, 661-63의 주장, 곧 여기에서 염두에 두고 있는 군사적 투쟁이 아니라 법정적 투쟁으로, 하나님이 제멋대로인 용을 다스리실 때까지 서로 경합하는 주장을 펼치는 사람들이 자신의 주장을 펼치는 것이라는 견해에 의구심을 품게 한다.

26. 7b절에 나오는 '싸우다'라는 문구는 속격 관사가 있는 헬라어 부정사(τοῦ πολεμῆσαι)를 번역한 것이다. 이것은 LXX 헬라어에서 전치사 라메드(ל)로 시작되는 히브리어 부정사 구문에 해당하는 일반적인 번역이다. 이 구문은 주제상 관련된 본문인 다니엘 10:20에서 사용되는데, 거기에서 Theodotion의 헬라어에는 '전쟁을 하다'라는 말을 번역하기 위해 τοῦ πολεμῆσαι라는 표현이 쓰였다. 이 표현은 여기에 나오는 요한의 용법에 영향을 끼쳤을 것이다. τοῦ와 함께 나오는 부정사는 요한계시록 다른 곳에서는 나오지 않기 때문이다(9:10; 14:15에서 더 열등한 이문을 보라). 7b절의 부정사는 부가 설명적인 것으로, 7a절의 "전쟁"(πόλεμος)이라는 명사를 설명한다(BDF §400.8). 헬라어 부정사의 주제는 보통 대격일 것이다. 하지만 요한은 주격을 사용한다(ὁ Μιχαὴλ καὶ οἱ ἄγγελοι αὐτοῦ). 이것이 부정사와 직접 조화된다면, 그것은 요한의 "야만적 헬라어"(Moule, *Idiom Book*, 129)가 사용된 경우일 것이다. 그것은 7a절에 쓰인 γίνομαι의 직설법 형태가 더 나오는 것으로 추정하는데, 그 말은 "(그들이) 무대에 등장했다, 그 자리에 있게 되었다"라는 의미다(BDAG 199; 참고. 16:18; 요 1:6; 요일 2:18). Beale, *Revelation*, 653-54를 보라.

27. "이기지 못하여"(ἰσχύω, 8a절)라는 문구 안의 동사는 '주관하다, 권세를 갖다'라는 뜻이다. 하지만 여기에서처럼 부정과거로는 그 말은 "이기다, 우세하다"라는 의미이고(BDAG 481; 참고. 단 7:21 Th.; 행 19:16), 부정어와 함께 나오면 '세력을 잃다, 정복당하다'라는 뜻이다.

28. 헬라어는 '발견하다'의 수동태를 '…이다, 존재하다, 남아 있다'라는 의미로 사용할 수 있다(참고. 20:11; 단 2:35 Th.; 사 53:9; 습 3:13을 반영하는 계 14:5).

존재의 신원을 규정할 뿐 아니라, 그 특성을 묘사하고 그의 이전 역사와 영속되는 전략을 상기시키면서 그의 현재와 미래의 반대를 고착화한다.

"옛 뱀"(9a절)이라는 호칭은 그 용이 에덴동산에서 하와를 속인 짐승임을 명시한다(창 3:1-15; 참고. 고후 11:3). 창세기는 뱀이 사탄이나 마귀라고 밝히지 않는다. 하지만 유대인은 전통적으로 그렇게 이해하게 되었고(참고. Wis 2:23-24; 1 En. 13:1; 3 Bar. 9:7; Apoc. Ab. 23:1-14) 바울 역시 이것을 반영한다(롬 16:20과 함께 고후 11:3). 그다음에 나오는 두 개의 호칭은 신약과 요한계시록에서 훨씬 더 흔하게 사용된다(뒤의 내용을 보라). "마귀"(Διάβολος)는 파생적으로 "비방하는 자"[29]라는 의미를 지닌다. 그리고 이것은 창세기 3:1-5에서 뱀이 하나님을 비방한 것을 상기시킬 수 있다. 하지만 이것은 칠십인역에서 "사탄"이라는 구약의 히브리어를 번역할 때 가장 자주 사용된 단어였다. 따라서 이 표현은 하나님의 영적 대적을 의미하는 보다 관습적인 호칭으로 초기 기독교에 들어왔을 것이다. 요한과 신약은 "마귀"라는 말과 "사탄"이라는 말을 호환하여 사용하는 듯하다(계 2:9-10을 보라). "사탄"이라는 호칭은 히브리어 שָׂטָן를 음역한 것으로 '대적, 참소자'라는 뜻이다(예를 들어, 욥 1-2장; 슥 3:1-2).[30] 요한계시록에서 두 용어는 거의 같은 빈도로 나오며("마귀", 5번, "사탄", 8번), 신약 전체에서도 마찬가지다("마귀", 37번, "사탄", 36번). 9절에서 용을 묘사하는 마지막 표현은 "온 천하를 꾀는 자"다. 이때 '속이다, 미혹시키다'(πλανάω)라는 동사의 분사가 사용된다. 물론 성경 도처에서 사탄은 전형적으로 사람을 꾀는 기능을 수행한다. 그리고 요한계시록은 종말에 사탄의 역할을 묘사하면서 이 점을 반영한다. 이 동사의 분사 형태는 20:10에서 사용된다(천년왕국 끝에 나라들을 속이는 마귀를 묘사할 때). 그런데 이 동사는 다른 곳에서 사탄이 직접(20:3, 8) 혹은 그의 대리인 이세벨(2:20), 땅에서 나온 짐승이나 거짓 선지자(13:14; 19:20), 음녀 바벨론(18:23)을 통해 행하는 일에 대해 사용된다.

독자들은 이 호칭들을 이미 알고 있었다. 요한은 앞에서 당시 세계에서 그 존재의 교활한 영향력을 경고하기 위해 "사탄"[2:9, 13(2번), 24; 3:9]과 "마귀"(2:10)라는 말을 사용한 바 있다. 그런데 여기에서처럼 이 묘사를(또한 20:2에서 다시 그중 4개를) 한데 모아놓은 것은 독자가 미래에 그들에게 잘 저항하도록 확실히 강조하기 위함이다. 그들의 적과 그의 무자비한 계획을 알면 잘 저항할 수 있을 것이다.

8b절의 '더 이상'(개역개정에는 번역되어 있지 않음-역주)이라는 말은 사탄과 그의 사자들이 전에 하늘에서 하나님 임재 앞에 들어갈 권리를 어느 정도 지니고 있었음을 상기시킨다. 다니엘 10:13-21과 욥기 1:6-12에서 볼 수 있는 바와 같다. 이 때문에 10c-d절은 용을 "하나님 앞에서 [그리스도인을] 밤낮 참소하던 자"라고 말한다(참고. 슥 3:1). 하지만 이렇게 전투에서 진 결과, 용과 그의 앞잡이들은 하나님께 접근하는 것이 완전히 차단되고 지상의 영역에만 머무를 수 있게 된다. 이것은 하늘로부터 '내쫓겼다' 혹은 '땅으로 내쫓겼다'고 묘사된다. 그것이 용과 그의 악한 사자 모두의 운명이다(9d-e절). 12절에서 이 쫓겨남을 성찰할 때, 그것은 땅에 대해 한층 강화된 화와 분노의 표시로 여겨진다. 마귀는 "자기의 때가 얼마 남지 않은 줄을" 알기 때문이다(12절).

이 구절은 하늘의 충돌과 내쫓김이 일어나는 때를 곧바로 알려주지 않는다. "땅으로 내쫓기니"(9절)라는 말은 사탄이 하늘로부터 태곳적에 떨어진 것을 시사할 수도 있다. 많은 유대 및 기독교 해석자는 이사야 14장과 에스겔 28장에서 적어도 예표론적으로 그렇게 묘사한다고 이해한다(참고. LAE 12:1-16:3). 하지만 요한계시록

29. BDAG 226; O. Böcher, "διάβολος," *EDNT* 1:297-98.

30. BDAG 917; O. Böcher, "σατανᾶς," *EDNT* 3:234.

에서 볼 수 있는 사탄의 행동의 한계(즉, 하늘에 접근할 수 없음, 그의 때가 짧기 때문에 강렬한 분노를 보이는 것)는 그 태곳적 사건 이후 사탄의 이력의 특징을 거의 묘사하지 않는다.[31] 아마 이렇게 후에 내쫓긴 것은 원래 하늘에서 떨어진 것의 유형을 반복하고 핵심 특징들을 강화할 것이다. 상당히 그럴듯한 두 번째 견해는 사탄이 그리스도의 죽음과 부활과 높아지심 때 결정적으로 패배했다는 것이다.[32] 이 환상에서 5c절은 여자의 아들이 올려가는 것에 초점을 맞추고, 요한복음에 나오는 몇몇 언급은 곧 다가올 예수님의 죽음이 사탄에 대한 결정적 심판임을 가리킨다(요 12:31; 16:11; 눅 10:17-18은 때로 이런 식으로 해석된다).[33] 하지만 사탄이 그리스도의 십자가 이후 전체 기간에 그리스도인들을 참소하기 위해 하나님 앞에 더 이상 나아갈 수 없다고 이해할 수는 없을 듯하다(10절). 결정적인 승리는 십자가와 부활과 높아지심에서 이루어졌지만(골 2:15), 그 승리는 종말 때 가서야 온전히 성취되리라고 이해하는 것이 더 타당해 보인다(5c절에 대한 설명을 보라, 참고. 고전 15:20-28; 히 2:8-9, 14-15). 세 번째 해석은 이 내쫓김을 미래에 "우리 주와 그의 그리스도의 나라"(계 11:15; 참고. 12:10a)가 이 땅에 도래하기 직전에 일어날 사건으로 본다.[34] 일곱째 나팔이 불릴 때, 구속을 위한 하나님의 계시된 계획이 더 이상 지체하지 않고 마무리될 것이다(10:6-7). 이것은 마귀가 얼마 안 남은 시간 동안 분노를 가할 때 땅과 바다에 큰 화가 있을 것이며(12b절), 여자가 장차 3년 반 동안 마귀로부터 보호를 받아야 하리라는 것(6, 14절; 참고. 11:2-3; 13:5)과도 일치한다.

12:10-11 내가 또 들으니 하늘에 큰 음성이 있어 이르되 이제 우리 하나님의 구원과 능력과 나라와 또 그의 그리스도의 권세가 나타났으니 우리 형제들을 참소하던 자 곧 우리 하나님 앞에서 밤낮 참소하던 자가 쫓겨났고 또 우리 형제들이 어린 양의 피와 자기들이 증언하는 말씀으로써 그를 이겼으니 그들은 죽기까지 자기들의 생명을 아끼지 아니하였도다(10 καὶ ἤκουσα φωνὴν μεγάλην ἐν τῷ οὐρανῷ λέγουσαν, Ἄρτι ἐγένετο ἡ σωτηρία καὶ ἡ δύναμις καὶ ἡ βασιλεία τοῦ θεοῦ ἡμῶν καὶ ἡ ἐξουσία τοῦ Χριστοῦ αὐτοῦ, ὅτι ἐβλήθη ὁ κατήγωρ τῶν ἀδελφῶν ἡμῶν, ὁ κατηγορῶν αὐτοὺς ἐνώπιον τοῦ θεοῦ ἡμῶν ἡμέρας καὶ νυκτός. 11 καὶ αὐτοὶ ἐνίκησαν αὐτὸν διὰ τὸ αἷμα τοῦ ἀρνίου καὶ διὰ τὸν λόγον τῆς μαρτυρίας αὐτῶν καὶ οὐκ ἠγάπησαν τὴν ψυχὴν αὐτῶν ἄχρι θανάτου). 이런 우주적 충돌에 대한 환상 속에서 요한은 "하늘에 큰 음성"(참고. 11:15)을 듣는다. 그것은 그가 본 것의 의미를 해설하며, 하나님을 향한 찬양(10-12a절) 및 땅에 주는 경고(12b-d절)의 형태를 띤다. 이 음성은 분명 천사의 무리보다는 하늘에 있는 그리스도인 집단에게서 나온 것이다(아마도 6:9-11에 나온 집단). 10c절이 지상의 그리스도인들을 "우리 형제들"[35]이라고 말하기 때문이다. 요한은 10b-12절에서 그들의 말을 직접 인용하여 기록한다. 바로 앞의 몇 장에는 하나님이 모든 원수를 이기고 승리하신다는 일련의 선포가 서술된다. 10-11절의 음성은 그다음으로 나오는 선포다(10:6-7; 11:15에 대한 설명을 보라). 이것은 하늘에서 보기에 하나님의 나라가 이미 이 땅에 임했다는 선언(10:6-7; 15:1; 18:2) 혹은 그런 선언들과 하나님의 구원 역사에 대한 반응으로 하

31. Osborne, *Revelation*, 467-73.
32. Bauckham, *Climax*, 185-86; Beale, *Revelation*, 636-37, 650-61; Rowland, "Revelation," 516-17.
33. Simon Gathercole, "Jesus's Eschatological Vision of the Fall of Satan: Luke 10.18 Reconsidered," *ZNW* 94 (2003): 143-63에 나오는 논의를 보라. 하지만 그는 그것을 종말 때 떨어지는 것으로 본다.
34. Glasson, *Revelation*, 76-77; Mounce, *Revelation*, 235-39; Thomas, *Revelation 8-22*, 128-29.
35. 천사들은 땅에 있는 신실한 그리스도인들의 '동료 종들'로 여겨진 듯하지만 "형제"라는 말은 그리스도를 따르는 자들의 인간 공동체에만 사용된 듯하다(예를 들어, 19:10; 22:9). Charles, *Revelation*, 1:326-27; Prigent, *Apocalypse*, 390; Thomas, *Revelation 8-22*, 132를 보라.

나님을 예배하라는 명령의 결합(11:15-18; 14:7-8; 19:1-3)으로 이루어져 있다. 10b절에 나오는 부정과거 "나타났으니"(have come, ἐγένετο, 11:15에 대한 설명과 주를 보라. 참고. 18:2)는 "이제"(ἄρτι)라는 말로 강조된다. '바로 이제 이것은 이루어졌으며 그것이 임박한 미래에 땅에서 완전히 실현되는 것은 확실하다'는 것이다. 이제 일어난 일은 "우리 하나님의 구원과 능력과 나라"[36] 및 "그의 그리스도의 권세"(참고. 2:26-28)다. 그것은 영원하고 천상적인 의미에서 그들의 통치와 권세를 직접 언급하는 것이 아니라, 그 통치가 이 땅에 임하는 것을 언급한다(19:11-20:6; 21:1-22:5에 나오는 것처럼). 하나님의 "능력"(δύναμις)에 대한 언급은 이 문맥에서 중요하다. 미가엘과 그의 동료들이 사탄에게 승리한 것(7-9절)이 궁극적으로 하나님의 통치하시는 능력과 그리스도의 승리의 권세로 말미암은 것이 되리라고 상기시키기 때문이다. 하나님의 거룩한 천사들은 우주에서 하나님의 주권적 목적의 도구다.

하나님이 곧 승리를 성취하시리라는 증거('왜냐하면', 10c절, "나타났으니" 다음에 나오는 이 말이 개역개정에는 번역되어 있지 않음-역주)는 9절에 묘사된 것처럼 하나님이 사탄에게 계속 고삐를 조이신다는 것이다.[37] 10c절은 9절에 나왔던 핵심 동사인 '내쫓기다'(ἐβλήθη)라는 말을 반복한다. 그런데 9절에서 사탄에게 붙였던 호칭에 "참소하는 자"(ὁ κατήγωρ)라는 표현을 하나 더 사용함으로써 사탄이 하늘에서 쫓겨난 것을 새로운 시각으로 보게 해준다. 오랫동안 사탄 특유의 관행[38]은 하나님 앞에 나타나 하나님 백성의 죄와 진정하지 않은 예배를 "참소"하고, 그들을 그런 악으로 이끌기 위해 필요하다면 박해와 속임수를 사용하는 것이었다(욥 1:6-12; 2:1-6; 슥 3:1).[39] 하나님 앞에서 사탄이 참소하는 것은 이제 끝났다. 하지만 12b-17절이 보여줄 것처럼, 하나님 백성을 향한 사탄의 분노의 박해는 미래의 날에 이 땅에서 사탄에게 남아 있는 제한된 시간 동안 강화될 것이다.

하나님의 천사들이 사탄의 목적을 물리치는 일에서 담당하는 역할이 있지만, 신적 능력으로 말미암아서만 그 일을 수행할 것이다. 이와 마찬가지로 그리스도인들도 십자가에서 그리스도가 이루신 승리 및 그리스도를 본받아 믿고 실천하는 것을 기초로, 사탄을 이기는 데 일익을 담당해야 한다(11절). 11절은 10b절에서 시작된 하늘 음성의 인용된 선언을 이어간다. 그리고 '그들이(개역개정에는 "우리 형제들이"-역주) 이겼으니'에 쓰이는 대명사는 10c절에서 "우리 형제들", 즉 그리스도를 따르는 자들을 가리킨다. "이겼으니"라고 번역된 부정과거(ἐνίκησαν)는(11a절) 그들의 승리가 이미 하늘에서 보기에는 성취되었다고 선언한다.[40] 더 큰 문맥에서는 강력한 박해와 심판이 아직 더 남아 있다고 묘사하지만 말이다(12-17절, 13-16장). 여기에서 우리는 여전히 앞에 남아 있는 투쟁에서 궁극적으로 승리하리라는 것을 얼핏 보지만(참고. 15:2), 어떻게 그것을 얻는가 하는 것도

36. 이것들은 7:10, 19:1(구원), 4:11, 7:12, 11:17, 19:1(능력), 11:15, 17, 19:6(나라 혹은 통치)에 대한 선언을 반영한다.

37. 누가복음 11:20-22에 나오는 강한 자에 대한 비유를 보라. 마귀의 권세를 이긴다는 것은 하나님의 나라가 임했다는 표시다(20절).

38. 관례적 혹은 특징적 의미는 '참소하는 자'(ὁ κατήγωρ)라는 호칭에서, 그다음에 나오는 분사의 현재 시제(관습적 현재, "참소하던 자", ὁ κατηγορῶν)에서 그리고 분사에 "밤낮"이라는 시간구가 덧붙여진 것에서 나온다. 이 분사는 현재 분사가 통상 그렇듯이, 그것의 과거 시간적 틀("참소하던")을 선두 동사("쫓겨났고")의 시간적 틀에서 가져온다.

39. Prigent, *Apocalypse*, 391.

40. 이 부정과거는 다양한 과거의 사건들을 반대에도 불구하고 실제로 성취된 것에 초점을 맞추는 하나의 전체로 요약한다(완성의 부정과거, 참고. Fanning, *Verbal Aspect*, 263-65). '이겼다'(overcame)는 것이다(예를 들어, CSB, KJV, NASB, NET, NIV). 아니면 그것은 10a절에 나온 것과 똑같이 최근의 과거에 일어난 사건들을 요약해서 본 것을 의미한다('이겼었다', have overcome, 예를 들어, ESV, NLT, NRSV). 하늘의 음성이 일련의 행동들이 방금 성취된 것으로 선언했다는 것이다(10b절에 나오는 "이제"와 거기 나오는 설명을 보라).

알 수 있다. '이기다'라는 단어를 사용한 것은 예수님이 교회에 보내는 메시지에서 "이기는 자"(참고. 2:7 등)라고 표현되는 약속 및 십자가에서 이루신 그분의 승리에 대한 묘사를 암시한다(3:21; 5:5-6). 그 승리만이 그분을 따르는 자들에게 사탄을 이기기 위한 근거와 유형을 제공한다.

이 신학적 요점은 또한 11a절에서 동사 다음에 나오는 "…으로써"(because, 본문을 직역하면 '어린양의 피로써 그리고 말씀으로써'다-역주)라는 두 개의 문구에도 반영되어 있다.[41] 그리스도를 따르는 자들이 미래에 거둘 승리는 "어린양의 피", 곧 그들을 위한 그분의 피로 말미암은 것이 될 것이다(1:5; 5:9; 7:14). 어린양의 피는 사탄이 조장한 하나님께 지은 죄와 반역에 결정타를 날린다. 궁극적으로 용을 물리치는 것은 그리스도인의 행동이 아닌 그리스도가 하신 행동이다. 하지만 그리스도인이 그리스도의 승리와 중대하게 연관되어 있다는 사실은, 그분의 근본적 희생을 본받는 것과 하나님의 구속을 증언하는 것을 통해 실제로 표현된다. 이 점은 11a절의 두 번째 "…으로써" 문구뿐 아니라, 이어서 11b절에 나오는 절에 표현된다. "자기들이 증언하는 말씀"(τὸν λόγον τῆς μαρτυρίας αὐτῶν)이라는 말은 두 개의 주격-소유격 구를 결합하고[42] 그들이 말과 행동으로 증언하는 하나님에 대한 메시지를 가리킨다. 그리스도인이 박해와 심지어 순교를 당하는데도 그리스도를 통한 하나님의 구원 역사를 신실하게 증언해야 한다는 것은 요한계시록 내내 나오는 주요 주제이고, '말씀, 메시지'와 '증언, 증거' 같은 용어가 반복해서 나온다. 특히 그들이 그런 신실함으로 인해 죽임당하는 것을 말하는 문맥에서 그렇다(1:9; 6:9; 11:7; 17:6; 20:4). 하나님의 "충성된 증인"이신 예수님이 이 점에서 그들의 본보기다(1:5; 3:14; 참고. 안디바, 2:13). 이러한 제자도는 "그들은 죽기까지 자기들의 생명을 아끼지 아니하였도다"라는 11b절의 요약 진술에서 강력하게 강조된다.[43] "생명"(ψυχή)이라는 용어는 그분을 위해 그리고 복음을 위해 자신의 생명을 잃는 것에 대한 예수님의 진술을 반영한다(막 8:34-35; 요 12:24-26). 실생활의 용어에서 사탄을 '이기는 것'은, 세상에서 사탄적 악에 미혹당하고 잠재적으로 치명적인 반대를 만나도 예수님과 복음에 대한 신실함을 유지하는 것을 의미한다(교회에 보내는 메시지에서 '이기는 것'을 보라, 2-3장).

12:12 그러므로 하늘과 그 가운데에 거하는 자들은 즐거워하라 그러나 땅과 바다는 화 있을진저 이는 마귀가 자기의 때가 얼마 남지 않은 줄을 알므로 크게 분내어 너희에게 내려갔음이라 하더라(διὰ τοῦτο εὐφραίνεσθε, οὐρανοὶ καὶ οἱ ἐν αὐτοῖς σκηνοῦντες. οὐαὶ τὴν γῆν καὶ τὴν θάλασσαν, ὅτι κατέβη ὁ διάβολος πρὸς ὑμᾶς ἔχων θυμὸν μέγαν, εἰδὼς ὅτι ὀλίγον καιρὸν ἔχει). 하늘의 음성으로부터 인용한 말은 하늘에서 즐거워하라는 권유(12a절)와 땅에 있을 화에 대한 경고(12b-d절)로 결론을 맺는다. "그러므로"(διὰ τοῦτο)라

41. "…으로써"(διά)라고 번역된 전치사는 일반적으로 여기에서처럼 대격을 목적어로 사용할 때 기초 혹은 이유(궁극적 혹은 효과적 원인)를 뜻한다(참고. 1:9; 6:9; 20:4). 그리스도의 "피"가 속격으로 된 목적어일 때, 그것은 신약에서 수단 혹은 도구를 의미하기 위해 서너 번 사용되고(중간적 혹은 유효한 원인, 예를 들어, 엡 1:7; 골 1:20; 히 9:12; 13:12), 번역본들은 종종 이 구절에서도 이 번역을 채택한다(CSB, ESV, KJV, NIV, NRSV, RSV). 하지만 여기에서처럼 대격과 함께 나올 때는 이것을 원인적 의미로 이해하는 것이 더 낫다(참고. CEB, NASB; BDAG 226). Swete, *Apocalypse*, 153(어린양의 피가 "일차적 원인"이고 그들의 증거가 "이차적 원인"); Zerwick and Grosvenor, *Grammatical Analysis*, 761을 보라.

42. '증거의'(τῆς μαρτυρίας, 개역개정에는 "증언하는"-역주)라는 소유격은 주격('그들의 증거가 전달하는 메시지')이며 '자기들의'(αὐτῶν, 개역개정에는 "자기들이"-역주)라는 소유격 역시 주격이다('그들이 하는 증거').

43. 에둘러 하는 이 진술은 매우 분명하지만 다소 간접적이다. 그 개념은 '그들은 (그리스도를 향한 충성으로) 죽을 정도에 이르기까지 그들의 육체적 생명을 (그리스도를 향한 충성보다 더) 귀중하게 여기지 않았다'는 것이다.

는 추론적 문구는 이 결론을 10c-d절(용이 하늘에서 쫓겨남)로부터 직접적으로 끌어낸다. 하늘은 악에 대한 하나님의 심판과 우주에 의를 회복하는 일에 한 걸음 더 가까워지는 것에 크게 기뻐할 수 있다.[44] 18:20에서도 하늘에게 기뻐하라는 비슷한 명령이 나온다(하나님이 바벨론을 심판하신 것에 대해). 그리고 둘 다 구약에서 하나님을 왕, 재판관, 구속자로 경축하는 것을 반영한다(시 96:10-11; 사 44:23; 49:13). 여기에서 헬라어로는 명백한 접속사 없이 경고가 덧붙여진다(접속사 생략). 이것은 12a절의 기뻐하는 것과 분명하게 대조된다. "땅과 바다는 화 있을진저"(12b절)라는 것이다.[45] 이 "화"는 11:14(또한 8:13; 9:12)에서 선언된 셋째 화에 대한 일반적 언급이다. 하지만 셋째 화(즉, 일곱째 나팔, 11:15)는 일곱 대접 심판(15:1-16:21)을 통해 구체적으로 표현될 것이다. 바다뿐 아니라 땅과 거기 사는 자들은 분명 그 심판에서 큰 고통을 경험할 것이다(참고. 16:2-3).

이 화와 셋째 화를 구분하는 또 한 가지는 화의 원천이다. 이 괴로움은 땅으로 내쫓긴 것에 대한 마귀의 격앙된 '분노'(θυμός, 12d절)에서 비롯되는 반면, 대접 심판은 "하나님의 진노"(ὁ θυμὸς τοῦ θεοῦ, 15:1)가 마지막으로 부어지는 것이다. 마귀가 좌절해서 이스라엘과 예수님의 추종자들을 박해하는 것(12:13, 17)은 "자기의 때가 얼마 남지 않은 줄을"(12c절) 인식함으로 더 강렬해진다. 시간에 대한 이런 언급은, 그리스도가 이 땅에 다시 오시기 전의 마지막 때에 일어나는 이 사건들에 초점을 맞추는 다른 표시에 추가된다(6:11; 10:6; 11:18 및 11:2-3; 12:6, 14; 참고. 단 12:7).

12:13-14 용이 자기가 땅으로 내쫓긴 것을 보고 남자를 낳은 여자를 박해하는지라 그 여자가 큰 독수리의 두 날개를 받아 광야 자기 곳으로 날아가 거기서 그 뱀의 낯을 피하여 한 때와 두 때와 반 때를 양육받으매

(13 Καὶ ὅτε εἶδεν ὁ δράκων ὅτι ἐβλήθη εἰς τὴν γῆν, ἐδίωξεν τὴν γυναῖκα ἥτις ἔτεκεν τὸν ἄρσενα. 14 καὶ ἐδόθησαν τῇ γυναικὶ αἱ δύο πτέρυγες τοῦ ἀετοῦ τοῦ μεγάλου, ἵνα πέτηται εἰς τὴν ἔρημον εἰς τὸν τόπον αὐτῆς, ὅπου τρέφεται ἐκεῖ καιρὸν καὶ καιροὺς καὶ ἥμισυ καιροῦ ἀπὸ προσώπου τοῦ ὄφεως). 요한은 하늘의 충돌에서 용이 땅으로 추방되는 것과 그 사건들에 대한 하늘의 해설을 묘사한(7-12절) 후 이제 1-6절에 나왔던 여자와 용의 이야기로 되돌아온다. 그 이야기를 다시 시작하기 위한 첫 번째 단계는 중간 부분(7-12절)의 핵심 요점, 즉 "땅으로 내쫓긴" 용(13a절, 그것은 또한 12b-d절의 '땅에 화'라는 요소를 다시 언급한다)을 인용하는 것이다. 이로써 요한은 그 이야기를 더 이어나갈 준비를 마친다.

용이 보이는 분노에 찬 반응(13b절)은 여자 이스라엘을 "박해하는" 것이다. 그 여자의 아이인 예수 그리스도는 궁극적으로 용이 하늘에서 내쫓기는 원인이 되었다(5, 10절에 대한 설명을 보라). 14절은 6절에 나왔던 이야기의 요점을 다시 이어간다(여자가 하나님이 1,260일 동안 그를 "양육하기" 위해 하나님이 예비하신 "곳"인 "광야"로 도망하는 것). 여기에서는 이야기를 다시 진술하고 채우는 세부 사항이 추가된다. 그 여자는 어떻게 흉포한 원수로부터 도망갔는가? 출애굽 이야기에서 나온 상징적 언어로 묘사된 하나님이 주신 기적적인 수단으로 도망갈 수 있었다. 용(참고. 용으로서의 바로, 겔 29:3; 32:2)에게서 도망치기 위해 "큰 독수리의 두 날개"[46](14a-b절; 참고. 출 19:4; 신 32:11; 보다 일반적으로는 사 40:29-31)로 광야로 "날아가"는 것이다. 거기에서 여자는 6절에서와 똑같은

44. 여기에서 "하늘"(οὐρανοί)은 땅을 둘러싸고 있는 눈에 보이는 하늘이 아니라 하나님이 존재하시는 눈에 보이지 않는 영역이며, "그 가운데 거하는 자들"(참고. 13:6)은 거기에서 하나님을 섬기고 예배하는 영적 존재 및 의로운 죽은 자들의 영혼이다(예를 들어, 4:4-6; 5:11; 6:9-11; 7:9-12).

45. 요한은 종종 하늘, 땅, 바다를 함께 생각한다(예를 들어, 5:13; 10:6; 21:1). 그래서 12a절에서 하늘을 말하고 12b-c절에서 다른 둘을 다룬다.

46. 14a절에서 독수리를 묘사하는 문구에 나오는 헬라어 관사(τοῦ ἀετοῦ τοῦ μεγάλου)는 특정한 독수리를 언급하기보다는 일반적

기간인 "한 때와 두 때와 반 때"(3년 반에 대한 은밀한 언급, 참고. 단 7:25; 12:7; 또한 계 11:2에 나오는 시간에 대한 논의를 보라) 동안 공급받는다(14c절, "양육받으매"). 여자는 이 경우 9절에서 용을 묘사하는 또 다른 이름인 "뱀"으로부터 피난처를 찾는다(15-16절에서 두 호칭이 모두 사용되는 것을 보라). 이 비유적 표현은 그런 도피가 이 땅에서 실제로 어떻게 성취되었는지에 대해서는 거의 아무것도 알려주지 않는다. 하지만 미래의 대격변 기간의 마지막 날 동안(즉, 환난의 마지막 절반) 인종적 이스라엘이라는 공동적 집단을 완전한 멸망에서 보존할 확실한 초자연적 도움은 강력하게 묘사된다.

비유적 표현을 어떻게 해석할 것인가 하는 문제를 넘어서, 14절은(6절과 마찬가지로) 또 다른 수수께끼 같은 문제를 제시한다. "여자"가 인종적 이스라엘 전체를 나타내는 공동적 상징이라면(앞에서 주장한 것처럼), 그것이 어떻게 앞으로 이 땅에 고난이 오는 기간에 "여자가" 도망가서 "하나님께서 예비하신" 도피처에서 보호받는 것(6절)과 조화를 이루는가 하는 것이다. 이것은 그 당시 살고 있던 인종적 유대인 혹은 인종적으로 유대인인 신자 전체를 의미하는가? 아니면 모든 인종적 이스라엘 혹은 믿는 유대 백성을 대표하는 집단을 언급하는가? 17절에서 여자(사탄의 공격을 피한)를 사탄과 싸우는 "남은 자손"(즉, 여자처럼 피난처를 발견하지 못한)과 구분하면서 이 질문이 다시 제기된다. 피난처에서 보호받는 사람들(14절)을 대표하는 집단이라고 이해하는 것이 가장 좋은 듯하다. 더 자세한 논의는 17절을 보라.

12:15-16 여자의 뒤에서 뱀이 그 입으로 물을 강 같이 토하여 여자를 물에 떠내려 가게 하려 하되 땅이 여자를 도와 그 입을 벌려 용의 입에서 토한 강물을 삼키니(15 καὶ ἔβαλεν ὁ ὄφις ἐκ τοῦ στόματος αὐτοῦ ὀπίσω τῆς γυναικὸς ὕδωρ ὡς ποταμόν, ἵνα αὐτὴν ποταμοφόρητον ποιήσῃ. 16 καὶ ἐβοήθησεν ἡ γῆ τῇ γυναικί καὶ ἤνοιξεν ἡ γῆ τὸ στόμα αὐτῆς καὶ κατέπιεν τὸν ποταμὸν ὃν ἔβαλεν ὁ δράκων ἐκ τοῦ στόματος αὐτοῦ). 무용담은 15-16절이 보여주는 것처럼 여자가 처음에 광야로 도망가는 것으로 끝나지 않는다(이스라엘에게 긍정적이자 부정적인 것으로서 "광야"에 대해서는 6절의 주를 보라). 뱀(혹은 용, 16절, 그는 강과 바다를 주관한다, 참고. 겔 29:3; 32:2)은 심지어 광야에서도 '그 입에서 물이' 무기처럼 쏟아져 나와 "강같이" 토해내는 홍수로 여자를 멸망시키려 한다(15a절).[47] 하지만 땅이 용의 강물을 '삼켜서' 여자를 돕는다(16절). 이 비유적 표현 역시 출애굽의 구원 유형에 기초를 둔 듯하다. 하지만 그것을 전략적으로 한 번 비틀어놓는다. 이스라엘이 애굽 사람들을 쓸어가는 바닷물을 통과해서 마른 땅을 밟고 가는 대신, 용이 토해놓은 땅이 이스라엘을 홍수에서 구하는 것이다(출 14:13-29; 15:4-13을 보라, 또한 출애굽의 비유적 표현을 비슷한 방식으로 각색하는 듯 보이는 시 74:12-15을 보라).[48] 여호와가 역경의 '홍수'를 통과해서 자기 백성을 구하시는 비슷한 상징은 구약에서 보다 일반적으로 나오며(시 18:4; 32:6; 124:4; 사 43:2), 때로는 압도적인 홍수처럼 공격하는 군대를 가리키기도 한다(예를 들어, 사 8:7-8; 렘 46:7-8; 47:2-3). 다시 한번 말하지만, 사탄의 공격과 신적인 구조가 미래에 이 세상에서 어떤 식으로 일어날지 추측할 필요는 없다. 출애굽의 예표는 어떤 구체적 방식으로 그것이 종말 때 반복될지 명시하지 않고도 광범

인 포괄적 의미의 독수리라는 의미를 지닌다. 그래서 '그 큰 독수리'(the great eagle) 대신 '한 큰 독수리'(a great eagle)로 번역되었다. Thomas, *Revelation 8-22*, 146-47을 보라(참고. CSB, KJV, NET, NIV, NLT).

47. Walvoord, Rawley, and Hitchcock, *Revelation*, 200-1은 이 말을 문자적 홍수보다는 상징적인 말로 보는 것으로 만족한다. Thomas, *Revelation 8-22*, 140은 양면적이다. 이 일이 어떻게 문자적인 견지에서 일어날 수 있는지 구체적으로 명시하려는 것에 대해서는 Smith, *Revelation*, 190-91을 보라.

48. 출애굽기 15:12 LXX에는 땅이 애굽인들을 물리치기 위해 그들을 "삼켰나이다"라고 나온다(계 12:16에 나온 것과 똑같은 동사인 κατέπιεν).

위한 진리를 전달한다.

12:17-18 용이 여자에게 분노하여 돌아가서 그 여자의 남은 자손 곧 하나님의 계명을 지키며 예수의 증거를 가진 자들과 더불어 싸우려고 바다 모래 위에 서 있더라(개역개정에는 17-18절이 합쳐져서 17절로 나옴-역주)(17 καὶ ὠργίσθη ὁ δράκων ἐπὶ τῇ γυναικί καὶ ἀπῆλθεν ποιῆσαι πόλεμον μετὰ τῶν λοιπῶν τοῦ σπέρματος αὐτῆς τῶν τηρούντων τὰς ἐντολὰς τοῦ θεοῦ καὶ ἐχόντων τὴν μαρτυρίαν Ἰησοῦ. 18 καὶ ἐστάθη ἐπὶ τὴν ἄμμον τῆς θαλάσσης). 용의 부단한 노력에도 불구하고 여자가 도망하여 보호를 받자(13-16절), 용은 물러나는 것이 아니라 여자에 대한 분노로 더욱 끓어오른다(참고. 12절, "분내어"). 용은 여자에게 격노해서(17a절) "그 여자의 남은 자손"(17b절)에 대한 공격을 밀어붙인다. 도망갈 "여자"와 여전히 공격을 받을 "남은 자손" 사이의 구분은 해석자들이 다양한 방식으로 해결해온 난제다. 가장 납득이 가는 설명은 피난처에서 보호를 받는 "여자"(6, 14절)를 예수님을 따르는 인종적 유대인(7:4-8; 14:1-5에서 또한 이스라엘 모든 지파에서 나온 144,000의 인치심을 받은 자들로 묘사되는)의 대표로 보고,[49] "남은 자손"을 앞으로 찾아올 끔찍한 날에 사탄의 박해를 벗어나지 못할 인종적 유대인인 다른 신자들로 이해하는 것이다. 그들은 다른 인종적 기원을 가진 신자들과 함께 큰 박해에 직면할 것이며, 그중 많은 사람은 그리스도를 향한 충성으로 말미암아 죽임당할 것이다(6:9-11; 7:14-15; 12:10-12; 20:4).

이 당혹스러운 구분에 대한 다른 해석은 "남은 자손"이 여자와 대조되는 것이 아니라 12장 앞부분에 언급된 여자의 특정한 후손, 곧 그 여자가 낳은 "아들"(5, 13절)과 대조된다고 보는 것이다. 그래서 "그 여자의 남은 자손"은 여자의 다른 (영적) 자녀들이 될 것이며, 그들은 해석자들이 그 여자가 대표한다고 보는 집단을 구성한다. 그 집단은 통상 교회, 참 이스라엘, 사탄의 공격을 받을 수밖에 없는 이 땅의 하나님의 신실한 백성이다.[50] 이것은 용이 먼저 그 여자의 특정한 아이(4-5절)를 죽이고 그다음에 남은 자손을 죽이려는 더 큰 개요와 조화된다. 하지만 이 해석은 용이 여자를 박해하는 것(13-16절)을 무시하고, 인접한 문맥에 나오는 구체적 대조, 곧 여자의 자녀들에 대한 두 번의 언급보다는 여자와 "남은 자손"의 사이에 초점을 두는 대조들은 묵과한다.

'여자 대 자손'의 대조를 견지하는 또 다른 제안은 여자는 하늘의 이상적 교회를 나타내고, "남은" 자손은 용의 전쟁에 종속된 지상 교회를 나타낸다는 견해다.[51] 여자가 처음에 하늘의 영광 가운데 나타난 것은 사실이다(1절). 하지만 그 이후로 이야기는 여자(여자의 남은 자손이 아니라)가 용의 박해를 받는 것을 상당히 세상적인 견지에서 서술한다(6, 13-16절). 다른 해석은 그 구분을 다소 역사적인 것, 곧 주로 유대인들로 구성된 초기의 교회(여자)와 대부분 이방인으로 이루어진 후대의 교회 사이의 구분으로 본다. 사탄은 초기에 교회가 형성되는 시기에는 교회를 근절하려 했으나 실패했고, 그다음 1세기 후반에(그리고 말일까지 계속해서) 그리스도인을 공격한다는 것이다.[52]

여자가 인종적 이스라엘이라고 이해하는 사람들 중에서도 "남은 자손"이 무엇을 가리키는가에 대해서는 다양한 제안이 존재한다. 스미스(Smith)는 용의 손아귀에서 벗어나는 여자를 종말 때 유대에 살면서 용의 공

49. 특히 7:4-8에 나오는 설명을 보라.

50. Michaels, *Revelation*, 153-54; Mounce, *Revelation*, 242; Smalley, *Revelation*, 333-34.

51. Beale, *Revelation*, 676-78; Ladd, *Revelation*, 167, 174; Osborne, *Revelation*, 484-85.

52. Hughes, *Revelation*, 137-43; Glasson, *Revelation*, 73-78(그는 여자를 인종적 이스라엘로 본다). Glasson과 비슷한 것은 Hoskins, *Revelation*, 212-13, 224다.

격을 피하는 믿는 유대인들이라고 설명하고(13-16절), 반면 "남은" 자들은 다른 곳에 살면서 용에게 희생되는 유대인들이라고 본다.[53] 토머스(Thomas)는 비슷한 견해를 취하지만 더 구체적으로 설명한다. 여자는 광야로 도망치는 믿는 이스라엘 사람들을 나타내고, "남은" 자손은 144,000의 인침을 받은 유대인 신자로 "온 세상의 적극적인 증인들"이고, 이로써 짐승의 반대를 불러일으키며(13장) '충돌이 끝난 후 승리한 박해의 희생자'(14:1-5)로 여겨지는 사람들이라고 주장한다.[54] 토머스가 주장하는 것처럼, 14:1-5(시온 산에 서 있는 144,000의 환상)이 12-13장(하나님의 백성에 대한 사탄의 반대)과 밀접하게 결합되어 있는 것은 사실이다. 하지만 그 144,000을 순교자로 이해하는 것은 7:4-8이나 14:1-5과 잘 조화되지 않는다(그 구절의 해설을 보라).

이 이스라엘인 집단에 대한 묘사(17c절)로 보아 그들은 분명 그리스도를 따르는 자들임을 알 수 있다. "하나님의 계명을 지키며 예수의 증거를 가진 자들." '하나님의 계명을 지키는 것'이라는 문구는, 14:12에서도 예수님을 믿는 하나님의 신실한 성도들(거기에서는 비유대인 신자들도 포함되므로 여기에서보다 더 광범위한 집단)에 대한 묘사로 사용되었다. 이는 또한 요한계시록에 나오는 '지키다'(τηρέω)라는 말의 다른 용법들과 비슷하다. 그것은 독자에게 이 책에 기록된 것(1:3; 22:7, 9), 그리스도의 메시지(3:8, 10), 그분이 명하시는 일(2:26) 혹은 일반적으로 그들이 받고 들은 것(3:3)에 순종하거나 신실하게 준수하라고 명하는 것이다. 17c절에 나오는 두 번째 묘사 "예수의 증거"(τὴν μαρτυρίαν Ἰησοῦ)를 가진 자라는 말은 때로 의미상 주격으로 받아들여진다(예수님이 지상의 삶에서 그리고 어쩌면 이 책에 주셨고 주시는 신실한 증거). 그분은 "충성된 증인"(1:5; 3:14)이라고 불리고, 이 책이 그분의 증거라고 선언하신다(22:20). 그리고 "예수의 증거"라는 문구는 1:2, 9에서 분명 주격 의미로 여겨져야 한다. 요한계시록의 서언과 시작되는 환상이라는 맥락 때문이다(그 구절의 해설을 보라).[55] 하지만 여기에서는(19:10; 20:4에서와 마찬가지로) 목적격 의미로 보는 것이 더 나은 듯하다(참고. CSB, NET, NIV, NLT, RSV, 예수님께, 예수님을 위해 혹은 예수님에 대해).[56] 이 중 두 본문은 고난받는 박해 혹은 순교에 대한 본문이다(현재 본문과 20:4; 참고. 17:6). 그리고 6:9에도 비슷한 문구인 "그들이 가진 증거"라는 말이 나온다("예수의"라는 말은 없이). 이런 맥락에서는 예수님에 대한 진리를 부인하라는 도전을 받을 때 그 진리를 말과 행동으로 충성스럽게 증언하는 것에 초점이 맞추어져 있는 듯하다(앞의 12:11에서 이것을 보라). "하나님의 말씀"이라는 관련된 표현은 주격이기는 하지만, 두 개의 소유격이 다 동일한 의미를 지녀야 한다고 요구하는 것은 아무것도 없다. 이 문구들은 상호보완적이다. 그리스도에 대한 하나님의 메시지를 위해 일어서는 것과 그 메시지가 그리스도에 대해 말하는 것을 계속 확신하는 것이다.

18절[개역개정에는 17절 끝부분-역주, '그가(용이) 바다 모래 위에 서 있더라']은 이음매 구절이다. 방금 제시된 것 및 13장의 환상들과 밀접하게 연결되어 있다는 점을 쉽게 볼 수 있다. 현대에 출판된 성경(영어와 헬라어 둘 다)에서 볼 수 있는 것처럼, 번역자들과 편집자들은 이 구

53. Smith, *Revelation*, 191-92. 그는 17b절에 나오는 '남은 자들'(the rest, λοιποί)이 '남은 사람들'[remnant, 즉 예수님을 믿는 비교적 적은 수의 유대인, 참고. 롬 9:27(ὑπόλειμμα 혹은 이문 κατάλειμμα); 11:5(λεῖμμα)]이라는 전문적 의미를 지니지는 않는다고 (올바르게) 설명한다.

54. Thomas, *Revelation 8-22*, 141-42. Smith, *Revelation*, 192는 또한 144,000뿐 아니라 짐승 아래 순교당하는 다른 사람들도 포함시킨다.

55. "예수의 증거"(ἡ μαρτυρία Ἰησοῦ)라는 말은 이 책에서 6번 나온다. J. Beutler, "μαρτυρία," *EDNT* 2:392-93은 그것들이 모두 주격이라고 주장한다. Bauckham, *Climax*, 161도 같은 의견을 지지한다.

56. 어떤 사람들은 이 문구에서 기꺼이 주격 의미와 목적격 의미를 둘 다 본다(일반적 혹은 절대적 소유격, Wallace, *Grammar*, 119-21). 예수님이 표현하신 증거로 그리스도인들이 또한 그분에 대해 표현하는 것이다(예를 들어, Beale, *Revelation*, 679; Osborne, *Revelation*, 485). 하지만 대부분의 문맥에서는 둘 중 하나의 의미를 택하는 것이 더 낫다. 언어는 보통 그런 광범위한 융통성을 허용하지 않는다.

절이 12장의 마지막 구절로 12장에 더 가까운지 아니면 새로운 장의 시작으로 13장에 더 가까운지를 놓고 논쟁을 해왔다(그들이 그 옆에 구절 숫자를 표기하든 안 하든). "[그가] 서 있더라"(ἐστάθη)는 동사의 이문은 후자의 견해를 반영한다. 그 이문은 KJV, NKJV처럼 "내가 서 있었다"(ἐστάθην)라고 되어 있다. 13:1의 "내가 보니"라는 말에 더 유사하게 맞추기 위해서다.[57]

이 구절이 두 개의 내러티브를 결합시키는 것으로 분명히 이해되는 한, 구체적인 문단 구분은 실제로 그리 중요하지 않다. 여자와 여자의 자손들을 추격하는 용(12장)은 13장에서 두 짐승에게 권능을 부여함으로 전투를 이어나간다. 용은 13:2, 4에서 그 짐승들과 분명하게 연관되어 있다. 그리고 13:5에서 같은 기간이 언급된다(참고. 12:6, 14). 게다가 "전쟁"을 나타내는 같은 단어가 13:4, 7에도 나온다(참고. 11:7; 12:7, 17). 요한은 용이 바다 모래에 서서 종말 때의 두 대리인 중 첫 번째가 극악한 일을 시작하기 위해 바다 깊은 곳에서 나타나기를 열렬히 기다리고 있는 것을 본다.

적용에서의 신학

1. 우리보다 더 큰 투쟁

요한계시록 12장에 나오는 하늘의 큰 이적에 대한 환상은 하나님, 그분의 메시아 그리고 그분의 백성을 향한 사탄의 우주적이고 아주 오래된 전투를 보여준다. 하나님께 대항하는 사탄의 무자비한 투쟁은 오래전에 시작되었고, 그는 그리스도의 죽음과 부활에서 결정적으로 패배했지만 그 투쟁은 현재에도 계속된다(2:10-13; 3:21; 5:5; 12:3-9). 그리고 사탄은 그리스도의 재림 직전에 한층 강렬하게 하나님과 그분의 백성에 대항하여 싸울 것이다(12:10-13, 17; 13:7). 공격적이고 사탄적인 악의 더 광범위한 유형은, 우리의 기운을 북돋고 사탄에게 저항하고자 하는 결의를 강하게 해줄 것이다(약 4:7; 벧전 5:8-9; 요일 4:4). 그런 투쟁들은 단지 우리의 죄 때문에 일어나는 것이 아니며, 승리는 우리의 미덕만으로 얻어지는 것이 아니다. 그 투쟁은 우리의 상황 그 자체보다 훨씬 크다. 하지만 우리는 오래전으로 거슬러 올라가는 전투에서 우리가 할 일을 담당하도록 부름받는다. 그리고 요한계시록은 십자가에서 이미 이루어진 그리스도의 결정적 승리가 사탄과 그의 악한 통치를 완전히 타도하기 위해 그분이 이 땅에 돌아오실 때 완전히 성취될 것이라고 확증한다(19-20장).

57. 외적 증거는 "내가 서 있었다"(P, 046, 1006, 1611, 1841, 2053, 2329, 대부분의 Byzantine 소문자 사본)보다 "그가 서 있었다"는 견해를 지지한다($\mathfrak{P}^{47}$, ℵ, A, C, 1854, 2344, 2351). 내적 근거에 따르면 "내가 서 있었다"가 의미를 명확하게 설명하고 그 문장을 13:1과 더 밀접하게 연결시키는 듯 보인다.

2. 우리의 승리는 어떤 모습일까?

장차 마지막 환난의 시기에 사탄을 '이기는' 혹은 승리하는 예수님의 추종자들에 관한 이야기를 읽을 때(11절), 우리가 오늘날 사탄의 반대에 직면하여 이긴다는 것이 무엇인지 그리고 전투가 어떤 모습일지 파악해야 한다. 요한계시록의 다른 본문에서, 우리는 (예상했던 것처럼) 때로 그런 공격이 사회적인 배척, 개인적 비방, 경제적 차별, 육체적 공격이나 투옥, 심지어 죽음을 포함하는 공공연한 박해의 형태로 찾아온다는 것을 발견한다(1:9; 2:9–10, 13; 12:13, 17; 13:15–17). 이 시기는 그리스도인에게 큰 어려움과 위험이 닥치는 때다. 하지만 예상치 못하게 사탄의 반대는 평강과 번영의 시기에도 나타난다. 거짓 가르침(2:2, 20, 24)이나 우리가 자만심(3:17–19)을 갖고 세상의 죄 된 관행에 쉽게 따르도록(2:20; 18:3–4) 속이는 유혹의 형태로 나타나는 것이다. 이러한 것은 어쩌면 훨씬 더 큰 도전과 위협이 될 것이다. 하지만 이것을 보고 놀라서는 안 된다. 사탄은 큰 거짓말쟁이이자 참소하는 자이기 때문이다(12:9–10; 13:14). 사탄의 간계에는 공공연한 폭력만큼이나 거짓으로 꾸미고 표리부동한 것이 포함된다(고후 2:11; 11:13–15). 하지만 이 충돌이 어떤 형태를 띠고 찾아오든 간에 우리는 신실하게 인내하라고 부르심받는다. 설사 그것이 희생적 고난과 순교를 의미한다 해도 말이다(1:9; 13:10; 14:12). 이 투쟁에서 승리하는 것 혹은 이기는 것은, 우리 삶과 교회에서 악과 거짓에 저항하고 세상의 가치를 따르거나 거짓 신들을 섬기지 않음으로 하나님께 신실함을 유지하는 것을 뜻한다(2–3장에 나오는 권고들을 보라. 또한 18:4). 이것이 그리스도를 따르는 자들이 사탄(12:11)과 짐승(15:2)을 '이긴다'는 말의 의미다. 하지만 그런 승리는 인간의 업적이 아니라, 그리스도가 이미 이루어놓으신 것으로 말미암아 그리고 그분에 대한 영속적인 믿음으로 말미암아 이루어질 것이다(요일 4:4; 5:4–5; 계 21:5–7).

CHAPTER 19

요한계시록 13:1-18

문학적 전후 문맥

이 본문은 용이 어떻게 그의 대리인, 즉 바다(13:1-10)와 땅(13:11-18)에서 나오는 짐승 같은 존재들을 통해 여자의 자손(12:17)과 싸우는지 보여주면서 12장에 나온 환상의 새로운 단계를 제시한다. 12-13장에 묘사된 이스라엘과 세계 전체를 상대로 벌이는 사탄의 전쟁은 14장에서 어린양의 승리 및 그에 상응하여 적이 패배하는 환상으로 이어진다. 이 막간들은 일곱 개의 마지막 재앙이 일어날 때 하나님의 강렬한 심판이 쏟아지는 15-16장을 내다본다.

III. 두 번째 환상: 하늘의 보좌와 세 번의 심판 주기(4:1-16:21)

- A. 하늘의 보좌에 대한 환상(4:1-11)
- B. 일곱 인으로 봉한 두루마리와 죽임당한 어린양(5:1-14)
- C. 일곱 인과 막간의 두 무리(6:1-8:1)
- **D. 일곱 나팔과 또 다른 막간들(8:2-14:20)**
  - 1. 처음 네 나팔(8:2-13)
  - 2. 다섯째 나팔- 첫째 화(9:1-12)
  - 3. 여섯째 나팔- 둘째 화(9:13-21)
  - 4. 두 개의 계시적 막간: 하나님의 선지자들(10:1-11:14)
  - 5. 일곱째 나팔- 셋째 화: 하나님의 통치를 예상함(11:15-19)
  - **6. 두 개의 또 다른 막간: 바벨론의 몰락을 예상함(12:1-14:20)**
    - **a. 여자와 용의 전쟁(12:1-13:18)**
      - (1) 여자, 여자의 아들, 용(12:1-18)
      - ➡ **(2) 용과 바다 및 땅에서 나온 그의 짐승들(13:1-18)**
    - b. 어린양의 심판과 승리에 대한 예고편(14:1-20)

주요 개념

미래에 찾아올 마지막 환난 기간에 잔혹한 세계 지도자가 사람들을 현혹하는 선전원을 곁에 두고 사탄의 권위를 빌어 하나님의 백성을 박해하고 온 세상을 지배할 것이다.

번역

요한계시록 13:1–18

1a	환상 서론/ 등장인물 입장	**내가 보니**
		바다에서 한 짐승이 나오는데
b	묘사	뿔이 열이요 머리가 일곱이라
c		그 뿔에는 열 왕관이 있고
d		그 머리들에는 신성 모독 하는 이름들이 있더라
2a	비교	**내가 본 짐승은 표범과 비슷하고**
b		**그 발은 곰의 발 같고**
c		**그 입은 사자의 입 같은데**
d	행동	**용이 자기의 능력과**
		보좌와
		큰 권세를 그에게 주었더라
3a	묘사	**그의 머리 하나가 상하여 죽게 된 것 같더니**
b	대조	**그 죽게 되었던 상처가 나으매**
c	결과	**온 땅이 놀랍게 여겨**
		짐승을 따르고
4a	4b절의 이유	용이 짐승에게 권세를 주므로
b		**용에게 경배하며**
c		**짐승에게 경배하여 이르되**
d	외침	누가 이 짐승과 같으냐
e		누가 능히 이와 더불어 싸우리요 하더라
5a	행동	**또 짐승이 과장되고 신성 모독을 말하는 입을 받고**
b		**또 마흔두 달 동안 일할 권세를 받으니라**
6a		**짐승이 입을 벌려 하나님을 향하여 비방하되**

b 목적 그의 이름과
그의 장막
곧 하늘에 사는 자들을 비방하더라
7a 행동 **또 권세를 받아 성도들과 싸워**
이기게 되고

b **각 족속과**
백성과
방언과
나라를 다스리는 권세를 받으니

8a 묘사 죽임을 당한…창세 이후로
b 상술 어린 양의
생명책에
…이름이 기록되지 못하고
c 7b절의 결과 **이 땅에 사는 자들은 다 그 짐승에게 경배하리라**

9a 전제 누구든지 귀가 있거든
b 권고 **들을지어다**

10a 전제 사로잡힐 자는
b 결과 **사로잡혀 갈 것이요**

c 전제 칼에 죽을 자는
d 결과 **마땅히 칼에 죽을 것이니**
e 결론 **성도들의 인내와 믿음이 여기 있느니라**

11a 환상 서론/
등장인물 입장 **내가 보매 또 다른 짐승이 땅에서 올라오니**
b 묘사 **어린 양 같이 두 뿔이 있고**
c 비교 **용처럼 말을 하더라**
12a 행동 **그가 먼저 나온 짐승의 모든 권세를 그 앞에서 행하고**
b **땅과**
땅에 사는 자들을 처음 짐승에게 경배하게 하니
c 묘사 곧 죽게 되었던 상처가 나은 자니라
13a 행동 **큰 이적을 행하되**
b 설명 심지어 사람들 앞에서 불이 하늘로부터 땅에 내려오게 하고

14a 기초 짐승 앞에서 받은 바 이적을 행함으로
b 행동 **땅에 거하는 자들을 미혹하며**

c	수단	땅에 거하는 자들에게 이르기를
d	묘사	칼에 상하였다가 살아난 짐승을 위하여
e	명령	우상을 만들라 하더라
15a	행동	**그가 권세를 받아 그 짐승의 우상에게 생기를 주어**
b	목적	그 짐승의 우상으로 말하게 하고 또
c		짐승의 우상에게 경배하지 아니하는 자는 몇이든지 다 죽이게 하더라
16a	행동	**그가 모든 자 곧**
		작은 자나 큰 자나
		부자나 가난한 자나
		자유인이나 종들에게
b	16a절의 내용	그 오른손에나
		이마에 표를 받게 하고
17a	예외	누구든지 이 표를 가진 자 외에는
b	16b절의 목적	매매를 못 하게 하니
c	동격	이 표는 곧 짐승의 이름이나
		그 이름의 수라
18a	18b절의 기초	**지혜가 여기 있으니**
b	권고	**총명한 자는 그 짐승의 수를 세어 보라**
c	설명	**그것은 사람의 수니**
d	상술	**그의 수는 육백육십육이니라**

구조

이 장의 두 주요 부분은 13:1과 13:11에서 "[그리고] 내가 보니"(καὶ εἶδον)라는 말로 분명하게 시작된다. 이 문구는 "바다에서 한 짐승이 나오는데"(1절)와 이에 대응되는 "또 다른 짐승이 땅에서 올라오니"(11절)라는 말과 결합되어 있다. 요한은 바다에서 나온 짐승(13:1-10)과 땅에서 올라온 짐승(13:11-18)의 특성과 이력을 자세히 이야기한다. 이를 통해 그들이 어떻게 사탄의 권위 아래 협력해서(2, 4절) 마지막 환난 기간에 하나님의 백성을 박해하고 온 세상을 속이고 지배하는지 보여준다.

석의적 개요

III. 두 번째 환상: 하늘의 보좌와 세 번의 심판 주기(4:1–16:21)
- A. 하늘의 보좌에 대한 환상(4:1–11)
- B. 일곱 인으로 봉한 두루마리와 죽임당한 어린양(5:1–14)
- C. 일곱 인과 막간의 두 무리(6:1–8:1)
- **D. 일곱 나팔과 또 다른 막간들(8:2–14:20)**
  - 1. 처음 네 나팔(8:2–13)
  - 2. 다섯째 나팔– 첫째 화(9:1–12)
  - 3. 여섯째 나팔– 둘째 화(9:13–21)
  - 4. 두 개의 계시적 막간: 하나님의 선지자들(10:1–11:14)
  - 5. 일곱째 나팔– 셋째 화: 하나님의 통치를 예상함(11:15–19)
  - **6. 두 개의 또 다른 막간: 바벨론의 몰락을 예상함(12:1–14:20)**
    - **a. 여자와 용의 전쟁(12:1–13:18)**
      - (1) 여자, 여자의 아들, 용(12:1–18)
      - **(2) 용과 바다 및 땅에서 나온 그의 짐승들(13:1–18)**
        - (a) 바다에서 나온 짐승(13:1–10)
          - (i) 그의 특성 및 용과의 관계 그리고 땅의 반응(13:1–4)
          - (ii) 하나님이 그에게 허용하시는 세상에 대한 지배(13:5–8)
          - (iii) 앞으로 올 것에 대해 경고를 받고 견디라는 권고(13:9–10)
        - (b) 땅에서 올라온 짐승(13:11–18)
          - (i) 그의 특성 및 첫째 짐승과의 관계(13:11–12)
          - (ii) 속이는 기적들 및 땅의 거주자들에게 미치는 영향(13:13–17)
          - (iii) 그 짐승이 올 때 분별하고 확인하라는 권고(13:18)

본문 설명

13:1–2 내가 보니 바다에서 한 짐승이 나오는데 뿔이 열이요 머리가 일곱이라 그 뿔에는 열 왕관이 있고 그 머리들에는 신성 모독 하는 이름들이 있더라 내가 본 짐승은 표범과 비슷하고 그 발은 곰의 발 같고 그 입은 사자의 입 같은데 용이 자기의 능력과 보좌와 큰 권세를 그에게 주었더라(1 Καὶ εἶδον ἐκ τῆς θαλάσσης θηρίον ἀναβαῖνον, ἔχον κέρατα δέκα καὶ κεφαλὰς ἑπτά καὶ ἐπὶ τῶν κεράτων αὐτοῦ δέκα διαδήματα καὶ ἐπὶ τὰς κεφαλὰς αὐτοῦ ὄνομα βλασφημίας. 2 καὶ τὸ θηρίον ὃ εἶδον ἦν ὅμοιον παρδάλει καὶ οἱ πόδες αὐτοῦ ὡς ἄρκου καὶ τὸ στόμα αὐτοῦ ὡς στόμα λέοντος. καὶ ἔδωκεν αὐτῷ ὁ δράκων τὴν δύναμιν αὐτοῦ καὶ τὸν θρόνον αὐτοῦ καὶ ἐξουσίαν μεγάλην). 13장에서는 하늘의 이적들에 대한 환상(12:1–18)에서 새로운 단계가 시작된다. 이제 요한은 두 동물 혹은 "짐승"을 관찰하는데('그리고 내가 보니', καὶ εἶδον 13:1, 11), 용

은 그들을 통해 여자의 자손과 '싸울' 것이다(12:17). '바다에서 나오는 짐승'은 이 전쟁에서 더 중요한 존재이고(13:1-10), '땅에서 올라오는 짐승'은 첫째 짐승에게 충성을 강요하는 일을 뒷받침하는 역할을 한다(13:11-18). 이것이 무엇을 상징하는가에 대해서는 뒤에 나오는 논의를 보라. 1a절의 "바다에서 한 짐승이 나오는데"라는 첫 묘사는 다니엘 7:3("큰 짐승 넷이 바다에서 나왔는데")의 표현에 영향을 받은 것을 시사한다. 이 사실은 다른 세부사항이 추가되면서 점점 확증된다. 첫째 짐승은 11:7에서 "무저갱으로부터 올라오는 짐승"(참고. 또한 17:8)으로 두 증인과 "전쟁을 일으켜" 그들을 죽이는 존재라고 짧게 언급된 바 있다.[1] 그런데 여기에서부터 20장 중간에 이르기까지 이 짐승은 요한계시록에서 중심 역할을 할 것이다. 요한이 그다음에 덧붙이는 "뿔이 열이요 머리가 일곱이라"(1b절; 참고. 또한 17:3)는 기괴한 묘사는 12:3에서 또 다른 존재인 용이 처음 묘사될 때 이미 나왔다. 하지만 둘 다 대체로 다니엘 7장에서 유래된 것이다. 다니엘 본문에는 짐승 중 하나는 머리 넷이 있고 다른 하나는 열 뿔이 있다고 묘사된다(단 7:6-7). 요한은 요한계시록 17:9-13에서 뿔과 머리의 의미를 더 발전시킬 것이다(그것들은 두 유형의 통치하는 권세를 나타낸다).[2] 하지만 다니엘 7:6은 이에 대한 준비 작업을 해준다(머리 넷을 가진 짐승은 다스리는 권세를 받았다). 이 의미는 또한 다니엘 7:24에 나오는 천사의 해석(열 뿔은 네 짐승이 대표하는 나라에서 일어날 열 왕이다)과도 관련되어 있다.

머리와 뿔의 이미지가 혼합되어 있는 것은, 짐승의 열 뿔에 왕의 지위를 나타내는 (일곱 머리에 왕관이 있는 12:3의 용을 보라) "열 왕관"이 있다는 묘사에도 시사되어 있다(1c절).[3] 마지막 문구(1d절)는 다소 다른 방향으로 나아간다. 짐승의 머리들에 "신성 모독 하는 이름"이 있다는 것은(참고. 17:3) 5-6절에 더 상세히 전개될 특징들을 시사한다. 이것은 다니엘의 환상에서 넷째 짐승 혹은 나라로부터 일어나는 교만하고 불경한 통치자("입이 있어 큰 말을 하"는)에 대해 말하는 다니엘 7:8(또한 단 7:20; 8:11, 23-25; 11:36-39)에서 가져온 것이다.

다니엘서에 나오는 네 짐승의 야만적이고 소름 끼치는 특성(단 7:2-27)은 요한계시록 13:2이 바다에서 나오는 짐승을 묘사할 때 더 분명히 볼 수 있다. 그 짐승은 표범, 곰, 사자와 같다는 점에서 다니엘서에 나오는 처음 세 짐승의 사나운 특징들(2a-c절; 단 7:4-6)을 그리고 넷째 짐승의 파괴적이고 압도적인 힘(단 7:7-8, "전의 모든 짐승과 다르고")을 아울러 지니고 있다. 요한은 짐승의 머리와 뿔이 나타내는 통치 권세가 어디에서 나오는지 인식한다. 그 권세는 사탄, 곧 이 장에서 여자의 자손(12:17) 및 하나님(13:5-6)께 대항해서 싸우는 존재로 제시되는 용에게서 나온다(2d절). 용은 이 짐승에게 "능력과 보좌와 큰 권세"를 준 존재다(2d절, 여기에서 시작된 하나님과 그리스도에 관한 패러디는 3절에 대한 설명을 보라). 7b절에서 보게 될 것처럼 이 짐승은 "각 족속과 백성과 방언과 나라를 다스리는 권세를 받"는다. 하지만 그가 이 권세를 휘두르는 기간은 "마흔두 달"(5b절)로 제한될 것이다. 후에 심판의 다섯째 대접은 명확히 "짐승의 왕좌"(16:10)를 표적으로 할 것이다. 그것은 마귀에게 시간이 얼마 남지 않았다는 또 다른 표시다(12:12).

다니엘 7장과의 연관은 '바다에서 나온 짐승'의 신원이나 역사적 지시 대상을 고찰할 때 고려해볼 몇 가지 중요한 증거를 제시한다. 다니엘서에 나오는 환상들은 큰 신상(단 2장)이나 사나운 짐승들(단 7-8장)의 이미지

1. "무저갱"(ἄβυσσος)과 "바다"(θάλασσα)의 이런 상관 관계는 바다의 깊은 곳을 혼돈과 악의 영역으로 여기는 고대 사회의 광범위한 배경에서 나온다. 하나님이 창조 때 길들이시고 온 우주를 회복하실 때 최종적으로 정복하실 영역이다(참고. 9:1-2; 21:1).

2. 17:9-13에 따르면 머리는 짐승이 그들을 이어받기 전에 나온 일곱 왕이며, 뿔은 짐승과 동맹을 맺은 열 왕이다. 해당 구절에 대한 설명을 보라.

3. 에스더 1:11, 2:17, 이사야 62:3에 나오는 왕관을 보라. 참고. 1 Macc 11:13, 54; Sir 47:6.

를 사용하거나, 아니면 세상 나라나 제국 혹은 그 제국의 개별적 왕이나 통치자를 언급하기 위해 더 직접적으로 서술한다(단 9-11장). 개인적 지시 대상(왕들)은 제도적 지시 대상(제국들)과 합쳐진다. 하지만 상징에는 그에 상응하는 구체적인 역사적 지시 대상이 있다(예를 들어, 페르시아, 그리스, 메시아). 다니엘서는 이스라엘의 구속과 회복으로 이어지는 이스라엘의 고난의 마지막 날들에 초점을 맞추었다. 첫째 짐승에 대한 요한의 환상은 네 제국의 혼합체를 제시한다. 그것은 다양한 때에 고개를 쳐들지만 말일에 가장 격렬하게 고개를 내미는, 세상 거민들을 교만하고 불경하게 다스리는 제국 유형을 시사한다. 요한계시록 13장에 사용된 비유적 표현은 매우 함축적이고(흉포성과 사탄적 악을 나타내는) 암시적(이 존재를 다니엘 7장의 억압적 제국과 연결시키는)이다. 하지만 궁극적으로는 비인격적인 악한 세력이나 마귀적인 인격적 존재 혹은 세계 역사에서 다양한 때에 일어나는 포괄적인 인간 통치자들이 아닌, 특정한 인간 통치자와 그가 말일에 다스리는 제국을 언급한다(그 지시 대상은 문맥에 따라 이리저리 바뀔 수 있다). 여기에서와 요한계시록 다른 곳에 사용된 악의 예표(즉, 이 짐승과 큰 음녀 바벨론의 연관)에서, 예표가 궁극적으로 강화될 것을 예시하면서 유형이 다양하게 역사적으로 표현될 수 있다(예를 들어, Antiochus IV Epiphanes, 주후 70년 로마. 14:8에 대한 설명을 보라). 하지만 주된 지시 대상은 말일에 예수님의 재림 직전에 나타나는 존재다. 한 사람과 그의 나라라는 잔혹한 "짐승"에 대해서는 뒤에서 더 설명할 것이다.[4]

13:3-4 그의 머리 하나가 상하여 죽게 된 것 같더니 그 죽게 되었던 상처가 나으매 온 땅이 놀랍게 여겨 짐승을 따르고 용이 짐승에게 권세를 주므로 용에게 경배하며 짐승에게 경배하여 이르되 누가 이 짐승과 같으냐 누가 능히 이와 더불어 싸우리요 하더라(3 καὶ μίαν ἐκ τῶν κεφαλῶν αὐτοῦ ὡς ἐσφαγμένην εἰς θάνατον, καὶ ἡ πληγὴ τοῦ θανάτου αὐτοῦ ἐθεραπεύθη. καὶ ἐθαυμάσθη ὅλη ἡ γῆ ὀπίσω τοῦ θηρίου 4 καὶ προσεκύνησαν τῷ δράκοντι, ὅτι ἔδωκεν τὴν ἐξουσίαν τῷ θηρίῳ, καὶ προσεκύνησαν τῷ θηρίῳ λέγοντες, Τίς ὅμοιος τῷ θηρίῳ καὶ τίς δύναται πολεμῆσαι μετ' αὐτοῦ). 3-4절에 나오는 환상에 대한 세부 묘사에서는 다니엘 7장의 기본적 이미지에서 벗어나 "짐승"에 대한 묘사가 독특한 방향으로 발전된다. "머리"(즉, 짐승이 대표하는 나라에서 통치하는 통치자) 하나[5]는 치명상을 입은 것이 분명하다(3a절, 문자적으로는 '죽음에 이르기까지 살해된 것 같더니', ὡς ἐσφαγμένην εἰς θάνατον). 하지만 놀랍게도 이 치명상이 낫게 된다(3b절). 이 묘사는 12절(3b절과 같은 표현, 죽게 되었던 상처가 나았다)과 14절(다르게 표현됨, 칼에 상하였다가 다시 살아났다, ἔχει τὴν πληγὴν τῆς μαχαίρης καὶ ἔζησεν)에서 보강된다.[6] 세 군데(3, 12, 14절)에서 모두 짐승의 소생은 기적들을 이용해서 땅의 거민을 속여 용과 짐승을 신적 존재로 경배하게 하려는 노력의 중심을 이룬다. 게다가 요한은 3a절(문자적으로는 '죽음에 이르기까지 살해된 것 같더니', ὡς ἐσφαγμένην εἰς θάνατον)에서 이 놀라운 일을 표현했는데, 이것은 5:6의 "서 있는데 일찍이 죽임을 당한 것 같"은(ἑστηκὸς ὡς ἐσφαγμένον, 참고. 또한 5:12의 "죽임을 당하신 어린양") 어린양이신 그리스도에 대한 묘사를 명백하게 반영했다.[7] 2d절에 대한 설명에서 살펴본 것처럼, 요한은 바다에서 올라온 짐승이 성부, 성자, 성령을

4. 이 "짐승"이 어떤 비인격적 세력이나 일반적인 제국보다는 어떤 개인적인 사람이라는 증거는 요한계시록 13:18에서 더 발견된다. 그 짐승의 수는 "사람의 수"다. 해당 구절에 대한 설명을 보라.
5. 3절의 헬라어는 대격의 "하나"(μίαν)라는 말로 시작된다는 점에서 색다르다. 이것은 1절에 나온 "내가 보니"라는 타동사가 여기에도 암시되어 있기 때문인 듯하다.
6. 이것을 하나님이 허용하신 기적으로 보아야 할지, 속기 쉬운 자들을 우롱하는 속임수로 보아야 할지 확실히 알기는 어렵다. 또한 13-15절에 나오는 "이적" 혹은 기적을 보라(참고. 14a절, '그가 행하도록 허용된', 개역개정에는 "받은 바"-역주).
7. 참고. 1:18이 그리스도에 대해 말한 것을 반영하는 14d절을 보라. "내가 전에 죽었었노라 볼지어다 이제 세세토록 살아 있어."

마귀적으로 패러디한다는 것을 깨닫는다. 용이 궁극적인 권위를 지니고 짐승을 대리인으로 이용하며, 땅에서 올라온 짐승의 속이는 영향력이 그 용을 보강한다는 것이다(11-18절). 3c절은 짐승이 놀랍게 회복된 것이 광범한 효과를 냈다고 기록한다. "온 땅"이 눈이 휘둥그레져서 그의 추종자가 되었다는 것이다.[8] 이 주제는 뒤에서 반복될 것이다(7b-8c, 12, 14, 16절, 따르기를 거절한 일부를 제외하고, 7a, 8b, 10, 15절). 종말 때에 인류가 사탄의 속임수에 속기 쉽다는 것은 데살로니가후서 2:9-12에도 반영되어 있다(참고. 또한 계 20:3).

3c절에 묘사된 반응(놀란 추종자들)은 급기야 4절에서 용과 짐승을 경배하는 것으로 발전한다. 이것은 2b-3절에 나오는 삼위일체적 패러디를 강화한다. 요한에 따르면 온 세상이 "용에게 경배"[9](4b절)했다. 그 짐승이 용으로부터 비롯된 통치 권세를 휘두르기 때문이다(4a절; 참고. 2d절). 짐승을 따르는 자들이 의식적으로 사탄에게 경배를 드리려는 것인지는 분명히 나오지 않지만, 이것이 그들의 행동에 대한 요한의 신학적 평가다. 하지만 4c-e절(또한 8, 12, 15절)에서 강조점은 짐승이 그들의 예배와 충성의 직접적 초점이라는 것이며, 거기에는 짐승의 "우상"(image)에 대한 모종의 찬미와 경의가 포함될 것이다(14-15절). 그들은 짐승이 천하무적의 존재라는 것에 대해 감탄하는 말로 존경을 표한다(4d-e절). "누가 이 짐승과 같으냐 누가 능히 이와 더불어 싸우리요"라는 것이다. 요한과 그리스도인 독자들은 분명 성경에서 참되신 하나님께 드려지는 예배 방식(예를 들어, 출 15:11; 욥 9:19; 41:10-11; 시 89:6; 사 40:25; 46:5; 나 1:6)을 오용해서 사탄적인 대체물에 경의를 표하는 것을 보고 신경이 곤두설 것이다. '싸움'에 관한 외침(4e절)은, 용과 그의 부하인 짐승이 그리스도가 다시 오시기까지 남은 짧은 기간에 하나님과 그분의 백성에 맞서 싸우려고 여념이 없다는 점을 상기시킨다(참고. 11:7; 12:17; 13:7). 그리스도가 다시 오실 때 그 짐승과 "싸우"기에 충분한 참되고 능력 있으신 한 분이 그 짐승을 결정적으로 이기실 것이다(17:14; 19:19-21; 참고. 살후 2:8).

삼위일체의 두 번째 위격을 패러디한 것, 특히 치명적으로 "죽게" 되었으나 기적적으로 치유되고 예배를 받는 것(3-4절) 및 온 세상에 대한 권위(7절 이하)와의 대비는 요한이 이 짐승을 하나님과 그리스도의 종말론적 원수인 적그리스도로 보고 있음을 시사한다.[10] 요한계시록은 적그리스도라는 특정한 용어를 사용하지는 않는다. 그리고 더 광범위한 신약을 살펴보면 그 말은 몇 군데에서 다소 일반적 의미로만 쓰인다(요일 2:18, 22; 4:3; 요이 1:7).[11] 하지만 데살로니가후서 2:1-12은 그를 자신을 신적 존재로 높이고 많은 사람을 속이는 "불법"의 사람으로 묘사한다. 이것은 다니엘 7장(8, 20, 25절; 또한 11:36)에도 의존하고 있으며 요한계시록 13:5-6, 8, 14에 반영되어 있다. 적그리스도라는 인물은 교부들의 글에서 보다 광범위하게 발전되는데, 교부들은 요한계시록에 나오는 짐승을 다니엘 7장, 데살로니가후서 2장, 요한일서 2장과 일관되게 연관시킨다.[12] 그 짐승이 요한 시대의 로마 사회에서 예표론적으로 예시하고 있을 대

8. "놀랍게 여겨 짐승을 따르고"(was amazed and followed the beast)라는 문구는 헬라어의 생략(문자적으로 하면 '짐승을 따라 놀라서', were amazed after the beast)을 수습하려는 것이다. '놀라다'(θαυμάζω)에 대한 BDAG 445를 보라. 참고. 막 8:34; 요 12:19; 행 5:37; 20:30; 딤전 5:15에 나오는 "따라"(ὀπίσω)의 용법들.

9. 3c절의 주어인 "온 땅"은 '그들이 경배했다'(4b절)는 동사의 '그들'이라는 대명사 지시어에서 계속 이어진다. 집합적 단수가 의미상 복수로 해설되는 것이다.

10. Lietaert Peerbolte, *Antecedents of Antichrist*에서 신약과 교부 문학(pp. 206-20) 및 초기 유대교 문헌(pp. 340-45)에 나오는 종말론적 원수 혹은 적그리스도라는 주제들에 대한 요약을 보라. Geert Wouter Lorein, *The Antichrist Theme in the Intertestamental Period*, JSPSup 44 (London: T&T Clark, 2003)는 신구약 중간기의 유대교에 나오는 그 주제에 대한 더 최근의 연구를 다룬다(그의 연구 결과에 대한 요약은 pp. 219-43에서 볼 수 있다).

11. J. Ernst, "ἀντίχριστος," *EDNT* 1:111.

12. 예를 들어, Barn. 4:1-5; Did. 16:3-4; Irenaeus, *Haer.* 5.28.2; Justin, *Dial.* 32; 110; Hippolytus, *Antichr.* 49; Weinrich, "Andrew of Caesar-

상과, 종말 때 짐승의 신원이 밝혀지는 것에 대한 논의로는 13:18에 대한 해설을 보라.

13:5-6 또 짐승이 과장되고 신성 모독을 말하는 입을 받고 또 마흔두 달 동안 일할 권세를 받으니라 짐승이 입을 벌려 하나님을 향하여 비방하되 그의 이름과 그의 장막 곧 하늘에 사는 자들을 비방하더라(5 Καὶ ἐδόθη αὐτῷ στόμα λαλοῦν μεγάλα καὶ βλασφημίας καὶ ἐδόθη αὐτῷ ἐξουσία ποιῆσαι μῆνας τεσσεράκοντα [καὶ] δύο. 6 καὶ ἤνοιξεν τὸ στόμα αὐτοῦ εἰς βλασφημίας πρὸς τὸν θεόν βλασφημῆσαι τὸ ὄνομα αὐτοῦ καὶ τὴν σκηνὴν αὐτοῦ, τοὺς ἐν τῷ οὐρανῷ σκηνοῦντας). 1절에 암시된 짐승의 불경스러운 교만(그의 머리에 있는 '신성 모독 하는 이름들')은 5-6절에서 그의 억압적 통치가 시간적으로 제한되어 있다는 말과 함께 최대한도로 묘사되어 있다. 행동 혹은 권위가 짐승에게 '주어졌다'(개역개정에는 "받고"-역주)고 혹은 허용되었다고(ἐδόθη) 5절에서 두 번(그리고 7절에서 두 번 더) 나온다. 그것을 주는 존재는 용일 수 있다. 2d절과 4a절이 용이 그에게 그의 권위 혹은 힘을 '주었음'을 보여주었기 때문이다. 하지만 요한계시록의 더 큰 맥락에서 보면, 악하거나 대격변의 사건을 비롯한 모든 사건이 마지막 날들에 일어나도록 허용하시는 주권자는 하나님이다(6:2, 4, 8, 11; 7:2; 9:3, 5; 16:8). 그리고 여기에서도 그렇게 보는 것이 더 적절하다.[13] '큰 자랑을 말하는 입'(5a절, στόμα λαλοῦν μεγάλα, 개역개정에는 "과장되고"-역주)이라는 말은 다니엘 7:8, 20 칠십인역의 표현을 따르는 것이다. 그렇게 자기를 높이는 것은 다니엘서 다른 곳에서도 언급된다(8:11, 23-25; 11:36-39). "신성 모독"을 말한다는 것 역시 다니엘 7:25("그가 장차 지극히 높으신 이를 말로 대적하며")과 11:36("그는 비상한 말로 신들의 신을 대적하며")에서 나왔다. 다니엘 7:25("한 때와 두 때와 반 때" 동안 작용하도록 허용된 작은 뿔)은 5b절에 명시된 기간인 "마흔두 달"의 출처이기도 하다(11:2-3; 12:6, 14을 보라). 게다가 '행동하다, 활동적이다'(ποιέω, 개역개정에는 "일할"-역주)라는 동사를 이런 의미로 사용하는 유사한 예는 다니엘 8:24, 11:28에서도 볼 수 있다.[14]

짐승의 신성 모독적인 말(5a절)의 대상은 6절에 명시된다. 그의 무례하고 모욕적인 말은 '하나님을 향한' 것이고 "그의 이름" 혹은 그분의 성품과 평판을 향한 것이다.[15] 고대 사회에서 신실한 유대인과 그리스도인은 하나님과 경쟁자라는 말이나 대등하다는 모든 주장을 특별히 불경한 것으로 여기고 배격했다. 인간이 신적 지위를 주장하는 것은 최고 수준의 신성 모독이었다.[16] 다니엘의 환상은 이교 제국들과 황제들이 저지른 죄가 바로 이러한 것임을 보여주었고, 짐승은 하늘의 참된 하나님께 그런 죄를 단계적으로 확대해서 저지른다. 짐승의 불경함은 또한 하나님의 "장막"(σκηνή)과 관련해서도 나타난다. 장막은 하늘에 있는 하나님의 활동의 중심지, 하나님의 신적 보좌 알현실 그리고 하늘의 '성막' 혹은 성전을 의미한다(구약에서 하나님의 보좌 및 하나님이 그분의 백성 가운데 사셨던 예배의 소재지에 대해 σκηνή를 사용한 것에 대한 8:3의 설명을 보라, 참고. 출 29:42-43; 40:34-35). 장막을 비방한다는 것은 하나님의 세상에 대한 그분의 통치를 중상모략한다는 뜻인 듯하다. 6절의 마지막 문구는 하늘에 있는 하나님의 '장소'가 지닌 추가적 차원, 곧 하나님과 함께 "하늘에 사는" 자들(천사들 및 죽은 인간들, 참고. 계 7:15; 12:12; 21:3)에게 초점을 맞춤으로써 "장막"(dwelling)을 더 설명한다.[17]

ea," 159-63.

13. 특히 5b절의 "마흔두 달"과 비슷한 시간 제한이 있다고 나오는 것에서 신적 역할을 보라(11:2-3; 12:6, 14).
14. BDAG 841.
15. 2:3에서 "이름"에 대한 설명을 보라.
16. 참고. BDAG 178에 나오는 βλασφημία 그리고 LN §33.400.
17. "하늘에 사는 자들"은 문법적으로 '하나님의 장막'이라는 말과 동격이다. 동격들이 언제나 똑같은 머리 용어를 지시 대상으로 받는 것은 아니다. 동격들은 머리 명사의 일부 혹은 그것을 구성하는 것을 언급함으로써 그 명사를 설명할 수도 있다.

요한의 독자들이 살던 1세기 세계에서 로마 황제들은 다니엘이 제시한 유형의 한 표현이었다. 그들은 강력한 제국의 교만한 황제로 찬사를 받았고, 어떤 곳(예를 들어, 소아시아)에서는 성전과 신전을 통해 신적 지위를 부여받고 숭배를 받았다. 1세기 초(주후 38-41년) 갈리굴라 치하에서, 로마 총독은 폭도들이 알렉산드리아의 유대 회당들에 황제의 신상을 세우는 것을 허용했다(Philo, *Flaccus* 41-43; *Embassy*, 134-38). 그리고 갈리굴라는 예루살렘 성전에 자신의 신상을 세우라고 명령했다(Philo, *Embassy*, 200-3, 265, 337). 지역 총독들이 지연작전을 펴서 이 명령을 방해하고 갈리굴라 황제가 로마에서 암살당함으로 그 위협은 종식되었지만, 로마 세계 전역의 유대인과 그리스도인은 어떤 일이 일어날 수 있을지 알아차렸을 것이다.

13:7-8 또 권세를 받아 성도들과 싸워 이기게 되고 각 족속과 백성과 방언과 나라를 다스리는 권세를 받으니 죽임을 당한 어린 양의 생명책에 창세 이후로 이름이 기록되지 못하고 이 땅에 사는 자들은 다 그 짐승에게 경배하리라(7 καὶ ἐδόθη αὐτῷ ποιῆσαι πόλεμον μετὰ τῶν ἁγίων καὶ νικῆσαι αὐτούς, καὶ ἐδόθη αὐτῷ ἐξουσία ἐπὶ πᾶσαν φυλὴν καὶ λαὸν καὶ γλῶσσαν καὶ ἔθνος. 8 καὶ προσκυνήσουσιν αὐτὸν πάντες οἱ κατοικοῦντες ἐπὶ τῆς γῆς, οὗ οὐ γέγραπται τὸ ὄνομα αὐτοῦ ἐν τῷ βιβλίῳ τῆς ζωῆς τοῦ ἀρνίου τοῦ ἐσφαγμένου ἀπὸ καταβολῆς κόσμου). 하나님이 바다에서 나오는 짐승에게 장차 무엇을 허용하실지에 대한 요한의 묘사에서도 다니엘 7장에서 영향을 받은 것이 계속 드러난다(7-8절). 그 짐승은 "성도들과 싸워"(참고. 계 12:7) 이기는 것이 허용될 것이다(7a절; 참고. 단 7:21, 25). 그는 "각 족속과 백성과 방언과 나라"(7b절)[18]에 군사적, 정치적 힘(즉, 그의 "권세", 참고. 2, 5절)을 발휘하는 것을 허용받을 것이다. 다니엘서에 넷째 나라가 온 천하를 삼키고 밟아 부서뜨릴 것이라고 나오는 것과 마찬가지다(단 7:23). 그리고 8절에 따르면 그는 군사적, 정치적 권위와 함께 대폭적인 종교적 헌신을 이끌어낼 것이다. 짐승에 대한 이 "경배"는 11-18절에서 둘째 짐승이 하는 일이 제시될 때 더 상세히 설명된다. 여기에서 요한은 단지 "이 땅에 사는 자들은 다 그 짐승에게 경배하더라"(8c절)[19]고만 단언한다.[20] 이것이 진지하게 드리는 예배인지 그 통치에 저항할 수 없어서 계산적으로 복종하는 것인지는 12-17절에서 더 분명하게 드러난다(아마 그 둘이 섞여 있을 것이다). 8b절("생명책에…이름이 기록되지 못하고")은 요한이 "이 땅에 사는 자들은 다"라는 말에 내포되는 부정적 성향을 한층 강화한다. 하지만 그것은 또한 이어지는 문구에 사용하는 "다"라는 말에 주목할 만한 예외도 있다는 것을 시사한다.[21] 땅에 살면서 짐승을 경배할 이들은 그 이름이 생명책에 기록되지 못하는 자들이다(참고. 17:8). 이는 하나님의 주권과 영원히 하나님께 속했기 때문에 짐승을 경배하지 않을 다른 집단이 있음을 암시한다.[22] "창세"(8a절)라는 문구는 창조된 우주의 시작을 말하며(참고. 눅 11:50; 히 4:3; 9:26), 신약에서 어떤 사람을 택하시는 하나님의 사랑이 얼마나 옛적부터 있

18. 이 일련의 단어 및 그것이 요한계시록에서 나오는 것에 대해서는 5:9에 대한 설명을 보라.

19. "땅에 거하는 자들"(하나님께 저항하고 하나님의 심판을 받을 땅의 일반적 주민)이라는 흔히 나오는 문구가 지닌 부정적 함축에 대해서는 3:10, 8:13, 11:10에 대한 설명을 보라.

20. 요한은 1-7절(그의 환상을 묘사하는)에서 과거(부정과거) 시제 동사들을 사용하던 것에서 "경배하리라"(종말에 일어날 일을 선언하는)는 미래 시제로 바꾼다. Mussies, *Morphology*, 334-36, 340을 보라. 또한 4:5; 9:6, 10-11에 대한 주를 보라.

21. "다" 혹은 '모든' 것에 대한 묘사는 그 말이 나오는 문맥에서 이해해야 하며 항상 '예외 없이'라는 의미는 아니다. 여기에서 "다"라는 말은 하나의 공동적 전체로 여겨지는 땅에 거하는 자들의 큰 집단을 의미하며, 그 집단 가운데 있는 '모든 사람 하나하나'를 의미하는 것은 아니다. J. William Johnston, *The Use of* Πᾶς *in the New Testament*, SBG 11 (New York: Peter Lang, 2004), 75-79, 93을 보라.

22. 3:5에서 그런 "생명책"의 신학에 대한 설명을 보라. 또한 17:8, 20:12, 15; 21:27을 보라. 참고. 단 12:1.

었는지 묘사하기 위해 서너 번 사용된다. 여기에서 그 단어는 영원한 과거에 시작된 그리스도의 속죄의 희생에 대한 신적 헌신을 드러낸다(참고. 마 25:34; 요 17:24; 엡 1:4; 벧전 1:20). 어린양의 생명책에 이름이 기록되는 사람들의 운명은 21:27에 나올 것이다(새 예루살렘). 인류의 뚜렷한 구분은 대격변이 일어날 환난의 마지막 날에 표면화될 것이다. 이로 인해 9-10절에 경고의 말이 나온다.

13:9-10 누구든지 귀가 있거든 들을지어다 사로잡힐 자는 사로잡혀 갈 것이요 칼에 죽을 자는 마땅히 칼에 죽을 것이니 성도들의 인내와 믿음이 여기 있느니라(9 Εἴ τις ἔχει οὖς ἀκουσάτω. 10 εἴ τις εἰς αἰχμαλωσίαν, εἰς αἰχμαλωσίαν ὑπάγει· εἴ τις ἐν μαχαίρῃ ἀποκτανθῆναι, αὐτὸν ἐν μαχαίρῃ ἀποκτανθῆναι. Ὧδέ ἐστιν ἡ ὑπομονὴ καὶ ἡ πίστις τῶν ἁγίων). 하나님의 백성을 향한 짐승의 공격과 그가 인류를 둘로 나눌 것이라는 정신이 번쩍 들게 하는 예언(7-8절)을 받아들이는 이들은 그에 대해 적극적으로 반응해야 한다. 그리스도인은 설사 그것이 희생을 요구한다고 해도 하나님과 어린양께 영속적으로 충성해야 한다(9-10절). 이 구절들은 두 짐승에 대한 환상 기사(1-8절과 11-18절) 사이에 나오는 요한의 권고적 방백이며, 그리스도가 요한을 통해 교회에 하신 권고들(2-3장)을 생각나게 한다. "누구든지 귀가 있거든 들을지어다"(9절)라는 경고는 각 메시지 끝에 반복되는 명령과 사실상 똑같다(예를 들어, 2:7). 그래서 우리는 하나님의 궁극적 승리가 찾아오기 직전 가차 없이 닥치는 악을 만날 때 고난에서 면제되리라고 섣불리 기대할 수 없다. 하나님은 주권적 계획 안에서 짐승이 세상의 불경한 자들을 잔혹하게 주관하도록 허용하실 것이다(7b-8절). 따라서 짐승의 압도적이고 독재적인 권세에 "[그렇게] 사로잡힐 자"[23]가 있다면 거기서 벗어날 길이 없을 것이다(10b절). 마찬가지로 요한이 앞에서 보여주었던 것처럼(7a절), 하나님은 짐승이 심지어 하나님의 백성까지도 잠시 동안 박해하도록 허용하실 것이다. 그래서 어떤 그리스도인이 그리스도에 대한 충성 때문에 처형을 받아야[24] 한다면(10c-d) 받아들여야 할 것이다. 이는 하나님의 궁극적 승리 전에 이 땅에서 일시적으로 겪는 좌절일 뿐이다(10d절). 이것은 하나님의 백성에게 인내심 있게 확신하는 것, 곧 "성도들의 인내와 믿음"(10e절)을 불러일으켜야[25] 한다.[26] 교회에 주시는 그리스도의 메시지는 확고부동한 믿음에 대한 칭찬 및 권고로 가득 차 있었다(2:2-3, 13, 19; 3:10; 또한 1:9).[27] 그리고 다음에 나오는 장들에서도 그와 같은 것이 요구될 것이다(14:12; 17:14). 요한이 묘사하려는 환

---

23. '사로잡힘'(αἰχμαλωσία)이라는 명사는 성경에서 전쟁 포로가 되는 것 혹은 외국의 침략을 당한 후 포로로 잡혀가는 것과 연관되어 있다(신 28:41; 왕하 24:14; 스 2:1; 렘 15:2; 단 11:33; 슥 14:2). 10a절의 운명적 어조["사로잡힐 자"는 '사로잡힐 운명인 자'(is destined for captivity)로 번역할 수 있음—역주]는 예레미야 15:2, 43:11에서처럼 '…이다'(to be)라는 동사를 암시하면서 의도된 결말 혹은 목적지를 보여주기 위해 '…을 위하여'(for, εἰς)라는 전치사가 사용된 것에서 나온다. 참고. 또한 계 22:2.

24. 많은 사본이 10a-d절을 악(사로잡히는 것 혹은 칼)을 당한다기보다는 악을 행하는 존재에 대해 여러 가지로 말하는 것으로 보고, 악을 행하는 자 자신이 동일한 방식으로 벌을 받을 것이라고 말한다(참고. KJV, NKJV). 하지만 앞에 나오는 본문(대부분의 현대 영어 역본이 따르는)은 다른 독법들이 생겨나는 것을 가장 잘 설명하며 가장 믿을 만한 사본(A)에서 찾아볼 수 있다.

25. "…이 여기 있느니라"는 표현은 13:18, 14:12, 17:9에서 다양한 형태로 사용된다. 여기에서처럼 '이것은…을 요구하다' 혹은 '이 상황에서 필요한 것은…이다'라는 것을 의미하기 위해서다(BDAG 1101을 보라). 이 마지막 문구는 접속사 생략을 사용한다(즉, 그것은 '그리고' 혹은 '그래서' 같은 서론적 접속사가 없다. 9:11의 주를 보라). "여기"라는 말이 방금 말한 것을 가리키는 지시적 의미를 지니기에 접속어가 필요 없기 때문이다. Mathewson, *Handbook*, 176은 "여기"(ὧδε)라는 부사가 "지시 대명사처럼…ἐστιν의 주어로서 실명사적으로" 사용되었다고 이해한다. 이것은 영어 해설이 될 만한 것(예를 들어, BDAG 1101, "이것은 인내를 요구한다")을 헬라어 구문론의 지침으로 잘못 해석하는 것이다. 그 단어는 헬라어에서 여전히 부사이며, "인내"가 그 동사의 주어다.

26. 이것은 주격 소유격 문구다. 성도들은 믿고 인내해야 한다는 것이다.

27. 또한 6:9, 11:7, 12:11, 20:4에 나오는 죽기까지 충성하는 것의 예를 보라.

경들은 분명 죽기까지 그리스도께 충성할 것을 요구할 것이다. 그리고 그리스도가 마침내 승리하실 때 그런 충성의 진가가 드러날 것이다(20:4).

13:11–12 내가 보매 또 다른 짐승이 땅에서 올라오니 어린 양 같이 두 뿔이 있고 용처럼 말을 하더라 그가 먼저 나온 짐승의 모든 권세를 그 앞에서 행하고 땅과 땅에 사는 자들을 처음 짐승에게 경배하게 하니 곧 죽게 되었던 상처가 나은 자니라(11 Καὶ εἶδον ἄλλο θηρίον ἀναβαῖνον ἐκ τῆς γῆς, καὶ εἶχεν κέρατα δύο ὅμοια ἀρνίῳ καὶ ἐλάλει ὡς δράκων. 12 καὶ τὴν ἐξουσίαν τοῦ πρώτου θηρίου πᾶσαν ποιεῖ ἐνώπιον αὐτοῦ, καὶ ποιεῖ τὴν γῆν καὶ τοὺς ἐν αὐτῇ κατοικοῦντας ἵνα προσκυνήσουσιν τὸ θηρίον τὸ πρῶτον, οὗ ἐθεραπεύθη ἡ πληγὴ τοῦ θανάτου αὐτοῦ). 요한은 바다에서 올라오는 짐승에 대한 환상(13:1–10)을 보완하기 위해, 이제 자신이 "또 다른 짐승"을 "보매"(εἶδον, 참고. 1절)라고 기록한다. 이번 짐승은 "땅에서 올라"온다(11a절). 이 묘사 또한 다니엘 7장을 각색한 것처럼 보인다. 다니엘 7:17은 바다에서 나온 네 짐승(7:3)을 '땅에서' 나오는(개역개정에는 "세상에 일어날"–역주) 네 왕이라고 해석한다. 요한이 두 짐승을 이렇게 구분하지만(바다에서 나온 것, 땅에서 나온 것), 이런 구분은 더 이상 소용이 없다. 요한은 다시는 이 인물을 "땅"에서 나오는 존재라고, 심지어 "짐승"(θηρίον, 이 용어는 이제부터 첫 번째 짐승에게만 사용된다)이라고도 언급하지 않기 때문이다. 이 장 나머지 부분에서 요한은 두 번째 짐승을 인용하기 위해 대명사 지시어(별개의 대명사들 혹은 삼인칭 단수 동사 접미사)만 사용하고, 뒤의 장들에서 그를 언급할 때 "거짓 선지자"라고 부른다(계 16:13; 19:20; 20:10). 11b절에 나오는 이 짐승에 대한 묘사는 다니엘 7장의 짐승 이미지와 약간의 연관성이 있다. 하지만 다시 한번 요한은 그것을 대폭적으로 바꾼다. 약함("어린양같이", 11b절)과 사나움("용처럼", 11c절)의 역설적 혼합은 온 세상이 첫 번째 짐승을 경배하도록 강요하는 사명을 수행하면서 그가 지닌 기만적이고도 위압적인 그리고 궁극적으로는 치명적인 영향력을 노련하게 포착한다. 종합해보면 "땅에서" 나온 짐승에 대한 묘사와 그가 내내 악마적 삼위일체의 세 번째 일원으로서 용 및 첫째 짐승과 연관된 것은, 그가 첫째 짐승의 개인적 측근 역할을 맡아 사람들을 속여 그 짐승을 경배하고 섬기도록 행동한다는 점을 보여준다.[28]

그가 "용처럼 말을 하더라"(11c절)는 말은 적절하다. 12a절이 묘사하듯, 첫째 짐승에게 위임된 용의 권위(2절; 참고. 5, 7절)는 그 짐승이 지켜보는 가운데("그 앞에서") "먼저 나온 짐승의 모든 권세를…행하[29]"도록 둘째 짐승에게 맡겨진다. 그의 마귀적 '권위'의 많은 부분은 기적을 수행하는 능력일 것이다. 이것은 이 협력 관계에서 그가 일차적으로 맡은 역할을 뒷받침하고(참고. 13, 15절), 그로 인해 첫째 짐승이 전 세계적으로 아첨과 복종을 받게 한다[30](12b–c절; 참고. 4, 8, 15절). 요한은 그 짐승이 경배를 받는 데 큰 영향을 끼친 것은 그가 치명적 상처에서 회복된 것 때문임을 상기시킨다(12c절; 참고. 3, 14절).

13:13–14 큰 이적을 행하되 심지어 사람들 앞에서 불이 하늘로부터 땅에 내려오게 하고 짐승 앞에서 받은 바 이적을 행함으로 땅에 거하는 자들을 미혹하며 땅에 거하는 자들에

---

28. Irenaeus, *Haer.* 5.28.2는 그를 첫째 짐승의 "갑옷 드는 자"라고 부른다. F. F. Bruce, "Revelation," in *The International Bible Commentary*, ed. F. F. Bruce, H. L. Ellison, G. C. D. Howley (London: Pickering, 1986), 1616은 그를 첫째 짐승의 "선전 장관"(Minister of Propaganda)이라고 부른다.

29. 여기에서, 요한이 본 것을 과거의 이야기(11b–c에 나오는 미완료들)로 묘사하는 것으로부터 12–14, 16절에서 일련의 현재 동사를 사용하여 보고 양식으로 묘사하는 것으로 바뀐다. 요한이 서로 다른 제시 방식들로 시제를 사용하는 것에 대해서는 4:5, 9:6, 10–11에 나오는 주를 보라.

30. ποιέω+ἵνα절의 이런 전문화된 용법으로는 16–17절과 3:9, 요한복음 11:37, 골로새서 4:16을 보라. BDAG 840을 보라.

게 이르기를 칼에 상하였다가 살아난 짐승을 위하여 우상을 만들라 하더라(13 καὶ ποιεῖ σημεῖα μεγάλα, ἵνα καὶ πῦρ ποιῇ ἐκ τοῦ οὐρανοῦ καταβαίνειν εἰς τὴν γῆν ἐνώπιον τῶν ἀνθρώπων, 14 καὶ πλανᾷ τοὺς κατοικοῦντας ἐπὶ τῆς γῆς διὰ τὰ σημεῖα ἃ ἐδόθη αὐτῷ ποιῆσαι ἐνώπιον τοῦ θηρίου, λέγων τοῖς κατοικοῦσιν ἐπὶ τῆς γῆς ποιῆσαι εἰκόνα τῷ θηρίῳ, ὃς ἔχει τὴν πληγὴν τῆς μαχαίρης καὶ ἔζησεν). 요한은 둘째 짐승이 어떻게 첫째 짐승으로 전 세계에서 경배를 받게 하는지(12절) 계속 묘사한다. 이때 요한은 하나님이 그에게 허용하시는 초자연적 능력 및 심지어 이런 노력에 포함되어 있는 우상 숭배적 의도까지도 기록한다(13-14절).[31] 하나님은 그가 짐승의 초자연적 권능과 천하무적의 힘(참고. 4절)을 보여주는 "이적"을 일으켜 기적적인 일들을 행하도록 허용하신다.[32] 성경 저자들은 현혹시키는 "이적과 기사"(신 13:1-3), 특히 한층 강렬해질 말일의 이적과 기사(마 24:24; 막 13:22; 살후 2:9)를 경고한다. 심지어 엘리야 시대에 참되신 하나님과 그분의 선지자의 주요한 표적이었던(왕상 18:38-39; 왕하 1:10-14; 참고. 눅 9:54; 계 20:9) "불이 하늘로부터"(13b절)[33] 내려오게 하는 것마저도, 여기에서처럼 사람들을 미혹하는 표적이 될 수 있다. 그런 기적들의 불확실성은 출애굽기에서도 볼 수 있다. 거기에서 모세와 아론은 하나님의 부르심을 받았음을 입증하기 위해 수행할 "이적"들을 받았다(출 4:9, 17, 30-31). 하지만 바로의 마술사들도 자기 나름의 요술을 부려 반격할 수 있었다(출 7:9-12). 초대 그리스도인은 종종 추종자들을 모으려고 마술을 사용하는 거짓 선지자와 대중 교사를 만났다(행 8:9-11; 13:6-10; 16:16-18; 19:13-19). 둘째 짐승은 속아 넘어가기 쉬운 사람들을 현혹하기 위해 이런 잠재적 기적 수행 능력을 최대한 활용할 것이다(14a절). 그는 어쨌든 하나님께 적대적인 일반 대중을 '미혹한다'(참고. 12:9; 19:20).[34] 하나님은 그들이 "짐승 앞에서"(14a절) 기적을 수행하도록 허용하실 것이다. 이것은 사람들에게 짐승의 힘과 권위를 확신시키는 방편으로 짐승 가까이에서 능력을 드러내는 것을 말한다.

게다가 이것은 더 큰 충성을 자극하기 위해 무리에게 "짐승을 위하여 우상을 만들라"고 요구할 기회다(14d-e절). 15-17절이 묘사할 것처럼, 짐승이 눈앞에 있을 때 불복종하면 분명 더 가혹한 결과를 낳을 것이다. 그런 우상 숭배적 짐승상은 다니엘 3:1-7에서 느부갓네살이 금 신상을 세워놓고 모든 사람이 거기 절하도록 요구한 이야기와 비슷하다(참고. 뒤의 15절). 요한은 무리가 그 짐승을 더 따르도록 할 만한 비범한 특징(3, 12절에서 언급된)을 다시 한번 끼워넣는다(14d절). 그가 '칼의 상처를 가지고 있다가(개역개정에는 "칼에 상하였다가"-역주) 살아났다'는 것이다.[35] 이것은 짐승이 치명상에서 회복된 후에도 계속해서 끔찍한 타격의 명백한 표시를 지니고 있음을 나타내는 듯하다.

13:15 그가 권세를 받아 그 짐승의 우상에게 생기를 주어 그 짐승의 우상으로 말하게 하고 또 짐승의 우상에게 경배하지 아니하는 자는 몇이든지 다 죽이게 하더라(καὶ ἐδόθη αὐτῷ

31. 요한이 환상에서 본 것에 대한 이 보고는, 그의 전형적인 서술 방식(과거 시제 동사들이 일련의 사건들을 시간적 순서에 따라 기술하는 것)을 따르지 않고, 장면의 한 측면에서 다른 측면으로 공간적으로 전진하면서 현재 시제 동사들을 사용한다(12a절에 대한 주를 보라).
32. '그는 허용되었다'(14a절, 개역개정에는 "받은 바"-역주)라는 말은 ἐδόθη αὐτῷ('그것이 그에게 주어졌다')의 번역으로, 하나님이 행위자이심을 암시한다. 5절에 대한 설명 및 거기 인용된 구절들을 보라.
33. 13b절에 나오는 '누구든지 보도록'이라는 문구는 헬라어에서는 총칭적 관사(참고. 14:4; 21:3)를 사용해서 "사람들 앞에서"(ἐνώπιον τῶν ἀνθρώπων)라고 표현되어 있다. 그래서 그 의미는 '사람들이 있는 데서, 공개적 과시로'라는 것이다.
34. "땅에 거하는 자들"에 대해서는 8c절의 주를 보라.
35. '가지고 있다'(14d절)는 동사는 12-14, 16절의 다른 일련의 묘사에서처럼 헬라어에서 계속해서 현재 시제를 사용한다. '살아났다'(came to life)에 대해 시작의 부정과거로 바뀐 것은 보고 양식 안에서 배경을 제공하기 위해 과거 시제를 사용하는 전형적 용법이다. Fanning, "Greek Tenses," 340-41, 343을 보라.

δοῦναι πνεῦμα τῇ εἰκόνι τοῦ θηρίου, ἵνα καὶ λαλήσῃ ἡ εἰκὼν τοῦ θηρίου καὶ ποιήσῃ [ἵνα] ὅσοι ἐὰν μὴ προσκυνήσωσιν τῇ εἰκόνι τοῦ θηρίου ἀποκτανθῶσιν). 하나님이 둘째 짐승에게 행하도록 허용하시는 또 따른 속이는(그리고 파괴적인) 기적은 첫째 짐승의 우상에게 생기를 불어넣어서 그것이 자신을 경배하라고 명령하고, 이를 어기면 사형에 처한다고 말하게 하는 것이다. 이것은 다니엘 3장에 나오는 느부갓네살의 금 신상 유형이 한층 강화된 것이다. 다니엘서에 나오는 신상은 생명이 없고 말을 못하는 상태로 있고, 왕의 사신들이 절하지 않으면 죽을 것이라는 왕의 명령을 외친다(단 3:4-6). 요한계시록에서는 우상이 "생기"[36]를 받아 짐승에게 절하라고 요구한다(15b절). 그리스 로마 사회에서 사람들은 보통 신의 형상이 단순히 무생물의 신상이기보다 신들이 거기에 산다고 이해했고, 때로 신탁을 선언한다고 주장하기도 했다.[37] 따라서 여기에서 짐승의 '말하는' 능력은 "경배하지 아니하는 자는 몇이든지" 처형당할 것이라는 선포에 초점을 맞춘다(15c절).

13:16-17 그가 모든 자 곧 작은 자나 큰 자나 부자나 가난한 자나 자유인이나 종들에게 그 오른손에나 이마에 표를 받게 하고 누구든지 이 표를 가진 자 외에는 매매를 못 하게 하니 이 표는 곧 짐승의 이름이나 그 이름의 수라(16 καὶ ποιεῖ πάντας, τοὺς μικροὺς καὶ τοὺς μεγάλους, καὶ τοὺς πλουσίους καὶ τοὺς πτωχούς, καὶ τοὺς ἐλευθέρους καὶ τοὺς δούλους, ἵνα δῶσιν αὐτοῖς χάραγμα ἐπὶ τῆς χειρὸς αὐτῶν τῆς δεξιᾶς ἢ ἐπὶ τὸ μέτωπον αὐτῶν 17 καὶ ἵνα μή τις δύνηται ἀγοράσαι ἢ πωλῆσαι εἰ μὴ ὁ ἔχων τὸ χάραγμα, τὸ ὄνομα τοῦ θηρίου ἢ τὸν ἀριθμὸν τοῦ ὀνόματος αὐτοῦ). 첫째 짐승과 사탄의 권위를 보다 교활하게 발휘한 것(2, 4, 12절)은 둘째 짐승이 사람들에게 "표"를 받도록 강요한 것이다. 이 표는 공동체 안에서 이루어지는 상업 활동에 참여하기 전에 받아야 하는 것이었다. 어느 누구도 이런 요구 사항에서 면제될 수 없다. 요한이 16a절의 "모든"(또한 17a절 나오는 "누구든지")이라는 말과 사회의 모든 계층, 즉 특권층이든 아니든 예외 없이 그것을 따라야 한다는 말로 강조하는 바와 같다.[38] 그들은 모두 짐승에 대한 충성을 증명하는 "표" 혹은 신원 확인 표시(아마 1세기 때 노예나 짐승에 낙인을 찍는 것과 같은)[39]를 받아들이지[40] 않을 수 없다. 이 짐승의 표는 요한계시록에서 다섯 번 더 언급되고, 언제나 표를 받는 사람들이 그 짐승을 '경배하는' 것과 함께 인용된다(14:9, 11; 16:2; 19:20; 20:4). 이 불길한 "표"는 144,000명이 하나님의 보호의 표시로 "이마"에 받은 "인"과 대조된다(7:2-3; 9:4; 14:1; 참고. 겔 9:1-11). 그것을 손이나 이마에 받는 것은 단지 그곳이 신원 확인 표를 받기에 가장 명확한 위치라는 것을 반영할 수 있다. 하지만 하나님의 신실하심 혹은 이스라엘 사람들이 "손"과 "미간"에 하나님의 율법을 지니고 있었음을 상기시키는 패러디일 수도 있다(출 13:9, 16; 신 6:8; 11:18).

이런 요구는 표를 갖고 있지 않은 사람은 누구든 상업 활동을 금지하는 것("매매를 못 하게 하니")을 통해 보편적으로 이루어진다(17절). "바벨론"이 전 세계 무역과 상업에서 경제적 우위를 점하고 있었다는 18장의 묘사(참고. 계 18:3, 11-19)는 짐승과 그의 체계가 어떻게 그런 금지령을 내리고 그것을 실행할 수 있었는지 보여준다. 일곱 교회에 보내는 메시지 역시 로마 제국에 대한

---

36. 그 신상은 말을 할 수 있도록 "생기"(breath, ESV, NASB, NIV; πνεῦμα, 즉 "영", spirit)를 받는 것이며, 돌아다닌다는 등의 의미에서 "생명"(life, KJV, NET, NLT)을 받는 것이 아니다.

37. 참고. Lucian, *Syr. d.* 10; *Philops.* 33; Plutarch, *Cor.* 37.3; 또한 Aune, *Revelation 6-16*, 762-64; Koester, *Revelation*, 593-94.

38. "작은 자나 큰 자나 부자나 가난한 자나 자유인이나 종들에게"와 같은 문구의 배경에 대해서는 6:15에 대한 설명을 보라(참고. 또한 11:18; 19:5, 18; 20:12).

39. 주전 3세기 Alexandria에서 유대인들에게 Dionysus의 상징으로 낙인을 찍은 것에 대해서는 3 Macc 2:29를 보라(여기 나오는 "표"라는 명사 χάραγμα와 관련된 동사인 χαράσσω를 사용해서).

40. "받게"라는 동사구는 수동태로 사용된 비인칭 '그들'이다('그들이

충성이 몸에 배어 있는 고대 동업 조합의 방식을 암시할 수 있다. 그것은 그들의 종교적 규범에 따르지 않는 사람들을 쉽게 그들의 상업 분야에서 배제시킬 수 있었다.[41] 요한은 앞으로 나타날 그와 같은 제도를 묘사한다. 하지만 그 제도가 너무나 강화되어서 누구든 그것을 거부하면 모든 생필품을 구할 수 없게 된다. 요한의 1세기 독자의 세계에서는 황제가 첫째 짐승의 유형을 어느 정도 구체적으로 표현한 것과 마찬가지로(참고. 6절에 대한 설명), 소아시아 황제 숭배의 경제적, 시민적, 종교적 영향은 '땅에서 올라온 짐승'의 유형을 예시했을 것이다.[42]

모든 사람이 지니고 있어야 하는 "표"는 "짐승의 이름이나 그 이름의 수"라고 더 자세히 설명된다(17c절, 둘 중 하나를 언급하는 뒤의 구절들을 보라, 14:11; 15:2). 이는 표가 둘 중 한 가지 형태로 짐승의 이름이 될 것임을 시사한다. 그것은 (1) 통상적 형태나 단축된 형태로 기록되거나 (2) 구성 철자들의 수량 값에 기초한 숫자적 표시로 표현된다. 히브리어와 헬라어에서 알파벳의 표준 철자들은 숫자로도 사용될 수 있었다(예를 들어, A=1, B=2 등). 어떤 단어나 이름의 "수"는 개별적 철자가 지닌 값의 합계가 될 것이다(참고. 18절).[43]

13:18 지혜가 여기 있으니 총명한 자는 그 짐승의 수를 세어 보라 그것은 사람의 수니 그의 수는 육백육십육이니라(Ὧδε ἡ σοφία ἐστίν. ὁ ἔχων νοῦν ψηφισάτω τὸν ἀριθμὸν τοῦ θηρίου, ἀριθμὸς γὰρ ἀνθρώπου ἐστίν, καὶ ὁ ἀριθμὸς αὐτοῦ ἑξακόσιοι ἑξήκοντα ἕξ). "그 이름의 수"(17c절)라는 언급은 요한이 10절과 비슷한 또 다른 권고적 방백을 하게 한다. "지혜가 여기 있으니"라는 것이다. 이 말은 이름을 숫자로 표현하려면 주의 깊은 사고와 기술이 필요하다는 의미다.[44] 묵시적 환상의 의미를 정리할 때 "지혜"(σοφία)와 "총명"[understanding, νοῦς, 17:9에서는 '마음'(mind, 개역개정에는 "지혜"-역주)으로 번역됨]이 필요하다는 것은 다니엘 11:33, 12:10에서 그 기원을 찾을 수 있다(또한 마 24:15; 막 13:14을 보라; 참고. 2 Bar 28:1; 4 Ezra 12:37-38; 14:13-18).[45] 짐승의 "수"(18b절), 즉 그의 이름과 연관된 숫자(17c절)를 "세어"[46]보기 위해 혹은 계산하기 위해서는 지혜가 필요하다. 그것은 그 의미를 파악하기 위해 주의 깊게 해독해야 하는 숫자 퍼즐이다. 이런 맥락에서는 수비학 혹은 게마트리아(gematria), 곧 구성 철자들의 값을 확인하고 더해서 짐승의 이름의 수를 해독해야 한다. 이런 의미의 '계산'이 필요하다는 것은 "그것은 사람의 수니"(for it is the number of a person, NRSV, 18c절)라는

그것을 그들에게 주게', δῶσιν αὐτοῖς). 10:11, 12:6에 나오는 주를 보라.

41. 요한계시록의 최초 독자들이 떠올릴 수 있었을 고대의 다양한 표시에 해당될 만한 것들에 대해서는 Edwin A. Judge, "The Mark of the Beast, Revelation 13:16," *TynBul* 42 (1991): 158-60을 보라.

42. Koester, *Revelation*, 589-90, 599-604.

43. 고대 사회에서 이에 대한 예는 Adolf Deissmann, *Light from the Ancient East*, trans. Lionel R. M. Strachan (London: Hodder & Stoughton, 1910), 276-78에 나온다. 그는 폼페이에서 나온 두 개의 낙서를 인용한다. "그녀의 존경할 만한 이름의 숫자는 45(혹은 1035)다" 그리고 "나는 숫자 545인 그녀를 사랑한다"는 것이다(p. 277). 다른 광범위한 예로는 *Sib. Or.* 5.12-51; 12.39-271을 보라(로마 황제들은 숫자 형태로 된 이니셜로 지칭되었다).

44. 10절의 "여기 있느니라"에 대한 주를 보라.

45. 어떤 사람들은 '지혜로운 총명'이 '수학 문제를 푸는 것' 혹은 상징이 지시하는 것을 해독하는 것과는 관계가 없으며 단지 윤리적인 것이라고 주장한다. 경건한 사람들은 이런 것들을 곰곰이 생각해보고 신실함과 순종 가운데 사는 삶을 택하리라는 것이다. Beale and McDonough, "Revelation," 1130; Rowland, "Revelation," 659를 보라. 그들이 이런 주장을 하는 동기는 선한 것으로, 묵시적 상징들이 현대에 지시하는 대항이 누구인지 밝히려는 혼란스러운 시도들(오랜 세월 동안 일관되게 잘못되고 성경 해석에 당혹감을 주는 것으로 입증된)을 정당하지 않은 것으로 만들려는 것이다. 하지만 그런 이해가 윤리적이거나 지시적인 것 둘 중 하나라고 주장하는 것은 잘못된 이분법이다. 둘 다 사실이다. 여기에서 말하는 마지막 때 사는 사람들은 그들의 세계에 영향을 끼치는 인물들의 진짜 특성을 알아야만 한다. 그들의 거짓에 저항하고 그리스도인으로서 신실하게 견디기 위해서다(9-10절; 마 24:14-19).

46. '세어보다'(ψηφίζω)라는 동사는 이름의 의미를 이해하기 위해 숫자를 계산하는 것을 의미한다(참고. 눅 14:28; 또한 행 19:19에 나오는 복합어 συμψηφίζω, BDAG 1098; LSJ 2022; G. Braumann, "ψηφίζω," *TDNT* 9:607). '해석하다, 이해하다'(참고. BDAG 1098)라는 보다 일반적 의미는 다른 곳에서는 입증되지 않는다.

설명절에도 나온다. "사람"이라고 번역된 단어는 여기에서 그 "수"가 속해 있는 분명히 규정되지 않은[47] 인간 개인을 의미한다(참고. NEB, "그것은 어떤 사람의 이름을 나타낸다", it represents a man's name). 마지막 절은 퍼즐에 대한 해결의 열쇠를 제공한다. 짐승의 이름을 나타내는 총합으로 "그의 수는 육백육십육이니라"는 것이다(18d절). 그 수는 몇몇 사본(A; 또한 ℵ, 025, 사소한 철자 변형과 함께 1854)에서는 헬라어 단어(ἑξακόσιοι ἑξήκοντα ἕξ)로 기록되어 있다. 하지만 다른 사본들에서는 헬라어 철자 다음에 케라이아(keraia) 혹은 양음 악센트(χξς´)로 그 숫자를 표현하기도 하고, 아니면 위에 숫자 용도를 보여주는 선과 함께 기록되어 있다(𝔓[47], 046, 051, 1611, 2329, 그리고 대부분의 Byzantine 소문자 사본).[48]

어떤 사람의 이름을 숫자적으로 계산하거나 분별하는 것은, 감추어져 있었을(혹은 적어도 부분적으로 가려져 있었을, 예를 들어, *Sib. Or.* 5.12-51; 12.39-271에 인용된 황제들의 이니셜) 무언가를 해독하는 일이 될 수 있다. 아니면 숫자를 사용한 언어유희나 수수께끼에 담긴 더 깊은 의미(예를 들어, *Sib. Or.* 8.145-50에서 로마의 멸망까지 몇 년이 남았는지 보여주기 위해 '로마'라는 이름을 숫자로 전환하는 것)를 살펴보는 것일 수 있다.[49] 후자의 예는 대중이 황제를 모욕하는 것이 기록되어 있는 문서(Suetonius, *Nero*, 39)에서 볼 수 있다. "네로의 이름과, '자기 엄마를 죽였다'라는 말에 나오는 철자의 숫자 값을 계산해보라. 총합계가 똑같을 것이다."[50] 이것이 아마 "그 짐승의 수를 세어보라 그것은 사람의 수니"(18b-c절)라는 요한의 권유에 담긴 의미일 것이다. "짐승"(θηρίον)이라는 말의 헬라어와 '네로 가이사'(Νέρων Καῖσαρ)의 철자를 히브리어 철자로 음역하고 그 숫자를 계산해보면 합해서 666이 되는데, 이것은 그의 진짜 특성이 무엇인지 보여준다.[51] 666이라는 숫자를 어떤 식으로든 네로에 대한 언급으로 받아들이는 것은 최근의 주석에서 널리 받아들여진다.[52] 하지만 어떤 사람들은 다른 견해를 선호한다. 이를테면 7이라는 숫자가 완전함을 나타내는 것

47. 몇몇 본문(예를 들어, 요 3:4, 27; 5:7; 7:46; 11:50; 16:21; BDAG 81에 나오는 다른 것들)에서 "개인, 어떤 사람, 어떤 개인적 (사람)"을 의미하는 ἄνθρωπος(단수 무관사)의 이런 분명히 규정되지 않은 의미를 보라. 어떤 사람들은 여기에서 죄 되고, 타락하고, 유한한 존재로서 "인간"의 질적 의미를 강조한다(Rowland, "Revelation," 659; 참고. RSV, "it is a human number"). 이것은 두 가지 점에서 만족스럽지 못하다. (1) 한정적(attributive) 혹은 질적(qualitative) 소유격은 보통 어떤 추상적 실체(예를 들어, 영광, 죄, 육신)를 언급한다. 이 소유격은 소유를 나타내는 것으로 보는 것이 가장 좋다. (2) ἄνθρωπος가 "인간"을 의미하려면 관사가 필요하다. 마태복음 4:4, 요한복음 2:25을 보라.

48. 몇몇 사본은 "육백십육" 혹은 "616"이라는 숫자를 제시하고(𝔓[115], C), Irenaeus는 이런 독법을 알고 있지만 그것을 의도적으로 바꾼 것이라고 여긴다(*Haer.* 5.30.1). 이런 이문은 사본상 증거가 약하며 아마 해석적 사항을 고려해서 이루어졌을 것이다. 하지만 616이라는 숫자는 앞에서 말한 문단들에서 언급된 Nero와 같은 신원을 나타낼 수 있다. 라틴어 "Nero"(헬라어에서처럼 마지막 자음이 없는)는 히브리어로 음역하면 616이라는 값이 나오기 때문이다. 또한 18b절에서처럼 소유격으로 되어 있는 "짐승"이라는 헬라어 단어(θηρίου)는 히브리어 철자에서 616에 해당된다. Bauckham, *Climax*, 387, 390을 보라. P. J. Williams, "P[115] and the Number of the Beast," *TynBul* 58 (2007): 151-53은 같은 정보를 검토하며 𝔓[115]에 나오는 616이라는 독법은 신적 이름인 "예수"를 모방하기 위해 사용되었을 수도 있다는 점을 추가한다. 철자들이 숫자로 쓰였다는 것을 나타내는 철자 위의 선은 "그리스도 예수"라는 신성한 이름(*nomina sacra*)을 단축해서 말하는 데도 사용되기 때문이다. 필사자는 616이라는 수를 쓰는 방식에 따라 이렇게 신적 이름을 모방한 것을 보존하거나 아니면 그런 모방을 만들어낼 수 있을 것이다.

49. Bauckham, *Climax*, 385-86; Koester, *Revelation*, 597-98.

50. Suetonius, *The Twelve Caesars*, trans. Robert Graves, rev. Michael Grant (Harmondsworth: Penguin, 1979), 236.

51. 어떤 사람들은 히브리어 철자로 음역하는 것이 헬레니즘 소아시아에 있던 요한의 독자들에게는 아무런 의미가 없을 것이라고 이의를 제기한다(예를 들어, Beale, *Revelation*, 718-21; Thomas, *Revelation 8-22*, 184-85). 하지만 그들 중 일부는 분명 히브리어를 알 것이며, 고대 비문과 문헌에서도 이런 관행에 대한 다른 예들을 인용할 수 있다(Bauckham, *Climax*, 389; Koester, *Revelation*, 597).

52. 예를 들어, Aune, *Revelation 6-16*, 770-73; Bauckham, *Climax*, 384-90; Beckwith, *Apocalypse*, 403-6; Charles, *Revelation*, 1:367-68; Koester, *Revelation*, 596-99; Osborne, *Revelation*, 520-21(주저하면서). 또한 어떤 교부 저자도 Nero를 13:18에 비추어 이해하지 않았다는 주장에 대한 대답으로는 Francis X. Gumerlock, "Nero Antichrist: Patristic Evidence for the Use of Nero's Naming in Calculating the Number of the Beast (Rev 13:18)," *WTJ* 68 (2006): 347-60을 보라.

에 반해 숫자 6은 보다 일반적인 인간의 불완전함이나 악을 상징하는 것으로 보거나, 혹은 888이 헬라어로는 "예수"라는 이름의 숫자 값을 나타낸다고 보기도 한다.[53]

요한이 666이라는 숫자를 네로에 대한 언급으로 썼다면(그리고 이것이 13장에 대한 가장 그럴듯한 해석이다), 이것은 예표론적 유형을 사용한 또 다른 사례가 될 것이다(예를 들어, 발람, 2:14-15; 이세벨, 2:20; 엘리야와 모세 같은 선지자, 11:6). 이 경우에는 미래의 적그리스도에서 강화된 형태로 성취되는 것을 예시한다. 요한은 네로가 돌아온다는 것이 아니라 네로와 같은 어떤 사람, 훨씬 더 큰 잔혹함과 광기의 특징을 지닌 사람이 돌아오리라 내다본다.[54] 네로에 대한 후대의 인식과 평판을 이렇게 이용하는 것(요한계시록이 네로의 죽음보다 약 30년 이후인 주후 95-98년에 기록되었다고 보는 것에 대해서는 '요한계시록 서론'을 보라)은 그가 다시 살아났다는 신화(네로가 주후 68년에 실제로 죽은 것이 아니라 파르티아로 도망갔고, 언젠가 제국을 되찾기 위해 돌아오리라는 널리 퍼진 전설)를 긍정하지는 않으면서 그것을 이용한다.[55] 요한은 마지막 '네로', 곧 적그리스도의 참된 특성을 보여주기 위해 그리고 로마 제국이 과시하는 힘과 안정이 얼마나 불안전한지 보여주기 위해, 네로가 다시 돌아오는 것에 대한 대중의 두려움 혹은 심지어 그런 바람까지도 이용한다. 17:11에 대한 설명과 "심층 연구: 수십 세기에 걸쳐 해석되어온 '짐승의 수'"를 보라.

심층 연구

수십 세기에 걸쳐 해석되어온 "짐승의 수"

이레나이우스는 앞으로 올 적그리스도와 요한계시록 13:17-18에 나오는 "그 이름의 수"에 대한 다양한 해석을 논하는 중, 그의 독자들에게 이 적그리스도가 누구일지를 두고 헛된 추측을 하지 말라고 경고한다. 심지어 그의 시대에도 많은 사람이 현혹되어 특정 인물들이 적그리스도라고 확신에 차서 밝혔지만 잘못된 것으로 입증되었다. 그는 그리스도인에게 이것이 실제로 성취되기까지 기다리라고 권고한다. 그때가 되면 적그리스도의 신원이 주위 환경 및 특유의 행동을 통해 충분히 밝혀지리라는 것이다. 이레나이우스는 이것이 그리스도인의 신뢰성에 "더 확실하고 덜 위험한" 일이라고 말한다.[56] 수십 세기 동안 숫자를 해석한 사람들은 당시 역사의 두드러진 인물을 잇달아 적그리스도라고 확신 있게 그러나 잘못 지명했다. 그들이 이레나이우스의 조언에 주의를 기울였으면 좋았을 것이다. 적그리스도의 목록은 12세기 살라딘(Saladin)부터 시작하여 16세기의 오스만 제국 그다음에는 종교개혁과 종교개혁 이후 시대 대부분 당대의 교황들에 이르기까지 길고도 당혹스럽다. 현대에 들어와 그 이름에는 나폴레옹, 스탈린, 프랑코(Franco), 무솔리니, 히틀러, 사다트(Sadat), 키신저(Kissinger), 고르바초프, 사담 후세인, 가장

53. Beale, *Revelation*, 721-28; Ladd, *Revelation*, 186-87; Smalley, *Revelation*, 352-53.

54. J. Daniel Hays, J. Scott Duvall, and C. Marvin Pate, "Nero Redivivus," in *Dictionary of Biblical Prophecy and End Times* (Grand Rapids: Zondervan, 2007), 303; Koester, *Revelation*, 570-71; Osborne, *Revelation*, 521.

55. 이 Nero 설화에 대한 자세한 사항으로는 Bauckham, *Climax*, 407-23; Edward Champlin, *Nero* (Cambridge, MA: Belknap/Harvard, 2003), 1-35와 Friesen, *Imperial Cults*, 136-37을 보라.

56. Irenaeus, *Haer.* 5.30.1-3.

최근의 미국 대통령(누구든 간에) 등이 포함된다.[57] 설교자, 블로거, 예언에 관해 글을 쓰는 대중 작가들은 이 불명예스러운 오류의 행렬에 합류하지 않아야 그리스도의 대의를 더 잘 섬길 수 있을 것이다. 설사 그 때문에 모이는 대중의 숫자가 줄어들고, 모임 장소로 오가는 교통량이 줄어들고, 책 판매고가 저조해 진다 해도 말이다. 최신 과학 기술이 정확하게 어떻게 짐승의 "표"가 될 수 있고 상업에 대한 금지가 성취될 수 있는지 추측하는 사람들도 마찬가지다.

적용에서의 신학

요한이 잠시 멈추어 환상을 되돌아보고, 본 것에 대한 반응으로 성숙한 기독교의 미덕을 드러내야 함을 강조하는 구절에서 13장의 중요한 두 가지 적용점을 찾아볼 수 있다(10, 18절).

1. 인내와 믿음의 필요성

사납고 신성 모독적인 '바다에서 나온 짐승'에 대한 환상(1-10절)은 그리스도인이 인내와 믿음을 분명히 보여야 할 수많은 이유를 제공한다. 이 구절들은 장차 마지막 환난 날에 사탄이 하나님의 백성을 극심히 핍박할 것임을 묘사한다. 그런데 이 본문은 대대로 타락한 세상의 악한 권세들과 신실한 자들이 벌이는 투쟁을 반영한다. 이보다 강도는 더 낮을지라도, 그리스도인은 현시대에 마귀의 수하를 통해 이 세상에 발휘되는 권위에 대항해서 맹렬히 싸워야 한다. 마귀의 종복들은 모든 사람이 놀라도록 엄청난 성공을 거머쥐는 듯 보이고(3-4절), 반면 하나님의 백성은 패배를 겪는 듯하다(7절). 미국의 그리스도인에게 패배하는 것보다 더 나쁜 것이 무엇이 있겠는가! 그리고 그 손실은 상상도 못 하게 클 수도 있다. 복음과 하나님을 반대하는 사람들의 손에 투옥되거나 심지어 죽기까지 한다(10절). 그런 반대 혹은 그와 비슷한 것에 직면할 때, 우리는 강력하고 용감한 믿음과 어떤 일이 있든 그리스도께 계속 신실할 것을 계속해서 결심해야 한다. 믿음과 인내는 일관되게 실천하고 성숙해가는 것을 통해서만 찾아온다. 처음에 사자와 곰을 만났을 때 하나님의 신실하심을 경험했고, 그다음에 골리앗에 대항해서 굳게 설 준비가 되었던 다윗처럼(삼상 17:37), 우리도 끈기 있는 믿음에서 자라가야 한다.

57. Paul Boyer, *When Time Shall Be No More: Prophecy Belief in Modern American Culture* (Cambridge, MA: Belknap/Harvard, 1992), 451-52의 부록에서 광범위한 목록을 보라. 또한 Koester, *Revelation*, 534-38과 Bernard McGinn, *Antichrist: Two Thousand Years of the Human Fascination with Evil* (New York: HarperSanFrancisco, 1994)을 보라. 그의 책 전체는 오랜 세월에 걸쳐 적그리스도라고 여겨진 다양한 사람을 개관한다. 지난 세기 동안 전개된 내용에 대해서는 250-80을 보라.

2. 분별하는 지혜의 필요성

요한이 13장에서 요구하는 다른 경건한 미덕은 지혜와 총명이다(18절). 그런 분별은 바다에서 나온 짐승의 수를 해독하기 위해 꼭 필요하다. 또한 요한의 환상이 세상에서 짐승이 맡은 역할을 계시한 것 중 그의 참된 특성을 파악하기 위해서도 필요하다. 이 짐승은 사탄의 잔인한 선두 척후병으로, 정면 공격으로나 거짓 경배를 드리도록 꾀는 것으로나 인간들을 공격하기 위해 땅에서 나온 짐승의 도움을 받는다. 사탄과 그의 대리인들은 언제나 표리부동함과 강압이라는 수단을 사용해서 하나님의 일을 뒤엎고 그분의 백성을 현혹했다. 여기에서 드러나는 그의 계교는 언제나 경계해야 한다. 우리는 외적 권세와 성공이 선하고 옳은 것의 표시라고 믿거나 다수가 반드시 옳다고 추정하지 말아야 한다. 우리는 누가 단언하는 것이든 우세한 문화적 영향력과 이데올로기를 경솔하게 따를 수 없다. 겉보기에 기적적인 사건으로 보이는 것들까지도 경건한 지혜와 영적 분별력을 가지고 검토해해야 한다. 심지어 종교적인 영역에서도 마찬가지다. 큰 무리가 따르고 숭배하는 추종자가 많다고 해서 그것이 언제나 경건하고 교리적으로 건전한 사역이라는 표지는 아니다. 우리는 필요하다면 무리의 권세, 다수의 폭정에 저항할 준비가 되어 있어야 한다. 직접적 강압에 직면할 때, 우리는 "뱀같이 지혜롭고 비둘기같이 순결하[게]"(마 10:16), 가능하면 가장 매력적인 전략을 세워야 한다. 아마 호전적인 외침보다는 부드러운 호소가 더 효과적일 것이다. 부드러움과 인내가 실패한다면, 소심한 회피나 분노의 보복보다는 그리스도를 위해 신실하게 증거하는 것을 목표로 삼아야 한다.

CHAPTER 20

요한계시록 14:1-20

문학적 전후 문맥

12-14장의 막간 중 이 마지막 부분은 앞의 두 장과 뚜렷하게 대조된다. 12-13장에서는 사탄이 이스라엘 및 세상 전체와 벌이는 전투를 묘사했다. 이것은 이제 14장에서 어린양의 승리와 하나님의 원수들이 그에 상응하는 심판을 받는 환상으로 이어진다. 14장 후반부에 나오는 생생한 심판 이미지들은 15-16장에 나오는 일곱 개의 마지막 재앙에서 하나님의 진노가 퍼부어지는 것을 예상하고, 17-18장의 주제인 바벨론의 몰락(14:8)까지도 간략하게 내다본다.

III. 두 번째 환상: 하늘의 보좌와 세 번의 심판 주기(4:1-16:21)

- A. 하늘의 보좌에 대한 환상(4:1-11)
- B. 일곱 인으로 봉한 두루마리와 죽임당한 어린양(5:1-14)
- C. 일곱 인과 막간의 두 무리(6:1-8:1)
- **D. 일곱 나팔과 또 다른 막간들(8:2-14:20)**
  1. 처음 네 나팔(8:2-13)
  2. 다섯째 나팔– 첫째 화(9:1-12)
  3. 여섯째 나팔– 둘째 화(9:13-21)
  4. 두 개의 계시적 막간: 하나님의 선지자들(10:1-11:14)
  5. 일곱째 나팔– 셋째 화: 하나님의 통치를 예상함(11:15-19)
  6. **두 개의 또 다른 막간: 바벨론의 몰락을 예상함(12:1-14:20)**
     - a. 여자와 용의 전쟁(12:1-13:18)
     - ➦ **b. 어린양의 심판과 승리에 대한 예고편(14:1-20)**
- E. 일곱 대접 심판(15:1-16:21)

주요 개념

어린양의 승리 및 그와 대조되는 불경한 세상에 대한 심판의 환상은 믿지 않는 자들에게는 하나님을 두려워할 것을 그리고 믿는 자들에게는 신실하게 인내할 것을 요구한다.

번역

요한계시록 14:1-20

1a	행동/환상 서론	**또 내가 보니**
b	등장인물 입장	**보라 어린 양이 시온 산에 섰고 그와 함께**
		십사만 사천이 서 있는데
c	묘사	그들의 이마에는 어린 양의 이름과
		그 아버지의 이름을 쓴 것이 있더라
2a	행동	**내가 하늘에서 나는**
		소리를 들으니
		많은 물 소리와도 같고
		큰 우렛소리와도 같은데
b	2a절의 확장	**내가 들은 소리는 거문고 타는 자들이 그 거문고를 타는 것 같더라**
3a	2b절의 확장	**그들이 보좌 앞과**
		네 생물과
		장로들 앞에서 새 노래를 부르니
b	예외	땅에서 속량함을 받은
		십사만 사천 밖에는
c	3a절의 확장	**능히 이 노래를 배울 자가 없더라**
4a	신원 확인 1	**이 사람들은 여자와 더불어 더럽히지 아니하고**
b	설명	**순결한 자라**
c	신원 확인 2	**어린 양이 어디로 인도하든지 따라가는 자며**
d	신원 확인 3	**사람 가운데에서 속량함을 받아**
		처음 익은 열매로 하나님과 어린 양에게 속한 자들이니
5a		**그 입에 거짓말이 없고**(사 53:9; 습 3:13)
b		**흠이 없는 자들이더라**

6a 환상 서론/ **또 보니 다른 천사가**
등장인물 입장 1 공중에 날아가는데
b 목적/ 땅에 거주하는 자들 곧
수신자 모든 민족과
종족과
방언과
백성에게 전할
c 묘사 영원한 복음을 가졌더라
7a 묘사 그가 큰 음성으로 이르되
b 명령 하나님을 두려워하며 그에게 영광을 돌리라
c 이유 이는 그의 심판의 시간이 이르렀음이니

d 하늘과
땅과
바다와
물들의 근원을 만드신 이를 경배하라 하더라
8a 등장인물 입장 2 **또 다른 천사 곧 둘째가 그 뒤를 따라 말하되**

b 선언 무너졌도다 무너졌도다 큰 성 바벨론이여
c 모든 나라에게…
포도주를 먹이던 자로다 하더라
…그의 음행으로 말미암아
진노의…

9a 등장인물 입장 3 **또 다른 천사 곧 셋째가 그 뒤를 따라 큰 음성으로 이르되**

b 전제 만일 누구든지 짐승과 그의 우상에게 경배하고
이마에나
손에 표를 받으면

10a 결과 그도 하나님의 진노의 포도주를 마시리니
b 묘사 그 진노의 잔에 섞인 것이 없이 부은 포도주라
c 거룩한 천사들 앞과 어린 양 앞에서 불과 유황으로 고난을 받으리니

11a 결과 **그 고난의 연기가 세세토록 올라가리로다**
b **짐승과 그의 우상에게 경배하고**
그의 이름 표를 받는 자는 누구든지
밤낮 쉼을 얻지 못하리라 하더라

12a	결론	**성도들의 인내가 여기 있나니**
b	묘사	그들은 하나님의 계명과 예수에 대한
		믿음을 지키는 자니라
13a	행동	**또 내가 들으니 하늘에서 음성이 나서 이르되**
b	명령	기록하라 지금 이후로 주 안에서 죽는 자들은
		복이 있도다 하시매
c	단언	**성령이 이르시되** 그러하다 그들이 수고를 그치고 쉬리니
d	단언	이는 그들의 행한 일이 따름이라 하시더라
14a	행동/환상 서론	**또 내가 보니**
b	등장인물 입장 1	**흰 구름이 있고**
		구름 위에 인자와 같은 이가 앉으셨는데
c	묘사	그 머리에는 금 면류관이 있고
		그 손에는 예리한 낫을 가졌더라
15a	등장인물 입장 2	**또 다른 천사가 성전으로부터 나와**
b	묘사	구름 위에 앉은 이를 향하여 큰 음성으로 외쳐 이르되
c	명령	당신의 낫을 휘둘러 거두소서
d	15c절의 이유	땅의 곡식이 다 익어
e		거둘 때가 이르렀음이니이다 하니
16a	15c절에 대한 반응	**구름 위에 앉으신 이가 낫을 땅에 휘두르매**
b	결과	**땅의 곡식이 거두어지니라**
17a	등장인물 입장 3	**또 다른 천사가 하늘에 있는 성전에서 나오는데**
b	묘사	역시 예리한 낫을 가졌더라
18a	묘사	또 불을 다스리는
b	등장인물 입장 4	**다른 천사가 제단으로부터 나와**
c	행동	**예리한 낫 가진 자를 향하여 큰 음성으로 불러 이르되**
d	명령	네 예리한 낫을 휘둘러
e		땅의 포도송이를 거두라
f	이유	그 포도가 익었느니라 하더라
19a	행동/18d절에 대한 반응	**천사가 낫을 땅에 휘둘러**

b	행동/18e절에 대한 반응	**땅의 포도를 거두어**
c	결과	**하나님의 진노의 큰 포도주 틀에 던지매**
20a		**성 밖에서 그 틀이 밟히니**
b		**틀에서 피가 나서 말 굴레에까지 닿았고 천육백 스다디온에 퍼졌더라**

구조

이 장은 세 부분으로 분명하게 나누어진다(1-5; 6-13; 14-20절). 각 부분은 "또 내가 보니"(καὶ εἶδον)라는 공통적 표현으로 별개의 환상 단계를 소개한다. 첫 번째 부분에서는 즐거운 승리의 장면이 나온다. 반면 둘째와 셋째 부분은 주로 심판을 묘사하고, 신실한 자들에게 그리고 참되신 하나님께 믿음으로 돌아와야 하는 사람들에게까지 짧은 격려의 메시지가 제시된다(14:6-7, 12-13).

석의적 개요

III. 두 번째 환상: 하늘의 보좌와 세 번의 심판 주기(4:1-16:21)

A. 하늘의 보좌에 대한 환상(4:1-11)

B. 일곱 인으로 봉한 두루마리와 죽임당한 어린양(5:1-14)

C. 일곱 인과 막간의 두 무리(6:1-8:1)

D. 일곱 나팔과 또 다른 막간들(8:2-14:20)

1. 처음 네 나팔(8:2-13)

2. 다섯째 나팔– 첫째 화(9:1-12)

3. 여섯째 나팔– 둘째 화(9:13-21)

4. 두 개의 계시적 막간: 하나님의 선지자들(10:1-11:14)

5. 일곱째 나팔– 셋째 화: 하나님의 통치를 예상함(11:15-19)

6. 두 개의 또 다른 막간: 바벨론의 몰락을 예상함(12:1-14:20)

a. 여자와 용의 전쟁(12:1-13:18)

➡ **b. 어린양의 심판과 승리에 대한 예고편(14:1-20)**

(1) 어린양의 승리와 그의 보호를 받은 이스라엘의 남은 자들(14:1-5)

(a) 어린양과 시온 산 위의 보호받은 남은 자들(14:1)

(b) 하늘 보좌 앞에서 부르는 새 노래(14:2-3)

(c) 보호받은 남은 자들의 순결함(14:4-5)

(2) 세 천사의 선언과 복(14:6-13)

(a) 온 땅을 위한 복음(14:6-7)

(b) 큰 성 바벨론의 무너짐(14:8)

(c) 짐승을 따르는 자들이 받을 벌(14:9-12)

(d) 의로운 죽은 자들을 위한 복(14:13)

(3) 두 심판의 추수(14:14-20)

(a) 인자가 온 땅에서 곡식을 거둠(14:14-16)

(b) 하나님의 진노의 포도주 틀을 위해 포도송이를 거둠(14:17-20)

본문 설명

14:1 또 내가 보니 보라 어린 양이 시온 산에 섰고 그와 함께 십사만 사천이 서 있는데 그들의 이마에는 어린 양의 이름과 그 아버지의 이름을 쓴 것이 있더라(Καὶ εἶδον, καὶ ἰδοὺ τὸ ἀρνίον ἑστὸς ἐπὶ τὸ ὄρος Σιών καὶ μετ' αὐτοῦ ἑκατὸν τεσσεράκοντα τέσσαρες χιλιάδες ἔχουσαι τὸ ὄνομα αὐτοῦ καὶ τὸ ὄνομα τοῦ πατρὸς αὐτοῦ γεγραμμένον ἐπὶ τῶν μετώπων αὐτῶν). 요한은 13장과 뚜렷한 대조를 이루는 14장을 가장 대조적인 장면으로 시작한다(1-5절). 잔인한 짐승과 그의 표를 강요하던 존재 대신 우리는 어린양 및 그분과 한편인 존재들이 승리 가운데 시온 산 위에 서 있는 장면과, 하나님의 임박한 승리가 예고되면서 하늘의 무리에게 경축을 받고 있는 것을 본다. 14장의 세 부분 각각(1-5, 6-13, 14-20절)에서처럼, 이 부분도 요한이 환상을 나타내는 관용 표현으로 자주 사용하는 "또 내가 보니"(καὶ εἶδον)라는 말로 시작된다. 그런데 여기에서 그는 "보라"(καὶ ἰδού)는 말을 덧붙인다. 앞에 나온 것과 대조되는 것을 강조하기 위해서다(1b절).[1] "어린양이 시온 산에 섰고"라는 언급은 한편으로는 4-5장에 나온 요한의 하늘 보좌 알현실의 환상을 암시한다. 거기에서 어린양은 죽임당하고 부활한 어린양으로서만이 아니라, '이긴 유대 지파의 사자 다윗의 뿌리'(5:5)로서 '서 있었다'(5:6). 그는 심판과 구속에 대한 하나님의 계획을 온전히 성취하기에 합당하신 유일한 분이 되었다. 다른 한편으로 이 표현은 이 땅에 그 승리가 완성되는 것을 그린다. 이 경우 승리의 어린 양은 하늘이 아니라 땅에 서 계시는 것으로 나타난다.[2] 그래서 14:1-5의 환상은 곧 상세히 제시될(19:11-20:6) 장면을 예상한다. 그때 그리스도는 "만왕의 왕이요 만주의 주"(19:16)로서 이 땅에 다시 오실 것이다. 짐승과 그의 군대를 정복하시고, 하나님이 선지자들을 통해 거듭 말씀하신 것을 성취하셔서 땅의 시온 산에서부터 통치를 확립하시기 위해서다(10:7). 시온 산에 대한 언급은 열방이 여호와와 그리스도께 반역하는 것을 묘사하는 시편 2편을 암시한다(이 막간들이 시작되기 직전인 11:18에서 본 것처럼). 그들에 대한 하나님의 승리는 시온에 자

1. "내가 보니 보라"에 대해서는 4:1에 대한 주를 보라(참고. 6:2, 5, 8; 7:9; 14:14).

2. Aune, *Revelation 6-16*, 803-4. 이와 대조적으로, Smith, *Revelation*, 208-9는 그들이 하늘 예루살렘에 서 있는 것으로 이해한다(또한 Mounce, *Revelation*, 264-65). 부분적으로는 그들이 하늘 보좌 알현실에서 부르는 "새 노래"를 듣기 때문이다(3절). 하지만 요한은 이 노래를 "하늘에서" 나는 소리로 들으며(2절), 아마 그 미래의 승리의 때에는 144,000명도 그럴 수 있을 것이다. Boxall, *Revelation*, 200은 그 장소를 완전히 영적인 것으로 본다. "성전 산 혹은 심지어 하늘의 성전 산이 아니라…어느 곳에도 없고 모든 곳에 있는 그 영적인 시온…하나님을 향해 열려 있고 하나님께 보호를 받는 상태"라는 것이다.

리를 잡으신 왕을 통해 임할 것이다. 그 왕은 이방 나라와 땅끝을 통치 구역으로 받는다(시 2:6, 8). 하나님이 예루살렘에서부터 이 땅을 다스리실 것이라는 예상은 구약에서 때로 막연한 말로 전달된다(예를 들어, 시 48:1-2; 사 24:23; 31:4; 참고. Jub. 1:28-29; Sib. Or. 5:414-33). 하지만 다른 곳을 보면 보다 구체적으로 묘사된다. 거기에서는 하나님이 다윗 계열의 왕을 통해 이교 나라에 대해 승리하신 것과, 하나님이 이스라엘에게 주신 땅에서 다시 한번 복을 경험하기 위해 흩어진 이스라엘이 다시 모이는 것이 묘사된다(사 11:9-12; 욜 2:30-3:3; 미 4:1-8; 슥 12:8-12; 14:3-5; 참고. 4 Ezra 13:29-50; 2 Bar. 40:1-4).[3]

이스라엘 전체(소수의 남은 자들만이 아니라)가 다시 모이리라는 요한의 예상은, 7:1-8에서처럼 시온 산에 어린양과 함께 서 있는 "십사만 사천"이 나타나는 것을 통해 표현된다(1b절).[4] 7:3-4에서는 "이스라엘 자손의 각 지파"에서 나온 12,000명이 하나님의 소유권과 보호를 나타내는 표시로 "이마에" 인을 친다. 그들의 수(12x12,000)는 그들이 하나의 백성으로 완전히 다시 모이는 것을 상징한다. 이 이스라엘 사람들에 대해 7:3-8에 나오지 않았던 추가 묘사가 14:3c-5에 나오기는 하지만, 그들의 총 숫자와 "이마에" 하나님의 이름과 어린 양의 이름이 표시되어 있는 것(1c절)은 그들이 같은 집단으로 이제 그리스도와 함께 승리 가운데 서 있다는 것을 분명히 밝힌다.[5]

주석들을 보면 두 본문(7:1-8과 14:1-5)에 모두 해석의 어려움이 있다. 요한계시록 해석이 유감스럽게도 인종적 이스라엘을 소홀히 여기는 것 그리고 미래에 대한 구약의 예언적 기대들이 폐기론적 종말론이나 구속받은 자들 사이의 모든 인종적 차이를 말살하는 기독교적 종말론으로 무너져버리는 경향 때문이다. 그 결과 본문이 고대 배경의 맥락에서 실제로 말하는 것을 해석하기 위한 중요한 단서들을 놓치거나 오해하게 된다.[6] 7:4, 11:1-2, 12:1-2에서 이에 대한 설명을 보라.

14:2-3 내가 하늘에서 나는 소리를 들으니 많은 물 소리와도 같고 큰 우렛소리와도 같은데 내가 들은 소리는 거문고 타는 자들이 그 거문고를 타는 것 같더라 그들이 보좌 앞과 네 생물과 장로들 앞에서 새 노래를 부르니 땅에서 속량함을 받은 십사만 사천 밖에는 능히 이 노래를 배울 자가 없더라(2 καὶ ἤκουσα φωνὴν ἐκ τοῦ οὐρανοῦ ὡς φωνὴν ὑδάτων πολλῶν καὶ ὡς

3. 이곳은 요한계시록에서 "시온"(Σιών)이라는 이름이 나오는 유일한 곳이다. 히브리서 12:22에서 "시온 산"은 그리스도인들이 이미 이른 "하늘의 예루살렘"과 동일시된다. 하지만 그것은 단지 그리스도가 이루신 것의 첫 단계만을 나타낸다. 요한계시록은 하나님의 구속이 단계별로 성취되는 것을 분명히 예상한다. 첫째, 하늘의 하나님 우편에서 이루어지는 그리스도의 통치(2:28; 3:21; 5:5; 12:5), 그다음에 천 년 동안 땅의 시온에서 이루어지는 그분의 의로운 통치(2:26-27; 5:10; 20:4-6) 그리고 마지막으로 새 하늘과 새 땅의 중심으로 이 땅에 내려오는 하늘의 예루살렘으로부터 이루어지는 하나님과 어린양의 영원한 통치(21:1-2; 22:1-5)다. 이 장면이 성취되는 것을 21:2에서 하늘 예루살렘이 땅으로 내려올 때까지 미룰 이유는 없다(Koester, *Revelation*, 616-17; Ladd, *Revelation*, 189-90이 그러는 것처럼). 그것은 요한계시록 19-20장에 나오는 그리스도의 승리를 묘사한다(Thomas, *Revelation 8-22*, 189-93; Walvoord, Rawley, and Hitchcock, *Revelation*, 220-21은 그렇게 본다). 그것은 그 이후에 오는 새 하늘과 새 땅을 예시한다(20:4에 대한 설명을 보라).

4. 이 "십사만 사천"을 인종적 이스라엘로 보는 것에 대한 7:3-8의 논의를 보라. 4 Ezra 13:29-50에 나오는 본문은 독특한 형태로 된 앞의 표현들을 인용했는데, 그것은 이스라엘의 흩어진 모든 자손이 종말 때 그 땅으로 다시 돌아와, 시온 산에 통치자로 서 계실 메시아 주위에 모일 것이라는 1세기 말 유대인의 기대와 비슷하다.

5. 그들이 어린양 및 그리스도와 한편을 이룬다는 것은 손이나 이마에 짐승의 "이름이나 그 이름의 수"를 표로 받는 짐승의 추종자들과 분명한 대조를 이룬다(13:16-17).

6. 예를 들어, Mounce, *Revelation*, 264는 2 Esd 2:42-47을 요한계시록 14:1-5과 같은 장면을 보여주는 고대의 유사한 경우로 부각하고, 그것이 하늘에서 일어난다고 확증한다. 그는 미가, 요엘, 이사야에서 나온 본문들과 함께 2 Esd 13을 지상의 시온을 가리키는 유대교 본문이라고 언급하지만 그것들을 무시한다. "2 Esdras"를 출처로 보고 거기 더 면밀한 주의를 기울이는 것은 2 Esdras 1-2가 사실상 때로 5 Ezra라고 분류되는 폐지론적 기독교 본문(요한계시록과 다른 신약에 의존하는)임을 보여줄 것이다. 그것은 약 주후 100년경에 나온 유대교 문서인 2 Esdras 3-14(보통 4 Ezra로 분류되는)보다 상당히 더 후에 기록되었다. Aune, *Revelation 6-16*, 803-4와 Charles, *Revelation*, 2:4-5를 보라.

φωνὴν βροντῆς μεγάλης, καὶ ἡ φωνὴ ἣν ἤκουσα ὡς κιθαρῳδῶν κιθαριζόντων ἐν ταῖς κιθάραις αὐτῶν. 3 καὶ ᾄδουσιν [ὡς] ᾠδὴν καινὴν ἐνώπιον τοῦ θρόνου καὶ ἐνώπιον τῶν τεσσάρων ζῴων καὶ τῶν πρεσβυτέρων, καὶ οὐδεὶς ἐδύνατο μαθεῖν τὴν ᾠδὴν εἰ μὴ αἱ ἑκατὸν τεσσεράκοντα τέσσαρες χιλιάδες, οἱ ἠγορασμένοι ἀπὸ τῆς γῆς). 요한은 1절에 나오는 첫 지상 장면을 본 후 "하늘에서 나는 소리"에 주의를 기울인다(2a절).[7] 3b-5절이 보여주는 것처럼, 요한이 듣는 장엄한 소리는 어린양과 함께 서 있는 사람들과 관련되어 있을 것이다. 하늘의 소리는 요한의 비교가 표현하려는 것처럼, 인상적이고 크며 아름답다. 그것은 물의 급류, 우레의 울림, 위대한 경축의 노래를 연주하고 부르는 음악가들[8]과도 같다(2a-b절, 참고. 1:15과 거기에 나오는 이미지들의 구약 배경에 대한 설명, 또한 19:6). 요한은 3a절에서도 자신이 듣는 것을 묘사한다. '마치 그들이 새 노래를 부르는 것과 같았다'(혹은 '그들이 새 노래와 같은 어떤 것을 불렀다', 개역개정에는 "그들이…새 노래를 부르니"-역주)는 것이다.[9] "그들"("그들이…부르니"라는 동사에 포함된)이 "십사만 사천"(1절)인지, 거문고 타는 자들(연주하면서 노래하는)인지, 아니면 일반적인 하늘의 노래하는 자들(비인격적인 "그들", 10:11에 나오는 주를 보라)을 말하는 것인지는 분명하지 않다. 첫 번째 견해는 받아들이기 어렵다. 2절에서 장면이 바뀌는 듯 보이기 때문이다(시온 산이라는 위치와 반대되는 "하늘에서 나는" 소리). 뒤의 두 견해의 차이는 크게 중요하지 않다. 노래하기 위해 그 자리에 있던 존재 중 일부(생물들과 장로들)는 5:8-9에서도 여기에서처럼 하늘 보좌 알현실에서 "거문고"를 들고 '새 노래를 부른다'고 묘사되기 때문이다. 어쨌든 '새 노래를 부르는' 것은, 여호와의 은혜로운 구원, 특히 그분이 앞으로 만물을 새롭게 하시는 것에서 완성되는 구원에 새롭게 고취되어 여호와께 찬양하는 수많은 구약 본문을 반영한다(참고. 사 42:9-10과 계 5:9에 나오는 논의). 그런 새 노래는 1절이 나타내는 시온 산에서의 승리 장면에 적절한 배경이 된다.

요한이 들은 것을 묘사하기 어려운 이유(3a절, '마치 그들이 새 노래를 부르는 것과 같았다')는 3b-c절에 나오듯 노래가 말로 표현할 수 없는 특성을 지녔기 때문일 것이다. 어린양과 함께 서 있는 사람들 외에는 '능히 이 노래를 배울 자가 없었다.' 여기에서 '배우다'(μανθάνω)라는 말은 '노래하는 것을 배워서 거기 합류하다'라는 의미가 아니라, "그 노래의 의미를 배우고 그래서 이해하다"라는 뜻이다(참고. 고전 4:6).[10] 어린양이 만왕의 왕으로(19:16) 승리 가운데 다시 오실 때 어린양과 함께 서 있을 사람들(1절)만이 요한이 듣는 하늘의 승리의 노래가 지닌 의미를 파악할 수 있다. 그러므로 이 노래는, 특히 1절이 하나님의 백성 이스라엘에 대해 나타내는 것을 성취하여 하나님이 그 백성을 은혜롭게 회복시키시는 것과 관련되어 있다(앞에 나오는 설명을 보라). "땅에서

7. 땅의 장면에서 하늘의 음성 혹은 소리로 비슷하게 바뀌는 10:4, 8, 18:4을 보라.

8. "거문고"를 언급하는 말(실제로는 거문고를 치는 사람, 그것을 연주하는 행동 그리고 악기 자체를 의미하는 세 단어, κιθαρῳδός, κιθαρίζω, κιθάρα)은 전문적으로는 대부분의 영어 번역(CSB, ESV, KJV, NASB, NIV, NLT, NRSV, REB, RSV)에서처럼 "하프"(harp)를 말하는 것이 아니라, 상자 모양의 수금 혹은 키타라(kithara)를 가리킨다. 그리스 로마의 키타라는 하프와는 대조적으로, 같은 길이의 현(보통 일곱 개)과 직사각형의 공명통에 두 개의 팔이 가로대까지 뻗어 있었고 거기에 줄이 달려 있었다. *BNPauly* 9:354-58; Eckhard J. Schnabel, "Singing and Instrumental Music in the Early Church," in *Sprache Lieben-Gottes Wort Verstehen: Festschrift für Heinrich Von Siebenthal*, ed. Walter Hilbrands (Giessen: Brunnen, 2011), 331-34; and M. L. West, *Ancient Greek Music* (Oxford: Clarendon, 1992), 48-56을 보라. 참고 5:8; 15:2; 18:22; 고전 14:7.

9. '같은 어떤 것'(ὡς)이라는 말을 이 시점에서 본문에 포함시켜야 하는지 빼야 하는지에 대한 본문상의 증거는 서로 다르다. 그것은 더 많은 수의 신뢰할 만한 사본($\mathfrak{P}^{47}$, ℵ, 1611, 1854, 2053, 2329, 2344)에는 빠져 있다. 하지만 일반적으로 가장 신뢰할 만한 것(A)을 포함한 몇몇 사본에는 포함되어 있다(또한 C, 051, 1006, 1841을 보라). 게다가 그것을 포함시키는 것은 여기에서 약간 어색하다. 그래서 서기관이 전달하는 과정에서 그것을 추가하기보다 빼놓았을 가능성이 더 크다.

10. LN §32.14; K. H. Rengstorf, "μανθάνω," *TDNT* 4:407-8.

속량함을 받은"(3b절) 그리고 흩어져 있다가 다시 모인 144,000명의 이스라엘 사람들은 하늘로부터 나오는 위대한 승리의 노래에 온전히 들어갈 수 있다. 뒤에 나오는 요한의 유사한 언급, 곧 "사람 가운데에서 속량함을 받아 처음 익은 열매"(4d절)라는 말은 이스라엘 사람들이 단지 모든 민족 중에서 구속받은 사람들의 첫 모임일 뿐임을 나타낸다. 모든 민족은 때가 되면 함께 모여 경축할 것이다.

14:4–5 이 사람들은 여자와 더불어 더럽히지 아니하고 순결한 자라 어린 양이 어디로 인도하든지 따라가는 자며 사람 가운데에서 속량함을 받아 처음 익은 열매로 하나님과 어린 양에게 속한 자들이니 그 입에 거짓말이 없고 흠이 없는 자들이더라(4 οὗτοί εἰσιν οἳ μετὰ γυναικῶν οὐκ ἐμολύνθησαν, παρθένοι γάρ εἰσιν, οὗτοι οἱ ἀκολουθοῦντες τῷ ἀρνίῳ ὅπου ἂν ὑπάγῃ. οὗτοι ἠγοράσθησαν ἀπὸ τῶν ἀνθρώπων ἀπαρχὴ τῷ θεῷ καὶ τῷ ἀρνίῳ, 5 καὶ ἐν τῷ στόματι αὐτῶν οὐχ εὑρέθη ψεῦδος, ἄμωμοί εἰσιν). 하나님을 위해 인침을 받은 이스라엘 사람들(7:3–8)의 특별한 순결함과 헌신이 강조된다(4–5절). 이 구절은 그들이 하나님의 구속받은 사람들 모두의 선봉으로서 맡은 예외적인 역할을 분명히 보여준다. 그들은 고난을 받을 것이지만 끔찍한 마지막 날 동안 승리를 거둘 것이다. 다른 사람들, 즉 인종적 이스라엘뿐 아니라 세계 모든 민족에서 나온 사람들도 그들과 함께 이 여정을 통과할 것이다. 하지만 이스라엘 사람들은 다른 이보다 더 독특하게 하나님의 보호를 받고 그에 상응하는 특별한 순결함의 모범을 보인다. 주석가들은 4a–b절에 나오는 성적 순결함에 대한 예상치 못한 묘사를 해석하는 데 어려움을 겪는다["여자와 더불어 더럽히지 아니하고", "순결한 자라"(virgins)]. 요한계시록은 종교적 불신앙이나 우상 숭배를 나타내기 위해 부정한 성적 관계라는 이미지를 사용하기는 한다(2:14, 20–22; 14:8; 17:1–5; 18:3, 9; 19:2). 그리고 4절도 그런 의미라고 종종 주장된다.[11] 하지만 이 말은 그런 의미를 넘어서는 듯하다. 요한으로서는 앞에서 인용한 구절에서 우상 숭배를 상징할 때처럼 "음행"이나 "간음"이라는 표현을 사용하는 것이 쉬울 것이다. 하지만 4절은 모든 성적 관계를 삼간 사람들을 묘사한다.[12] 이것은 영적 간음에 대한 구약 이미지(예를 들어, 대상 5:25; 렘 3:6; 겔 23:19)보다는 하나님의 임재에 들어가거나 거룩한 전쟁에서 하나님을 섬기는 사람들이 지녀야 하는 의식상의 순결을 나타내는 말(출 19:14–15; 레 15:16–18; 신 23:9–14; 삼상 21:5; 삼하 11:9–13; 참고. 1 QM 7:3–7)에 뿌리를 두고 있다.[13] 어린양의 정복군의 일원으로서 시온 산에서 어린양과 함께 서 있는 사람들은 어린양의 구속에 참여하는 다른 사람들보다 더 헌신해야 한다(참고. 5:9).[14]

요한은 신실한 이스라엘 사람들이 모인 집단의 비범한 특성에 대해 네 가지 묘사를 덧붙인다(4c–5절). 그들

11. 7:3–8에서 144,000명의 '이스라엘 사람들'이 하나님의 백성 전부를 나타낸다고 이해하는 사람들에게는 이것이 거의 필수다. 이 경우 "순결한 자"는 문자적으로 성적인 의미를 지닐 수가 없다. Hughes, *Revelation*, 157–59; Ladd, *Revelation*, 189–91; Mounce, *Revelation*, 266–68; and Smalley, *Revelation*, 357–58을 보라.

12. Charles, *Revelation*, 2:4–10; Glasson, *Revelation*, 85; Thomas, *Revelation 8-22*, 194–97. Thomas의 견해는 이 독신인 144,000명이 (a) 7:3–8의 인침을 받은 사람들, (b) 특별한 유대인 그리스도인 집단으로, (c) 환난 때 죽임당했으나 그리스도의 하늘 군대에서 이 땅으로 다시 오고, 그래서 (d) 천년왕국이 시작될 때 그리스도와 함께 시온 산에 서 있는 사람들이라는 것이다. (a), (b), (d)는 말이 된다. 하지만 (c)는 7:3–8에 나오는 "인침"의 전후 문맥적 의미에 맞지 않는 듯하다. Charles는 (a), (c), (d)는 찬성하지만 (b)는 찬성하지 않는다.

13. Bauckham, *Climax*, 229–32는 "그리스도인의 삶의 특징"인 "도덕적 순결함"에 대한 비유로 거룩한 군대의 의식상 순결함에 초점을 맞춘다(p. 231). 앞에서 살펴본 것처럼 이 성적 순결함은 문자적일 가능성이 크지만 구속받은 사람들 내의 좁은 집단에 한정되어 있다. 그들은 그리스도를 따르는 인종적 유대인 집단으로서(7:3–8), 마지막 환난 동안 보호를 받고(12:12–16) 다시 모인 이스라엘 전체의 대표로 그리스도의 천 년 동안의 지상 통치(19–20장)에 들어간다.

14. 이것은 결혼 생활 내의 성관계가 죄 된 것이나 부정한 것이라는 의미가 아니라, 어떤 상황에서 하나님께 비범한 헌신이 요구되는 것을 나타낸다. 이 문제에서 고린도전서 7:1–7, 25–35에 나오는 바울의 균형을 보라.

은 그리스도의 헌신된 제자다(4c절, "이 사람들은…어린양이 어디로 인도하든지 따라가는 자며"). 이것은 그들의 자기 희생 및 하나님과 그분의 복음에 대한 헌신을 언급한다(참고. 막 8:34-38과 병행 구절들).[15] 둘째, 그들은 종말에 마지막 대격변적 사건들이 벌어질 때 하나님의 구속적 추수에서 선봉을 맡는다(4d절, "사람 가운데서 속량함을 받아 처음 익은 열매로 하나님과 어린양에게 속한 자들이니"). 구약에서 이스라엘이 첫 수확을 드리는 것은 모든 것이 하나님에게서 왔음을 감사히 인정하는 상징이었다(참고. 신 26:1-11에 나오는 "첫 열매"). 이와 마찬가지로 그리스도가 그분의 피로 인종적 이스라엘을 사셔서(계 5:9) 그들이 하나님의 약속에 대한 성취로 영적, 민족적으로 새롭게 되는 경험을 한 것은, 하나님이 온 인류를 구원하시고 새롭게 하시는 것의 선봉이 될 것이다.[16] 셋째, 13:12-15에서 거듭 묘사된 거짓 선지자의 속임수와는 뚜렷이 대조되는 것으로, 그리스도를 따르는 이 사람들은 어떤 거짓에 대해서도 비난받을 것이 없다(5a절, "그 입에 거짓말이 없고"). 이 묘사는 구약에서 나온 것이다.[17] 가장 주목할 만한 것은 하나님이 모든 민족을 심판하시고 예루살렘에서 그분의 백성 이스라엘을 입에 거짓된 혀가 없는(습 3:13 LXX, οὐ μὴ εὑρεθῇ ἐν τῷ στόματι αὐτῶν γλῶσσα δολία) 경건한 남은 자로 회복하실 미래의 위대한 날을 예상하는 선지서 본문에서 볼 수 있다.[18] 마지막으로, 요약 부분에서 그들은 하나님의 구속받은 백성을 온전히 예시할 것이다(5b절, "흠이 없는 자들이더라". 이 표현은 신약에서 그리스도인들 안에서 하나님의 성화시키는 역사가 완성에 이를 때 그리스도인이 지닐 도덕적 상태를 흔히 묘사하는 말이다. 예를 들어, 엡 1:4; 5:27; 골 1:22; 유 1:24).

14:6-7 또 보니 다른 천사가 공중에 날아가는데 땅에 거주하는 자들 곧 모든 민족과 종족과 방언과 백성에게 전할 영원한 복음을 가졌더라 그가 큰 음성으로 이르되 하나님을 두려워하며 그에게 영광을 돌리라 이는 그의 심판의 시간이 이르렀음이니 하늘과 땅과 바다와 물들의 근원을 만드신 이를 경배하라 하더라(6 Καὶ εἶδον ἄλλον ἄγγελον πετόμενον ἐν μεσουρανήματι, ἔχοντα εὐαγγέλιον αἰώνιον εὐαγγελίσαι ἐπὶ τοὺς καθημένους ἐπὶ τῆς γῆς καὶ ἐπὶ πᾶν ἔθνος καὶ φυλὴν καὶ γλῶσσαν καὶ λαόν, 7 λέγων ἐν φωνῇ μεγάλῃ, Φοβήθητε τὸν θεὸν καὶ δότε αὐτῷ δόξαν, ὅτι ἦλθεν ἡ ὥρα τῆς κρίσεως αὐτοῦ, καὶ προσκυνήσατε τῷ ποιήσαντι τὸν οὐρανὸν καὶ τὴν γῆν καὶ θάλασσαν καὶ πηγὰς ὑδάτων). 6절은 14장에서 새로운 단락(6-13절)을 시작한다. 여기에서 요한은 이 땅에 임박한 하나님의 심판을 알리고 반응을 요구하는 세 천사의 환상을 기록한다. 이 새로운 단위는 1, 14절과 마찬가지로 "또 보니"(καὶ εἶδον)라는 표현으로 표시된다. 여기에서 요한은 "다른 천사"를 본다(10:1; 18:1처럼 이 천사를 앞에 나온 천사와 밀접하게 대조할 의도는 없다). 그는 하나님의 복음, 영원한 의미를 지닌 메시지를 땅에 거주하는 모든 사람에게 알릴 수 있게(6b절) "공중에 날아가는"(6a절)[19] 천사다. 그가 높은 위치에 있다는

15. 하지만 그것은 분명한 순교(즉, 어린양이 죽임당한 것처럼 어린양을 따르는 것)를 당할 것이라는 숨겨진 언급은 아니다. 그들의 헌신은 확고하다. 하지만 하나님은 그들을 육체적 손상으로부터 보호해 주셔서 앞에서 말한 것처럼 그들이 다른 목적을 수행할 수 있도록 하신다.

16. 참고. 롬 16:5; 고전 15:23; 16:15; 살후 2:13에 나오는 "첫 열매"(ἀπαρχή). 유대인 그리스도인들이 종말 때 모든 구속받은 자의 두드러진 '최전선'을 형성하리라는 것은 로마서 1:16의 "먼저는 유대인에게요 그리고 헬라인에게로다"라는 바울의 생각과 비슷하다(참고. 또한 엡 1:12). 이 비유적 표현과 그것이 유대 신자와 나머지 교회의 관계를 이해하는 데 지니는 중요성(그들의 인종은 말살되지 않는다. 이스라엘은 교회로 '대체되지' 않는다)에 대해서는 White, "The 144,000 in Revelation 7 and 14," 188-97을 보라.

17. NA[28]의 난외주는 스바냐 3:13과 이사야 53:9을 구약의 대응 구절로 인용한다. Fekkes, *Prophetic Traditions*, 191-92는 스바냐 3:13(간교한 속임수가 없는 집단)이 5a절에서 요한이 이 묘사를 사용하는 데 주된 영향을 끼치지만, 이사야 53:9(간교한 속임수가 없는 개인)을 배제할 수 없다고 주장한다. 4c절이 말하듯이 이 특성에서 순수한 이스라엘 사람들은 어린양을 따른다.

18. 거짓됨 혹은 거짓말(ψεῦδος)은 하나님의 새 예루살렘에서 명백히 배제되는 죄 된 습관에 속해 있다(21:27; 22:15).

19. 8:13에 나오는 이 문구에 대한 주를 보라.

것은 복음 메시지를 광범위한 청중에게 들리도록 하려는 것임을 상징한다(이것을 문자적으로 단번에 온 세상에 선포된다는 의미로 생각할 필요는 없다). 6b절에서 요한은 통상적으로 사용하는 '땅에 거하는/사는 사람들'(τοὺς κατοικοῦντας ἐπὶ τῆς γῆς, 해설과 참조문에 대해서는 3:10을 보라)이라는 말과 비교해서 '땅의 거민들'(τοὺς καθημένους ἐπὶ τῆς γῆς, '땅에 앉은/사는 자들', 개역개정에는 "땅에 거주하는 자들"-역주)을 묘사하기 위해 약간 다른 문구를 사용한다. 이렇게 약간 변형된 것은 사람들이 복음에 보이는 반응이 보다 희망적임을 시사할 수도 있다. 이것은 13:8, 14에 나오는 더 공통적인 문구(사람들이 미혹되어 짐승을 경배함)가 지닌 상당히 부정적인 함축과 비교된다.[20] 세상에 "거주하는 자들"을 더 묘사하는 문구인 "모든 민족과 종족과 방언과 백성"(6b절)이라는 말은 그와 같은 보다 긍정적인 태도를 뒷받침하는 경향이 있다. 요한은 이 표현을 요한계시록에서 약간씩 변형해서 여섯 번 더 사용한다. 때로는 세상의 사람들이 악의 지배를 받는 것을 한탄하기 위해 사용하기도 하고 (11:9; 13:7; 17:15), 모든 민족 가운데 일부가 그리스도를 통한 하나님의 구원 사역으로 말미암아 해방되는 것을 경축하기 위해서도(5:9; 7:9; 10:11) 사용한다. 보다 희망적인 이러한 전망은 다니엘서(특히 단 6:25-26; 7:13-14)에서 하나님이 앞으로 온 세상을 다스리시는 것을 예상할 때 이 문구들이 사용되는 것에 뿌리를 둔다. 5:9과 10:11에 나오는 설명을 보라.

요한이 실제로 듣는 바 천사가 "큰 음성으로"(7a절) 선언하는 말은 다니엘 6:26이 기록하는 칙령("다니엘의 하나님 앞에서 떨며 두려워할지니")을 암시할 수 있다. 여기에서 천사는 땅의 사람들에게 "하나님을 두려워하며 그에게 영광을 돌리라"(계 14:7b; 참고. 15:4)고 명한다. 특히 그들이 임박한 신적 심판에 직면해 있기 때문이다. "그의 심판의 시간이 이르렀음이니"(7c절).[21] 또한 그들은 하나님을 "경배"(7d절)해야 한다. 이는 앞의 장들에서 반복적으로 묘사된 용과 짐승에 대한 경배(13:4, 8, 12, 15)와 분명한 대조를 이룬다. 10:6(그리고 구약에서 일반적으로 그러하듯, 렘 27:4-7; 계 10:6에 대한 해설에서 인용된 본문들을 보라)에서와 마찬가지로 여기에서도, 참되신 하나님에 대한 경배가 요구되는 이유는 그분이 만물의 창조주이시기 때문이다. 거짓 신들은 아무것도 할 수 없고 충성을 받을 만한 정당한 근거도 없다. 하지만 참되고 살아 계시며 만물을 지으신 하나님은 모든 사람의 경배를 받으실 만하다. 요한이 하늘과 땅과 바다라는 보다 일반적인 3종 세트에 "물들의 근원"이라는 말을 덧붙인 것은, 하나님이 생명의 창조주일 뿐 아니라 유지자라는 인식을 반영할 것이다(참고. 7:17; 8:10; 16:4; 21:6, 하나님은 사람들을 심판하시거나 복 주실 때 생명수를 주지 않으시기도 하고 공급하기도 하신다).

14:8 또 다른 천사 곧 둘째가 그 뒤를 따라 말하되 무너졌도다 무너졌도다 큰 성 바벨론이여 모든 나라에게 그의 음행으로 말미암아 진노의 포도주를 먹이던 자로다 하더라(Καὶ ἄλλος ἄγγελος δεύτερος ἠκολούθησεν λέγων, Ἔπεσεν, ἔπεσεν Βαβυλὼν ἡ μεγάλη ἣ ἐκ τοῦ οἴνου τοῦ θυμοῦ τῆς πορνείας αὐτῆς πεπότικεν πάντα τὰ ἔθνη). 6-13절에 나오는 세 천사 시리즈 중 두 번째는 16-18장의 많은 내용을 예시하는 극적인 발표와 함께 환상에 등장한다. 요한계시록에서 처음으로 "바벨론"이라는 이름이 분명하게 나온다.[22] 하지만 요한의 1세기 독자의 삶에 드리운 바벨론의 존재(그리고 아직 오지 않은 말일에 바벨론이 최종적으로 강화되는 것)는 요한계시록의 이 시점까지 많은 부분의

20. 보다 긍정적인 이런 어조는 Bauckham, *Climax*, 240-41에서 제시하는 것이다.

21. "이르렀음이니"라는 동사구는 헬라어 부정과거 ἦλθεν을 나타내는데, 그것은 하늘의 관점에서 보기에 최근에 완성된 사건을 의미한다(6:17; 11:18; 18:10에서와 같다. 참고. 14:15). 6:17과 11:15, 18에 대한 주를 보라.

22. "바벨론"이라는 이름은 16:19, 17:5, 18:2, 10, 21에서 다시 나온다. 바벨론은 17:1, 19:2(큰 음녀)과 17:18, 18:10, 16, 18, 19(큰 성)에

배경을 형성했다.[23] 그다음에 나오는 이야기를 갑작스럽게 예고하면서 천사는 아주 오랫동안 우상 숭배를 퍼뜨리고 하나님과 그분의 백성을 반대한 큰 제국 도시의 최종 멸망을 선언한다.[24] 이 선언은 이사야 21:9과 예레미야 51:8에 나오는 유다의 큰 억압자와 멸망자(주전 586), 큰 바벨론 제국의 궁극적 몰락에 대한 구약 예언들에서 표현을 빌려온다.[25] 하늘에서 들려오는 "무너졌도다 무너졌도다…바벨론이여"(8b절)라는 극적인 선언에는, 바벨론 전체가 방금 멸망했음을 묘사하기 위해 헬라어 부정과거 동사가 두 번 사용되었다(ἔπεσεν, ἔπεσεν, 18:2에서도).[26]

요한은 여기에서와 요한계시록 뒷부분에서 "바벨론"이라는 말을 메소포타미아의 도시를 문자적으로 언급하기 위해 사용하는 것이 아니라, 구약에서 예루살렘과 성전을 파괴하고 그 거민들을 포로로 잡아간 하나님 백성의 오랜 원수에게서 나온 악의 예표로 사용한다.[27] 고대 바빌로니아는 하나님과 그분의 백성을 반대한 이교 제국의 주요한 사례였고, 그런 예는 역사 내내 반복될 것이다(예를 들어, 주전 160년대의 Seleucid 왕조). 로마는 1세기 세계에 그 유형을 그대로 복사해놓은 것으로 볼 수 있다. 가장 주목할 만한 것으로 주후 70년에 예루살렘과 그 성전을 다시 멸망시키고 그리스도인들로 하여금 우상 숭배 관행을 지키도록 압력을 가했다는 점에서 그렇다. 로마는 또한 바벨론이 그랬듯이 여러 나라와 연합해서 불경한 통치를 시행했다. 이 악한 유형은 요한계시록 12-19장에 묘사된, 종말에 이루어질 하나님을 향한 반대에서 가장 크게 나타날 것이다.

이 선언에 수반되는 바벨론의 행동에 대한 간략한 묘사(8c절)는, 13장에 나오는 짐승의 이력에 대한 논의(세상이 그를 경배하도록 강요받는다) 그리고 후에 열방이 우상 숭배의 길을 따르도록 꾀는 "음녀"로 바벨론을 묘사하는 것(참고. 17:1-6, 15; 18:3, 15, 19, 23)과 주제가 분명히 연관된다.[28] 바벨론이 자신의 제물을 취하게 하려고 좋은 포도주를 건넨다는 비유(18:3에서는 거의 똑같이 그리고 17:2에서는 약간 변형되어 반복되는)는, 뒤에서 바벨론이 더러움과 성도를 억압하는 일에 취했고(17:4, 6) 하나님의 정당한 응보를 받아 진노의 잔을 마시지 않을 수 없다는(16:19; 18:6; 참고. 또한 14:10, 짐승의 추종자들에게 부어지는 진노) 묘사와 함께 오히려 바벨론에게 적용될 것이다.[29]

14:9-10 또 다른 천사 곧 셋째가 그 뒤를 따라 큰 음성으로

서는 그 이름과 별도로 '크다'고 불린다.

23. 예를 들어, 2-3장에 나오는 우상 숭배와 억압에 대한 경고들, 11장에 나오는 두 증인의 이력, 12장에 나오는 하늘과 땅에서 일어나는 충돌, 13장에 나오는 용과 그의 짐승들의 통치 등을 보라.

24. 이것은 11:15, 12:10에서처럼 곧 땅으로 내려올 하늘의 실상을 경축하는 것이다. Thompson, *Revelation*, 63-64; Fekkes, *Prophetic Traditions*, 88을 보라.

25. 이사야 21:9의 히브리어에서 '무너졌도다'(נָפְלָה)라는 동사는 두 번 나온다. 하지만 LXX에서는 한 번만 나온다. 헬라어 완료(πέπτωκεν)다. 예레미야 51:8(또한 암 5:2)에서 같은 히브리어 동사는 한 번 나오는 반면, LXX(렘 28:8)에서는 여기에서처럼 부정과거(ἔπεσεν)가 나오지만 한 번만 나온다.

26. 그에 대한 예들과 논의를 보려면 14:7과 15:4에 대한 주를 보라. 영어 관용 표현에서 최근의 과거에 일어난 사건들은 현재 완료로 표현된다. '무너졌다, 무너진다'(has, is fallen)라는 것이다.

27. 요한계시록에서 "바벨론"의 정체에 대한 더 자세한 논의로는 17:5에 대한 주를 보라.

28. 영적 우상 숭배를 "음행"에 비유해서 표현하는 것은 2:14, 20-21과 주제 면에서 더 광범위한 연관을 지닌다는 점을 드러낸다.

29. "진노의"(of the passion, τοῦ θυμοῦ)라고 번역된 8c절의 문구는 둘 중 한 가지 방식으로 이 시나리오에 들어맞는다. (1) θυμός는 목적의 소유격으로서 '분노, 화, 진노'라는 그 말의 통상적 의미다. '음행에 대한 (하나님의) 진노를 가져오는 포도주'라는 것이다. 아니면 (2) 그것은 동격 소유격 혹은 부가적 설명의 소유격으로 "통제되지 않은 느낌, 열정, 강렬한 소욕"을 의미한다(Wallace, *Grammar*, 95-100). "그의 음행의 열정인 포도주"라는 것이다(τῆς πορνείας는 원천 혹은 생산자의 소유격이다. 즉, 음행이 생산하는 그의 열정이라는 것이다). 요한계시록에서 θυμός는 종종 하나님의 분노 혹은 진노를 뜻한다(예를 들어, 14:10, 19; 15:1, 7; 16:1). 하지만 ὀργή와 함께 그 말이 하나님의 열정적인 혹은 격노한 진노를 의미하는 듯 보이는 16:19, 19:15을 보라(τοῦ θυμοῦ τῆς ὀργῆς αὐτοῦ, 참고. BDAG 461). 첫 번째 견해는 소유격 문구가 할 수 있는 일을 너무 확대 해석하는 듯하다. 두 번째 의미가 더 그럴듯하다. LN §25.19; Aune, *Revelation 6-16*, 786을 보라.

이르되 만일 누구든지 짐승과 그의 우상에게 경배하고 이마에 나 손에 표를 받으면 그도 하나님의 진노의 포도주를 마시리니 그 진노의 잔에 섞인 것이 없이 부은 포도주라 거룩한 천사들 앞과 어린 양 앞에서 불과 유황으로 고난을 받으리니(9 Καὶ ἄλλος ἄγγελος τρίτος ἠκολούθησεν αὐτοῖς λέγων ἐν φωνῇ μεγάλῃ, Εἴ τις προσκυνεῖ τὸ θηρίον καὶ τὴν εἰκόνα αὐτοῦ καὶ λαμβάνει χάραγμα ἐπὶ τοῦ μετώπου αὐτοῦ ἢ ἐπὶ τὴν χεῖρα αὐτοῦ, 10 καὶ αὐτὸς πίεται ἐκ τοῦ οἴνου τοῦ θυμοῦ τοῦ θεοῦ τοῦ κεκερασμένου ἀκράτου ἐν τῷ ποτηρίῳ τῆς ὀργῆς αὐτοῦ καὶ βασανισθήσεται ἐν πυρὶ καὶ θείῳ ἐνώπιον ἀγγέλων ἁγίων καὶ ἐνώπιον τοῦ ἀρνίου). 방금 묘사된 이미지의 역전은 짐승을 경배하는 사람은 누구나 심판을 받는다는 그다음 천사의 선언에서 즉시 사용된다(9-10절). 이 시리즈에 나오는 셋째 천사의 선언(참고. 6, 8절)과 그 선언에 대한 반응은, 14-20절에서 새로운 환상이 제시되기 전인 13절까지 이어질 것이다. 7절에서처럼, 또다시 심판의 경고는 그 중요성을 강조하기 위해 "큰 음성으로" 전달된다. 그리고 7절에 비해 13장과의 대조가 매우 뚜렷해진다. 확장된 조건문(만일 절은 9b절이고 결론은 10절이다)[30]에서 천사는 누구든지 "짐승과 그의 우상에게 경배"하는 사람(참고. 13:4, 8, 12, 14-15) 그리고 "이마에나 손에 표를 받"는 사람(참고. 13:16-17)에게 신적 진노와 격심한 심판이 임할 것을 알린다. 이 경고는 짐승을 경배하지 않는 자는 모두 죽임당할 것이고(13:15), 짐승의 표가 없이는 매매를 할 수 없으므로 모두 표를 받으라는(13:16-17) 명령에 직접적으로 도전한다.

짐승의 명령을 받아들인 사람들에게 임하는 결과를 선언하면서(10절) 천사는 8절에 나온 이미지, 곧 바벨론이 취하게 해서 유혹한다는 이미지(17장에서 묘사할 짐승과 바벨론의 음녀의 동맹을 암시적으로 나타내는)를 역전시킨다. 짐승을 따르는 자들은 하나님의 진노를 최대한으로 받을 것이다. 그것은 여기에서 "섞인 것이 없"는 혹은 희석되지 않은(참고. 시 75:8과 렘 25:15의 LXX) "하나님의 진노의 포도주"(참고. 계 14:19; 19:15)를 담은 "그 진노의 잔"(참고. 16:19; 18:6; 사 51:17-22)을 마시는 것으로 표현된다. 천사는 하나님이 내리시는 진노에 무엇이 수반될 것인가를 나타내는 비유적 표현을 바꾸어서 그것이 "불과 유황으로 고난을 받"(10c절)는 것이라고 말한다.[31] 그것은 짐승과 거짓 선지자가 불못에서 받을 벌(19:20) 및 용(20:10)과 구속받지 않은 인류(20:13-15; 21:8)가 받을 벌을 예고한다. 이 일이 "거룩한 천사들 앞과 어린양 앞에서" 일어난다는 말은, 그리스도가 하늘 군대와 함께 이 땅에 다시 오실 때 일어날 심판의 첫 단계들을 암시한다(19:11-14).

14:11 그 고난의 연기가 세세토록 올라가리로다 짐승과 그의 우상에게 경배하고 그의 이름 표를 받는 자는 누구든지 밤낮 쉼을 얻지 못하리라 하더라(καὶ ὁ καπνὸς τοῦ βασανισμοῦ αὐτῶν εἰς αἰῶνας αἰώνων ἀναβαίνει, καὶ οὐκ ἔχουσιν ἀνάπαυσιν ἡμέρας καὶ νυκτός οἱ προσκυνοῦντες τὸ θηρίον καὶ τὴν εἰκόνα αὐτοῦ καὶ εἴ τις λαμβάνει τὸ χάραγμα τοῦ ὀνόματος αὐτοῦ). 심판이라는 주제가 10절에서부터 계속된다. 하지만 여기에서는 9b-10절에 인용된 천사의 선언에서부터 요한이 본 것에 대한 또 다른 묘사(11절) 및 그것이 그의 독자들에게 요구하는 반응(12절)으로 바뀌는 듯 보인다.[32] 요한은 하나님의 진노를 받는 사람들(다시 한번 9절을 반복하는 문구로 짐승에게 충성하는 자들이라고 표현되는)에게 내려질 벌이 끝없이 계속되리라

30. 9-10절의 "만일…(그렇다면)" 조건문은 10절 처음에 나오는 헬라어 καί의 의미가 통상적인 '그리고'가 아니라, "또한, 역시, 실로"(CSB, ESV, NASB, NIV, NRSV)라는 점을 보여준다.

31. "불"과 "유황"은 소돔과 고모라까지 거슬러 올라가는 심판의 예표다(창 19:24; 참고 시 11:6; 사 34:9-10; 겔 38:22). 그것은 장차 불경한 자들이 영원한 심판을 받는 것에서 궁극적으로 확대될 것이다.

32. 그런 전환은, 10c절에 나오는 부정의 단수('그가 고난을 받으리니', he will be tormented, 개역개정에는 "고난을 받으리니"-역주)로부터 11a절에서 부정의 복수('그들의 고난', their torment, 개역개정에는 "그 고난"-역주)로 바뀌는 것으로 그리고 10절의 미래 동사에서

고 묘사한다. 요한은 10c절에서 나온 맹렬한 고통의 이미지를 사용해서 그 "연기가 세세토록 올라가리로다"(ὁ καπνὸς⋯εἰς αἰῶνας αἰώνων ἀναβαίνει)라고 진술한다. 이 말은 이사야 34:10에서 나온 것으로, 19:3에서 하나님이 바벨론을 심판하는 것을 설명할 때 반복된다(참고. 또한 사람들이 "마귀와 그 사자들을 위하여 예비된 영원한 불"로 정죄받는 것에 대한 예수님의 언급, 마 25:41). 이것은 요한이 그들의 벌이 계속된다는 것을 묘사하기 위해 사용하는 20:10(마귀, 짐승, 거짓 선지자가 "세세토록 밤낮 괴로움을 받으리라")의 말과도 비슷하다. "누구든지 밤낮 쉼을 얻지 못하리라"는 것이다. 그런 지속적 고난은 13절에서 복된 죽은 자들이 누린다고 말하는 '쉼'과 직접 대조된다(참고. 또한 6:11).

그리스도를 거부하는 사람들이 끝없는 고난을 당한다는 개념은 너무나 끔찍해서 몇몇 복음주의 신학자조차 그런 가혹한 심판은 성경적 하나님관, 심지어 그분의 정의에 대한 견해와 일치하지 않는다고 주장했다.[33] 이 땅에서 지은 일시적인 죄를 영원한 의식적 고난으로 벌하는 것이 어떻게 정의로운가? 그들은 그 대안으로 영혼 멸절설, 곧 악인이 영원히 벌을 받기보다는 지옥에서 멸망당한다고(즉, 말살당하는 것, 존재에서 제거되는 것) 주장한다.[34] 하지만 그런 견해는 '멸망하다, 멸망'(ἀπόλλυμι, ἀπώλεια)이라는 용어들을 사용하는 성경 본문에서조차 입증될 수 없다. 하나님이 죄에 대해 내리시는 벌을 말할 때, 그것은 '멸절한다'는 뜻이 아닌 "파멸하다, 귀중한 모든 것을 제거하다, 궁극적 손실을 당하다"라는 의미이기 때문이다.[35] "영원한" 생명을 말하는 동일한 본문들은 "영원한" 벌에 대해서도 말한다(예를 들어, 마 25:41, 46). 무한히 영원하신 하나님을 거부하는 사람들이 끝없이 고난을 받는 것에 대한 언급은 신약 도처에서 발견된다(예를 들어, 막 9:43-48; 빌 3:18-19; 살후 1:9; 히 6:2; 유 1:7). 하나님의 무한한 엄위하심을 제대로 인식하면, 그분을 경멸하는 사람들에게 그런 심판이 내려지는 것이 정당함을 균형 잡힌 시각으로 볼 수 있다.

14:12 성도들의 인내가 여기 있나니 그들은 하나님의 계명과 예수에 대한 믿음을 지키는 자니라(Ὧδε ἡ ὑπομονὴ τῶν ἁγίων ἐστίν, οἱ τηροῦντες τὰς ἐντολὰς τοῦ θεοῦ καὶ τὴν πίστιν Ἰησοῦ). 요한은 서론적 접속사를 사용하지 않고, 13:10에서처럼 하나님의 백성에게 인내를 요청하는 말을 끼워 넣는다.[36] 방금 본 것과 같이, 하나님을 외면한 사람들에게 닥칠 무시무시한 운명은 그리스도인이 고난과 박해와 순교에도 불구하고 순종과 예수님을 믿는 믿음에서[37] 끈질기게 견디는 것[38]이 얼마나 중요한지 보여준다. 버티는 것이라는 주제는 요한계시록에서 순종(2:26; 3:8; 12:17; 22:7)과 믿음(2:13, 19; 13:10)에 대한 필요와 마찬가지로 자주 나온다(1:9; 3:10; 13:10).[39]

11절의 일반적 현재로 바뀌는 것으로 나타난다.

33. 이 쟁점의 양측 입장에 대한 개관으로는 P. S. Johnston, "Hell," in *NDBT* 542-44를 보라. 요한계시록과 성경 전반에서 영혼 멸절설에 반대하는 논증으로는 Gregory K. Beale, "The Revelation on Hell," in *Hell Under Fire*, ed. Christopher W. Morgan and Robert A. Peterson (Grand Rapids: Zondervan, 2004), 111-34; Robert A. Peterson, "Does the Bible Teach Annihilationism?," *BSac* 156 (1999): 13-27; and Andy Saville, "Arguing with Annihilationism: An Assessment of the Doctrinal Arguments for Annihilationism," *SBET* 24 (2006): 65-90을 보라.

34. 또 다른 대안(보통 비복음주의자들 사이에서 볼 수 있는)은 보편주의다. 그것은 하나님이 궁극적으로 그리스도를 통해 모든 인류와 화목하시리라고 가르친다.

35. A. Oepke, "ἀπόλλυμι, ἀπώλεια" *TDNT* 1:394-97. "단순히 존재의 절멸이 아니라⋯영원한 고통과 죽음의 상태다"(397).

36. 요한계시록에서 "여기"라는 말을 사용하는 것과 접속사 생략이 '이것은⋯을 요구한다' 혹은 '이 상황에서 필요한 것은⋯이다'라는 의미를 나타내는 것에 대해서는 13:10의 주를 보라(참고. BDAG 1101).

37. 이 문맥에서 "예수에 대한 믿음"(faith in Jesus, 목적격 소유격)은 τὴν πίστιν Ἰησοῦ(참고. 2:13)라는 헬라어 문구를 가장 잘 번역한 것이다.

38. "성도들의 인내"(ἡ ὑπομονὴ τῶν ἁγίων)라는 문구는 주격 소유격, 즉 '성도가 (반드시) 인내해야 한다'는 것이다.

39. "지키는 자"(οἱ τηροῦντες)라고 번역된 분사는 소유격인 "성도"(τῶν

14:13 또 내가 들으니 하늘에서 음성이 나서 이르되 기록하라 지금 이후로 주 안에서 죽는 자들은 복이 있도다 하시매 성령이 이르시되 그러하다 그들이 수고를 그치고 쉬리니 이는 그들의 행한 일이 따름이라 하시더라(Καὶ ἤκουσα φωνῆς ἐκ τοῦ οὐρανοῦ λεγούσης, Γράψον· Μακάριοι οἱ νεκροὶ οἱ ἐν κυρίῳ ἀποθνήσκοντες ἀπ' ἄρτι. ναί, λέγει τὸ πνεῦμα, ἵνα ἀναπαήσονται ἐκ τῶν κόπων αὐτῶν· τὰ γὰρ ἔργα αὐτῶν ἀκολουθεῖ μετ' αὐτῶν). 13:9-10에서와 마찬가지로 하늘의 환상은 희생적 인내와 육체적 죽음에 직면한 그리스도인들을 안심시킬 필요성을 연관시킨다. "주 안에서"[40][여기서 주님은 죽으셨다가 이제 다시 살아 계시는 분이다(1:18; 2:8; 참고. 롬 14:9)] 죽는 사람들에게는 부활의 생명에 대한 약속으로 말미암아 사망의 쏘는 것이 무색해진다(계 20:4-6; 참고. 고전 15:54-58). 그래서 요한은 여기에서 다시(참고. 2절) 하늘에서 나는 정체불명의 음성을 듣는다(9:13에 나오는 주를 보라). 그 음성은 죽은 그리스도인들에게 전반적으로(13c절에 나오는 복된 '쉼'은 모든 그리스도인에게 적용된다) 임할 복됨을 기록하라고[41] 지시한다. 하지만 요한이 이제 기록할 끔찍한 사건들에서는 그리스도께 충성을 바친 것 때문에 순교를 당한 그리스도인들에게 특별하게 초점이 맞추어진다. "지금 이후로"라는 시간 구는 이런 특별한 관련성을 보여주려는 것이다. 이 지복은 요한계시록에 나오는 '복됨'의 표현 일곱 개 중 두 번째일 뿐이다(일곱 중 첫째인 1:3에 대한 주를 보라). 종말이 되기 전 마지막 날에 고난을 받는 그리스도인들에게 특별히 초점이 맞추어지고 있다는 점을 더 확증하는 것은, 지복 중 여섯 개가 여기에서부터 계시록 끝까지에 걸쳐 나온다는 것이다(16:15; 19:9; 20:6; 22:7, 14에서 나머지 지복을 보라).

하늘에서 나오는 이름 없는 음성이 죽은 그리스도인들에 대해 말한 것에 더하여, 요한은 성령의 단언[16:7, 22:20에 나오는 "그러하다"(ναί)를 보라]과 추가 설명(13c-d절을 보라)을 기록한다. 그들이 복된 이유는 주 안에서 죽는 것이 이 세상의 반대, 투쟁, 피곤함(예를 들어, 고후 6:5; 11:23)에서 해방되어[42] 하나님의 임재 안에서 안도와 안식(계 6:11; 참고. 단 12:13; 히 4:9)을 누리는 것을 의미하기 때문이다. "그들의 행한 일이 따름이라"는 추가 설명("이는", γάρ)은 하늘에 계신 하나님이 그들이 이 땅에 살면서 행한 신실한 섬김의 행동과 순종을 잊지 않으시리라고 분명히 밝힌다(참고. 딤전 5:24-25). 하나님께 충성하는 그들의 값비싼 희생은 그들이 하나님의 임재 안에 들어갈 때 보상받을 것이다.

14:14 또 내가 보니 흰 구름이 있고 구름 위에 인자와 같은 이가 앉으셨는데 그 머리에는 금 면류관이 있고 그 손에는 예리한 낫을 가졌더라(Καὶ εἶδον, καὶ ἰδοὺ νεφέλη λευκή, καὶ ἐπὶ τὴν νεφέλην καθήμενον ὅμοιον υἱὸν ἀνθρώπου, ἔχων ἐπὶ τῆς κεφαλῆς αὐτοῦ στέφανον χρυσοῦν καὶ ἐν τῇ χειρὶ αὐτοῦ δρέπανον ὀξύ). 14장의 마지막 단위(14-20절)는 처음 두 단위의 시작인 1절과 6절처럼 "또 내가 보니"(καὶ εἶδον)라는 문구로 시작된다. 이 부분은 두 개의 추수, 곧 곡식 추수(14-16절)와 포도 추수(17-20절)라는 이미지를 사용해서, 이제 곧 이 땅에 임할 하나님의 심판의 절정을 가리킨다. 여기에서 요한이 제일 먼저 특별히 주의

ἁγίων)와 동격으로 사용되는 헬라어 주격이다. 이것은 통상적인 동격 관계 유형이 아니다. 하지만 요한계시록에서 요한의 개인 언어(개인적인 문법 방식)의 특징 중 하나다. 다른 예들로는 2:13에 대한 주를 보라. Mathewson, *Handbook*, 195는 "지키는 자"라는 말이 "여기"("있나니"의 주어로 사용된 실명사적 부사)라는 말과 동격이라고 말한다. 하지만 이것은 헬라어 구문을 오해한 것이다(13:10에 대한 주를 보라).

40. "주 안에서" 존재하고 행동한다는 말은 바울이 그리스도와 연합해서 사는 존재의 모든 것을 말할 때 일반적으로 사용하는 표현이다. 비슷한 개념이 요한복음과 서신서들에서도 그리스도 안에 '남아 있는' 혹은 '거하는'이라는 말로 나온다. 이것은 요한계시록에서 이 문구를 사용한 유일한 경우이지만, 그것도 비슷한 개념을 표현한다.

41. 요한계시록에서 요한에게 "기록하라"는 명령은 때로는 책 전체와 관련되어 있고(1:11, 19) 때로는 특정 메시지와 관련되어 있다(2-3장에서 2:1 등, 또한 19:9; 21:5).

42. 참고. BDAG 611.

를 기울이는 것('그리고 보라', "내가 보니" 다음에 나오는 이 말이 개정개역에는 번역되어 있지 않음-역주)은 그 위에 "인자와 같은 이"가 앉으신 "흰 구름"이다(14b절). 예수 그리스도를 나타내는 이 하늘의 인물은 15절에서 천사와 대화를 나누면서 '땅의 곡식을 거두는 일'을 시작한다(15b-16절). 하지만 14b절에 나오는 이 "인자와 같은 이"(ὅμοιον υἱὸν ἀνθρώπου)의 신원은 논란이 되고 있다. 같은 표현이 1:13에서는 다니엘 7:13에 의지해서 예수 그리스도를 언급하기 위해 나온다. 신약에서 흔히 사용하는 메시아에 대한 호칭인 "인자"라는 말은 그 다니엘서 구절에서 나온 것이다. 몇몇 역본은 관사와 대문자를 사용해서 이 인물이 바로 메시아임을 반영한다(예를 들어, KJV, "the Son of man"; CSB, NRSV, "the Son of Man"). 하지만 그 표현은 어떤 천사적 존재를 "인자와 같은"(like a son of man)이라고 언급하는 것일 수도 있다. 비슷한 문구("인자와 같은 이")가 다니엘 10:16에서 천사를 묘사하기 위해 사용된다. 또한 이 구절들에서 높임을 받으신 그리스도가 천사에게 지시를 받는 것은 이상해 보인다(참고. 15절). 그 존재는 다니엘 7장에서처럼 구름을 타고 '오는' 대신 구름 위에 '앉으셨다'고 묘사되고, 15절의 "또 다른 천사가…나와"라는 표현은 14절의 존재 역시 천사라는 것을 암시할 수 있다.[43] 그가 "금 면류관"을 쓴다는 사실은 결정적인 근거가 아니다. 이것은 분명 그가 명예로운 인물임을 나타내지만, 금 면류관이 가장 명예로운 존재에게만 주어지는 것은 아니다(참고. 4:4, 10; 9:7). 하지만 전반적으로 1:13 다니엘 7:13과의 분명한 유사성 때문에, 이 인물을 앞으로 도래할 심판에서 주도적 역할을 담당하시는 예수 그리스도로 보고 그의 "금 면류관"을 그리스도의 왕적 지위는 아니라도 적어도 그분의 승리를 암시하는 것으로 이해하는 것이 더 나은 듯하다.[44] 그분이 심판에서 맡은 역할은 14절의 마지막 세부 사항에서 나타난다. 그분은 손에 "예리한 낫"(δρέπανον ὀξύ)을 가지셨다. "낫"은 자르는 도구로서 보통 곡식 줄기를 자르기 위해 긴 곡선 모양의 날에 긴 손잡이가 달려 있었다(신 16:9; 막 4:29). 하지만 포도를 수확하는 데 사용되는 더 짧은 도구에 대해서도 같은 단어가 사용될 수 있다(계 14:17-20; 참고. 사 18:5). 심판의 상징으로서 '추수'에 관해서는 15절에 대한 설명을 보라.

14:15-16 또 다른 천사가 성전으로부터 나와 구름 위에 앉은 이를 향하여 큰 음성으로 외쳐 이르되 당신의 낫을 휘둘러 거두소서 땅의 곡식이 다 익어 거둘 때가 이르렀음이니이다 하니 구름 위에 앉으신 이가 낫을 땅에 휘두르매 땅의 곡식이 거두어지니라(15 καὶ ἄλλος ἄγγελος ἐξῆλθεν ἐκ τοῦ ναοῦ κράζων ἐν φωνῇ μεγάλῃ τῷ καθημένῳ ἐπὶ τῆς νεφέλης, Πέμψον τὸ δρέπανόν σου καὶ θέρισον, ὅτι ἦλθεν ἡ ὥρα θερίσαι, ὅτι ἐξηράνθη ὁ θερισμὸς τῆς γῆς. 16 καὶ ἔβαλεν ὁ καθήμενος ἐπὶ τῆς νεφέλης τὸ δρέπανον αὐτοῦ ἐπὶ τὴν γῆν καὶ ἐθερίσθη ἡ γῆ). "또 다른 천사"가 요한의 환상에 등장한다.[45] 그 천사는 그리스도, 곧 14절에서 "구름 위에 앉으"신 것으로 묘사된 분께 하나님의 보좌 알현실 혹은 하늘에 있는 "성전"에서 나오는(9:13에 대한 설명을 보라) 권위 있는 지시 사항들을 전달한다. 심지어 어린양도 하나님의 지시에 따라 행동하신다. 특히 심판에서 그렇게 하신다

43. Aune, *Revelation 6-16*, 841-42; Kiddle, *Revelation*, 275-77.

44. Beale, *Revelation*, 770-71; Osborne, *Revelation*, 550-53; Smalley, *Revelation*, 371-72; Thomas, *Revelation 8-22*, 218; Fekkes, *Prophetic Traditions*, 194-95. 뒤에 나오는 그리스도를 '하나님의 진노의 포도주 틀을 밟는' 승리의 "만왕의 왕"으로 묘사하는 것은 그분이 '많은 관'(여기에서처럼 στέφανος이 아니라 διάδημα라는 단어를 사용해서)을 쓰고 있다고 말한다. "면류관"을 나타내는 이 두 단어에 대한 논의로는 2:10에 대한 설명을 보라.

45. 요한은 그의 이야기에 추가의 천사적 존재들을 일반적으로 소개할 때 "또 다른 천사"라는 문구를 사용한다. 때로는 다른 존재와의 면밀한 대조를 전혀 함축하지 않은 채 그렇게 한다(예를 들어, 10:1; 14:6; 18:1). 어떤 때는 여기에서처럼 다른 존재와 밀접한 상호 관련이 있다(14절에 나오는 "인자", 참고. 7:2; 8:3; 14:8, 9, 17, 18). 하지만 그것을 '방금 묘사된 존재와 같은 또 다른 존재'로 해석할 필요는 없다.

(5:7; 22:1, 3; 참고. 요 5:19-22). 그는 "땅의 곡식(harvest of the earth)이 다 익어 거둘 때가 이르렀음이니이다"(15d-e절)라는 지시를 선포한다.[46] 이 구절에서 사용된 '거두는 것' 혹은 '추수'(θερίζω, θερισμός)라는 용어는 보통 곡식 추수(즉, 베는 것과 곡식의 줄기를 자르는 것, 참고. 마 13:30; 약 5:4 그리고 룻 1:22; 2:23; 삼상 6:13의 LXX를 보라)를 의미한다. 이것은 심판에 대한 일반적인 상징이다(예를 들어, 렘 51:33; 호 6:11; 미 4:12-13; 마 13:30, 39; 갈 6:7-9; 참고. 또한 4 Ezra 4:28-32; 2 Bar. 70:2). "당신의 낫을 휘둘러 거두소서"(πέμψον τὸ δρέπανόν σου καὶ θέρισον)라는 천사의 명령(15c절)은 요엘 3:13의 표현과 비슷하다.[47] 이 구절은 여호와의 날에 민족들에 대한 하나님의 심판을 묘사하는 문맥에 나온다. 일부 해석자는 15-16절에 나오는 '곡식 추수'라는 비유적 표현을 의인과 불의한 자들을 모두 포함하는 심판에 대한 묘사[48] 혹은 심지어 의인만 모아들이는 것에 대한 묘사[49]로 받아들인다. 이 때 그것은 17-20절에 나오는 '포도 추수'의 비유적 표현과 구분될 것이다. 포도 추수는 19절(하나님의 진노)에 비추어보고 19:15과 비교해볼 때 분명 불의한 자들에 대한 심판을 언급하기 때문이다. 하지만 앞에서 언급한 요엘 3장의 배경과 이 곡식 추수에서 의인의 존재를 분명하게 나타내는 것이 아무것도 없다는 사실에 비추어볼 때, 두 본문을 모두 불의한 자들에게 임하는 하나님의 심판의 상징으로 이해하는 것이 가장 좋은 듯하다.[50] 첫 번째 추수(14-16절)는 보다 일반적인 묘사이고, 두 번째 추수(17-20절)는 같은 행동에 대한 보다 상세한 묘사다.[51] 반역적인 인류가 곡식 줄기처럼 즉석에서 낫에 잘려 나간다는 이미지는 앞으로 이루어질 심판에 대한 생생하고 무시무시한 경고다. 하지만 하나님께 순종하는 사람들은 누구든 긍정적 의미에서 수확의 때가 왔다고 말할 수 있는 것과 마찬가지로(요 4:35-37), 세상의 거민들은 하나님의 심판의 수확이 그들에게 임할 때가 가까이 오고 있음을 알아야 한다. 그 경고는 분명하다. 회개의 때가 왔다는 것이다.

심판을 시작하라는 명령(15절)이 나온 다음 16절은 인자가 이 땅의 왕으로 다시 오실 때 임할 하나님의 심판을 광범위한 견지에서 요약한다. 이 점은 '구름 위에 앉으신'(14절) 분을 새롭게 언급하는 것에서 표현된다. 그분은 곡식 수확의 비유적 표현에서 땅에 '낫을 휘두르는'(16a절) 분이며, 그로써 땅의 '곡식을 거두시는'(16b절) 분이다. 요한은 환상에서 본 것을 서술하기 위해 과거 시제(부정과거)를 사용한다. 이 경우 그것은 바로 이어지는 장들(15-20장)에서 더 상세히 묘사될 종말 때의 심판 행동을 미리 요약한다.

14:17-18 또 다른 천사가 하늘에 있는 성전에서 나오는데 역시 예리한 낫을 가졌더라 또 불을 다스리는 다른 천사가 제단으로부터 나와 예리한 낫 가진 자를 향하여 큰 음성으로 불러 이르되 네 예리한 낫을 휘둘러 땅의 포도송이를 거두라 그 포도가 익었느니라 하더라(17 Καὶ ἄλλος ἄγγελος ἐξῆλθεν ἐκ τοῦ ναοῦ τοῦ ἐν τῷ οὐρανῷ ἔχων καὶ αὐτὸς δρέπανον ὀξύ. 18 Καὶ ἄλλος ἄγγελος [ἐξῆλθεν] ἐκ τοῦ θυσιαστηρίου [ὁ] ἔχων

46. '익다'(ξηραίνω, 마르다)에 해당하는 용어 역시 곡식 추수 관행에서 나온다. 그것은 숙성에 이르러 '마르게' 되고 수확해서 탈곡할 준비가 된 곡식을 의미하기 때문이다(참고. BDAG 684).

47. 15절에 나오는 '휘두르다'[헬라어 동사는 '보내다'(πέμπω)이다]라는 표현은 요엘 3:13에 나오는 동사들[LXX 4:13, ἐξαποστέλλω; MT 4:13, שׁלח('보내다, 두다')]을 반영한다. 요엘 3장의 비유적 표현은 포도 수확에 대한 것으로, 요한의 환상이 17-20절에서 그것으로 넘어간다.

48. Beckwith, *Apocalypse*, 661-64; Mounce, *Revelation*, 278.

49. Bauckham, *Climax*, 289-96; 같은 저자, *Theology*, 94-98; Koester, *Revelation*, 626-29; Osborne, *Revelation*, 549-53; Smalley, *Revelation*, 372-74. '수확물'을 모아들이는 것은 복음 전도의 이미지, 즉 사람들을 하나님과의 관계로 데려오는 것에 대한 묘사일 수 있으며(눅 10:2; 요 4:35-37), "처음 익은 열매"(4절)에 대한 언급은 14-16절에 나오는 의인들의 더 큰 추수를 묘사하기 위한 준비일 수도 있다.

50. Aune, *Revelation 6-16*, 801-3; Beale, *Revelation*, 772-79; Thomas, *Revelation 8-22*, 219-20.

51. Fekkes, *Prophetic Traditions*, 193의 주장.

ἐξουσίαν ἐπὶ τοῦ πυρός, καὶ ἐφώνησεν φωνῇ μεγάλῃ τῷ ἔχοντι τὸ δρέπανον τὸ ὀξὺ λέγων, Πέμψον σου τὸ δρέπανον τὸ ὀξὺ καὶ τρύγησον τοὺς βότρυας τῆς ἀμπέλου τῆς γῆς, ὅτι ἤκμασαν αἱ σταφυλαὶ αὐτῆς). 환상의 마지막 부분에서는 땅의 광대한 수확이라는 비유적 표현을 재현하는 두 천사가 더 나온다. 이번에는 포도원의 포도나무를 잘라 그 열매를 포도주 틀에 밟는 것으로 수확을 묘사한다(17–20절). 두 천사 중 첫 번째 천사는 14절의 인자처럼 "예리한 낫"을 가졌다고 묘사된다(17절). 두 천사 모두 신적 권한을 받아 행동한다. 첫째는 "하늘에 있는 성전에서"(17a절) 나오고 둘째는 성전 가운데 있는 향 "제단으로부터" 나온다(18b절; 참고. 8:3, 5; 또한 6:9; 9:13의 설명을 보라). 두 번째 천사는 분명 향 제단의 불을 다루는 통상적인 '권위' 혹은 책임을 지니고 있었으나(18a절), 여기에서는 땅의 심판이 시작되도록 명령할 의무가 추가된다(18c절). 15절에 나왔던 명령이 다시 나오는데, 여기에 설명이 추가된다. "예리한 낫을 휘둘러"(18d절). 그다음에 나오는 다른 말들은 온 세상에 앞으로 임할 심판을 포도 수확으로 묘사한다. "땅의 포도송이를 거두라"(18e절)는 것이다. '포도원'(vineyard, 개역개정에는 "포도송이"–역주)이라고 번역된 단어(ἄμπελος)는 보통 포도나무나 포도 덩굴 자체를 의미한다(예를 들어, 막 14:25; 요 15:4; 약 3:12). 하지만 그 말은 때로는 포도나무를 심은 장소인 포도원을 가리키는 말로 더 광범위하게 사용되기도 한다(ἀμπελών은 이것을 나타내는 더 일반적인 단어다, 예를 들어, 마 21:33; 눅 13:6). 하지만 여기에 나오는 ἄμπελος는 "포도원"으로 보는 것이 의미가 더 잘 통한다(CSB).[52] 추수 때 포도를 자르는 것(그러고 나서 밟는 것, 19–20절)으로 묘사된 하나님의 심판은 구약에도 나온 이미지다(사 18:5; 63:1–6; 애 1:15; 욜 3:13). 심판의 임박성에 대한 15d–e절의 메시지는 18절 끝부분에서 반복된다. "그 포도가 익었느니라"[53]는 것과 포도가 하나님의 심판이 닥칠 만큼 여물었다는 상징에서 그렇다.

14:19–20 천사가 낫을 땅에 휘둘러 땅의 포도를 거두어 하나님의 진노의 큰 포도주 틀에 던지매 성 밖에서 그 틀이 밟히니 틀에서 피가 나서 말 굴레에까지 닿았고 천육백 스다디온에 퍼졌더라(19 καὶ ἔβαλεν ὁ ἄγγελος τὸ δρέπανον αὐτοῦ εἰς τὴν γῆν καὶ ἐτρύγησεν τὴν ἄμπελον τῆς γῆς καὶ ἔβαλεν εἰς τὴν ληνὸν τοῦ θυμοῦ τοῦ θεοῦ τὸν μέγαν. 20 καὶ ἐπατήθη ἡ ληνὸς ἔξωθεν τῆς πόλεως καὶ ἐξῆλθεν αἷμα ἐκ τῆς ληνοῦ ἄχρι τῶν χαλινῶν τῶν ἵππων ἀπὸ σταδίων χιλίων ἑξακοσίων). 둘째 천사는 하늘의 명령에 응답하기 위해 온 땅에 대한 추수의 의무를 수행한다. 이것은 앞으로 찾아올 하나님의 심판의 거대한 규모를 표현한다. 요한은 과거 시제(부정과거) 동사 다섯 개를 빠르게 연이어 사용해서 포도 수확의 비유적 표현으로 이 심판에 대해 자신이 본 것을 광범위하게 요약해서 묘사한다. 천사는 "낫을 땅에 휘둘러"(19a절; 참고. 16절) 익은 포도송이들을 잘랐다. 그다음에 그는 '땅의 포도를 거두었다'(19b절).[54] 이것들은 "큰 포도주 틀에" 던져졌다. 그런데 이 시점에서 비유의 배후에 있는 실상이 보다 분명히 표현된다(19c절).[55] 그것이 "하나님의 진노의"(τοῦ θυμοῦ τοῦ θεοῦ, 참고. 14:10) 큰 포도주 틀이라는 것이다. 분명 전 세계적 심판의 거대한 규모는 관련 구절에서 '추수'와 연관해서 "땅"이라는 말이 거듭 사용되는 것(15d, 16b, 18e, 19b절)에서 그리고 포도주 틀을 묘사하기 위해 "큰"이라는 말을 사용하는 것에서(19c절) 이미 상당히 명료하게 드러났다. 하지

52. BDAG 54.
53. "익었느니라"(ἀκμάζω)라고 번역된 동사는 높은 점수, "만개한, 절정의"라는 뜻이다(LSJ 51; 참고. 고전 7:36에 나오는 관련 단어). 이 경우에는 "익다"(ESV, KJV, NASB, NIV) 혹은 '추수할 준비가 되다'라는 의미다.
54. "포도"(grapes)라고 번역된 말은 ἄμπελος다. 그것은 18e절에서처럼 '포도나무'(vine) 혹은 '포도원'(vineyard)이라고 더 일반적으로 번역된다. 여기에서 그 집합 단어는 잘려진 개별적 부분에 대해 사용된다.
55. 비유의 '매개물'과 '취지'를 혼합하는 성경 비유의 예로는 Caird, *Language and Imagery*, 152, 163–67을 보라.

만 이 이미지가 하나님의 진노와 동일화되면서 그 묘사는 더욱더 두려운 것이 된다.

심판의 표상으로서 포도주 틀에서 포도를 밟는 구약의 묘사(사 18:5; 63:2; 애 1:15; 욜 3:13)가 이제 추수의 비유적 표현에 추가된다. "성 밖에서 그 틀이 밟히니"(20a절). 이것은 그리스도가 영광스럽게 다시 오실 때 그분의 원수에게 내려질 심판에 대한 한 가지 묘사를 예고한다(계 19:15). 이것이 "성 밖에서" 이루어진다는 세부 사항이 추가되면서 이런 강렬한 징벌이 예루살렘 부근에서 이루어진다는 것을 보여준다. 예루살렘 혹은 시온(참고. 14:1)은 하나님이 자신의 백성 이스라엘을 회복시키시는 초점이다(14:1). 또한 그리스도의 천년 통치의 중심(20:4-6)으로서 요한이 14장에서 암시한 많은 구약 예언, 특히 용과 그의 앞잡이들이 여호와 하나님 및 어린양께 대항해서 마지막 전투를 하리라고 예상하는 예언(사 62:6-63:6; 66:10-17; 욜 3:1-17; 슥 12:8-12; 14:3-5; 참고. 계 19:19-21)의 배경이기도 하다.

포도주 틀의 비유적 표현이 지닌 소름 끼치는 마지막 특징은, 포도주 틀에서 "말굴레" 깊이로 "천육백 스다디온"(약 320킬로미터)까지 흘러나온 "피"라는 완전히 과장된 묘사다(20b절).[56] 다시 한번 비유의 매개물과 취지가 뒤섞인다(19c절에 대한 설명을 보라). "피"는 일반적으로 포도를 밟는 것의 요소가 아니라, 전쟁에서 패배하거나 원수들을 죽이는 것의 요소이기 때문이다.[57] 하지만 실제 의미를 더 명료하게 이해하는 것이 이 말을 어떤 식으로든 문자적으로 받아들여야 한다는 뜻은 아니다. 그리스도가 다시 오실 때 피가 150에서 180센티미터 깊이로 320킬로미터까지 퍼져 나가지는 않을 것이다. 하지만 그날에 그분 앞에 정렬해 있는 모든 원수의 대격변적 패배, 복종, 멸망은 상상할 수 없을 만큼 광대할 것이다.

적용에서의 신학

1. 승리에 대한 환상과 심판에 대한 환상

요한은 주변의 장들을 문학적으로 배열하면서 하늘과 땅의 예배에 대한 환상(11:15-19; 14:1-5; 15:2-4)을 끔찍한 악, 충돌, 심판을 희미하게 감지하는 것(12-13장; 14-16장 나머지 부분)과 섞는다. 이렇게 혼합하는 것은 명백히 이 장들을 읽거나 듣는 사람으로 하여금 적절한 반응을 보이게 하려는 것이다(참고. 1:3; 22:7). 신자들은 한편으로 당장의 투쟁 너머로 눈을 들어 어린양의 승리에 대한 묘사를 보면서 자신의 믿음을 강하게 세워야 한다. 하늘에서 하나님의 전능하신 능력을 경축하는 것을 보고 하나님의 나라가 이 땅에 오는 것을 그려보는 것은, 지금 여기 우리의 삶을 믿음과 순종으로 견디게 해주는 강력한 촉진제다(14:12). 우리는 개인적, 공

56. 스다디온(헬라어, στάδιον; 라틴어, *stadium*)의 정확한 길이는 논란이 있다. 하지만 BDAG 940은 약 192미터(약 630피트)라는 수치를 제시한다.

57. 포도를 밟는 것에서 나오는 얼룩에 대해 말하는 본문(예를 들어, 사 63:1-3)은 매개물과 취지를 섞는 것의 요점을 예시하며, 그것을 논박하지 않는다.

동체적으로 예배하면서 언제나 의지할 수 있는 분의 은혜와 신실함에 우리 마음과 생각의 초점을 다시 맞출 때 그런 경축을 반영할 수 있다. 다른 한편으로 그리스도를 따르지 않는 사람들은 늦기 전에 자신이 처한 상황을 냉정하게 평가해야 한다. 농사를 짓는 사람은 수확하고 모으는 시기가 오기 한참 전에 농작물이 익어 수확해야 한다는 표시를 볼 수 있다. 수확은 불시에 닥치는 일이 되어서는 안 된다. 하나님이 만드신 도덕적, 종교적 세상도 그와 같다. 주의를 기울인다면 우리는 무엇이 오고 있는지를 보고 적절한 때 하나님께 의지할 수 있다. 땅에 있는 모든 이에게 선포된 천사의 영원한 복음(14:6-7)은 모든 사람이 참된 경외로 하나님을 두려워하고 그 무엇보다 높이 계신 그분께 영광을 돌릴 것을 요구한다. 이보다 더 중요하거나 긴급한 일은 없다. 그리스도를 통해 하나님께 돌아올 때는 지금이다. 무시무시한 심판의 추수가 오기 전이 바로 돌아와야 한다. 하나님이 구원하신다는 좋은 소식은 그분의 심판이라는 나쁜 소식보다 선행한다. 하지만 타이밍이 중요하다.

2. 인간의 구분

분별없는 사람들은 삶을 뒤죽박죽 뒤섞인 것으로 인식할 것이다. 날마다 닥치는 대로 사건들이 일어나고, 우리는 거기에 반응하지만 더 큰 그림을 볼 시간은 없다. 우리가 의도를 담아 스스로 선택을 내린다기보다, 저절로 선택이 내려지는 것처럼 보인다. 그리고 그것에 대해 생각을 하든 안 하든 그 선택들이 우리의 모습을 형성하는 듯하다. 하지만 요한계시록 14장은 인생에서 내리는 한 가지 선택을 피할 수 없게 만든다. 성경 나머지 부분에서 보듯, 하나님이 그리스도 안에서 은혜를 제시하심으로 우리가 뚜렷한 선택의 기로 앞에 직면하게 하는 것은 분명하다. 예수 그리스도는 우리에게 인생의 한가운데 있는 피할 수 없는 갈림길을 제시하셨다. 몇몇 신약 본문은 이사야 8장과 28장에 의지해서 그리스도를 우리가 가는 길에 어렴풋이 보이는 "돌"로 묘사한다. 우리는 그분께 걸려 넘어져 멸망할 수도 있고, 그분을 단단한 터로 삼아 그 위에 우리의 삶을 세울 수도 있다(롬 9:32-33; 벧전 2:6-8). 여기에 중립 지대는 없다. 마찬가지로 요한계시록 14장은 하나님과 악 사이의 우주적 충돌에서 우리가 둘 중 한 편에만 설 수밖에 없음을 보여준다. 우리는 어린양을 따르거나 짐승을 경배하거나 둘 중 하나만 할 수 있다(4, 9절). 사실 너무 바빠서 주의를 기울이지 못하는 것도 하나의 선택을 내리는 셈이다. 천사의 "영원한 복음"(6-7절)에 우리가 어떻게 반응하는지에 모든 것이 달려 있다. 이것은 현재의 인생뿐 아니라 내세에 영원토록 영향을 미친다(11, 13절). 우리는 그리스도께 걸려 넘어질 것인가, 아니면 그분을 삶의 토대로 삼을 것인가?

CHAPTER 21

요한계시록 15:1–8

문학적 전후 문맥

15장은 땅의 심판이 절정에 이르는 것에 대한 준비로 하늘에서 일어나는 세 개의 짧은 장면(각각 "내가 보니"라는 말로 시작함, 1, 2, 5절)을 소개한다. 이것은 일곱 대접 심판 시리즈(16:1–21)의 서론 역할을 한다. 요한은 앞의 두 심판 시리즈를 준비할 때와 같은 기법을 사용했다. 인의 심판(6:1–17)이 나오기 전 4–5장에서 그리고 나팔 심판(8:6–11:19)이 나오기 전 8:2–5에서 하늘의 환상이 묘사된 것과 동일한 기법이다. 또한 요한은 여기에서 보는 것을 "하늘에…다른 이적"(1a절; 참고. 12:1, 3)이라고 부름으로써 나팔과 대접 사이에 끼어 있는 환상 시리즈(12–14장)를 연결한다. 세 개의 일곱 심판 시리즈 구조는, 행동의 속도를 늦추지만 극적 긴장을 조성하는 막간들과 함께 15–16장에서 궁극적으로 결론에 이를 것이다.

III. 두 번째 환상: 하늘의 보좌와 세 번의 심판 주기(4:1–16:21)

- A. 하늘의 보좌에 대한 환상(4:1–11)
- B. 일곱 인으로 봉한 두루마리와 죽임당한 어린양(5:1–14)
- C. 일곱 인과 막간의 두 무리(6:1–8:1)
- D. 일곱 나팔과 또 다른 막간들(8:2–14:20)
- ➦ **E. 일곱 대접 심판(15:1–16:21)**
  - **1. 대접 심판들을 위한 하늘의 준비(15:1–8)**
  - 2. 하나님의 진노의 일곱 대접이 부어짐(16:1–21)

주요 개념

일곱 천사는 땅에 하나님의 진노의 대접을 부으라는 위임을 받는 반면, 하늘에 있는 다른 천사들은 악에 대한 하나님의 심판에 표현된 하나님의 정의와 거룩하심을 경축한다.

번역

요한계시록 15:1-8

1a	행동/환상 서론	**또 하늘에 크고 이상한 다른 이적을 보매**
b	등장인물 입장	일곱 천사가 일곱 재앙을 가졌으니
		곧 마지막 재앙이라
c	이유	하나님의 진노가 이것으로 마치리로다
2a	행동/등장인물 입장	**또 내가 보니 불이 섞인 유리 바다 같은 것이 있고**
		짐승과
		그의 우상과
		그의 이름의 수를 이기고 벗어난 자들이
b	묘사	유리 바다 가에 서서
c		하나님의 거문고를 가지고
3a	행동	**하나님의 종 모세의 노래,**
		어린 양의 노래를 불러 이르되
b	찬양의 외침	주 하나님 곧 전능하신 이시여 하시는 일이 크고 놀라우시도다
		(시 111:2; 139:14; 암 3:13)
c		만국의 왕이시여 주의 길이 의롭고 참되시도다
		(신 32:4; 시 145:17; 렘 10:7)
4a	수사학적 질문	주여 누가 주의 이름을 두려워하지 아니하며
		영화롭게 하지 아니하오리이까(렘 10:7; 시 86:9)
b	4a절의 이유	오직 주만 거룩하시니이다
c		주의 의로우신 일이 나타났으매
d		만국이 와서
		주께 경배하리이다 하더라(시 86:9; 사 2:2; 66:23)

5	행동/환상 서론	**또 이 일 후에 내가 보니**
		하늘에 증거 장막의 성전이 열리며
6a	등장인물 입장 1	**일곱 재앙을 가진 일곱 천사가 성전으로부터 나와**
b	묘사	맑고 빛난 세마포 옷을 입고
c		가슴에 금 띠를 띠고
7a	등장인물 입장 2	**네 생물 중의 하나가**
b	신원	영원토록 살아 계신
c	묘사	하나님의 진노를 가득히 담은
		금 대접 일곱을 그 일곱 천사들에게 주니
8a	행동	**하나님의 영광과**
		능력으로 말미암아
		성전에 연기가 가득 차매
b	시간 범위	일곱 천사의 일곱 재앙이 마치기까지는
c	결과	**성전에 능히 들어갈 자가 없더라**

구조

요한은 마치 반드시 일어나야 하는 끔찍한 일을 뒤로 미루듯이, 15장을 10:6-7과 11:15-19(일곱째 나팔)부터 예상되었던 마지막 심판 시리즈를 위한 준비 무대로 삼는다. 대접 심판 자체에 대한 이야기는 16장에 나올 것이다. 15장은 세 부분(1, 2-4, 5-8절)에서 그 심판들을 소개한다. 각 부분은 14장에서처럼 별개이지만 서로 관련되어 있고, "내가 보니"(καὶ εἶδον)라는 말로 시작된다.

석의적 개요

III. 두 번째 환상: 하늘의 보좌와 세 번의 심판 주기(4:1-16:21)

A. 하늘의 보좌에 대한 환상(4:1-11)

B. 일곱 인으로 봉한 두루마리와 죽임당한 어린양(5:1-14)

C. 일곱 인과 막간의 두 무리(6:1-8:1)

D. 일곱 나팔과 또 다른 막간들(8:2-14:20)

E. 일곱 대접 심판(15:1-16:21)

1. 대접 심판을 위한 하늘의 준비(15:1–8)

a. 또 다른 하늘의 이적: 일곱 진노의 대접을 가진 일곱 천사(15:1)

b. 유리 바닷가에서 하나님을 찬양하는 승리자들(15:2–4)

(1) 유리 바닷가에 있는 짐승을 이긴 자들(15:2)

(2) 모세의 노래 책에서 나온 전능하신 이에 대한 찬양(15:3–4)

c. 하나님의 심판의 일을 하도록 위임받은 일곱 천사(15:5–8)

(1) 재앙을 가진 천사 일곱이 하늘 성전에서 나옴(15:5–6)

(2) 일곱이 하나님의 진노의 대접을 받고, 하늘이 그들의 일을 기다림(15:7–8)

본문 설명

15:1 또 하늘에 크고 이상한 다른 이적을 보매 일곱 천사가 일곱 재앙을 가졌으니 곧 마지막 재앙이라 하나님의 진노가 이것으로 마치리로다(Καὶ εἶδον ἄλλο σημεῖον ἐν τῷ οὐρανῷ μέγα καὶ θαυμαστόν, ἀγγέλους ἑπτὰ ἔχοντας πληγὰς ἑπτὰ τὰς ἐσχάτας, ὅτι ἐν αὐταῖς ἐτελέσθη ὁ θυμὸς τοῦ θεοῦ). 15장의 첫 하늘 장면(1절)은 16장에서 장차 하나님의 진노를 무시무시하게 최종적으로 쏟아붓는 일곱 심판 시리즈(혹은 "재앙", 1b절; 참고. 6, 8; 16:9)의 예고편이다. "하늘에…다른 이적"(1a절)이라는 문구는 12장의 시작 부분을 암시하고(참고. 12:1, 3), 중간에 나오는 환상 시리즈(12–14장)를 가로질러 일곱째 나팔(11:15–19)과 연결하는 역할을 한다.[1] 요한은 그 이적[2]을 "크고 이상한" 것이라고 묘사한다. 후자의 형용사는 여기에서 단지 경이로움이나 놀라움이 아니라, 두려운 전조의 느낌을 의미한다(참고. 신 28:59 LXX; 시 93:4; 106:22; 미 7:15). 그가 보는 것은 "일곱 재앙"(πληγὰς ἑπτά, 출애굽 때와 같은 '타격'이나 재난; 참고. 계 9:18, 20; 11:6; 또한 출 11:1; 12:13을 보라)을 가진 "일곱 천사"다. 그들은 하늘의 명령에 따라 땅에 놓일 준비를 하고 있다(계 16:1).[3]

"일곱 재앙"은 "일곱 천사"와 마찬가지로, 독자들이 전에 알지 못하던 것으로 소개된다(헬라어 원문에서 둘 다 관사가 없다). 하지만 요한은 이 재앙들을 더 묘사하기 위해 곧바로 "마지막 재앙"(τὰς ἐσχάτας)이라는 말을 덧붙인다.[4] 이어서 나오는 1c절('왜냐하면', ὅτι, 개역개정에는 "재앙이라" 다음에 나오는 이 말이 번역되어 있지 않음–역주)은 그 재앙들이 "마지막 재앙"이라고 불리는 것에 어떤 신학적 의미가 있는지 알려준다. 그것들이 말일에 임할 세 개의 심판 시리즈에서 땅에 부어지는 "하나님의 진노"[5]를 끝낼 것이기 때문이다(참고. 6:16–17). "마치리로다"라고 번역된 헬라어 동사는 부정과거 직설법

1. 이것들은 요한계시록에서 "이적"(σημεῖον)이라는 말이 단수로 나오는 유일한 경우다.
2. 여기에서 "이적"이라는 단어는 앞으로 올 중대한 어떤 것, 재앙들에 대한 징조, 전조를 의미한다(예를 들어, 눅 21:11, 25; BDAG 921).
3. BDAG 825. 또한 레위기 26:21(참고. 26:18, 24, 28)에 대한 암시가 나와 있을 수 있다. 이스라엘이 반역한 죄에 대해 하나님이 일곱 배로 보응하신다고 말씀하시는 구절이다. 환난 기간에는 이스라엘이 회복을 준비하도록 하기 위해 하나님의 징계적 심판이 이스라엘에게 임할 것이다.
4. 일단 소개되고 난 다음부터 이 문구들에는 둘 다 언제나 관사가 붙어 있다. '그 일곱 천사'와 '그 (일곱 마지막) 재앙'이다(참고. 6, 7, 8절; 16:1, 9; 17:1; 21:9).
5. 15:7, 16:1에도 나오는 주격 소유격 구다. 요한계시록에서 '분노, 격노'(θυμός)와 "진노"(ὀργή)의 뉘앙스에 대해서는 16:19의 사전적 주

(ἐτελέσθη) 형태인데, 여기에서는 16:1-21에서 묘사될 사건들(그리고 요한의 시대뿐 아니라 오늘날까지 포함한 미래에 사건에서 이 땅에 일어날 일)의 요약으로 사용된다.[6]

15:2 또 내가 보니 불이 섞인 유리 바다 같은 것이 있고 짐승과 그의 우상과 그의 이름의 수를 이기고 벗어난 자들이 유리 바다 가에 서서 하나님의 거문고를 가지고(Καὶ εἶδον ὡς θάλασσαν ὑαλίνην μεμιγμένην πυρί καὶ τοὺς νικῶντας ἐκ τοῦ θηρίου καὶ ἐκ τῆς εἰκόνος αὐτοῦ καὶ ἐκ τοῦ ἀριθμοῦ τοῦ ὀνόματος αὐτοῦ ἑστῶτας ἐπὶ τὴν θάλασσαν τὴν ὑαλίνην ἔχοντας κιθάρας τοῦ θεοῦ). 대접 심판에 대한 준비로 요한이 기록하는 두 번째 하늘 장면(2-4절)은 이 장에 두 번째로 나오는 "내가 보니"(καὶ εἶδον)라는 말로 시작된다. 하늘에 대한 이 환상에서 요한은 "유리 바다" 및 승리한 한 무리의 그리스도인들이 바닷가에 서서 하나님의 의로운 구원의 행동으로 말미암아 그분을 경배할 준비를 하고 있는 것을 본다. 4:6에서도 요한은 하늘 보좌 알현실에 있는 "유리 바다"를 보았고, 거기에서도 자신이 본 것을 묘사하느라 애를 먹었다. 두 군데에서 그가 할 수 있는 최선은 "유리 바다 같은"(ὡς θάλασσαν ὑαλίνην, 구약의 영향일 수 있는 것에 대해서는 4:6의 주를 보라)이라는 비교를 사용해서 묘사하는 것이다(2a절).[7] 이 환상에서 더 중요한 것은 "유리 바다 가에"[8] 서 있는 무리다. 그들은 '이긴 자들'(τοὺς νικῶντας), 즉 그리스도를 향한 충성을 저버리게 하려는 사탄의 강압과 속임수에 신실하게 저항한 자들이다. 그런 승리 혹은 '이기는 것'은 요한이 교회에 보낸 메시지 도처에서 그리스도인에게 명한 것이다(참고. 2:7, 11 등; 또한 12:11; 21:7). 그런데 여기에서 그것은 용, 그의 짐승 그리고 거짓 선지자의 치명적 반대(13:7)를 묘사하기 위해 사용했던 말로 표현되어 있다. 그들은 "짐승"(13:1), "그의 우상"(13:14), "그 짐승의 수"(13:18)를 이겼다.[9] '이긴 자들'의 집단에는 현재 하늘에 있는 그리스도인 순교자들, 곧 땅에서 짐승에 저항하다가 죽임당했던 사람들이 포함될 것이다(13:10, 15). 하지만 그들의 승리의 본질은 우상 숭배와 박해 속에서도 그리스도를 지속적으로 믿은 것이었다(요일 4:4; 5:4-5; 계 13:10; 14:12; 21:5-7). 그러므로 그 집단에는 다른 원인 때문에 죽음에 이르고 이제 하늘에서도 즐거워하고 있는 많은 사람이 포함될 것이다. 2절의 마지막 문구인 "하나님의 거문고를 가지고"[10]는 이 장면이 천상적 특징을 지니고 있음을 강조한다(참고. 5:8; 14:2). 하지만 그것은 또한 3-4절에 제시되는 경배의 노래로 이어진다.

15:3-4 하나님의 종 모세의 노래, 어린 양의 노래를 불러 이르되 주 하나님 곧 전능하신 이시여 하시는 일이 크고 놀라우시도다 만국의 왕이시여 주의 길이 의롭고 참되시도다 주여 누가 주의 이름을 두려워하지 아니하며 영화롭게 하지 아니하

를 보라.

6. 이것은 예기적 혹은 미래적 부정과거다(10:7에 대한 주에 나오는 설명을 보라). 16장에서 곧 묘사될(그리고 실제로 아직 일어나지 않은) 일곱 "마지막" 재앙에 대한 언급은 헬라어와 비교해서 영어에서 그 동사가 표현되는 방식에서 시간적 변화를 유발하는 문맥상의 특징이다. 과거보다는 미래로 바뀌어야 한다는 것이다.
7. 여기에서 사용되었지만 4:6에는 나오지 않았던 "불이 섞인"이라는 말은 다니엘 7:9-10의 하늘 보좌 장면을 반영한다. 그것은 신적 영광과 거룩함 그리고 아마도 심판을 상징한다(참고. 계 8:7).
8. "바다 가에"(beside the…sea, ἐπὶ τὴν θάλασσαν)라는 문구는 "바다 위에"(on the sea, CSB, KJV, NASB)를 의미할 수 있지만, 이스라엘이 홍해에서 건져냄을 받은 것에 대한 비유적 표현에 대한 준비로(2절; 출 15장), "…가에"(beside)가 여기에서는 더 의미가 통한다(ESV, NRSV, NIV, REB, RSV; 참고. BDAG 363).
9. '짐승을 이긴'이라는 표현은 2a절에서 동사 νικάω에 전치사 ἐκ(보통 '…로부터, …에서'라는 뜻)를 더한 말로 구성되어 있다. 이 표현은 "…에게 승리를 거둔"에 더해 "…로부터 건져냄을 받은"이라는 더 풍성한 의미를 지닌다(BDAG 296; BDF §212; Moffatt, "Revelation," 443; Swete, *Apocalypse*, 191).
10. "하나님의 거문고"(이 악기가 어떤 것인지 밝히는 것으로는 5:8; 14:2을 보라)라는 문구에서 소유격은 원천('하나님으로부터, 하나님이 주신') 혹은 더 그럴듯한 것으로는 목적['하나님을 위한', '하나님을 (예배하기) 위한'을 줄여서 말한 것]을 나타낼 수 있다.

오리이까 오직 주만 거룩하시니이다 주의 의로우신 일이 나타났으매 만국이 와서 주께 경배하리이다 하더라(3 καὶ ᾄδουσιν τὴν ᾠδὴν Μωϋσέως τοῦ δούλου τοῦ θεοῦ καὶ τὴν ᾠδὴν τοῦ ἀρνίου λέγοντες, Μεγάλα καὶ θαυμαστὰ τὰ ἔργα σου, κύριε ὁ θεὸς ὁ παντοκράτωρ· δίκαιαι καὶ ἀληθιναὶ αἱ ὁδοί σου, ὁ βασιλεὺς τῶν ἐθνῶν· 4 τίς οὐ μὴ φοβηθῇ, κύριε, καὶ δοξάσει τὸ ὄνομά σου; ὅτι μόνος ὅσιος, ὅτι πάντα τὰ ἔθνη ἥξουσιν καὶ προσκυνήσουσιν ἐνώπιόν σου, ὅτι τὰ δικαιώματά σου ἐφανερώθησαν). 종말 때 하늘의 승리자들은, 자신의 백성을 억압하는 불경한 제국들을 심판하시면서 보이신 하나님의 정의와 신실함의 전능한 행동을 찬양하는 노래를 부른다.[11] 그들의 노래(그리고 이때 경축되는 하나님의 신실하심과 정의)는 이스라엘이 애굽에서 건져냄을 받은 후 모세의 지도 아래 불렀던 노래(출 15:1-18)와 같은 유형을 따를 것이다. 하나님의 신실하신 건지심은 똑같이 영광스럽고 아무도 꺾을 수 없는 유형이기 때문이다. 이 때문에 그 노래는 "하나님의 종 모세의 노래, 어린양의 노래"(3a절)라고 불린다.[12] 그것은 두 개가 아니라 하나의 노래이고, 그 가사는 출애굽기 15장의 정확한 표현이 아니라, 그것의 예표론적 유사함을 반영하려는 것이다. 하나님은 바로와 애굽에 속박된 이스라엘을 해방하시기 위해 신실한 종 모세를 사용하셨다(참고. 출 14:13-31; 민 12:7; 신 34:5; 수 1:2, 7; 14:7). 하지만 짐승과 그의 지배 아래 있는 만국에 대해 하나님이 어린양을 통해 이루실 심판과 승리는 훨씬 더 클 것이다.[13]

노래의 실제 내용(3b-4절)은 구약에서 자주 발견할 수 있는 찬양의 주제들을 반영한다. 그리고 그 문구 중 일부는 특정 본문들에서 더 직접적으로 기원한 것이다.[14] 출애굽기 34:10, 시편 111:2, 139:14은 하나님의 '크고 놀라우신' 행위(3b절)를 경축하고, 신명기 32:4과 시편 145:17(참고. 계 16:5, 7; 19:2)은 그분의 '의롭고 참된' 길(3c절)을 경축한다. "주 하나님"이라는 구약에 흔히 나오는 호칭은 4:11에 나오는 예배 대상과 비슷하며, "전능하신 이"(3b절)라는 말은 요한계시록뿐만 아니라 구약에서도 흔히 사용된다(1:8에 나오는 논의를 보라). 이런 호칭 유형 및 "만국"[15](참고. 렘 10:7)이라는 말은, 하나님이 모든 원수를 물리치신 것과 온 세상에 대한 그분의 주권적 통치를 기념하는 것에 특히 적절하다. 출애굽에서 그러했듯, 하나님은 장차 심판하시고 구속하실 때도 놀라운 구원과 의롭고 신실한 행위로 말미암아 진심 어린 찬양을 받으시기에 합당하다.

예레미야 10:7의 인용은 4a절에서 "누가…두려워하지 아니하며"라는 수사학적 질문과 함께 계속된다. 이 표현은 '모든 사람이 두려워할 것이다/두려워해야 한다'는 주장을 암시한다.[16] 질문의 취지는 시편 86:9(4절 뒷부분에서도 인용되는)에서 나온 "영화롭게 하지 아니하오

11. '노래하다, 노래했다'(ᾄδουσιν)는 동사는 5-8절의 중대한 사건들을 예상하는 헬라어의 역사적 현재다. 5:5에 나오는 역사적 현재에 대한 논의를 보라.
12. 여기에서 "모세의"(주격 소유격, 모세와 백성이 부른)와 "어린양의"(목적 소유격, 어린양에 대한, 예를 들어, 5:9-14)라는 소유격은 구문론적으로 반대다. 하지만 그 노래들은 하나님의 위대한 건지심의 동일한 유형을 표현한다.
13. Bauckham, *Climax*, 296-97; Hoskins, *Revelation*, 286-87; Roloff, *Revelation*, 183-84.
14. Bauckham, *Climax*, 296-307.
15. '만세의 왕'(king of the ages, ὁ βασιλεὺς τῶν αἰώνων)이라는 이문은 여기에서 견고한 외적 증거와 함께 나온다($\mathfrak{P}^{47}$, $\aleph^{*}$, C, 1006, 1611, 1841). 하지만 "만국"(τῶν ἐθνῶν)에 대한 증거 역시 상당히 단단하다(A, P, 046, 1854, 2053, 2062, 2329, 2344, 대부분의 Byzantine 소문자 사본). 그리고 그 표현은 디모데전서 1:17, Tob 13:7("만세의 왕") 등의 전례적 영향으로 바뀌었을 것이다. "(그) 성도들의 왕"(ὁ βασιλεὺς τῶν ἁγίων, TR; KJV; NKJV)은 헬라어 사본에서는 거의 완전히 입증되지 않는다(해설로는 *TCGNT*2, 679-80을 보라).
16. 4a절의 인용문은 이중 부정이 함께 나오는 헬라어 가정법으로(οὐ μὴ φοβηθῇ) 미래의 가능성에 대한 단호한 부정을 표현한다. 수사학적 질문으로서 그것은 긍정적 의미를 강력히 주장하는 것을 의미한다. "분명 두려워할 것이다"라는 것이다(Wallace, *Grammar*, 467-69; John Beekman and John Callow, *Translating the Word of God* [Grand Rapids: Zondervan, 1974], 238-45, 353-57). 누가복음 18:7-8, 요한복음 18:11에 나오는 다른 예들을 보라.

리이까"라는 어구로 이어진다(참고. LXX 사 42:10; 66:5; 말 1:11). 주께 경의와 영광을 돌려야 하는 이러한 의무는 이어지는 세 개의 원인절(4b–d절)에 근거를 둔다. 세 개의 절이 연이어 나오는 것은 다소 반복적이지만 이런 문맥에서는 이해할 만하다. 첫 번째 근거는 오직 주만 "거룩하시니이다"(4b절; 참고. 신 32:4; 시 144:17 LXX)라는 것이다. 이것은 모든 다른 피조물이나 소위 신들을 뛰어넘는 하나님의 유일무이하심과 온전하심을 강조한다.[17] 오직 그분만이 모든 인류의 궁극적 경배와 공경을 받을 자격이 있으시다. 두 번째 이유는 언젠가 주께 "만국이 와서…경배하리이다"(4d절; 시 86:9; 사 2:2; 60:3–5; 66:23; 렘 16:19; 참고. 계 21:24)라는 것이다. 만국이 참되신 하나님께 의지하는 것은 주님이 인간 세계에 대한 악의 지배와 악을 물리치신 것의 긍정적 결과를 낳을 것이다. 세 번째 이유로 이 노래는 주의 "의로우신 일이 나타났으매"(4c절; 시 98:2)라고 선포한다.[18] 하늘이 아는 바 하나님의 정의롭고 신실한 성품은 모든 사람이 볼 수 있도록 곧 이 땅에 나타날 것이다.

15:5–6 또 이 일 후에 내가 보니 하늘에 증거 장막의 성전이 열리며 일곱 재앙을 가진 일곱 천사가 성전으로부터 나와 맑고 빛난 세마포 옷을 입고 가슴에 금 띠를 띠고(5 Καὶ μετὰ ταῦτα εἶδον, καὶ ἠνοίγη ὁ ναὸς τῆς σκηνῆς τοῦ μαρτυρίου ἐν τῷ ὐρανῷ, 6 καὶ ἐξῆλθον οἱ ἑπτὰ ἄγγελοι [οἱ] ἔχοντες τὰς ἑπτὰ πληγὰς ἐκ τοῦ ναοῦ ἐνδεδυμένοι λίνον καθαρὸν λαμπρὸν καὶ περιεζωσμένοι περὶ τὰ στήθη ζώνας χρυσᾶς). 이 장에서 세 번째 하늘 장면(5–8절)으로 전환될 때 "이 일 후에"라는 시간적 표시 및 "내가 보니"(καὶ…εἶδον)라는 말이 세 번째로 나온다. 요한은 3a절에서 3–4절의 노래를 소개하기 위해 역사적 현재를 사용함으로써 이 부분에 나오는 사건들을 강조했다. 이 환상은 이제 16:1–21에서 일곱 천사가 수행할 심판의 일을 위해 그들이 구비되고 하늘의 권한을 받는 것을 기록한다. 이 천사들은 하나님의 하늘 성전에서 그분의 임재로부터 나오고 그분의 사신으로서 인상적인 옷차림을 하고 있다(5–6절). 요한계시록 앞부분에서, 성전에서 무언가를 전달한다는 것은 하나님이 행동을 할 권한을 주시는 것을 나타냈다(9:13–14; 14:17–18). 이렇게 하늘 성전 자체가 열리는 것(5절)은 11:19에서 나오는 이미지를 반복한다. 그리고 두 군데에서 모두 그것은 하나님이 반역적인 인간들에게 심판을 시행할 준비를 하신 채 불길하게 나타나시는 것을 묘사한다(참고. 3 Macc 6:18–19). 하늘 성전은 지상의 성막과 훗날 성막에 해당했던 예루살렘 성전의 원형이므로(참고. 출 25:9, 40; 히 8:5), 그것은 "증거 장막"(τῆς σκηνῆς τοῦ μαρτυρίου, 참고. 출 29:42; 40:34; 행 7:44)이라고 묘사될 수 있다.[19] 이것은 하늘에 있는 여호와의 임재를 증거한다. 그분이 광야에서나 예루살렘에서 그분의 백성 이스라엘 가운데 계셨던 것과 같다.

요한은 1절의 요약 이미지로 부분적으로 돌아오면서 이제 "일곱 재앙을 가진 일곱 천사"[20]가 열려 있는 성전으로부터 인상적으로 등장하는 것을 묘사한다(6절). 그들은 "맑고 빛난 세마포" 옷을 입고 있다. 이 묘사는 천사가 나타나는 것에 대한 구약의 기사에 영향받은 것으로, 그들 옷은 하늘 영광을 반영한다(예를 들어, 단 10:5;

17. H. Balz, "ὅσιος," *EDNT* 2:536.

18. "나타났으매"(ἐφανερώθησαν)라고 번역된 부정과거 동사는 '최근의 과거'에 일어난 행동을 표현한다(9:12에 대한 주와 Fanning, *Verbal Aspect*, 260–61을 보라). 이것은 요한계시록 뒷부분 장들에서(11:15, 12:10을 보라) (1) 하늘의 관점에서 방금 성취되었고 그래서 하늘에서 경축되는, 하지만 (2) 다가오는 종말에 대한 요한의 묘사에서 지상에서 일어나는 일련의 사건으로 막 제시되고 있는 그리고 (3) 장차 하나님의 구속이 땅에서 완성되는 것에서 그리스도인들이 고대하는 하나님의 정의와 건지심에 대한 확신을 제공하는 몇 개의 부정과거 중 하나다.

19. BDAG 619. "장막의"라는 문구는 "성전"이라는 말의 동격 소유격이다(즉, '장막인 성전').

20. 6절에서는 "천사"와 "재앙"에 모두 1절에서 처음 언급되었던 것을 말하는 (조응적) 관사가 붙어 있다.

12:6-7; 겔 9:3-4, 11; 10:2, 6-7). "빛난"(λαμπρός)이라는 말은 밝게 빛나는 외모를 의미한다(행 10:30; 계 22:1, 16). 또한 그것은 높은 지위를 나타내는 인상적이고 눈부신 겉옷을 암시하기도 한다(눅 23:11; 약 2:2-3; 계 18:14; 19:8). 마찬가지로, "금 띠"는 그들이 중요한 인물이고 능력 있으신 주님의 사신이라는 것을 표시한다(예를 들어, 1:13).

15:7-8 네 생물 중의 하나가 영원토록 살아 계신 하나님의 진노를 가득히 담은 금 대접 일곱을 그 일곱 천사들에게 주니 하나님의 영광과 능력으로 말미암아 성전에 연기가 가득 차매 일곱 천사의 일곱 재앙이 마치기까지는 성전에 능히 들어갈 자가 없더라(7 καὶ ἓν ἐκ τῶν τεσσάρων ζῴων ἔδωκεν τοῖς ἑπτὰ ἀγγέλοις ἑπτὰ φιάλας χρυσᾶς γεμούσας τοῦ θυμοῦ τοῦ θεοῦ τοῦ ζῶντος εἰς τοὺς αἰῶνας τῶν αἰώνων. 8 καὶ ἐγεμίσθη ὁ ναὸς καπνοῦ ἐκ τῆς δόξης τοῦ θεοῦ καὶ ἐκ τῆς δυνάμεως αὐτοῦ, καὶ οὐδεὶς ἐδύνατο εἰσελθεῖν εἰς τὸν ναὸν ἄχρι τελεσθῶσιν αἱ ἑπτὰ πληγαὶ τῶν ἑπτὰ ἀγγέλων). 하늘 성전에서 하나님의 임재에 가장 가까이 있는 한 생물은 천사들에게 하나님이 명하신 과업을 위임하는 특별한 행동을 한다. "네 생물"은 4-5장에 나오는 하나님의 보좌 알현실에 대한 환상에서 두드러지게 나왔고, 초기 인 심판에서 중심 역할을 했으나(6:1-8) 그다음부터는 산발적으로만 등장했다(7:11; 14:3). 이제 7a절에서 그 생물 중 하나가 일곱 천사에게 "금 대접 일곱"을 건넨다. 그것은 16:1-21에서 그들이 세상에 가할 심판 행위를 상징한다. 이 대접(φιάλαι)은 신에게 바치는 술을 담거나 성전 의식에서 향을 담는 얕은 접시 혹은 대야였다(5:8; 또한 출 27:3; 왕상 7:50; 왕하 25:15; 슥 14:20을 보라; 참고. Josephus, *Ant.* 3.143).[21] 이 시점에서 요한은 일곱 천사에 대한 묘사를 바꾼다. 앞에서는 그들이 하나님의 진노의 완성을 나타내는 "일곱 재앙"을 '가졌다'고 혹은 소유하고 있다고 말했지만, 이제는 '하나님의 진노를 가득히 담은 일곱 대접'(7절)을 맡는다고 말한다. 이 두 이미지는 앞으로 올 심판이라는 같은 행동을 나타낸다(21:9에서는 두 묘사가 같이 나온다). 요한은 심판의 "대접"이라는 비유적 표현을 사용해서 "하나님의 진노를 가득히 담은"(γεμούσας τοῦ θυμοῦ τοῦ θεοῦ, 1절에 대한 주를 보라) 것이라고 말한다. 이것은 하나님이 인간 죄에 대한 의로운 분노의 최대치를 억제하고 계셨으나 이제 그것이 부어질 것임을 암시한다(16장이 묘사할 것처럼). 하나님을 "영원토록 살아 계신"(7b절; 또한 4:9-10; 10:6을 보라) 분으로 묘사하는 것은 이 문맥에서 기계적으로 하는 말이 아니다. 이 말은 주가 인간이 경배하는 모든 거짓 신과 대조적으로 유일하신 참 하나님임을 밝힌다. 그분은 살아 계신 하나님으로서 온 세상 위에 주권을 갖고 계시며(참고. 단 4:34-35; 6:26-27; 12:7) 언젠가 모든 반역자에게 심판과 정의를 시행하시리라고 예상할 수 있다. 로마가 온 세상을 지배한다는 주장이 팽배하고 많은 신이 있는 세상에서 살던 그리스도인들은 그런 모든 가상의 경쟁자를 능가하시는 살아 계신 하나님을 기억하면 유익이 있을 것이다.

이 위임 장면에서 하나님의 두려운 임재, 특히 그분의 "영광"과 "능력"은 바로 이어지는 사건인 "연기"가 하늘 성전을 가득 채우는 것으로 상징된다(8a절). 하늘 성소에 계시는 하나님에 대한 이사야의 환상에서는 성전에 연기가 가득 차 있었고(사 6:4), 시내 산에서는 하나님의 능력의 임재가 불과 연기로 표현되었다(출 19:18; 참고. 시 18:7-9; 104:32). 연기나 향의 구름은 하나님이 성막과(출 40:34-35; 레 16:2, 12-13) 성전에서(왕상 8:10-11; 대하 5:13-14; 7:1-2) 이스라엘 가운데 거하실 때 그분의 영광을 상징했다. 이 중 몇 이야기에서는 하나님을 영

21. LSJ 1930; BDAG 1055. KJV의 "유리병"(vials)이라는 번역은 오해의 소지가 있다. 그 영어 단어는 시간이 흐르면서 의미가 바뀌었기 때문이다.

광스럽게 표현하는 연기 때문에 모세 혹은 제사장들이 한동안 성소에 들어가지 못했다(예를 들어, 출 40:35; 대하 7:2). 요한의 환상에서도 마찬가지다. 다음 장에서 "일곱 천사의 일곱 재앙"(8b절)이 일어나는 가운데 하나님의 임재가 이 땅에 나타나는 시간 동안 어느 누구도 그 임재로 비집고 들어가는 것이 허용되지 않았다. 하나님의 임재의 압도적 영광과 그분의 진노가 나타나는 것은, 하나님이 피조물과는 달리 거룩한 독특성을 지니신다는 것을 더욱 의식하게 하고 하나님과 접촉을 유예할 것을 요구한다.[22] 하지만 이 환상과 함께 심판에서 하나님의 진노는 '마칠'(1c, 8b절, 15장에서 소개된 대접들이 절정의 특성을 지니고 있음을 강조하는 인클루지오) 준비가 된다.

적용에서의 신학

자유롭게 된 자들의 노래

영화에서 악당이 마땅한 벌을 받는 장면을 볼 때 우리는 왜 환호하는가? 학교 폭력 주동자가 교장실로 불려갈 때 반 전체가 안도하면서 집에 가는 이유는 무엇인가? 왜 우리는 해리엇 터브먼(Harriet Tubman, 흑인 해방 운동가로 지하 철로를 통해 많은 남부의 흑인 노예를 북부로 탈출시켰다-역주)이 미국 남부에서 지하 철로를 따라 세운 위업에 대한 이야기를 듣고 만족감을 느끼는가? 우리 안에는 기본적으로 정의감이 있기 때문이다. 그 정의감은 옳은 것이 이기고 폭군이 마땅히 받아야 할 처벌을 받기를 갈망한다. 그리고 불의와 악이 더 어두워질수록, 그것을 물리친 것에 대한 기쁨은 더 강하고 깊어질 것이다.

요한계시록 15장은 하나님의 진리와 정의가 마침내 이기는 것에 대한 환희를 반영한다. 출애굽 때 바로에게서 구원받은 것에 감사하는 이스라엘과의 비교를 통해 그 말의 뉘앙스를 포착할 수 있다. 죄와 악에 종노릇하며 받는 억압은 하나님의 비할 수 없는 영광과 능력으로 말미암아 깨어진다. 만국의 왕이신 전능하신 주 하나님이 마침내 자신의 백성을 위해 상황을 바로잡으실 것이다(2-4절). 우리는 세상의 악에 신적 진노가 쏟아질 것을 생각하면 마음이 가라앉지만(1, 7-8절), 그것은 현재와 미래에 이 세상을 참으로 주관하시는 분이 누구인지를 상기시켜준다. 주 하나님이 완벽한 정의의 모범이시고 결국에는 옳은 일을 행하시리라는 것을 안다면, 불의와 싸우거나 억압을 견딜 힘을 얻을 수 있다. 비록 우리가 겪는 괴로움이 여러 면에서 자초한 일임을 알지만, 곤경을 이용하는 폭압적 세력에서 구해주신 것에 대해 하나님께 영광을 돌릴 수 있다. 우리가 하나님을 예배하고 공경하는 것은 그분이 온유하시고 우리에게 따뜻한 느낌을 주시기 때문만은 아니다. 우리가 사는 세상에 그분의 의와 진리가 충만히 퍼져 우리를 악에서 자유롭게 해주시기를 갈망하기에 우리는 하나님을 공경한다.

22. Osborne, *Revelation*, 572.

요한계시록 16:1-21

CHAPTER 22

문학적 전후 문맥

15장에서 대접에 대한 하늘의 소개가 나온 후 16장은 이제 일곱 대접을 순서대로 서술한다. 이 대접들은 6장에서 시작된 세 개의 하나님의 심판 시리즈를 마무리하는데, 세 개의 시리즈가 이어지면서 심판 유형은 점점 더 강렬해진다. 대접 심판은 하나님의 진노가 가장 크게 부어지는 것을 나타내고, 용과 짐승과 거짓 선지자들이 이끄는 죄 된 세상 제국에 대한 하나님의 심판을 완결한다. 대접들은 주 하나님과 그분의 메시아가 통치하실 길을 준비한다. 그들의 승리는 11:15-19에서 선언되었고, 19:11-21에서 직접적으로 묘사될 것이다. 그 중간에 나오는 부분(17:1-19:10)은 적대적인 세상 제국의 중심인 바벨론의 멸망을 기록하는데, 그 이야기는 16:19에 예고된다.

III. 두 번째 환상: 하늘의 보좌와 세 번의 심판 주기(4:1-16:21)
- A. 하늘의 보좌에 대한 환상(4:1-11)
- B. 일곱 인으로 봉한 두루마리와 죽임당한 어린양(5:1-14)
- C. 일곱 인과 막간의 두 무리(6:1-8:1)
- D. 일곱 나팔과 또 다른 막간들(8:2-14:20)
- **E. 일곱 대접 심판(15:1-16:21)**
  - 1. 대접 심판들을 위한 하늘의 준비(15:1-8)
  - ➡ **2. 하나님의 진노의 일곱 대접이 부어짐(16:1-21)**

IV. 세 번째 환상: 큰 바벨론의 멸망(17:1-19:10)

주요 개념

일곱 천사가 땅과 그 거민들에게 하나님의 진노의 대접을 붓는다. 이것은 애굽에 내린 재앙들을 재현하고 바벨론의 멸망과 큰 종말론적 전투를 예고한다.

번역

요한계시록 16:1-21

1a	행동/예고	**또 내가 들으니 성전에서 큰 음성이 나서 일곱 천사에게 말하되**
b	권한 부여	너희는 가서 하나님의 진노의 일곱 대접을 땅에 쏟으라 **하더라**
2a	행동/첫째 대접	**첫째 천사가 가서 그 대접을 땅에 쏟으매**
b	상술	짐승의 표를 받은 사람들과 그 우상에게 경배하는 자들에게
c	결과	**악하고 독한 종기가 나더라**
3a	행동/둘째 대접	**둘째 천사가 그 대접을 바다에 쏟으매**
b	결과	**바다가 곧 죽은 자의 피 같이 되니**
c		**바다 가운데 모든 생물이 죽더라**
4a	행동/셋째 대접	**셋째 천사가 그 대접을 강과 물 근원에 쏟으매**
b	결과	**피가 되더라**
5a	행동	**내가 들으니 물을 차지한 천사가 이르되**
b	찬양	전에도 계셨고 지금도 계신 거룩하신 이여
c	이유	이렇게 심판하시니 의로우시도다
6a	이유/전제	그들이 성도들과 선지자들의 피를 흘렸으므로
b	결과	그들에게 피를 마시게 하신 것이
c	묘사	합당하니이다 하더라
7a	행동	**또 내가 들으니 제단이 말하기를**

b	단언	그러하다 주 하나님 곧 전능하신 이시여
		심판하시는 것이 참되시고 의로우시도다 하더라
8a	행동/넷째 대접	**넷째 천사가 그 대접을 해에 쏟으매**
b	결과	**해가 권세를 받아 불로 사람들을 태우니**
9a		**사람들이 크게 태움에 태워진지라**
b		이 재앙들을 행하는 권세를 가지신
c	8b-9a절의 결과	**하나님의 이름을 비방하며**
d		**또 회개하지 아니하고**
e	결과	주께 영광을 돌리지 아니하더라
10a	행동/다섯째 대접	**또 다섯째 천사가 그 대접을 짐승의 왕좌에 쏟으니**
b	10a절의 결과	**그 나라가 곧 어두워지며**
c	2c, 8b절의 결과	**사람들이 아파서 자기 혀를 깨물고**
11a	10b-c절의 결과	**아픈 것과 종기로 말미암아 하늘의 하나님을 비방하고**
b		**그들의 행위를 회개하지 아니하더라**
12a	행동/여섯째 대접	**또 여섯째 천사가 그 대접을 큰 강 유브라데에 쏟으매**
b	결과	**강물이 말라서**
c	목적	동방에서 오는 왕들의 길이 예비되었더라
13a	행동/예고	**또 내가 보매…세 더러운 영이**
		개구리 같은
b	묘사	용의 입과
		짐승의 입과
		거짓 선지자의 입에서 나오니
14a	설명	**그들은 귀신의 영이라**
b	묘사	이적을 행하여
c		온 천하 왕들에게 가서
d	목적	하나님 곧 전능하신 이의 큰 날에 있을
		전쟁을 위하여 그들을 모으더라
15a	삽입구적 선언	보라 내가 도둑 같이 오리니
b	지복	누구든지 깨어…자는 복이 있도다
		자기 옷을 지켜
c	목적	벌거벗고 다니지 아니하며
d		자기의 부끄러움을 보이지 아니하는
16	14c-d절의 결과	**세 영이 히브리어로 아마겟돈이라 하는 곳으로 왕들을 모으더라**
17a	행동/일곱째 대접	**일곱째 천사가 그 대접을 공중에 쏟으매**
b	결과	**큰 음성이 성전에서 보좌로부터 나서 이르되**

c 선언 **되었다 하시니**
18a 결과 **번개와**
음성들과
우렛소리가 있고

b **또 큰 지진이 있어**

c 묘사/비교 얼마나 큰지
사람이 땅에 있어 온 이래로 이같이 큰 지진이 없었더라

19a 결과 **큰 성이 세 갈래로 갈라지고**
b **만국의 성들도 무너지니**
c **큰 성 바벨론이 하나님 앞에 기억하신 바 되어**
d 목적 그의 맹렬한 진노의 포도주 잔을 받으매
20a 결과 **각 섬도 없어지고**
b **산악도 간 데 없더라**
21a 또 무게가 한 달란트나 되는
큰 우박이
하늘로부터 사람들에게 내리매

b **사람들이…하나님을 비방하니**
그 우박의 재앙 때문에
c 이유 그 재앙이 심히 큼이러라

구조

매우 짧은 서론(1절)이 나온 후 일곱 천사가 대접을 순서대로 쏟는다. 이때 지금까지 본 것 중 가장 심한 재앙의 형태로 하나님의 진노가 끊임없이 임한다. 그것은 짐승의 추종자들(2절), 자연계(3-9절), 짐승의 왕좌(10-11절) 등에 내리는 재앙들로, 최후의 종말론적 전투(12-16절)와 바벨론 자체의 멸망(17-21절)을 준비한다.

석의적 개요

III. 두 번째 환상: 하늘의 보좌와 세 번의 심판 주기(4:1-16:21)

A. 하늘의 보좌에 대한 환상(4:1-11)

B. 일곱 인으로 봉한 두루마리와 죽임당한 어린양(5:1-14)

C. 일곱 인과 막간의 두 무리(6:1-8:1)

D. 일곱 나팔과 또 다른 막간들(8:2-14:20)

E. 일곱 대접 심판(15:1-16:21)

1. 대접 심판들을 위한 하늘의 준비(15:1-8)

➦ **2. 하나님의 진노의 일곱 대접이 부어짐(16:1-21)**

a. 서론: 일곱 대접을 쏟는 것에 대한 하늘의 권한 부여(16:1)

b. 하나님의 진노의 일곱 대접과 그 결과들(16:2-21)

(1) 첫째 대접이 땅에 쏟아짐: 짐승을 따르는 자들에게 나는 종기(16:2)

(2) 둘째 대접이 바다에 쏟아짐: 바다가 피로 변함(16:3)

(3) 셋째 대접이 강과 물 근원에 쏟아짐: 성도들과 선지자들의 죽음을 갚기 위해 그것이 피로 변함(16:4-7)

(4) 넷째 대접이 해에 쏟아짐: 타는 듯한 열기가 있지만 회개하지 않음(16:8-9)

(5) 다섯째 대접이 짐승의 왕좌에 쏟아짐: 심한 고통이 있으나 회개하지 않음(16:10-11)

(6) 여섯째 대접이 유브라데 강에 쏟아짐: 아마겟돈을 위한 준비(16:12-16)

(7) 일곱째 대접이 공중에 쏟아짐: 바벨론 멸망을 예고(16:17-21)

본문 설명

16:1 또 내가 들으니 성전에서 큰 음성이 나서 일곱 천사에게 말하되 너희는 가서 하나님의 진노의 일곱 대접을 땅에 쏟으라 하더라(Καὶ ἤκουσα μεγάλης φωνῆς ἐκ τοῦ ναοῦ λεγούσης τοῖς ἑπτὰ ἀγγέλοις, Ὑπάγετε καὶ ἐκχέετε τὰς ἑπτὰ φιάλας τοῦ θυμοῦ τοῦ θεοῦ εἰς τὴν γῆν). 15장에서는 일곱 대접 심판을 준비하면서 세 개의 환상이 나왔다. 요한은 이제 그 심판들을 순서대로 기술한다. 이 심판들은 1절에서 요한이 성전에서 신적 지시를 들었다는 말로 간단하게 소개된다. 그 지시는 일곱 천사가 심판 과업을 이행하도록 권한을 부여했다. 요한이 하늘에 있는 "성전에서" 들은 "큰 음성"(1a절; 참고. 7:15; 11:1-2, 19; 15:5, 8)은 뒤이어 나오는 심판 행동을 위임하기 위해 하나님의 보좌 알현실에서 나오는 명령 중 하나다(참고. 9:13-14; 14:17-18). 일부 주석가들은 이 "음성"이 하나님의 음성이라고 이해한다.[1] 하지만 그것은 하나님의 뜻을 표현하는 감독 천사의 음성일 가능성이 더 크다(요한계시록에 나오는 하늘의 음성에 대한 9:13의 주와, 16:1b이 '나의 진노'가 아닌 "하나님의 진노"라고 표현하는 것을 보라). 일곱 천사는 전에 "하늘에" 있는 징조로 나타난 바 있다(15:1). 하지만 지금 하늘의 음성은 그들에게 "가서" 그들의 대접을 "땅에 쏟으

1. Aune, *Revelation 6-16*, 882; Beale, *Revelation*, 812; Smalley, *Revelation*, 400. 하나님의 음성이라는 개념의 잠재적 증거는 이것이 "목소리가 성전에서부터 들리니(φωνὴ ἐκ ναοῦ), 이는 여호와께서 그의 원수에게 보응하시는 목소리(φωνὴ κυρίου)로다"라는 이사야 66:6에 대한 암시일 수 있다는 것이다. 이것이 명확히 여호와의 목소리가 아니라도(위의 내용을 보라), 그것은 절정에 이른 일곱 대접의 심판을 시작하시는 하나님의 뜻을 반영한다.

라"[2]고 말한다(1b절). 요약하면 심판 시리즈에 대한 권한을 부여하는 것이다.[3] 반역적인 인류에게 신적 "진노"를 '쏟는' 이미지는, 불순종하는 이스라엘뿐 아니라 세상의 이교 제국에도 하늘의 심판이 내리는 것을 묘사하는 광범위한 구약 선지서 본문에서 나왔다(예를 들어, 렘 10:25; 44:6; 애 2:4; 4:11; 겔 7:5; 9:8; 14:19; 36:18; 습 3:8). 이것은 하늘로부터 쏟아질 "하나님의 진노의…대접"(1b절)[4]이라는 비유적 표현과 쉽게 결합될 수 있다(가득 찬 향로가 땅에 심판의 불을 '쏟는' 데 사용되는 8:5과 비슷하다).[5]

16:2 첫째 천사가 가서 그 대접을 땅에 쏟으매 짐승의 표를 받은 사람들과 그 우상에게 경배하는 자들에게 악하고 독한 종기가 나더라(Καὶ ἀπῆλθεν ὁ πρῶτος καὶ ἐξέχεεν τὴν φιάλην αὐτοῦ εἰς τὴν γῆν, καὶ ἐγένετο ἕλκος κακὸν καὶ πονηρὸν ἐπὶ τοὺς ἀνθρώπους τοὺς ἔχοντας τὸ χάραγμα τοῦ θηρίου καὶ τοὺς προσκυνοῦντας τῇ εἰκόνι αὐτοῦ). 2절부터 일곱 천사가 일곱 대접을 차례대로 쏟는다. 17-21절에서 일곱째 천사와 더불어 마무리될 때까지 일관된 유형을 따라 진행된다. 그 유형이란 "'일곱 천사 중 하나를 언급하는 서수'[6]가 그의 대접을 '어떤 장소'에 쏟고 '특정한 결과들'이 일어나거나 나타나며(ἐγένετο) '다양한 동사들을 사용해서 또 다른 결과들이 일어난다'"는 것이다. 몇몇 경우에는 이 요소 중 일부가 나오지 않고 다른 요소들이 추가된다. 하지만 대체적인 유형은 분명하다.[7] 이 구절에만 "가서"(ἀπῆλθεν, 2a절)라는 처음 동사가 나오는데, 이것은 하늘 장면에서 전환되는 것을 나타낸다. 남은 대접들에서는 그 심판이 땅에 미치는 결과에 주의가 집중된다. 첫째 천사는 그다음 구절에 나오는 바다나 다른 물 근원, 해나 공중 등과 대조적으로 "땅"에 그의 대접을 쏟았다(2a절). 구절 나머지 부분은 온 세상에 퍼져 있는 땅의 사람들에게 대접이 미치는 결과에 주의를 기울인다(참고. "땅"이 그 거민들을 언급하는 것으로는 13:3; 14:3을 보라). 그 결과란 "짐승의 표"를 받고(2b절; 13:16; 14:9) "그 우상에게 경배하는"(2b절; 13:14-15; 14:9; 15:2) 사람들에게 "악하고 독한 종기"(2c절)가 나게 하는 것이다. 이 종기는 심한 부스럼이나 피부 궤양으로(참고. 신 28:27, 35; 욥 2:7; 눅 16:20-21), 애굽에 내려졌던 여섯째 재앙을 반영한다(출 9:9-11). 이것은 대응되는 처벌 혹은 범죄에 걸맞은 벌의 또 다른 예다(참고. 6절; 또한 2:22). 피부에 짐승의 표를 받은 사람들이 이제는 자기 신체에 심한 심판의 표를 받아 고생하는 것이다.[8]

16:3-4 둘째 천사가 그 대접을 바다에 쏟으매 바다가 곧 죽은 자의 피 같이 되니 바다 가운데 모든 생물이 죽더라 셋째 천사가 그 대접을 강과 물 근원에 쏟으매 피가 되더라(3 Καὶ ὁ δεύτερος ἐξέχεεν τὴν φιάλην αὐτοῦ εἰς τὴν θάλασσαν, καὶ ἐγένετο αἷμα ὡς νεκροῦ, καὶ πᾶσα ψυχὴ ζωῆς ἀπέθανεν τὰ ἐν τῇ θαλάσσῃ. 4 Καὶ ὁ τρίτος ἐξέχεεν τὴν φιάλην αὐτοῦ εἰς

---

2. "쏟으라"(ἐκχέετε)는 명령은 현재(미완료상)다. 그것은 뒤이어 나올 일곱 번의 '쏟음'이라는 반복적 행동을 일으키기 때문이다(참고. Fanning, *Verbal Aspect*, 160-61; 364-65; 이는 그것이 능동적인 혹은 동작의 시작을 나타내는 것이라고 말하는 Aune, *Revelation 6-16*, 855; Smalley, *Revelation*, 400과는 반대다).
3. 1절에 나오는 "땅에"라는 말은, 2절에서 "땅에", 3절에서 "바다에" 그리고 4, 8, 10, 12, 17절에서 이어서 나오는 다른 처격 문구들에서 보다 구체적으로 초점을 맞추는 것보다 더 광범위한 언급이다.
4. 여기 나오는 "진노"(anger, θυμός) 대 역시 요한계시록에서 나오는 "진노"(wrath, ὀργή)의 사전적 의미로는 16:19을 보라. 여기에서 "진노의"라는 말은 "대접"에 대한 내용물의 소유격이고, "하나님의"는 "진노"에 대한 주격 소유격이다(참고. Aune, *Revelation 6-16*, 855).
5. '대접을 붓는 것'이 구약 예배 의식에 나오는 희생 제물을 바치는 행동(제단에 피를 붓는 것 혹은 관제)을 상징적으로 언급한다는 주장(예를 들어, Aune, *Revelation 6-16*, 883; Beale, *Revelation*, 813)은 땅에 심판을 최대한 내린다는 문맥과 조화를 이루기가 어렵다. 어떻게 진노가 예배에서 드려지는 제사와 같은가? 그 이미지는 시행되는 최대한의 심판을 나타내는 것으로 보는 것이 더 낫다(8:5에서 가득 찬 향로에서 땅으로 심판이 '쏟아지는' 것 그리고 16:6에서 의로운 피를 '흘렸다'는 묘사와 비슷하게).
6. "일곱 천사"는 15:1 이후로 분명 초점이 되어 왔으므로, 요한은 그들을 이제 "첫째", "셋째" 등의 서수로 언급할 수 있다.
7. Aune, *Revelation 6-16*, 868-69는 이것을 분명하게 제시한다.
8. Beasley-Murray, *Revelation*, 240; Roloff, *Revelation*, 188-89.

τοὺς ποταμοὺς καὶ τὰς πηγὰς τῶν ὑδάτων, καὶ ἐγένετο αἷμα). 둘째와 셋째 대접은 밀접하게 관련되어 있으며 빠르게 서술된다(3-4절). 그다음에 두 대접에 대한 반응으로 막간의 송영이 나온다(5-7절). 이 대접들은 또한 둘째와 셋째 나팔 심판의 결과들(8:8-11)과 비슷하고 그것을 강화한다. 이것은 애굽에 내린 첫 번째 재앙(출 7:17-21; 시 78:44; 105:29), 곧 애굽의 모든 물을 피로 바꾼 재앙을 반영한다. 여기에서도 마찬가지로 "바다"가 피로 변하고 바다에 있는 모든 생물이 죽으며(3절), 또 다른 물 근원인 "강과 물 근원" 역시 피로 변한다(4절). 8장에 나온 두 나팔 심판은 물의 3분의 1에 영향을 미쳤지만, 여기에서는 그것이 단계적으로 확대되어 바다, 강, 샘을 무한정 포함하고, 바다에 있는 "모든 생물"이 죽임을 당한다. 나팔 심판에서는 사람의 생명과 상업에 미친 영향이 언급되었는데(8:9, 11), 여기에서도 그런 결과들이 발생했겠지만 명시되어 있지는 않다.[9] 요한이 이 글을 쓰던 1세기 상황에서 이런 대격변적 변화가 바다에 미친 영향(3절)의 요점은, 이것이 일반적인 식량 공급과 매매에 얼마나 파괴적인 영향을 미치는가 하는 것이다(참고. 18:17-19).[10] 종말 때도 마찬가지일 것이다. 이 심판에서는 바다를 모든 악의 원천이자 하나님을 반대하는 것의 원형으로(참고. 13:1; 21:1) 여기는 듯 보이지 않는다.[11]

16:5-7 내가 들으니 물을 차지한 천사가 이르되 전에도 계셨고 지금도 계신 거룩하신 이여 이렇게 심판하시니 의로우시도다 그들이 성도들과 선지자들의 피를 흘렸으므로 그들에게 피를 마시게 하신 것이 합당하니이다 하더라 또 내가 들으니 제단이 말하기를 그러하다 주 하나님 곧 전능하신 이시여 심판하시는 것이 참되시고 의로우시도다 하더라(5 καὶ ἤκουσα τοῦ ἀγγέλου τῶν ὑδάτων λέγοντος, Δίκαιος εἶ, ὁ ὢν καὶ ὁ ἦν, ὁ ὅσιος, ὅτι ταῦτα ἔκρινας, 6 ὅτι αἷμα ἁγίων καὶ προφητῶν ἐξέχεαν καὶ αἷμα αὐτοῖς [δ]έδωκας πιεῖν, ἄξιοί εἰσιν. 7 καὶ ἤκουσα τοῦ θυσιαστηρίου λέγοντος, Ναί κύριε ὁ θεὸς ὁ παντοκράτωρ, ἀληθιναὶ καὶ δίκαιαι αἱ κρίσεις σου). 땅의 물에 임한 재앙에 대한 반응이 나온다. 물을 감독하는 천사는 벌이 사법적으로 적절하다고 단언하고(5-6절) 또 다른 하늘의 음성은 동의하는 말을 덧붙인다(7절). 둘 다 심판의 원천이신 하나님께 직접 말한다. 요한은 먼저 "물을 차지한 천사"(5a절)가 하는 말을 듣는다. 이 천사는 땅의 물을 주관하고 감독할 책임을 맡은 하나님의 하늘 종이다(7:1에 대한 설명을 보라. 참고. 1 En. 60:11-22; 66:2; 69:22; Jub. 2:2). 그는 하나님의 성품이 의로우시고 거룩하시다는 것(δίκαιος와 ὅσιος, 계 11:17; 15:4을 보라; 또한 신 32:4; 시 119:137; 145:17)뿐만 아니라 하나님의 영원하신 존재("전에도 계셨고 지금도 계신", ὁ ὢν καὶ ὁ ἦν, 1:4; 11:17에 대한 설명을 보라)도 증언한다. 이로 말미암아 하나님은 그분의 피조물과 전적으로 구별되시고 유일무이하신 분이 된다. 천사가 하나님을 의로우시고 거룩하시다고 말하는 것은 방금 목격한 하나님의 행동 때문이다. "이렇게 심판하시니"(ὅτι ταῦτα ἔκρινας, 5c절)라는 것이다.[12]

하나님의 의로우신 행동들은 6절에 나오는 대응되는 벌의 원리(2:22을 보라. 또한 앞의 2절을 보라)에서 더 볼 수 있다. 그들은 의로운 피를 흘렸다. 그래서 물대신 피를 마시는 것이 합당하다. '그들이 흘렸다'(ἐξέχεαν)라는 동사에 나오는 "그들"이라는 말은, 앞의 문맥에 구체적 선행사가 나오지 않고 일반적으로 물에 대한 심판에서 고통을 받는 반역적 인간들을 언급한다(3-4절; 또한 5c절의 "이렇게 심판"). 첫째 대접 심판에서 벌을 받

9. 이것이 여기에서 표현되지 않은 채로 있는 이유는 요한이 18:3-8, 11, 17-19에서 이 모든 심판의 더 광범위한 결과를 다른 식으로 표현하기 때문일 것이다.

10. Osborne, *Revelation*, 580.

11. 예를 들어, Boxall, *Revelation*, 226-27; Resseguie, *Narrative Commentary*, 210-11.

12. 여기에서 보통 '심판하다'(κρίνω)라고 번역된 동사는 "법적 결정을 내리(는 것)"(LN §56.20) 혹은 "벌을 부과하(는 것)"(BDAG 568-69)을 말한다. CSB, NET를 보라.

았던, 짐승을 따르는 자들과 같다(2절). '피에는 피로'라는 개념은 음녀 바벨론에 대한 하나님의 심판을 묘사할 때 반복해서 나올 것이다(17:6; 18:24; 19:2). "성도들과 선지자들"의 피를 흘린 인간 공통의 죄(16:6a)는, 앞에서 땅이 두 증인을 죽인 것을 기념하는 부분에 나왔고(11:9–10; 참고. 11:18) 구약에서도 볼 수 있다(예를 들어, 대하 36:15–17; 느 9:26; 참고. 눅 11:49–51). '그들이 받을 만하다'(which they deserve, 6c절)고 번역된 문구는 보다 문자적으로는 '그들에게 합당하다'(they are worthy, ἄξιοί εἰσιν)라는 뜻이다. 하지만 여기에서 보통 긍정적인 것을 함축하는(선한 것을 받을 자격이 있다, 참고. 3:4) 말인 '합당하다'는 형용사는 부정적 의미를 지닌다(예를 들어, 신 25:2; 눅 12:48; 롬 1:32; 참고. Herm. Sim. 6.3.3; 8.11.1).[13]

요한은 하늘의 또 다른 단언을 듣는데(7절), 이것은 하늘 성전의 "제단"에서 나온다.[14] 이 말은 "내가 들으니 제단이 말하기를"(καὶ ἤκουσα τοῦ θυσιαστηρίου λέγοντος)이라고 애매하게 표현된다. 그런데 이것은 9:13의 "제단…에서 한 음성이 나서"[15]라고 좀 더 충분히 진술된 것을 에둘러 표현한 것일 듯하다. 이것은 14:18에 나오는 제단과 연관된 천사의 음성일 수도 있다. 하지만 요한은 그 음성이 무엇인지 더 이상 밝히지 않는다. 1절과 5절에서처럼 이것은 신적 음성이 아니다. 그것은 "주"라는 호격과 이인칭 대명사인 '당신이 심판하시는 것'(your judgments, 개역개정에는 "심판하시는 것"–역주)이라는 말로 하나님께 말하는 것을 표현하기 때문이다(7b절). "주 하나님 곧 전능하신 이"께 하는 말은 5절에서 나온 하나님을 높이는 견해를 계속 이어간다. 여기에서는 홀로 이 땅에 정의를 시행하실 능력과 권위를 지니신 전능한 분으로 높인다.[16] 그분의 심판이 "참되시고 의로우시도다"(ἀληθιναὶ καὶ δίκαιαι)라는 선언은 신명기 32:4, 시편 19:9과 119:137, 다니엘 3:27(LXX) 같은 본문을 반영하고,[17] 요한계시록 19:2에 나오는 비슷한 하늘의 송영에서 거의 글자 그대로 반복된다. 하나님의 평가는 언제나 실제 상황 그리고 공정하고 옳은 일과 조화를 이룬다.

16:8–9 넷째 천사가 그 대접을 해에 쏟으매 해가 권세를 받아 불로 사람들을 태우니 사람들이 크게 태움에 태워진지라 이 재앙들을 행하는 권세를 가지신 하나님의 이름을 비방하며 또 회개하지 아니하고 주께 영광을 돌리지 아니하더라 (8 Καὶ ὁ τέταρτος ἐξέχεεν τὴν φιάλην αὐτοῦ ἐπὶ τὸν ἥλιον, καὶ ἐδόθη αὐτῷ καυματίσαι τοὺς ἀνθρώπους ἐν πυρί. 9 καὶ ἐκαυματίσθησαν οἱ ἄνθρωποι καῦμα μέγα καὶ ἐβλασφήμησαν τὸ ὄνομα τοῦ θεοῦ τοῦ ἔχοντος τὴν ἐξουσίαν ἐπὶ τὰς πληγὰς ταύτας καὶ οὐ μετενόησαν δοῦναι αὐτῷ δόξαν). 넷째 대접이 이번에는 "해에"(8a절) 쏟아지면서 연이어 일어나는 심판들이 재개된다.[18] 이전의 몇몇 심판에서 해와 다른 천체는 부분적으로 어두워졌다(6:12; 8:12). 하지만 여기에서는 대신 해가 강렬한 열로 타오르며 하나님의 허락을 받아[19] 불로 사람들을 '태운다'(8b절, καυματίσαι). 요한은 9a절에서 같은 동사를 수동태로 반복함으로 이것

13. BDAG 94.
14. 이것은 하늘 성전의 향 제단이다. 6:9에 대한 주를 보라.
15. 이 표현은 '듣다'라는 동사와 소유격 직접 목적어로 보는 것이 가장 좋다. 이 용법은 신약과 요한계시록(참고. 16:1, 5; BDAG 38)에서 흔히 사용된다. 이것은 부분 소유격인 '제단의 (누군가)'일 수도 있다(5:9에 대한 설명을 보라. 참고. Aune, *Revelation 6-16*, 888). 하지만 요한계시록 다른 곳에서는 그런 부분적 표현들은 소유격만이 아니라 '…로부터'(ἐκ)라는 전치사를 사용한다. 몇몇 사본은 여기에 ἐκ를 추가한다(046, 2329). 하지만 단순 소유격이 분명 더 확실한 독법이고, 더 양질의 사본들이 뒷받침한다. 그 음성은 또한 14:18에 묘사된 "제단으로부터 나와…큰 음성으로 불러 이르"는 천사의 것일 수도 있을 것이다.
16. 1:8에서 "전능한 자"라는 말의 구약 배경에 대한 설명을 보라.
17. 또한 Tob 3:2; T. Job 43:13; Pss. Sol. 8:23–25; Apoc. Mos./LAE 27:5 같은 유대 본문을 보라.
18. 1절의 음성은 일곱 심판이 "땅에" 쏟아지도록 명령한다. 그리고 "해"는 보통 낮은 하늘 혹은 공중의 일부인 땅과 구분될 것이다(5:13; 10:6; 14:7). 하지만 이 심판의 궁극적 결과는 땅에서 느껴진다.
19. 6:4, 13:5에 나오는 "허락을 받아", "받고"(ἐδόθη)라는 용법에 대한 설명을 보라.

을 강조한다. 강조의 말인 "크게"[20]라는 말을 덧붙이면서 사람들이 "태워진지라"(ἐκαυματίσθησαν)고 말하는 것이다.[21] 이 끔찍한 심판은 7:16에 나온 약속과 정면으로 대조된다. 그것은 마지막 환난에서 나온 하나님의 백성은 보호를 받아 해나 뜨거운 기운(καῦμα)으로 상하지 않으리라는 것을 약속한다.

하지만 이 벌을 받는 불경한 사람들은 비방하며 반항하는 반응을 보인다(9b-c절). 그들은 자신들을 이런 식으로 심판하신 분이 하나님이라는 것을 알면서도 위대하신 하나님께 반역한 것을 회개하는 대신 "하나님의 이름을 비방"[22]한다(이것이 "이 재앙들을 행하는 권세를 가지신 하나님…을 비방하며"라는 요한의 묘사의 핵심인 듯하다, 9b-c절).[23] "이 재앙들"에 대한 언급은 또한 애굽에 내린 재앙 및 바로가 자신과 온 나라가 타격을 입었는데도 이스라엘의 하나님께 완악하게 저항한 것을 암시한다(예를 들어, 출 7:13, 22; 8:15, 19, 32; 9:7, 12, 34-35). 바로와 마찬가지로 요한의 환상에 나오는 사람들은 하나님 앞에서 회개하고 "주께 영광을 돌리지"(δοῦναι αὐτῷ δόξαν, 결과의 부정사) 않았다. 그런 상황에서는 하나님께 영광을 돌리는 것(즉, 그분을 하나님으로 인정하는 것, 참고. 롬 1:21-23)이 적절한 반응이다(참고. 계 11:13; 14:7; 또한 T. Job 16:4). 하지만 우리가 본 것처럼(예를 들어, 계 9:20-21), 그 미래의 날에 그런 반응은 보기 드물 것이다.

16:10-11 또 다섯째 천사가 그 대접을 짐승의 왕좌에 쏟으니 그 나라가 곧 어두워지며 사람들이 아파서 자기 혀를 깨물고 아픈 것과 종기로 말미암아 하늘의 하나님을 비방하고 그들의 행위를 회개하지 아니하더라(10 Καὶ ὁ πέμπτος ἐξέχεεν τὴν φιάλην αὐτοῦ ἐπὶ τὸν θρόνον τοῦ θηρίου, καὶ ἐγένετο ἡ βασιλεία αὐτοῦ ἐσκοτωμένη, καὶ ἐμασῶντο τὰς γλώσσας αὐτῶν ἐκ τοῦ πόνου, 11 καὶ ἐβλασφήμησαν τὸν θεὸν τοῦ οὐρανοῦ ἐκ τῶν πόνων αὐτῶν καὶ ἐκ τῶν ἑλκῶν αὐτῶν καὶ οὐ μετενόησαν ἐκ τῶν ἔργων αὐτῶν). 다섯째 대접에 대해서도 사람들은 비슷하게 도전적으로 반항할 것이다. 하지만 여기서는 넷째 대접의 경우처럼 온 세상에 초점을 맞추기보다 좀 더 좁게 짐승의 권위의 중심에 초점을 둔다. 짐승의 "왕좌"는 13:2에서 "능력"과 "큰 권세"와 함께 언급되었다. 그것은 모두 용, 곧 사탄이 그에게 준 것이었다. 다섯째 천사의 대접은 "그 나라가…어두워지며"(10b절)라는 결과를 즉각 불러왔다.[24] 그것은 애굽에 내렸던 아홉째 재앙(출 10:21-23)뿐 아니라 넷째 나팔 심판(계 8:12)을 반영한다. 이 어둠은 멸망 자체가 아니라 지속적 재난과 임박한 대격변적 심판을 상징한다(참고. 욜 2:2; 암 5:20; 습 1:15 같은 여호와의 날에 관한 본문). 10c-11절에서 요한은 그 어둠과 함께 찾아오는 극심한 재난을 열거한다. 그들이 '혀를 깨물게' 하는 '아픔'은 어둠 자체 때문이 아니라, 이전의 심판 대접에서 오는 신체적 고통으로 인한 것이다. 그 중 하나는 11a절에서 그들이 "아픈 것"이라는 말과 함께 구체적으로 언급된다.[25] 또 다른 비극적인 결과는 그들이 "하늘의 하나님"을 계속 비방하고 "그들의 행위를 회

20. "크게"라는 말은 9a절에서 같은 어원에서 나온 대격 구를 사용해서 표현된다(참고. BDF §153.1). 문자적으로는 '그들은 큰 태움에 태워졌다'(ἐκαυματίσθησαν…καῦμα μέγα)는 것이다.
21. "사람들"은 관사가 있는 복수 οἱ ἄνθρωποι의 총칭적 용법이다(8:11; 9:6, 10, 15, 18, 20; 13:13; 14:4; 21:3에서처럼, 참고. BDAG 81).
22. 13:6에 나오는 '[하나님의] 이름을 비방'하는 것에 대한 설명을 보라. 참고. 또한 유사한 표현이 '하나님을 비방'하는 것인 뒤의 11, 21절도 보라.
23. 참고. 6:15-17. 거기에서는 심판을 받는 사람들은 그들의 고난 배후에 하나님과 어린양이 있다는 것을 알지만, 회개하기보다는 필사적으로 도망가서 숨기로 한다.
24. "어두워지며"(became darkened)는 헬라어 완곡어법 동사구(ἐγένετο…ἐσκοτωμένη)에 대한 번역으로 통상적인 '…이다'(εἰμί) 동사 대신 '…이 되다'(γίνομαι)라는 동사를 사용한다는 점에서 색다르다. 그래서 그것은 "어두웠다, 어두워졌다"보다는 "어둡게 되었다, 어두워지게 되었다"라는 의미다(Mathewson, *Handbook*, 209, 215; Osborne, *Revelation*, 587과는 반대로). Fanning, *Verbal Aspect*, 310을 보라. 또한 3:2에 대한 주를 보라.
25. Beale의 견해(*Revelation*, 824; 또한 Smalley, *Revelation*, 406을 보라)는 어둠이 문자적인 것이 아니라 불경한 사람들이 그들의 삶 전체에 걸쳐 다양한 때 알게 되는 하나님과의 분리에 대한 상징이라는 것이다. "그들이 자신이 영적 어둠 가운데 있고, 하나님에게서 분리

개하지" 않았다는 것이다(11b절; 참고. 9, 21절; 또한 9:20-21). 짐승 자체가 악명 높은 비방자인 것과 마찬가지로(13:1, 5, 6), 그의 가련한 추종자들도 짐승이 하나님을 완강히 거부하는 것을 흉내 낸다.

16:12-13 또 여섯째 천사가 그 대접을 큰 강 유브라데에 쏟으매 강물이 말라서 동방에서 오는 왕들의 길이 예비되었더라 또 내가 보매 개구리 같은 세 더러운 영이 용의 입과 짐승의 입과 거짓 선지자의 입에서 나오니(12 Καὶ ὁ ἕκτος ἐξέχεεν τὴν φιάλην αὐτοῦ ἐπὶ τὸν ποταμὸν τὸν μέγαν τὸν Εὐφράτην, καὶ ἐξηράνθη τὸ ὕδωρ αὐτοῦ, ἵνα ἑτοιμασθῇ ἡ ὁδὸς τῶν βασιλέων τῶν ἀπὸ ἀνατολῆς ἡλίου. 13 Καὶ εἶδον ἐκ τοῦ στόματος τοῦ δράκοντος καὶ ἐκ τοῦ στόματος τοῦ θηρίου καὶ ἐκ τοῦ στόματος τοῦ ψευδοπροφήτου πνεύματα τρία ἀκάθαρτα ὡς βάτραχοι). 요한은 앞의 다섯 대접에 비해 마지막 두 대접을 훨씬 더 길게 묘사한다. 그리고 두 경우 모두 뒤의 장들에서 더 상세히 묘사될 심판 이야기를 시작한다. 여섯째 대접은 12-16절에 나오며(15절은 그리스도가 이기는 분으로 곧 오실 것이라는 삽입구적 선언이다). 여섯째 대접의 사건들은 그리스도가 예루살렘으로부터 우주적 통치를 확립하기 위해 오실 때, 세상 통치자들이 그리스도를 상대로 마지막 전투를 하는 것에 초점을 맞춘다(참고. 13:4; 17:12-14; 19:19). 이 장면은 여섯째 천사가 "큰 강 유브라데"를 겨냥하고 그 결과 물이 "말라" 갈 때 펼쳐지기 시작한다(12a-b절). 유브라데는 여섯째 나팔 이야기에서 중대한 요소였다(9:14). 그리고 마찬가지로 여기에서도 그것은 이스라엘 외부에서 오는 방대한 세력의 공격과 연관되어 있다. 이런 연관은 유브라데 전역에서 이루어진 역사적인 전투 유형으로 인한 것으로, 과거에 이스라엘이 실제로 받았던 침략과 1세기 로마 사람들이 느꼈던 동방에서 오는 공격에 대한 두려움이 모두 해당된다(9:14, 16에 나오는 설명을 보라). 큰 강의 물이 "말라서"라는 말은, 이스라엘이 기적적으로 홍해를 건넌 이야기에서 그리고 하나님의 백성이 다시 강을 건너 메소포타미아의 포로 생활에서 돌아오게 하시거나 적군이 하나님의 징계적 심판의 도구로 강을 건너게 하시는 하나님의 능력에 대한 이야기에서 나왔다(시 106:9; 사 11:15-16; 44:27; 51:10; 렘 50:38; 51:36; 슥 10:6-12; 참고. 4 Ezra 13:39-50).[26] 이런 문맥은 인간의 파괴력을 사용하는 심판이 임할 것이라는 위협을 염두에 둔다. 요한은 강을 말리는 하나님의 목적을 묘사함으로 이런 연관을 더 설명한다. 그 목적은 "동방에서 오는 왕들의 길이 예비되"(12c절)도록 하는 것이다.[27] 1세기 이스라엘 땅뿐만 아니라 더 광범위한 로마 제국에서 "동방"은 메소포타미아와 페르시아 혹은 파르티아를 의미했는데(예를 들어, 사 41:2, 25; 46:11; 참고. 1 En. 56:5-8; Sib. Or. 4:135-39;

되어 있으며, 영원한 어둠이 그들을 기다리고 있다고 깨닫는 고뇌와 공포의 때"라는 것이다. 요한이 묘사하는 고통은 "영적이고 심리적인 '고뇌'"이며 아마 "모종의 세상적 안전을 제거하는 것과 연관되어 있을 것이다. 그로 인해 악인들은 그들의 영적 안전이 없는 것에 초점을 맞추게 된다"(p. 824). 이런 표현은 현대 서구의 치료적 문화에는 잘 맞는다. 하지만 요한이나 그의 독자들이 그 이미지로부터 이 점을 포착했을지는 의문이다. Beale이 Wis 17-18(애굽에 내린 재앙에 수반된 영적 고뇌)에 호소하는 것은 그런 심판들에 대해 심지어 Wisdom 자체도 채택하지 않는 '둘 중 하나'식 이분법을 부과한다. 그런 육체적 심판과 고통은 영적, 심리적 비탄도 가져올 것이다. 하지만 후자만을 위해 전자를 제거하는 것은 본문에 대한 최선의 해석이 아니다.

26. Beale, *Revelation*, 828-29와 Smalley, *Revelation*, 408은 이 심판에 대해서도(11절을 보라) 강이 '마르는 것'을 문자적인 것이 아니라 "전 세계 수많은 (그) 종교 신봉자"가 "바벨론에 대한 미몽에서 깨어난 것"에 대한 상징이라고 이해한다(Beale, *Revelation*, 828). 우리는 이렇게 '마르는 것'을 이스라엘의 경계선을 넘어서 침략하는 일을 순탄하게 만드는 것을 나타내는 비유적 표현으로 받아들일 수 있고, 이 외부 세력이 집결하는 것은 분명 영적 속임수를 통해 이루어지기는 한다(14절). 하지만 유브라데가 바벨론의 영적 영향력을 나타내는 비유라는 견해는 종말론적 전투의 구약 배경에나 이 문맥에 상당히 맞지 않는다.

27. "동방에서"라는 문구는 "동방"을 나타내는 표준적 방식인 "해돋는 데로부터"(ἀπὸ ἀνατολῆς ἡλίου)라는 말을 더 매끄럽게 번역한 것이다[BDAG 74; 참고. 7:2, 또한 단지 '돋는 데로부터'(from the rising, 개역개정에는 "동쪽에"-역주)라고 말하는 21:13을 보라; LXX에서는 종종 복수로 "해 돋는 쪽들"(risings of the sun, 신 4:41; 삿 11:18)].

8:145-55; T. Mos. 3:1, 13), 종종 동쪽 제국의 침략과 정복에 대한 두려움과 연관된 것이었다.[28] 12절은 길을 예비하는 것만을 말한다. 이 구절은 왕들이 하나님과 그리스도를 상대로 전투하기 위해 강을 건널 것이라고 분명하게 단언하지는 않는다. 하지만 이런 세부 사항들은 14절과 16절에서 추가된다.

유브라데와 외부 공격의 위협이라는 예표론적 연관은 12c절에 나오는 "동방에서 오는 왕들"이라는 언급을 이해하는 데 영향을 주어야 한다. 이 유형이 미래에 성취되면서 강화될 때, 메소포타미아나 파르티아에서 오는 군대들이 포함될 수도 있다. 하지만 동쪽에서뿐 아니라 "온 천하"(14절; 참고. 11:18; 19:19)에서 이스라엘을 침략하는 세력을 나타낼 가능성이 더 클 것이다.[29] 대중적 해석자들이 극동 지역을 보면서 "동방의 통치자들" 그리고 "공산주의 중국"이나 "해 돋는 나라"[30] 일본 같은 나라의 군대에 대해 자신만만하게 말하는 글을 읽으면 유감스럽다. 이전 세기에는 해석자들이 오스만 제국 사람들과 동유럽을 침략하는 다른 무슬림을 동방의 권세라고 언급하기도 했다.[31] 이 특정한 현대 국가들을 요한이 말하는 것의 "성취"로 단언하는 것은 후대의 예언 해석에 항상 골칫거리가 되어왔다.

또 다른 준비 사항은 13절에 나온다. 사탄이 세상의 통치자들에게 주를 대항해서 전쟁하기 위해 모이자고 속임수를 사용해서 꾀는 것이다. 요한은 "세 더러운 영"(그들이 속이는 일은 14절에 명시될 것이다)을 목격한다(13a절, "또 내가 보매", καὶ εἶδον). 기괴하게 결합되어 있는 이들은 앞부분에 소개된[32] 사탄적 삼위일체의 "입에서" 나오는 "개구리 같은" 존재라고 일컬어진다. "개구리"라는 역겨운 이미지는 그때나 지금이나 불쾌하고, 건강에 해로우며, 의식상 부정하다고 여겨지고(참고. 출 8:2-6; 레 11:10; 시 78:45; 105:30),[33] 악한 영들(그리고 그 영들을 토해낸 숙주들)이 얼마나 악한지 노골적으로 전달한다. 악의 3인조(용, 짐승, 거짓 선지자)는 이렇게 전개되는 장면에 적절하다. 요한계시록에서 처음 언급될 때부터, 그것들은 하나님, 그분의 증인들 그리고 그분의 백성에게 대항하는 "전쟁"(πόλεμος) 혹은 적대감과 연관되어 있었기 때문이다(예를 들어, 11:7; 12:17; 13:7). 이 특정한 전쟁의 본질은 다음 구절들에서 볼 수 있다.

16:14-16 그들은 귀신의 영이라 이적을 행하여 온 천하 왕들에게 가서 하나님 곧 전능하신 이의 큰 날에 있을 전쟁을 위하여 그들을 모으더라 보라 내가 도둑 같이 오리니 누구든지 깨어 자기 옷을 지켜 벌거벗고 다니지 아니하며 자기의 부끄러움을 보이지 아니하는 자는 복이 있도다 세 영이 히브리어로 아마겟돈이라 하는 곳으로 왕들을 모으더라(14 εἰσὶν γὰρ πνεύματα δαιμονίων ποιοῦντα σημεῖα, ἃ ἐκπορεύεται ἐπὶ τοὺς βασιλεῖς

---

28. "유브라데"와 관련된 심판의 예표 및 그것이 이 구절에서 예언되는 종말 때의 사건들을 이해하는 데 미치는 영향에 대해서는 9:14에 나오는 설명을 보라.

29. 17:12-18에서 짐승과 동맹을 맺은 열 왕(처음에 바벨론을 공격하는)은 16:12-16이 묘사하는 어린양과의 최후 싸움(19:19)에 합류할 이 분견대의 일부인 듯하다.

30. Smith, *Revelation*, 233; Walvoord, Rawley, and Hitchcock, *Revelation*, 245-46.

31. Kovacs and Rowland, *Revelation*, 173-75. Albert Barnes, *Notes Explanatory and Practical on the Book of Revelation* (New York: Harper & Brothers, 1852), 408-9와 E. B. Elliott, *Horae Apocalypticae* (5th ed.; London: Seeley, Jackson, and Halliday, 1862), 3:455-60은 둘 다 "유브라데"가 상징하는 바가 오스만 제국이 "동방 사람들"이 회심하는 것을 방해했으나 그것이 약화되었을 때(즉, '말랐을' 때) 와서 복음으로 "정복되는" 것이라고 생각했다. 그것은 14절에서 언급한 전쟁을 영적으로 해석한 것이다. Scott, *Exposition*, 332가 동방의 왕들을 "터키 제국"과 동일시하는 것을 비방하는 것은 역설적이다. 터키는 심지어 그의 시대(1900)에도 쇠퇴해가고 있던 세력이었기 때문이다. 하지만 그는 후에 이스라엘을 침략할 주된 나라 중 하나로 러시아를 언급한다.

32. 12:3-4, 8-9, 13, 17, 13:2에 나오는 용 혹은 사탄에 대한 언급과, 11:7, 13:1, 6-7에 나오는 짐승 그리고 여기에서 처음으로 "거짓 선지자"(참고. 19:20; 20:10)라고 불리는 땅에서 나온 짐승(13:11, 15-17)을 보라.

33. 애굽의 두 번째 재앙에서 등장하는 개구리는 나일강에 살고 있었기 때문에 불쾌한 것이 아니라, 궁, 침실, 침상 위, 화덕, 떡 반죽 그릇과 높고 낮은 사람들에게 무리 지어 달려들었기 때문에 불쾌한 존재였다(출 8:2-14; 참고. Jos. *Ant.* 2.296-98).

τῆς οἰκουμένης ὅλης συναγαγεῖν αὐτοὺς εἰς τὸν πόλεμον τῆς ἡμέρας τῆς μεγάλης τοῦ θεοῦ τοῦ παντοκράτορος. 15 Ἰδοὺ ἔρχομαι ὡς κλέπτης. μακάριος ὁ γρηγορῶν καὶ τηρῶν τὰ ἱμάτια αὐτοῦ, ἵνα μὴ γυμνὸς περιπατῇ καὶ βλέπωσιν τὴν ἀσχημοσύνην αὐτοῦ. 16 καὶ συνήγαγεν αὐτοὺς εἰς τὸν τόπον τὸν καλούμενον Ἑβραϊστὶ Ἁρμαγεδών). 여섯째 대접의 불길한 결과들은 15절에 나오는 중요한 삽입구적 권고와 함께 14절과 16절에서 매우 분명한 용어로 제시된다. 여기에서 요한은 13절에 나왔던 "더러운 영"의 악한 성품뿐 아니라 앞으로 있을 종말론적 전투를 위해 나라들을 모으는 결정적 역할도 명확히 밝힌다(설명적 '왜냐하면', γάρ, 14a절, 개역개정에는 14절 맨 앞에 나오는 이 말이 번역되어 있지 않음-역주). 이 "영"은 "귀신"[34], 곧 선한 것에 반대해서 행동하는 악한 초자연적 존재다(참고. 9:20).[35] 하지만 여기에서 그들의 악한 속임수는 땅에 신적 심판과 정의를 시행하시려는 하나님의 더 큰 목적에 기여한다. 열왕기상 22:19-23에서 하나님이 거짓말하는 영을 사용하셔서 아합을 꾀어 전쟁에서 죽게 하신 것과 마찬가지다. 이 악한 영들이 "온 천하 왕들"에게 가서 전쟁을 하라고 꾈 때(14c-d), 13:13에서 거짓 선지자들이 행한다고 나오는 "이적"(σημεῖα)을 행하는 것이 그들에게 허용된다. 12절에 나오는 "동방에서 오는 왕들"이라는 말에 비해 이 문구가 더 광범위하다는 것(참고. 3:10에 나오는 "온 세상", 또한 마 24:14; 행 11:28)은 앞으로 있을 충돌이 유브라데 건너에서 오는 전통적 적들로 국한되지 않으리라는 것을 보여준다. 앞으로 "온 천하"를 꾀는 자(12:9)인 사탄의 사악한 영향 아래 세상의 모든 권세가 그리스도의 통치(시 2:2-3; 계 11:15; 12:10)에 반대해서 반항적이고 헛된 반란을 일으킬 것이다.

요한이 분명하게 말하는 것처럼(14d절), 이 전쟁은 구약 선지자들이 예언했던 '여호와의 날'을 언급하는 "하나님 곧 전능하신 이의 큰 날"이 지닌 특징이다(또한 계 6:17, "그들의 진노의 큰 날"을 보라). 여러 나라가 예루살렘에서 하나님과 그분의 백성에게 대항해서 전쟁한다는 것은 여호와의 날에 대한 예언의 일반적 특징이며, 이 예언은 때로 이스라엘이나 유대 역사에 당장 공격이 일어날 것을 전하고 또 때로는 먼 미래에 이루어질 일을 언급한다(사 2:10-21; 34:4; 63:1-3; 겔 38-39장; 욜 2-3장; 슥 12:1-9; 14:1-11; 참고. 4 Ezra 13:29-50). 하지만 어느 쪽이든 마지막 날에 성취 유형의 일부로 이전에 일어났던 역사상 가장 강렬하고 결정적인 최후의 지상 전쟁이 일어나리라는 것을 가리킨다. 그때 하나님은 모든 원수를 물리치시고 메시아를 통해 하늘 통치를 이 땅에 가져오심으로써 그분이 참으로 "전능하신 이"[36]라는 것을 보여주실 것이다. 역설적이게도, 나라들은 하나님의 백성과 그분의 일을 멸하려고 모이지만, 오히려 그로 인해 그들은 멸망에 이를 것이다.[37]

그리스도가 이 땅에 머지않아 다시 오신다는 것이 이 사건들과 연관된다는 사실[38] 때문에 짧은 삽입구(15절)가 나온다. 이 구절에서는 그리스도가 직접 요한을 통해 독자에게 말씀하신다. 그리스도가 다시 오시는 것을 준비하고 있을 사람에게 복이 있다고 선언하시는 것이다. 이 직접적 말씀은 서론적 접속사가 없는 것과(9:11에서 이에 대한 주를 보라) "보라"(ἰδού)[39]는 단언 혹

34. '영, 곧 귀신'(개역개정에는 "귀신의 영"-역주)이라는 문구는 동격의 소유격 혹은 부가적 소유격을 사용한 헬라어 구문이다("귀신의 영", πνεύματα δαιμονίων). 거기에서 소유격은 머리 용어의 의미를 명확하게 설명하거나 구체적으로 말한다. Wallace, *Grammar*, 95-100; Aune, *Revelation 6-16*, 895를 보라. 13a-14a절에 사용된 세 단어(영, 더러운, 귀신)는 다른 몇몇 신약 본문에서도 결합되어 사용된다(예를 들어, 눅 4:33; 9:42; 계 18:2).

35. BDAG 210; LN §12.37.

36. 요한계시록 뒷부분 장들에서 요한은 땅에 하나님의 통치가 결정적으로 확립되는 것을 묘사하거나 경축하는 문맥에서 하나님께 "전능하신"이라는 특유의 호칭을 사용한다(11:17; 15:3; 19:6, 15).

37. Beasley-Murray, *Revelation*, 244-45; Smalley, *Revelation*, 408, 411.

38. 22:7, 12("보라 내가 속히 오리니", 참고. 3:11과 22:20에 나오는 비슷한 표현들, 또한 2:5에 대한 주를 보라)에서 15a절("보라 내가 도둑같이 오리니")과 유사한 표현을 보라.

39. LN §91.10; 참고. 1:7에 나오는 주를 보라.

은 확인의 말이 사용되어 더욱 강력해진다. 그리스도는 아무도 예상하지 못하는 때, 즉 "도둑같이" 땅에 오실 것이라고[40] 단언하신다(15a절; 또한 3:3에 나오는 논의를 보라). 그분이 언제 오실지는 예측할 수 없기 때문에 도덕적으로 깨어 주의를 기울이는 것이 요구된다. 그런데 주님은 그것을 단지 요구로 제시하지 않으시고, 준비된 사람에게 올 복[41]으로 표현하신다(15b-d절). 깨어 있으라(γρηγορέω)는 요구는 그리스도인이 도덕적으로 정신을 차리고 각성하고 있어야 한다는 뜻이다.[42] 이와 비슷한 복의 원천은 올바른 행동을 유지하기 위해 주의를 기울이는 것이다. 이것은 요한이 전에 다른 식으로 사용했던 옷의 비유로 표현된다. 그리스도는 그들을 위해 십자가에서 죽으심으로 그들에게 깨끗한 옷을 제공하셨다(3:18; 7:13-14). 그리고 그들이 하늘에서 그리스도와 함께 나타날 때 그렇게 옷 입을 것이다(6:11; 7:9; 22:14). 하지만 이 둘 사이에서 그리스도인들은 그리스도가 제공하신 것을 반영하는 확고한 믿음과 경건한 행동을 유지해야("지켜", τηρέω) 한다(3:4-5; 참고. 2:26; 3:3, 8, 10; 12:17; 14:12). 그러지 않으면 그들에게 경건이 없다는 사실이 명백히 드러나서 그들은 큰 수치와 당혹감을 느끼게 될 것이다(3:18; 참고. 요일 2:28). 옷의 비유는 이처럼 의를 가리킨다. 의는 우리가 수고하여 벌어들인 것이 아니라 값없이 주어졌고, 결국 삶에서 신실하고 경건한 행동으로 표현되어야 한다.

15절에 삽입구가 나온 다음 16절에서는 근간이 되는 사고로 다시 돌아온다. 요한은 14d절에서 나온 기본 동사와 그 동사의 지시어들을 반복하여 14절과 주제적 연관성이 있음을 표시한다. '그들이 그들을 모으더라'(συνήγαγεν αὐτούς),[43] 즉 14절에서처럼 영들이 땅의 왕들을 모았다는 것이다. 14d절의 나머지 부분("하나님 곧 전능하신 이의 큰 날에 있을 전쟁을 위하여" 모았다)은 16절에서도 반복되지만, 좀 더 불가해하고 불길한 용어들로 표현된다. "히브리어로 아마겟돈이라 하는 곳으로" 왕들을 모은다는 것이다. 이 불길한 언급이 더 강력한 이유는 요한이 본문의 이 시점에서는 그것에 대해 더 밝히지 않고 그냥 두기 때문이다. 12-16절에서 제시되는 종말론적 전쟁의 전체 장면은 19:11-21에 나올 상세한 묘사의 준비 과정에 불과하다.

40. "오리니"(ἔρχομαι)라는 동사는 미래적 현재로, 이 동사에서 흔한 관용구다(예를 들어, 2:5, 16; 참고. 1:7; 또한 요 14:3, 18, 28을 보라; Fanning, *Verbal Aspect*, 223-24). 이것은 19:11-21에 묘사된 사건들을 가리킨다.

41. 이것은 요한계시록에 나오는 일곱 가지 복 중 세 번째로, 그 복들 대부분은 뒤의 장들에 나온다. 1:3에 대한 주를 보라.

42. 3:2에 대한 주를 보라.

43. '그들이 모으더라'라고 번역된 헬라어(συνήγαγεν)는 3인칭 단수다(한 헬라어 사본 ℵ에는 복수 συνήγαγον으로 되어 있다. 하지만 이것은 거의 확실히 필사자가 고친 것이다). 그래서 그것은 "그가 모으더라"(KJV)라는 뜻일 수 있다. 14절에 나온 하나님을 가리키는 것이다. 하지만 14절에서 암시된 '모으다'의 주어는 중성 복수인 '영들'이다. 헬라어에서 통상적 유형은 중성-복수 주어가 단수 동사를 취하는 것이다(예를 들어, 14b절에 나오는 ἐκπορεύεται, 요한계시록에 나오는 용법에 대한 상세한 내용으로는 Aune, *Revelation 6-16*, 858; Charles, *Revelation*, 1:cxli를 보라). 영어 표현으로는 '그들이 모으더라'(영들을 언급하는)가 더 의미가 통한다(참고. ESV, NASB, NIV, NRSV, RSV).

심층 연구

아마겟돈의 의미

아마겟돈에 대한 언급은 오늘날까지도 대중문화 전체에 널리 퍼져 있는 강력한 이미지들을 환기시킨다. 때로 그런 이미지들은 요한계시록 자체와는 거의 아무런 관련이 없다. 사람들이 요한계시록을 잘 모른다고 해도, 일반 대중은 요한계시록을 떠올릴 때 아마겟돈이라는 이미지와 주로 연관시킨다. 그리스도인 작가들은 이 이미지를 너무 자주 과장하여 다루었다. 16절에 나오는 "아마겟돈"이라는 이름 자체가 수수께끼 같다. 아마겟돈이 어떤 장소의 이름이고 히브리어에서 나온 말이라는 점만 확실하다. 그 이상의 세세한 사항은 논쟁이 되고 있다. 아마겟돈의 기본 의미에 대한 두 개의 주요 견해[44] 중 하나는 (1) '므깃도의 산'[45]을 가리킨다는 것이다. 므깃도는 북서 이스라엘 갈멜 산 부근에 있는 잘 알려진 장소였고, 성경 역사에서 많은 유명한 전쟁들이 일어났던 곳이다(삿 5:19-21; 왕하 23:29-30; 대하 35:22; 또한 삿 4장과 7장; 삼상 31장). 아니면 (2) "집회의 산"을 가리키는 것으로, 그곳은 바벨론의 왕이 자신을 신적 지위로 높이려던 장소로 여겨졌다(사 14:13).[46] 따라서 그곳은 요한계시록 16:16에서 땅의 왕들이 하나님과 메시아를 상대로 전쟁하기 위해 모이는 장소다. 두 견해에는 해결되지 않은 문제들이 있다.[47] 므깃도는 요한계시록 이전의 묵시 문학에서는 종말 때 충돌이 일어날 장소로 나오지 않는다. 더구나 므깃도 자체는 '산'이 아니다. 그러나 므깃도는 갈멜 산의 등성이를 통과하는 가장 전략적인 통로에 자리 잡고 있다. 애굽에서 다메섹과 메소포타미아로 가는 주요 도로가 이스르엘(혹은 에스드라엘론) 골짜기와 교차되고 만나는 지점이다. 그래서 '산'이라는 이름은 아마 상황에 맞지 않는 것은 아닐 것이다. 한편으로 히브리어 철자가 "집회의 산"에서 '므깃도의 산'으로 바뀌는 것을 설명하기가 어렵고, 이사야 14장의 문맥을 보면 왕들이 전쟁을 위해 모인다는 언급이라고 쉽게 입증하기 어렵다.[48]

이 문맥에서는 유명한 교전 장소인 므깃도에 대한 언급이라고 보는 것이 더 의미가 통한다. 그것은 과거 역사에서 방대한 제국들이 전략적 우세를 점하기 위해 싸웠고, 그곳에서 거둔 승리나 패배가 광범위한 영향을 끼쳤던 장소를 언급한다. 요한이 이세벨과 발람(계 2:14, 20) 혹은 소돔과 애굽(11:8)을 언급한 것처럼, 16:16의 아마겟돈은 므깃도라는 문자적 장소가 아니라[49] 과거에 그곳에서 일어났던 전쟁처럼 미래에 실제로 결정적인 전쟁이 일어나는 장소를 나타낸다.[50] 이 묘사는 종말 때 일어날 큰 종말론적 전쟁에 대한 다른 언급과도 일관성을 지닌다. 이 전쟁에서 나라들은 예루살렘에서 하나님과 메시아

44. 더 상세한 것으로는 Aune, *Revelation 6-16*, 898-99; Beale, *Revelation*, 838-41을 보라.
45. 헬라어 Ἁρμαγεδών(CEB, NRSV에서는 철자가 Harmagedon으로 나온다)은 '마게돈의 산'을 나타내는 히브리어를 음역한 것이다(LXX 삿 1:27; 왕하 9:27; 그리고 MT 슥 12:11에서처럼 끝에 자음을 추가하면서).
46. 이 견해는 "하마겟돈"(Harmagedon)이 이사야 14:13에 나오는 집회 혹은 모임의 산인 *har-mo'ed*의 틀린 철자라고 추정한다.
47. J. Jeremias, "Ἁρ Μαγεδών," *TDNT* 1:468.
48. Fekkes, *Prophetic Traditions*, 202-4.
49. 미래의 전쟁이 일어나는 문자적 장소인 북서 이스라엘의 므깃도에 대해서는 Patterson, *Revelation*, 312-14; Smith, *Revelation*, 236; Thomas, *Revelation 8-22*, 270-71; Walvoord, Rawley, and Hitchcock, *Revelation*, 247-48을 보라(Smith를 제외하고 모두가 이것을 더 큰 전쟁 내의 한 전쟁터로 본다).
50. 이것이 여기에서 채택하는 예표론적 견해와 Beale, *Revelation*, 838-41; Michaels, *Revelation*, 188-89의 견해의 차이다. 그들은 이 이미지들이 영적 심판들(혹은 마지막 영적 심판)을 나타내지만 실제 육

를 상대로 전쟁을 하기 위해 모이고, 그 자리에서 하나님께 패배하여 이스라엘에 평화를 가져온다(예를 들어, 겔 38:14-23; 욜 3:1-17; 습 3:8; 슥 12:1-9; 14:2-3, 12-13; 4 Ezra 13:39-50; 1 En. 56:5-8; Sib. Or. 3:657-701). 예표론적 상징으로서 아마겟돈은 종말 때의 중대한 전쟁과 승리의 유형에 대한 더 큰 성취를 가리킨다. 즉, 그리스도가 19:19-21에 묘사된 대로 천년 통치를 하시기에 앞서, 그분께 대항해서 모인 나라들을 결정적으로 물리치시는 것이다.[51]

일부 해석자가 16절의 아마겟돈에 대해 하는 말은 그들이 대접 심판의 이미지를 전반적으로 어떻게 이해했는지를 전형적으로 보여준다. 나팔 심판과 마찬가지로(9:9에 대한 설명을 보라), 우리는 이런 묘사들이 마지막 날들(혹은 어느 때든)의 세상에서 어떤 실상을 나타내는지 물어보아야 한다. 이것들은 영적, 심리적 고통 그리고 하나님이 영적인 견지에서만 시행하실 마지막 심판에 대한 상징인가? 이것이 빌(Beale)이 신봉하는(그리고 스몰리가 상당히 많이 따르는) 견해다.[52] 이 접근법이 올바로 이해하는 두 가지 측면이 있다. 먼저는 궁극적으로 대접들이 부어지는 것은 하나님을 향한 인간의 죄 된 반역 때문이라는 것이고, 둘째는 이 이미지들이 사탄과 같이 악한 주위 세상의 박해 속에서도 하나님께 계속 충성하도록 그리스도인 독자를 촉구하는 것으로 본다는 점이다. 하지만 영적, 종교적 문제들이 육체적이고 세상적인 심판들과 밀접한 관련이 있다고 봐도, 그런 기본적 진리들은 사라지지 않는다.

구약에서 나온 예표론적 유형이 이 구절들에 포함되어 있다는 사실은, 빌이 몇 군데에서 암시하는 것처럼 신약에서 그것의 단계적 확대가 오로지 영적인 것이라는 의미는 아니다.[53] 이것은 예표론의 일반적인 오해다[즉, 구약의 대형(antitype)은 세상적, 육체적, 지리적이지만, 신약의 강화는 그것을 떠나 영적이고 천상적인 것으로 이동한다는 것]. 예를 들어, 히브리서와 다른 곳(예를 들어, 고전 5:7)에 나오는 제사의 예표는 그리스도가 오직 영적으로만 혹은 오직 하늘의 영역에서만 죄를 처리하시기 위해 자신을 드리셨다는 의미는 아니었다. 그리스도는 실제로 시공간에서 육체적 고난과 죽음과 부활을 경험하셨고, 이 고난은 구속받은 자들에게 실제 영적이고 영원한 복을 제공했다. 그 둘 사이에는 신학적 이분법이 들어설 자리가 없다. 즉, 둘 중 하나를 선택해야 하는 것이 아니다.

우리는 여러 곳에서 요한계시록의 종말론이 구약 선지서 및 시편들과 신학적 연관성을 지니고 있다는 것을 보았고(10:6-7; 11:15-18; 12:5에 나오는 설명을 보라), 이것은 앞으로 일어날 종말론적 전투에 대한 요한의 환상에서도 마찬가지다. 이 전투는 예루살렘을 중심으로 하고 있고, 메시아가 승리하심으로 이

체적 고난이나 충돌은 아니라고 이해한다. Boring, *Revelation*, 175-76도 비슷하다. 또한 Smalley, *Revelation*, 412-13을 보라. 그는 아마겟돈을 "온 세상에 대한 상징적 표상…묵시적 우주적 산을 나타내는 가공의 표현"으로 하나님이 끝에 가서 악을 물리치시는 곳이라고 본다(413). 위의 설명에서 뒤이어 나오는 논의를 더 보라.

51. Hoskins, *Revelation*, 297-99; Osborne, *Revelation*, 594-96; Scott, *Exposition*, 334.

52. Beale은 대접을 다루면서 처음에 이 견해를 분명히 말하고(*Revelation*, 812-13), 그 뒤에 나오는 글에서 심판들의 세세한 사항을 제시할 때 그런 견해를 반복한다. 예를 들어, 824, 828, 838-41, 842 등이다. 이 중 일부 세부 사항들은 앞에서 특정한 구절들에 대한 해설에서 논했다.

53. 참고. Beale, *Revelation*, 838, 842.

땅에 예루살렘을 중심으로 하나님의 통치가 확립되는 결과를 낳을 것이다(계 19-21장). 하나님이 장차 나라들에게서 승리를 거두신다는, 본질적으로 구약 선지자적인 요한의 묘사에는 메시아로서 예수님의 역할이라는 기독교적 주제가 도입된다. 이 땅에서 예수님의 희생적 죽음으로 이미 결정적 승리를 거두었다. 더구나 그리스도는 자신의 통치를 완전히 확립하시기 위해 다시 오실 것이다. 하늘에서뿐만 아니라, 현재 사탄의 영향력 아래 있는 악한 나라의 땅에도 통치가 확립될 것이다.[54] 이런 제시에는 영적 심판의 이미지와 죄에 대한 영원한 벌이라는 이미지가 혼합되어 있지만, 후자 때문에 전자가 붕괴되어야 하는 것은 아니다. 이런 접근 방식은 성경적 배경 속에서뿐만 아니라 고대 종교적, 역사적 배경 속에서도 요한계시록 본문을 제대로 다루는 것이 아니다.

16:17-18 일곱째 천사가 그 대접을 공중에 쏟으매 큰 음성이 성전에서 보좌로부터 나서 이르되 되었다 하시니 번개와 음성들과 우렛소리가 있고 또 큰 지진이 있어 얼마나 큰지 사람이 땅에 있어 온 이래로 이같이 큰 지진이 없었더라(17 Καὶ ὁ ἕβδομος ἐξέχεεν τὴν φιάλην αὐτοῦ ἐπὶ τὸν ἀέρα, καὶ ἐξῆλθεν φωνὴ μεγάλη ἐκ τοῦ ναοῦ ἀπὸ τοῦ θρόνου λέγουσα, Γέγονεν. 18 καὶ ἐγένοντο ἀστραπαὶ καὶ φωναὶ καὶ βρονταί καὶ σεισμὸς ἐγένετο μέγας, οἷος οὐκ ἐγένετο ἀφ᾽ οὗ ἄνθρωπος ἐγένετο ἐπὶ τῆς γῆς τηλικοῦτος σεισμὸς οὕτω μέγας). 요한은 (인과 나팔을 묘사할 때와 비교하여) 막간이나 지체하는 것 없이 여섯째 대접에서 일곱째 대접으로 곧바로 넘어간다. 일곱째 천사는 그의 심판을 "공중에"(17a절) 쏟는다. 공중도 분명 땅의 일부지만(참고. 1절) 더 널리 퍼진다. 그것은 땅을 덮고 있고(참고. 9:2; 행 22:23)[55] 큰 우박이라는 대기의 재앙을 포함하기 때문이다(21절). 여기 묘사되어 있는 더 광범위한 결과도 온 세상과 그 거민들을 포함한다(18-21절). 하늘의 선언이 즉각적인 결과로 나타난다. 이것은 사실상 신적 심판 시리즈의 시작 부분으로 돌아가게 한다. 1절에서처럼 "큰 음성이 성전에서" 나온다. 보다 구체적으로는 하늘 성전 안에 있는 하나님의 "보좌로부터"(17b절) 나온다. 이 음성은 하나님이 직접 말씀하신 것이건 하나님의 천사 중 하나가 말한 것이건 하나님의 증거를 표현한다(1절 그리고 9:13의 주를 보라). '이르게 되었다'(it has happened, γέγονεν, 17c절)라는 선언 자체는 1절 및 최근 장들에서 요한이 기록한 하늘의 선언들(10:6-7; 11:15; 12:10-12; 14:7-8; 또한 15:1을 보라)에 비추어 이해해야 한다. 1절의 음성은 "하나님의 진노"를 땅에 쏟는 것을 일곱 대접 심판의 특징으로 제시한다. 또한 이것은 "하나님의 진노가 이것으로 마치리로다"라는 15:1을 가리킨다. 그래서 '이르게 된' 혹은 일어난 일(17c절)은 이제 결론에 다다른 하나님의 진노가 일곱 번 쌓여 쏟아졌다는 것이다.[56] 이 장들에 나오는 다른 하늘의 선언들이 그렇듯(앞에서 인용한 구절들에 더하여 18:2을 보라) 이에 수반되는 모든 것이 요한의 글에 아직 완전히 다 묘사되지는 않았지만, 하늘의 관점에서는 이 일이 이미 이루어진 것으로 기록된다. 물론 다가오는 하

54. McNicol, *Conversion*, 14-16, 56-61.

55. BDAG 23.

56. 영어 역본들은 거의 보편적으로 여기에 나오는 γέγονεν을 '이루어졌다'(it is done)고 번역하는데 이것은 어느 정도 타당성이 있다(참고. BDAG 197 [2.a], "수행되다…이루어지다", be performed…be done). '그것이 일어났다, 생겼다'는 의미는 γίνομαι라는 단어의 가장 흔하게 나오는 의미를 유지하면서도 이 완료를 11:15, 12:10 및 16:18(4번)에 나오는 γίνομαι의 부정과거와 대조시키려는 것이다.

나님의 심판과 이 땅에 대한 구속을 완성시킬 실제 사건이라는 견지에서 보면 이것은 여전히 미래의 일이다.

17절의 선언은 "번개와 음성들과 우렛소리" 및 "큰 지진"(18a-b절)을 동반한다. 이 현상은 하나님의 무시무시한 임재를 나타내는 것으로, 시내 산에서 최초로 나타났으며(출 19:16-19) 그 이후 구약에서 하나님의 임재를 나타내는 예표론적 상징이자 다가오는 심판의 징조로 종종 반복되었다.[57] 이 현상들은 심판에 대한 요한의 환상 핵심 부분에서 나오는 특징이었다. 4:5에 나오는 기초 환상의 일부로 나왔고, 그다음으로 8:5(일곱째 인과 연관된) 그리고 11:19(일곱째 나팔과 연관된)에서 나왔다. 여기에서 그 현상은 대접 심판의 결론 및 하나님의 메시아가 왕이자 심판자로서 다시 오시는 것(19:11-21)을 통해 하나님이 곧 이 땅에 나타나신다는 것을 표시한다.[58] 요한이 큰 지진에 관해 분명히 말하듯(18c절), 이것은 이전에 본 그 무엇보다 심판 유형을 더 강화할 것이다. 비교를 나타내는 표현("이같이…")과 이제는 과거 사건의 범위를 넘어선 것에 대한 언급("사람이 땅에 있어 온 이래로")은 이 예표론과 그것의 단계적 확대가 지닌 특징이다(가장 주목할 만한 본문으로 단 12:1; 마 24:21; 막 13:19; 또한 출 9:18, 24; 렘 30:7; 욜 2:2; 참고. T. Mos. 8:1; 1QM 1:12도 보라). "큰" 혹은 격렬한(NRSV, REB) 지진은 전례 없는 것이라고 명확히 기록되어 있다. 그리고 요한은 이미 말한 것을 강조하기 위해 끝부분에 두 문구를 추가함으로 그것이 매우 격렬하다는 것을 보강한다. "큰 지진이 있어 얼마나 큰지"(τηλικοῦτος σεισμὸς οὕτω μέγας)라는 것이다.[59] "큰 지진"이 나오는 것은 많은 나라가 이스라엘 땅을 침략하는 것과 그들의 공격에 대한 주님의 반응으로 온 세상을 격렬히 흔드는 것을 묘사하는 에스겔 38:18-20(예를 들어, 38:19 LXX, σεισμὸς μέγας)과 두드러지게 대응된다.

16:19-21 큰 성이 세 갈래로 갈라지고 만국의 성들도 무너지니 큰 성 바벨론이 하나님 앞에 기억하신 바 되어 그의 맹렬한 진노의 포도주 잔을 받으매 각 섬도 없어지고 산악도 간 데 없더라 또 무게가 한 달란트나 되는 큰 우박이 하늘로부터 사람들에게 내리매 사람들이 그 우박의 재앙 때문에 하나님을 비방하니 그 재앙이 심히 큼이러라(19 καὶ ἐγένετο ἡ πόλις ἡ μεγάλη εἰς τρία μέρη καὶ αἱ πόλεις τῶν ἐθνῶν ἔπεσαν. καὶ Βαβυλὼν ἡ μεγάλη ἐμνήσθη ἐνώπιον τοῦ θεοῦ δοῦναι αὐτῇ τὸ ποτήριον τοῦ οἴνου τοῦ θυμοῦ τῆς ὀργῆς αὐτοῦ. 20 καὶ πᾶσα νῆσος ἔφυγεν καὶ ὄρη οὐχ εὑρέθησαν. 21 καὶ χάλαζα μεγάλη ὡς ταλαντιαία καταβαίνει ἐκ τοῦ οὐρανοῦ ἐπὶ τοὺς ἀνθρώπους, καὶ ἐβλασφήμησαν οἱ ἄνθρωποι τὸν θεὸν ἐκ τῆς πληγῆς τῆς χαλάζης, ὅτι μεγάλη ἐστὶν ἡ πληγὴ αὐτῆς σφόδρα). 이어지는 두 구절(19-20절)은 격렬한 지진의 결과를 직접 추적한다. 한편 21절은 18a-b절에 나타난 신적 현현의 현상 목록에 수반되는 또 다른 큰 징조를 묘사한다(참고. 번개, 음성, 우렛소리, 지진 시리즈에 우박을 추가하는 11:19). 예상되듯이, 전례 없는 지진은 11:8에 나오는 "큰 성"(세 갈래로 갈라진다)에나 "만국의 성들"(산산조각 나서 무너진다. 11:13을 보라; 참고. 마 7:25, 27; 눅 13:4)에나 끔찍한 피해를 입힌다.[60] 역사 전체에서 볼 수 있는 지진 피해의 기록, 특히 심한 지진의 결과에 대한 기록을 보면 많은 인구가 사는 중심지에서 그것이 얼마나 끔찍한 피해를 일으키는지 알 수 있다.

여기에 언급된 "큰 성"이 어떤 성을 말하는지는 논란이 된다.[61] 하지만 11:8에서 "큰 성"을 언급한 것과 그 문

57. 4:5과 6:12에 대한 설명에서 인용된 구약 본문들을 보라.

58. Bauckham, *Climax*, 199-204와 4:5, 8:5, 11:19에 대한 설명을 보라.

59. Zerwick and Grosvenor, *Grammatical Analysis*, 767 그리고 BDAG 1001은 이 문구들을 여분의 것 혹은 중복어라고 부른다. 하지만 그 말들은 단지 요점을 강력하게 강화하는 것이다.

60. 참고. BDAG 815, "무너지다."

61. Ford, *Revelation*, 264; Edmondo F. Lupieri, *A Commentary on the Apocalypse of John*, ITSORS (Grand Rapids: Eerdmans, 2006), 245-46; Thomas, *Revelation 8-22*, 275 (또한 Jauhiainen, *Zechariah*, 118-21)

맥에서 그것이 예루살렘이라고 분명히 확인된 것에 비추어(거기 나오는 논의를 보라), 이 구절에서도 예루살렘을 염두에 두고 있는 것이 분명하다.[62] 에스겔서가 이 환상의 중요한 배경이라는 점으로 보아 이것이 가장 자연스러운 해석이다. 그 본문은 5:1-13(예루살렘이 죄에 대해 하나님께 징계받는 것을 나타내기 위해 상징적으로 셋으로 나뉘었다)과 에스겔 38:17-23(이교 나라들이 이스라엘을 침략한 것에 대한 반응으로 큰 지진이 일어났다)이다. 19a-b절에 나오는 분명한 대조(큰 성 대 만국의 성들, 즉 이방인들)는 이 구절 자체에서 그 성이 예루살렘이라는 것을 뒷받침해준다. "큰 성 바벨론"이 19c절에서 언급되고 그다음 두 장에서 통상 "큰 성"으로 묘사된다고 해서[17:18; 18:10, 16, 18(2번), 21] 16:19a에 대한 이 결론이 약화되지는 않는다. 바벨론은 19c절에서 "만국의 성"(19b절)의 구체적인 (그리고 가장 큰) 예로 추가되고, 요한계시록 여기서부터 바벨론은 예루살렘과 예표론적으로 대조된다. 하나님의 성과 반대되는 용 혹은 세상의 성이라는 것이다(그 성들은 거룩한 여자든 죄 된 여자든 둘 다 여자로 여겨진다).[63] 여기에서 요한은 하나님이 모든 이교 세상의 성 중에서도 바벨론의 죄를 간과하지 않으셨다고 말한다.[64]

바벨론은 그 성이 받아 마땅한 심판을 '받도록' 하기 위해 '기억하신 바 된다'[65](19c절). 이 벌은 비유적이고 불쾌한 방식으로 묘사된다(19d절). 그 성이 "그의(하나님의) 맹렬한 진노의 포도주 잔"(τὸ ποτήριον τοῦ οἴνου τοῦ θυμοῦ τῆς ὀργῆς αὐτοῦ)을 마시게 되리라는 것이다. 심판의 비유로 "포도주 잔"을 마신다는 것은 앞에서 이미 나온 적이 있다. 그리고 이 표현은 앞으로도 계속 반복될 것이다(14:10; 18:6; 19:15; 참고. 14:8; 17:2; 18:3).[66] 여섯째 대접(12-16절)이 19:11-21에서 더 상세히 묘사될 심판들에 대한 예고편이었던 것과 같이, 바벨론에 임할 진노에 대한 이 언급은 17-18장의 내용을 소개한다.

18절에 나오는 큰 지진의 두 가지 더 광범위한 결과가 20절에 짧게 묘사되어 있다. 표면적으로는 상당히

는 19a절에 나오는 "큰 성"이 예루살렘이라고 주장하는 반면, Aune *Revelation 6-16*, 900-1; Charles, *Revelation*, 2:52; Osborne, *Revelation*, 598-99는 그것을 바벨론이라고 본다. 다른 몇몇 사람은 그 "큰 성"이 예루살렘, 바벨론/로마 등을 포함해서 하나님께 반대하는 온 세상이라고 주장한다(Beale, *Revelation*, 843-44; Koester, *Revelation*, 668-69; Smalley, *Revelation*, 414-15).

62. 마지막 두 대접의 더 큰 문맥(16:12-21, 즉 마지막 날에 나라들이 예루살렘을 공격하는 것)뿐 아니라 14:1-20 같은 앞의 막간들(시온 산의 어린양 그리고 "성 밖"의 큰 심판)을 볼 때도 16:19에 나오는 "큰 성"을 예루살렘으로 보는 것이 가장 자연스럽다. 또한 예루살렘을 중심으로 한 종말론적 전쟁의 때에 큰 지진이 예루살렘 동쪽 감람산을 갈라지게 할 것이라는 스가랴 14:4-5의 예상도 보라. Fekkes, *Prophetic Traditions*, 79를 보라. 그는 요한계시록 19:11-21(예루살렘에서 있을 종말론적 전쟁)이 16:21 바로 다음에 이어지고, 17:1-19:10(바벨론의 멸망)이 막간이라고 주장한다.

63. 이 구절(또한 17:18과 함께, 거기 나오는 설명을 보라)로 보아 요한에게 여기와 17-18장에 나오는 "큰 성"과 "큰 성 바벨론"이 같은 장소를 언급할 가능성은 매우 적다(Beagley, *Apocalypse*, 90-91; Chilton, *Days of Vengeance*, 414-16; Ford, *Revelation*, 264-65). 19c절을 19a절에 추가하는 어색한 중복은 두 절이 같은 성을 언급한다고 보는(바벨론/로마든 예루살렘이든) 어떤 입장에서 보아도 이해하기가 어렵다.

64. 요한계시록에서 하나의 예표로서의 바벨론에 대해서는 14:8에 대한 설명 및 '요한계시록 서론'에서 '구약 사용: 예언과 예표'에 나오는 논의를 보라.

65. 이것은 Aune, *Revelation 6-16*, 901이 하나님의 "징벌적 기억"(punitive remembrance)이라고 부른 것, 선과 악을 향한 하나님의 다함없는 정의에 대한 구약 주제다(참고. 느 6:14; 13:29; 시 137:7; 렘 14:10; 호 7:2; 8:13; 9:9).

66. 이 문구에서 '분노(개역개정에는 "맹렬한"-역주), 진노'(θυμός, ὀργή)라는 단어를 사용하는 것(참고. 19:15)은 주로 죄에 대한 하나님의 사법적 불쾌함에 대한 언급을 강화한다[이것은 아마 겔 38:18-19을 암시할 것이다. 거기에서 LXX 본문은 두 단어와 "질투"(ζῆλος)라는 단어를 사용한다]. 하지만 요한계시록은 θυμός를 '격노, 격정, 강렬한 욕구'라는 뜻으로 사용할 수 있는 반면(참고. 14:8; 18:3; LN §25.19; BDAG 461), ὀργή는 악에 대한 하나님의 더 차분한 분개를 나타낼 것이다(LN §38.10; BDAG 721). 이 연이어 나오는 소유격들에서 '포도주의'는 "잔"의 내용물을 의미한다. "맹렬한"은 부가 설명적(즉, 동격의 소유격)으로 쓰여 "포도주"의 보다 특별한 의미를 채워준다(Wallace, *Grammar*, 95-96을 보라. 종종 머리 명사는 비유적이고 부가 설명적 소유격은 그 지시 대상을 구체적으로 명시한다). "진노의"는 원천의 소유격이다. 그리고 "그의"는 주격이다. 약간 다른 해석으로는 Aune, *Revelation 6-16*, 860; Mathewson, *Handbook*, 221을 보라.

파멸적인 결과다. "각 섬도 없어지고"(자취를 감추었다, 눈앞에서 사라졌다, 참고. 20:11)[67] "산악도 간 데 없더라"(산이 눈앞에서 혹은 지상에서 존재하던 상태에서 사라졌다, 참고. 18:21; 20:11; 히 11:5).[68] 이 묘사는 앞으로 자연계에 닥칠 더 큰 파괴의 두려운 징조들과 함께, 바벨론/로마 체제의 정치적, 경제적 파멸을 과장하여 묘사한 것으로 볼 수 있다. '각, 모든'이라는 말은 종종 과장법적으로 사용되며(참고. 삼상 24:1; 사 40:4; 눅 5:17; 고전 13:2), 본문 자체를 보면 세상이 즉시 끝나지 않았음을 알 수 있다. 사람들은 자연이 심하게 파괴되는 와중에도 하나님을 비방하는 반응을 보일 시간이 있었고(21절), 바벨론을 황폐화시키는 군대(여기에서 예고되고 17:16에서 기술되는)는 계속해서 그리스도께 대항해서 싸우기 위해 사람들을 모으고 파국적 패배를 맛볼 것이다(17:14; 19:19-21).[69]

앞에서 언급한 것처럼(18절), 하나님의 임재를 표시하는 두려운 징조들(즉, 번개, 음성, 우렛소리, 지진)에는 우박도 포함될 수 있다(21a절; 참고. 11:19).[70] 이것은 에스겔 38:17-23을 반영하는 또 다른 특징이다. 에스겔 38:22은 하나님이 이스라엘을 침략하는 만국의 군대들에게 "우박"(λίθοις χαλάζης)을 비같이 내리신다고 묘사한다. 이 경우 그것은 하나에 거의 45킬로그램에 달하는 '거대한 우박'으로[71] 애굽의 일곱 번째 재앙 유형을 극대화해서 하늘로부터 사람들에게 요란한 소리를 내며 내려온다(출 9:22-26; 시 105:32-33; 참고. 또한 수 10:11).[72] "재앙"으로 혹은 하늘에서 내려오는 일격으로(9:18에 대한 주를 보라) 심한 우박이 내린다는 것이 이 구절 마지막 절에서 반복된다(21c절). 유감스럽게도 이런 강렬한 심판을 받는 사람들이 보이는 반응은 하나님을 향한 저항이다(21b절). 그들은 자신의 불경한 행동을 회개하기보다는 하나님을 비방한다(참고. 9, 11절).

적용에서의 신학

1. 방심하지 않는 사람들은 복이 있다

토네이도나 태풍의 공격을 받는 곳에 살아본 사람들이라면 그것이 어떤 결과를 몰고 오는지 안다. 폭풍의 계절이 오면 날씨 예보를 항상 확인하는 습관이 생길 것이다. 그러는 중에 앞일을 내다보며 예상치 못한 일을 예상하는 법을 배운다. 예수님은 이 장에서 이와 비슷하게 각성하고 있으라고 명하신다. 그리고 방심하지 않고 경계하는 사람들에게는 복이 있을 것이라

---

67. BDAG 1052.
68. BDAG 411.
69. "산"에 대한 비슷한 과장법이 시편 97:5, 이사야 40:4, 42:15, 45:2, 54:10, 에스겔 38:20에서 사용된다. 또한 요한계시록 6:14에 대한 설명을 보라.
70. "내리매"(καταβαίνει)라는 동사는 17-21절을 지배하는 보다 통상적인 설화적 부정과거들 가운데 있는 역사적 현재 동사다. 그것은 뒤이어 나오는 반응을 강조한다(역사적 현재에 대해서는 5:5을 보라). 그런 재앙들에 직면해서도 회개 대신 하나님을 비방한다는 것이다.
71. 대부분의 최근 영어 역본에서 볼 수 있는 '약 1백 파운드'(about a [or one] hundred pound)라는 문구는 ὡς ταλαντιαία('약 한 달란트')를 번역한 것이다. 한 "달란트"는 고대 사회에서 지역마다 다소 다른 측량 단위였다. 하지만 그것은 65에서 90파운드(30에서 40킬로그램) 정도 되었다.
72. 출애굽기 9:24은 화의 유형에서 비교를 말하는 구절 중 하나다(18절에 대한 설명에서 인용된). 그런 무거운 우박은 애굽이 나라가 된 이래 한 번도 애굽에 내린 적이 없다는 것이다.

고 약속하신다. 요한은 죄 된 세상에 하나님의 의로운 진노를 쏟는 것의 절정이 될 대격변을 하나씩 묘사하다가 잠시 멈추어서 예수님이 도덕적으로 깨어 있고 '옷을 잘 갖추어 입은' 사람에게 복을 선언하신다고 기록한다(15절). 이것은 그리스도가 다시 오신다는 눈에 보이는 '표시'를 주목하라는 것이 아니라, 경건하고 신실한 행동을 유지하라는 명령이다. 하나님은 결국 정의가 이기리라고 약속하셨기 때문이다. 옷을 입는다는 비유는, 어린양의 희생을 통해 값없이 주어진 거룩함, 한결같은 믿음과 하나님께 순종함으로 실천하는 거룩함을 언급하는 데 사용된다. 우리는 심판의 폭풍우가 닥칠 때 미래가 아무리 암담하다고 해도 압도되거나 무력해져서는 안 된다. 또한 앞으로 올 것들을 잊어버리거나 그리스도를 향한 헌신에서 다른 곳으로 주의를 돌리게 하는 것에 마음을 빼앗겨서는 안 된다. 대신 우리는 하나님이 우리에게 주신 때에 이 세상에서 하나님의 역사를 알고 거기 몰두해야 한다. 방심하지 않고 깨어 있는 사람들은 복이 있다.

2. 아마겟돈의 이상한 매력

이 장에 묘사된 심판의 일곱 대접이 다 무섭기는 하지만, 그중에서도 여섯째 대접은 무엇보다 두드러지게 대중의 호기심과 상상력을 자극한다. "아마겟돈"이라는 장소에 "하나님 곧 전능하신 이의 큰 날에 있을 전쟁"을 위해 온 세상에서 방대한 군대가 모인 무서운 장면은 왠지 모르게 매혹적이다. 많은 사람이 그 장면을 곰곰이 생각하게 된다. 현대 사람들은 그런 규모의 전투가 인류에게 어떤 의미일지 이미 알기 때문이기도 하고, 이 전투가 우리가 전에 본 모든 것을 뛰어넘기 때문이다. 안타깝게도 이런 대중적 매혹 때문에 계시록의 이 본문과 최근의 사건의 관련성을 두고 지지할 수 없는 추측과 이상한 주장이 생겨나는 경우가 너무 많다. 짐승과 그의 표(13장)에 대한 추측과 마찬가지로, 아마겟돈 자체뿐만 아니라 그 '성취'가 될 특정한 현재의 나라 및 장소와 아마겟돈의 관계에 대한 추측들은 후대 사람이 예언서를 해석할 때 항상 당혹스러운 부분이 되었다(12-16절에 대한 설명을 보라).[73] 아마겟돈이 지상의 군사적 싸움같이 진행되리라고 예상해야 하는 것은 사실이지만(이것은 지상의 싸움처럼 끝나지 않겠지만, 참고. 19:19-21), 그때 일어날 행동의 특정한 세부 사항을 규정하려는 유혹에는 저항해야 한다. 요한계시록은 그런 정보를 전혀 주지 않는다. 이것들은 실제로 그 전쟁이 일어날 때 명백해질 것이다. 하지만 때가 이르기 전에 교묘한 암호 해독에 몰두해서는 안 된다.

중동에서 현대의 이스라엘 국가와 주변 나라가 벌인 최근의 전쟁들(예를 들어, 1948, 1967, 1973년에 일어난)에 대한 혹은 이스라엘의 실존에 위협이 되는 이웃 나라의 군비 증강에 관한 글을 읽으면서, 이것이 요한계시록 16:12-16이 예언한 것이라는 추정은 솔깃하기도 하고 어느

73. 또한 대중적 예언 설교가 10-20년 지난 후에는 얼마나 진부하고 잘못돼 보일 수 있는가 하는 것의 예로는 Boyer, *When Time Shall Be No More*의 여러 장을 보라.

정도 이해할 만하다. 하지만 그런 추정들은 타당한 성경 강해로 제시될 수 없다. 그것들은 해석이 아니라 추측이며, 요한계시록 설교와 가르침에 영향을 끼쳐서는 안 된다. 이 본문에 기초해서 우리가 전달할 수 있는 수많은 가치가 있다. 우리의 소명은 견고하고 삶을 변화시키는 성경적 교훈을 가르치는 것인데, 왜 번득이는 추론에 의지하는가?

이 점을 고려하며 현대 중동의 상황을 생각할 때 너무나 흔히 저지르는 오류를 발견할 수 있다. 종말에 대한 일부 대중적 설교(아마 반유대적 편견에 대항해서 이스라엘을 변호하는 내용을 담고 있는)는 마땅히 혹은 부당하게도 인종적으로 반아랍적인 것으로 이해된다. 오늘날 우리는 현대 이스라엘 국가를 반대하는 모든 아랍 나라가 사탄의 영향력 아래 있고 하나님의 진노를 받아 마땅하다고 생각하지 않도록 주의해야 한다. 그들의 파멸을 기뻐하는 듯한(아마도 무의식적으로) 모습을 조금이라도 보이지 않도록 애써야 한다. 아랍 사람들을 위해서도 그리스도가 죽으셨고, 그들 역시 우리가 복음을 전해야 하는 세상 민족 중 하나다. 많은 아랍 사람은 이미 그리스도의 신실한 추종자이기도 하다. 때로는 그리스도인으로 헌신한 것 때문에 큰 어려움에 처한 상황에서도 그리스도를 따르는 경우도 있다. 우리가 "아마겟돈"을 두고 이야기할 때 이 점을 명확히 해야 한다.[74]

그러므로 우리에게는 진리를 전하고 오류나 오해를 막아줄 분명한 성경적 가르침에 대한 건강한 분별력이 꼭 필요하다. 선지자적 설교나 가르침은 복음에 반응하고, 거룩함과 인내를 갖추며, 그리스도를 지금도 삶의 주님으로 삼고, 진리에서 벗어나지 않게 하는 주의 깊은 분별력을 요구한다.[75]

74. Tony Maalouf, *Arabs in the Shadow of Israel: The Unfolding of God's Prophetic Plan for Ishmael's Line* (Grand Rapids: Kregel, 2003), 31-37, 222-24를 보라.

75. C. Marvin Pate, *What Does the Future Hold: Exploring Various Views on the End Times* (Grand Rapids: Baker, 2010), 139-45가 논의하는 다섯 가지 "예언의 실현 가능성"을 보라.

CHAPTER 23

요한계시록 17:1–18

문학적 전후 문맥

17:3의 "성령으로 나를 데리고"라는 문구(참고. 21:10)는 요한계시록 전체에 나오는 주요 단위의 네 전환점 중 세 번째를 표시한다는 점에서 "내가 성령에 감동되어"(1:10; 4:2)라는 표현을 반영한다('요한계시록 서론'을 보라). 요한을 '성령 안에서' 데려간 하늘 중재자의 개입은 1:9–10에서 시작되고 4:1–2에서 확장된 환상 복합체의 새로운 단계를 나타낸다. 이제 17:1–3a에서 그 환상이 또 다시 확장된다(그 내용은 16:19에서 예고되었음, 바벨론에 대한 하나님의 진노). 요한의 환상에서 이 세 번째 단계는 바벨론의 멸망에 초점을 맞춘 것으로 17:1에서 19:10까지 이어진다. 이 부분에서 바벨론은 짐승과 동맹해서 온 세상을 미혹하지만, 마지막에는 내분으로 황폐하게 되는 "큰 음녀"로 묘사된다(17:1–18). 바벨론의 사치와 비행을 통해 유익을 얻은 사람들은 그 성이 황폐하게 되는 것과 그것이 세상에 미친 영향을 몹시 슬퍼한다(18:1–24). 하지만 하늘에서는 하나님이 그 음녀를 정당하게 벌하시고 그 음녀와 대조되는 어린양의 순결한 신부를 소개하는 것을 기뻐한다(19:1–10).

환상의 네 번째 확장은 21:9–10에 나올 것이다. 이것도 마찬가지로 '일곱 대접을 가진 일곱 천사 중 하나'가 소개하는데, 그 천사 또한 "성령으로"(19:11–21:8에서 마지막 두 부분 사이의 전환을 위해 나오는 본문 단위) 요한을 데리고 간다. 세 번째와 네 번째 환상 복합체는 하나님께 반대하는 인간 문명이라는 악한 성을 나타내는 큰 음녀(17:1, 18)를 "하나님께로부터 하늘에서 내려오는 거룩한 성 예루살렘"(21:10)이기도 한 어린양의 신부와 대조한다는 점에서 서로 조화된다.[1]

1. Bauckham, *Climax*, 3–7. 이 두 복합체가 시작하는 방식에서 나타나는 대응들(일곱 천사, 요한을 성령으로 데리고 감)은 19:9–10과 22:6–9에서 그 복합체들이 결론을 맺는 방식(하나님의 참된 말씀, 천사가 아니라 하나님을 예배함)과 조화를 이룬다.

I. 서언(1:1–8)

II. 첫 번째 환상: 높임받으신 그리스도와 교회에 보내는 그리스도의 메시지(1:9–3:22)

III. 두 번째 환상: 하늘의 보좌와 세 번의 심판 주기(4:1–16:21)

➡ **IV. 세 번째 환상: 큰 바벨론의 멸망(17:1–19:10)**

A. 바벨론, 큰 음녀, 그녀가 탄 짐승(17:1–18)

B. 바벨론이 멸망한 결과(18:1–24)

C. 바벨론의 심판에 대한 경축과 어린양의 신부에 대한 준비(19:1–10)

주요 개념

사탄의 심복인 짐승과 동맹을 맺어서 쾌락을 누리고 전 세계를 지배하는 큰 성 바벨론은, 타락하고 우상 숭배에 빠지게 되며 마지막에는 내전으로 황폐하게 될 것이다.

번역

요한계시록 17:1-18

1a 행동/환상 서론 또 일곱 대접을 가진
일곱 천사 중 하나가
와서
내게 말하여 이르되

b 초청 이리로 오라
c 묘사 많은 물 위에 앉은
큰 음녀가 받을
심판을 네게 보이리라
2a 땅의 임금들도 그와 더불어 음행하였고
b 땅에 사는 자들도
그 음행의 포도주에 취하였다 하고
3a **곧 성령으로**
나를 데리고
광야로 가니라

b	행동/등장인물 입장	**내가 보니 여자가 붉은 빛 짐승을 탔는데**
c	묘사	그 짐승의 몸에 하나님을 모독하는 이름들이 가득하고
d		일곱 머리와
		열 뿔이 있으며
4a	묘사	**그 여자는 자주 빛과**
		붉은 빛 옷을 입고
		금과
		보석과
		진주로 꾸미고
b		손에 금 잔을 가졌는데
c		가증한 물건과
		그의 음행의 더러운 것들이 가득하더라
5a	신원 확인	**그의 이마에 이름이 기록되었으니**
		비밀이라,
b	동격	큰 바벨론이라,
		땅의 음녀들과
		가증한 것들의 어미라 하였더라
6a	행동/묘사	**또 내가 보매 이 여자가 성도들의 피와**
		예수의 증인들의 피에 취한지라
b	6a절의 결과	**내가 그 여자를 보고 놀랍게 여기고 크게 놀랍게 여기니**
7a	6b절에 대한 반응	**천사가 이르되**
b	질문	왜 놀랍게 여기느냐
c	약속/예고	내가 여자와 그가 탄…짐승의 비밀을 네게 이르리라
d	묘사	일곱 머리와 열 뿔 가진
8a	묘사	네가 본 짐승은 전에 있었다가
		지금은 없으나
		장차 무저갱으로부터 올라와
		멸망으로 들어갈 자니
b	8a절의 결과	땅에 사는 자들로서
c		창세 이후로 그 이름이 생명책에 기록되지 못한 자들이
d	8e절의 기초	이전에 있었다가
		지금은 없으나

		장차 나올
e		짐승을 보고 놀랍게 여기리라
9a	방백	**지혜 있는 뜻이 여기 있으니**
b	7d절의 설명	그 일곱 머리는
c		여자가 앉은 일곱 산이요
9d/10a	7d절의 설명	또 일곱 왕이라
10a/b	9d절의 설명	다섯은 망하였고 하나는 있고 다른 하나는 아직 이르지 아니하였으나
b/c	시간	이르면
c/d		반드시 잠시 동안 머무르리라
11a	8a절의 설명	전에 있었다가 지금 없어진
		짐승은
		여덟째 왕이니
		일곱 중에 속한 자라
b		그가 멸망으로 들어가리라
12a	3d절의 설명	네가 보던 열 뿔은 열 왕이니
b		아직 나라를 얻지 못하였으나
c		다만 짐승과 더불어
		임금처럼
		한동안
		권세를 받으리라
13a	12a절의 묘사	그들이 한 뜻을 가지고
b	13a절의 설명	자기의 능력과 권세를 짐승에게 주더라
14a	12a절의 설명	그들이 어린 양과 더불어 싸우려니와
b	14c절의 이유	어린 양은 만주의 주시요
		만왕의 왕이시므로
c		그들을 이기실 터이요 또
d		그와 함께 있는 자들 곧 부르심을 받고
		택하심을 받은
		진실한 자들도 이기리로다
15a	6b절의 추가 반응	**또 천사가 내게 말하되**
b	1c절의 설명	네가 본 바
c	장소	음녀가 앉아 있는 물은
d		백성과
		무리와

		열국과
		방언들이니라
16a	3d절의 설명	네가 본 바 이 열 뿔과
		짐승은 음녀를 미워하여
b		망하게 하고 벌거벗게 하고
c		그의 살을 먹고
d		불로 아주 사르리라
17a	16절의 이유	이는 하나님이
b	목적	자기 뜻대로 할 마음을 그들에게 주사
c		한 뜻을 이루게 하시고
d		그들의 나라를 그 짐승에게 주게 하시되
e	때	하나님의 말씀이 응하기까지 하심이라
18a	결론적 설명	또 네가 본 그 여자는
b		땅의 왕들을 다스리는 큰 성이라 하더라

구조

이 장은 자연스럽게 세 부분으로 나누어진다. 첫 부분은 바벨론에 대한 심판을 보도록 천사가 요한을 "성령으로 데리고" 호위해 갔다는 짧은 서술(1-6절)로 시작된다. 이 부분에는 "큰 음녀"에 대한 천사의 요약, 평가 및 요한이 환상에서 바벨론에 대해 본 것의 간략한 기록이 포함된다. 이 장 나머지는 천사 인도자가 하는 두 개의 긴 설명으로 이루어져 있다. 그 천사는 여자가 타는 짐승에(7-14절) 먼저 초점을 맞춘 다음 여자에게(15-18절) 집중한다. 각 부분에는 그 둘이 어느 정도 섞여 있다.

석의적 개요

IV. 세 번째 환상: 큰 바벨론의 멸망(17:1-19:10)

➡ **A. 바벨론, 큰 음녀, 그녀가 탄 짐승(17:1-18)**

1. 큰 음녀와 그녀가 탄 짐승에 대한 환상(17:1-6)
   - a. 음녀의 심판을 보기 위해 성령 안에서 하는 여행(17:1-3a)
   - b. 가증한 여자와 그녀의 악한 짐승(17:3b-6)
2. 짐승의 의미(17:7-14)

a. 천사의 해석에 대한 서론(17:7)

b. 짐승의 기원과 영향력(17:8)

c. 짐승의 일곱 머리: 연속적인 일곱 왕에 더하여 여덟째 왕(17:9-11)

d. 짐승의 열 뿔: 어린양에 대항하는 전쟁에서 짐승의 동맹군인 열 명의 의존국 왕(17:12-14)

3. 음녀의 의미(17:15-18)

a. 그녀가 지배하는 전 세계적 연합(17:15)

b. 하나님이 짐승과 그의 동맹들이 음녀를 반대하게 하실 때 그녀의 파멸(17:16-17)

c. 요약 설명: 그녀는 땅을 다스리는 큰 성이다(17:18)

본문 설명

17:1-3a 또 일곱 대접을 가진 일곱 천사 중 하나가 와서 내게 말하여 이르되 이리로 오라 많은 물 위에 앉은 큰 음녀가 받을 심판을 네게 보이리라 땅의 임금들도 그와 더불어 음행하였고 땅에 사는 자들도 그 음행의 포도주에 취하였다 하고 곧 성령으로 나를 데리고 광야로 가니라(1 Καὶ ἦλθεν εἷς ἐκ τῶν ἑπτὰ ἀγγέλων τῶν ἐχόντων τὰς ἑπτὰ φιάλας καὶ ἐλάλησεν μετ' ἐμοῦ λέγων, Δεῦρο, δείξω σοι τὸ κρίμα τῆς πόρνης τῆς μεγάλης τῆς καθημένης ἐπὶ ὑδάτων πολλῶν, 2 μεθ' ἧς ἐπόρνευσαν οἱ βασιλεῖς τῆς γῆς καὶ ἐμεθύσθησαν οἱ κατοικοῦντες τὴν γῆν ἐκ τοῦ οἴνου τῆς πορνείας αὐτῆς. 3 καὶ ἀπήνεγκέν με εἰς ἔρημον ἐν πνεύματι). 17장의 서두는 이 부분이 요한계시록 안에서 주제가 전환되는 중대한 지점임을 알린다(앞의 '문학적 전후 문맥'을 보라). 요한이 1:9-10부터 제시하는 부활하신 그리스도의 계시(1:9-3:22을 포함하여)는 4:1-2에서 유사한 시작부와 함께 확대되었다(4:1-16:21). 이제 요한은 16:19에서 소개된 주제(바벨론에 대한 하나님의 진노)를 발전시키면서 원래 환상의 새로운 단계(17:1-19:10)를 기록한다. 이 단계는 매우 비슷한 방식으로 시작되는 대조적 장면(21:9-22:9)으로 보완된다.[2] 17:1-3a에서나 21:9-10에서나 우리는 일곱 대접을 가진 천사 중 하나가 "성령으로" 요한을 데리고 가서 어떤 성을 대표하는 주목할 만한 여자를 "보이리라"는 것을 볼 수 있다. 그 성은 하나님께 반대하는 인간 사회를 대표하는 바벨론이거나 지상에 임한 하늘의 예루살렘이다. 두 부분 다 놀랄 만큼 비슷한 방식으로 결론을 맺는다(19:9b-10과 22:6-9에 대한 설명을 보라).[3]

"일곱 대접을 가진 일곱 천사"(1a절)가 여기에서(21:9에서와 마찬가지로) 요한의 계시 안내자가 되는 것은 적절하다. 그들이 가진 대접은 "하나님의 진노"를 마치고(15:1) 하나님이 마지막으로 만물을 새롭게 하시는 일을 선도할 "일곱…마지막 재앙"이기 때문이다. 이런 회복이 있기 전에 악이 반드시 처리되어야 한다. 그래서 천사는 요한에게 말하면서 16:19에서 이미 예고된 결정적 "심판"(1c절)을 보라고 권한다. 거기에서 하나님은 큰 성 바벨론에 맹렬한 진노의 잔을 쏟으신다. 하지만 17:1에서 천사는 심판의 대상을 아직 밝히지 않는다(그것은 5절에 나온다). 대신 천사는 그녀를 "많은 물 위에 앉은 큰 음녀"[4]라고 묘사한다. 그것은 구약에서 나온 서너 가지 중

---

2. 일련의 전환적 환상은 바벨론의 멸망과 새 예루살렘이 이 땅에 오는 것 사이에 일어나는 중대한 사건들을 추적해간다(19:11-21:8).

3. Bauckham, *Climax*, 3-7.

4. ESV, NIV에는 "큰 음녀"(the great prostitute)라고 나오며, CSB에는 "악명 높은 음녀"(notorious prostitute)라고 나온다.

요한 주제를 결합하는 매우 함축적인 이미지다. 이스라엘의 선지자들은 예루살렘부터[사 1:21; 렘 3:3; 겔 16:15-35; 23:1-21(사마리아와 예루살렘)][5] 두로(사 23:15-17)와 니느웨(나 3:4-5)[6]에 이르는 다양한 도시 국가 혹은 나라가 신실하지 않고 잔학한 행동을 하는 것을 암시하기 위해 "음녀"(whore, KJV, NRSV), "매춘부"(harlot, NASB, RSV) 혹은 "창녀"(prostitute, CSB, ESV, NET, NIV, NLT)라는 비유적 표현을 사용했다. 보다 광범위하게 보면, 성적 부정함은 성경에서 거짓 신을 숭배하기 위해 여호와로부터 돌아서는 것을 나타내는 비유로 나온다(예를 들어, 왕하 9:22; 대상 5:25; 시 73:27; 렘 3:6; 겔 23:19, 29-30; 참고. 또한 계 2:14, 20). 하지만 천사는 이 존재를 "큰 음녀"(τῆς πόρνης τῆς μεγάλης)라고 부른다. 다른 모든 음녀 위에 있으면서 비난받을 행동을 하고 다른 음녀들도 그렇게 하도록 영향을 끼치는 죄를 범한 존재라는 말이다.[7] 그리고 요한은 '많은 물 옆에 사는'(개역개정에는 "많은 물 위에 앉은"-역주)[8]이라는 중요한 묘사를 덧붙인다(1c절). 이것은 지류와 운하들이 있는 유브라데 강에 위치한 바벨론 성을 나타내는 전통적 묘사다(렘 51:13; 시 137:1; 이 세부 사항에 대한 해석으로는 17:15에 대한 설명을 보라). 이런 배경을 알고 있는 독자는 이 음녀가 5절 이전에도 바벨론을 나타낸다고 추정할 것이다. 특히 14:8에서 "큰 성 바벨론"이 음행(πορνεία)과 연관된 후에는 더욱 그렇다. 이 "큰 음녀(바벨론)"의 지시 대상 혹은 상징적 의미에 대해서는 5절에 대한 설명을 보라.

음행이라는 주제가 2절에서도 이어지면서 그녀가 온 세상에 미친 중대한 영향에 대한 설명이 추가된다. 땅의 왕은 그와 "더불어 음행하였"(ἐπόρνευσαν)다. 이것은 다른 나라들을 바벨론의 불경한 행동에 끌어들이는 것을 나타내는 비유적 표현이다(18:3, 9에서 반복되고, 17:18에서 정치적, 문화적 지배로 해석된다). 이 구절 후반부는 이것을 "땅에 사는 자들"의 술 취함 혹은 도덕적 무능력이라고 말한다(참고. 18:23, 그녀는 만국을 미혹했다). 세상은 "그 음행의 포도주에"(2b절, ἐκ τοῦ οἴνου τῆς πορνείας αὐτῆς,[9] 참고. 14:8; 18:3) 취했고, 이에 대해 그녀와 함께 벌을 받을 것이다.[10] 앞에서 언급한 구약 배경에 비추어볼 때, 감각적인 "음녀"로 촉진된 "음행"에 대한 언급들은 영적, 도덕적 죄를 상징하는 것으로 해석해야 한다. 이 음녀는 만국이 참되신 하나님에게서 떠나 우상 숭배적 예배를 드리게 하고, 정의롭고 품위 있는 것에서 떠나 다양한 도덕적 실패를 겪게 한다. 요한의 독자들이 사는 세상에서 "음행"은, 로마의 소아시아에서 살아갈 때 날마다 그들을 꾀는 황제 숭배 및 다른 우상 숭배적 일에 관여하라는 유혹의 형태를 띤다.[11] 이

5. "음녀" 이미지가 구약에서 여러 도시에 대해 사용되었다는 사실로 볼 때 이 요소로 인해 17:1, 5에 나오는 "큰 음녀" 바벨론을 예루살렘으로 볼 수 있는지는 의문스럽다. 더 상세한 것으로는 16:19과 17:18을 보라.

6. 요한이 고대 바벨론 및 두로에 대해 구약에서 나오는 주제들을 어떻게 이용하는가에 대한 귀중한 요약으로는 Fekkes, *Prophetic Traditions*, 89-91을 보라.

7. 여기에서 "큰"(μέγας)이라는 긍정적 형용사를 사용한 것은 그 강도나 중요성 면에서 최상급인 '가장 큰'을 의미한다(진짜 최상급 자체는 신약에서 거의 한 번도 사용되지 않는다. 참고. BDAG 624; BDF §60). "큰"(great)이라는 말이 나오는 영어 문구도 비슷한 의미를 지닌다.

8. '…옆에 사는'(lives beside)이라는 문구는 '앉다, 앉혀지다'(κάθημαι)라는 동사를 사용한다. 하지만 그것은 "살다, 거하다"라는 의미다(BDAG 491; 참고. 14:6). '…옆에'(ἐπί)는 "…위에"라는 뜻일 수 있지만(κάθημαι와 함께, 6:16; 9:17), '근처에, 옆에'가 이 문맥에서는 더 낫다(참고. 마 21:19; 요 21:1). "…위에"(on 혹은 upon)와 함께, "앉다"(sit) 혹은 "앉혀지다"(seated)라고 되어 있는 역본들로는 CSB, ESV, KJV, NASB, NRSV, RSV를 보라.

9. "그 음행의"는 동격의 소유격이다("음행"은 "포도주"의 비유를 해석함). 참고. Wallace, *Grammar*, 95-96; David E. Aune, *Revelation 17-22* (WBC 52c; Nashville: Thomas Nelson, 1998), 908.

10. 예레미야 51:7은 바벨론을 만국에 대한 하나님의 심판의 도구로 말할 때 이 비유적 표현을 사용한다. 바벨론은 그들이 마시는 진노의 "금 잔"(참고. 계 17:4)이었다. 그녀는 결국 자신의 죄로 인해 심판을 받게 될 것이다. 요한계시록은 또한 바벨론이 다른 사람들에게 마시기를 강요한 후 하나님이 바벨론에게 마시게 하실 "잔" 혹은 "포도주"의 이런 용법들을 뒤섞는다(14:8; 16:19; 18:3, 6; 참고. 14:10).

11. J. Nelson Kraybill, *Imperial Cult and Commerce in John's Apocalypse*, JSNTSup 132 (Sheffield: Sheffield Academic Press, 1996), 17은 요한

묘사는 18장에서 탐욕과 재정적 착취를 포함하는 것으로 확대될 것이다.

3a절은 앞에서 언급한 주제의 전환을 마무리한다. 요한을 안내하는 천사는 그를 "성령으로…데리고 광야로" 갔다(참고. 1:9-10; 4:1-2; 21:9-10).[12] 요한은 자신이 먼 광야의 장소로 이동해 가는 것을 의식하고 있었다. 하지만 이 일이 육체적으로 일어났는지 아니면 그의 환상 속에서 일어났는지는 결정하기가 매우 어렵다(참고. 고후 12:1-5). 그 장소는 아마 이사야 21:1-2에서 영향을 받았을 것이다. 이사야 본문에서 선지자는 "해변 광야에 관한 경고"(아마 남부 메소포타미아에 관한)를 받는데, 그 경고에서 그는 "함락되었도다 함락되었도다 바벨론이여"(사 21:9; 참고. 계 14:8; 18:2)라는 메시지를 듣는다.[13]

17:3b-4 내가 보니 여자가 붉은 빛 짐승을 탔는데 그 짐승의 몸에 하나님을 모독하는 이름들이 가득하고 일곱 머리와 열 뿔이 있으며 그 여자는 자주 빛과 붉은 빛 옷을 입고 금과 보석과 진주로 꾸미고 손에 금 잔을 가졌는데 가증한 물건과 그의 음행의 더러운 것들이 가득하더라(3 καὶ εἶδον γυναῖκα καθημένην ἐπὶ θηρίον κόκκινον, γέμον[τα] ὀνόματα βλασφημίας, ἔχων κεφαλὰς ἑπτὰ καὶ κέρατα δέκα. 4 καὶ ἡ γυνὴ ἦν περιβεβλημένη πορφυροῦν καὶ κόκκινον καὶ κεχρυσωμένη χρυσίῳ καὶ λίθῳ τιμίῳ καὶ μαργαρίταις, ἔχουσα ποτήριον χρυσοῦν ἐν τῇ χειρὶ αὐτῆς γέμον βδελυγμάτων καὶ τὰ ἀκάθαρτα τῆς πορνείας αὐτῆς). 큰 음녀(1b절)가 요한의 시야에 들어올 때("내가 보니", καὶ εἶδον), 그녀는 '붉은 빛 짐승을 탄 여자'로 나타나고, "여자"(γυνή)라는 말은 그다음 구절들에서(5번, 모두 조응적 관사와 함께) "음녀"(πόρνη, 15-16절에서 두 번 그리고 19:2에서 한 번) 대신 더 자주 사용된다. 3b절에서 그 여자는 기괴한 모습을 한 "짐승"(즉, 야생 동물, θηρίον)을 타고 있는[14] 것으로 묘사된다. 그런 기괴한 모습에는 "붉은"(κόκκινος)색이라는 특징도 포함되는데, 이는 자연적 동물로서는 색다른 빛깔이지만 묵시적 혹은 상징적 동물로서는 그렇지 않다.[15] 보다 기괴한 것(그리고 명백히 상징적인 것)은 추가된 두 가지 묘사다(3c-d절). "몸에 하나님을 모독하는 이름들이 가득하고"[16]라는 말은 악마적 특성을 나타내고, "일곱 머리와 열 뿔이 있으며"[17]라는 말은 짐승의 지배력을 언급한다(다니엘 7장에 이것의 배경이 나오는 것에 대한 13:1의 설명과, 17:7-13에 대한 설명에 나오는 해석을 보라).[18] 보다 중대한 점은 이 묘사들이 여자가 13:1의 첫째 "짐승"과 연관되어 있음을 나타낸다는 것이다. "하

이 "우상 숭배, 군사적 힘, 상업 간의 상호 작용에 관심이 있었다"라고 말한다. 2:14, 20-21에 대한 설명을 보라.

12. 1:10에서 "성령에"(in the Spirit)에 대한 설명을 보라.

13. "광야"(ἔρημος)로 데려간 후 음녀를 보는 것은 아마 언어유희일 것이다. 그 환상은 17:16, 18:17, 19에서 그 음녀가 '망했다'(관련 단어, ἐρημόω)는 것을 보여주기 때문이다.

14. 여기에서 '앉다'(καθημένην, 개역개정에는 "탔는데"-역주)라는 말은 '올라탔다, 타다'라는 뜻이다(참고. 6:2; 9:17; 19:11; 그리고 7절에서는 βαστάζω를 사용해서 '데리고 가다'라고 표현됨).

15. 6:4에 나오는 말과 12:3에 나오는 용의 "붉은" 혹은 '타는 듯이 붉은' 색은 헬라어로는 다른 단어로(πυρρός), 자연적인 색이 될 수도 있는 것이었다(6:4에 대한 주를 보라).

16. 3c절에 나오는 '덮여 있고'(covered with, γέμω, 개정개역에는 "가득하고"-역주)라는 말은 통상 '가득하다'는 의미다. '덮여 있다'는 의미는 4:6, 8에서도 나온다. 4c절에서 γέμω는 더 통상적인 의미를 지닌다.

17. 3c-d절의 두 분사는 "짐승"(θηρίον, 중성 대격 명사)을 묘사하지만 문법적 성의 불규칙적 호응을 보인다(가장 믿을 만한 본문 독법들에 따르면 그 분사들은 남성이다). 이것은 의미에 따른 문법적 호응으로 인한 것이다. "짐승"은 어떤 사물이 아니라 사람을 상징하기 때문이다. "있으며"라고 번역된 분사 역시 문법적 격의 호응이 이루어지지 않는다(그것은 주격이다). 하지만 이것은 요한 특유의 개인 언어체의 일부인 듯하다. 그런 분사들은 종종 주격 주어들과 호응해서 주격이 되어야 하며, 요한은 여기에서 그것으로 되돌아간다(예를 들어, 6:2, 5; 8:3, 비슷한 문법적 호응 문제로는 1:16; 4:7; 5:6을 보라).

18. 이들이 두 개의 다른 통치 권위를 상징한다는 것을 주목하는 것이 중요하다. 머리들은 짐승이 나타내는 통치 계열에서 그 짐승보다 앞서 나왔던 일곱 왕이며, 뿔들은 짐승과 동맹을 맺은 열 왕이다(7-13절). 이 둘은 짐승과 그의 열 의존국 왕이 여자(즉, 바벨론/로마), 즉 일곱 왕(짐승을 포함해서)이 전에 그 권세와 동일화되었던 여자를 공격할 때 내전이 일어나 서로 갈라질 것이다(16-18절).

나님을 모독하는 이름들", "일곱 머리", "열 뿔"은 머리와 이름의 순서가 바뀐 것만 빼고는 13:1을 문자 그대로 반복한다. 요한계시록 17:7-8은 이렇게 동일하게 여기는 것이 맞다고 확증한다. 처음에 "짐승"(a beast, 관사 없음, 규정되지 않음)이라고 묘사되었던 것이 13:1(그리고 11:7)에서 이미 알려진 그 짐승(the beast)이라고 3b절에서 재빨리 나온다. 그 짐승은 어떻게든 여자 바벨론과 동맹을 맺거나 그를 섬기는 것으로 제시된다.[19]

그 여자는 왕족의 아름다움과 혐오스러운 가증함이라는 두 강력한 이미지로 묘사된다(4절). 그녀는 "자줏빛과 붉은빛"[20] 옷과, "금과 보석과 진주" 장신구를 하고 있으며, 손에는 "금잔"을 들었다.[21] 하지만 그 잔은 "가증한 물건과 그의 음행의 더러운 것들"로 가득하다. 이것은 그녀가 만국을 더러움과 우상 숭배로 인도한 것을 언급한다(2, 4절; 참고. 신 12:31; 대하 28:3; 사 2:8; 렘 13:27; 마 24:15; 막 13:14).[22]

17:5-6 그의 이마에 이름이 기록되었으니 비밀이라, 큰 바벨론이라, 땅의 음녀들과 가증한 것들의 어미라 하였더라 또 내가 보매 이 여자가 성도들의 피와 예수의 증인들의 피에 취한지라 내가 그 여자를 보고 놀랍게 여기고 크게 놀랍게 여기니(5 καὶ ἐπὶ τὸ μέτωπον αὐτῆς ὄνομα γεγραμμένον, μυστήριον, Βαβυλὼν ἡ μεγάλη, ἡ μήτηρ τῶν πορνῶν καὶ τῶν βδελυγμάτων τῆς γῆς. 6 καὶ εἶδον τὴν γυναῖκα μεθύουσαν ἐκ τοῦ αἵματος τῶν ἁγίων καὶ ἐκ τοῦ αἵματος τῶν μαρτύρων Ἰησοῦ. Καὶ ἐθαύμασα ἰδὼν αὐτὴν θαῦμα μέγα). 여자의 명료한 신원은 5절에서 분명해진다. 하지만 요한은 진술된 신원이 실제로 그 여자가 무엇을 의미하는지 간파하게 하는 책략이라는 것을 보여준다. 종종 요한계시록에서 어떤 사람이 지닌 이름이나 "이마"에 지닌 표는 그의 소유주 혹은 통치자의 신원을 밝힌다(3:12; 7:3; 9:4; 13:16-17; 14:1, 9; 20:4; 22:4). 하지만 여기에서와 19:12, 16에서만 그것은 그 사람의 신원을 밝혀준다. 어디까지가 실제 이름인지는 분명하지 않지만, "비밀"이라는 말은 실제 이름의 일부(ASV, KJV에서 그렇게 보는 것처럼, "비밀, 큰 바벨론")가 아니라 "이름"과 동격으로 그것의 특징을 설명하는 것(CSB, NASB, NET, NIV, NRSV, REB; 참고. ESV, RSV, "비밀스러운 이름")일 가능성이 더 크다.[23] 신약에서 "비밀"이라는 말의 표준적 의미는 전에는 감추어졌고 알 수 없었지만 지금은 계시된 비밀, 특히 세상의 구속

19. 하지만 이런 연관 혹은 동맹 때문에 여자의 상징적 의미(이를테면 로마를 언급하는)가 짐승의 지시 대상(로마와 관련되어 있지만 그것과 동일한 것은 아닌)과 같게 되는 것은 아니다. 16절은 구분이 유지되어야 한다는 것을 보여줄 것이다.
20. 이 색들은 보통 어떤 사람이 부유하고 지위가 높다는 것을 나타냈다(삼하 1:24; 단 5:7; 막 15:17-18; 눅 16:19; 참고. 1 Esd 3:6; 1 Macc 10:20).
21. "금잔"(LXX 28:7, ποτήριον χρυσοῦν)과 바벨론의 그런 연관에 대해서는 예레미야 51:7을 보라. 하지만 그 비유적 표현은 여기에서는 다른 식으로 사용된다.
22. 그 여자는 분명 자신이 정치적, 경제적으로 지배하는 사람들에게 종교적 혹은 영적 영향을 발휘한다. 4c절과 5b절이 암시하는 바와 같다. 하지만 요한계시록 17-18장 본문에는 여기에서 두 개의 다른 실체가 묘사되었다고 볼 만한 설득력 있는 기초는 없다. 곧, Smith, *Revelation*, 241-43, 248, 251; Thomas, *Revelation 8-22*, 304-8; and Walvoord, Rawley, and Hitchcock, *Revelation*, 253, 256-59, 265-67이 진술하는 것처럼, 17장에서는 교회적 바벨론(즉, 교황제도를 시행하는 로마 가톨릭이든 에큐메니컬 개신교든)을 그리고 18장에서는 정치적 혹은 상업적 바벨론을 묘사한다는 것이다. 이런 접근법에 대해 설득력 있게 반대 주장을 펼치는 Thomas R. Edgar, "Babylon: Ecclesiastical, Political, or What?," *JETS* 25 (1982): 333-41; Charles H. Dyer, "The Identity of Babylon in Revelation 17-18, Part 1," *BSac* 144 (1987): 305-16을 보라. 그런 개념들은 교황을 적그리스도로 보는 종교 개혁자들의 견해에 뿌리를 박고 있는 듯하다(참고. Kovacs and Rowland, *Revelation*, 153-59, 182-86). 그런 견해는 한 세기 전의 근본주의자들과 현대주의자들 논쟁에 대한 혐오를 통해 침투해 들어왔다. 오랜 세월 동안 큰 음녀에 대한 다양한 해석들을 놓고 해석학적 성찰을 한 것으로는 Ian Boxall, "The Many Faces of Babylon the Great: *Wirkungsgeschichte* and the Interpretation of Revelation 17," in Moyise, *Studies in the Book of Revelation*, 51-52, 56-66을 보라.
23. 거의 모든 영어 역본은 "큰 바벨론" 다음에 나오는 문구들을 이름의 일부로 보며, 그것은 그럴듯하게 보인다. 하지만 그렇게 되면 설사 묵시적 환상 속이라도 여자의 이마에 다소 긴 이름이 기록되게 된다. "땅의 음녀들과 가증한 것들의 어미"라는 말은 이름 자체의 일부이기보다 추가 묘사일 가능성이 있다.

에 대한 하나님의 계획을 나타낸다(참고. 10:7; 막 4:11; 롬 16:25-26; 엡 3:3-6, 9; 골 1:26-27). 하지만 그것은 또한 당혹스럽거나 불가해한 것, 완전히 이해하려면 해석이 필요한 어떤 상징을 의미할 수도 있다(계 1:20; 참고. 단 2:18-47; 살후 2:7). 여기에서는 그런 의미인 듯하다. 하지만 명백한 의미를 보강해주는 구두적 책략이나 술책이라는 뉘앙스가 추가되어 있다.[24]

여자의 주된 이름은 "큰 바벨론"(5b절)으로 제시된다. 추가 문구는 그 여자를 "땅의 음녀들과 가증한 것들의 어미"라고 묘사하는데, 그것은 여자의 영향력이 광범위한 효과를 발휘하고 있음을 나타낸다. 그 여자는 자신처럼 "음행"(즉, 개인적 이득을 위해 귀중하거나 신성한 것을 오용하는 것, 악하거나 자기중심적인 목적을 위해 옳고 선한 것을 침해하는 것)에 관여하는 다른 사람들을 낳는다는 의미에서 "어미"[25]다.[26] 그래서 또한 그 여자는 다른 무엇보다도 혐오스럽고 불쾌한 행동, 특히 우상숭배적 행동의 기원이다(4c절에 나오는 "가증한 물건"에 대한 설명을 보라). 그 여자는 자신을 부를 때 이 이름 중 어떤 것도 사용하지 않을 것이다(2:20에 나오는 이세벨과 매우 비슷하다). 특히 추가 문구는 더욱 사용하지 않을 것이다. 요한의 환상에서 성령이 여자의 특징을 이렇게 부여한 것이다.

하지만 "큰 바벨론"이라는 불가해한 이름은 여전히 요한과 그의 독자들이 이 여자를 누구로 이해해야 하는지에 대해 논란의 여지를 남겨놓는다. 17-18장에 나오는 더 많은 세부 사항은 생각해볼 만한 정보를 제공한다. "바벨론"이라는 이름은 앞부분에서 자세히 묘사되지 않은 상태로 나왔었다(14:8; 16:19). 더 선호되는 견해는 그것이 종말 때 있을 비슷하지만 한층 더 악한 특성을 지닌 세계적 강대국을 가리킨다는 것이다. 더 상세한 논의로는 '심층 연구: 바벨론의 정체'의 관련 부분을 보라.

심층 연구

바벨론의 정체

해석자들은 "큰 바벨론"이 무엇을 가리키는가에 대해 세 가지 주요 제안을 한다. 하나는 "바벨론"이 메소포타미아의 고대 도시로서 성경 시대처럼 다시 한번 종말 때에 국제적으로 지배적 권세가 되고 하나님을 반대하기 위해 회복된다는 것이다. 이 견해를 지지하는 사람들은 그것이 "문자적 해석 방법을 존중하는"[27] 단 하나의 견해라고 주장한다. 이 견해의 문제점은 그것이 너무 문자적이기도 하고, 충분히 문자적이지 않기도 하다는 것이다. 그것은 저자가 비유적 의미를 의도한다는 것에 주목하지 않고 본문

24. 요한은 11:8에서 "영적으로 하면"(πνευματικῶς)이라는 문구를 사용함으로써 이름의 진짜 지시 대상에 대해 비슷한 책략을 사용한다. "큰 성…은 영적으로 하면 소돔이라고도 하고 애굽이라고도 하니 곧 그들의 주께서 십자가에 못 박히신 곳이라"는 것이다. 전후 문맥으로 볼 때 예루살렘을 말하는 것이 분명하다. 하지만 "소돔과 애굽"이라는 이름은 함축적 의미를 깊어지게 한다.

25. 헬라어에서 관사는 탁월한 의미를 지닌다. 그녀는 다른 무엇보다도 이것의 좋은 예가 된다(참고. Wallace, *Grammar*, 222-23).

26. BDAG 649; 참고. Tob 4:13, "게으름은 굶주림의 어미다."

27. Kenneth W. Allen, "The Rebuilding and Destruction of Babylon," *BSac* 133 (1976): 19-20; 참고. Charles H. Dyer, "The Identity of Babylon in Revelation 17-18, Part 2," *BSac* 144 (1987): 443-49. Thomas, *Revelation 8-22*, 289-90, 307 역시 바벨론이 회복된 고대 도시라는 견해를 신봉한다.

의 '자구'(字句)를 경직되게 따른다는 의미에서 너무 문자적이다. 바벨론의 멸망에 대해 구약 본문에 나오는 과장법적 언어[28] 및 요한계시록에서 요한이 예표론적인 비유적 표현을 사용하는 것(2:14, 20; 11:8; 14:8; 16:8의 설명을 보라)을 설명하지 못하기 때문이다. 그리고 그것은 17:9-11[요한이 글을 쓰는 현재 존재하는(ἔστιν) 한 "왕". 11절은 '왕들'이 그 단락 내내 인격적인 존재였다는 것을 보여준다][29]과 18:17, 19(해상 무역 중심지였던 바벨론의 소멸을 애도하는 구절들)을 해석하는 것에서는 충분히 문자적이지 않다. 메소포타미아 도시는 이 묘사 중 어느 것에도 맞지 않는다.

두 번째 견해는 "바벨론"이 선지자들을 핍박했고(11:8), 하나님과 그분의 언약에 대한 불충함으로 창녀가 되었으며(예를 들어, 사 1:21; 렘 3:3), 자신의 메시아를 거부한(그리고 일부 사람들에 따르면 반기독교적이고 군국적의적인 민족주의를 채택한) "큰 성" 예루살렘을 상징한다는 것이다.[30] 이 견해가 지닌 난점은 다른 구절에서뿐만 아니라 16:19과 17:18(설명을 보라)에서 가장 분명하게 나타난다.[31]

세 번째이자 가장 흔한 해석 그리고 여기에서 채택하는 해석은 "바벨론"이 로마와 1세기 로마 제국을 언급한다는 것이다. 그것은 구약에서는 고대 바벨론에서 그리고 요한의 시대에는 로마에서 예시되었고, 종말 때 극단적으로 표현될 것으로 예상되는 불경한 통치 유형이다(14:8; 16:19에서 그리고 '요한계시록 서론'의 '구약 사용: 예언과 예표'에서 바벨론을 하나의 예표로 해설하는 것을 보라). 많은 해석자가 이 접근법을 지지하고, 그들 중 일부는 강조점이 서로 다르다.[32] 이 해석은 멀리 페타우의 빅토리누스(Victorinus of Pettau, 3세기)까지 거슬러 올라간다.[33] 이것은 다른 견해들보다 더 많은 점에서 본문의 세부 사항에 더 들어맞는다. 하지만 예표론적 유형이 마지막 때에 극단적 형태로 반복될 것이 지리적 장소가 아니라 온 세상에 대한 불경하고 억압적인 영향이라는 것을 시사한다. 그것이 메소포타미아나 이탈리아에 있다는 것이 초점은 아니다. '소생한 로마 제국' 혹은 유럽을 중심으로 한 '열 나라의 연합체'에 대한 대중의 기대는 그에 따라 조정되어야 한다.

요한은 그 여자를 더 자세히 볼 때['그리고 내가 보니'(καὶ εἶδον), 3b절에서처럼], 그 여자가 자신이 죽인 하나님 백성의 "피에 취한" 것을 깨닫는다(6a절). 이 문맥에서 '취하다'(μεθύω)라는 동사는 그 여자가 미친 듯이 비틀거리고 모든 판단력을 잃었다는 의미에서 취한 것을 강조하지는 않는다(약간 그럴 수는 있지만). 그보다 요점은

28. Beale, *Revelation*, 829-30; Homer Heater, "Do the Prophets Teach That Babylonia Will Be Rebuilt in the *Eschaton*?," *JETS* 41 (1998): 23-43.

29. G. Biguzzi, "Is the Babylon of Revelation Rome or Jerusalem?," *Bib* 87 (2006): 372.

30. Beagley, *Apocalypse*, 92-100; Ford, *Revelation*, 283-86; Lupieri, *Apocalypse*, 248-67; Rick van de Water, "Reconsidering the Beast from the Sea (Rev 13.1)," *NTS* 46 (2000): 245-61.

31. 또한 Biguzzi, "Babylon," 380-83.

32. Aune, *Revelation 17-22*, 959-61; Koester, *Revelation*, 675, 683-84; Osborne, *Revelation*, 608-9. Beale, *Revelation*, 888은 바벨론이 "역사 내내 있었던 세상의 악한 경제적, 종교적 체계 전체"로, 17:15-17에 나타난 "종말 때"의 반역까지 "정치적 영역에도" 역시 영향을 끼친다고 말한다. 그는 여자(858-59)와 짐승(869-70) 둘 다 역대 모든 악하거나 불경한 "세계 체계"의 국면(883-86)으로서 "초시간적 성질"을 지니고 있음을 강조한다. 하지만 그는 1세기 로마를 "짐승의 당대의 구현"(869) 혹은 바벨론의 구현(843, 885-86)으로 포함시킨다. 그는 이것을 '예표론'이라고 부르지 않고 "단계적으로 확대된 방식으로"(830) 적용된 유추 혹은 종말 때에 "재적용된"(883) 구약의 비유적 표현이라고 부른다.

33. Biguzzi, "Babylon," 373-74. 또한 Weinrich, "Oecumenius," 72-76을 보라. 그 역시 그 여자를 로마라고 본다.

그 여자가 '마음껏' 마셨다는 것, '많이' 마셨다는 것 혹은 게걸스럽게 살인을 했다는 것이다(참고. 사 58:11; 고전 11:21).[34] 그 여자는 "성도들"(즉, 전반적인 하나님의 백성, 참고. 5:8에 대한 설명)의 피를 그리고 보다 구체적으로는 "예수의 증인들"(τῶν μαρτύρων Ἰησοῦ), 곧 예수님을(목적격적 소유격) 충성스럽게 증언한 사람들의 피를 뿌렸다. 사람들이 그리스도께 충성한 것 때문에 실제로 죽었거나 죽음의 위협을 받았다는 것은 요한계시록에서 거듭 언급되고(2:13; 6:9; 11:7; 16:6; 20:4), 바벨론은 특히 이 박해에서 담당한 역할에 대해 책임을 지게 될 것이다(18:20, 24).

6절 마지막 부분은 요한이 본 여자에 대한 환상[1-6절; 여기에서 "또 내가 보매"(ἰδὼν αὐτήν)라는 말로 강화된]에서 그 환상에 대한 천사의 설명(7-18절)으로 전환되기 시작한다. 6b절과 7b절에서 그 변화를 나타내기 위해 '놀랍게 여기다'(θαυμάζω)라는 동사가 나온다. 여기에서 '놀라다'[35]라는 말은 "두려움과 경악으로 섬뜩하다"와 "혼란스러워하다, 당혹하다"[36]라는 의미가 혼합된 것이다. 이런 반응은 묵시적 본문에서 상징적인 환상 체험 다음에 하늘의 해석이 이어질 때 자주 나온다. '당혹스러운 두려움'(때로는 θαυμάζω나 ἀποθαυμάζω로 표현되고, 때로는 그 동의어들로 표현되는)의 반응은 환상을 받는 사람들이 보이는 전형적 특징이다(예를 들어, 단 4:19; 7:15; 8:27; 참고. 4 Ezra 10:27-37; 12:4-9; 13:14-20).[37]

17:7-8 천사가 이르되 왜 놀랍게 여기느냐 내가 여자와 그가 탄 일곱 머리와 열 뿔 가진 짐승의 비밀을 네게 이르리라 네가 본 짐승은 전에 있었다가 지금은 없으나 장차 무저갱으로부터 올라와 멸망으로 들어갈 자니 땅에 사는 자들로서 창세 이후로 그 이름이 생명책에 기록되지 못한 자들이 이전에 있었다가 지금은 없으나 장차 나올 짐승을 보고 놀랍게 여기리라(7 καὶ εἶπέν μοι ὁ ἄγγελος, Διὰ τί ἐθαύμασας; ἐγὼ ἐρῶ σοι τὸ μυστήριον τῆς γυναικὸς καὶ τοῦ θηρίου τοῦ βαστάζοντος αὐτήν τοῦ ἔχοντος τὰς ἑπτὰ κεφαλὰς καὶ τὰ δέκα κέρατα. 8 τὸ θηρίον ὃ εἶδες ἦν καὶ οὐκ ἔστιν καὶ μέλλει ἀναβαίνειν ἐκ τῆς ἀβύσσου καὶ εἰς ἀπώλειαν ὑπάγει, καὶ θαυμασθήσονται οἱ κατοικοῦντες ἐπὶ τῆς γῆς, ὧν οὐ γέγραπται τὸ ὄνομα ἐπὶ τὸ βιβλίον τῆς ζωῆς ἀπὸ καταβολῆς κόσμου, βλεπόντων τὸ θηρίον ὅτι ἦν καὶ οὐκ ἔστιν καὶ παρέσται). 요한의 천사 인도자(참고. 1절)는 환상에 대한 요한의 반응에 이의를 제기하지만, 그것의 의미를 설명해주겠다고 약속하며(7절) 곧바로 설명하기 시작한다(8절 이하). 천사의 말은 바로 여기에서부터 이 장 끝까지 인용된다. 중간에 요한의 짧은 삽입구(9a, 15a절)만 나올 뿐이다. 그의 설명은 먼저 짐승의 의미를(8-14절) 그다음에는 여자를(15-18절) 중심으로 하고 있으며, 각 부분에서 두 가지가 약간 혼합해서 나온다.[38]

천사는 요한이 놀란 것을 목격하며(6b절) 분명 그로 인해 잘못 방향을 틀어 경배로 이어졌을 수도 있다고 생각한다. 질문("왜 놀랍게 여기느냐", διὰ τί ἐθαύμασας)과 이어서 8b-e절에 나오는 진술(세상 사람들이 "놀랍게 여기리라", θαυμασθήσονται)은 요한이 당혹스럽게 놀라움을 느끼다가 여자 혹은 짐승을 경배하여 흠모하게 될 수도 있다는 우려를 시사한다(참고. 13:3-4).[39] 하지만 제대로

34. BDAG 626; LN §23.37.
35. "내가…크게 놀랍게 여기니"라는 말은 더 문자적으로는 '내가 큰 놀라움으로 놀랍게 여기다'(ἐθαύμασα…θαῦμα μέγα)로, 같은 어원에서 나온 대격(동사 자체와 같은 어근에서 나온 직접 목적어 명사, 참고. 16:9과 BDF §153.1)을 사용하고 '큰'이라는 형용사가 대격을 수식한다.
36. BDAG 444.
37. 또한 레위기 26:32, 욥기 17:8, 18:20을 보라. 거기에서 문맥은 다르지만, 다니엘 4:19(4:16 MT), 8:27에 나오는 히브리어 아람어 동사 שׁמם을 번역하기 위해 헬라어 θαυμάζω 혹은 θαῦμα가 사용된다.
38. 천사의 인용된 설명은 내러티브가 아니라 보고나 묘사 방식의 특징인 시제 사용 유형(즉, 현재, 미래, 미완료, 부정과거의 혼합)을 반영한다(4:5에 대한 주를 보라).
39. BDAG 444-45; G. Bertram, "θαυμάζω," *TDNT* 3:41.

이해하면 그런 반응이 나오지 않을 것이다. 그래서 그 천사는 "비밀"(τὸ μυστήριον), 곧 여자와 짐승 둘 다에 관한 은밀한 상징(참고. 5절)을 설명해주겠다고 약속한다.[40] 7c절은 여자와 짐승을 3b절에서 나온 순서대로 언급한다. 하지만 나중에 나오는 설명에서는 그 순서가 반대로 된다. 처음에 짐승이 나오고(8–14절) 그다음에 여자가 나오는 것이다(15–18절). 7절 마지막 부분은 3d절에서 그 짐승의 가장 당혹스러운 특징("일곱 머리와 열 뿔")을 반복한다. 그것은 그다음에 나오는 구절들에서 설명될 것이다(각각 9–11절과 12–14절에서). 천사 해석자가 설명해서 도와주는 것은 묵시적 환상의 일반적 특징이다. 비유적 표현은 종종 당혹스럽기 때문이다.[41]

요한이 천사의 해석을 기록할 때, 처음 주제는 절 맨 앞에 "네가 본 짐승은"이라고 접속사 없이 나온다(8a절).[42] 해석은 처음에는 짐승 자체에(8절) 그다음에는 짐승의 머리에(9–11절) 그리고 마지막으로 짐승의 뿔에(12–14절) 초점을 맞춘다. 묵시 문학에서 종종 그렇듯(예를 들어, 단 7:23–27; 9:25–27), '설명'은 신원이나 환상 내용의 의미에 대해 중요한 단서들을 주기는 하지만 여전히 다소 불가해하다. 8a절에서 짐승 자체에 대해 한 말이 특히 그렇다. "짐승은 전에 있었다가 지금은 없으나 장차 무저갱으로부터 올라와 멸망으로 들어갈 자니"라는 말은 많은 것을 명료하게 설명해주는 것 같지 않다. 그것은 분명 다니엘 4:22("이 나무는 곧 왕이시라") 혹은 8:20–21("메데와 바사 왕들이요…곧 헬라 왕이요")같이 구체적으로 지시 대상을 가리키지는 않는다.[43] 하지만 11:7과 13:1–3에서 짐승에 대해 이미 말한 것을 그들이 현재 처한 역사적 상황에 비추어 성찰하면 독자들은 필요한 통찰을 얻게 될 것이다.

그 짐승은 "전에 있었다가"(ἦν, 즉, '과거에 존재했다') "지금은 없으나"(οὐκ ἔστιν, 즉, 요한이 글을 쓰고 있는 때에는 살아 있는 자의 세상에 존재하지 않는다) "장차 무저갱으로부터 올라"온다(8a절; 참고. 11:7, 그는 죽은 자들의 영역에서 일어날 것이다. 9:1에 대한 설명을 보라). 이 모든 것은 사실이다. 그는 죽임당했으나 곧 다시 살아날 것으로 예상되었기 때문이다. 그는 13:3에서 치명상을 입었는데("죽게 된 것 같더니") 그 치명적 타격이 "나은"(13:3, 12) 자로 묘사된다. 즉, 그는 "칼에 상하였다가 살아"났다(13:14). 이 놀라운 회복에 대해 비그리스도인("생명책"에 기록되지 않는, 8c절; 13:8; 참고. 3:5)들은 초자연적 회복처럼 보이는 것에 놀라워하며 그를 숭배하는 반응을 보인다(그들은 "놀랍게 여기리라", 8e절; 13:3). 8d절은 그들이 "이전에 있었다가 지금은 없으나 장차 나올"(ἦν καὶ οὐκ ἔστιν καὶ παρέσται, 처음 두 동사는 8a절로부터 반복된다) 짐승을 "보고"[44] 경배할 것이라고 하면서 13:3, 12을 다른 말로 반복한다. 여기에서 그 짐승에 대해 제시되는 유일한 부정적 사항은 8a절의 마지막 절로 그가 "멸망으로" 들어간다는(그것은 11b절에서 8–11절을 하나의 단위로 묶어주는 인클루지오로 반복된다) 것이다. 짐승이 사탄에게 고취되어 다시 오시는 그리스도께 적대감을 보일 때까지는 짐승의 이력은 대단히 성공한 것처럼 보일 것이다. 그러나 그 시점에 그는 신속하고 압도적으로 패배할 것이다

40. '여자와 짐승에 관한'(τῆς γυναικὸς καὶ τοῦ θηρίου, 개역개정에는 "여자와…짐승의"–역주)이라는 문구는 "비밀" 같은 단어와 함께 목적격적 소유격의 의미를 반영한다(즉, …에 대한 혹은 …에 관한, 참고. Wallace, *Grammar*, 116–19).

41. 예를 들면, 단 7:15–28; 8:15–25; 슥 1:7–11; 4:1–14; 참고. 1 En. 52:2–9; 4 Ezra 12:1–39; 2 Bar. 55–56.

42. 이 단어 순서는 "짐승"이 그다음에 나오는 내용의 주제임을 나타낸다(참고. Runge, *Discourse Grammar*, 187–92).

43. 왜 그렇게 직접 신원을 밝히기를 피하는지에 대한 논의로는 13:18의 주를 보라.

44. '그들이 보고'(βλεπόντων)라고 번역된 분사는 "놀랍게 여기리라"는 주동사를 수식한다. 그래서 그것은 "땅에 사는 자들"(οἱ κατοικοῦντες ἐπὶ τῆς γῆς)이라는 주어와 문법적 호응을 이루는 주격일 것으로 예상된다. 하지만 그것은 중간에 나와 있는 소유격 관계 대명사(ὧν)의 격에 이끌렸다. Mathewson, *Handbook*, 230을 보라. 그것은 Aune, *Revelation 17-22*, 910과 다른 사람들이 주장하는 것처럼 소유격 대명사가 생략된 독립 소유격이 아니다(참고. BDF §423.6).

(19:19-21; 참고. 살후 2:8).

17:9-11 지혜 있는 뜻이 여기 있으니 그 일곱 머리는 여자가 앉은 일곱 산이요 또 일곱 왕이라 다섯은 망하였고 하나는 있고 다른 하나는 아직 이르지 아니하였으나 이르면 반드시 잠시 동안 머무르리라 전에 있었다가 지금 없어진 짐승은 여덟째 왕이니 일곱 중에 속한 자라 그가 멸망으로 들어가리라(9 ὧδε ὁ νοῦς ὁ ἔχων σοφίαν. αἱ ἑπτὰ κεφαλαὶ ἑπτὰ ὄρη εἰσίν, ὅπου ἡ γυνὴ κάθηται ἐπ' αὐτῶν. καὶ βασιλεῖς ἑπτά εἰσιν· 10 οἱ πέντε ἔπεσαν, ὁ εἷς ἔστιν, ὁ ἄλλος οὔπω ἦλθεν, καὶ ὅταν ἔλθῃ ὀλίγον αὐτὸν δεῖ μεῖναι. 11 καὶ τὸ θηρίον ὃ ἦν καὶ οὐκ ἔστιν καὶ αὐτὸς ὄγδοός ἐστιν καὶ ἐκ τῶν ἑπτά ἐστιν, καὶ εἰς ἀπώλειαν ὑπάγει). 짐승에 대한 환상의 세부 사항에 관한 천사의 해석이 계속되다가(9-11절에서 "머리"에 초점을 맞춰서) 9a절에 나오는 삽입구적 방백으로 잠시 중단된다. 이 삽입구는 요한의 편집자적 삽입으로 이해해야 한다. 7절에서 시작되고 14절까지 이어지는 천사의 설명 중간에 요한이 적어 넣은 것이다. 13:10, 18에 나오는 유사한 표현들을 볼 때 "…이 여기 있으니"라는 말은 '이것은…을 요구한다'로 풀어쓸 수 있고, 그 짐승의 불가해한 이야기(8a, d절, "전에 있었다가 지금은 없으나" 등)가 의도한 의미를 해독하기 위해서는 주의 깊은 성찰이 필요하다는 것을 나타낸다.[45] 유감스럽게도, 그다음에 나오는 설명 역시 무슨 말인지 이해하기 어렵다. 이런 불가해함의 일부는 짐승의 "일곱 머리"가 "일곱 산"(9c절)이며 또 "일곱 왕"(9d/10a절)을 나타낸다고 말하기 때문이다.[46] 각 문구와 함께 추가된 세부 사항들은 그 의미를 구별하는 데 도움이 된다. 그 짐승의 머리들은 여자의 위치를 보여준다는 점에서 "산"이다(9b-c절). 하지만 그것은 짐승의 역할과, 그 역할에서 그와 관련된 다른 존재들의 특성을 묘사한다는 점에서 "왕"이다(9d/10a-11절). 그 여자는 짐승 위에 앉았고(3절) 짐승이 그를 태웠다고(7절) 묘사된다. 그러므로 짐승의 머리가 있는 위치에 관한 정보가 있다면 그 여자의 위치도 알 수 있을 것이다. "일곱 산"에 앉았다는 것은 그 여자가 로마와 연관되어 있음을 나타낸다. 로마는 고대 사회에서 "일곱 산의 도시"로 널리 알려져 있었기 때문이다.[47]

짐승의 일곱 머리가 또한 "일곱 왕"(헬라어 본문에는 9d절, 많은 영어 역본들에는 10a절)이라는 것은 여자에게 잠시 맞추었던 초점을 돌려, 짐승의 통치 권위 및 그와 연관된 일련의 통치자들의 역사에 대한 상세한 설명에 초점을 맞춘다(10-11절). 여러 개의 머리와 뿔이 달린 짐승이 등장하는 다니엘의 환상과 비슷하게(단 7:17-27) 이 "왕"은 통치를 하는 사람을 나타낼 수도 있고 그가 다스리는 나라(혹은 제국)를 나타낼 수도 있다. 그리고 그것이 의도한 의미에서 사람과 영역이 중복될 수도 있다. 일곱 "왕"에 대해서는 이 두 견해가 다 제시되었다. 이 구절을 복잡하게 만드는 요소는 주어진 구체

45. 9a절("여기" 혹은 '이것은…을 요구한다')에서 처음에 언급하는 것이 그 전에 오는 것(8a, d절)이라는 Aune, *Revelation 17-22*, 941의 말은 맞는 듯하다.

46. 10-11절에서 일곱 왕을 개별적으로 다루는 것 때문에, 이 문맥에서 "일곱"이라는 숫자는 일부 주석가가 주장하는 것처럼(Beale, *Revelation*, 869; Aune, *Revelation 17-22*, 948; Osborne, *Revelation*, 620; Resseguie, *Narrative Commentary*, 224) 그저 "완전함"을 나타내는 비유적 표현일 가능성은 지극히 작다. 그것은 또한 숫자가 단어와 마찬가지로 명시적(명확한 항목들을 언급하는)일 뿐만 아니라 함축적(더 큰 의미나 정신을 시사하는)일 수 있다. 1:4, 11의 일곱 교회 및 7:3-8의 144,000에 대한 설명을 보라.

47. Cicero, *Att.* 6.5; Pliny, *Nat.* 3.66-67; Vergil, *Aen.* 6.781-84를 보라. Aune, *Revelation 17-22*, 944-45는 로마를 이런 식으로 언급하는 일곱 개의 다른 고대 본문을 열거한다. 이 출처들을 인용하는 것은 요한의 청중이 이 저자들의 글을 분명 읽었으리라는 주장이 아니라 (Andrew M. Woods, "Have the Prophecies in Revelation 17-18 about Babylon Been Fulfilled? Part 1," *BSac* 169 [2012]: 99-100이 암시하는 것처럼), "일곱 산"의 도시인 로마가 심지어 1세기 로마 소아시아에서도 일반적인 문화적 지식에 속해 있었으리라는 것이다. 당시 소아시아와 로마 사이의 밀접한 연관들(Thompson, *Revelation*, 146-67을 보라)도 마찬가지로 Woods가 제기하는(다른 사람들의 글을 인용해서) 또 다른 반대를 약화한다. 그 반대란 로마를 일곱 산의 도시로 보는 고대 저자들은 모두 서부 지중해 출신이며, 우리는 소아시아 사람들이 그런 묘사를 잘 알고 있을지 확신할 수 없다는 것이다.

적인 세부 사항들("다섯은 망하였고 하나는 있고" 등)이다. 이 때문에 일반적인 비유적 의미로 만족하기가 더 어려워진다. 어떤 견해가 구체적 세부 사항들을 가장 잘 설명하는가? 대부분의 해석자는 세부 사항들을 요한과 그의 독자들이 1세기 세상에서 염두에 두고 있었을 일련의 통치자들이나 제국들과 어떤 식으로든 연관시켜야 한다고 본다.[48] 하지만 10-11절을 로마 황제들(즉, '왕들', 참고. 딤전 2:2; 벧전 2:13, 17)[49] 목록과 관련시키려 하면 좌절스러울 정도로 혼란스러울 수 있다.[50] 어떤 일곱이 10-11절과 의미 있게 조화를 이루는가?[51] 이로 인해 많은 사람이 유대 기독교적 사건들에 영향을 미친 일곱 개의 역사적 제국이 이 본문과 연관되어 있으리라 주장하게 되었다. 예를 들어, 애굽, 앗수르, 바벨론, 메도 바사, 헬라, 로마 등이다(미래의 바벨론-로마가 여덟째 왕이다).[52]

나라들보다 왕들을 열거하는 것(이것이 요한의 요점일 가능성이 더 높지만, 나름의 복잡한 점들도 없지 않다)이 설득력을 지니는 부분이 있다. 요한과 그의 1세기 그리스도인 독자들에게는 기독교 운동이 시작되었을 때부터 그 운동에 부정적 영향을 끼쳤던 로마 황제들이 더 유의미할 것이라는 이해다. 그들은 앞으로 올 적그리스도가 성취할 유형에 명확하게 들어맞는 사람들이다.[53] 그 목록은 칼리굴라, 클라우디우스, 네로와 함께 시작될 것이다. 그들은 모두 자기 자신을 높이는 행동을 했는데, 그것은 예루살렘뿐 아니라 로마 및 더 광범위한 지중해 세계에 살던 그리스도인들의 안전을 위협했다.[54] 네로가 죽은 후 폭풍 같았던 1년 동안 로마를 통치하려고 다투었던 세 장군은 빼는 것이 타당할 것이다. 그들이 실제로 '통치했는지'에 대해서는 논란이 있으며,[55] 그리스도인들에 대한 그들의 위협은 무시할 만한 것이기 때문이다. 베스파시아누스와 티투스는 예루살렘을 멸망시켰으므로 분명 그 목록에 맞을 것이며, '망한'(10a/b절) 다섯 왕의 목록을 완성할 것이다. 그렇다면 도미티아누스가 지금 '있는'(목록에서 여섯째) 왕이 될 것이다. 요한은

48. 엄격한 미래주의적 해석은 고대 배경에 대한 이 질문에서 한 걸음 비켜나 종말 때 일어날 통치자들이나 제국들에만 관해서만 그 의미를 설명하려 할 수 있을 것이다. 하지만 요한계시록은 여기에서 그런 선택권은 미리 배제한다. 이 책은 그 장들 전체에 걸쳐서 우리가 순전히 역사적-비평적(1세기) 해석 대 순전히 미래주의적(종말) 해석 중에서 선택해서는 안 된다는 것을 보여주는 듯하다. 요한계시록(그리고 성경 일반)의 예표론은 이 '왕들'이 요한의 시대와 그 궁극적인 미래 시대에 둘 다 의미를 지니고 있을 것임을 시사한다.

49. BDAG 170.

50. 467쪽에 나오는 표에서 가능성의 범위를 보라. 더 상세한 논의로는 Aune, *Revelation 17-22*, 947-48; Beale, *Revelation*, 872-75; Koester, *Revelation*, 72-73을 보라.

51. Julius Caesar부터 시작한다면 여섯째 황제는 Nero가 될 것이다. 그것은 퍼즐에 대한 가능한 해결책이다(467쪽 표에서 'a'). 하지만 초기 황제들은 그리스도를 반대하거나 기독교에 저항하지 않았다. 그리고 이 책의 연대가 Nero 통치 시대라는 것을 거부할 만한 다른 몇 가지 이유가 있다('요한계시록 서론'을 보라). 또 다른 제안('b')은 황제라고 선포된 첫 번째 사람으로서 Augustus부터 시작하는 것이다. 그렇게 되면 Galba가 여섯째가 되며 짐승이 반영하는 유형(치명상을 입었다가 다시 살아남, 13:3; 17:8)에서 Nero의 죽음을 알 수 있게 한다.

52. Ladd, *Revelation*, 227-31; Thomas, *Revelation 8-22*, 296-98; Walvoord, Rawley, and Hitchcock, *Revelation*, 262-63. 이것은 Andrew of Caesarea(6세기)가 일찌감치 제안했다. Weinrich, "Andrew of Caesarea," 178을 보라. 이 견해의 문제점은 11a절에서 "왕"이 개인적 통치자를 언급하는 듯하다는 것이다(죽은 것처럼 보였다가 다시 살아난 짐승). 그리고 그는 "일곱 중에 속한 자"로 인용된다. Ladd(p. 227)는 9b절의 산은 개인적 왕들이기보다는 통치 권력, 나라들의 상징이라고 주장한다(예를 들어, 사 2:2; 렘 51:25; 단 2:35). 하지만 그는 그러고 나서 10-11절의 목록에 나오는 일곱째와 "여덟째"에 대해 아무런 분명한 설명도 하지 않는다(p. 231).

53. 이것은 Arie W. Zwiep, "Eight Kings on an Apocalyptic Animal Farm: Reflections on Revelation 17:9-11," in *Paul, John, and Apocalyptic Eschatology: Studies in Honour of Martinus C. Boer*, ed. Jan Krans et al. (Leiden: Brill, 2013), 225-37에 나오는 접근법이다. Glasson, *Revelation*, 99-100은 Zwiep와 대체로 같은 이론적 근거와 함께 똑같은 황제 목록을 제안한다. 이것이 옆의 표에서 'c'에 해당한다.

54. Tiberius로부터 시작하지 않은 것에 의문을 제기할 수 있다. 예수님이 그의 통치 때 십자가에 달리셨기 때문이다(명백히 적그리스도와 같은 행동). 하지만 십자가는 그리스도 편에서는 스스로 높이는 피의 복수가 아니었다. 예배를 드리라는 황제의 주장들의 인격적 어조는 Caligula 치하 때 바뀌었다.

55. Suetonius, *Vesp.* 1.1과 *Sib. Or.* 5:35는 그들을 "세 반역자 군주들"이라고 부른다.

주후 90년대 중반 도미티아누스의 통치 끝 무렵에 글을 썼기 때문이다. 그다음에 천사는 한 후계자(일곱째)를 예상하는데, 그의 임기는 하나님의 타이밍에 따라 결정된다.[56] 그는 특별히 정해지지 않은 "잠시" 동안 다스려야 한다(10c/d절). 이 말은 하나님이 주관하시며 구체적으로 계산할 수 없는 시간의 범위를 의미한다. 일곱째는 더 이상 묘사되지 않지만, 그는 아마 제국(즉, 음녀)에 대한 반역이 일어나는 미래의 마지막 날에 주관하는 통치자일 것이다(16-17절).

요한계시록 17:9-11에 나오는 왕들

황제들(연대)	a	b	c
율리우스 카이사르(Julius Caesar, 주전 49-44)	1		
아우구스투스(Augustus, 주전 31/27-주후 14)	2	1	
티베리우스(Tiberius, 주후 14-37)	3	2	
가이우스 칼리굴라(Gaius Caligula, 주후 37-41)	4	3	1
클라우디우스(Claudius, 주후 41-54)	5	4	2
네로(Nero, 주후 54-68)	6	5	3
갈바(Galba, 주후 68-69)		6	
오토(Otho, 주후 69)			
비텔리우스(Vitellius, 주후 69)			
베스파시아누스(Vespasian, 주후 69-79)			4
티투스(Titus, 주후 79-81)			5
도미티아누스(Domitian, 주후 81-96)			6
네르바(Nerva, 주후 96-98)			
트라야누스(Trajan, 주후 98-117)			
하드리아누스(Hadrian, 주후 117-138)			

천사는 11a절에서 짐승에게로 돌아와서 8a, d절에 나오는 불가해한 묘사("전에 있었다가 지금 없어진")를 반복한 다음 그를 일곱 왕과 연관시킨다. 짐승은 "여덟째 왕이니 일곱 중에 속한 자라." 죽임당했지만 다시 살아나리라 예상된 이 짐승(참고. 13:3, 12, 14)은 일곱째 황제의 후계자(그 짐승은 "여덟째"다), 같은 계열의 왕("일곱 중에 속한 자")이 될 것이다. 13:18에서 말한 것처럼, 이 짐승은 미래의 적그리스도의 한 유형인 네로를 묘사한다. 여기에서 그가 다시 살아난 것처럼 보이는 것은 잠시 다시 권세를 얻어 그를 도울 동맹군들과 함께 로마/바벨론으로 돌아오는 것과 연관된다. 하지만 그럼으로써 그는 제국이 황폐화되는 대가를 치를 것이다(16절; 18:17, 19). 분명 요한의 예표론은 네로가 돌아오는 것을 묘사하는 것이 아니라 종말 때 네로 같은 어떤 존재, 훨씬 더 흉포하고 미친 듯한 특성을 지닌 존재를 묘사한다. 하지만 그의 끔찍한 통치는 오래 지속되지 않을 것이다. 8a절이 선언하는 것처럼, 그는 "멸망으로 들어"(11b절)가서 다시 오시는 그리스도께 그 자리에서 패배한다(19:19-21). 그리스도가 짐승에게서 거두실 승리는 그다음에 나오는 짐승의 열 뿔에 대한 천사의 설명으로 이어진다(12-14절).

17:12-14 네가 보던 열 뿔은 열 왕이니 아직 나라를 얻지 못하였으나 다만 짐승과 더불어 임금처럼 한동안 권세를 받으리라 그들이 한 뜻을 가지고 자기의 능력과 권세를 짐승에게 주더라 그들이 어린 양과 더불어 싸우려니와 어린 양은 만주의 주시요 만왕의 왕이시므로 그들을 이기실 터이요 또 그와 함께 있는 자들 곧 부르심을 받고 택하심을 받은 진실한 자들도 이기리로다(12 καὶ τὰ δέκα κέρατα ἃ εἶδες δέκα βασιλεῖς εἰσιν, οἵτινες βασιλείαν οὔπω ἔλαβον, ἀλλὰ ἐξουσίαν ὡς βασιλεῖς μίαν ὥραν λαμβάνουσιν μετὰ τοῦ θηρίου. 13 οὗτοι μίαν γνώμην ἔχουσιν καὶ τὴν δύναμιν καὶ ἐξουσίαν αὐτῶν τῷ θηρίῳ διδόασιν. 14 οὗτοι μετὰ τοῦ ἀρνίου πολεμήσουσιν καὶ τὸ ἀρνίον νικήσει αὐτούς, ὅτι κύριος κυρίων ἐστὶν καὶ βασιλεὺς βασιλέων καὶ οἱ μετ' αὐτοῦ κλητοὶ καὶ ἐκλεκτοὶ καὶ πιστοί). 천사는 짐승의

56. 요한계시록에서 때에 대한 하나님의 주권적 결정을 암시하기 위해 "반드시"(δεῖ)라는 말을 사용한 것에 대해서는 1:1에 대한 설명을 보라.

머리에 초점을 맞춘(9-11절) 후 이제 요한이 본 "열 뿔"을 설명한다(12-14절). 그 뿔은 "열 왕"(12a절)을 상징한다. 하지만 일곱 머리가 나타낸 것처럼(9-11절) 하나씩 연이어 통치하며 과거에서부터 미래까지 이어지는 왕들이 아니다. 이 열 뿔은 짧은 기간("한동안") "짐승과 더불어" 동시에 권위를 행사하는데, 그들의 통치는 아직 시작되지 않았다. 그들은 "아직 나라를 얻지 못하였"다[12b-c절; 참고. 17-18절의 '다스리는 권세'(ruling authority) 혹은 '나라의 통치'(kingdom rule, βασιλεία), 개역개정에는 "나라"-역주]. 그들은 로마가 방대한 제국을 다스리는 데 편하게 이용할 수 있다고 생각한 종속적인 의존국 왕이라고 보면 적합하다(이전 시기의 헤롯 대제처럼). 짐승이 무저갱으로부터 일어나 10-11절에 명시된 일곱 명의 적대적 황제의 주권과 같은 전반적인 주권을 지닐 때, 이 열 명의 의존국 왕은 그의 동맹이 될 것이다. 천사는 그들이 짐승의 동맹으로서 전심을 다해[57] 정치적, 군사적 힘을 마음껏 사용하고 그의 악마적 야망을 섬길 것이라고 설명한다(13절).

14절은 그들이 그리스도를 향해 군사적 행위를 퍼부을 때 이 동맹이 19:19에 묘사될 것처럼 궁극적으로 종언에 이를 것이라고 한발 앞서서 말한다. 그들이 "어린양과 더불어 싸우"는 것(14a절)은 요한계시록 마지막 장들에 반복해서 나오는 종말론적 전쟁이라는 주제를 반영한다(예를 들어, 12:17; 13:7; 16:10, 12-16; 19:11-21; 20:7-10). 짐승과 그의 동맹들이 함께 시도할 마지막 군사 행동은 다시 오시는 주 예수 그리스도께 대항하는 짧고도 완전히 헛된 전투가 될 것이다. "그들이 어린양과 더불어 싸우려니와 어린양은…그들을 이기실 터이요"(14a-c절).[58] 짐승의 패배와 어린양의 손에 심판을 받는 것은 8a, 11b절에서 이미 예고되었다("그가 멸망으로 들어가리라"). 이 전투는 14c절이 나타내는 것처럼 후에 19:11-21에서 묘사된다. 14b절은 어린양이 완전한 승리를 거두는 이유를 "어린양은 만주의 주시요 만왕의 왕이시므로"라고 제시한다. 그것은 19:16에서 "만왕의 왕이요 만주의 주"라고 역순으로 나오는 독특한 결합이다.[59] 짐승의 동맹(열 명의 의존국 왕)에 대한 언급이 나오기 때문에, 어린양의 승리에서 그분과 함께할 사람들, 즉 그분의 백성, 하나님의 "부르심을 받고 택하심을 받은"(14d절) 사람들, 그분께 끈기 있게 충성하는 일에 '신실함'을 보이는 사람들에 대응되는 언급이 나와야 한다. 이들은 19:14에서 그리스도의 하늘 군대의 일부로 (명시되지 않은 채) 다시 등장한다(거기 나오는 세부 사항을 보라).

17:15-16 또 천사가 내게 말하되 네가 본 바 음녀가 앉아 있는 물은 백성과 무리와 열국과 방언들이니라 네가 본 바 이 열 뿔과 짐승은 음녀를 미워하여 망하게 하고 벌거벗게 하고 그의 살을 먹고 불로 아주 사르리라(15 Καὶ λέγει μοι, Τὰ ὕδατα ἃ εἶδες οὗ ἡ πόρνη κάθηται, λαοὶ καὶ ὄχλοι εἰσὶν καὶ ἔθνη καὶ γλῶσσαι. 16 καὶ τὰ δέκα κέρατα ἃ εἶδες καὶ τὸ θηρίον οὗτοι μισήσουσιν τὴν πόρνην καὶ ἠρημωμένην ποιήσουσιν αὐτὴν καὶ γυμνήν καὶ τὰς σάρκας αὐτῆς φάγονται καὶ αὐτὴν κατακαύσουσιν ἐν πυρί). 요한은 1절에 나왔던 해석하는 천사의 말을 다시 인용한다("또 천사가 내게 말하되", 15a절).[60] 환상에 대한 설명은 7b절에서부터 인용되었다(인

57. 그들은 "한뜻을 가지고"(μίαν γνώμην ἔχουσιν) 있을 것이다. 17절은 그들이 이런 행동들에서 섬기게 될 것이 실제로 하나님의 뜻이라고 주장하기 위해 '목적, 의도'라는 똑같은 단어를 사용한다.

58. 그들의 중간 전투는 바벨론 자체에 대한 공격이 될 것이다. 16-17절, 18:8-10, 19:2이 묘사하는 바와 같다.

59. 이와 같은 문구들은 신명기 10:17, 시편 136:3, 다니엘 2:47에서 나온다. 참고. 2 Macc 13:4; 3 Macc 5:35; 1 En. 9:4; 63:4, 7; 84:2; 1QM 14:16.

60. 15a절에 나오는 '그가 말했다'(λέγει)는 동사는 Mathewson, *Handbook*, 234가 말하는 것처럼 "다음에 나오는 말(15-18절)에 주의를 기울이(게 하는)" 역사적 현재일 수도 있다. 7a절에서 말을 시작하는 동사는 내러티브적 부정과거다. 그래서 이 장의 양식은 묘사나 보고가 아니라 내러티브인 듯하다(예를 들어 14:13; 18:17에 나오는 λέγει처럼). 부정과거로 변형시키는 독법(εἶπεν, A, vg)은 이 문제에 대한 해결책이 될 수 있을 것이다. 하지만 그것은 7절과 조화시키기 위해 필사자가 고친 것으로 보인다. 역사적 현재의 더 일관

용된 말은 14절까지 확장되었다). 그의 해석은 먼저 짐승과 그의 머리 및 뿔에 초점을 맞추었다(8-14절). 하지만 이제 환상에 나오는 음녀 혹은 여자에게로 초점이 이동하고, 이따금 각 부분에서 주제가 중복된다(15-18절, 여기에서는 인용된 말이 15b-18절에 나온다). 음녀의 의미를 파악하기 위해서는 그녀의 위치 및 그녀의 영향력을 밝혀주는 "물"이 무엇인지 이해해야 한다(15b-c절).[61] 천사는 그것들이 "백성과 무리와 열국과 방언들"(15d절)을 나타낸다고 설명한다. 요한계시록에는 온 세상의 다양한 인종 집단을 언급하는 비슷한 용어 세트가 일곱 번 나오는데, 이것이 그중 마지막이다.[62] 이 목록을 "물"에 대한 해석으로 언급하는 것은 "많은 물 위에"라는 1절의 문구가 암시하는 것보다 더 광범위한 의미를 나타낸다. 1절에서 그 문구는 "큰 음녀"가 바벨론, 남부 유브라데의 수로와 지류들 위에 위치한 도시 국가임을 밝혀주었다. 하지만 구약에서 "물"은 때로 더 광범위한 언급과 함께 사용된다. 특히 임박한 전투라는 맥락에서는 더 그렇다. 다양한 구약 본문은 앗수르, 애굽, 바벨론 혹은 이스라엘이나 유다를 압도하려는 많은 나라의 침략군을 나타내기 위해 '넘쳐흐르는 물'이라는 말을 사용하는데(예를 들어, 사 8:7-8; 17:12-13; 렘 46:8; 47:2), 그것이 여기에서 의도하는 의미다. 음녀가 이렇게 다국적 특성을 지니고 있는 것이 그녀가 큰 성 바벨론이라는 것과 조화되지 않는 것은 아니다. 바벨론은 연합하여 하나님을 반대하는 미래의 세계 강대국의 예표이기 때문이다. 그런데 그것은 바벨론이 자신이 지배하는 전 세계적 동맹 혹은 제국의 중심이라는 점을 더 분명하게 밝힌다(참고. 18절).

하지만 16절이 나타내는 것처럼 그런 연합은 내전이라는 참화를 경험할 것이다. 천사는 12-14절에서 언급한 어린양과 전쟁을 벌일 의존국의 열 왕과 짐승[63]의 동맹으로 돌아가(전에 본 그의 열 "뿔") 그들의 적대적 힘이 먼저 음녀 바벨론에게 향할 것이라고 설명한다(16a절). 그는 14절에서처럼 미래 시제로 바꾸면서 그들의 동맹이 그녀를 "미워하"고 그녀의 재물과 권세를 황폐하게 할 것이라고 선언한다. 이 황폐함은 생생한 세 가지 이미지로 묘사된다(16b-d절). 이때 사용된 표현은 구약에서 민족적 파멸이 묘사될 때 흔히 볼 수 있다. 그들은 "음녀를…망하게 하고 벌거벗게" 할 것이고(겔 16:37-39; 23:29; 26:19; 호 2:3; 참고. 계 18:17, 19), "그의 살을 먹"을 것이며(시 27:2; 미 3:3), "불로 아주 사[를 것]"(레 21:9; 렘 34:22; 참고. 계 18:8)이다. 예레미야 50:39-42에서 고대 바벨론에 대해 예언한 것(바벨론이 땅끝에서 많은 나라의 공격을 받아 몰락할 것이다) 및 에스겔 38:21에서 예언한 것(하나님이 그분의 원수들의 칼이 서로에게 향하게 하실 것이다)과 같은 방식으로, 미래의 바벨론도 마찬가지로 이전에 동맹을 맺었던 이들에게 공격을 받아 추락하될 것이다. 여기에서 또 다시 요한은 네로가 로마를 공격하

된 기능은 바로 다음에 나오는 말이 아니라 그다음 사건이나 말(즉, 18:1의 환상; 5:5; 10:9에 대한 주들을 보라)을 강조하는 것이 될 것이다. 요한계시록 다른 곳에서 λέγει가 역사적 현재로 사용될 때, 그것은 여기에서처럼 긴 말이 아니라 짧은 대화를 시작한다(5:5; 10:9; 19:9; 21:5; 22:9, 10, 20). 하지만 18:1 이하를 강조하는 것이 여기에서 가장 좋은 결론인 듯하다. 다음 장을 예상하는 다른 역사적 현재들로는 6:16, 10:11에 나오는 λέγουσιν을 보라.

61. 그녀를 "물" 옆에 '사는' "음녀"로 묘사하는 것은 1절에 나오는 소개로 분명히 돌아간다. 거기에서는 이 용어들이 함께 나오며, '사는'(lives, κάθημαι, 개역개정에는 "앉아 있는"-역주)이라는 말의 의미는 1절에서와 같다(그 구절의 주를 보라). "물"은 환상에 대한 묘사의 일부라고 분명하게 언급되지 않았지만, 그것은 요한이 목격한 것의 일부였고, 그래서 천사는 여기에서 "네가 본 바…물"(15b-c절)이라고 언급할 수 있다.

62. 요한계시록에서 그 말이 나오는 구절들의 목록과 그 말이 다니엘서에 뿌리를 두고 있다는 것에 대해서는 5:9에 대한 설명을 보라(그에 대한 논의로는 Bauckham, *Climax*, 326-37을 참고하라).

63. 16a절에서 "열 뿔과 짐승"(τὰ δέκα κέρατα…καὶ τὸ θηρίον) 대신 TR(참고. KJV, NKJV)은 "짐승 위의 열 뿔"(the ten horns on the beast, τὰ δέκα κέρατα…ἐπὶ τὸ θηρίον)이라고 해석한다. 하지만 이것은 헬라어 사본들에서 근거가 없는 것이다(Thomas, *Revelation 8-22*, 309-10).

기 위해 동쪽에서 돌아올 것이라는 로마 사람들의 두려움을 이용한다(9-13절에 대한 설명을 보라).[64]

17:17-18 이는 하나님이 자기 뜻대로 할 마음을 그들에게 주사 한 뜻을 이루게 하시고 그들의 나라를 그 짐승에게 주게 하시되 하나님의 말씀이 응하기까지 하심이라 또 네가 본 그 여자는 땅의 왕들을 다스리는 큰 성이라 하더라(17 ὁ γὰρ θεὸς ἔδωκεν εἰς τὰς καρδίας αὐτῶν ποιῆσαι τὴν γνώμην αὐτοῦ καὶ ποιῆσαι μίαν γνώμην καὶ δοῦναι τὴν βασιλείαν αὐτῶν τῷ θηρίῳ ἄχρι τελεσθήσονται οἱ λόγοι τοῦ θεοῦ. 18 καὶ ἡ γυνὴ ἣν εἶδες ἔστιν ἡ πόλις ἡ μεγάλη ἡ ἔχουσα βασιλείαν ἐπὶ τῶν βασιλέων τῆς γῆς). 열 왕이 한뜻을 가지고 연합한 것(13절에서 이미 언급된)은 오로지 인간적인 의도에서 비롯된 것이 아니다. 세상에서 일어나는 사건, 심지어 악하고 하나님을 반대하는 세력의 행동까지도 주관하시는 주권적 하나님으로 말미암아 촉진된 것이다(17절). 천사는 13절에서 나온 핵심 단어(의도, 목적, γνώμη)를 두 번 반복함으로써 이것을 분명히 한다. 열 왕이 이룰 통합된 목적이 바로 하나님이 그들 안에 두신 의도가 될 것임을 보여주는 것이다(17b-c절).[65] 13절뿐 아니라 17절에도 인용된 그들의 단 한 가지 의도 중 일부는 바벨론에 투쟁함으로 짐승에게 충성을 바치는 것이다. 이것은 13절에서 짐승에게 "자기의 능력과 권세를"(τὴν δύναμιν καὶ ἐξουσίαν αὐτῶν) 주는 것으로 그리고 17d절에서 짐승에게 "그들의 나라를"(τὴν βασιλείαν αὐτῶν, 그들의 왕권 혹은 왕적 권세, 참고. 12, 18절) 주는 것으로 표현된다.[66] 하나님이 그들로 하여금 그런 행동을 하게 하시는 분이기 때문에 하나님의 '목적'은 궁극적으로 성취된다. 그 성취는 17e절에서 "하나님의 말씀이 응하기까지"(ἄχρι τελεσθήσονται οἱ λόγοι τοῦ θεοῦ)라는 시간절로 묘사된다. 10:7c의 유사한 표현(ἐτελέσθη τὸ μυστήριον τοῦ θεοῦ)은 "하나님의 말씀"이 전에 선지자들을 통해 그분의 의도를 선언하셨을 때 그들에게 전달하신 것임을 시사한다(참고. 10:7d).

15절에서 집중적으로 나오기 시작한(그리고 17절에서 다소 옆길로 벗어난) 요한의 환상에 나오는 음녀 혹은 여자에 대한 천사의 해석은, 이제 18절에서 가장 명백한 형태에 이른다. 천사는 요한이 본 여자를 "큰 성"(ἡ πόλις ἡ μεγάλη, 18b절)이라고 밝힌다. "큰"이라는 속성은 이미 1절에서 천사가 음녀를 소개하고 5절에서 도시 국가인 "큰 바벨론"(여자의 이마에 기록된 이름, 참고. 또한 14:8; 16:19c)을 소개할 때, 음녀에 대해 사용되었다. "큰 성"이라는 통칭은 16:19a에서 쓰였고, 후에 18:10에서 사용된다. 그런데 여기에서 천사는 여자의 정체가 "큰 성"이라는 것만 밝히지는 않는다. 그는 "땅의 왕들을 다스리는"[67]이라는 중대한 묘사를 덧붙인다. 요한 시대에 유브라데 강변에서 나라들을 다스리는 바벨론 제국이라는 구약 예표는 티베르(Tiber) 강변에서 그 당시 세계를 지배하던 비슷한 제국을 분명하게 언급할 것이다. 큰 성 로마는 하나님과 그분의 가치에 반대하는 타락한 인간 문명의 유형을 분명하게 반복했다.

---

64. Kraybill, *Imperial Cult*, 161-63; Bauckham, *Climax*, 407-23, 429-31; 참고. *Sib. Or.* 4:115-24, 137-51; 5:137-60.

65. 17b-d절에 나오는 세 개의 부정사는 17a절에 나오는 하나님의 행동의 목적을 제시한다. "마음을 그들에게 주사"(17a절)라는 관용구에 대해서는 출애굽기 7:3, 에스라 7:27을 보라.

66. BDAG 168.

67. 18b절에 나오는 이 문구는 "큰 성 바벨론"을 예루살렘과 동일화하는 것(예를 들어, Beagley, *Apocalypse*, 107-8; Ford, *Revelation*, 292-93; Lupieri, *Apocalypse*, 280-81; van de Water, "Reconsidering," 259-60)을 매우 설득력 없는 것으로 만든다. 몇몇 사람은 에스겔 16:12-14(예루살렘을 멋진 옷을 입고 왕관을 쓰고 왕족 지위를 갖고 명성이 이방인 중에 퍼진 여자로 언급하는 것)을 대응 구절로 인용한다. 하지만 그것은 예루살렘이 "땅의 왕들을 다스리는"(18b절) 권위를 갖고 있음을 묘사하는 것은 전혀 아니다. 18장에서 그 성을 세계 상업과 (특히) 해상 무역의 중심지로 묘사하는 것은 1세기 예루살렘이 자신에 대해 아무리 과장되게 본다고 해도 맞지 않는다. 이렇게 동일화하는 것에 대한 상세한 반박으로는 Biguzzi, "Babylon," 380-83을 보라.

적용에서의 신학

1. 악명 높은 음녀를 따라?

이 본문은 일반적인 주일에 설교하기에는 거북할 수 있다. 하지만 그것이 나타내는 무미건조한 추상적 원리들을 말하느라 강력한 이미지를 흘려보내지 않는 것이 중요하다. 그 상징은 우리의 주의를 끌고, 본문이 정말로 말하고자 하는 바는 우리에게 충격을 준다. 누구나 음녀의 혐오스러운 이미지를 곱씹고 싶지는 않을 것이다. 그러나 가장 인격적이고도 귀중한 것이라는 값을 치러서 아무 가치도 없는 것을 얻는 일이 얼마나 잘못되었는지를 듣기 좋은 말로 포장해서 말할 수 있는 사람은 아무도 없다.[68] 그렇지만 죄는 너무나 사람을 현혹하고 미혹하기 때문에, 우리는 값싼 대체물을 위해 가장 신성하고 인격적인 것을 버리고, 가장 심오하고 가장 중요한 것이어야 하는 충성을 배반하기도 한다.

"큰 음녀"는 겉으로는 점잖은 모습을 하고 있다. 그는 멋진 의상과 눈부신 보석으로 호화롭게 차려입고 있다. 하지만 자세히 들여다보면 더러운 가증함과 추잡한 부정함이 드러난다. 그녀는 그리스도인이 격렬히 저항해야 하는, 참 가치의 역전을 나타낸다. 죄의 유혹과 속임수를 꿰뚫어 보고 그것이 정말로 무엇을 의미하는지(타락하고 우상 숭배적인 가치관들)를 파악하는 것은 하나님의 계시가 주는 은혜다.

2. 모든 사람이 하는 일

13장의 교훈(짐승의 노련한 속임수에 온 세상이 속는 것)과 비슷하게, 이 장에서는 사람들이 대규모로 미혹될 가능성을 다시 한번 직면하게 한다. 한두 명의 개인은 잘못된 길을 갈 수도 있지만 대다수의 사람은 옳다고 생각하는 이들은, 여기에서 묘사하는 범사회적이고 제도적인 기만에 주의를 기울여야 한다. 요한이 환상에서 보는 것은 세상 전체가 받아들이는 불경한 가치들의 네트워크, 외관상 모든 사람이 긍정하는 듯한 종교적, 경제적, 정치적 이데올로기의 결합이다. 2절에 따르면, 음녀의 꾐에 넘어가 '취했기' 때문이기는 하지만 "땅에 사는 자들"은 음녀를 기쁘게 따른다. 그들은 그녀의 불경한 제도에 생각 없이 빠져들어가고, 광범위한 사회는 그녀의 길을 저항하는 사람을 보면서 놀랍게 여긴다. 하지만 실제로 참되신 하나님께 전적으로 반대되는 것은 물질주의적 탐욕과 특정한 '영적' 감성의 결합이다. 세상은 음녀가 '짐승을 타는 것', 즉 표면 아래서 역사하는 강력한 영적, 우주적 힘에 종속되는 것을 알지 못하는

68. 이 이미지는 우리 모든 사람(남자와 여자) 안에 있는 야비한 불충함에 이끌리는 마음에 도전한다. 그리고 이것은 '악한 여자들'에 대한 설교로 전락시켜서는 안 된다. 여성과 소녀가 종종 자신의 의지와는 반대로 매음에 휩쓸리게 되고, '점잖은' 남성이 인터넷 포르노라는 신흥 사업을 후원함으로써 그들을 희생자로 만드는 데 중요 역할을 한다는 점을 깨닫는 것은 매우 중요하다.

듯하다. 이들은 하나님의 주권적 계획 안에서 움직이는 것이 허용되지만, 실제로는 하나님과 그분 백성의 공공연한 원수를 나타낸다. 그리고 이 체제는 '땅의 왕들을 다스린다'(18절). 성경 다른 곳에서도(엡 2:1-3; 약 4:4; 요일 2:15-16) 이런 불경한 체제가 사탄의 주관 아래 작용한다는 것을 보여준다. 하지만 이 본문을 보면 종말 때 그것이 궁극적으로 강화된다는 것을 알 수 있다. 그때나 지금이나 그것은 무적이고 강력해 보인다. 하지만 그것은 궁극적으로 불안정하고 결국 멸망한다. 멸망의 씨는 이미 뿌려졌다(계 17:16-17; 참고. 요 16:11). 그리스도인들은 온 세상이 우리를 반대하는 것처럼 보일지라도 그런 꾐에 저항하도록(엡 6:10-17; 요일 4:4) 그리고 다른 가치관의 본을 보이도록 부름받고 그렇게 할 수 있는 권능을 받는다.

CHAPTER 24

요한계시록 18:1–24

문학적 전후 문맥

이 장은 바벨론에 대한 하나님의 심판을 묘사하는 큰 단위인 17:1–19:10의 두 번째 부분이다. 17장에서 요한은 바벨론을 "큰 음녀"로 묘사했는데, 그녀는 짐승을 타고 함께 세상을 다스리지만 결국에는 하나님이 그들의 동맹을 무너뜨리셨을 때 황폐해질 것이다(16–17절). 18장에는 그 심판의 결과가 기록된다. 14:8("무너졌도다 무너졌도다 큰 성 바벨론이여")에 예고된 바벨론의 멸망은 이제 최고조로 제시된다. 이것은 황폐함 자체를 보는 것으로써가 아니라, 전에 바벨론의 악한 방식에서 유익을 얻었던 사람들의 일련의 극적인 애도를 듣는 것으로 제시된다. 바벨론을 심판하시는 하나님의 정의는 이 단위의 마지막 부분(19:1–10)에서 경축될 것이다.

I. 서언(1:1–8)
II. 첫 번째 환상: 높임받으신 그리스도와 교회에 보내는 그리스도의 메시지(1:9–3:22)
III. 두 번째 환상: 하늘의 보좌와 세 번의 심판 주기(4:1–16:21)
IV. 세 번째 환상: 큰 바벨론의 멸망(17:1–19:10)
  A. 바벨론, 큰 음녀, 그녀가 탄 짐승(17:1–18)
➡ **B. 바벨론이 멸망한 결과(18:1–24)**
  C. 바벨론의 심판에 대한 경축과 어린양의 신부에 대한 준비(19:1–10)

주요 개념

부유한 바벨론의 사치와 우상 숭배에서 유익을 받는 모든 사람은, 하나님이 바벨론을 심판하시고 그들이 박해한 사람들을 옳다고 입증하실 때 결국 바벨론의 몰락에 통곡하게 될 것이다.

번역

요한계시록 18:1-24

1a	환상 서론/ 등장인물 입장 1	**이 일 후에 다른 천사가 하늘에서 내려 오는 것을 보니**
b	서술	큰 권세를 가졌는데
c		**그의 영광으로 땅이 환하여지더라**
2a	행동	**힘찬 음성으로 외쳐 이르되**
b	선언	무너졌도다 무너졌도다 큰 성 바벨론이여
c	결과	귀신의 처소와 각종 더러운 영이 모이는 곳과 각종 더럽고 가증한 새들이 모이는 곳이 되었도다
3a	2b절의 이유	그 음행의 진노의 포도주로 말미암아 만국이 무너졌으며
b		또 땅의 왕들이 그와 더불어 음행하였으며
c		땅의 상인들도 그 사치의 세력으로 치부하였도다 하더라
4a	행동/등장인물 입장 2	**또 내가 들으니 하늘로부터 다른 음성이 나서 이르되**
b	명령	내 백성아, 거기서 나와
c	목적	그의 죄에 참여하지 말고 그가 받을 재앙들을 받지 말라
5a	이유	그의 죄는 하늘에 사무쳤으며
b		하나님은 그의 불의한 일을 기억하신지라
6a	비교/측량	그가 준 그대로
b	명령	그에게 주고
c	명령들	그의 행위대로

		갑절을 갚아 주고
d		그가 섞은 잔에도
		갑절이나 섞어 그에게 주라
7a	비교/측량	그가 얼마나 자기를 영화롭게 하였으며 사치하였든지
b	명령	그만큼
		고통과 애통함으로 갚아 주라
c	이유	그가 마음에 말하기를
d	주장	나는 여왕으로 앉은 자요
		과부가 아니라
		결단코 애통함을 당하지 아니하리라 하니
8a	7c–d절의 결과	그러므로 하루 동안에
		그 재앙들이 이르리니
		곧 사망과
		애통함과
		흉년이라
b		그가 또한 불에 살라지리니
c	8a–b절의 이유	그를 심판하시는 주 하나님은 강하신 자이심이라
9a	묘사	그와 함께 음행하고
		사치하던
b	행동/애도 1	땅의 왕들이
c	때	그가 불타는 연기를 보고
d		위하여 울고
		가슴을 치며
10a	장소	그의 고통을 무서워하여 멀리 서서 이르되
b	애도	화 있도다 화 있도다 큰 성,
		견고한 성 바벨론이여
c	이유	한 시간에 네 심판이 이르렀다 하리로다
11a	행동/애도 2	땅의 상인들이 그를 위하여 울고
		애통하는 것은
b	이유	다시 그들의 상품을 사는 자가 없음이라
12a	명세서	그 상품은 금과 은과
		보석과 진주와
b		세마포와 자주 옷감과

		비단과 붉은 옷감이요
c		각종 향목과
		각종 상아 그릇이요
d		값진 나무와
		구리와 철과 대리석으로 만든 각종 그릇이요
13a		계피와 향료와
		향과 향유와 유향과
b		포도주와 감람유와 고운 밀가루와 밀이요
c		소와 양과 말과 수레와 종들과
		사람의 영혼들이라
14a	선언 (11a절의 상인들의)	바벨론아 네 영혼이 탐하던 과일이 네게서 떠났으며
b		맛있는 것들과 빛난 것들이 다 없어졌으니
c		사람들이 결코 이것들을 다시 보지 못하리로다
15a	묘사	바벨론으로 말미암아 치부한
b	애도 2의 재개	이 상품의 상인들이
c		그의 고통을 무서워하여
		멀리 서서
		울고
		애통하여
16a		이르되
b	애도	화 있도다 화 있도다 큰 성이여
c	묘사	세마포 옷과 자주 옷과 붉은 옷을 입고
d		금과 보석과 진주로 꾸민 것인데
17a	이유	그러한 부가 한 시간에 망하였도다
b	행동/애도 3	모든 선장과
		각처를 다니는 선객들과
		선원들과
		바다에서 일하는 자들이
c	장소	멀리 서서
18a	때	그가 불타는 연기를 보고
b	행동	외쳐 이르되
c	외침	이 큰 성과 같은 성이 어디 있느냐 하며
19a	18b절에 대한 반응	티끌을 자기 머리에 뿌리고
b	방식	울며
		애통하여

외쳐 이르되
c 애도 화 있도다 화 있도다 이 큰 성이여
d 묘사 바다에서 배 부리는 모든 자들이
너의 보배로운 상품으로 치부하였더니
e 이유 한 시간에 망하였도다

20a (4a절의 음성으로) 하늘과
초청 성도들과
사도들과
선지자들아, 그로 말미암아 즐거워하라

b 이유 하나님이 너희를 위하여 그에게 심판을 행하셨음이라 하더라
21a 행동/등장인물 **이에 한 힘 센 천사가 큰 맷돌 같은 돌을 들어**
입장 3 **바다에 던져 이르되**

b 선언 큰 성 바벨론이 이같이 비참하게 던져져
c 일반적 결과 결코 다시 보이지 아니하리로다
22a 구체적 결과 또 거문고 타는 자와
풍류하는 자와
퉁소 부는 자와
나팔 부는 자들의 소리가 결코 다시 네 안에서 들리지 아니하고
b 어떠한 세공업자든지 결코 다시 네 안에서 보이지 아니하고
c 또 맷돌 소리가 결코 다시 네 안에서 들리지 아니하고
23a 등불 빛이 결코 다시 네 안에서 비치지 아니하고
b 신랑과
신부의 음성이 결코 다시 네 안에서 들리지 아니하리로다
c 21b-23b절의 이유 너의 상인들은 땅의 왕족들이라
d 네 복술로 말미암아 만국이 미혹되었도다
24 선지자들과
성도들과 및
땅 위에서 죽임을 당한 모든 자의 피가
그 성 중에서 발견되었느니라 하더라

구조

18장의 내용을 조직적으로 표현하기 위해 여러 개요가 제시되었다. 부분적으로는 이 극적인

장에 나오는 여러 화자와 행위자를 분류하기가 어렵기 때문이다. 가장 그럴듯한 구성은 요한이 1, 4, 21절에서 하늘 행위자 혹은 화자를 명백히 세 번 소개하는 것을 중심으로 하고 있다. 첫 번째 부분과 마지막 부분은 비교적 짧다. 여기에서는 바벨론의 멸망에 대한 하늘의 선언(1-3절)과 바벨론에 대한 심판의 극적 이행과 수반되는 선언들(21-24절)이 나온다. 가운데 부분은 가장 길고 다양하다(4-20절). 요약하면 이 부분은 하나님의 백성을 대상으로 말하고(4-8절), 땅에서 이루어진 바벨론의 통치에서 유익을 얻은 세 집단이 바벨론의 멸망을 애도하는 것을 기록하며(9-19절), 바벨론의 소멸을 기뻐하라고 하늘과 땅에 마지막으로 명한다(20절).

석의적 개요

IV. 세 번째 환상: 큰 바벨론의 멸망(17:1-19:10)
- A. 바벨론, 큰 음녀, 그녀가 탄 짐승(17:1-18)
- ➦ **B. 바벨론이 멸망한 결과(18:1-24)**
  - 1. 바벨론이 무너진 것을 알림(18:1-3)
  - 2. 하나님의 백성에게 하는 경고와 바벨론의 옛 벗들의 애도(18:4-20)
    - a. 하나님의 백성에게 바벨론의 멸망을 경고함(18:4-8)
    - b. 바벨론이 무너진 것을 애도함(18:9-19)
      - (1) 왕들의 애도(18:9-10)
      - (2) 상인들의 애도(18:11-17a)
      - (3) 뱃사람들의 애도(18:17b-19)
    - c. 바벨론이 무너진 것을 기뻐하라고 초청함(18:20)
  - 3. 바벨론이 무너진 것을 상징적으로 보여줌(18:21-24)
    - a. 바벨론을 맹렬하게 던짐(18:21a-b)
    - b. 바벨론이 던져진 것의 결과(18:21c-23b)
    - c. 바벨론이 던져진 이유(18:23c-24)

본문 설명

18:1 이 일 후에 다른 천사가 하늘에서 내려 오는 것을 보니 큰 권세를 가졌는데 그의 영광으로 땅이 환하여지더라(Μετὰ ταῦτα εἶδον ἄλλον ἄγγελον καταβαίνοντα ἐκ τοῦ οὐρανοῦ ἔχοντα ἐξουσίαν μεγάλην, καὶ ἡ γῆ ἐφωτίσθη ἐκ τῆς δόξης αὐτοῦ). 17장과 18장은 16:19에서 예고된 주제(큰 성 바벨론에 대한 하나님의 심판) 아래 밀접하게 관련되어 있지만, "이 일 후에"(μετὰ ταῦτα εἶδον)라는 문구는 그 주제의 새로운 부분으로 넘어가는 것을 알려준다.[1] 이 환상에서 요한은 영광스럽고 권세 있는 천사를 본다. 17장에서 그를 인도해준(예를 들어, 17:1, 7, 15) 해석하는 천사(일곱

대접 천사 중 하나)와는 다르다. 여기에서 천사는 바벨론이 하나님의 심판을 받은 결과를 선포하기 위해(2-3절) 하늘에서 내려온다(참고. 10:1; 20:1). 이 인상적인 사신은 이 땅을 밝히는 "큰 권세"와 "영광"을 지니고 있고, 그로 말미암아 그의 선포의 신빙성이 강화된다.[2]

18:2-3 힘찬 음성으로 외쳐 이르되 무너졌도다 무너졌도다 큰 성 바벨론이여 귀신의 처소와 각종 더러운 영이 모이는 곳과 각종 더럽고 가증한 새들이 모이는 곳이 되었도다 그 음행의 진노의 포도주로 말미암아 만국이 무너졌으며 또 땅의 왕들이 그와 더불어 음행하였으며 땅의 상인들도 그 사치의 세력으로 치부하였도다 하더라(2 καὶ ἔκραξεν ἐν ἰσχυρᾷ φωνῇ λέγων, Ἔπεσεν ἔπεσεν Βαβυλὼν ἡ μεγάλη, καὶ ἐγένετο κατοικητήριον δαιμονίων καὶ φυλακὴ παντὸς πνεύματος ἀκαθάρτου καὶ φυλακὴ παντὸς ὀρνέου ἀκαθάρτου [καὶ φυλακὴ παντὸς θηρίου ἀκαθάρτου] καὶ μεμισημένου, 3 ὅτι ἐκ τοῦ οἴνου τοῦ θυμοῦ τῆς πορνείας αὐτῆς [πέπτωκαν] πάντα τὰ ἔθνη καὶ οἱ βασιλεῖς τῆς γῆς μετ' αὐτῆς ἐπόρνευσαν καὶ οἱ ἔμποροι τῆς γῆς ἐκ τῆς δυνάμεως τοῦ στρήνους αὐτῆς ἐπλούτησαν). 영광스러운 천사는 모든 사람에게 들리도록 바벨론의 몰락을 선언함으로써 18장의 요점으로 바로 넘어간다(참고. 7:2; 10:3; 19:7의 "큰 소리로 외쳐"). 이때 과정이나 사건 자체보다는 바벨론이 붕괴한 결과에 초점을 맞춘다. 이 장 전체는 바벨론이 무너져 황폐하게 된 것을 기뻐하거나 애도하고, 왜 이 일이 일어났는지 묵상하는 일련의 소리로 구성되어 있다. 14:8에서처럼 2b절에서 바벨론이 소멸했다는 선언은 "함락되었도다 함락되었도다 바벨론이여"(ἔπεσεν, ἔπεσεν Βαβυλὼν ἡ μεγάλη)라는 이사야 21:9(참고. 또한 암 5:2)에서 나왔다. 이 부정과거 동사들은 하늘의 관점에서 볼 때 방금 일어난 일을 선언한다[영어 표현은 이런 의미로 현재 완료인 '함락되었다/되다'(has/is fallen)를 사용한다].[3] 요한의 환상의 문학적 순서 속에서 바벨론의 멸망은 몇몇 장에서 예상되었지만, 19:11-21에 가서야 땅에서 성취되었다고 묘사된다. 그리고 요한이 묘사하는 것은 그리스도가 장차 다시 오실 때에야 땅에서 이루어진다.[4]

2c절에서는 이어서 바벨론이 황폐해진 것을 나타내는 생생한 상징적 묘사(참고. 17:16)가 나온다. 구약의 비유적 표현에 따르면, 어떤 성이 완전히 파괴될 때 그곳은 사람이 살지 못할 곳이 되고 사나운 짐승과 악한 영이 출몰하는 장소가 된다(사 13:21-22; 34:11-15; 렘 50:39; 51:37; 습 2:14).[5] 그래서 바벨론은 "귀신의 처소"(참고. 렘 9:10; 또한 Bar 4:35)이자 각종[6] "더러운 영"(즉, 마귀들, 참고. 눅 4:33; 9:42; 계 16:13)과 '더러운 새'(레위기 11:13-19에 나오는 제한 때문에 혹은 그것들이 밤에 먹이를 잡는 마귀적 존재의 상징이기 때문에 탐탁지 않은 존재로 간주되는)와 '더럽고 가증한 짐승'(위험하기 때문에 미움받는 잔인한 동물들, 예를 들어 자칼, 하이에나)이 "모이는 곳"[7]으로 여겨진다.[8] 이 짐승들은 큰 성이 황폐해진 것을 상징한다.

---

1. 이 관용 표현은 완전히 새로운 부분을 나타내거나(예를 들어, 4:1) 아니면 더 큰 부분 내에서의 변화를 나타낼 수 있다(7:9; 15:5).
2. '환하여지다'(φωτίζω)라는 같은 동사가 21:23, 22:5에서 새 예루살렘을 밝힐 하나님과 어린양의 영광을 언급하기 위해 나온다(참고. 다른 동사 λάμπω의 형태들을 사용하는 겔 43:2; 눅 2:9).
3. 더 상세한 논의로는 14:8, 15:4에 대한 주를 보라.
4. Biguzzi, "Figurative and Narrative Grammar," 391-92에서 말하는 것처럼, 시간적 관점들이 이렇게 섞여 있는 것은 이 장 내내 시제가 바뀌는 이유를 설명한다.
5. 현대의 포스트 아포칼립스 장르의 책과 영화들은 이런 이미지들을 잘 반영한다.
6. 이 예들에서 '모든'(πᾶς, 단수의 관사 없는 명사들과 함께, 개역개정에는 "각종"-역주)이라는 말의 의미는 "모든 종류의, 가지각색의"(BDAG 784)라는 것이다.
7. "모이는 곳"(φυλακή)이라고 번역된 단어는 종종 "감옥"을 의미한다(BDAG 1067; 참고. NASB). 하지만 여기에서 더 나은 의미는 '피난소, 보존 구역' 혹은 '서식지'(대부분의 현대 영어 역본)다.
8. 2c절의 마지막 문구("더럽고 가증한 짐승들이 모이는 곳")는 몇몇 사본에서 빠져 있다(א, 2053, 2080, 대부분의 Byzantine 소문자 사본). 그렇게 빠진 것은 KJV와 NKJV에는 반영되어 있는 반면, 대부분의 최근 역본에는 그 문구가 포함되어 있다. 이 구절들에 나오는 유사한 표현들로 인해 현존하는 사본들에 여러 유형의 변형이 생겨났지만,

이 장에서 서너 번 반복된 구조에 맞게(참고. 7b-8, 23절) 천사가 바벨론의 황량한 상태(2b-c절)를 말한 다음에는 그처럼 끔찍한 심판을 받아 마땅한지를 진술한다[3절, '왜냐하면'(ὅτι), 개역개정에는 번역되어 있지 않음-역주]. 이 구절의 처음 두 절은 14:8과 17:2에서 큰 음녀 바벨론에 퍼부어졌던 비난을 반복하고 보충한다. 그 본문에서 바벨론은 희생자들이 취하게 해서 자신의 음행에 참여하도록 꾀고, 그로써 "만국"과 "땅이 왕들"을 바벨론의 불경하고도 악한 행동으로 그릇 인도했다고 묘사된다. 하지만 14:8과 17:2에 나온 "그 음행의 진노의 포도주"[9]를 마시는 이미지(3a절)는 여기에서 한 걸음 더 나아간다. 14:8에 따르면 바벨론은 '그들에게 먹였고'(πεπότικεν) 17:2b에서 '그들은 취했다'(ἐμεθύσθησαν). 하지만 가장 믿을 만한 본문의 해석에 따르면,[10] 18:3의 첫 절에서 그들은 그 "포도주"[11] 때문에 '무너졌다'(πέπτωκαν). 이것은 취해서 걸려 넘어져 재앙에 이른다는 이미지다('내려앉다, 허물어지다').

18:3의 두 번째 절(3b절)은 17:2a에서처럼 순전히 음행의 이미지로 바뀐다. 땅의 왕들이 "그와 더불어 음행하였"(ἐπόρνευσαν)다는 것이다. 이것은 17:2에서 사용된 것과 같은 이미지를 상기시킨다. 거기에서 성적인 죄는 영적, 도덕적 불충함을 나타내는 비유였다. 18장의 문맥에서 이 이미지는 우상 숭배적 예배와 더불어 탐욕과 물질주의의 죄를 추가하는 뉘앙스를 지닌다. 이 왕들은 9절에서 바벨론의 파국적 심판을 애도하기 위해 다시 나온다. 그들이 진정으로 통회해서 그런 것이 아니라, 물질적 부요함이 바벨론을 재앙에서 지켜주지 못한 것에 충격을 받아서 애통한 듯 보인다. 3c절에서는 또 다른 말이 나오는데, 땅의 "상인들"(οἱ ἔμποροι τῆς γῆς, 이들은 11, 15절에서 애도하는 자로 다시 나온다)이 "그 사치의 세력으로"[참고. 7, 9절에 나오는 '사치하다'(στρηνιάω)][12] 부자가 되었다고[13] 묘사된다. 이 문구는 17:4에 나오는 바벨론의 사치에 대한 묘사를 반영하고, 바벨론이 지은 죄의 목록에 세상의 경제생활에 미친 해로운 영향도 추가한다. 바벨론의 "사치"에 대한 언급은 제국의 지배 계층이 물질주의에 초점을 맞추는 것을 드러내며, 그들이 물질적 재화를 과시적으로 소비함으로써 교만한 자급자족의 태도를 지니게 되고 다른 사람에게 관심을 두지 않게 된다는 점을 나타낸다.[14] 하지만 3절에 나오는 바벨론/로마에 대한 묘사는 탐욕 및 경제적 착취와 신성

마지막 말이 포함된 독법이 더 나은 외적 증거를 가지고 있고, 그 말은 아마 우연히 빠지게 되었을 것이다.

9. 헬라어에서 이 문구의 소유격을 어떻게 분석할 것인가에 대해서는 14:8에 나오는 주를 보라.

10. 3a절에서는 대부분의 영어 역본(NA[28]; UBS[5]; *TCGNT*2, 683; Beale, *Revelation*, 897; Smalley, *Revelation*, 422를 보라)에서 그런 것처럼 '마시다'라는 동사의 다양한 철자(πίνω의 완료형인 πέπωκαν, πεπώκασιν, πέπωκεν) 혹은 ASV, NET, NLT에서 그런 것처럼 '무너지다'라는 동사의 철자(πίπτω의 완료형인 πέπτωκαν, πεπτώκασιν, πέπτωκεν) 사이에서 선택을 해야 하는 어려운 본문 비평적 문제가 있다(SBLGNT; Aune, *Revelation 17-22*, 965-66; Koester, *Revelation*, 698; Osborne, *Revelation*, 661을 보라). 외적 증거는 "무너지다"를 강력히 지지한다(P, 051, 2053, 2329와 몇몇 고대 판에는 "마시다"라고 되어 있는 반면, ℵ, A, C, 046, 1006, 1611, 1841, 1854, 2062와 대부분의 Byzantine 소문자 사본들에는 "무너지다"라고 되어 있다). 내적 증거는 논란이 되고 있다. 하지만 "무너지다"가 필사자들이 "마시다"라고 고치기가 더 어려울 만한 확실한 독법일 가능성이 더 크다. 그것이 조금 더 선호된다[UBS[5] 편집자들은 "D" 등급을 매겨 다른 식으로 결정을 내렸다. "결론에 내리기가 매우 어렵다"(great difficulty)는 것이다]. 3절에서 "포도주"와 '무너지다'를 결합시킨 것은 2절에 나오는 바벨론의 '무너짐'을 기반으로 하는 언어유희다.

11. "포도주로 말미암아"라는 문구는 원인적 의미의 전치사 ἐκ를 사용한다(BDAG 297).

12. '그 과도한 사치'(참고. BDAG 263, 949)는 문자적으로 '그 사치의 세력으로'(τῆς δυνάμεως τοῦ στρήνους αὐτῆς)를 뜻하는 헬라어 문구의 의미일 것이다. '사치의'라는 소유격은 원천 혹은 주격일 수 있다(그 사치에서 나오는 혹은 그것으로 초래되는 세력, 참고. Mathewson, *Handbook*, 239). 하지만 이 구절에서 "세력"은 "사치"에서 나오는 것이기보다는 사치의 속성으로 여겨지는 특성인 듯하다(즉, 속성을 나타내는 소유격, Wallace, *Grammar*, 89-91).

13. "치부하였도다"(ἐπλούτησαν)는 '부자가 되다'라는 동사의 부정과거가 지닌 시작을 나타내는 용법을 반영한다. 상태나 상황을 의미하는 동사들은 종종 부정과거에서 시작의 용법으로 나온다(Fanning, *Verbal Aspect*, 93-94, 137-38, 261-62).

14. 3c절에 나오는 "사치"(στρῆνος)라는 단어는 통제되지 않은 혹은 터무니없는 낭비 혹은 심지어 육욕성(성적인 것이기보다는 단순히 자

모독적 우상 숭배가 치명적으로 혼합되어 있다. 그들이 요구한 사치스러운 물품들을 공급하기 위해 지배 계층은 제국 전역에서 노예의 노동과 각 지방 교역 상대자들을 잔혹하게 학대하며 이루어진 생산과 교역을 장려했는데, 이 모든 것은 제국의 권세 및 모든 번영의 원천인 황제에게 바치는 예배와 결합되어 있었다.[15]

18:4-5 또 내가 들으니 하늘로부터 다른 음성이 나서 이르되 내 백성아, 거기서 나와 그의 죄에 참여하지 말고 그가 받을 재앙들을 받지 말라 그의 죄는 하늘에 사무쳤으며 하나님은 그의 불의한 일을 기억하신지라(4 Καὶ ἤκουσα ἄλλην φωνὴν ἐκ τοῦ οὐρανοῦ λέγουσαν, Ἐξέλθατε ὁ λαός μου ἐξ αὐτῆς ἵνα μὴ συγκοινωνήσητε ταῖς ἁμαρτίαις αὐτῆς, καὶ ἐκ τῶν πληγῶν αὐτῆς ἵνα μὴ λάβητε, 5 ὅτι ἐκολλήθησαν αὐτῆς αἱ ἁμαρτίαι ἄχρι τοῦ οὐρανοῦ καὶ ἐμνημόνευσεν ὁ θεὸς τὰ ἀδικήματα αὐτῆς). 하늘에서 두 번째 소리가 울려 퍼진다. 이 말은 1-3절에 나오는 천사가 아닌 다른 누군가가 했고, 이번에 요한은 음성은 듣지만 말하는 자를 보지 못한다(4a절).[16] 하늘에서 나는 음성이 직접 인용되는데, 이것은 아마 20절까지 이어질 것이다.[17] 21절에 가서야 1절과 4절에 나온 것과 유사한 변화를 나타내는 전환(천사 혹은 하늘로부터 나는 소리)을 볼 수 있기 때문이다. 하늘로부터 나는 음성은 처음에는 하나님의 백성에게 말하다(4b-5절). 그다음으로 바벨론에 대한 하나님의 뜻을 수행하는 특정한 심판 수행자들에게 말하고(6-8절), 바벨론이 장차 몰락할 것을 목격할 다른 사람들을 묘사한다(9-19절). 그러고 나서 하나님의 백성에게 이 사건들에 대해 즐거워하라고 권하면서 마무리한다(20절).

하나님의 백성에게 내리는 명령은 '거기서 나오라'(ἐξέλθατε…ἐξ αὐτῆς, 4b절)는 것이다. 이 표현은 창세기 19:12-22(롯이 하나님의 심판이 임하기 전에 소돔을 벗어나라고 명령받는)에서 처음 나왔고, 예레미야 50:8-10, 51:6-10, 45-48(이스라엘은 바벨론이 반대국들의 황폐화하는 침략으로 무너지기 전에 바벨론을 벗어나야 했다)에서 반복된 지시 유형이다. 이 두 구약 본문에서 '나오라'는 명령은 상당히 문자적이다. 하지만 이사야 48:20-22과 52:11-12의 비슷한 본문은 비유적인 것으로(참고. 고후 6:17), 주위 문화의 영적, 도덕적 가치관을 거부하라는 의미로 보인다. 현재 요한계시록의 본문도 그런 듯하다. 이 문맥에서 임박한 심판(렘 50-51장과 유사한 배경)은 상당히 문자적이지만 말이다. 이 영적, 도덕적 출애굽의 목표 역시 예레미야와 비슷하다. 바벨론의 "죄"(참고. 엡 5:11; 요이 1:11)와 그런 악이 곧 초래할 "재앙"(4c절)에 연루되는 것을 피하라는 것이다.[18] 마지막으로, 5절은 그들이 '나와야' 하는 이유를 묘사한다(3, 7c-8, 23절의 바벨론이 심판을 받아 마땅한 이유와 관련되어 있지만, 완전히 같지는 않다). 그들은 바벨론의 가치관을 따르면 안 된다. 바벨론의 죄는 그 범위와 정도가 엄청나고(그 죄는 '하늘에 사무쳤다', 5a절), 하나님은 바벨론의 "불의한 일"(ἀδικήματα, 5b절, 참고. 행 18:14; 24:30)[19]을 벌하시는 것을 잊어버리지도[20] 면제해주지도 않으시기 때문이다.

1세기의 상황에서 이 명령은 황제 숭배와 결합된 종

기에게 몰두하는)을 의미한다. BDAG 949; LN §88.254; LSJ 1654를 보라. 관련 동사(참고. 18:7, 9)는 "제멋대로 날뛰는" 황소에 대해 사용된다(P.Oxy. 36.2783, line 24).

15. Bauckham, *Climax*, 343-50; Kraybill, *Imperial Cult*, 15-17, 102-17.

16. 화자는 처음에는 하나님인 것처럼 보인다. 그가 4절에서 "내 백성"을 언급하기 때문이다. 하지만 5b절은 하나님을 3인칭으로 말한다(또한 8c절도, 그것이 같은 인용문의 일부라고 할 때). 여기에서 천사가 하나님을 대변하고 있는 것일 가능성이 더 크다. 요한계시록에 나오는 다른 하늘의 음성들과 마찬가지다(9:13에 나오는 주를 보라).

17. Aune, *Revelation 17-22*, 975-76; Bauckham, *Climax*, 340-41.

18. 4c절에 나오는 "그가 받을 재앙들"은 전치사 ἐκ(2:10의 주를 보라)로 헬라어 부분 문구를 반영한다. "재앙"(πληγή)이라는 단어가 나오는 것은 그의 심판을 9:18, 20, 15:1, 16:21에 묘사된 심한 화들(애굽에게 내린 것들과 같은)과 관련시킨다.

19. BDAG 20.

20. 16:19에 나오는 비슷한 말과 이 개념의 구약 배경에 대한 그 구절을 주를 보라.

교적 타협 및 우상 숭배적 의식으로 불가피하게 이어지는 로마의 경제적, 정치적 관행에 연루되는 유혹을 거부하라는 명령이었다.[21] 이 그리스도인들은 1세기 소아시아에서 육체적, 지리적으로 떠날 수 없었지만, 매일 사회적, 경제적 행위를 할 때 그와 다른 도덕적, 종교적 확신들을 따르도록 부름받았다. 오늘날의 삶에서도 하나님의 길과 뚜렷이 다른 상업과 금융 세계에 연관될 때, 그리스도인은 공공연하지는 않지만 비슷한 도전에 직면한다. 뒤에 나오는 '적용에서의 신학'을 보라.

18:6-8 그가 준 그대로 그에게 주고 그의 행위대로 갑절을 갚아 주고 그가 섞은 잔에도 갑절이나 섞어 그에게 주라 그가 얼마나 자기를 영화롭게 하였으며 사치하였든지 그만큼 고통과 애통함으로 갚아 주라 그가 마음에 말하기를 나는 여왕으로 앉은 자요 과부가 아니라 결단코 애통함을 당하지 아니하리라 하니 그러므로 하루 동안에 그 재앙들이 이르리니 곧 사망과 애통함과 흉년이라 그가 또한 불에 살라지리니 그를 심판하시는 주 하나님은 강하신 자이심이라(6 ἀπόδοτε αὐτῇ ὡς καὶ αὐτὴ ἀπέδωκεν καὶ διπλώσατε [τὰ] διπλᾶ κατὰ τὰ ἔργα αὐτῆς, ἐν τῷ ποτηρίῳ ᾧ ἐκέρασεν κεράσατε αὐτῇ διπλοῦν, 7 ὅσα ἐδόξασεν αὐτὴν καὶ ἐστρηνίασεν, τοσοῦτον δότε αὐτῇ βασανισμὸν καὶ πένθος. ὅτι ἐν τῇ καρδίᾳ αὐτῆς λέγει ὅτι Κάθημαι βασίλισσα καὶ χήρα οὐκ εἰμὶ καὶ πένθος οὐ μὴ ἴδω· 8 διὰ τοῦτο ἐν μιᾷ ἡμέρᾳ ἥξουσιν αἱ πληγαὶ αὐτῆς, θάνατος καὶ πένθος καὶ λιμός, καὶ ἐν πυρὶ κατακαυθήσεται, ὅτι ἰσχυρὸς κύριος ὁ θεὸς ὁ κρίνας αὐτήν). 6절은 주의 깊게 해석해야 하는 많은 문제를 제기한다. 첫째는 이 명령을 받는 대상이 누구인지 결정하는 것이다. 명령의 내용에 근거하면, 그들을 일반적으로 바벨론에게 하나님의 심판을 행하는 대행자로 분류할 수 있다. 6절에 나오는 "그에게"와 "그가"는 분명 4b-5절에 나오는 "그의"(즉, 바벨론)이기 때문이다. 가까운 문맥에 근거한 가장 그럴듯한 견해는, 이 심판의 대행자들(6절에서 명령을 받는 '너')도 마찬가지로 4b-c절의 '너'라는 것이다(개역개정에는 you가 번역되어 있지 않음-역주). 말을 하는 대상이 바뀌었다는 표시가 없기 때문이다. 그러므로 하나님의 백성이 이 미래의 때에 바벨론에게 "그의 행위대로" 갑절로 계산해서 갚아야 하는 사람들이다.[22] 하지만 하나님의 백성이 자신을 박해한 사람들에게 복수하는 광경은, 원수 갚는 것을 하나님께 맡기고 절대로 누구에게든 악을 악으로 갚지 말라는 성경의 가르침(롬 12:17; 살전 5:15; 벧전 3:9)을 철저히 위반하는 듯 보인다. 그렇기 때문에 어떤 사람들은 문맥을 조금 확대해서, 여기에서 말하는 대상이 심판의 천사들(계 14:15, 18; 참고. 겔 9:1-11)[23] 혹은 짐승과 동맹을 맺은 왕들 같은 악한 이 세상 대행자들(참고. 계 17:15-17)이 분명하다고 제안한다. 그들은 여기에서 바벨론의 죄를 벌함으로써 하나님의 목적을 성취하라고 촉구받는다는 것이다.[24] 또 다른 제안으로 구체적인 수신자 혹은 심판의 대행자들은 의도적으로 배제하고, 명령의 수사학적 취지는 바벨론에게 확실히 대갚음하는 것을 강조한다는 것이 있다.[25] 이런 대안들은 기독교 도덕에 대한 광범위한 민감성에

21. Kraybill, *Imperial Cult*, 16-17.
22. 몇몇 고대 유대 본문은 이스라엘이 악한 나라들에 대한 하나님의 심판에 참여하는 것으로 묘사한다. 예를 들어 1 En. 90:19; 91:12; 1QM 6:5-6; 11:13-14; Apoc. Ab. 29:14-21.
23. Boxall, *Revelation*, 257-58; Osborne, *Revelation*, 661; Smalley, *Revelation*, 448.
24. L. Goppelt, "ποτηρίον," *TDNT* 6:151; Thomas, *Revelation 8-22*, 323; Robert W. Wall, *Revelation*, NIBC 18 (Peabody, MA: Hendrickson, 1991), 215.
25. Ruiz, *Ezekiel in the Apocalypse*, 402-3; Beckwith, *Apocalypse*, 711, 714(명기하지 않은 "복수의 영"에 대해 말하지만, 말하는 대상이 나와 있지 않다는 것을 강조하며 "본문은 수사학적 형태로, 복수의 확실함과 그 원인을 선포한다"라고 말한다). Koester, *Revelation*, 700은 어떤 특정한 대상에 대해 말하는 것도 주저하지만, 그리스도인이 그 대상이라면 그들은 스스로 신적 심판을 가하는 것이 아니라 "신적 심판을 선포"하라고 명령받는다는 것을 인정한다.

더 부합한다. 하지한 이것은 본문의 표현과 일치시키기가 어렵다.[26]

6-7절의 명령은, 세상 군대가 짐승의 지도 아래 온 힘을 다해 하나님을 반대하기 위해 모이고 그리스도가 천군 천사와 함께 그들을 이기러 오시는 마지막 충돌 시기에 하나님의 백성이 공유해야 하는 행동을 묘사한다고 이해하는 것이 더 나은 듯하다.[27] 그때 하나님 편에 있는 모든 사람은 그리스도 편에 서서 그분이 바벨론에 신속히 복수하시도록 해야 한다. 이것은 개인적 복수에 대한 허용이 아니라, 주님이 궁극적으로 직접 수행하실 원수 갚는 일에 참여하는 것이다.[28]

주님이 바라시는 것은 바벨론이 사람들을 억압하고 죄를 지으면서 가한 만큼(그리고 그 이상으로) 바벨론에게 사법적으로 갚는 것이다. "그가 준 그대로 그에게 주[라]"는 명령(6a-b절)[29]은 받은 만큼 돌려주는 보복을 요구한다. 하지만 그다음 두 절은 추가 벌을 요구하는 듯하다. "갑절을 갚아주고…갑절이나 섞어"(6c-d절)라는 것이다.[30] 바벨론에 배상을 '갑절로 한다'는 말 역시 논란이 된다. 때로 성경에서 "갑절"이라는 말은 두 배의 범위나 정도가 아니라 조화되거나 같은 분량, 곧 같은 양의 어떤 것을 의미한다(아마 창 43:15; 마 23:15).[31] 이것은 "그의 행위대로"(6c절; 참고. 렘 50:29)와 "그만큼"(ὅσα…τοσοῦτον, 7a-b절)이라는 엄밀한 해석과 조화된다. 몇 군데에서 "갑절"은 "충분한, 가득한"을 나타내는 비유적이거나 과장법적인 말로 쓰이는데, 이와 마찬가지로 문자 그대로 두 배의 양을 의미하지는 않는 듯 보인다(아마 왕하 2:9; 사 61:7; 슥 9:12; 딤전 5:17).[32] 하지만 악행에 대한 벌을 규정하는 본문에 나오는 "갑절"이라는 말은 종종 보다 문자적인 의미로 쓰인 듯하다. 실제 갑절 분량으로, 곧 같은 분량으로 배상하는 것을 넘어서는 것이다(출 22:4, 7, 9; 렘 16:18; 17:18, 참고. 범죄의 네 배나 다섯 배의 벌을 받는 출 22:1; 삼하 12:6; 눅 19:8).[33] 이렇게 하는 목적은 그 위반이 얼마나 심각한지 보여주고, 앞으로 일어날 범죄를 줄이려는 것인 듯하다. 6c-d절에서 갑절의 벌에 대한 요구는 14:10과 16:19에 나왔던 진노의 잔이라는 이미지로 표현된다. 하늘은 음행으로 만국을 취하게 한 바벨론(14:8; 17:2; 18:3, "그가 섞은 잔", 6d절)을 위해 "갑절"을 준비하라고 명령한다.[34]

6절에서 비교로 표현된 주제("그가 준 그대로")는 7절에서도 계속된다("그만큼"). 그것은 바벨론이 지은 통탄할 만한 죄를 기록하면서 그가 이제 받을 격심한 심판을 언급하고(7a-b절), 바벨론의 교만한 자급자족을 그

---

26. 요한의 환상에 대한 묘사는 말을 생략한 것이며 관점과 대상이 재빨리 바뀔 수 있어서, 4b-5절부터 6-7절까지에서 말하는 대상이 바뀐 것은 독자나 듣는 자들이 내용에 기초해서 분별하도록 남겨둔 것이라고 주장할 수도 있을 것이다. 하지만 요한은 다른 곳에서는 그가 그런 변화들을 알려줄 수 있다는 것을 보여준다(예를 들어, 9:14; 14:15, 18; 16:1).
27. 17:14; 19:14-16, 19-20을 보라. 두 본문 모두에서 인간의(그리고 천사의) 역할은 최소한이거나 존재하지 않는 듯하다. 그리스도의 권세와 권위가 완전하고 즉각적인 승리를 확보한다고 나오기 때문이다.
28. Aune, *Revelation 17-22*, 993-94; Susan M. Elliott, "Who Is Addressed in Revelation 18:6-7?," *Biblical Research* 40 (1995): 98-113.
29. 22:12에서 '갚아주다'(ἀποδίδωμι)라는 동사의 용법을 보라. 참고. 시 137:8; 마 16:27; 딤후 4:14.
30. 6-7절의 부정과거 동사들('주다', '갚다', '섞다', '주다')은 반복되는 혹은 관습적인 심판의 행동이 아니라, 정해진 경우 구체적 행동을 요구하는 그 말의 용법을 예시한다(BDF §§335, 337; Fanning, *Verbal Aspect*, 327-29, 334-35).
31. Gerhard von Rad, "בִּפְלַיִם in Jes 40:2=Äquivalent?," *ZAW* 79 (1967): 80-82와 Meredith G. Kline, "Double Trouble," *JETS* 32 (1989): 176-78은 '갑절'(개역개정에는 "배"-역주)의 벌을 언급하는 몇몇 구약 본문에서(예를 들어, 렘 16:18; 17:18) 이런 의미에 대한 찬성론을 주장한다. Kline은 요한계시록 18장에서도 이런 의미를 주장한다.
32. LN §60.75는 엄격하게 갑절보다는 "훨씬 더 많은"이라는 것을 시사한다.
33. 또한 "갑절"이 두 배 만큼을 의미하는 신명기 21:17, 욥기 42:10(참고. 1:3; 42:12), 렘 16:5을 보라.
34. "갑절"(διπλοῦν)은 아마 갑절의 농도를 지닌 음료를 의미할 것이다. 고대 사회에서 포도주는 일반적으로 마시기 전에 세 배에서 다섯 배의 물에 희석했다. 여기에서는 더 진한 혼합물을 염두에 두고 있다. 그것은 더 심한 심판을 나타낸다.

가 직접 한 말로 설명한다(7c-d절). 더 광범위한 세상에 바벨론이 미친 죄 된 영향은 스스로 높은 지위를 주장하여 본질적으로 하나님의 최고의 영광을 부인하는 것(참고. 15:4; 롬 1:19-23)과, 다른 사람들에게 손해를 입히면서 자신이(그리고 자신과 함께하는 사람들이, 3c절) 사용할 과도한 물질적 재물을 요구하는 것이었다.[35] 그래서 하나님으로서는 대행자를 통해 그에 상응하는 벌을 요구하시는 것이 너무나 당연하다. 바벨론은 영광과 안락한 사치 대신 "고통과 애통함"(참고. 눅 6:24-26; 약 4:9에 나오는 비슷한 역전)을 경험할 것이다. 3절과 마찬가지로, 바벨론이 이런 식으로 심판을 받는 근거는 원인절(ὅτι, 7c절)로 표현된다. 그들이 자급자족할 수 있다고 여기고 다른 사람보다 특권을 지녔다고 느끼기(그가 "마음에 말하기를") 때문이다. 7d절에 인용된 그의 생각들은 바벨론이 다른 나라들의 여왕이라고 주장하는 이사야 47:5-9(개역개정에는 "여주인"-역주)과 매우 유사하다. 거기에서 하나님은 바벨론이 이스라엘에게 긍휼을 보이지 않은 것과 자신의 통치가 하나님의 주권까지도 대신한다고 생각한 것에 대한 벌로 심판하실 것이라고 선언하신다. 이 문맥에서 "과부"가 되는 것과 "애통함"을 당하는 것은 자신의 의존국을 잃어버리는 것, 그가 절대 일어날 리 없다고 생각했던 바 자신의 통치 권세를 박탈당하는 것을 나타낸다.

그런데 그런 사별은 "하루 동안에"(8a절) 일어날 것이다. 그의 교만한 불경함 때문이다.[36] 8절에서 하늘의 선언은 명령법(4b-7절)에서 미래 직설법으로 바뀐다. 바벨론에 곧 닥칠 심판의 "재앙들"(참고. 4절)을 예고하기 위해서다. 몇 가지 구체적인 재앙 혹은 일격[37]이 언급된다. "사망과 애통함과 흉년"[38] 및 "불에" 살라지는 것(8b절; 참고. 8:7; 16:8-9; 17:16)이다. 이것은 인, 나팔, 대접들과 연관된 하나님의 심판 시리즈 전체를 염두에 두고 있음을 보여준다. 그러한 것들은 각 시리즈 마지막 벌에 나오는 화의 대격변에서 절정에 이를 것이다(참고. 9:18, 20; 15:1; 16:21). 심판자이신 "주 하나님"의 빼어난 힘과 능력을 인용하는 8c절을 보면, 바벨론이 무적의 존재일 것이라는 추정을 균형 잡힌 시각으로 바라볼 수 있다.[39] 이것이 바벨론이 빠르고 확실하게 황폐화될 이유다(ὅτι).

18:9-10 그와 함께 음행하고 사치하던 땅의 왕들이 그가 불 타는 연기를 보고 위하여 울고 가슴을 치며 그의 고통을 무서워하여 멀리 서서 이르되 화 있도다 화 있도다 큰 성, 견고한 성 바벨론이여 한 시간에 네 심판이 이르렀다 하리로다(9 Καὶ κλαύσουσιν καὶ κόψονται ἐπ᾽ αὐτὴν οἱ βασιλεῖς τῆς γῆς οἱ μετ᾽ αὐτῆς πορνεύσαντες καὶ στρηνιάσαντες, ὅταν βλέπωσιν τὸν καπνὸν τῆς πυρώσεως αὐτῆς, 10 ἀπὸ μακρόθεν ἑστηκότες διὰ τὸν φόβον τοῦ βασανισμοῦ αὐτῆς λέγοντες, Οὐαὶ οὐαί, ἡ πόλις ἡ μεγάλη, Βαβυλὼν ἡ πόλις ἡ ἰσχυρά, ὅτι μιᾷ ὥρᾳ ἦλθεν ἡ κρίσις σου). 하늘의 음성은 계속해서 바벨론의 멸망과 관련된 미래의 사건들을 묘사하면서 그들과 깊이 관련된 관찰자 집단의 반응을 기록한다. 그들은 왕들(9-10절), 상인들(11-17a절), 뱃사람

35. 7절의 말은 바벨론의 재물이 그 자체로는 반대할 만한 것이 아니라는 것을 다시금 상기시킨다. 그보다 재물이 어떻게 그를 물질적 부에 기초한 교만한 자기중심성으로 유혹했는지가 문제다. 물질적 소유에 기초해서 자기를 영화롭게 하는 것(자신 혹은 자신의 공동체를 다른 사람이나 공동체보다 더 우월하게 여기는 것), 자급자족('나는 지금이나 앞으로나 안전해'), 자기 몰두(다른 사람들의 필요에 관심이 없는 것)는 바로 성경이 경고하는 재물의 위험이다(눅 12:13-21; 딤전 6:6-10, 17-19; 약 2:1-7, 14-16).

36. 8a절에 나오는 "그러므로"(διὰ τοῦτο)는 7d절에 표현된 태도를 말한다.

37. 요한계시록에서 "재앙"이라는 말이 지닌 의미에 대해서는 9:18의 주를 보라.

38. 이 문맥에서 θάνατος가 '전염병'이라는 의미를 지닌다는 것에 대해서는 6:8의 주를 보라.

39. '심판하신'(κρίνας, 개역개정에는 "심판하시는"-역주)이라고 번역된 헬라어 분사의 부정과거 시제는 바벨론에 대한 하나님의 미래의 심판 행위도 하나의 전체로 보고 그것에 초점을 맞춘다.

들(17b-19절)이다. 바벨론의 파멸에 대한 애도의 많은 부분은 두로를 향한 에스겔의 애도 노래(겔 26:16-18; 27:30-32; 또한 사 23:1-18)에 나왔고, 바벨론의 악한 길에 대한 생생한 묘사뿐만 아니라 그에 대한 또 다른 통찰을 제공한다.[40] 첫 번째 애도자 집단은 땅의 왕들 혹은 통치자들(9b절)로, 여기에서(또한 17:2; 18:3에서) 바벨론과 함께 악과 무절제에 빠졌다고 묘사된다(그들은 바벨론의 정치적, 문화적 영향 아래 "음행"했고 "사치"했다, 참고. 17:18).[41] 그들은 바벨론의 "불타는 연기"를 응시하면서 바벨론이 완전히 몰락하는 것을 보고 충격과 슬픔으로 울부짖을 것이다(9d절; 참고. 8b절, 마치 장례식에서처럼, 참고. 마 2:18; 눅 8:52; 23:27). 하지만 그들은 곤경에 빠진 바벨론을 도와줄 것처럼 가까이에서 지켜보고 있지는 않다. 그들은 "멀리 서서"(10a절; 또한 15, 17절) 본다. 바벨론이 고난받고 있는 것을 두려워하기 때문이고(참고. 7절에 나오는 "고통"), 자신들이 바벨론의 악에 가담했음을 알기 때문이다. 그럼에도 그들은 바벨론의 상태를 반복해서 애도하고[42] 그런 큰 권세가 이렇게 빨리 멸망당할 수 있다는 것에 경악해서(10b-c절) 바벨론을 직접 부르며 부르짖는다. 그들은 바벨론의 심판이 "한 시간에"[43] 이른 것에 경악한다.

18:11-13 **땅의 상인들이 그를 위하여 울고 애통하는 것은 다시 그들의 상품을 사는 자가 없음이라 그 상품은 금과 은과 보석과 진주와 세마포와 자주 옷감과 비단과 붉은 옷감이요 각종 향목과 각종 상아 그릇이요 값진 나무와 구리와 철과 대리석으로 만든 각종 그릇이요 계피와 향료와 향과 향유와 유향과 포도주와 감람유와 고운 밀가루와 밀이요 소와 양과 말과 수레와 종들과 사람의 영혼들이라**(11 Καὶ οἱ ἔμποροι τῆς γῆς κλαίουσιν καὶ πενθοῦσιν ἐπ' αὐτήν, ὅτι τὸν γόμον αὐτῶν οὐδεὶς ἀγοράζει οὐκέτι 12 γόμον χρυσοῦ καὶ ἀργύρου καὶ λίθου τιμίου καὶ μαργαριτῶν καὶ βυσσίνου καὶ πορφύρας καὶ σιρικοῦ καὶ κοκκίνου, καὶ πᾶν ξύλον θύϊνον καὶ πᾶν σκεῦος ἐλεφάντινον καὶ πᾶν σκεῦος ἐκ ξύλου τιμιωτάτου καὶ χαλκοῦ καὶ σιδήρου καὶ μαρμάρου, 13 καὶ κιννάμωμον καὶ ἄμωμον καὶ θυμιάματα καὶ μύρον καὶ λίβανον καὶ οἶνον καὶ ἔλαιον καὶ σεμίδαλιν καὶ σῖτον καὶ κτήνη καὶ πρόβατα, καὶ ἵππων καὶ ῥεδῶν καὶ σωμάτων, καὶ ψυχὰς ἀνθρώπων). 유사하지만 더 긴 부분(11-17a절)에서, 4절부터 시작된 하늘 음성은 왕들처럼(9-10절) 땅의 "상인들" 역시 바벨론의 몰락을 애도하는 것을 묘사한다. 바벨론에 대한 그들의 눈물과 애통은(11a절)[44]은 처음에는 사리사욕으로 말미암은 것으로 서술된다. 그들의 물건을 팔 전망이 완전히 사라져버렸다는 것이다. 바벨론은 그들의 첫째가는 고객이었고, 아마 멀리 있는 의존국들과 더 광범위한 무역 거래를 가능하게 하는 통로였을 것이다. 그런데 놀랄 만큼 다양한 상품의 재고를 더 이상 팔 길이 없어진 것이다(11b절). 11절의 마지막 부분은 이를 나타내는 일반적인 용어인 "그들의 상품"(τὸν γόμον αὐτῶν)[45]이라는 말을 사용하고, 12-13절은 그 상품의 항목들을 아주 세세한

---

40. Kraybill, *Imperial Cult*, 153은 "두로의 경제적 위업과 우상 숭배적 교만의 결합은 요한의 목적에 유용했다"라고 말한다. Kraybill이 이 주제를 더 광범위하게 다룬 것은 152-61에서 볼 수 있다.

41. 17:2과 18:3, 9에서 이 두 동사의 의미에 대한 논의를 보라.

42. 그런 문맥에서 "화"(οὐαί)의 의미에 대해서는 8:13의 주를 보라.

43. "한 시간에"(μιᾷ ὥρᾳ)라는 같은 진술이 17, 19절에도 나온다. "하루 동안에"(ἐν μιᾷ ἡμέρᾳ, 8절)라는 문구는 사건들이 일어나는 시간을 약간 더 넓게 잡고 있기는 하지만, 본질적으로 같은 의미를 지닌다. '너무 빨리', '갑자기', '예상치 않게'라는 것이다. '이르렀다'(ἦλθεν)는 부정과거는 최근의 과거에 일어난 사건을 표현한다(6:17에 대한 주, 그리고 Fanning, *Verbal Aspect*, 260-61을 보라).

44. 11a절에는 9절에 나왔던 것과 똑같은 '울다'(κλαίω)라는 동사가 나온다. 하지만 9a절에 비할 때 애통을 나타내는 동사는 다르다(여기에서 그것은 15, 19절에서처럼 πενθέω다. 7, 8절에 나오는 관련 명사 πένθος를 보라). 본문은 애도로 가득 차 있다. 11절에 나오는 묘사는 8-9절의 미래 시제들로부터 현재 시제로 바뀐다(하지만 15절에서는 미래 시제로 다시 돌아간다).

45. "상품"(cargoes, γόμος)이라는 말은 헬라어에서 집합적 단수다. 한 장소에서 다른 장소로 옮겨지는 다양한 상품들을 묘사하는 '짐, 화물'(load, freight)이라는 말의 경우와 같다(BDAG 205; 참고. 행 21:3). 헬라어의 집합적 단수는 영어 표현에 더 자연스럽게 맞게 하기 위해 복수로 표현된다.

부분까지 구체적으로 나열한다. 하늘의 음성은 상인들의 이러한 차질에 대한 묘사에서 바벨론의 더 광범위한 재물과 사치에 대한 묘사로 넘어간다(참고. 또한 16절).

구체적인 상품 목록은 여러 면에서 에스겔 27:12-25에 나오는 두로의 다각적인 거래를 반영한다. 이 목록에는 기본적인 교역품뿐 아니라 놀랄 만큼 다양한 좋은 물건이 포함되어 있다. 이 목록은 귀금속과 보석(금, 은, 보석, 진주, 12a절)부터 시작해서 호화로운 옷감(세마포, 자주 옷감, 비단, 붉은 옷감, 12b절)[46] 그리고 값진 재료(향목, 상아, 값진 나무, 구리, 철, 대리석, 12c-d절)로 만든 다양한 품목[47]으로 넘어간다. 값비싼 향품도 다양하게 포함되고(계피, 향료, 향, 향유, 유향, 13a절) 기본 생필품과 가축까지 총출동한다[포도주, 감람유, 고운 밀가루, 밀, 소, 양, 말, 수레(말과 밀접하게 연관된), 13b-c절]. 마지막으로 물건과 짐승 목록 끝에는 종을 가리키는 '몸'(σωμάτων, 개역개정에는 "종들"-역주)이라는 용어가 나온다(13c절).[48] 이 말은 종이 된 사람을 언급하는 일반적인 표현이었지만, 인간성이 결여된 용어다(그들은 단지 주인을 위한 노동이나 섬김의 육체적 도구로서만 가치가 있었다). "사람의 영혼들"(καὶ ψυχὰς ἀνθρώπων)[49]이라는 추가 묘사는 오해를 바로잡아준다. 그런 '몸'에 불과한 존재들은 하나님이 살아 있는 영혼으로 창조하신 인간이라는 것이다[창 1:26-27; 참고. 2:7("사람이 생령이 되니라"); 겔 27:13].[50]

18:14 바벨론아 네 영혼이 탐하던 과일이 네게서 떠났으며 맛있는 것들과 빛난 것들이 다 없어졌으니 사람들이 결코 이것들을 다시 보지 못하리로다(καὶ ἡ ὀπώρα σου τῆς ἐπιθυμίας τῆς ψυχῆς ἀπῆλθεν ἀπὸ σοῦ, καὶ πάντα τὰ λιπαρὰ καὶ τὰ λαμπρὰ ἀπώλετο ἀπὸ σοῦ καὶ οὐκέτι οὐ μὴ αὐτὰ εὑρήσουσιν). 10절에서 땅의 왕들이 바벨론에게 직접 애도의 말을 한 것과 마찬가지로, 여기에서도 땅의 상인들은 바벨론의 손실을 애도하면서 2인칭으로 바벨론에게 말한다(14절).[51]

---

46. 목록에 나오는 첫 여덟 가지 품목은 이 구절 시작부에 나오는 "상품"(γόμον)과 관련된 내용의 소유격(BDAG 205)으로 표현된다. 그것은 11b절에 나오는 같은 단어와 동격을 이룬다. 그다음 세 항목은 '그리고'라는 말로 12a절의 "상품"과 결합된 대격이다. 이 세 번째 대격은 그 항목으로 만들어진 네 개의 물건을 보여주는 '…으로 만든'(ἐκ)이라는 전치사와 함께 계속된다. 13절에서 목록은 주로 대격들로 이어진다. 하지만 끝부분의 세 항목은 소유격으로 바뀐다(말과 수레와 종들). 아마 Swete, *Apocalypse*, 231이 제시하는 것처럼, 12a-b절에 나오는 여덟 개의 소유격과 함께 나오는 "상품"(γόμον)처럼 대격을 암시할 것이다. 마지막 항목은 어색하게도 대격으로 돌아간다(영혼들).

47. 12c-d절에 나오는 '품목'(article, σκεῦος, 개역개정에는 "그릇"-역주)은 다양한 목적으로 사용되는 접시나 다른 그릇들을 의미한다(BDAG 927).

48. 예를 들어 창 36:6; 참고. Tob 10:10; 2 Macc 8:11; 또한 BDAG 984를 보라.

49. 13c절에 나오는 '즉'(that is)이라는 표현("종들과 사람의 영혼들"은 '사람들의 몸, 즉 영혼'이라고 직역할 수 있음-역주)은 접속사 καί(보통은 '그리고')의 부가 설명적 용법을 번역한 것이다.

50. 11-13절에 나오는 상품들의 목록이 지닌 더 큰 의미에 대해서는 의견이 일치되지 않는다. Bauckham, *Climax*, 350-71은 그것이 1세기 로마의 "특징적 재물과 사치"(352)를 나타내는 것으로, "제국의 정복과 약탈로부터" 그리고 그 백성의 "경제적 착취"로부터 획득한 것이라고 본다(368). Provan, "Foul Spirits," 85-89는 요한계시록이 착취에 대해 아무것도 분명하게 말하지 않으며 현대의 정치적, 경제적 개념에 기초해서 본문에 이런 식으로 의미를 부여하는 것에 반대한다. 그의 견해는 상품 목록은 대체로 에스겔 27장에 나오는 두로에 대한 비판에서 나온 것이므로, 그것은 우상 숭배적 나라들에 대한 전형적인 구약의 강조를 나타낸다는 것이다. 곧, 자기 나라의 번영을 자신의 공으로 생각해서 교만으로 우쭐해진 불경한 통치자들이라는 것이다. Provan이 보기에 "구약에 관한 한 경제적 죄는 단지 항상 우상 숭배의 기능일 뿐이며, 강조되는 것은 경제보다는 우상 숭배다"(88). 그는 로마에 그렇게 초점을 맞추는 것 역시 반대한다. 다른 몇몇 사람과 함께 그는 요한계시록에 나오는 "바벨론"이 로마보다는 배교한 예루살렘을 상징한다고 이해하기 때문이며(91-98; 본 주석 11:1-2과 17:5에서 이 견해에 반대하는 설명을 보라), 요한계시록 17-18장에 나오는 바벨론에 대한 요한의 묘사를 단지 1세기 로마 경제에 대한 역사적-비판적 비평보다는 더 큰 예표론적 의미를 지니고 있는 것으로 보기 때문이다(98-100). 보다 협소한 견해(로마의 경제적 착취에 대한 언급이 없는 것, "바벨론"이 예루살렘과 같은 존재라는 것)에 대해서 나는 Provan이 틀렸다고 생각한다. 하지만 그의 더 큰 견해("바벨론"은 모든 시대의 그리고 가장 명백하게는 마지막 날들의 불경한 인간 사회의 예표다)는 분명 옳다(17:5에 대한 설명 및 본 '요한계시록 서론'에서 예표론에 대한 논의를 보라).

51. 14절의 화자(들)는 명백하게 진술되어 있지 않으며, 여기에서는 2, 4, 10, 16, 18, 19, 21절에서처럼 서론적 분사(예를 들면, "이르되")도 나오지 않는다. 이것은 하늘의 음성(4절)이 바벨론에 직접 말하

"네 영혼이 탐하던 과일"[52]이 이제 사라졌다는[53] 애도는 방금 열거한 풍부한 상품들(12-13절)을 염두에 둔 것이다. 마찬가지로 "맛있는 것들과 빛난 것들이 다"라는 말은 바벨론의 사치스럽고 호화로운 물질적 부를 말한다[REB는 그것을 "모든 반짝이고 홀리는 것"(all the glitter and glamour)이라고 번역한다]. 바벨론에 관한 한 이것들은 이제 "없어졌"거나 사라져버렸다(ἀπώλετο).[54] 그리고 이후 21-22절에서 이 동사를 사용할 것을 예상하면서 14c절이 동사 '보다'의 미래형(εὑρήσουσιν)으로 바꾸어 말하는 것처럼,[55] 그것들은 결코 회복되지 않을 것이다.

이 선언은 바벨론의 무역 상대국의 입에서 나온 것으로는 역설적이기는 하다. 하지만 방금 열거한 "상품" 목록이 거래나 상업 자체를 정죄하려는 것이 아니라는 점과, 목록에 포함된 사치품들 자체가 죄 된 것으로 여겨지는 것도 아님을 명확히 설명하는 데 도움이 된다.[56] 로마의 분잡한 상업 생활의 많은 부분은 로마의 광대한 주들뿐 아니라 그곳의 도시 빈민을 유복하게 하고 기본 필수품을 제공했다. 이 구절에 명시되어 있는 문제는 물질적 재화, 특히 사치품을 삶의 목표와 초점으로 삼으려는 것이다. 인간의 실존은 사람들이 소유하는 물질적인 것으로 구성되어 있지 않다. 심지어 그런 물질들이 우리에게 가장 좋은 것을 풍부하게 제공할 때도 그렇다(눅 12:15-21). 바벨론이 그랬듯이 그런 물질을 "영혼이 탐하는 것"으로 삼는 것은 인간의 정체성과 번영의 핵심을 오해하는 것이다. 그것은 참되신 분 대신에 거짓 신을 숭배하고 거기에서 의미를 찾는다.

18:15-17a 바벨론으로 말미암아 치부한 이 상품의 상인들이 그의 고통을 무서워하여 멀리 서서 울고 애통하여 이르되 화 있도다 화 있도다 큰 성이여 세마포 옷과 자주 옷과 붉은 옷을 입고 금과 보석과 진주로 꾸민 것인데 그러한 부가 한 시간에 망하였도다(15 οἱ ἔμποροι τούτων οἱ πλουτήσαντες ἀπ᾽ αὐτῆς ἀπὸ μακρόθεν στήσονται διὰ τὸν φόβον τοῦ βασανισμοῦ αὐτῆς κλαίοντες καὶ πενθοῦντες 16 λέγοντες, Οὐαὶ οὐαί, ἡ πόλις ἡ μεγάλη, ἡ περιβεβλημένη βύσσινον καὶ πορφυροῦν καὶ κόκκινον καὶ κεχρυσωμένη [ἐν] χρυσίῳ καὶ λίθῳ τιμίῳ καὶ μαργαρίτῃ, 17 ὅτι μιᾷ ὥρᾳ ἠρημώθη ὁ τοσοῦτος πλοῦτος). 14절에서 상인들이 바벨론에게 간략히 말한 후, 하늘의 음성이 바벨론의 멸망에 대한 그들의 반응을 다시 묘사한다(15절).[57] 상인들(11절)은 방금 언급한 다양한 상품(12-14절의 "이 상품")을 거래하는 이들로, 바벨론 안에서 바벨론을 통해 이루어지는 거래로 재물을 얻었다(참고. 3c절). 그들은 바벨론의 물질주의와 억압에 직접 관여했는데도[그리고 그들이 바벨론의 고난을 보면서 느끼는 두려움(10a절과 같은 표현)], 마치 자신들이 바벨론의 죄에서 멀리 떨어진 것처럼 "멀리 서"(참고. 10, 17a절)[58] 있었

는 것일 수도 있다. 하지만 전에 그리고 이후에 나오는 상인에 대한 언급(11, 15절)으로 보아 그들이 화자일 가능성이 더 크다.

52. "과일"(ἡ ὀπώρα)이라는 말은 바벨론이 누리던 부유함의 수확을 나타내는 비유다(BDAG 718; 예를 들어, 렘 40:10, 12; 48:32[LXX 47:10, 12; 31:32]). 이 일련의 소유격에서 "네"(σου)는 헬라어 구문에서 "과일"에 대한 소유격이다. "영혼"과 "탐하던"이라고 번역된 단어들 역시 헬라어로는 소유격으로 되어 있으며(문자적으로는 '영혼의 탐하는 것의', τῆς ἐπιθυμίας τῆς ψυχῆς), "영혼"은 주격 소유격인 반면, "탐하는 것"은 "과일"의 비유적 의미를 설명하는 동격의 소유격이다(참고. Wallace, *Grammar*, 95-96).

53. '떠났다'(ἀπῆλθεν)와 '없어졌다'(ἀπώλετο)는 부정과거들은 최근의 과거에 일어난 사건들을 말한다(10절에 대한 주를 보라).

54. 14a-b절의 헬라어 표현은 이 멋진 것들이 "네게서" 떠났으며 "네게서" 사라졌다고 말하면서 바벨론이 잃어버린 것을 강조한다.

55. 14c절의 "사람들이 결코 이것들을 다시 보지 못하리로다"라는 문구는 헬라어 미래 직설법을 사용하면서, οὐ μή는 명확한 부정을 표현하고(9:6에 대한 주를 보라), 덧붙여 비인칭의 '그들'은 수동적 의미를 표현한다[문자적으로는, '그들은 더는 그것들(즉, 14b절의 것들)을 전혀 보지 못할 것이다', 10:11; 12:16에서 이 비인칭 용법을 보라].

56. Wright, *Revelation for Everyone*, 163-64.

57. 상인들에게 초점을 맞추는 것은 명백한 접속사 없이 다시 시작된다(접속사 생략). 14절의 삽입구적 인용문에도 불구하고 그 주제는 여전히 분명하기 때문이다.

58. 여기에서 묘사는 곧 일어날 일을 예상하면서 다시 미래로 바뀐다(참고. 8-9절).

다. 그리고 그들은 "울고 애통하[며]"(11a절에 나온 것과 같은 동사) 바벨론의 운명을 애도한다.

16-17a절에 나오는 애도의 표현은 10절과 상당히 비슷하고(바벨론이 "한 시간에" 망했기 때문에 "화 있도다 화 있도다 큰 성이여"라고 외침), 17:4의 표현과 매우 비슷한 문구로 나열되어 있다. 그 성이 "세마포 옷과 자주 옷과 붉은 옷을 입고 금과 보석과 진주로 꾸민 것"이라는 광범위한 묘사는 17:4이 짐승 위에 탄 여자를 묘사한 것을 반복한다. 이것은 17장과 18장을 보다 밀접하게 결합해준다. 물론 이 두 장은 주제 면에서 이미 강력하게 연관되어 있다. 여기에서 그 묘사들은 바벨론의 큰 사치와 과시적인 물질적 부에 더욱 초점을 맞춘다. 10절과 19절에서처럼, 상인들의 애도는 "그러한 부"가 얼마나 빠르게 파괴되었는지 경악하는 표현에 근거한다(17a절). "망하였도다"(ἠρημώθη, 또한 19절)라는 동사는 17장과 또 다른 연결점이다. 17:16은 짐승과 그의 동맹들이 바벨론을 "망하게"(ἠρημωμένην, 참고. 겔 26:19에서 두로에 대해 똑같은 말이 사용된 것) 할 것이라고 언급하기 때문이다.

18:17b-18 모든 선장과 각처를 다니는 선객들과 선원들과 바다에서 일하는 자들이 멀리 서서 그가 불타는 연기를 보고 외쳐 이르되 이 큰 성과 같은 성이 어디 있느냐 하며(17 Καὶ πᾶς κυβερνήτης καὶ πᾶς ὁ ἐπὶ τόπον πλέων καὶ ναῦται καὶ ὅσοι τὴν θάλασσαν ἐργάζονται, ἀπὸ μακρόθεν ἔστησαν 18 καὶ ἔκραζον βλέποντες τὸν καπνὸν τῆς πυρώσεως αὐτῆς λέγοντες, Τίς ὁμοία τῇ πόλει τῇ μεγάλῃ). 바벨론의 소멸을 목격하고 그것을 애도하는 세 번째 집단(9절에 나오는 개관을 보라)은 바다로 다니고 바다에서 일하는 사람들이다(17b-19절). 땅의 통치자들과 상인들처럼, 그들은 바벨론의 번영에서 기득권을 갖고 있다. 고대 지중해 사회에서 바벨론의 정치적, 경제적 권세는 주로 바다를 오가며 널리 교류하거나 여행을 통해 확장되었기 때문이다(참고. 겔 27:3, 33). 제국의 이런 방식은 에스겔 26-27장에서 하나님이 두로의 악을 공공연히 비난하시는 것에 반영되어 있었으며, 요한의 시대에는 "바벨론"(로마)의 권세에서 반복된다. 중심 권세의 붕괴는 전 세계 뱃사람의 이익을 빼앗아갈 것이고, 여기에서 그들은 바벨론의 몰락과 그들의 손실을 애통해한다(예를 들어, 19절). 뱃사람들은 다섯 개의 중복되는 문구로 묘사되는데, 17b절에 처음 네 개가 나온다. "모든 선장"과 "각처를 다니는 선객들"은 가장 중심적인 것부터 가장 가벼운 것에 이르기까지 모든 범위에 관련된다. "선장"(κυβερνήτης)은 지휘관 혹은 수로 안내인일 것이다.[59] 반면 "선객들"(ὁ ἐπὶ τόπον πλέων)[60]은 이따금 여행하는 사람이나 관광객일 것이다. 남은 두 묘사는 항해에 관련된 직업으로서 "선원"(배의 승무원)과 "바다에서 일하는 자들"(아마 어부들)이다.[61] 이들은 모두 왕들과 상인들처럼 "멀리 서서"(17c절) 애도하고 있다고 묘사된다(10, 15절에 나오는 설명을 보라). 이 장면에 대한 서술에서[62] "외쳐"라는 말은 그들의 경악을 강조하기 위해 보다 생생하게 제시된다(여기에서와 19절에서 미완료 동사). 그들은 바벨론이 멸망한 결과("그가 불타는 연기", 참고. 8, 9절; 17:16)를 목격할 때, 그러한 역전의 부조화에 놀란다. "이 큰 성과 같은 성이 어디 있느냐"(18c절; 참고. 13:4).[63] 이 외침은 에스겔 27장(특히 32절)에서 나온 것으로, 이

59. BDAG 573-74; 참고. 겔 27:8, 27-28.

60. 그 문구는 보다 문자적으로는 "어떤 곳으로 항해하는 사람"(BDAG 825)이다.

61. "바다(에서) 일하는"(τὴν θάλασσαν ἐργάζονται) 것은 창세기 2:5 LXX에 나오는 "땅(에서) 일하는 것"과 비교될 수 있다(BDAG 389).

62. 17b-19절에서는 이야기의 주요 줄거리를 추적하기 위해 부정과거와 미완료 동사들이 사용된다.

63. 18c절의 헬라어 구문은 연결 동사를 암시하지만, 그런 동사를 명시적으로 표현하지는 않는다. 그것은 현재인 "…이 있다"(is, KJV, NASB, NET)로 볼 수도 있고 과거인 "…이 있었다"(was, CSB, ESV, NIV, NRSV, REB, RSV)로 볼 수도 있을 것이다. 하지만 후자가 문맥에 더 맞다. 그들이 외친 요점은 바벨론이 현재 비교할 수 없이 멸망했다는 것이 아니라, 바벨론이 전에 재물과 지위 면에서 비교할 수 없었다는 점이다(둘 다 사실이지만).

본문은 이어지는 구절에 나오는 몇 가지 표현에도 영향을 미친다.

18:19-20 티끌을 자기 머리에 뿌리고 울며 애통하여 외쳐 이르되 화 있도다 화 있도다 이 큰 성이여 바다에서 배 부리는 모든 자들이 너의 보배로운 상품으로 치부하였더니 한 시간에 망하였도다 하늘과 성도들과 사도들과 선지자들아, 그로 말미암아 즐거워하라 하나님이 너희를 위하여 그에게 심판을 행하셨음이라 하더라(19 καὶ ἔβαλον χοῦν ἐπὶ τὰς κεφαλὰς αὐτῶν καὶ ἔκραζον κλαίοντες καὶ πενθοῦντες λέγοντες, Οὐαὶ οὐαί, ἡ πόλις ἡ μεγάλη, ἐν ᾗ ἐπλούτησαν πάντες οἱ ἔχοντες τὰ πλοῖα ἐν τῇ θαλάσσῃ ἐκ τῆς τιμιότητος αὐτῆς, ὅτι μιᾷ ὥρᾳ ἠρημώθη. 20 Εὐφραίνου ἐπ' αὐτῇ, οὐρανέ καὶ οἱ ἅγιοι καὶ οἱ ἀπόστολοι καὶ οἱ προφῆται, ὅτι ἔκρινεν ὁ θεὸς τὸ κρίμα ὑμῶν ἐξ αὐτῆς). 이 뱃사람들은 다른 두 집단과 같이 자기 연민이 잔뜩 섞인 동작과 말로 바벨론에 대한 깊은 애통함을 계속해서 표현한다(19절). 그들은 "티끌을 자기 머리에 뿌리고"(참고. 수 7:6; 욥 2:12; 애 2:10; 겔 27:30), "울며 애통하여" 생생한 애도를 표현하면서 바벨론의 운명을 몹시 슬퍼한다(참고. 11, 15절). 그들은 왕과 상인들처럼 "화 있도다 화 있도다 이 큰 성이여"(참고. 10, 16절)라고 외친다. 그러면서 이것이 자신의 이익을 불리는 데 어떤 의미를 지니는지 되돌아본다(19d절). 19d절에는 뱃사람들에 대한 다섯 번째 묘사가 나온다. 그들은 "배 부리는…자들"이다. 그들은 "너의 보배로운 상품"으로 큰 재물을 얻었다. 정복과 탐욕을 통해 긁어모은 번영이다(3-5, 14-16절을 보라). 다시 한번 바벨론의 운명을 보고 그들이 느낀 충격은 그렇게 부유하고 강력한 성이 얼마나 빨리 '망했는지'를 볼 때 더 커진다(19e절; 참고. 10, 17a절).

20절에서는 화자가 분명하게 제시되지 않는다. 첫눈에 보기에는 19절에 나온 항해자들의 애도가 이어진다고 이해하는 것이 쉽다. 별도의 화자에 대한 언급이 없고, 20절이 직접 화법(2인칭 단수 동사와 호격)으로 쓰였기 때문이다. 하지만 말하는 대상("하늘과 성도들과 사도들과 선지자들")과 말하는 내용(바벨론에 대한 하나님의 심판이 임했으니 "즐거워하라")은 바벨론의(그리고 그들의) 상실에 충격을 받은 불경한 항해자들의 입에서 나온 것 같지는 않다.[64] 하늘에 "즐거워하라"는 비슷한 요구는 12:12에 나왔다. 여기에서처럼 '하늘로부터 나는 음성'(4절)이 말한 것이다. 그러므로 20절은 4-20절에서 바벨론의 심판 기사를 제공한 하늘의 음성이 마지막으로 개입한 것이라고 이해하는 것이 더 낫다.[65] 하늘에서 즐거워하라(εὐφραίνω)는 호소는 하나님의 통치와 구속을 경축하는 구약 문맥에 등장한다(시 96:10-11; 사 44:23; 49:13). 하지만 여기에서 그 음성은 또한 박해자에 대한 심판자의 정당함이 입증된 것을 즐거워하라는 초청이며(참고. 렘 51:48, 바벨론의 소멸에 기뻐하는 것), 하늘에만 말하는 것이 아니라 바벨론의 손에 고난을 받은 하나님의 종들에게도 말한다. 20a절에 나오는 호격인 '하늘아'(οὐρανέ) 다음에는 호격으로 사용된 세 개의 주격이 나온다. "성도들"(즉, 하나님을 위해 구별된 하나님의 백성, 참고. 5:8), "사도들"(열두 사도를 의미함, 참고. 21:14), "선지자들"(11:10에 나오는 두 명처럼 신약 시대의 선지자들을 포함해서, 또한 다양한 방식으로 이 성취의 날들을 예언한 구약 선지자들도 포함될 것이다, 참고. 10:7; 22:6, 9)이다. 사실상 24절에서 바벨론이 "선지자들과 성도들"을 죽인 것을 언급한 것(또한 16:6; 참고. 11:18)에 비추어볼 때, 예표론적 견지에서 "성도들과…선지자들"은 둘 다 구원사에서 모든 시대의 하나님 백성과 그분의 대변인들을 포함한다고 이해해야 한다.

이 모든 사람은 즐거워하라고 명령받는다. 하나님이

64. 불경한 자들이 임한 심판에서 하나님의 역할을 인정하는 대응 구절이 될 만한 것은 6:16b-17이다. 하지만 즐거워하라는 명령 때문에 18:20은 다르다.

65. Aune, *Revelation 17-22*, 1006-7; Koester, *Revelation*, 708.

그들이 겪은 의로운 고난의 정당성을 입증해주시는 때가 이르렀기 때문이다(20b절). 세상의 악한 행위자들의 대표인 바벨론은 역사 내내 하나님의 백성을 박해하고 죽여왔다. 그들은 이 모든 적대적 행동에 대해 하나님의 벌을 받아 마땅하다(참고. 6절). 이제 하나님은 바벨론에 대해 "심판을 행하셨"다. 20b절에 나오는 이에 대한 표현은 다소 이해하기 어렵다. 그리고 이 표현의 일반적 의미는 분명하지만, 두 가지 다른 방식의 뉘앙스를 띨 수 있다.[66] 문자적으로 표현하면 '하나님이 그로부터 너희의 심판을 심판하셨다'(ἔκρινεν ὁ θεὸς τὸ κρίμα ὑμῶν ἐξ αὐτῆς)는 것이다. 이것은 바벨론이 그들을 심판했고, 이제 하나님이 바벨론에게 갚아주셨다는 의미일 수도 있다('너희의'를 목적 소유격으로, '그로부터'를 매개자를 표현하는 것으로 보고). 아니면 하나님이 바벨론에 대해 그가 받아 마땅한 심판의 정도를 평가하셨다는 의미일 수 있다('너희의'를 참고 혹은 목적의 소유격으로 그리고 '그로부터'를 원천으로 보고).[67] 후자의 의미가 선호된다. '…로부터'(ἐκ)는 요한계시록에서 정당함을 입증해주는 다른 본문에서는 이런 의미를 지니고 있기 때문이다(6:10; 19:2). 또 다른 설명은 이 구절에 나오는 '심판하다'가 "심판을 선언하다"(NASB, NET)라는 의미가 아니라, '심판 혹은 벌을 가하다'라는 의미라는 것이다. 여기에서 사용된 심판에 대한 동사와 명사(κρίνω, κρίμα)의 의미는 종종 "벌하다"와 "벌"로 점차 변화되는데,[68] 그것이 18:9-20에서 묘사하는 장면이다.

18:21-22 이에 한 힘 센 천사가 큰 맷돌 같은 돌을 들어 바다에 던져 이르되 큰 성 바벨론이 이같이 비참하게 던져져 결코 다시 보이지 아니하리로다 또 거문고 타는 자와 풍류하는 자와 퉁소 부는 자와 나팔 부는 자들의 소리가 결코 다시 네 안에서 들리지 아니하고 어떠한 세공업자든지 결코 다시 네 안에서 보이지 아니하고 또 맷돌 소리가 결코 다시 네 안에서 들리지 아니하고(21 Καὶ ἦρεν εἷς ἄγγελος ἰσχυρὸς λίθον ὡς μύλινον μέγαν καὶ ἔβαλεν εἰς τὴν θάλασσαν λέγων, Οὕτως ὁρμήματι βληθήσεται Βαβυλὼν ἡ μεγάλη πόλις καὶ οὐ μὴ εὑρεθῇ ἔτι. 22 καὶ φωνὴ κιθαρῳδῶν καὶ μουσικῶν καὶ αὐλητῶν καὶ σαλπιστῶν οὐ μὴ ἀκουσθῇ ἐν σοὶ ἔτι, καὶ πᾶς τεχνίτης πάσης τέχνης οὐ μὴ εὑρεθῇ ἐν σοὶ ἔτι, καὶ φωνὴ μύλου οὐ μὴ ἀκουσθῇ ἐν σοὶ ἔτι). 마지막 절정을 이루는 부분에서 "한 힘센 천사"(참고. 5:2; 10:1)는 바벨론의 몰락을 상징적으로 보여주고, 뒤집을 수 없는 멸망과 그에 대한 이유를 반복해서 선언한다(21-24절). 그 천사는 이 장면을 극적으로 제시하기 위해 예레미야 51:63-64에 제시된 대본을 사용한다(21a절).[69] 바벨론이 장차 받을 심판이 이와 같으리라는 선언(21b절)과 함께 큰 맷돌만큼 커서 '바위'로 보는 것이 더 나을[70] "돌"(λίθος)이 바다에 던져진다. 이것은 격렬하고 강력할 뿐 아니라[71] 돌이킬 수 없고 영원하다는 것이다. "결코 다시 보이지 아니하리로다"[72]라

66. BDAG 567은 선택지를 유용하게 요약해준다. (1) "하나님이 너희를 위해 그에 대한 심판을 선언하셨다" 혹은 (2) "하나님이 그가 너에게 가하고자 했던 심판을 그에게 선언하셨다"는 것이다.

67. 이 문맥에서 '…로부터'(ἐκ)는 빚의 지불을 평가하는 비유를 통해 원천을 나타낸다. 심판이 그 '…로부터'(즉, '…에 대하여') 시행된다는 것이다. '…에 대하여'(against)라는 번역은 '…로부터'(from)라는 말이 영어에서 적절한 의미를 지니지 못하기 때문이다. 참고. BDAG 298 그리고 왕하 9:7; 시 119:84; 사 1:24에서 히브리어 전치사 מִן의 '…로부터'(from) 용법(LXX에서 ἐκ와의 어떤 결합으로 번역된). 요한계시록 6:10, 19:2에서도 ἐκ의 이 의미가 나오는 것을 보라.

68. BDAG 567, 569.

69. 예레미야 51:63-64은 바벨론에 대한 재앙을 예언하는 예레미야의 두루마리를 묘사한다. 그것은 "바벨론이…이같이 몰락하여 다시 일어서지 못하리니"라는 선언과 함께 돌에 매어 유브라데 강에 던져졌다.

70. 작은 손절구에서 나온 돌이 아니라 나귀를 이용해서 돌려야 할 만큼 큰 돌(BDAG 661; 막 9:42에 나오는 관련 단어를 보라).

71. "비참하게"(ὁρμήματι)라고 번역된 단어는 격렬한 충동 혹은 공격을 의미하는 단어의 방식의 여격이다(BDAG 724). LXX에서 그것은 독수리의 낚아채는 공격(신 28:49)에 대해 혹은 하나님의 진노와 분노에 대해(호 5:10; 암 1:11; 합 3:8) 사용된다.

72. 이것은 21c-23b절에서 "결코 다시"(οὐ μή…ἔτι)라는 말이 붙은 가정법 동사가 여섯 번 나오는 것 중 첫 번째로, 그 말은 이 미래의 가능성들을 단호히 부인한다(BDF §365; Wallace, *Grammar*, 468-69).

는 강력한 부인(21c절)은 에스겔 26:21을 떠오르게 하고, 비슷한 형식의 다섯 개의 추가 진술(22-23b절)을 시작한다. 바벨론의 파멸에 대한 천사의 선언은 처음과 끝에는 3인칭으로('그는, 그의', 21, 24절) 중간에는 2인칭으로 서술된다('너', 22-23절에서 7번).

22절에서부터 바벨론의 몰락을 그에게 직접 선언하면서 대상이 '너'로 바뀌고, "결코 다시"라는 강조가 반복되기 시작된다. 21c절에서 제일 처음으로 나오는 강력한 부인은 요약 진술을 제시한다(하나님이 심판하신 결과로 바벨론 자체가 영원히 사라질 것이다). 시리즈의 남은 절들은 영원히 사라질 바벨론의 일상생활(아름다운 것들과 세속적인 것들)의 구체적인 측면을 다룬다. 첫째, 기분 좋은 음악은 "결코 다시 네 안에서 들리지 아니"할 것이다. 22a절은 거문고(참고. 5:8; 14:2; 15:2), 일반적 음악(참고. 겔 26:13),[73] 퉁소(마 11:17; 고전 14:7), 나팔(고전 14:8; 계 8:2 등)을 연주하는 자들을 언급한다. 또한 기술공과 그들의 유용한 솜씨 혹은 교역품들(22b절; 참고. 행 17:29; 18:3; 19:24-25) 그리고 기본 생활의 배경 소리인 떡을 만들 때 곡식을 가루로 만드는 "맷돌 소리"(22c절, 이 특징은 분명 렘 25:10에서 나온 것이다)가 영원히 사라질 것이다.[74]

18:23-24 등불 빛이 결코 다시 네 안에서 비치지 아니하고 신랑과 신부의 음성이 결코 다시 네 안에서 들리지 아니하리로다 너의 상인들은 땅의 왕족들이라 네 복술로 말미암아 만국이 미혹되었도다 선지자들과 성도들과 및 땅 위에서 죽임을 당한 모든 자의 피가 그 성 중에서 발견되었느니라 하더라

(23 καὶ φῶς λύχνου οὐ μὴ φάνῃ ἐν σοὶ ἔτι, καὶ φωνὴ νυμφίου καὶ νύμφης οὐ μὴ ἀκουσθῇ ἐν σοὶ ἔτι· ὅτι οἱ ἔμποροί σου ἦσαν οἱ μεγιστᾶνες τῆς γῆς, ὅτι ἐν τῇ φαρμακείᾳ σου ἐπλανήθησαν πάντα τὰ ἔθνη, 24 καὶ ἐν αὐτῇ αἷμα προφητῶν καὶ ἁγίων εὑρέθη καὶ πάντων τῶν ἐσφαγμένων ἐπὶ τῆς γῆς). 바벨론이 절대 다시는 경험하지 못할 일상생활의 또 다른 두 측면이 나오고(23a-b절), 이어서 바벨론이 심판을 받는 이유가 제시된다(23c-24절). "등불 빛"과 결혼식에서 들리는 "신랑과 신부"의 기쁨의 음성이라는 두 특징 역시 예레미야 25:10의 영향을 받았다. 매일의 일상과 인생의 특별한 날들을 이렇게 통렬하게 상기시키는 것은 하나님께 고집스럽게 저항하는 것이 궁극적으로 얼마나 비극적 손해를 낳는지 강조한다. 23c절에서 시작하는 원인절들(참고. ὅτι를 두 번 사용하는 것, '왜냐하면' 너의 상인들은…'왜냐하면' 네 복술로 말미암아-역주)은 하나님과 그분의 길에 대한 바벨론의 악한 적대감이 전 세계에 미치는 영향을 상기시킨다. 원인절은 21-23b절에 묘사된 것처럼 바벨론에 파괴적인 결과가 미치는 근거를 제공한다. 그 이유는 두 단계로 제시된다. 이것은 23c절에서 시작되고 23d절로 추가된다. 첫째, 바벨론의 사업가들("너의 상인들")은 전 세계에 큰 영향력을 끼쳤다. 그들은 "땅의 왕족들"(οἱ μεγιστᾶνες τῆς γῆς)이었다.[75] 세계 무역에서 그들은 "실력자"(magnates, NRSV) 혹은 "거물"(tycoons, NET)이었다. 그 자체에 대해서는 이의가 없을 것이다. 하지만 23d절은 그들이 지닌 엘리트적 위상으로 생겨난 악한 영향력을 추가한다. "만국"을 하나님과 그분의 길로부터 벗어나게 미혹했다는 것이다. 이 악한 속임수(참고. 13:14)는 바벨론의 "복술"(φαρμακεία)을 통해 이루어

73. 에스겔 26:21과의 이 연관에 더하여 22a절에서 인용된 음악은 또한 예레미야 25:10에도 대체로 의존한다. 거기에서 예루살렘에 임하는 여호와의 심판은 "즐거워하는 소리"가 사라지는 것으로 표시될 것이다. 예레미야 25:10은 신랑의 소리와 신부의 소리와 맷돌 소리 및 모든 등불 빛 역시 사라지게 될 것이라고 덧붙인다(참고. 계 18:22c-23b).

74. 이 예언의 성취는 고대 로마가 멸망할 때 하나의 본보기로 임하지만, 그리스도가 다시 오실 때 하나님께 반대하던 종말 때 제국의 패배에서 가장 온전한 절정에 이른다(계 19:11-21). '요한계시록 서론'의 '구약 사용: 예언과 예표' 부분에서 더 상세한 논의를 보라.

75. '큰 자들'(great ones, μεγιστᾶνες, 개역개정에는 "왕족들"-역주)이라고 번역된 단어는 "고위직 사람…실력자"를 의미하는 "큰"(μέγας)이라는 말의 최상급에서 나온다(BDAG 625; 참고. 막 6:21; 계 6:15).

졌는데, 그 말은 같은 어원에서 나온 말들과 함께 마술 시행, 마법의 약, 주문 혹은 영이나 인간에게 권세를 얻기 위한 관련 의식을 가리킨다.[76]

24절은 바벨론이 유죄인 또 다른 이유를 추가한다. 그것은 하나님의 대변인들과 그분의 백성뿐 아니라 온 세상의 다른 사람들을 격렬히 반대하는 데 바벨론이 행한 역할 때문이다. 이것은 "선지자들과 성도들의…피"와 땅 위에서 죽임당한 모든 사람[77]의 피를 "그 성 중에서" 발견한다는 말로 역설적으로 표현되어 있다(24절). 바벨론의 죄는 숨겨질 수 없을 것이다. 그리고 일반적인 삶의 활동 중 어느 것도 다시는 그 성 안에서 발견되지 않을 것이다(22-23b절).

적용에서의 신학

1. 여파로부터 얻는 교훈

자연재해(예를 들어, 홍수, 토네이도, 화재)로 피해를 입은 사람들의 인터뷰를 들어보면 안타까운 마음이 들지만 한편으로 안심하기도 한다. 재해가 그들의 모든 소유를 쓸어갔다고 해도 그렇다. 온 마을이 불에 타거나 홍수로 쓸려가는 영상이 나온 후, 삶의 모든 물질적인 요소를 잃은 사람들이 정말로 중요한 것은 빼앗기지 않은 것에 안도하며 감사하다고 고백하기도 한다. 가족과 친구들과 그들 자신의 생명은 해를 입지 않았기 때문이다. 큰 물질적 손해를 입어도 하나님의 보호하심과 자신을 향햔 선하심을 묵상하는 사람들이 있다. 그것은 이번 장에서 큰 성 바벨론이 파멸한 것을 보고 애도한 내용과 반대된다. 바벨론의 정치적 동맹국과 동업자들은 바벨론이 갑자기 황폐해진 것을 보면서 비슷한 충격을 받는다. 하지만 그들은 그 손해에서 배워야 할 참된 교훈을 절대 깨닫지 못하는 듯하다.

요한계시록 18장은 장기적으로 전혀 의미가 없는 '더 좋은 것들' 위에 삶을 세우지 말 것을 상기시킨다. 바벨론의 사치스럽고 겉만 번지르르한 부와 그 동업자들의 '과도한 사치'(3, 14절)는 갑자기 사라졌고, 동시에 그들이 삶에서 갈망하던 모든 것도 사라졌다. 유감스럽게도, 현대 사회의 소비주의와 물질주의에 사로잡힌 많은 사람의 모습도 그와 같다. 더 큰 집 그리고 창고에 쌓여가는 값비싸지만 쓸모없는 것들은 더 풍성한 삶으로 이끌어주지 못한다. 하지만 이런 것들은 하나님께 불순종하게 하고 그분을 의존하는 데서 벗어나게 함으로써 스스로 인생을 세워나가는 교만에 빠지게 하며, 많은 경우 주위 사람들에게 무관심해지게 만든다(7절). 디모데는 "이 세대에서 부한 자들"에게 바로 이 위험을 경고했다(딤전 6:17-19). 우리는 특히 무

76. BDAG 1049-50. 갈라디아서 5:20과 요한계시록 9:21, 21:8, 22:15의 관련 단어들을 보라.

77. "땅 위에서 죽임을 당한 모든 자"(24절)라는 말은 로마 제국 사람들이 그 목숨을 쓸모없다고 여겼던 세계 전역의 다른 사람들(비그리스도인)을 가리키는 과장법적 언급인 듯하다.

엇에 참으로 헌신해야 하는가? 피상적인 것에 취해 있는 것처럼 보이는 세상에서 어떤 가치관과 바람이 우리 삶과 인간이라는 정체성의 특징이 되어야 하는가? 우리가 좋은 것들을 소유하고 있는가, 아니면 좋은 것들이 우리를 소유하고 있는가? 스스로에게 질문을 던져보자. 우리 길에 재앙이 놓여 있는지 혹은 복이 놓여 있는지 가려내는 훌륭한 시금석이 될 것이다.

2. 세상에 있지만 세상에 속하지 않은

요한계시록 18:4에 나오는 하늘의 음성은 '내 백성아 거기서 나오라'고 명령한다. 이 구절은 신적 심판을 상기시키고, 인간이 안전을 위해 하나님 대신 의지하는 모든 것이 불안정하다는 사실을 기억하게 해준다. 또한 이 명령은 요한계시록 전체에 나오는 보완적 주제, 즉 그리스도인의 증언이라는 주제의 필수 부분이다. 이 주제는 그리스도인의 삶에 두 가지 중요한 교훈을 준다.[78] 첫째는 달가워하지 않는 세상에 예수님을 증언하라는 명령이다. 그로 인해 큰 어려움에 처한다고 해도 말과 행동으로 증언하라는 것이다(1:9; 2:13; 6:9; 12:11, 17; 19:10; 20:4). 우리는 예수 그리스도 안에 있는 하나님의 은혜로운 구원에 대한 진리를 반드시 전해야 한다. 그 구원은 하나님께 적대적인 사람들에게까지 제시된다. 적대적인 세상에서 물러나 세상이 마땅히 받을 심판을 받도록 놔두는 대신, 우리는 "각 족속과 방언과 백성과 나라 가운데에서 사람들을 피로 사[신]"(5:9) 어린양을 말과 행동을 통해 매력적으로 증언하도록 부름받는다. 세상과 분리되기보다 참으로 세상 안에 있으면서 활발하게 증언하는 그리스도인(요 17:11-19)은, 찾으시고 자신을 주시는 하나님(요 3:16)과 그리스도(막 10:45; 눅 19:10)의 사랑을 반영한다.

두 번째 교훈 역시 요한복음 17장에 나온 예수님의 규정을 반영한다. 우리는 세상 안에 있지만 세상에 속할 수 없고, 하나님의 진리에 의해 세상과 구별되어야 한다는 것이다(요 17:15-19). 요한계시록은 자기만족 및 주위 문화의 불경한 이데올로기와 행동에 동화되는 것을 끊임없이 경고함으로써 이것을 전달한다(2:2, 20, 24; 3:17-19; 14:9-10). '거기서 나오라'는 명령은 여기에 잘 부합한다. 그것은 "바벨론"과 물리적으로 분리되는 것이 아닌 도덕적 구별을 의미한다. 불경한 문화의 영적, 도덕적 가치관에 동화되지 말라는 것이다. 우리는 개인 생활과 가정생활뿐만 아니라 직장과 사회에서 살아갈 때 그리스도의 가치관의 모범을 보여야 한다. 우리가 하나님과 사람을 사랑하지 못하거나, 거룩함과 신실함을 별로 신경 쓰지 않거나, 주변 세상에 호소력 있는 '진리'를 선택한다면 동시대 사람들에게 내보일 것이 없을 것이다. 또한 우리가 따른다고 주장하는 메시아를 위한 증인도 되지 못할 것이다.

78. 두 가지 점 모두에 대해, Bauckham, *Theology*, 159-64를 보라. 다음에 나오는 단락들은 Buist M. Fanning, "Discipleship in Revelation," in *Following Jesus Christ: The New Testament Message of Discipleship for Today*, ed. John K. Goodrich and Mark L. Strauss (Grand Rapids: Kregel, 2019)에서 가져왔다.

CHAPTER 25

요한계시록 19:1-21

문학적 전후 문맥

이 장은 요한계시록의 두 개의 주요 부분을 가르는 경계선 역할을 한다. 19장의 첫 번째 부분(19:1-10)은 계시록의 세 번째 환상, 곧 바벨론의 멸망 기사(17:1-19:10)를 마무리한다. 이 부분은 9-10절로 마무리되는데, 이 구절은 넷째 환상의 끝부분(22:6-9)과 밀접하게 대응된다. 이는 문학적 구조를 표시하기 위함이다(9절에 대한 설명과 17장의 '문학적 전후 문맥'을 보라). 19장의 두 번째 부분은 바벨론이 멸망하고 새 예루살렘이 내려오기 전까지 일어날 사건들(19:11-21:8)을 시작한다. 이 큰 부분은 그 사이에 일어날 사건들을 묘사하는 일곱 개의 짧은 환상 시리즈로 구성되어 있다. 이 환상 중 처음 세 개가 19:11-21에 나온다.

- I. 서언(1:1-8)
- II. 첫 번째 환상: 높임받으신 그리스도와 교회에 보내는 그리스도의 메시지(1:9-3:22)
- III. 두 번째 환상: 하늘의 보좌와 세 번의 심판 주기(4:1-16:21)
- **IV. 세 번째 환상: 큰 바벨론의 멸망(17:1-19:10)**
  - A. 바벨론, 큰 음녀, 그녀가 탄 짐승(17:1-18)
  - B. 바벨론이 멸망한 결과(18:1-24)
  - ➡ **C. 바벨론의 심판에 대한 경축과 어린양의 신부에 대한 준비(19:1-10)**
- **V. 사이에 끼어 있는 사건들: 바벨론에서 새 예루살렘까지(19:11-21:8)**
  - **A. 하늘 전사의 압도적 승리(19:11-21)**
  - B. 크고 흰 보좌에서 천 년 동안 통치하고 심판함(20:1-15)

주요 개념

하늘 전체가 바벨론의 심판과 앞으로 올 어린양의 혼인 잔치를 기뻐한다(19:1–10). 그리스도는 저항하기 위해 헛되이 모인 사탄과 세상 군대에게 결정적으로 승리하시기 위해 만왕의 왕이며 만주의 주로 이 땅에 오신다(19:11–21).

번역

요한계시록 19:1-21

1a	행동/환상 서론	**이 일 후에 내가 들으니 하늘에 허다한 무리의**
		큰 음성 같은 것이 있어 이르되
b	찬양	할렐루야 구원과
		영광과
		능력이 우리 하나님께 있도다
2a	이유	그의 심판은 참되고
		의로운지라
b	묘사	음행으로 땅을 더럽게 한
c		큰 음녀를 심판하사
d		자기 종들의 피를 그 음녀의 손에 갚으셨도다 하고
3a	행동	**두 번째로…하니**
b	찬양	할렐루야
c	이유	그 연기가 세세토록 올라가더라
4a	행동/등장인물	**또 이십사 장로와**
	입장	**네 생물이 엎드려**
		보좌에 앉으신
		하나님께 경배하여
		이르되
b		아멘 할렐루야 하니

5a	행동	**보좌에서 음성이 나서 이르시되**
b	찬양	하나님의 종들 곧 그를 경외하는 너희들아 작은 자나 큰 자나 다 우리 하나님께 찬송하라 하더라
6a	행동/비교	**또 내가 들으니 허다한 무리의 음성과도 같고** **많은 물 소리와도 같고** **큰 우렛소리와도 같은 소리로 이르되**
b	찬양	할렐루야
c	이유	주 우리 하나님 곧 전능하신 이가 통치하시도다
7a	권고	우리가 즐거워하고 크게 기뻐하며 그에게 영광을 돌리세
b	이유	어린 양의 혼인 기약이 이르렀고
c		그의 아내가 자신을 준비하였으므로
8a		그에게 빛나고 깨끗한 세마포 옷을 입도록 허락하셨으니
b	8a절의 설명	이 세마포 옷은 성도들의 옳은 행실이로다 하더라
9a	행동	**천사가 내게 말하기를**
b	명령/복	기록하라 어린 양의 혼인 잔치에 청함을 받은 자들은 복이 있도다 하고
c	행동	**또 내게 말하되**
d	단언	이것은 하나님의 참되신 말씀이라 **하기로**
10a	8-9절에 대한 반응	**내가 그 발 앞에 엎드려 경배하려 하니**
b	10a절에 대한 반응	**그가 나에게 말하기를**
c	묘사	나는 너와 및 예수의 증언을 받은
d	이유	네 형제들과 같이 된 종이니
e	금지	삼가 그리하지 말고
f	명령	오직 하나님께 경배하라
g	이유	예수의 증언은 예언의 영이라 하더라
11a	행동/환상 서론	**또 내가 하늘이 열린 것을 보니**

b	등장인물 입장	**보라 백마와**
		그것을 탄 자가 있으니
c	신원	그 이름은 충신과 진실이라
d	묘사	**그가 공의로 심판하며**
		싸우더라
12a		**그 눈은 불꽃 같고**
b		**그 머리에는 많은 관들이 있고**
c		**또 이름 쓴 것 하나가 있으니**
d	묘사	자기밖에 아는 자가 없고
13a	묘사	**또 그가 피 뿌린 옷을 입었는데**
b		**그 이름은 하나님의 말씀이라 칭하더라**
14a	행동/등장인물 입장	**하늘에 있는 군대들이**
b	묘사	희고 깨끗한 세마포 옷을 입고
c		**백마를 타고 그를 따르더라**
15a	행동	**그의 입에서 예리한 검이 나오니**
b	목적	그것으로 만국을 치겠고
c		**친히 그들을 철장으로 다스리며**(시 2:9)
d		**또 친히 하나님 곧 전능하신 이의 맹렬한 진노의 포도주 틀을 밟겠고**
16a	묘사	**그 옷과 그 다리에 이름을 쓴 것이 있으니**
b	신원 확인	만왕의 왕이요 만주의 주라 하였더라
17a	환상 서론/ 등장인물 입장	**또 내가 보니 한 천사가 태양 안에 서서**
b	대상/수령인	공중에 나는 모든 새를 향하여
c	행동	**큰 음성으로 외쳐 이르되**
d	초청	와서 하나님의 큰 잔치에 모여
18	목적	왕들의 살과
		장군들의 살과
		장사들의 살과
		말들과
		그것을 탄 자들의 살과
		자유인들이나 종들이나
		작은 자나 큰 자나
		모든 자의 살을 먹으라 하더라

19a	환상 서론/ 등장인물 입장	**또 내가 보매 그 짐승과** **땅의 임금들과** **그들의 군대들이**
b	묘사/목적	모여 그 말 탄 자와 그의 군대와 더불어 전쟁을 일으키다가
20a	행동	**짐승이 잡히고…거짓 선지자도 함께 잡혔으니**
b	묘사	그 앞에서 표적을 행하던
c	묘사	이는 짐승의 표를 받고 그의 우상에게 경배하던 자들을 표적으로 미혹하던 자라
d	행동	**이 둘이 산 채로…던져지고**
e	묘사	유황불 붙는 못에
21a	행동	**그 나머지는…검에 죽으매**
b	묘사	말 탄 자의 입으로부터 나오는
c	결과	**모든 새가 그들의 살로 배불리더라**

구조

'문학적 전후 문맥'에서 말한 것처럼, 19장은 계시록의 주요 구분을 이어주는 두 부분으로 나뉜다. 첫 번째 부분(19:1-10)은 두 개의 단위로 이루어져 있고, 각 단위는 "허다한 무리의 큰 음성 같은 것이 있어"(1, 6절)라는 말로 표시된다. 먼저 하나님이 음녀 바벨론을 심판하신 것을 주제로 하나님을 찬양한다(1-5절). 이어서 어린양의 신부를 준비한다는 주제로 하나님을 찬양하고 복을 선언하며, 이러한 것들에 관해 요한에게 계시한 천사와 요한이 상호 작용하면서 끝나는 찬양이 나온다(6-10절).

두 번째 부분은 세 단위로 이루어져 있는데, 각 단위는 "또 내가…보니"(11, 17, 19절)라는 말로 표시된다. 요한은 그리스도가 심판하러 오실 때의 모습을 묘사하고(11-16절), 잔치에 악한 군대를 초청하는 말을 들으며(17-18절), 그리스도가 그 군대에게서 결정적으로 승리를 거두시는 것을 기록한다(19-21절).

석의적 개요

IV. 세 번째 환상: 큰 바벨론의 멸망(17:1-19:10)

A. 바벨론, 큰 음녀, 그녀가 탄 짐승(17:1-18)

B. 바벨론이 멸망한 결과(18:1-24)

➡ **C. 바벨론의 심판에 대한 경축과 어린양의 신부에 대한 준비(19:1-10)**

1. 음녀 바벨론에 대한 하나님의 심판을 찬양(19:1-5)
2. 어린양의 신부의 준비를 찬양(19:6-10)

V. 사이에 끼어 있는 사건들: 바벨론에서 새 예루살렘까지(19:11-21:8)

A. 하늘 전사의 압도적 승리(19:11-21)

1. 메시아적 전사와 심판자가 나타난 것과 그에 대한 묘사(19:11-16)
2. 하나님의 승리의 만찬에 오라는 천사의 소환(19:17-18)
3. 짐승, 거짓 선지자, 그들과 동맹을 맺은 왕들과 군대들의 패배(19:19-21)

본문 설명

19:1-2 이 일 후에 내가 들으니 하늘에 허다한 무리의 큰 음성 같은 것이 있어 이르되 할렐루야 구원과 영광과 능력이 우리 하나님께 있도다 그의 심판은 참되고 의로운지라 음행으로 땅을 더럽게 한 큰 음녀를 심판하사 자기 종들의 피를 그 음녀의 손에 갚으셨도다 하고(1 Μετὰ ταῦτα ἤκουσα ὡς φωνὴν μεγάλην ὄχλου πολλοῦ ἐν τῷ οὐρανῷ λεγόντων, Ἁλληλουϊά· ἡ σωτηρία καὶ ἡ δόξα καὶ ἡ δύναμις τοῦ θεοῦ ἡμῶν, 2 ὅτι ἀληθιναὶ καὶ δίκαιαι αἱ κρίσεις αὐτοῦ· ὅτι ἔκρινεν τὴν πόρνην τὴν μεγάλην ἥτις ἔφθειρεν τὴν γῆν ἐν τῇ πορνείᾳ αὐτῆς, καὶ ἐξεδίκησεν τὸ αἷμα τῶν δούλων αὐτοῦ ἐκ χειρὸς αὐτῆς). 19장의 첫 부분은 바벨론이 심판받는 것을 묘사하는 요한의 환상 체험(17:1-19:10)의 마지막 단계다(19:1-10).[1] 이 첫 번째 부분은 요한이 '들은'(ἤκουσα, 1, 6절) 것에 초점을 맞춘다. 1-10절은 하늘 음성이 점점 커지면서 바벨론에 대한 하나님의 승리를 경축하며(1-5절) "어린양의 혼인"(6-10절; 참고. 21:2, 9)을 예상하기 때문이다. 그 혼인은 앞으로 올 천년왕국과 새 예루살렘에서 하나님이 자신의 백성과 나누시는 친교를 묘사한다. 이 음성들은 하나님께 찬양을 올리는데, 그것은 요한이 앞 장들(예를 들어, 11:15-18; 12:10-12; 15:3-4; 16:5-7)에서 들은 하늘 예배의 요소들을 상기시킨다. 또한 여기에서 그 찬양들은 '하늘아 즐거워하라'는 부름에 대한 반응이다. 18장에서 바벨론의 멸망을 낙담하는 한탄이 나온 다음에, 이제 하나님이 마침내 바벨론의 악을 심판하셨다는 열광적인 경축이 따른다.

요한이 듣는 찬양의 두 부분은 모두 "하늘에 허다한 무리의 큰 음성 같은 것"(1, 6절)으로, 1a절에서 요한은 화자(들)가 누구인지 더 규정하지 않고 "하늘에"라는 말

1. 전환을 나타내는 "이 일 후에 내가 들으니"(1a절; 참고. 4:1; 7:9; 15:5; 18:1)라는 표현은 낯익다. 요한계시록의 이 부분에 나오는 다른 명백한 전환 표현으로는 17:3b, 18:1에 나오는 "내가 보니"와 18:4에 나오는 "내가 들으니"를 보라. 1a절에 나오는 "이 일"은 18장에서 바벨론의 멸망을 다각적으로 묘사한 것을 말한다.

을 덧붙인다.[2] 요한이 듣는 것은 하나님께 드리는 찬양과 그 근거다(1b-2절). 찬양은 "할렐루야"(Ἀλληλουϊά)라는 전례 용어로 시작되는데, 그 표현은 시편의 '여호와를 찬양하라'는 말의 히브리어를 음역한 것이다.[3] 이 구절들(1, 3, 4, 6절)은 신약에서 유일하게 그 말을 사용하지만, 그것은 1세기 유대교와 기독교 전례 의식에서 일반적으로 사용되었다.[4] "구원과 영광과 능력이 우리 하나님께 있도다"(1b절)라는 선언은 이 속성들이 정당하게 하나님의 것이라는 점과("하나님께 있도다"라는 말은 소유를 나타내는 소유격 τοῦ θεοῦ를 번역한 것)[5] 하나님이 자기 백성에게 구원과 온전함을 주시고자 영광스러운 능력으로 행동하실 때 찬양받아 마땅하다는 것을 경건하게 인정한다(4:11; 7:10, 12; 12:10에서 이 용어들에 대한 논의를 보라).[6]

이렇게 찬양하는 이유는 하나님이 "큰 음녀" 바벨론을 의로 심판하셨다는 것이다. 바벨론 징벌은 18장에서 매우 강력하게 묘사되었다.[7] 이 주요 이유는 두 단계로 표현된다[2a-b절에는 '왜냐하면'(ὅτι)이라는 말이 두 번 나온다. '왜냐하면 그의 심판은…왜냐하면 음행으로'-역주, 18:23과 비슷하다]. 첫 번째 원인절은 16:7(또한 6:10; 15:3; 16:5을 보라)에서 주장된 바, 하나님의 심판이 일반적으로 "참되고 의로운지라"(2a절)는 확신을 서술한다.[8] 두 번째 원인절은 "큰 음녀"에 대한 하나님의 심판이 어떻게 신실하고 의로운 심판 행동인지 설명한다(2b-d절). 바벨론이 악하고 불경한 행동(그의 "음행", 참고. 14:8; 18:3, "만국")으로 땅의 백성을 도덕적 파멸 혹은 '더러움'(φθείρω, 참고. 11:18; 렘 51:25, διαφθείρω)[9]으로 인도했다는 것은 하나님의 바벨론 심판이 의로운 것임을 보여준다. 하나님이 의로운 심판을 하신 추가 근거는, 하나님을 신실하게 섬긴다는 이유로 바벨론이 그분의 백성을 죽였으므로("자기 종들의 피"라는 말로 상징된, 참고 18:24) '그에게'(개역개정에는 "그 음녀의 손에"-역주) 하나님이 원수를 갚으신 것(6:10에 나오는 같은 동사 '갚다', ἐκδικέω를 보라)은 그들이 받아 마땅했다는 것이다.[10]

19:3-4 두 번째로 할렐루야 하니 그 연기가 세세토록 올라가더라 또 이십사 장로와 네 생물이 엎드려 보좌에 앉으신 하나님께 경배하여 이르되 아멘 할렐루야 하니(3 καὶ δεύτερον εἴρηκαν, Ἀλληλουϊά· καὶ ὁ καπνὸς αὐτῆς ἀναβαίνει εἰς τοὺς αἰῶνας τῶν αἰώνων. 4 καὶ ἔπεσαν οἱ πρεσβύτεροι οἱ εἴκοσι

2. 화자가 하나님이 아니라는 것은 분명하다. "우리 하나님"은 1b절에서 3인칭으로 언급되기 때문이다. 다니엘 10:6의 비슷한 문구인 "무리의 소리와 같더라"는 말은 천사의 권위 있는 음성을 묘사한다. "큰 무리"(각 나라 등에서 나온)라는 같은 문구가 7:9(또한 하나님의 "구원"으로 인해 그분을 칭송하는)에서 사용되었다는 사실은, 이들이 7:9에 나온 집단과 동일한 사람들이라고 결론을 내리기에는 불충분한 근거다.

3. 히브리어 문구 הַלְלוּ־יָהּ("할렐루야" 혹은 '여호와를 찬양하라')은 시편에서 24번 나오고, 시편의 시작 부분이나 끝부분에 나온다(예를 들어, 104:35; 106:1, 48; 111:1; 117:1-2; 135:1, 21; 146-50).

4. 예를 들어, Tob 13:17-18; 3 Macc 7:13; Apoc. Mos./ LAE 43:4; 거의 모든 Odes of Solomon의 결말로; G. W. H. Lampe, *A Patristic Greek Lexicon* (Oxford: Clarendon, 1961), 75를 보라.

5. 그 히브리어가 문자적으로 "구원이 여호와께"(לַיהוָה הַיְשׁוּעָה, 참고. 계 7:10에서 사용된 여격)라고 되어 있는 시편 3:8(LXX 3:9)에서 헬라어는 소유격을 사용한다(τοῦ κυρίου ἡ σωτηρία).

6. "구원"(σωτηρία)의 이 용법이 지닌 의미와 구약 배경에 대해서는 7:10의 주를 보라.

7. 2c, d절에 나오는 "심판하사"와 "갚으셨도다"(ἔκρινεν, ἐξεδίκησεν)는 18장에서 방금 목격한 것에 대한 하늘의 묘사다. 이 말들은 헬라어 부정과거 형태인데, 아직 땅에서는 이루어지지 않았지만 하늘에서는 이미 사실인 것을 보여주고 있기 때문이다. 16:5, 18:20에서 이에 대한 예를 보라.

8. 이 문구의 구약 및 더 광범위한 유대적 배경에 대해서는 16:7의 주를 보라.

9. '더럽게 하다'(ἔφθειρεν)라고 번역된 동사는 미완료(예를 들어, NASB)로 분석할 수도 있고, 부정과거(ESV, NIV, NRSV)로 분석할 수도 있다. 하지만 이 경우 다른 부정과거들로 둘러싸여 있으므로, 부정과거로 이해하는 것이 가장 좋다.

10. 2d절에 나오는 '그에게'(on her, 문자적으로는 '그의 손에서', from her hand, ἐκ χειρὸς αὐτῆς, 참고. 왕하 9:7)의 의미에 대해서는 논란이 있다. 그것은 매개(혹은 수단)를 의미할 수 있다. 그가 피를 흘렸다는 것이다(Aune, *Revelation 17-22*, 1026; Mathewson, *Handbook*, 257). 하지만 더 나은 의미는 원천, 즉 갚는 것이 그로부터 혹은 그에게 이루어진다는 것이다(BDAG 298). 6:10과 18:20에 대한 주를 보라.

τέσσαρες καὶ τὰ τέσσαρα ζῷα καὶ προσεκύνησαν τῷ θεῷ τῷ καθημένῳ ἐπὶ τῷ θρόνῳ λέγοντες, Ἀμὴν Ἀλληλουϊά). 여기에서는 1절에서 나온 하늘의 음성이 2절과 아주 비슷한 용어로 찬양 선언을 반복한 다음, 4-5장에 처음으로 묘사된 보좌 알현실 환상에 나왔던 하늘의 두 집단이 예배를 드리고 번갈아 가며 찬양한다. 그 음성이 두 번째로 나온다는 점은 '그들이 말하니'(εἴρηκαν, 3a절, 개정개역에는 '그들이'라는 말이 번역되어 있지 않음-역주)[11]라는 말로 표현된다. 그것은 원래 큰 "무리"의 음성같이 들렸기 때문이다(1절, 의미상 복수인 집합적 단수). 또다시 그들의 찬양 표현은 "할렐루야"라는 말로 시작된다. 하지만 그러고 나서 1b절에서처럼 구속에서 나타난 하나님의 의로운 행동(구원이 그분에게서 온다)을 서술하는 것이 아니라, 악에 대한 하나님의 징벌의 표시가 서술된다. '그 연기가 그로부터'(즉, 그가 타는 것으로부터, 개역개정에는 이 말이 번역되어 있지 않음-역주)[12] "세세토록 올라가더라"(3c절)는 것이다. 이것은 바벨론이 완전히 제대로 멸망당했다는 것을 가리킨다(18:9, 18; 참고. 14:11; 사 34:10).[13] 4절은 하늘 장로들과 생물들의 경건한 반응을 기록한다. 이 반응은 4:4, 6에서 요한이 하나님의 보좌 주위에서 본 것과 같다. 그들은 보좌 알현실에 대한 환상이 나온 이후로 요한계시록 서너 군데의 하늘 예배 장면에 등장했다(7:11; 11:16; 14:3). 그런데 그들은 이번 구절을 마지막으로 더 이상 언급되지 않는다. 그들이 여기에 나타난 것은 6-18장의 모든 심판이 하늘 보좌 알현실에서 내려온 것이고, 거기에서 유심히 지켜보고 있었다는 것을 상기시킨다. 그들은 경외하는 마음으로 다시 한번 보좌에 계신 하나님 앞에 엎드려 경배한다(장로들이 4:11; 5:14; 11:16에서 했던 것처럼 그리고 7:11에서 두 집단이 그랬던 것처럼, 4:11에서 이에 대한 설명을 보라). 또한 예배를 드리면서 3절에서 하늘의 음성이 말한 것에 "아멘"[14]과 결론적인 "할렐루야"(시 106:48에서 두 용어가 모두 나오는 것, 대상 16:36; 느 5:13에 나오는 비슷한 결말, "할렐루야"로 끝나는 시편 104:35; 106:48; 111:1; 135:21; 150:6을 보라)로 긍정하는 반응을 보인다.

19:5 보좌에서 음성이 나서 이르시되 하나님의 종들 곧 그를 경외하는 너희들아 작은 자나 큰 자나 다 우리 하나님께 찬송하라 하더라(Καὶ φωνὴ ἀπὸ τοῦ θρόνου ἐξῆλθεν λέγουσα, Αἰνεῖτε τῷ θεῷ ἡμῶν πάντες οἱ δοῦλοι αὐτοῦ [καὶ] οἱ φοβούμενοι αὐτόν, οἱ μικροὶ καὶ οἱ μεγάλοι). "보좌" 자체에서 추가로 나는 음성(5a절)이 하늘에서 드려지는 예배 합창에 더해진다. 9:13(하나님 앞 제단에서 나는)과 16:17(성전에서 보좌로부터 나는)의 음성과 마찬가지로, 이 음성은 하늘의 권위로 말한다. 하지만 하나님이 직접 말씀하고 계시는 것 같지는 않다. 그 음성은 하나님을 "우리 하나님"(5b절)이라고 언급하기 때문이다. "하나님께 찬송하라"[15]는 명령이 추가되는데, 이것은 음역된 히브리어인 "할렐루야"('여호와를 찬송하라')를 보다 분명한 형태로 말한 것이다. 이 명령의 대상은 모든 인간 계

---

11. 어떤 사본들(046, 1854, 2344)에는 단수 "그것이/그가 말했다"(εἴρηκεν)라고 되어 있다. 하지만 복수임을 뒷받침하는 증거가 더 나으며(א, A, 2329) 단수가 나온 것은 필사자가 단수인 "음성"과 일치시키기 위해 고친 것이라고 설명하는 것이 가장 좋다. 이 동사는 완료 시제이지만, 부정과거적 완료로 이해해야 한다(5:7; 7:14에 나오는 논의를 보라).

12. '그로부터'(from her)라는 문구는 헬라어에서는 "연기"(καπνός)에 첨부된 원천의 소유격으로 표현되어 있는데, 여기에서는 영어의 관용적 표현에 더 잘 맞게 고쳐놓았다(NRSV, NET에서처럼).

13. "할렐루야" 다음에 나오는 3c절의 진술은 요한의 삽입구적 언급일 수도 있다. 하지만 그것을 1절 끝부분처럼 찬양의 선언 일부로 보는 것이 가장 좋다. 문맥에서 벗어나서 보면 그것은 찬양의 진술로는 어울리지 않는 것처럼 보인다. 하지만 여기에서 찬양은 하나님이 바벨론에 대항해서 그분 백성의 정당성을 입증하시는 것을 중심으로 한다.

14. "아멘"(Ἀμήν)은 말한 것 혹은 기도한 것에 대한 동의를 표현하는 (BDAG 53) 히브리어 전례 용어(אָמֵן)의 또 다른 음역이다. 신약에서 그 말은 종종 기도, 송영, 다른 전례적 표현들을 마무리한다(참고. 1:6, 7; 5:14; 7:12; 22:20).

15. "찬송하라"(αἰνεῖτε)는 명령은 헬라어 현재 시제로, 일반적 교훈을 표현하는 데 사용된다(즉, 듣는 사람들의 삶의 특징인 행동을 요구하는 관례적 현재, 참고. BDF §335; Fanning, *Verbal Aspect*, 327-40).

층에서 하나님을 섬기고 공경하는 더 광범위한 사람들이다. 하늘의 예배(4절)가 온 세상에도 확장되도록 하기 위함이다(5b절). 하나님의 "종들"은 그분의 백성이다. 그들을 규정하는 특성은 그들이 하나님께 속해 있으며 그분이 명하신 것을 행한다는 것이다(1:1에 대한 설명을 보라. 이 말은 시 134:1; 135:1에 나오는 예배의 부르심에서 사용되었다). 그 종들에 대한 또 다른 묘사[16]는 그들이 "그를 경외"한다는 것 혹은 그분께 영예와 공경을 드린다는 것이다(11:18에 대한 설명을 보라. 참고. 또한 시 135:20에 나오는 예배의 부르심에서도 나옴). 마지막 문구인 "작은 자나 큰 자나"라는 말은 지위와 상관없이 하나님 백성의 모든 집단에까지 그 명령을 확장한다(참고. 13:16; 19:18; 20:12). "그를 경외하는 너희들아 작은 자나 큰 자나"라는 결합은 시편 115:13에서 나온 것으로, 요한계시록 11:18에도 나온다.

19:6-8 또 내가 들으니 허다한 무리의 음성과도 같고 많은 물 소리와도 같고 큰 우렛소리와도 같은 소리로 이르되 할렐루야 주 우리 하나님 곧 전능하신 이가 통치하시도다 우리가 즐거워하고 크게 기뻐하며 그에게 영광을 돌리세 어린 양의 혼인 기약이 이르렀고 그의 아내가 자신을 준비하였으므로 그에게 빛나고 깨끗한 세마포 옷을 입도록 허락하셨으니 이 세마포 옷은 성도들의 옳은 행실이로다 하더라(6 καὶ ἤκουσα ὡς φωνὴν ὄχλου πολλοῦ καὶ ὡς φωνὴν ὑδάτων πολλῶν καὶ ὡς φωνὴν βροντῶν ἰσχυρῶν λεγόντων, Ἀλληλουϊά, ὅτι ἐβασίλευσεν κύριος ὁ θεὸς [ἡμῶν] ὁ παντοκράτωρ. 7 χαίρωμεν καὶ ἀγαλλιῶμεν καὶ δώσωμεν τὴν δόξαν αὐτῷ, ὅτι ἦλθεν ὁ γάμος τοῦ ἀρνίου καὶ ἡ γυνὴ αὐτοῦ ἡτοίμασεν ἑαυτὴν 8 καὶ ἐδόθη αὐτῇ ἵνα περιβάληται βύσσινον λαμπρὸν καθαρόν· τὸ γὰρ βύσσινον τὰ δικαιώματα τῶν ἁγίων ἐστίν). 요한은 1절에 나오는 몇몇 핵심 단어("내가 들으니 허다한 무리의…음성 같은 것이 있어")를 반복하면서 자기 백성을 위한 하나님의 승리를 기뻐하는 하늘의 두 번째로 환호를 묘사한다. 이 경우에는 그들이 어린양의 '신부'(bride, 개역개정에서는 "아내"-역주)로 하나님과 친밀한 친교를 나눌 것을 예상한다(6-10절). 요한은 참으로 인상적인 음성을 들었다. 요한이 세 개의 직유를 사용해서 그 음성의 힘과 강도를 포착하기 때문이다. 그는 음성을 "허다한 무리"(1절에서처럼)와 "많은 물소리"(참고. 1:15; 14:2)와 "큰 우렛소리"(14:2)에 비교한다.[17] 1절에서처럼 그 음성은 먼저 주께 "할렐루야" 찬양을 드리라고 명한다. 온 땅에 곧 확립될 하나님의 궁극적 통치에 근거해서 그렇게 하라는 것이다(참고. 11:15-17; 12:10). 하나님이 '통치하기 시작하셨다'(ἐβασίλευσεν; 6c절, 개역개정에는 "통치하시도다"-역주)고 말하는 것은 11:17에 쓰인 동사(ἐβασίλευσας)처럼 시작의 의미를 지닌다. 이것은 그리스도를 통해 20:4-6에 묘사될 하나님의 통치가 개시된 것을 뜻한다(참고. 11:15).[18] 그런 배경에서 보면, 도저히 이길 수 없어 보이던 바벨론에 대한 하나님의 심판을 돌아보고(18:10, 18) 온 땅에 대한 하나님의 통치를 내다볼 때, 하나님이 참으로 "전능하신 이"(ὁ παντοκράτωρ)[19]라는 것과 온 역사를 주관하시는 것으로 말미암아 찬양받으실 분이라는

---

16. '그리고'(καί)라는 말은 몇몇 사본(א, C, P)에서는 나오지 않지만, 아마 원문에 있을 것이다. 하지만 이 문맥에서 그것은 다른 집단을 더하는 것이기보다는 설명적이다("곧").

17. "음성, 소리"(φωνή)에 해당하는 똑같은 헬라어 단어가 6a절에서 세 번 나온다. 하지만 그것은 영어 문구에 더 잘 맞도록 달리 번역된다. 이 이미지들의 구약 배경에 대한 해설로는 1:15을 보라. 복수인 것들(허다한 무리, 물, 울림)과의 비교에도 불구하고, 이 "음성"은 단 하나의 천상의 존재로부터 나오는 듯하다. 9-10절에서 요한과 상대하는 천사다. 9a절에 나오는 논의를 보라. 여기에서 "음성"의 말은 6b-8절의 직접 인용으로 이루어져 있다.

18. Beale, *Revelation*, 932; Ladd, *Revelation*, 246 그리고 앞에 나온 11:15에 대한 설명을 보라. 거의 모든 영어 역본은 기본이 '통치하다'라는 현재 시제 형태다. 하지만 시작의 의미에 대해서는 NABR, NJB, REB를 보라. 여기에서 그 말은 11:15-16에 나오는 부정과거들처럼 최신 과거의 사건으로 번역되어 있다.

19. 이 호칭의 의미와 요한계시록에서 그 말의 용법에 대해서는 1:18과 11:17의 설명을 보라.

사실이 명백하다.

7a절에서는 모든 듣는 사람에게 하늘의 무리가 '즐거워하고 크게 기뻐하며 그분(하나님)께 영광을 돌릴'[20] 때 그들과 함께하라고 권고하면서 즐거운 찬양과 예배를 촉구한다. 처음에 나오는 '즐거워하고 기뻐하라'(χαίρωμεν καὶ ἀγαλλιῶμεν)는 두 개의 동사는 의미를 강화하기 위해 함께 사용되는 동의어다(마 5:12에서처럼; 또한 시 96:12; 합 3:18; 참고. Tob 13:15).[21] 그렇게 즐거워하는 일에는 하나님께 영광을 돌리는 일 혹은 하나님을 높이는 일이 적절하게 따른다. 그것은 오직 하나님만이 복의 원천임을 인정하기 때문이다(참고. 14:7; 15:4). 7a절에 나오는 이중으로 즐거워하라는 권고에 영향을 미친 또 한 가지는 이사야 61:10(또한 62:5을 보라)이다. 이사야 본문은 여호와께서 이스라엘과 예루살렘을 회복시키시고, 그분의 백성에게 구원의 옷을 입히시며, 그들을 신랑이나 신부처럼 단장시키실 때 경축하고 기뻐하는 것(LXX 동사 εὐφραίνω, ἀγαλλιάω)에 대해 말한다. 이렇게 개념적 영향을 받은 이유는 7b절에서 기쁨의 이유로 혼인 잔치 이미지를 가져다 사용했기 때문일 것이다.[22]

"어린양의 혼인"(7b절)은 성경 본문에서 더 광범위한 울림을 낸다. 구약은 여호와를 이스라엘, 곧 하나님께 사랑을 받지만 종종 신실하지 못한 아내의 남편으로 묘사하기 때문이다(사 50:1; 54:4-8; 렘 3:20; 호 2:16-20). 하나님이 장차 포로 생활이 끝나고 이스라엘을 회복시키시는 것은 멀어졌던 기간이 지난 후 즐겁게 다시 연합하는 것으로 묘사된다(사 54:6-8; 61:10; 62:4-5). 그리고 그런 이미지는 요한계시록 19:7-9과 21:2, 9의 의미에 중심이 된다. 신약에서 예수님은 교회의 신랑이시고(막 2:19-20; 고후 11:2; 엡 5:25-32), 세상에 그분이 임재하시는 것은 즐거움의 원인이다(마 9:15; 요 3:29). 그 이미지는 여기에서 계속되는 결혼 관계 상태(즉, 결혼 생활)가 아니라 새롭게 혹은 온전히 결혼으로 들어가는 것(즉, 결혼식, 참고. 9절의 "혼인 잔치")을 나타낸다.[23] 그것은 이 구절(7-9절)에서만 묘사되는 것은 아니다. 요한은 21:2, 9에서 다시 그 주제로 돌아갈 것이다. 거기에서는 혼인 이미지가 하나님과 백성이 맺는 사랑스럽고 인격적인 친교의 궁극적 성취라는 것이 더 분명해진다(참고. 21:3, 7).[24]

"이르렀고"(ἦλθεν)라는 동사가 나타내는 것처럼 그 성취의 첫 단계가 가까이 왔다.[25] 이미 어린양의 "아내"[26]는 그 의식을 준비하고 있었다(7c절). 그녀는 신랑에게 신실하고 순결한 행동을 함으로써 '자신을 준비했다'(ἡτοίμασεν ἑαυτήν). 이것은 명백히 진술되어 있지는 않지만 여기에서 사용된 능동적 동사와 재귀 대명사 그리고 신실한 신부 대 신실하지 않은 신부나 아내에 대한 일반적인 성경적 이미지(참고. 앞에서 인용한 구약

20. 7a절에 나오는 이 권고적 가정법들은 말하는 자들뿐 아니라 듣는 자들이 참여할 행동에 대한 호소를 표현한다.

21. '기뻐하라'(ἀγαλλιάω)는 두 번째 동사는 즐거운 예배를 드리는 문맥에서 매우 흔하게 나오는 반면(LXX 시편에서 자주 사용된다), 첫 번째 동사인 '즐거워하라'(χαίρω)는 시편에서는 비교적 드물지만 다양한 상황에서 인간이 기뻐하는 것에 대해 더 일반적으로 사용되는 단어다(BDAG 1074-75). 하지만 그렇게 즐거워하는 것은, 종종 현재 고난을 겪고 있을지라도 앞으로 하나님의 구원이 올 것에 비추어 그리스도인들이 가져야 하는 특유의 태도로 여겨진다.

22. Fekkes, *Prophetic Traditions*, 269-70.

23. BDAG 188. 유대인의 혼인 절차와 용어로는 J. Jeremias, "νύμφη," *TDNT* 4:1099-106; S. Safrai, "Home and Family," in *The Jewish People in the First Century* (Philadelphia: Fortress, 1976), 2:754-60을 보라. 이러한 것들은 부분적으로는 예수님의 생애(마 1:18-25; 요 2:1-11)와 비유들(마 22:1-14; 25:1-13)에서 설명된다.

24. 그 사람들(신부와 어린양)의 신원에 대해서는 뒤에 나오는 논의를 보라.

25. 6:17; 14:7, 15; 18:10에서 '이르렀다'(ἦλθεν)의 비슷한 용법들을 보라. 그리고 하늘에서는 이미 이루어진 것으로 여겨지며 땅에서 이제 막 성취되려는 사건들을 나타내는 다른 동사들의 부정과거형으로는 11:15, 12:10, 15:4, 19:6을 보라.

26. 7c절에서 '신부'(bride, 개역개정에는 "아내"-역주)라고 번역된 헬라어 단어는 종종 "아내"(γυνή)를 의미한다. 유대인의 결혼 용어에서 이 두 용어는 서로 바꿔 사용할 수 있다. 21:9이 보여주는 것과 같다. 또한 창 29:21; BDAG 209; Jeremias, "νύμφη," 1099를 보라.

본문들, 또한 고후 11:2과 계 21:2)로 암시되어 있다. 그녀는 또한 하나님이 선물하신 혼인 의복으로 자신을 준비하여(8a절, "그에게…허락하셨으니", ἐδόθη αὐτῇ, 이는 6:4; 13:5에서처럼 하나님이 그것을 주시는 분이심을 암시한다) 혼인날을 위해 한껏 아름답게 차려입고 있다. "빛나고 깨끗한 세마포 옷을 입"[27]었다는 것이다. 8b절의 설명적 '왜냐하면'(γάρ, 개역개정에는 번역되어 있지 않음–역주, 이것은 요한이 추가한 말이 아니라 천사의 말일 것이다) 절은 이 이미지를 해석해준다(이는 요한계시록에서는 드문 일이다, 참고. 1:20; 4:5; 5:8; 17:9, 12, 15, 18). "세마포"(βύσσινον) 겉옷[28]은 "성도들의 옳은 행실"[29]을 나타낸다.

이 "혼인"(7절) 혹은 "혼인 잔치"(9절)의 시기는 문맥에 정확히 제시되어 있지 않다. 그리고 그 일이 일어날 시기에 대해 여러 해석자가 내놓는 견해는, 종말론적 사건에 대한 그들의 견해와 밀접하게 관련되어 있다. 그중 한 가지 견해는 이 혼인 혹은 결혼이 예수님이 땅에 오시기 전에 하늘에서 이미 이루어졌다는 것이다(19:11-21).[30] 이 말은 맞지 않을 것이다. 7b절의 "이르렀고"라는 부정과거 동사에 대한 오해에 기초하고 있기 때문이다(부정과거 시제라고 해서 예수님이 오실 때 그 혼인이 이미 일어났어야 하는 것은 아니다). 더 나은 견해는 혼인과 그에 따르는 잔치(7, 9절)가 그리스도가 재림하신 후 하나님이 자기 백성과 나누는 사랑의 친밀함과 복의 회복을 나타낸다는 것이다. 이것이 "이르렀고"라는 말이 19:11-21에 나오는 그리스도의 승리의 결과들을 어떤 식으로든 예상한다는 의미에 더 적절하다(예기적 부정과거든, 앞에서 설명한 것처럼 이미 하늘에서는 사실이며 땅에서는 이제 곧 실현될 것이든). 대체로 이런 이해를 채택하는 해석자들 사이의 의견 차이는 재림 이후 종말론적 사건들에 대한 더 광범위한 견해에 좌우된다. 어떤 사람들은 혼인이 새 예루살렘의 상징이라고 말한다. 그 새 예루살렘은 21:1, 9-10에서 신부와 동일한 존재로 여겨진다. 만물이 새롭게 되는 것에서 하나님과 어린양이 성도들에게 직접 임재하시는 것은 온전한 혼인 관계의 친밀함과 대응된다. 이런 의식 구조에 따라, 어떤 사람들은 그 혼인을 하늘에 있는 것이라고 보든 새롭게 된 땅의 것이라고 보든, 21-22장에 묘사된 복됨과 동일하다고 본다.[31] 또 다른 사람들은 혼인과 혼인 잔치가 천년왕국(20장)과 새 하늘과 새 땅(21-22장)을 모두 언급한다고 이해한다.[32] 그리스도가 중간 통치를 하실 때 하나님 백성의 회복 기간이 시작된다. 하지만 영원한 상태에 이르면 그 새롭게 됨은 궁극적인 수준, 곧 충만함 및 하나님과의 친밀함이라는 수준에 이른다. 몇 가지 이유로 이 마지막 견해가 가장 나은 듯하다. 본문은 천년왕국이 19:11-21에 나오는 그리스도의 승리 바로 다음에 오는 것으로 묘사한다. 구약에서(예를 들어, 사 54장; 60-62장) 신부의 회복은 이스라엘이 포로 생활에서 돌아오는 것 그리고 만국 가운데 예루살렘에서 다스리는 것과 연관

27. '맑은, 깨끗한'(καθαρόν) 혹은 '빛난, 아름다운'(λαμπρόν)으로 묘사된 옷에 대해서는 사도행전 10:30, 야고보서 2:2-3, 요한계시록 15:6, 19:14을 보라.

28. 8절과 18:16, 곧 "세마포"로 된 큰 음녀의 옷은 의도적으로 대조되어 있다.

29. 이 이미지를 사용한 똑같은 신학적 주제가 요한계시록 다른 곳에도 나온다(3:4-5; 3:18; 7:14). 의의 "옷"은 한편으로는 어린양의 희생 행위에 기초해서 하나님이 주신 것이고, 다른 한편으로는 실제 행동으로 실행하는 것이다. 그리스도인의 의로운 행동은 하나님의 깨끗하게 하심과 죄 사함이라는 선물로부터 나온다. 그런 행동이 죄 사함의 수단이나 원인이 아니다(엡 2:8-10).

30. Paul N. Benware, *Understanding End Times Prophecy: A Comprehensive Approach*, rev. ed. (Chicago: Moody, 2006), 232-33; J. Dwight Pentecost, *Things to Come: A Study in Biblical Eschatology* (Grand Rapids: Zondervan, 1964), 226-27; Scott, *Exposition*, 379를 보라.

31. Ladd, *Revelation*, 246-50; Mounce, *Revelation*, 347; Smalley, *Revelation*, 482.

32. Charles, *Revelation*, 2:126-29; Thomas, *Revelation 8-22*, 366. 이 견해를 지지하는 것처럼 보이는 다른 두 사람은 다음과 같다. David J. MacLeod, *The Seven Last Things: An Exposition of Revelation 19-21* (Dubuque, IA: Emmaus College Press, 2003), 15-17, 27 (천년왕국에 대해서만 말하는)과 Willitts, "Bride of Messiah," 245-54 (새 예루살렘에 대해서만 말하는).

되어 있다. 신약에서 하나님이 땅에서 통치하시는 것은 9절에 인용된 혼인 잔치와 비슷하다(마 8:11; 막 14:25; 눅 13:28-29; 14:14-15; 참고. 사 25:6-9). 그리고 심지어 요한계시록 19:6-7에서도 하나님의 통치가 땅에서 시작되는 것과 어린양의 혼인은 하늘에서 경축하는 유사한 이유들로 서로 연관되어 있다. 그래서 이 두 가지는 시간적으로 함께 일어나는 것일 가능성이 더 높다.

19:9-10 천사가 내게 말하기를 기록하라 어린 양의 혼인 잔치에 청함을 받은 자들은 복이 있도다 하고 또 내게 말하되 이것은 하나님의 참되신 말씀이라 하기로 내가 그 발 앞에 엎드려 경배하려 하니 그가 나에게 말하기를 나는 너와 및 예수의 증언을 받은 네 형제들과 같이 된 종이니 삼가 그리하지 말고 오직 하나님께 경배하라 예수의 증언은 예언의 영이라 하더라(9 Καὶ λέγει μοι, Γράψον· Μακάριοι οἱ εἰς τὸ δεῖπνον τοῦ γάμου τοῦ ἀρνίου κεκλημένοι. καὶ λέγει μοι, Οὗτοι οἱ λόγοι ἀληθινοὶ τοῦ θεοῦ εἰσιν. 10 καὶ ἔπεσα ἔμπροσθεν τῶν ποδῶν αὐτοῦ προσκυνῆσαι αὐτῷ. καὶ λέγει μοι, Ὅρα μή· σύνδουλός σού εἰμι καὶ τῶν ἀδελφῶν σου τῶν ἐχόντων τὴν μαρτυρίαν Ἰησοῦ· τῷ θεῷ προσκύνησον. ἡ γὰρ μαρτυρία Ἰησοῦ ἐστιν τὸ πνεῦμα τῆς προφητείας). 6절에 나왔던 하늘의 음성은 이제 요한에게 직접 말하면서 요한의 독자들에게 격려의 메시지를 전한다(9a-b절).[33] 천사는 계시록 처음부터 끝까지 요한의 역할이 하나님의 계시의 전달자라는 사실을 상기시키면서(1:1-2, 22:6-8), 요한에게 "어린양의 혼인"에 참석할 모든 사람이 받을 복에 대한 선언(참고. 7-8절)을 다른 사람들이 읽도록 기록하라('기록하다', γράψον, 참고. 1:11, 19; 10:4; 14:13; 21:5)고 지시한다. 이것은 요한계시록에 나오는 일곱 개의 복 중 네 번째다(그 말이 나오는 경우의 목록과 그것이 전체적으로 지니는 의미에 대해서는 1:3을 보라). 여기에서 그 '복됨'은 하나님의 구속의 종말론적 성취에 참여하는 것에서 온다. 이 성취는 7절에서는 "혼인"과 "아내"의 이미지로 그리고 8절에서는 혼인날 입는 예복의 이미지로 묘사되었다. 9절에서는 "잔치" 혹은 축제(δεῖπνον)라는 요소 그리고 혼인의 기쁨과 식탁 교제에 참여할 청함받은 손님들(οἱ…κεκλημένοι)이라는 요소가 추가된다. 이 특징들은 하나님이 자기 백성과 나누고 싶어 하시는 온전한 친교(혼인 예식으로 묘사되는)의 회복에 대한 성경의 이미지를 이어간다. 그런데 그것은 그에 더하여 하나님의 종말론적 성취를 메시아적 잔치로 묘사한다(마 8:11; 막 14:25; 눅 12:36-38; 13:28-29; 14:14-15).[34] 예수님 역시 하나님 나라에 관한 비유를 말씀하실 때 (때로는 다른 목적으로) 이 요소들을 결합하신다. 누가복음 12:36-38과 14:14-15에서 잔치 이미지는 여기에서처럼 복에 대한 약속과 함께 나온다. 마태복음 22:1-14에서 하나님 나라는 혼인 잔치로 묘사되고, '청함을 받았으나' 참석을 거절한 사람들(여기에서 "청함을 받은" 자라는 의미와는 다르다)과 손님들의 옷차림(여기 8절에서처럼 신부의 옷차림이 아니라)에 특히 주의를 기울인다.

여기에서 "청함을 받은 자들"(9b절)은 앞으로 올 경축하는 식탁 친교에 참여하도록 선택받은 사람들을 의미한다. 이 묘사는 그리스도와 친밀하게 교제하는 것을 나타낸다. 그 비유는 7b-8절(신부가 하나님의 백성을 나타낸다)에서 9절(손님들이 하나님의 백성을 나타낸다)로 바뀐다.[35] 9절의 이미지는 예수님의 비유에서 혼인 잔치

33. 주어가 바뀌었다는 표시가 없으므로 9-10a절의 주어['그리고 그가 내게 말했다'(καὶ λέγει μοι), 세 번 사용됨]는 6-8절의 "음성"과 같은 것인 듯하다. 10절에서 보여주겠지만, 이 화자는 인상적인 음성과 임재로 요한을 압도한 천사다. 9절의 역사적 현재는 요한과 천사의 이어지는 상호 작용을 강조한다(10절; 5:5에 나오는 역사적 현재에 대한 주를 보라).

34. 또한 3 En. 48A:10; T. Isaac 6:22을 보라. 다른 고대 유대 자료들에 대한 논의로는 J. Priest, "A Note on the Messianic Banquet," in *The Messiah: Developments in Earliest Judaism and Christianity*, ed. James H. Charlesworth (Minneapolis: Fortress, 1992), 222-38을 보라.

35. Beale, *Revelation*, 945는 7-8절이 공동적 비유를 사용하지만("공동적 교회…어린양과 막 결혼하려 하는"), 9절은 개인적 비유("혼인 잔치

가 그분과 제자들의 관계를 나타내는 것으로 묘사된 것과 더 비슷하다. 예를 들어, 신랑이 손님들과 같이 있는 동안 손님들이 기뻐하는 것(막 2:19) 그리고 준비된 손님 대 준비되지 않은 손님(마 22:1-14; 25:1-13)을 주목하라. 이 비유들에서 신부는 언급조차 되지 않고, 신랑과 신랑의 손님들만 언급된다.[36] 세 구절 안에서 이렇게 이미지가 바뀌기 때문에, 일부 사람은 신부(7절)와 손님들(9절)이 구속받은 자들 중에 있는 다른 집단을 나타낸다고 결론을 내리게 되었다.[37] 하지만 앞에서 인용한 이유들을 근거로 그 이미지들이 같은 집단을 언급한다고 보는 것이 더 타당하다. 그들은 하나님의 큰 사랑 안에서 어린양의 구속적 희생을 통해 하나님의 백성이 되도록 택함받고, 천년왕국과 그 이후까지 새 예루살렘에서 하나님 및 어린양과 친밀한 교제를 충만히 누리게 될 구속받은 이들이다. 그래서 구약에서 신부라는 이미지가 시작되고 신약에서 그것이 이어진 것에 비추어볼 때, 다른 몇 가지 구분점은 있지만 구속의 완성에 대한 이 묘사에서 교회가 이스라엘과 별개의 존재라고 볼 이론적 근거는 없다. 교회는 새 이스라엘이 아니고, 이스라엘은 거부되지 않았으며, 믿는 인종적 이스라엘은 믿는 이방인들과 함께 미래의 날에 어린양의 공동의 신부로서 그리고 그분의 혼인 잔치에 개인 손님으로서 참여할 것이다.[38]

기록하라는 명령(9b절)에 더하여 천사는 요한과 그의 독자들에게 앞의 내용이 하나님에게서 온 믿을 만한 계시라고 안심시킨다(9c-d절). "이것은 하나님의 참되신 말씀이라"는 단언은 22:6에 나오는 단언과 비슷하다. 두 군데 모두(9b절과 22:7)에 복이라는 말이 나오는 것과 요한이 천사에게 경배하려 했다는 두 번의 글(10절과 22:8-9)을 통합해서 볼 때, 이런 본문상의 특징들은 하나의 큰 단위에서 다른 단위로 바뀌는 것을 나타내는 문학적 대응을 표시한다. 이 경우에는 바벨론에 대한 부분(17:1-19:10)에서 새 예루살렘(21:9-22:5)으로 이어지는 지극히 중요한 종말론적 사건들(19:11-21:8)로 바뀐다.[39] 그 대응들은 22:6-9에서 책의 결어(22:6-21)로 바뀌는 것을 표시할 때 다시 나온다.

따라서 천사가 "이것은 하나님의 참되신 말씀이라"(9d절)고 선언할 때, '이 말씀'이 가리키는 내용은 9b절만이 아닌 하나님의 구속의 성취에 대한 서언으로 바벨론의 심판을 말하는 앞부분 전체(17:1-19:9b)일 것이다.[40] 그리고 그것이 "하나님의 참되신 말씀"(οἱ λόγοι ἀληθινοὶ τοῦ θεοῦ)[41]이라는 것은 서언에 비추어 이해해야 한다. 서언에서는 계시록 전체가 요한을 통해 하나님으로부터 오는 계시, 곧 "하나님의 말씀과 예수 그리스도의 증거"(τὸν λόγον τοῦ θεοῦ καὶ τὴν μαρτυρίαν Ἰησοῦ Χριστοῦ, 1:1-2)에 대한 증언이라고 묘사한다. 독자들은 이 글을

손님들")로 바뀐다는 점에 주목한다. 둘 다 "그리스도와 신자들의 친밀한 친교를 묘사한다."

36. Jeremias, "νύμφη," 1104; Ladd, *Revelation*, 247, 250.

37. 예를 들어, Walvoord, Rawley, and Hitchcock, *Revelation*, 284-86 (신부는 교회, 즉 오순절과 환난 전 휴거 사이 시대의 교회 성도이고, 손님들은 구약 시대와 환난 시기의 성도다); Thomas, *Revelation 8-22*, 367-73 (Walvoord, Rawley, and Hitchcock과 비슷하다). 하지만 사실상 그 반대는 Willitts, "Bride of Messiah," 253이다(신부는 "하나님의 회복된 이스라엘"이고, 손님들은 "의로운 이방인들", "종말론적 나라에 참여할 민족들"이다).

38. Saucy, *Case for Progressive Dispensationalism*, 183-86. 계 21-22장에 나오는 "신부"에 대해서는 Turner, "New Jerusalem," 288을 보라. 그는 새 예루살렘에서 대표로 나오는 열두 지파와 열두 사도를 언급하고 (21:12, 14) "하나님의 한 백성으로서 이스라엘과 교회의 세대 초월적 연속성"에 대해 말한다.

39. 17:1에 나오는 '문학적 전후 문맥'과 Bauckham, *Climax*, 3-7에 나오는 상세한 논의를 보라.

40. 하지만 22:6의 "이 말"은 결어를 시작하므로, 책 전체를 언급하는 듯하다. 결론에 이르고 있기 때문이다.

41. 대부분의 영어 역본은 "참되신"(ἀληθινοί)이라는 말을 한정 형용사로, 그리고 "이것"(οὗτοι)을 주격 대명사로 본다. "이것은 하나님의 [그] 참되신 말씀이라"[These are (the) true words of God]는 것이다(예를 들어, KJV, NIV, ESV, NASB). 하지만 헬라어 형용사의 배열은 의미상 술어로 보는 것이 가장 좋다(예를 들어, CSB, "이 하나님의 말씀은 참되다"). 사본 A(상당히 믿을 만한 것인)에는 분명 형용사를 한정적인 것으로 만들어주는 관사가 있다. 하지만 이것은 어색한 어법을 바로잡기 위한 것인 듯하다(술어 형용사는 "말씀"이라는 명사와 "하나님의"라는 소유격 사이에 온다. 이것은 실행 불가능한

하나님의 진리로 믿고 의지할 수 있다.

이 천사와 그의 권위 있는 말은 매우 인상적이었기 때문에, 요한은 경배하며 땅에 엎드린다(10a절). 천사는 즉시 그것을 금한다(10e절). 천상의 장엄함을 지니고 있지만 자신이 단지 요한 및 다른 그리스도인들과 함께 하나님을 섬기는 것일 뿐이라고 공손하게 상기시키면서("같이 된 종", 10d절) 금하는 것이다.[42] 오직 하나님만이 예배를 받기에 합당하신 분이다("하나님께 경배하라", 10f절; 참고. 22:8-9).[43]

천사가 그리스도인을 "예수의 증언을 받은"(τὴν μαρτυρίαν Ἰησοῦ, 10c) 사람이라고 묘사하는 것은 그들이 그리스도에 대한 기독교의 가르침에 헌신함으로 그분께 충성하는 것을 의미한다(목적 소유격, 즉 12:17; 20:4에서처럼 예수에 대한 증거, 참고. 6:9; 12:11; 17:6).[44] 몇몇 해석자는 두 구절(10c, g절)에서 모두 "예수의 증언"은 예수님이 주신 신실한 증거를 의미하는 주격 소유격이라고 본다.[45] 또 다른 사람들은 그 표현이 주격 의미와 목적격 의미를 둘 다 포함하는 모호한 의미라고 본다. "예수님에 의한 그리고 예수님께 대한 증거"라는 것이다.[46] 하지만 목적격 해석이 더 나을 듯하다.

10g절의 진술("예수의 증언은 예언의 영이라")은 10c-f절에 나온 천사의 말에 대한 요한의 설명이라고 볼 수도 있다. 하지만 그것은 천사가 자신의 명령에 대한 이유로 말하면서 인용문을 마무리하는 것일 가능성이 더 크다[접속사 '왜냐하면'(γάρ, 개역개정에는 "경배하라" 다음에 나오는 이 접속사가 번역되어 있지 않음-역주)은 둘 중 어느 의미에도 맞는다]. 두 개의 모호한 소유격 표현 '…이다'(ἐστιν)의 혼란스러운 용법 그리고 "영"(spirit) 혹은 '성령'(πνεῦμα, Spirit)에 대한 모호한 언급 등이 나오기 때문에, 이 절은 이해하기가 쉽지 않다. 대부분의 번역은 있는 그대로 번역하고 모든 선택권을 독자에게 맡기면서 그 모호함을 전달하는 것으로 만족한다[『메시지』(*The Message*)도 이 구절을 어중간하게 해석한다. "예수의 증언은 곧 예언의 영이다"(The witness of Jesus is the spirit of prophecy)]. 앞에서 주장한 것처럼, 첫 번째 문구는 '예수에 대한 증언'(목적격 의미)을 의미하는 듯하다. '성령' 혹은 "영"에 대한 언급은 다소 결론을 맺기가 어려운 문제다. '…이다'라는 말로 인한 연관처럼 보이는 것(뒤에서 더 설명할 것이다)을 구문론적으로 어떻게 해석할 것인가 하는 문제와, "예언의"(τῆς προφητείας)라는 소유격이 어떤 의미인가 하는 것 때문이다. 하지만 이 책에서 "영"(πνεῦμα, 단수)이 보통 하나님의 영, 성령을 언급하고(1:10; 2:7, 11, 17, 29; 3:6, 13, 22; 4:2; 14:13; 17:3; 21:10; 22:17) 고대 유대와 기독교 문학에서 성령의 일반적 활동이 "예언"에 영감을 주는 것이라는 사실을 인정하면 약간 진척이 이루어질 수 있다.[47] 이 본문에서 πνεῦμα가 '본질', '핵심', '요지'(참고. NLT)를 의미

것이 아니다).

42. Mart. Ascen. Isa. 7:21-22; 8:5; Tob 12:16-18; Apoc. Zeph. 6:11-15; Jos. Asen. 15:11-12에 나오는 이와 유사한 인간과 천사 사이의 대화를 보라. 하나님 자신과 함께 예수님에 대한 예배를 경축하는(예를 들어, 계 5:8-12) 책에서 이것과 요한계시록 19:10 및 22:8-9이 유일신론적 예배에 갖는 중요성(천사들보다는 "오직 하나님께 경배하라")은 Bauckham, *Climax*, 118-49와 Loren T. Stuckenbruck, *Angel Veneration and Christology: A Study in Early Judaism and in the Christology of the Apocalypse of John*, WUNT 77 (Tübingen: Mohr Siebeck, 1995), 245-65에 논의되어 있다.

43. '하나님께 경배하라'는 명령은 부정과거 명령형으로 표현되어 있는데, 그것은 현재 시제보다 더 긴급하고 강조하는 느낌을 준다(Fanning, *Verbal Aspect*, 369-70, 380-82).

44. Aune, *Revelation 17-22*, 1038-39를 보라; 또한 12:17에 나오는 해설을 보라.

45. Beckwith, *Apocalypse*, 729; Thomas, *Revelation 8-22*, 376; 참고. Bauckham, *Climax*, 161; J. Beutler, "μαρτυρία," *EDNT* 2:392-93.

46. Beale, *Revelation*, 947; Koester, *Revelation*, 731-32; Smalley, *Revelation*, 487. Koester의 견해와 비슷한 것은 "예수의 증언"이라는 개념이 이 책 자체에 나오는 그의 증거를 언급하며(참고. 1:2; 22:18, 20), 그래서 그의 증언을 한다는 것은 여기 기록된 것에 대한 충성을 의미한다고 본다. 이 논증은 Sarah Underwood Dixon, *The Testimony of the Exalted Jesus: The "Testimony of Jesus" in the Book of Revelation* (London: Bloomsbury T&T Clark, 2017)에 나온다.

47. BDAG 835-36에 나오는 참조문들과 Koester, *Revelation*, 732에 인용된 고대 본문들을 보라.

할 가능성은 매우 희박하다.[48] "영"이 '성령'을 의미한다면, "예언의"라는 소유격 문구는 생산을 의미한다. 예언을 생산하는 혹은 영감을 주는 성령이라는 것이다.[49] 이 구절에서 성령에 대한 언급은 천사에게 경배하지 말고 진리의 말씀을 하시는 분인 하나님께 경배해야 하는 이유로 더 잘 어울린다(9c-10f절).[50] 이런 다른 요소들을 적절히 참고하면 '…이다'라는 말의 의미는 단순한 등식(예를 들어, A는 B이다)일 수가 없고, 연관 혹은 예시의 진술로 보는 것이 타당하다. 예수님에 대한 증언은 선지자들을 통한 하나님의 진리를 계시하시는 성령을 반영하거나 나타낸다는 것이다. 그것 역시 하나님의 메시지이기 때문이다.[51] 예수님에 대한 하나님의 메시지를 신실하게 증언하는 사람들은, 선지자들에게 영감을 불어넣으신 동일한 성령이 그들의 삶에서도 강력하게 역사하시는 것을 드러낸다.

19:11-13 또 내가 하늘이 열린 것을 보니 보라 백마와 그것을 탄 자가 있으니 그 이름은 충신과 진실이라 그가 공의로 심판하며 싸우더라 그 눈은 불꽃 같고 그 머리에는 많은 관들이 있고 또 이름 쓴 것 하나가 있으니 자기밖에 아는 자가 없고 또 그가 피 뿌린 옷을 입었는데 그 이름은 하나님의 말씀이라 칭하더라(11 Καὶ εἶδον τὸν οὐρανὸν ἠνεῳγμένον, καὶ ἰδοὺ ἵππος λευκός καὶ ὁ καθήμενος ἐπ' αὐτὸν [καλούμενος] πιστὸς καὶ ἀληθινός, καὶ ἐν δικαιοσύνῃ κρίνει καὶ πολεμεῖ. 12 οἱ δὲ ὀφθαλμοὶ αὐτοῦ [ὡς] φλὸξ πυρός, καὶ ἐπὶ τὴν κεφαλὴν αὐτοῦ διαδήματα πολλά, ἔχων ὄνομα γεγραμμένον ὃ οὐδεὶς οἶδεν εἰ μὴ αὐτός, 13 καὶ περιβεβλημένος ἱμάτιον βεβαμμένον αἵματι, καὶ κέκληται τὸ ὄνομα αὐτοῦ ὁ λόγος τοῦ θεοῦ). 요한은 바벨론의 멸망을 묘사하는 주요 부분(17:1-19:10)을 마무리한 후, 이 책에서 아주 중요한 다음 부분으로 넘어간다(19:11-21:8). 이 부분은 앞의 장들에서 예시되었던 중대한 종말론적 사건들을 다룬다. 이 사건들은 요한이 자세히 이야기하는 일련의 환상들에 묘사되어 있는데, 각 이야기들은 "또 내가…보니"라는 말로 시작된다(19:11, 17, 19; 20:1, 4, 11; 21:1).[52] 첫 번째 환상(11-16절)은 예수 그리스도가 메시아적 전사와 심판자로 이 땅에 다시 오시는 것을 묘사한다. 하지만 예수님의 재림에 대한 다른 신약 본문(예를 들어, 마 24:27, 37; 행 1:11; 고전 1:7; 15:20-28; 빌 3:20-21; 살전 4:13-18; 살후 1:6-10; 2:3-12; 딤전 6:14; 딛 2:13; 히 9:28; 약 5:8; 벧전 4:7; 5:4; 요일 2:28)과 비교해볼 때 예상되는 것과는 다르게 독특한 표현과 이미지를 사용한다.[53] 요한은 11-16절에서 그리스도가 오시는 것을 제시할 때, 신약 나머지 부분에서 더 흔하게 나오는 언어보다 구약과 유대의 이미지에 더 많은 영향을 받는다.[54]

이것은 요한이 앞으로 올 종말론적 사건들을 이해할

48. Michaels, *Revelation*, 213-14; Witherington, *Revelation*, 234. Beasley-Murray, *Revelation*, 276에서 말하는 것처럼, 이것은 예언에 대한 고대 유대-기독교의 언급으로 보기에는 너무 "비인격적"이다. 영어에서는 "영"을 '본질, 핵심'으로 이해하기가 쉽다. 하지만 πνεῦμα가 고대 헬라어에서 그런 의미를 지닌 적이 있었는지는 의심스럽다.

49. Wallace, *Grammar*, 106-7과 로마서 15:5, 13, 33(인내, 위로, 소망, 평강의 하나님)에 나온 그의 예증들을 보라. 그가 말하듯이, 이것은 목적 소유격이다. 하지만 머리 명사는 명백한 동사적 의미를 지니지 않는다. 목적 소유격은 Osborne, *Revelation*, 698; Smalley, *Revelation*, 487에서 붙인 명칭이다.

50. Beasley-Murray, *Revelation*, 276; Mounce, *Revelation*, 349-50.

51. 관련된 개념들로는 Beasley-Murray, *Revelation*, 276을 보라. 또한 19:10 전체를 비슷하게 다룬 것으로는 Bruce, "Spirit in the Apocalypse," 337-38을 보라.

52. "또 내가 보니" 혹은 "내가 보매"라는 말은 20:12과 21:2에서는 또한 새로운 부분을 시작하기보다 어떤 부분을 계속하는 식으로 나온다.

53. Aune, *Revelation 17-22*, 1046, 1053; Boring, *Revelation*, 195-96. R. J. McKelvey, "The Millennium and the Second Coming," in Moyise, *Studies in the Book of Revelation*, 85-100은 신약의 다른 글들로부터 이런 차이점들을 관찰하지만, 19:11-21은 예수님의 재림을 전혀 묘사하고 있지 않다고 판정한다. 그는 Giblin을 따라 이 책 전체에(그에 대한 논의로는 앞의 '요한계시록 서론'을 보라) 그리고 특히 19-21장에(19:17-18과 20:7-10에 대한 주를 보라) 요점이 반복해서 나온다고 본다. 그는 앞 장들에서 요한이 만국에 대한 승리를 예고한 것이 어떻게 요한계시록 19-20장에 묘사된 절정의 전투와 실제 체제 변화를 내다보는지 이해하지 못한다.

54. 예를 들어, 이 본문에는 '오다'(ἔρχομαι, 하지만 요한계시록은 다

때 구약 선지서와 시편에 깊이 몰입하며 의존한다는 또 다른 확증이다(10:7에 나오는 설명을 보라). 요한은 예수님에 대한 전승 및 그분의 구원 사역에 대한 신약의 선포를 알지만, 요한의 환상에 지배적으로 나타나는 주제들은 신적 전사에 대한 구약의 묘사에서 나온다. 그 신적 전사는 만국을 물리치고, 회개하는 이스라엘을 회복된 예루살렘에 다시 모아 다윗 계열의 왕이 신실한 이스라엘인과 믿는 이방인을 다스리기 위해 온다. 이러한 것들은 하나로 응집되지 못하고 여기저기 흩어진 모호한 예언들 조각이나 순전히 영적이고 천상적인 관점에서 새롭게 만들어낸 개념이 아닌 구약에서 나온 일관된 틀이며, 요한이 이 땅에서 지리적으로 일어나기를 기대하는 것이다.[55]

요한은 환상에서 "하늘이 열린 것"을 보는데(11a; 참고. 4:1; 11:19; 15:5), 그의 주의를 즉시 끄는[56] "백마와 그것을 탄 자"(11b절)가 등장한다.[57] 그러나 요한은 본문 뒷부분에 이르기까지는 말 탄 자의 이름을 말하거나 그의 어떤 구체적인 행동을 묘사하지는 않는다(뒤에 나오는 논의를 보라). 하지만 일반적 묘사들을 볼 때, 이것이 모든 원수를 정복하고 심판하시며 이 땅에 그분의 의로운 통치를 확립하기 위해 큰 권능으로 다시 오시는 예수 그리스도에 대한 묘사라는 것을 분명히 알 수 있다. "충신과 진실"(πιστὸς…καὶ ἀληθινός, 11c절)이라는 이름은 분명 그리스도에 대한 묘사다(1:5; 3:7, 14). 그분은 약속하신 것에 완전히 신실하신 분이며, 일어날 모든 거짓 메시아에 대항하는 참된 메시아다(참고. 마 24:23-24; 막 13:21-23). 11d절은 그분의 행동을 일반적인 견지에서 묘사한다(관례적 현재들). "그가 공의로 심판하며 싸우더라"(ἐν δικαιοσύνῃ κρίνει καὶ πολεμεῖ)는 것이다. 이것은 의로운 재판관이시며 공평과 정의로 땅과 백성을 심판하러 오시는 하나님이라는 구약의 주제를 반영한다(시 9:7-8; 72:2; 96:13; 98:9). 이 일은 특히 다윗 계열에서 나온 기름 부음 받은 이(사 11:1, 4-5; 참고. 계 19:15) 혹은 하늘의 인자(단 7:13-14, 22-27)를 통해 이루어진다. 둘 다 하나님의 원수에 대해 그리고 신실한 백성을 위해 의로운 심판을 수행한다(참고. 계 6:9-11; 18:8, 20; 19:2).[58] 말 탄 자는 심판할 뿐만 아니라 '싸웠다.' 그것은 앞의 장들에서 예상된 주제이며(12:17; 13:4, 7; 16:14-16; 17:14)[59] 그 다음에 나오는 구절들(13-21절)에서 훨씬 더 상세히 나온다. 전사 메시아는 자신이 십자가에서 이미 이루신 승리를 완전히 확립하기 위해 이 땅에 오신다(3:21; 5:5; 17:14).

요한이 전사 메시아의 등장을 더 묘사할 때(12-13절), 그가 예수 그리스도이고 그분은 반역적 인류를 심판하기 위해 오셨다는 점이 분명해진다. 그의 눈은 '불꽃같이' 두드러진다(12a절; 참고. 1:14; 2:18; 단 10:6). 이것은 여기에서 죄에 반대하는 거룩한 열심을 말한다. 그 머리에는 "많은 관들"(12b절)이 있다. 그것은 용과 그의 짐승의 지배력을 능가하는 예수님의 왕적 권위를 나타낸다(참고. 12:3; 13:1). 그분에게는 "이름 쓴 것"(어디에 혹은 어떻게 쓰

른 곳에서 이 단어를 사용한다. 예를 들어, 16:15; 22:7, 12, 17, 20), '나타나다'(φανερόω), '드러내다'(ἀποκαλύπτω), '오는 것, 임재'(παρουσία) 같은 말이 없다. 하지만 이 본문은 그리스도가 권능과 영광으로 '오시는 것'을 묘사한다(마 24:30; 막 13:26, 그것은 단 7장에서 나온 표상이다). 요한이 사용하는 비유적 표현의 유대적 뿌리에 대해서는 뒤의 구절들에 나오는 논의를 보라.

55. McNicol, *Conversion*, 82-84를 보라.

56. 11b절에 나오는 "보라"(ἰδού)의 용법에 대해서는 4:1, 12:3에 대한 주를 보라.

57. 말 탄 자는 고대 사회에서 분명 군사적 이미지다(참고. 렘 8:6; 12:5; 계 9:7, 9; 또한 2 Macc 3:25). 6:2에 나오는 흰 말을 탄 자와의 대조에 대해서는 거기에 나오는 논의를 보라.

58. 다윗 계열에서 나온 메시아적 전사는 또한 Pss. Sol. 17:21-32, Tg. Neof. Gen 49:11에도 나온다. T. Mos. 10:3-7에서 하나님의 의로운 심판을 가져오는 하늘의 전사는 미카엘 같은 능력의 천사인 듯하다.

59. 이것은 또한 전쟁에서 이스라엘의 원수들을 물리치실 강력한 전사 하나님의 이미지에 뿌리를 두고 있다(예를 들어, 신 20:1-3; 사 42:13; 슥 14:3).

였는지는 분명하지 않다)이 하나 있는데, 그분만이 그 이름의 의미를 이해한다(12c-d절). 이것은 2:17과 3:12(이기는 자가 새로운 비밀한 이름 혹은 그리스도 자신의 새 이름을 각각 약속받는) 그리고 이사야 62:2(여호와께서 예루살렘을 회복하실 때 예루살렘에게 주시는 새 이름)과 비슷한 점이 있다. 이 본문들은 사람의 이름이 그의 참된 본질과 역할을 나타내므로 '새 이름'이 성품이나 지위의 변화를 상징할 수 있다는 성경의 개념을 반영한다.[60] 마찬가지로 새로운 환경 때문에 기존의 이름, 이미 알고 있는 이름이 전에는 인식하지 못했던 깊은 의미와 적절성을 지니고 있음이 드러날 수도 있다. 여기에서는 이것이 요점인 듯하다. 그리스도의 비밀한 이름(12c-d절)은 13b절("하나님의 말씀")이나 16b절("만왕의 왕이요 만주의 주") 중 하나일 것이다.[61] 이 두 경우에서 심판에 나타난 그리스도의 권위와 능력은 그분이 하나님의 말씀이라는 점 혹은 전에 이해했던 것보다 더 심오한 의미에서 만유의 통치자라는 점을 드러낸다(더 가까이 있는 13b절에 나오는 이름일 가능성이 더 크다). 뒤에 나오는 이 호칭들에 대한 논의를 보라.

섬뜩하고 진지한 묘사에서 그분은 "피 뿌린 옷을 입었"(13a절)다고 나온다. 피를 "뿌린"(βεβαμμένον)[62] 혹은 완전히 피로 얼룩진 옷이라는 이미지는 이사야 63:1-6에 나온다. 그것은 누군가가 포도즙 틀에서 포도를 밟는 이미지를 사용해서 세상 만국에 대한 여호와의 진노를 묘사한 것이다(참고. 계 14:19-20; 19:15). 하지만 그의 옷은 거무스름한 포도즙이 아니라 그분이 심판하신 자들의 생혈로 얼룩진다.[63] 이사야 63장에 밀접하게 의지하는 것으로 보아, 이 문맥에서 "피"는 예수님이 자신을 속죄의 희생으로 드린 것을 가리키는 것이 아니라(1:5; 5:9; 7:14에서처럼), 예수님이 다시 오실 때 적대적인 세상 권세의 모든 저항에 그분이 압도적으로 승리하시면서 뿌려질 원수의 피를 말한다(14:17-20에서처럼).[64]

이 시리즈의 마지막 묘사는 그분의 이름인 "하나님의 말씀"(13b절)이다. 그것이 아마 12c-d절에 나오는 다른 사람들이 전에는 파악하지 못했던 이름일 것이다(거기 나오는 논의를 보라). 이 호칭을 요한복음 1:1과 연결하는 것은 자연스럽고 분명 부분적으로는 옳다. 하지만 거기에서 그 이름은 단지 "말씀"이었으며 그것은 다른 의미를 지닌다(즉, 하나님의 존재를 공유하고 성육신하시는 분이 궁극적으로 하나님을 계시하는 분이라는 것, 참고. 요 1:14, 18).[65] 여기에 더 주요하게 영향을 미친 것은 하나님의 "전능하신 말씀"(ὁ παντοδύναμός σου λόγος)이 애굽의 장자를 죽이기 위해 "날카로운 칼"을 갖고 하늘에서 "준엄한 용사"(참고. 출 15:3)로 오신다고 묘사하는 「솔로몬의 지혜서」(Wisdom of Solomon) 18:15인 듯하다. 이것

60. L. Hartman, "ὄνομα," *EDNT* 2:519-20.

61. Koester, *Revelation*, 754-55(그 이름은 "만왕의 왕이요 만주의 주"다)와 Roloff, *Revelation*, 218-19(그 이름은 "하나님의 말씀"이다). 문맥 자체에서 나온 두 이름 중 어느 것이라도 때로 주석가들이 제안하는 것보다는 낫다. 히브리어로 하나님을 나타내는 4자음 문자(YHWH 등-역주, Beale, *Revelation*, 953-56; Smalley, *Revelation*, 490-91) 혹은 종말이 올 때까지 계시되지 않는 알지 못하는 이름(Osborne, *Revelation*, 682; Thomas, *Revelation 8-22*, 385)이라는 제안이다. Beale과 Smalley는 둘 다 앞에서 나온 기존의 이름이 지닌 더 깊은 의미를 이해하는 것에 대한 논지를 반영한다.

62. 이것은 완료 분사로, 옷을 적시는 혹은 물들이는 행동을 나타내는 것이 아니라 그가 그 옷을 입었을 때의 결과적 상태를 의미한다(참고. BDAG 165-66).

63. 이사야 63장의 영향을 받아 이 비유적 표현은 Wis 18:15-16, Tg. Neof. Gen 49:11에도 나온다.

64. 최근의 몇몇 해석자는 예수님의 옷에 묻은 피를 예수님 자신의 피로, 그분의 속죄를 나타낸다고 이해한다(예를 들어, Koester, *Revelation*, 755-56, 765). 13-15절에 나오는 사건들의 순서에서 그분의 옷은 전쟁 전에 붉은색이며 이사야 63장의 잔인한 이미지가 기독교화되었기 때문이다. 하지만 Fekkes, *Prophetic Traditions*, 196-98이 주장하듯이, 이것은 요한의 순서를 "지나치게 문자화"한 것이다(그의 환상은 종종 현재의 일들을 자연적 순서보다는 인상파적으로 제시한다). 구약의 이미지를 기독교화하는 것에 대해서는 17-18, 21절(새들이 살을 배불리 먹는 것)과 Iain Provan, "Foul Spirits, Fornication, and Finance: Revelation 17 from an Old Testament Perspective," *JSNT* 64 (1996): 83 ("Marcion의 영혼이 여전히 그리스도인의 주거지에 출몰한다")을 보라.

65. 요한일서 1:1("생명의 말씀")은 분명 요한복음 1:1을 암시한다. 하지만 그것은 하나님과 그분으로부터 오는 참 생명을 계시하시는 예수님의 역할에 계속해서 초점을 맞춘다.

이 신적 용사(계 19:11) 그리고 적대적 나라에 대한 하나님 심판의 피로 얼룩진 포도주 틀(13a, 15절)이라는 관련 이미지에 가장 잘 맞는다. 그리스도는 재림하실 때 인간의 악을 신적으로 심판하시면서 전에는 헤아릴 수 없던 의미에서 하나님의 말씀 혹은 메시지로 드러난다.

19:14-16 하늘에 있는 군대들이 희고 깨끗한 세마포 옷을 입고 백마를 타고 그를 따르더라 그의 입에서 예리한 검이 나오니 그것으로 만국을 치겠고 친히 그들을 철장으로 다스리며 또 친히 하나님 곧 전능하신 이의 맹렬한 진노의 포도주 틀을 밟겠고 그 옷과 그 다리에 이름을 쓴 것이 있으니 만왕의 왕이요 만주의 주라 하였더라(14 καὶ τὰ στρατεύματα [τὰ] ἐν τῷ οὐρανῷ ἠκολούθει αὐτῷ ἐφ' ἵπποις λευκοῖς, ἐνδεδυμένοι βύσσινον λευκὸν καθαρόν. 15 καὶ ἐκ τοῦ στόματος αὐτοῦ ἐκπορεύεται ῥομφαία ὀξεῖα, ἵνα ἐν αὐτῇ πατάξῃ τὰ ἔθνη, καὶ αὐτὸς ποιμανεῖ αὐτοὺς ἐν ῥάβδῳ σιδηρᾷ, καὶ αὐτὸς πατεῖ τὴν ληνὸν τοῦ οἴνου τοῦ θυμοῦ τῆς ὀργῆς τοῦ θεοῦ τοῦ παντοκράτορος, 16 καὶ ἔχει ἐπὶ τὸ ἱμάτιον καὶ ἐπὶ τὸν μηρὸν αὐτοῦ ὄνομα γεγραμμένον· Βασιλεὺς βασιλέων καὶ κύριος κυρίων). 그리스도가 이 땅에 다시 오시는 것은, 요한이 용사 메시아로부터 눈을 들어 그분과 동행해서 땅으로 오는 하늘의 "군대들"을 바라볼 때 한층 더 권능과 영광을 띠게 된다(14절).[66] "하늘에 있는 군대들"은 역시 군사적 영광 가운데 "백마를 타고" 있으며(참고. 11절), 어린양의 신부처럼(8절) 그리고 요한계시록 앞부분에서 하늘에 있다고 나왔던 이 땅에서 그리스도를 따르던 집단처럼(6:11; 7:9, 13-14) "희고 깨끗한 세마포" 옷을 입고 있다. 하나님 혹은 그분의 메시아와 함께 하늘 군대가 땅을 심판하러 오는 것은 스가랴 14:1-5에서 처음 나온다(여호와가 예루살렘을 위협하는 나라들에 대항해서 싸우러 오실 때 그의 "거룩한 자들"이 함께 왔다). 하지만 더 광범위한 개념은 여호와가 하늘에서 무수한 천사 혹은 '거룩한 자들'(holy ones, 개역개정에는 "성도"-역주)의 섬김을 받으시는 본문(신 33:2; 시 68:17; 단 7:10)의 영향을 받는다. 이 본문들은 인자가 심판으로 오시는 것에 대한 신약 구절(마 16:27; 25:31; 막 8:38; 눅 9:26; 살전 3:13; 살후 1:7; 유 1:14, 1 En. 1:9를 인용)에서 계속된다. 이 구절들은 대부분 하늘에서 올 '거룩한 자들'을 명백히 천사로 본다(살전 3:13과 유 1:14은 그것을 "거룩한 자"로 남겨둔다).

여기 14절에 나오는 하늘 군대의 구성에 대해서는 논란이 있다. 하지만 요한은 글을 쓰던 당시 이미 하늘에 있던, 이 땅에서 그리스도를 따르던 부활한 자들(참고. 계 6:11; 7:9, 13-14) 및 천사 용사들이 그 집단에 포함된다고 이해하는 듯하다. 17:14과 18:6-7의 표현은 이것을 암시하는 것으로 보인다. 그리고 몇몇 비정경적 초기 기독교 본문은 스가랴 14:5도 이런 식으로 이해한다(Did. 16:7; Mart. Ascen. Isa. 4:14-16).

요한은 15절에서 다시 그리스도께로 초점을 옮긴다. 구약의 메시아적 전사 이미지가 다시 나오기 때문이다. "예리한 검"(ῥομφαία ὀξεῖα)이 '만국을 치는' 무기로 "그의 입에서"(참고. 1:16; 2:12, 16) 나온다는 비유(15a-b절)는 이사야 11:4과 49:2(그리고 정도는 덜하지만 시 45:3)에서 유래된 것이다. 이 말은 단지 심판이 이루어지라고 선언하심으로 심판을 실행하시는 그분의 능력을 나타낸다(욥 4:9; 살후 2:8; 그리고 1:16의 설명을 보라. 참고. 창 1:3; 시 33:6). 시편 2:9에 나오는(전에 계 2:27; 12:5에서 사용된) "친히 그들을 철장으로 다스리며"(15c절)라는 말 또한 분명히 메시아적이다. 이 말은 그분이 자신의 통치에 대한 모든 반대를 압도적으로 통제하심을 묘사한다('다스리다'라는 말의 이 용법에 대해서는 2:27의 설명을 보라).[67] 15d절

66. 요한은 주의의 초점을 바꾸면서 관례적 현재, 분사, 상태적 완료, 하나의 미래 직설법(13-16, 14b-16절)을 사용한 묘사로부터 미완료 동사['따르고 있었다'(ἠκολούθει), 개역개정에는 "따르더라"-역주]로 잠깐 바꾼다. 그것 역시 그가 환상에서 본 것을 묘사하는 말이다.

67. "다스리며"(he will shepherd)라는 동사는 LXX 시편 2:9['네가 다스릴 것이다'(you will shepherd), 개역개정에는 "네가 깨뜨림이여"-역주]에 나오는 미래 동사의 영향으로 그리고 이 일이 언제 일어날지 예

은 13a절에 나온 일반적인 묘사(분명 사 63:2-3에서 유래된, 또한 애 1:15; 욜 3:13)로 돌아간다. 이 비유는 신적 심판을 "포도주 틀"에서 포도를 밟는 것으로 본다. 그것은 하나님의 뜻에 대한 모든 반대를 완전히 멸망시키는 것 혹은 발아래 짓밟는 것을 생생하게 묘사한다. 심판에 대한 이 묘사는 14:19-20에서 예고되었다. 그리고 관련 구절(14:10)에서 요한은 하나님의 진노와 격노 혹은 여기 표현된 대로 "하나님…의 맹렬한 진노"[68]를 포도주 틀에서 생산된 "포도주"라는 이미지를 사용해서 추가로 나타낸다. 이 진노의 두려움은 "전능하신 이"(6절을 보라)라는 또 다른 호칭으로 한층 강화된다.

12c-d절의 묘사(이 시점에는 그리스도를 제외하고 아무도 알지 못하는 이름)를 보충하는 것으로, 16절은 모든 사람이 보도록 그의 이름 중 하나를 드러낸다. 이 이름은 그분의 본질이 지닌 특성을 묘사한다(2:3에 대한 설명을 보라). 그것은 그분이 "만왕의 왕이요 만주의 주"라는 것이다(16b절). 모든 왕과 주에 대한 그분의 완전한 주권에 대한 이런 계시는, 이미 17:14에서(역순으로) 그리고 보다 일반적인 형태로는 1:5에서 언급되었다. 하지만 여기에서 그것은 완전히 실제로 나타난다. 그것이 땅에서 곧 성취될 것이기 때문이다.[69] 이 호칭은 "그 옷과 그 다리에"[70] 쓰여 있는데, 이 위치가 무슨 의미인지는 분명하지 않다(14:1과 17:5에서는 이름이 이마에 쓰여 있었다). 하지만 말을 탄 전사의 이미지에서 옷과 다리는 모든 사람에게 그 이름이 가장 뚜렷하게 잘 보이는 곳이었을 것이다.

19:17-18 또 내가 보니 한 천사가 태양 안에 서서 공중에 나는 모든 새를 향하여 큰 음성으로 외쳐 이르되 와서 하나님의 큰 잔치에 모여 왕들의 살과 장군들의 살과 장사들의 살과 말들과 그것을 탄 자들의 살과 자유인들이나 종들이나 작은 자나 큰 자나 모든 자의 살을 먹으라 하더라(17 Καὶ εἶδον ἕνα ἄγγελον ἑστῶτα ἐν τῷ ἡλίῳ καὶ ἔκραξεν [ἐν] φωνῇ μεγάλῃ λέγων πᾶσιν τοῖς ὀρνέοις τοῖς πετομένοις ἐν μεσουρανήματι, Δεῦτε συνάχθητε εἰς τὸ δεῖπνον τὸ μέγα τοῦ θεοῦ 18 ἵνα φάγητε σάρκας βασιλέων καὶ σάρκας χιλιάρχων καὶ σάρκας ἰσχυρῶν καὶ σάρκας ἵππων καὶ τῶν καθημένων ἐπ' αὐτῶν καὶ σάρκας πάντων ἐλευθέρων τε καὶ δούλων καὶ μικρῶν καὶ μεγάλων). 이 시리즈의 두 번째 환상에 대한 짧은 서술이 나온다(17a절, "또 내가 보니", 참고. 11, 19절). 그것은 그리스도가 메시아적 전사이자 왕으로 이 땅에 승리의 귀환을 하시는 모습을 한층 강화한다. 이 환상은 그리스도가 오시는 것에 헛되이 저항하는 모든 세력을 압도적으로 물리치시는 것을 예상한다(참고. 19-21절). 하지만 이 장면은 여기에서처럼 간접적으로 서술할 때조차 섬뜩한 장면이다. 그 이미지는 심판의 예표로 에스겔 39장에서 나왔다. 거기에서 하나님은 이스라엘을 침략할 곡의 군대가 참패할 것을 예고하셨다(겔 39:4, "너와…이스라엘 산 위에 엎드러지리라 내가 너를 각종 사나운 새와 들짐승에게 넘겨 먹게 하리니").[71] 너무 많은 시체가 엎드러져 곡의 군대에서 죽은 자들을 매장하려면 일곱 달이 걸릴 것이다(39:11-16). 하지만 중간에 하나님은 야생 동물을 불러 그들의 시체를 배불리 먹게 하실 것이

상하기 위해 미래로 바뀐다(현재 시제들 한가운데서). 4:5의 주와 Mussies, *Morphology*, 334-36, 340을 보라.

68. 15d절에 나오는 일련의 소유격들("하나님…의 맹렬한 진노의 포도주")의 의미에 대해서는 16:19에 대한 주에 나오는 비슷한 문구에 대한 설명을 보라. 그 주에서는 '분노, 맹렬한'과 "진노"에 해당하는 이 두 단어의 의미를 언급한다.

69. "만왕의 왕이요 만주의 주"라는 호칭의 구약 배경에 대해서는 17:14의 주를 보라.

70. 이 문구는 문자적으로는 '그 옷에 그리고 그의 다리에'(ἐπὶ τὸ ἱμάτιον καὶ ἐπὶ τὸν μηρὸν αὐτοῦ)라는 것이지만, '그리고'는 추가적인 것이기보다는 설명적인 것일 듯하다. Aune, *Revelation 17-22*, 1044를 보라.

71. 에스겔 38-39장에서 볼 수 있는 이런 침략과 섬뜩한 결과들은 요한계시록 20:7-10에서 반복될 것이다. 이것은 같은 침략을 두 군데에서 되풀이해서 말하는 것이 아니라, 같은 유형을 반영하는 다른 공격들이다. McNicol, *Conversion*, 67과 20:7-10에 나오는 요점의 되풀이에 대한 논의를 보라. 이 이미지의 예표론적 성질은 애굽의 바로가 패배한 것을 묘사할 때도 그 이미지를 사용하는 것에서 볼

다(39:17-20). 요한은 여기에서 한 천사가 "태양 안에 서서"[72] "공중에 나는 모든 새"에게 큰 잔치를 위해 모이라고 명하는 것을 본다(17절). '모이라'(συνάχθητε)는 명령은 에스겔 39:17에서 나왔다. 하지만 "하나님의 큰 잔치"(τὸ δεῖπνον τὸ μέγα τοῦ θεοῦ)라는 문구는 아마 복된 자들이 누릴 메시아적 잔치의 섬뜩한 패러디일 것이다(참고. 계 19:9).[73]

메시아 잔치의 풍성한 음식과 포도주 대신 세상의 썩은 고기를 먹는 새들을 위한 이 잔치는, 짐승이 주와 그의 메시아에 대항하여 싸우라고 소집한 방대한 군대의 시체를 먹는 자리가 될 것이며(19:19; 참고. 13:4; 16:14; 17:14) 작은 자부터 큰 자까지 아무도 목숨을 건지지 못할 것이다(18절). 엄숙하고 섬뜩하게 반복하는 말로 천사는 그들이 모인 목적을 발표한다(that, ἵνα, 18절). 그것은 새들이 그들 모두, 즉 지도자들(왕들과 장군들, 참고. 6:15)부터 겉보기에 천하무적인 것 같은 자들(장사, 전쟁용 말, 그것을 탄 자)에 이르기까지 지위를 막론하고 모든 사람(자유인이나 종들이나, 작은 자나 큰 자나, 참고. 6:15; 13:16)의 "살"[74]을 먹어 치우는 것이다. 이런 기괴한 "잔치"는 하나님의 모든 원수의 궤멸적 패배 및 그들이 불명예스럽고 불경한 원인으로 죽는 치욕을 나타낸다. 시체를 장사 지내지 못하고 썩은 고기가 되어 먹히도록 놔두는 것은 최악의 불명예였다(참고. 삼상 17:44; 왕하 9:36; 시 79:2; 또한 11:9의 설명을 보라).

19:19-21 또 내가 보매 그 짐승과 땅의 임금들과 그들의 군대들이 모여 그 말 탄 자와 그의 군대와 더불어 전쟁을 일으키다가 짐승이 잡히고 그 앞에서 표적을 행하던 거짓 선지자도 함께 잡혔으니 이는 짐승의 표를 받고 그의 우상에게 경배하던 자들을 표적으로 미혹하던 자라 이 둘이 산 채로 유황불 붙는 못에 던져지고 그 나머지는 말 탄 자의 입으로부터 나오는 검에 죽으매 모든 새가 그들의 살로 배불리더라(19 Καὶ εἶδον τὸ θηρίον καὶ τοὺς βασιλεῖς τῆς γῆς καὶ τὰ στρατεύματα αὐτῶν συνηγμένα ποιῆσαι τὸν πόλεμον μετὰ τοῦ καθημένου ἐπὶ τοῦ ἵππου καὶ μετὰ τοῦ στρατεύματος αὐτοῦ. 20 καὶ ἐπιάσθη τὸ θηρίον καὶ μετ' αὐτοῦ ὁ ψευδοπροφήτης ὁ ποιήσας τὰ σημεῖα ἐνώπιον αὐτοῦ, ἐν οἷς ἐπλάνησεν τοὺς λαβόντας τὸ χάραγμα τοῦ θηρίου καὶ τοὺς προσκυνοῦντας τῇ εἰκόνι αὐτοῦ· ζῶντες ἐβλήθησαν οἱ δύο εἰς τὴν λίμνην τοῦ πυρὸς τῆς καιομένης ἐν θείῳ. 21 καὶ οἱ λοιποὶ ἀπεκτάνθησαν ἐν τῇ ῥομφαίᾳ τοῦ καθημένου ἐπὶ τοῦ ἵππου τῇ ἐξελθούσῃ ἐκ τοῦ στόματος αὐτοῦ, καὶ πάντα τὰ ὄρνεα ἐχορτάσθησαν ἐκ τῶν σαρκῶν αὐτῶν). 이 시리즈에 나오는 요한의 두 번째 환상(17-18절)에서 예상되었던 것이 이제 "또 내가 보매"(19a절)라고 시작되는 세 번째 환상에서는 성취된 것으로 나온다.[75] 이번에는 요한은 그리스도를 반대한 세력, 곧 "짐승과 땅의 임금들과 그들의 군대들"(19a절)의 운명을 직접 목격한다. 이들은 요한의 이전 환상들에서 서너 번 등장한 바 있지만(13:1; 17:2; 그리고 뒤에 인용된 구절들), 대체로 이 절정의 장면에 대한 예고편으로 나왔다. 여기에서 그들은 그리스도, 곧 11절의 전사 메시아와 14절에 나오는 그의 하늘 군대에 대항해서 싸우기 위해 '모였다.' 땅의 왕들의 군사가 이렇게 집합하는 것(용, 짐승, 거짓 선지자의 속임수에 영향을 받아)은 16:13-14에서 이미

수 있다(겔 29:2-5; 32:2-8).

72. "태양 안에"라는 천사의 위치는 신화적이거나 종교적 의미를 반영하는 것이 아니라 단지 "공중에" 나는 새에게 외치기에 유리한 위치라는 것을 나타낸다(8:13에서 이 표현에 대한 주를 보라).

73. 에스겔 39:17, 19에서 그 초대는 '희생제사'(sacrifice, 개역개정에는 "잔치"-역주) 혹은 하나님이 '희생제물로 바치신'(sacrificed, 개역개정에는 "예비한"-역주) 희생제사 식사(39:17, 20)에 대한 것이다.

74. "살"이라고 번역된 단어들은 헬라어에서는 복수로 되어 있으며(σάρκας, '살들' 혹은 '살의 부분들', 17:16; 약 5:3을 보라; 참고. 창 40:19), 인간이나 동물의 신체의 육체적 부분들을 가리킨다(BDAG 914). 살은 영어에서 (가산명사가 아니라) 불가산명사이므로, 관용적으로 이 복수들을 집합적 단수로 번역한다(모든 표준적 영어 역본이 그렇게 하는 것처럼).

75. 11-18절이 대체로 묘사적 보고인 것에 비해, 19-21절에서는 부정과거 서술로 바뀌는 것을 주목하라.

예견되었고, 어린양에 대항하는 그들의 전쟁(그리고 그들이 예상되는 바 그분의 손에 패배하는 것)은 17:13-14에서 묘사되었다.[76] 예루살렘과 그의 주님을 반대하러 '모인' 세상 세력의 이 마지막 전투는 스가랴 12:2-10과 14:2-5에서도 예상되었다. 스가랴서에 예견된 전투의 결과는 요한이 환상에서 목격하는 것으로 그들이 신속하고도 철저하게 몰락하는 것이다.[77]

이 몰락은 20-21절에서 주된 이야기를 전달하는 네 개의 부정과거 동사와[78] 함께 세세한 배경 사항을 설명하는 몇 개의 수식절로 빠르게 서술되어 있다. 이 반(反)하나님 연합의 지도자인 짐승은 뚜렷한 투쟁이나 저항 없이 '잡히고'(ἐπιάσθη) 그의 "거짓 선지자"도 그와 함께 잡혔다(20a절). 그다음에 서너 개의 삽입구적 절이 거짓 선지자가 짐승을 뒷받침한 역사를 자세히 알려준다. 그들은 기적을 일으켜 사람들을 속이고 짐승의 "표"를 받게 하며 짐승의 우상에게 경배하게 했다(20b-c절, 이에 대한 해설로는 13:13-17을 보라). 그 둘은 곧바로(20d절에 서론적 접속사가 없는 것은 이 일이 갑자기 일어나는 것을 강조한다) 영원한 불의 벌로 '산 채로…던져진다'(ζῶντες ἐβλήθησαν).[79] "불붙는 못"이라는 이미지(여기에서와 20:10, 14-15; 21:8에서)는 구약이나 고대 유대교 본문에서 흔히 나오지는 않는다. 하지만 몇몇 선례가 될 만한 부분을 발견할 수 있다(예를 들어, 사 30:33; 66:24; 참고. 단 7:10, 하나님의 임재로부터 불의 강이 나오는 것, 또한 Sib. Or. 2:286, 심판의 불 강).[80] "유황불 붙는"(τῆς καιομένης ἐν θείῳ) 못이라는 묘사[81]는 이전에 소돔과 고모라에서 나타났던 심판 유형과 연관된다(창 19:24; 또한 14:10의 주를 보라). 하지만 여기에서 그 유형은 강화된다. 20:10과 21:8(참고. 14:10-11)에서처럼 영원한 정죄를 나타내기 위해서다. 17:8, 11에서 예시되었던 잔인한 짐승의 멸망은 이제 이루어졌다.

세상의 반역을 이끌었던 두 지도자가 심판을 받으면서 21절은 "나머지"(즉, 땅의 임금들과 그들의 군대들, 19절)가 모조리 패배하는 것으로 이야기를 마무리한다. 그것은 세 번째로 나오는 부정과거 수동태 동사인 "죽으매"(ἀπεκτάνθησαν)라는 말로 표현된다.[82] 이들은 그리스도, 곧 자신의 의로운 통치를 확립하기 위해 말을 타고 오는 11절의 말 탄 전사 메시아(참고. 시 45:3-7)의 "입으로부터 나오는 검"의 저항할 수 없는 힘에 굴복한다(21a-b절; 참고. 15절). 그러고 나서 그들의 시체는 이 학살 장면에 소환된 "모든 새"가 먹어치우도록 버려진다(17-18절). 그 새들은 멸망한 자들의 살을 실컷 먹는다

76. 또한 11:7, 12:17, 13:7에 나오는 예비적 전초전들을 보라.

77. 시편 2편의 반향은 여기에서도 볼 수 있다. "세상의 군왕들"과 그들의 동맹들이 "여호와와 그의 기름 부음 받은 자"에게 저항하는 것(1-3절), 메시아가 "철장으로 그들을 깨뜨"릴 것이고 유업으로 '땅 끝까지 그의 소유로' 주리라는 것(8-9절; 참고. 계 19:15) 등이다.

78. 11-16절에서처럼 승리는 다소 간접적으로 이야기되어 있다. 이 네 동사는 모두 수동태로, 그리스도가 가장 중요한 세 가지('잡히다', '던져지다', '죽임을 당하다', 20-21a절)의 암시된, 하지만 진술되지는 않은 행위자이기 때문이다.

79. 이 묘사는 아마도 민수기 16:30-35, 시편 55:15(위반자가 산 채로 스올에 내려가는, 참고. 또한 1 En. 56:8)의 영향을 받았을 것이다.

80. 비교적 유사한 것은 1 En. 54:1-5이다. 거기에서는 사탄의(Azazel의) 군대에 대해 말하는데, 그들은 땅에 사는 자들을 미혹하게 한 죄로 깊은 불의 골짜기에 던져진다.

81. 20e절의 "유황불 붙는 못"(τὴν λίμνην τοῦ πυρὸς τῆς καιομένης ἐν θείῳ)이라는 문구는 헬라어 형용사적 분사의 불규칙적인 문법적 호응을 보여준다. 그것의 성은 "못"(여성)과 일치하는 반면, 그것의 격은 "불"(소유격)과 일치한다. 여기에는 특정한 논리가 있다. 그 분사는 둘 중 어떤 명사도 쉽게 묘사할 수 없기 때문이다. 그것은 아마 요한의 개인 언어가 지닌 문법적 융통성에 대한 또 다른 예일 것이다. 관사가 독립 소유격 구문에서 지시 대명사 역할을 하는(ταύτης 대신 τῆς) 고어적 용법을 반영한다는 BDR §§249.2, 423.10의 주장은 대단히 가능성이 없다.

82. 이 본문을 주의 깊게 살펴보면, 짐승과 거짓 선지자가 처형당한 다음에 죽임을 당한 "나머지"가 임금들과 그의 군대임을 알 수 있다(19절). 이것은 일부 해석자가 이해하는 것처럼(예를 들어, J. Webb Mealy, *After the Thousand Years: Resurrection and Judgment in Revelation 20* [Sheffield: JSOT Press, 1992], 25, 89-92; Kim Riddlebarger, *A Case for Amillennialism: Understanding the End Times* [Grand Rapids: Baker, 2003], 203-4) 전체 세상의 모든 불신자를 말살하는 것이 아니다. McNicol, *Conversion*, 65-66을 보라.

(그들이 "배불리더라", ἐχορτάσθησαν).

11-21절에 관한 세 가지 해석적 문제를 더 다루어야 한다. 첫째, 그리스도와 함께 오는 하늘 군대(14, 19b절), 곧 천사들 및 그리스도와 함께 하늘에서 오는 부활한 인간들을 다 포함하는 그 군대가 이 큰 전투에서 적극적인 역할을 수행하지 않는 듯 보인다는 점이다. 일단 본문에는 전능한 신적 전사가 그들 앞에 맞선 모든 세력을 하늘 군대가 전투에 참여하지도 않았는데 즉석에서 물리치는 장면(15, 19-21절)이 그려진다(참고. 살후 2:8). 여기에는 문자적인 거룩한 전사들의 군대가 하나님의 원수들과 싸우기 위해 소집되었다는 근거는 없다.

둘째, 그럼에도 이것은 지상의 영역에서 종말 때에 실제 군대들 사이에서 벌어지는 진짜 전투로 보인다는 것이다. 이 묘사는 분명 부자연스러운 문자주의(예를 들어, 검이 그의 입에서 나오는 것, 군사들이 말을 탄 것)로 해석해서는 안 되는 비유가 포함된 상징적인 것이지만, 초월적이고 영적이기만 한 전투에 대한 언급은 아니다.[83] 요한이 이 구약의 예언적 이미지들을 영적인 어떤 것으로 재탄생시키거나, 재창조하거나, '기독교화'했다는 설득력 있는 증거는 없다. 그 상징들은 이 세상의 정치적, 지리적 영역에서 일어나는 실제 사건 및 세상의 초월적이고 영적인 사건(성경의 하나님이 스며들어 있는 우주에서는 그 둘 중 하나를 선택해야 하는 것이 아니다)을 묘사한다. 재앙을 통해 이스라엘이 애굽에서 풀려난 것이나 고대 바벨론 제국이 결국에는 멸망한 것처럼 그리고 어린양이 우리를 구속하시려고 육체적으로 죽임당했지만 그다음에 부활하신 것처럼, 이 종말론적 전투는 이 세상의 참된 "만왕의 왕이요 만주의 주"[84]가 다시 오심으로써 패배할 인간 군대를 포함할 것이다. 이것은 궁극적으로 하나님이 하늘과 땅을 완전히 변화시키시는 것으로 이어질 것이다(20-22장).

세 번째 사항은 이 마지막 진술에 이어서 나온다. 19:11-21은 앞의 장들과 비교하면 절정인 것처럼 보이지만(즉, 신적 전사이신 그리스도가 마침내 자신의 백성과 대항해서 싸웠던 원수를 물리치러 이 땅에 오심), 아직 마지막 절정은 아니라는 것이다. 이 대목은 하나님의 구속에서 끝에서 두 번째 혹은 끝에서 세 번째 단계일 것이다. 13-19장에 나온 극악무도한 삼위일체의 두 구성원과 그들의 지상 동맹군은 결정적으로 패배했다. 그리고 그 둘은 심판에 넘겨졌다. 하지만 여기에서는 그들에게 권능을 부여한 존재인 용, 사탄에 대해서는 아무 언급도 하지 않는다. 용의 운명은 20:1-3에서 곧바로 논의된다. 그런데 거기에서부터 이야기가 천 년 동안 연장된다(20:7-10). 만왕의 왕이 구속받은 자들과 함께 이 땅을 다스리실 것이다(20:4-6). 하지만 새 하늘과 새 땅은 아직 오직 않았다(21-22장). 하나님의 온전한 회복은 아직 이루어지지 않았다.

83. 이렇게 영적으로 해석하는 것은 Boring, *Revelation*, 195-200; Hughes, *Revelation*, 203-8; Koester, *Revelation*, 764; Prigent, *Apocalypse*, 546-49에서 볼 수 있다.

84. Ladd, *Revelation*, 252-53; McNicol, *Conversion*, 59-61; Thomas, *Revelation 8-22*, 384. 이 견해에 대한 추가 변론으로는 9:7-9, 11:15, 16:14-16의 설명을 보라.

적용에서의 신학

1. 두 여자의 길

이 본문은 요한계시록 마지막 부분의 주요 문학적 경계선 사이에 나온다. 두 성과 두 여자, 곧 큰 음녀 바벨론(17:1-19:10)과 어린양의 신부인 새 예루살렘(19:11-21:8)을 대조하는 두 부분 사이의 구분선이다. 본문 첫 번째 부분(19:1-10)은 이런 연관을 이용해서 일종의 우주적 교훈극으로 두 여자의 이미지를 대조한다. 우리는 하늘이 두 이야기에 모두 기뻐하는 것을 본다. 그런데 음녀의 멸망을 엄숙하게 경축한(1-6절) 것에 뒤이어 어린양과 그 신부의 예상된 혼인 잔치에 대한 환희(7-10절)가 나온다. 바벨론이 무너진 것을 기뻐하다가도 이내 눈을 돌려 이 땅에 하나님의 의로운 통치가 확립되는 것에 초점을 맞춘다(4-6절). 6절(11:15-17과 함께)에서 찬양이 단계적으로 확대되는 것은 헨델이 작곡한 "할렐루야 합창"(Hallelujah Chorus)에 영감을 주었다. 이 곡은 다가오는 하나님의 승리에 대한 넘쳐흐르는 기쁨을 이렇게 노래한다. "전능하신 주 하나님이 다스리신다", "이 세상 나라는 우리 주와 그의 그리스도의 나라가 되고 그가 영원히 다스리시리라."

또한 악한 음녀와 순결한 신부의 성품을 대조하는 것은 유익한 교훈을 제공한다. 하나님께 반항하고 타락함으로 더러워져 손대는 것마다 오염시키는 음녀는 마땅히 받아야 할 심판을 받는다. 자기 신랑에게 헌신한 신부는 자신의 옳은 행실을 의미하는 빛나고 깨끗한 세마포 옷을 입는다. 두 여자는 전체 공동체와 인생의 특징적인 선택을 대표한다. 사탄에게 속고 하나님을 반대하는 세상 대 앞으로 올 새 예루살렘에서 그리스도와 인격적인 친밀함을 누릴 것을 예상하는 그리스도와 약혼한 하나님 백성의 공동체다. 그들은 궁극적으로 맞이할 운명도 나타낸다. 영원히 올라가는 심판의 연기(3절) 대 풍성한 공급과 친교가 영원히 있는 즐거운 혼인 잔치(9절; 22:1-5)다. 교훈극은 혼란을 일소하고 윤리적인 선택이 무엇인지 분명하게 보여준다. 그리고 이 본문도 분명 그런 역할을 한다.[85]

2. 우리는 승리의 편에 서 있다

누구에게나 좋은 나쁘든 스포츠에 대한 기억이 하나쯤은 있을 것이다. 나는 거의 잔디가 없는 뒷마당(우리가 그렇게 만들었다)에서 형제들과 함께 뛰놀며 운동하던 즐거운 추억이 있다. 동

85. 이 본문이 매춘부에게 열띤 비난을 퍼붓거나 덕행 있는 신부를 인정하는 찬가를 부르려는 것이 아님은 말할 것도 없다. 그런 것들은 중요한 설교나 가르침의 주제다. 하지만 그런 메시지를 전하기 위한 더 좋은 다른 성경 본문이 있다. 또한 어떤 매춘부는 가장 큰 희생자로 그 업종에 종사하고 있다는 점도 기억해야 한다. 그리고 여성뿐 아니라 남성도 결혼이나 매춘에서 죄를 저지르거나 덕을 세우는 데 중대한 역할을 담당한다. 하지만 이 본문은 더 큰 교훈을 염두에 두고 있다.

네 아이들 대부분이 거기에 모여 계절에 맞는 경기를 하곤 했다. 아니면 친구나 인근 체육관 학생들과 농구 시합을 하기도 했다. 주변에 앉아서 경기하기를 기다리고 있던 다른 아이들과 함께 다음 경기에 누구를 내보낼지 상의했다. 제대로 된 선수를 팀에 데려오는 것이 전략상 중요했다. 실력이 좋은 아이와 같은 편이 되면, 경기에서 이기기 위해 누구에게 패스해야 할지는 언제나 명확했다.

요한계시록 19:11-21에서 우리는 그 전략이 궁극적으로 확장된 것을 본다. 예수님이 승천하신 이래 교회 전체는 그리스도가 이 세상에서 악을 단번에 영원히 물리치시고 자기 백성을 완전히 구속하시기 위해 다시 오실 것을 열렬히 기대했다. 요한계시록에서 1:7("볼지어다 그가 구름을 타고 오시리라 각 사람의 눈이 그를 보겠고") 이후 모든 것은 이 절정의 사건을 가리켜왔다. 그리고 때가 오면, 우리의 왕이자 주님이신 분은 기대를 저버리지 않으신다. 주님은 "충신과 진실"(11절), "하나님의 말씀"(13절), "만왕의 왕이요 만주의 주"(16절)로서 하늘 영광을 이끌고 오신다. 그리고 그분은 자신이 이와 같은 각 호칭에 더없이 합당한 분임을 입증한다. "그가 공의로 심판하며 싸우더라"(11절). 그분은 "철장으로" 다스리시고 "하나님 곧 전능하신 이의 맹렬한 진노"를 행하시면서 완전한 주권을 주장하실 것이다(15절). 주님의 심판과 승리를 선언하는 "예리한 검"(15절)은 그분을 대항해서 모인 원수들을 신속하고 완전히 멸망시킨다(19-21절). 그분은 압도적인 힘으로 모든 저항을 물리치시고 이 땅에 의로운 통치를 확립하실 것이다(20-22장).

우리 앞에 놓인 경주에서 패배하기 직전에 혹은 산더미 같은 역경이 우리에게 속수무책으로 들이닥칠 때 우리는 경기 막바지에 대한 이 묘사를 계속 마음에 새기고 있어야 한다(고전 9:24-27; 히 12:1-3). 우리는 인내하고 훈련해야 한다. 하지만 궁극적 승리는 우리의 기술이나 노력이 아니라 우리 팀의 주장이신 그분을 통해 이루어질 것이다.

CHAPTER

26 요한계시록 20:1-15

문학적 전후 문맥

이 장은 19장에서 시작된 계시록의 주요 부분(19:11-21:8)을 이어간다. 이 부분에는 "또 내가 보매"(19:11, 17, 19; 20:1, 4, 11; 21:1)라는 말로 시작되는 일곱 개의 환상 시리즈가 이어지는데, 그중 처음 세 개는 19장에 나왔다.[1] 20장의 사건들은 바벨론의 멸망(17:1-19:10)과 새 예루살렘이 내려오는 것(21:9-22:9)에 초점을 맞추는 세 번째와 네 번째 주요 환상 사이에 끼어 있는데, 그 환상들은 분명하게 대조된다(짐승의 크고 악한 성이며 큰 음녀인 바벨론 대 어린양의 신부와 거룩한 성과 새 예루살렘). 중간에 나오는 사건들은 부정적인 것에서 긍정적인 것으로(전자에 대한 하나님의 심판에서 후자를 예비적 형태로 그리고 그다음에는 최종적 형태로 확립하는 것으로) 이동하는 이야기를 전한다. 그 이동은 환상에 묘사된 사건들이 연대적으로 이어진다는 것을 자연스럽게 시사한다(뒤에 나오는 논의를 보라). 20장에서는 이 환상 중 세 개를 묘사한다.

I. 서언(1:1-8)

II. 첫 번째 환상: 높임받으신 그리스도와 교회에 보내는 그리스도의 메시지(1:9-3:22)

III. 두 번째 환상: 하늘의 보좌와 세 번의 심판 주기(4:1-16:21)

IV. 세 번째 환상: 큰 바벨론의 멸망(17:1-19:10)

V. 사이에 끼어 있는 사건들: 바벨론에서 새 예루살렘까지(19:11-21:8)

- A. 하늘 전사의 압도적 승리(19:11-21)
- ➦ **B. 크고 흰 보좌에서 천 년 동안 통치하고 심판함(20:1-15)**
- C. 새 하늘과 새 땅(21:1-8)

1. 19:11에 대한 주를 보라.

주요 개념

그리스도와 부활한 성도들의 천년 통치 때, 사탄은 천 년 동안 결박되어 있고 끝에 가서 그리스도의 통치에 마지막으로 잠시 동안 반역한 후 궁극적으로 정죄받을 것이다(20:1-10). 하나님의 새롭게 된 창조가 임하는 것의 마지막 준비로, 그분이 모든 불의한 자를 심판하시고 그들을 불못으로 정죄하시는 한편 기존의 땅과 하늘은 사라진다(20:11-15).

번역

요한계시록 20:1-15

1a	환상 서론/ 등장인물 입장	**또 내가 보매 천사가…하늘로부터 내려와서**
b	묘사	무저갱의 열쇠와
		큰 쇠사슬을 그의 손에 가지고
2a	행동/ 등장인물 입장	**용을 잡으니**
		곧 옛 뱀이요
b	묘사	마귀요
		사탄이라
c	행동	**잡아서 천 년 동안 결박하여**
3a	행동	**무저갱에 던져 넣어**
		잠그고
		그 위에 인봉하여
b	시간적 한도	천 년이 차도록
c	목적	다시는 만국을 미혹하지 못하게 하였는데
d	7절의 예고	**그 후에는 반드시 잠깐 놓이리라**
4a	환상 서론	**또 내가 보좌들을 보니**
b	등장인물 입장	**거기에 앉은 자들이 있어**
c	행동	**심판하는 권세를 받았더라**
d	행동	**또 내가 보니 예수를 증언함과**
		하나님의 말씀 때문에 목 베임을 당한 자들의 영혼들과
e	묘사	또 짐승과
		그의 우상에게 경배하지 아니하고

그들의 이마와
손에 그의 표를 받지 아니한 자들이

f 행동 **살아서**
그리스도와 더불어
천 년 동안 왕 노릇 하니
5a 행동 **(그 나머지 죽은 자들은…살지 못하더라**
b 시간적 한도 그 천 년이 차기까지)
c 설명 **이는 첫째 부활이라**
6a 복 **이 첫째 부활에 참여하는 자들은 복이 있고 거룩하도다**
b 설명 **둘째 사망이 그들을 다스리는 권세가 없고**
c 결과 **도리어 그들이 하나님과 그리스도의 제사장이 되어**
d **천 년 동안 그리스도와 더불어 왕 노릇 하리라**

7a 시간 천 년이 차매
b 행동 **사탄이 그 옥에서 놓여**
8a **나와서**
b 목적 땅의 사방 백성 곧
곡과 마곡을 미혹하고
c 모아 싸움을 붙이리니
d 8b절의 묘사 그 수가 바다의 모래 같으리라
9a 행동 **그들이 지면에 널리 퍼져**
성도들의 진과
사랑하시는 성을 두르매

b 반응 **하늘에서 불이 내려와 그들을 태워버리고**(왕하 1:10, 12)
10a 행동/묘사 또 그들을 미혹하는
마귀가
불과 유황 못에 던져지니
b 장소 거기는 그 짐승과
거짓 선지자도 있어

c 10a절의 결과 **세세토록**
밤낮
괴로움을 받으리라

11a 환상 서론/ **또 내가 크고 흰 보좌와**
등장인물 입장 **그 위에 앉으신 이를 보니**
b 묘사 땅과 하늘이 그 앞에서 피하여

c	11b절의 결과	**간 데 없더라**
12a	등장인물 입장	**또 내가 보니 죽은 자들이 큰 자나 작은 자나**
b	묘사/장소	그 보좌 앞에 서 있는데
c	행동	**책들이 펴 있고**
d		**또 다른 책이 펴졌으니**
e	확인	곧 생명책이라
f	행동	**죽은 자들이**
		자기 행위를 따라
		책들에 기록된 대로 심판을 받으니
13a		**바다가 그 가운데에서 죽은 자들을 내주고**
b		**또 사망과 음부도 그 가운데에서 죽은 자들을 내주매**
c		**각 사람이 자기의 행위대로 심판을 받고**
14a		**사망과 음부도 불못에 던져지니**
b	설명	**이것은 둘째 사망**
		곧 불못이라
15a	전제	누구든지 생명책에 기록되지 못한 자는
b	결과	**불못에 던져지더라**

구조

큰 음녀 바벨론의 멸망(17:1-19:10)에서 그리스도의 신부 새 예루살렘이 정체를 드러내는 것(21:9-22:9)으로 이어지는 다양한 사건을 계시하는 짧은 환상 시리즈는 이 장에서도 계속된다. 본문은 요한이 받은 세 개의 환상을 다루는데, 그것은 "또 내가 보매"(20:1, 4, 11)라는 말로 표시된다. 이 환상들은 내용에 따라 더 큰 부분 두 개로 묶을 수 있다. 그리스도와 그분의 추종자들이 천 년 동안 통치하는 것(1-10절, 처음 두 환상은 "천 년"이라는 시간적 주제로 결합되어 있다. 주제별 소부분들은 뒤에 나온다)과 크고 흰 보좌에서 이루어지는 심판(11-15절)이다.

석의적 개요

V. 사이에 끼어 있는 사건들: 바벨론에서 새 예루살렘까지(19:11-21:8)

A. 하늘 전사의 압도적 승리(19:11-21)

➡ **B. 크고 흰 보좌에서 천 년 동안 통치하고 심판함(20:1-15)**

1. 그리스도와 그의 추종자들의 천년 통치(20:1-10)
   a. 사탄을 결박함(20:1-3)
   b. 그리스도의 추종자들이 부활하고 그리스도와 함께 통치함(20:4-6)
   c. 사탄의 마지막 반역과 정죄(20:7-10)
2. 크고 흰 보좌에서 하는 심판(20:11-15)
   a. 옛 하늘과 땅이 사라지는 동안 하나님이 심판석 위에 계심(20:11)
   b. 불경한 죽은 자들은 부활해서 하나님의 정죄에 직면함(20:12-13)
   c. 사망과 음부가 정죄의 불못에 던져짐(20:14)
   d. 정죄받은 인간들도 불못에 던져짐(20:15)

본문 설명

20:1-3 또 내가 보매 천사가 무저갱의 열쇠와 큰 쇠사슬을 그의 손에 가지고 하늘로부터 내려와서 용을 잡으니 곧 옛 뱀이요 마귀요 사탄이라 잡아서 천 년 동안 결박하여 무저갱에 던져 넣어 잠그고 그 위에 인봉하여 천 년이 차도록 다시는 만국을 미혹하지 못하게 하였는데 그 후에는 반드시 잠깐 놓이리라(1 Καὶ εἶδον ἄγγελον καταβαίνοντα ἐκ τοῦ οὐρανοῦ ἔχοντα τὴν κλεῖν τῆς ἀβύσσου καὶ ἅλυσιν μεγάλην ἐπὶ τὴν χεῖρα αὐτοῦ. 2 καὶ ἐκράτησεν τὸν δράκοντα, ὁ ὄφις ὁ ἀρχαῖος, ὅς ἐστιν Διάβολος καὶ ὁ Σατανᾶς, καὶ ἔδησεν αὐτὸν χίλια ἔτη 3 καὶ ἔβαλεν αὐτὸν εἰς τὴν ἄβυσσον καὶ ἔκλεισεν καὶ ἐσφράγισεν ἐπάνω αὐτοῦ, ἵνα μὴ πλανήσῃ ἔτι τὰ ἔθνη ἄχρι τελεσθῇ τὰ χίλια ἔτη. μετὰ ταῦτα δεῖ λυθῆναι αὐτὸν μικρὸν χρόνον). 요한의 다음 환상("또 내가 보매", 1a절)은 악한 삼인조 중 세 번째이자 가장 강력한 구성원인 "용" 혹은 사탄을 잡는 것을 이야기한다. 이를 통해 이전 환상에 나왔던 연대순으로 서술된 줄거리(19:19-21에서 짐승과 거짓 선지자가 그들의 군대와 함께 패한 것)를 곧바로 이어간다. 이 셋은 세상 거민들을 속이는 일에서, 특히 방금 묘사된 큰 전쟁에 그들을 모으는 일에서 밀접하게 연관되어 있었다(13:2, 4, 12, 14; 16:13-14; 또한 19:20; 20:3, 10에 나오는 '속이다'라는 연결 단어를 보라). 이제 그들은 패배와 심판에서 결합되어 있다. 바로 이 목적을 위해 "하늘로부터" 땅으로(이곳에서 사탄의 군사 행동은 방금 짓밟혔다) 오는 한 천사에 의해 사탄이 처리되기 때문이다(1a절, 참고. 10:1; 18:1). 그 천사는 "무저갱의 열쇠"(땅 밑에 있다고 생각되었던 깊이를 헤아릴 수 없는 장소, 9:1에 대한 설명을 보라)와 "큰 쇠사슬"(1b절)을 가져온다. 사탄을 완전히 안전하게 제어하기 위해서다. 용(그는 2a-b절에서 전에 12:9에 사용되었던 세 개의 호칭으로 나온다)[2]을 굳게 지키려는 천사의 행동은 2-3a절에서 다섯 개의 부정과거 동사로 신속하게 기술된다. 먼저 그는 용을 '잡아서 결박한다'(그가 가져온 큰 쇠사슬로).[3] 이렇게 제어하려는 기간은 대단히 긴 시간인(2c절) "천 년 동안"(χίλια ἔτη, 시간의 대격, 참고. 3b, 4f, 5b, 6d, 7a절)이다.[4]

이 안전 조치에 "무저갱에 던져 넣어 잠그고 그 위에 인봉하여"(3a절)라는 세 가지 행동이 추가된다. 요한

---

2. 이 호칭들("옛 뱀이요 마귀요 사탄이라")의 의미에 대해서는 12:9의 설명을 보라.

3. 악한 영들이 하나님의 백성을 반대하지 못하게 하기 위해 혹은 반대한 것을 심판하기 위해 '결박하는' 혹은 '사슬로 묶는' 이미지는 고대 유대 본문에서 흔하다(예를 들어, 1 En. 10:4, 12; 54:3-4; 2 Bar. 56:13; Jub. 48:15, 18; Sib. Or. 2:289-90; T. Levi 18:12; 또한 벧후 2:4; 유 1:6을 보라).

4. 천 년의 의미에 대해서는 3b절과 4-6절에 대한 설명을 보라.

의 묘사는 반복되며 다소 중복된다. 첫 번째 동사만으로도 혹은 첫 번째와 두 번째 동사만으로도 요점을 분명히 나타낼 수 있었을 것이기 때문이다.[5] 하지만 요한은 하나님이 천사를 시켜 시행하신 의도가 사탄을 특정한 기간에 완전히 봉쇄하는 것이었음을 강조한다. "천 년이 차도록"(3b절)[6] 땅에 절대로 접근하지 못하게 하고 도망하거나 풀려날 가능성을 제거하기 위함이다. 이렇게 도망하지 못하게 막고 외부 세계와 접촉하거나 영향을 끼치는 것조차 차단하기 위해 접근할 수 없는 안전한 장소에 감금해놓는 것은 고대 유대교 및 기독교 문서에 흔히 나오는 주제이기도 하다(예를 들어, 사 24:21-23; 눅 8:30-33; 계 9:1-6; 참고. 1 En. 10:4-6, 11-13; 18:13-16; 21:1-10; 54:1-5; Jub. 10:5-6). 영적 존재를 사슬로 결박하는 것과 그를 지하의 깊은 구덩이에 인봉한다는 언급은 딱딱한 문자적 묘사이기보다는 상징적인 것이다. 하지만 이 언급들이 상징하는 것은 확실한 감금과 영향력의 중단이다.[7] 이 문맥에서 사탄을 안전한 장소에 인봉하는 구체적 목적은 그가 잡히기 전에 했듯이 "다시는 만국을 미혹하지 못하게"(3c절) 하려는 것이다(참고. 12:9; 16:13-14; 19:20).[8]

1-3절에 나오는 사탄의 결박은 해석자들이 19:11-21과 20:1-10의 연대적 관계에 대해 논쟁을 벌이는 부분 중 하나다. "다시는" 만국을 속이지 못하도록 사탄을 결박하는 사건(20:1-3)이 그리스도께 저항하기 위해 사탄이 모은 나라들을 물리치시는 그리스도의 두 번째 강림(16:13-14; 19:11-21) 다음에 일어난다면, 그것은 무천년주의자가 묘사하는 것처럼 그리스도의 초림(혹은 그분의 십자가, 부활, 승귀)부터 재림에 이르는 상징적인 "천 년" 동안 억제하는 것일 수 없다. 이 연대적 문제를 피하기 위해서는 20:1-10의 사건이 더 일찍 나온 환상들을 반복하거나 요점을 되풀이하는 것이 되어야 한다. 사탄을 결박하는 문제에서 질문의 초점은 요한계시록 20:1-6이 12:7-11의 사건을 다른 상징 형태로 반복하는 것인지의 여부다. 실제로 몇몇 사람은 그렇다고 주장했다.[9] 빌은(Riddlebarger가 그 뒤를 잇는다) 두 본문의 일곱 가지 유사점을 보여주는 표를 제시하는데, 그것은 일견 설득력 있어 보인다.[10] 하지만 세부 사항들을 주의 깊게 살펴보면, 그 표는 "요한계시록 12:7-11과 20:1-6의 피상적인 유사점에는 초점을 맞추는 반면, 두 본문이 같은 사건 혹은 기간을 묘사하는 것으로 보기에는 불가능한 차이점은 무시한다."[11] 예를 들어, 사탄의 호칭을 언급할 때 12:9은 "온 천하를 꾀는 자라"는 표현을

5. Beasley-Murray, *Revelation*, 285.
6. 이런 단호한 묘사는 이 '사탄의 결박'에 대한 무천년주의자의 일반적인 설명을 상당히 받아들일 수 없는 것으로 만든다. 예를 들어, Beale은 그것이 "만국을 속이고 교회를 제압하는 사탄의 능력을 박탈하는 것", "그의 속이는 능력에 대한 억제" 그리고 교회 시대 동안 "적대적 공격을 시작하는 것에 대한 억제"이지만 절대적 제한은 아니라고 주장한다(Beale, *Revelation*, 984-88). 그런 주장들에 반대하는 추가 논증들로는 Matthew Waymeyer, "The Binding of Satan in Revelation 20," *MSJ* 26 (2015): 19-46; William J. Webb, "Revelation 20: Exegetical Considerations," *Baptist Review of Theology* 4 (1994): 7-39를 보라.
7. 여기에 묘사된 바 사탄의 활동들에 대한 절대적 제한을 인식하기 위해 과도한 문자주의(Beale, *Revelation*, 987-88가 암시하고 Riddlebarger, *Case*, 199-200가 주장하는)가 필요한 것은 아니다. Waymeyer, "Binding," 24-30을 보라.
8. 3c절(만국을 미혹하지 않는 것 혹은 그들이 주를 반대하는 전투를 위해 모이도록 인도하지 않는 것)이 사탄을 결박하고 가두고 인봉하는 유일한 목적이라고 주장하는 것은 논리적 오류다. 앞에서 인용한 다른 본문들에 비추어볼 때, 이것을 사탄을 투옥한 다양한 목적 중 문맥상 가장 적절한 것이라고 보는 것이 더 낫다. 이런 제한을 제외하고는 사탄은 '천년왕국'(즉, 교회 시대) 내내 수많은 방법으로 이 땅에서 그의 악한 영향을 마음대로 행사할 수 있다는 무천년주의자의 주장은 설득력이 없다. 이것은 분명 무저갱에 던져지는 것이 사람들에게 아무 영향을 미치지 않거나 지상 생활에 관여하지 않는다는 누가복음 8장이나 요한계시록 9장의 경우와는 맞지 않다. Waymeyer, "Binding," 30-35를 보라.
9. Hendriksen, *More Than Conquerors*, 184-96은 그 대응들을 앞의 11-14장으로 확장한다. 하지만 12장이 핵심 본문이다.
10. Beale, *Revelation*, 991-95; Riddlebarger, *Case*, 200-202.
11. Waymeyer, "Binding," 43-45. James M. Hamilton, *Revelation: The Spirit Speaks to the Churches* (Wheaton, IL: Crossway, 2012), 251-52에는 본문 간의 차이점을 제시하는 유용한 표가 있다.

사용하는데, 20:2-3에서는 그가 "천 년이 차도록 만국을 미혹하"지 못하게 억제된다고 말한다. 하지만 그 중간에 있는 장들은 사탄이 어떻게 만국을 미혹하고 만국을 그의 권위 아래 두는지 기록한다(13:3-8; 16:14). 20:3에 나오는 인봉이 12:9 이후부터 이미 이루어진 상태라면 그렇게 하기는 어렵다. 또한 12:9, 12에서 사탄은 하늘에서 땅으로 '내쫓기고'(cast down) 그에게 "때가 얼마 남지 않"았기 때문에 크게 분을 내며 땅으로 내려가는 반면, 20:2-3에서는 땅에서 무저갱으로 천 년 동안 "던져 넣어"지며(cast down) 그 이후에 "잠깐" 놓인다. 핵심어는 같지만 그 의미는 상당히 다르다. 이 유사점들은 같은 사건들을 묘사하는 것이 아니다. 결국에는 19:11-21과 20:1-10에 나오는 이야기의 결론으로 이어지는 12:7-10의 충돌과 속임에 대한 내러티브의 시작을 묘사하는 것이다. 그것은 19-20장에 상징된 사건들의 연대적 순서를 강조한다.

3절의 마지막 절은 "천 년"이라는 기간이 사탄이 감금당하기에 적절하다는 점을 명확히 밝히고, 7-10절에서 이야기가 어디로 흘러갈지 예고한다. "그 후에는"(3d절)이라는 말은 7절이 나타내듯이 천 년의 기간과 그 중대한 사건들 후라는 의미다. 그 시점에, 하나님의 주권적인 계획 안에서 사탄은 '반드시 놓일 것이다'(δεῖ λυθῆναι, 참고. 7절에 나오는 "놓여").[12] 하지만 잠시 동안, 곧 "잠깐"(μικρὸν χρόνον) 동안만 놓인다. 이 시간적 표현은 6:11에 나오는 "아직 잠시 동안"(ἔτι χρόνον μικρόν)이라는 문구와 거의 똑같다. 그 구절에서 하늘에 있는 순교자들은 하나님이 그들의 정당함을 입증하시는 때가 다섯째 인의 심판 때에서 멀지 않다는 것을 보장받는다. 20:3d(또한 7절)에 나오는 이 마지막 시간적 특징은 3-6절에 나오는 "천 년"의 의미를 명확하게 하는 데 도움을 준다. 문맥상의 대조에서 "잠깐"은 상당히 짧지만 명확하게 규정되지 않는 반면, "천 년"은 상당히 길지만 영원히 계속되지는 않고 한계가 있다. 그것은 "영원"을 상징하지 않는다. 더 상세한 논의로는 6절 끝에 나오는 설명을 보라.

20:4 또 내가 보좌들을 보니 거기에 앉은 자들이 있어 심판하는 권세를 받았더라 또 내가 보니 예수를 증언함과 하나님의 말씀 때문에 목 베임을 당한 자들의 영혼들과 또 짐승과 그의 우상에게 경배하지 아니하고 그들의 이마와 손에 그의 표를 받지 아니한 자들이 살아서 그리스도와 더불어 천 년 동안 왕 노릇 하니(Καὶ εἶδον θρόνους καὶ ἐκάθισαν ἐπ' αὐτούς καὶ κρίμα ἐδόθη αὐτοῖς, καὶ τὰς ψυχὰς τῶν πεπελεκισμένων διὰ τὴν μαρτυρίαν Ἰησοῦ καὶ διὰ τὸν λόγον τοῦ θεοῦ καὶ οἵτινες οὐ προσεκύνησαν τὸ θηρίον οὐδὲ τὴν εἰκόνα αὐτοῦ καὶ οὐκ ἔλαβον τὸ χάραγμα ἐπὶ τὸ μέτωπον καὶ ἐπὶ τὴν χεῖρα αὐτῶν. καὶ ἔζησαν καὶ ἐβασίλευσαν μετὰ τοῦ Χριστοῦ χίλια ἔτη). 사탄이 감금당한 천 년에 대해 이야기하는(1-3절) 환상의 새로운 단계에서 요한은 그 천 년[13] 동안 어떤 다른 일이 일어나는지 보게 된다(4-6절, 신실한 자들의 부활과 통치 그리고 7-10절, 사탄의 반역과 마지막 심판). 처음에 나오는 "또 내가…보니"라는 동사는 두 개의 목적어(4a절의 "보좌들"과 4d절의 "영혼들")와 문법적으로 연관되어 있는데, 그 목적어들은 각각 이어지는 절들로 더 설명된다. 요한의 환상을 서술하는 글에서 때로 그렇듯이, 이 본문에서 요한의 화법은 인상주의적이고, 언제나 논리적 순서로 나오지 않으며, 다소 생략되어 있고, 끝에 이르기까지 전체 그림을 드러내지 않는다. 요한은 보좌

---

12. W. Popkes, "δεῖ," *EDNT* 1:280. 1:1, 4:1; 22:6; 또한 마 24:6; 막 13:7; 눅 21:9; 참고. 단 2:21에서 "반드시"(δεῖ)라는 말이 시간적 표현과 함께 사용된 것을 보라. 이런 신적 필연성은 천년왕국의 목적 중 하나에서 기인하는 듯하다('심층 연구: 천년왕국의 본질과 목적'을 보라). 그것은 사탄의 어쩔 수 없는 악과 타락한 인류가 그의 속임수에 영향을 받기 쉽다는 것을 보여준다.

13. 2-3절(2번)과 그다음에는 4-7절(4번)에 나오는 "천 년"이라는 문구가 주제상의 연관을 표시하는 것을 주목하라. 요한계시록의 이 큰 부분(19:11-21:8)을 구성하는 일곱 개의 중요한 환상(그중 이것이 다섯 번째다)에 대한 19:11의 해설을 보라.

들(4:2, 4; 20:11)이나 말들(6:2-8; 9:17; 19:11) 혹은 구름(14:14)에 앉은 사람들을 묘사하기 전에 먼저 그것들 자체만 단독으로 언급하는 경우가 흔하며, 4a절에서도 그렇게 한다. 이 보좌에 앉은 사람들에 대한 묘사는 처음에는 최소한만 나온다. "거기에 앉은 자들이 있어 심판하는 권세를 받았더라"(4b-c절)는 것이다.[14] 그다음 절들에서 요한은 이 "자들"이 누구인지(4d-e절, 다른 신실한 그리스도인들에 더하여 그리스도인 순교자들) 그리고 "심판하는 권세"가 어떤 모습인지(4f절, 그것은 "왕 노릇"을 의미한다)를 다시 설명한다.[15]

"내가…보니"의 두 번째 목적어는 "목 베임을 당한 자들의 영혼들"(4d절)이며, 이어지는 절은 그것을 더 묘사한다. 이 문구는 "또"(καί)라는 말 다음에 나오지만, 헬라어 본문에서 새로운 절에는 주동사가 진술되어 있지 않다. "영혼들"이라는 말은 대격이므로, 그것을 "내가…보니"의 또 다른 목적어로 취하는 것이 자연스럽다(1:20; 4:4; 7:9; 14:14에 나오는 비슷한 말의 생략을 보라).[16] 6:9에서처럼 여기에서 "영혼들"(ψυχάς)은 무형적이고 육체에서 분리된 자아라는 면에서 보았을 때 죽은 사람들을 의미한다.[17] 이 경우 그것은 그리스도를 향한 충성 때문에 죽임을 당한 사람들이다. 요한은 로마 사회에서 흔히 시행되던 특정한 종류의 처형, 곧 도끼로 목을 베는 것(πελεκίζω)을 언급한다. 하지만 이것은 어떻게 죽임을 당했든 신실한 그리스도인의 모든 순교를 가리키는 대표적 예일 뿐이다.[18] 6:9과 유사한 또 다른 한 가지는 목을 베인 이유다. "하나님의 말씀"과 그들이 했던 "증언" 때문이라는 것이다. 그것은 하나님의 메시지에 대한 그들의 충성과, 박해에 직면해서 그들이 예수님을 순종적으로 증언한 것을 가리킨다.

4e절에는 또 다른 묘사가 나오는데, 이것은 계시록 앞부분에 언급된 그리스도인의 충성에 대한 구체적인 도전을 반영한다. "짐승과 그의 우상에게 경배하지 아니하고"(참고. 13:4, 8, 12-15; 14:9, 11; 16:2), "그들의 이마와 손에 그의 표를 받지 아니한 자들"(13:16; 14:11; 16:2). 이 또 다른 구절에 대해서는 논란이 있다. 그들이 "영혼들"의 두 번째 집단을 의미하는가[참고. "자들과 또…한 자들"(and those who…), ESV, NASB, 개역개정에는 이런 취지로 번역되어 있음-역주], 아니면 같은 집단을 더 상세히 묘사하는 것인가(참고. CSB, KJV, NIV, NRSV, REB에서 이런 취지로 다양하게 표현된 것) 하는 것이다. 후자가 '…하고 또

14. "거기에 앉은 자들"(people sat on them)은 헬라어에서 비인칭 복수를 번역한 것으로(ἐκάθισαν ἐπ' αὐτούς), 문자적으로는 '그들이 거기 앉았다'(they sat on them)는 말이다. 거기에서 '그들'은 명확한 지시 대상을 갖고 있지 않고 '어떤(확인되지 않은) 개인들, 사람'을 나타낸다(16:15; 18:14에서 그런 것처럼, 참고. 눅 16:4). ἐκάθισαν이라는 동사에 나오는 '그들'이 Thomas, *Revelation 8-22*, 413-14; MacLeod, *Seven Last Things*, 141-42가 주장하는 것처럼 19:14에 포함된 사람들(하늘에서 온 그리스도의 군대의 일부인 사람들)일 가능성은 거의 없다.

15. 여기에서 단순 명사 "심판"(κρίμα)은 심판하는 행동 혹은 심판, 즉 통치하기 위한 권세를 나타내는 환유로 사용된다(BDAG 567; LN §§37.49, 56.22; M. Rissi, "κρίμα," *EDNT* 2:318-19). 구절 끝부분은 여기에서 "심판"이 마태복음 19:28, 고린도전서 6:2-3에서처럼 '통치, 왕 노릇'을 의미한다는 것을 보여준다. 참고. Wis 3:7-8. LXX 다니엘 7:18, 22에 나오는 이 주제의 배경에 대해서는 2:26에 나오는 설명을 보라. 다니엘 본문에서 성도들이 받는 것 혹은 그들에게 주어지는 것은 "나라" 혹은 '통치권'(βασιλεία, βασίλειον)이다. 이런 배경에 비추어, 그 절(4c절)은 "심판이 그들에게 유리하게 주어졌다"(즉, "하나님이 그들을 유리하게 심판하셨다", Koester, *Revelation*, 771)는 의미다. Koester(또한 Beale, *Revelation*, 997; Smalley, *Revelation*, 506)는 "심판하는 권세"가 '그들에게' 주어졌다는 의미를 거부한다. 요한계시록은 성도들이 어떤 사람에게든 "판결을 내리는" 모습을 묘사하지 않기 때문이다(*Revelation*, 771-72). 하지만 이것은 '심판하다, 심판'(κρίνω, κρίμα)이라는 말의 완벽하게 좋은 의미를 무시한다. 그 의미는 다른 곳에서 입증되며 여기에도 완벽하게 적절하다. 게다가 신약에서 '그들에게'라는 여격이 '주다'라는 동사와 함께 나올 때, 그것은 거의 언제나 이익 혹은 유리함의 여격이 아니라, 단순 간접 목적어다.

16. Aune, *Revelation 17-22*, 1073; Mussies, *Morphology*, 100. 사실상 모든 역본은 영어를 매끄럽게 하기 위해 "내가 보았다"는 말을 집어넣는다(예를 들어, CSB, ESV, KJV, NASB, NIV, NRSV).

17. 마 10:28; 행 20:10을 보라. 참고. BDAG 1098.

18. 로마의 다양한 사형 방법에 대해서는 Aune, *Revelation 17-22*, 1086-88을 보라. 요한계시록은 순교를 단지 "죽음"(2:13; 6:11; 11:7; 13:15) 혹은 '칼에 죽음'(13:10) 혹은 '죽임당함'(6:9; 18:24)이라고 언급한다.

…한'(and who)이라는 연결어에 대한 해석일 가능성이 더 크다.[19] 그래서 이 순교자들이 예수님께 충성을 바쳤을 뿐 아니라, 예수님의 대적에게 경의를 표하지 않는 특성을 지니고 있었음을 보여준다. 그렇다면 이 표현은 하나님이 신실한 순교자들의 정당함을 입증하시는 것에 초점을 맞추는 것이다. 그들은 부활할 것이고, 그리스도의 통치에 참여할 것이다(4f절과 6d절). 여기에서 요한은 순교하지 않고 마지막 날의 심한 박해와 심판에서 살아남아 그리스도의 통치에 합류할 신실한 그리스도인들에 대해서는 말하지 않는다. 하지만 그들이 그리스도의 통치에 참여한다는 것은 2:26-28, 3:21, 5:10에 약속되어 있다. 당시의 하나님 백성이 보편적으로 순교를 당할 운명이라고 절대 언급되지 않으며(한 생존자 집단에 대해서는 7:3-8; 14:1-15 참고), 순교가 그리스도와 함께 다스리는 조건이라고 나오지도 않는다(참고. 고전 6:2-3; 딤후 2:12; 히 2:5-9). 순교자들은 분명 언급된다. 그들은 그리스도와 함께 다스릴 신실한 사람들의 더 큰 집단을 대표한다. 요한은 이 구절에서 희생적 충성(필요하다면 죽기까지)이 영광과 높아짐으로 가는 길, 그리스도가 직접 예시해주신 길이라는 사실을 강조하기 위해 순교에 초점을 맞춘다.

요한은 전에 '그가 본' 두 번째 목적어인 "영혼들"을 묘사하고 나서 두 가지 행동을 더 추가하면서 이 구절을 마무리한다(4f절). 요한은 그가 본 두 개의 목적어(사람들이 앉아 있는 보좌와 순교자의 영혼들)를 역순으로 결합한다. "[그들이] 살아서"(ἔζησαν, 믿음 때문에 육체의 생명을 잃은 사람들의 몸의 부활을 언급하는 말) "그리스도와 더불어 천 년 동안 왕 노릇 하니"(ἐβασίλευσαν μετὰ τοῦ Χριστοῦ χίλια ἔτη, 그들의 보좌와 그가 전에 그들에게 위임된 것을 본 "심판"의 특성을 규정하는 말). '살다'라는 동사의 부정과거 형태는 종종 여기에서처럼 시작의 의미를 지니고,[20] 죽은 사람들을 묘사하는 문맥에서 그것은 분명 육체적 생명의 소생(13:14; 참고. 왕하 13:21; 막 5:23) 혹은 몸의 부활에서 전인이 회복되는 것(계 2:8; 20:5; 또한 겔 37:10; 롬 14:9을 보라; 참고. 마 9:18; 요 5:25; 11:25에서 이런 의미를 지닌 이 동사의 미래형)을 의미한다. 5절에서 이것을 "부활"(ἀνάστασις)이라고 묘사하는 것은 여기에서 육체적으로 죽은 사람들의 몸의 부활을 염두에 두고 있음을 보여준다(5절에 나오는 더 상세한 논의를 보라).[21] 부활한 후 '그들은 그리스도와 더불어 왕 노릇 했다.' 그것은 이 세상 통치에 대한 기대가 미래에 완성된 것으로, 요한계시록에서 반복해서 언급되었고(1:6; 5:10; 11:15; 20:6; 22:5) 다니엘 7장에 기초를 두고 있다. 다니엘서 이야기는 요한계시록 1:7부터 나오기 시작하고 곳곳에서 거듭 암시되었다(1:13-14; 2:26; 3:21; 5:11; 11:3, 7, 15; 12:3, 14; 13:1-7; 14:14; 17:12; 19:20).

어떤 의미에서 그리스도인들은 이미 하늘에서 그리스도의 통치에 참여한다. 하지만 그리스도의 통치는 만물이 그리스도께(고전 15:20-28; 히 2:5-9) 그리고 그분과 함께 그분의 백성에게도 복종하는(방금 인용한 요한계시록의 구절들을 보라) 마지막 날에 땅에서 완전히 확립될 것이다.[22] 그리스도와 성도들의 다스림에 대한 '이미, 아직'이라는 주제는 쾨스터(Koester)의 주장이 논점을 벗어났음을 의미한다. 그는 이 "천 년" 통치가 유대 묵시 문

---

19. '그리고…한 사람들'(and who, καὶ οἵτινες)이라는 말은 1:7에서 같은 집단을 함께 묘사하기 위해 사용된다("각 사람의 눈이 그를 보겠고 그를 찌른 자들도 볼 것이요", every eye will see him, even those who pierced him). 단수 대명사와 함께 나오는 접속사인 '그리고 누구든지…하는 사람'(and anyone who, καὶ ὅστις)이라는 말은 그 자체의 포괄적 선행사를 암시함으로 별도의 집단을 의미할 수 있다(예를 들어, 마 5:41; 23:12). 하지만 '그리고'라는 말과 함께 혹은 그 말이 없이 나오는 복수는 언제나 그것이 더 묘사하는 선행사를 취하는 듯하다(예를 들어, 롬 11:4).

20. Fanning, *Verbal Aspect*, 261-62.

21. "부활"이라는 말을 일관되게 사용하는 것에 대한 5c절의 주를 보라. 이것을 영적 소생으로 혹은 죽어서 하늘의 중간 단계에 이르는 것으로 설명하는 것은 문맥에 맞지 않는다.

22. 5:10, 11:15에 나오는 해설을 보라.

학(예를 들어, 4 Ezra 7:6-30)에 나오는 중간의 메시아적 통치에 대응된다고 보는 것이 다소 근거 없다고 주장한다. 요한계시록에서 "메시아는 탄생 때부터 하나님의 보좌로 높임을 받으시고(12:5), 만왕의 왕으로 다시 오시며(19:16), 새 예루살렘에서 하나님의 보좌에 참여하실(22:1, 3) 때까지 다스리신다. 메시아로 말미암아 구속받은 사람들은 이미 '나라'를 구성한다(1:6; 5:9-10)"[23]고 생각하기 때문이다. 이에 관해서 그는 "많은 해석자가 선지서 본문들이 성취될 때 천년왕국이 될 것이라고 추정했"지만, "요한계시록 20:1-6은 구약 본문을 거의 전혀 암시하지 않는다"[24]라고 주장한다. 이런 판단은 좁은 의미에서는 사실이지만, 요한계시록 20장에서 언급되고 계시록의 이 시점에서 그 통치가 확립된 것에 암시된 천년 통치의 풍성한 구약 배경을 잘못 전달한다.[25] 그 주장은 10:6-7부터 11:15-18, 15:3-4, 16:14-16, 19:6-7, 11-21에 이르는 주변 장의 더 큰 흐름을 무시한다. 이 본문들은 앞으로 올 "체제 변동"(하늘에서가 아니라 땅에서)[26]을 묘사한다. 그 일이 일어날 때 여호와와 메시아께 대적하는 이방 나라들은 사탄의 영향력 아래 여호와께 대적하여 전쟁을 벌이겠지만 메시아로 말미암아 그 자리에서 패배할 것이다. 그러고 나서 선지서와 시편이 예언했던 대로(가장 주목할 만한 것으로는 시 2, 25편; 사 11, 24, 60-63장; 겔 38-39장; 단 2, 7, 11-12장; 슥 12, 14장) 그리스도가 자신의 백성을 회복하시고 예루살렘에서부터 다스리실 것이다. 요한계시록 20:1-10은 그 승리의 결정적 성취를 묘사한다. 그것을 간과하는 것은 근시안적인 견해다.

쾨스터는 천년왕국에 대한 일부 신학적 논의가 요한계시록 자체의 구조 그리고 성경 정경에서 계시록이 차지하는 위치에 비추어 요한계시록 20장을 너무 길게 다루는 것을 지적하는데, 이러한 지적은 타당하다. 천년왕국은 분명 성경 이야기에서 제일 마지막 성취가 아니라, 마지막에서 두 번째로 성취되는 것이다. 마지막 성취는 쾨스터가 말하는 것처럼 요한계시록 21-22장에 나올 것이다.[27] 하지만 구약의 '메시아적 통치' 본문이 요한계시록 20장이 아니라 21-22장에 어울린다는 것은 전혀 사실이 아니다. 그 구절들은 서로 다른 의미에서 20장과 21-22장에 모두 어울린다. 무엇보다 시편 72편과 이사야 11장은 예루살렘이 완전히 변화되기 전에 기존의 땅에서 예루살렘을 중심으로 이루어지는 이상적 통치를 묘사한다(즉, 계 20장 시나리오).[28] 하나님이 이 땅 나라의 역사와 정치의 영역에서 하신 일의 정당성을 입증하시기 위해, 현재 이 땅에 그러한 통치를 회복하시는 것의 적절함은 성경 이야기에서 중요한 주제다.[29] 하나님과 그리스도의 통치가 새 예루살렘에서 새로운 방식으로 계속되리라는 사실(21:5; 22:1, 3)이 이 주제를 약화하지는 않는다.

마찬가지로 근시안적이고 환원주의적인 견해는 "천년왕국의 신학적 요점이 오로지 순교자들의 승리를 보여주는 것"이라는 보캄의 주장이다. 그는 이렇게 덧붙인다. 요한이 "천년왕국의 이미지에 매우 특별한 기능(즉, 순교자들의 정당함을 입증하는 것)을 부여했다. 하지만 일단 그 이미지를 문자적으로, 즉 미래의 세계 역사에서 실제 기간을 예언하는 것으로 받아들이면, 그것을

23. Koester, *Revelation*, 749.
24. Koester, *Revelation*, 749.
25. Helyer, *Witness of Jesus, Paul and John*, 361-64에서 이 점을 다루는 것을 보라.
26. Koester, *Revelation*, 750-52에서 이 점을 자신이 추가한다. 하지만 그 책 749쪽에 나오는 진술에 이것을 통합시키지는 못한다.
27. Koester, *Revelation*, 748-50.
28. 요한계시록 21-22장에서 제시하는 것과는 다르게 20장이 묘사하는 것과 같은 메시아적 통치에서 성취되는 구약 본문들에 대한 보다 상세한 개관으로는 Michael J. Vlach, "The Kingdom of God and the Millennium," *MSJ* 23 (2012): 227-40을 보라.
29. Caird, *Revelation*, 251-56; George Eldon Ladd, *A Theology of the New Testament*, rev. ed., ed. Donald A. Hagner (Grand Rapids: Eerdmans, 1993), 680-82.

이런 기능으로 국한하는 것은 불가능하다…그 이미지를 일단 문자적으로 받아들이면 천년왕국은 이해할 수 없는 것이 된다."[30] 그는 최소주의적이고 상징적인 해석을 주창한다. 우리가 천년왕국에 대해 던질 만한 모든 질문에 요한이 분명한 대답을 하지 않았다는 이유에서다. 이것은 묵시 해석에 대한 이상한 접근법이다. 특히 그 환상들이 실제로 제시하는 듯 보이는 대답을 받아들이려 하지 않는다면 더욱 그렇다.

그럼에도 요한이 여기 4-6절에서 순교자들(그리고 모든 신실한 그리스도인. 4e절에 나오는 해설을 보라)에게 높은 지위를 부여한다고 강조하는 것은 분명 적절하다. 요한계시록 전체에 걸쳐 요한은 불경한 반대자들과 희생적 충돌을 벌이고 있는 신자들(박해를 통해서나 동화되라는 압력을 통해서나 고난을 받고 있는)에게 신실한 인내가 결국에는 그만한 가치를 지닐 것이라고 힘써 격려한다. 그들의 현재 고난은 비길 데 없는 미래의 복으로 이끌 것이다(계시록에 나오는 안심시키는 말 중에서도 2-3장에서 "이기는 자"에게 제시된 모든 약속을 보라). 그래서 핍박받던 신자들이 부활해서 그리스도와 함께 통치하고 있는 모습을 보는 것은 이전에 나온 권고들을 한층 강화한다. 그것은 또한 성경 전체를 관통하는 창조와 회복이라는 주제를 포착하고, 예언의 "절정"의 일부로서 성경 줄거리 전체를 통합하는 것이 19-22장에 나오는 것은 적절하다.[31] 원래 사람들이 하나님의 형상을 반영하고 피조물을 다스리면서 받도록 계획되었던 하나님의 영광과 명예(창 1:26-28; 2:15-17; 시 8:3-8; 롬 8:18-25; 히 2:5-9)가 여기에서 그리스도의 구속을 통해 회복된다. 그들은 그리스도와 함께 다시 한번 하나님의 선한 피조물인 이 땅을 다스린다(계 22:1-5을 보라).

20:5-6 (그 나머지 죽은 자들은 그 천 년이 차기까지 살지 못하더라) 이는 첫째 부활이라 이 첫째 부활에 참여하는 자들은 복이 있고 거룩하도다 둘째 사망이 그들을 다스리는 권세가 없고 도리어 그들이 하나님과 그리스도의 제사장이 되어 천 년 동안 그리스도와 더불어 왕 노릇 하리라(5 οἱ λοιποὶ τῶν νεκρῶν οὐκ ἔζησαν ἄχρι τελεσθῇ τὰ χίλια ἔτη. αὕτη ἡ ἀνάστασις ἡ πρώτη. 6 μακάριος καὶ ἅγιος ὁ ἔχων μέρος ἐν τῇ ἀναστάσει τῇ πρώτῃ· ἐπὶ τούτων ὁ δεύτερος θάνατος οὐκ ἔχει ἐξουσίαν, ἀλλ᾽ ἔσονται ἱερεῖς τοῦ θεοῦ καὶ τοῦ Χριστοῦ καὶ βασιλεύσουσιν μετ᾽ αὐτοῦ [τὰ] χίλια ἔτη). 이 환상 부분(4-6절)에서 요한은 5-6절로 이동하면서 자신이 본 것의 더 광범위한 의미를 계속 채워간다. "그 나머지 죽은 자들"(5a절)이라는 문구는 4a-e절에서 요한이 본 모든 인간(한 집단이든 두 집단이든)이 신체적으로 죽었다는 점을 강조한다. 요한은 죽은 사람들의 영혼들을 보았다. 그들의 부활 및 그리스도와 함께 천 년 동안 통치하는 것(4f절)은, 이제 나머지 "죽은 자들" 집단, 곧 4절에 언급되지 않았고 다른 운명을 지닌 자들(그들은 다시 살아나 정죄를 받을 것이다. 11-15절)과 대조될 것이다. 이들은 천 년이 끝날 때까지(5b절) '살지 못할 것이다'(4f절에서처럼 ἔζησαν).

4f절과 5a절에서 같은 부정과거 동사(ἔζησαν)가 사용된다[5c절과 6a절에서 "첫째 부활"(ἡ ἀνάστασις ἡ πρώτη)을 언급하는 것과 함께]. 우리는 여기에서 요한계시록 20장에 나오는 해석적 핵심 중 하나로 돌아가게 된다. 그것은 성경의 더 광범위한 견해와 그 신학에 갖가지 신학적 파급 효과를 낸다. "죽은 자들"과 "목 베임을 당한 자들"이 등장하는 문맥의 '살아나는 것'과 "첫째 부활"이라는 언급에 대한 가장 자연스러운 해석은, 그것을 일차적으로 개개 인간의 신체적 혹은 몸의 부활을 뜻하는 것으로 이해하는 것이다. 그것과 함께 오는 다른 모든 함축적 의미(예를 들어, 순교자들의 정당함에 대한 입증,

30. Bauckham, *Theology*, 107-8.

31. J. Richard Middleton, *A New Heaven and a New Earth: Reclaiming Biblical Eschatology* (Grand Rapids: Baker Academic, 2014), 57-73.

민족적 회복, 우주적 새롭게 됨 등을 의미하는 것)는 보다 기본적이고 명백한 이 의미 다음에 놓인다.[32] 이것은 해석에서 매우 핵심적이기 때문에, '살아나다'(come to life, 개역개정에는 '살다'-역주)와 "첫째 부활"에 대한 다양한 독법, 주로 다른 수단을 통한 신학적 접근과 쉽게 조화되는(혹은 적어도 직접 이의를 제기하지는 않는) 독법들을 정당화하기 위해 복잡한 문헌이 많이 생겨났다. '살아나다'가 두 군데(4f, 5a절)에서 같은 의미인지의 여부를 놓고 열띤 논쟁이 벌어진다. 그것은 처음에는 영적 생명으로 그리고 두 번째로는 변화된 신체적 혹은 몸의 생명으로 오는 것인가? 그것이 4f절에서 '영적 부활'이라면, 영적 중생을 말하는가 아니면 죽어서 하늘의 생명으로 넘어가는 중간 상태에 들어가는 것을 말하는가? 마찬가지로 5c절과 6a절의 "부활"은 영적으로 살아나는 것을 의미하는가, 육체적으로 살아나는 것을 의미하는가? "첫째"라는 형용사는 일차적으로 "부활"의 순서를 말하는가 아니면 "부활"의 질을 말하는가? 이러한 질문들은 아주 복잡하고, 다양한 정도의 진지한 확신 혹은 때로는 신랄한 태도로 지루한 논쟁을 끝없이 이어가게 한다. 이 주석에서 이 모든 쟁점을 해결할 수는 없다.[33] 표면적으로 볼 때, 요한계시록의 현재 문맥에서 이 본문의 어법은 두 구절 모두 죽은 자들의 신체적, 몸의 부활을 염두에 두고 있고, "첫째 부활"도 같은 것, 즉 하나님의 신실한 백성이 신체적 죽음으로부터 예수님의 것과 같은 변화된 몸으로 살아나는 것을 말한다는 견해로 더 자연스럽게 이어지는 듯하다.[34] 이 구절들을 주로 이러저러한 영적 "부활"로 보는 견해들이 지닌 문제는, 그 어법을 단도직입적으로 해석할 때의 의미를 지니지 않는 이유를 말하기 위해 아주 복잡한 설명을 해야 한다는 것이다.[35] 때로 어떤 본문이 피상적 해석과는 다른 의미를 지니는 것은 사실이다. 하지만 이것은 극단적인 예처럼 보인다.

5절에서 다음으로 넘어가서, "그 나머지 죽은 자들"이 누구인지는 5c-6절에서 더 상세한 사항들이 추가될 때까지 나오지 않는다. 이 설명은 "이는 첫째 부활이라"(5c절)는 진술과 함께 시작된다.[36] 표면적으로 "이는"(αὕτη)이라는 지시사는, 앞에 언급된 두 번의 '생명으로 소생하는 것'(천년왕국이 시작될 때인 4f절과, 천년왕국이 끝난 이후에야 비로소 일어날 5a-b절)을 다 가리킬 수 있다. 하지만 두 집단이 강력한 대조되는 것은 "첫째 부활"(5c절)이 5a-b절에 나오는 부활이 아니라, 요한이 이미 완성된 것으로 본 부활(4f절)을 언급한다는 점을 시

32. Andrew Chester, "Resurrection and Transformation," in *Auferstehung-Resurrection*, ed. Friedrich Avemarie and Hermann Lichtenberger, WUNT 135 (Tübingen: Mohr Siebeck, 2001), 73을 보라. "문자적, 육체적 부활", 하지만 또한 "비유적, 공동적, 우주적 부활을 환기시키는 강력한 상징"이라는 것이다.

33. 여기에서 택하는 견해에 대해, 이 쟁점들에 대한 복잡한 문제들을 가장 잘 개관하고 평가한 것 중 하나는 Matthew Waymeyer, "The First Resurrection in Revelation 20," *MSJ* 27 (2016): 3-32다. 다른 견해들에 대해서는 Beale, *Revelation*, 1004-17; Riddlebarger, *Case*, 216-23; C. Samuel Storms, *Kingdom Come: The Amillennial Alternative* (Fearn, Scotland: Mentor, 2013), 462-66을 보라.

34. Ladd, *Revelation*, 265-66을 보라. 이 구절들이 죽어서 영혼의 중간 상태로 넘어가는 것을 말한다는 견해에 관해서는, N. T. Wright, *The Resurrection of the Son of God*, vol. 3 of *Christian Origins and the Question of God* (Minneapolis: Fortress, 2003), 474는 이렇게 말한다. "죽음에 새로운 의미를 부여하기 위해 죽음을 '부활'이라고 언급하는 것은 내가 보기에는 그 용법을 한계점을 훨씬 넘어서까지 곡해하는 것이다."

35. 이 문제에 대한 Kline의 글(Meredith G. Kline, "The First Resurrection," *WTJ* 37 [1975]: 366-75)에 대해, Harold W. Hoehner, "Evidence from Revelation 20," in *A Case for Premillennialism*, ed. Donald K. Campbell and Jeffrey L. Townsend (Chicago: Moody, 1992), 255는 "이 견해의 복잡함은 그것을 의심스럽게 만든다"라고 말한다. 앞의 주에 나왔던 Beale, *Revelation*, 1004-17; Riddlebarger, *Case*, 216-23; 혹은 Storms, *Kingdom*, 462-66에서 이 쟁점들을 다룬 것을 읽는 사람은 누구나, 분명 왜 그런 복잡다단하고 난해한 설명이 필요한지 의아할 것이다.

36. 여기에서 요한의 단어 선택은 이 구절들에서 몸의 부활을 염두에 두고 있다는 또 다른 증거를 제공한다. ἀνάστασις라는 단어는 신약에서 42번 나오는데, 그중 41번은 몸의 부활에 대해 사용된다. 누가복음 2:34에서만 다른 종류의 '일어남'(rising, 즉, 영적인 복, 개역개정에는 "흥하게 하며"-역주)을 의미하고, 거기에서 그것은 일부 해석자가 4절의 "살아서"라는 말에 대해 제안하는 것처럼 영적 거듭남 혹은 새롭게 됨을 말하지 않는다.

사한다. "그 나머지 죽은 자들"이 일어나는 것은 첫째 부활의 또 다른 단계가 아니라, 둘째 부활 혹은 이후의 부활이다. 전반적으로 볼 때 5절은 이것을 확증하는 듯하다.

"첫째 부활"(ἡ ἀνάστασις ἡ πρώτη) 단계의 배경을 탐구하면 도움이 될 수 있다. 정확한 단계는 고대 유대교나 기독교 문헌 다른 어디에서도 발견되지 않지만, 몇몇 본문은 "의인의" 부활과 "악인의" 부활 사이의(행 24:15; 참고. 눅 14:14 한 집단으로서의 "의인들") 혹은 "생명의" 부활과 "심판의" 부활 사이의(요 5:29) 광범위한 구분에 대해 말한다. 그래서 여기에서 "첫째 부활"은 모든 신실한 자(한 집단으로 여겨지는)가 그리스도와 함께 궁극적으로 다시 살아나는 것을 의미하는 듯하다. 그리스도의 부활은 그들의 부활을 보장한다(참고. 고전 15:20-22; 빌 3:20-21; 살전 4:13-18; 참고. 단 12:2). 이와 대조적으로 천년왕국 끝에 일어날 '죽은 자들의 부활'(5a-b절)은 불의한 자들이 심판을 위해 부활하는 것을 말한다. 11-15절은 그것을 묘사하는 듯 보인다.[37] 5a-b절이 분명하게 서술하는 이야기에 이어지는 내용(11-15절)을 보면, "그 나머지 죽은 자들"은 일부 해석자의 견해처럼 '그 나머지 신실한 죽은 자들'을 의미하지 않는다.[38]

부활과 심판을 이렇게 이원적으로 구분하는 것은 요한이 첫째 부활을 선언하면서 그 반응으로 단언하는 복(6절)에서 더 입증된다. 누구든 "첫째 부활에 참여하는 자들"은, 참으로 하나님께 "복"을 받을 것이며(μακάριος, 요한계시록에 나오는 일곱 번의 복 중 다섯 번째, 1:13에 대한 설명을 보라) 하나님께 구별된 '거룩한'(ἅγιος) 자들로 여겨질 것이다(6a절; 3:7과 22:11의 주를 보라). 이 복됨의 근거 혹은 설명은 뒤이어 나오는 세 절에서 표현된다(이 절들을 시작하는 명백한 접속사 없이, 9:11의 주를 보라). 이 중 첫 번째 절(6b절)은 부정적으로 대응되는 사실을 말함으로써 이원적 구분을 강화한다. 즉, 첫째 부활에 참여하는 것은 "둘째 사망"(ὁ δεύτερος θάνατος)이 그 사람을 주장하지 못한다는 의미다. 이렇게 두 갈래로 나뉘는 것은 요한복음 5:29에 반영되어 있고(생명으로 부활 대 심판으로 부활), 요한계시록 20:14, 21:8에서 강화된(불의한 자는 둘째 사망, 즉 불못의 벌을 겪을 것이다) 대조에서 나온다.

하지만 전에 나온 것에 대한 6b-d절의 추가 설명은 "첫째 부활"(5c절)이라는 말을 넘어 그 부활을 경험한다고 묘사되는 집단에까지 이른다. 그들은 "살아서 그리스도와 더불어 천 년 동안 왕 노릇"(4f절) 하게 된 사람들이다. 단지 4절의 내용이 이어진다면, 우리는 그리스도인 순교자들만이 이런 식으로 다시 살아나고 다스릴 것이라고 말할 것이다. 4절 앞부분은 그들만 언급하기 때문이다. 하지만 6b-d절이 상황을 상세히 설명하는 것으로 보아, 우리는 요한이 특정한 목적을 위해 순교자들에게 초점을 맞추지만(앞의 설명을 보라) 그들을 단순히 순교자뿐만 아니라 모든 그리스도인의 대표로 보아야 한다고 이해해야 한다.[39] 이 점은 분명하다. 6b-d절에 인용된 복이 요한계시록 앞부분에서 순교자들과 더불어 모든 그리스도인에게 약속되기 때문이다. 방금 논의한 둘째 죽음에서 면제되는 것도 마찬가지다. 2:11은 "이기는 자"에게 그것을 약속한다. 순교자들뿐만 아니라 모든 신실한 그리스도인이 얻을 수 있는 승리를 말한다. 다른 곳을 보면 "하나님과 그리스도의 제사

37. '둘째 부활'이라는 호칭은 11-15절이나 다른 곳에서 사용되지 않는다. 하지만 그 환상에서 심판의 결과들은 한결같이 부정적이다(참고. 14-15절).

38. Wright, *Resurrection*, 473-74. "그 나머지 죽은 자들"을 불의한 죽은 자들(여기에서 택하는 것처럼)이라고 보는 사람들 중에는 Ladd, *Revelation*, 267-68과 Osborne, *Revelation*, 707-8이 포함된다.

39. "목 베임을 당한 자들"(4d절)이 어떤 수단에 의해서든 순교당한 모든 사람을 나타낸 것과 마찬가지다. 참고. 4, 6절이 단지 순교자들만이 아니라 모든 신실한 자가 천년왕국 동안 '그리스도와 더불어 왕 노릇 하리라'는 의미라는 견해에 대해서는 4절에 대한 설명을 보라. Koester, *Revelation*, 771을 보라.

장"(6c절)이 되는 특권은 모든 그리스도인에게 주어진다(1:6; 5:10). 천 년 동안 그리스도와 더불어 '왕 노릇 하는' 운명도 마찬가지다(6d절; 참고. 5:10; 11:15; 22:5).

1-7절에서 내내 주의를 끄는 한 가지 쟁점은 이 구절들에서 여섯 번 반복되는(2c, 3b, 4f, 5b, 6d, 7a절) "천 년"(χίλια ἔτη)이라는 기간에 대한 해석이다. 이것은 물론 이 본문이 주변 장들과 그리고 보다 광범위하게는 하나님의 구원 계획과 어떻게 관련되어 있는가 하는 다른 질문들과 결합되어 있다. 어떤 사람들은 "천 년"이라는 말이 명백히 온통 상징적인 언어로 둘러싸여 있으므로(전사의 입에서 나오는 검, 사슬에 묶인 영적 존재들 등), 분명이 기간 역시 어떤 식으로든 문자적이기보다는 상징적이라고 생각한다.[40] 어떤 사람들은 "요한계시록에 나오는 모든 숫자는 상징적"이라는 식의 주장을 펴고, 천 년 역시 상징적이어야 한다고 주장한다.[41] 스몰리도 이런 견해를 지지한다. 하지만 그가 상징적인 숫자들의 예를 인용하기 시작할 때 가장 처음으로 언급하는 숫자를 보면, 그의 주장은 부정확하거나 적어도 잘못 진술되었다는 것을 알 수 있다. 그것은 1:4에 나오는 7이라는 숫자다.[42] 실제로 요한은 1:11에서 7이라는 숫자가 문자적인 의미(그것의 명시적 의미에서)임을 보여주었다. 7이라는 숫자는 완전함 혹은 총합을 나타내는 함축적인 뜻도 지니기는 했지만 말이다(1:4; 7:4에 대한 설명을 보라). 여기에서 "천"이라는 숫자도 마찬가지일 것이다. 래드(Ladd) 역시 먼저 요한계시록에서 "숫자들이 지닌 명백히 상징적인 가치"를 서술한다. 하지만 그가 과감히 비유적 의미를 제시할 때("1000은 이상적 시간인 10의 세제곱과 같다"), 1세기 배경에서 이 말의 의미가 잘 통했는지는 그다지 분명하지 않다.[43]

요한계시록과 그것의 유대적 배경에서 "천"의 용법을 보고 초기 유대교와 기독교 문헌에서 메시아의 중간 통치에 대해 인용된 기간을 살펴볼 때, "천"이라는 숫자는 본질적으로 문자적인 것일 가능성이 더 큰 듯하다(물론 정확한 셈이 아니고 어림수이며, 문자적 의미뿐 아니라 함축적 의미를 지닌). 요한계시록에서는 "천"이 명백히 과장법적 의미로 사용된 것을 볼 수 있다(5:11; 14:20; 아마 21:16). 하지만 나의 판단으로는 '문자적인 것 더하기 함축적인 것'을 의미하는 다른 용법들이 있으며(7:4-8; 11:13; 14:1, 3), 그중 몇 가지는 명백히 문자적이다(11:3, 12:6). 메시아의 중간 통치를 언급하는 고대 본문들(1 En. 91:12-17; 2 Bar. 29:1-30:5; 40:1-4; 4 Ezra 7:26-44; Sib. Or. 3:703-31; 5:414-30; Ascen. Isa. 4:1-18; Barn. 15:1-9)은 보통 그 지속 기간을 명시하지 않는다.[44] 그런데 명시하는 본문들은 순전히 상징적인 의미가 아니라 보다 문자적인 의미임을 시사한다. 「에스라4서」 7:28-29에 나오는 기간(4백 년)은 물론 요한계시록 20장과는 다르다. 하지만 그 배후에 있는 이론적 근거는 저자가 그 숫자를 함축적 가치를 지닌 문자적인 것으로 생각했음을 보여준다. 4백 년은 애굽의 종살이로 보낸 4백년에 대한 하나님의 보상이다(창 15:13; 시 90:15).[45] 마찬가지로, 「바나바」(Barnabas) 15에 나오는 계산은 하나님의 창조의 일곱 날에 기초하고, 시편 90:4의 "주의 목전에는 천년이 지나간 어제 같으며"라는 말을 곱셈수로 사용해서 세계사의 과정을 계량한다. 그리스도의 천년 통

40. 예를 들어, Smalley, *Revelation*, 502; Riddlebarger, *Case*, 210.

41. 예를 들어, Hughes, *Revelation*, 209.

42. Smalley, *Revelation*, 502.

43. Ladd, *Revelation*, 262. Osborne, *Revelation*, 701은 문자적 의미보다는 상징적 의미를 택하면서 이렇게 말한다. "10의 배수들은 일반적으로 유대의 글에서 상징적으로 사용되었다. 그리고 그것은 정해지지 않은 하지만 완전한 기간을 언급하는 것일 듯하다." 하지만 이 "일반적인" 용법을 나타내는 유대의 글의 예는 인용하지 않는다.

44. Philip Alexander, "Towards a Taxonomy of Jewish Messianisms," in Ashton, *Studies in Apocalyptic*, 57-67; Margaret Barker, *The Revelation of Jesus Christ* (Edinburgh: T&T Clark, 2000), 347-54; Satake, *Offenbarung*, 389-92; Schürer, *History*, 2:529-38; Strecker, *Theology*, 542-43에 나오는 개관을 보라.

45. Schürer, *History*, 2:536-37; Michael E. Stone, *Fourth Ezra: A Commentary on the Book of Fourth Ezra* (Minneapolis: Fortress, 1990), 215.

치는 일곱째 날, 안식의 날, 그다음에 "또 다른 세상의 시작"(Barn. 15:5, 8)인 여덟째 날이 따르는 날이다.[46] 다시 한번 "천"이라는 숫자의 의미는 본질적으로 문자적이지만, 암시적이거나 함축적인 가치를 지닌 말이다. 그것은 무기한이지만 긴 기간을 의미하거나, 그 자체가 이상적이거나, 완전한 기간을 나타내는 것은 아니다. 이런 배경을 염두에 두면 "천 년"이 결국 순전히 상징적인 것처럼 보이지는 않는다.

심층 연구

천년왕국의 본질과 목적

기독교 신학과 요한계시록 20장에서 '천년왕국'에 대한 논의는 종종 주로 다양한 견해(전천년설, 후천년설, 무천년설)에 대한 상충되는 증거, 교회사에서 이 견해들을 지지하는 것에 대한 개관, 요한계시록과 같은 책에서 "천"이라는 숫자가 얼마나 문자적인가에 대한 논쟁 등으로 소비된다. 그리고 때로는 요한계시록이 '천년왕국'을 가르치는 유일한 성경 본문이라는 점과, 이 구절들 자체는 그 교리가 무엇을 수반하는지 규정하기에 다소 모호하다는 점이 추가되기도 한다. 마지막 두 가지는 사실이지만, 조금 더 광범위한 관점으로 바라보아야 한다. 따라서 요한의 '천년왕국'이 지닌 더 큰 의미에 관한 몇 가지 사항을 살펴보는 것이 적절하다.

첫째, 많은 교리적 논쟁에서처럼 중심이 되는 것은 그것을 규정하는 특정한 용어(예를 들어, '선택', 혹은 '삼위일체')의 존재가 아니라, 본문을 주제에 적절한 것으로 만드는 특정한 개념과의 관련성이다. 20:1-6에서 제시되는(19:11-21:8의 문맥 속에서) 메시아의 통치 단계(참고. 20:4, 6)와 대응되는 것은 요한계시록의 다른 본문들(예를 들어, 11:15-18; 15:3-4; 16:14-16; 19:6-7)을 포함해서 성경에 많이 나와 있다. 그 본문들은 "천 년"을 언급하지 않으면서도 이 기간의 본질과 목적을 더 밝혀준다.

둘째, 천년왕국의 본질에 관해 요한계시록 20:1-10의 증거는 성경의 대응들과 함께 그것이 예수 그리스도의 장차 있을 지상 통치의 시작 단계를 구성한다는 것을 보여준다. 그 통치는 그리스도가 "만왕의 왕이요 만주의 주"로 이 땅에 육체적으로 다시 오심으로 확립될 것이다(19:11-21). 그리스도의 재림과 통치는 하나님의 통치를 이 땅에 가져올 것이다. 그것은 오랜 세월 교회가 성부 하나님께 "나라가 임하시오며 뜻이 하늘에서 이루어진 것같이 땅에서도 이루어지이다"(마 6:10)라고 간구한 것과 조화를 이룬다. 이것은 더 큰 메시아 나라의 분명한 기간으로, 그 나라는 창세기부터 요한계시록에 이르기까지 계시되었다. 그리고 그리스도가 초림하셨을 때부터(이 땅에서 메시아의 임재와 활동 안에 임재하는 하나님 나라, 마 12:28) 하나님 우편으로 높아지실 때까지(하늘에서는 이미 확립되었지만 아직 땅에서 완성되지 않은 그분의 보이지

46. 참고. E. Lohse, "χιλιάς, χίλιοι," *TDNT* 9:470-71. 이 7천 년 혹은 8천 년의 "우주적 주간"은 2 En. 33:1; b. Sanh. 97a; Irenaeus, *Haer.* 5.28.3에도 나온다. 참고. 5.30.4; 5.33.1. 미래에 그리스도가 문자적으로 천 년을 다스리신다고 주장한 다른 초기 교부 저술가는 Papias (Eusebius, *Hist. eccl.* 3.39.11-12에 따르면); Justin, *Dial.* 80.4; 81.3-4; Tertullian, *Marc.* 3.24.3-6; *Res.* 19, 25 등이었다. Hoehner, "Evidence," 236-38에서 이 본문들에 대한 논의를 보라.

않는 통치, 행 2:26; 엡 1:20-23; 히 2:8-9) 그리고 그분이 "새롭게 되는 날"과 "하나님이 영원 전부터 거룩한 선지자들의 입을 통하여 말씀하신 바 만물을 회복하실 때"(행 3:19-21)를 가져오시기 위해 하늘에서 땅으로 영광스럽게 다시 오실 때까지 단계적으로 성취된다.[47]

사도행전 3장이 시사하는 것처럼, 그리스도가 앞으로 오셔서 땅에서 통치하시는 것은 하나님의 백성에게 오래전에 전달된 구약의 약속과 유형과 예언의 신실한 성취를 나타낸다. 하나님의 의도는 처음부터 창조의 영광인 인간들이 그분의 통치에 참여하고, 그분이 창조하신 세상에 대한 그분의 다스림을 표현하는 것이었다(창 1:26-28; 시 8:3-8). 죄와 심판은 이 신적 계획을 망가뜨리지 않았다. 그 계획은 그리스도가 성도들과 함께 지상에서 통치하심(단 7:13-27; 마 19:28; 고전 6:2-3; 계 2:26-27; 5:10; 20:4-6)을 통해 궁극적으로 회복될 것이다. 하나님은 더 넓은 세상에 그분의 복을 주실 통로로 아브라함을 선택하시고, 그에게 후손과 가나안 땅을 주시겠다고 약속하심으로 이 회복을 시작하셨다(창 12:1-3; 15:18-21; 17:1-8). 후에 하나님은 이스라엘에게 다윗의 왕적 혈통을 주시면서 그에게 사랑과 인자 그리고 시온으로부터 나오는 영원한 통치를 약속하셨다(삼하 7:8-29; 시 72, 89, 132편). 이 약속들은 구약 선지자들을 통해 선포되었다. 선지자들은 이스라엘과 유다가 신실하지 못한 것을 하나님이 심판하실 것이라고 경고하고, 그들의 원수가 궁극적으로 패배할 것이며, 그들의 나라가 이스라엘 땅에서 평강과 안전으로 회복될 것이라고 안심시켰다. 그 예언들은 여호와와 그리스도에 대항해서 모인 악한 나라들을 배경으로 이 회복에 대해 말한다. 예언서와 시편이 예언한 것처럼(가장 주목할 만한 것으로는 시 2, 45, 89편; 사 11, 24, 60-63장; 렘 30-33장; 겔 38-39장; 단 2, 7, 11-12장; 슥 12, 14장) 전사 메시아는 그들을 압도적으로 물리치실 것이고, 그 후 예루살렘으로부터 백성을 다스릴 것이다. 요한계시록 19-20장은 그 승리가 이 땅에서 결정적으로 성취되는 것을 묘사한다.

예수 그리스도 안에서 하나님의 나라는 타락한 인류에게 꼭 필요한 갱신, 곧 영적이면서도 육체적이며 이 세상적인 갱신을 가져다준다. 이 때문에 하나님은 "이스라엘 집과 유다 집에 새 언약"(렘 31:31)을 약속하셨다. 즉, 아브라함의 육체적 자손뿐 아니라 그와 마찬가지로 참되신 하나님을 믿는 모든 비이스라엘인에게도 영원한 죄 사함을 제공하시겠다고 약속하셨다(롬 4:9-16; 갈 3:10-18). 십자가 위에서 치러진 그리스도의 희생은 이 죄 사함과 영적 회복을 제공하셨다(막 14:22-25; 고전 11:23-26; 히 10:11-18). 그것은 성만찬 때 기념하는 희생제사로, 주님이 앞으로 하늘로부터 다시 오실 때 그분의 메시아적 나라가 오는 것도 예상한다(눅 22:18; 고전 11:26). 하지만 물리적 피조물 전체는 인간의 죄로 말미암아 썩어진 것에서 해방되기 위해 탄식하는데(창 3:17-19; 렘 12:4, 11; 롬 8:18-25), 성경은 영적이고 물리적인 만물이 새롭게 되리라는 소망을 전한다(사 65:17-19; 66:22; 롬 8:21; 벧후 3:13; 계 20-22장).[48]

인간 그리고 하나님의 피조물의 이런 영광스러운 미래를 예언하면서, 선지자들은 얼핏 보기에 하나

---

47. 예수님의 하나님 나라 통치 단계에 대해서는 Craig A. Blaising, "The Kingdom That Comes with Jesus," in *The Return of Christ: A Premillennial Perspective*, ed. David Lewis Allen and Steve Lemke (Nashville: B&H Academic, 2011), 141-46을 보라.

48. 천년왕국의 영적인 복과 육체적인 복 둘 다 Alva J. McClain의 고전적 책인 *The Greatness of the Kingdom: An Inductive Study of the Kingdom of God* (Chicago: Moody, 1959), 217-54의 한 장("The Blessings of the Prophetic Kingdom")에 개관되어 있다.

로 묶기 어려운 두 개의 시나리오를 결합한다. (1) 예루살렘에서 메시아의 통치 아래 땅의 평강, 정의, 조화, 목가적 환경, 풍성한 결실 등을 누리면서도, 반드시 심판받아야 하는 악함과 반역이 존재하고 사람들이 땅에서 훨씬 더 오래 사는 복을 누리기는 하지만 육체적 죽음이 계속 존재한다는 것(예를 들어, 사 11:1-16; 65:17-25; 슥 14:9-21)과, (2) 예루살렘에서 메시아의 통치 아래 모든 전쟁과 슬픔과 죽음을 끝내는 것을 포함해서 모든 필요를 풍성하게 공급받고 하나님의 임재를 크게 기뻐하는 땅의 평강과 정의(사 2:2-4; 9:1-7; 25:6-9; 미 4:1-8)가 있다는 것이다. 이 둘은 구약 선지서에서 별도의 두 단계로 분명하게 구분되지 않지만,[49] 요한에게 계시된 바 미래에 이 땅에서 이루어질 메시아 나라의 두 단계에 자연스럽게 반영된다. 하나는 악인의 최종 심판 전 단계(계 20:11-15)이고 하나는 그 후의 단계다.[50] 이 중 첫 번째인 천년왕국 혹은 중간의 메시아 나라(20:1-10)는 사탄이 풀려난 후 그들을 따르는 만국의 또 다른 반역(7-10절), 곧 그 자리에서 짓밟힌 반역을 포함한다(모두 앞에 나온 첫 번째 선지자적 시나리오와 조화를 이룬다). 이 중 두 번째, 곧 영원한 상태 혹은 새 하늘과 새 땅(21:1-22:5)은 메시아적 통치의 목가적 상황을 점층적으로 확대해서 피조물을 완전히 새롭게 하고 모든 죄와 슬픔과 사망을 영원히 종식하는 것을 포함한다.[51]

이렇게 이 땅의 메시아 나라를 예비 단계(천년왕국)와 절정 단계(새 창조에서 영원함)로 보는 것은 두 기간 사이에 몇 가지 차이점뿐 아니라 공통적 특징도 있음을 의미한다. 뚜렷하게 다른 점은, 천년왕국 단계에서 사탄은 끝까지 영향력을 행사하는 것이 금지되겠지만 악은 여전히 그 추한 머리를 들리라는 것이다. 일부 구속받은 사람이 환난 기간의 공포 이후까지 육체적으로 살아남아 천년왕국 시대에 들어온다는 것(20:4에 대한 설명을 보라)은, 부활한 순교자들과 자연적, 육체적 상태에 있는 사람들(사 65:20을 보라)이 땅의 거민에 섞여 있을 것임을 의미한다. 시간이 흐르면서 결과적으로 메시아 통치에 복종하지만 그리스도에 대한 진정한 믿음이 없거나 헌신하지 않은 사람들이 늘어날 것이다. 이것은 사탄이 풀려날 때 그들이 사탄에게 속았음을 뜻하고, 천 년이 끝날 때 그들이 신적 통치에 반역하다가 결국 실패로 끝나는 것(그들이 이상적인 삶의 상황 속에 있고 그리스도께 육체적으로 가까이 있다는 점을 감안하면 참으로 희한한 일이지만)을 설명해준다(20:7-10).

두 단계 모두에서 하나님과 그리스도는 땅의 모든 나라와 지역에 유익을 주는 의로운 통치를 시행하실 것이다. 그것은 그분들과 함께 다스릴 신실한 성도들을 통해 이루어진다. 하나님의 백성은 하나님과 서로를 섬기는 일에서 은사와 창의성을 활용하여 적극적이고 활발하며, 돌보고 가꾸며, 설계하고 생산하며, 배우고 자랄 것이다(21:24-26에 대한 설명을 보라). 세상과 세상의 사람들은 서로 평강과 조화를 누

49. 선지자적 관점이 지닌 공통적 특징은 특정한 사건들이나 특징들을 하나로 뭉뚱그려놓는 것이다. 그것들은 후에 때가 되면 분명하게 분리되어 이해된다(예를 들어, 사 61:1-2).

50. 이 순서는 또한 요한 시대로부터 유대 묵시 문학에서 나타난다(1 En. 91:12-17; 2 Bar. 29:1-30:5; 40:1-4; 4 Ezra 7:26-44; Sib. Or. 3:657-795).

51. 새 하늘과 새 땅의 물질적 특성에 대한 논의로는 21:1-2에 대한 설명을 보라. 최근의 많은 해석자는 새 창조의 물리적이고 이 세상적인 특성을 기꺼이 찬성하고, 이 견해를 뒷받침하기 위해 이스라엘이 그 땅으로 회복되고 만국이 예루살렘으로 흘러 들어오는 것을 말하는 구약 본문에 의지한다(예를 들어, 사 2, 11, 60, 65장). 하지만 그들은 물질적, 이 세상적인 천년왕국은 거부하고 회복된 지상의 예루살렘이 하나님의 새 창조의 중심이라고 보기보다(21:2에 대한 설명을 보라) 이스라엘 땅이 세상 일반을 의미하는 것으로 일반화시킨다. Steven L. James, *New Creation Eschatology and the Land: A Survey of Contemporary Perspectives* (Eugene, OR: Wipf&Stock, 2017), xv-xvi, 95-120은 그런 논증이 지닌 해석학적 불일치를 지적한다.

리며 살아갈 것이고, 정의가 인간관계에 편만할 것이며, 모든 필요가 풍성하게 공급될 것이고, 삶과 인간 번영을 위한 이상적인 상황들이 존재할 것이다. 그중 가장 좋은 것으로, 사람들은 그리스도와 하나님이 직접 이 땅에 임재하시는 것을 경험할 것이다. 이 모든 유익은 천년왕국에서의 삶에 비교해볼 때 새 창조에서 강화될 것이다. 하나님은 자신의 백성과 함께 사실 것이며, 백성은 하나님과 함께 살 것이다. 이제는 모든 악과 부패함이 제거된 하나님의 회복된 창조 세계에서 에덴동산의 상태로 혹은 심지어 그보다 향상된 상태로 돌아가 직접 교제하며 사는 것이다. 모든 애도, 슬픔, 사망은 영원히 폐하여질 것이다. 예루살렘은 계속해서 참된 하나님의 성으로서 새 창조의 핵심이 될 것이다(시 48:1-2; 겔 5:5; 38:12; 마 5:35; 참고. 1 En. 26:1; Jub. 8:12). 세상 나라들이 위대한 왕이자 창조주를 경건하게 예배하며 그곳으로 들어올 것이다.[52]

그렇다면 천년왕국의 목적은, 요한계시록 20장에서 그 왕국이 어떻게 제시되는가 하는 것뿐만 아니라 요한계시록 나머지 부분 및 전체 성경 정경과의 더 광범위한 연관을 통해 분별할 수 있다. 여섯 개의 사항은 천년왕국의 목적과 신학적 의미를 해설하는 데 도움이 될 것이다.[53] 첫째, 천년왕국은 순교자 및 그리스도가 왕으로 다시 오시기 직전의 어두운 날 동안 그분께 확고한 충성을 바치는 다른 신실한 그리스도인들을 하나님이 정당하다고 입증하시고 상 주시기에 적절한 배경이 된다. 모든 시대의 다른 부활한 성도, 하늘로부터 그리스도를 따라오는 성도들도 이 상에 참여할 것이다(19:14에 대한 설명을 보라). 이레나이우스가 말하듯(*Haer.* 5.32.1), 그들이 수고하고 신실하게 고난받은 곳인 창조 세계에서 상을 받는 것, 그래서 그들이 그리스도를 희생적으로 섬기다가 죽은 그 동일한 피조 세계에서 다시 살아나서 그리스도와 함께 다스리는 것은 옳다. 이것은 요한계시록 2:26-27과 3:21에 나오는 이기는 자들에게 주시는 그리스도의 약속이 성취된 것이다. 또한 "[그의] 종 선지자들과 성도들과 또 작은 자든지 큰 자든지 주의 이름을 경외하는 자들에게 상주시"(11:18)는 하나님의 때가 도래한 것이다.

둘째, 천년왕국은 "창조의 선함과 창조주로서 하나님의 선함"[54]을 확증한다. 이 재앙의 세상이 최종적으로 재창조되기도 전에 이 세상에 메시아적 통치를 확립하는 것은, 하나님이 우주를 썩어지게 한 악에 그 우주를 내어주지 않으심을 보여준다. 대신 하나님은 그 우주를 더럽힌 자들을 심판하실 것이며(11:18; 19:2) 전에 저주 아래 있었던(창 3:17; 6:12; 롬 8:20-21) 그 실제 역사, 정치, 경제의 세상에서 의와 평강을 회복하실 것이다.

밀접하게 관련되어 있는 사항은 천년왕국의 세 번째 목적이다. 그것은 "하나님의 구원 계획에서 인간 역사의 중요성"[55]과 하나님의 창조 세계를 경영하는 일에서 인간에게 의도하신 역할(창 1:26-28; 시 8:3-8; 단 7:22, 27; 히 2:5-9)을 보여주는 것이다. 요한계시록 20장은 "이 세상에서 사람들이 영위하는 삶과

---

52. 그리스도가 장차 이 세상을 다스리는 것에 대한 유용한 개관(두 단계를 모두 함께 다루는)은 John W. Schmitt and J. Carl Laney, "Life in the Messianic Age," in *Messiah's Coming Temple: Ezekiel's Prophetic Vision of the Future Temple*, updated ed. (Grand Rapids: Kregel, 2014), 171-79다.

53. 이 중 서너 개는 Judith L. Kovacs, "The Purpose of the Millennium: Perspectives Ancient and Modern on Revelation 20:1-6," in *New Perspectives on the Book of Revelation*, ed. Adela Yarbro Collins (Leuven: Peeters, 2017), 367-75에서 나온 것이다.

54. Kovacs, "Purpose," 371.

55. Kovacs, "Purpose," 373.

나라들이 형성해나가는 역사의 중요성"에 대한 믿음을 보여준다. "(하나님의) 목적은 역사 안에서 성취되어야 하며 역사 안에서 정당성이 입증되어야 한다. 땅에서 '세상 주권이 우리 하나님과 그분의 그리스도께 넘어갔다'고 실제로 말하는 때가 반드시 와야 한다."[56] 이 세상에서 이루어지는 인간의 삶은 창세기 1-2장 이후로 구약 전체에 중요하고, 미래에 대해 구약 선지자들이 본 환상의 중심이었다. 요한은 요한계시록 20장에서 천년왕국에 대해 본 것을 기록하면서, 이런 기대를 이어가며 그 절정으로 이동한다.

넷째, 천년왕국은 하나님의 주권과 그분이 아브라함과 다윗에게 그리고 그들을 통해 이스라엘과 세상에게 주신 약속(창 12:1-3; 삼하 7:12-16)에 대한 그분의 충실하심을 보여준다.[57] 예레미야를 통해 주신 여호와의 말씀(렘 32:19-26)은 이스라엘을 축복의 땅으로 회복시키시겠다는 신적 약속이 깨뜨릴 수 없이 확실함을 선언한다. 영적이고 세상적인 모든 악의 세력은, 그들을 물리치시고(계 19:20-20:3; 20:9-10) 이 세상에서 목적을 성취하시는 하나님의 능력에 저항할 수 없다. 이스라엘은 하나님께 선택받음으로써 '사랑을 입은 자이고, 하나님의 은사와 부르심에는 후회하심이 없다'(롬 11:28-29). 그리고 이스라엘을 통해 열방은 이 땅에 메시아의 의롭고 번창하는 통치를 경험할 것이다.

다섯째, 천 년이 끝날 때 그리스도의 목가적 통치에 대한 사악하고 역설적인 반역(계 20:7-10)은, 하나님이 인간의 죄를 심판하시고 궁극적으로 자신의 피조 세계에서 악을 완전히 제거하시는 것이 의로운 일임을 보여준다.[58] 가장 좋은 상황에서도 인간이 사탄의 영향을 잘 받는 것을 보면, 마귀를 최종적으로 심판에 넘겨주어야 할(20:10) 뿐만 아니라, 새 창조에서 악과 거짓을 잘 받아들이는 모든 것을 배제할(21:8, 27; 22:15) 필요가 있다.

여섯째, 천년왕국은 "현재 인간의 행동에 동기를 부여하고 그것을 지도하는 데 기여한다."[59] 미래에 찾아올 그리스도의 지상 통치의 단계들(천년왕국과 새 창조)은, 제자들에게 이 땅에서 모든 다양한 "족속과 방언과 백성과 나라"(계 5:9; 7:9; 10:11; 11:9; 13:7; 14:6; 17:15) 속에서 사람들이 조화롭게 서로 존중하면서 그리고 하나님의 선한 창조물을 돌보면서 살아갈 수 있다는 소망을 준다. 그렇게 하려면 그리스도 안에 있는 하나님의 구원하시고 회복하시는 은혜가 망가진 인간을 회복시켜야 하고, 하나님의 백성이 그리스도의 통치 아래 상호 복종함으로 자신이 아닌 하나님과 다른 사람들을 위해 삶을 조정해야 한다.[60] 제자들은 하나님의 백성으로서 장차 경험할 운명을 생각하면서 용기를 내서 다르게 살아가야 하고, 심지어 지금도 하나님 나라의 축소판을 이 땅에 세워나가야 한다.

20:7-9 **천 년이 차매 사탄이 그 옥에서 놓여 나와서 땅의 사방 백성 곧 곡과 마곡을 미혹하고 모아 싸움을 붙이리니 그 수가 바다의 모래 같으리라 그들이 지면에 널리 퍼져 성도들의 진과 사랑하시는 성을 두르매 하늘에서 불이 내려와 그들을 태워버리고**(7 Καὶ ὅταν τελεσθῇ τὰ χίλια ἔτη, λυθήσεται ὁ Σατανᾶς ἐκ τῆς φυλακῆς αὐτοῦ 8 καὶ ἐξελεύσεται πλανῆσαι

56. Caird, *Revelation*, 254.
57. 참고. Irenaeus, *Haer.* 5.34-35.
58. Osborne, *Revelation*, 717.
59. Kovacs, "Purpose," 373.
60. 요한계시록 21장에 대한 '적용에서의 신학'에서 '이 묘사에서 무엇이 잘못되었는가?'를 보라.

τὰ ἔθνη τὰ ἐν ταῖς τέσσαρσιν γωνίαις τῆς γῆς, τὸν Γὼγ καὶ Μαγώγ, συναγαγεῖν αὐτοὺς εἰς τὸν πόλεμον, ὧν ὁ ἀριθμὸς αὐτῶν ὡς ἡ ἄμμος τῆς θαλάσσης. 9 καὶ ἀνέβησαν ἐπὶ τὸ πλάτος τῆς γῆς καὶ ἐκύκλευσαν τὴν παρεμβολὴν τῶν ἁγίων καὶ τὴν πόλιν τὴν ἠγαπημένην, καὶ κατέβη πῦρ ἐκ τοῦ οὐρανοῦ καὶ κατέφαγεν αὐτούς). 이 구절은 사탄의 악과 인간의 부패를 반박의 여지없이 보여준다. 7-10절에 묘사된 것처럼 마귀가 그리스도가 오시는 것에 저항하기 위해 방대한 군대를 모아 하나님의 목적을 좌절시키려던 것(19:19-21)이 반복된다. 사탄은 무저갱에 오랜 세월 잡혀 있었지만 조금도 개선의 여지가 없이 천 년이 지난 끝에 또 다른 반역을 준비하며, 많은 인간은 이 땅에서 그리스도의 통치의 이상적 상황을 경험한 후에도 사탄의 주장에 응할 준비가 되어 있다. 이 부분과 앞의 부분이 주제와 내러티브 면에서 연관되어 있는 것은 (1) "천 년이 차매"(7a절)라는 시간구, (2) 3절의 '놓이다'라는 동사를 반복하는 것, (3) 천 년이 시작될 때 사탄이 잡히고, 결박되며, 무저갱에 갇힌 것(2-3절)을 요약하는 "옥"(7b절)이라는 말 등으로 알 수 있다. 방금 묘사한 것과 이렇게 내러티브 면에서 연결되어 있는 것은 7-10절의 사건이 4-6절의 사건 다음에 일어난다는 것(두 번째 환상 안에서)을 보여주며, 19:11-21:8의 일곱 환상에 나오는 사건들이 연대적 순서로 이어져 있다는 개념에 신빙성을 더해준다.

사탄은 이전 이야기에 나온 악한 습관들을 계속하면서, "백성을…미혹"(8b절)하여 다시 전쟁을 위해 그들을 모을 것이다(16:13-16; 17:13-14; 19:19; 20:3). 예루살렘을 중심으로 하나님의 백성을 공격하기 위해서다. 그는 백성에게로 "나와서" 멀리 떨어진 곳들, 곧 "땅의 사방"으로부터 그들을 모을 것이다(8a-b절; 참고. 7:1; 겔 7:2; 또한 T. Ash. 7:2). 그리고 "바다의 모래"같이 헤아릴 수 없이 많은 군대를 소집할 것이다(8c-d절, 그것은 수 11:4; 삿 7:12; 삼상 13:5에서 두려울 정도로 큰 군대에 대해 사용되는 일반적인 관용구다). 요한은 예루살렘을 위협할 이러한 땅의 백성을 "곡과 마곡"이라고 부른다(8b절; 참고. 겔 38:2-3). 그들을 특정한 나라나 백성으로 밝히기 위함이 아니라, 이스라엘이 역사 내내 보았던 공격과 해방의 유형을 상기시키기 위함이다.[61] 앞에서 반복되는 악의 예표들로 발람(계 2:14), 이세벨(2:20), 소돔과 애굽(11:8)을 인용했던 것처럼, 여기에서도 "곡과 마곡"은 에스겔 38-39장의 예언을 상기시킨다. 에스겔 본문은 폐허에서 회복되고 세계 반대편에서 포로 생활을 하다가 돌아온 한 민족을 공격하는 여러 나라의 동맹 이야기와, 하나님이 어떻게 그들의 침략을 물리치심으로 자신의 위대하심을 보여주실지 말한다. 7-10절의 사건들은 궁극적으로 그런 유형을 반복한다.[62]

요한이 7-8절에서 미래 시제로 제시한 묘사는, 이제 요한이 환상에서 목격한 사탄의 반역으로 인한 침략과 그들의 패배를 기술하면서 부정과거 동사들로 바뀐다(9-10b절).[63] 9a절은 사탄의 세력이 이동해야 했던 거리와 그들의 공격 대상을 나타낸다. '그들이 땅의 폭을 가로질러 올라갔다'(개역개정에는 "지면에 널리 퍼져"-역주)[64]는 것이다. 성경의 용법에서 보면 사람들은 언제나 예루살렘으로 '올라간다'(ἀναβαίνω). 부분적으로는 예루살렘이 이스라엘 중심에 있는 산맥을 따라 언덕에 세워진 도시였기 때문이다. 하지만 주요한 이유는 예루살렘

61. 예를 들어, 사탄이 일정 기간 갇혀 있다가 풀려나서 하나님의 백성을 더 괴롭히는 유형은 Jub. 48:15-19에 나온다. "Prince Mastema"와 그의 동맹군들이 출애굽 때 다시 이스라엘에 반대하기 위해 석방되는 이야기다.

62. Thomas, *Revelation 8-22*, 423-24; 또한 19:17에서 예표로서 곡과 마곡에 대한 주를 보라.

63. 요한의 제시 방식에 대한 논의로는 4:5에 대한 주를 보라.

64. '땅의 폭'(τὸ πλάτος τῆς γῆς, 개역개정에는 "지면에 널리"-역주)이라는 말은 특정한 지리적 지역이나 지역 유형('넓은 평야')이 아니라 그들의 여정의 규모 혹은 거리를 말한다(BDAG 364, 823; 참고. 합 1:6; LXX 단 12:2; 또한 Sir 1:3).

의 지위였다.[65] 따라서 그들의 전략적 대상은 분명하다. "성도들의 진과 사랑하시는 성"이다. 이것은 공격해야 할 무장한 요새(병영 혹은 군사적 진, 참고. 행 21:34; 23:10)이자 하나님이 사랑하시는 사람들의 성(참고. 시 78:68; 87:2; 렘 11:15; 12:7; 또한 Sir 24:11)인 예루살렘을 역설적으로 언급한다.[66] 그들은 군사 공격을 준비하기 위해 이 장소를 '두른다'(참고. 왕하 6:14-15). 하지만 19:19-21에서처럼 "하늘에서 불이 내려와 그들을 태워버"릴 때(9b절) 공격군은 하나님께 직접 결정타를 맞는다. 이 묘사는 엘리야가 붙잡히는 위기에서 벗어나는 열왕기하 1:10, 12(참고. 계 11:5)의 이야기에서 거의 글자 그대로 가져온 것이다. 하지만 그것은 에스겔 38:22, 39:6과도 비슷하며, 보다 광범위하게는 열왕기하 7:5-15과 이사야 37:33-38(참고. 시 46:4-7; 48:1-8; 1 En. 56:5-8; 4 Ezra 13:5-15)에서 하나님이 침략군을 기적적으로 물리치시는 이야기와도 비슷하다.

20:10 또 그들을 미혹하는 마귀가 불과 유황 못에 던져지니 거기는 그 짐승과 거짓 선지자도 있어 세세토록 밤낮 괴로움을 받으리라(καὶ ὁ διάβολος ὁ πλανῶν αὐτοὺς ἐβλήθη εἰς τὴν λίμνην τοῦ πυρὸς καὶ θείου ὅπου καὶ τὸ θηρίον καὶ ὁ ψευδοπροφήτης, καὶ βασανισθήσονται ἡμέρας καὶ νυκτὸς εἰς τοὺς αἰῶνας τῶν αἰώνων). 이 단위의 마지막 구절(10절)은 요한이 이전에 말한 두 환상이 합쳐진 이야기의 줄거리를 마무리한다. 1-3절의 환상은 19:19-21에서 사탄의 두 악한 동료가 심판받은 것을 보완하면서 사탄을 결박하는 이야기를 전했다. 하지만 그 결박은 여기에 기록된 사탄의 완전한 심판에 대한 서곡일 뿐이었다. 4-10절의 환상은 특히 사탄과 그의 동료들이 부추긴 공격에서 순교한 성도들의 정당성이 인정받는 것을 추적한다. 그 순교자들은 짧은 기간 고난을 받았지만 부활해서 천 년 동안 그리고 영원토록 그리스도와 함께 다스리며, 그들을 살해한 자들의 고뇌는 여기 기록된 것처럼 영원히 계속될 것이다. 세상 백성으로 구성된 마귀의 군대는 하늘에서 내려오는 불로 멸망당한다(9절). 그래서 "그들을 미혹하는 마귀"(10a절)가 불 심판 혹은 더 끔찍한 심판을 받는 것은 너무나 옳다. 그의 악한 동지인 짐승과 거짓 선지자처럼, 마귀도 이제 "불과 유황 못에 던져"지며(10a절; 참고. 19:20; 21:8) 하나님의 길에 대한 그의 반대는 마침내 끝날 것이다(참고. T. Mos. 10:1, "그때 마귀는 종말을 맞을 것이다"). 이 구절의 마지막 부분은 엄숙하게 미래를 투사한다. 그들의 끔찍한 운명, 곧 그들이 "괴로움을 받으리라"(βασανισθήσονται, 참고. 14:10-11; 마 8:29)는 묘사를 통해 단지 가끔 혹은 일시적으로가 아니라(계 9:5) "세세토록" 괴로움을 받으리라는 것을 묘사하기 위해서다(10c절).[67]

7-10절의 이야기에서 도출해야 하는 중요한 결론은, 19:11-21에서 하나님의 메시아가 승리하심으로 이 땅에 확립된 하나님의 통치는 뒤엎을 수 없다는 것이다. 사탄의 짧고 최종적인 반란은 제멋대로 날뛰는 사탄의 성품과 그리스도가 통치하시는 세상에 살면서 사탄의 미혹에 속아 넘어가는 인간의 우둔함[68]을 다시 한 번 입증할 뿐이다. 하지만 이번에는 사탄은 영원히 끝나버리고, 다시는 하나님과 메시아의 통치에 위협이 되지 않을 것이다.[69]

19:17-21과 20:7-10에 나오는 두 전쟁 기사의 유사

65. BDAG 58; Aune, *Revelation 17-22*, 1096; Barker, *Revelation*, 359는 이것이 에스겔 38:9, 11, 16(참고. 1 En. 56:6-7, 나라들은 예루살렘을 공격하기 위해 올라간다)에서 곡의 이스라엘 침략에 대해 사용된 동사라고 말한다.

66. "성도들의 진"과 "사랑하시는 성"은 둘 다 같은 실체를 언급한다. 후자는 하나님이 자신들을 위해 택하신 곳을 중심으로 하고 있고, 그곳으로부터 온 세상으로 빛을 발하는 공동체로서 하나님이 사랑하시는 백성을 묘사한다. 21:2에 대한 설명을 보라.

67. 영원한 형벌 신학을 변호하는 것으로는 14:10-11의 설명을 보라.

68. Osborne, *Revelation*, 717.

69. McNicol, *Conversion*, 67-68.

점 때문에 어떤 사람들은 그 전쟁들이 같은 충돌을 다른 관점에서 본 것이라고 주장한다.[70] 둘 다 에스겔 38-39장의 이미지에서 나오고, 사탄의 인도로 하나님께 반대하는 나라의 연합이 즉각 패배한다고 묘사하는 것은 사실이다. 하지만 차이점도 유사점만큼이나 크다.[71] 19:17-18이 에스겔 39:4, 17-20에서 나온 섬뜩한 '하나님의 잔치'라는 이미지를 활용하지만, 19:17-21은 "곡과 마곡"을 언급하지 않는다. 새들은 신적 용사의 검에 죽은 군대의 시체를 먹고(19:21), 짐승과 거짓 선지자는 산 채로 불못에 던져진다(19:20). 19:17-21은 사탄의 운명에 대해서는 아무 것도 말하지 않는다. 하지만 그 줄거리는 마치 잃어버린 조각이라도 맞추듯이 20:1-3에서 즉시 재개된다. 다른 한편으로 20:7-10에서 사탄이 모으는 지도자 혹은 나라들의 이름으로 "곡과 마곡"이 언급되고, 그들은 예루살렘을 공격하기 위해 움직인다. 그 공격은 19:20-21에서처럼 그 자리에서 패한다. 하지만 20:9에서는 하늘에서 내려온 불이 군대('하나님의 잔치'를 위해 죽임당한 시체들이 아니라)를 '먹어치운다'(devours, 개역개정에는 "태워버리고"-역주). 그런 다음 사탄은 "그 짐승과 거짓 선지자도 있"는 불못에 던져진다(20:10). 그것이 같은 결과를 낳은 같은 전쟁이라면, 왜 사탄이 그들과 '함께' 던져졌다고 말하지 않는가? 대체로 두 기사는 서로 다른 시기에 곡과 마곡 예표가 서로 다르게 반복된 것일 가능성이 더 크다. 그리고 그 기사들은 19:11-21:8에 나오는 사건들의 연대적 순서(단지 요한이 그의 환상들을 받은 것 혹은 이야기한 것의 순서가 아니라)를 반영한다.

20:11 또 내가 크고 흰 보좌와 그 위에 앉으신 이를 보니 땅과 하늘이 그 앞에서 피하여 간 데 없더라(Καὶ εἶδον θρόνον μέγαν λευκὸν καὶ τὸν καθήμενον ἐπ' αὐτόν, οὗ ἀπὸ τοῦ προσώπου ἔφυγεν ἡ γῆ καὶ ὁ οὐρανός καὶ τόπος οὐχ εὑρέθη αὐτοῖς). 요한은 "또 내가…보니"라는 전환어를 사용해서 이 큰 단위(19:11-21:8)의 마지막에서 두 번째 환상 경험으로 넘어간다. 이 단락은, 천년왕국 끝에서 일어난 사탄의 마지막 심판(7-10절)과 하나님이 모든 피조 세계를 새롭게 하시면서 자신의 백성을 온전히 축복하시는 것(21:1-8) 사이에서 아주 중요한 전환을 제시한다. 세상이 궁극적으로 새롭게 되기 전에, 생전에 사탄의 길을 따랐었던 불경건한 죽은 자들의 운명이 마무리되어야 한다. 요한은 20:11-15에서 그들의 운명을 기록한다. 그런데 세상 역사에 대한 매우 중요한 세부 사항, 즉 완전히 새롭게 되기 위한 준비로(21:1-18) 우리가 아는 땅이 사라지는 것(11b-c절)에 대한 언급도 똑같이 중요하다.[72] 4절에서처럼(거기 나오는 설명을 보라), 요한은 "보좌"를 먼저 언급한 다음 그 위에 앉으신 분을 묘사한다(11a절). 하지만 여기에서 그것은 엄위하고 거룩한 "크고 흰 보좌"[73]다. '큰'과 "흰"이라는 형용사는 보좌의 비할 바 없는 권위(참고. 솔로몬의 "큰 보좌", 왕상 10:18)와 신뢰할 만한 의로움(7:14에서 거룩함을 상징하는 "흰"에 대한 주를 보라)을 나타낸다. 요한은 그 보좌에 앉으신 분을 언급하고 묘사하지만 그분이 누구인지 명확하게 밝히지는 않는다. 요한계시록에서 종종 그렇듯이(예를 들어, 4:2-3; 5:7, 13; 6:16; 7:10) 주 하나님이 "그 보좌 위에 앉으신 이"라는 것은 분명하다.[74] 어떤 피조물도 그분의 두려운 임재 앞에 서면 변화되지 않을 수 없기 때문이다(11b절).

11b-c절의 진술은 우리가 전에 직면했던 해석상의 문제를 제기한다(참고. 6:12-14; 16:20). 우리는 "땅과 하늘이 그 앞에서 피하여 간 데 없더라"는 말을 과장법으

---

70. Riddlebarger, *Case*, 204-6.

71. Webb, "Revelation 20," 10-19.

72. 이것은 4 Ezra 7:113-14과 비슷하다. "이 세대의 끝과 앞으로 올 불멸의 시대의 시작 때 썩어짐이 사라졌고, 죄 된 방자함이 끝났으며, 불신이 중단되었고, 의가 증가되며 진리가 나타난" 때가 심판의 날이라고 본다.

73. 이것은 요한계시록에서 보좌가 추가 수식어와 함께 묘사되는 유일한 곳이다("그의", "하나님의" 등과 같은 소유격 외에).

74. 몇몇 신약 본문은 심판에서 그리스도의 역할을 언급한다(예를 들어, 22:12; 참고. 마 25:31; 요 5:26-27). 하지만 이것은 하나님의

로 보아야 하는가?(6:12-14과 16:20의 비슷한 표현이 그렇게 보이는 것처럼, 그 구절에 대한 설명을 보라.) 아니면 이 말은 요한이 단 몇 구절 후에 전제하는 듯한 우주적 변화를 짧고도 신비한 방식으로 묘사하는 것인가?(21:1b-c절을 보라, "처음 하늘과 처음 땅이 없어졌고 바다도 다시 있지 않더라.") 요한계시록에서 20:11의 배치 및 그 구절이 21:1과 밀접하게 연관되어 있는 것 때문에, 20:11을 모든 피조물이 새롭게 될 준비로 분해되고 사라진다는 언급으로 이해하는 것이 더 의미가 통한다. 이 해석의 우주론적, 신학적 의미에 대해서는 21:1-5을 보라.

이 환상이 12-15절로 넘어가면서 제시하는 심판에 대한 묘사는 요한이 환상을 묘사한 다른 많은 부분과 마찬가지로(참고. 20:4-6) 다소 생략되어 있고, 언제나 논리적 순서를 따르지는 않는다. 하지만 일단 끝에 가면 모든 조각이 잘 맞는다. 여기에 나오는 이미지는 다니엘 7:9-10에 강력하게 영향을 받았다. 거기에서 다니엘은 '왕좌가 놓인' 것과 영원하신 하나님이 '불꽃 같은 보좌'에 앉아 심판의 "책들"을 펴신 채 하늘 궁정에서 수많은 천사의 수종을 받고 계시는 것을 본다. 즉각적인 의미에서 다니엘 7장은 "작은 뿔"의 패배와 심판을 가져오는 하나님의 명령을 전한다. 작은 뿔은 궁극적으로 요한계시록의 "짐승", 곧 마지막 날에 하나님을 향한 세상의 전투를 이끄는 인간 지도자를 나타낸다(계 13:1-8; 19:19-21).[75] 하지만 요한은 이것을 더 각색해서 용이나 사탄(20:10) 그리고 인간 역사 내내 하나님의 뜻에 저항한 모든 인간을 포함하는 모든 악에 대한 하나님의 무서운 심판 유형으로 만든다.[76] 이것을 경솔하게 이후의 기독교 신학에서 나온 보편적 심판(예를 들어, 시스티나 성당에 있는 Michelangelo의 '최후의 심판' 혹은 1758년 3월 John Wesley의 '대심판'이라는 설교), 즉 모든 시대의 죽은 자나 산 자, 경건한 자나 불경한 자가 하나님 앞에 청산하기 위해 선다는 개념을 배경으로 해석하지 않는 것이 중요하다. 뒤에 나오는 논의를 보라.

20:12-13 또 내가 보니 죽은 자들이 큰 자나 작은 자나 그 보좌 앞에 서 있는데 책들이 펴 있고 또 다른 책이 펴졌으니 곧 생명책이라 죽은 자들이 자기 행위를 따라 책들에 기록된 대로 심판을 받으니 바다가 그 가운데에서 죽은 자들을 내주고 또 사망과 음부도 그 가운데에서 죽은 자들을 내주매 각 사람이 자기의 행위대로 심판을 받고(12 καὶ εἶδον τοὺς νεκρούς, τοὺς μεγάλους καὶ τοὺς μικρούς, ἑστῶτας ἐνώπιον τοῦ θρόνου. καὶ βιβλία ἠνοίχθησαν, καὶ ἄλλο βιβλίον ἠνοίχθη, ὅ ἐστιν τῆς ζωῆς, καὶ ἐκρίθησαν οἱ νεκροὶ ἐκ τῶν γεγραμμένων ἐν τοῖς βιβλίοις κατὰ τὰ ἔργα αὐτῶν. 13 καὶ ἔδωκενἡ θάλασσα τοὺς νεκροὺς τοὺς ἐν αὐτῇ καὶ ὁ θάνατος καὶ ὁ ᾅδης ἔδωκαν τοὺς νεκροὺς τοὺς ἐν αὐτοῖς, καὶ ἐκρίθησαν ἕκαστος κατὰ τὰ ἔργα αὐτῶν). "죽은 자들이 큰 자나 작은 자나 그 보좌 앞에 서 있[고]"(12a-b절) '심판을 받'기 위해 그곳에 있다는(12f, 13c절) 12절의 내용은, 분명 하나님의 통치 혹은 4-5장에서처럼 하늘의 예배와 경배만이 아닌 하나님의 심판을 묘사하는 장면이다.[77] 그리고 이 심판은 이 세상의 벌과 패배의 문제가 아닐 것이다(예를 들어, 단 7:9-10; 욜 3:1-3, 9-12에서처럼).[78] 그것은 산 자가 아니라 죽은 자에 관한 것이며(12a, 12f, 13a-b절), 인류의 모든 계층 출신의 죽은 자들이기 때문이다("큰 자나 작은 자", 12a절; 참고. 11:18). 이 죽은 사람들이 하나님 앞에 있는 것은 명백하게 대답할 수 없는 서너 가지 중요한 문제를 제기하지만, 전체적 관점에서 볼 때 만족할 만한 수준

역할을 대신하는 것이 아니라 보완하는 것으로 보아야 한다.

75. Collins, *Daniel*, 299-304.

76. Bauckham, *Theology*, 106-7; Woods, *Daniel*, 187-92.

77. 요한은 12절을 시작하기 위해 "또 내가 보니"라는 문구를 사용한다. 하지만 12-15절이 11절에서와 똑같은 주제를 계속하고 있는 것이 분명하다(두 구절에 "보좌"라는 연결어가 나오는 것을 보라). 이것은 같은 환상의 세부적 부분이다.

78. T. Francis Glasson, "The Last Judgment in Rev. 20 and Related Writings," *NTS* (1982): 528-29.

으로 해결할 수 있다.

첫째, 그들이 "그 보좌 앞에 서 있"(12b절)다는 사실 자체가 육체에서 분리된 형태(부활 이전, 6:9의 "영혼들" 처럼) 혹은 부활한 형태로 존재하는 것을 암시할 수 있다. 하지만 죽은 자들을 "내주고"(13절)라는 묘사는 부활한 죽은 자들 쪽으로 기울어지게 한다. 고대 유대 사상에서 죽은 자들을 그들의 이전 위치가 어디이든(바다, 죽음, 음부) 그곳으로부터 돌려준다는 것은 부활을 암시한다(13절의 설명을 더 보라).[79] 둘째, 이들이 부활한 죽은 자들이라면 거기에는 경건한 자와 불경건한 자가 포함되는가?(예를 들어, 단 12:1-2; 마 25:31-46에서처럼.) 이 죽은 자들과 20:4에 나오는 부활한 순교자들(그리고 아마 다른 사람들) 그리고 20:5에 나오는 "그 나머지 죽은 자들"의 관계는 무엇인가? 성경 외의 고대 유대 본문들에 나오는 최후의 심판에 대한 몇몇 환상은 의인과 불의한 자들을 함께 평가해서 복이나 정죄를 받는 결과가 따르는 것을 묘사한다(예를 들어, 2 Bar. 50:1-51:3; T. Benj. 10:6-9; 4 Ezra 7:31-44; Sib. Or. 4:40-49, 179-93).[80] 하지만 요한계시록에 나오는 이 장면은 14-15절에서 부정적 결과("불못")만 묘사하고,[81] 14b절에 나오는 "둘째 사망"에 대한 언급은 "첫째 부활", 즉 둘째 사망이 건드릴 수 없는 사람들(5-6절)과 대조를 이룰 것이다. 이 죽은 자들(12-13절)은 이제 살아나서 하나님의 평가에 직면하는 불의한 자들로 이해하는 것이 더 의미가 통한다.[82]

다니엘 7:10(또한 단 12:1)에 나오는 심판 장면에는 하나님이 그분 앞에 서 있는 사람들을 심판하시는 것과 연관해서 "책들" 혹은 두루마리를 여는 것(12c-f절)이 포함된다(고대 유대 및 기독교 본문들에서 공통적 요소).[83] 여기에서 요한은 "책들이 펴 있고"라고 언급하며, 곧이어 "생명책"이라고 밝히는 "또 다른 책이 펴졌으니"라고 명시한다(12d-e절). 이것은 요한이 인간의 삶과 운명의 기록에 대한 전통에 독특하게 추가한 기독교적인 요소 중 하나로 (행위의) "책들"과 (생명의) "책"을 구분하는 것이다. 요한에게 있어 누군가의 이름이 "생명책"(12e, 15a절)에 있는 것은, 그 사람을 위한 어린양의 속죄의 죽음(13:8; 21:27)뿐 아니라 시간이 시작되기 전부터 그 사람이 하나님의 것이라고 표시하는 신적 주도권(17:8)을 나타낸다.[84] 그것은 "하늘 예루살렘에 있는 의인들의 시민권 목록"[85]과 같은 기능을 한다. 여기에서는 그다음 환상(21:1-8)을 예상하면서 부정적으로 기능하지만, 21:27에서는 긍정적으로 여겨진다.

펴 있는 "책들"(복수, 12c절)의 역할은 12f과 13c절에 명시되어 있다. 이 죽은 자들은 "책들에 기록된 대로 심판을 받"았고, 그것은 "자기 행위를 따라"(according to works) 이루어졌다고 추가로 설명된다(12f절; 또한 13c절). 즉, 어떤 사람이 "행한"(had done, ESV, NIV) 것에 따른다는 것이다. 이 책들은 인간의 행동을 기록한 것으로서 하나님이 인간의 행동을 완전히 영구적으로 알고 계

---

79. Bauckham, *Climax*, 56-70.

80. 유대 자료에서 나온 더 오래된 견해는 심판이 죽을 때 바로 오며 뒤에 가서야 의인들이 부활하리라는 것이다(1 En. 22:13; Pss. Sol. 2:31; 3:11-12; 9:4-5; Josephus, *Ant.* 18.1.3; *J.W.* 2.8.14). 고대 유대 자료에서 심판에 대한 견해들의 변화에 관한 귀중한 개관으로는 Glasson, "Last Judgment," 530-36을 보라.

81. 이 심판에는 "생명책"(12e, 15a절)이 나오기는 한다. 하지만 그 책의 역할은 부정적이다(어떤 사람의 이름이 거기 없으면 둘째 사망으로 이어진다, 15a절). 앞의 12c-f절을 더 보라.

82. 이 견해에 대해서는 Jan Lambrecht, "Final Judgments and Ultimate Blessings: The Climactic Visions of Revelation 20,11-21,8," *Bib* 81 (2000): 368-70을 보라. 이것이 의로운 자들과 불의한 자들에 대한 일반적 심판이라는 Beale, *Revelation*, 1032와 Osborne, *Revelation*, 721-24의 견해는 최후의 심판에 대한 전통적 견해들에 너무 많이 의존하고 있으며(11절에 대한 설명을 보라), 이 장면과 10절(마귀를 불못에 던지는 것)의 연속성 및 4-6절(천년왕국이 시작될 때 의로운 순교자들의 부활 및 둘째 사망을 면하는 첫째 부활의 일부로 다른 의로운 자들의 부활)과 대조된다는 것을 충분히 중시하지 않는다.

83. 예를 들어, 출 32:32-33; 시 69:28; 겔 13:9; 단 7:10; 12:1-2; 말 3:16; 1 En. 47:3; 90:20; 108:3; Jub. 30:19-23; 36:10; *Jos. Asen.* 15:3-4; 1QM 12:2; 눅 10:20; 빌 4:3에는 하늘의 "책" 혹은 행위 기록에 대한 언급이 포함된다.

84. 3:5에 나오는 자세한 논의를 보라.

85. Baynes, *Heavenly Book Motif*, 164-67, 197(인용문은 p. 167에서).

심을 상징하고, 이는 하나님의 심판이 정보에 근거하며 정당한 것임을 보장한다. 이것의 신학적 요점("생명책"에 이 죽은 자들이 없는 것에 비추어, 12d-e, 15절)은, 어린양 안에서 하나님의 선택하시고 구속하시는 사랑이 없으면 모든 인간은 하나님의 의로운 심판이 임할 때 기준에 미치지 못하리라는 것이다(행 17:31; 롬 2:16). 12f절과 13c절에 나오는 진술은 이 죽은 자들에게 선언된 하나님의 부정적 판결을 나타낸다. 그들은 '심판을 받았다' 혹은 정죄를 받았다(두 구절 모두 ἐκρίθησαν).[86] 이렇게 법적으로 결정이 내려진 결과 그들이 어떤 벌을 받을지에 대한 묘사는 15절에 나올 것이다.

요한은 죽은 자들의 심판에 대한 결정적인 진술들 사이에서 그들의 "심판의 부활"(요 5:29)을 죽은 자들을 '내주는 것'으로 묘사한다. 일부는 "바다"에서 또 다른 일부는 "사망과 음부"에서 내주는 것이라고 언급한다(13a-b절). 죽은 자들을 '내준다'는 개념은 하나님이 죽은 사람들을 '안전하게 지키려고' 특정한 장소에 두기 위해 내어준다는 개념에서 나온다. 보캄이 말하듯 "그렇기 때문에 그 장소는 그들을 소유하는 것이 아니라, 하나님께 빚지고 있으며 그분이 부활의 때 반환을 요구하시면 반드시 돌려드려야 한다…죽은 자들은 실제로 하나님께 속해 있다. 하나님은 그들을 안전하게 지키기 위해 스올에 맡겨놓으시지만, 반환을 요구할 권리를 갖고 계신다."[87] 이것은 「에녹1서」 51:1, 「에스라4서」 7:32, 「바룩2서」 42:8, 50:2과 같은 본문에서 볼 수 있다. 그런데 왜 "바다"는 죽은 자들을 위한 장소로서 "사망과 음부"와 구분되는가? "바다"는 죽었으나 통상적으로 장사되지 못한 사람들을 나타내는 듯하다. 바다나 사막에서 사라졌거나, 짐승에게 먹혔거나, 불에 타 죽어 없어진 사람들이다. 이렇게 죽은 자들은 특별한 관심의 대상이었다. 그들은 복이나 심판이 미치지 않는 곳에 있다고 여겨졌기 때문이다(참고. 1 En. 61:5; Sib. Or. 2:234-38). 이와 대조적으로, 사망과 음부는 죽은 자들의 영역을 나타내는 일반적 용어로 보다 '통상적인' 방식으로 죽은 사람들을 나타낸다(1:18; 6:8에 대한 설명을 보라). 이 구분은 바다를 태고의 악의 상징으로 보는 것(아마 21:1에 암시되어 있는 것처럼)에 좌우되지는 않는 듯하다.[88]

20:14-15 사망과 음부도 불못에 던져지니 이것은 둘째 사망 곧 불못이라 누구든지 생명책에 기록되지 못한 자는 불못에 던져지더라(14 καὶ ὁ θάνατος καὶ ὁ ᾅδης ἐβλήθησαν εἰς τὴν λίμνην τοῦ πυρός. οὗτος ὁ θάνατος ὁ δεύτερός ἐστιν, ἡ λίμνη τοῦ πυρός. 15 καὶ εἴ τις οὐχ εὑρέθη ἐν τῇ βίβλῳ τῆς ζωῆς γεγραμμένος, ἐβλήθη εἰς τὴν λίμνην τοῦ πυρός). 14절은 오랜 세월 인류를 억압해온 악한 세력에 대한 하나님의 심판에서 마지막 단계를 나타낸다. 그리스도가 재림하실 때 악마적 삼위일체의 두 구성원인 짐승과 거짓 선지자가 하나님의 정죄를 뜻하는 불못에 던져졌다(19:20). 그 다음에 세 번째 구성원인 마귀가 천년왕국이 끝날 때 그런 운명에 처해졌다(20:10). 이제 옛 질서가 종말에 이를 때 그 뒤를 바짝 이어서 사망과 음부(인류의 마지막 원수를 의인화한 것, 참고. 고전 15:26, 54-55; 히 2:14-15) 역시 같은 운명에 처한다(14a절). 이것은 요한계시록 21:4(다시는 사망이 없음)에서 환기될 이사야 25:8(사망을 멸하심)의 진리를 극적으로 전달한다. 새 예루살렘에서 하나님 백성의 삶은 더 이상 사망의 위협에 직면하지 않을 것이다. 구속받은 자들에게 사망의 위협이 없는 것의 영광과 정죄받은 자들에게 사망이 실재하는 것의 공포를 둘 다 강조하기 위해, 요한은 "불못"이라는 문구를 두 번

86. BDAG 568; LN §56.30.

87. Bauckham, *Climax*, 62. pp. 56-70에서 그가 다루는 내용 전체와 그것을 뒷받침하는 고대 본문들을 보라.

88. Koester, *Revelation*, 780(앞에서 말한 견해를 주장하는); Osborne, *Revelation*, 722(바다는 악을 의인화한다); Bauckham, *Climax*, 68(바다는 단지 죽음 혹은 죽은 자들의 영역인 하데스와 동의어다).

더 사용하면서 이 장을 마무리한다. 이 중 첫 번째는 14b절에 나오는데, "첫째 부활"(6절, 구속받은 자들을 위한 지속적이고 복된 삶이라는 선물)과 대조되는 불못의 의미를 설명하면서[89] 언급된다. 14b절의 "이것은 둘째 사망…이라"는 말은 정죄받은 자들의 육체적 죽음에 이어지는 영적 죽음이 최종적인 것임을 포착한다.

"불못"의 마지막 용례는 15절에서 요한이 이 환상 부분(11-15절)을 요약할 때 나온다. 그것은 각 개인이 "생명책"(12e절)에 기재되는 것의 중요성을 다시 한번 부정적으로 상기시킨다. 요한은 이전 구절들에서는 주로 사람의 집단(12a, 12f, 13a, 13b절의 "죽은 자들")에 대해 말했는데, 여기에서는(13c절의 "각 사람"처럼) "누구든지(τις) 생명책에 기록되지 못한 자"(15a절)에 대해 말한다. 그런 개인의 운명은 정죄의 불못에 '던져지는'(ἐβλήθη) 것이다. 악마적 삼위일체가 전에 사망과 음부와 함께 거기 "던져진" 것과 마찬가지다(19:20; 20:10, 14).

적용에서의 신학

1. 고난, 그다음에 영광

요한계시록 20:4-6은 (요한계시록 21-22장과 함께) 그리스도인에게 주어졌던 반복적 격려에 중요한 긍정적 결론을 제공한다. 신실하게 고난을 견디는 것은 끝에 가서 그만한 가치가 있으리라는 것이다. 이런 개념은 성경이 일관되게 제시하는 틀이다. 곧, 인간의 영광이 자신을 높이는 데서 오는 것이 아니라, 최고의 존재이신 하나님께 복종하는 데서 그리고 심한 반대에 맞서 하나님께 순종하는 데서 온다는 것이다(삼상 2:30; 사 57:15; 마 23:12). 이것은 예수님이 걸어가신 길이고, 그분은 자기 백성에게 그들도 그 길을 따라가라고 부르신다(막 8:34-38; 10:42-45; 빌 2:1-11; 히 2:9-10). 그렇게 따르는 자들은 언젠가 미래의 나라에서 그분의 통치에 참여할 것이다. "참으면 또한 함께 왕 노릇 할 것이요"(딤후 2:12). '그들이 그리스도와 더불어 왕 노릇 하니'(4절)라는 말은 요한계시록에서 여러 번 언급되고(1:6; 5:10; 11:15; 20:6; 22:5), 다니엘 7장에 근거를 둔 하나님 백성의 지상 통치가 성취된 것을 보여준다. 또한 그것은 하나님이 원래 그분의 형상을 지닌 자로서 그리고 그분의 선한 창조물을 다스리고 지키는 자로서 인간이 소유하게 하셨던 영광과 영예의 성취를 시작한다(창 1:26-28; 2:15-17; 시 8:3-8; 롬 8:18-25; 히 2:5-9). 그 일은 여기에서 시작되며 요한계시록 21-22장에 나오는 새 하늘과 새 땅에서 궁극적으로 완성된다. "현재의 고난은 장차 우리에게 나타날 영광과 비교할 수 없도다"(롬 8:18)라는 바울의 견해는 옳다. 현재 우리가 '탄식하는 것'에서 그리고 우리 자신과 전체 피조물의 완

89. 14b절은 환상에 대한 묘사(부정과거를 사용한) 가운데 나오는 요한의 설명적 방백(현재 시제를 사용한)이다. Mussies, *Morphology*, 333을 보라. 또한 4:5에 나오는 제시 방식들에 대한 해설을 보라. 접속사는 사용되지 않는다(접속사 생략). 그것은 주위 자료와 밀접하게 관련되어 있기 때문이다(Levinsohn, *Discourse Features*, 118).

전한 구속을 열망하는 것에서 소망, 곧 우리가 아직 소유하지 않았지만 그리스도 안에서 확신할 수 있는 열렬한 기대를 품고 살아야 한다. 하나님은 지금도 신실하게 고난을 견디는 것을 통해 우리 성품을 다듬고 계신다(롬 5:3-5; 약 1:2-4; 벧전 1:3-9). 하지만 가장 좋은 것은 아직 오지 않았다.

2. 사망의 쏘는 것

요한계시록 20장은 "맨 나중에 멸망받을 원수…사망"(고전 15:26) 그리고 지금까지 살았던 모든 인간의 영원한 미래에 대한 좋은 소식과 나쁜 소식을 전한다. 한편으로 우리는 섬뜩한 육체적 죽음(예를 들어, 도끼로 목을 베임)을 맞이한 사람들, 곧 그들이 저지른 범죄 행위 때문이 아니라 그리스도를 증언하고 참되신 하나님께 신실하다는 이유로 죽임당한 사람들을 본다(4절). 그들이 죽임을 당한 것은 최종적이고 비극적으로 보였을지 모르지만, 이것은 그들의 '끝'이 아니었다. 원수 사망은 그들에게서 뽑혀나갔다. "사망의 쏘는 것"이 제거되었다. 사망에 대한 그리스도의 승리, 곧 그분의 부활 때문이다. 그 부활은 그리스도를 따르는 모든 사람에게도 똑같은 것을 보장한다(고전 15:55-57). 그들은 4절에서 그리스도처럼 부활한 것으로 나타난다. 그리고 그들은 "살아서" 그리스도가 이 땅을 다스리시는 일에 참여한다. 요한계시록에 나오는 일곱 개의 복 중 두 번째는 이 사망으로 인한 변화를 향해 직접 말한다. "주 안에서 죽는 자들은 복이 있도다"(14:13). 마찬가지로, 20:6에 나오는 다섯 번째 복은 이 변화를 더 명료하게 설명한다. "이 첫째 부활에 참여하는 자들은 복이 있고 거룩하도다 둘째 사망이 그들을 다스리는 권세가 없고." 앞에서 설명한 것처럼, "첫째 부활"은 "생명의 부활"(요 5:29), 곧 하나님 및 어린양과 더불어 친교를 나누는 영원한 부활의 삶에 그리스도와 함께 참여할 모든 사람을 포함한다(계 21-22장). 그들은 육체적으로는 죽었지만 영원한 심판으로 이어지는 "둘째 사망"(6절; 참고. 2:11; 20:14)을 맞이하지 않는다. 그리스도를 따르는 자들에게는 사망의 쏘는 것이 사라졌고, 그 예속시키는 능력은 영원히 끊어졌다(히 2:14-15).

반면 11-14절은 "심판의 부활"(요 5:29)을 경험할 수많은 죽은 비그리스도인이 처할 운명을 제시한다. 그들은 하나님의 크고 흰 보좌 앞에 서서 '심판을 받는다'(12, 13절). 그들은 둘째 사망을 피하지 못할 것이다. "불못"에 던져지는 것이다. 이런 운명으로 인해 그들은 영원한 벌을 받고 하나님의 생명으로부터 영원히 분리될 것이다(20:10; 참고. 14:9-11; 19:20). 그것은 절대 이길 수 없는 사망의 "쏘는 것"과 능력이다. 우리가 이 광대한 인간 비극의 깊이를 어찌 헤아릴 수 있을까! 그리스도인들은 보통 이러한 비참한 결말에 감각이 둔해져 있다. 프랜시스 챈(Francis Chan)이 말했듯이 우리는 신학적이거나 방어적인 반응을 보이며 "요점을 놓칠 수 있다. 이 일은 진짜로 일어난다. 우리는 실제 사람들이 처할 운명을 이야기하고 있다." 그는 여기에 이렇게 덧붙인다.

> 나는 불신자의 미래를 생각할 때마다, 재빨리 그런 생각을 털어버리고 그것이 나의 하루를 망치지 않게 한다. 하지만 여기에는 내가 무시할 수 없는 현실이 있다. 주위 사람들의 대화가 내 귀를 채우는 그 순간에도, 성경의 진리는 그들의 운명에 대해 정신이 번쩍 들게 하는 말들로 내 마음을 헤집어놓는다. 우리는 가상의 사람이 맞이할 운명을 이야기할 수는 있다. 하지만 나는 얼굴을 들어 그들의 미소를 볼 때, 내가 이 책에서 쓴 것을 정말로 믿는지 자문하지 않을 수 없다. 지옥은 진짜다. 그렇다면 나는 어떻게 할 것인가?[90]

그리스도인은 죽음에 무감각하거나, 사망의 쏘는 것에 직면하지 않으리라 우쭐하며 안도하는 반응을 내놓을 수 없다. 우리는 안락과 안전 대신 하나님의 일에 헌신하고, 그리스도 안에서 하나님의 은혜로운 구원의 복된 소식을 들어야 할 사람들에게 희생적이고 겸손하게 전도함으로 반응해야 한다.

90. Francis Chan and Preston Sprinkle, *Erasing Hell: What God Said about Eternity and the Things We've Made Up* (Colorado Springs: David C. Cook, 2011), 104, 107–8. 이 책은 지옥이 필요 없다고 보는 최근의 복음주의 동향에 반대하는 성경적 신학적 변론을 제시하고, 그리스도인의 거룩함과 복음 전도를 긴급하게 명한다.

CHAPTER 27

요한계시록 21:1–27

문학적 전후 문맥

21장은 (19장과 20장처럼) 요한계시록에서 밀접하게 연관된 두 주요 부분에 걸쳐 나누어져 있다. 이 장은 바벨론과 새 예루살렘 사이에 나오는 중대한 종말론적 사건을 다루는 부분(19:11–21:8)에서 마지막이다. 이 부분은 "또 내가…보니"(19:11, 17, 19; 20:1, 4, 11; 21:1)라는 말로 시작되는 일련의 환상들로 구성되어 있고, 21:1–8은 그 시리즈의 마지막 환상이다. 21장의 두 번째 부분은 새 예루살렘의 영광스러운 세부 사항을 묘사하는 더 긴 본문이다(21:9–22:9). 이 구절들은 요한계시록에 나오는 네 개의 중요한 각 환상의 시작을 알리는 특징들로 시작된다(계시의 대행자인 천사가 요한을 "성령으로…데리고" 가는 것, 상세한 설명은 17장의 '문학적 전후 문맥'을 보라). 이 장의 첫 번째 부분(1–8절)은 계시록 전체에서 가장 많이 인용되고, 가장 위로를 주

I. 서언(1:1–8)
II. 첫 번째 환상: 높임받으신 그리스도와 교회에 보내는 그리스도의 메시지(1:9–3:22)
III. 두 번째 환상: 하늘의 보좌와 세 번의 심판 주기(4:1–16:21)
IV. 세 번째 환상: 큰 바벨론의 멸망(17:1–19:10)
V. 사이에 끼어 있는 사건들: 바벨론에서 새 예루살렘까지(19:11–21:8)
  A. 하늘 전사의 압도적 승리(19:11–21)
  B. 크고 흰 보좌에서 천 년 동안 통치하고 심판함(20:1–15)
➦ **C. 새 하늘과 새 땅(21:1–8)**
VI. 네 번째 환상: 새 예루살렘이 내려옴(21:9–22:9)
  A. 하나님의 영광스러운 성, 어린양의 신부(21:9–27)
  B. 회복된 하나님의 에덴과 천사의 교훈(22:1–9)

며, 사랑받는 본문이다. 결어 전에 나오는 더 큰 본문 세트(21:1-22:9)가 요한계시록 전체의 절정이자 그 메시지의 요약임을 쉽게 알 수 있다.

주요 개념

하나님은 새 하늘과 새 땅 그리고 새 예루살렘이 올 때 만물을 새롭게 하신다. 하나님은 거기에서 구속받은 백성과 친히 함께 거하시며 모든 사망, 슬픔, 우는 것, 고통을 폐하신다(21:1-8). 어린양의 신부, 곧 영광스러운 새 예루살렘은 하나님 및 서로와 친교를 나누는 하나님 백성의 활기찬 삶을 위해 풍성하게 공급받고 안전을 아낌없이 제공받는 성으로 묘사된다(21:9-27).

번역

요한계시록 21:1-27

1a	행동/환상 서론	**또 내가 새 하늘과 새 땅을 보니**
b	설명	**처음 하늘과 처음 땅이 없어졌고**
c		**바다도 다시 있지 않더라**
2a	행동	**또 내가 보매 거룩한 성**
		새 예루살렘이
b	묘사	하나님께로부터 하늘에서 내려오니
c		그 준비한 것이 신부가 남편을 위하여 단장한 것 같더라
3a	행동	**내가 들으니 보좌에서 큰 음성이 나서 이르되**
b	선언	보라 하나님의 장막이 사람들과 함께 있으매
c		하나님이 그들과 함께 계시리니
d		그들은 하나님의 백성이 되고
e		하나님은 친히 그들과 함께 계셔서
4a		모든 눈물을 그 눈에서 닦아 주시니(사 25:8)
b		다시는 사망이 없고
		애통하는 것이나
		곡하는 것이나
		아픈 것이
		다시 있지 아니하리니

c 이유 처음 것들이 다 지나갔음이러라

5a 행동/등장인물 입장 **보좌에 앉으신 이가 이르시되**
b 주장 보라 내가 만물을 새롭게 하노라 하시고
c 행동 **또 이르시되**
d 이유 이 말은 신실하고 참되니
e 명령 기록하라 하시고
6a 행동 **또 내게 말씀하시되**
b 선언 이루었도다
c 6b절의 기초 나는 알파와 오메가요
처음과 마지막이라

d 약속 내가 생명수 샘물을
목마른 자에게
값없이 주리니

7a 이기는 자는 이것들을 상속으로 받으리라
b 나는 그의 하나님이 되고
c 그는 내 아들이 되리라(삼하 7:14)
8a 경고 그러나 두려워하는 자들과
믿지 아니하는 자들과
흉악한 자들과
살인자들과
음행하는 자들과
점술가들과
우상 숭배자들과
거짓말하는 모든 자들은
불과
유황으로 타는
못에
던져지리니

b 확인 **이것이** 둘째 사망이라
9a 묘사 일곱 대접을 가지고 마지막 일곱 재앙을 담은
b 행동/등장인물 입장 **일곱 천사 중 하나가**
c **나아와서 내게 말하여 이르되**

d 초대/예고 이리 오라 내가 신부 곧
어린 양의 아내를 네게 보이리라 하고
10a 행동 성령으로

나를 데리고…올라가
크고 높은 산으로

b 묘사 하나님께로부터 하늘에서 내려오는

c **거룩한 성 예루살렘을 보이니**
11a 하나님의 영광이 있어
b 묘사/비교 그 성의 빛이 지극히 귀한 보석 같고
벽옥과 수정 같이 맑더라

12a 묘사 크고
높은 성곽이 있고
b 열두 문이 있는데
문에
열두 천사가 있고
그 문들 위에
이름을 썼으니

c 확인 이스라엘 자손 열두 지파의 이름들이라

13 동쪽에 세 문,
북쪽에 세 문,
남쪽에 세 문,
서쪽에 세 문이니

14a 묘사 그 성의 성곽에는 열두 기초석이 있고
b 그 위에는 어린 양의 열두 사도의
열두 이름이 있더라
15a 행동 **내게 말하는 자가…금 갈대 자를 가졌더라**
b 목적 그 성과
그 문들과
성곽을 측량하려고
16a 묘사 **그 성은 네모가 반듯하여**
b **길이와 너비가 같은지라**
c 행동 **그 갈대 자로 그 성을 측량하니 만 이천 스다디온이요**
d 결과 **길이와 너비와 높이가 같더라**
17a 행동 **그 성곽을 측량하매 백사십사 규빗이니**
사람의 측량
b 묘사 곧 천사의 측량이라
18a 묘사 **그 성곽은 벽옥으로 쌓였고**

b		그 성은 정금인데 맑은 유리 같더라	
19a	묘사: 일반적	그 성의 성곽의	
		기초석은	
		각색 보석으로 꾸몄는데	
b	묘사: 세부 목록	첫째 기초석은	벽옥이요
		둘째는	남보석이요
		셋째는	옥수요
		넷째는	녹보석이요
20		다섯째는	홍마노요
		여섯째는	홍보석이요
		일곱째는	황옥이요
		여덟째는	녹옥이요
		아홉째는	담황옥이요
		열째는	비취옥이요
		열한째는	청옥이요
		열두째는	자수정이라
21a	묘사	그 열두 문은	열두 진주니
b		각 문마다	한 개의 진주로 되어 있고
c		성의 길은	맑은 유리 같은 정금이더라
22a	행동	성 안에서 내가 성전을 보지 못하였으니	
b	설명	이는 주 하나님 곧 전능하신 이와 및	
		어린 양이 그 성전이심이라	
23a	묘사	그 성은 해나	
		달의 비침이 쓸 데 없으니	
b	설명	이는 하나님의 영광이 비치고	
c		어린 양이 그 등불이 되심이라	
24a	행동	만국이 그 빛 가운데로 다니고	
b		땅의 왕들이 자기 영광을 가지고 그리로 들어가리라	
25a	행동	낮에 성문들을 도무지 닫지 아니하리니	
b	설명	거기에는 밤이 없음이라	
26		사람들이 만국의 영광과 존귀를 가지고 그리로 들어가겠고	
27a	행동	무엇이든지 속된 것이나 가증한 일	
		또는 거짓말하는 자는 결코 그리로 들어가지 못하되	
b	대조	오직 어린 양의 생명책에 기록된 자들만 들어가리라	

구조

앞에서 살펴본 것처럼 21:1-8에는 음녀 바벨론의 멸망(17:1-19:10)과 어린양의 신부인 새 예루살렘이 나타나는 것(21:9-22:9)을 연결하는 일곱 개의 연속된 환상 이야기 중 마지막("또 내가 …보니"라는 말로 시작되는) 이야기가 나온다. 그러고 나서 1:9-20, 4:1-2, 17:1-3과 분명하게 문학적 대응을 이루면서 요한은 네 번째 주요 환상인 어린양의 신부, 새 예루살렘에 대한 묘사(21:9-22:9)가 시작되는 것을 알린다. 전환을 알리는 구절(9-10절)이 나온 후 요한은 예루살렘 성의 일반적 인상(11절), 성곽과 문들(12-14절), 성의 치수(15-17절), 성의 건축 자재(18-21절), 그 성에 사는 삶의 특징(22-27절)을 묘사한다.

석의적 개요

V. 사이에 끼어 있는 사건들: 바벨론에서 새 예루살렘까지(19:11-21:8)

- A. 하늘 전사의 압도적 승리(19:11-21)
- B. 크고 흰 보좌에서 천 년 동안 통치하고 심판함(20:1-15)
- ➡ **C. 새 하늘과 새 땅(21:1-8)**
  1. 새 하늘과 새 땅 그리고 새 예루살렘에 대한 환상(21:1-2)
  2. 하나님이 자신의 백성과 함께 계시리라는 하늘의 선언(21:3-4)
  3. 만물이 새롭게 되었다는 하나님의 선언(21:5-8)

VI. 네 번째 환상: 새 예루살렘이 내려옴(21:9-22:9)

- **A. 하나님의 영광스러운 성, 어린양의 신부(21:9-27)**
  1. 요한이 하나님의 신부 새 예루살렘을 보기 위해 성령에 이끌려 감(21:9-10)
  2. 그 성의 일반적인 인상: 빛나는 영광(21:11)
  3. 그 성의 성곽과 문들(21:12-14)
  4. 그 성의 놀라운 치수(21:15-17)
  5. 그 성의 값비싼 건축 자재(21:18-21)
  6. 하나님 및 사람들 사이에 친교를 나누는 성의 활기찬 삶(21:22-27)

본문 설명

21:1-2 또 내가 새 하늘과 새 땅을 보니 처음 하늘과 처음 땅이 없어졌고 바다도 다시 있지 않더라 또 내가 보매 거룩한 성 새 예루살렘이 하나님께로부터 하늘에서 내려오니 그 준비한 것이 신부가 남편을 위하여 단장한 것 같더라(1 Καὶ εἶδον οὐρανὸν καινὸν καὶ γῆν καινήν. ὁ γὰρ πρῶτος οὐρανὸς καὶ ἡ πρώτη γῆ ἀπῆλθαν καὶ ἡ θάλασσα οὐκ ἔστιν ἔτι. 2 καὶ τὴν πόλιν τὴν ἁγίαν Ἰερουσαλὴμ καινὴν εἶδον καταβαίνουσαν ἐκ τοῦ οὐρανοῦ ἀπὸ τοῦ θεοῦ ἡτοιμασμένην ὡς νύμφην κεκοσμημένην τῷ ἀνδρὶ αὐτῆς). "또 내가…보니"(καὶ εἶδον, 1a절)라는 반복되는 문구는 세상과 세상 사람들을 바벨론에서 새 예루살렘으로 데리고 가는 절정 장면 시리즈(19:11-21:8)의 마지막 환상을 시작한다. 이 환상(1-8절)에는 요한이 보는 두 개의 상호 보완되는 전망(1-2절)과 두 명의 화자(3-4, 5-8절)가 나온다. 요한이 1a절에서 보는 것은 "새 하늘과 새 땅"으로 이사야의 예언(사 65:17; 66:22)에서 가져온 하나님의 창조물이 맞이할 영광스러운 미래에 대한 파노라마다. 곧 이어서 설명절이 나온다[(1b절, '왜냐하면'(γάρ)으로 시작되는, 개역개정에는 "보니" 다음에 나오는 이 말이 번역되어 있지 않음-역주)]. 그것은 이전 창조인 "처음 하늘과 처음 땅"과 대조되고, 그것이 "새"것으로 완전히 대체된 것을 보여준다. 그것들은 '없어졌다'(ἀπῆλθαν). 이전의 하늘과 땅이 '없어졌다'는 말은 하늘과 땅이 "피하여 간데없더라"고 나오는 20:11과 관련되어 있다. 이와 같은 표현은 다소 모호하다. 하지만 그것은 적어도 그 이전 상태 혹은 존재 양식이 새로운 것을 위해 종식되었다는 뜻이다.[1] 그것이 멸망하거나 말살되었다고 명백히 나오지는 않는다. 하지만 '없어졌다'(즉, 존재가 사라졌다)는 말은 그런 의미일 것이다.

유사 본문인 베드로후서 3:10-13(이 본문도 이사야 65-66장을 밀접하게 따른다)은 실제로 "새 하늘과 새 땅"(13절)이 나타나기 전에 현재의 하늘과 땅이 불로 멸망하는 것 혹은 풀어지는 것(λύω)을 말하는 듯하다.[2] 하지만 베드로후서 3장은 또한 노아 시대에 세상이 홍수 속에서 '멸망하는 것' 혹은 '파괴되고 있는 것'(ἀπόλλυμι)에 대해 강력한 언어를 사용한다. 따라서 이것은 말살되어 완전히 새로 시작하는 대신 현재 피조 세계를 철저히 새롭게 하거나 개혁하는 것을 언급할 수도 있다. 5b절의 "내가 만물을 새롭게 하노라"라는 진술도 모호하다. 그런데 그것은 멸망되었다가 다시 창조되는 것보다는 철저히 새롭게 되는 것을 암시하는 듯하다. 이 문제에 대한 양측 견해 모두 뒷받침할 만한 고대 유대 본문들을 인용할 수 있는데 그중 대다수가 똑같이 모호하다(예를 들어, 1 En. 91:16과 계 21:1은 대단히 비슷한 말투를 사용한다).[3] "새"라는 말(1a, 2a, 5b절, καινός)[4]은 때로 이것이 '완전히 새로운' 피조물이 될 것인지 '새롭게 된' 피조물이 될 것인지 결정하는 열쇠를 제공하는 것으로 여겨진다. 하지만 개별적 단어들 자체는 통상 그런 요점을 전달한다고 기대할 수 없다(명백한 진술이나 단어의 결합이 요구된다). 그리고 요한은 명백하게 진술하지 않는다. 그는 이 '새로움'이 오는 과정에는 주의를 기울이지 않고 결과에 초점을 맞춘다. 예전의 무질서한 세상 대신 새롭고 변화된 세상이라는 것이다.[5]

우리는 요한이 여기에서 묘사하는 결과와 이 책 나머지 부분이 옛것에서 새것으로 변화되는 것을 어떻게 준비해왔는가 하는 데 초점을 맞춤으로써, 새 창조의 의미를 더 잘 이해할 수 있다. 몇 가지 사항은 분명

---

1. "없어졌고"(ἀπέρχομαι)라는 동사는 종종 '떠나가다, 떠나다 혹은 다른 장소로 출발하다'라는 의미다(예를 들어, 막 5:20; 요 4:8). 하지만 그것은 또한 끝나거나 중단되는 상태나 상황을 언급할 수 있다(예를 들어, 나병, 눅 5:13; 사치스러운 삶, 계 18:14; 비탄 혹은 심판, 계 9:12; 11:14; 참고. BDAG 102). 관련 동사(παρέρχομαι)는 마태복음 5:18, 마가복음 13:31, 누가복음 16:17에서 '없어질' 하늘과 땅에 비해 신적 계시의 지속적 유효성을 주장하기 위해 사용된다.
2. Gale Z. Heide, "What Is New about the New Heaven and the New Earth? A Theology of Creation from Revelation 21 and 2 Peter 3," *JETS* 40 (1997): 46-55.
3. David Mathewson, *A New Heaven and a New Earth*, JSNTSup 238 (Sheffield: Sheffield Academic Press, 2003), 36은 양측을 뒷받침하는 고대 본문의 짧은 목록을 제공한다. 또한 Adams, *Stars Will Fall*, 96-100; Harry Alan Hahne, *The Corruption and Redemption of Creation: Nature in Romans 8:19-22 and Jewish Apocalyptic Literature*, LNTS 336 (London: T&T Clark, 2006), 153-68.
4. "새"(καινός)라는 단어의 의미와 용법에 대해서는 BDAG 496-97, 669; LN §§58.71; 67.115 ("새"를 나타내는 두 개의 헬라어 단어인 καινός와 νέος가 의미상 중복될 수 있다고 말하는)를 보라.
5. Beckwith, *Apocalypse*, 750; Mathewson, *New Heaven*, 38-39.

하다. 첫째, 철저한 변화가 일어났다. 그리고 앞 장들에 묘사된 옛 악한 세상은 끝났다. 사망, 어둠, 상실, 위협, 충돌, 하나님을 향한 반역 등은 생명, 빛, 공급, 안전, 공동체, 하나님과의 친밀함으로 대체된다. 두 피조 세계 사이에는 분명한 불연속성이 있다. 둘째, 어디에서도 이 변화는 우주론적 이원론에 근거를 두지 않는다. 이 이원론은 육체적 존재와 물질세계를 악한 것으로 여기고, 선한 것인 영적 영역 혹은 하늘의 영역과 반대된다고 본다. 기존의 물질적 세상은 하나님의 피조물들이 지은 죄로 황폐하게 되었지만 하나님의 선한 창조물이다. 이 본문은 하늘과 땅이 결합해서 하나님과 그분의 백성이 거하는 곳임을 보여준다. 그리고 땅이 빛을 잃고 하늘에 버려지는 대신 하늘이 땅으로 내려오게 된다. 셋째, 창조계가 아무리 철저하게 개혁되었다 해도, 하나님이 창조하신 옛것과의 연속성을 나타내는 표시들이 새 창조에서 나타난다. 새 예루살렘은 옛것과 똑같은 이름을 지니고, 그 배치와 일상생활은 옛것의 더 나은 특징과 비슷한 견지에서 묘사된다. 요한계시록 22:1-3의 낙원은 하나님이 원래 피조물을 두셨던 동산을 반영한다(창 1-2장). 마지막으로 넷째, 새로운 것이 아무리 옛것을 많이 반영하고 옛것과 연속성이 있다고 해도, 새것은 분명 옛것을 초월하고 그것을 대신한다. 그것은 훨씬 좋으며 창조주가 원래 창조를 위해 의도한 것과 훨씬 비슷하다. 이런 면에서 그것은 그리스도 및 그분을 따르는 모든 사람의 죽을 몸과 부활한 몸의 관계와 유사하다. 옛것과 명백한 연속성이 있지만, 새로운 것이 단연 더 낫다.[6]

이전의 하늘과 땅이 없어진 것에 더하여, 요한은 "바다"의 운명 역시 구체적으로 선언한다. "바다도 다시 있지 않더라"(1c절).[7] 이것은 분명 세상의 악의 원천이었던 바다(참고. 13:1; 단 7:4-6)가 끝났다는 것을 표시하고, 노아 시대처럼 물로 멸망할 일이 없다는 점을 암시할 것이다.[8] 새 창조가 다시 악해져서 옛 창조의 경우처럼 심판을 초래할 가능성은 이제 완전히 제거된다.[9] 요한은 후에 새 창조에서 다른 물(샘, 강)을 묘사한다. 하지만 바다나 대양은 언급하지 않는다(참고. 21:6; 22:1).

요한은 환상에서 "거룩한 성 새 예루살렘"(2a절)을 보았다고 말하며 목적어를 추가한다. 이번에는 "내가 보매"(εἶδον)라는 동사를 절 가운데서 반복한다(개역개정에는 그 말이 구절 시작 부분에 나옴-역주).[10] 이 구절에서 "새"라는 말이 반복됨으로써 1절의 "새 하늘과 새 땅"이라는 말과 주제 면에서 연결된다(또한 5절). 게다가 "거

6. 많은 해석자는 요한계시록 21-22장에서 새 창조가 옛 창조와 어떻게 관련되어 있는가 하는 문제들을 다룰 때 이와 같이 연속성이라는 주제와 불연속성이라는 주제를 명확히 표현한다. 이때 어떤 사람들(Adams, *Stars Will Fall*, 237-39, 251, 254-56; Aune, *Revelation 17-22*, 1117; Osborne, *Revelation*, 720-21, 730, 742-43; Thomas, *Revelation 8-22*, 439-40)은 불연속성(옛것은 멸망하고 완전히 새로운 창조로 바뀐다)을 강조한다. 다른 사람들(Bauckham, *Theology*, 47-51; Chester, "Chaos and New Creation," 344-47; Ladd, *Revelation*, 275-77; McNicol, *Conversion*, 71-72; Christopher Rowland, *Christian Origins: An Account of the Setting and Character of the Most Important Messianic Sect of Judaism*, 2nd ed. [London: SPCK, 2002], 296)은 연속성(이것은 하나님의 창조를 대신하는 것이 아니라 새롭게 하는 것이다)을 강조한다. 요한계시록 21장에서는 후자의 접근이 더 맞는 듯하다(또한 롬 8:18-22; 히 12:22-29에 나오는 유사 구절들을 보라). Mathewson, *New Heaven*, 35-39는 그 둘을 잘 조화시킨다. 가장 이른 시기의 두 해석자들로는 Weinrich, "Oecumenius," 95와 Weinrich, "Andrew of Caesarea," 195를 보라. 둘 다 로마서 8장의 사고를 따라 옛 창조와 새 창조 사이의 연속성을 강조한다(그들은 롬 8:21을 인용한다).

7. 바다는 요한이 다른 곳에서 하늘 및 땅과 함께 포함시키는 창조의 3분의 1이다(예를 들어, 5:13; 10:6; 참고. 14:7; 출 20:11; 시 146:6).

8. Bauckham, *Theology*, 52-53은 후자를 시사한다.

9. 이것은 Jonathan Moo, "The Sea That Is No More: Rev 21:1 and the Function of Sea Imagery in the Apocalypse of John," *NovT* 51 (2009): 148-67의 결론이다.

10. '내가 보니'라는 동사는 목적어구("거룩한 성" 등)에 의해 문장을 시작하는 접속사 '그리고'(καί)와 분리되어 있으므로, 이것은 '그리고 내가 보니'라는 요한의 표준적 전환 표시와는 완전히 동일하지 않다. 하지만 문맥상 그것은 "또 내가 보니"라는 말이 같은 환상의 상호 보완적인 부분으로 두 구절 연속해서 나오는 20:11-12과 비슷한 듯하다.

룩한 성"이라는 호칭은 과거 이스라엘에 있던 지상 예루살렘과 분명한 연속성을 보여준다. 그것은 이스라엘 민족의 삶에서 종교적, 정치적 중심지를 흔히 일컫는 말이었기 때문이다.[11] 하지만 그것은 또한 "새"라는 말과 "하나님께로부터 하늘에서 내려오니"(2b절)라는 묘사로 지상의 예루살렘 성과 구분된다. 두 수식어는 모두 3:12에서 사용된 바 있다. 거기에서 이기는 자에게 하신 그리스도의 약속은 앞으로 올 이 복을 예상한다.

일부 해석자는 하늘에서 내려오는 새 예루살렘(혹은 갈 4:26의 "위에 있는 예루살렘" 혹은 히 12:22의 "하늘의 예루살렘")이 영적인 성, 영원한 하늘에 존재하는 비물질적 장소로 육체적, 물리적 세상을 떠나서 가는 곳이라고 생각한다.[12] 하지만 1세기의 유대인 그리스도인 독자에게 그것은 다른 의미를 지닌다는 사실을 지지하는 충분한 증거가 있다. 고대 유대 본문들은 이 땅의 예루살렘에 해당하는 선재하는 하늘의 존재, 하나님이 하늘에 이미 터를 놓고 건설하신 성을 자주 언급한다.[13] 적절한 때가 오면 하나님은 그 성을 땅에 가져오셔서 그곳에 회복된 백성 이스라엘의 중심을 수립하심으로 그 성을 드러내실 것이고, 세상의 모든 민족이 참되신 하나님을 예배하기 위해 그 성으로 올 것이다(1 En. 53:6; 90:29; 4 Ezra 7:26; 8:52; 10:27, 39–59; 13:36; 2 Bar. 4:2–7; 59:4). "하늘에서 내려오니"라는 묘사는 하늘에 있는 천상의 도시를 위해 땅이 소멸된 것이 아니라, 그것이 땅에 수립된 것을 의미한다.[14]

따라서 "새 예루살렘"(2절)과 "새 하늘과 새 땅"(1절)의 연관은 부분 대 전체의 관계인 듯 보인다. 옛 예루살렘이 참되신 창조주 하나님의 성이었기 때문에 원래 창조의 중심이었던 것과 마찬가지로(시 48:1–2; 겔 5:5; 38:12; 마 5:35; 참고. 1 En. 26:1; Jub. 8:12), 그것이 새 창조의 중심 혹은 초점[15]이 되리라는 것이다.[16] 새 예루살렘이 새 하늘과 새 땅과 똑같은 것이라거나 같은 시공간에 있다는 표시는 없다. 구별되어 있지만 관련된 환상으로 제시된다는 사실은 그것이 연관되어 있지만 별개라는 것을 나타낸다(부분 대 전체의 관계). 그러므로 1–2절은 앞으로 올 하나님의 새 세상에 대한 환상을 요약한다. 3–8절에 나오는 말과 9–27절에 나오는 묘사가 그것을 확장한다.

2c절에 나오는 새 예루살렘에 대한 마지막 묘사, 곧 "신부가 남편을 위하여 단장한 것"이라는 말 또한 그 성의 영광(21:9–22:5)에 대한 예고편이다. 요한은 신부라는 주제를 19:7에서 소개했다. 그리고 그리스도의 재림과 지상의 중간 통치라는 절정의 사건에서 그것이 처음 성취되는 것을 보았다(19:11–20:10). 그가 여기에서 그 이미지를 반복하는 것은 그리스도(그리고 하나님)와 그분의 백성의 친밀한 관계(19:7에 대한 설명을 보라)가 새 예루살렘을 중심으로 한 새 창조에서 영원토록 강화될 것이기 때문이다. 성과 신부의 연관은 9–10절에서 다시 나올

11. 느 11:1, 18; 사 48:2; 52:1; 또한 LXX의 사 64:9; 66:20; 단 3:28; 욜 4:17[ET 3:17]; Tob 13:10에서 "거룩한 성"이라는 말이 때로는 "예루살렘"이라는 말이 추가되고 때로는 추가되지 않은 채 나오는 것을 보라.

12. 예를 들어, Michael Wilcock, *The Message of Revelation* (Downers Grove, IL: InterVarsity Press, 1975), 203, 207.

13. 예를 들어, 4 Ezra 7:26; 10:54; 13:36; 2 Bar. 4:2–7. Aune, *Revelation 17-22*, 1052–53; William Horbury, "Land, Sanctuary and Worship," in *Early Christian Thought in Its Jewish Context*, ed. John Barclay and John Sweet (Cambridge: Cambridge University Press, 1996), 208–11; Stone, *4 Ezra*, 213–14, 403을 보라.

14. Sean M. McDonough, "Revelation: The Climax of Cosmology," in *Cosmology and the New Testament*, ed. Jonathan T. Pennington and Sean M. McDonough (London: T&T Clark, 2008), 179–83, 188; McNicol, *Conversion*, 72; Elke Toenges, "'See, I Am Making All Things New': New Creation in the Book of Revelation," in *Creation in Jewish and Christian Tradition*, ed. Henning Graf Reventlow and Yair Hoffman (Sheffield: Sheffield Academic Press, 2002), 139–41.

15. Ladd, *Theology of the New Testament*, 682; Toenges, "New Creation," 146–49.

16. 이것은 후에 그 환상에서 "땅의 왕들이 자기 영광을 가지고 그리로 들어가리라…사람들이 만국의 영광과 존귀를 가지고 그리로 들어"(24, 26절)갈 때 다시 나온다. 성 자체는 새 창조 전체가 아니다. 하지만 아마 그것의 중심일 것이다.

것이다.

21:3-4 내가 들으니 보좌에서 큰 음성이 나서 이르되 보라 하나님의 장막이 사람들과 함께 있으매 하나님이 그들과 함께 계시리니 그들은 하나님의 백성이 되고 하나님은 친히 그들과 함께 계셔서 모든 눈물을 그 눈에서 닦아 주시니 다시는 사망이 없고 애통하는 것이나 곡하는 것이나 아픈 것이 다시 있지 아니하리니 처음 것들이 다 지나갔음이러라(3 καὶ ἤκουσα φωνῆς μεγάλης ἐκ τοῦ θρόνου λεγούσης, Ἰδοὺ ἡ σκηνὴ τοῦ θεοῦ μετὰ τῶν ἀνθρώπων, καὶ σκηνώσει μετ᾽ αὐτῶν, καὶ αὐτοὶ λαοὶ αὐτοῦ ἔσονται, καὶ αὐτὸς ὁ θεὸς μετ᾽ αὐτῶν ἔσται [αὐτῶν θεός] 4 καὶ ἐξαλείψει πᾶν δάκρυον ἐκ τῶν ὀφθαλμῶν αὐτῶν, καὶ ὁ θάνατος οὐκ ἔσται ἔτι οὔτε πένθος οὔτε κραυγὴ οὔτε πόνος οὐκ ἔσται ἔτι, [ὅτι] τὰ πρῶτα ἀπῆλθαν). 많은 경우에서처럼 요한의 환상 체험에는 보는 것에 듣는 것이 수반된다(3-4, 5-8절). 첫 번째로 들리는 것은 하늘의 '보좌에서 나오는 큰 음성'[17](3a절; 참고. 9:13; 16:1, 17; 19:5)이다. 십중팔구 그것은 하나님의 음성이기보다는 천사가 하나님의 권위로 말하는 것일 듯하다(9:13; 16:1의 주를 보라). 하나님을 삼인칭으로 말하기 때문이다("하나님의 장막"). 이 "큰 음성"은 지금 제시되는 것, 즉 하나님이 구속받은 인류 가운데 임재하신다는 놀라운 복에 신중하게 주의를 기울일 것을 요구한다("보라", 4:1에 대한 주를 보라). 하나님의 "장막"[18]이 "사람들과 함께"(μετὰ τῶν ἀνθρώπων, 3b절)[19] 있는 것은 창세기 3장에서 사람들이 하나님에게서 숨고 동산에서 쫓겨나기 전에 그분과 직접 소통하던 에덴의 상태(창 1-2장)로 돌아가는 것이며, 거기에서 한 걸음 더 나아가는 것이기도 하다. 이것은 3c절 "하나님이 그들과 함께 계시리니"(σκηνώσει μετ᾽ αὐτῶν)에서 3b절에 나온 것과 같은 어원의 동사 형태가 쓰인 것으로 강화된다(또한 7:15을 보라; 참고. 슥 2:10-13). 이 구절의 마지막 두 선언(3d-e절)은 하나님과 직접 소통하는 복이 훨씬 친밀한 특성과 기초를 지녔음을 나타낸다. "그들은 하나님의 백성들(peoples)이 되고"[20] "하나

17. 어떤 사본들을 보면 "보좌에서"(ἐκ τοῦ θρόνου)라고 되어 있는 대신 "하늘에서"(ἐκ τοῦ οὐρανοῦ, 참고. KJV, NKJV)라고 나온다. "보좌"라는 독법이 더 강력한 외적 지지를 받고[א, A, 94 대 P, 046, 그리고 수많은 Byzantine 및 비(非) Byzantine 소문자 사본], 관련 구절(예를 들어, 10:4, 8; 14:2, 13; 18:4)에 나오는 '내가 하늘에서 나는 소리를 들으니'라는 낯익은 말로 인해 바뀌었을 것이다.

18. "장막"(σκηνή)이라는 말은 광야의 성막이나 구약의 성전에서 하나님이 그분의 백성 가운데 거하신다는 성경의 암시들로 가득하다(출 40:34; 레 26:11-12; 삼하 7:2; 대상 6:32; 대하 1:3). 엄위하신 하나님이 땅에 사신다는 역설에도 불구하고 그렇다(왕상 8:27). 이것은 몇몇 고대의 비정경적 본문(예를 들어, T. Dan 5:12-13; Sib. Or. 3:785-87)에서 미래로 투사되어 있다. 같은 어원에서 나온 '거하다'라는 말은 예수님이 사람들 가운데 거하러 오신 하나님이신 말씀으로서 성육신하신 것을 묘사하기 위해 사용된다(요 1:1, 14).

19. "사람들과 함께"라는 문구는 헬라어로 μετὰ τῶν ἀνθρώπων이고, 사람들의 계층을 언급하기 위해 총칭적 관사를 사용한다. "인류와 함께, 백성들과 함께"(BDAG 81)라는 것이다. 이것은 아마 반대 상황에 대해 말하는 시편 78:60을 암시할 것이다. 하나님이 이스라엘의 죄 때문에 실로에 "사람 가운데 세우신 장막"을 버리시는 것이다. 그런 총칭적 의미는 관사가 있는 혹은 관사가 없는 복수로 표현될 수 있다(LXX 시 77:60에는 관사가 없다). 하지만 인류를 언급하는 요한 특유의 방식은 복수 관사 문구다(참고. 8:11; 14:4). 하지만 총칭적 복수는 문맥에 따라 '그 계층의 모든 구성원'을 언급할 수도 있고 그러지 않을 수도 있다. 9:4, 6, 10에 나오는 비보편적 용법들을 보라(땅의 푸른 것이나 수목은 해하지 말고 하나님의 인을 갖지 않은 사람들만 해하는 것). 이 문구는 원래 Bauckham, *Climax*, 310-11에서 말하는 듯 보이는 것처럼 보편적 구원의 증거가 될 수 없다. "우리는 τῶν ἀνθρώπων이 단지 천사들에게 혹은 짐승들에게 반대하는 (일부) 사람을 의미하는 것이 아니라, 인류를 의미하는 것으로 보아야 한다"(310)라는 말이다. Koester, *Revelation*, 805-6은 그가 여기에서 보편적 구원을 주장한다고 이해한다. 하지만 *Climax*, 310에 나오는 Bauckham의 말은 과도할 것이다. 그의 책 *Theology*, 139-40에서 그는 여전히 "보편주의"라는 말을 사용하지만, "그것은 요한계시록이 한 명도 빠짐없이 모든 사람이 구원받으리라고 예언한다는 의미로 받아들여서는 안 된다"(139)라고 덧붙인다. 그는 회개하지 않는 사람들이 새 예루살렘에서 배제된다고 언급하는 구절들을 인용한다(21:8, 27; 22:15).

20. 현대의 활자체 헬라어 본문(NA[28]; UBS[5]; SBLGNT) 및 대부분의 최근의 주석은 21:3d에서 단수인 "백성"(λαός)보다 이문인 "백성들"(λαοί)을 택한다. 많은 최근 역본이 여전히 CSB, NRSV에서처럼 "백성들"이라고 하는 대신 "백성"이라고 번역함에도 그렇다(예를 들어, ESV, KJV, NABR, NASB, NET, NIV, NJB). 복수 형태를 뒷받침하는 외적 증거가 더 많고(pl.: א, A, 046, 2050, 2053, 2329; sg.: P, 1006, 1611, 1841, 1854), 이와 같은 문맥에서 "하나님의 백성"이라는 구약 문구가 반영된 것으로 보아 복수로 해석하는 것이 더 힘들며, 아마 필사자가 의식적으로든 무의식적으로든 정정했을

님은 친히 그들과 함께 계셔서"[21]라는 말이다.

'백성들'(3d절, 개정개역에는 "백성"-역주)이라는 복수형은 비슷한 용어로 말하지만 하나님의 백성(즉, 이스라엘)이라고 언급하는 구약 본문들과 대조된다. 그 본문들은 레위기 26:11-12, 에스겔 11:20, 37:27, 예레미야 31:3, 33, 스가랴 8:8 등이다.[22] 새 예루살렘, 어린양의 신부(2, 9-10절)를 구성하는 사람들(계 21:3b)이 "백성"이 아니라 '백성들', 곧 참되신 한 분 하나님과 연합하고 친밀한 친교를 누린다고 해도 다양한 민족적 배경이 영원토록 말살되지 않는 다인종 공동체로 여겨진다는 점은 의미심장하다.[23] 특히 이 구절은 이방인들이 하나님의 한 백성, '참된 이스라엘'에 합병되리라는 것을 뜻하지 않고,[24] 예수님을 따르는 유대인의 인종적 유산이 하나님께 부적절한 것이 되리라는 점을 뜻하지도 않는다. 그 대신 믿는 이스라엘은 늘 그랬듯 계속해서 세상 모든 나라에 대한 하나님의 복의 통로가 될 것이다(창 12:1-3; 계 5:9; 7:9). 참되신 하나님을 아는 새 언약 공동체는 인종적 다양성이 말살되지 않은 채, 그리스도를 통해 확장되어 이스라엘뿐 아니라 다른 나라들을 포함할 것이다(렘 31:33; 겔 37:27). 이것은 본문 뒷부분에서 이스라엘 열두 지파와 어린양의 열두 사도를 모두 기념하는 새 예루살렘의 기념물(21:12, 14)로 상징된다. 또한 나라들이 하나님과 어린양께 영광을 드리기 위해 그 성으로 밀려들어오는 새 땅의 초점으로 예루살렘을 배치한 것(21:22-22:5)으로도 상징된다.

구체적인 견지에서 이 새롭게 함의 의미가 더 묘사됨에 따라, 독자들은 하나님과 맺은 친밀한 관계를 새롭게 하는 것과 인간의 삶을 그분이 언제나 의도하셨던 대로 회복한다는 것이 무엇인지 깨닫는다(4절). 요한계시록 전체에서 가장 사랑받고, 가장 많이 인용되며, 가장 격려가 되는 말을 하면서 요한은 오랜 세월 동안 인류가 처했던 상태와 비교하여 그때 찾아올 중대한 변화를 선언한다. 이것은 요한의 묘사 중 가장 친밀하고 부드러운 말로 시작된다. "모든 눈물을 그 눈에서 닦아 주시니"(4a절)라는 말이다. 슬픔에 처한 사람들을 하나님이 자비롭게 돌보신다는 이 말은 이사야 25:8(하나님이 시온으로부터 모든 나라를 다스리시는 것에 대한 본문)에서 나왔다. 그 구절은 요한계시록 7:17에서 그리스도인 순교자들에게 주는 약속으로 이미 인용된 바 있다. 하나님의 새 창조가 이를 때, 공개적으로든 혼자서든 눈물을 흘리게 하는 모든 일은 제거될 것이다.[25] 사망이 완전히 멸망하리라는 예상도 이사야 25장(7-8절)에서 영향을 받았다. "다시는 사망이 없고"(θάνατος, 4b절). 그리스도의 죽음과 부활에서 죄가 완전히 처리되었기 때문에 그리고 사망에 대한 그리스도의 승리가 그분 백성이 맺을 부활의 첫 열매였기 때문에(고전 15:20-22), 하나님의 성취가 이를 때 마지막 원수인 사망에 대한 승리가 영원히 성취될 것이다(고전 15:24-28; 히 2:8-9, 14-15). 끝에 "다시는"(ἔτι)이라는 말이 반복되면서 인간을 괴롭히는 더 광범위한 재앙 목록이 추가된다. "다시는

것이다.

21. 3e절에서 '그들의 하나님으로'(αὐτῶν θεός, 개역개정에는 "친히"-역주)라는 문구는 본문상 확실하지 않다. 하지만 그 독법이 선호된다. 그것의 모종 형태는 많은 사본에 포함되어 있다(그것을 빼놓는 사본들은 046, ℵ 그리고 Byzantine 소문자 사본 일부다). 그것이 포함될 때, 그것은 몇 가지 다른 형태로 나타난다. 하지만 앞에서 말한 독법은 A, 2030, 2050과 2329에 나온다. 빼놓는 것이나 변경한 것은 짧은 본문에 추가하기 위해서라기보다는 어색한 기존 본문을 처리하기 위해서다.

22. 하지만 심지어 구약에서도 "백성"이라는 용어는 참되신 하나님께 돌아온 이방인들을 가리켜 사용될 수 있었다(예를 들어, 왕상 8:43; 사 19:24-25; 25:6-7; 55:3-5; 슥 2:11).

23. Saucy, *Case for Progressive Dispensationalism*, 188-90; Smith, *Revelation*, 282, 289; Thomas, *Revelation 8-22*, 444; Willitts, "Bride of Messiah," 247-53.

24. Beale, *Revelation*, 1047; 1070; Smalley, *Revelation*, 538; Ladd, *Presence of the Future*, 246-61과는 반대로.

25. "눈물"을 제거한다는 것은 원인에 대한 결과를 나타내는 환유다. 단지 슬픔이나 슬픔의 외적 표시가 아니라 슬픔의 이유가 제거될 것이다.

…애통하는 것이나 곡하는 것이나 아픈 것이 다시 있지 아니하리니"(οὔτε πένθος οὔτε κραυγὴ οὔτε πόνος οὐκ ἔσται ἔτι)라는 것이다.[26] 영원히 사라진 인간의 고통을 나타내는 이 목록은 앞으로 하나님이 악을 이기고 승리하실 것이라고 말하는 구약의 예언 본문들을 반영한다(예를 들어, 사 35:10; 51:11; 65:14, 19; 렘 31:16; 참고. 4 Ezra 8:52-53; 2 Bar. 73:1-7). 하늘 음성으로부터 나오는 마지막 선언(4c절)은 이 영광스러운 변화의 근거가 이 환상이 시작되면서 요한이 본 진리에 있다고 말한다. 이 점은 "처음 것들이 다 지나갔음이러라"는 말과, 그것이 하나님의 새 하늘과 새 땅을 위해 영원히 사라졌다는 것(1절)에서 드러난다.

21:5-6 보좌에 앉으신 이가 이르시되 보라 내가 만물을 새롭게 하노라 하시고 또 이르시되 이 말은 신실하고 참되니 기록하라 하시고 또 내게 말씀하시되 이루었도다 나는 알파와 오메가요 처음과 마지막이라 내가 생명수 샘물을 목마른 자에게 값없이 주리니(5 Καὶ εἶπεν ὁ καθήμενος ἐπὶ τῷ θρόνῳ, Ἰδοὺ καινὰ ποιῶ πάντα, καὶ λέγει, Γράψον, ὅτι οὗτοι οἱ λόγοι πιστοὶ καὶ ἀληθινοί εἰσιν. 6 καὶ εἶπέν μοι, Γέγοναν. ἐγώ [εἰμι] τὸ Ἄλφα καὶ τὸ Ὦ, ἡ ἀρχὴ καὶ τὸ τέλος. ἐγὼ τῷ διψῶντι δώσω ἐκ τῆς πηγῆς τοῦ ὕδατος τῆς ζωῆς δωρεάν). 하늘 보좌 알현실에서 나오는 권위 있는 천사의 음성을 묘사한(3-4절) 후 요한은 이제 하나님, 곧 하늘에 있는 "보좌에 앉으신 이"의 음성을 기록한다. 그분은 두 개의 짧은 말(5절), 그다음에 하나의 긴 말(6-8절)을 하신다. 이 말은 다 함께 요한계시록을 절정으로 이끌고 전체 메시지를 요약한다. 이 긴 책에서 하나님은 사실상 여기에서와 1:8(그리고 확실하지는 않지만 아마도 16:17)에서만 직접 말씀하신다. 여기에서 "보좌에 앉으신 이"는 분명 하나님을 언급하고(참고. 4:2-3; 5:7, 13; 6:16; 7:10; 20:11), 반복되는 일인칭 언급들은 5-7절에서 하나님이 화자라는 점을 보여준다(그리고 8절도 포함시켜야 한다. 7절과 대조되기 때문이다). 하나님의 첫 번째 선언은 단호하다.[27] "보라 내가 만물을 새롭게 하노라"(5b절)는 말은 요한이 1절에서 본 것, 즉 피조 세계가 새롭게 되는 것을 언급한다. 이 진술은 이사야 43:19(또한 42:9; 48:6)에 나오는 여호와의 말씀을 반영한다. 하지만 여기에서는 "새 하늘과 새 땅"으로 확장되는 것에 어울리게 "만물"이라는 말이 추가된다(사 65:17; 66:22). 하나님이 만물을 새롭게 하시리라는 것은 요한계시록의 핵심 메시지로 독자들은 그것을 온전히 파악하고 신실하게 순종해야 한다. 이 때문에 하나님의 다음 진술[28]로 그분이 방금 말씀하신 '이것을 기록하라'(γράψον, 5e절)[29]는 명령이 나온다. 더 나아가 그 말을 기록하는 이유로 "이 말은 신실하고 참되니"(5d절)라고 덧붙인다. 여기에서 "이 말"은 방금 진술한 것("내가 만물을 새롭게 하노라")을 가리킬 것이다. 그런데 22:6을 보면 그 범위가 책 전체를 포함하는데, 여기에서도 그럴 수 있다.

이 두 구절에서 요한은 하나님이 그에게 말씀하셨다

---

26. "애통하는 것"(πένθος)은 죽음이나 다른 심각한 상실에 대한 깊은 슬픔을 말한다(참고. 18:11, 15, 19; 또한 창 50:10; 신 34:8; 삼하 13:37). "곡하는 것"(κραυγή)은 여기에서처럼 절망이나 슬픔으로 크게 외치거나 울부짖는 것이다(참고. 출 3:7; 삼하 22:7; 히 5:7). "아픈 것"(πόνος)은 힘든 수고 혹은 여기에서처럼 심한 고뇌 혹은 육체적 고통을 말한다(참고. 16:10-11; 또한 출 2:11; 왕상 15:23; 시 90:10을 보라).

27. '실로'(indeed, 개역개정에는 "보라"-역주)라는 말은 ἰδού를 번역한 것인데, 이 말은 때로 "보라"(look) 혹은 "보라"(behold)로 번역된다(CSB, ESV, NASB, NRSV, RSV). '실로' 혹은 '내가 말하노니'라는 의미에 대해서는 2:10의 주를 보라.

28. 5b절에 나오는 "하시고"(he said)라는 말은 헬라어에서 역사적 현재다(λέγει). 그 말의 취지는 그것을 시작하는 진술에 이어서 나오는 진술(그리고 그 원인, 5d-e절), "이루었도다"(6a-b절)라는 선언이다. 5:5에 대한 주를 보라.

29. 헬라어를 보면 "기록하라"(γράψον)는 명령과 함께 진술된 목적어가 없다. 요한계시록에서 "기록하라"는 말이 나오는 다른 경우에는 기록할 분명한 목적절이 포함된다(예를 들어, 1:11, 19; 14:13; 19:9; 또한 2-3장에 나오는 일곱 번의 경우). 그 명령 자체는 영어로는 어색하다. 그래서 표현을 부드럽게 하기 위해 "이것을"(this down)이라는 말이 추가된다(ESV, NIV에서처럼).

고 세 번째로 기록한다("또 내게 말씀하시되", 6a절). 하지만 이번에는 인용된 내용이 길어서 8절 끝까지 이어진다. 이 구절들에서 하나님은 앞으로 만물이 새롭게 되리라 공포하시고, 그것을 보장하는 자신의 성품을 선언하시며, 독자들이 거기에 어떻게 반응해야 하는가에 대해 몇 가지 약속을 하신다. "이루었도다"(γέγοναν)라는 하나님의 말씀은 요한이 방금 보고 들은 것(1-4절), 곧 하나님의 말씀이 5절에서 묘사한 새 창조의 실상을 선언한다. 이것은 16:17의 예상 선언(하나님의 심판이 결론에 이르렀다, γέγονεν)과 유사하다. 하늘의 관점에서 볼 때 이러한 것들은 이미 이루어졌다(참고. γίνομαι, 일어나다, 발생하다의 완료 시제). 반면 지상의 영역에서는 아직 실제로 성취되지 않았다(6d-7절에서 미래 동사를 통해 미래의 차원이 표면화되는 것을 주목하라). 그렇게 되기까지 성취를 보장하는 것은 하나님의 영원한 성품과 지상의 시공간에서 일어나는 사건들을 그분이 주권적으로 주관하신다는 사실이다. "나는 알파와 오메가요 처음과 마지막이라"(6c절). 이 두 문구는 상호보완적이다. 헬라어 알파벳의 첫 글자인 알파는 기수 혹은 서수로도 사용될 수 있었기 때문이다(즉, 하나 혹은 첫째). 그래서 여기에서 알파와 오메가에 대한 언급은 첫 번째와 마지막 순서를 나타낼 수 있었다(1:8에 나오는 논의를 보라). 그렇다면 이것은 "처음과 마지막"(the beginning and the end, 여기에서와 22:13)일 뿐 아니라, 1:17과 22:13에 나오는 "시작과 마침"(the first and the last)과 매우 비슷하다(사 44:6; 48:12에서 여호와가 만물을 주관하시는 것에 대해 사용됨). 하나님은 여기에서 자신이 모든 것의 기원이며 결승점이라는 것, 특히 역사의 시작과 끝에 관해 그렇다는 것을 주장하고 계신다. 그분은 모든 것을 지으셨고, 신적 목적에 따라 자신의 피조물을 움직이신다. 이 장이 보여주는 바와 같다.

하나님은 주권적 성품에 기초해서, 앞으로 요한의 기록(참고. 5절)을 읽을 모든 사람에게 그분이 장차 가져오실 새 창조의 영광스러운 전망에 반응하도록 두 가지 약속을 하신다(6d-7절). 이 약속들은 2-3장에서 교회에 주는 메시지에 담긴 약속들을 생각나게 한다.[30] 첫째, 누구든지 영적으로 목마른 사람들에게(6d절)[31] 하나님은 생명을 주는 풍성한 "생명수 샘물"을 주실 것이다(7:17; 22:1, 17을 보라; 참고. 사 55:1; 렘 2:13; 슥 14:8; 요 7:37-38). 그리고 그것은 "값없이"(무료로, 선물로, δωρεάν, 또한 22:17; 참고. 롬 3:24) 주어질 것이다. 이어서 두 번째 약속이 7절에 나온다.

21:7-8 이기는 자는 이것들을 상속으로 받으리라 나는 그의 하나님이 되고 그는 내 아들이 되리라 그러나 두려워하는 자들과 믿지 아니하는 자들과 흉악한 자들과 살인자들과 음행하는 자들과 점술가들과 우상 숭배자들과 거짓말하는 모든 자들은 불과 유황으로 타는 못에 던져지리니 이것이 둘째 사망이라(7 ὁ νικῶν κληρονομήσει ταῦτα καὶ ἔσομαι αὐτῷ θεὸς καὶ αὐτὸς ἔσται μοι υἱός. 8 τοῖς δὲ δειλοῖς καὶ ἀπίστοις καὶ ἐβδελυγμένοις καὶ φονεῦσιν καὶ πόρνοις καὶ φαρμάκοις καὶ εἰδωλολάτραις καὶ πᾶσιν τοῖς ψευδέσιν τὸ μέρος αὐτῶν ἐν τῇ λίμνῃ τῇ καιομένῃ πυρὶ καὶ θείῳ, ὅ ἐστιν ὁ θάνατος ὁ δεύτερος). 하나님은 요한이 본 바 만물을 새롭게 하는 일을 성취하실 수 있는 능력에 기초하여 "이기는 자"(ὁ νικῶν)에 대해 말씀하신다. 이기는 자는 교회들을 향한 메시지(2-3장)에서 일곱 번 언급된 그리스도인으로, 그리스도를 믿고 순종함으로 하나님께 반대하는 모든 것과 오랜 투쟁을 벌인 끝에 승리하는 사람이다(2:7에 나오는 논의를 보라). 하나님은 그가 "이것들을 상속으로 받으

30. 2:7, 17, 26, 28; 3:21에 나오는 '내가 주리라', 2:7, 11, 17, 26; 3:5, 12, 21에 나오는 "이기는 자"를 보라.

31. "목마른 자"(τῷ διψῶντι)는 이사야 49:10에서 나온 비유다. 이사야 본문은 하나님이 자신의 주린 양을 먹이시고 필요한 모든 것을 확보하도록 "샘물" 곁으로 인도하신다고 묘사한다. 참고. 계 7:16; 22:17; 또한 요 4:14; 7:37-38을 보라.

리라"(7a절)고 약속하신다. 그것은 1-6절에 묘사된 우주의 새롭게 됨과 사망 및 슬픔에 대한 승리에서 그가 장차 받을 몫을 가리킨다. 신약에서 대부분 그리스도인이 하나님의 아들이나 딸로서 받는 것은 이미 혹은 미래에 값없이 주어지는 "상속"으로 묘사된다.[32] 하지만 이 특정한 주제(κληρονομέω와 관련 단어들을 사용한)는 요한의 복음서와 서신서에는 전혀 나오지 않으며, 오직 요한계시록에만 나온다. 그럼에도 입양 혹은 하나님의 가족이나 백성의 일원이 되는 것이라는 보다 광범위한 개념은 초대 기독교 가르침에서 널리 공유되고 있었고, 그 역시 구약에 근거한다(예를 들어, 창 17:7; 삼하 7:14; 렘 31:33; 겔 34:24의 언약 언어). 여기에서 상속에 대한 약속은 뒤이어 7b-c절에 나오는 약속으로 뒷받침되고 보완된다. "나는 그의 하나님이 되고 그는 내 아들이 되리라"는 약속은 사무엘하 7:14과 매우 비슷하다.[33] 다윗 계열의 왕에게 약속되는 것이 일반화되어, 그들처럼 믿음과 순종을 보이는 사람들에게도 적용된다(계 2:26-27; 3:21에 나오는 더 광범위한 적용을 보라). 이 더 넓은 의미에서, 하나님과 "아들" 혹은 상속자인 자녀가 맺는 친밀한 상호적 관계(7절)[34]는 3절의 핵심을 반복한다. 하나님이 그들과 함께 계시리니 그들은 하나님의 백성이 되고 그분은 그들의 하나님이 되시리라는 것이다.

독자들에게 희생적으로 인내하라고 격려하기 위해 그런 약속을 하고 나서 부정적 측면(8절) 없이 긍정적 측면(6d-7절)만 언급하는 것은 옳지 않을 것이다. 주변을 에워싼 악과 힘겨운 싸움을 벌일 때, 믿음과 순종으로 살기보다는 굴복하고 박해를 피하는 편이 언제나 더 쉬워 보인다. 하지만 요한이 받은 "계시"의 주된 초점은 지금이나 미래에나 우주의 더 큰 실상을 온전히 보는 것이다. 현재 이 세상의 장면에 대한 관점만으로는 불충분하다. 그래서 다른 곳(27절; 또한 9:20-21; 22:15)에서와 마찬가지로 여기에서도 하나님은 요한을 통해 신적 심판과 구속이 모든 인간을 최종적으로 철저히 구분할 것이라는 점을 드러내신다. 하나님이 만물을 새롭게 하시는 것을 경험하는 그분의 구속받은 자들과는 대조적으로, 하나님께 저항하고 악을 택하는 사람들이 있을 것이다.[35] 이 사람들과 그들이 처할 무시무시한 영원한 운명은 8절에 묘사되어 있는데, 이 구절은 악한 행동의 특징적 유형에 대한 여덟 가지 묘사로 시작된다.[36] 그런 사람들이 받을 '몫'(part, 개역개정에는 번역되어 있지 않음-역주)[37]은 "불과 유황으로 타는 못"(8절)이 될 것이다. 사탄, 짐승, 거짓 선지자가 처한 운명과 같다(19:20; 20:14-15). 이것을 "둘째 죽음"이라고 추가로 밝히는 것(참고. 2:11; 20:6, 14)은 그런 운명의 최종성과 비극을 한층 더

32. J. H. Friedrich, "κληρονομέω," *EDNT* 2:298-99.

33. 7b-c절의 "그의"와 "내"라는 대명사들은 헬라어에서 소유의 여격이다(αὐτῷ, μοι). 그 대명사들은 사무엘하 7:14에 나오는 히브리어 표현 형태를 그대로 되풀이한다(전치사 -לְ와 동사 to be를 사용해서 소유를 나타내는). 하지만 이것은 헬라어에서도 인정된 관용구다(하지만 소유의 소유격과 전통적으로 구분되지 않은, BDF §189를 보라).

34. 상속받는 것(7a절)과 아들됨(7c절)을 연관시키는 것은 로마서 8:17, 갈라디아서 4:7에서도 사용된다.

35. 어떤 의미에서 처음 일곱 개의 묘사(세 개의 형용사와 네 개의 명사)를 하나로 통합하기 위해 하나의 헬라어 관사가 사용된다. 하지만 이것은 소위 '그랜빌 샤프의 법칙'(Granville Sharp rule, 어떤 사람을 묘사하는 두 개의 명사가 접속사로 연결되어 있을 때 앞의 명사에만 관사가 붙어 있으면 두 명사가 다 같은 사람을 언급한다는 것-역주) 혹은 구문이 적용되는 경우가 아니다. 이것들은 복수로 되어 있기 때문에 그리고 형용사와 명사들이 섞여 있기 때문에, Granville Sharp가 그런 일련의 단어들이 모두 같은 사람 혹은 사람들에 대한 묘사라고 규정하기 위해 공식화한 규칙은 적용되지 않는다. Wallace, *Grammar*, 278-86을 보라. 여덟 번째("거짓말하는 모든 자들")는 자신의 관사를 가지고 있다.

36. 이 중 대부분은 요한계시록 다른 곳에서 묘사되는 자명한 죄다. "두려워하는 자들"(δειλός)은 반대나 위협에 직면할 때 하나님의 약속에 '신실하지 않은'(ἄπιστος) 혹은 믿지 아니하는 자들과 밀접하게 관련되어 있다(예를 들어, 수 1:9; 신 1:21; 사 13:7; 막 4:40). "흉악한"(βδελύσσομαι에서 나온) 혹은 '혐오할 만한'은 우상 숭배의 결과로 나오는 특성이다(참고. 계 21:27, 관련 단어는 17:4-5에서 나온다, BDAG 172를 보라). "점술가들"(φάρμακος)과 "거짓말하는 …자들"(ψευδής)에 대해서는 9:21, 14:5, 21:27, 22:15에 대한 설명을 보라.

37. 8절에 나오는 '몫'(μέρος)은 배당몫, 어떤 사람에게 할당되는 것이

잘 보여준다. 그것은 어떤 고난이나 박해를 치르더라도 피해야 하는 것이다.

21:1-8과 21:9-22:9에서 사용된 같은 주제들을 이어가는 이미지들은 구약에 대한 암시로 가득 차 있다. 터너(Turner)는 이 구절들에 나오는 50개 이상의 구약 암시에 대한 활용하기 좋은 목록을 제시하는데,[38] NA[28] 헬라어 본문이나 연구용 성경에서 이 본문에 대한 난외 상호 참조 표시들만 세밀히 살펴보아도 충분히 그런 인상을 받을 수 있다. 이것은 요한계시록 전체(10:6-7에 나오는 '예언의 절정'에 대한 해설을 보라)와 특히 이 구절들이 어떻게 "구약의 종말론적 소망의 만개"[39]를 표현하는지 나타내는 좋은 표시다. 사실상 이 구절들에는 성경 전체 이야기에 적절한 결론을 제공하는 풍성한 주제 모음이 나온다. 22장의 '적용에서의 신학'을 보라.

21:9-11 일곱 대접을 가지고 마지막 일곱 재앙을 담은 일곱 천사 중 하나가 나아와서 내게 말하여 이르되 이리 오라 내가 신부 곧 어린 양의 아내를 네게 보이리라 하고 성령으로 나를 데리고 크고 높은 산으로 올라가 하나님께로부터 하늘에서 내려오는 거룩한 성 예루살렘을 보이니 하나님의 영광이 있어 그 성의 빛이 지극히 귀한 보석 같고 벽옥과 수정 같이 맑더라(9 Καὶ ἦλθεν εἷς ἐκ τῶν ἑπτὰ ἀγγέλων τῶν ἐχόντων τὰς ἑπτὰ φιάλας τῶν γεμόντων τῶν ἑπτὰ πληγῶν τῶν ἐσχάτων καὶ ἐλάλησεν μετ' ἐμοῦ λέγων, Δεῦρο, δείξω σοι τὴν νύμφην τὴν γυναῖκα τοῦ ἀρνίου. 10 καὶ ἀπήνεγκέν με ἐν πνεύματι ἐπὶ ὄρος μέγα καὶ ὑψηλόν, καὶ ἔδειξέν μοι τὴν πόλιν τὴν ἁγίαν Ἰερουσαλὴμ καταβαίνουσαν ἐκ τοῦ οὐρανοῦ ἀπὸ τοῦ θεοῦ 11 ἔχουσαν τὴν δόξαν τοῦ θεοῦ, ὁ φωστὴρ αὐτῆς ὅμοιος λίθῳ τιμιωτάτῳ ὡς λίθῳ ἰάσπιδι κρυσταλλίζοντι). 이 구절은 요한계시록의 이 마지막 장들에서 중대한 전환이 일어나는 것을 표시한다. 요한은 19:7에서 어린양의 '신부'(개역개정에는 "아내"-역주)에 대해 간략하게(그리고 21:2에서는 보다 모호하게) 언급했다. 이제 여기에서 다시 그 주제로 돌아가 그녀의 영광스러운 외모를 상세히 살펴본다. 그런데 이 부분에서는 "거룩한 성 예루살렘"(10절)이라는 관련된 비유적 표현을 통해 그녀를 본다. 요한은 이 주제를 다시 다루면서 요한계시록의 마지막 주요 부분을 시작한다. 이 부분은 17:1-19:10과 유사한데, 거기에서 요한은 사탄의 악한 성 바벨론을 나타내는 큰 음녀와 하나님의 거룩한 성 예루살렘을 나타내는 어린양의 신부의 대조를 마무리한다. 이 부분은 대조를 강조하기 위해 서로 대응되는 방식으로 시작하고 끝난다. 여기 9a절은 17:1과 마찬가지로, "일곱 대접을 가지고…천사 중 하나가 나아"왔을 때(17:1에 나오는 표현이다. 참고. 15:1; 16:1) 환상이 시작된다.[40] 여기에서 요한은 그 대접이 "일곱 재앙을 담은"(참고. 15:1, 7)[41] 것이라는 말을 덧붙인다. 9c절은 계속해서 "내게 말하여 이르되 이리 오라…네게 보이리라"(17:1과 같은 어법)고 말한다.[42] 그런 강력한 대응들이 제시된 후 나오는 대조는 더욱 강하다. 요한에게 큰 음녀의 심판(17:1)을 보이지 않고, 여기에서 목적

다(BDAG 634). 가까운 구절들에서 그들의 '몫'은 이기는 자들이 상속으로 받는 것(7a절)과 대조되며, 더 광범위한 문맥에서 그 단어는 첫째 부활에 참여하는 것(20:6) 혹은 생명나무와 거룩한 성에 참여함을 잃어버리는 것(22:19)에 대해 사용된다. 그것은 마태복음 24:51과 누가복음 12:46에서도 어떤 사람의 영원한 운명을 가리켜 사용된다.

38. Turner, "New Jerusalem," 278-80.

39. Turner, "New Jerusalem," 280.

40. 하나님의 진노를 부은 이 천사들이 바벨론의 심판에 대한 환상에서뿐만 아니라 하나님의 구속의 절정인 새 예루살렘의 영광을 계시하는 일에서도 일익을 담당하는 것은 역설적이기는 하지만 적절하다. 하나님의 창조가 완전히 새롭게 되고 하나님과 인간과의 친밀한 사귐이 회복되려면 원래 그 친교를 결렬시키고 그 창조를 타락하게 했던 악을 최종적으로 심판해야 했다.

41. 9a절에 나오는 "담은"(γεμόντων)이라는 분사는 분명 5:8, 15:7에서처럼 "대접"(대격, φιάλας)을 수식한다. 하지만 여기에서 그것은 대신 앞에 나오는 "천사"(소유격, ἀγγέλων)에 문법적으로 일치시키기 위해 끌어다놓았다. 이것은 요한의 개인 언어를 보여주는 또 다른 예다(의미가 분명할 때 애매한 문법적 일치가 더 용인된다).

42. 9d, 10c절에서 사용된 '보이다'(δείκνυμι/δεικνύω)라는 동사는 요한계시록에서 하나님으로부터 오는 계시를 의미한다(여기에서는 천사를 통해). 1:1, 4:1, 17:1을 보라.

어는 "신부 곧 어린양의 아내"(τὴν νύμφην τὴν γυναῖκα τοῦ ἀρνίου, 9d절)다.[43] 그녀는 이미 자신의 혼인을 위해 "자신을 준비"했다(19:7). 새 예루살렘은 "그 준비한 것이 신부가 남편을 위하여 단장한 것 같더라"(21:2)고 묘사되었다. 이 단장은 11절부터 상세히 제시될 것이다.

하지만 그런 세부 사항이 나오기 직전에 요한은 이 새로운 주요 부분의 시작을 강화하고(10a절) 대안적 이미지를 다시 확립한다(21:2에서처럼). 하나님이 준비하신 영광스러운 성인 신부다(10c절). "성령으로 나를 데리고"[44]라는 말 또한 17:3과 매우 유사하다. 목적지만 다를 뿐이다. 여기에서 요한은 "광야로"(17:3) 가는 대신 "크고 높은 산"(10a절)으로 가게 된다. 이 표현은 에스겔 40:2을 반영한다.[45] 그 유리한 위치에서 천사는 요한에게 "거룩한 성 예루살렘"을 드러내 보일 수 있었다(참고. "새"라는 말을 덧붙이는 계 21:2; 11:2에서 지상의 예루살렘은 "거룩한 성"이라고 불리지만 "예루살렘"이라는 명백한 이름은 나오지 않는다. 21:2에 대한 주를 보라). 3:12과 21:2에서처럼, 그 성은 "하늘에서 내려오는" 것으로 묘사된다. 이미 하늘에 존재하며 하나님이 장차 그분의 새 창조 안에서 이 땅에 설립하실 거룩한 장소인 것이다. 그것은 하나님과 영원한 친교를 누리는 구속받은 인류의 활기 넘치는 중심이 될 것이다.[46]

천사가 9-10절에서 말하는 놀라운 상호 관계("신부 곧 어린양의 아내"는 "거룩한 성 예루살렘"이다)는 이 상징들이 사람과 장소를 둘 다 나타낸다는 것을 보여준다. 두 문구에서 그리고 그다음에 나오는 묘사 내내 비유적 언어가 사용되었지만, 우리는 이 두 상징 중 하나를 억지로 선택하지 않아도 된다. 그들을 사랑하시고 그들이 영원히 그분의 것이 되도록 택하신 하나님과 친밀함을 누리며 사는 것(신부)과 하나님이 제공하시는 풍성한 공급과 안전을 누리며 활기찬 공동체 안에서 사는 것(성, 장소)에서는 쉽게 일관성을 발견할 수 있다. 두 표상 모두 그것들이 가리키는 미래의 실상을 이해하는 데 중요한 것을 보여준다. 이것은 둘 중 하나를 선택하는 문제가 아니다.[47]

하늘에서 내려오는 예루살렘(10절)에 대한 언급은 그 성의 다양한 특징에 대한 요한의 상세한 묘사로 이어지는데(21:11-22:5), 대체로 묘사의 방식으로 서술된다(4:5에 대한 주를 보라). 11절은 그 성의 일반적인 외양을 영광스럽고 화려한 것으로 제시하면서 이 묘사를 시작한다. 가장 중요한 것으로 그 성은 하나님의 영광으로 빛난다. 그것은 하나님이 그분의 백성 가운데 임재하신다는 증거다(참고. 사 58:8; 60:1-3; 겔 43:2-5). 그것의 "빛"(φωστήρ) 혹은 광휘[48]는 "지극히 귀한 보석"에 비할 수 있고, 한 가지 예를 들자면 "벽옥과 수정 같"았다(참고. 하나님의 광휘를 묘사할 때 "벽옥"이 사용되는 4:3). 하나님의 임재가 그 성 안에 있기 때문에 너무 눈부신 나머지 요한은 그것을 묘사하느라 애를 먹는다.

뒤이어 묘사될 성곽과 문과 치수와 대단히 귀중한 건축 재료들(12-23절)을 붙잡고 씨름하기 전에, 요한이

43. 어린양이신 예수 그리스도께 '신부'가 있다는 것의 의미로는 19:7에 대한 설명을 보라.

44. 또한 1:10, 4:2에서 '성령으로', 즉 '계시적 경험에 수용적인 상태로'라는 유사 문구를 보라.

45. 하나님은 에스겔을 "매우 높은 산"으로 데리고 가셨다. 거기로부터 에스겔은 영광스러운 회복된 예루살렘을 얼핏 보았다(겔 40-48장).

46. 21:2의 설명과 24-27절에 나오는 만국의 분주하고 활기찬 도시 중심지에 대한 묘사를 보라.

47. Robert H. Gundry, "The New Jerusalem: People as Place, Not Place for People," *NovT* 29 (1987): 254-64는 이 본문이 사람만 상징한다고 주장한다. 이것은 Beale, *Revelation*, 1062-65의 견해이기도 하다. 하지만 Aune, *Revelation 17-22*, 1122(그것이 둘 다를 나타낸다고 암시한다); McNicol, *Conversion*, 72 ("둘 중 하나의 명제가 아니다", "새 예루살렘은 신실하고 새롭게 된 사람들이 사는 장소인 새로 회복된 예루살렘이다"); Osborne, *Revelation*, 733을 보라.

48. "빛"이라는 말은 하늘의 발광체인 별(참고. 창 1:14, 16; 단 12:3; 빌 2:15)에 대해 혹은 그런 천체의 빛나는 특질, 그것의 밝음이나 광휘에 대해 사용할 수 있다(BDAG 1073).

앞으로 나올 구절에서 사용하는 놀라운 이미지들을 어떻게 다루어야 하는지 설명하는 것이 적절할 것이다. 터너가 이 본문에 대한 글에서 제시하는 "새 예루살렘의 해석학"을 간략히 살펴보면, 이 주제에 관해 많은 내용을 제시한다.[49] 그는 한편으로는 자신이 말하는 "과도한 문자주의"와 다른 한편으로는 "물질과 영의 플라톤적 이원론에서 비유적 표현을 영적으로 해석하는 반대 오류" 사이에서 중도를 찾으려 애쓴다.[50] 터너가 지적하듯이 "과도한 문자주의"로 인한 잘못은, 상징적 의미는 그것이 가리키는 실상이 무엇이든 그것을 부인한다고 생각하는 것이다(즉, '문자적'인 것은 곧 '실제, 진짜'이며, 반면 비유적인 것은 '단지 상상의, 존재하지 않는' 것이다).[51] 하지만 5:6에서 "어린양"의 이미지를 그리스도의 상징으로 이해하는 것은 예수님의 혹은 그분의 희생의 실상을 부인하는 것이 아니다. 그것은 오히려 그런 실상을 고양한다. 이와 관련된 것은 요한의 생생한 묘사들이 보통 "상징들이 전하는 실상에 대한 묘사가 아니라 상징들에 대한 묘사"[52]라는 것이다. 요한은 자신이 본 것을 상세히 묘사하는데, 그 묘사가 그것이 나타내는 실상에 하나하나 대응되기 때문이 아니라 그 실체의 측면들을 강력하고 생생하게 전달하기 때문이다.[53]

반대 극단은 모든 상징을 영적으로 해석하는 것이다. 그들은 미래에 있을 하늘의 영광들 혹은 현재 그리스도인의 개인적, 종교적 복에 대한 일반적 언급이라고 본다.[54] 그것은 시공간상에서(계 20장), 그다음에는 새 창조에서(계 21-22장) 이 땅에 하나님 나라를 설립하기 위해 이 세상 역사와 정치에 하나님이 장차 참여하신다는 요한의 일관된 묘사를 빼놓는다. 그것을 영적으로 해석하는 것은 "성경적 종말론의 현실적 특성"[55]을 잃어버리는 것이다. 그래서 새 예루살렘에 대한 많은 묘사는 그 미래의 실상에 문자적으로 대응되지는 않지만, 구속받고 부활한 사람들이 성[56]에서 사는 삶을 표현하기는 한다. 그 삶에서는 하나님 및 그리스도와 직접 예배함으로 친교를 나누며, 새롭게 된 더 광범위한 세상과 활발한 접촉을 하는 한편 그분의 선한 창조를 누린다. 구체적 상징들이 의미하는 바와 그것들이 미래의 실상을 얼마나 많이 반영하는지를 알아내려면 상당한 판단력이 필요할 것이다. 하지만 이것이 대체로 이 주석에서 취하는 접근법이다.

21:12-14 크고 높은 성곽이 있고 열두 문이 있는데 문에 열두 천사가 있고 그 문들 위에 이름을 썼으니 이스라엘 자손 열

49. Turner, "New Jerusalem," 275-78.

50. Turner, "New Jerusalem," 278.

51. 이것은 '그는 정말로 나를 배신했어'라는 의미를 전하기 위해 '그는 문자 그대로 나를 버스 밑으로 던져버렸어'(He literally threw me under the bus, 이기적인 이유로 다른 사람들을 배신한다는 의미의 관용구-역주)라고 말하는 사람들이 저지르는 것과 같은 실수다.

52. Metzger, *Breaking the Code*, 14.

53. Wright(*Resurrection*, xix)가 지적하듯이, "문자적"이라는 것은 "그 단어들이 언급하는 것들이 아니라, 단어들이 사물을 언급하는 방식"에 관한 것이다. 그가 사용하는 예시를 그가 취하는 것과 다른 방향으로 사용하는 것, 즉 '길모퉁이의 저 허름한 싸구려 식당(greasy spoon)'이라는 말은 실제 숟가락을 묘사하려는 것이 아니다[비록 그 곳의 숟가락은 실제로 기름투성이(greasy)일지는 몰라도]. 그것은 '문자적인 숟가락'이 아니다. '기름투성이 숟가락'이 하나의 비유라고 해서 그 지시 대상이 가상의 것이거나 실재하지 않는 것은 아니다. 하지만 그 비유는 문자적인 묘사로는 더 표현하기 어려운 실제 식당에 대해 무언가를 전달한다.

54. 예를 들어, Hendriksen, *More Than Conquerors*, 196-202; Milligan, *Revelation*, 367-71; Smalley, *Revelation*, 578-80; Swete, *Apocalypse*, 298. Jerome이 그의 "Letters"에서 이 본문에 대해 해설한 것을 보라. "분명 이 묘사는 문자적으로 취할 수는 없고[사실상 길이, 너비, 높이가 다 12000펄롱(furlongs, 약 201미터-역주)이라고 생각하는 것은 터무니없다], 그렇기 때문에 그 세부 사항들은 상징적인 것으로 이해해야 한다"(Philip Schaff and Henry Wace, eds., *A Select Library of the Nicene and Post-Nicene Fathers of the Christian Church, Second Series* [New York: Christian Literature Company, 1893], 6:63).

55. Turner, "New Jerusalem," 278.

56. 17-18장의 바벨론/로마와의 대응(Boxall, *Revelation*, 297-99에서 제시된)은 상징성의 배후에서 요한이 그것이 영향을 미치는 세상 중심을 형성하는 실제의(비록 변화된 것이지만) 성을 상상하고 있었음을 보여준다.

두 지파의 이름들이라 동쪽에 세 문, 북쪽에 세 문, 남쪽에 세 문, 서쪽에 세 문이니 그 성의 성곽에는 열두 기초석이 있고 그 위에는 어린 양의 열두 사도의 열두 이름이 있더라(12 ἔχουσα τεῖχος μέγα καὶ ὑψηλόν, ἔχουσα πυλῶνας δώδεκα καὶ ἐπὶ τοῖς πυλῶσιν ἀγγέλους δώδεκα καὶ ὀνόματα ἐπιγεγραμμένα, ἅ ἐστιν τῶν δώδεκα φυλῶν υἱῶν Ἰσραήλ· 13 ἀπὸ ἀνατολῆς πυλῶνες τρεῖς καὶ ἀπὸ βορρᾶ πυλῶνες τρεῖς καὶ ἀπὸ νότου πυλῶνες τρεῖς καὶ ἀπὸ δυσμῶν πυλῶνες τρεῖς. 14 καὶ τὸ τεῖχος τῆς πόλεως ἔχων θεμελίους δώδεκα καὶ ἐπ' αὐτῶν δώδεκα ὀνόματα τῶν δώδεκα ἀποστόλων τοῦ ἀρνίου). 새 예루살렘에 대한 요한의 묘사는 11절에 나오는 그 성의 영광에 대한 일반적인 인상에서 성의 특징, 크기, 귀중한 재료들에 대한 상세한 설명(12-21절)으로 넘어간다. 첫째, 요한은 성곽의 문과 그 기초를 가지고 성곽을 묘사한다(12-14절). 그 성에는 "크고 높은 성곽"(12a절)이 있다.[57] 그것은 고대 독자에게는 잘 설계되고 잘 유지된 안전하고 번영하는 성을 의미한다.[58] 또한 이 인상적인 성곽은 성의 거민을 모든 위협에서 안전하게 지키고, 사람들이 활발하게 상호 작용하는 데 중심지 역할을 한다는 특징을 지닌다. 거기에는 "열두 문"[59](12b절)이 있는데 그 문은 사람들이 성 안팎으로 쉽게 드나들 수 있게 해준다(24-26절에서 이 문들이 절대 닫히지 않고, 사람들이 새롭게 된 땅의 모든 곳으로부터 드나든다는 말을 보라). 또한 "문에 열두 천사"가 있는데, 그것은 모든 적대적 세력에게서 초자연적으로 보호받는다는 이미지를 강화한다. 문들의 또 다른 특징은 에스겔 48:30-31과 매우 비슷한 것으로, 문들 위에 일련의 이름들이 게시되어 있다는 점이다. "문들 위에 이름"(12b절)이 있는데, 이것은 "이스라엘 자손 열두 지파의 이름들"(12c절)이다. 이 이름들은 성을 드나드는 모든 사람에게 아브라함, 이삭, 야곱 혹은 "이스라엘" 그리고 그들의 자손들에게 하신 하나님의 약속을 상기시킨다. 그 성 자체는 하나님이 하나의 민족으로서 이스라엘 백성에게 하신 약속들의 궁극적 성취를 보여준다. 오랜 세월에 걸쳐 다른 민족 출신의 사람들이 그 복에 들어왔겠지만(참고. 기초석 위의 이름들, 14절), 이스라엘의 신실한 자손들은 영원토록 하나님의 백성 가운데서 주요한 위치를 차지할 것이다. 하나님의 구속은 그들과 함께 시작되었고, 거기에는 이스라엘에게 주신 하나님의 약속들이 철회되거나 취소되지 않고 확장되어 다른 사람들이 포함될 것이다.[60] 따라서 문에 대한 세부 사항들은(7:4-8에서처럼, 거기 나오는 논의를 보라) 이스라엘의 모든 지파가 만국 가운데 포로로 있다가 종말 때 다시 모일 것이라는 고대 유대인의 일반적인 기대가 성취된 것을 의미한다.

성에 쉽게 드나들 수 있다는 개념을 더 발전시키면서(또한 에스겔 48:31-34의 영향을 받아) 요한은 열두 문이 성을 중심으로 좌우 대칭으로 배열되어 있다고 명시한다(13절). 동쪽, 북쪽, 서쪽, 남쪽 각 사방에 문이 세 개씩 있다.[61] 요한은 에스겔처럼 각 방향의 지파 이름을 나열하지는 않으며, 순서도 약간 다르다(에스겔서는 북쪽,

57. 12a절과 12b절에 나오는 "있고"(ἔχουσα)라는 분사는 10절의 "성"(τὴν πόλιν, 대격)에 대한 묘사를 계속 이어간다. 하지만 동사의 격은 이 책 내내 묘사적 절에서 사용된 보다 전형적인 주격으로 다시 돌아간다. 12-14절에 나오는 대체로 현재 분사를 포함하는 절들과 동사가 없는(명사적) 절들(그리고 14a절에 나오는 명사적 분사 ἔχων)을 보라.

58. 현대 사회에서 성곽이 있는 성은 외부인을 환영하지 않고 두려워하는 듯 보인다. 하지만 고대 시대에는 그렇지 않았을 것이다. 느헤미야가 주전 5세기에 유다로 돌아가서 제일 먼저 예루살렘의 성곽을 재건하는 데 관심을 둔 것을 보라. 새 예루살렘이 나타날 때 모든 원수가 정복되었다 해서 그 성곽의 비유적 중요성이 줄어들지는 않는다.

59. 이 숫자는 문자적 의미를 지니고 있으나, 단순히 혹은 유일하게 문자적인 것은 아니다. "열두 지파"는 하나님이 하나님의 민족으로서 이스라엘을 회복시키시는 것이 충분하다는 혹은 완전하다는 개념을 함축한다(1:4; 7:4; 20:2-3에서 요한계시록에 나오는 숫자들에 대한 논의를 보라).

60. 요한계시록 7:4-8과 7:9-17에서도 이와 유사하게 구속받은 하나님 백성의 두 집단을 인지하는 것을 보라.

61. 또한 누가복음 13:29(사람들이 동서남북으로부터 와서 메시아적 잔치에 참석하는 것)을 보라.

동쪽, 남쪽, 서쪽 순서다). 하지만 두 글은 분명 비슷하다.

성곽의 기초는 14절에 간략하게 묘사되어 있는데, 문들의 경우처럼 각각 신학적인 의미에 초점을 둔다. 요한은 "성곽"에 (문자적으로) "열두 기초석"이 있다고 말한다. 성곽이 거대한 기초석들 위에 세워져 있다는 의미다(즉, 그것은 영원하고 영속적인 성이다, 참고. 히 11:10).[62] 그 귀한 재료들은 19-20절에 명시되어 있다. 하지만 여기에서 요점은 기초석의 수가 완전함을 의미하는 숫자인 열두 개라는 것이다. 거기에는 12절에 나오는 문처럼 열두 개의 중요한 이름이 새겨져 있다. 그 이름들은 "어린양의 열두 사도"(14b절)다. 이것은 신약 교회의 충만함, 그리스도가 모퉁잇돌이 되셔서(엡 2:20; 참고. 고전 3:11) 사도들과 선지자들 위에 세우신 하나님의 "건물"을 나타낸다. 그것은 유대 출신과 이방인 출신의 그리스도를 믿는 신자들을 포괄한다. 새 예루살렘 안에 있는 열두 사도의 이름은, 하나님이 구속의 약속들을 확장하셔서 그분의 백성 이스라엘 외의 다른 사람들도 포함하신 것을 영원히 나타낼 것이다.[63] 여기에서 '그리스도'나 '주'가 아닌 "어린양"이라고 말하는 것은 이 성의 모든 시민을 구속하기 위한 예수님의 자기희생을 상기시킨다. 그리고 9절에 나오는 이 부분의 출발점인 "신부 곧 어린양의 아내"라는 말과 연결될 것이다.

21:15-17 내게 말하는 자가 그 성과 그 문들과 성곽을 측량하려고 금 갈대 자를 가졌더라 그 성은 네모가 반듯하여 길이와 너비가 같은지라 그 갈대 자로 그 성을 측량하니 만 이천 스다디온이요 길이와 너비와 높이가 같더라 그 성곽을 측량하매 백사십사 규빗이니 사람의 측량 곧 천사의 측량이라(15 Καὶ ὁ λαλῶν μετ' ἐμοῦ εἶχεν μέτρον κάλαμον χρυσοῦν, ἵνα μετρήσῃ τὴν πόλιν καὶ τοὺς πυλῶνας αὐτῆς καὶ τὸ τεῖχος αὐτῆς. 16 καὶ ἡ πόλις τετράγωνος κεῖται καὶ τὸ μῆκος αὐτῆς ὅσον τὸ πλάτος. καὶ ἐμέτρησεν τὴν πόλιν τῷ καλάμῳ ἐπὶ σταδίων δώδεκα χιλιάδων, τὸ μῆκος καὶ τὸ πλάτος καὶ τὸ ὕψος αὐτῆς ἴσα ἐστίν. 17 καὶ ἐμέτρησεν τὸ τεῖχος αὐτῆς ἑκατὸν τεσσεράκοντα τεσσάρων πηχῶν μέτρον ἀνθρώπου, ὅ ἐστιν ἀγγέλου). 새 예루살렘에 대한 또 다른 중대한 묘사 방식은 15-17절에서처럼 성의 치수, 크기와 대칭에 모두 초점을 맞추는 것이다. 새로운 부분으로 바뀐다는 것은 9절에서 요한에게 그 성을 보여주기 위해 나왔던 천사가 다시 언급된 것으로 알 수 있다. 이제 그 천사는 "금 갈대 자"를 가지고 있다고 묘사된다. 그는 그 자로 "그 성과 그 문들과 성곽"(15절)을 측량할 수 있었다. 이 천사는 에스겔의 환상에 나온 인물과 비슷하다. 그는 에스겔이 본 성전의 크기를 보여주기 위해 "측량하는 장대"를 가지고 나타났다(겔 40:3, 5; 42:16; 참고. 슥 2:2, 한 천사가 예루살렘을 측량하는 것). 요한계시록 11:1-2에서 측량하는 자와 성전 측량은 파괴 후 회복하고 재건하시겠다는 하나님의 약속을 나타낸다(거기 나오는 논의를 보라). 하지만 에스겔서와 마찬가지로 여기에서 천사의 측량은 새 성의 중요한 특징들을 나타내는 전달 수단이다. 성을 측량하는 행동은 기록되어 있지 않다. 하지만 16절에 그 결과가 나온다.

먼저 그 측량은 성이 "네모가 반듯하"[64]다는 것을 보여준다. 더 구체적으로는 정사각형("길이와 너비가 같은지라", 16a-b절)이다. 고대 사회에서 성을 만들 때 지리적으로 가능한 곳에서는 일반적으로 정사각형으로 만들었는데[65] 그것은 아마 잘 설계되고 적절하게 기능하는 공동체를 나타낼 것이다. 더 중요한 것은 마지막 절인

---

62. BDAG 448.

63. 12절과 14절에 나오는 두 세트의 열두 이름은 상호 보완적이지만 똑같은 것은 아니다. 7:4-8과 7:9-17에 나오는 두 집단이 상호 보완적이지만 똑같지 않은 것과 마찬가지다.

64. "네모가 반듯하여"라는 문구는 τετράγωνος라는 단어를 번역한 것으로, 그 단어는 단지 '네 모퉁이가 있는' 혹은 '네 면이 있는'이라는 의미이지만, 보통 여기에서처럼 똑같은 네 면을 가진 물체를 말한다(참고. BDAG 1000; LSJ 1780).

65. Aune, *Revelation 17-22*, 1160-61은 고대 저자들이 네모로 배치되었다고 묘사한 성들을 인용한다(예를 들어, 니느웨, 바벨론, 니케아,

16d절(16c절은 잠시 건너뛰고)에 나오는 비례인 듯하다. 측량한 결과 그 성은 정사각형일 뿐 아니라 사실상 정육면체다. "길이와 너비와 높이가 같더라." 그렇게 되면 예루살렘 성전에 있는 가장 거룩한 방을 방대한 규모로 복제한 것이 된다(왕상 6:20; 참고. Jub. 8:19, 지성소, 하나님이 거하시는 곳인 에덴). 새 예루살렘의 대칭적 비율은 하나님이 자신의 백성 가운데 임재하시던 곳, 그분의 영광이 땅에서 발견되어야 했던 곳을 복제한다. 그것은 이 본문의 새 창조에서 하나님이 자기 백성과 함께 거하심으로 웅대하게 성취된 예표론적 유형이었다.

앞 절에 인용된 치수는 성의 엄청난 규모를 보여준다. 각 면이 "만 이천 스다디온"(16c절)이었다. 새 창조의 수도이자 중심인 이 성은 권세나 웅대함에서 당할 자가 없을 것이다.[66] 그 성과 구조의 인상적 규모는 17절에서 "성곽"을 측량하는 것에서 다시 언급된다(참고. 15절). 그 치수는 "백사십사 규빗" 혹은 약 66미터다.[67] 이 치수는 아마 성의 높이보다는 너비로 이해해야 할 것이다. 하지만 어쨌든 매우 큰 치수다. 요한은 사용된 자에 대한 설명을 덧붙인다. "사람의 측량 곧 천사의 측량이라." 이 말은 독자들이 이 큰 차원(혹은 16절의 치수)을 통상적인 사람의 자와 비슷한 것이 아니라고 생각해서는 안 된다는 의미다. 그의 환상에서 천사가 사용한 치수는 통상적인 이 세상의 치수다("사람의"라는 똑같은 표현으로 신 3:11을 보라). 인간의 자가 사용된다는 확신에도 불구하고 이 치수들을 순전히 문자적인 것으로 보아서는 안 된다. 모든 시대의 모든 하나님 백성이 그 안에 산다고 보아야 한다는 점을 생각하면, 새 예루살렘의 너비와 길이가 그렇게 어마어마한 것은 아닐 수도 있음은 사실이다. 또한 하나님이 새롭게 된 창조에서 자신이 바라시는 대로 무엇이든 어떤 양식과 크기로든 건설하실 수 있다는 것도 사실이다.[68] 하지만 정육면체 구조라고 묘사된 성은 문자적 묘사이기보다는 비유적인 것일 가능성이 더 크다. 특히 높이가 약 2400미터에 이른다면 더욱 그렇다.[69] 이 본문에서 사용된 묘사들을 어떻게 해석해야 하는가에 대해서는 26절에 나오는 설명을 더 보라.

21:18–21 그 성곽은 벽옥으로 쌓였고 그 성은 정금인데 맑은 유리 같더라 그 성의 성곽의 기초석은 각색 보석으로 꾸몄는데 첫째 기초석은 벽옥이요 둘째는 남보석이요 셋째는 옥수요 넷째는 녹보석이요 다섯째는 홍마노요 여섯째는 홍보석이요 일곱째는 황옥이요 여덟째는 녹옥이요 아홉째는 담황옥이요 열째는 비취옥이요 열한째는 청옥이요 열두째는 자수정이라 그 열두 문은 열두 진주니 각 문마다 한 개의 진주로 되어 있고 성의 길은 맑은 유리 같은 정금이더라(18 καὶ ἡ ἐνδώμησις τοῦ τείχους αὐτῆς ἴασπις καὶ ἡ πόλις χρυσίον καθαρὸν ὅμοιον ὑάλῳ καθαρῷ. 19 οἱ θεμέλιοι τοῦ τείχους τῆς πόλεως παντὶ λίθῳ τιμίῳ κεκοσμημένοι· ὁ θεμέλιος ὁ πρῶτος ἴασπις, ὁ δεύτερος σάπφιρος, ὁ τρίτος χαλκηδών, ὁ τέταρτος σμάραγδος, 20 ὁ πέμπτος σαρδόνυξ, ὁ ἕκτος σάρδιον, ὁ ἕβδομος χρυσόλιθος, ὁ ὄγδοος βήρυλλος, ὁ ἔνατος τοπάζιον, ὁ δέκατος χρυσόπρασος, ὁ ἑνδέκατος ὑάκινθος, ὁ δωδέκατος ἀμέθυστος, 21 καὶ οἱ δώδεκα πυλῶνες δώδεκα μαργαρῖται, ἀνὰ εἷς ἕκαστος τῶν πυλώνων ἦν ἐξ ἑνὸς μαργαρίτου. καὶ ἡ πλατεῖα τῆς πόλεως χρυσίον καθαρὸν ὡς ὕαλος διαυγής). 그 치수들에 더하여, 그것이 만들어진 재료에 초점을 맞춤으로써 새 예루살렘의 중요성에 대해 또 다른 통찰을

로마).

66. BDAG 940은 한 스다디온을 8분의 1마일(192미터)로 계산한다. 그러므로 12,000스다디온은 1400–1500마일(2300–2400킬로미터)이 될 것이다. 문자적으로는 거대한 크기다. Talmud 소책자인 b. Meg. 6b는 로마의 크기를 9,000스다디온(1100마일, 1700킬로미터)로 묘사한다. Sib. Or. 5:249–54는 종말 때 유대인들이 "하나님의 성"에 있다고 묘사하는데, 그 성의 "큰 성벽"은 Joppa(약 40마일, 65킬로미터)까지 이른다고 말한다. 전후 문맥을 볼 때 이것은 침략하는 나라들로부터 안전함을 의미한다.
67. BDAG 812에 따르면, 한 규빗은 18인치(45 센티미터)였다.
68. Thomas, *Revelation 8-22*, 466–68.
69. Turner, "New Jerusalem," 277.

얻을 수 있다(18–21절). 여기에서 요한은 11절의 원리로 돌아간다. 하나님이 계시는 성은 눈부신 광휘로 속속들이 가득 차야 한다는 것이다. 다시 한번 우리는 굽이굽이마다 찬란하게 빛나는 화려함과 풍성한 보물들을 만난다. 그 모습은 요한이 도저히 말로 형용하지 못할 정도로 압도적이다. 첫째, 그는 앞서 본 성의 각 부분을 건축하는 데 사용된 물질들을 일반적으로 진술한다. '건물 재료'(ἐνδώμησις, 18a절, 개역개정에는 "쌓였고"–역주)는 건축하는 행동을 의미할 수 있다. 하지만 환유법으로 그것은 건축할 때 사용된 재료를 의미한다.[70] 그 성곽은 "벽옥"으로 만들어져 있다. 이 단어는 4:3에서 하나님의 영광스러운 나타나심을 묘사하기 위해 그리고 21:11에서 하나님의 영광을 드러내고 있는 성에 대해 사용된 보석으로 다시 돌아간다(또한 19절을 보라). 성 자체는 "정금"(18b절; 참고. 21절)으로 만들어져 있다. 이 금은 "맑은 유리 같"이 빛나는(21절에 비슷한 말이 나온다) 반투명의 매우 순수한 것으로, 이 세상 금의 화려함을 넘어선다.

성곽을 받쳐주는 열 두 개의 거대한 기초석은 14절에 묘사되었고, 그 재료가 이제 아주 상세히 명시된다(19–20절). 그 기초석들은 "각색 보석으로 꾸몄"다. 그런데 이 문맥에서 '꾸미다'라는 말의 의미는 마치 그 기초석 여기저기에 보석을 끼워 넣은 것처럼 '외적으로 장식한' 것 이상일 것이다. 때로 '장식하다'(κοσμέω)라는 말은 "어떤 것을 아름답게 만들다" 혹은 "아름다운 것을 건설하다"[71]라는 뜻을 지닌다. 문맥에 비추어보면 여기에서는 그런 의미일 것이다. 19b–20절이 보여주듯 "보석"은 단지 외적 장식들이 아니라 기초석을 만든 물질 자체다. 이 구절들은 기초석의 재료인 열두 개의 값비싸고 아름다운 보석들을 상세히 열거한다(앞에 나오는 '번역'을 보라). 이 중 많은 것은 구약의 보석 목록에 나온다. 예를 들어, 여호와의 임재 안에 있는 이스라엘 지파들을 상징하는 아론의 흉패 위에 달린 열두 개의 보석(출 28:17–20), 두로의 왕이 하나님과 자신이 같다고 주장할 때 그를 장식하는 보석들(겔 28:12–13), 회복된 예루살렘을 건설하는 데 사용된 값비싼 재료들(사 54:11–12; 참고. Tob. 13:15–18)에 나온다. 그중 세 개는 요한계시록 4:3에서 하나님의 빛남과 영광의 표현으로 쓰인다(벽옥, 홍보석, 녹보석). 그것이 여기에서 그 보석들이 상징하는 의미를 가장 잘 안내해준다. 성곽의 기초석들은 하나님이 이 성에서 자기 백성에게 영광스럽게 임재하시는 것을 나타내기 위해 눈부시고 값비싼 보석들로 묘사된다.

"열두 문"도 마찬가지로 또 다른 종류의 값비싸고 아름다운 재료들을 보여주는 거대한 예다. 그것들은 "열두 진주"(21a절)로 되어 있다.[72] 요한은 거대한 문들이 각각 "한 개의 진주"(21b절)로 되어 있거나 조각되어 있다고 설명한다. 그것은 도저히 상상할 수 없지만, 하나님의 새 예루살렘의 인상적이고 장엄한 모습을 묘사한다. 성의 한 가지 마지막 특징을 구성하는 재료가 언급된다. 그 특징이란 성의 "길"(21c절)이다. "길"(square, πλατεῖα)이라고 번역된 단어는 '넓은 공간'을 의미하고, 복음서와 사도행전에서는 종종 "거리"(streets)로 번역된다(예를 들어, 마 6:5; 눅 10:10; 14:21; 행 5:15). 그런데 이 거리들은 언제나 복수 형태로 되어 있다. 그 단어는 요한계시록에서만 단수로 나오고(11:8; 21:21; 22:2), 하늘의 "거리"가 금으로 포장되어 있다는 대중적 개념이 있지만 이 구절에서는 '주 광장' 혹은 '공공 광장'이라는 의미

70. BDAG 334.

71. 예를 들어, κοσμέω는 누가복음 21:5에서 사용되었다(성전은 "아름다운 돌과 헌물로 꾸민" 것이었다). 또한 마태복음 23:39에서 사용되었다. 거기에서 κοσμέω는 οἰκοδομέω(건축하다, 건설하다)와 유사한 것으로 장식된 무덤을 묘사하는 데 쓰였다.

72. 진주는 전에 큰 음녀 바벨론과 연관된 값비싼 장식 혹은 상품으로 언급된다(17:4; 18:12, 16).

가 더 적절하다(참고. 창 19:2; 삿 19:15-20; 스 1:9). 이 주 광장의 재료는 18절에서 성 자체가 묘사된 것과 비슷하다. 그것은 "맑은 유리 같은 정금"(21c절; 18절의 해설을 보라)으로 되어 있다.

21:22-23 성 안에서 내가 성전을 보지 못하였으니 이는 주 하나님 곧 전능하신 이와 및 어린 양이 그 성전이심이라 그 성은 해나 달의 비침이 쓸 데 없으니 이는 하나님의 영광이 비치고 어린 양이 그 등불이 되심이라(22 Καὶ ναὸν οὐκ εἶδον ἐν αὐτῇ, ὁ γὰρ κύριος ὁ θεὸς ὁ παντοκράτωρ ναὸς αὐτῆς ἐστιν καὶ τὸ ἀρνίον. 23 καὶ ἡ πόλις οὐ χρείαν ἔχει τοῦ ἡλίου οὐδὲ τῆς σελήνης ἵνα φαίνωσιν αὐτῇ, ἡ γὰρ δόξα τοῦ θεοῦ ἐφώτισεν αὐτήν, καὶ ὁ λύχνος αὐτῆς τὸ ἀρνίον). 요한은 성의 치수와 재료 외에 새 예루살렘에 없는 두 가지 특징을 묘사하고, 이 두 가지가 성에 없는 것이 어떻게 하나님의 직접적 임재를 나타내는지 설명한다. '내가 보았다'(εἶδον, 22a절)라는 낯익은 동사를 사용해서(하지만 여기에서는 부정문으로) 요한은 하나님 백성의 공동체에 성소나 "성전"이 없다는 것을 요약해서 언급한다.[73] 학자들은 "하나님께로부터 하늘에서"(2, 10절; 참고. 3:12) 땅으로 내려온 새 예루살렘에 성전이 없다는 점에 당혹스러워한다. 보좌 알현실 자체가 성전 역할을 하는 것으로 이해되었기 때문이다(4:5-6에 나오는 논의를 보라). 하지만 이 성이 하늘에 미리 존재했다고 해서 하나님의 보좌 알현실/성전과 같은 시공간상에 있다는 의미는 아니다.[74]

또 하나 당혹스러운 점은 왜 요한이 일반적인 유대인의 기대, 곧 말일에 회복된 예루살렘에 재건된 성전이 있으리라는 기대를 벗어나는가 하는 것이다(예를 들어, 사 60:13; 63:18; 겔 37:26-27; 슥 6:12-15; 참고. Tob 13-10; Jub. 1:15-18; 5Q15 1:3). 많은 사람이 에스겔의 상세한 성전 환상(겔 40-48장)이 요한계시록 21-22장에서 요한이 보는 것(성곽과 문이 있는 새 예루살렘)을 상징한다고 생각한다.[75] 에스겔 33-48장의 보다 광범위한 전후 문맥과 더 일치하는 것은, 에스겔이 주로 묘사하는 것이 그리스도가 재림하시고 천 년 동안 이 땅의 예루살렘에서 다스리시면서 하나님이 이스라엘을 그 땅에 다시 모으실 때 회복될 천년왕국의 성전이라는 견해다(19:11-20:10).[76] 그 회복된 성전은 중간의 메시아 나라에서 하나님이 백성 가운데 임재하시는 것을 나타내는 것으로, 새 창조에서 하나님이 궁극적인 방식으로 백성 가운데 임재하시는 것과 예표론적으로 관계되어 있겠지만, 최종적으로는 그 임재가 그 성전을 능가할 것이다.[77] 앞으로 오는 예루살렘에 성전이 없다는 개념과 대응되는 유대의 개념이 몇 가지 있다. 그 예로 예레미야 3:14-18을 들 수 있다.[78] 더 개념적 배경이 될 만한 것은 출애굽기 27:20(성소의 등불)에 대한 미드라시

73. 이 말은 요한계시록 앞부분에서 지상의 예루살렘에 있는 성전에 대해서든(11:1-2) 아니면 하늘 성전에 대해서든(예를 들어, 11:19; 14:17; 15:5; 16:1, 17) 자주 나온다.

74. 하늘의 성소가 하늘에서 내려오는 새 예루살렘에 복제되는 것은 아니지만, 하나님과 어린양의 보좌는 실제로 새 창조에 대한 그분의 통치의 중심으로 나온다(22:1, 3).

75. 예를 들어, Beale, *Revelation*, 1068-70, 1090-91; Osborne, *Revelation*, 759-60; Smalley, *Revelation*, 556-57.

76. Ralph H. Alexander, "Ezekiel," in *Zondervan NIV Bible Commentary, Volume 1: Old Testament*, ed. Kenneth L. Barker and John R. Kohlenberger III (Grand Rapids: Zondervan, 1994), 1326-47; Cooper, *Ezekiel*, 351-53; and Richard S. Hess, "The Future Written in the Past: The Old Testament and the Millennium," in *A Case for Historic Premillennialism: An Alternative to "Left Behind" Eschatology*, ed. Craig L. Blomberg and Sung Wook Chung (Grand Rapids: Baker Academic, 2009), 27-35. 이 천년왕국 성전에서 희생제사 의식이 회복되는 것과 관련된 논의로는 Alexander, "Ezekiel," 1340-47을 보라.

77. "주간들의 묵시"(Apocalypse of Weeks)에서 여덟째 주간(1 En. 91:12-13)은 재건된 성전이 있는 중간의 메시아 시대를 나타낸다. 열째 주간에는 마지막 심판에 이어서 첫째 하늘이 사라지고 새 하늘이 나타나는 것이 포함된다(91:15-16).

78. 예레미야 3:15-18은 이스라엘이 시온에 모이고 만국도 마찬가지로 예루살렘에서 하나님을 예배하기 위해 다시 모이는 미래의 때를 요한계시록 21:22-26과 매우 비슷한 방식으로 말한다. 그때 누구도 광야에 있던 언약궤를 기억하지 않을 것이다. 예루살렘 자체가 하나님의 보좌가 될 것이기 때문이다.

(midrash, 구약 성경에 대한 고대 유대인의 주석-역주)에서 볼 수 있다. 그것은 시편 132:17과 이사야 60:19(메시아와 여호와가 이스라엘의 빛이 될 것이다)을 끌어온다.[79] 어쨌든 22b절에서 요한은 성전이 없는 새 예루살렘에 대한 환상에 설득력 있는 설명("이는", γάρ)을 제공한다. 엄위하신 하나님 자신[80]과 어린양이 그 성에 친히 임재하시고 두 분이 "그 성전이심이라"는 것이다. 예배의 중심지 역할을 할 물리적 건물의 필요성은 하나님이 그들에게 임재하실 때, 3절이 말하듯이 "하나님의 장막이 사람들과 함께 있으매 하나님이 그들과 함께 계시리니 그들은 하나님의 백성이 되고 하나님은 친히 그들과 함께 계"실 때 사라진다.

새 예루살렘에서 더 이상 필요하지 않은 또 다른 특징은, 빛을 '비추는' 해나 달 같은 외부적인 빛의 근원이다(23a절). 이 점은 22:5(참고. 또한 21:25b)에서 같은 용어들을 사용해 반복되는 것으로, 이사야 24:23, 60:2, 19-20 같은 구약 본문에 기초를 둔다. 그 본문들은 여호와의 "영광"이 그 빛이 될 것이기 때문에 해와 달이 무색해질 예루살렘의 미래를 말한다(참고. Sib. Or. 3:785-88). 요한은 이미 이 개념을 11절에서 소개했고, 그것은 23b절의 "하나님의 영광이 비치고"라는 설명적 절에서 더 분명하게 나온다. 새 창조 안에 있는 하나님의 백성 가운데서 하나님과 어린양이 담당하시는 이중의 역할은 23c절의 "어린양이 그 등불이 되심이라"는 말로 강화된다(참고. 22b절; 22:1, 3).

21:24-26 만국이 그 빛 가운데로 다니고 땅의 왕들이 자기 영광을 가지고 그리로 들어가리라 낮에 성문들을 도무지 닫지 아니하리니 거기에는 밤이 없음이라 사람들이 만국의 영광과 존귀를 가지고 그리로 들어가겠고(24 καὶ περιπατήσουσιν τὰ ἔθνη διὰ τοῦ φωτὸς αὐτῆς, καὶ οἱ βασιλεῖς τῆς γῆς φέρουσιν τὴν δόξαν αὐτῶν εἰς αὐτήν, 25 καὶ οἱ πυλῶνες αὐτῆς οὐ μὴ κλεισθῶσιν ἡμέρας, νὺξ γὰρ οὐκ ἔσται ἐκεῖ, 26 καὶ οἴσουσιν τὴν δόξαν καὶ τὴν τιμὴν τῶν ἐθνῶν εἰς αὐτήν). 이사야 60장이 요한계시록 21:23에 미친 영향은 이 구절들까지 이어진다. 이사야는 땅의 나라들과 왕들이 풍성한 무역품들을 가지고 참되신 하나님께 예배드리기 위해 예루살렘을 드나드는 것을 말하기 때문이다(사 60:3, 5-7, 11, 14). 이것은 구약에서 일반적인 주제로 아브라함을 통해 모든 민족이 복을 받으리라는 창세기 12:1-3의 약속부터 시작해서 그 후 더욱 상세하게 반복된다(예를 들어, 시 68:29, 31; 72:10-11; 사 2:2-3; 미 4:1-2; 슥 8:20-23; 참고. Tob. 13:11). 이 주제는 부분적으로는 천년왕국에서 절정에 이를 것이다. 그렇지만 그 이후 새 창조에서 훨씬 더 크게 이루어질 것이다. 요한은 24-27절로 넘어가면서 미래 동사로 바꾼다(미래적 현재, 24b절). 그의 환상에 나오는 장면들이 종말 때 현실이 되는 것을 예상하는 것이다. 이 장면은 예루살렘이 중심인 새롭게 된 이 땅에서 사람들이 활발하게 상업 활동을 하고 상호 작용하는 모습을 보여준다. "만국"에서 온 사람들이 "빛 가운데" 자유롭게 섞여 있고(24a절; 참고. 11, 23절),[81] 지도자들("땅의 왕들", 여기에서는 6:15, 19:19에서처럼 하나님께 적대적이지 않은, 참고. 시 2:2)이 성의 삶에 관여하기 위해 그리고 자신의 영광을 빛으로 비추시는 주 하나님과 어린양께 영광을 돌리기 위해 나아온다(24b절).[82]

79. David Flusser, "No Temple in the City," in *Judaism and the Origins of Christianity* (Jerusalem: Magnes, 1988), 454-65; Aune, *Revelation 17-22*, 1167. 또한 공동체 자체가 성소인 1QS 8:1-9을 보라.

80. 22b절에 나오는 "주 하나님 곧 전능하신 이"는 요한계시록에서 이 호칭이 아홉 번 나오는 것 중 마지막이다(주로 11-21장; 1:8과 11:17에서 그 호칭의 의미에 대한 논의를 보라).

81. "가운데로"(in, διά)라는 말의 이런 의미에 대해서는 BDAG 223-24를 보라. "빛 가운데로 다니고"(24a절)라는 표현은 이사야 60:3(나라들이 하나님의 빛"으로" 오는 것)과 이사야 2:3, 5의 정서, 곧 만국 및 이스라엘에서 하나님의 구속받은 백성이 '그의 길로, 그의 빛으로 행하는 것'이다. Bauckham, *Climax*, 314-15; McNicol, *Conversion*, 77을 보라.

요한은 이렇게 활기차게 관계를 맺을 때 앞에 묘사된 인상적인 문들이 장애가 되지 않는다고 덧붙인다. "낮에 성문들을 도무지 닫지 아니하"(25a절)[83]기 때문이다. 그 문은 이사야 60:11의 양식(예루살렘의 문들은 "주야로 닫히지 아니하리니")을 따라 건설되었는데, 새 예루살렘에서 그것이 더 강화되었음이 드러나도록 특별히 설계된 듯하다. "주야로"라고 말할 필요가 없다. "거기에는 밤이 없"기 때문이다(25b절; 참고. 11, 23절; 22:5). 그래서 "만국의 영광과 존귀"가 자유롭게 계속해서 '그리로 들어갈'(οἴσουσιν…εἰς αὐτήν) 것이다.[84] 24절에서와 마찬가지로 만국의 "영광"[δόξα, 이번에는 "존귀"(τιμή)가 추가되어]은 추상적인 것이 그것과 연관된 구체적인 것을 언급하기 위해 사용되는 환유다. 그들은 그들의 추상적 지위나 심지어 그 지위를 반영할 수 있는 인상적인 의상을 입고 오지 않는다. 대신 그들은 자기 민족의 평판을 높이는(그리고 하나님께 존귀를 돌리는, 아래의 주를 보라) 유용한 여러 상품과 필요한 물자를 가지고 온다.

24-26절은(22:1-5뿐 아니라) 새로워진 땅에서 이루어지는 활기차고 생산적인 인간의 삶과 상업을 반영한다. 그 땅의 구속받은 사람들은 하나님의 새 창조의 중심이 되는 그 성을 드나든다. 그들은 창조적 기술과 솜씨들을 사용하고(21:24, 26), 열매가 풍성한 땅을 경작하고 돌보며(22:2-3a), 배우고 성장하며(22:2e), 직접 친밀함을 맺어가고 헌신하며 하나님을 예배한다(21:3, 22; 22:3-4). 이곳은 구름 위를 떠다니며 수금을 켜거나, 육신의 시각이 아니라 정신적으로 하나님의 얼굴을 명상하는 '하늘'이 아니다. '하늘'과 영생이 어떠할 것인가에 대한 오래된 (그리고 다소 호감이 가지 않는) 상상들은 요한이 여기에서 말하는 모습에 근거를 둔 것이 아니다.[85] 이에 대한 더 깊은 고찰은 22:2과 22:5에 대한 설명을 보라.

21:27 무엇이든지 속된 것이나 가증한 일 또는 거짓말하는 자는 결코 그리로 들어가지 못하되 오직 어린 양의 생명책에 기록된 자들만 들어가리라(καὶ οὐ μὴ εἰσέλθῃ εἰς αὐτὴν πᾶν κοινὸν καὶ [ὁ] ποιῶν βδέλυγμα καὶ ψεῦδος εἰ μὴ οἱ γεγραμμένοι ἐν τῷ βιβλίῳ τῆς ζωῆς τοῦ ἀρνίου). 하나님이 백성 가운데 거하시는 곳(3, 7절)이라는 성의 거룩한 지위에 걸맞게(2절, "거룩한 성") 새 예루살렘의 활기찬 삶에 참여할 사람들은 모두 하나님과 어린양의 거룩함을 공유할 것이다. 이 거룩한 사람들과 거룩함이 없는 사람들의 대조는 이미 8절에서 제시되었다(참고. 또한 22:14-15). 8절의 신학적 요점은 27절에서도 타당하다. 악인들은 이미 새 예루살렘이 나타날 때 불못에서 심판에 넘겨졌고, 따라서 새 예루살렘에서 하나님과 함께 살아가며 누리는 삶의 축복에서 영원히 배제된다는 것이다. 27절에서 악인을 묘사하는 용어들은 거룩한 예루살렘에 들어가지 못하는 사람들에 대해 말하는 구약 구절(사 35:8; 52:1)[86]에도 영향을 받지만, 요한계시록에 나오는 바벨론에 대한 묘사들(17:4-5, 거기 나오는 설명을 보라)에도 영향을 받는다.

---

82. 땅의 왕들이 "자기 영광을 가지고" 새 예루살렘으로 들어간다는 것은 부분적으로는 그들이 자신에게 영광을 돌리는 것에서 하나님을 예배하는 것으로 변화되었음을 나타낸다. 그들의 "영광"은 그들의 공경받는 위치나 지위를 추상적으로 말하지만, 이 경우에는 그들 자신의 평판을 높이기 위해 과시하는 것이 아니라 그들이 예배하러 오는 하나님께 찬양과 영광을 더해준다(참고. BDAG 257; 마 4:8; 6:29; 눅 4:6; 12:27). Bauckham, *Climax*, 315-16을 보라.

83. "도무지 닫지 아니하리니"라는 문구는 οὐ μή와 가정법이 나오는 헬라어의 강조적 부정구문의 예시다(18:21에 대한 주를 보라. 이것은 21:27에 다시 나온다).

84. 헬라어 문구는 수동적 의미를 표현하기 위해 능동태 동사('그들이 가지고…들어가리라')의 비인칭 '그들'(3인칭 복수) 형태를 사용한다. 10:11; 12:6; 13:16.

85. Blaising, "Premillennialism," 160-81; Middleton, *New Heaven and a New Earth*, 21-34; Sauer, *Triumph*, 181-82; Turner, "New Jerusalem," 289-92; Wright, *Surprised by Hope*, 17-20, 93-108.

86. 이사야 35:8, 52:1의 LXX는 ἀκάθαρτος('깨끗하지 않은, 부정한')를 사용하지만 그 의미는 여기에서 사용된 '깨끗하지 않은' 혹은 '일반적인, 의식상 부정한'이라는 의미의 κοινός와 같다(참고. BDAG 552; 이 두 용어가 동의어로 나오는 행 10:14, 28; 11:8을 보라).

이들은 결코 "그리로 들어가지" 못할 것이며(참고. 22:14), 거짓과 부정직함에 참여한 사람들도 그러할 것이다(참고. 14:5; 22:15). 이에 반해 "어린양의 생명책에 기록된 자들"(참고. 사 4:3; 또한 계 3:5; 20:12에 대한 해설을 보라)이 거룩한 성의 삶에 참여하게 될 것이다.

적용에서의 신학

1. 날빛보다 더 밝은 천국

기독교 찬송과 예배에 사용되는 노래(심지어 대중음악까지도)의 가사들은 종종 이 땅에서 우리의 날이 끝날 때 돌아갈 곳인 하늘에 초점을 맞춘다. '날빛보다 더 밝은 천국'(The Sweet By-and-By), '하나님의 나팔 소리'(When the Roll is Called Up Yonder), '난 가리라'(I'll Fly Away), '죄 많은 이 세상은 내 집 아니네'(This World Is Not My Home) 등을 예로 들 수 있다. 이 찬양들은 우리에게 많은 위로를 준다. 그래서 그런 노래들에서 흠을 찾아내려 하면 까다롭게 구는 것처럼 보인다. 하지만 요한계시록 21장은 그런 노래들이 장차 영원히 하나님과 함께하는 삶에 대한 불완전한 묘사를 강화할 수 있음을 보여준다. 이 많은 노래가 찬양하는 것처럼, 그리스도인은 실제로 하나님 그리고 구주 그리스도와 직접 친교를 누릴 것이다(2-3절). 이는 사망과 애통하는 것과 곡하는 것과 아픈 것에서 완전히 해방되는 것을 의미한다. 우리 하나님은 "모든 눈물을 그 눈에서 닦아주실 것이다"(4절). 우리는 개인으로서 하나님과 얼굴을 맞대고 생명을 누리는 멋진 일을 경험할 것이다. 또한 "거룩한 성 예루살렘"(10절)에 사는 하나님 백성의 공동체로서도 그렇게 할 것이다. 새 예루살렘에서 우리는 하나님과 다른 사람들을 섬기기 위해 은사들을 사용하고 개발하는 일에 힘쓸 것이고, 모든 시대와 나라에서 온 하나님 백성과 함께 (그리고 우리보다 먼저 하나님 앞으로 간 사랑하는 사람들과 다시 만나서) 하나님을 예배하는 일에 열심을 낼 것이다. 하지만 이 많은 노래의 한 가지 문제는 대중적 기독교 문화가 지닌 이원론적 개념을 강화한다는 것이다. 이 개념은 우리가 죽을 때 악한 육체의 삶을 떠나 하늘에서 비육체적이고 영적인 존재로 영원히 하나님과 함께 사는 곳으로 간다고 여긴다. 요한계시록은 하나님의 백성이 이 땅에서의 삶이 끝난 후 하나님의 임재 안에 있는 모습을 얼핏 보여준다(6:9-11; 7:9-17). 하지만 이 구절들은 그것이 그들의 최종 목적지가 아니라는 것을 알려준다. 그들은 분명 하나님의 임재를 누린다. 하지만 그들은 21:1-8에서 그리고 22:1-5에 제시된 형태로 하늘이 땅으로 내려오는 날을 기다린다. 땅 자체가 회복되고 하나님이 구속받은 백성과 함께 영원히 거하시는 곳으로 하늘과 합쳐질 것이다. 물질적인 것은 무엇이든 악하고 일시적인 반면 영적인 것만이 선하고 지속적이라는 개념은 성경으로 입증할 수 없다. 이렇게 '까다롭게 구는' 것은 중요하다. 그것이 우리의 육체적인 몸과 우리가 그 몸으로 하는 일뿐 아니라 하나님이 창조하신 자연 세계(창 1:1, 31; 시 19:1-6)에 의미하는 것 때문이다. 그것들은 쓸모없거나 일시적인 것으로 버려지는 것이 아니라 (각각) 부활하고 새롭게 되어 유용하고 창조적인 영원과 조화를 이룰 것이다. 그렇기 때문에 현재 우리 몸을 어떻게 사용하는가(불멸을 위해서가 아니라 고린도전서 6장에 따라 하나님께 영광을 돌리기 위해)에 대한 문제와, 어떻게 하나님의 창조 세계를 그분께 받은 선한 선물로 관리하고 보호하는가(창 1:26-31의 문화 명령)에 관한 문제는 중요하다. 세속주의자의 손에 자연 보호와 환경 문제를 맡길 수 없다. 그들은 자연을 새로운 신으로 높이고 인간을 민물고기의 한 종류로 격하하려 하기 때문이다. 그러므로 이 일에 성경적 가치를 부여할 수 있는 그리스도인이 그 문제에도 관심을 가져야 한다.[87]

2. 이 묘사에서 무엇이 잘못되었는가?

우리가 익숙하게 여기는 혼란은 훨씬 좋은 것을 찾아내기까지는 괜찮아 보인다. 동료 부서장의 부서가 좋은 결과를 내고 즐겁게 일하는 모습을 보면, 나 자신의 엉성하고 부주의한 지도력을 각성하게 된다. 이웃의 차고가 잘 정리된 것을 보면, 부끄러워져서 내 차고에 쌓인 산더미 같은 물건들을 치우게 된다. 마찬가지로, 천년왕국과 새 창조에서 하나님과 그리스도가 이 세상을 통치하시는 것을 엿보면(특히 21:1-8; 22:1-5) 이 사라질 죄 된 세상에서 모든 인간 사회가 얼마나 부족한지를 깨닫는다. 사람들의 이익 대신 자신의 이익을 추구하는 정치인과 사업가, 의학 기술이 날로 발전하고 풍성한 농작물을 거두는 세상에 존재하는 질병과 굶주림, 하나님의 형상을 공유하고 그분이 무한한 가치를 두시는 인간들 사이에 벌어지는 인종 차별과 소외, 상상할 수 없는 폭력과 전쟁 등 이 모든 것은 타락한 세상에서 너무나 흔해서 이런 현상을 변화시킬 수 없으리라 쉽게 결론 내린다.

종말론의 가장 중요한 가치 중 하나로 우리가 종종 보는 개인주의적 초점(예를 들어, 하늘에서 내가 받을 상, 지금 내게 닥친 역경을 견디게 해주는 격려)을 넘어서게 하는 것은 그것이 제공하는 공동적이고 시민적인 시각이다. 이 장들은 변화된 인간의 삶, 하나님이 만드신 이 세상에서 존재할 수 있는 정의와 공동체와 인간의 번영을 얼핏 보게 해준다. 애초에 모든 것을 통제 불능으로 만든 죄의 문제를 하나님이 궁극적으로 처리해주실 때까지는 절대 거기에 도달하지 못하리라는 것은 사실이다. 하지만 교회라는 공동체는 이 땅에 "장차 올 하나님 나라의 시작 형태"[88]다. 교회는 다양한 배경을 지닌 사람들 가운데서 의와 정의와 기쁨과 평강을 추구하면서, 하나님께 구속받고 그분과 화목하게 된 인간 사회의 모습을 미리 보여주어야 한

87. Jonathan Moo, "Continuity, Discontinuity, and Hope: The Contribution of New Testament Eschatology to a Distinctively Christian Environmental Ethos," *TynBul* 61 (2010): 21-44; 같은 저자, *Let Creation Rejoice: Biblical Hope and the Ecological Crisis* (Downers Grove, IL: InterVarsity Press, 2014), 80-96, 146-61.

88. Blaising and Bock, *Progressive Dispensationalism*, 286; 참고. 285-91.

다. 교회의 지체들은 자신의 필요가 아니라 서로의 필요를 채워주려 애써야 하고, 더 광범위한 세상, 특히 약하고 불우하며 고난받는 사람들의 필요를 돌보아야 한다.[89] 우리가 기대하는 미래는 현재의 정체성과 행동에 강력한 영향을 미친다. 그리고 우리가 그 미래에 비추어 오늘을 살아간다면, 인간의 삶이 현재 상태와 다를 수 있음을 주변 세상에 생생하게 증언하게 될 것이다.

89. Marva J. Dawn, *Joy in Our Weakness: A Gift of Hope from the Book of Revelation*, rev. ed. (Grand Rapids: Eerdmans, 2002), 203–6.

요한계시록 22:1-21

28 CHAPTER

문학적 전후 문맥

22장의 첫 부분(1-9절)은 어린양의 신부, 새 예루살렘을 묘사하는 네 번째 주요 환상의 마지막 부분이다. 여기에는 이전 내용과 다음 내용 모두와 관련된 연결 단락(6-9절)이 포함된다. 뒷부분은 책 전체의 결어(10-21절)로 서론(1:1-8)에 나오는 주제들을 돌아보고, 요한계시록에 계시된 모든 것을 완성하시기 위해 예수님이 곧 오실 것을 고대한다.

I. 서언(1:1-8)
II. 첫 번째 환상: 높임받으신 그리스도와 교회에 보내는 그리스도의 메시지(1:9-3:22)
III. 두 번째 환상: 하늘의 보좌와 세 번의 심판 주기(4:1-16:21)
IV. 세 번째 환상: 큰 바벨론의 멸망(17:1-19:10)
V. 사이에 끼어 있는 사건들: 바벨론에서 새 예루살렘까지(19:11-21:8)
VI. 네 번째 환상: 새 예루살렘이 내려옴(21:9-22:9)
A. 하나님의 영광스러운 성, 어린양의 신부(21:9-27)
➦ **B. 회복된 하나님의 에덴과 천사의 교훈(22:1-9)**
VII. 결어(22:10-21)

주요 개념

새 예루살렘은 그 수준이 한층 높아진 에덴과 같을 것이다. 그곳에서 하나님의 백성은 그분이 충만히 공급하시는 것을 영원히 경험하고, 얼굴을 마주보고 친교하면서 하나님의 임재를 누리며, 하나님이 처음부터 의도하셨던 대로 새롭게 된 창조 세계를 하나님과 함께 다스린다(1-9절). 예수님이 왕이자 심판자로 곧 오실 것을 전하는 하나님에게서 나온 이 책의 권위 있는 계시는, 모든 사람으로 하여금 하나님의 영원한 성에서 그분이 값없이 주시는 영원한 생명을 추구하게 해야 한다(10-21절).

번역

요한계시록 22:1-21

1a	행동 (21:9의 천사)	**또 그가**
		수정 같이 맑은
		생명수의 강을 내게 보이니
b	묘사	하나님과 및
		어린 양의 보좌로부터 나와서
2a		길 가운데로 흐르더라
b	묘사/장소	**강 좌우에 생명나무가 있어**
c	묘사	열두 가지 열매를 맺되
d		달마다 그 열매를 맺고
e	목적	**그 나무 잎사귀들은 만국을 치료하기 위하여 있더라**
3a	묘사	**다시 저주가 없으며**
b		**하나님과**
		그 어린 양의 보좌가 그 가운데에 있으리니
c	행동	**그의 종들이 그를 섬기며**
4a		**그의 얼굴을 볼 터이요**
b		**그의 이름도 그들의 이마에 있으리라**
5a	묘사	**다시 밤이 없겠고**
b		**등불과**
		햇빛이 쓸 데 없으니
c	이유	이는 주 하나님이 그들에게 비치심이라
d	행동	**그들이 세세토록 왕 노릇 하리로다**

6a	행동 (21:9; 22:1의 천사)	**또 그가 내게 말하기를**
b	단언	이 말은 신실하고 참된지라
c		주 곧
		선지자들의 영의 하나님이
d	목적	그의 종들에게 반드시 속히 되어질 일을 보이시려고
		그의 천사를 보내셨도다
7a	삽입구적인 예수님의 말씀	보라 내가 속히 오리니
b	복	이 두루마리의 예언의 말씀을 지키는 자는 복이 있으리라
		하더라
8a	신원 확인	**이것들을**
		보고
		들은 자는
		나 요한이니
b	시간	내가 듣고 볼 때에
c	묘사	이 일을 내게 보이던
d	6절에 대한 반응	**천사의 발 앞에 경배하려고 엎드렸더니**
9a	8d절에 대한 반응	**그가 내게 말하기를**
b	이유	나는 너와
		네 형제 선지자들과
		또 이 두루마리의 말을 지키는 자들과 함께 된 종이니
c	금지	그리하지 말고
d	명령	하나님께 경배하라 하더라
10a	행동	**또 내게 말하되**
b	금지	이 두루마리의 예언의 말씀을 인봉하지 말라
c	이유	때가 가까우니라
11a	명령	불의를 행하는 자는 그대로 불의를 행하고
b		더러운 자는 그대로 더럽고
c		의로운 자는 그대로 의를 행하고
d		거룩한 자는 그대로 거룩하게 하라
12a	예수님이 10-11절을 긍정하심	보라 내가 속히 오리니
b		내가 줄 상이 내게 있어
c	목적	각 사람에게…갚아주리라
d	척도	그가 행한 대로

13	12절의 기초	나는 알파와 오메가요 처음과 마지막이요 시작과 마침이라
14a	복	자기 두루마기를 빠는 자들은 복이 있으니
b	목적	이는 그들이 생명나무에 나아가며
c		문들을 통하여 성에 들어갈 권세를 받으려 함이로다
15a	14c절과 대조	개들과 점술가들과 음행하는 자들과 살인자들과 우상 숭배자들과 및 거짓말을 좋아하며 지어내는 자는 다 성 밖에 있으리라
16a	행동	나 예수는 교회들을 위하여 내 사자를 보내어
b	목적	이것들을 너희에게 증언하게 하였노라
c	신원 확인	나는 다윗의 뿌리요 자손이니 곧 광명한 새벽 별이라 하시더라
17a	행동	**성령과 신부가 말씀하시기를**
b	초청	오라 **하시는도다**
c	초청	**듣는 자도**
d	초청	오라 **할 것이요**
e	초청	**목마른 자도 올 것이요**
f	초청	**또 원하는 자는 값없이 생명수를 받으라 하시더라**
18a	경고	**내가 이 두루마리의 예언의 말씀을 듣는 모든 사람에게 증언하노니**
b	조건	만일 누구든지 이것들 외에 더하면
c	결과	하나님이…그에게 더하실 것이요
d	묘사	이 두루마리에 기록된 재앙들을
19a	조건	만일 누구든지 이 두루마리의 예언의 말씀에서 제하여 버리면
b	결과	하나님이…생명나무와 및 거룩한 성에 참여함을 제하여 버리시리라
c	묘사	이 두루마리에 기록된
20a	행동	**이것들을 증언하신 이가 이르시되**
b	단언	내가 진실로 속히 오리라 하시거늘
c	반응	**아멘 주 예수여 오시옵소서**
21	축도	**주 예수의 은혜가 모든 자들에게 있을지어다 아멘**

구조

이 장 앞부분에서 요한은 계시하는 천사가 새 예루살렘에 대해 보여준 것을 계속해서 묘사한다. 특히 동산 같은 성, 한층 향상된 에덴으로서 그 성이 지닌 특징을 말한다(1–5절). 6–9절은 요한과 천사가 주고받은 말을 제시한다(19:9–10과 유사한). 이 부분은 새 예루살렘 환상을 마무리하고(17장과 19장에 대한 '문학적 전후 문맥'을 보라), 결어(10–21절)의 주제들을 예상한다. 결어는 요한계시록 전체의 원천과 주제들에 대해 서언(1:1–8)이 말하는 사항들을 반영한다. 서언에는 예수님이 "반드시 속히 일어날 일"(1:1)을 완성하시기 위해 이 땅에 다시 오시는 것에 초점을 맞추는 것도 포함되어 있다. 이 부분을 세분하기는 어렵다. 여러 화자(천사, 요한, 예수님, 성령, 신부, 심지어 이 책을 읽는 사람들 혹은 듣는 사람들) 사이의 생생한 대화 형태로 되어 있기 때문이다. 그들의 대화는 대체로 더 큰 두 개의 세부적 부분(뒤에서 보여주는 것처럼 10–15절과 16–20절)을 거쳐 요한계시록을 결론 맺는 축도로 넘어간다. 이 세부적 부분들은 어느 정도 주제의 일관성을 담고 있고, 두 부분에서 모두 비슷한 화제들이 나온다.

석의적 개요

VI. 네 번째 환상: 새 예루살렘이 내려옴(21:9–22:9)

A. 하나님의 영광스러운 성, 어린양의 신부(21:9–27)

➦ **B. 회복된 하나님의 에덴과 천사의 교훈(22:1–9)**

1. 하나님의 에덴이 회복됨(22:1–5)
2. 요한과 계시하는 천사(22:6–9)

VII. 결어(22:10–21)

A. 의인들과 불의한 자들이 예수님의 임박한 재림에 직면함(22:10–15)

B. 예수님이 이 책의 권위를 단언하심(22:16–20)

C. 서신체로 쓰인 축도(22:21)

본문 설명

22:1–2 또 그가 수정 같이 맑은 생명수의 강을 내게 보이니 하나님과 및 어린 양의 보좌로부터 나와서 길 가운데로 흐르더라 강 좌우에 생명나무가 있어 열두 가지 열매를 맺되 달마다 그 열매를 맺고 그 나무 잎사귀들은 만국을 치료하기 위하여 있더라(1 Καὶ ἔδειξέν μοι ποταμὸν ὕδατος ζωῆς λαμπρὸν ὡς κρύσταλλον, ἐκπορευόμενον ἐκ τοῦ θρόνου τοῦ θεοῦ καὶ τοῦ ἀρνίου. 2 ἐν μέσῳ τῆς πλατείας αὐτῆς καὶ τοῦ ποταμοῦ ἐντεῦθεν καὶ ἐκεῖθεν ξύλον ζωῆς ποιοῦν καρποὺς δώδεκα, κατὰ μῆνα ἕκαστον ἀποδιδοῦν τὸν καρπὸν αὐτοῦ, καὶ τὰ φύλλα τοῦ ξύλου εἰς θεραπείαν τῶν ἐθνῶν). 21:9–10에서 시

작된 요한의 마지막 환상은 여기 1–5절에서 마무리되고, 그다음에는 이 환상을 결어(10–21절)와 연결하는 연결부(6–9절)가 나온다. 이 환상 마지막 부분을 시작하는 "그가…내게 보이니"(1a절)라는 동사는 21:9–10에서 요한에게 어린양의 신부인 새 예루살렘을 보여주기 시작한 천사의 행동을 가리킨다(그의 행동들은 21:15, 17에도 서술되어 있다). 이제 이 구절들에서 요한은 성의 특징들을 보게 되는데, 그것은 이 성과 성경 전체의 줄거리와의 관계에서 중요하다. 요한은 새 예루살렘이 에덴, 곧 하나님의 원 창조에서 인간을 위한 하나님의 낙원의 확장판이라는 것을 본다(창 2–3장).[1] 마지막 때 하나님은 창조 때 인간을 위해 설계하셨던 것을 단계적으로 확대해서 복제하실 것이다. 이 연관을 보여주는 첫 번째 특징은 "생명수의 강"(1a절)이다. 이것은 창세기 2:10의 "강이 에덴에서 흘러 나와 동산을 적시고"와 유사하다(에덴은 물이 넉넉한 곳이었다, 창 13:10). 이 경우 물은 육체적으로나 영적으로나 "생명"[2]을 준다(참고. 계 7:17; 21:6; 22:17; 참고. 요 4:14; 7:38). 이 물은 깨끗하고, 모든 사람에게 그 물을 마시라고 초청하고 있다. 그것은 "수정같이 맑고"(1a절)[3] "길 가운데로"(2a절) 흐른다.[4] 이 물의 원천은, 광대한 성 전체(참고. 21:16) 및 주위의 새롭게 된 땅의 핵심, 즉 하나님과 어린양이 구속받은 백성 가운데 앉아 계셨던 "보좌"다(1b절).[5] 앞에서 요한은 이 성에는 이전에 땅이나 하늘에 있던 것과 같은 성전이 없다고 명시했다. 하나님과 어린양이 그 성전이시기 때문이다(21:22). 그런데 여기에서(그리고 3절에서) 그는 새 예루살렘에 신적 보좌가 한가운데 있다는 것(하늘 성전에서처럼)을 분명히 밝힌다. 거기에서 하나님의 종들은 하나님을 보고 자유롭게 그분을 예배할 수 있다(3b–4a절). 생명수가 신적 임재로부터 흘러나오는 현상과 유사한 것은 구약에도 있는데, 그중 가장 두드러진 것은 에스겔 47:1–2이다.[6] 하지만 이 구절이 분명하게 상징하는 바는 하나님과 어린양이 백성의 생명과 건강의 풍성한 원천이라는 것이다.

앞의 '번역'에 반영되어 있는 것처럼 2a절의 문구('성의 광장 한가운데', 개역개정에는 "길 가운데로"–역주)는 1b절에 나오는 동사와 더 잘 어울린다. 2b절의 '그리고'("흐르더라" 뒤에 나오는 이 말이 개정개역에는 번역되어 있지 않음–역주)라는 말과 함께 새로운 구문이 시작된다.[7] 여기에서 우리는 창세기 2–3장(특히 2:9)과 유사한 두 번째 특징으로 "생명나무"(ξύλον ζωῆς)[8]를 발견한다. 이 구절에서 "나무"는 보좌로부터 흐르는 강 좌우에 있다(2b절). 나무가 강의 양쪽에 심겨져 있다는 것은 이상해 보이지만, 이것은 언어유희다. 그것은 창세기 2장의 단수 "나무"를 암시

1. 역시 새 예루살렘을 에덴과 연관시키는 분명한 고대 유대 본문으로는 T. Dan 5:12–13, 4 Ezra 8:52, 2 Bar. 4:2–7을 보라.
2. "생명수의 강"이라는 문구는 헬라어의 생산의 소유격을 반영한다(Wallace, *Grammar*, 106–7).
3. "맑은"(λαμπρός)이라고 번역된 형용사는 '밝은, 빛나는'이라는 의미도 될 수 있다(참고. 18:14; 19:8). 하지만 이 문맥에서 그것은 "깨끗한, 투명한"이라는 의미다(참고. LSJ 1028; BDAG 585). 이것은 순수함을 의미한다. 하지만 어떤 사본들은 실제로 "순수한"(καθαρός)이라는 말을 본문에 덧붙인다(051 부록, 2030, 2377, Byzantine 소문자 사본 일부; KJV와 NKJV는 이 포함된 부분을 번역한다). 그러나 그것은 외적으로나 내적으로나 더 열등한 독법이다.
4. "길"(square, πλατεία)이라고 번역된 단어에 대한 논의로는 21:21을 보라. 여기에서 그 문구는 실제로는 '그것의 광장'으로, '그것의'라는 말은 21:23에 나오는 성을 언급한다. 그 관련성을 분명히 하기 위해 선행사가 명백히 나와 있다.
5. 1b절에(또한 3b절에) 나오는 단수 단어인 "보좌"는 하나님과 어린양이 공동으로 다스리시는 것을 나타낸다(참고. 3:21).
6. 요한은 에스겔 47:1–12의 비유적 표현을 거듭 사용한다[성전 내부로부터 풍성한 물이 "흘러"(ἐκπορευόμενον) 온 땅에 생명을 주는 것, 또한 그 자체는 창 2:10에 대한 암시일 것이다]. 또한 요엘 3:18(여호와의 성전에서 흘러나오는 샘), 스가랴 14:8(예루살렘으로부터 나오는 생수)을 보라.
7. 이것은 NA[28]과 UBS[5]의 헬라어 본문과 다르다. 하지만 SBLGNT와 Aune, *Revelation 17-22*, 1139는 그것을 따른다. 2a절에 나오는 "가운데로"라는 번역에 대해서는 BDAG 635를 보라.
8. "나무"(ξύλον)라는 단어는 "그가…보이니"의 두 번째 목적어로 대격이거나 명사적 문장의 주어로 주격일 수 있다. 후자가 더 나은 듯하며 여기에서는 그 번역을 따른다.

한다. 하지만 여기에서는 창세기 2:9의 단계적 확대로서 집합적인 단수의 의미('숲, 나무들')를 지닌다.[9] 이것은 아마 에스겔 47:12의 영향을 받았을 것이다. 거기에서 처음에는 "각종 먹을 과실나무"(12a절)라는 더 광범위한 의미의 단수가 사용되고, 후에는 '그것들의 잎들'(12b절, 개역개정에는 "그 잎"-역주)이라고 복수로 언급된다. 또다시 더 큰 요점은 하나님이 나무를 통해 자기 백성을 풍성하게 공급하신다는 것이다. 나무는 "열두 가지 열매"를 맺으며 "달마다 그 열매"를 맺는다(계 22:2c-d). 이것도 에스겔 47:12과 분명하게 대응된다. 에스겔 본문이 성소로부터 나오는 물 양쪽에 다양한 과일 나무가 있다고 말하기 때문이다. 그 나무들은 물이 풍성하게 공급되기 때문에 끊임없이 열매를 맺는다. 또한 에스겔은 "그 열매는 먹을 만하고 그 잎사귀는 약 재료가 되리라"(47:12; 참고. 창 3:6; 또한 4 Ezra 7:123)고 덧붙이고, 요한도 여기에서 그 점을 반영하면서 그 잎사귀들이 "만국을 치료하기 위하여"(계 22:2e) 있었다고 말한다. 요한은 에스겔의 표현을 확대해서 예루살렘으로 끊임없이 들어올 구속받은 비이스라엘 백성도 포함시킨다(참고. 21:24-27, 거기에서 논의된 구약 배경을 보라).

1-2절의 묘사에서 제기되는 흥미로운 질문들을 다 해결하는 것은 불가능하다. 새 하늘과 새 땅에서는 무엇이 인간 삶의 특징이 될 것인가? 보좌로부터 흐르는 깨끗한 물과 풍성한 열매를 맺는 "생명나무"는 그곳에서 하나님이 자기 백성에게 풍성하게 공급하신다는 것을 비유적으로 나타낼 수 있다. 그들은 생명에 필요한 모든 것을 얻을 것이며, 저주는 제거되고, 매일 생계를 유지하기 위해 힘들게 수고할 필요가 없을 것이다. 그런데 부활한 몸은 먹고 마실 것인가? 만국은 새롭게 된 영원한 에덴에서 여전히 "치료"받을 필요가 있을까? 본문은 그런 질문들에 명백한 대답을 해주지 않는다. 하지만 여기에서(그리고 5절에 대한 설명에서) 몇 가지 제안을 할 수 있다. 한 가지 중요한 점은, 부활한 영광스러운 몸과 새롭게 된 세상에서도 인간이 신이 되지는 않으리라는 것이다. 그들은 전적으로 하나님께 의존할 것이고, 그 의존은 절대 끝나지 않을 것이다. 그들은 피조물로서 죄가 그들의 존재에 미치는 타락한 영향에서는 해방되겠지만, 여전히 창조주가 아니라 피조물일 것이다. 마찬가지로, 하나님의 선한 피조 세계는 새롭게 되어도 여전히 하나님의 영광을 나타내며 작용할 것이다. 분명 인간의 필요를 채우는 유용한 열매를 맺는 식물들과 함께 그렇게 할 것이다. 그리고 아마 그 식물들은 누군가가 돌보고 추수해야 할 것이다. 인간은 전능한 존재가 되지 않을 것이다. 하지만 지식과 기술이 자라고, 창의성을 발휘하며 만족스러운 노동을 하고, 하나님의 선한 창조 세계를 그분께 영광이 되도록 돌보는(즉, 신적 형상을 점점 더 크게 표현하는) 인간의 잠재력은 영원히 계속될 것으로 보인다.[10] 이 개념들을 더 발전시키는 것으로는 5절에 대한 설명을 보라.

22:3-5 다시 저주가 없으며 하나님과 그 어린 양의 보좌가 그 가운데에 있으리니 그의 종들이 그를 섬기며 그의 얼굴을 볼 터이요 그의 이름도 그들의 이마에 있으리라 다시 밤이 없겠고 등불과 햇빛이 쓸 데 없으니 이는 주 하나님이 그들에게 비치심이라 그들이 세세토록 왕 노릇 하리로다(3 καὶ πᾶν κατάθεμα οὐκ ἔσται ἔτι. καὶ ὁ θρόνος τοῦ θεοῦ καὶ τοῦ ἀρνίου ἐν αὐτῇ ἔσται, καὶ οἱ δοῦλοι αὐτοῦ λατρεύσουσιν αὐτῷ 4 καὶ ὄψονται τὸ πρόσωπον αὐτοῦ, καὶ τὸ ὄνομα αὐτοῦ ἐπὶ τῶν μετώπων

9. "나무"라는 단어는 창세기 2:9(또한 계 2:7; 22:19)에서는 관사가 달려 있다. 이 구절에서 "생명나무"(단수)라는 번역은 창세기 2:9을 더 분명하게 보존한다(T. Levi 18:11에서도 단수).

10. Ladd, *Presence of the Future*, 62-64; Turner, "New Jerusalem," 289-90. Daniel K. K. Wong, "The Tree of Life in Revelation 2:7," *BSac* 155 (1998): 220-21은 "만국을 치료"(2e절)하는 것이 질병에서 회복되는 것이 아니라 하나님이 그분의 구속받은 자들을 영적으로 돌보시는 것을 의미한다고 말한다. Turner는 그것이 "더 사랑을 가지고 하나님과 이웃과 자연을 신실하게 섬기기 위한 육체적, 사회적, 영적 능력을 발전시키는 것"(290)과 관련이 있다고 말한다.

αὐτῶν. 5 καὶ νὺξ οὐκ ἔσται ἔτι καὶ οὐκ ἔχουσιν χρείαν φωτὸς λύχνου καὶ φῶς ἡλίου, ὅτι κύριος ὁ θεὸς φωτίσει ἐπ' αὐτούς, καὶ βασιλεύσουσιν εἰς τοὺς αἰῶνας τῶν αἰώνων). 요한은 앞에 언급된 새 예루살렘의 몇 가지 특징으로 돌아가기 전에 창세기 2-3장에 나오는 에덴 이야기와 비슷한 세 번째 사항을 추가한다(3a절). "저주"(3a절)[11]가 완전히 없다는 언급은 스가랴 14:11의 영향을 받은 것이다. 하지만 이 말은 스가랴서에 나오는 의미에 비해 단계적으로 확대되고 확장된다. 스가랴 14장은 추방이나 침략군에 대항하여 멸망하지 않으리라 묘사한다. 하지만 여기에서는 죄의 결과로 인간과 땅의 풍요함에 내려진 하나님의 보편적 저주(참고. 창 3:17 그리고 앞에 나오는 계 22:2과의 대조)가 끝난다고 말한다.[12] 요한은 주로 미래 시제 동사들을 계속 사용하면서(3-5절) 그가 본 것을 장차 그것이 성취될 때로 투사한다. 다시 한번 요한은 하나님과 어린양이 '그 성 안에서'(개역개정에는 "그 가운데에"-역주)[13] 함께 다스리시고(3b절; 참고. 1절) 자기 백성의 예배를 받으시는 것이 가능하다고(3c절) 언급한다. 단수 대명사들("그의 종들이 그를 섬기며")은 여기에서 최고의 존재이신 하나님을 가리킨다(7:15에서처럼). 그런데 요한계시록 다른 곳에서는 그리스도(어린양)가 하나님과 함께 예배를 받으시기에 온전히 합당하신 분이라고 본다(예를 들어, 5:9-14). 하나님의 백성이 그분의 직접적인 임재 안에서 기뻐하고 그분을 직접 예배하는 것(21:3, 7에서처럼)은 4절에서 더 묘사된다. "그의 얼굴을 볼 터이요"(4a절).

하나님을 "볼" 수 있는 능력은 전에는 단지 부분적이고 선택된 일부 사람에게만 주어진 것이었다(출 33:18-23; 사 6:1; 요 1:18). 하지만 모든 구속받은 백성이 하나님의 거룩하심에 참여하기 위해 올 때, 그들은 모두 이 능력을 받을 것이다(참고. 시 17:15; 마 5:8; 고전 13:12; 히 12:14; 요일 3:2). 4a절을 포함한 이 구절들은 하늘을 하나님에 대한 영원한 '복된 직관'(beatific vision)으로 보는 견해의 매력적인 부분을 담고 있지만, 그것이 천상의 비물질적 존재 양식을 나타낸다는 비성경적 특징들은 포함하지 않는다.[14] 회복되고 향상된 에덴은 모종의 변화된 지상적, 물질적 실존을 나타낸다. 그것은 하나님의 선한 땅에서 사는 삶이지만 "새롭게" 된 형태로 사는 것이다(마 19:28).[15]

또한 21:3, 7에서처럼 그들은 분명하게 하나님의 백성으로 그리고 그분은 그들의 하나님으로 밝혀질 것이다. 그 점은 이 본문에서 "그의 이름도 그들의 이마에"(4b절)라는 말로 그들이 하나님의 것이라는 표시가 이마에 있다고 상징적으로 표현된다(참고. 3:5, 12; 7:3; 14:1). 마지막으로 요한은 하나님의 백성이 더 이상 밤의 어둠(무지와 악을 나타내는)을 경험하지 않고, 새 예루살렘에서 하나님의 영광의 빛 가운데 살 것이라는 미래의 복을 반복해서 말한다. 하나님의 임재 안에 있는 그곳에는 '다시 밤이 없을'(5a절; 참고. 21:25) 것이다. 이것은 등불이나 햇빛 때문이 아니라 "하나님이 그들에

---

11. '어떤 저주도'(any curse, 개역개정에는 "저주가"-역주)라는 의미는 '모든'(πᾶν)과 부정어의 결합에서 나온다(참고. 7:1; 9:4; BDAG 782; BDF §302.1). "저주"(κατάθεμα)라는 단어는 신약에서 여기에서만 사용된다. 하지만 그것은 ἀνάθεμα(참고. 롬 9:3; 고전 12:3; 갈 1:8-9)의 동의어이며 그 단어들과 관련된 동사들(καταθεματίζω와 ἀναθεματίζω)은 마태복음 26:74, 마가복음 14:71에서 자유롭게 바꿔가며 사용된다. 어떤 사람들은 여기에 나오는 "저주"(κατάθεμα)를 구체적 의미로 이해한다(저주받은 혹은 멸망에 바쳐진 어떤 것이나 어떤 사람, 참고. BDAG 517; ESV; NLT도 비슷하다). 하지만 추상적 의미가 더 낫다(저주 아래 있는 상태).

12. Jauhiainen, *Zechariah*, 125-26.

13. 3b절에 나오는 '그 성 안에'라는 말은(CSB, NIV에서처럼) ἐν αὐτῇ('그 안에서, 그녀 안에서')를 번역한 말로, 앞의 21:23에서 그 성을 '그것, 그녀'라고 언급하는 것을 명확하게 한다.

14. 21:26에 대한 설명을 보라. 또한 Blaising, "Premillennialism," 160-70; Middleton, *New Heaven and a New Earth*, 21-34; Wright, *Surprised by Hope*, 17-20을 보라.

15. Smalley, *Revelation*, 563, 579-80은 이런 것들이 "하나님과 그분의 종들 간의 언약 관계" 그리고 "영원의 영적 차원에서 하나님이 자기 백성에게 내주하심의 완성"을 상징하는 것이라고 말한다. 하지만 그는 순전히 영적인 것으로 남겨둠으로써 성경 이야기의 결론을 잃어버린 듯하다.

게 비치"시기 때문이다(5b-c절; 참고. 21:11, 23; 사 60:19-20). 그것은 하나님이 그들과 개인적으로 친교를 나누시고 그들에게 영원토록 복을 주시는 것을 상징한다(참고. 민 6:24-27). 그리고 하나님의 종들은 새 예루살렘에서 그분의 보좌 앞에서 그분과 친교를 나누면서 새 창조에 대한 그분의 통치에 참여할 것이다. "그들이 세세토록 왕 노릇 하리로다"(5d절). 이것은 다니엘 7:18, 27을 성취하는 것이고, 그들이 그리스도와 하나님과 함께 천 년 동안 통치한다는 점을 강조한다(계 20:6; 참고. 1:6; 5:10; 11:15; 또한 마 19:28; 고전 6:2; 15:24-28; 참고. 1 En. 92:4).

새 땅이 회복된(그리고 향상된) 에덴이라는 이미지가 시사하는 성도들의 '통치'의 또 다른 차원이 있다. 바로 인류가 다시 한번 하님의 형상을 지닌 자로 그리고 다스리고 지키는 자로 세움받는다는 것이다. 하나님과 어린양의 부섭정으로서 하나님의 선한 창조물을 다스리고 돌보는 것이다(창 1:26-28; 2:15-17; 시 8:3-8; 참고. 고전 15:20-28; 엡 1:20-23; 히 2:5-10). 이것은 히브리서 2장의 '이미와 아직' 종말론(하나님이 원래 창조에서 사람에 대해 의도하셨던 높은 지위로 회복된다는 것으로, 그리스도가 높아지신 것에서 이미 나타났지만 땅에서는 아직 확립되지 않은)의 핵심이다. 미들턴(Middleton)은 그것이 전체 성경 줄거리의 중심이라고 올바로 주장한다.[16] 이것이 성도들이 하나님의 향상된 에덴에서 다스린다는 개념의 일부지만, 요한은 그것을 상세히 발전시키지 않았다(요한계시록에는 창세기 1:26-28이나 시편 8:3-9에 대한 분명한 암시는 없다).

22:6-7 또 그가 내게 말하기를 이 말은 신실하고 참된지라 주 곧 선지자들의 영의 하나님이 그의 종들에게 반드시 속히 되어질 일을 보이시려고 그의 천사를 보내셨도다 보라 내가 속히 오리니 이 두루마리의 예언의 말씀을 지키는 자는 복이 있으리라 하더라(6 Καὶ εἶπέν μοι, Οὗτοι οἱ λόγοι πιστοὶ καὶ ἀληθινοί, καὶ ὁ κύριος ὁ θεὸς τῶν πνευμάτων τῶν προφητῶν ἀπέστειλεν τὸν ἄγγελον αὐτοῦ δεῖξαι τοῖς δούλοις αὐτοῦ ἃ δεῖ γενέσθαι ἐν τάχει. 7 καὶ ἰδοὺ ἔρχομαι ταχύ. μακάριος ὁ τηρῶν τοὺς λόγους τῆς προφητείας τοῦ βιβλίου τούτου). 21:9-10에서 시작된 새 예루살렘에 대한 환상은 이제 22:6-9에서 결론에 이른다.[17] 동시에 6-9절은 1:1-8의 서언과 주제 면에서 분명히 연결되고, 결어(10-21절)로 가는 전환점을 시작한다. 그래서 새 창조에 대한 절정의 환상이 서서히 종료되는 바로 그 순간에도 요한은 "반드시 속히 일어날 일"에 관한 "예수 그리스도의 계시"(1:1-3)로서 요한계시록 전체의 더 큰 주제들을 반복한다. 요한에게 새 예루살렘을 보여준 천사(21:9, 15; 22:1)가 이제 요한에게 다시 말한다. ("또 그가 내게 말하기를", 6a절; 또한 9절). 하지만 그가 말하는 것은 이전 환상의 내용보다 더 광범위한 의미를 지닌다. 그러므로 "이 말은 신실하고 참된지라"(6b절; 참고. 19:9; 21:5)는 말은 그저 새 예루살렘에 대한 앞의 묘사들이 신빙성 있다는 언급일 수도 있지만, 그다음 구절들을 보면 이 말이 책 전체를 염두에 두고 있음을 시사한다. 그다음 절(6c-d절)은 '그리고'(καί, "참된지라" 다음에 나오는 이 말이 개역개정에는 번역되어 있지 않음-역주)라는 말로 시작되지만, 그것은 6b절이 주장하는 신빙성의 기초를 제공한다. 선지자들에게 영감을 주신 하나님이 그들에게 계시하셨기 때문에 이 말을 믿을 수 있다는 것이다. 주를 "선지자들의 영의 하나님"으로 묘사하는 것은, 이 계시가 여러 세대에 걸쳐 하나님의 영이 선지자들에게 영감

16. Middleton, *New Heaven and a New Earth*, 57-73.

17. 1:9-10, 4:1-2, 17:1-3, 21:9-10에 나오는 구조적 대응들을 보라. Bruce W. Longenecker, "'Linked Like a Chain': Rev 22.6-9 in Light of an Ancient Transition Technique," *NTS* 47 (2001): 105-17은 6-9절이 앞부분(21:9-22:9)의 결론이자 새로운 부분(22:10-21)으로 가는 출발점임을 표시하는 말의 연관에 대해 논한다.

을 주셨다는 사실과 단단히 결합되어 있음을 보여준다(10:6-7을 보라).[18] 6c-d절에 이어서 나오는 표현은 요한계시록 시작부에 나오는 구절(1:1-3)과 분명히 연관된다.

요한을 인도하는 천사에 따르면, 이 주님은 "그의 종들에게 반드시 속히 되어질 일을 보이시려고 그의 천사를 보내셨[다]"(6c-d절). 이 구절의 핵심 단어들은 모두 1:1에 나온다(사실상 같은 형태로). 그리고 서언의 핵심 행위자도 모두 이 구절에 나온다(21:6의 "하나님"부터 시작해서, 참고. 1:1). 6절에서 말하는 천사(일곱 대접 천사 중 하나, 참고. 21:9, 15; 22:1)는 6d절에서 하나님의 "천사"를 언급할 때 자신이 아니라 1:1에서 선정된 다른 계시의 천사를 가리키는 것이다. 그는 이 책의 더 큰 부분을 계시하는 하나님의 대행자였다. 이 천사는 하나님의 "종들"(6d절; 1:1을 보라)에게 그분의 심판과 구속의 일을 완결시킬 앞으로 일어날 모든 사건, 곧 "반드시 속히 되어질 일"(6d절; 1:1을 보라; 참고. 1:19; 4:1; 단 2:28-29, 45)[19]을 "보이시려고"(6d절; 1:1을 보라) '보내심'을 받았다(6d절; 1:1을 보라). 1:1-3에 나온 두 존재가 여기 7절(예수 그리스도)과 8절(요한)에 나올 것이다.

"반드시 속히 되어질 일"(6d절)이라는 언급 때문에, 요한은 "속히"라는 같은 핵심 단어를 사용해서 7절의 삽입구적 선언을 끼워 넣는다. "보라 내가 속히 오리니"[20]라는 말이다. 화자가 누구인지는 명백히 밝혀지지 않는다. 하지만 요한계시록 전체(특히 2:16; 3:11; 22:20)에서 예수님이 자신의 임박한 도래를 선언하는 분이시라는 점은 분명하다.[21] 7절에 나오는 화자가 예수님이라고 확인되면, 1:1-3에 나온 또 다른 핵심 인물이 추가된다. 7, 12, 20절에서 "내가 속히 오리니"라는 진술은 그 주장을 강화하는 확증의 말로 강조된다.[22] 예수님이 지체 없이 나타나실 수도 있다는 사실로 인해 7b절에 이어서 나오는 복은 보다 긴급한 호소로 바뀐다. 예수님이 곧 다시 오신다면 "이 두루마리의 예언의 말씀"(7b절; 참고. 9, 18절)에 순종하는 것은 더 중요해진다. 그것은 분명 1:3의 복과 대응을 이룬다. '순종하다'(혹은 '지키다', 종종 τηρέω가 번역되는 것처럼, 참고. CSB, ESV, NIV)[23]라는 말이 사용된 것은 계시록 전체의 권고적 내용을 상기시킨다. 요한계시록의 의도는 단지 미래에 대한 정보를 전달하는 것이 아니라, 현재 순종해야 할 도덕적 요구들을 전하는 것이다. 하지만 요한계시록이 요구하는 삶을 사는 사람들은 하나님의 은총을 받고 초월적 행복을 누릴 것이다.[24]

---

18. 성경 용법에서 종종 그렇듯이, 인간의 "영"(spirit) 혹은 '영들'(spirits)은 그 배경에 하나님의 "영"(Spirit)의 역사를 반영한다(BDAG 833; 예를 들어, 8:12; 요 4:23; 행 17:16; 고전 4:21; 갈 6:1). "영의 하나님"이라는 말은 종속의 소유격이다(Wallace, *Grammar*, 103-4). 선지자들 안에서 역사하시는 자신의 영으로 말미암아 선지자들의 영에 영향을 끼치는 하나님이라는 것이다. 이런 표현은 민수기 27:16에 가깝다. 하지만 느헤미야 9:30, 스가랴 7:12, 마가복음 12:36, 사도행전 1:16, 2:30-31, 고린도전서 14:32, 베드로전서 1:10-11에서 더 광범위한 개념을 볼 수 있다. Bruce, "Spirit in the Apocalypse," 339를 보라.

19. "속히"(ταχύ)라는 말의 시간적 의미에 대한 논의로는 1:1을 보라.

20. 7a절은 선지자들을 통한 하나님의 말씀과 연관을 굳게 할 뿐 아니라(6절, "속히"), 20절까지 '오다'라는 동사가 일곱 번 반복되는 것을 시작함으로써 6-9절을 결어와 결합시킨다(Resseguie, *Narrative Commentary*, 259-60). 그리스도의 임박한 재림을 거듭 반복해서 예상하는 것보다 이 책 전체에 더 적합한 결론은 찾을 수 없을 것이다.

21. 이사야 40:10, 62:11은 주 하나님이 다스리고 심판하러 오신다는 것을 보여준다. 그리고 그 이미지는 요한계시록 22:12에서 소환된다. 하지만 7절과 12절에서는 예수님이 이 땅에 하나님의 목적을 이행하기 위해 오고 계시다는 의미일 가능성이 더 크다.

22. 이것은 7a, 12a절에 나오는 '실로' 혹은 "보라"(ἰδού)는 말이다. 2:10과 21:5에서 이 용법에 대한 주 및 20b절에 나오는 '그렇다'(yes) 혹은 "진실로"(surely, ναί)를 보라.

23. BDAG 1002.

24. BDAG 610. 이것은 요한계시록에 나오는 일곱 개의 복 중 여섯 번째다(그 목록에 대해서는 1:3을 보라, 마지막 복은 22:14에 나온다). 이 복(7b절)은 이 예언에 주의를 기울이는 것에 대해 1:3에 나오는 첫 번째 복과 대응되는 요한의 말이라고 볼 수도 있다. 그래서 예수님의 삽입적 말씀은 7a절만 해당된다고 보는 것이다. 하지만 요한은 8절에서 분명하게 자신에게로 전환한다. 그래서 7절의 두 부분이 모두 예수님의 말씀일 가능성이 더 큰 듯하다.

22:8-9 이것들을 보고 들은 자는 나 요한이니 내가 듣고 볼 때에 이 일을 내게 보이던 천사의 발 앞에 경배하려고 엎드렸더니 그가 내게 말하기를 나는 너와 네 형제 선지자들과 또 이 두루마리의 말을 지키는 자들과 함께 된 종이니 그리하지 말고 하나님께 경배하라 하더라(8 Κἀγὼ Ἰωάννης ὁ ἀκούων καὶ βλέπων ταῦτα. καὶ ὅτε ἤκουσα καὶ ἔβλεψα, ἔπεσα προσκυνῆσαι ἔμπροσθεν τῶν ποδῶν τοῦ ἀγγέλου τοῦ δεικνύοντός μοι ταῦτα. 9 καὶ λέγει μοι, Ὅρα μή· σύνδουλός σού εἰμι καὶ τῶν ἀδελφῶν σου τῶν προφητῶν καὶ τῶν τηρούντων τοὺς λόγους τοῦ βιβλίου τούτου· τῷ θεῷ προσκύνησον). 6-9절이 1:1-3의 주제 및 행위자와 대응되는 또 한 가지는, 반드시 속히 일어나야 하는 하나님의 계시의 수령자인 요한의 역할(참고. 1:1, 4, 9)을 인정한다는 것이다(22:8a). 요한은 8a절에서 그 역할을 직접 말하고 나서 영광스러운 천사를 경배하려는 유혹에 굴복했다고 다시 한번 고백한다(8b-9절, 바벨론에 대한 환상 끝부분에서처럼, 참고. 19:10). 요한은 명사절에 나오는 현재 분사를 사용해서 자신의 역할을 묘사한다.[25] 여기서 술어는 "보고 들은 자"(ὁ ἀκούων καὶ βλέπων)[26]라는 말이다(8a절). 이 현재 분사들은 반복적인 혹은 특징적인 사건으로서 듣는 것과 보는 것에 초점을 맞춘다. 하지만 통상적 번역이 보여주는 현재 시간적 의미('보고 듣는 자', the one who hears and sees)는 전후 문맥과 잘 맞지 않는다. 요한이 현재 "이것들"을 경험하고 있지는 않기 때문이다. 요한이 1:1-3을 암시하는 것과 7절에서 책 전체를 분명히 언급하는 것으로 보아 8a절에 나오는 "이것들"의 범위 역시 책 전체가 되어야 한다.

요한은 두 개의 같은 동사를 반복하면서(이번에는 지금까지 그가 환상에서 경험한 것을 요약하는 부정과거로), "그가 듣고 볼"[27] 때에 천사 앞에 경배하려고 엎드렸다고 인정한다(8b-d절).[28] 이 절에서 요한은 좀 더 가까운 환상 체험으로 돌아가는 듯하다. "이 일을 내게 보이던 천사"라는 말은 새 예루살렘 환상 내내 요한을 인도해준 대접 천사를 묘사하는 듯 보이기 때문이다(참고. 21:9, 15; 22:1, 6). 또한 그렇게 되면 19:9-10과의 구조적 유사점들이 더 잘 유지된다. 요한의 예배에 대한 천사의 대답[29]은 19:10의 표현과 매우 유사하다(해당 구절에 대한 설명을 보라). 하지만 추가된 묘사는 "예수의 증언을 받은 네 형제들"(19:10)이라고 언급하는 대신 6-7절에서 방금 말한 것을 반영한다. "네 형제 선지자들과 또 이 두루마리의 말을 지키는 자들의"(9b절). 요한은 "선지자들"에 속하는 것으로 분류되며 그것은 옳다. 요한계시록은 "예언"(7, 18절; 1:3을 보라)이고, 이 책이 명하는 대로 살라는 고상한 부름을 강조하는 것(7b절)은 이 문맥에 적절한 추가 사항이기 때문이다. 9d절에 나오는 "하나님께 경배하라"는 천사의 마지막 명령은 요한과 그의 독자들에게 언제나 의미 있는 말이지만, 특히 이 책의 결론이 가까워지는 여기에서는 더욱 그렇다.

22:10-11 또 내게 말하되 이 두루마리의 예언의 말씀을 인봉하지 말라 때가 가까우니라 불의를 행하는 자는 그대로 불의를 행하고 더러운 자는 그대로 더럽고 의로운 자는 그대로 의를 행

25. 여기에는 '…이다'(am)라는 동사가 암시되어 있다(원어에는 없는 이 말이 개역개정에는 삽입되어 있다-역주). 절의 구조는 "나 요한"이라는 주어를 술부의 주격들과 암시적으로 연결시킨다.

26. Zerwick and Grosvenor, *Grammatical Analysis*, 77은 분사들을 이렇게 번역할 것을 제안한다.

27. 이 부정과거들은 영어에서 과거 완료로 표현해서 시제들의 순서를 보여줄 수 있다. "내가 듣고 보았었을 때 나는 엎드렸다"(when I had heard and seen, I fell…, NIV, NJB, REB)는 것이다. 시제의 순서는 헬라어보다 영어 관용구에 더 중요한 문제다. Burton, *Moods and Tenses*, 22-23.

28. 4:10에서도 '엎드려 경배했다'는 결합이 나오는 것을 보라. 그것은 헌신과 경의를 나타내는 신체적 표현이다.

29. 9a절에는 "그가…말하기를"(λέγει)이라고 번역된 역사적 현재가 있다. 그것은 9b-d절에 나오는 적절한 예배에 대한 말을 소개하는 한편, 10-11절에 나오는 천사의 말을 미리 가리키기도 한다. 5:5에 나오는 역사적 현재에 대한 주와 Runge, *Discourse Grammar*, 139-41에서 연이어 나오는 역사적 현재들의 의미를 보라.

하고 거룩한 자는 그대로 거룩하게 하라(10 καὶ λέγει μοι, Μὴ σφραγίσῃς τοὺς λόγους τῆς προφητείας τοῦ βιβλίου τούτου, ὁ καιρὸς γὰρ ἐγγύς ἐστιν. 11 ὁ ἀδικῶν ἀδικησάτω ἔτι καὶ ὁ ῥυπαρὸς ῥυπανθήτω ἔτι, καὶ ὁ δίκαιος δικαιοσύνην ποιησάτω ἔτι καὶ ὁ ἅγιος ἁγιασθήτω ἔτι). 6-9절은 시작 부분(1:1-3)과 주제 면에서 다양한 연관성이 있음을 보여주었다. 그리고 이제 10-21절은 글 전체를 결론지으면서 그 연결을 계속 유지한다. 이 결어는 1:1-3에 나온 책의 원천과 신뢰성을 반복할 뿐 아니라, 독자가 이 책에 기록된 것에 순종하는 반응을 보여야 할 긴급한 필요성을 납득시킨다. 그런 긴급함은 계시하는 천사(즉, 1, 6, 9절에 나오는 천사, 21:9의 천사)의 마지막 말에서 나온다. 이것은 요한과 그의 독자들을 대상으로 한 말이다(10b-11절).[30] 먼저 천사는 요한에게 이 두루마리의 예언의 말씀을 "인봉하지" 말라고(μὴ σφραγίσῃς) 지시한다. 여기에서 '인봉한다'는 것은 무언가를 안전하게 지켜서 비밀이 되도록 혹은 접근하기 어렵게 하는 것을 의미한다.[31] 몇몇 문맥에서 그 목적은 시간적 요소를 지닌다. 어떤 것을 오랫동안 안전하게 지켜서 아주 먼 후대에 그것을 접할 수 있게 한다는 것이다(예를 들어, 단 8:26; 12:4, 9에 나오는 환상들, 마지막 때까지 말을 안전하게 지킴, 참고. T. Mos. 1:16-18). 요한계시록 10:4에서 요한은 그가 들은 것을 기록하지 말고 인봉하라는 지시를 받았다. 사람들이 절대 알 수 없는 하나님의 신비들을 '비밀로 하고 드러내지 말라'는 의미에서다(해당 구절에 대한 설명을 보라). 이 금지는 둘 다와 반대된다. 즉, 하나님은 요한이 기록한 것이 요한의 시대에 그리고 후대에 그것이 담고 있는 예언들이 실제로 성취되기까지 널리 알려지기를 바라신다는 것이다. 10c절에 나오는 지지 절('왜냐하면', γάρ, 개역개정에는 "인봉하지 말라" 다음에 나오는 이 말이 번역되어 있지 않음-역주)은 머나먼 세대를 위해 보존하는 것이 이 인봉의 요점이 아니라는 것을 보여준다. 잘 알려진 시기 혹은 경우("때", ὁ καιρός)는 '가까웠다.' 요한이 그 기록하는 내용이 실제로 일어날 때다(참고. 1:3; 또한 1:1; 2:16; 3:11; 22:6, 7, 12, 20에서 요한이 "속히"라는 말을 사용하는 것을 보라).

천사는 10절에서 요한에게 금지 사항을 말한 후 독자들에게 더 광범위한 네 개의 명령을 제시한다(11절). 이 명령은 다소 숙명론적인 것처럼 보인다(13:10과 비슷한).[32] 이 네 개의 명령은 두 쌍으로 이루어져 있다. 먼저 나오는 한 쌍은 요한계시록이 말하는 것에 대한 불경한 혹은 저항하는 반응을 표현하고(11a-b절), 그다음 한 쌍은 경건한 반응을 구현한다(11c-d절). 네 명령에는 모두 '그대로, 아직, 더'(ἔτι)라는 부사가 사용되었다. 그것은 요한이 기록한 절박한 현재와 미래의 위기 속에서도 변화할 가능성이 전혀 없이 기존의 도덕적, 종교적 과정이 계속되는 것을 의미한다. 이것은 부분적으로는 인간의 완악함과 악이 너무나 뿌리 깊어서 최악의 재난이나 경고도 그것을 없앨 수 없다는 성경의 주제를 인정하는 것이다. 바로가 출애굽 때 보여준 것처럼(출 7-12장), 이사야가 그의 청중에 대해 들은 것처럼(사 6:8-10), 예수님이 비유로 말씀하실 때 이해하신 것처럼(마 13:10-15) 뿌리 뽑을 수 없다는 것이다. 요한계시록은 미래에 하나님의 심판이 임할 때도 동일할 것임을 보여준다(예를 들어, 6:15-17; 9:20-21; 16:9-11, 21). 그런데 11a-b절이 통상적인 인간의 악을 외적으로 허용할 때[33]('계속 그대로 불의를 행하라. 계속 그대로 더러운 채로 있으라') 독자는 '이것이 너의 진짜 상태인가, 아니면 거기에서 돌아설 것

30. 10a절에서 역사적 현재를 사용한 것(λέγει, "말하되"로 번역된)은 10-11절에 나온 천사의 말이 아닌, 12-13절에서 예수님이 자신이 오시는 것과 자신의 성품에 대해 하신 말씀을 강조하려는 것이다. 그래서 다시 한번 6-9절의 특징들은 10-21절의 중심 요점들로 우리를 미리 인도한다. 앞의 9a절에 나오는 주를 보라.

31. BDAG 980.

32. 이 사고의 순서는 아마 다니엘 12:9-10에 나오는 개념들을 반영할 것이다. 또한 에스겔 3:6-27을 보라.

33. 이것은 역설적 의미를 지닌 허용적 명령법이다(Wallace, *Grammar*, 488-89).

인가' 하는 질문에 직면한다. 이 질문은 어떤 결과가 초래되는지 분명히 하기 위해 역설적인 도전을 한다. '계속 완고하라. 하지만 그렇게 저항하는 것에 대해 영원한 대가를 지불해야 한다'는 것이다. 11c-d절에 나오는 두 개의 긍정적인 명령('의를 행하라, 그대로 거룩하게 하라')은 대안적 길을 제시한다.[34] 이 명령은 요한의 신실한 독자들에게 심한 반대 속에서도 끝까지 견디라고 요구한다(그리고 해방은 가까이 왔다. 참고. 사 56:1). 하지만 불경한 자들에게는 요한이 그의 책에서 묘사하는 바 장차 그들이 치러야 할 대가를 기억하고 하나님께로 돌아서라고 호소한다. 어쨌든 이 명령들은 요한계시록이 호소하는 바에 어떻게 반응하느냐가 사람의 운명을 영원히 결정할 것이라고 경고한다.

22:12-13 보라 내가 속히 오리니 내가 줄 상이 내게 있어 각 사람에게 그가 행한 대로 갚아주리라 나는 알파와 오메가요 처음과 마지막이요 시작과 마침이라(12 Ἰδοὺ ἔρχομαι ταχύ, καὶ ὁ μισθός μου μετ' ἐμοῦ ἀποδοῦναι ἑκάστῳ ὡς τὸ ἔργον ἐστὶν αὐτοῦ. 13 ἐγὼ τὸ Ἄλφα καὶ τὸ Ὦ, ὁ πρῶτος καὶ ὁ ἔσχατος, ἡ ἀρχὴ καὶ τὸ τέλος). 결어는 이 책의 주제들을 강조하기 위해 다양한 음성을 통합한다. 그리고 요한은 이제 예수님의 말씀으로 바로 전환한다(아마 12-16절을 포함해서). 그런데 12-13절의 말은 10-11절에서 천사가 방금 전달한 요점들을 발전시킨다. 요한이 묘사한 모든 일이 일어날 때가 참으로 가까이 왔다(10c절). 예수님이 그 사건들을 완성하시기 위해 '속히 오시고' 있기 때문이다(12a절; 참고. 7, 20절; 20절은 오시는 분이 주 예수님이라고 명백히 밝힌다).[35] 그리고 듣는 사람들은 천사의 명령들(11절)에 반드시 주의를 기울여야 한다. 예수님이 "각 사람에게 그가 행한 대로" 갚아주실 것이기 때문이다(12b-d절; 참고. 2:23; 11:18).[36]

예수님이 "상"을 주시기 위해 땅에 '오시는' 것은 이사야 40:10에서 야훼가 맡으신 역할과 같다(여기에는 LXX 번역에 나오는 것과 똑같은 핵심 용어들이 나온다. 또한 사 62:11을 보라). 특히 자신의 신실한 백성에게 복을 주시는 것에서 그렇다. 요한계시록 내내 어린양이신 예수님과 여호와 하나님이신 야훼가 밀접하게 동일시되기 때문에(예를 들어, 계 1:4-5; 5:13; 6:16-17), 예수님이 야훼에 대해서도 사용될 수 있는(그리고 사용되는) 일련의 호칭들(22:13; 참고. 사 41:4; 44:6; 48:12)로 자기 백성에 대한 신실하심을 확증하시는 것은 적절하다.[37] 예수님은 "알파와 오메가"다. 하나님이 그러신 것과 마찬가지다(계 1:8, 21:6의 논의를 보라). 예수님은 "처음과 마지막"이다(1:17에 나오는 논의를 보라). 그리고 그분은 "시작과 마침"이다. 하나님이 그러신 것과 마찬가지다(21:6을 보라).[38] 이 호칭들은 모두 그분의 영원한 존재와, 자신의 목적이 성취되도록 역사를 주권적으로 이끌어가시는 것을 나타낸다.

22:14-15 자기 두루마기를 빠는 자들은 복이 있으니 이는 그들이 생명나무에 나아가며 문들을 통하여 성에 들어갈 권세를 받으려 함이로다 개들과 점술가들과 음행하는 자들과 살인자들과 우상 숭배자들과 및 거짓말을 좋아하며 지어내는 자는 다 성 밖에 있으리라(14 Μακάριοι οἱ πλύνοντες τὰς στολὰς

---

34. 이 명령들을 독자들에게 하는 호소로 이해하는 것으로는 Koester, *Revelation*, 840-41을 보라.

35. 7, 12절에서 예수님이 화자라는 것을 보여주는 논증으로는 7절에 나오는 설명을 보라.

36. '그가 행한 일이 받을 만한 대로'(as his work deserves, 12d절)라는 문구는 "그가 행한 대로"(ὡς τὸ ἔργον ἐστὶν αὐτοῦ)를 좀 더 부드럽게 번역한 것이다. 이것은 긍정적이든 부정적이든 '(어떤 사람의) 행위에 따라'(κατὰ τὰ ἔργα, 참고. 2:23; 20:12; 또한 잠 24:12; 롬 2:6을 보라)라는 말과 비슷하다. 19:8에서 이에 대한 신학적 논의를 보라.

37. 13절은 명백한 접속사 없이 시작되지만(접속사 생략), 12절과 밀접하게 연관되어 있으며, 암시된 연관은 그것이 그리스도의 초시간적 주권을 보여준다는 것이다. 그 주권은 그분이 12절에서 가까운 미래에 하시리라고 말씀하시는 일을 성취하실 수 있게 해줄 것이다(12절에 나오는 행동들의 기초).

38. 참고. Bauckham, *Theology*, 23-28, 54-58.

αὐτῶν, ἵνα ἔσται ἡ ἐξουσία αὐτῶν ἐπὶ τὸ ξύλον τῆς ζωῆς καὶ τοῖς πυλῶσιν εἰσέλθωσιν εἰς τὴν πόλιν. 15 ἔξω οἱ κύνες καὶ οἱ φάρμακοι καὶ οἱ πόρνοι καὶ οἱ φονεῖς καὶ οἱ εἰδωλολάτραι καὶ πᾶς φιλῶν καὶ ποιῶν ψεῦδος). 요한계시록에 나오는 일곱 개의 복 중 마지막 복이 여기에 나온다(복에 대한 논의와 목록에 대해서는 1:3을 보라). 이 복과 22:7의 여섯 번째 복의 유사점(그리스도의 "내가 속히 오리라"와 밀접하게 연관된 것, 참고. 앞의 12절)은 이것이 예수님이 하신 또 다른 진술임을 뒷받침한다. 예수님은 "자기 두루마기를 빠는" 자들에게 그리고 그로써 새 예루살렘에서 하나님의 은총의 복에 참여할 수 있는 사람들에게 복을 선언하신다(14절).[39] "자기 두루마기를 빠는 자들"(οἱ πλύνοντες τὰς στολὰς αὐτῶν)[40]이라는 표현은 7:14(참고. 또한 3:4)에서 비슷한 형태로 나오고, 죄를 씻기 위해 그리스도께 의지하는 인간의 반응을 나타낸다(7:14, "어린양의 피에 그 옷을 씻어 희게 하였느니라"). 그리스도가 하나님의 임재에 들어가는 데 필요한 영적 깨끗함을 제공하셨다(참고. 출 19:10, 14; 민 8:7, 21에 나오는 구약의 유사한 내용). 이렇게 씻는 목표("이는…함이로다", ἵνα, 14b절)는 그리스도인들에게 새 예루살렘 한가운데 있는 "생명나무"의 풍성한 자양분에 참여하고(14b절; 참고. 2:7; 22:2), "문들을 통하여 성에" 즉시 접근할 수 있는(14c절; 21:12, 21, 25을 보라; 참고. 시 118:19-20) 특권을 주는 것이다. 이 행동들의 엄밀한 논리적인 순서는 '성에 들어가고 나서 그 중심에 있는 나무에 참여하는 것'이 될 것이다. 하지만 일이 일어나는 순서는 여기에서 중요하지 않다(요한계시록에서 종종 그렇듯이). 요점은 영적으로 씻는 것이 두 복으로 이어진다는 것이다. 새 예루살렘의 특징을 예시한 14b-c절의 언급은 2-3장에서 교회들에 보내는 몇몇 메시지에서 "이기는 자"에게 주어진 중대한 약속들의 예다. 그것은 20-22장에서 성취된다(참고. 2:7, 11, 26-28; 3:5, 12, 21).[41]

죄에서 깨끗하게 되는 것과 성으로 들어가는 특권(14절)을 강조하시기 위해, 15절에서 그리스도는 죄에 계속 거하다가 새 예루살렘이 이 땅에 오기 전에 심판을 받고 불못에 던져진 사람들(20:11-15에 나오는)을 묘사하신다. 그분은 다양한 죄를 지은 결과 그 성에서 배제된 사람들의 목록을 제시하신다[그들은 성 "밖에"(ἔξω) 있다, 참고. 21:8, 27의 목록].[42] 목록에서 첫 번째로 나오는 집단인 "개들"(κύνες)은 구역질 나는 여러 관행을 행하는 사람들을 가리키는 데 흔하게 사용되는 성경적 비유다. 고대 사회 많은 곳에서 개는 사랑스러운 애완동물이 아니라 먹을 것을 찾아 쓰레기 더미를 뒤지는 비열한 동물로 여겨졌다(예를 들어, 잠 26:11; 눅 16:21; 벧후 2:22). 사람들을 나타내는 비유로 "개들"이라는 단어를 사용하는 것은 타락한 인간 행동의 특징을 생생하게 묘사했다(예를 들어, 사 56:10-11; 마 7:6; 빌 3:2).[43] 두 번째 집단은 "점술가들" 혹은 마술을 행하는 사람들이다

39. 번역과 이 구절의 의미에 중대한 차이를 가져오는 이문이 여기에서 나온다. 대부분의 Byzantine 사본들(그리고 몇몇 다른 사본, 046 등)은 "그의 명령을 행하는 자들"(who do his commands, οἱ ποιοῦντες τὰς ἐντολὰς αὐτοῦ, 참고. KJV, NKJV)이라고 되어 있다. 하지만 위에 나온 독법이 더 강력하고 더 이전에 나온 사본들의 뒷받침을 받으며(א, A, 1006 등) 요한계시록의 어투에 더 잘 맞는다. Metzger, *TCGNT2*, 690; 이는 Stephen Goranson, "The Text of Revelation 22.14," *NTS* 43 (1997): 154-57; J. M. Ross, "Further Unnoticed Points in the Text of the New Testament," *NovT* 45 (2003): 220-21과는 반대다.

40. 요한계시록에 나오는 일곱 개의 복 중 하나를 빼고 모두가 포괄적 의미를 제시하기 위해 헬라어 현재 시제 분사를 사용해서 표현되어 있다. 특정한 방식으로 행동하는 '누구든 혹은 모든 사람'이라는 것이다. 그들은 협소한 의미에서 진행적이거나 반복적인 것이 아니다('빨고 있는, 반복해서 빠는'). Fanning, *Verbal Aspect*, 209-11, 411-12를 보라. 19:9은 예외다(혼인 잔치에 "청함을 받은" 그래서 참석할 권한이 있는 사람들을 가리키는 완료 분사).

41. Boxall, *Revelation*, 312에는 이 대응들을 보여주는 귀중한 표가 나와 있다.

42. 이와 비슷한 '들어가지 못하리라'는 주제로는 고린도전서 6:9-10, 갈라디아서 5:19-21, 에베소서 5:5을 보라. 참고. 또한 롬 1:29-32.

43. 구약 본문에서 히브리어로 신명기 23:19(영어로는 18절)은 성전의 남창을 "개"에 비유한다. 하지만 여기에서는 그 특정한 관행을 염두에 두고 있지는 않다.

(φάρμακο, 갈 5:20; 계 9:21; 18:23; 21:8; 또한 9:21에 대한 주를 보라). 15절에 나오는 나머지 목록은 모두 십계명(출 20:13-15)에서 금지되는 것이고, 요한계시록이나 신약 다른 곳에서 죄악에 물든 사람들이나 행동을 열거하는 목록에 등장한다(예를 들어, 계 9:20-21; 21:8, 27). 마지막 집단은(총칭적 단수로 바뀌면서) "거짓말을 좋아하며 지어내는" 모든 자다. 이 목록은 십계명의 다른 계명들을 인용하므로, 이것은 십중팔구 일반적인 진실함이나 정직함이 결여된 사람들을 말할 것이다(14:5에 나오는 사람들과는 반대로). 하지만 보다 구체적인 의미를 염두에 두고 있고, 거짓 선지자들의 짐승에 대한 "거짓말"(ψεῦδος)이나 속임수를 따르는 사람을 언급하는 것일 수도 있다(13:11-17; 16:13). 15절의 전반적인 효과는 11절처럼 또 다른 암시적 호소를 하는 것이다. 그런 관행에서 돌아서서 예수님으로부터 값없이 나오는 생명수를 받아들이라는 것이다(17절).

22:16-17 나 예수는 교회들을 위하여 내 사자를 보내어 이것들을 너희에게 증언하게 하였노라 나는 다윗의 뿌리요 자손이니 곧 광명한 새벽 별이라 하시더라 성령과 신부가 말씀하시기를 오라 하시는도다 듣는 자도 오라 할 것이요 목마른 자도 올 것이요 또 원하는 자는 값없이 생명수를 받으라 하시더라(16 Ἐγὼ Ἰησοῦς ἔπεμψα τὸν ἄγγελόν μου μαρτυρῆσαι ὑμῖν ταῦτα ἐπὶ ταῖς ἐκκλησίαις. ἐγώ εἰμι ἡ ῥίζα καὶ τὸ γένος Δαυίδ, ὁ ἀστὴρ ὁ λαμπρὸς ὁ πρωϊνός. 17 Καὶ τὸ πνεῦμα καὶ ἡ νύμφη λέγουσιν, Ἔρχου. καὶὁ ἀκούων εἰπάτω, Ἔρχου. καὶ ὁ διψῶν ἐρχέσθω, ὁ θέλων λαβέτω ὕδωρ ζωῆς δωρεάν). 예수님이 직접 하시는 말씀(12-16절)은 16절에서 끝난다. 18-20절에서 다시 말씀하시기 전에 짧은 막간을 위해 멈추는 것뿐이다. 여기에서 요한계시록 시작부의 성찰이 다시 나온다. 요한계시록은 예수 그리스도로부터 나오는 "계시"(1:1)로, 하나님이 그리스도께 주사 "그의 천사"(1:1)를 통해 요한과 하나님의 백성에게 "증거"(1:2)로 전달하도록 하셨다는 것이다. 이 시작 부분이 나온 후 얼마 안 지나 아시아주의 특정한 일곱 교회를 향해 말하고(1:4, 11), 그다음에는 예수님이 성령으로 말미암아 직접 그 교회들을 향해(그리고 그들을 통해 그때와 지금의 다른 교회들에, 2:7을 포함해 2-3장의 각 메시지 끝에 나오는 "성령이 교회들에게 하시는 말씀"을 보라) 말씀하신다. 이 계시와 증거의 사슬은 22:16b에 나오는 "너희"(ὑμῖν)라는 복수 대명사와 "교회들"이라는 언급이 당혹스럽게 결합된 것을 설명하는 데 도움이 된다. "너희"는 원래 메시지의 대상이었던 일곱 개의 구체적인 교회를 언급하는 듯하고, "교회들"은 성령이 이 책을 통해 말씀하시는 더 큰 그리스도인 집단인 듯하다. 그래서 16a-b절에서 예수님은 이 책의 내용이 사자들을 통해 자신이 계시하신 증거로서 믿을 만하다는 것을 다시 입증하신다(참고. 18-20a절에도 나오는 사항).

16c절에 나오는 '나는…이다'(I am) 선언으로 요한계시록의 신빙성이 높아진다. 여기에서 예수님은 오래 기다려온 하나님의 구원, 곧 이스라엘과 온 땅 백성을 위해 메시아를 통해 이루어지는 구원을 성취하시는 분이라고 자신을 다시 한번 계시하신다. 예수님은 "다윗의 뿌리요 자손"(ἡ ῥίζα καὶ τὸ γένος Δαυίδ)[44]으로, 이사야 11:10("이새의 뿌리", 또한 롬 15:12)이 언급하고 사무엘하 7장, 시편 2, 89, 110, 132편, 이사야 9장, 예레미야 23, 33장, 에스겔 34장, 아모스 9장, 스가랴 12장(참고. 눅 1:31-33, 69; 롬 1:3) 등에 보다 광범위하게 계시된 하나님의 구속 계획에서 개인적 초점이시다. 이 동일한 하나님의 구원 목적을 말하는 또 다른 이미지는 그분을 "광명한 새벽별"이라고 하는 것에서 나온다. 그것은 민수기 24:17에서 나온 메시아적 호칭이며, 구원의 시대

44. ῥίζα를 "뿌리" 대신 '싹'이라고 번역하는 것에 대해서는 5:5의 주를 보라. 여기에서 그 단어는 '싹, 어린 가지'("뿌리에서 자라는 것", BDAG 903-4; 참고. C. Maurer, "ῥίζα," *TDNT* 6:989)를 의미한다.

를 시작하는 것으로서 하나님의 빛을 세상에 비추시는 분을 가리킨다(참고. 사 60:1-3; 눅 1:78-79; 벧후 1:19; 계 2:28).[45] 2:27, 3:7, 5:5, 11:15, 12:5, 19:15과 같은 언급은 요한계시록 신학에 예수님과 다윗의(그래서 이스라엘의) 연관이 얼마나 중요한지 보여준다. 이것은 요한이 이 세상 역사를 완성하기 위해 "반드시 속히 일어날" 사건들에 관해 말한 구약 선지서와 시편에 초점을 맞춘 것이 특징이다.

12절에서 "보라 내가 속히 오리니"(그리고 그 전에 나온 '나는…이다' 선언)라는 말로 시작된 예수님의 말씀은 16절에서 잠시 끝난다. 짧은 대답과 세 개의 관련된 권고(17절)로 그 말씀이 중단된다. 이 구절은 이 땅에 곧 오시겠다는 예수님의 약속에 대해 요한이 파악하는 하늘과 땅의 반응이라고 생각하는 것이 가장 좋다. "성령과 신부" 둘 다 "오라"는 말로 그분께 재촉한다(17a-b절). "성령"은 신적인 영으로서 예수님이 교회를 향해 말씀하실 때 그분을 통해 전하셨다(2-3장; 2:7에 대한 주를 보라). 하지만 여기에서는 성령이 그리스도의 재림을 촉구하기 위해 그리스도인 선지자인 요한을 통해 말씀하신다. 마찬가지로, 요한은 모든 시대에 하나님의 구속받은 백성의 공동적이고 영적인 실체의 음성을 분별한다. 그것은 그분이 택하신 "신부"의 이미지를 통해 묘사되는데, 그 신부는 신랑이 와서 자신을 그의 것으로 취하기를 고대한다(참고. 19:7; 21:2, 9).[46]

그들이 예수님께 와서 이 땅에 대한 하나님의 구원 목적을 성취하시라고 호소하자 요한은 그와 관련된 세 개의 교훈을 추가한다. 그것은 호소를 듣는 모든 사람을 대상으로 하는 말이다(17c-f절). 첫째, 요한은 이 본문이 교회에서 읽힐 때 듣는 모든 사람(참고. 1:3)이 성령과 신부와 함께 예수님을 속히 오시라고 초대할 것을 촉구한다(요한은 20c절에서 스스로 모범을 보인다). 사람들이 방금 들은 것에 대한 반응으로 "오라"고 해야 한다는 것이다(17c-d절).[47] 그다음에 요한은 예수님의 말씀으로 말미암아 참된 영적 생명을 갈망하게 된 모든 사람에게 두 가지 명령을 덧붙인다. 먼저 "목마른 자도 올 것이요"(17e절)라고 말한다. 여기에는 언어유희가 나온다. "오라"(ἔρχομαι)는 용어가 예수님이 이 땅에 다시 오시라는 초청(17b절)에서 영적으로 궁핍한 사람들이 참된 만족을 위해 하나님께 의지하라는 초청으로 바뀌는 것이다. 마지막 명령은 이 이미지를 강화한다. 자신의 영적 목마름을 채우기 원하는 사람은 누구든 "값없이 생명수를 받"을 수 있다는 것이다(17f절, 유사점들 및 구약 배경으로는 21:6을 보라). 이전에는 요한계시록의 독자 혹은 듣는 자에게 암시적으로 호소했던 것(11, 15절)이 이제는 명시적이고 설득력 있는 호소가 된다.

22:18-19 내가 이 두루마리의 예언의 말씀을 듣는 모든 사람에게 증언하노니 만일 누구든지 이것들 외에 더하면 하나님이 이 두루마리에 기록된 재앙들을 그에게 더하실 것이요 만일 누구든지 이 두루마리의 예언의 말씀에서 제하여 버리면 하나님이 이 두루마리에 기록된 생명나무와 및 거룩한 성에 참여함을 제하여 버리시리라(18 Μαρτυρῶ ἐγὼ παντὶ τῷ ἀκούοντι τοὺς λόγους τῆς προφητείας τοῦ βιβλίου τούτου· ἐάν τις ἐπιθῇ ἐπ᾽ αὐτά, ἐπιθήσει ὁ θεὸς ἐπ᾽ αὐτὸν τὰς πληγὰς τὰς γεγραμμένας ἐν τῷ βιβλίῳ τούτῳ, 19 καὶ ἐάν τις ἀφέλῃ ἀπὸ τῶν λόγων τοῦ βιβλίου τῆς προφητείας ταύτης, ἀφελεῖ ὁ θεὸς τὸ μέρος αὐτοῦ ἀπὸ τοῦ ξύλου τῆς ζωῆς καὶ ἐκ τῆς πόλεως τῆς ἁγίας τῶν γεγραμμένων ἐν τῷ βιβλίῳ τούτῳ). 18-19절의 화자("내가…증언하노니", 18a절)는 17절에서 시작된 해설을 이어가고 있는 요한일 수도 있다. 하지만 17절의 짧은 막간

45. 2:28에서 이 이미지에 대한 논의를 보라.

46. 이것이 "[그리스도의] 나타나심을 사모하는" 사람들에 대한 디모데후서 4:8의 정신인 듯하다. 그들이 그렇게 하는 것은 그분을 사랑하고 그분의 임재 안에 있기를 열렬히 기다리기 때문이다(참고. 빌 1:23).

47. Bruce, "Spirit in the Apocalypse," 343.

후에 예수님이 18-19절의 내용을 증언하는 분으로 다시 개입하시는 것일 가능성이 더 크다.[48] 예수님은 20절의 화자로 밝혀진다. "이것들을 증언하신"(20절)이라는 말은 이 구절들을 돌아보며, 그다음에 예수님은 "내가 진실로 속히 오리라"(20b절)고 진술하신다. 이 문맥에서 '증언하다'라는 말은 맹세의 방식과 비슷한데, 이어서 하는 말이 신뢰할 만한 것이라고 엄숙히 선언하면서 "어떤 것의 진실성을 확증하다, 타당성을 입증하다"[49]라는 의미다. 그 확증은 요한의 책에 적힌 내용을 듣는 모든 사람을 향한 것이다(1:3과 비슷한 말로 18a절에 공식적으로 묘사된, 참고. 22:7, 10; 19a). 반복해서 나오는 요한계시록에 대한 묘사는 중요하다. 그것이 요한계시록 자체의 신적 기원을 말하기 때문이다. 요한계시록은 하나님으로부터 오는 "예언의 말씀"을 담고 있으므로(1:1-3; 22:6-7, 10, 16이 주장하는 것처럼) 단순한 인간의 말을 넘어선 특권적 권위를 지닌다.

예수님은 하나님이 이 책에서 계시하신 것의 진실성을 훼손하는 사람은 누구든 심한 벌을 받을 것이라고 서약하신다(18b-19절). 그 내용의 엄격한 진실성은 신명기 4:2(참고. 신 12:32; 잠 30:5-6)에 나오는 모세의 경고를 반영하는 말로 묘사되어 있다. 그가 이스라엘에게 가르치는 것에서 어떤 것도 더하거나 빼면 안 된다는 것이다. 그것들은 "너희 하나님 여호와의 명령"[50]이기 때문이다. 그것을 순전히 인간의 말이나 가르침으로 바꾸어버리는 행위는 결코 허용될 수 없다. 이에 대한 칠십인역 본문[신 4:2; 12:32(31:1 LXX); 잠 30:6]에서 '더하다'라고 번역된 동사는 προστίθημι인 반면, 요한계시록 22:18에서는 거의 동의어인 ἐπιτίθημι가 쓰인다.[51] '제하다'(ἀφαιρέω)와 동일한 단어는 신명기 4:2, 12:32(13:1 LXX), 요한계시록 22:19에 나온다. 이로 인해 먼저 18b-d절에서 균형을 이루는 조건적 진술이 나온다. 어떤 사람이 요한계시록의 말씀에 "더하면" 하나님은 그 악한 자에게 책이 묘사하는 재앙들을 "그에게 더하실" 것이다('재앙, 재난'에 해당하는 단어 πληγαί는 종종 사용된다. 예를 들어 9:18, 20; 15:1; 16:9). 마찬가지로(19절) 누군가가 그 말씀이나 가르침에서 무언가를 '제하면' 하나님은 이 책에 묘사된 종말론적 복에서 그 사람의 몫을 '제하여 버리실' 것이다(참고. 갈 1:6-7; 약 3:1). 그 복들은 새 창조에서 경건한 자의 삶에 중심이 되는 "생명나무"와 "거룩한 성"이다.

22:20-21 이것들을 증언하신 이가 이르시되 내가 진실로 속히 오리라 하시거늘 아멘 주 예수여 오시옵소서 주 예수의 은혜가 모든 자들에게 있을지어다 아멘(20 Λέγει ὁ μαρτυρῶν ταῦτα, Ναί, ἔρχομαι ταχύ. Ἀμήν, ἔρχου κύριε Ἰησοῦ. 21 Ἡ χάρις τοῦ κυρίου Ἰησοῦ μετὰ πάντων [τῶν ἁγίων. ἀμήν][52]). 앞에 나온 말에 대한 예수님의 엄숙한 확증 혹은 증언(18a절)이 나온 다음 요한은 짧지만 중대한 결론적 종결부와 축도를 추가한다. 방금 말한 것을 "증언하신 이" 이신 예수님이 이제 확실하고 임박한 재림을 다시 한 번 단언하신다(7, 12절에서처럼; 참고. 2:16; 3:11). "진실로"(ναί, '엄숙한 확신으로')[53]라는 확증의 불변화사가 새롭게 나온다(하지만 요한이 1:7에서 예수님이 오시는 것에 대한 구약 예언에 대한 반응으로 그 말을 사용하는 것을 보라). 이

48. Osborne, *Revelation*, 778-79는 12-19절 전체를 예수님의 말씀에 포함시킨다(참고. 또한 p. 794). Koester, *Revelation*, 844; Michaels, *Revelation*, 257-58; Mounce, *Revelation*, 409-10은 18-19절이 예수님의 말씀이라는 것에 동의한다. 요한이 18-19절의 화자라고 보는 사람들은 Beale, *Revelation*, 1154; Boxall, *Revelation*, 319; Smalley, *Revelation*, 582-83이다.

49. BDAG 618.

50. 신적 계시를 받은 가르침에 대한 후대의 본문들에 대단히 비슷한 표현이 나온다(1 En. 104:10-11; Josephus, *Ag. Ap.* 1.8; Did. 4:13).

51. 18b절과 18c절에서 '더하다'(ἐπιτίθημι)라는 말은 어쩌면 두 절을 가로지르는 언어유희를 하기 위해 바꾼 것일 수도 있다. 그것은 '더하다, 추가하다'뿐 아니라 벌을 '가하다, 부과하다'(예를 들어, 행 16:23)라는 의미일 수 있기 때문이다(BDAG 384; Aune, *Revelation 17-22*, 1230-31).

52. 다음에 나오는 내용에서 본문의 불확실함에 대한 설명을 보라.

53. BDAG 665.

것이 바로 우주적이고 영구적인 의미를 지닌 두렵고 중대한 사건들로 가득한 요한계시록의 끝에서 모든 독자가 환영할 수 있는 주님의 말씀(안심이 되기도 하고 도전이 되기도 하는)이다. 요한은 17c-d절의 조언을 따라 주님이 오시는 것을 진심으로 단언하며 환영한다. "아멘 주 예수여 오시옵소서."[54] 그런 호소와 진심 어린 열망은 언제나 제자들이 그리스도께 말로써 그리고 무언으로 하는 요청이 되어야 한다.

공식적으로 이 저술을 마무리하는 축도는 표준적 서신 형태를 따른다(참고. 1:4-5에 나오는 서신 장르에 대한 주). 그것은 주 예수의 "은혜"에 적절하게 초점을 맞춘다. 그분은 바로 앞부분의 초점이셨고, 요한계시록 내내 하나님의 구속 역사의 중심이셨다. 끝에 나오는 "모든 자들에게"라는 문구는 매우 다양하게 변형되어 나타난다(예를 들어, μετὰ τῶν ἁγίων. ἀμήν, '성도들과 함께 아멘'). 하지만 "모든 자들에게"가 가장 짧은 독법이다. 따라서 외적 증거는 희박하지만(A, vg) 그것은 어떻게 다른 독법들이 생겨나게 되었는지 설명해준다.[55] 어쨌든 이 문맥에서 "모든 자들에게"라는 말은 '이 글이 말하는 대상인 교회들의 모든 그리스도인 독자와 함께'라는 의미다(참고. 1:4, 11; 2:7)

적용에서의 신학

1. 우리는 어떻게 여기 도달했는가? 그리고 우리는 어디로 가고 있는가?

요한계시록 22:1-5을 설교하거나 가르칠 때 이 본문을 성경의 웅대한 이야기의 결론으로 제시해야 한다. 에덴은 새롭게 될 것이고, 인간은 원래 의도된 대로 삶을 영위하게 것이다. 어떤 설교자도 21:1-22:9을 강해하면서 이 주제를 언급하지 않고 넘어가서는 안 된다. 설교하거나 성경을 가르칠 때 조각조각 세밀하게 분해해서 큰 그림은 제시하지 않은 채 어떤 한 본문에만 초점을 맞추는 경우가 많다. 하지만 교회에 다니는 사람들조차 성경 문맹인 세상에서 설교자는 성경의 주제들을 가로지르는 중요한 연결고리들을 보여주려 끊임없이 애써야 한다. 이것은 단지 학문적인 관심사가 아니다. 인생의 성쇠에 직면하는 사람들은 하나님의 웅대한 계획을 보아야만 한다. 왜 이 땅에서의 삶은 때로는 너무 힘들면서 또 때로는 그렇게 영광스러운가? 어떻게 사람들은 선하고 고상한 일을 하면서, 다른 한편으로는 공포스럽고 잔인할 수 있는가? 로마서 8장은 성경의 전체 이야기를 간략하게 제시함으로써(죄, 율법, 성육신, 현재의 탄식과 미래의 영광, 모든 신자가 그리스도를 닮게 하려는 하나님의 목표, 하나님의 억누를 수 없는 사랑) 무엇이 문제고 무엇이 하나님의 해결책이 될지를 제시한다. 그리스도인이 소망을 붙들고 순종하

54. 20-21절에서 "주 예수"라는 결합된 호칭(요한계시록에서 여기만 함께 사용된)은 고린도전서 16:22(참고. Did. 10:6)에 나오는 전통적인 아람어 문구인 '마라나타'(우리 주여 오시옵소서, μαράνα θά)를 반영한다.

55. *TCGNT2*, 690-93. 영어 역본들은 이 추가적인 말 중 어떤 것을 포함시키는가 하는 면에서 서로 대단히 다르다.

며 살아야 한다는 것을 보여주는 것이다. 이 본문은 비슷한 방식으로 하나님의 백성을 교훈하고 격려한다.

2. "끝은 어떤 사건이 아니라 인격이다"

이 말은 요한계시록 21:6에 대한 카이어드(Caird)의 주석에서 나왔는데[56] 오해를 불러일으킬 수 있다(즉, 요한계시록이 미래에 무엇이 실제로 일어날지 아무것도 알려주지 않고, 그저 예수님에 대해서 더 보여줄 뿐이라는 것). 하지만 21:6(하나님이 "알파와 오메가요 처음과 마지막이라"는 것)과 요한계시록 21-22장 전체의 의미는 영생의 중심 초점이 백성 가운데 계시는 하나님과 어린양이 되리라는 것이다. 하나님은 우리의 구속을 계획하시고 예수님을 통해 그것을 성취하셨다. 새 예루살렘의 핵심적인 복은 하나님과 얼굴을 맞대고 교제하는 것이다. "하나님의 장막이 사람들과 함께 있으매 하나님이 그들과 함께 계시리니 그들은 하나님의 백성이 되고 하나님은 친히 그들과 함께 계셔서"(21:3). 또한 22:3-4을 주목하라. "하나님과 그 어린양의 보좌가 그 가운데에 있으리니 그의 종들이 그를 섬기며 그의 얼굴을 볼 터이요." 새 예루살렘에서 풍요로운 환경이나 풍부한 공급보다 더 복된 것은 백성 가운데 계시는 주 하나님의 임재가 될 것이다.

하지만 앞의 본문들에서 하나님의 인격 혹은 하나님과 어린양의 인격에 맞추었던 초점은 22:6-21에서 우리 구주 예수님이 다시 오시라는 열망으로 바뀐다. 그분은 신부가 고대하며 준비하는 신랑이다(19:7; 21:2; 22:17). 속히 오실 것이라는 예수님의 단언을 요한이 세 번에 걸쳐 기록하면서(22:7, 12, 20) 신랑이 올 것이라는 기대가 고조된다. 요한계시록은 이 열렬한 기대로 시작되었다(참고. 1:1-3, 7). 예수님이 22:12에서 속히 오시리라고 두 번째로 선언하신 후 요한은 성령(이 책을 계시하신)과 공동적인 신부 그리고 이 책을 읽는 그리스도인 개개인의 열렬한 반응을 서술한다. 그들은 모두 예수님께 "오라"(17절)고 초청한다. 세 번째 단언인 "내가 진실로 속히 오리라"(20절) 다음에 나오는 "아멘 주 예수여 오시옵소서"라는 요한의 간절한 호소는, "주 예수의 은혜가 모든 자들에게 있을지어다"(21절)라는 축도와 함께 이 책의 결론으로 적절하다. 모든 그리스도인은 주 예수의 오심을 사랑하고, 고대하며, 기도해야 마땅하다. 그분의 은혜와 그분의 임재는 처음부터 끝까지 그리고 그 사이에 있는 모든 순간에 우리 삶의 중심이 되어야 한다.

3. 목마른 사람을 위해 값없이 주어지는 물

예수님이 다시 오시도록 초청하기 위해 반복해서 사용된 "오라"라는 동일한 말이 17절에서는 회심하지 않은 사람들도 반응을 보이라고 호소하는 언어유희로 나온다. 이 경우에는 그리스

---

56. Caird, *Revelation*, 266.

도가 값없이 제공하시는 구원의 선물을 받아들이라는 것이다. 죄에 대한 하나님의 냉정한 심판과 구속받은 자들을 위한 하나님의 풍성한 복을 자세히 말하는 끝부분에서, 영적으로 궁핍한 사람들이 참된 만족을 위해 긴급하게 하나님께 돌이켜야 한다는 점과("목마른 자도 올 것이요") 그 기회가 활짝 열려 있음을 긴급하게 알려야 한다는 점("원하는 자는 값없이 생명수를 받으라")에 초점을 맞추는 것은 결론으로서 아주 바람직하다. 새 예루살렘에서 누릴 복들과 어린양의 혼인 잔치에서 신부와 신랑을 경축하는 것을 읽으면서(19:7-9; 21:2, 9; 22:17), 자신의 영적 결핍을 깨닫고 그 목마름을 채우고자 하는 사람들은 어느 누구도 배제된다고 느껴서는 안 된다. 하나님과 함께하는 진정한 삶을 시작하라는 초청은 그것을 바라는 모든 사람에게 아무 대가 없이 확장된다(21:6; 22:17). 이것은 그리스도인이 아닌 사람이 "이 두루마리의 예언의 말씀을 지키"고 거기에 담긴 복을 발견하기에 가장 적절한 시작점이다(7절). 비유적 표현을 바꾸면, 그리스도의 희생은 우리가 '두루마기를 빨고 생명나무에 나아가며 성에 들어갈 권세'(14절, 이 책의 마지막 복)를 얻는 유일한 길이다. 그리고 모든 사람이 환영받는다!

요한계시록의 신학

서론적 요약

요한계시록은 무엇보다 선한 창조에 관여하시는 참되시고 살아 계시는 하나님을 중심으로 쓰인 책이다.[1] 요한계시록은 우리가 하나님이 누구시며 이 세상에서 무엇을 하고 계신지를 마주대하게 해준다. 앞으로 어떤 일이 일어날 것인지를 제시하고, 그 미래를 내다보면서 지금 우리가 어떻게 살아야 하는가 하는 문제에 특별히 초점이 맞추어져 있다. 이것은 하나님의 영광, 능력, 거룩하심, 주권 등에 대한 강력한 이미지들로 가득 차 있다. 하지만 하나님은 엄위하심과 통치 안에서, 멀리 떨어져 계신 것이 아니라 여전히 임재하고 계시며 동서고금을 막론하고 이 세상에 관여하고 계신다. 우리는 그분을 영원하신 하나님(1:8; 4:8; 21:6), 전능자(9번), 하늘의 보좌에 계신 분(예를 들어, 1:4; 4:2; 5:13; 19:4; 20:11; 22:1–3), 창조주(3:14; 4:11; 10:6; 14:7; 21:5)와 구속자(5:9; 7:10; 12:10; 19:1)로 여기고, 모두가 그분 앞에 책임을 져야 하는 심판자로 두려워한다(6:16–17; 11:18; 14:10, 19; 19:15; 20:11). 이 호칭들은 하나님을 전능하신 통치자이시며 만물을 다스리시는 주권자로 묘사한다. 하나님은 자신의 우주를 창조하셨고 유지하시며, 만물을 자신의 의도대로 성취하신다. 요한이 묘사하는 하나님께 드리는 하늘의 예배는 이 땅에 사는 모든 이가 지상에서 하나님께 드릴 적절하고 타당한 예배의 본보기다. 그것은 그런 하나님을 경배하고 그분과 교제하는 것이 우리 자신을 드리는 일에서 가장 중요한 것, 곧 중심이라는 것을 보여준다.

더욱 특별한 것은, 요한계시록은 하나님의 심판 및 그리스도를 통한 구속 사역을 담은 책이다. 그것은 만물을 새롭게 하는 것으로 이어진다. 요한의 주제는 처음부터 끝까지 "반드시 속히 일어날 일들"(1:1; 22:6; 참고. 1:19; 4:1)이다. '때가 가까우며'(1:3: 22:10), 그리스도가 '속히 오실 것'(3:11; 22:7, 12, 20)이기 때문이다. 신약 나머지 부분에서처럼, 예수 그리스도는 역사의 초점으로 나타나신다. 하나님의 백성 이스라엘과 세상의 다양한 민족 그리고 모든 피조물에게

1. 이 요약은 Fanning, "Discipleship in Revelation"에서 각색한 것이다.

도 마찬가지다. 그분의 성육신, 죽음, 부활, 죽임당하셨지만 영광스러운 어린양으로 높임을 받으신 것은 악에 대한 하나님의 영원한 승리를 보장한다(1:5–6, 17–18; 3:7; 5:6, 9–10; 11:15). 하지만 우리는 그분이 이 승리를 땅에 충만히 가져오시기 위해 유다의 사자, 왕 중의 왕이요 만주의 주로 다시 오실 것을 기다린다(1:6; 5:5; 10:6–7; 11:15–18; 14:1; 19:11–21; 21:1–5; 22:16).

그렇다면 여러 면에서 요한계시록은 창조부터 재창조에 이르는 성경의 전체 이야기를 개괄하고 요약한다. 이것은 이스라엘 왕과 선지자들의 구약 이야기와 그리스도 안에 나타난 하나님의 구원의 은혜라는 복음에 확고하게 닻을 내리고 있다. 요한계시록은 여기에 성경 계시의 영광스러운 절정, 즉 인간이 회복된 창조 세계에서 하나님과 어린양을 직접 예배하고 친교를 누리게 할 해방의 비전과 새롭게 되는 비전을 덧붙인다(21:1–22:5). 그 과정에서 요한계시록은 우리가 사는 이 세상에서 하나님의 구속 역사가 진행되는 동안 그리스도인이 현재 소유하고 있는 특권적 지위와 책임을 보여준다.[2]

하나님과 그분의 세상

요한계시록은 온통 하나님으로 가득 차 있다.[3] 요한이 이 책에 나오는 환상에서 하나님을 보는 것처럼 그분을 볼 때만, 우리는 요한이 기록하는 다른 모든 것의 의미를 파악할 수 있다. 요한계시록에 나오는 하나님에 대한 독특한 묘사 중에는 "전능하신 분"(요한계시록에 9번, 신약 다른 곳에는 단 한 번), "알파와 오메가"(1:8과 21:6에서 성부 하나님에 대해 사용됨), "처음과 마지막"(21:6), "이제도 계시고 전에도 계셨고 장차 오실 이"(1:4, 8; 참고. 11:17; 16:5) 등의 신적 호칭이 있다.[4] 이런 호칭들은 영원하시고 비교할 수 없는 하나님에 대한 구약의 묘사에 뿌리를 둔다(특히 출 3:14; 사 44:6; 암 4:13; 학 2:6–9). 앞의 호칭 중 "…장차 오실 이"는 미래에 하나님이 존재하시는 것뿐만 아니라, 그분이 실제로 현재와 미래에 이 세상사 안으로 '오시는 것'을 말한다. 요한계시록이 묘사하는 바 이 땅에서 일어나는 절정의 사건인 심판과 구속에 그분이 개입하시는 것이다. 그분은 멀리 계시거나 부재하신 것이 아니라, 자신의 목적들을 수행하시면서 창조에 관여하신다.

---

2. 다음에 나오는 내용에 포함된 신학적 요점들은 주석 자체에서 논의되는 요한계시록 신학의 독특한 특징들을 요약하려는 것이다. 세부적인 것은 인용되는 구절들에 대한 설명을 보라. 전통적으로 사도 요한이 썼다고 여겨지는 신약 전체(복음서, 서신서, 계시록)가 공유하는 신학이 있는가 하는 문제는 그 저자가 누구냐에 대한 결정들과 중대하게 연관된다(그 논의에 대해서는 '요한계시록 서론'을 보라). 그 책들의 저자가 모두 동일 인물로 이해된다 해도, 계시록의 신학은 충분히 독특하기에 계시록은 복음서 및 서신서의 신학과 별도로 취급하는 것이 가장 좋다. Marshall, *New Testament Theology*, 574는 이 접근법을 따르며, 여기에서도 같은 접근법을 따른다.

3. Bauckham, *Theology*, 23–53과 G. K. Beale, "Revelation (Book)," in *New Dictionary of Biblical Theology* (Downers Grove, IL: InterVarsity Press, 2000), 356–57을 보라.

4. Bauckham, *Theology*, 27은 "알파와 오메가"라는 호칭에 대해 "하나님은 만물의 창조주로서 그 만물보다 먼저 계시며, 만물을 종말론적으로 성취하실 것이다. 그분은 모든 역사의 기원이며 종착점이다. 그분은 창조에서 첫 번째 말씀을, 새 창조에서 마지막 말씀을 하신다"라고 말한다.

또한 요한계시록은 다른 신약처럼 하나님과 그분의 방식들을 묘사하기도 한다. 그것 역시 하나님에 대한 요한계시록의 묘사에서 중요한 영향력을 지닌다. 여기에는 '거룩하다'(4:8; 6:10; 16:5), '의롭다'(15:3; 16:5-7; 19:2), '참되다'(16:7; 19:2) 등의 서술어가 포함된다. 그분은 또한 "[예수님의] 아버지"(1:6; 3:5; 14:1), '창조주'(4:11; 10:6; 14:7; 21:5), "왕"(15:3)으로 불린다. 하나님을 창조주로 인정하는 것은, 이 세상과 그 피조물들의 과정을 하나님의 의도와 타이밍에 따라 통제하실 권리를 인식하는 것이다. 이것은 하나님의 최고의 권위라는 이미지뿐 아니라 그분이 만물을 주권적으로 통제하신다는 이미지와도 일치한다('전능하신 분'이라는 이미지와 비슷하게). 하나님의 주권에 대한 압도적 느낌은, 하늘 보좌에 앉아 계시는 하나님에 대한 곳곳의 묘사에서(요한계시록의 22개 장 중 14개 장) 그리고 하나님이 허용하시기 때문에만 일어나는 행동을 표현하기 위해 '받았다'(was given, ἐδόθη)는 신적 수동태가 반복되는 것에도 반영되어 있다(예를 들어, 6:8; 9:3; 13:7, 심지어 악행자들도 하나님이 세우신 더 큰 목적을 수행한다). 하나님은 분명 주관하고 계시며, 그분의 피조물을 위한 그리고 자신의 영광을 위한 지혜롭고, 의롭고, 선한 계획에 따라 행동하실 것이다(4:11; 7:12; 14:7; 15:4; 19:7).[5]

요한계시록에 따르면, 신적 영광은 예수 그리스도께도 속해 있다(5:12-13; 21:23). 그리스도는 "알파와 오메가요 처음과 마지막이요 시작과 마침"(22:13)이라는 호칭을 지니신다(참고. 1:7; 2:8, 이 문구의 첫 번째와 세 번째 문구는 1:8; 21:6에서 하나님께 사용된다). 이 이름들은 그리스도의 영원한 존재와 그분이 세우신 신적 목적에 따라 우주를 주권적으로 이끌어가시는 것을 나타낸다. 그리스도를 통해 하나님이 이 땅을 통치하신 것이다. 그리스도는 "땅의 임금들의 머리"(1:5)이며 "만왕의 왕이요 만주의 주"(19:16; 참고. 17:14)시다.[6] 그분은 하나님이 구약에서 하신 약속들, 곧 다윗 계열의 메시아를 통해 통치하실 것이며(3:7; 5:5; 12:5; 19:15; 22:16; 참고. 창 49:9; 삼하 7:12-16; 시 2:1-12; 사 11:1, 10)[7] "인자"로서 그분의 백성과 함께 세상의 열방을 영원히 통치하시겠다는(1:13; 14:14; 참고. 단 7:13-14, 27) 약속의 성취다. 그리스도는 하나님과 함께 하늘의 모든 무리와 모든 피조물의 예배를 받으신다(5:13-14).[8] 하지만 가장 명백한 것으로 그리스도의 희생제사적 죽음은 하나님의 구속의 중심이 되었고, 인간 역사와 구원의 전환점이 되었다(1:5-6; 5:9-12; 12:5, 11).[9] 요한계시록은 예수님에 대한 가장 독특하고 가장 자주 사용되는 호칭인 "어린양"(ἀρνίον, 29번)으로 이것을 강조한다. 그것은 자신을 희생하는 약함과 정복하는

5. Osborne, *Revelation*, 31-33.
6. 1:5에서 예수 그리스도에 대해 사용된 다른 호칭인 '죽은 자들 가운데에서 먼저 나신 자'(the firstborn of the dead)는 위에서 언급한 두 역할 모두에 중요하다. 그것은 모든 신실한 사람들의 부활을 보증하는 것인 죽음에 대한 그분의 승리뿐 아니라, 그분이 왕적 통치로 올라가신 것(시 89:27)을 언급한다.
7. "그리스도"(Χριστός)라는 호칭은 요한계시록에 일곱 번 나온다. 세 번은 결합된 고유명사 "예수 그리스도"(1:1-2, 5)로 그리고 네 번은 '메시아, 기름 부음 받은 자'라는 의미로 관사와 함께(11:15; 12:10; 20:4, 6) 나온다. Strecker, *Theology*, 523-24를 보라.
8. Hurtado, *Lord Jesus Christ*, 592-93은 어린양이 "하나님과 함께 하늘의 예배를 받는" 4-5장의 환상을 "예수님의 신적 지위를 표현하는 가장 직접적이고 효과적인 방식"으로 여긴다.
9. Jan A. du Rand, "Soteriology in the Apocalypse of John," in *Salvation in the New Testament: Perspectives on Soteriology*, ed. Jan G. van der Watt (Leiden: Brill, 2005), 492-95.

능력을 결합하는 이미지다.[10] 이 이미지는 5:6에서 보좌가 있는 공식 알현실에 대한 환상에서 처음 소개된 뒤부터 계속 나온다. '이겼으며'(5:5), '죽임을 당한 것 같은 어린양이 서 있는' 모습은 그분이 두루마리를 열기에(즉, 심판과 구속을 위한 하나님의 계획을 가동시키기에) 합당하시다는 것을 나타낸다. 거기에는 신적 진노에서(6:16–17; 14:10), 악의 세력들을 물리치는 것에서(12:11; 17:14), 신실한 이스라엘을 회복하고 보존하는 일에서(14:1, 4), 하나님과 더불어 가장 권위 있는 위치를 공유하시는 일에서(5:13; 21:22–23; 22:1, 3) 그리고 모든 구속받은 자에게 영원토록 부활의 생명 및 하나님과의 교제를 제공하는 일에서(5:9–10; 7:9–10, 14; 13:8; 19:9; 21:9, 27) 그분이 담당하시는 역할이 포함된다.[11]

사탄이 하나님께 저항하는 것은 십자가에서 결정적으로 실패했고(5:5), 이 승리가 완전히 확장되는 것은 예수님이 권능과 큰 영광으로 이 땅에 다시 오실 때 완수될 것이다(19:11–21). 거기에서 그분은 "땅의 임금들의 머리"(1:5), "하나님의 말씀"(19:13),[12] "만왕의 왕이요 만주의 주"(19:16)로 온전히 나타나실 것이다. 놀랍게도 요한계시록은 예수님이 우리의 구속을 위해 성취하신 이 영광스럽고 능력 있는 역사를 추적하면서, 요한복음과 서신서들에서 나온 특징적 주제, 곧 하나님과 그리스도의 역사가 자신을 희생하시는 신적 사랑에 근거를 둔다는 주제를 잊지 않는다. 요한계시록에 나오는 예수님에 대한 최초의 묘사 중 하나는 "우리를 사랑하사 그의 피로 우리 죄에서 우리를 해방하[신]"(1:5; 참고. 3:9)이라는 것이다. 그리고 마지막 묘사 중 하나는 자신을 내어준 신랑이 신부와 함께 친밀한 삶을 살기를 기다리는 이미지다(19:7–9; 21:2, 9).

요한계시록은 성령에 대해서는 상대적으로 덜 말한다. 하지만 성령은 중요한 곳에서 성부와 성자를 세상에 계시하시는 역할을 맡으신다. 이 서신서 시작 부분(1:4–5)을 보면 하나님과 예수 그리스도에 대한 언급에서 그리고 그 사이에서 "[하나님의] 보좌 앞에 있는 일곱 영"(1:4; 참고. 4:5)에 대한 언급에서 인상적인 삼위일체 주제가 나온다. 그것은 이사야 11:2과 스가랴 4:1–6에 나온 충만한 성령의 이미지다. 그분은 예수님과 밀접하게 연관되어 있다(참고. 3:1; 5:6). 그리고 2–3장에 나오는 교회에 주어진 메시지들은 그리스도가 직접 하신 말씀이지만(각 메시지의 시작 부분을 보라), 또한 "성령이 교회들에게 하시는 말씀"이라는 표현이 나온다(각 메시지의 끝부분을 보라). 그 밖에도 우리는 성령님이 요한에게 환상을 계시하시는 것과(1:10; 4:2; 17:3; 21:10) 다른 부분에 그분의 신탁이 삽입되어 있는 것에서(14:13; 22:17) 활발히 활동하시는

10. W. Hall Harris, "A Theology of John's Writings," in *A Biblical Theology of the New Testament*, ed. Roy B. Zuck and Darrell L. Bock (Chicago: Moody, 1994), 193–94; Strecker, *Theology*, 528–30.

11. Strecker, *Theology*, 526–28이 말하듯이, 요한계시록에서 중심이 되는 기독론적 호칭들은 신약에서는 독특한 방식으로 구약 용어 및 범주에 의존하며, 그러면서 예수님의 인격과 사역에 대한 신약 전통들도 통합시킨다. 이것은 그가 책 전반에 걸쳐 구약을 사용하는 것과 완벽하게 조화를 이룬다('요한계시록 서론'을 보라).

12. 이것은 세상에 하나님이 어떤 분이신지 계시하는 것에서 요한복음 1:1, 14("말씀")과 비슷한 호칭이다(참고. 요 1:18). 하지만 요한계시록 19:13에 나오는 "하나님의 말씀"은 Wis 18:15에 나오는 하나님의 "전능하신 말씀"(ὁ παντοδύναμός σου λόγος)이라는 배경에서 나온다. 거기에서 "말씀"은 출애굽 때 애굽에 죽음을 가져오기 위해 "날카로운 칼"을 지닌 "준엄한 용사"(참고. 출 15:3)로 나온다. 그리스도는 재림하실 때 하나님의 "말씀"으로 계시되신다. 인간의 악에 대해 하나님의 주권적 심판을 가져오신다는 의미에서 그렇다.

것을 본다. 다른 중요한 본문에서 성령은 모든 선지자가 예수님에 대해 증거하도록 하는 분이라고 나온다(19:10).[13]

인류와 창조

이 땅에 그분의 구원을 가져오시는 엄위하시고 주권적인 하나님에 대한 묘사는, 요한계시록에서 인류와 더 광범위한 피조 세계를 망친 악의 실제로 인해 상쇄된다. 하나님의 선한 창조물 자체는 악하지 않다. 하지만 하나님의 피조물은 자신의 창조주께 저항하면서 악한 목적을 위해 사용되었다. 하나님과 메시아와 그분의 백성을 향한 이 공격적이고 사악한 악의 중요한 한 가지 특성은 우주적이고 영속한다는 것이다. 그 악은 그리스도의 재림 직전의 시기에 더 강력해질 것이다(12:10–13, 17; 13:7). 하지만 하나님을 대상으로 한 사탄의 가차 없는 투쟁은 오래전에 시작되었고, 그리스도의 죽음과 부활에서 결정적으로 패배했지만 현재에도 계속된다(계 2:10–13; 12:3–9).[14] 사탄은 하나님께 반대하면서 인류와 피조 세계 자체를 위한 하나님의 원래 의도를 뒤엎어버렸다. 인간들은 원래 하나님의 창조의 영광이 되고, 하나님의 피조물을 다스리고 돌봄으로써 그리고 그들이 하는 모든 일에서 하나님을 닮은 모습을 표현함으로써 이 땅에 대한 하나님의 통치를 구현해야 했다(창 1:26–28; 2:15–17; 시 8:3–8).[15] 그러나 그들은 자신의 목적을 위해 불신하고 불순종하며 하나님을 외면했다. 자연 세계는 타락하고 저주를 받았다(창 3:17–19; 롬 8:20–22). 이 두 상황은 모두 악의 종이 되었음을 나타내는데, 인간뿐만 아니라 더 광범위한 피조 세계도 속박에서 스스로 자유로워질 수 없었다. 그래서 그리스도의 죽음을 통한 하나님의 구속(즉, 석방, 대속, 참고. 1:5; 5:9; 14:3–4)이 필요하다는 사실이 분명해진다.

요한계시록은 사탄과 그의 앞잡이들의 속임과 부패에 이렇게 지속적으로 종이 되는 것(2:20; 12:9; 13:1; 19:2)을 하나님과 그분의 구원 역사에 대항하는 전쟁으로 묘사한다(11:7; 12:17; 13:7). 현 시대에 대한 사탄의 지배와 세상에 있는 하나님의 백성 및 그들의 증거를 향한 가차 없는 공격은 그리스도의 승리가 이 땅에서 성취되기까지 계속 일어날 것이다. 그런 공격들은 때로는 공공연한 박해의 형태로 온다. 거기에는 사회적 배척, 개인적 비방, 경제적 차별, 육체적 공격, 심지어 죽음까지도 포함된다(1:9; 2:9–10, 13; 11:7; 13:15–17). 하지만 사탄의 방해는 또한 평화와 번영의 시기에 거짓 가르침(2:2, 20, 24)을 퍼뜨리거나, 그리스도인들을 속여 현 상황에 득의양양하게 하고(3:17–19), 세상의 죄 된 관행을 쉽게 따르도록(2:20; 18:3–4) 유혹하는 형태로 나타날 수 있다.

---

13. Osborne, *Revelation*, 36–37.

14. Helyer, *Witness of Jesus, Paul and John*, 357–59; Ladd, *Theology of the New Testament*, 675–76.

15. Sauer, *King of the Earth*, 72–100.

이렇듯 계속 진행하는 악과 종으로 삼는 것의 역사는 계시록에서 구원이 "두 가지 어조"[16]로 제시되는 이유다. 이런 실상은 하나님의 구원 역사가 완성에 이르게 하기 위해 인류와 피조 세계 둘 다 새롭게 되는 것과 더불어 악의 심판을 요구한다. 회복이 완수되려면 사탄과 그들의 악을 계속 따르는 사람들을 물리치고 정죄해야 한다. 그래서 요한계시록의 이야기는 이 땅에 임박한 "체제 변동" 이야기,[17] "세상 나라"가 "우리 주와 그의 그리스도의 나라가" 될 수 있도록 하나님이 현재의 통치자들(사탄과 반역적인 "나라들" 혹은 '땅의 나라')에게 승리를 거두시는 이야기다(11:15-18; 12:10; 19:6). 하나님과 어린양의 보이지 않는 통치는 이미 하늘에서 확고히 펼쳐지는 중이다(2:27; 3:21; 4-5장; 12:5). 하지만 앞으로 땅에서 눈에 보이도록 충만히 확립되어야 한다(19:11-21; 20:1-6; 22:1-5). 이 통치는 두 단계로 임할 것이다. 첫째, 천 년 동안 메시아의 중간 통치가 있고(20:1-10) 그다음에 새 하늘과 새 땅에 대한 하나님과 어린양의 영원한 통치가 있다(21-22장).[18] 이 통치는 모두 영적인 것만이 아니라 영적, 육체적 혹은 물질적으로 새롭게 되는 역사다.

하나님이 타락하고 반항하는 땅에 통치를 다시 확립하실 때, 그분의 창조와 구원의 역사가 완전히 처음으로 돌아가서 그곳은 회복되고 더 향상된 에덴이 될 것이다(22:1-5). 거기에서 인간들도 원래 하나님이 의도하신 모습으로 회복될 것이다.[19] 그들은 지극히 높으신 분의 성도들로서, 하나님 및 어린양과 함께 새롭게 된 하나님의 선한 창조 세계를 다스릴 것이다(1:6; 2:26-27; 3:21; 5:10; 22:5). 옛적부터 항상 계신 이와 영광스러운 인자의 권위 아래, 이전에 반역하던 세상 나라들을 통치하는 것이다(단 7:13-14, 27). 그래서 요한계시록은 하나님의 구원 역사의 과거와 현재의 차원들을 포함하지만, 그 방향은 구원의 최종 성취를 향한다. "단지 종착역이 아닌 목표, 의도되었고 성취된 목적"[20]이다.

---

16. Ladd, *Theology of the New Testament*, 678. 또한 du Rand, "Soteriology in the Apocalypse of John," 472를 보라.

17. Guttesen, *Leaning into the Future*, 123-41; 그리고 McNicol, *Conversion*, 56-57.

18. 김세윤, "Kingdom of God," in *DLNT* 634-37. 그는 "하나님의 나라"가 책의 중심 주제라고 주장한다. Jan A. du Rand, "Your Kingdom Come 'on Earth as It Is in Heaven': The Theological Motif of the Apocalypse of John," *Neotestamentica* 31 (1997): 69-72는 하나님의 주권과 이 땅에 그분의 나라가 확립되는 것이라는 주제를 논하면서 후자가 무엇보다 중요한 주제라고 우선순위를 매긴다. 이것이 분명 요한계시록에서 중요하기는 하다. 하지만 나는 "이 땅에서 완성되는 하나님의 구원", 즉 주권적인 하나님이 그리스도를 통해 이 땅에서 그분의 구원 역사(심판과 회복 둘 다)를 완성시키시는 것보다 "하나님의 나라"가 부차적인 것이라는 견해를 선호한다. 보다 최근에 du Rand는 요한계시록 신학을 통합하는 핵심이 하나님의 구원이라는 주제라고 그 방향을 바꾸는 듯하다. du Rand, "Soteriology in the Apocalypse of John," 468-72, 490-92를 보라.

19. Middleton, *New Heaven and a New Earth*, 57-73.

20. Eugene H. Peterson, *Reversed Thunder: The Revelation of John and the Praying Imagination* (San Francisco: Harper & Row, 1988), 9. 또한 Strecker, *Theology*, 530을 보라. 그는 요한계시록에 대해 "저술의 진짜 목표는 미래에 일어날 역사의 종말이다. 모든 환상과 세상의 사건은 그 종말을 향한다. 여기에서 그것들은 21-22장에서 최종적으로 성취된다"라고 말한다.

새 세상을 위한 새로운 공동체

하나님께 구속받은 인류 공동체는 요한계시록에서 다양한 측면으로 제시된다. 요한은 먼저 그의 사역 영역 안에 있는 특정한 교회들(ἐκκλησίαι)을 대상으로 요한계시록을 시작한다. 1세기 소아시아의 일곱 교회다(1:4, 11; 또한 22:16). 이 교회들을 향한 구체적인 메시지가 전개되면서 우리는 그 교회들이 높임받으신 예수님이 말씀하시는 대상인 모든 회중을 대표한다는 것을 알게 된다("성령이 교회들에게 하시는 말씀을 들을지어다", 2:7 등). 이들은 하나님의 "종들"(δοῦλοι, 1:1; 2:20; 22:6)로 구성된 다양한 도시의 각 지역 회중들로, 사탄의 속임수에 맞서 계속 신실하게 투쟁하라는 권고를 받아야 한다. 하나님은 그들에게 "반드시 속히 일어날 일"을 보이심으로, 그들이 방해를 받아도 그리스도를 따르는 자들의 특징적 요소들(예를 들어, 사랑, 믿음, 인내, 순종, 분별, 거룩함, 하나님을 섬기는 열심)을 충실하고 인내심 있게 드러내는 일을 북돋으려 하신다. 하나님은 그들을 그리스도의 재림 직전에 있을 가혹한 고난의 때로부터 구해주시겠다고 약속하시지만(3:10), 그들은 요한계시록이 그들에게 전달하는 미래의 승리 및 새롭게 됨에 대한 소망과 확신에 비추어 계속해서 확고부동하게 살아가야 한다.

"교회"라는 용어는 요한계시록에서 1–3장 이후에는 나오지 않는다(결어, 22:16에 이르기까지). 하지만 요한은 다른 이미지나 묘사를 통해 하나님의 구속받은 인류의 특성과 역사를 계속해서 묘사한다. 앞으로 올 마지막 환난의 가혹한 시기에 그리스도를 따르는 사람들은 유례없는 극심한 고난에 직면할 것이다(예를 들어, 임박한 멸망에 대한 분노로 사탄과 그의 앞잡이들이 수행하는 전쟁, 12:12; 13:7). 여기에는 그들 중 많은 이의 순교가 포함된다(7:14; 16:6; 17:6; 19:2). 그들은 요한의 교회와 마찬가지로 이런 강력한 시련이 올 때 믿음과 순종으로 견디라고 부름받는다(13:10; 14:12). 그들 중 한 집단은 환난의 시기에 절대적인 신적 보호를 받도록 구별될 것이다(모든 지파에서 나온 믿는 유대인의 남은 자들로, 그 지파들은 회복적 징계의 때를 통과해서 하나의 민족으로 온전히 다시 모이고 살아남은 이스라엘을 구성한다, 7:3–8; 14:1–5을 보라). 하지만 다른 많은 유대인 그리스도인과 이방인 그리스도인은 그날의 끔찍한 심판에서 살아남지 못할 것이다(6:9–11; 7:9–17; 16:6; 20:4).

하지만 우리가 요한계시록의 환상들을 통해 하나님의 구원이 완성되는 것을 얼핏 볼 때, 서로 다른 이 집단들은 하나의 구속받은 공동체로 연합해서 예배, 경배, 하나님 및 서로와의 친교에서 하나님께 가까이 가고 있다. 이것은 먼저는 하늘에서(5:9–10; 7:9–17) 그다음에는 땅에서(19:7–9; 20:4–6; 21:1–14; 22:1–5) 이루어진다. 요한계시록은 타락한 인류를 위한 하나님의 구원 목적이 어떻게 아브라함 한 사람을 통해 시작되었는지 성찰하면서 성경의 더 큰 이야기로 들어간다. 아브라함의 후손을 통해 하나님은 "땅의 모든 족속"에게 복을 주시겠다고 약속하셨다(창 12:1–3). 하나님은 아브라함으로부터 "거룩한 백성" 이스라엘, 그분의 "제사장 나라"를 형성하셔서 그들이 인류 전체를 위한 그분의 구원의 통로가 되게 하셨다(출 19:5–6). 이스라엘을 통해 하나님은 기름 부음 받은 구원자를 일으키셨다. 그분은 온 나라의 통치자로 높임받으실 것이다(시 2:2, 9; 계 12:1-5). 그분의 구원과 반역하는 나라들에 대한 승리는 그분이 어린양으로서 희생적 죽음을 치르심으로 성취될 것이다. 그 어린양은 또한 유대 지파의 사자, 약속된 구원자, 시온의 왕이 될 것이다(계 5:5-6; 12:10-11). 또한 그분은 "지극히 높으신 이의 거룩한 백성"과 "천하"의 "모든 백성과 나라들과 다른 언어"에 대한 영원한 지배를 공유하실 영광스러운 인자의 역할을 성취하신다(단 7:13-14, 27; 계 1:13).

이스라엘 출신이 아닌 다른 사람들이 이 구속의 복에 들어올 것이다. 그들은 죄에서 해방되고 이스라엘과 마찬가지로 왕 같은 제사장으로 임명된다(1:5-6; 5:10). 인종적 이스라엘 중에서 그리스도를 믿는 신자들은 이 새로운 공동체에서 거부되거나 배제되지 않고 구속받은 자들의 "처음 익은 열매"가 된다(14:4). 이는 하나님의 소유로 구별된 사람들을 그분이 온전히 추수하시리라 예상되는 첫 수확이다. 그래서 집단적으로 '어린양의 신부'를 형성하는 "성도들"(19:7-9)은 백성(people)이 아니라 백성들(peoples)로 여겨진다(21:2-3, 9-10). 그들이 연합해 있고 한 분이신 참되신 하나님과 친밀한 친교를 나눈다 해도 다인종적 공동체인 그들의 서로 다른 민족적 배경은 영원에 이르기까지 지워지지 않는다. 그래서 이방인이 하나님의 한 백성, 곧 "참 이스라엘"로 통합되는 것도 아니고, 예수님을 따르는 유대인이 지닌 인종적 유산이 하나님께 부적절하게 되는 것도 아니다. 그리스도를 통해 참 하나님을 아는 사람들의 새 언약 공동체는 확장되어 이스라엘에 더하여 다른 민족들을 포함하지만(렘 31:33; 겔 37:27), 그들이 그리스도 안에서 공유하는 더 큰 연합 안에서 그들의 인종적 다양성이 존중된다.[21] 새 예루살렘 자체가 어린양의 열두 사도뿐 아니라 이스라엘 열두 지파에 대한 기억들을 통합한다(21:12, 14). 마찬가지로, 예루살렘을 초점으로 하는 새 땅의 지리적 배열은[구속된 민족들은 계속해서 하나님과 어린양께 영광을 돌리기 위해 그곳으로 온다(21:22-22:5)] 그들의 구원의 계보 안에 있는 이런 통일성과 다양성을 반영한다.

마지막 구원에 대한 이 환상들, 즉 하나님 안에서 그리고 그들이 받은 새롭게 됨 안에서 함께 기뻐하는 활발하고 다양한 공동의 통일체를 묘사하는 장면들은 의미심장하다. 영생은 홀로 고립되어 하나님을 사적이고 개인적으로만 누리는 것도 아니고, 개인적으로 새롭게 되는 체험이 아니다. 그것은 인간 사회의 회복, 곧 사람들이 상호적이고 서로 지지하는 관계 가운데 사는 것이다.[22] 이 공동체에 들어가는 것은 분명 개별적인 것이다(21:6; 22:17). 그리고 하나님이 이 세상을 새롭게 하실 때까지 각 사람은 신실하라는 권고를 다른 사람들이 어떻게 하든 충성하라는 개인적 명령으로 받아들여야 한다(2:7; 13:9; 22:7, 11). 어린양의 생명책에는 개인의 이름들이 담겨 있다(3:5; 20:15; 21:27). 그리고 각 사람은 그리스도와 함께하는 미래의 삶

21. Saucy, *Case for Progressive Dispensationalism*, 188-90.

22. William J. Dumbrell, *The End of the Beginning: Revelation 21-22 and the Old Testament* (Homebush West, NSW: Lancer, 1985), 194-96과 Wright, *Surprised by Hope*, 80(둘 다 단지 개인적인 것이 아니라 우주적으로 새롭게 됨을 강조한다)과 Hays, *Moral Vision*, 176-81, 193-200[그는 "하나님의 백성이 지닌 공동적이고 참여적인 특성"(196)을 우리가 하나님이 앞으로 만물을 새롭게 하실 것을 기대하며 오늘날 도덕적 삶을 살도록 이끄는 성경 이야기의 초점 중 하나로 본다]을 보라.

에서 자신의 독특한 정체성, 곧 하나님이 자녀 각각을 위해 염두에 두신 개인의 특성이 꽃피는 것을 발견할 것이다(2:17). 게다가 미래의 삶에는 애정이 넘치는 개인적 순간들이 찾아올 것이다(예를 들어, "모든 눈물을 그 눈에서 닦아주시니", 21:4; "누구든지 내 음성을 듣고 문을 열면 내가 그에게로 들어가 그와 더불어 먹고 그는 나와 더불어 먹으리라", 3:20). 하지만 새 하늘과 새 땅은 풍성하고 다채로운 공동체, 곧 시대와 문화를 가로지르는 "각 족속과 방언과 백성과 나라"(5:9)에서 구속되었으며, 언약을 지키시는 하나님 아래 하나로 통합된 공동체를 구성할 것이다.[23] 새 예루살렘에서의 삶은 서로와 더불어 그리고 하나님과 더불어 생생한 공동적 연합과 친교를 나누는 가운데 이루어질 것이다. 개인적인 것과 공동적인 것은 서로 반대되지 않고 보완될 것이다.[24]

하늘 이편에서 하나님의 "종들"과 "성도들"로 구성된 통합된 공동체의 역할은, 그들의 인종적 배경과 성별과 나이와 상관없이, 말로 증거하는 것을 통해 그리고 세상 사람들에게 경건한 성품을 보이는 것을 통해 하나님과 그리스도를 신실하게 증언하는 것이다. 그들이 하나님을 섬기는 일에 헌신한다는 사실은 적대적인 세상에서 분리되거나 물러나는 것을 의미하지 않는다. 그것은 타락한 세상에서 그리고 세상의 거민들과 충실히 살아가는 한편, 이 세대와 그 가치관에 속하지 않고 참되고 살아 계신 하나님께 속한 자로서 그들의 독특성을 지키는 것을 의미한다(참고. 요 17:13-19). 이 일에서 그리스도인들은 그리스도를 따르라고 부름받는다("충성된 증인", 1:5). 그리스도는 멀리 떨어져 계시지 않았고, 하나님을 증언하는 일에서 그리고 큰 대가를 치르면서까지 구원의 목적을 성취하는 일에서 신실한 분으로 입증되었다. 그래서 요한계시록은 그리스도인들에게 현재에 안주해서 주위 문화의 불경한 이데올로기와 행동에 동화되지 말라고 계속해서 경고하는 한편(2:2, 20, 24; 3:17-19; 14:9-10; 18:3-4), 희생적인 사랑으로 자유롭고 온전한 구원을 제공하시는 분께(1:5; 22:17) 활발히 관여하고 그분을 증언하는 일에 헌신하라고(2:13; 6:9; 12:11, 17; 19:10) 촉구한다.[25]

하나님의 성도들로 이루어진 공동체가 행하는 헌신적 섬김은 만물이 궁극적으로 새롭게 될 때 끝나지 않는다(21:1-2). 우주론이 설명하는 연속성과 변화(즉, 하나님의 타락한 피조 세계가 말살되는 것이 아니라 철저히 개혁되고 새롭게 되는 것)[26]는 그들이 드리는 영원한 예배, 친교 그리

23. Middleton, *New Heaven and a New Earth*, 173-74.
24. 하나님의 구속받은 백성이 맞이할 미래에 대한 이런 공동적 묘사는 그리스도인이 지금도 세상에 증언하면서 서로 어떻게 관계를 맺어야 하는가에 영향을 미친다. Blaising and Bock, *Progressive Dispensationalism*, 285-91이 지적하듯이, 교회는 공동적으로 "이 땅에 있는 미래의 하나님 나라가 시작된 형태"(286)다. 그것은 구속받고 화목하게 된 하나님의 인간 사회가 다양한 배경을 가진 사람들 가운데서 의와 희락과 화평을 추구하는 것이 어떤 모습으로 보일 수 있는지 미리 보여준다. 이것은 오늘날 전통적인 기독교 교리(예를 들면, 죄에 대한 심판)를 부인하거나, Pablo Richard, *Apocalypse: A People's Commentary on the Book of Revelation*, BLS (Maryknoll, NY: Orbis, 1995), 170-73에 나오는 것처럼 종말론을 완전히 실현된 양식으로 무너뜨리지 않고서, 교회가 오늘날 인간의 자유와 정의를 지지하도록 비전을 제공한다.
25. Bauckham, *Theology*, 161-63; Hays, *Moral Vision*, 176-81.
26. Bauckham, *Theology*, 48-51; Ladd, *Revelation*, 275-77; Middleton, *New Heaven and a New Earth*, 21-34.

고 하나님 및 어린양과 더불어 두 분을 섬기는 데서 나타난다(21:1-7, 22-27; 22:1-5). 죄로 물든 물질적 땅을 떠나 하늘의 순전한 영적 영역으로 가는 것이 아니라, 타락한 세상의 반역과 부패, 사탄에게 종속되었던 것에서 떠나는 것이다(그것들의 결과와 함께, 21:4; 22:3). 구속받은 인류도 죄로 물든 자족과 자기중심성으로부터 해방되어 하나님과 어린양과 얼굴을 맞대고 친교를 나누게 되는 한편, 그들의 안녕을 위해 필요한 모든 것을 풍성하게 공급받는다(21:3; 22:1-2).[27] 하나님이 그분의 백성과 함께 임재하시기 때문에 "신약에서 삶이 하나의 긴 예배 체험"임은 사실이다.[28] 하지만 미래의 생활에서 삶 전체는 하나님께 영광을 돌리는 예배가 될 것이다. 인간은 원래 주어졌던 역할, 곧 하나님의 형상을 지니고, 다스리며, 그분을 높이는 역할을 회복할 것이다(창 1:26-28). 인간은 하나님의 창조의 영광이라는 역할을 다시 맡으면서(시 8:3-8; 히 2:8-10), 하나님을 필요로 하고 그분께 복종하는 피조물로 남을 것이다. 그들은 신이 되지 않는다. 하지만 하나님과 함께하는 피조물로서의 삶은 생기 넘치고 생산적일 것이며, 그들의 일은 부담스러운 것이 아니라 보람찬 것이 될 것이다(22:3). 그들은 자신의 창조적 기술과 솜씨를 사용하여 서로 그리고 이곳저곳과 교역할 것이다(21:24, 26). 그들은 비옥한 땅을 경작하고 가꿀 것이며(22:2-3), 배우고 자랄 것이며(22:2), 하나님 및 어린양과 직접적인 친밀함을 경험하며 즐겁게 경배함으로 모든 영광을 받을 분이신 하나님을 예배할 것이다(4:11; 5:13; 21:3, 22; 22:3-4).[29]

27. Bauckham, *Theology*, 132-35.

28. Osborne, *Revelation*, 49.

29. J. Scott Duvall, *The Heart of Revelation: Understanding the 10 Essential Themes of the Bible's Final Book* (Grand Rapids: Baker, 2016), 157-75; Middleton, *New Heaven and a New Earth*, 172-75; Turner, "New Jerusalem," 289-90; Michael E. Wittmer, *Heaven Is a Place on Earth: Why Everything You Do Matters to God* (Grand Rapids: Zondervan, 2004), 197-21.

성구 찾아보기

레위기

민수기

신명기

잠언

이사야

예레미야

예레미야애가

에스겔

다니엘

호세아

요엘

말라기

마태복음

마가복음

누가복음

요한복음

사도행전

로마서

고린도전서

고린도후서

갈라디아서

에베소서

빌립보서

골로새서

데살로니가전서

데살로니가후서

디모데전서

요한일서

요한이서

요한삼서

유다서

요한계시록